MEIGUO NONGYEFA HUIBIAN

美国农业法汇编

（下册）

农业部国际合作司　编译

中国农业出版社

目 录

下 册

2000 年农业风险保护法

美利坚合众国第 106 届国会

第二次会议

于 2000 年 1 月 24 日星期一在华盛顿市举行

本 法 案

通过提供更加经济适用的风险管理工具以及增加对农业生产及收入损失的保障，修改《联邦农作物保险法》，以加强农业生产者安全保障网建设且提高联邦农作物保险计划的效率及完整性，特制定本法。

美利坚合众国参议院、众议院全体通过。

第 1 条　简称；目录。

（a）简称。本法引称为"2000 年农业风险保护法"。

（b）目录。本法目录如下：

第 I 篇　农作物保险覆盖范围

子篇 A　农作物保险覆盖范围

子篇 B　提高计划完整性

子篇 C　研究及试点项目

第Ⅲ篇 《2000 年生物质研究与开发法》

第Ⅳ篇　植物防疫法

子篇 A　植物防疫

子篇 B　检验及执行

子篇 C　其他条款

第 I 篇　农作物保险覆盖范围

子篇 A　农作物保险覆盖范围

第 101 条　附加保险费明细。

（a）预期市场价格。修改《联邦农作物保险法》第 508 条（c）（《美国法典》第 7 篇 1508（c）），删除（5），插入以下内容：

"（5）市场预期价格。

"（A）设定或批准。基于本篇之目的，联邦农作物保险公司应对投保的每一类农业商品设立或批准价格水平（在本篇中简称'市场预期价格'）。

"（B）通则。（C）另有规定的除外，否则农产品市场预期价格应不低于该农产品的预定市场价格，具体由联邦农作物保险公司确定。

"（C）其他认可方法。农产品的市场预期价格：

"（ⅰ）可基于农产品收割时的实际市场价格，具体由联邦农作物保险公司确定；

"（ⅱ）如有税收或其他类似保险计划，可基于该农作物实际市场价格，具体由联邦农作物保险公司确定；

"（ⅲ）如有生产支出或类似保险计划，应为生产该农产品的预定生产费用，具体由联邦农作物保险公司确定；或

"（ⅳ）如有其他保险计划，可由联邦农作物保险公司确定适当的金额。"

（b）保险费。《联邦农作物保险法》第 508 条（d）（《美国法典》第 7 篇 1508（d））修改如下：

（1）在（2）中，删除（B）及（C），插入以下内容：

"（B）如附加险等于或高于已登记或评估平均产量的 50％，且平均产量系按少于 100％的市场预期价格进行赔偿，或保单或保险计划的类似保险范围并不是建立在个体产量的基础之上，则保险费的金额：

"（ⅰ）足以涵盖预计损失及合理准备金的数额；以及

"（ii）包括营业及管理费用，由联邦农作物保险公司确定作为全行业内用于界定赔付率的保险费比例。"以及

（2）在结尾处增加以下内容：

"（3）以绩效为基础的扣除。相对于同地区该类农产品的其他生产者而言，具有较好保险记录或生产记录的农产品生产者，联邦农作物保险公司会提供以绩效为基础的保费扣除，具体由联邦农作物保险公司确定。"

（c）保费明细。《联邦农作物保险法》第 508 条（e）（2）（《美国法典》第 7 篇 1508（e）（2））修改如下：

（1）就前项所述事宜，删除"金额"，插入"根据（4）规定，金额"；以及

（2）删除（B）及（C），插入以下内容：

"（B）如附加险等于或高于已登记或评估平均产量的 50％且低于 55％，且平均产量系按不高于100％的市场预期价格进行赔偿，或保单或保险计划的类似保险范围并不是建立在个体产量的基础之上，则保险费的金额应等于：

"（i）（d）（2）（B）（i）中所选保险等级保费的 67％；以及

"（ii）（d）（2）（B）（ii）中所选保险等级涵盖营业及管理费用在内所规定的金额。

"（C）如附加险等于或高于已登记或评估平均产量的 55％且低于 65％，且平均产量系按不高于100％的市场预期价格进行赔偿，或保单或保险计划的类似保险范围并不是建立在个体产量的基础之上，则保险费的金额应等于：

"（i）（d）（2）（B）（i）中所选保险等级保费的 64％；以及

"（ii）（d）（2）（B）（ii）中所选保险等级涵盖营业及管理费用在内所规定的金额。

"（D）如附加险等于或高于已登记或评估平均产量的 65％且低于 75％，且平均产量系按不高于100％的市场预期价格进行赔偿，或保单或保险计划的类似保险范围并不是建立在个体产量的基础之上，则保险费的金额应等于：

"（i）（d）（2）（B）（i）中所选保险等级保费的 59％；以及

"（ii）（d）（2）（B）（ii）中所选保险等级涵盖营业及管理费用在内所规定的金额。

"（E）如附加险等于或高于已登记或评估平均产量的 75％且低于 80％，且平均产量按不高于100％的市场预期价格进行赔偿，或保单或保险计划的类似保险范围并不是建立在个体产量的基础之上，则保险费的金额应等于：

"（i）（d）（2）（B）（i）中所选保险等级保费的 55％；以及

"（ii）（d）（2）（B）（ii）中所选保险等级涵盖营业及管理费用在内所规定的金额。

"（F）如附加险等于或高于已登记或评估平均产量的 80％且低于 85％，且平均产量按不高于100％的市场预期价格进行赔偿，或保单或保险计划的类似保险范围并不是建立在个体产量的基础之上，则保险费的金额应等于：

"（i）（d）（2）（B）（i）中所选保险等级保费的 48％；以及

"（ii）（d）（2）（B）（ii）中所选保险等级涵盖营业及管理费用在内所规定的金额。

"（G）根据（c）（4）规定，如附加险等于或高于已登记或评估平均产量的 85％，且平均产量系按不高于100％的市场预期价格进行赔偿，或保单或保险计划的类似保险范围并不是建立在个体产量的基础之上，则保险费的金额应等于：

"（i）（d）（2）（B）（i）中所选保险等级保费的 38％；以及

"（ii）（d）（2）（B）（ii）中所选保险等级涵盖营业及管理费用在内所规定的金额。"

（d）暂时性禁止持续投保。修改《联邦农作物保险法》第 508 条（e）（《美国法典》第 7 篇 1508（e））删除（4），插入以下内容：

"（4）暂时性禁止持续投保。尽管有（2）规定，但在 2001 至 2005 的每一个再保险年度内，只有

在记录或评估平均产量 50％的基础上增加 5％的情况下方可适用第（c）款中的附加险。"。

（e）保险金支付披露。修改《联邦农作物保险法》第 508 条（e）（《美国法典》第 7 篇 1508（e）），在结尾增加以下内容：

"（5）保险金支付披露。——在本章项下，每一保单或保险计划应清晰标示由联邦农作物保险公司支付的保险部分金额。"

（f）符合性修改。删除《联邦农作物保险法》第 508 条（g）（2）（D）（《美国法典》第 7 篇 1508（g）（2）（D））"（正如（e）（4）规定的）"。

第 102 条　其他保险计划保费明细。

（a）保费明细。《联邦农作物保险法》第 508 条（h）（《美国法典》第 7 篇 1508（h））修改如下：

（1）修改（2），删除第二句；及

（2）删除（5），插入以下内容：

"（5）保费明细。

"（A）联邦农作物保险公司承担的保费金额。如保单或保险计划系根据本款或第 522 条设立及批准，或根据第 523 条（适用牲畜的保单或保险计划除外）实施，则联邦农作物保险公司应承担相当于以下金额的一部分保单或保险计划的保费：

"（ⅰ）占用于赔付率的总保费额一定比例（（e）中就类似保险额度指定）的金额；以及

"（ⅱ）根据（k）（4）确定的管理及营业费用的金额。

"（B）过渡性保费明细。仅在 2001 年再保险年度有效，若保单或保险计划系根据本款或第 522 条设立或批准，或根据第 523 条（适用家畜之外的保单货保险计划）实施，并在本小项颁布后由会委员会首先批准，则联邦保险公司应承担的保费部分不得超出（e）中另行核准的金额（与（c）（5）规定一致，在本小项颁布前生效）。"

（b）补偿比例。修改《联邦农作物保险法》第 508 条（k）（4）（《美国法典》第 7 篇 1508（h）），在句尾处增加以下内容：

"（C）其他扣除。自 2002 再保险年度起，保单或保险计划系由委员会批准且未在 1998 年再保险年度分保，如其在 1998 再保险年度分保，其将享受较低补偿比例，为保单或保险计划设立的管理及营业支出的补偿比例，应同时考虑到用以确定 1998 年再保险年度期间的管理及营业费用补偿比例的因素，包括保费与保单或保险计划（与个人收益保单或保险计划相关）的实际管理及营业费用之间的预期价格差，以及其他适当因素，由联邦农作物保险公司确定。"

第 103 条　重灾风险保障机制。

（a）选择性保险。修改《联邦农作物保险法》第 508 条（b）（《美国法典》第 7 篇 1508（b）），删除（3）并插入以下内容：

"（3）选择性灾害险。自 2001 农事年度起，联邦农作物保险公司应向农产品生产者提供以下险种供选择：

"（A）（2）（A）中的重灾风险保障机制。

"（B）选择性重灾风险保障机制：

"（ⅰ）按面积产量或损失赔偿，但是该保险或保险计划仅针对农场所在县的农产品；

（ⅱ）与第（2）（A）项下之保险相比，为全国范围内统一推行产量及价格保护结合性更高的险种；

"（ⅲ）基于（e）（2）（A）之目的，联邦农作物保险公司决定提供与（2）（A）中保险范围相当的险种。"

（b）管理费用。

（1）修改费用。《联邦农作物保险法》第 508 条（b）（5）（《美国法典》第 7 篇 1508（b）（5））修改如下：

（A）修改（A），删除"50 美元"，插入"100 美元"；

（B）删除（B）；以及

（C）修改（C），删除"（A）及（B）要求的款项"，插入"本款规定的管理费用"。

（2）符合性修改。修改《1999 年农业、农业发展、食品药品管理及相关政府部门拨款法》第 748 条（包含在《公法》105 - 277A，101（a）；《美国法典》第 7 篇 1508 注释），删除"50 美元"，插入"100 美元"。

（c）代表生产者垫付管理费用。经（b）（1）（B）修正，在《联邦农作物保险法》第 508 条（b）（5）（《美国法典》第 7 篇 1508（b）（5））（A）后插入以下内容：

"（B）代表生产者垫付。

"（i）委托付款。如州法律准许保险商向合作组织或行业协会支付许可费或其他费用，并在部分退还给持有重灾风险保障机制或附加险的生产者，则该州的合作组织或行业协会可代表该州或邻州的协会成员（同意办理保险），全部或部分支付本项规定的重灾风险保障机制管理费。

"（ii）许可费的处理。保险商向合作组织或行业协会提供重灾风险保障机制或附加险的许可费或其他费用，应遵守涉及州的许可费或其他费用退还相关的法律。

"（iii）选择保险商。本小项规定不会限制农业生产者选择其购买经保单或保险计划许可的保险代理人或其他经批准的保险商，亦不会限制其（i）保险项目的付款决定权。

"（iv）保险交付。按（i）购买的保单或保险计划应由经许可的保险代理人或其他经批准的保险商交付。

"（v）鼓励投保附加险。为满足其生产者成员的风险管理需求，合作组织或行业协会，及已按本小项规定支付许可费或达成其他安排的经批准的保险商应鼓励生产者成员购买适当额度的附加险。

"（vi）报告。部长应在 2002 年 4 月 1 日前，分别向众议院农业委员会以及参议院农业、营养及林业委员会提交以下事项的评估报告：

"（Ⅰ）本项的执行情况；及

"（Ⅱ）该小项规定对联邦农作物保险计划的影响，包括对投保额度的影响"。

（d）补偿比例变更。修改《联邦农作物保险法》第 508 条（b）（11）（《美国法典》第 7 篇 1508（b）（11）），删除"11％"，插入"8％"。"

第 104 条　附加险管理费用。

修改《联邦农作物保险法》第 508 条（c）（《美国法典》第 7 篇 1508（c）），删除（10），插入以下内容：

"（10）管理费用。：

"（A）需求费用。如生产者为农作物选择的投保级别高于重灾风险保障机制，则该生产者应按每县每类农作物交纳 30 美元附加险的标准支付管理费用。

"（B）管理费用途；弃权。（b）（5）第（D）及（E）小项应适用于（b）（5）中之管理费的收取及使用"。"

第 105 条　分配产量及实际生产历史调整。

（a）分配产量。《联邦农作物保险法》第 508 条（g）（2）（B）（《美国法典》第 7 篇 1508（c））修改如下：

（1）删除"分配产量"，插入"分配（i）产量"；

（2）删除句尾的句号，插入"；或"；及

（3）在结尾处增加以下内容：

"（ⅱ）以下情况下，由联邦农作物保险公司确定产量：

"（Ⅰ）生产者已在两年农事期间不享有投保农作物的产量份额，具体由部长决定；

"（Ⅱ）在尚未耕种的土地上生产农作物的生产者；或

"（Ⅲ）由一种已在一片土地上耕种过的农作物换耕至另一种未在此土地上耕种过的农作物的生产者"。

（b）实际生产历史调整。修改《联邦农作物保险法》第 508 条（g）（《美国法典》第 7 篇 1508（g）），在结尾增加以下内容：

"（4）调整实际生产历史以确定可投保产量。

"（A）适用。本项适用于联邦农作物保险公司，以生产者的实际生产记录来确定其在 2001 及后续任一农事年度某一农产品的实际生产历史。

"（B）选择性采用占过渡性产量的比例。如在用于确定生产者一种农产品实际生产历史的一个或多个农事年度期间，记录或评估的农产品产量低于联邦农作物保险公司确定过渡性产量的 60%，则联邦农作物保险公司应按生产者进行选择：

"（ⅰ）不予采用该等记录或评估的农产品产量；及

"（ⅱ）以相当于占相关过渡性产量 60% 的产量取代不予以采用的产量。

"（C）保费调整。如生产者在（B）中作出选择，联邦农作物保险公司应当对保费金额作出调整，以反映出与在生产者因实际生产历史中做出的调整相关的风险。

"（5）对因有效的病虫害防治措施使产量增加的调整。

"（A）须调整的情形。以下情况，联邦农作物保险公司应研究调整生产者实际生产历史的新方法：

"（ⅰ）如生产者农场所在地区通过整个地区的努力，采取了一定的操作或措施监测；或者生产者农场所在地区采取了一定的操作或措施监测、消除、阻止或控制，或至少能够采取措施阻止或减缓植物病害或虫害的传播，包括植物病虫害（定义详见《农业部 1994 年有机农业法第 102 节》（《美国法典》第 7 篇 147a））。

"（ⅱ）经认定，病虫害的存在已严重影响到了农业生产投保农产品的产量。

"（ⅲ）（ⅰ）所采取的措施系有效的。"

"（B）调整数额。联邦农作物保险公司所调整的某一农产品生产者实际生产历史的数额，应当能够反映出（A）中描述的全区域统一实施措施对该生产者农场的农产品产量增加所起的平均影响水平，具体由联邦农作物保险公司决定。"

第 106 条 评估方式的审查与调整。

《联邦农作物保险法》第 508 条（i）（《美国法典》第 7 篇 1508（i））修改如下：

（1）删除"联邦农作物保险公司"，插入以下内容：

"（1）通则。联邦农作物保险公司"；以及

（2）在结尾增加以下内容：

"（2）评估办法的审查。为鼓励生产者尽可能地参与联邦农作物保险计划以及确保对生产者的公正，联邦农作物保险公司应当定期对保险评估方案进行审查，以确定其符合 507（c）（2）规定。

"（3）评估及损失历史分析。联邦农作物保险公司应按地区，对农产品的已批准的保单以及保险计划进行评估及损失历史分析。

"（4）保费调整。如联邦农作物保险公司认定系依据（d）（2）中的要求，一地区一种农产品的保险费率过高，则在 2002 农事年度期间（以及后续年度，如有必要），联邦农作物保险公司应针对该农产品对该地区的保险费率作相应调整。"

第 107 条 质量调整。

修改《联邦农作物保险法》第 508 条，（《美国法典》第 7 篇 1508）删除（m），插入以下内容：

"（m）质量损失调整保险项目。

"（1）保险影响。如本篇下的保单或保险计划涉及质量损失调整保险项目，则保险应在农事年度内降低农产品的生产数量或采取类似调整措施，作为农产品不符合保单或保险计划质量标准的结果。

"（2）附加质量损失调整。

"（A）生产者选择权。尽管有任何其他法律规定，上述（1）中质量损失调整保险除外，联邦农作物保险公司应给予生产者选择购买质量损失调整险的机会，并且单位价格应小于符合以下农产品的保险价格：

"（ⅰ）以"全性状保留"方式销售的农产品。

"（ⅱ）所有质量鉴定系完全由指定的、专门进行农产品等级划分及分类的政府部门作出的农产品。

"（ⅲ）所有质量鉴定系由联邦部门公布在《联邦公报》之上的农产品。

"（ⅳ）反应质量降低的补贴明细系由部长确定的农产品。

"（B）调整依据。在本项中，联邦农作物保险公司应当在农产品基本质量的基础上，根据不同的产品质量等级，设定不同的质量标准，并在质量标准之后随附应予补偿的质量损失。

"（3）标准及程序的审查。联邦农作物保险公司应聘任合格人员，对公司的质量损失调整程序进行审查，确保该程序能够更充分反映出本篇中当地投保农产品的质量减损。联邦农作物保险公司应当在审查结果的基础上对该等程序进行调整，但同时亦应考虑到调整的公正性、完整性以及对保险诈骗、浪费及滥用的有效预防。"

第108条　双重保险及未播种地。

修改《联邦农作物保险法》（《美国法典》第7篇1501及以下），在第508条（《美国法典》第7篇1508）之后插入以下内容：

"第508A条　双重保险及未播种地。

"（a）定义。在本节中：

"（1）首茬作物。术语"首茬作物"系指在某一农事年度内，已按本篇投保的、首次在特定面积上播种待收的或未能播种的农产品。

"（2）次茬作物。术语"次茬作物"系相对于首茬作物而言的，指在同一农事年度内，继首茬之后播种的相同面积的同样或不同农作物的第二茬作物（改种作物除外）。

"（3）改种作物。术语"改种作物"系指在保险条款有规定、且该保险范围涵盖首茬作物的情况下，在同一农事年度内，重新播种与首茬作物相同面积的农作物。

"（b）双重保险。

"（1）首茬作物损失索赔选择权。（d）及（e）另有规定的除外，否则如在本章中投保的首茬作物遭受全损或部分损失，该生产者有权选择以下索赔方式中的一种：

"（A）不播种次茬作物。该生产者有权：

"（ⅰ）选择不在同一农事年度内种植相同面积的次茬作物；及

"（ⅱ）获得相当于首茬作物100％保险损失的保险索赔。

"（B）种植次茬作物。该生产者有权：

"（ⅰ）选择在同一农事年度内种植相同面积的次茬作物；及

"（ⅱ）获得联邦农作物保险公司确定的首茬作物保险索赔，但不得高于首茬作物保险损失的35％。

"（2）次茬作物零损失时的效力。如生产者基于（1）（B）做出选择，且其次茬作物并未遭受任何保险损失，则生产者亦有权就首茬作物获得相当于以下数额的保险索赔：

"（A）首茬作物100％的保险损失；减去

"（B）在上述（1）（B）（ⅱ）中所得数额。

"（3）种植次茬作物时，首茬作物的保险费。

"（A）初期保险费。如生产者基于（1）（B）做出选择，则其应当负责首茬作物的保险费，具体金额应相当于（1）（B）（ⅱ）中应予支付的保险赔偿金。如减少保险赔偿金，联邦农作物保险公司应同时对首茬作物的总保险费进行调整以反映该变化。

"（B）次茬作物零损失时的效力。如生产者基于（1）（B）做出选择，且其次茬作物并未受到保险损失，则生产者应负责首茬作物的总保险费，金额相当于：

"（ⅰ）生产者首茬作物所欠的全额保险金；减去

"（ⅱ）上述（A）中予以支付的保险金额。

"（C）未播种地的保险。

"（1）首茬作物损失索赔选择权。（d）以及（e）另有规定的除外，否则如本篇下投保的首茬作物在某一农事年度内未被种植，其生产者有权选择采取以下任意一种索赔方式：

"（A）不种植次茬作物。生产者有权：

"（ⅰ）选择不在同一农事年度内种植相同面积的次茬作物；及

"（ⅱ）按（4）规定，获得相当于首茬作物 100％未能耕种担保金的保险索赔。

"（B）种植次茬作物。生产者有权：

"（ⅰ）选择在同一农事年度内种植相同面积的次茬作物；及

"（ⅱ）根据（4）以及（5）规定，获得联邦农作物保险公司确定的首茬作物保险索赔，但是索赔额不得高于首茬作物未能种植担保金的 35％。

"（2）种植次茬作物时，首茬作物的保险费。如生产者选择（1）（B），则其应承担首茬作物的保险费，金额相当于（1）（B）（ⅱ）中支付的保险赔偿金。如保险赔偿金减少，则联邦农作物保险公司应同时对首茬作物的总保险费进行调整以反映该变化。

"（3）对实际产生历史的影响。除（d）所述复种外，为确定生产者后续农事年度的实际生产历史，如生产者在某一农事年度内选择（1）（B），则联邦农作物保险公司应当向生产者分派占其所涉农产品实际生产记录 60％的产量。

"（4）赔偿的地域条件。联邦农作物保险公司仅将未能耕种的保险赔偿限定在以下情况：即在首作物不能种植的地区，其生产者亦因不利耕种条件，不能种植首茬作物。

"（5）种植日期。如生产者在联邦农作物保险公司确定的首茬作物种植截止日前种植次茬作物，则联邦农作物保险公司不会就首茬作物向生产者作出未能种植的保险赔偿。

"（d）确定复种做法的例外情形。如生产者在同一个农事年度内复种或多次耕种，且已按本篇投保，则在满足以下任一条件的情况下，生产者有权就此要求全额赔偿：

"（1）经联邦农作物保险公司认定，同一农事年度内该地区存在进行复种或多次耕种的做法。

"（2）在同一农事年度内，就种植相同面积的农产品，该地区提供其他保单或保险计划。

"（3）生产者具有在同一农事年度内复种或多次耕种的历史，或者耕种土地在同一农事年度内曾有复种或多次耕种的历史。

"（4）在该地区，同一农事年度内首茬作物收成后，进行相同面积的复种或多次耕种系惯常做法。

"（e）后续作物。除（d）所述之复种外，在同一农事年度内，如生产者后续作物面积与首茬及次茬作物面积相同（复种作物除外），则生产者不符合本篇下的保险条件，亦不符合《农业市场转型法》（《美国法典》第 7 篇 7333）第 196 条中非保险作物补贴的条件。"

第 109 条　非保险农作物灾害援助项目。

（a）本项目运营及管理。修改《农业市场转型法》第 196 条（a）（2）（《美国法典》第 7 篇 7333（a）（2）），在结尾处增加以下内容：

"（C）合并类似种类或品种。按部长抉择，（A）及（B）中某一农作物或农产品的所有种类或品种视为本条中唯一符合条件的农作物。"

（b）及时适用。修改《农业市场转型法》第 196 条（b）（1）（《美国法典》第 7 篇 7333（b）（1））第二句，删除"在部长指定的时间"，插入"在保险期间开始前至少提前三十日，具体由部长决定"。

（c）记录及报告。《农业市场转型法》第 196 条（b）（《美国法典》第 7 篇 7333（b））修改如下：

（1）删除第（2）款，插入以下内容：

"（2）记录。为获得本节项下的救助条件，生产者应按部长之要求，每年定期向部长提交关于作物的种植面积、单位面积产量以及每类作物生产情况的记录。"

（2）修改（3），在"应当提供"之后插入"每年"。

（d）损失方面的要求。修改《农业市场转型法》第 196 条，（《美国法典》第 7 篇 7333）删除（c），插入以下内容：

"（c）损失方面的要求。

"（1）事由。为获得本条下之救助资格，符合资格条件的作物生产者应当系因（a）（3）所述之事而遭受到非保险农产品损失的生产者。

"（2）救助。一旦作出（a）（3）中的认定，部长应按本款规定向符合作物资格条件、因（a）（3）中所述事由遭受非保险农产品损失的生产者提供救助。

"（3）未能种植。根据（1），如生产者因干旱、洪涝或其他自然灾害不能种植作物且面积超出拟耕种面积的 35％，部长应当向符合该情况生产者提供非保险作物灾害救助。

"（4）地区要求。部长应当向个人提供救助，无地区损失要求。"

（e）服务费。修改《农业市场转型法》第 196 条（《美国法典》第 7 篇 7333），在结尾处增加以下内容：

"（k）服务费。

"（1）通则。在某一农事年度内，为获得本条中的补贴资格，按（b）（1）提交申请时，对每一类符合条件的作物，生产者应当向部长支付以下数额（以较低者为准）的服务费：

"（A）100 美元/每类作物/每县；或

"（B）300 美元/每位生产者/每县，但是每位生产者总额不得高于 900 美元。

"（2）弃权。如农场主资源有限，则部长应按（1）规定予以免征，具体由部长决定。

"（3）使用。本款收取的服务费用，部长应存于商品信用公司。"

子篇 B　提高计划完整性

第 121 条　提高计划的合规性及完整性。

（a）确保该项目合规性及完整性的其他办法。

《农业市场转型法》第 515 条（《美国法典》第 7 篇 1514）修改如下：

"第 515 条　计划的合规性及完整性。

"（a）宗旨。

"（1）通则。本条宗旨在于提高联邦作物保险计划的合规性及完整性。

"（2）保险商职责。联邦农作物保险公司应当积极配合经批准的保险商，以确保该计划的合规性及完整性。

"（b）合规性问题通知。

"（1）错误、疏忽及违约通知。

经批准的保险商所负责的公司，如在遵守规章或制度过程中出现任何过错、疏忽或不遵守、且可能造成公司负债的行为，联邦农作物保险公司应作出书面通知。

"（2）通知时间。（1）中之通知应当在声称的错误、过失或不遵守行为发生的保险期间后三年内发出，但是该期限不适用于故意或有意的过错、疏忽或程序性质违反行为。

"（3）未能及时通知的后果。（2）另有规定的除外，否则联邦农作物保险公司未能及时发出本款中要求的通知，应视为免除经批准的保险商所欠的公司债务。

"（c）核对生产者信息。部长应当制定及实施协调方案，配合联邦农作物保险公司以及农场服务局，对获得本篇中农作物保险计划的生产者收到的所有相关信息进行审核。自 2001 农事年度起，部长应要求联邦农作物保险公司以及农场服务局至少每年一次对生产者产生的相关信息进行核对，以确定及处理不符之处。

"（d）诈骗、浪费及歧视的查证及消除。

"（1）农场服务局监控计划。部长应制定并实施协调计划，配合农场服务局，协助联邦农作物保险公司对本篇中实施之计划进行持续性监控，包括：

"（A）在农场服务局有理由怀疑该计划存在诈骗、浪费或歧视行为的情况下，根据联邦农作物保险公司的申请或按（2）规定，针对所声称的计划诈骗、浪费或诈骗行为开展相关事实调查；

"（B）（A）所开展调查关于声称的诈骗、浪费或歧视行为以及认定的计划不足之处的结果，及时向联邦农作物保险公司提供书面报告；以及

"（C）协助联邦农作物保险公司以及经批准的保险商，对本篇保单或保险计划中的适当数量的保险索赔请求进行审计。

"（2）农场服务局调查。如联邦农作物保险公司在收到（1）（B）中报告后的五个农历日内，未能提供详细说明公司拟采取的行动的书面报告，在经涉嫌计划诈骗、浪费或歧视行为所在地的州农场服务局主任批准的情况下，农场服务局有权自行对涉嫌计划诈骗、浪费或歧视行为开展调查。如农场服务局经调查后认为，需要批准进一步调查、但联邦农作物保险公司拒绝进行调查，则农场服务局有权将此提交农业部总检查长。

"（3）对农田基础设施的使用。（1）中所要求的计划应说明对农场服务局农田基础设施的使用情况。该计划中，对于向农场服务局分配人员的职责，部长应当确保对该等人员进行适当培训。该等人员至少应接受同等水平的培训，同时所有该等人员应当通过理赔员或经批准的保险商所要求的基本能力测试。

"（4）提供人成果的维护。

"（A）通则。农场服务局在本款中的活动不会影响到经批准的保险商对理赔的请求，或联邦农作物保险公司所要求的其他计划审核履行审计责任的进行。

"（B）提供人通知。对于农场服务局所提交的关于涉嫌计划诈骗、浪费或歧视行为的报告，联邦农作物保险公司应当将该报告通知相关经批准的保险商，但涉嫌牵涉声称的诈骗、浪费或歧视行为，或系声称诈骗、浪费或歧视行为一方当事人的保险商除外。

"（C）回复。收到（B）中通知的经批准的保险商应在部长确定的合理期间内，向联邦农作物保险公司提交一份报告，详细说明保险商对在通知中所声称的保险诈骗、浪费或歧视行为所采取的调查措施。

"（5）公司回复提供人报告。

"（A）立即回复。如经批准的保险商向联邦农作物保险公司所提交的报告中，涉嫌故意虚假陈述、保险诈骗、浪费或歧视行为，则联邦农作物保险公司应在收到报告后的九十个公历日内作出回复并提供书面报告，详细说明联邦农作物保险公司拟采取的措施。

"（B）合作。如涉嫌存在虚假陈述、保险诈骗、浪费或保险歧视行为，经批准的保险商以及联邦农作物保险公司应当协调一致行动。

"（C）未能及时回复。如联邦农作物保险公司未能按（A）规定的要求做出回复，经批准的保险商有权申请农场服务局协助对所声称的保险诈骗、浪费或歧视行为开展调查。

"（e）与农场服务局下设的州委员会进行协商。部长应当制定相关程序，由联邦农作物保险公司就

本章中具体某一州所提供的保单或保险计划及其相关的材料事宜（包括相关交易日期，所分配产量以及过渡性产量），与农业服务局在该州下设的州委员会开展协商。

"（f）对异常行为的监测。

"（1）覆盖范围内的活动。部长应当制定相关程序以便联邦农作物保险公司：

"（A）在代理所销售保险相关的理赔额，达到或超出在同一地区所有其他代理销售保险的所有平均理赔额150％（或公司指定的适当比例）的情况下，能够查清从事本章中所提供的保险销售的代理人员。

"（B）如理赔额使接受或拒绝理赔的金额等于或超出同一地区所有该等理赔平均金额（如适用）的150％（或公司指定的适当比例），则要能够查清实施本章中相关理赔服务的人员，具体由联邦农作物保险公司决定。

"（2）审查。

"（A）审查要求。联邦农作物保险公司应对按（1）（A）以及（1）（A）所列人员进行审查，以认定与代理相关的高额理赔或与有关该人员更高数量的接受或拒绝理赔，是否系因保险诈骗、浪费或歧视行为所致。

"（B）补救性措施。按本款进行审查后，如发现存在保险诈骗、浪费或歧视行为，联邦农作物保险公司应当采取适当的补救性措施。

"（3）对代理及理赔人员的监督。联邦农作物保险公司应当设立相关程序，要求经批准的保险商，对其聘用的每一代理人及理赔人员的行为每年进行一次审查。联邦农作物保险公司应当对年度审查行为进行监督，并就经批准的代理或理赔人员年度审查所采取必要的任何纠正性措施，与经批准的保险商进行协商。

"（g）向联邦农作物保险公司提交信息，支持相关计划的实施。

"（1）所需信息的类型。部长应当制定相关程序，经批准的保险商应当按该程序向联邦农作物保险公司提交，与本篇中所提供的每一份保单或保险计划相关的以下信息：

"（A）投保人姓名及身份证号。

"（B）投保农产品。

"（C）所选保险等级，包括价格选择。

"（2）提交时间。为确保联邦农作物保险公司收到（1）中所要求的信息，应当在每周周六前（包括所投保作物交易日后的第三十个公历日）提交。

"（h）对不履行计划以及保险诈骗行为的处罚。

"（1）虚假信息。如生产者、代理、理赔人员、经批准的保险商或其他人员故意及有意向联邦农作物保险公司或向经批准的保险商，提供有关本章中保单或保险计划相关的虚假或不实信息，在经通告以及就该记录进行审理后，单处或并处（3）所述处罚。

"（2）合规性。如生产者、代理、理赔人员、经批准的保险商或其他人员故意及有意不履行联邦农作物保险公司的要求，在经通告并就此记录进行审理后，单处或并处（3）所述处罚。

"（3）授权处罚。如部长认定本款涉及人员已构成（1）或（2）中的严重违法，应给予以下处罚：

"（A）民事罚款。单处民事罚款，罚款金额不超出以下金额（以较高者为准）：

"（ⅰ）提供虚假或不准确信息或不履行本篇要求所得非法现金收益金额；或

"（ⅱ）10 000 美元。

"（B）取消生产者资格。生产者如有违法行为，则取消其享受以下条款或法律中提供的货币或非货币补贴的资格，最多五年：

"（ⅰ）本篇。

"（ⅱ）《农业市场过渡法》（《美国法典》第7篇7201及以下），包括该法案（《美国法典》第7篇7333）第196条项下的非投保性作物灾害补助计划。

"（ⅲ）《1949 年农业法》（《美国法典》第 7 篇 1421 及以下）。

"（ⅳ）《联邦商品信贷公司特许法》（《美国法典》第 15 篇 714 及以下）。

"（ⅴ）《1938 年农业市场调整法》（《美国法典》第 7 篇 1281 及以下）。

"（ⅵ）《1985 年粮食安全法》第Ⅻ章（《美国法典》第 16 篇 3801 及以下）。

"（ⅶ）《巩固农业和农村发展法》（《美国法典》第 7 篇 1921 及以下）。

"（ⅷ）向受农产品价格损失或低价影响的农业生产者提供补助的法律。

"（C）其他人员资格的取消。如代理、理赔人员、经批准的保险商或除生产者之外的其他人员存在违法行为，则该等人员将不得参与本篇下计划，不得享受本节项下的任何补贴条件，最多五年。

"（4）处罚的评估。在认定以下问题时，部长应考虑到本款中涉及人员的违法程度：

"（A）决定是否给予本款项下的处罚；以及

"（B）确定拟处罚的方式及罚款金额。

"（5）处罚的披露。针对以下故意行为，在本篇下的每一份保单或保险计划中应含（3）中的处罚告知：

"（A）向联邦农作物保险公司或经批准的保险商提供虚假或不实信息；或"（B）未能符合联邦农作物保险法的要求。

"（6）保险基金。在本款中筹集的资金应存入第 516（c）条中设立的保险基金中。

"（i）关于计划合规性及完整性措施的年度报告。：

"（1）所需报告。部长应当分别向众议院农业委员会以及参议院农业、营养及林业委员会提交年度报告，说明上一年度本节的实施情况以及农业部长及联邦农作物保险公司对本条的实施措施。

"（2）保险诈骗、浪费以及歧视行为的相关信息。报告应当说明保险浪费、诈骗或歧视行为的具体情况，同时应针对已认定的保险浪费、诈骗或歧视行为已采取或正在采取的措施进行概述。

"（j）信息管理。

"（1）系统升级。部长应对联邦农作物保险公司在管理及实施过程中、以及在本篇中所采用的信息管理系统进行升级。在此过程中，为最大程度上实现信息共享以及实现本条目的，部长应当确保新的软/硬件与农业部其他部门的软/硬件相兼容。

"（2）可用信息技术的利用。部长应当利用系称为数据发掘技术以及数据仓库技术等新的信息技术来实施及执行本篇。

"（3）私营部门的使用。在实施本款规定的过程中，部长有权签订合同，使用私营部门的专有技能及技术资源。

"（k）资金。

"（1）可用资金。为实施第 502（c）条、第 506（h）条、第 508（a）（3）（B）条以及第 508（f）（3）（A）条规定，在 2001 到 2005 年的每一财政年度内，联邦农作物保险公司有权利用第 516（c）条设立的保险基金所提供的不超过 23 000 000 美元的金额，其中第 2001 财政年度不超过 9 000 000 美元。

"（2）禁止性规定。（1）中所提供的款项不得用于支付联邦农作物保险公司雇员的工资。"

（b）符合性修改。《联邦农作物保险法》（《美国法典》第 7 篇 1506）第 506 条修改如下：

（1）删除（q）；以及

（2）分别重新将（r）以及（s）指定为（q）及（r）。

第 122 条　保密信息的保护。

修改《联邦农作物保险法》第 502 条，（《美国法典》第 7 篇 1502）在句尾增加以下内容：

"（c）保密信息的保护。

"（1）禁止披露的一般性规定。（2）另有规定的除外，否则部长、农业部及其下属部门的任何官员或雇员、经批准的保险商及其雇员、承包商、以及其他人员不得将在本篇中提交的生产者信息披露其他人。

"（2）授权披露。

"（A）在统计或汇总表格中披露。如信息已转化为统计或汇总表格，且不能识别出特定信息的提供人，则（1）所述之信息可予向公众披露。

"（B）生产者同意。（1）中所述信息之披露应征得生产者的同意。生产者参与本篇或部长下设的任何其他计划中的保险收益分配或接收保险收益，不以生产者在本款项下之同意为前提条件。

"（3）违法；处罚。《1985 年粮食安全法》第 1770 条（c）（《美国法典》第 7 篇 2276（c））适用于以本款规定方式所收集之信息的披露，或适用于禁止以本款规定之目的进行信息披露的情形"。

第 123 条　良好农业规范。

修改《联邦农作物保险法》第 508 条（a）（《美国法典》第 7 篇 1508（a）），删除（3），插入以下内容：

"（3）保险范围不包括因生产者的一定行为而造成的损失。

"（A）排除。本款项下提供的保险不包括因以下行为造成的损失：

"（ⅰ）生产者疏忽或不当行为；

"（ⅱ）在惯常补种的情况下，生产者未能在惯常补种地区补种同一类作物；或

"（ⅲ）因生产者不遵守良好农业规范，包括科学、健康、可持续以及有机农业规范。

"（B）良好农业规范。

"（ⅰ）非正式管理程序。生产者应有权根据联邦农作物保险公司确定的非正式管理程序，对（A）（ⅲ）中作出的有关良好农业规范进行审查。

"（ⅱ）行政审查。

"（ⅰ）禁止不利决定。基于《1994 年美国农业部改组法》（《美国法典》第 7 篇 6991 及以下）子篇 H 之目的，所作出之认定不得对当事人不利。

"（ⅱ）禁止撤销或修改。（ⅰ）规定的除外，否则所作出之认定不得因后续的行政审查而予以撤销或修改。

"（ⅲ）司法审查。

"（ⅰ）审查权。生产者有权对所作出之认定进行司法审查，且（1）中之审查权不会穷尽。

"（ⅱ）撤销或修改。不得因司法审查而撤销或修改所作出之认定，但是该决定经查明系武断或不合理决定的情况除外。"

第 124 条　记录及报告。

（a）投保的条件。修改《联邦农作物保险法》（《美国法典》第 7 篇 1508（f）（3））第 508 条（f）（3），删除（A），插入以下内容：

"（A）生产者应每年定期提交部长可接受的、关于本篇中所投保每一类农产品种植面积，单位面积产量以及生产情况的记录，并同意接受联邦农作物保险公司确定的产量要求；以及"。

（b）其他一般性权利。修改《联邦农作物保险法》（《美国法典》第 7 篇 1506）第 506 条，删除（h），插入以下内容：

"（h）信息收集与共享。

"（1）鉴定与调查。联邦农作物保险公司应当对农作物保险，农业相关风险、损失以及其他涉及本篇执行的情况开展鉴定与调查。

"（2）数据收集。联邦农作物保险公司应当收集数据，以确定完善农产品保险的统计标准。

"（3）记录共享。尽管有第 502（c）条之规定，但根据本篇以及《农业市场转型法》（《美国法典》第 7 篇 7333）第 196 节，所提交的记录应与农业部机构及当地办公室、州以及联邦政府部门及分支机

构、经批准的保险商共享，以实施本篇、第 196 条以及其他农业计划。"

子篇 C　研究及试点项目

第 131 条　研究与开发。

修改《联邦农作物保险法》（《美国法典》第 7 篇 1501 及以下），在结尾增加以下内容：

"第 522 条　研究与开发。

"（a）保单定义。在本条中，术语'保单'系指保险保单、保单或保险计划、保险条款或保单及其相关材料。

"（b）研发及维修费用的报销。

"（1）研发费用的报销。对于申请人产生的直接与保单相关的研发费用，联邦农作物保险公司应当提供报销，但是该保单应当符合以下条件：

"（A）提交董事且由董事会审批进行再保险；及

"（B）如可以，出售给生产者。

"（2）现有计划。对于在本条颁布前已提交董事会批准的保单，联邦农作物保险公司应报销所产生的、与保单直接相关的研发费用。

"（3）适销性。只有在认定该保险的适销性系建立在合理的营销计划基础上时，联邦农作物保险公司方应批准第（1）或（2）款项下之报销申请。

"（4）维修费用的报销。

"（A）要求。联邦农作物保险公司应报销与（1）及（2）中所述之年度承保维修费用。

"（B）期间。维修费用的报销期间不超过本款项下董事会批准报销申请之后的四个再保险年度。

"（C）维护选择权。在（B）所述的四年期届满后，经批准负责保险维护的保险商有权：

"（ⅰ）选择继续维持该保险，并向同意按本款出售保险的保险商收取费用；或

"（ⅱ）将该保险的维护责任转让给联邦农作物保险公司。

"（D）费用。

"（ⅰ）金额。在经董事会批准的情况下，可选择将保险出售，经批准的保险商应支付的金额应由负责保险维护的保险商确定。

"（ⅱ）批准。董事会应当批准（ⅰ）中经批准的保险商所确定的金额，董事会认定费用具有以下情形的除外：

"（Ⅰ）就保险相关的维修费用而言，该费用系不合理的；或

"（Ⅱ）不合理地限制对保险的利用。

"（5）补助的处理。在本款中，对保单所作之补助应视为联邦农作物保险公司就保险及其他保险财产研发的全额报销。

"（6）报销金额。联邦农作物保险公司应当在保险复杂性以及保险或材料预计销售地区规模的基础上，确定本款项下保险的报销金额。

"（c）研发签约部门。

"（1）职责。联邦农作物保险公司应签订合同实施研发活动：

"（A）经联邦农作物保险公司确定，增加在符合以下条件的相关州的参保率：

"（ⅰ）一直以来，该州联邦农作物保险参保率及保险可用率低，且继续维持此情况；且

"（ⅱ）该州的联邦农作物保险计划服务水平低下；

"（B）在联邦农作物保险计划服务水平低下的地区参加参保率；及

"（C）增加保险服务水平低下的农产品（包括特产作物）生产者的参保率。

"（2）保险服务水平低下的农产品及地区。

"（A）职责。联邦农作物保险公司有权按其规定之程序，与合格人员签订合同，实施研发活动促使（1）目的的实现。

"（B）协商。按（A）规定，签订合同前，联邦农作物保险公司应与入保研发商品的生产者集体进行协商。

"（3）合格人员。应由联邦农作物保险公司确定、具有作物保险与农场风险管理经验的人员（包括学院或大学、经批准的保险商以及行业协会或学术组织）。

"（4）合同类型。在本款下的合同可就新保险或范围扩大后的保险研发作出约定，包括在调整后毛收益、生产成本以及质量损失，以及比巨灾风险保障机制的覆盖范围更广、成本更高的中级基础计划。

"（5）保单的使用。经董事会批准，联邦农作物保险公司有权提供本款项下制定的并经董事会批准的任何保险。

"（6）研发优先性。联邦农作物保险公司应确定把牧场、游牧区以及牧草计划作为公司的最优先研发计划。

"（7）多年制保险研究。

"（A）通则。联邦农作物保险公司应聘任合格人员开展研究，认定所提供的多年制保险是否有助于减少联邦农作物保险计划参保人员的诈骗、浪费及歧视行为的发生。

"（B）报告。联邦农作物保险公司应当在本条颁布日后的一年内，向众议院农业委员会以及参议院农业、营养及森林委员会提交报告，详细说明小项（A）下的研究结果。

"（8）收入保单计划签约。联邦农作物保险公司应就一项或多项收入保险计划签订研发合同，该保险计划旨在促使生产者最大限度地运用市场价格波动，以便实现农产品销售收入最大化。收入保险计划可能涉及现有市场工具的运用或新市场工具的开发。联邦农作物保险公司应当在本节颁布后的 15 个月内，分别向众议院农业委员会以及参议院农业、营养以及林业委员会提交报告，详细说明本款项下的签约结果。

"（9）生产成本保单签约。

"（A）职责。联邦农作物保险公司应当就生产成本保单签订研发合同。

"（B）研发。该保险的研发应：

"（ⅰ）考虑到不同县的生产成本差；以及

"（ⅱ）尽可能覆盖更多的农产品。

"（10）与限制条件的关联性。制定本篇下之保单无须考虑本款的限制条件，包括：

"（A）保险额以及保险费率相关的要求；及

"（B）要求每一投保农产品的价格水平须等于董事会确定的农产品的市场预期价格。

"（d）风险管理开发及实施方面的合作。

"（1）宗旨。本款目的在于授权联邦农作物保险公司与公共及私人实体达成合作，旨在增强减损、财务及其他风险管理工具的实用程度，侧重《市场转型法》（《美国法典》第 7 篇 7333）第 196 条涉及农产品、特产作物以及服务水平较低农产品经营者的风险管理工具。

"（2）职责。联邦农作物保险公司可与国家合作研究、教育和推广管理机构，农业科学研究院，国家海洋大气管理局，及其他特产作物及服务水平较低的农产品风险管理、营销选择开发、实施方面水平较高的相关公共及私有企业合作。

"（3）目标。联邦农作物保险公司有权基于以下方面，按（2）规定达成合作关系：

"（A）加强对可严重影响农作物产量、质量以及最终产品使用的天气状况的通告以及提高天气状况通告的及时性，以便生产者采取预防措施，提供最终产品利润及可销售性，降低农作物保险理赔的可能性；

"（B）采取多方面病虫害防治及施肥措施，减少药物摄入、减少环境暴露，提高利用率；

"（C）开发或改进播种、培育、种植、维护、收割、储存、运输以及营销技术，解决不同年度不同地区的相关质量及产量问题；

"（D）明确劳动力要求，协助生产者遵守该要求，以更好地满足特产作物以及服务水平较低农产品之劳动密集及时间压缩型种植、田间管理及收割要求；

"（E）向州林务局长或对等官员提供协助，规范私有林场的焚烧行为，防止、控制或抑制火灾；

"（F）向生产者提供培训及介绍信息的机会，以便生产者更好地进行财务管理、作物保险及营销合同管理以及其他现有的、新产生的风险管理工具；以及

"（G）开发其他风险管理工具，进一步提高经济、生产的稳定性。

"（e）资金。

"（1）报销。在第 516 条（c）下确定的可得保险资金中，联邦农作物保险公司在 2001—2002 年每一财务年度用于提供（b）中的报销金额不得超出 10 000 000 美元，在 2003 财政年度以及后续每一财政年度的报销金额不得超出 15 000 000 美元。

"（2）合同签订。

"（A）机关。在第 516 条（c）下确定的可用保险资金中，联邦农作物保险公司在 2001—2003 年度每年用于实施（c）以及（d）中的合同及合作活动金额不得超过 20 000 000 美元，2004 财政年度以及后续每一财政年度每年此项金额则不得超过 25 000 000 美元。

"（B）低保险服务水平的州。在（A）中每一财政年度可得款项中，联邦农作物保险公司应用于研发合同活动、实施（c）（1）（A）所述目的金额不得超过 5 000 000 美元。

"（3）未使用资金。如联邦农作物保险公司认定，在某一财政年度不需要本条中的报销或合同补贴，联邦农作物保险公司有权采用多余金额，实施本节项下授权的其他职能。

"（4）禁止联邦农作物保险公司实施调研。

"（A）新保单。尽管有（d）之规定，但在 2000 年 10 月 1 日及之后，联邦农作物保险公司不得再针对本篇下农产品新保单实施研发。

"（B）现有保单。联邦农作物保险公司可继续向生产者出售在 2000 年 10 月 1 日前、按本篇规定制定的任何保单。"

第 132 条　试点项目。

（a）机关。《联邦农业保险法》（《美国法典》第 7 篇 1501 及以下）在第 131 条处作出修改，在结尾处增加以下内容：

"第 523 条　试点项目。

"（a）通则。

"（1）职责。本条另有规定的除外，否则联邦农作物保险公司应实施（b）或第 522 条制定的试点项目，按第 508 条（h）提交董事会批准，以评估试点项目方案或新风险管理工具是否符合市场需求、是否能够解决农产品生产者的需求问题。

"（2）私人保险。在本条中，如针对风险的保险防护来自私有企业，则公司不得实施任何针对该风险的保险防护计划。

"（3）承保活动。（1）所述的试点项目包括针对以下损失而提供保险保护的试点项目：

"（A）因干旱或虫害蔓延而导致农场牧草量减少；

"（B）牲畜中毒及患病；

"（C）因使用农药而导致蜜蜂数量的减少；

"（D）与水果、坚果、蔬菜普通特产作物、特色农作物、水产养殖品种以及林业需求相关的特定风险（包括增值）；

"（E）2001 年 10 月 1 日之后的野生鲑鱼，以下情形除外：

"（ⅰ）在不考虑本篇限制条件的情况下，实施野生鲑鱼的试点项目；及

"（ⅱ）联邦农作物保险公司应当在最大的实际范围内，实施本篇下所有的野生鲑鱼试点计划，所有实施本计划的相关费用在 2002 年财政年度以及后续的财政年度不得超出 1 000 000 美元。

"（4）试点项目的范围。联邦农作物保险公司：

"（A）有权在考虑到受影响生产者利益、联邦农作物保险公司利益以及风险后，批准在本条下的试点项目地区、州或全国范围内实施；

"（B）在 4 年内运行该试点项目，包括对该试点项目所作出的修改；

"（C）延长试点计划的时间，具体由联邦农作物保险公司确定；及

"（D）提供以下试点项目，允许生产者：

"（ⅰ）通过使用整个农场单元或单一作物保单元，使其能够享受到较低的保险费；及

"（ⅱ）跨越州及县的界限，形成可保单元。

"（5）评估。

"（A）要求。在完成本条中的试点项目后，联邦农作物保险公司应当对其进行评估，并分别向众议院农业委员会以及参议院农业、营养以及林业委员会提交关于试点项目运行情况的报告。

"（B）评估及建议。报告的内容应包括联邦农作物保险公司对试点项目的评估、以及公司就在全国范围内实施试点项目所提出的相关建议。

"（b）"牲畜试点项目。

"（1）牲畜的定义。在本款中，术语"牲畜"包括但不限于牛、绵羊、猪、山羊及家禽。

"（2）项目要求。根据（7）规定，联邦农作物保险公司应实施两项或多项试点项目，对牲畜生产者风险管理工具的有效性进行评估，包括期权运用及期权合约、维护牲畜生产者利益及提供以下保护的保单及保险计划：

"（A）向牲畜生产者提供适当的保护，以免其遭受生产及牲畜产品市场所固有的价格或收益波动金融风险；或

"（B）保护其免受生产损失。

"（3）本项目的目的。联邦农作物保险公司应当在实际允许的最大范围内，对（2）中最大数量及类型的试点项目进行评估，以确定让牲畜生产者免遭牲畜生产与市场相关金融风险的最佳风险管理工具。

"（4）时间节点。联邦农作物保险公司应在 2001 年财政年度内实施本款项下的牲畜试点项目。

"（5）与其他限制条件的关联性。可在不考虑本篇限制条件的情况下，制定本款项下的任何政策或保险计划。

"（6）协助。联邦农作物保险公司作为本款项下试点项目的组成部分，可对保单或保险计划提供再保险，并且生产者购买本试点计划的期权及期权合约、保单或保险计划时，公司会提供补贴。

"（7）私人保险。如联邦农作物生产公司认定，牲畜生产者的保险防护系来自私有企业，则就该风险而言，不会采取任何行动。

"（8）地点。联邦农作物保险公司应当在多个县实施本款中的牲畜试点项目，具体数量由联邦农作物保险公司确定，且此数量足以对需评估风险管理工具的可行性、有效性以及需求进行全面评估。

"（9）合格生产者。本款中，在试点项目所在县内，拥有或经营一家农场或牧场的任一牲畜类型的生产者均拥有该试点项目的参与资格。

"（10）支出限额。联邦农作物保险公司应当在实际允许的最大范围内，实施本篇中的所有牲畜项目，所有相关费用（第 522 条涵盖的研发费用除外）不得超出以下数额：

"（A）2001 及 2002 年度每一财政年度内不得超过 10 000 000 美元。

"（B）2003 财政年度内不得超出 15 000 000 美元。

"（C）2004 财政年度以及每一后续的财政年度内不得超出 20 000 000 美元。

"（c）收入保险试点项目。

"（1）通则。根据第 522（e）（4）条的规定，在 1997 至 2001 农事年度期间，农业部长应在多个县实施试点项目，具体数量由部长确定。在该试点项目下，小麦、饲料谷物、大豆或部长合理确定的其他农产品的生产者，有权选择投保保险、防止利润损失，具体事宜由部长决定。

"（2）管理。在本款项下之收入保险：

"（A）应当通过私人保险公司以再保险安排的方式提供；

"（B）应至少提供最低保险额度，作为灾害作物的替代保险；

"（C）其投保费用应当进行全面精确计算；及

"（D）要求投保的生产者支付保险金以及管理费。

"（d）试点项目费率的降低。

"（1）目的。本款项下试点项目旨在确定经批准的保险商是否会以降低后的保险费率竞相销售保单或保险计划、是否会以可维持经批准的保险商的财务稳定性的方式竞相销售保单或保险计划、是否会符合联邦保险计划的完整性要求。

"（2）试点项目的确立。

"（A）通则。自 2002 农事年起，联邦农作物保险公司应当确立试点项目，按照此试点项目，经批准的保险商：

"（i）可针对一项或多项农产品及"（ii）可在某一限定的地域范围内，提请董事会批准以降低后的保险费提供保单或保险计划。

"（B）由董事会决定。如董事会认定存在以下情况，其应当批准本款中提出的涉及降低保单或保险计划的政策：

"（i）生产者利益在试点地区内得到充分保护；

"（ii）董事会认定保险费率适当；

"（iii）拟提请批准的试点地区面积充分；

"（iv）拟提请批准的保单或保险计划，在拟提请批准地区不会对其他生产者造成不公正歧视；

"（V）如拟提请批准的保单或保险计划，在比拟提请批准地区规模更大地区亦实施，则拟提请批准的保单或保险计划：

"（I）不会给作物保险交付系统带来严重不利影响；

"（II）不会降低计划的完整性；

"（III）精算适当；及

"（IV）不会给联邦政府带来额外财政负担；及

（vi）拟提请批准的保单或保险计划符合董事会适当认定的本篇其他要求。

"（C）时限及程序。董事会在第 508 条（h）下确定的时限及程序应适用于本款项下的提交申请"。

（b）符合性修改。《联邦农作物保险法》（《美国法典》第 7 篇 1518）第 518 条修改如下：

（1）在"牲畜，不包括"之后删除"农产品及"；及

（2）删除"本篇第 508 条第（a）或（m）款项下"。

第 133 条　教育及风险管理补助。

修改《联邦农作物保险法》（《美国法典》第 7 篇 1501 及以下）第 132 条（a），在结尾处增加以下内容：

"第 524 条　教育及风险管理补助。

"（a）教育补助。

"（1）通则。根据（4）规定：

"（A）联邦农作物保险公司应当实施根据（2）所确定的项目；及

（B）农业部长应通过国家合作研究、教育和推广管理机构，实施根据（3）所确定的项目

"（2）教育及信息。联邦农作物保险公司应拟定一项计划，以便在下列州（具体那个州由部长确定）向生产者提供农作物保险教育及信息：

"（A）一直以来，该州联邦农作物保险参保率以及保险可用率低，且继续维持此情况的州；以及

"（B）该州的联邦农作物保险计划服务水平低下。

"（3）风险管理教育合作。

"（A）机构。在风险管理活动教育上（包括期货、期权、农业交易期权、农作物保险、现金期货合同，债务削减、生产多样化，农产资源风险控制以及其他风险管理战略），政府应向农业生产者提供全方位培训；农业部长应通过国家合作研究、教育和推广管理机构确定一项计划，要求在竞争的基础上，由部长决定向符合条件的公共及私有实体（包括政府资助的大学、合作推广服务机构以及学院或大学）拨款。

"（B）拨款依据。本款项下拨款系在价值基础之上，要进行同行业间或价值的审查。

"（C）义务期间。部长在两年的义务期内可使用本款项下拨付的资金。

"（D）行政支出。部长有权最多使用本款项下拨付资金的4％金额，用于支付其实施本项而产生的费用。

"（4）资金。从根据第516条（c）所确定的保险资金中：

"（A）在2001财政年度以及每一后续财政年度内，拨款5 000 000美元用于根据（2）中所确定的教育及信息计划；及

"（B）在2001财政年度以及之后每一财政年度年，拨款5 000 000美元用于根据（3）中所确定的风险管理教育项目合作事宜。

"（b）农业管理补助。

"（1）机构。农业部长应当在不少于10个但不超过15个州内，（联邦农作物保险计划参保率在历史上较低的州，具体由部长决定）向生产者提供费用分摊补助。

"（2）用途。生产者有权利用本款项下的补助用于：

"（A）构建或改善：

"（ⅰ）流域管理结构；或

"（ⅱ）灌溉结构；

"（B）建设防护林或改善水质；

"（C）通过生产多样化或节约资源的措施降低金融风险，包括：

"（ⅰ）土壤侵蚀控制；

"（ⅱ）虫害综合治理；或

"（ⅲ）向有机农业转型；

"（D）以旨在有助于降低生产价格或收入风险的方式签订期货、对冲或期权合约；

"（E）签订农业贸易期权合约作为一种对冲交易方式，以降低生产价格或收入风险；或

"（F）开展与（A）到（E）所述活动相关的其他活动，具体事宜由部长决定。

"（2）金额限制。在任何年度，在本款项下向每人（定义以《粮食安全法》（《美国法典》第7篇1308（5））第1001（5）条为准）拨付的总补助金额不得超出50 000美元。

"（3）商品信贷公司。

"（A）通则。部长应通过商品信贷公司实施本款规定。

"（B）资金。商品信贷公司应当在2001财政年度及以每一财政年度内，提供10 000 000美元贷款以实施本款规定。"

第 134 条　选择试点项目。

《农业市场转型法》(《美国法典》第 7 篇 7331) 第 191 条修改如下:

(1) 修改 (b) 第一句,删除 "100 个国家,但不得超过 6 个",插入 "300 个国家,但不得超过 25 个"。

(2) 在 (c) (2) 中作出修改,在分号前插入以下内容:"在任何农历年度内,生产者农场所在县包含在本试点项目的涵盖范围内";以及

(3) 在 (h) 第一句处作出修改,在句尾日期前插入以下内容:",但是商品信贷公司提供用于实施本条的资金数额,2001 财政年度不得超出 9 000 000 美元,2002 财政年度不得超出 15 000 000 美元,2003 财政年度不得超出 2 000 000 美元"。

子篇 D　管　　理

第 141 条　与其他法律的关系。

修改《联邦农作物保险法》(《美国法典》第 7 篇 1502) 第 502 条,在句尾增加以下内容:

"(d) 与其他法律的关系。

"(1) 保单及保险计划的条款。根据本篇提供的、并由联邦农作物保险公司再保险的保单或保险计划条款:

"(A) 不受商品期货交易委员会或证券交易监督委员会管辖;或

"(B) 不会视为账目、协议(包括具有 "期权","特权"、"赔偿"、"竞标"、"售卖期权","买入期权"、"预付款保函"、"限跌保函"),或者基于《商品交易法》(《美国法典》第 7 篇 1 及以下)、涉及根据商品销售合同拟进行交付的交易、或涉及履行市场合同或商品销售合同的交易。

"(2) 对商品期货交易委员会及《商品交易法》的影响。本篇内容不会影响商品期货交易委员会的管辖权,不会影响到《商品交易法》(《美国法典》第 7 篇 1 及以下)对这一交易的适用,即:经批准的保险商在市场合同上,实施该交易可抵销其在本篇下的保单或保险计划风险。"

第 142 条　公司的管理机构。

"(a) 公司董事会。

(1) 董事会构成的变更。修改《联邦农作物保险法》(《美国法典》第 7 篇 1505) 第 505 条,删除该条标题 "第 505 条," 及 (a),插入以下内容:

"第 505 条　公司管理机构。

"(a) 董事会。

"(1) 设立。公司管理权应由董事会行使,但要接受部长的监督。

"(2) 构成。董事会应只由以下成员构成:

"(A) 公司经理,担任非表决权董事。

"(B) 负责联邦农作物保险计划的农业部副部长。

"(C) 另外一名农业部副部长(具体由部长指定)。

"(D) 农业部首席经济学家。

"(E) 在农作物保险领域具有一名经验丰富的人员。

"(F) 在再保险或保险规范领域具有一名经验丰富的人员。

"(G) 来自美国不同地区,代表美国多个农产品品种的四名投保生产者(至少包括一名特产作物的生产者)。

"（3）任命私营部门成员。（2）中的（E）、（F）以及（G）中所述的董事会成员：

"（A）应由部长自行任命；

"（B）不得以其他方式同时受雇于联邦政府部门；

"（C）应采取四年期的交叉任职方式，具体由部长决定；及

"（D）连任不超过两届。

"（4）主席董事会应选举其中一名成员担任董事会主席。"

（2）实施。在《联邦农作物保险法》（已在（1）处做了修改）第505条（a）（3）下需要初步任命的联邦农作物保险公司董事会成员，应当在2001年2月1日至2001年4月1日期间内完成任命。

（3）对当前董事会的影响。在（2）中成员完成初步任命前，截至本法颁布之日，联邦农作物保险公司董事会成员继续担任董事会董事职务。

（b）保单或保险计划以及相关材料的专家审查。修改《联邦农作物保险法》（《美国法典》第7篇1505）第505条，在结尾增加以下内容：

"（e）专家对保单或保险计划以及相关材料进行审查。

"（1）专家审查。董事会应当制定相关程序，以便经验丰富的保险精算师以及在承保领域经验丰富的人员，按此程序对保单或保险计划以及相关材料、或保单或保险计划调整实施独立审查，具体事宜由董事会确定。

"（2）对公司保单以及保险计划的审查。（3）另有规定的除外，否则于董事会每次至少聘任五名人员对保单或保险计划进行审查，其中：

"（A）最多一名受雇于联邦政府部门的人员；及

"（B）至少一名人员必须由经批准的保险商按董事会确定的程序进行指定。

"（3）私人提交材料的审查。如（1）所涉之审查包括根据第508条（h）提交的保单或保险计划及其相关材料，或保单或保险计划调整的：

"（A）对于每此实施的保单或保险计划的审查，董事会应当至少聘任五名人员，其中：

"（ⅰ）最多一名受雇于联邦政府部门的人员；及

"（ⅱ）不得有经批准的保险商的雇员；及

"（B）每次审查必须在第508条（h）（4）（D）中的120日期限届满前，至少提前30日完成并提交董事会。

"（4）对审查结果的审议。作为审议工作的组成部分，董事会应在专家审查情况基础上，审议本篇下拟提供的保单或保险计划及其相关材料，或审议调整后的保单或保险计划。

"（5）审查的资金来源。实施本款项下审查的每一项合同支出应从第516条（b）（2）（A）（ⅱ）中的款项中拨付。

"（6）与其他权限的关系。在本款中的缔约权限系对董事会在第506条（l）下可行使缔约权限的补充。"

第143条　保险计划评估合同。

《联邦农作物保险法》第507条（c）（2）（《美国法典》第7篇1507（c）（2））修改如下：

（1）删除"精算、赔付调整"，插入"精算服务、与赔付调整及保险评级相关的精算服务"；及

（2）在"私人领域"后插入如下内容："以及使部门集中调节在本篇中保险的提供以及第508条（h）或第523条计算新产品和材料的提交"。

第144条　提供电子形式的农作物保险信息。

《联邦农作物保险法》第508条（a）（5）（《美国法典》第7篇1508（a）（5））修订如下：

（1）将原（A）（B）小项分别作为（ⅰ）（ⅱ）条款并将这些条款向右缩进两个单位；

（2）删除"公司"，插入以下内容：

"（A）可用信息。公司"；及

（3）在结尾处增加以下内容：

"（B）采用电子方式。

"（ⅰ）联邦农作物保险公司的信息传播。联邦农作物保险公司应当以电子方式，向生产者以及经批准的保险商提供（A）中所述之信息。

"（ⅱ）向联邦农作物保险公司提交的信息。在实际允许的最大范围内，联邦农作物保险公司应允许生产者以及经批准的保险商，采用以下电子手段提交公司要求的信息。

第 145 条 州的充分服务覆盖。

修改《联邦农作物保险法》（《美国法典》第 7 篇 1508（a））第 508 条（a），在句尾处增加以下内容：

"（7）充分服务覆盖的定义。

"（A）充分服务的定义。在本项中，术语"充分服务"系指至少达到全国平均参保率 50％的参保率。

"（B）审查。董事会应当对本篇下提供的保单以及保险计划参保率进行审查，以确定每一州对保单及保险计划的服务是否充分。

"（C）报告。

"（ⅰ）通则。董事会应当在（B）中的审查结束后的三十日内向国会提交有关审查结果的报告。

"（ⅱ）建议。报告的内容应包括有关提高保单以及保险计划服务不充分州的参保率的建议。"

第 146 条 向董事会提交保单及相关资料。

（a）授权提交人员。修改《联邦农作物保险法》第 508 条（h）（1）（《美国法典》第 7 篇 1508（h）（1）），在"人员"后插入以下内容："（包括经批准的保险商，学院或大学，合作组织或行业协会或任何其他人员）"。

（b）由经批准的保险商销售。修改《联邦农作物保险法》第 508 条（h）（3）（《美国法典》第 7 篇 1508（h）（3）），在第一句中的"销售"之后插入"经批准的保险商"。

（c）提交及审查指南。《联邦农作物保险法》第 508 条（h）（4）（《美国法典》第 7 篇 1508（h）（4））修改如下：

（1）删除（A），插入以下内容：

"（A）保密。

"（ⅰ）通则。根据《美国法典》第 5 篇第 552 条（b）（4）规定，在本款中提交董事会的方案（包括由方案产生的任何信息）应当视为商业或财务机密。

"（ⅱ）密级标准。如方案相关的信息系，由部长按《美国法典》第 5 篇第 552 条（b）（4）中的商业机密及商业或财务信息的保密或机密级别予以保留，则该等信息不得向公众披露。

"（ⅲ）适用。本小项仅在董事会对方案作出批准之前的期间内适用于该方案。"

（2）在（B）中作出修改，在"该（The）"之前插入"个人陈述"。以及

（3）删除（C）及（D），插入以下内容：

"（C）不予批准的通知。

"（ⅰ）时间。如不予批准，董事会应当在做出不批准决定前的三十日内将此意向通知申请人。

"（ⅱ）修改申请。

"（Ⅰ）权力机构。申请人在收到通知后有权修改其申请，并且对修改过的申请，董事会应在修改过的申请提交后三十日内由，以（D）规定之方式给予审批。

"（Ⅱ）期限。（ⅰ）不适用于董事会对修改后申请进行审议的情形。

"（ⅲ）解释。不予批准本款项下之的保单或保险计划的通知，应随通知附一份关于董事会不予批准的完整解释。

"（D）批准或不予批准保单或材料的决定。

"（ⅰ）期限。董事会应当在本款项下的保单或保险计划提交后的 120 日内，作出批准或不予批准保单或保险计划的决定。

"（ⅱ）解释。董事会作出任何不予批准保单或保险计划的决定，其应随附一份关于董事会不予批准的完整解释。

"（ⅲ）未能在截止日前作出决定。尽管本篇存在任何其他规定，但如董事会不能在规定的时间内作出决定（董事会及申请人同意延期除外），则在该保单或材料指定的初始再保险年度内所提交的保单或其他材料应视为经董事会批准。"

（d）技术性修改。《联邦农作物保险法》第 508 条（h）（《美国法典》第 7 篇 1508（h））修改如下：

（1）删除（6）、（8）、（9）以及（10）；以及（2）将（7）重新指定为（6）。

第 147 条　资金。

（a）拨款授权。修改《联邦农作物保险法》（《美国法典》第 7 篇 1516（a）（2））：

（1）删除'年'，插入"在…后的年度："；

（2）大写每一项首单词首字母；

（3）在（A）结尾处删除"；及"，插入句号；及

（4）在结尾处增加以下内容：

"（C）实施第 523 条下的牲畜及野生鲑鱼项目相关的费用，应遵守第 523 条（a）（3）（E）（ⅱ）以及（b）（10）的限定条件。

"（D）与第 522 条下研发报销、缔约以及合作相关的费用。"

（b）保险资金支付一般公司费用。《联邦农作物保险法》第 516 条（b）（1）（《美国法典》第 7 篇 1516（b）（1））修改如下：

（1）删除"包括"，插入"包括以下内容："；

（2）每一项的首字母大写；

（3）删除每一项句尾的分号；

（A）以及插入句号；

（4）在第（B）项句尾删除"；及"，插入句号；及

（5）在句尾增加以下内容：

"（D）实施第 523 条下的牲畜及野生鲑鱼项目相关的费用，须遵守第 523 条（a）（3）（E）（ⅱ）以及（b）（10）的限制条件。

"（E）第 522 条下研发报销、缔约及合作相关的费用。"

（c）加快审查与实施保单、保险计划以及相关材料。《联邦农作物保险法》（《美国法典》第 7 篇 1516（b）（2））第 516 条（b）（2）修改如下：

（1）删除"研发费用"，插入"保单审批以及实施。"

（2）在（A）作出修改：

（A）删除"可支付"，插入"有权使用"；

（B）插入"公司的研发费用"；以及

（C）在句尾删除句号，插入以下内容"，支付以下费用：

"（ⅰ）第 508 条（h）项下提交的，或第 522 条、第 523 条下开发的保单、保险计划以及相关材料审查与实施相关的费用。

"（ii）第 505 条（e）下保单、保险计划以及相关材料审查所产生的合同费用。"；以及

（3）在（B）中作出修改，删除"研发"。

（d）存入保险费用。《联邦农作物保险法》（《美国法典》第 7 篇 1516（c）（1））第 516 条（c）（1）修改如下：

（1）删除"收入以及"，插入"收入"；以及

（2）在"（a）（2）"后插入"，以及第 515 条（h）下收取的民事罚款"。

第 148 条　《标准再保险协议》。

尽管有《1998 年农业研究、推广及农业改革法》（《美国法典》第 7 篇 1506 注释；公共法律 105—185）第 536 条的规定，但联邦农作物保险公司仍有权在 2001 到 2005 再保险年度内重新谈判确定《标准再保险协议》。

子篇 E　其他事宜

第 161 条　对马铃薯税收范围的限制。

修改《联邦农作物保险法》第 508 条（a）（3）（《美国法典》第 7 篇 1508（a）（3）），在结尾处增加以下内容：

"（C）对马铃薯税收范围的限定。本篇中提供的保单或保险计划（包括在（h）中由董事会批准的保单或保险计划）的保险范围，不涵盖因收入削减而造成的损失，但其是整个农场保单或保险计划的除外，具体由联邦农作物保险公司确定。"

第 162 条　棉花与水稻的作物保险范围。

修改《联邦农作物保险法》第 508 条（a）（《美国法典》第 7 篇 1508（a）），在结尾处增加以下内容：

"（8）与棉花及水稻有关的特殊条款。尽管本篇中有任何其他规定，但自 2001 年起，对于陆地棉、超长绒棉以及水稻，联邦农作物保险公司应提供保险计划，包括本篇下的不能耕种保险及复种保险，承保因干旱以及盐水入侵而产生的陆地棉、超长绒棉及水稻损失。"

第 163 条　对特定生产者的保险赔偿。

（a）通则。本条中另有规定的除外，否则尽管有《联邦农作物保险法》第 508 条（c）（5）（《美国法典》第 7 篇 1508（c）（5））的规定，但如生产者在销售该保险的州在精算文件规定的交易日前，就第 MGR-99-004 号公告（效力直至（d）宣布其失效时）涵盖的农产品投保 1999 年农作物收入保单，该生产者有权要求按保单进行保险赔偿。

（b）在收割价格基础之上。（a）所述商品保单中的基础价格及收割价格，应按联邦农作物保险公司于 1998 年 7 月 14 日公布的商品交易批单进行确定。

（c）再保险。根据（b），尽管有《联邦农作物保险法》第 508 条（c）（5）（《美国法典》第 7 篇 1508（c）（5））的规定，但联邦农作物保险公司应按《标准再保险协议》就该保单提供再保险。

（d）公告被宣告废止。农业部风险管理局局长签发的第 MGR-99-004 公告予以废止。

（e）生效日期。本条自 2000 年 10 月 1 日起生效。

第 164 条　国会对联邦农作物保险计划的认识。

国会认为：

（1）农场主组成的合作组织在以下方面对《联邦农作物保险法》（《美国法典》第 7 篇 1501 及以下）

宗旨的实现发挥重要的作用：

（A）鼓励生产者参与联邦农作物保险计划；

（B）改善农作物保险的交付系统；及

（C）协助开发新保险产品，改善现有保险产品；

（2）风险管理部门应通过其管理活动，鼓励农场主所有的合作组织在其成员中推广相关的风险管理活动；

（3）经批准的保险商与农场主所有的合作组织之间开展合作，可为农业生产者提供机会，以较低的成本获取所需要的更有竞争力的保险；

（4）风险管理部门遵守适当的管理程序，以确保农场主所有的合作组织持续参与交付农作物保险品种；

（5）风险管理部门采取措施，最终制定相关规定涵盖参与联邦农作物保险计划的合作组织当前已批准的业务法规，这些措施值得称道；及

（6）联邦农作物保险公司应当在本法颁布之日起 180 日内完成《一般性行政法规》、《保险金削减》、《退款、利润以及补助性退款》等拟实施规则的颁布，并在 1999 年 5 月 12 日予以公布：

（A）在规则制定期间应对公众意见进行有效回应；

（B）向农场主所有的合作组织，提供协助其成员获得农作物保险以及最有效地参与联邦农作物保险计划的机会；

（C）涵盖参与联邦农作物保险计划的农场主所有的合作组织的经营操作规范；以及

（D）保护农业生产者的利益。

第 165 条　国会对包括少数民族及资源受限地区农场主在内的美国农村地区的认识。

国会认为：

（1）包括少数民族及资源受限地区及农场主在内的未享受到当前经济繁荣的美国农村地区；

（2）由于农产品价格持续走低，面临的巨大挑战，包括：

（A）农场经济低迷；

（B）农村主要街区企业亏损、工作岗位较少；

（C）现金投资减少；以及

（D）独立农场主亏损；

（3）国会对美国农场主以及农村提案者（包括美国农村集会的组织者）呼吁公众关注此问题的努力表示赞赏；以及

（4）国会积极响应美国农村地区所关注的问题，保证会在以下方面尽全力对联邦农业计划进行必要修改：

（A）化解农业价格危机；

（B）向农业家庭进行相应授权以确保市场竞争；

（C）确保包括少数民族以及资源受限地区农场主在内的所有农场主广泛参与该计划；

（D）投资农村交易及医疗事业；

（E）扩大资源范围，增强技术种植补助；

（F）为后代保留自然资源；及

（G）确保食品供应安全。

子篇 F　生效日期及实施

第 171 条　生效日期。

（a）通则。（b）另有规定的除外，否则本法及其修改将于本法颁布之日起生效。

（b）例外情况。

（1）2001 财政年度。以下条款及其修改自 2000 年 10 月 1 日起生效：

（A）子篇 C。

（B）第 146 条。

（C）第 163 条。

（2）第 2001 农事年度。以下条款的修改自 2001 农产品农事年度起生效：

（A）第 101 条（a）、（b）以及（c）。

（B）第 102 条（a）。

（C）第 103 条（a）、（b）以及（c）。

（D）第 104 条。

（E）第 105 条（b）。

（F）第 108 条。

（G）第 109 条。

（H）第 162 条。

（3）2001 再保险年度。以下条款作出的修改自 2001 再保险年度起始适用：

（A）第 101 条（d）。

（B）第 102 条（b）。

（C）第 103 条（d）。

第 172 条　法规。

农业部长应当在本法颁布之日起的 120 日内颁布实施本条及其修改的法规。

第 173 条　保留条款。

《联邦农作物保险法》（《美国法典》第 7 篇 1501 及以下）以及在本法颁布之日起生效的《1996 年联邦农业完善和改革法》第 196 条应当：

（1）继续适用于 1999 农事年度；以及

（2）适用于 2000 农作物年度（如本法的修改因第 171（b）条款或修改条款而迟延适用）。

第 II 篇　农业补助

子篇 A　市场损失补助

第 201 条　市场损失补助。

（a）通则。农业部长（在本章中简称'部长'）应当利用商品信贷公司的资金，以市场损失补助金的形式，向符合《农业市场转型法》（《美国法典》第 7 篇 7201 及以下）农场生产灵活性合同中的 2006 财政年度补助的产权人及生产者提供补助。

（b）金额及方式。在提供本条下补助时，部长应当：

（1）采用与《2000 年农业、农村发展，药物管理以及相关部门拨款法》（《美国法典》第 7 篇 1421 注释；《公法》106 - 78）第 802 条（b）中规定相同的金额；以及

（2）以符合该法第 802 条（c）的方式提供补助拨款。

（c）时间限定。部长应当在 2000 年 9 月 1 日后、2000 年 9 月 30 日前，提供本条规定之拨款。

第 202 条　油籽。

（a）通则。部长应有权在商品信贷公司提供的资金中拨款 500 000 000 美元，向在 2000 年油籽作物

年度符合条件获得《农业市场转型法》（《美国法典》第7篇7231）市场补助的生产者提供补助。

（b）计算。向本条下某一油籽农场生产者支付的补助金额应等于所获产量乘以：

（1）部长确定的补助比例；

（2）在（c）下确定的油籽农场生产者的种植面积；以及

（3）在（d）中确定的油籽的农场生产者产量。

（c）面积。

（1）通则。（2）另有规定的除外，否则（b）（2）中油籽种植面积，应等于农场生产者向农业部长报告的1999或1998或1997农事年度农场生产者油籽的种植面积，以较高者为准，（包括逾期提供的面积）。

（2）新生产者。如农场生产者在2000农事年度（非1997、1998或1999农事年度）期间内种植油籽，则在（b）（2）中农场生产者种植油籽的面积，应等于2000农事年度农场生产者向部长申报的油籽种植面积（包括逾期提交报告的任何面积）。

（d）产量。

（1）大豆。除在（3）另有规定的以外，（b）（3）中的农场生产者大豆的产量应等于（以最大者为准）：

（A）1995到1999农事年度期间每一农事年度，全县每英亩的平均收割产量，不包括每英亩最高收成的年度以及最低收成的年度；或

（B）1997，1998或1999农事年度农场生产者的实际产量。

（2）其他油籽。除在（3）另有规定的以外，（b）（3）中除大豆以外的其他油籽农场生产者的产量应等于（以最高者为准）：

（A）1995到1999农事年度期间每一农事年度每英亩的全国平均产量，不包括每英亩最高收成产量的年度以及最低产量的年度；或

（B）1997、1998或1999农事年度农场生产者的实际产量。

（3）新生产者。如2000农事年度（非1997、1998或1999农事年度）期间种植油籽的农场生产者，其在（b）（3）中的产量应等于（以较高者为准）：

（A）1995到1999农事年度期间每一农事年度每英亩的平均收割产量，不包括每英亩最高收成产量的年度以及最低产量的年度；或

（B）2000农事年度农场生产者的实际产量。

（4）数据来源。在实际允许的最大范围内，部长应当利用美国农业统计中心提供的数据实施本条规定。

第203条 特产作物。

（a）易腐农产品法资金的补充。在第261条（a）（2）下提供的资金中，有30 450 000美元应：

（1）存入《易腐农产品法》第3条（b）（5）设立的易腐农产品法基金中；

（2）与其他款项一起存入易腐农产品法基金中；以及

（3）在与易腐农产品法基金相同的期间内，用于与其相同的目的。

（b）《1946年农产行销服务法》项下服务信托资金补充。在第261条（a）（2）下提供的款项中，其中29 000 000美元应：

（1）存入设立的信托资金账户中，涵盖《1946年农产行销服务法》第203条（h）（《美国法典》第7篇1622（h））下的检验、认证及验证服务；

（2）与信托资金账户中的其他款项合并；以及

（3）在与信托资金账户的其他款项相同的时间内，用于与其相同的目的。

（c）检验服务的完善。在第261条（a）（2）中提供的款项中，其中11 550 000美元由部长用于改

善水果及蔬菜检验所使用的基础设施及系统，包括改善：

（1）用于检验员培训的计划，包括设立检验员培训中心；

（2）检验员使用的技术资源；

（3）检验员使用的数字成像的应用；以及

（4）检验员使用的办公空间以及分级表格。

（d）过剩农作物收购。

（1）收购。在第 261 条（a）（2）所提供的款项中，其中 200 000 000 美元应由部长用于收购经历 1998 或 1999 农事年度低价的特产作物，包括苹果、豇豆、樱桃、柑橘、小红莓、洋葱、西瓜、桃子以及土豆。

（2）取代。部长应确保在本款项下对特产作物的收购不会取代部长根据任何其他法律对所做的收购。

（e）种植者补偿。

（1）补偿。在第 261 条（a）（2）下提供的款项之中，其中 25 000 000 美元应由部长用于补偿：

（A）就李痘病毒所发布的异常紧急声明（于 2000 年 3 月 2 日公布）覆盖范围内的种植者；

（B）因皮尔斯病害遭受损失的种植者；及

（C）因柑桔溃疡病遭受损失的商业生产者。

（2）报告。部长应当在 2000 年 7 月 19 日前与农业部检查部长进行协调，分别向众议院农业委员会以及参议院农业、营养以及林业委员会提交对以下事宜的分析报告：

（A）在纽约市布朗克斯区亨茨波终端市场，因指控农业部评级人出具虚假商检证书而给生产企业所造成的经济损失；及

（B）关于部长对（A）所描述的人员损失的赔偿。

（f）有关苹果的贷款。

（1）要求。农业部长应通过农业服务局利用商品信贷公司资金，向因苹果价格低迷而遭受经济损失的苹果生产者提供贷款。

（2）期限。本款项下的贷款期限不超过三年。

（3）利率。本款项下所提供贷款的利率应相当于美国政府届时因类似贷款到期而遭受损失的比例。

（4）担保。如提供本款项下贷款，部长有权要求生产者以不动产、或部长认为合适且能够保障联邦政府利益的其他担保物，对贷款提供担保。

（5）限定。本款项下的所有贷款用不得超过 5 000 000 美元。

第 204 条　其他商品。

（a）花生。

（1）通则。部长应当利用商品信贷公司资金，向配额或追加产量的花生生产者提供补贴，补偿其在 2000 农事年度因商品价格持续走低以及生产成本持续增加所造成的损失。

（2）金额。在（1）中向配额或追加产量的花生生产者补贴的金额应等于所获产量乘以：

（A）生产者已生产或应生产的配额或追加的花生产量；及

（B）补贴比例为：

（ⅰ）配额的花生，每吨 30.50 美元；以及

（ⅱ）追加的花生，每吨 16.00 美元。

（b）烟草。

（1）定义。在本款中：

（A）符合条件的人。术语"符合条件的人"系指在农场中拥有、经营或生产合格烟草的人员，其中符合条件的农场包括：

（ⅰ）在 1999 到 2000 农事年间，在《1938 年农业调整法》（《美国法典》第 7 篇 1311 及以下）的第三篇子篇 B 第一部分规定中合格的配额烟草的分配量有所降低的农场；以及

（ⅱ）在 2000 农事年度期间用于生产符合条件的烟草农场。

（B）符合条件的烟草作物。术语"符合条件的烟草作物"系指以下任一烟草品种：

（ⅰ）烤烟，包括 11、12、13 及第 14 类。

（ⅱ）火烤烟，包括第 21 类。

（ⅲ）白肋烟，包括第 31 类。

（ⅳ）雪茄烟烟芯叶以及雪茄内包叶，包括第 42，43，44，54 以及 55 类。

（2）补贴。自 2000 年 10 月 1 日起有效，部长应从商品信贷公司款项中拨款 340 000 000 美元，补贴给符合条件的人。

（3）各州之间的资金分配。（2）中提供的资金应按以下金额分配给各州的符合条件的人：

亚拉巴马州	100 000 美元
阿肯色州	1 000 美元
佛罗里达州	2 500 000 美元
佐治亚州	13 000 000 美元
印第安纳州	5 400 000 美元
堪萨斯州	23 000 美元
肯塔基州	140 000 000 美元
密苏里州	2 000 000 美元
北卡罗来纳州	100 000 000 美元
俄亥俄州	6 000 000 美元
俄克拉何马州	1 000 美元
南卡罗来纳州	15 000 000 美元
田纳西州	35 000 000 美元
维吉尼亚州	19 000 000 美元
威斯康辛州	675 000 美元
西维吉尼亚州	1 300 000 美元

（4）州内各农场之间的资金分配。在州内，部长应当在每一个农场均符合 2000 农事年度烟草配额条件的基础上，对（3）中各农场分配的金额进行细分。

（5）在各州符合条件的人员之间细分农场补贴额度。部长应当在 2000 年 10 月 20 日前在配额持有人、配额租用人，州农场的烟草生产者等符合条件的人中，对（4）中应提供给农场的款项进行细分，并按以下依据向符合条件人员拨付：

（A）在该州系国家烟草种植结算信托一方当事人的情况下，则应按该信托协议采用的，在配额持有人、配额租用人以及该州农场的烟草生产者中分配具体数额的公式进行拨付，如经部长认定，为促使在 2000 年 10 月 20 日前完成拨付而需要该公式进行调整，则可以调整；或

（B）在该州系非全国烟草种植结算信托一方当事人的情况下，公式由部长确定。

（6）向佐治亚州符合条件的人员完成拨付。只有当佐治亚州同意在同时或随后采用（4）及（5）中联邦拨款规定的方式、动用相同的金额（不高于 13 000 000 美元）向同样符合条件的人员拨付的情况下，部长方有权动用该资金向（3）中佐治亚州的人员拨付。

（7）行政费用。在（1）到（7）中提供的资金不得用于支付实施该等条款而产生的行政费用。

（8）转让分配的面积。修改《1938 年农业调整法》（《美国法典》第 7 篇 1314d）第 318 条，删除（g），插入以下内容：

"（g）转让分配面积。在本条中，转让后分配给农场的总英亩面积不得超出农场耕地面积的 50%。"

（9）生产者协会的白肋烟存货。《1938 年农业调整法》（《美国法典》第 7 篇 1314e（c）（3））第 319 条（c）（3）修改如下：

（A）在（B）处作出修改，删除"在"，插入"（D）另有规定的除外，在"；及

（B）在句尾增加以下内容：

"（D）不适用于以下调整。如部长认定在 2001 或之后任一农事年度内，非义务的白肋烟联合储备等于或低于本款项下确定的储备存货水平，则（B）应不适用于有此决定的农事年度以及后续所有的农事年度。"

（10）对白肋烟草配额调整的限制。

（A）实施调整。《1938 年农业调整法》（《美国法典》第 7 篇 1314e（e））第 319 条（e）第 5 句修改如下：

（ⅰ）删除"：如果"，插入"，以下情形除外（1）"；及

（ⅱ）在句尾的句号处增加以下内容："，及（2）任一农事年度内所有农场总调整额不得超出上一农事年度全国基本配额的 10%"。

（B）因自然灾害需要出租及转让配额。修改《1938 年农业调整法》第 319 条（k）（《美国法典》第 7 篇 1314e（k）），在句尾增加以下内容：

"（3）限制。在本款项下的农事年度出租或转让的总配额，不得超出在该农事年度出租或转让前已存在的农场配额的 15%。"

（11）白肋烟配额的出租以及转让。修改《1938 年农业调整法》（《美国法典》第 7 篇 1314e）第 319 条，删除（1），插入以下内容：

"（1）白肋烟配额的出租及转让。

"（1）审批程序。尽管本条有任何其他规定，如果在由农业部长主持的全州投票中，绝大多数的白肋烟生产者同意采用此类租用及转让的配额，那么农业部长有权准许白肋烟配额从一州农场出租及转让至该州的任何其他农场。

"（2）适用。本条仅适用于田纳西州、俄亥俄州、印第安纳州、肯塔基州以及维吉尼亚州。"

（12）白肋烟配额及种植面积的出售和记录。修改《1938 年农业调整法》（《美国法典》第 7 篇 1314e）第 319 条，在句尾插入以下内容：

"（m）白肋烟配额及种植面积的计算机记录系统。

"（1）生产者报告。农场主应每年将在本法项下确定的农场生产白肋烟销售配额向部长申报备案，并附上报告说明农场的白肋烟种植面积。

"（2）计算机记录系统。部长应当在本款颁布后的 180 日内建立包含（1）中所有申报信息及相关记录（具体由部长决定）的计算机记录系统。

"（n）出售白肋烟配额。尽管本条有任何其他规定，但如拥有本法项下确定的白肋烟配额的农场主向买方出售整个或部分农场土地，部长应准许土地的买卖双方决定同土地一起转让的配额比例。"

（c）蜂蜜。

（1）通则。部长应当按公平合理的条款及条件，利用商品信贷公司资金向 2000 农事年度的生产者提供保护贷款，具体由部长决定。

（2）贷款利率。（1）中的贷款利率应相当于 2000 农事年度之前五个农事年度期间平均蜂蜜价格的 85%，但不包括平均最高蜂蜜价格的农事年度以及平均最低蜂蜜价格的农事年度。

（d）羊毛及马海毛。

（1）通则。在 1999 市场年度内，部长应当利用商品信贷公司资金向羊毛以及马海毛的生产者提供补贴。

（2）补贴比例。在（1）中应向生产者提供的补贴比例应等于：

（A）羊毛每英镑 20 美分；及

（B）马海毛每英镑 40 美分。

（e）棉籽。部长应当从商品信贷公司资金中拨款 100 000 000 美元，向 2000 棉籽作物年度的生产者及初级加工者提供补助。

第 205 条　贷款差额补贴。

（a）符合条件的生产者。自 2001 农事年度起，在小麦、大麦或燕麦的生产者符合《农业市场过渡法》（《美国法典》第 7 篇 7235）第 135 条下的贷款差额补贴条件，但选择将该等作物用于牲畜喂养时，若生产者与部长签订放弃收割该土地其余的小麦、大麦或燕麦的协议，部长应当对该等生产者提供补贴。

（b）补贴数额。在本条补贴农场生产者的数额应采用以下计算方式：

（1）自协议签订日生效起，在《农业市场转型法》第 135 条（c）（《美国法典》第 7 篇 7235（c））所确定的农场所在县的贷款补贴比例；乘以

（2）采用以下方式得出的补贴面积：

（A）生产者由用作喂养牲畜并选择放弃收割的小麦、大麦或燕麦的农场放牧面积；以及

（B）以下产量（以较高者为准）：

（ⅰ）由部长确定的农场作物产量；或

（ⅱ）每英亩作物收割面积的平均县产量。

（c）时间、方式及可得补贴。

（1）时间及方式。在本条中的补贴应当与《农业市场转型法》第 135 条（《美国法典》第 7 篇 7235）下的贷款差额补贴在同一时间，以相同的方式进行拨付，但是该补贴在 2001 年 9 月 30 日前应拨付的除外。

（2）可得补贴。农业部长应当确定本条下补贴的可用期间，该期间应与，由《农业市场转型法》（《美国法典》第 7 篇 7231 及以下）子篇 C 批准，并由部长设立的营销补助贷款中确定的小麦、大麦以及燕麦的可用期间相一致。

（d）法规。部长应根据第 263 条颁布必要的法规，对本条中未能享受到该补贴的小麦以及饲料作物的生产者而言，以公正平等地执行本条核准之补贴。

（e）资金。农业部长应当利用商品信贷公司资金来实施本条。

第 206 条　扩大符合贷款差额补贴条件的生产者范围。

（a）符合条件的生产者。《农业市场转型法》（《美国法典》第 7 篇 7235（a））第 135 条（a）修改如下：

（1）删除"向生产者"，插入"向：（1）生产者"；

（2）在句尾处删除句号，插入"；及"；及

（3）在结尾处增加以下内容：

"（2）仅在 2000 农事年度生效，不符合获得第 131 条下营销补助贷款条件的生产者，也可以生产合同农产品。"

（b）计算。修改《农业市场转型法》（《美国法典》第 7 篇 7235（b）（2））第 135 条（b）（2），删除"的生产者"内容以及删除包括句尾句号在内的所有内容，插入以下内容："由符合条件的生产者所生产的，不包括生产者获得第 131 条项下任何贷款的数额。"

（c）转变；受益。修改《农业市场过渡法》（《美国法典》第 7 篇 7235）第 135 条，在句尾增加以下内容：

"（e）转化。付给符合（a）（2）补贴条件，并在（a）（2）法规颁布后的 30 日内收获产品的农产品生产者的补贴，应在生产者丧失对农产品的受益权的时候确定，具体由部长决定。

"(f) 受益。根据（e）的规定，只有在生产者对商品具有受益权的情况下，生产者方具备享受本条下补贴的条件。"

子篇 B　环　保

第 211 条　环保补助。

（a）耕地保护。基于《1996 年联邦农业改善及改革法》（《美国法典》第 16 篇 3830 注释；《公法》104‑127）第 388 条所述之目的，农业部应从商品信贷公司资金中拨款 10 000 000 美元支付给：

（1）州或当地政府部门、联邦承认的印第安部落，包括按照州法律设立的耕地保护局以及土地资源局；以及

（2）符合以下条件的任何组织：

（A）专门为《1986 年国内税收法典》第 170 条（h）（4）（A）第（ⅰ）、第（ⅱ）或第（3）条一个或多个保护目的而设立的组织，或者自该组织设立后一直以该宗旨运营的组织；

（B）该法第 501 条（c）（3）中所描述的、能够享受到该法第 501 条（a）下之免税待遇的组织；

（C）该法第 509 条（a）（2）所描述的组织；或（D）该法第 509 条（a）（3）所描述的、且由该法第 509 条（a）（2）所述组织领导的组织。

（b）水土保持补助。：

（1）设立。部长应当从商品信贷公司资金中拨款 40 000 000 美元，向农场主以及牧场主提供以下方面的财政补助：

（A）解决水土及相关自然资源的环境问题，包括牧场、湿地以及野生动物栖息地；

（B）遵守联邦及州的相关环境法律；以及

（C）为保护、改良水土及相关自然资源而对种植制度、游牧管理、施肥、给养、虫害或灌溉管理、土地利用或其他措施进行的积极有效的改良。

（2）补助类型。在本款中的补助形式可分为成本共担型或激励型，具体由部长决定。

（3）地区。部长应按本款规定向《1985 年粮食安全法》第 1230 条（c）中未指定地区提供补助。

第 212 条　俄亥俄州 LITTLE DARBY 野生动物自然保护区的开发情况。

美国内政部长应通过美国鱼类和野生动植物管理局局长，在进一步开发位于俄亥俄州麦迪逊市以及联合县的 LITTLE DARBY 野生动物自然保护区前，应根据《1969 年国家环境政策法》（《美国法典》第 42 篇 4321 及以下）规定制定环境影响评估报告书。

子篇 C　研　究

第 221 条　碳循环研究。

（a）通则。在第 261 条（a）（2）下提供的款项中，部长应当经堪萨斯州立大学向农业土壤温室气体减排协作机构拨款 15 000 000 美元，通过（b）所述的政府赠地大学用于在全国、地区的以及当地进行碳循环的开发、分析及实施。

（b）政府赠地大学。（a）涉及的政府赠地大学包括：

（1）美国科罗拉多州立大学。

（2）美国爱荷华州立大学。

（3）美国堪萨斯州立大学。

（4）美国密歇根州立大学。

（5）蒙大拿州立大学。

（6）美国普渡大学。

（7）美国俄亥俄州立大学。

（8）德州农工大学。

（9）内布拉斯加大学。

（c）用途。（b）中的赠地大学应将本条中提供的资金用于：

（1）开展科研活动，提高采用土地管理措施，增加土壤固碳的科学依据，包括利用新技术，如生物技术和纳米技术增加碳循环的有效性的研究；

（2）达成合作关系确定、开发以及评估农业最佳操作规范，包括与以下组织的合作关系：

（A）联邦、州或私有实体；及

（B）农业部；

（3）开发必要的计算机模型对碳循环进行预测与评估；

（4）预估以及开发以下可测量碳含量的机制：

（A）自愿联邦环保计划；

（B）私有及联邦林业；及

（C）其他土地利用；

（5）经与农业推广局协调，开发推广计划，以便与碳循环以及益于农业生产者共享农业最佳操作规范相关的信息；以及

（6）与大平原地区地球科学应用中心合作开发太空碳循环遥感技术项目，以实现：

（A）以近似持续的方式，提供有关植被情况事实全画面呈现；

（B）对土壤固碳进行评估与建模；及

（C）商业产品开发。

（d）管理费用。部长用于支付实施本条所产生的费用金额不得超出（a）中所提供资金的3%。

第222条 基于医疗目的的烟草科研。

（a）补助。在第261条（a）（2）中所提供的款项中，农业部长应通过州际研究、教育和推广局向乔治城大学以及北卡罗来纳州大学拨款3 000 000美元，以支持其从转基因烟草中提纯蛋白质用于宫颈癌疫苗的研究。

（b）与其他法律的关系。尽管有规定禁止将拨付资金用于实施与烟草或烟草产品生产、加工或销售相关的科研之中，但部长有权提供（a）中所述之拨款。

第223条 土壤科学研究及林业健康管理研究。

在第261条（a）（2）中所提供的款项中，部长应向内布拉斯加大学总部和林肯分校拨款10 000 000美元，用于支持该大学实验室及设备，以便开展对土壤科学以及林业健康与管理的研究。

第224条 牲畜生产所产生的废水研究。

在第261条（a）（2）所提供的款项中，部长应当拨款3 500 000美元用于扩大当前关于以下技术方面的研究：

（1）减少、修改以及循环利用牲畜生产废水；及

（2）解决相关空气、水机土壤质量问题。

第225条 改善畜禽养殖废弃物的储存与管理。

（a）补助。在（a）（2）中所提供的款项中，部长应拨款5 000 000美元：

（1）用于对畜禽生产所使用的废弃物存储及处理系统的实际或潜在故障，以及系统故障造成的相关

环境破坏进行核验与评估；及

（2）对市场导向机制进行相应研究与演示，使畜禽生产者防范系统故障以及纠正与系统故障产生的环境损害。

（b）实施。部长应通过拨款、合约以及畜禽生产者和生产者协会、生产者支持的基金会的合作协议实施本条内容。

第 226 条　乙醇研究试点植物。

在第 261 条（a）（2）中所提供的款项中，部长应向伊利诺斯州拨款 14 000 000 美元，以用于支持伊利诺斯州州的南伊利诺斯大学艾德华兹维尔分校，完成其以玉米为基础的乙醇研究试点工厂的建设（协议号 59 - 3601 - 7 - 078）。

第 227 条　模式植物物种信息学研究所。

（a）设立及目的。为加强对基因组信息的利用，便于植物遗传学的研究，部长应通过美国农业科学院，就研究所（称为"模式植物生物信息学研究所"）的设立及运营事宜与美国新墨西哥州圣塔菲的国家基因组资源中心、新墨西哥州立大学以及爱荷华州立大学签订合作协议。

（b）拨款授权。为实施本条规定，授权拨款：

（1）3 000 000 美元用于设立（a）中的研究所；以及

（2）其他款项，用于每一财政年度实施（a）授权的合作协议所必要的目的。

子篇 D　农业营销

第 231 条　增值农业产品市场开发补贴。

（a）补贴项目。

（1）设立及宗旨。在第 261 条（a）（2）中所提供的款项中，部长应拨款 15 000 000 美元，用于向符合条件的、增值农产品及农业产品的独立生产者提供竞争性补贴，以补助合适生产者：

（A）为增值农产品或农业产品制定切实可行的企业营销计划；或

（B）为创造市场机会的生产者企业制定风险战略。

（2）补贴金额。在本款中向补贴接受人提供的补贴总额不得超过 500 000 美元。

（3）生产者战略。享受（1）中补贴的生产者有权将该补贴用于：

（A）制定企业计划或实施可行性研究报告，确定切实可行的增值农产品或农业产品的市场机会；或

（B）向提供资金支持生产者设立联盟或商业企业，以便其更好地在国内国际市场上参与竞争。

（b）农业市场资源中心试点项目。

（1）设立。虽然在（a）（2）中存在对补贴数额的限制，但部长在使用（a）中所提供的资金支持（2）所述符合条件的研究所设立试点项目（称为"农业市场资源中心"）时，金额不得超出 5 000 000 美元，该资金用于支持符合条件的研究所，将会：

（A）开发建设资源中心，以便其能够协调向增值农产品以及农业商品的独立生产者及加工者（由部长所确定），提供关于科研、商业、法律、金融或其他物流补助相关的电子信息；及

（B）制定全国范围内的市场信息及协调系统。

（2）适合条件的机构。为获得设立农业市场资源中心的资金补助条件，申请须向部长证明：

（A）其提供（1）（A）所述服务的能力及技术知识；

（B）制定简要说明申请人支持农业领域的计划；以及

（C）在该中心设立后，能够维持本中心运行的具有明确价值的可用资源（现金或实物）。

（c）匹配资金。（a）或（b）中的资金接收人应至少缴纳相当于所收到的联邦资金数的非政府资金。

（d）限制。在本条中提供的资金不得用于：

（1）建筑物或设施的筹建、修缮、修复、购买或建设（包括加工设备）；或

（2）固定设备的采购、租赁或安装。

子篇 E　营养计划

第 241 条　学校午餐要求商品的最低数额。

（a）2000 财政年度。尽管有任何其他法律规定（任何其他法律规定项下提供的任何补贴除外），但在第 261 条（a）（1）中所提供的款项中，部长应在 2000 财政年度拨款 34 000 000 美元，用于购买《理查德·B·罗素国家学校午餐法》（《美国法典》第 42 篇 1755）第 6 条中规定的商品，并分配给参与本法（《美国法典》第 42 篇 1751 及以下）中确定午餐计划的学校。

（b）第 2001 财政年度。修改《理查德·B·罗素国家学校午餐法案》（《美国法典》第 42 篇 1755（e）（1）（B））第 6 条（e）（1）（B），删除"2000"，插入"2001"。

（c）2001 财政年度的其他商品。尽管法律有任何其他规定（法律任何其他法律规定（包括第（b）款所作的修改）中所规定的补助除外），但在第 261 条（a）（2）下所提供的款项中，农业部长应在 2001 财政年度内拨款 21 000 000 美元，用于购买《理查德·B·罗素国家学校午餐法案》（《美国法典》第 42 篇 1755）第 6 条中规定的商品，并分配给参与本法（《美国法典》第 42 篇 1751 及以下）中确定午餐计划的学校。

（d）分配给学校。在（a）以及（c）中采购的商品应当在实际允许的最大范围内，以与《理查德·B·罗素国家学校午餐法案》（《美国法典》第 42 篇 1755）第 6 条中规定的方式分配给学校。

第 242 条　学校午餐数据。

（a）对保密性要求的限制性弃权。

（1）通则。《理查德·B·罗素国家学校午餐法案》（《美国法典》第 42 篇 1758（b）（2）（C）（ⅲ））第 9 条（b）（2）（C）（ⅲ）修改如下：

（A）在（Ⅱ）处作出修改，在句尾删除"及"；

（B）在（Ⅲ）作出修改，在句尾删除句号，插入"；以及"；以及

（C）在句尾增加以下内容：

"（Ⅳ）直接与实施《社会保障法》（《美国法典》第 42 篇 1396 及以下）第十九篇下的州医疗计划、或第二十一篇下的州儿童医疗保险计划的有关人员，仅为确定和招募符合该计划条件受益条件的儿童、或仅基于招收儿童参与本计划之目的（但是本款仅适用于州及食品机关选择学校的情况除外）"。

（2）认证及通知。修改《理查德·B·罗素国家学校午餐法案》（《美国法典》第 42 篇 1758（b）（2）（C））第 9 条（b）（2）（C），在句尾增加以下内容：

"（ⅵ）放弃保密的条件。选择行使第（ⅲ）（Ⅳ）条款中所述期权的州应确保任何学校食品部门依照该期权协调行事：

"（Ⅰ）应与州部门、当地部门或负责实施《社会保障法》（《美国法典》第 42 篇 1396 及以下及 1397aa 及以下）第十九篇及二十一篇下的儿童医疗保险计划的部门签订书面协议，以便使用（ⅲ）中获得的信息寻求招募儿童参与该等健康医疗计划；及

"（Ⅱ）（aa）通知每个家庭后，该信息应按（ⅲ）规定进行披露，且所披露之信息应仅用于招募儿童参与（ⅲ）（Ⅳ）所涉及的健康计划；以及

"（bb）向每户父母或儿童的监护人提供选择不予披露信息的机会。

"（ⅶ）对披露信息的使用。在（ⅲ）（Ⅳ）中信息的披露对象应仅将该信息用于或披露与（ⅲ）

（Ⅳ）中涉及的将儿童招录到健康计划之目的。"

（b）演示项目。

（1）通则。修改《1966 年儿童营养法》（《美国法典》第 42 篇 1786）第 17 条，在句尾增加以下内容：

"（r）利用 WIC 计划相关的演示项目，以确定及招募儿童参与一定的健康计划。

"（1）通则。根据（2）的规定，部长应至少在某一州的 20 个当地部门中设立演示项目，其中营养及实施费用（定义见（b）（4））应包括确定符合补贴条件儿童产生的费用，以及招募符合以下条件儿童所产生的费用：

"（A）《社会保障法》（《美国法典》第 42 篇 1396 及以下）第十九篇中的州医疗计划的儿童；以及

"（B）该法（《美国法典》第 42 篇 1397aa 及以下）第二十一篇下的州儿童保险计划的儿童。

"（2）州相关的要求。（1）中设立演示项目的州：

"（A）应当在不少于 20 个试点地区运营该项目：

"（B）在演示项目设立之日：

"（ⅰ）就（1）（A）以及（B）所涉及的计划而言：

"（Ⅰ）应采用简单化申请表格，篇幅不超过两页；

"（Ⅱ）应接受邮寄申请；及

"（Ⅲ）应当允许在多个地址参与该计划；以及

"（ⅱ）应当作为本节下的原创试点计划；以及

"（C）截至 1998 年 12 月 31 日：

（ⅰ）婴儿死亡率高于全国平均水平；以及

"（ⅱ）接种可预防疾病的相应年龄的总体免疫率低于 18％。

"（3）授权的终止。该款规定的授权自 2003 年 9 月 30 日起终止。"

（2）技术修改。《1966 年儿童营养法》（《美国法典》第 42 篇 1786）第 17 条修改如下：

（A）在（b）（4）中作出修改，删除"（4）"以及包括"方式"在内的所有内容，插入"（4）营养服务及实施费用"或"营养服务及实施方式"；以及

（B）在（h）（1）（A）处作出修改，删除"州以及地方部门对于营养服务以及实施所产生的费用"，插入"州及地方部门所产生的营养服务及实施费用"。

（3）演示项目补贴。修改《理查德·B·罗素国家学校午餐法案》（《美国法典》第 42 篇 1760）第 12 条，在句尾增加以下内容：

"（p）演示项目补贴。：

"（1）WIC 演示项目的资金用途。：

"（A）通则。部长应按本款规定向州提供补贴：

"（ⅰ）基于包括实施《1966 年儿童营养法》（《美国法典》第 42 篇 1786（r））第 17 条（r）下的演示项目在内的目的；以及

"（ⅱ）基于（ⅰ）所述之目的，在该州每一地点每一财政年度不超出 10 000 美元。

"（B）拨款。享受到（A）项补贴的州应将所收到的资金进行分拨，以确保在每一财政年度内该州的每个地方都能够接收到不超过 10 000 美元的补贴。

"（2）演示项目的评估。部长应当对演示项目以及本款项资助下的儿童认定和招录进展进行评估，评估内容包括对以下事项作出的认定：

"（A）本款的颁布需要招录的儿童人数；

"（B）招录儿童家庭的收入水平；

"（C）该项目或补贴计划项下提供的认定及招录补助服务费用；

"（D）对负责实施《1966 年儿童营养法》（《美国法典》第 42 篇 1786）第 17 条项规定下，关于妇

幼、儿童的特殊补充性营养计划的当地政府部门工作量的影响；以及

"（E）部长认为合适的其他因素。

"（3）提供资金。

"（A）通则。对于未挪作他用的财政部资金，财政部长应当在 2001 到 2004 财政年度向农业部长拨款 1 000 000 美元实施本款，并且须一直保有该资金，直至拨付完毕，但不得晚于 2004 年 9 月 30 日。

"（B）接收及接受。农业部长应有权接收、亦应接受（A）中所提供的资金，财政部不会再另行拨款。"

（c）生效日期。本条中作出的修改自 2000 年 10 月 1 日起生效。

第 243 条　儿童及成人保健食品完整计划。

（a）机构的定义；不包括存在严重缺陷的机构。《理查德·B·罗素国家学校午餐法案》第 17 条（a）（《美国法典》第 42 篇 1766（a））修改如下：

（1）删除"（a）部长"，插入以下内容：

"（a）授予机关以及机构资格。

"（1）授予机关。部长"；

（2）删除第二及第三句，插入以下内容：

"（2）机构定义。在该条中，术语"机构"系指：

"（A）向学龄非寄宿儿童提供课余保健或日常护理的任何公共或私人非营利性组织，包括儿童保健中心，娱乐、教育和社会中心，娱乐中心、学前教育中心以及向残疾儿童提供儿童护理设施的机构；

"（B）向非寄宿学龄儿童提供课余保健及日常护理服务、并因此享受《社会保障法》（《美国法典》第 42 篇 1397 及以下）第二十篇中向州提供补贴待遇的任何其他私人组织（只有在该组织所收到的补贴用于至少占 25％的所招录儿童或 25％的许可办学能力，以较少者为准）；

"（C）赞助（A）中所述一家或多家组织或成人日常护理中心（定义见（o）（2））的任何公共或私人非营利性组织；

"（D）作为以下一家或多家组织的赞助性机构、且系与以下一家或多家组织同属一家法人实体的任何其他私人组织：

"（ⅰ）（B）中所述的组织；或

"（ⅱ）第十九篇或第二十篇中属私人所有的护理中心（定义见（o）（2））；

"（E）赞助一家或多家家庭托儿所或集体儿童保健所的任何公共或私有非营利性组织；以及

"（F）任何其他应急避难所（定义见（t））。"

（3）删除"（r）另有规定的除外"，插入以下内容：

"（3）年龄限制。（r）有规定的除外，"；

（4）删除"部长有权另行制定操作指南"，插入以下内容：

"（4）其他操作指南。部长有权另行制定操作指南"；

（5）删除"基于确定…之目的"以及"机构"之后的所有内容，插入以下内容：

"（5）许可。为符合资格条件，机构"；以及

（6）删除"标准；以及"，插入"标准。"

（7）删除"（2）无机构"，插入以下内容：

"（6）标准。无机构"；以及

（8）在（6）处进行修改（按此指定）：

（A）修改（B），在"，一段期间内"前插入"，或因违反计划要求、而尚未被认定是否具有参与任何其他公共资助计划的资格"；

（B）（C）：

（ⅰ）在"（C）"后插入"（ⅰ）；以及"

（ⅱ）在句尾增加以下内容：

"（ⅱ）如系赞助性组织，则该组织应当针对由相关组织赞助并经州批准（按部长颁布的实施法规批准）的儿童保健中心及家庭托儿所、或集体保健中心的数量及特点，适当聘任一定数量的监督人员，以确保对儿童保健中心以及家庭托儿所或集体日常护理所进行有效监督；以及"；

（C）在（D）处作出修改，删除句号，插入分号；以及

（D）在结尾处增加以下内容：

"（E）如为提供赞助的组织，则该组织已生效的政策会限制其雇员、同时受雇于其他组织，这将妨碍该组织雇员履行对该计划中的职责；以及

"（F）如赞助性组织在本小项颁布之日或之后初次申请参与本计划，并且在其经营所在地的州要求该机构按该州法律、法规或政策提供担保，则该机构应按该州法律、法规或政策提供担保。"

（b）机构批准及申请。

（1）通则。修改《理查德·B·罗素国家学校午餐法案》（《美国法典》第 42 篇 1766（d））第 17 条（d），删除该款中重新指定款项的内容，以及删除包括（1）结尾处在内的内容，插入以下内容：

"（d）机构批准及申请。

"（1）机构批准。

"（A）管理能力。除（C）另有规定外，根据（B）的规定，对于符合本条关于参与儿童及成人保健食品计划要求的机构，州政府部门在作出以下认定后应当作出审批：

"（ⅰ）财务可行；

"（ⅱ）管理上，能够运行该机构申请书中描述的计划（包括赞助机构是否具有运行该计划所需的适当企业经验以及是否具有针对该项目运行的管理方案）；以及

"（ⅲ）是否具有确保有效实施该计划的内部控制机制。

"（B）私人机构的审批。

"（ⅰ）通则。除（A）要求外，根据（ⅱ）的规定，私人机构只有符合本条儿童及成人保健食品计划参与要求时，州政府部门才应当进行审批：

"（Ⅰ）在作出批准私有机构参与该计划前，州政府部门应对该机构进行实地考察，且考察结果符合要求；以及

"（Ⅱ）该机构：

"（aa）应具有《1986 年内部收入法》项下的免税身份；

"（bb）当前应运行要求有非营利性机构参与的联邦项目；或

"（cc）系（a）（2）（B）中描述的机构。

"（ⅱ）家庭托儿所或集体日常护理所的例外情形。（ⅰ）不适用家庭托儿所或集体日常护理所。

"（C）赞助组织的一定例外情形。

"（ⅰ）通则。在申请时，对于尚未参与儿童及成人保健食品计划的一家或多家家庭托儿所或集体日常护理所或中心的赞助组织，州政府部门只有在以下情况方可批准：

"（Ⅰ）该机构符合（A）以及（B）设立的要求；以及

"（Ⅱ）机构的参与有助于确保，向该地区补贴服务水平较低的家庭托儿所或集体日常保健所或中心，或者补助水平较低的儿童提供补贴。

"（ⅱ）筛选的条件。为确保机构参与该计划是否有助于确保向该地区补贴服务水平较低的家庭托儿所或集体日常保健所或中心，或者补助水平较低的儿童提供补贴，州政府部门应当制定审批标准，对申请截止之日尚未参与儿童及成人保健食品计划的一家或多家家庭托儿所或日常护理所或中心的赞助性组织进行审批。

"（D）申请人通知。州政府部门应当在申请机构向州政府部门提交完整申请书之日起三十日内，对

是否批准该机构参与儿童及成人保健食品计划的情况通知申请机构。"

（2）实地考察。《理查德·B·罗素国家学校午餐法案》第 17 条（d）（2）（A）（《美国法典》第 42 篇 1766（d）（2）（A））修改如下：

（A）修改（i），删除"；以及"，插入分号；

（B）将（iii）重新指定为（ii）；以及

（C）在（i）后插入以下内容：

"（ii）（Ⅰ）要求至少每三年一次，在不经事先通知的情况下，定期对赞助的儿童保健中心及家庭托儿所或集体日常护理所或中心进行实地考察，以查清及预防管理缺陷、计划欺诈及歧视现象的发生；

"（Ⅱ）要求至少每年一次，提前安排对赞助的儿童保健中心及家庭托儿所或集体日常护理所或中心进行实地考察，以查清及预防管理缺陷、计划欺诈及歧视现象的发生，以及改善计划的执行状况；以及

"（Ⅲ）要求至少每三年一次，事先安排对赞助的组织以及未受赞助的儿童保健中心进行实地考察，以查清及预防管理缺陷、计划欺诈及歧视现象的发生，以及改善计划的执行状况；以及"。

（3）一致性修改。修改《理查德·B·罗素国家学校午餐法案》第 17 条（d）（2）（B）（《美国法典》第 42 篇 1766（d）（2）（B）），删除"（a）（1）"，插入第"（a）（5）"：

（4）计划信息。

（A）通则。修改《理查德·B·罗素国家学校午餐法案》第 17 条（d）（《美国法典》第 42 篇 1766（d）），在句尾加上以下内容：

"（3）计划信息。

"（A）通则。参与本计划的受赞助的儿童保健中心或家庭托儿所或集体日常护理所或中心招录儿童后，该中心或托儿所（及其提供赞助的组织）应向儿童父母或监护人提供以下信息：

"（i）说明该计划以及补贴的信息；以及

"（ii）向该中心或托儿所提供赞助的组织、以及涉及计划运行的州政府部门的名称及联系方式。

"（B）形式。（A）所列信息，应当在实际允许的最大范围内，以儿童父母或监护人易于理解的形式及措辞提供。"

（B）生效日。如参与《理查德·B·罗素国家学校午餐法案》第 17 条（《美国法典》第 42 篇 1766）项下儿童及成人保健食品计划的受赞助儿童保健中心或家庭托儿所或集体日常护理所，在本法颁布前招录儿童，则该中心或托儿所应当根据本法第 17 条（d）（3）在本法颁布后的九十日内，向招录儿童父母或监护人提供（A）增加的信息。

（5）提供赞助组织的可列支管理费用。修改《理查德·B·罗素国家学校午餐法案》第 17 条（d）（《美国法典》第 42 篇 1766（d）），（按（4）（A）的修改），在句尾增加以下内容：

"（4）提供赞助组织的正当行政管理费用。经与州政府部门以及提供赞助的组织协商，部长应当制定并以此作为宣传，向州政府部门及提供赞助的组织提供该计划项下赞助组织可予报销的正当行政管理费用清单。"

（c）参与组织资格的终止或中止。修改《理查德·B·罗素国家学校午餐法案》第 17 条（d）（《美国法典》第 42 篇 1766（d）），（按（b）（5）的修改），在句尾增加以下内容：

"（5）参与组织资格的终止或中止。

"（A）通则。部长应当制定适用该计划项下的机构以及托儿所或集体护理所终止参与的程序。

"（B）标准。根据（A）规定，制定的程序应当在以下情况下终止机构或托儿所或集体护理所参与该计划的标准：

"（i）实施违法行为，向州政府部门提供虚假信息，或故意隐瞒犯罪历史的；或

"（ii）严重违反其与州政府部门的协议条款。

"（C）修正性措施。根据（A）制定的程序：

"（i）规定（B）所述实体应向采取纠正性措施；以及

"（ⅱ）州政府部门在认定实体参与人的健康、安全受到严重威胁，或该实体所参与的活动将对公众健康或安全带来威胁的情况下，有权要求（B）中的所述实体立即中止对该计划的运行，而不给予其采取纠正性措施的机会。

"（D）听证。在决定终止机构或家庭托儿所或集体日常护理所参与本计划前，应根据（e）（1）规定，给予该机构或家庭托儿所或集体日常护理所公平听证的机会。

"（E）被取消资格的机构和个人的名单。

"（ⅰ）通则。部长应当列出被终止或以其他方式被取消参与本计划资格的机构、受赞助的家庭托儿所或集体日常护理所的清单。

"（ⅱ）可用性。部长应当将该清单提供给州政府部门，以供其审批及更新拟参与本计划的机构、受赞助家庭托儿所或集体日常护理所以及个人的申请。"

（d）向机构追回已付款项。《理查德·B·罗素国家学校午餐法案》第 17 条（f）（1）（《美国法典》第 42 篇 1766（f）（1））修改如下：

（1）删除"（f）（1）已付款"，插入以下内容：

"（f）州向机构支出的金额。

"（1）通则。

"（A）要求。已付款；以及

（2）在句尾增加以下内容：

"（B）欺诈或歧视。

"（ⅰ）通则。就该计划而言，在认定该机构实施了欺诈或歧视，或提交了无效的报销请求的情况下，州有权向该机构追偿在（A）中已予支出的资金。

"（ⅱ）付款。在（ⅰ）中所收回的款项：

"（Ⅰ）可由该机构在一年或几年的期间内支付给州；以及

"（Ⅱ）不得从食品以及营养品中支扣。

"（ⅲ）听证。在作出本款项下资金追回的决定前，应根据（e）（1）给予当事人公平听证的机会。"

（e）赞助组织管理费用的限定。《理查德·B·罗素国家学校午餐法案》第 17 条（f）（2）（《美国法典》第 42 篇 1766（f）（2））修改如下：

"（C）赞助组织管理费用的限定。

"（ⅰ）通则。（ⅱ）另有规定的除外，否则日常保健中心赞助组织有权提存的管理费用不得超出（1）中所提供资金的 15％。

"（ⅱ）放弃。如该组织具有正当理由证明其需要占用超过（1）中所提供资金的 15％的作物管理费用，则该州有权放弃（ⅰ）中对赞助组织的要求。"

（f）对家庭托儿所或集体日常护理所调换赞助组织能力的限制。修改《理查德·B·罗素国家学校午餐法案》第 17 条（f）（3）（《美国法典》第 42 篇 1766（f）（3）），删除（D），插入以下内容：

"（D）对家庭托儿所或集体日常护理所调换赞助组织的能力的限制。

"（ⅰ）通则。根据（ⅱ）的规定，州政府部门应对家庭托儿所或集体日常护理所调换赞助组织的能力进行限制，限制其在一年内最多更换一次。

"（ⅱ）正当事由。州政府部门有权允许或要求，家庭托儿所或集体日常护理所在某一年度内，基于正当事由（具体由州政府部门确定）以高于一年一次的频率调换赞助组织，包括家庭托儿所或集体日常护理所终止参与儿童及成人保健食品计划。"

（g）涉及非寄宿日常护理服务的全州范围内的演示项目。

（1）通则。对《理查德·B·罗素国立学校午餐法案》第 17 条（p）（《美国法典》第 42 篇 1766（p））作如下修改：

（A）在（1）首句作出修改，删除"两个全州范围内的演示项目"，插入"在三个州实施全州范围

内的演示项目"；以及

（B）在第（3）款作出修改：

（ⅰ）在"小节"后插入"在"；

（ⅱ）在（A）处作出修改，在句尾插入"以及"；

（ⅲ）在（B）处作出修改，删除末尾的句号，插入"；以及"；以及

（ⅳ）在末尾增加以下内容：

"（C）以下其他州：

"（ⅰ）五周岁以下儿童不超过 60 000 人的州；

"（ⅱ）符合儿童护理及发展基金项下所提供补贴条件的潜在儿童人数超过全国平均比例（依据卫生与公众服务部于 1999 年 10 月公布的数据）的州；

"（ⅲ）在儿童护理及发展基金项下对所有家庭免除费用分摊要求的州；以及

"（ⅳ）支出超过儿童护理及发展基金项下总支出 50％的州。"

（2）生效日期。部长有权在 2001 年 10 月 1 日后，实施《理查德·B·罗素国立学校午餐法案》第 17 条（p）（3）（C）所述的，在（1）（B）（ⅳ）中增加的州内演示项目。

（h）从技术上或通过培训协助认定及防止欺诈和滥用。《理查德·B·罗素国立学校午餐法案》第 17 条（q）（《美国法典》第 42 篇 1766（q））修改如下：

（1）将（2）重新指定为（3）；以及

（2）在（1）后插入以下内容：

"（2）从技术上或通过培训协助认定及防止欺诈和滥用。作为（1）中所提供培训及技术协助的内容之一，为认定以及预防本计划项下欺诈及滥用行为，以及加强对该计划的管理，部长应当持续向州政府部门提供培训，且确保向赞助组织提供培训。"

（i）高风险学龄儿童计划。《理查德·B·罗素国立学校午餐法案》第 17 条（r）（《美国法典》第 42 篇 1766（r））修改如下：

（1）修改（2），在"营养品"前插入"膳食"；

（2）在（4）中：

（A）修改标题，删除"营养品"，插入"膳食及营养品"；

（B）修改（A）

（ⅰ）删除"仅用于"以及包括"（ⅰ）营养品"在内的内容，插入"仅用于每日每个儿童一餐及一次营养品供给"；

（ⅱ）删除"；以及"，插入句号；以及

（ⅲ）删除（ⅱ）；

（C）修改（B），删除"费率。营养品"，插入以下内容"费率。

"（ⅰ）餐饭。本款规定下的每顿饭应根据（c）中确定免费午餐的费率进行报销。

"（ⅱ）营养品。营养品"；以及

（D）修改（C），在"营养品"前插入"餐饭"；以及

（3）在结尾处增加以下内容：

"（5）限制条件。在本计划中，部长应当限定向六个州提供的餐饭在本款中的报销金额，包括宾夕法尼亚州、密苏里州、特拉华州以及密歇根州四个州，其中两州将通过竞争性申请程序由部长审批。"

（j）对未能提供充分培训、技术协助以及监督情况下的资金扣除。修改《1966 年儿童营养法》（《美国法典》第 42 篇 1776（a）（9）（A）第 7 条（a）（9）（A），在"《理查德·B·罗素国立学校午餐法案》（《美国法典》第 42 篇 1751 及以下）"后插入以下内容："（包括提供该法案（《美国法典》第 42 篇 1766）第 17 条中儿童及成人保健食品计划相关的充分培训、技术协助以及监督的要求）。"

第 244 条　对妇幼、儿童方案的调整。

(a) 定义。修改《1966 年儿童营养法》第 17 条（b）（《美国法典》第 42 篇 1786（b）），在末尾增加以下内容：

"（21）偏远的印第安或土著村落。术语'偏远的印第安或土著村落'应符合以下条件：

"（A）位于农村地区；

"（B）定居人口低于 5 000 人；且

"（C）公路全年无法到达的地区（定义见《美国法典》第 23 篇第 101 条）。"

(b) 公共卫生服务武装部队成员生活费津贴。《1966 年儿童营养法》第 17 条（d）（2）（B）（《美国法典》第 42 篇 1786（d）（2）（B））修改如下：

(1) 删除"收入任何"，插入"收入"（ⅰ）任何"；

(2) 删除"营房"，插入"住房"；

(3) 删除句尾的句号，插入"；以及"；以及

(4) 在结尾处增加以下内容：

"（ⅱ）在《美国法典》第 37 篇第 405 条中，向在美国大陆以外地区服役的武装部队成员提供的生活费津贴。"

(c) 居住证明。修改《1966 年儿童营养法》第 17 条（d）（3）（《美国法典》第 42 篇 1786（d）（3）），在结尾增加以下内容：

"（F）居住证明。居住在偏远印第安或土著村落的个人、或受印第安部落组织服务且居住在保留地或印第安人村庄的个人应以部长制定的标准，通过向州政府部门提供个人通信地址、以及偏远印第安部落或土著村落名称，确定本节中的居住证明。"

(d) 补贴额的调整。《1966 年儿童营养法》第 17 条（h）（1）（B）（《美国法典》第 42 篇 1786（h）（1）（B））修改如下：

(1) 修改（ⅰ），删除"1987 财政年度"，插入"上一财政年度"；以及

(2)（ⅱ）修改如下：

(A) 删除"1987 财政年度"，插入"上一财政年度"；以及

(B) 删除（Ⅰ），插入以下内容：

"（Ⅰ）由商业部经济分析局公布的、州以及地方政府在过去第二个财政年度 6 月 30 前的 12 个月内采购的指数价值；以及"。

(e) 拨款资金。修改《1966 年儿童营养法》第 17 条（h）（5）（《美国法典》第 42 篇 1786（h）（5）），在末尾增加以下内容：

"（D）偏远的印第安或土著村落。对于有大量偏远印第安或土著村落定居的非毗连州，若该转化有覆盖偏远印第安或土著村落服务支出（包括全部空运及其他交通成本）或母乳喂养所产生的必要支出之必要，则州政府部门可将一财政年度内的食品补贴金额转化为营养服务及管理支出。"

(f) 生效日期。

(1) 通则。(2) 有规定的除外，否则本条中所作出的修改自本法案颁布之日起生效。

(2) 拨付资金。(d) 以及（e）中所作出的修改自 2000 年 10 月 1 日起生效。

子篇 F　其他计划

第 251 条　关于根除棉籽象鼻虫的贷款机构。

(a) 贷款机构。尽管有任何其他法律规定，但部长应通过农场服务局，从商品信贷公司资金中调拨 10 000 000 美元，向德克萨斯州的棉铃象鼻虫根除基金公司提供贷款，以便该公司偿还棉铃象鼻虫根除

区的相关债务，因债务该区已全部或部分终止参与联邦棉籽象鼻虫根除计划。

（b）补贴条款及条件。在（a）中提供的贷款应受到以下条款与条件的约束：

（1）应当在负责利用贷款偿还债务的棉籽象鼻虫区、或任何分区重新参与棉铃象鼻虫根除计划后的第一个年度的 1 月 1 日起，开始偿还贷款。

（2）不得收取任何利息。

（c）限制条件。本条中的贷款费用不得超出贷款补贴的金额。

第 252 条 动物疾病防治。

（a）伪狂犬病。在第 261 条（a）（2）下所提供的资金中，部长应当拨款 7 000 000 美元用于猪肉生产者的伪狂犬病疫苗支出。

（b）牛结核病。在第 261 条（a）（2）所提供的资金中，部长应当拨款 6 000 000 美元用于应对密歇根州的牛结核病。该资金应当用于以下目的：

（1）用于牛以及野生动物的监测。

（2）用于农业研究院以及密歇根州立大学开展牛结核病相关的研究。

（3）用于提高赔偿额度，减少受感染的牛群。

（4）对牛结核病感染的人群进行诊断性实验及治疗。

（5）屠宰监管。

（6）控制及预防牲畜与受感染的野生动物接触，包括安装围栏，以尽量减少牲畜与野生动物接触。

（7）关于牛结核病风险及控制情况信息的发布，包括改进技术手段加强信息交流。

第 253 条 种子生产者的应急贷款。

（a）通则。在第 261 条（a）（2）下所提供的款项中，部长应拨款 35 000 000 美元与 200 000 美元的管理费用，向在 1999 农事年度因涉及美国农业科技公司的破产程序（以下称"破产程序"）而未收到该公司种子补贴的牧草、牲畜饲料、蔬菜以及高粱种的生产者提供无息贷款。

（b）贷款。

（1）通则。在本条中，向种子生产者提供的贷款金额不得超出农业科技公司在 1999 农事年度所欠种子生产者欠款金额的 65％，具体数额由部长决定。

（2）资格。为获得本条中的贷款资格，种子生产者在破产程序中的诉讼请求必须依据在美国育种的合同。

（3）控制。在确定在（1）中农业科技公司对种子生产的欠款数额时，部长应当同时审查生产者是否将种子的支配权转移到农业科技公司，或是否有存储的待售种子。

（4）担保。对于在本条中向种子生产者提供的贷款，种子生产者应当以其在破产程序中的诉讼请求提供担保。

（5）还款。出于国库存储目的，每一种子生产者应在以下日期前（以较早者为准）向部长偿还其贷款金额：

（A）农业科技公司的破产程序中资产结算、交割或破产资产分配的日期；或

（B）向种子生产者提供贷款 18 个月后。

（c）其他条款。

（1）从破产程序中实际收到的金额差额。如种子生产者因（b）（5）（A）中所述破产程序的原因，导致实际收到的金额低于（b）（1）中向种子生产者提供的贷款金额，种子生产者应有资格将贷款余额转化为（而非再贷款）与《巩固农业和农村发展法》（《美国法典》第 7 篇 1941 及以下）子篇 B 中正在运行的、相同条款及条件的贷款。

（2）漫长的破产程序。如要求种子生产者偿还（b）（5）（B）中贷款，种子生产者应有资格将贷款

余额转化为（而非再贷款）与《巩固农业和农村发展法》（《美国法典》第 7 篇 1941 及以下）子篇 B 中正在运行的、相同条款及条件的贷款。

（d）限制条件。在本条中所提供的所有贷款费用不得超出 15 000 000 美元。

第 254 条　机构暂停以合并相关部门。

（a）暂停。自本法颁布之日起到 2001 年 6 月 1 日，部长不得合并或采取任何措施合并（b）中指定的州级别的部门，除非截止本法案颁布之前，这些部门系属同一县。

（b）包括部门。（a）适用于以下任何部门机构：

（1）农场服务局。

（2）自然资源保护局。

（3）农村公共事业服务局。

（4）农村住宅服务局。

（5）农村商务合作局。

（c）报告。部长应当在 2001 年 4 月 1 日前，分别向众议院农业委员会及参议院农业、营养以及林业委员会提交报告，说明（b）中机构的拟合并情况，报告内容应包括拟从长远来讲有助于最大程度降低联邦政府开支的证明。

第 255 条　农场经营贷款的资格。

自本法颁布之日到 2002 年 12 月 31 日期间内：

（1）《巩固农业和农村发展法》第 311 条（c）以及第 319 条（《美国法典》第 7 篇 1941（c），1949）无任何法律效力；以及

（2）提供该法案（《美国法典》第 7 篇 1941 及以下）子篇 B 中的直接贷款时，部长应当优先考虑尚未经营过农场或牧场、或者所经营的农场或牧场不超过五年但符合贷款条件的农场主或牧场主。

第 256 条　阿拉斯加州农村及土著村落的供水系统。

修改《巩固农业和农村发展法》（《美国法典》第 7 篇 1926d）第 306D 条，删除（d），插入以下内容：

"（d）拨款授权。

"（1）通则。在 2001 以及 2002 每一财政年度，授权拨款 30 000 000 美元实施本条规定。

"（2）培训及技术协助。在每一财政年度内，阿拉斯加州用于其农村以及土著村落的、关于经营及管理供水及污水处理服务的培训及技术协助计划的费用，不得超出（1）中可提供款项数额的 2％。

"（3）有效性。根据（1）中的拨款授权，拨备的款项在使用完毕前系有效的。"

第 257 条　农作物及牧场洪灾补偿计划。

（a）覆盖土地的定义。在本条中：

（1）通则。术语"覆盖土地"系指的符合以下情况的土地：

（A）在 2000 农事年度因洪灾无法用于农业生产；

（B）在 1992 到 1999 农事年度期间至少一年用于农业生产；

（C）系占地至少 1 英亩的相连地块；且

（D）位于符合《美国法典》第 7 篇第 1439 条中制定的 1998 年洪灾补偿计划项下补贴条件的生产者所在县。

（2）不包括。术语"覆盖土地"不包括在以下计划项的生产者在 2000 农事年度期间投保、加入或受补贴计划的土地：

（A）《联邦农作物保险法》（《美国法典》第 7 篇 1501 及以下）准许的保单或保险计划；

（B）《农业市场转型法》（《美国法典》第 7 篇 7333）第 196 条中运行的未投保农作物补助计划；

（C）2000 农事年度制定的任何作物灾害计划；

（D）《1985 年粮食安全法》（《美国法典》第 7 篇 3831 及以下）子篇 D 确定的保护区计划；

（E）《1985 年粮食安全法》（《美国法典》第 7 篇 3837 及以下）子篇 D 第 1 章第 C 节中确定的湿地保护计划；

（F）禁止作物生产或放牧的任何紧急流域保护计划或联邦防洪计划；或

（G）任何其他联邦或州蓄水计划，具体由部长决定。

（b）补偿。部长用于补偿生产者的覆盖土地因长期洪灾损失的金额，不得超过商品信贷公司资金中的 24 000 000 美元。

（c）补偿比率。在本条中向生产者支付的补偿比率，应等于 2000 农事年度国家农业统计局确定的每英亩的县平均租金率。

（d）补偿金额限制。向本条中的人员（定义见《粮食安全法》第 1001 条（5）（《美国法典》第 7 篇 1308（5））提供的补偿总金额不得超出 40 000 美元。

（e）符合性修改。修改第 106 届国会 H. R. 3425（由《公法》106 - 113《美国法令全书》第 113 篇 1535）第 1000 条（a）（5）颁布为法律，且为《公法》《美国法令全书》第 113 篇 1501A - 289）的附件 E）第 207 条（《美国法令全书》第 113 篇 1501A - 294），在"Harney"之后插入"或湖泊"。

第 258 条　南达科他州南部皮尔附近地区的防洪问题。

（a）要求。根据（b）规定，对于奥马哈区美军陆军工兵部队在 1999 年 8 月 12 日制定的、关于南达科他州南部皮尔地区附近密苏里河的防洪研究、以及项目实施计划中所涉及的土地及房产，陆军部长应当在本法案颁布后，在实际允许的最短时间内：

（1）向同意出售的卖方收购该土地以及所有权；以及

（2）（A）对土地采取防洪措施；

（B）对该地区内定居居民进行重新安置；

（C）改善土地上的基础设施；或

（D）采取部长决定采用的其他措施。

（b）公布。

（1）通则。在修改于本法颁布之日的经济分析生效前，部长不得启动奥希尔大坝冬季发电厂的完整计划，不能简单认为联邦政府负责（a）所述的土地及房产的地下水防洪计划。

（2）降低。只有当部长清楚地下水防洪所带来的福利时，奥希尔大坝冬季发电厂计划才会相应降低，以符合（1）中所述的经济分析。

（3）最低水平。本款并不是允许奥希尔大坝发电厂计划降低到当前运行的水平。

第 259 条　农作物损失补助资格的恢复。

（a）法定结构变更的效力。根据《1999 年农业、农村发展、食品药品管理以及相关部门拨款法》（包括在《公法》105 - 277；《美国法典》第 7 篇 1421 注释）第 A 部分第 101 条（a）的规定，如个人或实体仅因其变更了农事耕作的法定结构而导致不符合补贴条件，则该个人或实体应当有权获得该款规定所应享受的补贴，但要扣除该个人或实体按该条（b）规定所得金额。

（b）多种农业经营。

（1）符合条件的个人。如在（a）所述以外的个体生产者采取多种农业经营方式种植，且并未享受到《1999 年农业、农村发展，食品药品管理以及相关部门补贴法》规定的补贴，对于以个人生产权益为基础的种植面积，如经部长认定其应受损失补助，则该个体户有权根据规定获得补助。

（2）降低。根据（1）向个人提供的补助将因第 1102 条第（b）款（就第（1）项所述面积而言，直接或间接归于该个人的原因）所提供补偿金额的影响而减少。

子篇 G 管　理

第 261 条　资金。

（a）拨款。财政部长应从财政部其他未予拨付完毕的资金中向农业部长提供以下拨款：

（1）2000 年财政年度拨款 34 000 000 美元以实施第 241 条（a）。

（2）2001 年财政年度拨款 465 500 000 美元实施以下条款：

（A）第 203 条（（f）除外）。

（B）子篇 C。

（C）第 231 条。

（D）第 241 条（除（a）之外）。

（E）第 252 及 253 条。

（b）接受。部长有权获得、亦应接受该资金，财政部不会再行拨款。

第 262 条　义务期。

本篇另有规定的除外，否则部长以及商品信贷公司应仅在 2000 年财政年度内使用

（1）第 261 条（a）（1）项下提供的资金；以及

（2）仅在 2001 年财政年度内，使用第 261 条（a）（2）项下提供的资金、以及本篇项下提供的商品信贷资金。

第 263 条　法规。

（a）颁布。部长以及商品信贷公司（视情形而定）应在本法颁布后尽快颁布、实施本篇及其相关修改法规。颁布本篇实施规定不考虑：

（1）《美国法典》第 5 篇第 553 条的通知及解释条款；

（2）于 1971 年 7 月 24 日生效的农业部政策声明，涉及立法以及公众参与立法通知方面的内容；以及

（3）《美国法典》第 44 篇第 35 条（通称为《缩减文书工作法》）。

（b）国会审查部门立法。部长应行使《美国法典》第 5 篇第 808 条规定的权限来实施本条。

第 264 条　对现收现付的调整。

根据《平衡预算与紧急赤字控制法》第 252 条（d）（《美国法典》第 2 篇 902（d））规定，行政管理及预算局局长不得因本篇的颁布对直接支出及收入作出任何估价变更。

第 265 条　商品信贷公司的报销。

财政部长应从财政部尚未拨出的款项中拨付资金，用于报销本篇中尚未报销的商品信贷公司之前遭受的变现损失净额。

第 Ⅲ 篇　《2000 年生物质研究与开发法》

第 301 条　简称。

本法引称为"2000 年生物质研究与开发法"。

第 302 条　调查结果。

国会发现：

（1）通过以下措施，将生物质转化为生物基工业产品将给国民带来巨大的潜力，通过：

（A）提高战略安全以及补贴平衡；

（B）更为健康的农村经济；

（C）改善环境质量；

（D）温室气体排放接近于零；

（E）技术出口；

（F）可持续的资源供给；

（2）为了使生物基工业产品更具成本竞争力，需要克服的最大技术挑战在于探究新技术，降低由生物质转化为所需要的生物基工业产品的技术成本；

（3）生物基燃料，如乙醇，具有明显的可持续潜能，低成本、高性能，契合当前及未来交通系统的需求，并且温室气体排放量接近于零；

（4）生物基化学品在产品生命周期环保方面具有明显的潜力；

（5）生物基动力可：

（A）带来环境效应；

（B）促进农村地区的经济发展；

（C）使能源资源的选择多样化；

（6）在某些情况下，诸多适用工业生产的生物质燃料已明显显示出了可持续生产方面的潜能，并且最终提高了土壤肥力，提高了碳固存率；

（7）（A）采用生物提炼技术的粮食加工厂能够生产多品种食品、化学品、草料以及燃料产品；以及

（B）使增值生物基工业产品进一步多样化的技术，能够满足谷物加工行业的主要需求；

（8）（A）纤维质原料之所以受追捧，原因在于其低成本以及广泛利用的特点；以及

（B）研发最具成本效益的技术，克服纤维素类生物质难以分解的特性，有助于采用生物提取技术大规模地生产燃料及大宗化学品，相应地也可有助于更大程度上实现（1）中所描述的利益；

（9）期望通过对生物质转化重要机制基本原理的研究，能够通过以下方式加快生物质加工技术的运用及推广：

（A）通过新技术来扩大生产的信心，以及加快通过新技术扩大生产的速度；以及

（B）在新知识的基础上进行加工方面的创新；

（10）通过加工技术，增加的生物质工业开发产品效用，将催生出更符合未来需求的原料设计；

（11）增值生物质工业产品的诞生，在建设、生产、经销以及新兴的更高附加值产品及技术的出口领域，提供新的工作岗位；

（12）（A）鉴于私有领域投资期限相对短的特点，及生物质加工关系到国计民生，联邦政府有必要提供前期商业投资，重点投资生物质加工领域的基本研发及研发性创新活动；以及

（B）该投资也是对联邦政府之前对生物质加工领域一如既往补助的有益补充；以及

（13）诸多著名研究，包括总统民间科技顾问委员会以及美国国家科学研究委员会所作的研究：

（A）推广了生物基工业产品生产技术，带来了其他相关福祉；以及

（B）记录了对集中、统一进行创新研究、及时推动进步的需求。

第 303 条　定义。

在本篇中：

（1）顾问委员会。术语"顾问委员会"系指第 306 条设立的生物质研究与开发技术咨询委员会。

（2）生物基工业产品。术语"生物基工业产品"系指由生物质制作而成的燃料、化学品、建筑材料、电能或热能。

（3）生物质。术语"生物质"系指可再生或重复发生的任何有机物质，包括农作物及树木、林木以及林木废弃物及残渣、植物（包括水生植物）、牧草、残渣、纤维、动物粪便、城市废弃物及其他废弃材料。

（4）理事会。术语"理事会"系指第 305 条设立的生物质研究发展理事会。

（5）计划。术语"行动计划"系指第 307 条设立的生物质研发计划。

（6）高等教育机构。术语"高等教育机构"具有《1965 年高等教育法》第 102 条（a）（《美国法典》第 20 篇 1002（a））赋予的含义。

（7）国家实验室。术语"国家实验室"应以《1980 年美国史蒂芬生—怀德勒技术创新法》第 12 条（d）（《美国法典》第 15 篇 3710a（d））给出的定义为准。

（8）联系人。术语"联系人"系指第 304 条（d）中指定的联系人。

（9）加工。术语"加工"系指由生物质转化为生物基工业产品的过程，包括：

（A）原料生产；

（B）收成及处理；

（C）预处理或热化学加工；

（D）发酵；

（E）催化加工；

（F）产品回收；以及

（G）副产品生产。

（10）研发。术语"研发"系指研究、开发以及演示过程。

第 304 条　生物质研发合作与协调。

（a）通则。农业部以及能源部部长应当就促进研发，向生物基工业产品生产转变相关的政策及程序开展合作与协调。

（b）宗旨。相互合作与协调的宗旨在于：

（1）了解在生物质向生物基工业产品转化过程中，深藏在生物质难分解特性中的基本机理；

（2）开发新的、性价比高的技术进行低成本、可持续生物基工业产品的规模化生产；

（3）确保生物基工业产品的开发能够加强经济发展、保障能源安全以及提高环境效益；以及

（4）促进农作物及能源作物向生物基工业产品转化的开发与利用。

（c）领域。在实施本篇的过程中，农业部以及能源部部长应与相关政府部门以及机构领导协商，共同推动研究开发：

（1）以符合美国关于食品、化学品以及燃料的可持续、安全供应之宗旨的方式，推进节能高效、具有经济竞争力以及环保的生物基工业产品的广泛利用；

（2）确保全面考虑联邦土地及土地管理计划，作为生物基工业产品的潜在原料资源；以及

（3）对由生物质到生物基工业产品的大规模转化生产所带来的环境、经济以及社会影响进行评估。

（d）联系人。

（1）通则。配合各部门，实施与生物基工业产品相关的研发计划与研发活动：

（A）农业部部长应当指定一名农业部官员作为农业部的联系人，该官员应在指定日前由总统任命，同时征求参议院的意见；以及

（B）能源部部长应当指定一名能源部官员担任能源部的联系人，该官员应在指定日前由总统任命，同时征求参议院的意见。

（2）职责。联系人应：

（A）协助安排生物基工业产品相关的多个实验室同时进行研发协议，以及对具体研发地点进行补充协议；

（B）担任理事会的联席主席；

（C）实施《行动计划》；以及

（D）对第 306 条（c）中顾问委员会提出每一项提议作出书面答复。

第 305 条　生物质研究与开发理事会。

（a）设立。设立生物质研究与开发理事会，取代根据第 13134 号行政命令设立的生物质及生物能源跨机构委员会，负责协调联邦政府部门及机构内部、部门机构间的计划协调，其宗旨在于通过以下措施促进生物质工业产品的利用：

（1）充分发挥联邦补贴以及补助的作用；以及

（2）向联邦战略计划靠拢。

（b）成员。理事会应由以下人员组成：

（1）按第 304 条（d）（1）（B）指定的能源部联系人，担任理事会联席主席；

（2）按第 304 条（d）（1）（A）指定的农业部联系人，担任理事会联席主席；

（3）内政部、环境保护局、国家科学基金会以及科学技术政策办公室各一名高级官员，每一名高级官员应当：

（A）由相关部门首脑任命；以及

（B）相当于联系人的级别；以及

（4）经农业部以及能源部部长的选择，由各部长任命（须经与（1）到（3）所述成员的协商）的其他成员。

（c）职责。理事会应：

（1）就生物基工业产品相关的研发活动与以下部门进行协调：

（A）农业部以及能源部之间；以及

（B）与联邦政府的其他政府部门以及机构之间；以及

（2）向联系人提出本篇实施相关的建议。

（d）资金。该理事会鼓励所代表的每一机构，基于本篇项下的任何目的提供资金支持。

（e）会议。理事会应当至少每季度召开一次会议，以促使理事会履行其在（c）中的职责。

第 306 条　生物质研究与开发技术顾问委员会。

（a）设立。设立生物质研究与开发技术顾问委员会，取代按第 13134 号行政命令设立的生物基产品及生物能源技术顾问委员会，负责：

（1）向农业部、能源部部长以及联系人提供以下方面的建议：

（A）在《行动计划》中出具方案的技术重点及要求；以及

（B）方案审查及评估程序；

（2）促进联邦与州政府部门、农业生产者、工业界、消费者、学术界以及其他利害群体之间，就《行动计划》相关的计划实施活动开展协商与合作；以及

（3）对《行动计划》相关的计划活动进行评估以及实施战略性规划。

（b）成员。

（1）通则。顾问委员会应由以下人员组成：

（A）隶属于生物基工业产品行业的个人一名；

（B）隶属于高等教育机构的、在生物基工业产品领域具有专长的个人一名；

(C) 政府或学术界中在生物基工业产品领域具有专长的优秀工程师或科学家两名；

(D) 隶属于商品交易协会的个人一名；

(E) 隶属于环境保护组织的个人一名；

(F) 州政府相关的在生物基工业产品领域具有专长的个人一名；

(G) 在能源分析领域具有专长的个人一名；

(H) 在生物质工业产品经济领域具有专长的个人一名；

（ｉ）在 农业经济领域具有专长的个人一名；以及

(J) 经联系人自行认定的其他成员。

(2) 任命。顾问委员会的成员应当由联系人任命。

(c) 职责。顾问委员会应：

(1) 向联系人提出《行动计划》相关的建议；以及

(2) 对以下事项作出评估，并向理事会提出书面建议确保：

(A)《行动计划》所授权的资金已经以符合《行动计划》宗旨的方式予以拨付、利用；

(B) 对于本篇中在考核基础上选择的、并经同行业独立科学与技术小组认定的方案，联系人已对该方案提供了资金支持；以及

(C) 在本篇中按本篇内容实施的其他活动。

(d) 协调。为避免重复操作，顾问委员会应与其他相关领域的联邦顾问委员会进行工作协调。

(e) 会议。为促使顾问委员会实施（c）中的职责，顾问委员会应至少每季度召开一次会议。

(f) 任期。顾问委员会成员的任期为三年，但以下情形除外：

(1) 任期一年的成员占初始任命成员的三分之一；以及

(2) 任期两年的成员占初始任命成员的三分之一。

第 307 条　生物质研究与开发行动计划。

(a) 通则。农业部以及能源部部长，与理事会协商后，应通过各自的联系人，制定并实施生物质研究与开发行动计划。根据该计划，在竞争的基础上，将向实施生物基工业产品研究符合条件的实体，提供补贴以及财政补助，或与该等符合条件的研究实体签订合作合同。

(b) 宗旨。在本条中补贴、合同以及财政补助的宗旨在于：

(1) 为实施基本的、及以创新为目的的科研技术开发，应鼓励生物质加工各领域的专家开展广泛合作；

(2) 增加生物质加工领域富有创新性与想象力的途径，以此开发下一代先进技术，使低成本、可持续的生物基工业产品的生产成为可能；

(3) 通过对生物质加工领域的未来科学家、工程师、经理人以及商界领袖进行培训及教育加强美国智力资源的整合；以及

(4) 促进学院、大学、国家实验室，联邦以及州科研机构及私有领域的统一科研合作，并以此作为克服跨越不同研究及工程学科技术挑战的最佳方式，以及作为更好实现有限联邦资金平衡的最佳方式。

(c) 符合条件的实体。：

(1) 通则。为符合本条中的补贴、合同或补助条件，申请人应当是：

(A) 高等教育机构；

(B) 全国实验室；

(C) 联邦科研机构；

(D) 州科研机构；

(E) 私有领域的实体；

(F) 非盈利性组织；或

（G）（A）到（F）中所述的两家或多家实体的组合体。

（2）管理。经与理事会协商后，联系人应：

（A）每年公布一次本条中补贴、合同及补助计划的单个或联合申请情况；

（B）对符合以下条件的科研，确定本条中提供补贴、合同缔约以及补助的优先顺序：

（ⅰ）具有改进生物质加工技术的重大潜力的研究；

（ⅱ）在实质推进国家领域敏感性目标方面具有潜力，这些目标包括：

（Ⅰ）持续的资源供应；

（Ⅱ）减少温室气体排放；

（Ⅲ）更为健康的农村经济；以及

（Ⅳ）提高战略安全及提高贸易平衡；以及

（ⅲ）提高对具有商业应用潜力的重要生物质加工系统的认识；

（C）应要求在确定同行业技术评审的程序并由同行业独立科学及技术专家小组评审后，本条中的补贴、合同以及补助方案应当在评审结果的基础上以竞争的方式提供；以及

（D）应当优先考虑：

（ⅰ）来自不同机构的专家组成的团体；以及

（ⅱ）鼓励不同学科之间的整合以及鼓励应用最佳技术资源。

（d）补贴、合同以及补助政策的利用。本条中的补贴、合同或补助应用于：

（1）克服生物质难分解特性的工艺技术研究，包括关于主要机理、先进技术以及用于以下目的的演示试验平台的研究：

（A）原料预处理，纤维以及半纤维化合物的水解，包括以下方面的新技术：

（ⅰ）提高产糖量；

（ⅱ）总体上减少化学品使用；

（ⅲ）降低原材料成本；以及

（ⅳ）降低成本；

（B）新生有机物开发，以及其他能够真正降低纤维素酶以及酶水解成本的方法。包括专门纤维素酶生产以及统一的生物处理策略；以及

（C）除酶水解以外的能够克服纤维素生物质难分解特性的其他方法；

（2）关于使产品多样化且能够采用生物质进行高效率低成本生产的技术研究，包括以下方面的研究：

（A）采用生物系统的代谢工程（包括转基因作物的安全利用）生产新产品，尤其是商品，或增加产品选择性以及产品容差，优先对在性能以及成本方面较化石产品更具有竞争力的生物基工业产品进行研究；

（B）催化加工，使生物质加工的中间体转化为试剂产品；

（C）对低成本产品进行回收及净化的分离技术；

（D）代谢工程以及生物质加工中间体催化以外的方法；

（E）先进的生物质气化技术，包括作为生物质加工的一个完整组成部分的电能以及热能副产品生产技术，同时存在产生多余电力销售的可能性；以及

（F）生物质发电的先进涡轮机以及固定式燃料电池技术相关的研究；以及

（3）旨在确保生物基工业产品环境绩效、经济活力及其生物质原材料投入方面的研究，包括在以下方面的研究：

（A）生物基工业产品环境绩效及可持续性方面的分析，以及提高生物基工业产品环境绩效及可持续性的策略方面的研究，包括以下方面的研究：

（ⅰ）就其他替代产品而言，与生物基工业产品生命周期相关的温室气体排放，碳封存以及碳循环

的准确测量与分析；

（ⅱ）当前及未来可用生物质资源的评估；

（ⅲ）土地管理操作规范以及替代性生物质种植系统的制定与分析，确保生物质生产及收成的环境绩效以及可持续性；

（ⅳ）与其他替代产品相关的生物基工业产品大规模生物质生产、加工以及利用带来的土地、空气、水源及生物多样性影响；以及

（ⅴ）生物质气化及燃烧发电；

（B）生物基工业产品经济活力分析以及提高生物基工业产品经济活力的策略，包括以下方面的研究：

（ⅰ）要求的工艺技术成本；

（ⅱ）副产品，包括食品、动物饲料以及纤维物质，对生物基工业产品价格以及大规模的经济活力的影响；以及

（ⅲ）新兴生物质炼油行业与石油炼油基础设施之间的交融；以及

（C）与原料生产相关的现场以及实验室研究，共同宗旨在于提高生物质加工的可持续性以及提高生产效率的同时，降低生产成本，包括以下方面的研究：

（ⅰ）改变生物质以使其更易于生产，同时降低生产成本；

（ⅱ）对当前以及未来能够成为生物基工业产品转化所需要的可持续资源，且同时对作为副产品（如食品、动物饲料以及纤维物质）来源的农作物及能源作物进行研究；

（ⅲ）提高农作物以及原料废渣的收割、收集、运输、储藏以及处理技术；以及

（ⅳ）开发有助于贫瘠土地保育及改良的经济可行的种植系统；或

（4）农业部以及能源部部长通过各自的联系人，在与董事会协商的情况下所确定的、与（b）所述目的以及与（c）（2）（B）所述优先顺序相一致的技术或流程研究与开发。

（e）向农业生产者转让技术与信息.：

（1）通则。国家合作研究、教育与推广管理局局长以及农业部自然资源保护局局长应当确保《行动计划》所取得的科研成果、技术应用到具体情况，通过恰当有效的途径对外散播。

（2）报告。国家合作研究、教育与推广管理局局长以及农业部自然资源保护局局长应当在本法颁布后的五年内，向国会对《行动计划》具有管辖权的各委员会提交报告，说明本款中两局对该活动的实施情况。

（f）授权拨款。除了能源部部长一般授权拨付针对生物质研发的计划资金外，在 2000 年到 2005 年期间的每一财政年度，还授权向农业部拨款 49 000 000 美元用于实施本篇规定。

第 308 条　行政支持及资金。

（a）通则。在（b）中的其他部门未提供行政支持及资金的情况下，能源部以及农业部部长有权向理事会以及顾问委员会提供能源部以及农业部行政支持与资金，以促使理事会以及顾问委员会实施其在本篇中的职责。

（b）其他机构。第 305 条（b）（3）中涉及的部门首脑以及第 305 条（b）（4）中任命的其他成员有权、亦应各自向理事会以及顾问委员会提供行政支持与资金。

（c）限制条件。在每一财政年度，用于支付实施本篇中的管理费用不得超出在第 307 条（f）中每一财政年度所拨付资金的 4%。

第 309 条　报告。

（a）初始报告。能源部以及农业部部长应当在本法颁布后的 180 日内，共同向国会提交报告说明以下情况：

（1）说明联系人、理事会成员以及顾问委员会的成员；

（2）说明联邦政府以及私有部门当前实施的生物基工业产品研究与开发的状态；

（3）包括理事会编写的一套对生物基工业产品潜能进行评估的标准的章节，并且就生物质生产以及向生物基工业产品转化方面而言，应包括以下内容：

（A）能量计量；

（B）环境影响评估；以及

（C）经济评估；以及

（4）对《行动计划》的研究开发目标进行描述，包括为实现该等目标，如何进行资金分配。

（b）年度报告。对于提供资金实施本篇规定的每一财政年度而言，能源部以及农业部部长应当向国会提交一份报告，详细说明：

（1）《行动计划》的状态及进度，包括顾问委员会关于针对《行动计划》所拨付的资金是否已以下述方式拨付及使用的报告：

（A）符合第 307 条（b）中所述宗旨；

（B）采用（a）（3）设立的标准；以及

（C）同时考虑到顾问委员会提出的意见；

（2）每一政府部门针对生物基工业产品所实施的合作及研发活动的一般状况，包括顾问委员会关于联系人是否对第 307 条（c）（2）（C）中选择的方案提供了资金支持；以及

（3）能源部以及农业部部长关于报告中顾虑问题（包括顾问委员会提出的顾虑问题）的解决方案。

第 310 条　授权终止。

本篇中规定的授权应自 2005 年 12 月 31 日起终止。

第Ⅳ篇　植物防疫法

第 401 条　简称。

本篇引称为"植物防疫法"。

第 402 条　调查结果。

国会发现：

（1）对植物虫害或毒草蔓延的监测、控制、根除、抑制、预防或延缓，有必要对美国农业、环境以及经济提供保护和保障；

（2）对蔓藤作物以及其他植物害虫及毒草而言，如生物控制是必要的、低风险的控制方式，农业部、其他联邦政府以及州政府部门应当加快利用该可行的控制方式；

（3）农业部长的职责在于，在实际允许的最大范围内（具体由农业部长决定）、采取能够降低植物害虫或毒草传染风险的方式，促进可能携带植物害虫或毒草的农产品及其他商品的进出口以及州际贸易；

（4）对可能影响本篇所规范产品进出口以及州际贸易的决定应当建立在科学决策基础之上；

（5）对于获准入境的植物、植物产品、生物控制有机物或其他物体，其自由进出口美国或在美国境内自由流动对美国经济来说至关重要，因此应当在可能的范围促进自由流动；

（6）植物害虫或毒草引入美国或在美国蔓延，严重影响到美国的出口市场；

（7）对植物害虫、毒草、植物、特定的生物控制有机物、植物产品以及携带植物害虫或毒草的物种不加监管，将造成植物害虫或毒草引入及蔓延等无法估计的风险；

（8）新型植物害虫或毒草或者在美国境内尚未广泛传播与分布的植物害虫或毒草，会对美国境内的

农作物及其他植物或植物产品构成威胁，并因此拖累美国的州际或对外贸易；以及

（9）所有的植物害虫、毒草、植物、植物产品以及携带植物害虫或毒草的物种会影响到美国的州际贸易或对外贸易。

第 403 条　定义。

在本篇中：

（1）物体。术语"物体"系指能够携带植物害虫或毒草的任何材料或有形物体。

（2）生物控制有机物。术语"生物控制有机物"系指用以控制植物害虫或毒草的任何天敌、对抗者或对手。

（3）"进入"以及"进入行为"。术语"进入"以及"进入行为"系指迁徙或迁入美国贸易境内的行为。

（4）"出口"及"出口行为"。术语"出口"以及"出口行为"系指从美国转移到美国以外地区或者从美国转移到美国以外地区的行为。

（5）"进口"以及"进口行为"。术语"进口"以及"进口行为"系指转移到美国境内以及转移到美国境内的行为。

（6）州际。术语"州际"系指：

（A）从一州进入或转移到任何其他州；或

（B）在哥伦比亚特区、关岛、美国维尔京群岛或美国其他领土或领地之间。

（7）州际贸易。术语"州际贸易"系指贸易、交通或以下区域之间的贸易：

（A）一州地区与另一州的一个点之间，或同一州不同点之间但须通过该州以外的地区进行的贸易；或

（B）在哥伦比亚特区、关岛、美国维尔京群岛或美国其他领土或领地之间。

（8）运输工具。术语"运输工具"系指用于或专门用于运输任何其他私人财产的私有财产。

（9）运输及相关术语。术语"移动"，"正在移动"以及"移动行为"系指：

（A）携带、进入、进口、邮寄、运输或运载；

（B）协助、怂恿、促使或诱使它人携带、进入、进口、邮寄、水运或运输；

（C）提供工具运输、进入、进口、邮寄、船运或运输；

（D）接受运输、进入、进口、邮递、船运或运输；

（E）释放到环境之中；或

（F）允许前小项描述的任一活动的行为。

（10）毒草。术语"毒草"系指能够直接或间接对作物（包括苗木或植物产品）、禽畜或其他农业、灌溉、航行的利益，以及美国的自然资源、公众健康或环境造成损伤或损害的任何植物或植物产品。

（11）许可。术语"许可"系指书面或口头的授权，包括部长按其规定条件，通过电子方式发布的、针对移动植物、植物产品、生物控制有机物、植物害虫、毒草或物体的授权。

（12）人。术语"人"系指任何个人、合伙、公司、协会、合营或其他实体。

（13）植物。术语"植物"系指传播或能够传播的任何植物（包括任何植物部位），包括林木、组织培养、植株培养、花粉、灌木、藤本植物、插枝、嫁接作物、幼枝、幼芽、根以及种子。

（14）植物害虫。术语"植物害虫"系指以下属于生长期的、能够对任何植物或植物产品带来损伤、损害或引起疾病的：

（A）原生动物。

（B）非人类动物；

（C）寄生植物。

（D）细菌。

（E）真菌。

（F）病毒或植物致病类病毒。

（G）传染性病原体或其他病原体。

（H）与前小项中指定的物体属同类或同源性物体。

（15）植物产品。术语"植物产品"系指：

（A）任何开花植物、果实、蔬菜、根系、块茎植物、种子或其他未涵盖在植物定义中的植物部位；或

（B）任何生产或加工后的植物或植物产品。

（16）部长。术语"部长"系指农业部部长。

（17）州。术语"州"系指美国诸多州中的一州，北马里亚纳群岛，波多黎各自治邦，哥伦比亚特区、关岛，美属维尔京群岛或美国的任何其他领土或领地。

（18）系统方法。基于第 412 条（e）之目的，术语"系统方法"系指界定后的一套植物检疫程序，其中至少有两种程序对化解商品流通相关的虫害风险具有独立的影响。

（19）本篇。本条另有规定的除外，否则术语"本篇"包括部长根据本篇的一般授权制定的规定或发出的指令。

（20）美国。术语"美国"系指所有州组成的整体。

子篇 A　植物防疫

第 411 条　植物害虫流动的管理。

（a）禁止植物害虫非法流动。除（c）的规定外，在州际贸易中，任何人不得进口、带入、出口或携带任何植物害虫—除非该进口、带入、出口或移动行为在一般或特定许可的授权范围之内，并按部长发布的法规进行，部长发布该规定的目的在于防止植物害虫传染至美国境内或在美国境内传播。

（b）程序要求。部长应当确保根据（a）法规制定的、用于审核进口申请的法规所采用的程序是建立在科学依据基础之上，且透明、易于理解。

（c）根据规定准许植物害虫的流动。

（1）准许要求的例外。在认为（a）中的许可无必要的情况下，部长有权发布相关法规，允许在州际贸易中进口、带入、出口或携带指定的植物害虫。

（2）申请从法规中追加或移除植物害虫的名单。任何人有权向部长申请，将植物害虫追加至部长在（1）中发布的禁止法规中，或申请从该禁止规定中移除。

（3）部长对申请的答复。对于（2）中提出的申请，部长应当在合理时间内对申请进行审查，并将针对此申请拟采取的最终措施通知申请人。部长对该申请所作出的决定应当建立在科学依据之上。

（d）禁止非法邮寄植物害虫。

（1）通则。不得邮寄任何含有植物害虫的信件、包裹、信箱或其他包裹，无论其是密封的、按信件收费的邮寄物件或其他，均不得故意以邮寄的方式寄送、亦不得通过邮局信差递送（除非该信件、包裹、信箱或其他包裹系按部长发布的规定邮寄），部长发布该规定的目的在于防止将该等植物害虫传染到美国境内或在各州之间传播。

（2）邮寄法律规定的适用。：

本款并未授权任何人私拆任何邮寄信件或其他密封的邮寄物件的权利，但是根据邮寄法律规定开启的情况除外。

（e）法规。部长发布该法规旨在实施（a）、（c）以及（d），包括以下内容：关于植物害虫进口、带入、拟出口、携带入州际贸易、或通过任一邮局邮寄或递交的条款：

（1）当事人应当在植物害虫进口、带入、出口或转移到州际贸易，或者邮寄或递交之前，附有部长

签发的许可证件；

（2）附有植物害虫迁出地所在县或州的相应官员出具（以部长要求的方式及形式）的检验证明；

（3）为认定该植物害虫是否存在以下情况，应当按部长制定的入境后阶段检疫条件，在部长的监督下进行繁育：

（A）是否寄生其他植物害虫；

（B）是否对任何植物或植物产品构成损伤、伤害或致病的严重风险；或

（C）是否为毒草；以及

（4）应当采取部长认定的、防止植物害虫蔓延所必要的补救性措施。

第 412 条　植物、植物产品、生物控制有机物、毒草、物体及运输工具的流动的管理。

（a）通则。部长有权禁止或限制将任何植物、植物产品、生物控制有机物、毒草、物体或运输运输工具进口、带入、出口或携带至州际贸易中，但前提是，其应认定该禁止或限制性措施为防止植物害虫或毒草引入美国境内或在美国境内传播的合理必要措施。

（b）政策。部长应当确保在本条中制定的、用于审核进口申请的法规所采用的程序是建立在科学依据基础之上，且透明、易于理解。

（c）法规。为贯彻实施（a），部长有权发布相关法规，包括任何植物、植物产品、生物控制有机物、毒草、物体或运输工具进口、带入、拟出口或引入州际贸易方面：

（1）当事人应当在植物害虫进口、带入、出口或转移至州际贸易之前，附有部长签发的许可证件；

（2）附有任何植物、植物产品、生物控制有机物、毒草、物体或运输运输工具迁出地所在县或州的相应官员出具（以部长要求的方式及形式）的检验证明；

（3）应当采取部长认定的、防止植物害虫蔓延所必要的补救性措施；以及

（4）就植物或生物控制有机物而言，为认定该植物害虫存在以下情况，应当按照部长制定的入境后阶段检疫条件、在部长的监督下进行种植或处理，旨在确定该植物或生物控制有机物是否感染植物害虫，或者该植物本就具有植物害虫或是毒草。

（d）通知。在本法颁布后的一年内，部长应发布通告，说明进口申请审查所适用的程序及标准，以征求公众意见。

（1）为确保程序的完全透明以及公众易于理解，在制定规定之前或制定期间，如需要风险评估，应通知征求公众意见的方式；以及

（2）包括对以下内容的审查：

（A）公布需要风险评估的进口申请情况。

（B）根据上述要求分配主要/非常规或次要/常规性状态的程序应建立在科学支持信息当前状态的基础之上。

（C）确定审查优先顺序的程序。

（D）在非正式立法之前，寻求相关科技及经济信息的作为指导。

（E）在风险评估过程中，确保假设以及不确定性因素有效、透明的操作指南，包括相关降低风险措施，上述措施相互依赖，或者作为风险控制系统组成部分，符合本篇宗旨。

（e）系统方法研究与报告。

（1）研究。农业部长应对系统方法的地位以及应用展开研究，以防止将植物或植物产品引入美国，相关的建议也将用于防止将植物病原体引入美国境内。

（2）科学家参与。在实施研究的过程中，部长应当确保州农业部门、学院及大学、私营机构以及农业科学研究院的相关专家参与该研究。

（3）报告。部长应当在本法颁布后的两年内，分别向参议院农业、营养以及林业委员会以及众议院农业委员会，提交关于本条中所实施研究结果的报告。

（f）毒草。

（1）法规。对于禁止或限制进入美国境内、或在美国境内受到流动限制的毒草，部长应通过发布法规的方式公布毒草清单。

（2）申请追加或移除。根据本款，任何人均有权向部长申请在部长签署的法规中追加或移除毒草品种。

（3）部长职责。对根据（2）所提交的申请，部长应在合理时间内作出审批，且将就此申请拟采取的最终措施通知申请人。部长对申请所作出的决定应当建立在科学依据基础之上。

（g）生物控制有机物。

（1）法规。对于在各州之间的禁止或限制迁移的有机物，部长应通过发布法规的方式公布此类有机物清单。在公布清单时应当考虑到有机物之间的不同特点，如是本地的还是外来的，最新引进的还是商业种植的。

（2）根据法规申请追加或移除生物控制有机物。在本款中，任何人均有权向部长申请从由他签署的法规清单中追加或移除某种生物控制有机物。

（3）部长职责。对根据（2）所款提交的申请，部长应在合理时间内作出审批，且将就此申请拟采取的最终措施通知申请人。部长对申请所作出的决定应当建立在科学依据基础之上。

第413条　到达后的通知及保管要求。

（a）财政部部长职责。

（1）通知。任何植物、植物产品、生物控制有机物、植物害虫或毒草抵达入境港口时，财政部部长应当立即通知农业部部长。

（2）保管。财政部部长应当对根据（1）法规在入境港口进行通知的植物、植物产品、生物控制有机物、植物害虫或毒草进行保管，直至该植物、植物产品、生物控制有机物、植物害虫或毒草：

（A）通过入境或美国中转的检疫准许；或

（B）由农业部部长准许放行。

（3）例外。（1）以及（2）不适用于农业部长根据规定指定国家或地区引进的、且豁免于该项要求的植物、植物产品、生物控制有机物、植物害虫或毒草。

（b）各方负责人职责。

（1）通知。第411或412条中负责植物、植物产品、生物控制有机物、植物害虫、毒草、物体、运输工具许可的人员应当在植物、植物产品、生物控制有机物、植物害虫、毒草、物体、运输工具进出入境港口前后，尽快提供（3）所述的通知。

（2）通知提交。该通知应当向部长发出、或者经部长自行决定发给植物、植物产品、生物控制有机物、植物害虫、毒草、物体、运输工具到达目的地所在州的相应官员，或者同时发给部长以及目的地所在州的官员，具体由部长决定。

（3）通知内容。该通知应包括以下内容：

（A）受托人姓名、地址。

（B）拟运输的植物、植物产品、生物控制有机物、植物害虫、毒草、物体、运输工具的性质及数量。

（C）植物、植物产品、生物控制有机物、植物害虫、毒草、物体、运输工具的种植地、生长地或者所在的县及地区。

（c）未经准许不得移动物件。任何人不得擅自将植物、植物产品、生物控制有机物、植物害虫、毒草、物体、运输工具移离入境港口或州，以下情形除外：

（1）该等植物、植物产品、生物控制有机物、植物害虫、毒草、物体、运输工具通过了入境以及中转美国境内的检疫许可；或

（2）由部长准许放行。

第 414 条　新型植物害虫及毒草的一般性补救措施。

（a）物件的扣押、处理或销毁部门。为防止植物害虫或毒草（新型或尚不清楚是否会在美国境内广泛传播的）的传播，部长在认为必要时有权对存在以下情形的植物、植物害虫、毒草、生物控制有机物、植物产品、物体以及运输工具予以扣押、查封、隔离、处理或采用其他补救措施销毁或其他手段进行处置：

（1）正在或已经迁入美国境内或各州的；以及：

（A）部长有理由认为该等植物在迁入时系植物害虫或毒草，或者寄生有植物害虫或毒草；或

（B）该等植物的迁入已违反了本篇规定的；

（2）不符合补办检疫要求；或

（3）违反本篇规定的、正在或已经迁入美国或各州的植物、生物控制有机物、植物产品、植物害虫或毒草的后代。

（b）指令所有人处理或销毁的部门。

（1）通则。部长有权命令根据（a）应采取措施的植物、生物控制有机物、植物产品、植物害虫、毒草、物件或运输工具的所有人或代理人，采取其认为合适的方式，对植物、生物控制有机物、植物产品、植物害虫、毒草、物件或运输工具进行处理，或采取其他补救措施销毁和其他手段进行处置，但联邦政府不承担由此产生的费用。

（2）不遵守。如所有人或代理人不遵守部长在本款中发出的指令，则对于根据（a）法规采取任何护理、处理、采用补救措施或处置行为所产生的费用，部长有权采取（a）的授权行为向所有人或代理人追偿。

（c）分类系统。

（1）开发要求。为便于对毒草的控制，部长有权开发分类系统，对毒草的状况以及行动级别进行描述。分类系统囊括了根据当前地域分布、相关威胁以及为防止引入或扩散而采取的主动性措施。

（2）管理计划。为配合分类系统，农业部长可按毒草在美国发现的地域或生态范围，制定完整的管理计划。

（d）采用最不严厉的措施。如农业部长认为，对植物害虫或毒草（新型或尚不清楚是否在美国境内及美国各州广泛传播的）采取稍不严厉的措施不可行、且不足以防止该植物害虫或毒草传播，则在本条项下，任何人不得销毁及出口植物、生物控制有机物、植物产品、植物害虫、毒草、物件或运输工具，不得将其遣返始发地点，亦不得要求当事人销毁及出口植物、生物控制有机物、植物产品、植物害虫、毒草、物件或运输工具，或将其遣返始发地点。

第 415 条　宣布异常紧急事件以及相应的宣布部门。

（a）宣布部门。如部长认为，因植物害虫或毒草（新型或尚不清楚是否在美国境内及美国各州广泛传播的）的出现导致发生异常紧急事件，且会给美国现有植物或植物产品造成威胁，则部长有权：

（1）对其有理由认为感染植物害虫或存在寄生毒草的植物、生物控制有机物、植物产品、物体或运输工具，实施扣押、查封、隔离、处置，采用其他补救措施予以销毁或以其他方式予以处置；

（2）对任何场所实施隔离、处理，采用其他补救措施予以销毁或以其他方式予以处置（包括其有理由认为感染植物害虫或存在寄生毒草的植物、生物控制有机物、植物产品、物体或运输工具）；

（3）针对其有理由认为感染植物害虫或存在寄生毒草的任何植物、生物控制有机物、植物产品、物体或运输工具，部长有权对发现地所在的州或州部分地区实施隔离；以及

（4）为防止植物害虫或毒草的传播或者为根除植物害虫或毒草，在部长认为有必要禁止或限制植物、生物控制有机物、植物产品、物体或运输工具的活动的情况下，部长有权对植物、生物控制有机物、植物产品、物体或运输工具在一州内的活动予以禁止或限制。

（b）要求对紧急情况进行调查。只有在经过核实、并与州长或受影响州的其他相关官员进行协商，并确定所采取的措施不足以根除植物害虫或毒草的情况下，部长方有权采取本条所规定的措施。

（c）通知程序。

（1）通则。（2）有规定的除外，则在本条中采取任何措施前，部长应当通知受影响州的州长或相关官员，发布公告并向《联邦公报》提交以下情况的说明供备案、公告：

（A）部长的调查结果；

（B）部长拟采取的措施；

（C）拟采取措施的原因；以及

（D）如适用，异常紧急措施持续期间预估。

（2）时间紧急情况下对应措施。如不宜在采取措施前向《联邦公报》备案公布，应当在措施实施后不超过十个工作日内备案。

（d）采用不极端的措施为原则。除非部长认为，对植物害虫或毒草（新型或尚不清楚是否在美国境内及美国各州广泛传播的）采取稍不严厉的措施不可行、且不足以防止该植物害虫或毒草传播，则本条项规定，任何人不得销毁及出口植物、生物防治有机物、植物产品、植物害虫、毒草、物件或运输工具，不得将其遣返始发地点，亦不得要求当事人销毁及出口植物、生物防治有机物、植物产品、植物害虫、毒草、物件或运输工具，或将其遣返始发地点。

（e）支付补偿金。本款项规定，因部长所采取措施而遭受任何经济损失的人，应予以补偿。部长在本条中所确定的具体补偿数额应为最终决定数额，不因司法审查而予更改。

第 416 条　未授权活动索求补偿。

（a）追偿行为。部长根据第 414 或 415 条规定应销毁或处置的植物、生物防治有机物、植物产品、植物害虫、毒草、物件或运输工具，其任何人有权以美国政府为被告提起诉讼，要求赔偿因植物、生物控制有机物、植物产品、植物害虫、毒草、物件或运输工具销毁或处置所造成的损失，包括因进口、带入、出口因州际贸易流动资格的认定迟延而产生的损失（只有在能够证明该销毁或处置行为非本章授权的情况下方可要求赔偿）。

（b）诉讼时效、管辖地。本条中的诉讼应当在所涉植物、生物控制有机物、植物产品、植物害虫、毒草、物件或运输工具被销毁或处置后的一年内提起。当事人人可以向当事人所在地、交易地、经营许可地或成立地所在的美国任一区法院提起诉讼。

第 417 条　蝗虫以及摩门蟋蟀的控制。

（a）通则。部长应当在本条拨付资金的范围内，在所有联邦土地之上实施蝗虫以及摩门蟋蟀的控制计划来保护牧场。

（b）拨款权利。

（1）通则。根据（3）的规定，内政部长应根据农业部长的申请，从任何无限期拨款中向农业部拨付资金，用于预防、抑制及控制内政部长管辖的联邦土地上实际或潜在爆发的蝗虫以及摩门蟋蟀灾害。所拨付的资金应仅用于解决联邦土地上所产生的问题。

（2）拨款申请。部长应当尽快根据本款提出拨款申请。

（3）限制条件。在拨付专门针对蝗虫控制资金用完之前，部长不得动用根据本条款拨付的资金。

（4）拨付的资金的补充。本款拨付的资金应尽快申请且将通过补给或定期拨款的方式予以补充。

（c）蝗虫以及摩门蟋蟀的处理。

（1）通则。经受影响州的管理部门或农业部门的申请，基于保护农场之目的，部长应根据经济受影响程度、在本条所拨付资金可用范围内、立即对罹患蝗虫或摩门蟋蟀的联邦地、州立地或私有土地进行处理，部长认为迟延处理不会对邻近牧场主造成更大的经济损失的情况除外。

（2）其他计划。实施本条规定时，部长应当配合其他联邦、州以及私有部门以保护牧场而采取预防、控制或抑制措施。

（d）处理费用联邦承担规定。

（1）联邦所有土地上的控制。在本条所提供或拨付的资金中，因保护牧场，在联邦所有土地上控制蝗虫及摩门蟋蟀所产生的全部费用，完全由农业部承担。

（2）州所有土地的控制。在本条所提供或拨付的资金中，在州所有土地上因控制蝗虫及摩门蟋蟀所产生的费用，由农业部承担 50%。

（3）在私有土地上的控制。在本条所提供或拨付的资金中，对于因在私有土地上采取的蝗虫及摩门蟋蟀控制所产生的费用，由农业部承担 33.3%。

（e）培训。在内政部部长基于以上目的向农业部部长提供或拨付的资金中，农业部长应当提供充分的资金支持人员培训以有效地实现本条款目的。

第 418 条　出口认证。

部长应当根据植物、植物产品或生物控制有机物出口目的国的植物检疫或其他要求，对植物、植物产品或生物控制有机物植物害虫或毒草，或者植物、植物产品或生物控制有机物与植物害虫或毒草的接触情况进行认定。

子篇 B　检验及执行

第 421 条　检验、查封及授权。

（a）司法部长职责。本条中所准许活动的实施应符合司法部长批准的指导准则。

（b）无证检验。部长有权在不出示证件的情况下，对以下任何人员或运输工具实施截留与检验：

（1）对迁入或进入美国境内的任何人员或运输工具进行检验，以确定该人员或运输工具是否携带本篇中所规定的植物、植物产品、生物控制有机物、植物害虫、毒草或物体；

（2）在有理由相信任何人员或运输工具携带本篇中所规定的植物、植物产品、生物控制有机物、植物害虫、毒草或物体的情况下，对各州之间流动贸易的人员或运输工具进行检验；以及

（3）在有理由相信任何人员或运输工具携带该条中所规定的植物、植物产品、生物控制有机物、植物害虫、毒草或物体，或者正在按该条规定迁移的情况下，在其他州内迁移、在州内部迁移、在州部分地区迁移、或者根据第 415 条中宣布为异常紧急事件的场合中迁移的情况下，对各州及州内之间流动贸易的人员或运输工具实施检验。

（c）有证检验。

（1）一般授权。部长持许可证件有权进入美国的任何场所实施调查或开展本篇中的检验与查封活动。

（2）许可证的申请与签发。经当事人适当宣誓或声明其有理由相信，对于本篇中的任何植物、植物产品、生物控制有机物、植物害虫、毒草、物体、设施以及运输工具，美国大法官、美国纪录法院的法官或美国的地方法官有权在各自管辖范围内，出具进入相关场所实施调查或开展本篇中检验或查封活动的许可证件。该许可证件由部长或美国法警申请并执行。

第 422 条　信息收集。

部长有权进行信息采集与编辑、并开展部长认为应实施及执行本篇规定的相关任何调查。

第 423 条　传唤权。

（a）出据机关。部长有权传唤任何证人出庭作证、以及提供与实施或执行本篇相关或与本篇正在调

查事项相关的所有文书证据。

（b）提供地。在美国的全境所指定的听证地点可要求证人出庭作证并提供文书证据。

（c）传唤的强制执行。对于任何不服从传唤的当事人，部长有权向调查实施地以及调查对象居住地、所在地、交易地、许可经营地或成立地所在司法辖区的美国任何法院申请援助，以协助农业部要求当事人出席听证会作证并提交文书证据。如拒不服从针对该人签发的传票，法院有权指令该人出庭提交与所涉事项相关的证据，或提供文书证据。对于不遵守法院指令者，法院有权以藐视法院为由给予处罚。

（d）补偿。对于部长传唤证人过程所产生的费用以及差旅费，部长应按美国法院传唤证人出庭作证相同的标准，向证人予以报销。如证人提供证词，其有权获得与美国法院针对类似服务所予支付的金额相同的补偿。

（e）程序。部长应根据本条公布的传票签发程序。该程序应包括对传唤法律合法性进行审查并由部长签字确认的规定。如部长将签发传票的权限授权他人，则代理人应当在收到授权后，对传唤的法律合法性进行审查。

（f）传唤的范围。本篇中产生的任何诉讼或法律程序中，在任何司法辖区传唤证人出庭，或在行政诉讼中传唤证人出庭作证或出示证据的传票可用于其他司法辖区。

第 424 条　违法处罚。

（a）刑事处罚。任何人故意违反本篇规定，或故意编造、伪造、或未经农业部长授权使用、改造、丑化或销毁任何证明、证件或本条规定的其他文件应承担不法行为的刑事责任，且应根据《美国法典》第 18 篇规定罚款、或判处不超过 1 年的有期徒刑、或者同时进行罚款并判处不超过一年的有期徒刑。

（b）民事处罚。

（1）通则。任何人如有违反本篇，或编造、伪造，或未经农业部长授权使用、改造、丑化或销毁任何证明、证件或本条规定的其他文件，经通告并进行勘验后，部长有权给予不超出以下数额（以较高者为准）的罚款：

（A）如个人，每人罚款 50 000 美元（但是个人初次违反本篇迁移受监管的物体非金钱利益的情况除外，此时罚款不超过 1 000 美元），其他每例 250 000 美元，但是单个诉讼程序中针对判决的所有违法行为罚款不超过 500 000 美元；或

（B）任何人因本篇中规定的证明、证件或其他文件的任何违法、编造、伪造或非法使用、丑化或损毁所得总收益或因此给对方造成的总损失，罚款不超过总收益和总损失的两倍。

（2）认定民事罚款所需要考虑的因素。在认定民事罚款的数额时，农业部长应当考虑到违法的性质、情形、范围以及严重程度，同时就违法者而言，应同时考虑到 其：

（A）支付能力；

（B）对受害人继续经营能力的影响；

（C）违法历史记录；

（D）责任程度；以及

（E）部长认为合适的任何其他因素。

（3）民事罚款的结算。部长可作出有条件或无条件让步，或有条件或无条件修改或减少其在本款中确定的民事罚款金额。

（4）指令的终结性。部长作出确定民事罚款金额的指令应当视为是终结指令，可根据《美国法典》第 22 篇第 158 章进行审核。收取民事罚款时，在诉讼中不对部长指令的效力进行审查。在确定民事罚款金额的指令中，任何到期未全额付清的民事罚款之后会加收利息，直至按美国法院民事判决的利率付清为止。

（c）对代理人的行为负责。在解释与实施本篇时，任何人所雇的高级管理人员、代理人及其雇员及

授权的人员，在其雇佣或任职范围内所实施的行为、过失或不作为应视为本人的行为、过失或不作为。

（d）民事罚款的操作指南。部长应当与司法部长协调制定操作指南，以确定在哪些情况下农业部长有权对违反本篇的行为给予民事罚款，并以适当通知取代司法部长进行追诉。

第 425 条　司法部长的执行行为。

司法部长有权：

（1）以联邦政府的名义对违反本篇的所有犯罪行为提起公诉，农业部长应将该等犯罪行为递交司法部长或由任何人通知司法部长；

（2）提起诉讼取缔违反本篇的违反行为，或促使遵守本篇规定，或禁止任何人妨碍部长实施本篇规定，无论部长是否有理由认为该人已违反、即将违反本篇规定，或者已妨碍、即将妨碍部长实施本篇规定；以及

（3）提起诉讼追偿未支付的民事罚款，补偿协议项下的资金、滞纳金或本篇中确定的利息金额。

第 426 条　法院管辖权。

（a）通则。美国区法院、关岛区法院、美属维尔京群岛区法院、美国萨摩亚最高法院以及美国其他领土及领地的法院对本篇产生的所有案件拥有管辖权。在本篇中产生的任何诉讼均可在以下司法辖区提出，法律文书可在以下司法辖区送达：违法或妨碍行为发生地或即将发生地的司法辖区，被指控违法地、妨碍地或者被指控即将违法地、即将妨碍地的司法辖区，被指控未能支付剩余款项地的司法辖区，调查对象被发现地、交易所在地，许可经营地或成立所在地的司法辖区。

（b）例外情况。本条不适用于第 424 条（b）中给予民事罚款的情况。

子篇 C　其他条款

第 431 条　合作。

（a）通则。部长应与其他联邦政府部门或团体、州或州政治分支机构、国家政府、其他国家的地方政府、国内或国际组织、国内或国际协会以及其他人员合作并实施本篇规定。

（b）职责。在（a）中与部长实施合作的个人或团体应有以下职责：

（1）负责经营国外或其他州土地及财产（不包括美国所有或控制的土地及财产），或就国外或其他州的土地及财产所采取相关的措施负责必要的授权；以及

（2）对部长所确定必要的设施及方式负责。

（c）生物控制方法的转移部长有权将通过生物控制有机物根除植物虫害或毒草的生物控制有机物方法转让给州政府、联邦政府部门或其他人员。

（d）计划管理合作。部长有权与州政府部门或其他人员合作实施植物、植物产品以及生物控制有机物改良计划。

（e）植物检疫问题。部长应当确保，在科学依据的基础上解决涉及进出口的植物检疫问题，同时应符合适用的国际协定。为实现该目标，部长有权：

（1）直接与其他国家的植物卫生官员或其他相应官员进行谈判；

（2）向请求协助开发农业卫生保护系统或进出口系统的国家提供技术协助、培训与指导。以及

（3）向其他国家提供关于植物卫生的专业建议：

（A）促进设立植物检疫系统及建立植物检疫问题的解决方案；

（B）协助该国家开展农业卫生保护活动；以及

（C）允许与其他相关的国家官员就有关农业卫生进行一般联络。

第 432 条　建筑物、土地、人员、索赔以及协议。

（a）通则。部长有权在实施本篇所必要的范围内，专门收购或保有所有的房产或私人财产、雇佣任何人员；有权提供贷款并签订任何合同、合作协议、备忘录或其他协议。

（b）侵权赔偿请求。

（1）通则。（2）有规定的除外，在美国以外国家产生与本篇项下授权活动相关的索赔请求，部长有权以《美国法典》第 28 篇第 2672 条第 1 项授权的方式作出侵权赔偿。

（2）索赔要求。当事人应在索赔请求产生后的两年内，向部长提出的书面请求，否则不作出赔偿。

第 433 条　报销协议。

（a）协议的签订机关。部长有权就美国以外地区的植物、植物产品、生物控制有机物以及物体进入美国境内之前的产品检疫事宜签订费用报销协议。

（b）产品检疫资金的收取。产品检疫所收取的费用应当计入部长为此设立的专门账户中，并且在产品检疫花费无财政年度的限制。

（c）雇员补贴。

（1）通则。尽管有任何其他法律规定，但对于在农业部加班、夜班或在法定节假日履行美国进出口相关服务的雇员，农业部部长应当给予补贴，具体标准由部长确定。

（2）部长报销规定。

（A）通则。部长有权要求其服务对象报销其代为垫付的任何现款。

（B）资金的使用。在本项中收取的所有资金应当计入费用账户，且款项无财政年度的限制。

（d）滞纳金。

（1）征收。如未能根据本条向部长作出偿还，部长有权收取滞纳金。根据《美国法典》第 31 篇第 3717 条规定，过期未付的资金将产生利息。

（2）资金的使用。任何滞纳金及其产生的费用应当计入费用专款账户，且款项无财政年度限制。

第 434 条　法规与指令。

在部长认为有必要实施本篇规定的情况下，其有权公布法规及指令。

第 435 条　邮件递送人员的保护。

本篇不适用于履行邮件递送职责的美国雇员。

第 436 条　优先规制。

（a）对外贸易规制。任何州的州政府或政治分支机构不得基于以下列举的目的优先对任何物体、运输工具、植物、生物控制有机物、植物害虫、毒草或植物产品进行规制：

（1）植物害虫或毒草控制；

（2）植物害虫或毒草的根治；或

（3）防止生物控制有机物、植物害虫或毒草的引入或传染。

（b）州际贸易的优先规制。

（1）通则。除（2）有规定的外，如部长已在美国境内发布有关防止生物控制有机物、植物害虫或毒草传染的法规或指令，任何州的州政府或政治分支机构不得再行基于植物害虫或毒草控制、根治或者引入或传染预防之目的，对任何商品、运输工具、植物、生物控制有机物、植物害虫、毒草或植物产品的跨州流动、贸易作出优先规制。

（2）例外。

（A）与联邦法规的一致的法规。州的州政府或政治分支机构可对商品、运输工具、植物、生物控制有机物、植物害虫、毒草或植物产品的跨州流动、贸易作出禁止或限制性规定，但该法规应与部长发布的规定或指令相一致，且不得超出该法规或指令的范围。

（B）特殊需要。如州的州政府或政治分支机构请求部长证明且部长认定的，在科学数据或全面风险评估的基础上，作出其他特殊的禁止性或限制性规定，则该州的州政府或政治分支机构有权对商品、运输工具、植物、生物控制有机物、植物害虫、毒草或植物产品的跨州流动、贸易作出禁止或限制性规定。

第 437 条　可分离性。

如本篇的任何规定或本篇规定对任何人员或情形的适用性被认定为无效，本篇其他规定以及对其他人员及情形的适用不会因此受到影响。

第 438 条　废止的法律。

（a）废止。以下法律节款予以废止：

（1）《1912 年 8 月 20 日法》（通称为"植物检疫法"）（《美国法典》第 7 篇 151 - 164a，167）。

（2）《联邦植物害虫法》（《美国法典》第 7 篇 150aa 及以下以及《美国法典》第 7 篇 147 注释）。

（3）《1944 年农业部有机法》第 102 条（a）到（e）。

（4）《1974 年联邦毒草法》（《美国法典》第 7 篇 2801 及以下），除该法第 1 条以及第 15 条（《美国法典》第 7 篇 2801 注释和《美国法典》第 7 篇 2814）以外的其他规定。

（5）《1942 年 1 月 31 日法》（通称为"墨西哥边境法"）。

（6）《1937 年 4 月 6 日联合决议》（通称为"害虫控制法"）（《美国法典》第 7 篇 148 及以下）。

（7）《盐生草法》（《美国法典》第 7 篇 1651 及以下）。

（8）《金线虫法》（《美国法典》第 7 篇 150 及以下）。

（9）《1985 年粮食安全法》第 1773 条（《公法》99 - 198；《美国法典》第 7 篇 148f）。

（b）与植物害虫有关的紧急权属转移。《公法》97 - 46（《美国法典》第 7 篇 147b）第 1 条修改如下：

（1）删除"植物害虫或"；以及

（2）删除"修改后的《1944 年 9 月 21 日法》（《美国法典》第 7 篇 147a）第 102 条，以及"。

（c）法规的效力。在法律授权下制定的、由（a）所废止的法规，在部长根据第 434 条发布取代法规之前仍具有法律效力。

子篇 D　拨款授权

第 441 条　拨款授权。

授权拨款项应符合本篇规定的所必要款项。法律有特别授权的除外，否则本条中拨付的资金应用于赔付损毁或损害当事人财产而造成的损失，或用于部长自行认定的赔偿。

第 442 条　调拨授权。

（a）一定资金的调拨授权。如发生紧急情况，植物害虫或毒草对美国的农业生产的任何环节带来威胁，在农业部长认为有必要拨款用于植物害虫或毒草的预防、控制、根除、防范以及其他相关事项时，其有权调拨农业部部门或公司的其他可得拨款用于以上情况。

（b）有效性。在本条中，对此专门调拨的资金无财政年度的限制。

第 V 篇　动物检验

第 501 条　民事罚款。

（a）通则。对农业部用以官方检验的动物造成伤害者，或干扰农业部官方检验者，农业部长有权经通知以及勘验听证会记录后，对其给予不超过 10 000 美元的罚款处罚。

（b）确定民事罚款所考虑的因素。在确定民事罚款的金额时，部长应将违法的性质、情节、范围以及严重程度考虑在内。

（c）民事罚款的结算。部长有权作出有条件或无条件让步，或者有条件或无条件调整或减少本条项下确定的民事罚款的金额。

（d）指令的终结性。

（1）通则。农业部长作出确定民事罚款金额的指令系终结指令，可根据《美国法典》第 28 篇第 158 条进行审查。收取民事罚款时，不对部长指令的效力进行审查。

（2）利息。在确定民事罚款金额的指令项下，任何到期未全额付清的民事罚款在之后加收利息，直至按美国法院民事判决的利率付清为止。

第 502 条　传唤权。

（a）通则。部长有权传唤任何证人出庭作证，及要求提供与执行第 501 条或与本篇任何事项调查相关的所有文书证据。

（b）提供地。美国指定的任何听证地点可要求证人出庭作证并提供文书证据。

（c）传唤的强制执行。对于不服从传唤的当事人，部长有权向调查实施地以及调查对象居住地、发现调查对象的所在地、交易地、许可经营地或成立地所在司法辖区的美国任何法院申请援助，协助农业部要求当事人出席听证会作证，并提交文书证据。如拒不服从针对该人签发的传票，法院有权指令该人出庭并提交与所涉事项相关的证据，或提供文书证据。不遵守法院指令者，法院有权以藐视法院为由给予处罚。

（d）补偿。对于部长传唤证人所产生的费用以及差旅费，部长应按美国法院传唤证人出庭作证相同的标准向证人予以报销。提供证词的证人有权获得与美国法院针对类似服务所予规定的补贴。

（e）程序。部长应公布本条传票的签发程序。该程序应包括对传唤的法律合法性进行审查并由部长签字确认的规定。如部长将其签发传票权授权他人，则代理人应当在收到授权后对传唤的法律合法性进行审查。

（f）传唤的范围。第 501 条项下的诉讼程序中，在任何司法辖区传唤证人出庭或在行政诉讼中传唤证人出庭作证或出示证据的传票可适用于任何其他司法辖区。

众议院议长

美国副总统兼参议院议长

1998 年农业研究、推广和教育改革法

美利坚合众国第 105 届国会

第二次会议

会议于 1998 年 1 月 27 日星期二举行

为确保联邦资助的农业研究、推广和教育计划能切实解决对全国或多个州具有重要意义的高优先级问题，为改革、推广和消除某些农业研究项目以及出于其他目的，制定本法案。

美利坚合众国国会参议院和众议院特此通过本法案。

第 1 条　短标题；目录。

（a）短标题。本法案可简称为《1998 年农业研究、推广和教育改革法》。

（b）目录。本法案的目录如下：

子篇 B　新主管部门

第 611 条　营养成分数据。

第 612 条　国家生猪研究中心。

第 613 条　部长在食品和农业科学研究与推广中的角色。

第 614 条　病虫害管理政策办公室。

第 615 条　食品安全研究信息办公室和全国会议。

第 616 条　食品加工安全教育。

第 617 条　实施《1994 年绵羊推广、研究和信息法》所产生费用的偿付。

第 618 条　在农业部内成立危机管理小组。

第 619 条　德州韦斯拉科基卡·德·拉加尔萨亚热带农业研究中心的定名。

子篇 C　学术调研

第 631 条　农业研究、推广和教育计划的评估和评测。

第 632 条　对联邦资助的农业研究、推广和教育的学术调研。

子篇 D　国会的观点

第 641 条　国会关于农业研究局重视溴甲烷替代品实地研究的观点。

第 642 条　国会关于校本农业教育之重要性的观点。

第 2 条　定义。

在本法案中：

（1）1862 年机构。术语"1862 年机构"是指有资格申领 1862 年 7 月 2 日法案（《美国法令全书》第 12 篇第 130 章 503；《美国法典》第 7 篇 301 及以下）项下资金的学院或大学。

（2）1890 年机构。术语"1890 年机构"是指有资格申领 1890 年 8 月 30 日法案（《美国法令全书》第 26 篇第 841 章 419；《美国法典》第 7 篇 321 及以下）项下资金的学院或大学。

（3）1994 年机构。术语"1994 年机构"是指《1994 年教育赠地身份平等法》第 532 条（《公法》103—382；《美国法典》第 7 篇 301 注释）（经第 251 条（a）节修订后）所定义的 1994 年机构。

（4）咨询委员会。术语"咨询委员会"是指依据《1977 年全国农业研究、推广和教学政策法》第 1408 条（《美国法典》第 7 篇 3123）成立的全国农业研究、推广、教育和经济学咨询委员会。

（5）农业部。术语"农业部"是指美国农业部门。

（6）部长。术语"部长"是指农业部长。

第 3 条　《史密斯—利弗法》和《1887 年哈奇法》简称。

（a）《史密斯—利弗法》。在 1914 年 5 月 8 日通过的法案（即众所周知的《史密斯—利弗法》）（《美国法令全书》第 38 篇第 79 章 372；《美国法典》第 7 篇 341 及以下）的末尾增加以下内容：

"第 11 条　短标题。

"引述本法案可简称为'《史密斯—利弗法》'。"

（b）《1887 年哈奇法》。在 1887 年 3 月 2 日通过的法案（即众所周知的《1887 年哈奇法》）（《美国法令全书》第 24 篇第 314 章 440；《美国法典》第 7 篇 361a 及以下）的末尾增加以下内容：

"第 10 条　短标题。

"引述本法案时可简称为'《1887 年哈奇法》'。"

第 I 篇　农业研究、推广和教育优先领域、范围、审核和协调

第 101 条　联邦资助农业研究、推广和教育活动的标准。

（a）通则。部长应确保（b）所述的农业研究、推广或教育活动能解决：

（1）需要优先解决的问题，具体参照第 102 条（a）决定；以及

（2）对全国、多个州或地区具有重要意义的问题。

（b）适用范围。（a）适用于：

（1）由农业研究局开展的研究活动；以及

（2）由州际研究、教育和推广合作局管理的竞争性研究、推广或教育活动。

第 102 条　优先级设定流程。

（a）确立。部长应按照《1977 年全国农业研究、推广和教学政策法》第 1402 条（《美国法典》第 7 篇 3101）确立由农业部开展或资助的农业研究、推广和教育活动的优先级。

（b）部长的职责。在确立由农业部开展或资助的农业研究、推广和教育活动的优先级时，部长应寻求和仔细考虑从事或利用农业研究、推广或教育活动之人士的意见和建议。

（c）1862 年机构、1890 年机构和 1994 年机构的职责。

（1）流程。从 1999 年 10 月 1 日起，要想从部长那里获得农业研究、推广或教育公式资金，各个 1862 年机构、1890 年机构和 1994 年机构必须建立相关流程并加以实施，以获得那些从事或使用农业研究、推广或教育活动之人士的资金使用意见和建议。

（2）细则。部长应颁布细则，明确规定：

（A）（1）中所述机构需遵守（1）中规定；以及

（B）机构不遵守（1）的后果，其中包括扣留或重新分配该机构有权获取的资金，直至该机构符合（1）要求为止。

（d）管理原则。部长应当在可行的范围内尽最大限度确保以这样的方式完成由联邦扶持和开展的农业研究、推广和教育活动：

（1）整合农业研究、推广和教育职能部门，以便更好地将研究与技术转让和信息传播活动联系起来；

（2）鼓励地区和多州项目解决受到普遍关切的重要问题，更好地利用稀缺资源；以及

（3）通过跨机构和跨职能部门合作，在设备最佳的设施和机构开展研究活动，实现农业研究、推广和教育目标。

第 103 条　农业部资助的农业研究、推广和教育活动的相关性和价值。

（a）州际研究、教育与推广合作局的评议。

（1）研究补助同行评议。部长应制定相应程序，对由农业部州际研究、教育与推广合作局管理的每一笔竞争性农业研究补助展开价值评议。

（2）推广和教育补助的价值评议。

（A）程序的制定。部长应制定相应程序，对由州际研究、教育与推广合作局管理的每一笔竞争性农业推广或教育补助展开价值评议。

（B）向咨询委员会咨询。部长在制定价值评议程序时应向咨询委员会征求意见和建议。

（b）咨询委员会评议。咨询委员会每年应评议：

（1）由农业部开展或资助的所有农业研究、推广或教育活动与按照第102条（a）确立的资助优先级的相关性；以及

（2）资助的适当性。

（c）建议请求书。

（1）评议结果。在依据（b）对某一财年展开评议后，部长应在可行的情况下尽快考虑评议的结果，同时制定与农业部所资助的竞争性农业研究、推广或教育活动有关的建议请求书并评估有关建议。

（2）意见。在针对某一财年制定（1）所述的建议请求书时，部长应当向从事或使用农业研究、推广或教育活动或成果之人士征求其对上一财年建议请求书的意见和建议并仔细考虑。

（d）农业研究活动的科学同行评议。

（1）同行评议程序。部长应制定相应程序，确保对农业部所开展的所有研究活动展开科学同行评议。

（2）所需评议小组。作为（1）所制定的程序的一部分，评议小组应证实（至少每五年一次）农业部的每一项研究活动以及根据农业部各个研究规划开展的研究具有相应的科学价值和意义。

（3）任务区。若待评议的研究活动或计划被纳入农业部的研究、教育和经济学任务区，评议小组应：

（A）按照依据第102条确立的优先级，考虑该项活动或研究规划的科学价值和意义；以及

（B）该项活动或研究的全国性意义或多州意义。

（4）评议小组的组成。

（A）通则。评议小组应当由具备专业科学技术的人士组成，其中，研究活动接受评议之机构的雇员不得占多数。

（B）来自学院和大学的科学家。部长应在可行的范围内尽可能让来自学院和大学的科学家成为评议小组的成员。

（5）结果提交。评议小组的评议结果应提交给咨询委员会。

（e）价值评议。

（1）1862年和1890年机构。从1999年10月1日起，要想有资格从部长那里为某项活动获得农业研究或推广经费，各1862年机构和1890年机构应当：

（A）制定该项活动的价值评议的流程；以及

（B）按照所制定的流程评议该项活动。

（2）1994年机构。从1999年10月1日起，要想有资格从部长那里为某项活动获得农业推广经费，各1994年机构应当：

（A）制定该项活动的价值评议的流程；以及

（B）按照所制定的流程评议该项活动。

（f）废除资金扣留条文。

（1）《史密斯—利弗法》。废除《史密斯—利弗法》第6条（《美国法典》第7篇346）。

（2）《1887年哈奇法》。删除《1887年哈奇法》第7条（《美国法典》第7篇361g）最后一段。

（3）《1977年全国农业研究、推广和教学政策法》。对《1977年全国农业研究、推广和教学政策法案》修正如下：

（A）对第1444条（《美国法典》第7篇3221）：

（ⅰ）删除（f）；以及

（ⅱ）将（g）重新编号为（f）；

（B）对第1445条（g）（《美国法典》第7篇3222（g）），删除（3）；以及

（C）删除第 1468 条（《美国法典》第 7 篇 3314）。

第 104 条　1862 年机构研究公式资金。

（a）通则。对《1887 年哈奇法》第 3 条（《美国法典》第 7 篇 361c）修正如下：

（1）在（c）中：

（A）将 1、2、3 和 5 分别重新编号为（1）、（2）、（3）和（4）；以及

（B）删除（3），插入以下内容：

"（3）向各州划拨至少 25％的资金用于跨部门的合作研究，其中某个州农业实验站需与另一州农业实验站、农业研究局或者学院或大学，共同合作，争取解决关系到多个州的问题。依据本款划拨使用的资金以及依据（b）为类似用途划拨的资金应当被命名为'州农业实验站跨州研究基金'。"以及

（2）在末尾增加以下内容：

"（h）同行评议与工作计划。

"（1）同行评议。依据（c）（3）开展的研究活动应接受科学同行评议。根据本款开展的项目评议应被视为满足《1998 年农业研究、推广和教育改革法》第 103 条（e）的价值评议要求。

"（2）工作计划。该州应将该州如何达到（c）（3）要求的方式说明写入第 7 条所要求的州工作计划当中。"

（b）相应的修订。对《1887 年哈奇法》第 3 条（《美国法典》第 7 篇 361c）修正如下：

（1）在（b）（1）中，删除"第 3 条（c）（3）"，插入"（c）（3）"；以及

（2）在（e）中，删除"第 3 条（c）（3）"，插入"（c）（3）"。

第 105 条　1862 年机构推广公式资金。

在《史密斯—利弗法》第 3 条（《美国法典》第 7 篇 343）的末尾增加以下内容：

"（h）州际合作推广活动。

"（1）通则。在每个财年根据（b）和（c）向某一州划拨的资金中，至少应按照（2）规定将相应比例的资金用于州与州之间的合作推广活动，其中由 2 个或 2 个以上州合作解决关系到多个州的问题（在本款简称为'州际活动'）。

"（2）适用比例。

"（A）1997 年州际活动支出。对于 1997 财政年度根据（b）和（c）向每个州划拨的联邦公式资金，农业部长应确定该州用于州际活动的资金百分比例。

"（B）州际活动支出要求。对于 2000 财政年度及之后每个财政年度根据（b）和（c）向每个州划拨的联邦公式资金，该州应至少将等于下列比例（以较少者为准）的联邦公式资金用于该财年的州际活动：

"（ⅰ）25％；或者

"（ⅱ）根据（A）确定的该州比例的两倍。

"（C）部长酌减。在困难、不可行或其他类似的非一州所能控制的情况下，具体由部长决定，部长可以减少（B）所要求的该州用于州际活动的最低支出比例。

"（D）工作计划。该州应将该州如何达到本项要求的方法说明写入第 4 条所要求的州工作计划当中。

"（3）适用范围。本款不适用于下述资金：

"（A）由州或地方政府按照匹配要求提供的资金；

"（B）向 1994 年机构（定义请见《1994 年教育赠地身份平等法》第 532 条（《公法》103—382；《美国法典》第 7 篇 301 注释））提供的资金；或者

"（C）向波多黎各自治区、维京群岛和关岛提供的资金。

"（ⅰ）价值评议。

"（1）评议要求。从 1999 年 10 月 1 日起，根据（h）开展的推广活动应接受价值评议。

"（2）其他要求。根据（1）对其展开价值评议的推广活动已被视为已满足《1998 年农业研究、推广和教育改革法》第 103 条（e）的评议要求。"

第 106 条　研究设施。

（a）批准标准。《研究设施法》第 3 条（c）（2）（C）（ⅱ）（《美国法典》第 7 篇 390a（c）（2）（C）（ⅱ））的"地区需求"，插入"全国或多州需求"。

（b）由农业研究局设施满足的全国或多州需求。在《研究设施法》第 3 条（《美国法典》第 7 篇 390a）的欧威增加以下内容：

"（e）由农业研究局设施满足的全国或多州需求。部长应确保在农业研究局设施开展的每一项研究活动均能满足全国或多州需求。"

（c）10 年战略规划。删除《研究设施法》第 4 条（d）（《美国法典》第 7 篇 390b（d））中的"地区"，插入"多州"。

（d）全面研究能力。在《研究设施法》第 4 条（《美国法典》第 7 篇 390b）的末尾增加以下内容：

"（g）全面研究能力。在按照（d）要求提交 10 年战略规划后，部长应继续按照部长制定的标准，定期评议全部或部分使用联邦资金建造的每一个正在运作的农业研究设施，以及计划全部或部分使用联邦资金建造的农业研究设施，确保保持全面的研究能力。"

第Ⅱ篇　现有农业研究、推广和教育主管部门的改革

子篇 A　《史密斯—利弗法》和《1887 年哈奇法》

第 201 条　1862 年、1890 年和 1994 年机构合作农业推广工作。

删除《史密斯—利弗法》第 3 条（b）（3）（《美国法典》第 7 篇 343（b）（3））最后一句的"州机构"及之后所有内容直至末尾的期限，插入"1994 年机构（按照部长可能颁布的细则）和可能由 1994 年机构通过与位于任何州的有资格领取 1862 年 7 月 2 日法案（《美国法令全书》第 12 篇第 130 章 503；《美国法典》第 7 篇 301 及以下）或 1890 年 8 月 30 日法案（《美国法令全书》第 26 篇第 841 章 419；《美国法典》第 7 篇 321 及以下）项下资金的学院和大学包括塔斯克基大学签订的合作协议管理的。"

第 202 条　解决关键研究和推广问题的工作计划及使用协议衡量计划的成功度。

（a）《史密斯—利弗法》。对《史密斯—利弗法》第 4 条（《美国法典》第 7 篇 344）修正如下：

（1）删除"第 4 条"，插入以下内容：

"**第 4 条　州申领资金权利的确定；支付时间和方式；州报告要求；工作计划。**

"（a）权利的确定。"；

（2）在最后一句，删除"该总额"，插入以下内容：

"（b）支付时间和方式；相关报告。一州有权申领的资金金额"；以及

（3）在末尾增加以下内容：

"（c）工作计划相关要求。（a）所要求的每份州推广工作计划应包含以下说明：

"（1）该州短期、中期和长期所面临的关键农业问题以及用于解决这些问题的现有的和计划中的推广规划和项目。

"（2）用于咨询推广用户、发现该州关键农业问题的流程以及用于解决这些问题的推广规划和项目

的制定。

"（3）为确定该州和其他州境内具备独特能力、能解决所发现之农业问题的其他学院和大学并与之协作而所作的努力以及当前和即将与其他机构合作的程度。

"（4）研究和推广包括由除公式资金之外的其他资金资助的研究和推广活动协同解决该州关键问题的方式，包括待单独开展的活动，待相继开展的活动和待联合开展的活动。

"（5）已在实施的教育和拓展项目，以产生可利用的与关键农业问题有关的研究成果，包括鼓励在研究成果传播方面的县际合作。

"（d）推广协议。

"（1）制定。农业部长应制定有关协议，以用于评估跨州、跨机构和跨部门推广活动和联合研究与推广活动在解决根据（a）提交的工作计划所确定的关键农业问题方面的成效。

"（2）咨询。农业部长在制定协议时应咨询依据《1977 年全国农业研究、推广和教学政策法》第1408 条（《美国法典》第 7 篇 3123）成立的全国农业研究、推广、教育和经济学咨询委员会以及赠地学院和大学。

"（e）工作计划的其他用途。部长应在可行的范围内尽可能认为依据（a）提交工作计划即已满足其他适当的联邦报告要求。"

（b）《1887 年哈奇法》。对《1887 年哈奇法》第 7 条（《美国法典》第 7 篇 361g）（经第 103 条（f）（2）修订后）修订如下：

（1）删除"第 7 条"，插入以下内容：

"第 7 条　部长的职责；州申领资金权利的确定；工作计划。

"（a）部长的职责。"

（2）删除"在或之前"，插入以下内容：

"（b）权利的确定。在或之前"；

（3）删除"无论何时，一经出现"，插入以下内容：

"（c）未能支用全部拨款的影响。无论何时，一经出现"；以及

（4）在末尾增加以下内容：

"（d）所要求的工作计划。在依据本法案向某一州划拨任何财年的资金之前，应由该州合适的官员提交本法案项下待执行的工作计划，并由农业部长进行审批。

"（e）与工作计划有关的要求。（d）要求提交的每一份州工作计划均应包含以下说明：

"（1）该州短期、中期和长期所面临的关键农业问题以及用于解决这些问题的现有的和计划中的研究规划和项目。

"（2）用于咨询农业研究用户、发现该州关键农业问题的流程以及用于解决这些问题的研究规划和项目的制定。

"（3）为确定该州和其他州境内具备独特能力、能解决所发现之农业问题的其他学院和大学并与之协作而所作的努力以及当前和即将与其他机构合作的程度。

"（4）研究和推广包括由除公式资金之外的其他资金资助的研究和推广活动协同解决该州关键问题的方式，包括待单独开展的活动，待相继开展的活动和待联合开展的活动。

"（f）研究协议。

"（1）制定。农业部长应制定有关协议，以用于评估跨州、跨机构和跨部门研究活动和联合研究与推广活动在解决根据（d）提交的工作计划所确定的关键农业问题方面的成效。

"（2）咨询。农业部长在制定协议时应咨询依据《1977 年全国农业研究、推广和教学政策法》第1408 条（《美国法典》第 7 篇 3123）成立的全国农业研究、推广、教育和经济学咨询委员会以及赠地学院和大学。

"（g）工作计划的其他用途。部长应在可行的范围内尽可能认为依据（d）提交工作计划即已满足其他适当的联邦报告要求。"

（c）生效日期。本条所作修订于 1999 年 10 月 1 日起生效。

第 203 条 《1887 年哈奇法》和《史密斯—利弗法》的匹配资金要求

（a）《1887 年哈奇法》。删除《1887 年哈奇法》第 3 条（《美国法典》第 7 篇 361c）的（d），插入以下内容：

"（d）匹配资金。

"（1）要求。依据（b）或（c）向州分配的拨款以及从该笔拨款中向州支付的款项其数额不得超出该州从用于农业研究和修建维护研究设施的非联邦资金中获得的资金金额。

"（2）未能提供匹配资金。某州在某个财年未能按照要求提供（1）所述匹配资金的，农业部长应从该财年向该州支付的拨款中扣发金额等于下列两者间差额的资金：

"（A）依据（b）和（c）应向该州拨备和支付的金额（若该州按要求全额提供了匹配资金）；以及

"（B）该州实际提供的匹配资金金额。

"（3）重新分配。

"（A）通则。农业部长应当把某一财年根据（2）扣发的资金在满足该财年匹配资金要求的州之间进行重新分配。

"（B）匹配要求。依据本项重新分配资金时应遵守（1）所规定的匹配要求。"

（b）《史密斯—利弗法》。对《史密斯—利弗法》第 3 条（《美国法典》第 7 篇 343）修订如下：

（1）在（c）中：

（A）将 1 和 2 分别重新编号为（1）和（2）；以及

（B）在（重新编号后的）（2）中，删除"人口普查：假设，该笔付款"及之后所有内容直至"进一步假设，任何"，插入"人口普查：任何"；以及

（2）删除（e）和（f），插入以下内容：

"（e）匹配资金。

"（1）要求。依据（b）或（c）向州分配的拨款以及从该笔拨款中向州支付的款项其数额不得超出该州从用于合作推广工作的非联邦资金中获得的资金金额，但（f）中另有规定的除外。

"（2）某州在某个财年未能按照要求提供（1）所述匹配资金的，农业部长应从该财政年度向该州支付的拨款中扣发金额等于下列两者间差额的资金：

"（A）依据（b）和（c）应向该州拨备和支付的金额（若该州按要求全额提供了匹配资金）；以及

"（B）该州实际提供的匹配资金金额。

"（3）重新分配。

"（A）通则。农业部长应当把某一财政年度根据（2）扣发的资金在满足该财年匹配资金要求的州之间进行重新分配。

"（B）匹配要求。依据本项重新分配资金时应遵守（1）所规定的匹配要求。

"（f）1994 年机构匹配资金例外情况。对依据（b）（c）向 1994 年机构提供的资金无任何匹配要求。"

（c）技术修订。

（1）承认阿拉斯加和夏威夷的州的地位。删除《1887 年哈奇法》第 1 条（《美国法典》第 7 篇 361a）的第二句中的"阿拉斯加、夏威夷、"。

（2）农业部长的作用。对《史密斯—利弗法》第 3 条（《美国法典》第 7 篇 343）修订如下：

（A）对（b）（1）、（c）和（d），删除所出现的每一处"联邦农业技术推广局"，并插入"农业部长"；以及

（B）在（g）（1）中，删除"通过联邦农业技术推广局"。

（3）关于区域研究基金。删除《1887 年哈奇法》第 5 条（《美国法典》第 7 篇 361e）第一句中的"第 3 条（c）（3）所授权的区域研究基金"，并插入"州农业实验站跨州研究基金"。

第 204 条　研究与推广一体化。

（a）通则。在《1887 年哈奇法》第 3 条（《美国法典》第 7 篇 361c）（经第 104 条（a）（2）修订后）的末尾增加以下内容：

"（i）研究与推广一体化。

"（1）通则。某一财年根据本法案和《史密斯-利弗法》第 3 条（《美国法典》第 7 篇 343）（b）和（c）向有资格申领 1862 年 7 月 2 日法案（《美国法令全书》第 12 篇第 130 章 503；《美国法典》第 7 篇 301 及以下）项下资金的学院或大学支付的联邦公式资金中，用于研究和推广合作一体化活动（本款简称为"一体化活动"）的支出比例不得低于（2）所规定的可适用百分比。

"（2）适用百分比。

"（A）1997 年州际活动支出。对于 1997 财年根据本法案和《史密斯-利弗法》第 3 条（《美国法典》第 7 篇 343）向各州支付的联邦公式资金，农业部长应确定该州用于一体化活动的支出百分比。

"（B）州际活动支出要求。对于 2000 财政年度及之后每个财政年度本法案和《史密斯-利弗法》第 3 条（《美国法典》第 7 篇 343）（b）和（c）向各州支付的联邦公式资金，该州应至少将等于下列比例（以较少者为准）的联邦公式资金用于该财政年度的一体化活动：

"（i）25%；或者

"（ii）根据（A）确定的该州比例的两倍。

"（C）部长酌减。在困难、不可行或其他类似的非一州所能控制的情况下，具体由部长决定，部长可以减少（B）所要求的该州用于一体化活动的最低支出百分比例。

"（D）工作计划。该州应将该州如何达到本项要求的方法说明写入本法案第 7 条或《史密斯-利弗法》第 4 条（《美国法典》第 7 篇 344）所要求的州工作计划当中。

"（3）适用范围。本款不适用于下述资金：

"（A）由州或地方政府按照匹配要求提供的资金；

"（B）向 1994 年机构（定义请见《1994 年教育赠地身份平等法》第 532 条（《公法》103 - 382；《美国法典》第 7 篇 301 注释））提供的资金；或者

"（C）向波多黎各自治区、维京群岛和关岛提供的资金。

"（4）与其他要求的关系。（1）所述的某一财年由州按照（2）（B）规定用于一体化活动的联邦公式资金也可以用于满足该财政年度本条（c）（3）和《史密斯—利弗法》第 3 条（h）（《美国法典》第 7 篇 343（h））所规定的州际活动要求。"

（b）相应的修订。在《史密斯—利弗法》第 3 节（《美国法典》第 7 篇 343）（经第 105 节修订后）的末尾增加以下内容：

"（j）研究与推广一体化。《1887 年哈奇法》第 3 条（i）（《美国法典》第 7 篇 361c（i））应可适用于用于执行本法案的资金。"

子篇 B　《竞争性、特殊和设施研究拨款法》

第 211 条　竞争性拨款。

对《竞争性、特殊和设施研究拨款法》（《美国法典》第 7 篇 450i）（b）修订如下：

（1）在（1）第一句，在"联邦机构，"之后插入"国家实验室，"；

（2）在（2），删除"区域"，插入"州际"；

（3）在（3）（E）第二句，删除"少于……的个人"及之后所有内容直至"研究经验"，插入"个人应当在其最初职业生涯的 5 年内"；以及

（4）在（8）（B）中：

（A）删除"费用"，插入"的费用"；以及

（B）在末尾增加以下内容："对于小规模学院或大学（如《1996 年联邦农业完善和改革法》第 793 条（c）（2）（C）（ii）节（《美国法典》第 7 篇 2204f（c）（2）（C）（ii）所述），若设备购置成本不超过 25 000 美元并且在单一研究项目中有多种用途或者可用于多个研究项目的，部长可以放弃本项所规定的全部或部分匹配要求。"

第 212 条　特殊补助金。

对《竞争性、特殊和设施研究拨款法》（《美国法典》第 7 篇 450i）（c）修订如下：

（1）对（1）：

（A）删除"5 年"，插入"3 年"；

（B）在（A）中，在"开展研究"之后插入"，推广或教育活动"；以及

（C）在（B）中：

（i）在（i）之前的"农业研究"之后插入"推广或教育"；

（ii）对于（i），在"研究"之后插入"，推广或教育"；以及

（iii）对于（iv），删除"通过区域研究在各州之间"，插入"，通过区域在各州之间……推广或教育"；以及

（2）在末尾增加以下内容：

"（5）评议要求。

"（A）研究活动。只有在研究活动经过受助人按照部长颁布的规定安排的科学同行评议之后，部长方可根据本款对该研究活动给予补助。

"（B）推广和教育活动。只有在推广和教育活动经过受助人按照部长颁布的规定安排的价值评议之后，部长方可根据本款对该推广和教育活动给予补助。

"（6）报告。

"（A）通则。根据本款领取补助金的领受人应每年向部长提交报告，汇报研究、推广或教育活动的结果以及价值。

"（B）公众可用性。

"（i）通则。一经提出要求，部长应立即向公众公开报告，但（ii）另有规定的除外。

"（ii）例外情况。《美国法典》第 5 篇第 552 条或《美国法典》第 18 篇第 1905 条不允许或未授权向公众公开报告或报告一部分的，则不适用（i）。"

子篇 C　《1977 年全国农业研究、推广和教学政策法》

第 221 条　关于农业研究、推广和教育的定义。

（a）食品和农业科学。删除《1977 年全国农业研究、推广和教学政策法》第 1404 条（《美国法典》第 7 篇 3103）的（8），插入以下内容：

"（8）食品和农业科学。术语'食品和农业科学'是指食品和纤维、农业、可再生自然资源、森林及物理与社会科学的基础、应用和开发性研究、推广和教育活动，包括与下列有关的活动：

"（A）动物健康、生产和物理。

"（B）植物健康和生产。

"（C）动物和植物种质收集和保存。

"（D）水产养殖。

"（E）食品安全。

"（F）土壤和水源保护和改善。

"（G）森林、园艺和牧场管理。

"（H）营养科学和促进。

"（I）农场改良，包括财务管理、投入效率和利润率。

"（J）家政学。

"（K）农村人类生态学。

"（L）青少年发展和农业教育，包括 4－H 俱乐部。

"（M）农业商品和产品的国内和国际市场拓展，包括农业贸易壁垒鉴定和分析。

"（N）与农业有关的信息管理和技术转让。

"（O）与农业有关的生物技术。

"（P）食品和农业产品加工、分销、营销和利用。"

（b）关于教学或教育。删除《1977 年全国农业研究、推广和教学政策法》第 1404 条（14）（《美国法典》第 7 篇 3103（14））的"术语'教学'是指"，插入"教学和教育。术语'教学'和'教育'是指"。

（c）相应的修订。对《1977 年全国农业研究、推广和教学政策法》第 1404 条（《美国法典》第 7 篇 3103）修订如下：

（1）删除（1）之前的"篇——"，并插入"篇："；

（2）对（1）、（2）、（3）、（5）、（6）、（7）、（10）至（13）、（15）、（16）和（17），删除所出现的每一处"术语（the term）"，并插入"术语（The term）"；

（3）对（4），删除"术语（the term）"，并插入"术语（The term）"；

（4）对（9），删除第一处出现的"术语（the term）"，并插入"术语（The term）"；

（5）删除（1）至（7）和（9）至（15）的末尾所出现的分号，并插入句号；以及

（6）对（16）（F），删除"；以及"，并插入句号。

第 222 条　咨询委员会。

（a）在委员会的代表权。在《1977 年全国农业研究、推广和教学政策法》第 1408 条（b）（《美国法典》第 7 篇 3123（b））的末尾增加以下内容：

"（7）公共和私营部门成员平等代表权。在任命咨询委员会的成员时，部长应在可行的范围内尽可能确保公共和私营部门成员享有平等的代表权。"

（b）咨询。对《1977 年全国农业研究、推广和教学政策法》第 1408 条（d）（《美国法典》第 7 篇 3123（d））修订如下：

（1）删除"在"，插入以下内容：

"（1）咨询委员会的职责。在"；以及

（2）在末尾增加以下内容：

"（2）部长的职责。为符合本篇的条款或者要求部长咨询或与咨询委员会合作或者授权咨询委员会向部长提交建议的任何其他法律，部长应：

"（A）向咨询委员会征求书面的意见和建议；以及

"（B）就部长落实咨询委员会所提建议的方式和程度向咨询委员会做出书面的反馈和答复。"

（c）咨询委员会开支限制。对《1977 年全国农业研究、推广和教学政策法》第 1408 条（《美国法典》第 7 篇 3123）修订如下：

（1）将（g）重新编号为（h）；以及

（2）在（f）后面插入以下内容：

"（g）咨询委员会年支出限制。

"（1）最高支出额。每个财政年度咨询委员会必要的费用支出金额不得超过 350 000 美元。

"（2）总限额。咨询委员会的费用支出不得计入为农业部拨款的任何法案所规定的农业部顾问委员会、顾问团、理事会和工作组费用支出总限额之中，不论该法案是在本款颁布实施之前、之日或之后颁布的，除非该拨款法案明确提及本款并明确规定将咨询委员会纳入总限额之中。"

第 223 条 食品和农业科学教育补助金和奖学金。

对《1977 年全国农业研究、推广和教学政策法》第 1417 条（《美国法典》第 7 篇 3152）修订如下：

（1）将（c）、（d）、（e）、（f）、（g）、（h）、（i）和（j）分别重新编号为（d）、（f）、（g）、（h）、（i）、（j）、（k）和（l）；

（2）在（b）后插入以下内容：

"（c）优先权。在根据（b）发放补助金时，部长应当优先向下列教学优化项目发放补助：

"（1）证明其能够加强有资格根据本条申请经费的各类机构间协调的教学优化项目；以及

"（2）专注于创新的跨学科的教育计划、资料和课程的教学优化项目。"以及

（3）在（d）（经（1）重新编号后）之后插入以下内容：

"（e）食品和农业教育信息系统。部长可以从根据本条用于发放补助的款项中拨出部分资金用于维护全国的包含以下信息的食品和农业教育信息系统：

"（1）食品和农业科学的入学注册、所授学位、教职员和就业安置方面的信息；以及

"（2）部长认为合适的其他类似信息。"

第 224 条 政策研究中心。

在《1977 年全国农业研究、推广和教学政策法》第 1419A 条（a）（《美国法典》第 7 篇 3155（a））的"公共政策"之后插入"和贸易协定"。

第 225 条 1890 年机构解决关键研究和推广问题的工作计划及使用协议衡量计划的成功度。

（a）在 1890 年机构的推广。对《1977 年全国农业研究、推广和教学政策法》第 1444 条（d）（《美国法典》第 7 篇 3221（d））修订如下：

（1）删除"（d）"，插入以下内容：

"（d）申领资金权利的确定；支付时间和方式；州报告要求；工作计划。

"（1）权利的确定。"

（2）在最后一句，删除"该总额"，插入以下内容：

"（2）支付时间和方式；相关报告。合格机构有权申领的资金金额"；以及

（3）在末尾增加以下内容：

"（3）工作计划相关要求。本条所要求的合格机构的每一份工作计划应包含以下说明：

"（A）该合格机构所在州短期、中期和长期所面临的关键农业问题以及用于解决这些问题的现有的和计划中的推广规划和项目。

"（B）用于咨询推广用户、发现该州关键农业问题的流程以及用于解决这些问题的推广规划和项目的制定。

"（C）为确定该州和其他州境内具备独特能力、能解决所发现之农业问题的其他学院和大学并与之协作而所作的努力以及当前和即将与其他机构合作（包括区域推广工作）的程度。

"（D）研究和推广包括由除公式资金之外的其他资金资助的研究和推广活动协同解决该州关键问题的方式，包括待单独开展的活动，待相继开展的活动和待联合开展的活动。

"（E）已在实施的教育和拓展项目，以产生可利用的与关键农业问题有关的研究成果，包括鼓励在研究成果传播方面的县际合作。

"（4）推广协议。

"（A）通则。农业部长应制定有关协议，以用于评估跨州、跨机构和跨部门推广活动和联合研究与推广活动在解决根据本条提交的工作计划所确定的关键农业问题方面的成效。

"（B）咨询。农业部长在制定协议时应询问咨询委员会以及赠地学院和大学的意见和建议。

"（5）工作计划的其他用途。部长应在可行的范围内尽可能认为依据本条提交工作计划即已满足其他适当的联邦报告要求。"

（b）在 1890 年机构的农业研究。对《1977 年全国农业研究、推广和教学政策法》第 1445 条（c）（《美国法典》第 3222 条（c））修订如下：

（1）删除"第（c）款"，插入以下内容：

"（c）规划和工作计划。

"（1）农业研究初步综合规划。"；以及

（2）在末尾增加以下内容：

"（2）所要求的工作计划。在任何财政年度依据本条向某一合格机构划拨资金之前，应由（d）所指定的研究室主任提交本条项下待执行的工作计划，并由农业部长进行审批。

"（3）与工作计划有关的要求。（2）要求提交的每一份州工作计划均应包含以下说明：

"（A）该合格机构所在州短期、中期和长期所面临的关键农业问题以及用于解决这些问题的现有的和计划中的研究规划和项目。

"（B）用于咨询农业研究用户、发现该州关键农业问题的流程以及用于解决这些问题的研究规划和项目的制定。

"（C）该州和其他州境内具备独特能力、能解决所发现的该州农业问题的其他学院和大学。

"（D）为与其他机构合作合作、相互交流经验并利用各机构独特能力而所做的努力和即将做出的努力。

"（D）研究和推广包括由除公式资金之外的其他资金资助的研究和推广活动协同解决该州关键问题的方式，包括待单独开展的活动，待相继开展的活动和待联合开展的活动。

"（4）研究协议。

"（A）通则。农业部长应制定有关协议，以用于评估跨州、跨机构和跨部门研究活动和联合研究与推广活动在解决根据（2）提交的工作计划所确定的关键农业问题方面的成效。

"（B）咨询。农业部长在制定协议时应询问咨询委员会及赠地学院和大学的意见和建议。

"（5）工作计划的其他用途。部长应在可行的范围内尽可能认为依据（2）提交工作计划即已满足其他适当的联邦报告要求。"

（c）生效日期。本条所作修订于 1999 年 10 月 1 日起生效。

第 226 条　1890 年机构研究和推广活动匹配资金要求。

（a）要求的强制性。在《1977 年全国农业研究、推广和教学政策法》第 1448 条（《美国法典》第 7 篇 3222c）之后插入以下内容：

"第 1449 条　合格机构研究和推广活动匹配资金要求。

"（a）定义。在本条中：

"（1）具备资格的机构。术语'具备资格的机构'是指有资格根据 1890 年 8 月 30 日法案（《美国法典》第 7 篇 321 及以下）（俗称'第二个《莫里尔法》'）申领资金的大学，包括塔斯克基大学。

"（2）公式资金。术语'公式资金'是指根据第 1444 条和 1445 条向具备资格的机构分派的公式分配资金。

"（b）非联邦资金来源的判定。各个具备资格的机构应不晚于1999年9月30日向部长提交报告，说明1999财政年度：

"（1）该州按照本条要求向该具备资格的机构提供的用于农业研究、推广和教育活动的非联邦资金的来源；和

"（2）各种来源一般那可以利用的资金金额。

"（c）匹配公式。尽管本子篇存有其他规定，向具备资格的机构分配公式资金时应符合下列匹配要求：

"（1）对于2000财政年度，该州从非联邦来源向具备资格的机构提供的匹配资金金额不得少于向该具备资格的机构分配的公式资金的30％。

"（2）对于2001财政年度，该州从非联邦来源向具备资格的机构提供的匹配资金金额不得少于向该具备资格的机构分配的公式资金的45％。

"（3）对于2002财政年度及之后每个财政年度，该州从非联邦来源向具备资格的机构提供的匹配资金金额不得少于向该具备资格的机构分配的公式资金的50％。

"（d）有限豁免权。

"（1）2000财政年度。尽管存在（f）规定，部长可以根据（c）（1）豁免2000财政年度某个州某具备资格的机构的匹配资金要求，若部长基于根据（b）收到的报告，判定该州不太可能满足该匹配要求。

"（2）未来财政年度。对除2000财政年度以外的任何财政年度，部长不可以豁免（c）项下的匹配资金要求。

"（e）匹配资金的使用。按照（c）中要求提供的匹配资金可由具备资格的机构按照部长制定的条款与条件用于农业研究、推广和教育活动。

"（f）资金的重新分配。

"（1）重新分配要求。某一财政年度某州未按照（c）要求提供匹配的联邦资金可由部长重新分配给已满足该财政年度匹配资金要求的各个州具备资格的机构。

"（2）行政管理。根据本款重新分配资金时应当符合（c）所规定的可适用的匹配要求，并且需按照第1444和1445条所述方式进行重新分配，具体由部长决定。"

（b）相应的修订。对《1977年全国农业研究、推广和教学政策法》第1445条（g）（《美国法典》第7篇3222（g））修订如下：

（1）删除（2）；以及

（2）将（4）重新编号为（2）。

（c）关于塔斯克基大学。对《1977年全国农业研究、推广和教学政策法》修订如下：

（1）在第1404条（《美国法典》第7篇3103）中，删除（10）和（16）（B）中的"塔斯克基学院"，插入"塔斯克基大学"。

（2）在第1444条（《美国法典》第7篇3221）：

（A）删除该条标题和"第1444条"，插入以下内容：

"第1444节　在1890年赠地学院包括塔斯克基大学的推广。"以及

（B）在（a）和（b）中，删除所出现的每一处"塔斯克基学院"，分别插入"塔斯克基大学"；以及

（3）在第1445条（《美国法典》第7篇3222）中：

（A）删除条标题和"第1445条"，插入以下内容：

"第1445条　1890年赠地学院包括塔斯克基大学的农业研究。"以及

（B）在（a）和（b）（2）（B），删除所出现的每一处"塔斯克基学院"，分别插入"塔斯克基大学"。

第 227 条　国际研究、推广和教学。

（a）加入教学。对《1977 年全国农业研究、推广和教学政策法》第 1458 条（《美国法典》第 7 篇 3291）修订如下：

（1）在条标题中，删除"研究和推广"，插入"研究、推广和教学"；

（2）在（a）中：

（A）在（1）中：

（ⅰ）删除"相关研究和推广"，插入"相关研究、推广和教学"；以及

（ⅱ）在（B）中，删除"有关……的研究和推广"，插入"有关……的研究、推广和教学活动"。

（B）在（2）和（6）中，删除所出现的每一处"教育（education）"，分别插入"教学（teaching）"；

（C）在（4）中，删除"科学家和专家"，插入"科学和教育专家"；

（D）在（5）中，在"发展，"之后插入"教学，"；

（E）在（7）中，删除"……研究和推广"，插入"研究、推广和教学规划"；以及

（F）在（8）中，删除"研究能力"，插入"研究、推广和教学能力"；以及

（3）在（b）中，删除"对应机构"，插入"对应研究、推广和教学机构"。

（b）协作项目补助金。对《1977 年全国农业研究、推广和教育政策法》第 1458 条（a）（《美国法典》第 7 篇 3191（a））修订如下：

（1）在（7）中，删除末尾的"以及"；

（2）在（8）中，删除末尾的期限，插入"；以及"；以及

（3）在末尾增加以下内容：

"（9）为下列协作项目提供竞争性拨款补助：

"（A）由联邦科学家或来自赠地学院和大学或其他学院和大学的科学家与其他国家的国际农业研究中心包括国际农业研究磋商小组的国际农业研究中心的科学家共同参与的项目；

"（B）专注于开发和利用下列新技术和规划的项目：

"（ⅰ）提高食品和纤维产量同时保护世界各地环境、提高美国农业全球竞争力的新技术和规划；或者

"（ⅱ）科学家培训技术和规划；

"（C）对美国和其他国家互惠互利的项目；以及

"（D）鼓励私营部门积极参与和充分利用私营部门资金的项目。"

（c）报告。在《1977 年全国农业研究、推广和教学政策法》第 1458 条（《美国法典》第 7 篇 3291）的末尾增加以下内容：

"（d）报告。部长应每两年向众议院农业委员会和参议院农业、营养和森林委员会提交一次报告，汇报联邦政府所做的以下工作：

"（1）协调联邦政府内的国际农业研究；以及

"（2）更有效地联系国内和国际农业研究人员，特别是农业研究局的研究人员。"

（d）全额支付为某些两国项目拨备的资金。在《1977 年全国农业研究、推广和教学政策法》第 1458 条（《美国法典》第 7 篇 3291）的（d）（经本条（c）增补之后）之后插入以下内容：

"（e）全额支付为某些两国项目拨备的资金。尽管存在其他法律规定，根据部长和以色列政府之间签订的安排为执行合作项目而拨备或提供的用以支持以—美两国农业研究和发展基金的资金应全额直接支付到该基金。"

（e）子篇标题。删除《1977 年全国农业研究、推广和教学政策法》第 ⅩⅣ 篇子篇 Ⅰ（《美国法典》第 7 篇 3291 及以下）的子篇标题，插入以下内容：

"子篇 I　国际研究、推广和教学"

第 228 条　美国—墨西哥联合农业研究。

在《1977 年全国农业研究、推广和教学政策法》子篇 I 的第 1458 条（《美国法典》第 7 篇 3291）之后插入以下内容：

"第 1459 条　美国—墨西哥联合农业研究。

"（a）研究和发展计划。部长可以使用美国/墨西哥科学基金会为农业研究和发展计划提供资金。该计划专注于解决两个国家的农业生产者和消费者所面临的两国问题，特别是在食品安全、动植物虫害防治以及农业所依赖的自然资源基础领域的紧迫问题。

"（b）行政管理。对该研究和发展计划的补助金应当通过该基金会进行竞争性发放。

"（c）匹配要求。美国政府为该基金会提供资金的条件就是墨西哥政府应至少按一美元对一美元的原则就美国政府所提供的任何资金提供匹配资金，即两国政府等额出资。

"（d）资金使用限制。根据本条提供的资金不能用于规划、修理、修复、购置或建造建筑物或设施。"

第 229 条　对国际农业科学和教育计划的竞争性拨款。

在《1977 年全国农业研究、推广和教学政策法》子篇 I（《美国法典》第 7 篇 3291 及以下）的第 1459 条（经第 228 条增补后）之后插入以下内容：

"第 1459A 条　对国际农业科学和教育计划的竞争性拨款。

"（a）所授权的竞争性拨款。为增强美国经济竞争力，促进国际市场发展，部长可以向学院和大学提供竞争性拨款（或称补助）。

"（b）补助的目的。本条所述补助应当用于开展能实现下述目标的农业研究、推广和教学活动：

"（1）增加学院和大学课程的国际化内容进而确保美国学生能深入了解他们学习的国际视野和贸易影响；

"（2）确保参与美国境外农业研究和发展活动的美国科学家、推广员和教育工作者有机会向在美国的同行和学术以及农业研究、推广和教学服务的用户阐述其活动和研究结果之意义；

"（3）增强学院和大学与其他国家（在美国联邦机构的配合下）协作研究美国农业竞争力相关问题之能力；

"（4）增强学院和大学提供合作推广教育、促进外国开发的新技术应用于美国农业之能力；以及

"（5）增强美国学院和大学（在其他联邦机构的配合下）提供领导力和教育计划、协助美国自然资源和食品生产、加工和销售企业与行业参与国际竞争的能力，包括产品市场确定、国际政策限制或增强市场生产、新市场开发或现有市场强化、生产效率等。

"（c）拨款授权。经授权，从 1999 至 2002 财政年度，每年可拨付必要数额的资金用于执行本条。"

第 230 条　一般管理费用。

（a）间接费用收取限制。在《1977 年全国农业研究、推广和教学政策法》子篇 K 第 1463 条（《美国法典》第 7 篇 3311）前插入以下内容：

"第 1462 条　农业研究、教育和推广计划的间接费用限额。

"除非法律另有规定，否则依据负责研究、教育和经济的农业副部长职权，对根据本法案或任何其

他法案发放的竞争性农业研究、教育或推广补助收取的间接费用不得超过联邦所提供的补助总额的 19%，具体由部长决定。"

（b）部门管理费用限额。对《1977 年全国农业研究、推广和教学政策法》第 1469 条（《美国法典》第 7 篇 3315）修订如下：

（1）删除条标题及其后所有内容直至"除非"，插入以下内容：

"第 1469 条　审计、报告、记账和行政管理要求。

"（a）通则。除非"；

（2）删除（3），插入以下内容：

"（3）经本法案或任何其他法案授权，部长最多可以从为农业研究、推广和教学援助计划拨付的资金中留存 4% 的款项用于这些计划的行政管理；以及"；以及

（3）在末尾增加以下内容：

"（b）社区食品项目。对于《1977 年食品券法》第 25 条（《美国法典》第 7 篇 2034）项下的社区食品项目，部长最多可从为这些项目拨付的资金中留存 4% 的款项用于这些项目的行政管理，尽管也可以将其他拨款用作这些项目的行政管理费。

"（c）同行小组费用。尽管存在其他有关农业部竞争性研究、教育或推广补助计划的法律条文，部长必要时仍可以使用补助计划资金，补充用于计划管理的资金，并支付与补助方案同行评议相关的费用。

"（d）实物支持的定义。在与部长所管理的农业研究、教育或推广活动有关的任何法律中，术语'实物支持'，就部长所提供资金的接受者应提供全部或部分匹配资金金额这一要求而言，是指办公室、设备和人员支持等捐资。"

第 231 条　费用补偿协议签订权的扩张。

在《1977 年全国农业研究、推广和教学政策法》第 1473A 条（《美国法典》第 7 篇 3319a）第一句的"机构"之后插入"或其他学院和大学"。

子篇 D　《1990 年粮食、农业、保育和贸易法》

第 241 条　农业基因组计划。

将《1990 年粮食、农业、保育和贸易法》第 1671 条（《美国法典》第 7 篇 5924）修订如下：

"第 1671 条　农业基因组计划。

"（a）宗旨。本条的宗旨是：

"（1）扩大公共和私营部门实体和人员对食品和农业领域重要物种基因组的知识，尽最大限度提高农业重要物种基因组学投资的回报率；

"（2）聚焦科学上能产生重大成果、提高许多农业重要物种有用性的物种；

"（3）扩大人类基因组创议和拟南芥基因组计划等基因组研究，深入了解预计能给农业重要物种带来重大获益的基因结构和功能；

"（4）发展改进的生物信息学，加强基因和基因产品生物功能的顺序或结构测定和分析；

"（5）鼓励联邦政府参与者尽最大限度提高公共和私人农业基因组研究合作企业的实用性；

"（6）允许依据本条开发的资源，包括数据、软件、种质和其他生物材料等在遵守法律所强制的保密要求之前提下向所有人开放；以及

"（7）鼓励国际合作企业的各个合作国家各自负责本国农业基因组研究战略的融资。

"（b）部长的职责。农业部长（本条中简称为'部长'）应发起研究倡议（即众所周知的农业基因组倡议），旨在：

"（1）研究农业上的重要基因并制作基因图谱，以实现可持续、安全的农业生产；

"（2）确保弥补当前所存在的农业基因学知识方面的差距；

"（3）明确那些决定着重要农业物种的重要经济特质的基因，包括新出现的引发经济困境的动植物疾病，并深入了解各基因的功能；

"（4）确保重要农业物种的基因未来能得到改良；

"（5）支持多样化种质的保护工作；

"（6）确保生物多样性得到妥善保护，确保对未来具有重要意义的基因持续可用；以及

"（7）以其他方式执行本条。

"（c）补助和合作协议。

"（1）职权。部长可以按照《1977年全国农业研究、推广和教学政策法》第1472条（《美国法典》第7篇3318）向个人和组织发放补助，或与之签订合作协议。

"（2）竞争性原则。本款项下的补助或合作协议应当在竞争的基础上进行发放或订立。

"（d）行政管理。《竞争性、特殊和设施研究拨款法》（《美国法典》第7篇450i）第（b）款（1）、（6）、（7）和（11）适用于本条所述的补助发放或合作协议的签订。

"（e）资金的匹配。

"（1）总要求。若本条项下的补助或合作协议为特定的农业商品提供特殊的帮助，部长应要求接受者提供资金或实物支持，以匹配部长根据补助或合作协议提供的资金金额。

"（2）弃权。就某个研究项目而言，在下列情况下，部长可以放弃（1）所规定的匹配资金要求：

"（A）部长判定该项目的成果在有益于某特定农业商品的同时，也可应用于一般的农业商品的；或者

"（B）部长判定该项目涉及的虽是次要商品，但却是重要的科学研究，且接受者无法满足匹配资金要求的。

"（f）咨询国家科学院。部长可以使用根据本条提供的资金，就农业基因组计划的行政管理向国家科学院寻求咨询。"

第242条　高优先级研究和推广计划。

将《1990年粮食、农业、保育和贸易法》第1672条（《美国法典》第7篇5925）修订如下：

"第1672条　高优先级研究和推广计划。

"（a）竞争性专项研究和推广补助授权。农业部长（本条中简称为'部长'）可以发放竞争性拨款补助，用以支持（e）、（f）和（g）所指定的研究和推广活动。部长在发放补助时应咨询全国农业研究、推广、教育和经济学咨询委员会。

"（b）行政管理。

"（1）通则。除非本条另有规定，否则在根据本条发放拨款补助时，《竞争性、特殊和设施研究拨款法》（《美国法典》第7篇450i）第（b）款（1）、（6）、（7）和（11）应可适用。

"（2）使用工作组。为便于在（e）所指定的研究和推广领域发放本条所述的研究和推广补助，部长可以为每个领域指派一个特别工作组向部长提供建议。部长每个财政年度在根据本项成立的每个工作组上最多可以花费1 000美元。

"（c）匹配资金要求。

"（1）通则。部长应要求本条项下补助的接受者从非联邦来源中提供匹配的资金或者实物支持，匹配资金金额至少等于联邦政府所提供的资金金额。

"（2）弃权。就某个研究项目而言，在下列情况下，部长可以放弃（1）中所规定的匹配资金要求：

"（A）部长判定该项目的成果在有益于某特定农业商品的同时，也可应用于一般的农业商品的；或者

"（B）部长判定该项目涉及的虽是次要商品，但却是重要的科学研究，且接受者无法满足匹配资金要求的。

"（d）鼓励合伙企业。在对根据本条收到的补助提议书完成同行评议流程后，部长可以优先向在同行评议流程中发现的对科学有重要价值、涉及多个实体合作的补助提议书发放补助。

"（e）高优先级研究和推广领域。

"（1）橘蚜和柑橘速衰病病毒研究和推广。可以根据本条发放用于下列目的的研究和推广拨款补助：

"（A）为生长在美国的柑橘作物开发橘蚜和柑橘速衰病病毒控制或根除方法；或者

"（B）让生长在美国的柑橘作物适应橘蚜和柑橘速衰病病毒。

"（2）乙醇研究和推广。可以根据本条发放研究和推广补助，用于开展或加强从农作物中提取乙醇用作新能源方面的研究。

"（3）黄曲霉素研究和推广。可以根据本条发放研究和推广补助，用于识别和控制食品和饲料产业链中的黄曲霉素。

"（4）牧豆研究和推广。可以根据本条发放研究和推广补助，用于开发牧豆生产改进方法和牧豆的商业用途。

"（5）刺梨仙人掌研究和推广。可以根据本条发放研究和推广补助，用于调查研究刺梨仙人掌的改进遗传选择和加工技术。

"（6）鹿蜱生态学研究和推广。可以根据本条发放研究和推广补助，用于研究鹿蜱和其他传播莱姆病的昆虫与害虫的种群生态。

"（7）红肉安全研究和推广。可以根据本条发放研究和推广补助，用于

"（A）制定能减少胴体表面微生物污染的干预策略；

"（B）绘制胴体表面微生物学图谱；以及

"（C）开发危害分析模型，制定关键控制点计划。

"（8）高粱麦角症研究和推广。可以根据本条发放研究和推广补助，用于开发根除高粱麦角症的技术。

"（9）花生市场强化研究和推广。可以根据本条发放研究和推广补助，用于评估在商业环境下运用创新的花生加工技术的经济效益。

"（10）牛奶场财务风险管理研究和推广。可以根据本条发放研究和推广补助，针对牛奶生产者和牛奶场合作社以及其他牛奶加工商和营销商的风险管理策略提供有关的研究、开发或教育资料、信息和拓展项目资助。

"（11）棉花研究和推广。可以根据本条发放研究和推广补助，用于完善短绒棉病害虫管理、提高短绒棉纤维质量、评估其经济效益、增加纺织品产量并优化其生产体系。

"（12）溴化甲烷研究和推广。可以根据本条发放研究和推广补助，用于：

"（A）开发和评估溴化甲烷的化学和非化学替代品、使用和减排策略，包括在播种前和收割后的使用等；以及

"（B）转化研究成果，以供农业生产者使用。

"（13）土豆研究和推广。可以根据本条发放研究和推广补助，用于开发和评估新的能抗凋萎病和其他疾病以及病虫害的土豆品系，重点放在开发土豆品种上，以便适合于全新的市场营销方式。

"（14）木材使用研究和推广。可以根据本条发放研究和推广补助，用于开发未被充分利用的木材品种的用途，并研究木材和木材纤维改进方法，以便生产更好的建筑材料。

"（15）矮丛蓝莓研究和推广。可以根据本条发放研究和推广补助，用于评估矮丛蓝莓作为适销作

物的繁殖和开发方法。

"（16）湿地利用研究和推广。可以根据本条发放研究和推广补助，以便能更好、以更多样化的方式利用湿地，从而带来各种各样的经济、农业和环境利益。

"（17）野生蒲苇控制、管理和根除研究和推广。可以根据本条发放研究和推广补助，用于控制、管理和根除野生蒲苇。

"（18）食品安全包括病原体检测与控制研究和推广。可以根据本条发放研究和推广补助，用于提高食品安全，包括寻找先进的检测和处理方法，控制国内和进口食品中病原体的存在（包括 A 型至 E 型肝炎，大肠杆菌 0157：H7）。

"（19）财务风险管理研究和推广。可以根据本条发放研究和推广补助，针对任何农业商品的农业生产者和合作社及其他加工商和营销商的财务风险管理策略提供有关的研究、开发或教育资料、信息和拓展项目资助。

"（20）热带观赏鱼研究和推广。可以根据本条发放研究和推广补助，用于满足热带观赏鱼和水生植物商业生产者对鱼类繁殖、健康、营养、捕食者控制、水资源利用、水质管理和养殖技术等领域的改善需求。

"（21）痒病研究和推广。可以根据本条发放研究和推广补助，用于研究羊群所患痒病的基因。

"（22）舞毒蛾研究和推广。可以根据本条发放研究和推广补助，用于研发对付舞毒蛾（即通常所称的'吉普赛飞蛾'）等对农业、经济或环境造成重大损害的非本地害虫的生物控制、管理和根除方法。

"（23）林学研究和推广。可以根据本条发放研究和推广补助，形成和普及林学方面的优质、创新的科学知识，通过解决下列问题，以提高森林资源的长期生产力，促进林业经济发展：

"（A）林地使用政策；

"（B）多用途的森林管理，包括野生生物生长环境发展、森林更新系统改善和木料供应等；以及

"（C）改进的森林产品开发、制造和营销。

"（24）西红柿斑萎病研究和推广。可以根据本条发放研究和推广补助，用于控制、管理和根除西红柿斑萎病。

"（f）外来火蚁控制、管理和根除。

"（1）工作组。部长应根据（b）（2）针对外来火蚁的控制、管理和根除设立工作组。部长在请求和评估本条项下的拨款补助建议时应咨询该工作组。

"（2）初始补助。

"（A）征求建议书。部长应就外来火蚁控制、管理或根除相关研究或验证项目的拨款补助公布提议请求书。

"（B）选择。在征求建议书公布满 1 年之前，部长应当对所提交的补助建议做出评估，并选择出有价值的与外来火蚁控制、管理或根除有关的研究或验证项目，以领取本款中的初始补助。

"（3）后续补助。

"（A）初始补助的评估。若部长根据（2）（B）授予补助，部长应对利用该笔补助开展的用作联邦政府、州和本地政府、土地所有者和经营者制定国家外来火蚁控制、管理和根除计划之依据的所有研究或验证项目展开评估。

"（B）选择。根据（A）的评估结果，部长应选择出部长认为最有前景的项目，进行额外研究或验证，从而制定外来火蚁控制、管理和根除的国家计划。部长应将根据本项所选择的项目告知工作组。

"（4）国家计划的选择和提交。

"（A）后续补助的评估。若部长根据（3）（B）授予补助，部长应对利用该笔补助开展的用作联邦政府、州和本地政府、土地所有者和经营者制定国家外来火蚁控制、管理和根除计划之依据的所有研究或验证项目展开评估。

"（B）选择。根据（A）的评估结果，部长应选择根据（3）（B）资助的一个项目或项目组合，以

授予国家计划最终制定补助。

"（C）提交。部长应向国会提交根据（b）制定的国家外来火蚁控制、管理和根除最终计划。

"（g）台湾白蚁研究和根除。

"（1）研究项目。部长可以根据本款向地区和跨司法区实体、地方政府规划单位和地方政府发放竞争性研究补助，用于在美国开展台湾白蚁控制、管理和根除研究。

"（2）根除项目。部长可以与地区和跨司法区实体、地方政府规划单位和地方政府签订合作协议，以：

"（A）在美国开展台湾白蚁控制、管理和根除项目；以及

"（B）收集项目有效性方面的资料。

"（3）资助优先权。在分配用于执行（2）的经费时，部长可以优先向历史上台湾白蚁繁衍速度最快的地区或地方分配。

"（4）管理协调。本款所述的研究补助、合作协议和项目的管理应当根据现有联权与农业研究局开展的国家台湾白蚁管理和研究验证项目协调进行。

"（h）拨款授权。经授权，从 1999 至 2002 财政年度，每年可拨必要金额的资金用于执行本条。"

第 243 条 肥料管理研究和推广计划。

在《1990 年粮食、农业、保育和贸易法》第 1672 条（《美国法典》第 7 篇 5925）后插入以下内容：

"第 1672A 条 肥料管理研究和推广计划。

"（a）竞争性研究和推广补助授权。农业部长（本条简称为'部长'）可以发放竞争性补助，用以扶持（e）所指定的研究和推广活动。部长在发放补助时应咨询全国农业研究、推广、教育和经济学咨询委员会。

"（b）行政管理。

"（1）通则。在根据本条发放补助时，《竞争性、特殊和设施研究拨款法》（《美国法典》第 7 篇 450i）第（b）款（1）、（6）、（7）和（11）应可适用。

"（2）工作组的使用。为便于在（e）所制定的研究和推广领域发放本条项下的研究和推广补助，补助可以为每个领域指派一个特别工作组，向部长提供建议。部长每个财政年度在根据本项成立的每个工作组上最多可以花费 1 000 美元。

"（c）匹配资金要求。

"（1）通则。部长应要求本条项下补助的接受者从非联邦来源中提供匹配的资金或者实物支持，匹配资金金额至少等于联邦政府所提供的资金金额。

"（2）弃权。就某个研究项目而言，在下列情况下，部长可以放弃（1）所规定的匹配资金要求：

"（A）部长判定该项目的成果在有益于某特定农业商品的同时，也可应用于一般的农业商品的；或者

"（B）部长判定该项目涉及的虽是次要商品，但却是重要的科学研究，且接受者无法满足匹配资金要求的。

"（d）鼓励合伙企业。在对根据本条收到的补助提议书完成同行评议流程后，部长可以优先向在同行评议流程中发现的对科学有重要价值、涉及多个实体合作的补助提议书发放补助。

"（e）肥料管理研究和推广领域。

"（1）动物粪便和气味管理。可以根据本条发放研究和推广补助，用于：

"（A）发现、评估和验证创新的动物粪便管理和相关的空气质量管理与气味控制的技术；

"（B）调查研究特定动物粪便例如猪粪的独特微生物，发现和形成能有效管理空气质量和水质的方法；和

"（C）举办信息研讨会，分享研究成果。

"（2）水质和水生生态系统。可以根据本条发放研究和推广补助，用于调查研究威胁人类或动物健康的费氏藻类和其他微生物对水生食物网特别是具有重要商业意义的水生物种及其生长环境的影响。

"（3）农村和城市交界地区。可以根据本条发放研究和推广补助，用于发现、评估和验证可用于邻近城市或城郊地区的农村地区的动物粪便管理（包括气氛控制）的、与城市或城郊地区所进行的粪便管理活动有关的创新技术。

"（4）动物饲养。可以根据本条发放研究和推广补助，旨在尽可能改善家畜的营养管理，同时控制矿物质循环等与动物饲养实践有关的风险。

"（5）动物粪便的其他用途。可以根据本条发放研究和推广补助，用于寻找创新的有经济效益的动物粪便使用或处理方法和技术。

"（g）拨款授权。经授权，从1999至2002财政年度，每年可拨必要金额的资金用于执行本条。"

第 244 条 有机农业研究和推广计划。

在《1990年粮食、农业、保育和贸易法》第1672A条（经第243条修订后）后插入以下内容：

"第 1672B 条 有机农业研究和推广计划。

"（a）竞争性专项研究和推广拨款授权。经咨询全国农业研究、推广、教育和经济学咨询委员会后，农业部长（本条简称为'部长'）可以发放竞争性补助，用以扶持有机农业商品种植和加工方面的研究和推广活动，旨在：

"（1）促进有机农业生产和加工方法的开发；

"（2）评估使用有机方法的生产者和加工者的潜在经济效益；以及

"（3）为采用有机方法种植和加工的农业商品开拓国际贸易机会。

"（b）补助类型和流程、建筑物禁令。在根据本条发放补助时，《竞争性、特殊和设施研究拨款法》（《美国法典》第7篇450i）的第（b）款（1）、（6）、（7）和（11）应可适用。

"（c）匹配资金要求。

"（1）通则。部长应要求本条项下补助的接受者从非联邦来源中提供匹配的资金或者实物支持，匹配资金金额至少等于联邦政府所提供的资金金额。

"（2）弃权。就某个研究项目而言，在下列情况下，部长可以放弃（1）所规定的匹配资金要求：

"（A）部长判定该项目的成果在有益于某特定农业商品的同时，也可应用于一般的农业商品的；或者

"（B）部长判定该项目涉及的虽是次要商品，但却是重要的科学研究，且接受者无法满足匹配资金要求的。

"（d）鼓励合伙企业。在对根据本条收到的补助提议书完成同行评议流程后，部长可以优先向在同行评议流程中发现的对科学有重要价值、涉及多个实体合作的补助提议书发放补助。

"（e）拨款授权。经授权，从1999至2002财政年度，每年可拨必要金额的资金用于执行本条。"

第 245 条 农业电信计划。

对《1990年粮食、农业、保育和贸易法》第1673条（《美国法典》第7篇5926）修订如下：

（1）在（c）中：

（A）将（1）至（5）分别重新编号为（2）至（6）；

（B）在（重新编号后的）（2）前插入以下内容：

"（1）A＊DEC。术语'A＊DEC'是指远程教育联合体。"；以及

（C）在末尾增加以下内容：

"（7）部长。除非（d）（1）另有规定，否则术语'部长'是指农业部长，通过 A * DEC 行事。"

（2）在（d）（1）中，删除"部长应建立一个项目，并由负责科学教育的助理部长进行管理，"插入"农业部长应建立一个项目，并通过根据农业部长制定的条款与条件向 A * DEC 提供的补助进行管理，"；以及

（3）在（f）（2）的第一句中，删除"负责科学教育的助理部长"，插入"A * DEC"。

第 246 条　残障农民辅助技术计划。

对《1990 年粮食、农业、保育和贸易法》第 1680 条（《美国法典》第 7 篇 5933）修订如下：

（1）在（a）中，删除（6）；

（2）在（b）中：

（A）删除"传播。"及其后的所有内容直至"综述。"，插入"传播。这"；以及

（B）删除（2）；以及

（3）在末尾增加以下内容：

"（c）拨款授权。

"（1）通则。在遵守（2）的前提下，经授权，从 1999 至 2002 财政年度，每年可拨款 6 000 000 美元用于执行本条。

"（2）国家补助。每个财政年度用于执行（b）的经费不得超过该财年根据（1）拨备使用的经费总额的 15%。"

子篇 E　其他法律

第 251 条　《1994 年教育赠地身份平等法》。

（a）1994 年机构的定义。在《1994 年教育赠地身份平等法》第 532 条（《公法》103 - 382；《美国法典》第 7 篇 301 注释）的末尾增加以下内容：

"（30）小牧师部落学院。"

（b）认证。在《1994 年教育赠地身份平等法》第 532 条（a）（《公法》103 - 382；《美国法典》第 7 篇 301 注释）的末尾增加以下内容：

"（3）认证。要想获得第 534 和 535 条项下的资金，1994 年机构应当向部长证明，该 1994 年机构：

"（A）已通过部长经咨询教育部长后指定的国家承认的认证机构或协会的评审认证，在培训质量上是一家可靠的学术权威机构；或者

"（B）在评审认证方面正取得进展，具体由国家承认的认证机构或协会决定。"

（c）研究补助。在《1994 年教育赠地身份平等法》（《公法》103 - 382；《美国法典》第 7 篇 301 注释）的末尾增加以下内容：

"第 536 条　研究补助。

"（a）研究补助授权。农业部长可以按照竞争性补助申请流程（并遵照部长可能颁布的有关规定）向 1994 年机构发放本条项下的补助，协助该机构展开农业研究，解决高优先级的对部落、国家或多州具有重要意义的问题。

"（b）要求。根据本条提交的补助申请应证明将按照与至少 1 家其他赠地学院或大学（1994 年机构除外）签订的合作协议展开研究活动。

"（c）拨款授权。经授权，从 1999 至 2002 财政年度，每年可拨必要金额的资金用于执行本条。拨款可保留使用，直至用完为止。"

第 252 条　美国农村基金。

删除《1996 年联邦农业完善和改革法》第 793 条（b）（《美国法典》第 7 篇 2204f（b））的（1），并插入以下内容：

"（1）通则。财政部长应于 1998 至 2002 年的每年 10 月 1 日，从仍未划拨使用的财政部资金中拨出 60 000 000 美元转入该账户。"

第 253 条　森林和牧场可再生资源研究。

（a）研究结果。删除《1978 年森林和牧场可再生资源研究法》第 2 条（《美国法典》第 16 篇 1641）的"第 2 条"和第（a）款，并插入以下内容：

"第 2 条　研究结果和目的。

"（a）研究结果。国会研究发现：

"（1）森林和牧场以及森林和牧场资源对美国具有重要的战略经济和生态意义，联邦政府在确保美国森林和牧场的持续健康、生产力和可持续性方面发挥着重要和关键的作用。

"（2）美国超过 75% 的高产商业林地由私人所有，其中约 60% 由小规模的非工业化的私营业主拥有。这 10 000 000 非工业化的私营业主在向美国公民提供商品和非商品价值方面至关重要。

"（3）国家森林系统只管理着美国 17% 的商品材林地，其中超过 50% 的软木储量生长在这片林地上。在 20 世纪 90 年代初，联邦机构政策发生重大变化，大幅削减了对这一庞大木材资源的管理，导致木材供应从公共部门急剧转向私营部门。由于供应的转变，目前美国约 60% 的木材总产量来源于美国南部的私人林地。

"（4）同时，随着越来越多的林地被迫停止商业生产，联邦政府正大幅减少其对森林和牧场生产力研究的资金承诺额，而这正是私营部门为持续管理剩余的可用木材和森林资源以有利于所有物种而所急需的。

"（5）美国木材供应可用性的不确定性、日益增加的监管负担和联邦政府对研究缺乏支持导致国内木材生产商和造纸商迁离美国，寻找可靠的木材供应来源，反过来又导致工作岗位和基础设施投资的损失，以及进口木材产品所带来的外来病虫害蔓延风险增加。

"（6）美国木材产商和造纸商不仅面临着联邦政府政策转变的挑战，还面临着树木生长速度远超美国的热带国家的残酷竞争。美国林业每英亩木材产量需要从 1996 年的水平翻两番，方可在林地不断减少的基础上继续保持国际竞争力。

"（7）必须展开更完善、更频繁的森林资源清查和分析，方可明确与生产力有关的森林研究需求，并为森林管理者提供最新的数据资料以做出及时有效的管理决策。"

（b）高优先级森林和牧场研究和教育。删除《1978 年森林和牧场可再生资源研究法》第 3 条（《美国法典》第 16 篇 1642）的（d），并插入以下内容：

"（d）高优先级森林和牧场研究和教育。

"（1）通则。部长可以优先开展、扶持和协助对美国以及美国公共和私营林地和牧场的用户最具重要性的森林和牧场研究和教育活动。

"（2）优先项目。研究和教育的优先项目包括以下：

"（A）森林生物和牧场生物的生态学。

"（B）森林和牧场生态系统的功能特征和符合成本效益的管理方法。

"（C）人类与森林和牧场的互动。

"（D）作为原材料的木材和草料。

"（E）国际贸易、竞争和合作。

"（3）东北部各州研究合作社。部长可以与新罕布什尔州、纽约州、缅因州和佛蒙特州等东北部各州、位于这些州的赠地学院和大学、这些州的自然资源和森林学校、其他联邦机构以及这些州的其他利益攸关人合作，协调和改进有关农业研究、推广和教育的生态和经济研究，包括：

"（A）生态系统健康、森林管理、产品开发、经济学和相关领域的研究；

"（B）协助这些州和这些州的土地所有者实现可持续的森林管理的研究；

"（C）向木制品行业转让加工效率提升、污染防治和节能方面的技术；

"（D）通过协会、出版物和其他信息交换活动向土地所有者、公共和私人资源管理者、州森林公民咨询委员会和普通大众传播现有的和最新的信息；以及

"（E）分析具有重要生态意义或生物多样性意义的地区的保护战略以及提供重要悠闲娱乐机会和传统用途的战略，包括通过州土地保护规划流程确定的地区的保护战略。"

（c）森林资源清查和分析。在《1978 年森林和牧场可再生资源研究法》第 3 条（《美国法典》第 16 篇 1642）的末尾增加以下内容：

"（e）森林资源清查和分析。

"（1）所需计划。部长应按照其他的法律可适用条文，制定计划，及时地清查和分析美国公有和私有森林及其资源。

"（2）年度州资源清查。

"（A）通则。部长应在本款颁布实施之日后的每个完整财政年度结束之前，在各州的州林务官的配合下，为各州准备一份州森林及森林资源清册。

"（B）样地。在编制州森林及森林资源清册时，部长每年应至少测量该州森林资源清查计划中所纳入的所有样地的 20%。

"（C）清册的编制。在完成年度清册后，部长应将该年从样地测量和样本分析中所收集的所有数据资料汇编成册并公开。

"（3）5 年报告。在本款颁布实施后，部长至少应每隔 5 个完整的财政年度在州林务官的配合下编制、出版并公开一份 5 年报告，报告应：

"（A）包括各州森林和森林资源清册的说明，纳入该报告所涉及的 5 年期间进行的所有样地测量数据；

"（B）展示和分析（2）所要求的全国范围内的年度报告结果；以及

"（C）包含过去 20 年森林健康状况和发展趋势的分析，重点放在最近 5 年期限内的健康状况和趋势。

"（4）国家标准和定义。为确保所有公有和私有林地及各州的数据收集统一和一致，部长应在咨询州林务官和不隶属部长管辖的联邦土地管理机构之后，制定和公布在本款所述的森林和森林资源清查和分析中要运用的国家标准和定义。标准应包含根据（2）对所有样地进行测量时需要测量的一组核心变量和要纳入（3）所述报告的一套标准表格。

"（5）私人财产权的保护。在依据（2）和（3）从位于私有地产上的样地收集数据资料之前，部长应获得财产所有者的授权。

"（6）战略计划。部长应于本款颁布实施后 180 日之内，编制并向国会提交一份用于实施和执行本款的战略计划，包括（2）所要求的年度更新和（3）所要求的报告，该战略计划应详细说明：

"（A）实施和执行本款所需的财务资源，包括明确所需的超出最近拨款法案为森林资源清查和分析拨备之款额的任何资源；

"（B）实施和执行本款所必需的人力，包括除正在履行资源清查和分析职能的人员以外的任何人员；

"（C）实施和执行本款所必需的组织和程序，包括与联邦土地管理机构和州林务官的拟议协调；

"（D）在本款颁布实施后首个 5 年间隔期内（2）中所要求的各州清册的年度样地测量时间表；

"(E)(2)中各块样地要测量的一组核心变量和(3)中各州报告和国家报告要使用的一套标准表格;以及

"(F)经与能源部长和国家航空航天局局长协调后运用远程传感、全球定位系统和其他先进技术以执行本条的流程及这些技术的后续使用程序等。"

(d)森林和牧场竞争性研究补助。对《1978年森林和牧场可再生资源研究法》第5条(《美国法典》第16篇1644)修订如下:

(1)删除条标题和"第5条",插入以下内容:

"第5条 森林和牧场竞争性研究补助。

"(a)竞争性补助职权。";以及

(2)在末尾增加以下内容:

"(b)强调某些高优先级森林研究。部长最多可以将根据第3条提供的研究经费的5%用于发放竞争性补助,开展第3条(d)中所确定的高优先级研究领域的森林学研究。

"(c)强调某些高优先级牧场研究。部长最多可以将根据第3条提供的研究经费的5%用于发放竞争性补助,开展3条(d)所确定的高优先级研究领域的牧场研究。

"(d)优先权。在发放(b)和(c)中所述补助时,部长应优先向下列研究建议发放:

"(1)拟议的研究将是通过科学卓越中心组织的协作研究;

"(2)申请人同意提供匹配资金(以直接资金或实物支持的方式)且金额不低于补助金额的50%;以及

"(3)拟议研究将作为现有公私合伙或合作研究工作的一部分展开并且涉及多个感兴趣的研究合作伙伴。"

第Ⅲ篇 农业研究、推广和教育主管部门的延展或废止

第301条 延展。

(a)《1977年全国农业、研究、推广和教学政策法》。对《1977年全国农业、研究、推广和教学政策法》修订如下:

(1)在第1417条(《美国法典》第7篇3152)第(l)款(经第223条(1)重新编号后),删除"1997",插入"2002";

(2)在第1419条(d)(《美国法典》第7篇3154(d)),删除"1997年",插入"2002";

(3)在第1419A条(d)(《美国法典》第7篇3155(d)),删除"1996和1997财政年度",插入"1996至2002每个财政年度";

(4)在第1424条(d)(《美国法典》第7篇3174(d)),删除"1996和1997财政年度",插入"1996至2002每个财政年度";

(5)在第1424A条(d)(《美国法典》第7篇3174a(d)),删除"1997财政年度",插入"1997至2002每个财政年度";

(6)在第1425条(c)(3)(《美国法典》第7篇3175(c)(3)),删除"和1997",插入"至2002";

(7)在第1433条(c)(《美国法典》第7篇3195(c))的第一句,删除"1997",插入"2002";

(8)在第1434条(a)(《美国法典》第7篇3196(a)),删除"1997",插入"2002";

(9)在第1447条(b)(《美国法典》第7篇3222b(b)),删除"和1997",插入"至2002";

(10)在第1448条(《美国法典》第7篇3222c):

(A)在(a)(1),删除"和1997",插入"至2002";以及

（B）在（f），删除"1997"，插入"2002"；

（11）在第 1455 条（c）（《美国法典》第 7 篇 3241（c）），删除"1997 财政年度"，插入"1997 至 2002 每个财政年度"；

（12）在第 1463 条（《美国法典》第 7 篇 3311），删除在（a）和（b）所出现的每一处"1997"，分别插入"2002"；

（13）在第 1464 条（《美国法典》第 7 篇 3312），删除"1997"，插入"2002"；

（14）在第 1473D 条（a）（《美国法典》第 7 篇 3319d（a）），删除"1997"，插入"2002"；

（15）在第 1477 条（《美国法典》第 7 篇 3324）的第一句，删除"1997"，插入"2002"；以及

（16）在第 1483 条（a）（《美国法典》第 7 篇 3336（a）），删除"1997"，插入"2002"。

（b）《1990 年粮食、农业、保育和贸易法》。对《1990 年粮食、农业、保育和贸易法》修订如下：

（1）在第 1635 条（b）（《美国法典》第 7 篇 5844（b）），删除"1997"，插入"2002"；

（2）在第 1673 条（h）（《美国法典》第 7 篇 5926（h）），删除"1997"，插入"2002"；

（3）在第 2381 条（e）（《美国法典》第 7 篇 3125b（e）），删除"1997"，插入"2002"。

（c）《重要农业生产资料法》。删除《重要农业生产资料法》第 16 条（a）（《美国法典》第 7 篇 178n（a））中的"1997"，插入"2002"。

（d）《研究设施法》。删除《研究设施法》第 6 条（a）（《美国法典》第 7 篇 390d（a））中的"1996 和 1997 财政年度"，插入"1996 至 2002 每个财政年度"。

（e）《1985 年全国农业研究、推广和教育政策法修正案》。删除《1985 年全国农业研究、推广和教育政策法修正案》（《公法》99 - 198；《美国法令全书》第 99 篇 1556）第 1431 条中的"1997"，插入"2002"。

（f）《竞争性、特殊和设施研究拨款法》。删除《竞争性、特殊和设施研究拨款法》（b）（10）（《美国法典》第 7 篇第 450i（b）（10））中的"1997"，插入"2002"。

（g）《1994 年教育赠地身份平等法》。删除《1994 年教育赠地身份平等法》（《公法》103 - 382；《美国法典》第 7 篇 301 注释）第 533 条（b）和第 535 条中所出现的每一处"2000"，分别插入"2002"。

（h）《1978 年可再生能源推广法》。删除《1978 年可再生能源推广法》第 6 条（《美国法典》第 16 篇 1675）第一句中的"截至 1988 年 9 月 30 日的这一财政年度"及之后所有内容直至末尾的期限，插入"1987 至 2002 每个财政年度。"

（i）《1980 年国家水产养殖法》。删除《1980 年国家水产养殖法》第 10 条（《美国法典》第 16 篇 2809）中所出现的每一处"1991、1992 和 1993 财政年度"，分别插入"1991 至 2002 每个财政年度"。

第 302 条 废止。

（a）《1977 年全国农业研究、推广和教学政策法》。废止《1977 年全国农业研究、推广和教学政策法》第 1476 条（《美国法典》第 7 篇 3323）。

（b）《1981 年全国农业研究、推广和教育政策法修正案》。废止《1981 年全国农业研究、推广和教育政策法修正案》第 1432 条（b）（《公法》97 - 98；《美国法典》第 7 篇 3222 注释）。

（c）《1990 年粮食、农业、保护和贸易法》。废止《1990 年粮食、农业、保护和贸易法》第 XIV 篇子篇 G 及第 1670 和 1675 条（《美国法典》第 7 篇 5501 及以下、5923 和 5928）。

（d）《1996 年联邦农业完善和改革法》。废止《1996 年联邦农业完善和改革法》第 VIII 篇子篇 E（《公法》104 - 127；《美国法令全书》第 110 篇 1184）。

第 IV 篇 农业研究、推广和教育新计划

第 401 条 未来农业和食品系统计划。

（a）财政部账户。在美国财政部设立一个账户，取名为"未来农业和食品系统计划"（在本条中简

称为"账户"），用于为本条所授权的活动提供资金。

（b）经费。

（1）通则。从 1998 年至 2002 年的每年 10 月 1 日，财政部长应从财政部未被划拨使用的资金中调拨 120 000 000 美元进入该账户。

（2）权利。农业部长：

（A）应有权领取根据（1）转入该账户的资金；

（B）应接受该笔资金；以及

（C）应使用该笔资金执行本条。

（c）目的。

（1）关键的新问题。部长应：

（A）在遵守（2）的前提下，将账户中的资金用作研究、推广和教育补助（本条中简称为"补助"），用于解决关键的与下列有关的农业新问题：

（ⅰ）未来食品生产；

（ⅱ）环境质量和自然资源管理；或者

（ⅲ）农场收入；以及

（B）将账户中的资金用于根据《1990 年替代性农业研究和商业化法》（《美国法典》第 7 篇 5901 及以下）开展的活动。

（2）优先任务领域。部长应将根据本条发放的补助，经征求咨询委员会的意见后，优先用于解决与下列有关的优先任务领域：

（A）农业基因组；

（B）食品安全、食品技术和人类营业；

（C）农业商品和产品的新型和另类使用和生产方法；

（D）农业生物科技；

（E）自然资源管理，包括精准农业；以及

（F）农场效率和利润率，包括中小型牛奶场，牲畜饲养场、作物和其他商品经营场所的生存能力和竞争力。

（d）具备资格的受助人。部长可以根据本条向下列组织机构发放补助：

（1）联邦研究机构；

（2）国家实验室；

（3）学院或大学，或者由学院或大学维持的研究基金会；或者

（4）经证明具备开展研究或技术转让之能力的私人研究组织。

（e）特别考虑因素。

（1）小型机构。部长在根据本条发放补助时可采用特定方式，以确保之前在根据《竞争性、特殊和设施研究法》（b）（《美国法典》第 7 篇 450i（b））申领竞争性拨款补助时尚未成功过的中小型机构的教职员获得本条项下的部分补助。

（2）优先权。在根据本条发放补助时，部长应优先：

（A）向涉及多个州、多个机构或多个科学的项目发放；或者

（B）向集农业研究、推广和教育活动于一身的项目发放。

（f）行政管理。

（1）通则。在根据本条发放补助时，部长应当：

（A）征求并接受补助建议；

（B）按照第 103 条通过同行审评制度确定建议书的重要性和价值；

（C）根据价值、质量和重要性授予补助，以推进（c）所确立的目的和优先任务领域；以及

（D）征求并考虑按照第 102 条（b）开展或利用农业研究、推广或教育活动之人员的意见和建议。

（2）竞争性原则。本条项下的补助应根据竞争性原则方法。

（3）期限。本条项下的补助其期限不应超过 5 年。

（4）匹配资金。作为根据本条发放补助的一项条件，部长应要求从非联邦来源中提供与所补助金额相等的匹配资金，若该笔补助：

（A）用于某特定商品的应用研究；以及

（B）并非全国范围内的补助。

（5）委派。部长应通过农业部州际研究、教育和推广合作局对本条进行行政管理。部长可以设立一个或多个机构，开展本条所授权的所有或部分活动。

（6）资金的可用性。本条项下的补助资金可供部长使用 2 年时间。

（7）管理费用。部长最多可从用作本条项下补助的资金中划拨 4% 的款项用作部长执行本条的行政管理费用。

（8）建筑和设施。用作本条项下补助的资金不能用于建造新建筑物或设施，或者购置、扩建、改造或改变现有的建筑物或设施（包括场地平整和修缮及建筑师费）。

第 402 条　高价值农业产品质量研究合作伙伴关系。

（a）具备资格的伙伴关系的定义。在本条中，术语"具备资格的伙伴关系"是指由赠地学院或大学和（c）（1）中指定的满足（c）中所指定的资格标准的其他实体组成的合作伙伴关系。

（b）利用补助建立伙伴关系。农业部长应向具备资格的伙伴关系发放竞争性补助，用以协调和管理研究与推广活动，提高高价值农业产品的质量。

（c）具备资格的伙伴关系的标准。

（1）伙伴关系中的主要机构。参与具备资格的伙伴关系的主要机构应为赠地学院或大学，由其与其他学院或大学、非盈利研究和开发实体以及联邦实验室组成伙伴关系。

（2）研究活动的优先权。具备资格的伙伴关系应优先开展研究和推广活动，以此：

（A）增强美国农业产品的竞争力；

（B）增加美国农业产品出口；以及

（C）使用这些产品替代进口产品。

（3）协调。具备资格的伙伴关系应在组成伙伴关系的实体之间协调合格伙伴关系所支持的活动，包括建立在机构与实验室之间共享资源的机制，协调公共部门和私营部门合作伙伴，以最大化成本效益。

（d）研究和推广活动的类型。由具备资格的伙伴关系支持的研究或推广可以专注于解决与高价值农产品有关的生产、加工、包装、运输和营销问题。其中包括：

（1）对环境负责的：

（A）虫害管理、替代物和生物科技；

（B）可持续的耕作方法；以及

（C）土壤保护和加强资源管理；

（2）基因研究，开发改良型农产品；

（3）改良大田栽培实践和技术，提高质量、产量和生产效率；

（4）加工和包装技术，提高产品质量、稳定性或风味强度；

（5）针对消费者认知和偏好的市场营销研究；

（6）经济效益研究，包括行业特征、成长性和竞争力分析；以及

（7）研究推进农村地区企业的多样化，提高附加值。

（e）补助发放流程的组成要素。

（1）补助期限。部长依本条发放补助的期限不得超过 5 年。

（2）优先权。在发放本条项下补助时，部长应优先向下列建议书发放：

（A）证明是与下列机构关联的建议书：

（ⅰ）农业部下属机构；

（ⅱ）其他相关的联邦实验室和机构；

（ⅲ）学院和大学；以及

（ⅳ）私营行业；以及

（B）保证匹配资金超过（3）所要求金额的建议书。

（3）匹配资金。具备资格的伙伴关系应为该伙伴关系的运作提供非联邦资金，且金额至少不得低于该伙伴关系根据本节收到的补助金金额。

（f）补助金使用限制。根据本条提供的资金不得用于规划、修护、修复、购置或建造建筑物或设施。

（g）拨款授权。经授权，从 1999 至 2002 财政年度期间，每年可拨必要金额的资金用于执行本条。

第 403 条　精准农业。

（a）定义。在本条中：

（1）农业投入品。术语"农业投入品"包括所有农场管理、农艺和大田应用农业生产投入，诸如农业生产中使用的机械、劳力、时间、燃油、灌溉用水、商业肥料、饲料、兽医药品与疫苗、牲畜粪便、作物保护剂、农艺学数据与信息、应用与管理服务、种子和其他投入。

（2）具备资格的实体。术语"具备资格的实体"是指：

（A）州农业实验站；

（B）学院或大学；

（C）研究机构或组织；

（D）联邦或州政府实体或机构；

（E）国家实验室；

（F）私营组织或公司；

（G）农业生产者或其他土地管理者；或者

（H）（g）中所述的精准农业伙伴关系。

（3）精准农业。术语"精准农业"是指基于信息和生产的一体化农耕制度，旨在通过下列方式提高特定地块和整个农场的长期生产效率、生产力和利润率，同时降低对野生生物和环境的意外影响：

（A）将农业科学、农业投入品与实践、农艺生产数据库与精准农业技术相结合，以有效管理农艺和牲畜生产系统；

（B）收集与影响作物和牲畜生产的特定地块空间和时间因素的变异与交互作用有关的农场信息；

（C）及时将这些信息与利用实地侦察、遥感和其他精准农业技术所获得的有关数据融合，以支持农场决策；或者

（D）利用该等信息定点调节农业投入的施用和农业生产系统的管理实践。

（4）精准农业技术。术语"精准农业技术"包括：

（A）从精密传感器与软件系统到人工取样与数据收集工具等一系列用于测量、记录和管理空间和时间数据的仪器和技术；

（B）合理做出农业生产决策所需信息的搜寻与收集技术；

（C）用于数据联网与处理、生成农场管理决策值系的开放系统技术；或者

（D）提供信息化管理的机器。

（5）系统研究。术语"系统研究"是指一体化、协调一致、反复的调查流程，涉及：

（A）精准农业系统的多个交互式组成部分和方面，包括物理化学生物工艺新知识的综合以及精准农业系统与作物耕种、牲畜生产实践和自然资源系统的复杂互动；

（B）精准农业技术开发和实施；

（C）数据与信息收集与解读；

（D）生产规模规划；

（E）生产规模实施；以及

（F）农场生产效率、生产力和利润率。

（b）经核准的补助。

（1）通则。农业部长可以向具备资格的实体发放竞争性拨款补助，用于执行研究、教育或信息传播项目，发展和推进精准农业，但补助期限不超过 5 年。

（2）私营部门融资。本条项下的补助只能用于扶持部长确定不可能从私营部门获得融资的项目。

（3）向咨询委员会征求意见。部长在根据本条发放补助时应向咨询委员会征求意见和建议。

（c）项目目的。由本条项下补助金扶持的研究、教育或信息传播项目应满足以下一个或多个目的：

（1）使用系统研究方法研究和提升各项精准农业技术，旨在提高特定地块和整个农场的长期生产效率、生产力和利润率。

（2）增进对农艺系统的了解，包括土壤、水、土地覆盖（包括牧地）、虫害管理系统和气象变化。

（3）为州合作推广局人员和参与一体化精准农业技术生产与转让的其他专业人员提供培训和教育项目。

（4）开发、验证和传播与精准农业技术和系统及精准农业潜在成本和效益有关的涉及下述的信息：

（A）农场长期生产效率、生产力和利润率的提高；

（B）环境的维持；

（C）国际贸易的改善；以及

（D）面向农业生产者和消费者包括由家庭所有和运作农场的一体化教育项目。

（5）推进致力于整合精准农业多个方面的系统研究和教育项目，包括开发、生产规模实施和农场生产效率、生产力与利润率。

（6）研究精准农业技术是否可以应用于中小型农场和研究用于改进精准农业技术在中小型农场可应用性的方法。

（d）补助优先级。在根据本条向合格实体发放补助时，部长应在征求咨询委员会的意见后，优先向旨在实现以下目的的研究、教育或信息传播项目发放：

（1）采用系统研究方法评估精准农业技术的使用情况，以提高特定地块和整个农场的长期生产效率、生产力和利润率。

（2）以切实可行并随时可用的方式整合研究、教育和信息传播项目，以便农业生产者可以随时利用该项目的成果。

（3）演示如何高效使用农业投入品而非均匀减量使用农业投入品。

（4）尽可能加大精准农业生产者、注册作物顾问、州合作推广局人员、农业投入品机械、产品与服务提供商、非盈利组织、农业企业、兽医、赠地学院与大学和联邦机构在与精准农业信息研究、教育和传播有关的精准农业系统研究项目中参与和合作力度。

（5）尽可能加大与多重机构和其他合作伙伴的协作，包括通过充分利用资金和资源。

（e）匹配资金。根据本条向具备资格的实体（联邦机构除外）发放的补助金额不得超过该具备资格的实体从非联邦资金中获得的用于精准农业研究以及建立与维持进行精准农业研究所需设施的资金金额。

（f）预留用于教育和信息传播项目的资金。部长应从根据本条用于发放补助的资金中，预留部分资金用作精准农业教育或信息传播相关项目的补助。

（g）精准农业伙伴关系。在执行本条时，部长经向咨询委员会征求意见后，应鼓励在下列组织机构之间建立适当的州际和国家层面伙伴关系或联合企业：

（1）赠地学院与大学、州农业实验站、州合作推广局、证明具备精准农业技术的其他学院和大学、农业部各下属机构、国家实验室、农业企业、农业设备与投入品制造商与零售商、注册作物顾问、商品组

织、兽医、其他联邦或州政府实体与机构、或证明具备精准农业技术的非农业产业和非盈利组织；以及

（2）农业生产者或其他土地管理人。

（h）对设施的限制。根据本条发放的补助不能用于规划、修建、修复、购置或建造建筑物或设施。

（i）拨款授权。

（1）一般原则。经授权，从1999至2002财政年度，每年可拨必要金额的资金用于执行本条，对于每个财政年度：

（A）用于跨学科小组开展研究的补助不得低于30％；以及

（B）用于具备资格的实体开展研究的补助不得低于40％，以便于开展可直接应用于生产者和农业生产系统的系统研究。

（2）资金的可用性。根据（1）提供使用的资金可用于偿付债务，期限为两年，从资金拨付使用的当年10月1日起算。

第404条　生物基产品。

（a）生物基产品的定义。在本条中，术语"生物基产品"是指适合用作食品或非食用的部分或全部取自可再生农业材料和森林材料的食品。

（b）生物基产品活动的协调。农业部长应：

（1）协调农业部的研究、专门技术知识、经济信息和市场信息资源和活动，开发、商业化和推广生物基产品的用途；

（2）请求生产或有兴趣生产生物基产品的私营部门人员提供投入物；

（3）为创新的有前途的生物基产品咨询和技术援助提供集中联络点；以及

（4）向国会提交年度报告，说明农业部在生物基产品方面所做的协调性研究、营销和商业化活动。

（c）生物基产品合作协议。

（1）协议授权。部长可以与（d）所述私营实体签订合作协议，并根据该协议，提供农业研究服务局的设施和专业技术知识，用于经营试点工厂和其他大规模的准备设施，从而将新型生物基产品开发和商业化所必需的技术推向实际应用阶段。

（2）合作活动说明。合作活动可能包括：

（A）生物基产品的潜在环境影响研究；

（B）降低制造生物基产品的方法；以及

（C）其他合适的研究工作。

（d）具备资格的伙伴关系。下列实体应有资格签订（c）中的合作协议：

（1）已根据《1980年史蒂文森—怀德勒技术创新法》第12条（《美国法典》第15篇3710a）与农业部长签订合作研究与开发协议的实体。

（2）根据《1990年粮食、农业、保护和贸易法》第1658条（《美国法典》第7篇5902）成立的替代性农业研究和商业化公司之经费的接受者。

（3）生物技术研究与开发公司之经费的接收者。

（4）根据《小企业法》第9条（《美国法典》第15篇638）成立的小企业创新研究计划项下部长经费的接受者。

（e）试点项目。部长，通过农业研究服务局代办，可以建立并开展试点项目，并根据该项目向农业研究服务局的科学家提供竞争性补助，以此：

（1）鼓励创新和协作科学；以及

（2）在1999至2001财政年度期间，每年开发极具潜在商业前景的生物基产品。

（f）资金来源。

（1）通则。除非（2）中另有规定，否则为执行本条，部长可以使用：

（A）为执行本条而划拨的资金；以及

（B）其他可用于《1980 年史蒂文森—怀德勒技术创新法》（《美国法典》第 15 篇 3701 及以下）项下合作研究与开发协议的资金。

（2）例外情况。部长不能使用（1）（B）所述资金执行（e）。

（g）已开发产品的销售。为确定根据本条中合作协议在试点工厂或其他大规模准备设施生产的新型生物基产品的市场潜力，部长可授权协议的私人合作伙伴出售该产品。

（h）拨款授权。经授权，从 1999 至 2002 财政年度，每年可拨必要金额的资金用于执行本条。

第 405 条 托马斯·杰斐逊作物多样性倡议。

（a）所需倡议。农业部长应为一项研究倡议（即众所周知的"托马斯·杰斐逊作物多样性倡议"）提供经费，以便与其他公共和私营实体合作，对新型作物和非传统作物的生产和市场营销展开研发，从而加强和多样化美国的农业生产基础。

（b）研究和教育活动。该倡议应包含对新型和非传统作物的研究和教育活动，旨在：

（1）发现并克服实现可盈利生产的农艺学上的障碍；

（2）发现并克服其他生产和营销障碍；以及

（3）开发新型和非传统作物的加工和利用技术。

（c）目的。倡议的目的是：

（1）在区域和国家层面建立集中研究与发展项目，克服下列障碍：

（A）为农业生产者创造新作物机会的障碍；

（B）发展农村社区相关增值企业的障碍；以及

（2）确保展开广泛的囊括研究、教育、市场开发和创业活动支持的工作，以增加农业多样性。

（d）倡议的制定。部长应通过协调研究和教育项目的非盈利中心或学会与其他公共和私营实体协调该倡议。部长应对根据本条发放的研究和教育补助进行管理。

（e）强调区域合作。

（1）要求。部长应支持促进作物多样性的州际合作努力。

（2）特定地块作物开发工作。应当从提供用于执行本倡议的经费中划拨至少 50％的资金用于以学院和大学为中心的区域合作，以此促进特定地块的作物开发工作。

（f）合格受助者。部长可以向学院或大学、非盈利组织、公共机构或个人发放本条中的补助。

（g）行政管理。

（1）补助和合同。通过该倡议授予的补助应在竞争的基础上给予发放。

（2）私营企业。补助的接受者可以将部分补助资金用以执行与私营企业订立的标准合同，诸如新型或非传统作物的试验加工。

（3）期限。通过该倡议发放的补助的期限不得超过 5 年。

（4）匹配资金。部长可以要求通过该倡议发放的补助的接受者从非联邦来源提供不低于联邦政府所供资金金额的匹配资金。

（h）拨款授权。经授权，从 1999 至 2002 财政年度，每年可拨必要金额的资金用于执行本条。

第 406 条 综合研究、教育和推广竞争性拨款计划。

（a）宗旨。本条的宗旨是授权农业部长制定综合研究、教育和推广竞争性拨款计划，以为综合性、多用途农业研究、推广和教育活动提供经费。

（b）竞争性拨款补助授权。根据用于执行本条之拨款的可利用性，部长按照本条可以就综合农业研究、教育和推广项目向学院和大学（定义请见《1977 年全国农业研究、推广和教学政策法》第 1404 条（《美国法典》第 7 篇 3103）发放竞争性拨款补助。

（c）补助的标准。本条项下补助应用于解决美国农业的与综合研究、推广和教育活动有关的优先问题，具体由部长在征求咨询委员会的意见后决定。

（d）匹配资金。

（1）通则。若本条项下补助为某特定农业商品带来了特殊的帮助，部长应要求补助的接受者提供与部长所供补助资金金额相匹配的资金或实物支持。

（2）弃权。在下列情况下，部长可以放弃（1）中所规定的关于补助的匹配资金要求：

（A）部长判定该项目的成果在有益于某特定农业商品的同时，也可应用于一般的农业商品；或者

（B）部长判定该项目涉及的虽是次要商品，但却是重要的科学研究，且补助接受者无法满足匹配资金要求。

（e）拨款授权。经授权，从 1999 至 2002 财政年度，每年可拨必要金额的资金用于执行本条。

第 407 条　提高中小型牛奶场、牲畜和家禽经营企业生存力的研究、推广和教育协调计划。

（a）经授权的计划。农业部长可以执行研究、推广和教育协调计划，以提高中小型牛奶场、牲畜和家禽经营企业（本条简称为"经营企业"）的竞争力、生存力和可持续性。

（b）组成部分。从部长选择执行该计划这个意义而言，部长应当：

（1）对适合于该等经营企业的低成本生产设施和实践、管理系统和基因学展开研发和农场推广与教育活动。

（2）对于牛奶场和牲畜经营企业，对用于奶制品和牲畜生产的管理密集型放牧系统展开研究和推广，通过大量使用管理技巧、劳动力可用性优化和放牧场的自然优势，降低资本和喂养成本。

（3）对作物和牲畜或家禽综合（生产）系统展开研究和推广，以提高效率、降低成本，防止环境污染，加强该等经营企业的竞争能力；

（4）展开经济分析和市场可行性研究，为该等经营企业的生产者挖掘新的更多的机会，并提供工具和策略，满足国内和国际市场的消费者需求，诸如牛奶、肉类和家禽生产和加工的合作营销和增值策略；以及

（5）展开技术评估，将大型专业化的生产者的技术资源与该等经营企业生产者的技术需求相比较，发现并转让可适用于各种生产规模的现有技术，明确生产者的特定研究和教育需求。

（c）行政管理。执行本条时，部长可使用农业研究服务局和州研究、教育和推广合作局的资金、设施和专业技术及部长可以利用的其他资金（商品信贷公司的资金除外）。

第 408 条　对禾谷镰刀菌所导致的小麦和大麦疾病的研究支持。

（a）研究补助授权。农业部长可以向赠地学院和大学联盟发放补助，以增强联盟开展州际研究项目、了解和防治由禾谷镰刀菌及相关霉菌所导致的小麦和大麦疾病（本条中简称为"赤霉病"）的能力。

（b）研究活动组成部分。根据本条提供的资金可以用于开展下述的州际协作研究活动：

（1）发现和了解赤霉病的流行病学和呕吐毒素的毒理学，呕吐毒素是感染赤霉病的小麦和大麦中常见的有毒代谢物。

（2）制定作物管理策略，减少赤霉病患病风险。

（3）开发：

（A）高效、准确的监控小麦和大麦患赤霉病及其副产物感染呕吐毒素的方法；

（B）患赤霉病小麦和大麦的收割后管理技巧；以及

（C）研磨和食品加工技术，使患病麦粒变得安全。

（4）加强和扩大植物育种活动，提高小麦和大麦对赤霉病的抵抗力，包括建立地区先进育种材料评估苗棚和种质引进与评估系统。

（5）开发和部署可替代性杀菌剂应用系统和配方，以控制赤霉病，并考虑其他化学控制策略，协助

农场主直至开发出更具抵抗力的小麦和大麦品种。

（c）通信网络。根据本条提供的资金应可用于集中、融合和传播赤霉病研究、推广和拓广信息。

（d）管理。为监督本条项下补助金的使用，部长可以建立由作为联盟成员的赠地学院和大学所在各州的农业实验站主任组成的委员会。

（e）拨款授权。经授权，从 1999 至 2002 财政年度，每年可拨款 5 200 000 美元用于执行本条。

第 V 篇　农业计划的调整

子篇 A　食品券计划

第 501 条　削减就业和培训计划经费。

对《1977 年食品券法》第 16 条（h）（1）（A）（《美国法典》第 7 篇 2025（h）（1）（A））修订如下：

（1）在（ⅳ）（Ⅱ）中，删除"131 000 000 美元"，插入"31 000 000 美元"；以及

（2）在（ⅴ）（Ⅱ）中，删除"131 000 000 美元"，插入"86 000 000 美元"。

第 502 条　削减行政管理费用支出。

（a）通则。对《1977 年食品券法》第 16 条（《美国法典》第 7 篇 2025）修订如下：

（1）在（a）中第一句，删除"部长"，插入"在遵守（k）的情况下，部长"；以及

（2）在末尾增加以下内容：

"（k）削减行政管理费用支出。

"（1）定义。在本款中：

"（A）AFDC 计划。术语'AFDC 计划'是指依据《社会保障法》第Ⅳ篇第 A 部分（《美国法典》第 42 篇 601 及以下（就某个州而言，在该州基期内有效））建立的未成年儿童家庭援助计划。

"（B）基期。术语'基期"是指根据《社会保障法》第 403 条（《美国法典》第 42 篇 603）用以计算州家庭援助补助的期限。

"（C）医疗补助计划——术语'医疗补助计划"是指根据《社会保障法》第ⅩⅨ篇（《美国法典》第 42 篇1396 及以下）制定的州计划或州计划豁免所规定的医疗援助计划。

"（2）归属于福利计划之金额的决定。卫生与公众服务部部长应于本款颁布实施后 180 日之内，经咨询农业部长和各州之后，根据各州的基期，决定：

"（A）各州根据《社会保障法》第 403 条（a）（3）（《美国法典》第 42 篇 603（a）（3）（在基期内有效的））已收到的在确定有资格申请或者正在申请 AFDC 计划与食品券计划、AFDC 计划与医疗补助计划以及 AFDC 计划、食品券计划与医疗补助计划的个人、家人和家庭之资格条件时共同承担的管理费用的年化金额；以及

"（B）各州根据《社会保障法》第 403 条（a）（3）（《美国法典》第 42 篇 603（a）（3）（当时有效的））、《社会保障法》第 1903 条（a）（7）（《美国法典》第 42 篇 1396（a）（7）（当时有效的））和本条（a）（当时有效的）应当收到的在确定有资格申请或者正在申请 AFDC 计划与食品券计划、AFDC 计划与医疗补助计划以及 AFDC 计划、食品券计划与医疗补助计划的个人、家人和家庭之资格条件时共同承担的管理费用的年化金额，如果这些费用已在该名个人、其家人或家庭有资格申请或已申请的计划中平均分摊。

"（3）削减支付款。

"（A）通则。尽管本条存在任何其他条文，在 1999 至 2002 财政年度期间，部长应削减根据（a）向各州支付的款额，削减幅度等于根据（2）（B）决定的用于食品券计划的金额。部长应在实际可行的

范围内，按季度进行本项所要求的削减。

"（B）适用。若卫生与公众服务部部长在 1999 年 9 月 30 日前未作出（2）所要求之决定的：

"（ⅰ）在（后来）做出决定的那一财政年度内，（农业）部长应削减根据（a）向各州支付的款额，削减幅度等于从 1999 财政年度至做出决定的那一财政年度期间根据（2）（B）决定的用于食品券计划的总金额；以及

"（ⅱ）对于之后每个财政年度直至 2002 财政年度，适用（A）。

"（4）对决定的上诉。

"（A）通则。（农业）部长应于卫生与公众服务部部长就某个州做出（2）所要求的决定后 5 日之内，将该决定通知到该州的首席执行官。

"（B）行政法法官的复审。

"（ⅰ）通则。在州收到（A）所述的决定通知后 60 日之内，该州可以向卫生与公众服务部的行政法法官提交上诉书，就该决定向行政法官提出部分或全部上诉。

"（ⅱ）文件。行政法官应基于该州可能提交和行政法官可能要求的文件考虑州根据（ⅰ）提出的上诉，以支持行政法官的最终判决。

"（ⅲ）复审。在决定是否部分或全部维持该决定时，行政法官应对有关问题展开彻底的复审，并综合考虑所有有关证据。

"（ⅳ）最终期限。行政法官应于相关案件封卷后 60 日之内：

"（Ⅰ）对根据（ⅰ）提出的上诉做出最终判决；以及

"（Ⅱ）将判决通知到该州首席执行官。

"（C）部门上诉委员会的复审。

"（ⅰ）通则。在州收到（B）所述的最终判决通知后 30 日之内，该州可以向卫生与公众服务部所设立的部门上述委员会（本项中简称为'委员会'）提交上诉书，就该判决向委员会提出部分或全部上诉。

"（ⅱ）复审。委员会应根据有关记录对该判决进行复审。

"（ⅲ）最终期限。委员会应于提出上诉后 60 日之内：

"（Ⅰ）对根据（ⅰ）提出的上诉做出最终裁决；以及

"（Ⅱ）将裁决通知到该州首席执行官。

"（D）司法审查。卫生与公众服务部部长根据（2）做出的决定和行政法法官或委员会分别根据（B）和（C）做出的判决不接受任何司法审查。

"（E）上诉期间削减付款。本项中上诉的未决期不影响部长按照（3）削减付款的要求。

"（5）行政管理费的分摊。

"（A）通则。（B）中所述资金或支出不能用于支付：

"（ⅰ）根据（a）可以报销的费用（或可以报销但非依据本项报销的费用）；以及

"（ⅱ）根据州向卫生与公众服务部部长提交的将行政管理费分摊到公共援助计划的计划，分配到食品券计划进行报销的费用。

"（B）资金和支出。（A）适用于：

"（ⅰ）用于执行《社会保障法》第Ⅳ篇第 A 部分或第 XX 篇（《美国法典》第 42 篇 601 及以下，1397 及以下）的资金；

"（ⅱ）以具备资格的州支出（定义请见《社会保障法》第 409 条（a）（7）（B）（《美国法典》第 42 篇 609（a）（7）（B）））形式花费的支出；

"（ⅲ）任何其他联邦资金（除根据（a）中提供的资金外）；以及

"（ⅳ）下述的任何其他州资金：

"（Ⅰ）作为接受联邦资金之条件而支出的资金；或者

"（Ⅱ）用于匹配联邦计划（食品券计划除外）项下联邦资金的资金。"

（b）对用于做出某些决定之方法的审查。美国总审计长应于本条颁布实施后 1 年之内：

（1）审查在做出《1977 年食品券法》（经第（a）（2）增补后）第 16 条（k）（2）（B）所要求的决定时所用方法的适当性；以及

（2）向众议院农业委员会和参议院农业营养与森林委员会提交书面的审查结果报告。

第 503 条　将难民及某些其他具备资格的外籍人士的资格期限从 5 年延长至 7 年。

对《1996 年个人责任与工作机会协调法》第 402 条（a）（2）（A）（《美国法典》第 8 篇 1612（a）（2）（A））修订如下：

（1）删除（ⅱ）；

（2）删除"寻求政治避难者。"及之后所有内容直至"（3）（A）"，插入"寻求政治避难者。关于（3）中所述的指定联邦计划"；

（3）将（Ⅰ）至（Ⅴ）重新编号为（ⅰ）至（ⅴ），并正确缩进排版。

第 504 条　某些残障外籍人士的食品券资格条件。

对《1996 年个人责任与工作机会协调法》第 402 条（a）（2）（F）（《美国法典》第 8 篇 1612（a）（2）（F））修订如下：

（1）删除"（3）（A）所定义的（与补充收入保障计划有关的）计划"，插入"（3）所述的指定联邦计划"；

（2）在（ⅱ）中：

（A）在"（ⅱ）"之后插入"（Ⅰ）就（3）（A）中所述的指定联邦计划而言，"；

（B）删除末尾的期限，插入"；以及"；以及

（C）在末尾增加以下内容：

"（Ⅱ）就（3）（B）中所述的指定联邦计划而言，正在接受失明或残障福利或援助（含义请见《1977 年食品券法》第 3 条（r）（《美国法典》第 7 篇 2012（r）节））。"

第 505 条　某些印第安人的食品券资格条件。

对《1996 年个人责任与工作机会协调法》第 402 条（a）（2）（G）（《美国法典》第 8 篇 1612（a）（2）（G））修订如下：

（1）在该小项标题中，删除"补充收入保障例外情况"，插入"例外情况"；以及

（2）删除"（3）（A）所定义的（与补充收入保障计划有关的）计划"，插入"（3）中所述的指定联邦计划"。

第 506 条　某些老年人食品券资格条件。

在《1996 年个人责任与工作机会协调法》第 402 条（a）（2）（《美国法典》第 8 篇 1612（a）（2））的末尾增加以下内容：

"（ⅰ）某些老年人的食品券例外情况。关于领取（3）（B）所述的指定联邦计划之福利的资格条件，（1）不适用于下列个人：

"（Ⅰ）于 1996 年 8 月 22 日合法居住于美国的；以及

"（Ⅱ）于 1996 年 8 月 22 日满 65 周岁的。"

第 507 条　某些儿童的食品券资格条件。

在《1996 年个人责任与工作机会协调法》第 402 条（a）（2）（《美国法典》第 8 篇 1612（a）（2））（经第 506 条修正后）的末尾增加以下内容：

"（J）某些儿童的食品券例外情况。关于领取（3）（B）条所述的指定联邦计划之福利的资格条件，（1）不适用于下列个人：

"（ⅰ）于 1996 年 8 月 22 日合法居住于美国的；以及

"（ⅱ）于 1996 年 8 月 22 日未满 18 周岁的。"

第 508 条　某些苗族和高山族老挝人的食品券资格条件。

在《1996 年个人责任与工作机会协调法》第 402 条（a）（2）（《美国法典》第 8 篇 1612（a）（2））（经第 507 条修正后）的末尾增加以下内容：

"（K）某些苗族和高山族老挝人的食品券例外。关于领取（3）（B）中所述的指定联邦计划之福利的资格条件，（1）不适用于：

"（ⅰ）下列个人：

"（Ⅰ）合法居住于美国的；以及

"（Ⅱ）曾是越战时期（定义请见《美国法典》第 38 篇 101）通过参加军事或援助行动向美国人提供过帮助的那个苗族或高山族老挝人部落的成员；

"（ⅱ）此人的配偶或未婚未成年子女；或者

"（ⅲ）此人已故后其未再婚的未亡配偶。"

第 509 条　相应的修订。

对《1996 年个人责任与工作机会协调法》第 403 条（d）（《美国法典》第 8 篇 1613（d））修订如下：

（1）在本款标题中，删除"社会保障收入"及之后所有内容，直至"印第安人"，插入"某些群体的福利"；

（2）删除"不适用于个人"，插入"不适用于：

"（1）个人"；

（3）删除"（a）（3）（A）"，插入"（a）（3）"；以及

（4）删除末尾的时间期限，插入"；或"；以及

（5）在末尾增加以下内容：

"（2）第 402 条（a）（2）（K）所述个人、配偶或未成年人，但仅就第 402 条（a）（3）（B）所述的指定联邦计划而言。"

第 510 条　生效日期。

（a）削减。第 501 和 502 条所做修订于本法案颁布实施之日开始生效。

（b）食品券资格条件。第 503 至 509 条所做修订于 1998 年 11 月 1 日开始生效。

子篇 B　信息技术经费支持

第 521 条　信息技术经费支持。

（a）通则。删除《商品信贷公司宪章法》第 4 条（g）（《美国法典》第 15 篇 714b（g）节）第一句中的"275 000 000 美元"，插入"193 000 000 美元"。

（b）生效日期。（a）所做修订于 1997 年 10 月 1 日开始生效。

子篇 C　农作物保险

第 531 条　经费支持。

对《联邦农作物保险法》第 516 条（《美国法典》第 7 篇 1516）修订如下：

（1）在（a）中：

（A）删除（1），插入以下内容：

"（1）可支配费用。经授权，1999 财政年度及之后每个财政年度可拨必要金额的经费，用于支付该公司的薪资和费用。"以及

（B）在（2）中：

（ⅰ）在"承保……所必需的"之后插入以下内容："1999 及后续每个再保险年度"；以及

（ⅱ）删除（A），插入以下内容：

"（A）该公司用于代理人销售佣金的行政管理和运营费用；以及"；以及

（2）删除（b），插入以下内容：

"（b）从保险基金中列支公司费用支出：

"（1）费用支出。对 1999 年和后续每个再保险年度，该公司可从根据（c）设立的保险基金中列支该公司所有费用支出（由（a）（1）列支的费用和（2）（A）列支的费用除外），其中包括：

"（A）保费补贴和赔偿金；

"（B）该公司用以支付代理人销售佣金所必需的行政管理和运营费用；以及

"（C）根据与核准保险公司签订的再保险协议到期应付的所有行政管理和运营费用报销。

"（2）研究与开发费用。

"（A）通则。对 1999 年及后续每个再保险年度，该公司可从根据（c）设立的保险基金中列支公司的所有研究开发费用，但每个财政年度不得超过 3 500 000 美元。

"（B）牛奶场选择权试点计划。开展牛奶场选择权试点计划所需费用金额不计入（A）所规定的研究与开发费用限额。"

第 532 条　预算抵消。

（a）巨灾风险保障行政管理费。删除《联邦农作物保险法》第 508 条（b）（《美国法典》第 7 篇 1508（b））中的（5），插入以下内容：

"（5）管理费。

"（A）基本费。每位生产者应就巨灾风险保障机制支付管理费，按巨灾风险保障保费的 10％或每个县每种作物 50 美元计收，以较高者为准，具体由该公司决定。

"（B）附加费。除（A）所要求的基本费以外，生产者还应就（A）所计算的每笔基本费支付 10 美元附加费。

"（C）付费时间。（A）和（B）所要求的费用应由生产者于其支付附加险保单保费时支付。

"（D）费用的使用。

"（ⅰ）通则。根据本项所支付的费用应存入根据第 516 条（c）所设立的农作物保险基金中，用于该公司的有关项目和活动。

"（ⅱ）限制条件。根据本小项存入农作物保险基金的资金不得用于支付核准保险公司或代理人的服务报酬。

"（E）费用豁免。符合公司所定义的资源有限之农场主可以豁免缴纳本项所要求的费用。"

（b）附加险的管理费。对《联邦农作物保险法》第 508 条（c）（10）（《美国法典》第 7 篇 1508（c）（10））修订如下：

（1）删除（A），插入以下内容：

"（A）所需费用。若生产者选择按以低于记录或估算平均产量之 65％的水平进行承保、以预期市场价格的 100％进行赔付的保险条件或者同等保险条件，为作物购买附加险时，生产者应为附加险支付管理费，但本项另有规定的除外。生产者的管理费按每县每种作物 50 美元计算，但每个生产者在每个县的缴费不超过 200 美元，每个生产者在其为作物买有保险的所有县的缴费最高为 600 美元。（b）（5）

（D）至（E）规定应可适用于本小项所述管理费的使用。"以及

（2）在（C）中，删除"10 美元"，插入"20 美元"。

（c）管理和运营费用的补偿。删除《联邦农作物保险法》第 508 条（k）（《美国法典》第 7 篇 1508（k））中的（4），插入以下内容：

"（4）补偿率。

"（A）通则。除非（B）另有规定，否则委员会确定的用于补偿核准保险公司和代理人管理和运营费用的比率不得超过：

"（i）对于 1998 再保险年度，不超过用以定义赔付率的保费的 27%；以及

"（ii）对于 1999 及之后的再保险年度，不超过用以定义赔付率的保费的 24.5%。

"（B）成比例降低。对于 1998 再保险年度，管理和运营费用补偿率低于（A）（i）所规定之比率的附加险保单，补偿率可以按（A）（i）与（ii）之间的补偿率降幅成比例降低。"

（d）巨灾风险保障的损失调整费用。在《联邦农作物保险法》第 508 条（b）（《美国法典》第 7 篇 1508（b））的末尾增加以下内容：

"（11）损失调整（或称理赔）。用于补偿核准保险公司或代理人所承担的与巨灾风险保障保单有关的损失调整费用的比率不得超过用以定义赔付率的巨灾风险保障保费的 11%。"

第 533 条 查询响应程序。

在《联邦农作物保险法》第 506 条（《美国法典》第 7 篇 1506）的末尾增加以下内容：

"（s）查询响应程序。

"（1）所需程序。公司应制定查询响应程序并按照有关程序就公司对本篇或根据本篇颁布之任何规定的解释向有关查询提供最终的机构决定。

"（2）落实。公司应于在本款颁布实施后 180 日内颁布规章，落实本款要求。相关规章应至少规定：

"（A）向公司提交（1）所述查询的方式；以及

"（B）公司对所有查询做出响应的最大合理天数。

"（3）未能及时响应的后果。若公司未能按照依据本款制定的程序对查询做出响应，请求本篇或相关规定之解释的人可以认为相关解释对相应的再保险年度而言是正确的。"

第 534 条 新保单建议响应时间期限。

在《联邦农作物保险法》第 508 条（h）（《美国法典》第 7 篇 1508（h））的末尾增加以下内容：

"（10）新保单建议响应时间期限。

"（A）通则。委员会应确定合理的新保单建议响应时间期限，并按照规定期限批准或否决某人按照本节提交的关于新保单的建议书。

"（B）未能遵守时间期限的后果。除非（C）另有规定，否则若委员会未能按照（A）规定对（A）所述建议书做出响应的，就本款和新保单所指的最初再保险年度而言，新保单应被视为已通过委员会的批准。

"（C）例外情况。若委员会和提出请求的人员同意延长时间期限，则（B）不适用于根据本款提交的建议书。"

第 535 条 农作物保险研究。

（a）通则。农业部长应于本法案颁布实施后 90 日之内，与联邦政府之外的拥有向农业生产者设计和交付农作物和收入保险服务之专业技术的一家或多家实体签订合同，并由订约方根据该合同对合同中所指定的农作物保险问题进行研究，相关问题包括：

（1）农业生产者农作物保险服务的改善；

（2）将联邦政府从农作物保险服务提供商的角色转型为纯粹的农作物保险服务监管机构的角色的选择方案；以及

（3）农作物保险的私有化。

（b）订约方。订约方应于合同订立后 180 日之内，完成研究并向部长提交研究报告，及有关意见和建议。

（c）报告。部长应在收到报告后 30 日之内，向众议院农业委员会和参议院农业、营养和森林委员会提交该报告及其对报告的评论。

第 536 条　标准再保险协议条款与条件要求。

（a）定义。在本条中，术语"核准保险公司"和"公司"其含义与《联邦农作物保险法》第 502 条（b）（《美国法典》第 7 篇 1502（b））所述含义相同。

（b）条款与条件。

（1）修正案的编入。对于 1999 及之后的再保险年度，公司应确保核准保险公司与公司之间订立的每一份标准再保险协议均能反映本子篇对《联邦农作物保险法》（《美国法典》第 7 篇 1501 及以下）所做的修正，只要相关修正可适用于核准保险公司。

（2）现有条款的保留。（1）中所述的每一份标准再保险协议均应包含下述的 1998 再保险年度标准再保险协议的条款，但为落实本子篇所做修正而需删除的除外：

（A）第Ⅱ条，关于核准保险公司的再保险和承保盈余或亏损的条款。

（B）第Ⅲ条，关于核准保险公司补贴和管理费的条款。

（C）第Ⅳ条，关于核准保险公司在巨灾保险保障机制下的损失调整条款。

（D）第Ⅴ.C.条，关于公司与核准保险公司之间的利息付款。

（E）第Ⅴ.I.5.条，关于损失赔偿金。

（c）落实。为落实本子篇及本子篇所做修正，公司不需要修正未明确受到本子篇或本子篇所做修正影响的标准再保险协议之条款。

第 537 条　生效日期。

除非第 535 条另有规定，否则本子篇及本子篇所做修正于 1998 年 7 月 1 日开始生效。

第Ⅵ篇　杂项条款

子篇 A　现有主管部门

第 601 条　收费的保留和使用。

（a）有机认证。在《1990 年有机食品生产法》第 2107 条（《美国法典》第 7 篇 6506）的末尾增加以下内容：

"（d）收费的可用性。

"（1）账户。根据（a）（10）收取的费用（包括迟缴罚款和收费投资所赚取的利息）应当存入用于承担根据本篇提供之服务成本的账户。

"（2）使用。所收取的费用可由部长用于支付部长根据本篇提供认证服务时所承担的支出，无任何其他拨款或财年限制。"

（b）国家植物园。删除 1927 年 3 月 4 日的法案第 6 条（b）（《美国法典》第 20 篇 196（b））中的"财政部"，插入"财政部。特别基金的款项可供农业部长使用，无任何其他拨款，"。

（c）专利菌种保藏费。

（1）保留。农业部农业研究局所收取的与农业研究局所维护和运营的专利菌种保藏中心收藏和发放微生物有关的所有资金，均应记入用于支持专利菌种收藏中心维护和运作的拨款之中。

（2）使用。所收取的资金可由农业研究局用于履行其在专利菌种保藏方面的法律职责，无任何其他拨款或财政年度限制。

第602条　能源政策和新用途办公室。

在《1994年农业部重组法》第219条（《美国法典》第7篇6919）之后插入以下内容：

"第220条　能源政策和新用途办公室。

"部长应在部长办公厅内成立农业部能源政策和新用途办公室。"

第603条　猕猴桃研究、推广和消费者信息计划。

（a）法令的修正案。在《国家猕猴桃研究、推广和消费者信息法》第554条（c）（《美国法典》第7篇7463（c））的第二句末尾的时间期限之前插入以下内容："，除非法令的修正案不需要公民投票就可生效"。

（b）国家猕猴桃委员会。对《国家猕猴桃研究、推广和消费者信息法》第555条（《美国法典》第7篇7464）修订如下：

（1）在（a）中，删除（1）至（3），插入以下内容：

"（1）10名会员由猕猴桃生产者、出口商或进口商（或他们的代表）担任，根据猕猴桃国内生产量和进口量采取比例代表制选取（具体由部长决定）。

"（2）1名会员由公众指定。"

（2）在（b）中：

（A）删除"会员资格。"及之后所有内容，直至"（2）"，插入"会员资格。在遵守11名会员限制之前提下，"；以及

（B）删除（2）；以及

（3）在（c）中：

（A）在第（2）中，在"会员"之前插入"属于生产者的"；

（B）在第（3）中：

（i）在"会员"之前插入"属于进口商或出口商的"；以及

（ii）删除"（a）（2）"，插入"（a）（1）"；以及

（C）在（5）中第二句，在"会员"之后插入"和候补会员"。

第604条　食用动物药物残留避免数据库计划。

（a）计划的持续。农业部长应通过与合适的学院或大学所订立的合同、拨款授予书或合作协议，继续运作食用动物药物残留避免数据库计划（本条简称为"FARAD计划"）。

（b）活动。在执行FARAD计划时，部长应当：

（1）向牲畜饲养者、推广专家、科学家和兽医提供相关信息，以防止在食用动物产品中残留药物、杀虫剂和环境污染物；

（2）获取并维持有关下述方面的最新消息：

（A）食品药品管理局核准的食用动物药物的停药期以及美国食用动物所用药物的用药间隔，具体根据《联邦食品、药品和化妆品法》第512条（a）（《美国法典》第21篇360b（a））确定；

（B）（肌肉等）组织、蛋类和牛奶中官方允许的药物和杀虫剂残留量；

（C）用于检测组织、蛋类和牛奶中药物残留量的快速筛选试验的方法和敏感性；以及

（D）化学药品在食用动物中的分布与去向（归趋）数据；

（3）定期出版食品药品管理局批准的食用动物药品汇编；

（4）通过手册和其他宣传品、计算机软件、热线电话和互联网向公众提供食用动物药物信息；

（5）向生产者质量保证计划提供最新的核准药物数据资料；

（6）更新维护药物残留避免数据库，使其最新最全面；

（7）就如何确定停药期提供专业意见和建议，确保食用动物用药安全和食品安全；以及

（8）参与旨在促进食品安全的其他活动。

（c）合同、拨款补助和合作协议。农业部长应当主动与一所或多所合适的学院和大学签订合同、拨款授予书或合作协议，以便运作 FARAD 计划。合同、授予书或合作协议的期限应为 3 年，并且每三年可延长一次期限。

（d）间接成本。部长根据本条项下的合同、拨款授予书或合作协议提供的联邦资金可以减少，若资金接受者的间接成本金额不超过根据合同、拨款授予书或合作协议提供的联邦资金总额的 19％。

第 605 条　蜂蜜研究、推广和消费者信息。

（a）研究结果和目的。对《蜂蜜研究、推广和消费者信息法》第 2 条（《美国法典》第 7 篇 4601）修订如下：

（1）删除该条标题及之后所有内容直至"国会研究发现："，插入以下内容：

"第 2 条　研究结果和目的。

"（a）研究结果。国会研究得出以下结果："；

（2）在（a）中（如上述所编排的）：

（A）在（6）和（7）中，删除所出现的每一处"和消费者教育"，分别插入"消费者教育和行业信息"；以及

（B）在（7）后插入以下内容：

"（8）制定和维护更新蜂蜜和蜂蜜产品纯度标准的能力对于保持消费者信心、安全和信任至关重要，因为消费者信心、安全和信任是任何企业维持和开发蜂蜜和蜂蜜产品市场的重要组成部分。

"（9）旨在提高蜜蜂养殖成本效益和效率以及开发更佳的虫害与疾病问题处理方法的研究工作对保持蜂蜜和蜂蜜产品价格竞争力、推进市场增长和维持蜂蜜产业良好财务状况而言必不可少。

"（10）有关蜂蜜和蜂蜜产品质量、安全和品牌形象以及在蜂蜜和蜂蜜产品提取、加工、包装和营销及其他生产和销售阶段蜂蜜和蜂蜜产品质量、安全和形象会受到何种影响的研究对扩大和维持蜂蜜和蜂蜜产品市场也十分重要。"以及

（3）删除（b），插入以下内容：

"（b）宗旨。本法案的宗旨是：

"（1）授权制定用于发展有效、持续和全国协调一致的推广、研究、消费者教育和行业信息计划并为其提供融资的有序程序，旨在：

"（A）强化蜂蜜产业在市场中的地位；

"（B）维持、开发和扩大蜂蜜和蜂蜜产品的国内外市场及其用途；

"（C）维持并提高蜂蜜产业的竞争力和效率；以及

"（D）发起研究工作，寻找更佳的虫害与疾病问题处理方法；

"（2）维持并扩大所有蜂蜜和蜂蜜产品的市场，且此举：

"（A）的宗旨不在维持或扩大个别生产者、进口商或处理商的市场份额；以及

"（B）不会与通过广告或促销手段提升个人蜂蜜或蜂蜜产品品牌或商标的任何个人竞争或取代之；以及

"（3）授权并资助相关计划，形成政府言论，促进实现政府目标。

"（c）行政管理。本法案中没有任何条款：

"（1）禁止销售各种等级的蜂蜜；

"（2）对蜂蜜生产实施管控；

"（3）限制个体蜂蜜生产者生产蜂蜜的权利；或者

"（4）为在外国生产的蜂蜜或蜂蜜产品设置任何贸易壁垒。"

（b）定义。对《蜂蜜研究、推广和消费者信息法》第3条（《美国法典》第7篇4602）修订如下：

（1）删除（7），插入以下内容：

"（7）处理。

"（A）通则。术语'处理"是指加工、包装、出售、运输或购买蜂蜜或蜂蜜产品或者以任何其他方式对其进行商贸活动。

"（B）包括。术语'处理'包括销售无需进一步加工或包装即被食用或使用的纯天然蜂蜜（即原蜜）。

"（C）不包括。术语'处理'不包括：

"（ⅰ）从生产者到处理商的原蜜运输；

"（ⅱ）商业承运人为生产者或处理商运输蜂蜜，不管是已加工蜂蜜（即炼蜜）还是未加工蜂蜜（即原蜜）；或者

"（ⅲ）消费者或者蜂蜜或蜂蜜产品其他终端消费者对蜂蜜或蜂蜜产品的采购。"

（2）在末尾增加以下内容：

"（19）部门。术语'部门'是指农业部。

"（20）蜂蜜生产。术语'蜂蜜生产'是指与下列有关的所有蜜蜂养殖活动：

"（A）管理蜂群以促进产蜜；

"（B）从蜂群中拣出蜂巢；

"（C）从蜂巢中提取蜂蜜；以及

"（D）出售蜂蜜，以备进一步加工。

"（21）行业信息。术语'行业信息'是指有助于开发新市场、制定营销新策略或提高蜂蜜产业效率的信息或计划或者提高蜂蜜和蜂蜜产品及蜂蜜产业形象的活动。

"（22）国家蜂蜜营销合作社。术语'国家蜂蜜营销合作社'是指至少在部长所确定的美国下述四个地区中的两个营销蜂蜜产品的合作社：

"（A）大西洋海岸（东海岸），包括哥伦比亚特区和波多黎各自治邦。

"（B）中东部地区。

"（C）中西部地区。

"（D）太平洋地区，包括阿拉斯加和夏威夷。

"（23）代表处理商利益的具备资格的国家组织。术语'代表处理商利益的具备资格的国家组织'是指经部长认证有资格向委员会推荐第7条（b）中蜂蜜委员会的处理商、处理商型进口商、候补处理商和候补处理商型进口商会员的组织。

"（24）代表进口商利益的具备资格的国家组织。术语'代表进口商利益的具备资格的国家组织'是指经部长认证有资格向委员会推荐第7条（b）中蜂蜜委员会的进口商、处理商-进口商、候补进口商和候补处理商-进口商会员的组织。"以及

（3）按术语定义的字母顺序将各款重新排序，并根据顺序将各款条文重新编号。

（c）蜂蜜研究、推广和消费者信息命令。在《蜂蜜研究、推广和消费者信息法》第4条（《美国法典》第7篇4603）的"命令"插入"和规定"。

（d）通知和听证会。对《蜂蜜研究、推广和消费者信息法》第5条（《美国法典》第7篇4604）修

订如下：

"第 5 条　通知和听证会。

"（a）通知和评论。在发布用于执行本法案的命令、命令修正案或规定时，部长应遵守《美国法典》第 5 篇第 553 条。

"（b）机构正式行动。根据本法案发布命令、命令修正案或规定时，该篇第 556 和 557 条不适用。

"（c）命令提案。受本法案影响的组织或利害关系人可以向部长提交命令提案。"

（e）发现及命令的发布。将《蜂蜜研究、推广和消费者信息法》第 6 条（《美国法典》第 7 篇 4605）修订如下：

"第 6 条　发现及命令的发布。

"在被按照第 5 条（a）提供通知论机会，部长应根据本法案发布命令、命令修正案或规定，若部长发现并在命令、修正案或规则中明确指出，命令、修正案或规则的发布将有助于落实本法案的目的。"

（f）命令所需期限。

（1）国家蜂蜜提名委员会。对《蜂蜜研究、推广和消费者信息法》第 7 条（b）（《美国法典》第 7 篇 4606（b））修订如下：

（A）在（2）中，删除"除了"及之后所有内容直至"三年期限"，插入"除在该委员会的任职期限可以按部长所决定的进行定期交错以外"；以及

（B）在（5）中：

（ⅰ）在第二句，删除"第一届年度会议之后"；以及

（ⅱ）在第三具，插入"百分比"，插入"％"。

（2）蜂蜜委员会。对《蜂蜜研究、推广和消费者信息法》第 7 条（c）（《美国法典》第 7 篇 4606（c））修订如下：

（A）将（3）至（6）分别重新编号为（8）至（11）；

（B）在（2）中：

（ⅰ）在（A）中，删除"七"，插入"7"；以及

（ⅱ）删除（B）至（E）及之后所有内容，插入以下内容：

"（B）2 名会员当为处理商，从提名委员会根据代表处理商利益的合格国家组织所提推荐建议提交的提名名单中任命；

"（C）若经根据本法案举行的公民投票批准，2 名会员：

"（ⅰ）当为蜂蜜的处理商；

"（ⅱ）在过去 5 年中有 3 年为进口商，且所记录的蜂蜜进口量至少为 4 万磅；以及

"（ⅲ）从提名委员会根据下列组织或个人所提推荐建议提交的提名名单中任命：

"（Ⅰ）代表处理商利益的具备资格的国家组织或代表进口商利益的具备资格的国家组织；或者

"（Ⅱ）已向蜂蜜委员会支付进口蜂蜜或蜂蜜商品评估费的个体处理商或进口商，若部长确定没有代表处理商利益的具备资格的国家组织或代表进口商利益的具备资格的国家组织；

"（D）2 名会员当为进口商，从提名委员会根据下列组织或个人所提推荐建议提交的提名名单中任命：

"（ⅰ）代表进口商利益的合格国家组织；或者

"（ⅱ）已向蜂蜜委员会支付进口蜂蜜或蜂蜜商品评估费的个体处理商或进口商，若部长确定没有代表进口商利益的合格国家组织；

"（E）1 名会员当为国家蜂蜜营销合作社官员、董事或雇员，从提名委员会根据合格国家蜂蜜营销合作社所提推荐建议提交的提名名单中任命。"

（C）在（2）中后插入以下内容：

"（3）候补会员。提名委员会应当提交（2）所述蜂蜜委员会各名会员的候补人员提名。候补会员应采用与任命正式会员相同的方式进行任命，并且在正式会员缺席会议或丧失资格时填补上。

"（4）重构。

"（A）评议。若经根据本法案举行的公民投票批准并按照部长发布的规则，蜂蜜委员会应当在根据（E)确定的时间：

"（ⅰ）评议根据该命令进行评估的国产蜂蜜数量的地理分布；以及

"（ⅱ）进口商所欠该命令项下评估费相对于国内蜂蜜生产者和处理商所欠评估费的年均百分比变化，包括：

"（Ⅰ）进口蜂蜜所欠评估费的任何变动是否源于（5）（B）所述的进口商；或者

"（Ⅱ）该等进口商是否为（2）（C）所述的处理商型进口商。

"（B）建议。若有正当理由，蜂蜜委员会应按照本款，向部长建议：

"（ⅰ）调整部长所确立的地区代表制；

"（ⅱ）若有必要反映根据该命令评估的国内和进口蜂蜜的比例变化或者进口蜂蜜或蜂蜜产品评估费来源的变化，则可以：

"（Ⅰ）将（2）（C）中的处理商型进口商会员职位重新分配为（2）（B）中的处理商会员职位。

"（Ⅱ）将（2）（D）中的进口商会员职位重新分配为将（2）（C）中的处理商型进口商会员职位；或者

"（Ⅲ）将（2）（C）中的处理商型进口商会员职位重新分配为将（2）（D）中的进口商会员职位；或者

"（ⅲ）若有必要反映根据该命令评估的国内和进口蜂蜜或蜂蜜产品的比例变化，则可以根据（2）中的（A）、（B）、（C）或（D）向蜂蜜委员会增加会员。

"（C）评议范围。（A）中所要求的审批应当基于进行评议当年之前5年的数据。

"（D）建议的依据。

"（ⅰ）通则。除非（F）另有规定，否则根据（B）提出建议时应基于：

"（Ⅰ）5年平均年度评估费，去掉进口和国内蜂蜜或蜂蜜产品所欠评估费比例差异最高和最低的两年,具体依据根据（A）进行的评议结果决定；以及

"（Ⅱ）年均评估费的任何变化是源于（5）（B）所述进口商所欠的评估费还是源于（2）（C）所述处理商型进口商所欠评估费。

"（ⅱ）比例。只有在下列一项或多项比例与根据（F）确定的基期比例相比，变化幅度超过6%时，蜂蜜委员会方可建议依据（B）（ⅰ）和（ⅱ）重新分配或增加会员：

"（Ⅰ）与（2）（D）所述进口商所欠评估费比例相比，（2）（C）所述处理商型进口商评估费的比例。

"（Ⅱ）与生产者和处理商所欠国内蜂蜜评估费比例相比，进口商所欠评估费比例。

"（E）评议的时机。

"（ⅰ）通则。蜂蜜委员会每5年期间内进行本项所要求之评议的次数不得超过一次。

"（ⅱ）初始评议。蜂蜜委员会应在根据第14条举行的公民投票后于根据第13条（c）举行的初始连续投票之前进行本项所要求的初始评议。

"（F）基期比例。

"（ⅰ）通则。用以确定（D）中变化幅度的基期比例应为根据本项进行的上一次评议期间确定的比例。

"（ⅱ）初始评议。对于（E）（ⅱ）所要求的初始评议，基期比例应为蜂蜜委员会为1996财政年度确定的比例。

"（5）提名和任命限制。

"（A）生产者型包装商作为生产者。若生产者型包装商，在前 5 年的任意 3 年期间，采购转售的蜂蜜多于该生产者型包装商生产的蜂蜜，则将无资格以（2）（A）所述生产者的身份被提名或任命为蜂蜜委员会的会员，或该生产者的候补会员。

"（B）进口商。若进口商，在前 5 年的任何 3 年期间，从销售进口蜂蜜和蜂蜜产品所得收益未达到其销售蜂蜜和蜂蜜产品所得总收益的 75％，则将无资格以（2）（D）所述进口商的身份被提名或任命为蜂蜜委员会的会员，或该进口商的候补会员。

"（6）组织的认证。

"（A）通则。一家组织根据本条参与向蜂蜜委员会提名委员会提出推荐建议以代表处理商或进口商的资格条件应由部长进行认证。

"（B）资格标准。在遵守本项其他条文的前提下，部长应当根据本项对经部长判定符合部长所制定的资格标准的组织给予认证。

"（C）终局性。部长在本项的资格条件判定应是终局性的。

"（D）认证的依据。根据本项对某组织进行认证时应基于该组织提交的事实报告及其他可用信息，事实报告应包含部长认为有价值的信息，其中包括：

"（ⅰ）该组织的活跃会员资格所代表的地理区域；

"（ⅱ）该组织的活跃会员资格的性质和规模，包括该组织所代表的活跃处理商或进口商的总数比例；

"（ⅲ）该组织稳定和透明度的证据；

"（ⅳ）该组织获取运营资金的来源；

"（ⅴ）该组织的功能；以及

"（ⅵ）该组织推动实现本法案宗旨的能力和意愿。

"（E）主要考虑因素。在根据本项确定一家组织的资格条件时的主要考虑因素应为：

"（ⅰ）该组织的会员资格是否主要由绝大部分收入源于蜂蜜和蜂蜜产品销售的处理商或进口商组成；以及

"（ⅱ）该组织是否有兴趣参与营销蜂蜜和蜂蜜产品。

"（F）非会员。作为本项认证的一项条件，组织应统一：

"（ⅰ）将蜂蜜委员会提名机会即该组织经过认证可向提名委员会提出推荐建议的机会通知到该组织的非会员；以及

"（ⅱ）在向提名委员会提名该组织时考虑提名非会员，若非会员表示有兴趣在蜂蜜委员会任职。

"（7）蜂蜜生产者最低百分比。尽管本款存在其他条文，但蜂蜜委员会至少 50％ 的会员应为蜂蜜生产者。"以及

（D）在（8）中（经重新编号后），删除"除了"及之后所有内容直至"3 年期限"，插入"除在该委员会的任职期限可以按部长所决定的可以定期交错外，以保证蜂蜜委员会在全体会员和代表特殊群体的会员方面的连续性。"

（3）评估费。对《蜂蜜研究、推广和消费者信息法条》第 7 条（e）（《美国法典》第 7 篇 4606（e））修订如下：

（A）将（2）和（3）重新编号为（4）和（5）；

（B）删除（1），插入以下内容：

"（1）通则。蜂蜜委员会应负责管理本款所规定的评估费的收取工作，并可以接受其他来源的自愿捐款，以为（d）和（f）所述费用提供资金。

"（2）费率。除非（3）中另有规定，否则评估费按每磅 0.75 美分收取（按第 9 条所述方式予以支付），其中：

"（A）对于美国生产的蜂蜜，每磅 0.75 美分，由蜂蜜生产者支付；以及

"（B）对于进口到美国的蜂蜜或蜂蜜产品，每磅 0.75 美分，由蜂蜜进口商支付。

"（3）公民投票批准的其他费率。经根据本法案进行的公民投票批准后，评估费可按每磅 1.5 美分计收（按照第 9 条所述方式支付）：

"（A）对于美国生产的蜂蜜：

"（i）每磅 0.75 美分，由：

"（I）蜂蜜生产者支付；以及

"（II）对于生产者型包装商生产的蜂蜜，生产者型包装商支付；以及

"（ii）每磅 0.75 美分，由：

"（I）处理商支付；以及

"（II）对于生产者型包装商处理的蜂蜜和蜂蜜产品，包括生产者型包装商生产的蜂蜜，生产者型包装商支付）；以及

"（B）对于进口到美国的蜂蜜和蜂蜜产品，每磅 1.5 美分，由蜂蜜进口商支付，其中处理商的应付评估费为每磅 0.75 美分，由进口商代表处理商支付。"

（C）在（4）（经重新编号后），删除（B），插入以下内容：

"（B）小批量。

"（i）一般原则。一年的蜂蜜或蜂蜜产品生产量、进口量或处理量少于 6 000 磅的生产者、生产者型包装商、处理商或进口商可免交当年直接通过当地零售网点分销的蜂蜜或蜂蜜产品的评估费，具体由部长决定。

"（ii）不可适用性。不再符合（i）豁免要求的生产者、生产者型包装商、处理商或进口商应当：

"（I）按照蜂蜜委员会规定的格式和方式向蜂蜜委员会提交报告；以及

"（II）就其不再符合（i）豁免要求的当年所生产、进口或处理的所有蜂蜜或蜂蜜产品，于次年 3 月 15 日或之前支付评估费。"以及

（D）在（5）中（经重新编号后）：

（i）在所出现的每一处"生产者型包装商"之后插入"处理商，"；

（ii）删除"第（2）项"，插入"第（4）项"；以及

（iii）在所出现的最后一处"生产者"之后插入"，处理商，"。

（4）评估费的使用。对《蜂蜜研究、推广和消费者信息法》第 7 条（f）（《美国法典》第 7 篇 4606（f））修订如下：

（A）删除"（f）蜂蜜委员会所收取的评估费"，插入以下内容：

"（f）评估费。

"（1）使用。蜂蜜委员会所收取的评估费"；

（B）删除"部长应当"，插入以下内容：

"（3）偿付。部长应"；以及

（C）在（1）中（如（A）所指定的）之后插入以下内容：

"（2）研究项目。

"（A）通则。经根据本法案进行的公民投票批准后，蜂蜜委员会可从当年所收取的评估费中预留至少 8%，用作核准研究项目的经费，旨在改进或提高蜜蜂养殖、蜂蜜生产和蜜蜂的成本效益、竞争力、效率、虫害与疾病控制及其他管理方面。

"（B）结转。若根据（A）预留的经费当年没有全部分配到核准的研究项目，那么仍未分配的预留经费应当结转到后续年度，用于后续年度的同类分配和支出。"

（5）错误或无正当理由的宣称或声明。删除《蜂蜜研究、推广和消费者信息法》第 7 条（g）（《美国法典》第 7 篇 4606（g））中的"用所收取的评估费"，插入"由蜂蜜委员会"。

（6）影响政府政策或举措。删除《蜂蜜研究、推广和消费者信息法》第 7 条（h）（《美国法典》第 7 篇 4606（h））中的"通过……授权的评估费"，插入"由蜂蜜委员会根据"。

（g）容许的条款与条纹。对《蜂蜜研究、推广和消费者信息法》第 8 条（《美国法典》第 7 篇 4607）修订如下：

（1）在"在"之前插入"（a）通则。"以及

（2）在末尾增加以下内容：

"（8）若经根据本法案举行的公民投票批准，应提供职权以制定计划及有关条例法规，即在经部长批准后，制定蜂蜜和蜂蜜产品的最低纯度标准，旨在维持蜂蜜和蜂蜜产品的积极和批发营销形象。

"（b）检查和监控系统。

"（1）检查。（a）（8）中的任何计划、条例或法规可以规定由部长对正在出售的用于美国国内消费或出口到国外的蜂蜜和蜂蜜产品进行检查。

"（2）监控系统。蜂蜜委员会可以开发并向部长推荐一套对正在出售的用于美国国内消费或出口到国外的蜂蜜和蜂蜜产品进行监控的系统，包括可识别掺假蜂蜜的系统。

"（3）与其他联邦机构协调。对于不遵守任何其他联邦机构所颁布的与蜂蜜和蜂蜜产品标示或纯度要求有关的条例章或法规的任何人，部长可以在切实可行的范围内，就针对此人的任何执法行动，尽可能与拥有相关职权的其他联邦机构负责人协调，确保其符合有关蜂蜜和蜂蜜产品纯度标示或其他要求。

"（4）颁布法规的职权。部长可以颁布必要的条例和法规，以执行本款。

"（c）自愿性质量保证计划。

"（1）通则。除（b）所述任何计划、条例或法规之外，蜂蜜委员会，在经部长批准后，可以就蜂蜜和蜂蜜产品的纯度标准制定自愿性质量保证计划。

"（2）组成部分。该计划可以报考：

"（A）刻印蜂蜜委员会的批准公章，以在参与该自愿性计划的生产者、处理商和进口商的蜂蜜和蜂蜜产品之上加盖此章，证明这些蜂蜜和蜂蜜产品符合该计划所制定的纯度标准；

"（B）鼓励生产者、处理商和进口商参加该计划的行动举措；

"（C）鼓励消费者购买加盖有批准公章的蜂蜜和蜂蜜产品的行动举措；以及

"（D）部长或经部长批准的相关方对参与该自愿性计划之生产者、处理商和进口商的蜂蜜和蜂蜜产品的定期检查。

"（3）加盖批准公章。要想有资格在蜂蜜或蜂蜜产品上加盖根据（2）（A）刻印的公章，生产者、处理商或进口商必须参加本条项下的自愿性计划。

"（d）部长的职权。尽管本法案存有其他条文，但部长应有权批准或否决所制定的最低纯度标准、（b）中的检查和监控系统和（c）中的自愿性质量保证计划。"

（h）评估费的收取。

（1）新评估。对《蜂蜜研究、推广和消费者信息法》第 9 条（《美国法典》第 7 篇 4608）修订如下：

（A）删除（a），插入以下内容：

"（a）处理商。除非本条另有规定，否则蜂蜜的第一手处理商应负责在购买一手蜂蜜时：

"（1）收取根据第 7 条（e）（2）（A）或若经根据本法案举行的公民投票批准，根据第 7 条（e）（3）（A）（ⅰ）节应由生产者支付的评估费并支付给蜂蜜委员会；以及

"（2）若经根据本法案举行的公民投票批准，向蜂蜜委员会支付根据第 7 条（e）（3）（A）（ⅱ）应由生产者支付的附加评估费。"

（B）删除（c），插入以下内容：

"（c）进口商。除非本条另有规定，否则在向美国输入蜂蜜和蜂蜜产品时，进口商应通过美国海关总署向蜂蜜委员会汇寄：

"（1）第 7 条（e）（2）（B）所要求的进口蜂蜜和蜂蜜产品的评估费；或者

"（2）若经根据本法案举行的公民投票批准，第 7 条（e）（3（B）节所要求的进口蜂蜜和蜂蜜产品的评估费，其中根据第 7 条（e）（3）（A）（ii）应支付的评估费金额表示处理商的应付评估费，由进口商代表处理商支付。"以及

（C）删除（e），插入以下内容：

"（e）生产者型包装商。除非本条另有规定，否则生产者型包装商应负责收取并向蜂蜜委员会支付：

"（1）根据第 7 条（e）（2）（A）或若经根据本法案举行的公民投票批准，根据第 7 条（e）（3）（A）（i）应由生产者型包装商支付的针对该生产者型包装商所产蜂蜜的评估费；

"（2）在第一手购买时，根据第 7 条（e）（2）（A）或若经根据本法案举行的公民投票批准，根据第 7 条（e）（3）（A）（i）应由生产者支付的针对该生产者型包装商（作为第一手处理商）所购蜂蜜的评估费；以及

"（3）若经根据本法案举行的公民投票批准，根据第 7 条（e）（3）（A）（ii）应由该生产者型包装商支付的附加评估费。"

（2）检查；账簿和记录。删除《蜂蜜研究、推广和消费者信息法》第 9 条（《美国法典》第 7 篇 4608）中的（f），插入以下内容：

"（f）检查；账簿和记录。

"（1）通则。为向部长和蜂蜜委员会提供执行本法案（包括根据本法案所发布的命令或法规）而所必需的信息和数据，负责支付本法案项下评估费的处理商、进口商、生产者或生产者型包装商以及根据第 7 条（e）（4）节获得评估费豁免权的人士，应当：

"（A）妥善做好根据本法案所发布之命令和法规要求的账簿和记录等并将之提供给部长和蜂蜜委员会进行检查；以及

"（B）在有关命令和法规规定的时间、以规定的方式、按规定的内容提交报告，报告应包括所养殖的蜂群总数量、所生产的蜂蜜数量和所处理或进口的蜂蜜和蜂蜜产品数量。

"（2）职员或代理人。展开（1）所述检查或审查（1）所述处理商、进口商、生产者或生产者型包装商报告的人员应为农业部或蜂蜜委员会的职员或代理人，且不能是蜂蜜委员会的会员或候补会员。

"（3）保密。（2）所述员工或代理人应遵守（g）的保密要求。"

（3）信息的保密；披露。删除《蜂蜜研究、推广和消费者信息法》第 9 条（《美国法典》第 7 篇 4608）中的（g），插入以下内容：

"（g）信息的保密；披露。

"（1）通则。农业部或蜂蜜委员会的所有官员、职员和代理人应对根据（f）获得的所有信息进行保密。

"（2）披露。只在下述情况下，可以披露需按（1）保密的信息：

"（A）在应部长请求提起的或者在部长或美国任何官员作为其中当事方的涉及信息提供或获取命令的诉讼或行政听证会上；以及

"（B）部长确定该信息与上述诉讼或行政听证有关的。

"（3）例外情况。本款任何规定均未禁止：

"（A）基于若干处理商按命令提交的报告发表一般性声明，只要该声明未明确提及有关信息的提供者；或者

"（B）按部长的指示，公布违反根据本法案所发布的任何命令之人士的姓名以及有关此人所违反的具体命令条款的陈述说明。

"（4）违反。故意违反本条的人士，一经确证：

"（A）将被处以 1 000 美元以下的罚款或监禁 1 年以下或者两罪并罚；以及

"（B）若此人是蜂蜜委员会或农业部的官员或职员，则将被撤职。"

"（4）退款。删除《蜂蜜研究、推广和消费者信息法》第 9 条（《美国法典》第 7 篇 4608）中的第（h）条。

（5）管理和汇付。在《蜂蜜研究、推广和消费者信息法案》第 9 条（《美国法典》第 7 篇 4608）（经上述（4）修正后）(g) 之后插入以下内容：

"（h）管理和汇付。本法案项下评估费的管理和汇付应当：

"（1）按照根据本法案发布之命令和法规所规定的方式进行；以及

"（2）若经根据本法案举行的公民投票批准，管理和汇付方式应能确保蜂蜜和蜂蜜产品全部按总计每磅 1.5 美分计收评估费，包括生产者或进口商的评估费，不得超过每磅 1.5 美分。"

（6）评估费债务。对《蜂蜜研究、推广和消费者信息法》第 9 条 (i)（《美国法典》第 7 篇 4608(i)）修订如下：

（A）删除 "(i) 如果"，插入以下内容：

"（i）评估费债务。

"（1）生产者。如果"；以及

（B）在末尾增加以下内容：

"（2）进口商。若在向美国输入蜂蜜和蜂蜜产品时美国海关总署未能根据本节向进口商收取评估费或者进口商未能根据本条支付评估费，则进口商应负责将评估费汇付给蜂蜜委员会。"

（i）申诉和评议。删除《蜂蜜研究、推广和消费者信息法》第 10 条（《美国法典》第 7 篇 4609）中的 (a)，插入以下内容：

"（a）申诉的提起；听证。

"（1）通则。在遵守（4）的前提下，受到命令约束的人士可以向部长提起书面的申诉：

"（A）声明该命令、命令的任何条文或者命令所强加的任何义务不符合法律；以及

"（B）请求：

"（ⅰ）更改命令、条文或义务；以及

"（ⅱ）豁免命令、条文或义务。

"（2）听证。应按照部长颁布的法规，给予申诉人参加申诉听证的机会。

"（3）裁决。在听证后，部长应依法对申诉作出裁决，并且该裁决是终局性的。

"（4）限制性法令。根据本条提起的质疑命令、命令任何条文或命令所强加的任何义务的申诉书应当于下列日期（以较晚者为准）后 2 年内提起：

"（A）申诉书所质疑的命令、条文或义务的生效日期；以及

"（B）申诉人开始受申诉书所质疑的命令、条文或义务约束的日期。"

（j）强制实施。删除《蜂蜜研究、推广和消费者信息法案》第 11 条（《美国法典》第 7 篇 4610）中所出现的每一处 "计划"，插入 "命令"。

（k）公民投票要求。将《蜂蜜研究、推广和消费者信息法案》第 12 条（《美国法典》第 7 篇 4611）修订如下：

"第 12 条　公民投票要求。

"（a）通则。为确定所发布的命令是否征得生产者、进口商和处理商（对于要求处理商缴纳评估费的命令）的同意，部长应当在后述的生产者、进口商和处理商（对于要求处理商缴纳评估费的命令）之间举行公民投票，其中，生产者、进口商和处理商应不享有第 7 条 (e)(4) 所述豁免资格，且在部长所确定的代表期内一直从事蜂蜜或蜂蜜产品的生产、进口或处理。

"（b）命令的有效性。

"（1）通则。根据本法案发布的任何命令不得生效，除非部长确定。

"（A）该命令已在公民投票中获得多数生产者、进口商和处理商的同意；以及

"（B）构成多数的生产者、进口商和处理商所生产、进口和处理的蜂蜜和蜂蜜产品不少于代表期内参与公民投票之人所生产、进口和处理的蜂蜜和蜂蜜产品总量的 50%。

"（2）命令的修订。部长可以按照第 5 和 6 条规定的行政管理程序修正命令，但未经本条所规定的公民投票批准，部长不能修正用以落实本法案某条条文的明确要求经公民投票批准方可修改的命令条文。

"（c）生产者型包装商和进口商。

"（1）通则。在所有有关处理商评估费命令的公民投票中，每个生产者型包装商和每个进口商均享有一个作为处理商的投票权和一个作为生产者或进口商的投票权（除非根据第 7 条（e）（4）享有豁免权），但仅限于作为处理商欠付评估费的生产者型包装商或进口商。

"（2）蜂蜜数量的归属。就（b（1）（B）而言：

"（A）对于生产者型包装商或进口商作为处理商欠付评估费的蜂蜜或蜂蜜产品，其数量应当归属于此人根据（1）作为处理商的投票；以及

"（B）对于生产者型包装商或进口商作为生产者或进口商欠付评估费的蜂蜜或蜂蜜产品，其数量应当归属于此人根据（1）作为生产者或处理商的投票。

"（d）保密。对于选票及其他信息或者泄露了或可能泄露任何蜂蜜或蜂蜜产品生产者、进口商或处理商之身份或投票的报告，应当严格保密，不得对外披露。"

（l）终止或中止。将《蜂蜜研究、推广和消费者信息法》第 13 条（《美国法典》第 7 篇 4612）修订如下：

"第 13 条 终止或中止。

"（a）人的定义。在本条中，术语'人'是指生产者、进口商或处理商。

"（b）部长的职权。若部长发现根据本法案发布的命令或命令的任何条文阻碍或不会实现本法案之目的，则部长应终止或中止该命令或条文的施行。

"（c）定期投票。除非（d）（3）和第 14 条（g）另有规定，否则在部长根据本法案发布授权对蜂蜜或蜂蜜产品收取评估费的命令满 5 年之日及之后每隔 5 年，部长应按照第 12 条举行公民投票，确定需按该命令缴纳评估费的人是否同意该命令继续施行。

"（d）应求投票。

"（1）通则。经蜂蜜委员会提出请求或者需按命令缴纳评估费之总人数的 10%（至少）提出申诉，部长即应按照第 12 条举行公民投票，以确定需按命令缴纳评估费人是否同意该命令继续施行。

"（2）限制。根据（1）中举行的公民投票最多每两年举行一次。

"（3）对定期投票的影响。根据本款举行公民投票且部长确定已按照第 12 条批准继续施行该命令的，根据（c）要求举行的其他公民投票不得在根据本款举行的公民投票满 5 年之前举行。

"（e）终止或中止的时机和要求。

"（1）通则。若部长确定命令未能根据第 12 条被批准继续施行，则部长应在根据（c）或（d）举行公民投票之销售年度结束之时终止或中止施行该命令。

"（2）后续的公民投票。若部长根据（1）终止或中止施行向蜂蜜或蜂蜜产品的处理收取评估费的命令的话，部长应当于利害关系人提交命令提案后 90 日内：

"（A）提出另一项命令，以建立研究、推广和消费者信息计划；以及

"（B）该就项命令在将依照该命令缴纳评估费的人之间举行公民投票。

"（3）命令的有效性。在确定根据（2）修正的后续命令的有效性时，第 12 条应可适用。"

（m）修正案的实施。在《蜂蜜研究、推广和消费者信息法》第 13 条（《美国法典》第 7 篇 4612）之后插入以下内容：

"**第 14 条 实施根据《1998 年农业研究、推广与教育改革法》所做的修正案。**

"（a）修正命令的发布。为实施根据《1998 年农业研究、推广与教育改革法》第 605 条（本条（m）除外）对本法案所做的修正案，部长应根据第 4 条发布修正命令，以反映出这些修正。

"（b）修正命令提案。在本条颁布实施满 90 日之前，部长应根据第 4 条公布一份命令提案，提案要反映出《1998 年农业研究、推广与教育改革法》所做修正。部长应按照第 5 条发布命令提案通知并公开征求意见。

"（c）修正命令的发布。在命令提案公布满 240 日之前，部长应根据第 6 条发布修正命令，新命令应考虑所收集的公众意见并将必要的条文纳入其中，以确保该命令符合《1998 年农业研究、推广与教育改革法》所做修正。

"（d）对修正命令的公民投票。

"（1）要求。

"（A）通则。根据第 6 条发布反映《1998 年农业研究、推广与教育改革法》所做修正的命令时，部长应根据本条举行公民投票，旨在确定修正命令是否可以生效。

"（B）个别条文。修正命令的个别条文不需要单独进行投票。

"（2）具备资格的投票人。部长应当在根据该命令需缴纳评估费的过去两年期间一直是生产者、生产者型包装商、进口商或处理商的人之间举行公民投票，其中这两年时间可被认为是代表期。

"（3）数量的确定。

"（A）通则。生产者型包装商、进口商和处理商应被允许投票，就如：

"（i）该修正命令在（2）所述的代表期内就已施行；以及

"（ii）他们已欠付修正命令所规定的追加评估费。

"（B）投票和归属生产者型和进口商的数量。应按照第 12 条计算生产者型包装商和进口商的投票，确定归属于生产者型包装商和进口商投票的蜂蜜和蜂蜜产品数量。

"（C）归属处理商的数量。归属于处理商投票的蜂蜜和蜂蜜产品数量应为（2）所述代表期内所处理的若修正命令当时生效处理商应欠付评估费的数量。

"（4）命令的有效性。只有部长根据第 12 条判定命令有效后，修正命令方可生效。

"（e）修正命令被否决时延续现有命令。若修正命令未被采纳：

"（1）根据第 4 条发布的在本条颁布实施之日仍有效的命令应当继续完全有效；以及

"（2）部长可以修改该命令（指本条颁布实施之日前有效的命令），确保其符合本法案。

"（f）否决对后续命令的影响。

"（1）通则。在遵守（2）的前提下，若修正命令在（d）所要求的公民投票中未被批准采纳，则部长可以按照第 5 和 6 条所规定的行政管理程序，颁布另一项修正命令，以落实根据《1998 年农业研究、推广与教育改革法》第 605 条对本法案所做的部分或全部修正，或者对现有命令做出其他修改。

"（2）批准。用于落实需接受公民投票之条文的命令修正案应当按照第 12 条进行批准方可生效。

"（g）对定期投票的影响。若修正命令生效，根据第 13 条（c）要求举行的其他公民投票必须在根据本节举行的公民投票满 5 年后方可举行。"

第 606 条 技术纠正。

（a）补充和可替代性农作物研究。删除《1996 年联邦农业完善和改革法》第 819 条（b）（5）（《公法》104‐127；《美国法令全书》第 110 篇 1167）中的"第（3）项"，插入"第（c）款（3）"，1996 年 4 月 6 日起生效。

（b）食品和农业科学联合委员会。删除《1977 年全国农业研究、推广和教学政策法》第 1413 条（b）（《美国法典》第 7 篇 3128（b））中的"联合委员会，咨询委员会，"插入"咨询委员会"。

（c）咨询委员会。

（1）对咨询委员会的支持。对《1977年全国农业研究、推广和教学政策法》第1412条（《美国法典》第7篇3127）修订如下：

（A）在（a）和（b）中，删除所出现的每一处"它们的职责"，插入"它的职责"；以及

（B）在（c）中，删除"它们的建议"，插入"它的建议"。

（2）通则。删除《1977年全国农业研究、推广和教学政策法》第1413条（a）（《美国法典》第7篇3128（a））中的"它们的权力"，插入"它的职责"。

（d）动物健康与疾病研究。对《1977年全国农业研究、推广和教学政策法》修订如下：

（1）在第1430条（《美国法典》第7篇3192）中：

（A）在（3）的末尾增加"以及"；

（B）删除（4）；以及

（C）将（5）重新编号为（4）；

（2）在第1433条（b）（3）（《美国法典》第7篇3195（b）（3）），删除"委员会的建议"；

（3）在第1434条（c）（《美国法典》第7篇3196（c））中：

（A）在第二句中，删除"和委员会"；以及

（B）在第四句中，删除"，咨询委员会，和委员会"，插入"和咨询委员会"；以及

（4）在第1437条（《美国法典》第7篇3199）的第一句，删除"委员会的建议"。

（e）牧地研究。删除《1977年全国农业研究、推广和教学政策法》第1483条（b）（《美国法典》第7篇3336（b））的最后一句。

（f）植物和动物虫害与疾病控制计划。删除《1990年粮食、农业、保育和贸易法》第1629条（g）（《美国法典》第7篇5832（g））中的"第1650条，"。

（g）1890年机构推广设施升级补助。删除《1996年联邦农业完善和改革法》第873条（《公法》104-127；《美国法令全书》第110篇1175）中的"1981年"，插入"1985年"，1996年4月6日起生效。

（h）竞争性和特殊拨款。对《竞争性、特殊和设施研究拨款法》（《美国法典》第7篇450i）修订如下：

（1）在（b）（1）中，删除"食品和农业科学联合委员会和全国农业研究和推广用户咨询委员会"，插入"（依据《1977年全国农业研究、推广和教学政策法》第1408条（《美国法典》第7篇3123）成立的）全国农业研究、推广、教育和经济学咨询委员会"；以及

（2）删除（l）。

子篇 B　新主管部门

第611条　营养成分数据。

（a）通则。农业部长应定期更新营养成分数据。

（b）报告。在本法案颁布实施后180日内，部长应向众议院农业委员会和参议院农业、营养和森林委员会提交一份报告，说明：

（1）部长用以更新营养成分数据的方法，包括将使用的质量保证标准和数据生成方法；以及

（2）更新数据的时间安排。

第612条　国家生猪研究中心。

在用于执行本条的拨款富余可用的情况下或者通过依据既定程序重新规划用于执行本条的生猪研究资金，从本法案颁布实施之日起至1998年12月31日止，农业部长，通过农业研究局代办，可以作为

一种礼物接受并管理位于爱荷华州艾姆斯的国家生猪研究中心。

第 613 条 部长在食品和农业科学研究与推广中的角色。

农业部长应为负责协调联邦所有食品和农业科学相关研究与推广活动的行政部门的主要官员。

第 614 条 病虫害管理政策办公室。

（a）目的。本条的目的是建立病虫害管理政策办公室，高效协调农业部内的虫害相关政策和活动以及病虫害管理工具的开发和使用，同时考虑其他政府机构监管行动的影响。

（b）办公室的建立；主要责任。农业部长应在农业部内建立病虫害管理政策办公室，由该办公室负责：

（1）制定和协调农业部病虫害管理和杀虫剂政策；

（2）协调农业部有关经济环保型病虫害管理工具与实践开发、可用性和使用的活动和服务，包括研究、推广和教育活动；

（3）协助农业部其他机构履行其在《1996 年食品质量保护法》（《公法》104－170；《美国法令全书》第 110 篇 1489）、《联邦食品、药品和化妆品法》（《美国法典》第 21 篇 301 及以下）及其他可适用法律项下的病虫害管理或杀虫剂相关责任；以及

（4）履行法律可能要求的或部长可能规定的其他职能。

（c）机构间协调。为支持其在（b）中的责任，病虫害管理政策办公室应提供领导人员，负责协调与环境保护局、食品药品管理局和其他联邦及州机构的机构间活动。

（d）拓展。病虫害管理政策办公室在履行其在本节项下责任时应当咨询可能受到农业部或其他机构病虫害管理或杀虫剂相关活动或举措影响的农业生产者。

（e）主任。病虫害管理政策办公室应由部长任命的主任领导，该主任直接向部长或部长指定人报告。

（f）拨款授权。经授权，从 1999 至 2002 财政年度间，每年可拨必要金额的资金用于执行本条。

第 615 条 食品安全研究信息办公室和全国会议。

（a）食品安全研究信息办公室。

（1）建立。农业部长应在国家农业图书馆内建立食品安全研究信息办公室。

（2）目的。该办公室应负责向研究界和公众提供有关公共资金支持和（在切实可行的范围尽可能提供）私人资金支持的食品安全研究倡议相关信息，旨在：

（A）防止食品安全研究的无意重复；以及

（B）协助联邦政府的执行和立法部门及私人研究实体评估食品安全研究需求和优先事项。

（3）合作。该办公室在执行本款时应与国立卫生研究院、食品药品管理局、疾病控制与预防中心、公共机构和私人研究实体（由其自愿）进行合作。

（b）全国会议；年度研讨会。在本法案颁布实施后 120 日内，部长应主持召开一场会议，即"全国食品安全研究会议"，旨在启动食品安全研究优先级排序任务。部长还应大会之后 4 年每年主持召开研讨会，更新或调整优先级排序，以反映不断变化的食品安全问题。

（c）食品安全报告。由国家科学院负责对有效食品安全系统的科学和组织需求展开研究，并编制相关报告，研究报告内容应包括相关建议和意见，以确保食品安全检查系统能在现有食品安全机构可利用的资源限度内能保证公众健康。

第 616 条 食品加工安全教育。

农业部长应继续建立面向成人和年轻人的全国食品加工安全教育计划，以降低食物传播疾病飞风

险。这项全国计划应适合于通过州合作推广局和以学校为本的教育计划进行采纳和实施。

第 617 条　实施《1994 年绵羊推广、研究和信息法》所产生费用的偿付。

农产品销售局可以利用拨给农产品销售局的经费，偿付美国绵羊业协会于 1996 年 2 月 5 日至 1996 年 5 月 17 日期间为准备实施《1994 年绵羊推广、研究和信息法》（《美国法典》第 7 篇 7101 及以下）项下的绵羊和羊毛推广、研究、教育和信息命令而产生的费用。

第 618 条　在农业部内成立危机管理小组。

（a）危机管理小组的成立。农业部长应当在农业部内成立危机管理小组，该小组应：

（1）由选自农业部各有关机构、具备相关专业技术的部门高级人员组成；以及

（2）由具备良好的管理和沟通技能的人员担任组长。

（b）危机管理小组的职责。危机管理小组应负责以下事务：

（1）制定面向整个部门的危机管理计划，将其他政府机构和其他大型组织制定的类似计划纳入其中，并制定危机管理计划的书面实施程序。

（2）定期审评和修订根据（1）中制定的危机管理计划和程序。

（3）确保农业部人员遵守危机管理程序，确保农业部人员熟悉危机管理计划和程序，并鼓励他们提供危机或潜在危机方面的信息，以引起危机管理小组成员的注意。

（4）协调农业部有关危机管理小组所管问题的信息收集和分发活动。

（5）确保农业部发言人能及时准确科学地传达有关危机或潜在危机的信息，以便公众易于理解。

（6）与其他联邦机构、州、地方政府、行业和公益团体合作，协调部门的危机活动。

（c）在确定某些研究项目优先等级时的作用。在确定由农业部开展或资助的有关动物健康、自然灾害、食品安全和其他农业问题的农业研究的优先等级时，危机管理小组应与咨询委员会进行合作。

（d）合作协议。部长应设法与拥有相关计划或活动的其他联邦部门和机构签订合作协议，以便在发生危机的情况下，确保信息能够在整个行政部门上下及时准确、协调一致地进行传播分发，例如在发生食品传播病原体威胁人体健康的情况时，在农业部、疾病控制中心和食品药品管理局之间制定快速、协调一致的响应措施。

第 619 条　德州韦斯拉科基卡·德·拉加尔萨亚热带农业研究中心的定名。

（a）定名。位于德州韦斯拉科 83 号高速公路东段 2413 号和南国际大道 2301 号的被称为"亚热带农业研究中心"的联邦设施应被定名为"基卡·德·拉加尔萨亚热带农业研究中心"。

（b）提及。在美国法律、地图、法规、文件、文章或其他记录中提及（a）中所述的联邦设施时应被视为提及"基卡·德·拉加尔萨亚热带农业研究中心"。

子篇 C　学术调研

第 631 条　农业研究、推广和教育计划的评估和评测。

（a）评估。农业部长应当展开绩效评估，确定联邦资助的农业研究、推广和教育计划能否产生对国家或多个州具有重要意义的公共品。

（b）合同。部长应当与具备专业研究评测和绩效评估技术的一个或多个实体签订合同，就联邦资助的农业研究、推广和教育计划向部长提供有关信息资料和建议。

（c）绩效测评指导原则。根据（b）中选定的订约方应就联邦资助的农业研究、推广和教育计划制定并向部长提出切实可行的绩效测评指导原则。该指导原则应符合《1993 年政府绩效与结果法》（《公法》103 - 62）及该法案的修正案。

第 632 条　对联邦资助的农业研究、推广和教育的学术调研。

（a）调研。农业部长应于 1999 年 1 月 1 日前，要求国家科学院对联邦资助的农业研究、推广和教育活动的作用和使命展开调研。

（b）要求。调研工作应：

（1）评估农业研究局所开展的学科研究的优点以及该学科与国家优先任务的相关性；

（2）调查农业研究局的工作与美国农业研究、推广和教育系统的关联性；

（3）审查《史密斯—利弗法》（《美国法典》第 7 篇 341 及以下）和《1887 年哈奇法》（《美国法典》第 7 篇 361a 及以下）项下资金的分配公司相对于美国各地区和各州当前农业经济状况及其他因素的适当性，并提出修改公式的建议，以更加准确地反映当前的状况；以及

（4）审查用于农业研究、推广和教育的竞争性拨款制度。

（c）报告。部长应编制并向众议院农业委员会和参议院农业、营养和森林委员会提交：

（1）于调研开始后满 18 个月之前提交报告，说明针对（1）和（2）所述事宜的研究结果，包括相关建议；以及

（2）于调研开始后满 3 年之前提交报告，说明针对（3）和（4）所述事宜的研究结果，包括根据（b）（3）提出的建议及其他相关建议。

子篇 D　国会的观点

第 641 条　国会关于农业研究局重视溴甲烷替代品实地研究的观点。

国会认为，农业部长应从每个财年用于研究开发溴甲烷替代品农业用途的农业研究局经费中，拨出很大部分经费用于实地开展研究，特别是在种植前和收割后的环境下，以此加快溴甲烷替代品的开发和商业应用。

第 642 条　国会关于校本农业教育之重要性的观点。

国会认为，农业部长和教育部长应进行协作和合作，向以学校为本的农业教育提供指导和教育支持。

1990 年粮食、农业、保育和贸易法

《公法》101-624,《美国法令全书》第 104 篇 3359

本法案数字版由阿肯色大学法学院全国农业法律研究中心依据与美国农业部和国家农业图书馆签署的 58-8201-4-197 号协议进行编排制作。

《公法》101-624
第 101 届美国国会会议

本 法 案

旨在对农产品价格补贴及相关方案进行扩展及修订;对农产品出口、资源保护、农业信贷、农业科研及相关方案的内容加以规定;确保消费者以合理价格购得充足的食品和纤维产品等。

呈交美利坚合众国参议院和众议院全体通过。

第 1 条　简称;目录。

(a) 简称。本法案简称为《1990 年粮食、农业、保育和贸易法》。

(b) 目录。目录如下:

第 1 篇　牛奶及乳品业

第 2 篇　羊毛和马海毛

第 3 篇　小　　麦

第 4 篇　饲料谷物

第 5 篇　棉　　花

第 6 篇　大　　米

第 7 篇　含油种子

第 8 篇　花　　生

第 9 篇　食　　糖

第 10 篇　蜂　　蜜

第 11 篇　一般商品规定

子篇 A　种植基地和产量体系

子篇 B　补贴限制

子篇 C　《1949 年农业法》的相关规定

第 1218 条　森林健康保护。
第 1219 条　城市和社区林业援助。
第 1220 条　火灾防范和动员援助。
第 1221 条　限制声明。
第 1222 条　联邦政府、州政府及当地政府之间的协同合作。
第 1223 条　管理。
第 1224 条　一致性修正。

子篇 B　研究和教育

第 1 章　一般研究计划

第 1231 条　麦金泰尔—斯坦尼斯研究计划。
第 1232 条　林业、自然资源及环保竞争性补助计划。

第 2 章　专项研究

第 1241 条　研究和应用。
第 1242 条　南部森林再生计划。
第 1243 条　半干旱农林业研究中心。
第 1244 条　林地保护。
第 1245 条　国有和私有森林总统委员会。
第 1246 条　蓝山自然资源研究所。
第 1247 条　国际林产品贸易研究所。

第 3 章　教　　育

第 1251 条　扩展。
第 1252 条　林业助学金计划。

子篇 C　美丽美国

第 1261 条　简称。
第 1262 条　发现。
第 1263 条　目标。
第 1264 条　树木种植基金会。
第 1265 条　树木种植和森林管理计划。
第 1266 条　社区树木种植和改良计划。

子篇 D　其他规定

第 1271 条　紧急再造林援助。
第 1272 条　塔拉迪加国家森林扩展。

第 13 篇　水果、蔬菜与销售

子篇 A　水果和蔬菜

子篇 B　国家实验所认证

子篇 C　表面外观

子篇 D　其　　他

第 14 篇　资源保护

子篇 A　易受侵蚀土地的保护

子篇 B　湿地保护

子篇 C　农业资源保护项目

子篇 D　其他保护措施

子篇 E　流域保护和防洪；农地保护

第 1 章　流域保护和防洪

第 2 章　农田保护

子篇 F　环境计划的执行

子篇 G　水质研究、教育和协调

子篇 H　农　药

第 15 篇　农业贸易

第 1501 条　简称。

子篇 A　《1954 年农业贸易发展和援助法》

第 1511 条　简称。
第 1512 条　《1954 年农业贸易发展和援助法》。
第 1513 条　生效日期。
第 1514 条　对《1949 年农业法》第 416 条的修订。
第 1515 条　相应修订和技术变更。
第 1516 条　粮食促进。
第 1517 条　以债务换取健康和保护。

子篇 B　船运条例

第 1521 条　美国五大湖船运输优惠货物的豁免限制。
第 1522 条　美国五大湖船的分类。
第 1523 条　美国五大湖船的经营限制。
第 1524 条　废除和终止命令。
第 1525 条　甚于最低抵岸成本进行调配。
第 1526 条　研究和报告。
第 1527 条　定义。

子篇 C　促进出口

第 1531 条　对《1978 年农业贸易法》的修订。
第 1532 条　对《1954 年农业法》的修订。

子篇 D　一般规定

第 1541 条　棉花籽油和葵花籽油的出口。
第 1542 条　促进向新兴民主国家的农业出口。
第 1543 条　中等收入国家和新兴民主国家的农业培训项目。
第 1544 条　协助实现美国毒品控制目标。
第 1545 条　世界牲畜销售价格信息。

子篇 E　研究、报告及其他规定

第 1551 条　北美自由贸易区的研究。
第 1552 条　玫瑰和鲜花的研究。
第 1553 条　商品运输及技术评估和报告。

子篇 F　相应条款和技术变更

第 16 篇　研　　究

子篇 A　现有计划的增补与变更

子篇 B　可持续农业研究与教育

第 1 章　生物应用技术的最有效利用

第 2 章　综合管理体系

第 3 章　可持续农业技术开发与转让计划

子篇 C　国家遗传资源计划

子篇 D　美国国家农业天气信息系统

子篇 E　关于农产品生产、制备、加工、搬运和储存的研究

子篇 F　植物和动物虫害与疾病防治计划

子篇 G　替代农业研究与商业化

子篇 H　其他研究规定

第 17 篇　食品券和相关规定

子篇 A　食品券计划

子篇 B 商品分发计划

子篇 C 生效日期

第 18 篇 信 贷

子篇 A 农户房屋管理局贷款

子篇 B　农业信贷体系

子篇 C　其　　他

子篇 D　生效日期

第 19 篇　农业推广

第 1901 条　简称。

子篇 A　美洲山核桃

第 1905 条　简称。
第 1906 条　研究结果及政策声明。
第 1907 条　定义。
第 1908 条　计划的公布。
第 1909 条　规定。
第 1910 条　计划中的必需条款。
第 1911 条　允许的计划条款。
第 1912 条　特别税捐。
第 1913 条　申诉与复核。
第 1914 条　执行。
第 1915 条　调查及传唤权力。
第 1916 条　投票要求。
第 1917 条　计划的延缓或终止。
第 1918 条　拨款授权。

子篇 B　蘑　　菇

第 1921 条　简称。
第 1922 条　研究结果及政策声明。
第 1923 条　定义。
第 1924 条　命令的公布。
第 1925 条　命令中的必需条款。
第 1926 条　投票。
第 1927 条　申诉和复核。
第 1928 条　执行。
第 1929 条　调查及传唤权力。
第 1930 条　保留条款。
第 1931 条　命令的延缓或终止。
第 1932 条　拨款授权。
第 1933 条　规定。

子篇 C　马 铃 薯

第 1935 条　简称。
第 1936 条　研究结果及政策声明。
第 1937 条　定义。

子篇 D　酸　　橙

子篇 E　大　　豆

子篇 F　蜂蜜和羊毛

第 1 章　蜂　蜜

第 2 章　羊　毛

子篇 G　棉　花

子篇 H　由加工商提供资金的牛奶推广项目

子篇 I　其他条款

第20篇　谷物品质

第21篇　有机认证

第 22 篇　农作物保险及灾害救助

子篇 A　农作物保险

子篇 B　灾害救助

第 1 章　1989 年农作物说明

第 2 章　其他救助

第 3 章　作物损失应急救助

第 A 节　一年生作物

第 23 篇　农村发展

子篇 A 重组农业部

第 2302 条   农村发展管理局。

第 2303 条   相应的修订。

子篇 B 协调农村发展

第 1 章 一般条款

第 2310 条   一般条款。

第 2 章 农村投资合作伙伴

第 2311 条   定义。

第 2312 条   农村合作投资委员会。

第 2313 条   投资基金的设立。

第 2314 条   当地的周转基金。

第 2315 条   合约遵守与实施。

第 3 章 农村经济发展审查小组

第 2316 条   部分农村发展项目的交付。

第 2317 条   贷款以及贷款担保的分配和转移。

子篇 C 水和废弃物处理措施

第 2321 条   增加水和废弃物处理资助权限的限制。

第 2322 条   水和废弃物处理设施资助。

第 2323 条   银行向合作社提供水和废弃物处理贷款。

第 2324 条   农村污水处理循环项目。

第 2325 条   部分固体废弃物处理技术援助。

第 2326 条   紧急社区水援助资助项目。

第 2327 条   降低健康风险的水和废弃物处理设施贷款和资助。

第 2328 条   服务农村经济的水或废弃物处理贷款。

第 2329 条   水和污水捐赠和贷款的条件限制。

子篇 D 改善人力资源

第 1 章 远程学习与医疗通信项目

第 2331 条   目的。

第 2332 条   目标。

第 2333 条   定义。

第 2334 条   电信项目的相关规定。

第 2335 条   农村社区获得先进的电信服务。

第 2 章　农村企业发展

子篇 E　农村企业和经济援助

子篇 F　农村电气化条例

第 1 章　对《1936 年农村电气化法》第 1 篇的修订

第 2 章　对《1936 年农村电气化法》第 2 篇的相关修订

第 3 章　对《1936 年农村电气化法》第 3 篇的相关修订

第 4 章　对《1936 年农村电气化法》第 4 篇的相关修订

第 25 篇　其他相关条款

第 1 篇　牛奶及乳品业

第 101 条　1991—1995 日历年度的牛奶价格补贴和牛奶库存管理方案。

（a）概述。《1949 年农业法》于 1991 年 1 月 1 日生效，具体修订方法是，在其第 203 条（《美国法典》第 7 卷 1446d）后增加以下条款：

"第 204 条　1991—1995 日历年度的牛奶价格补贴和牛奶库存管理方案。

"尽管法律还有其他规定，但：

"（a）概述。自 1991 年 1 月 1 日开始，至 1995 年 12 月 31 日结束，在此期间内，应按照本条款的规定对牛奶给予价格补贴。

"（b）补贴率。自 1991 年 1 月 1 日开始，至 1995 年 12 月 31 日结束，在此期间内，对于乳脂含量为 3.67％的牛奶的价格补贴率，应为每英担①不低于 10.10 美元。

"（c）收购。

"（1）概述。通过收购牛奶及牛奶制品对牛奶价格进行补贴。

"（2）CCC（商品信贷公司）投标价格。本条款中，由商品信贷公司公布的对每种奶制品（黄油、奶酪、脱脂奶粉）的保障性收购价格应与个人向该公司出售此类产品的报价相同。按平均计算，收购价格应足以使具有平均效益的作物为生产者获得不低于本条款中规定的牛奶价格补贴率的收益，该牛奶价格补贴率在 12 个月内有效。

"（3）黄油和脱脂奶粉。

"（A）收购价格的分配。农业部长可对脱脂奶粉收购价格和黄油收购价格的价格补贴率进行分配，以把商品信贷公司的开支降到最低或以此实现其部长认为合理的目的。农业部长应就分配提案向众议院农业委员会、参议院农业、营养、林业委员会发出通知。

"（B）收购价格的调整时机。农业部长可在认为必要的情况下，对脱脂奶粉和黄油的收购价格加以调整，每个日历年度内调整不得超过两次。

"（d）对补贴率的调整。

"（1）下调。

"（A）概述。于 1991—1995 每日历年度的 1 月 1 日生效，若参照农业部长在上一日历年度的 11 月 20 日之前所做的预估，商品信贷公司根据本条款（与第 407 条相比较，此处比用于非限制用途的销售额要低）规定对牛奶及奶制品的收购数额将超过 50 亿英镑（液态奶含量，所有牛奶固形物主要成分），则农业部长应下调补贴率，具体下调幅度为：在对该日历年度有效的牛奶价格补贴率的基础上，每英担至少下调 0.25 美元，但最多不超过 0.50 美元。

"（B）事先通知。农业部长应于上一日历年度的 11 月 20 日之前就本段落有关价格补贴下调的提案向众议院农业委员会及参议院农业、营养、林业委员会发出通知。

"（2）上调。

"（A）概述。于 1991—1995 每日历年度的 1 月 1 日生效，若参照农业部长在上一日历年度的 11 月 20 日之前所做的预估，商品信贷公司根据本条款（与第 407 条相比，此处比用于非限制用途的销售额要低）规定对牛奶以及奶制品的收购数额将不超过 35 亿英镑（液态奶含量，所有牛奶固形物主要成分），则农业部长应上调补贴率，具体上调幅度为：在对该日历年度有效的牛奶价格补贴率的基础上每英担上调至少 0.25 美元。

"（B）事先通知。农业部长应于上一日历年度的 11 月 20 日之前，就本段落中有关价格补贴上调的提案向众议院农业委员会及参议院农业、营养、林业委员会发出通知。

"（3）无调整。若在 1992—1995 年的任一日历年度中，如果参照农业部长于上一日历年度的 11 月 20 日之前所做的预估，商品信贷公司根据本条款（与第 407 条相比，此处比用于非限制用途的销售额要低）规定对牛奶及奶制品的收购数额将低于 50 亿英镑（液态奶含量，所有牛奶固形物主要成分）但高于 35 亿英镑（液态奶含量，所有牛奶固形物主要成分），则农业部长无需下调对该日历年度有效的牛奶价格补贴率。

"（4）最低价格。尽管本条款有其他规定，但在任何情况下，牛奶价格补贴都不得低于每英担 10.10 美元。

"（5）实施。

"（A）液态奶含量，所有牛奶固形物主要成分。本条款中使用的、表示由商品信贷公司收购的牛奶

---

① 英担为非法定计量单位，1 英担＝50.802 345 千克。

及表示奶制品所属物的术语"milk equivalent，total milk solids basis"应与这些产品的液态奶含量（分别以乳脂和牛奶固形物中脱脂的主要成分为基础进行计算）的加权平均值相等；表示液态奶含量的乳脂主要成分的加权系数应不超过 40％；表示液态奶含量的固形物脱脂主要成分的加权系数应不超过 70％。总加权系数应为 100％。

"（B）收购水平。评估本条款下对牛奶以及奶制品的收购水平时，农业部长应减去美利坚合众国在最近一个日历年度，对牛奶及奶制品的进口量多于自 1986 年 1 月 1 日至 1990 年 12 月 31 日这一时期内，美利坚合众国对牛奶及奶制品的年平均进口量的部分（液态奶含量，所有牛奶固形物主要成分），如果有超出部分的话。

"（e）牛奶库存管理方案报告。

"（1）概述。农业部长应于最晚不超过 1991 年 8 月 1 日之前，就多种牛奶库存管理方案准备一份报告和多项建议，将其提交给众议院农业委员会、参议院农业、营养、林业委员会。

"（2）提案征集。农业部长应于本条款颁布后 60 日内，在《联邦公报》上发布一则关于牛奶库存管理方案提案征集的通知。

"（3）必需提案。执行本分款时，农业部长应对众多提案进行甄选，并仔细研究下列提案：

"（A）经《1937 年农产品运销协议法》修订的、《农业调整法》条款 8c（5）（《美国法典》第 7 篇 608c（5））中的选择性牛奶分类；

"（B）通过规定价格和差额补贴体系补贴牛奶生产者收入的方案；

"（C）其他按照（2）规定提交至农业部长，且农业部长在与众议院农业委员会和参议院农业、营养、林业委员会商议后必须确定其适用性的方案。

"（4）被禁止方案。在根据（3）规定对某些方案进行研究时，农业部长对以下方案可不予考虑：任何包含类似于条款 201（d）（3）规定的终止牛奶生产的方案及保障性价格下调幅度超出本条款中规定水平的方案。

"（5）评估标准。农业部长应根据以下要素对牛奶库存管理方案提案做出评估：

"（A）方案是否能将政府在一个日历年度内对奶制品的收购量限制在 6 000 000 000 英镑（液态奶含量，所有牛奶固形物主要成分）以内；

"（B）方案在减少过量牛奶生产的速度及效力；

"（C）在方案得以延续或停止延续之后的至少 5 年内，方案在减少牛奶生产量方面的持续性效力；

"（D）方案对牛奶价格、生产者收益及牛奶供应的区域性影响；

"（E）方案对全国生产者收入及政府支出的影响；

"（F）方案对农村经济及在维持家庭农场方面的影响；

"（G）方案对能否获得用于国内外营养和食品援助方案的、符合卫生条件的乳制品的影响；

"（H）技术革新；

"（I）方案在减少黄油脂肪生产及提高牛奶蛋白质含量方面的效力；

"（J）方案对临时增加及降低牛奶产量的影响；

"（K）方案对美利坚合众国畜牧业的影响；

"（L）农业部长认为合适的其他要素；

"（6）公告与评论。农业部长应于最晚不超过 1991 年 6 月 1 日之前，按照本条款规定针对其调查研究过的牛奶库存方案发布公告与评论。

"（f）关于预计收购的国会通知。自 1991 至 1995 年，在每个日历年度，自 8 月 1 日至 11 月 20 日，农业部长应对商品信贷公司在下一日历年度即将收购的乳制品（液态奶含量，所有牛奶固形物主要成分）的价值和数量进行预估，并将预估结果告知众议院农业委员会、参议院农业、营养、林业委员会。

"（g）过量收购。

"（1）概述。倘若商品信贷公司对牛奶及奶制品的收购量超过 7 000 000 000 英镑（液态奶含量，所有牛奶固形物主要成分），那么，为抵消超出 7 000 000 000 英镑那部分收购量的收购成本，必要时，在 1991—1994 年的任一日历年度内，农业部长须下调生产者在美利坚合众国境内生产并用于商业用途销售的牛奶的收购价格。

"（2）计算。倘若农业部长于 1991—1994 年的任一日历年度的 11 月 20 日的预估，商品信贷公司在该年度对牛奶及奶产品的收购量将超过 7 000 000 000 英镑（液态奶含量，所有牛奶固形物主要成分），那么针对生产者收购价格的下调幅度应为每英担的下降幅度，通过除以：

"（A）超出 7 000 000 000 英镑（液态奶含量，所有牛奶固形物主要成分）那部分收购量的收购成本；

"（B）根据农业部长预估，将于该日历年度生产者在美利坚合众国内生产并用于商业用途销售的牛奶的总英担数。

"（3）调整。为了实现本分款意图，在未来几年内，农业部长应对任何此类预估进行调整，或在必要时，针对某些预估情况办理退款。

"（h）商品信贷公司的作用。农业部长可利用商品信贷公司的资金、设备、权力执行本条款。

"（i）有效期。尽管法律有其他规定，但本条款自 1991 年 1 月 1 日开始，至 1995 年 12 月 31 日结束，在此期间内有效。

"（b）一致性条款。美国农业部长执行《1949 年农业法》第 204 条（添加了本条款中的分条款 (a)）时，《美国法典》标题 5 第 553 条将不适用，包括根据以下两点作决定时，第 553 条同样不适用。

（1）针对牛奶的价格补贴水平；

（2）针对承诺给予牛奶生产者的收购价格的下调。

第 102 条 牛奶制造利润的调整。

（a）概述。自本法案颁布后 12 个月内生效，任何州提供的牛奶加工津贴不得超过联邦方案允许的针对黄油、脱脂奶粉或奶酪制作规定的 A 级价格（以下简称"加工津贴"），且任何人不得直接或者间接领取牛奶加工津贴。

（b）罚款责任。

（1）概述。倘若农业部长：

（A）根据某生产者凭借证据提出的请求，确定某人领取的加工津贴超过分款（a）允许的津贴数额；

（B）确定某人未遵守本条款任一要求或某项规章，那么，商品信贷公司将根据本分款规定，对其处以罚款。

（2）罚款金额。此类罚款金额应相当于将两列两项相乘后得出的结果：

（A）按照分款（a）可领取的获准加工津贴额的两倍；乘以

（B）根据农业部长判断，该行为人按照超出获准加工津贴额标准领取了津贴的牛奶量。

（c）规章。农业部长必须发布某些必要规定以执行本条款。

（d）调查。

（1）概述。为有效实施本条款或为确认受本条款约束的人员是否违反了本条款，农业部长在其认为必要时必须开展调查。

（2）实施。为进行上述调查，农业部长须主持宣誓证词仪式、传讯证人、强制证人出庭、取证以及要求证人出示任何与所调查事项有关的档案。

（3）传讯。农业部长须要求在美利坚合众国境内在任何地点的证人出庭，并出示任何与所调查事项有关的档案。在要求证人出庭、提供证词、出示档案时，如果证人拒不服从传讯，农业部长须向调查或诉讼发生地、证人居住地或营业地的管辖区域内的任何美利坚合众国法庭寻求援助。施助法庭须发布命令，要求证人出庭、提供证词、出示档案，或要求证人亲自向农业部长出示档案或就调查事项提供证词。

（4）藐视法庭。任何拒不服从法庭命令的行为均按藐视法庭论处。

（5）诉讼程序。此类案件的所有诉讼程序都将在当事人居住地或所在地的司法管辖区内完成。

（e）强制执行。美利坚合众国地方法院拥有强制执行并防止任何人违反本条款规定或本条款中发布的任何规章的司法权。

第 103 条 明尼苏达州—威斯康星州价格区间改革。

（a）概述。自本法案颁布之日起 60 天内，农业部长应着手接纳可选择定价公式的相关建议，这些定价公式关系到明尼苏达州-威斯康星州价格序列，用于确定牛奶销售法令规定的最低支付价，目的是修订《农业调整法》条款 8c（《美国法典》第 7 卷 608c）批准的牛奶销售法令（经《1937 年农业销售协议法》修订后，重新颁布）。在亟需农业部长考虑的可选择定价公式中，价格序列必须立足于牛奶加工者针对 A 级牛奶及乳制品制作过程中使用的制作级牛奶而支付的价格。

（b）数据的可用性。农业部长应将用于按分款（a）规定提交上来的可选择定价公式建议同当前明尼苏达州—威斯康星州价格序列进行比照的以往数据和当前数据进行汇编，向公众宣布，供其使用。

（c）联邦销售法令的执行。

（1）听证会通知。农业部长应在不晚于 1991 年 10 月 1 日之前：

（A）通知召开全国听证会，以探讨对联邦牛奶销售法令规定的明尼苏达州—威斯康星州价格序列的更换提案；

（B）征集针对每条法令中特定条款的行业提案和消费者提案。

（2）向国会报告。对听证会提案的最后决议一经发布，农业部长应将决议结果报告给众议院农业委员会和参议院农业、营养、林业委员会。

（3）公众评论机会。公众对于推荐决议的评论机会不得少于 30 个立法日。针对本段落，术语"legislative day"（立法日）是指国会两院中的任意一院的会议日。

第 104 条 联邦牛奶销售法令听证会。

农业部长应：

（1）于 1990 年 3 月 29 日结束其公布的、关于对联邦牛奶销售法令的定价条款所作修改的全国听证会；

（2）以在可行范围内最大限度地保持与适用法律的一致性为前提，于 1992 年 1 月之前使任何最终决定的、涉及联邦法令（规定牛奶加工者必须就 A 级牛奶支付给生产者的最低价格）体系内的更改生效。

第 105 条 乳制品收购报告。

农业部长应以季度为单位，向公众宣布商品信贷公司收购的乳制品的获取与处理的评估结果。

第 106 条 牛奶保障性价格的应用。

为支持《1949 年农业法》第 204 条（添加了本法案的第 101 条）中规定的牛奶价格，农业部长可对乳清的市场价值不予考虑。

第 107 条 修正案的应用。

本标题下所作修订并不影响于本法案颁布之前生效的、《1949 年农业法》第 201 条（《美国法典》第 7 卷 1446）规定的任何自然人责任。

第 108 条　对季节性生产的调整；修正案听证会；牛奶价格的规定。

《1981 年农业和食品法》第 101 条（b）（《美国法典》第 7 卷 608c 注释）经修订删除"1990"，增补"1995"。

第 109 条　将乳制品运输至军队医院及退伍军人医院。

《1949 年农业法》第 202 条（《美国法典》第 7 卷 1446a）分款（a）和分款（b）经修订删除所有"1990"部分，增加"1995"。

第 110 条　对乳制品损害赔偿方案的扩展。

于 1968 年 8 月 13 日批准、名为"为乳制品农民提供损害赔偿的法案"的第 3 条（《美国法典》第 7 卷 4501）经修订删除"1990"，增补"1995"。

第 111 条　乳制品外销。

《1985 年粮食安全法》第 1163 条（《美国法典》第 7 卷 1731 注释）经修订删除所有"1990"部分，增补"1995"部分。

第 112 条　牛奶的成分定价。

经《1937 年农业销售协议法》修订后重新颁布的《农业调整法》条款 8c（5）（B）（《美国法典》第 7 卷 608c（5）（B））修订内容如下：

（1）删除（d）条款结尾处的"和"（and）；

（2）在结尾处句号前插入下列句子：

"以及，（f）进一步调整，使生产者按照其销售牛奶所包含的成分来公正地分配由任何一个或所有操作者所收购的牛奶的总价值"。

第 113 条　对操作者支付金额的调整。

《1937 年农业销售协议法》修订后重新颁布的《农业调整法》条款 8c（5）（《美国法典》第 7 卷 608c（5））经修订，在结尾添加下列句子：

"（L）条件是针对段落（A）分段（2）和分段（3）及段落（B）（ⅱ）的条款（b）、（c）、（d）允许的调整而言，段落（A）规定的对操作者支付金额的调整无需与段落（B）规定的对生产者收取金额的调整相同"。

第 114 条　乳制品出口激励方案。

《1985 年粮食安全法》第 153 条（《美国法典》第 15 卷 713a - 14）经修订删除"1990 年 9 月 30 日"，添加"1995 年 12 月 31 日"。

第 115 条　生产者操作者的法律地位。

本标题中的修订内容生效后，《1937 年农业销售协议法》修订后重新颁布的《农业调整法》（《美国法典》第 7 卷 601 及以下）规定的生产者操作者的法律地位应与本标题的修订内容生效之前相同。

第 116 条　多项成分定价研究。

（a）概述。农业部长应在不迟于自本法案颁布之日起 60 天内启动研究，旨在确定是否存在影响生产者按照某联邦或州牛奶定价方案、以其销售的牛奶中所含的成分为基础领取牛奶补贴的法律规定、规章或法令，且该影响是否导致了美利坚合众国境内生产的乳脂超出了商业市场需求。同时，农业部长还应确定该影响的程度如何。

（b）研究。在开展研究时，农业部长应对采用联邦或州牛奶定价方案中规定的多项成分定价方案后，会对实现乳脂的生产、销售及国内商业用途的平衡所产生的潜在影响作出评估。

（c）报告。农业部长应在不迟于自本法案颁布之日起的180天内：

（1）就分款（a）规定的研究结果及针对研究结果提出的相关建议向众议院农业委员会和参议院农业、营养、林业委员会作报告；

（2）公布研究结果。

（d）联邦销售法令的执行。本条款规定的研究结束且研究结果得以公布后，农业部长应：

（1）通知召开全国听证会，以探讨是否应在《农业调整法》条款8c（《美国法典》第7卷608c）（经《1937年农业销售协议法》修订后重新颁布）下发布的、个别联邦牛奶销售法令中添加多项成分定价条款。

（2）征集对每条法令中特定条款的行业提案和消费者提案。

第2篇　羊毛和马海毛

第201条　羊毛和马海毛价格补贴方案。

（a）扩展。《1954年国家羊毛法》第703条（《美国法典》第7卷1782）分款（a）和分款（b）经修订删除所有"1990"部分，增补"1995"部分。

（b）补贴限制。上述法案第704条（《美国法典》第7卷1783）修订内容如下：

（1）删除条款标题，添加下列标题：

"第704条　作为价格补贴的付款"；

（2）在条款编号后添加：

"（a）补贴的使用。

（3）在结尾添加下述新的分项条款：

"（b）补贴限制。

"（1）概述。根据本法案，人们在下列销售年度有权就羊毛或马海毛收取的补贴总额分别为：

"（A）1991销售年度，补贴总额应不超过200 000美元；

"（B）1992销售年度，补贴总额应不超过175 000美元；

"（C）1993销售年度，补贴总额应不超过150 000美元；

"（D）1994以及之后的销售年度，补贴总额应不超过125 000美元。

"（2）强制执行。针对本条款，农业部长应发布规章，阐明术语"人"的含义。该规章应与农业部长按照《1985年粮食安全法》条款1001、1001A、1001B（《美国法典》第7篇1308，1308-1和1308-2）规定发布的规章保持一致。

第3篇　小　麦

第301条　与1991—1995年的小麦收成相关的贷款、付款及种植面积减少方案。

《1949年农业法》修订内容如下：

（1）撤销第107A和107B条（《美国法典》第7篇1445b和1445b-1）；

（2）将第107D条（《美国法典》第7篇1445b-3）重新编号为条款107A；

（3）在第107A条（重编序号后）后添加下述新条款：

"**第 107B 条　与 1991—1995 年的小麦收成相关的贷款、付款以及种植面积减少方案。**

"（a）贷款和收购。

"（1）概述。除本分款中的其他规定以外，农业部长应就 1991—1995 年农场上生产的每一季小麦收成向农场生产者提供贷款及收购援助。援助程度以下列因素为标准：根据判断，农业部长在将小麦生产成本、供求状况及小麦世界价格考虑在内的情况下，提供的贷款及收购援助能够维持小麦和其他谷物在国内和出口市场上的竞争关系。

"（2）最低贷款和收购水平。除（3）和（4）的规定外，根据段落（1）规定确定的贷款和收购水平应不低于生产者在其最近 5 次小麦收成的销售年度内收取的简单平均价格（由农业部长确定）的 85％，不包括期间平均价格最高的一年和平均价格最低的一年。然而，如果适用于上一季收成的贷款和收购水平减去根据本段落确定的下一季收成贷款和收购水平之差不超过 5％，则本段落开头所作规定不适用。

"（3）对支持水平的调整。

"（A）库存与使用的比率。倘若农业部长根据其针对任一销售年度的预估认为期末小麦库存与该销售年度使用的小麦总量的比率将会：

"（ⅰ）大于等于 30％，则农业部长可下调相应一季小麦收成的贷款和收购水平，下调幅度为每年最高不超过 10％；

"（ⅱ）大于等于 15％但小于 30％，则农业部长可下调相应一季小麦收成的贷款和收购水平，下调幅度为每年最高不超过 5％；或者

"（ⅲ）小于 15％，则农业部长不必下调相应一季小麦收成的贷款和收购水平。

"（B）向国会报告。

"（ⅰ）概述。如果农业部长按照（A）规定调整了小麦贷款和收购水平，则农业部长应就调整事宜向众议院农业委员会和参议院农业、营养、林业委员会递交报告。

"（Ⅰ）该报告用于证明为防止库存积压并维持市场份额而采取相应调整的必要性；

"（Ⅱ）报告中须包含对需要执行该调整缘由的描述。

"（ⅱ）调整生效日期。调整的生效日期为不晚于农业部长向国会递交报告后的 60 个日历日内。1991 年的小麦收成除外，对于该年度小麦收成贷款和收购水平的调整，应于农业部长向国会递交报告当日生效。

"（C）竞争地位。尽管分段（A）有其他规定，然而，倘若农业部长在某季收成的销售年度开始之前的 60 天内确定：已确定生效的适用于该季收成的贷款利率将无法维持小麦在市场上的竞争地位，那么农业部长应在根据分段（A）所作下调的基础上，进一步下调该销售年度的小麦贷款和购买数量，下调幅度为每年不超过 10％。

"（D）对未来年度无影响。本段落规定的对小麦贷款和购买水平的下调不被视为用于确定未来年度的小麦贷款和收购水平。

"（E）最低贷款利率。尽管分段（A）有其他规定，除非小麦的贷款利率超过 5 年平均市场定价的 80％，否则该贷款利率不得低于每蒲式耳①2.44 美元。

"（4）销售贷款条款。

"（A）概述。农业部长须允许生产者按照下列较低一项（除分段（C）的规定以外）偿还根据本分款规定所做的一季收成贷款。

"（ⅰ）确定的适用于该季收成的贷款水平；

"（ⅱ）下列较高的一项：

"（Ⅰ）该贷款额度的 70％；

---

① 蒲式耳为非法定计量单位，1 蒲式耳＝35.239 升。

"（Ⅱ）若该季收成的贷款数额按照段落（3）规定有所下调，下调之前有效的贷款额度的 70%；

"（ⅲ）由农业部长确定的小麦在世界市场的现行价格（根据美利坚合众国的质量和产地加以调整）。

"（B）世界现行市场价格—倘如农业部长允许生产者按照分段（A）规定偿还贷款，则农业部长应通过规章做出如下规定：

"（ⅰ）指定一项公式。该公式用于确定小麦在世界市场的通行价格（根据美利坚合众国的质量和产地加以调整）；

"（ⅱ）确定一项机制。通过该机制，农业部长可定期公布小麦在世界市场的通行价格。

"（C）可选择还款率。对于 1991—1995 年小麦收成中的任何一季，倘若由农业部长确定的小麦在世界市场的现行价格（根据美利坚合众国的质量和产地加以调整）低于适用于该季收成的贷款水平，则农业部长须允许生产者按照符合下列条件的额度（不得高于确定的适用于该季收成的贷款额）偿还按照本分段规定办理的收成贷款。

"（ⅰ）可将可能发生的贷款罚金降至最低；

"（ⅱ）可将联邦政府的小麦库存的积压量降至最低；

"（ⅲ）可将联邦政府为存储小麦而担负的成本费用降至最低；

"（ⅳ）可使在美利坚合众国内生产的小麦在国内和国际市场上自由销售。

"（ⅴ）简单平均价格。针对本节条款，生产者于上一销售年度获得的简单平均价格应以农业部长确定简单平均价格之际所获得的最新简单平均价格信息为依据。

"（b）贷款差额补贴。

"（1）概述。对于 1991—1995 年的每季小麦收成，倘若本来有资格获得分款（a）中规定的贷款或收购协议的生产者同意为获得本分款规定的补贴而放弃获得该贷款或收购协议的资格，那么农业部长可向此类生产者支付相应补贴（本条款下文中称为"贷款差额补贴"）。

"（2）贷款差额补贴计算。本分款规定的补贴应按照下列方法计算：

"（A）贷款补贴率，乘以

"（B）生产者有资格获得贷款或一份收购协议（但为了获得本分款中规定的补贴，生产者同意放弃获得该贷款或收购协议的资格）的小麦量。

"（3）贷款补贴率。针对本分款，贷款补贴率应取下列两项之差：

"（A）根据分款（a）确定的适用于该季作物的贷款额；减去

"（B）分款（a）规定的还款额。

"（c）补贴。

"（1）差额补贴。

"（A）概述。农业部长应根据 1991—1995 年的每季小麦收成向生产者提供补贴（本条款下文中称为"差额补贴"），补贴金额按照下列方法计算：

"（ⅰ）补贴率，乘以

"（ⅱ）可获得补贴的收成英亩数，再乘以

"（ⅲ）已确定的适用于该农场该季收成的农场方案补贴产量。

"（B）补贴率。

"（ⅰ）适用于 1991—1993 年收成的补贴率。

适用于 1991—1993 年每季小麦收成的补贴率应为该季小麦收成规定价格与下列较高一项之差：

"（Ⅰ）由农业部长确定的，生产者在该季收成销售年度的前 5 个月内获得的全国加权平均市场价格；或

"（Ⅱ）在按照分款（a）（3）对该销售年度小麦收成做出调整之前确定的适用于该季收成的贷款水平。

"（ⅱ）适用于 1994 和 1995 年收成的补贴率。适用于 1994 和 1995 年每季小麦收成的补贴率应根

据条款（ⅰ）中的规定确定。

"（ⅲ）最低规定价格。对于 1991—1995 年的任意一季小麦收成，小麦规定价格都不得低于每蒲式耳 4 美元。

"（C）补贴英亩数。对每季收成的补贴英亩数应以下列较低的一项为准。

"（ⅰ）不超过获准土地面积的、为获得该收成而播种的英亩数；或

"（ⅱ）该收成在农场上的作物面积基数的 100% 减去减少的土地面积（根据分款（e）（2）（D）确定）。

"（D）紧急补偿。

"（ⅰ）概述。尽管在本条款中有前述规定，然而，如果农业部长按照分款（a）（3）规定调整小麦贷款和收购数量，则农业部长应以增加小麦差额补贴额的方式提供紧急补偿，具体增加幅度为：根据农业部长判断，该增加幅度可使生产者获得与未对贷款和收购数额作出调整之前相等的总收益。

"（ⅱ）计算。确定本分段规定的小麦收成紧急补偿补贴的补贴率（每蒲式耳）时，农业部长应使用生产者在该季小麦收成的销售年度内获得的全国加权平均市场价格（每蒲式耳）（具体由农业部长确定）。

"（ⅲ）估算及供给期限。

尽管本法案有其他规定，然而，农业部长应：

"（Ⅰ）在该季收成销售年度的 12 月 1 日之前，估算出生产者在该销售年度内获得的小麦全国加权平均市场价格（每蒲式耳）；

"（Ⅱ）在该销售年度的 12 月 15 日之前，根据估算结果，向选择了本条款授权补贴选项的生产者，提供不低于按本分段规定预计应就该收成向此类生产者支付的补贴增加额的 75%；

"（Ⅲ）调整每笔最终小麦补贴额，以此反映根据本条款得出的估算补贴额与根据本分段应支付的实际补贴额之间的差别。

"（ⅳ）选择补贴选项的时间。生产者应在参照本条款制定的收成方案并签订合同之时选择条款（ⅲ）下授权的补贴选项。

"（E）0/92 方案。

"（ⅰ）概述。如果分款（e）（2）下的土地面积限制方案对某季小麦收成生效，同时农场生产者将可获得的最高小麦补贴的农场面积的一部分（按照分段（C）（ⅱ）规定计算，且计算结果高于农场上收获该季收成的小麦面积的 8%）用于保护用途（除分段（F）中的规定外）。

"（Ⅰ）可获得最高补贴面积中用于保护用途、且高于农场小麦面积 8% 的部分（除分段（F）中的规定以外）应被认为是用于种植小麦的面积，以此确定根据分款（e）（2）（D）规定农场中应该用于保护用途的土地面积；

"（Ⅱ）生产者有权就这样的土地面积获得本分段下规定的补贴。

"（ⅱ）差额补贴。尽管本条款中有其他规定，然而，根据本分段，除非农业部长确定无法将补贴率规定为低于该季收成的预计差额补贴率的水平，否则任何一个将其农场中可获最高小麦补贴面积的一部分用于保护用途（或分段（F）中规定的其他用途）的生产者，均可就这部分土地中被认为是用于种植小麦且根据本分段规定有资格获得补贴的土地面积获得差额补贴，补贴率（每蒲式耳）由农业部长确定。农业部长应在小麦生产者可能同意参与该收成方案之前公布预计差额补贴率。

"（ⅲ）对农业经济和其他利益的不利影响。农业部长执行本分段规定时应采取能够将对各地区、州、县农业经济及其与农业相关的经济利益的不利影响降至最低的方式。执行本分段规定时，应在将根据其他价格补贴、生产调整或保护方案行动已经或将要被剥夺生产资格的总土地面积考虑在内的基础上，农业部长有权限制按本分段规定须被剥夺生产资格的总小麦面积。

然而，如果某县生产者按照《巩固农业和农村发展法》第 321 条（《美国法典》第 7 卷 1961）规定，具备就作物年度内发生的灾害获得灾害紧急贷款的资格，那么对于该县，按照本分段规定在该作物

年度内应被剥夺生产的土地面积应不受限制。

"（ⅳ）作物面积和补贴产量。根据本分段规定，获准的农场小麦面积的一部分已用于保护用途（除分段（F）中的规定外），因此，不应减少农场的小麦作物面积基数和小麦农场方案补贴产量。

"（ⅴ）限制。不同于（ⅰ）至（ⅳ）中的规定，可获得本段落规定补贴的土地面积均不得超过小麦的实际种植面积。

"（ⅵ）其他方案下用于保护用途的土地面积。为履行所有土地面积限制方案或土地改向方案的所有条款（要求生产者将特定的土地面积用于保护用途），所有根据（ⅰ）和（ⅳ）被认为是用于种植小麦的土地面积均不得再被指派为用于保护用途。

"（F）可选作物。

"（ⅰ）工业原料作物和其他作物。视农业部长可能制定的条款及条件而定，农业部长须允许将作为获得分段（E）规定的补贴的条件，将用作保护用途的土地面积的全部或任何一部分用于种植甜高粱、瓜尔豆、芝麻、蓖麻子、海甘蓝、卵叶车前子、黑小麦、黑麦、绿豆等在国内无大批量生产或者无市场，但能够用于提供目前美国需要进口或将来需要进口的工业原料的农产品，或是用于实验目的的农产品（包括洋麻和马利筋）。同时，上述事项须受以下条件限制：即农业部长只有在确定其符合下列条件的情况下方可允许该生产行为：

"（Ⅰ）该生产行为不会增加价格补贴方案的成本或对农场收入产生不利影响；

"（Ⅱ）该生产行为可提供充足的农产品，或对于在国内没有大批量生产或者无销售市场、但能够提供工业原材料的农产品；该生产行为可刺激国内的原材料制作并能够提高原材料的工业用途，从而有利于美利坚合众国工业的长期利益。

"（ⅱ）含油种子。视农业部长可能制定的条款及条件而定，农业部长须允许将其作为获得分段（E）规定的补贴的条件，将被用于保护用途的土地面积的全部或任何一部分用于种植向日葵、油菜籽、加拿大低酸油菜籽、红花、亚麻仁、芥菜籽及其他由农业部长指定的少数含油种子（不包括大豆）。在执行本条款时，农业部长应规定：作为获得分款（E）规定的补贴的条件，生产者应同意放弃根据第205条规定针对农场上产出的任一上述含油种子收成获得贷款的资格。

"（G）对灾害补贴的下调。应将某农场生产者的某季小麦收成中可获得本段落规定的补贴的小麦的总量，减去在该生产者该季收成中可获得段落（2）规定的灾害补贴的小麦量。

"（2）灾害补贴。

"（A）未播种土地。除分段（C）的规定以外，倘若农业部长确定因干旱、洪水或其他自然灾害、或超出农场生产者控制能力的其他情况，造成该生产者无法在用于种植小麦的某一部分土地上种植小麦或其他非保护性作物，则农业部长应向该生产者提供未播种土地灾害补贴，补贴金额应相当于以下两项相乘后得出的结果：

"（ⅰ）在最近一年中受影响的英亩数（包括因干旱、洪水、或其他自然灾害、或超出生产者控制能力的其他情况而造成生产者无法种植小麦或代替小麦的其他非保护性作物的全部面积，该面积不超过小麦播种面积），乘以

"（ⅱ）由农业部长规定的农场方案补贴产量的75%，再乘以

"（ⅲ）相当于该季作物的规定价格的$33\frac{1}{3}$%的补贴率。

"（B）减产。除分段（C）的规定外，倘若农业部长确定，由于干旱、洪水、或其他自然灾害、或超出生产者控制能力的其他情况，导致生产者在某个农场上收获的小麦总量低于由农业部长制定的、适用于该季作物的农场方案补贴产量的60%与该作物播种面积之积，则农业部长应就该收成低于60%的产量损失向该生产者提供减产灾害补贴，补贴率相当于该收成规定价格的50%。

"（C）收成保险。农场生产者将无资格获得：

"（ⅰ）分段（A）中规定的未播种土地灾害补贴。如果生产者可就其小麦面积获得《联邦作物保险法》（《美国法典》第7卷1501及以下）规定的未播种土地收成保险，则该生产者将丧失获得分段

（A）规定的未播种土地灾害补贴的资格；

"（ii）分段（B）中规定的减产灾害补贴。如果生产者可就其小麦面积获得上述法案规定的减产收成保险，则该生产者将丧失获得分段（B）规定的减产灾害补贴的资格。

"（D）实施。

"（i）经济紧急情况。虽然分段（C）有其他规定，然而，如果农业部长确定有下列事件发生，那么农业部长应根据本段规定向农场生产者提供灾害补贴：

"（Ⅰ）由于干旱、洪水、或其他自然灾害、或超出生产者控制能力的其他情况，致使生产者遭受了重大的产量损失，该损失可能是无法播种小麦或其他非保护性作物造成的，也可能是因减产造成；

"（Ⅱ）该损失使生产者出现经济紧急情况；

"（Ⅲ）生产者就该损失根据《联邦农作物保险法》（《美国法典》第 7 卷 1501 及以下）可获得的作物保险赔款及联邦政府提供的其他形式的援助不足以缓解其经济紧急情况；

"（Ⅳ）为缓解生产者经济紧急情况，必须向其提供额外援助。

"（ii）调整。在将生产者就相关作物可从联邦政府获得的其他形式的灾害援助考虑在内的基础上，为确保在生产者之间公正分配补贴，必要时，农业部长必须按照本段规定对应向生产者提供的补贴额进行个别调整。

"（d）补贴产量。适用于农场上每季小麦收成的农场方案补贴产量应根据标题 5 中的规定确定。

"（e）土地面积减少方案。

"（1）概述。

"（A）制定。尽管本《法案》中有其他规定，然而，倘若农业部长确定，在未实行土地面积限制方案的情况下，小麦的总供应量将会过剩（农业部长已将足以维持合理稳定的供应和价格，并满足紧急情况下全国对小麦需求的储存量考虑在内），则农业部长应对任意一季小麦收成规定一项土地面积限制方案（如段落（2）所述）。

"（B）农业资源保护方案。

按照分段（A）规定作决定时，农业部长应将列入《1985 年粮食安全法》第 12 篇子篇 D（《美国法典》第 16 卷第 16 卷 3831 及以下）规定的农业资源保护方案项下的英亩数量考虑在内。

"（C）公布。倘若农业部长选择在某一作物年度执行土地面积限制方案，则农业部长应在最晚不超过该作物收获的日历年度的上一个 6 月 1 日之前公布该法案。然而，对于 1991 年度的收成，农业部长应在本条款颁布之日起尽快公布该法案。

"（D）调整。倘若农业部长确定在首次公布分段（C）规定的土地面积限制方案后，小麦的总供应量发生了重大变化，那么农业部长必须在最晚不超过该作物收获年度前一年的 7 月 1 日之前对方案做出调整。

"（E）依从性。作为有资格就上述小麦收成获得贷款、收购及补贴的条件，除遵守条款 504（f）、（g）的规定外，农场生产者还必须遵守土地面积限制方案及（如适用）段落（5）规定的土地改向方案中的条款及条件。

"（F）适用于 1991 年收成的土地面积限制方案。对于 1991 年的小麦收成，农业部长应规定一项土地面积限制方案（如段落（2）所述），根据该土地面积限制方案，农场上的小麦播种面积应被限制为相当于将该农场的小麦作物面积基数减少 15% 之后的面积。

"（G）适用于 1992—1995 年收成的土地面积限制方案。对于 1992—1995 年的每季小麦收成，倘若农业部长根据其在某季收成的销售年度内进行预估，认为该年度期末小麦库存和该销售年度对小麦的总消耗量的比值将会：

"（i）大于 40%，则农业部长应规定一项土地面积限制方案（如段落（2）所述），根据该土地面积限制方案，农场上的小麦播种面积应被限制为相当于将该农场的小麦作物面积基数减少 10%（最少）~20%（最多）之后的面积；

"（ⅱ）小于或等于40％，则农业部长应规定一项土地面积限制方案。根据该土地面积限制方案，农场上的小麦播种面积应被限制为相当于将该农场的小麦作物面积基数减少了0％～15％之后的面积。

针对本分段，术语"总消耗量"（total disappearance）是指对小麦的总利用量，包括国内总消耗量、总出口量及总剩余消耗量。

"（2）土地面积限制方案。

"（A）减少百分比。除段落（3）的规定以外，倘若某小麦面积限制方案是根据段落（1）规定公布的，那么应通过对适用于该方案的每个小麦生产农场的小麦作物面积基数采用统一的减少百分比（0％～20％）的方式进行限制。

"（B）依从性。除分款（g）和第504条的规定以外，对于其农场上的实际小麦生产面积超出获准小麦面积的知情生产者，将剥夺其就该农场获得小麦贷款、收购及补贴的资格。

"（C）作物面积基数。适用于每季小麦收成的小麦作物面积基数将在第5篇中确定。

"（D）用于保护用途的土地面积。根据农业部长颁布的规章，农场应将其土地面积中的一部分（英亩数）用于保护用途。保护用地英亩数的具体数值应按照如下方法计算：小麦作物面积基数乘以农业部长规定的减少百分比。以此确定的英亩数在本分段下文中将被称为"减少的土地面积"，剩余土地面积将被称为"获准土地面积"。农业部长必须按照段落（3）和第504条的规定对获准土地面积进行调整。

"（E）个别农场方案土地面积。除分款（c）的其他规定以外，个别农场方案土地面积应不超过按照本段落规定指定的农场获准小麦面积的小麦播种面积。

"（F）在减少的土地面积上种植指定作物。

"（ⅰ）指定作物的定义。本分段中使用的术语'指定作物'（designated crop）是指条款504（b）（1）中定义的一种作物，不包括条款502（3）定义的任何方案作物。

"（ⅱ）概述。视条款（ⅲ）规定而定，农业部长须允许农场生产者在该农场减少的土地面积上种植某种指定作物（最多不超过减少的土地面积的一半）。

"（ⅲ）限制。倘若农场生产者决定根据本分段规定在减少的土地面积上种植某种指定作物，那么：

"（Ⅰ）该生产者本来按照分款（c）规定可获得的差额补贴金额将有所减少。每种植一英亩该指定作物的相应差额补贴减少幅度，应相当于若干英亩（具体数值视农业部长确定）该作物应得的差额补贴数。然而，若农场生产者正参与一项包含了一种以上方案作物的方案，则应根据该农场上种植或被认为种植所有此类方案作物的面积来按比例分配补贴减少量；

"（Ⅱ）农业部长应确保按照分款（Ⅰ）规定确定的差额补贴减少量足以保证本分段规定不会给商品信贷公司造成额外的成本负担。

"（3）定向选项补贴。

"（A）概述。尽管本条款中有其他规定，然而，倘若农业部长对1991—1995年任意一季小麦收成，执行土地面积限制方案，那么农业部长可向未能获得分款（c）（1）（E）规定补贴的生产者提供调整补贴，调整数额相当于若该生产者行使本段规定的补贴选项即可获得的差额补贴。

"（B）补贴选项。倘若农业部长决定执行本段落，那么对于同意按照本段落规定制定的土地面积限制方案对改向小麦面积英亩数做出调整的生产者，农业部长应向其提供按照分段（C）和分段（D）规定、适用于此类生产者的补贴选项。

"（C）增加的土地面积限制选项。

"（ⅰ）规定价格的增长。如果农业部长决定执行本段落，那么同意将适用于其小麦面积基数的土地面积限制百分比增加至农业部长宣布的土地面积限制百分比以上水平的生产者，将有资格获得条款（ⅱ）规定的提高小麦规定价格的待遇。

"（ⅱ）计算方法。为计算适用于参加本段落规定方案的生产者的差额补贴，农业部长应提高小麦的规定价格，提升幅度由农业部长确定，但不得超出如下范围，即应用于该类生产者小麦面积基数的土地面积限制百分比每提高1个百分点，小麦规定价格的提升幅度不得低于0.5％或高于1％。

"（ⅲ）限制。对于 1991 年的小麦收成和 1992—1995 年的每季小麦收成，应用于生产者的小麦面 g 积基数的土地面积限制百分比分别不得超过农业部长宣布的适用于该收成的土地面积限制百分比的 10 个百分点和 15 个百分点，或总数不得超过适用于该收成的 25％。

"（D）减少的土地面积限制选项。

"（ⅰ）降低土地面积限制要求。倘若农业部长决定执行本段落，那么如果生产者同意以计算适用 于该生产者的差额补贴为目的，根据条款（ⅱ）规定减少小麦规定价格，那么该类生产者应有资格减少 由农业部长宣布的、适用于其小麦面积基数的土地面积限制百分比。

"（ⅱ）计算方法。为了计算适用于选择了本分段所述选项的生产者的差额补贴，农业部长应降低 小麦的规定价格，降低幅度由农业部长确定，但不得超出如下范围，即应用于该生产者小麦面积基数的 土地面积限制百分比每降低 1 个百分点，小麦规定价格的降低幅度不得低于 0.5％或高于 1％。

"（ⅲ）限制。根据本段规定，生产者决定对适用于其小麦面积基数的土地面积限制百分比的降低 幅度不超过公布的土地面积限制百分比的一半。

"（E）对参与和产量的影响。尽管本段落有其他规定，然而，农业部长应在切实可行范围内保证本 段落规定的方案不会对方案参与或总产量产生重大影响，且农业部长应确定执行该方案不会产生额外的 预算开支。农业部长应对其决议做出分析，并将分析结果递交众议院农业委员会及参议院农业、营养、 林业委员会。

"（4）实施。

"（A）杂草及侵蚀防护。段落（2）中农业部长应在针对用于保护用途的土地面积颁布的规章中， 确保对杂草、风力及水力侵蚀的防护。

"（B）一年生或多年生覆盖作物。

"（ⅰ）概述。除段落（2）的规定以外，参加本分款规定的、适用于某季小麦收成的土地面积减少 方案的生产者，须按要求种植一种一年生或多年生覆盖作物。种植面积为小麦面积中被要求剥夺小麦生 产资格的面积的 50％（或更多，具体由生产者选择），但最多不得超过适用于该收成的作物面积基数的 5％（或者更多，具体由生产者选择）。本规定不适用于干旱地区（包括夏季休耕地区），具体由农业部 长确定。

"（ⅱ）多年度方案。

"（Ⅰ）成本分担援助。倘若某生产者决定在其土地面积上种植一种能够改善水质或野生动植物栖 息地环境的常年生覆盖作物，那么商品信贷公司将向该生产者提供成本分担援助。援助金额为在不超过 小麦面积中被要求剥夺生产资格的面积的 50％的土地上（最多不得超过适用于该季收成的作物面积基 数的 5％或更多，由生产者选择），种植该覆盖作物的获准成本费用的 25％。

"（Ⅱ）生产者协定。若某生产者决定根据本分段规定种植一种常年生覆盖作物，并且就该作物接 受由商品信贷公司提供的成本分担援助，那么该生产者应在接受农业部长规定的条款和条件、并根据 《1985 年粮食安全法》第 12 篇子篇 G 成立的州技术委员会所规定的指导方针考虑在内的前提下，同意 保持至少在 3 年内种植该常年生覆盖作物。

"（ⅲ）保护性作物。视农业部长规定的条款和条件而定，农业部长须允许全部或部分土地用于种 植甜高粱、瓜尔豆、芝麻、蓖麻子、海甘蓝、卵叶车前子、黑小麦、黑麦、绿豆、马利筋或其他农产 品，前提是农业部长确定此类作物的生产对提供充足的农产品是必要的，且不会增加价格补贴方案的成 本，也不会对农场收入造成不利影响。

"（C）割干草和放牧。

"（ⅰ）概述。除条款（ⅱ）的规定外，对于减少的土地面积、分款（c）（1）（E）规定的用于保护 用途的土地面积及根据本条款土地改向方案的规定从作物生产土地中改向出来的土地面积，应允许将其 用于割干草和放牧活动。根据《土壤保持和国内分配法》条款 8（b）（《美国法典》第 16 卷 590h（b）） 成立的州委员会所规定的 5 个月连续时期除外。5 个月连续时期应始于一年当中的 4 月 1 日，于当年 10

月 31 日结束。

"（ii）自然灾害。倘若发生自然灾害，农业部长须允许在该类土地面积上进行的割干草和放牧活动不受限制。农业部长在行使本条款的权力时，不应排除未种植苜蓿的已灌溉或可灌溉土地。

"（D）蓄水用途。

"（i）概述。农业部长在段落（2）中按要求针对用于保护用途的土地面积发布规章规定：若已被改向用于蓄水用途的土地在最近 5 年中至少有 3 年时间用于种植小麦、饲料谷物、棉花、水稻或含油种子的，则该土地应被视为已用于保护用途。该土地被视为用于保护用途的年限为其用于蓄水用途的年限，但最多不得超过其改向成为蓄水用途土地后的 5 年。

"（ii）限制。针对本分段，转向用于蓄水用途的土地不得用于其他商业用途，包括商业鱼类生产。但该土地储存的蓄水不必是地下水。该土地所在农场，在最近 5 个作物年度内必须至少有一个作物年度是使用地下水进行灌溉的。

"（E）夏季休耕。针对根据夏季休耕条例（由农业部长规定）已经耕种的土地，在确定其为根据土地面积限制方案应用于保护用途的土地面积时，农业部长应将土壤侵蚀及其认为应该考虑的其他诸如此类的影响因素考虑在内。

"（5）土地改向补贴。

"（A）概述。倘若农业部长确定，土地转向补贴对于协助将全国总小麦面积调整至需求目标十分必要，则无论是否存在有效的土地面积限制方案，农业部长都应向小麦生产者提供土地改向补贴。

在农业部长规定的范围内，有资格获得土地转向补贴的生产者是指根据其与农业部长签订的土地改向合约，将其农场的一块耕地专门用于许可的保护用途的生产者。

"（B）补贴额。根据土地转向合约应支付给生产者的补贴额应通过由生产者按照农业部长可能规定的方式或农业部长认为合适的其他方式递交的合约投标来确定。农业部长在考虑合约要约是否可接受时，应将该生产者将要开展的土地改向的范围及被改向土地的生产力考虑在内。

"（C）对改向土地面积的限制。农业部长应对所有县级或地方社区级别协议中规定的总改向土地面积进行限制，以防对县经济或地方社区经济造成不利影响。

"（6）保护条例。

"（A）野生动物食物地块或栖息地。根据农业部长和野生动物机构经协商所规定的标准，减少的土地面积及额外的改向土地面积可能被用于野生动物食物地块或野生动物栖息地。对于以执行本分段规定为目的而制定的条例产生的成本费用，农业部长应给予合理分担。

"（B）水土保护条例。对于生产者就按要求用作保护用途的土地面积或额外的改向土地面积制定的水土保护条例产生（包括有效期为若干年的条例）的成本费用，农业部长也应给予合理分担。

"（C）公众可及性。如果生产者准许公众进入其整个或部分（具体比例由农业部长规定）农场进行狩猎、诱捕、垂钓、徒步旅行等活动（视相关州及联邦规章而定），且不要求其他补偿，那么，农业部长必须就该土地面积向生产者提供额外补贴，补贴额由农业部长根据公众受益程度来确定。

"（7）参与协议。

"（A）概述。意欲参与按本分款规定执行的方案的农场生产者，必须与农业部长签署一份协议。该协议规定生产者应于最晚不超过农业部长规定的期限之前参与该方案。

"（B）修改或终止。若因干旱或其他灾害引发紧急情况或为防止或缓解农产品供应短缺问题，农业部长确定必须修改或终止上述协议，那么，在农业部长和农场生产者双方达成一致的情况下，农业部长可修改或终止上述协议。只有在确定自农业部长已公布适用于该季小麦收成的方案的最终条款和条件之后，预估农产品存储量已发生重大变化的情况下，农业部长方可按照本分段规定修改协议，以缓解农产品供应紧缺问题。

"（8）特殊燕麦种植。倘若农业部长在某一作物年度内确定国内燕麦预计产量将无法满足国内对燕麦的预计需求量，那么虽然本分款之前有其他规定，农业部长必须：

"（A）规定任何减少的土地面积均可种植燕麦；

"（B）根据条款 105B 中的燕麦年度方案，就按照本段落规定用于种植燕麦的土地面积向生产者提供方案补助（包括贷款、收购以及补贴）；及

"（C）除按照分段（B）规定，即按照本段落规定针对用于种植燕麦的土地面积向生产者提供的方案补助之外，不得再提供其他方案补助。

"（f）库存减少补贴。

"（1）概述。农业部长应就 1991—1995 年每季小麦收成向符合本分款条件的生产者提供应支付补贴。

"（2）形式。补贴可以销售证书的形式落实。

"（3）补贴。本分款规定的补贴数额应按照与分款（b）相同的方式确定。

"（4）资格。如果某生产者符合下列条件，则该生产者将具备资格就某季收成获得本分款规定的补贴：

"（A）同意放弃取得分款（a）规定的贷款或收购协议；

"（B）同意放弃接受分款（c）规定的补贴；

"（C）小麦播种面积不超过作物面积基数减去根据分款（e）规定按要求用于改向的土地面积的一半之后剩余的土地面积；

"（D）符合本条款的其他要求。

"（g）试验性自愿生产限制方案。

"（1）概述。对 1992 年或 1993 年的收成有效（根据农业部长的决定，对 1994 年和 1995 年的收成也可有效），倘若根据分款（d）规定宣布一项针对此类收成的小麦面积限制方案或土地改向方案，农业部长必须在至少 2 个州的至少 15 个县内开展一项试验性方案（当地生产者有兴趣参与该方案）。根据该试验性方案，若农场生产者符合本分款规定的自愿生产限制方案的条件，则该生产者将被视为已满足上述土地面积限制方案或土地改向方案的要求。

"（2）对销售的限制。为遵守自愿生产限制方案规定，农场生产者必须同意在一个销售年度内对小麦的销售、交换、捐赠或使用量（包括用作牲畜饲料）不得超过在该销售年度内对该农场规定的小麦生产限制量。

"（3）生产限制量。针对本分款，某销售年度内对某农场规定的某作物生产限制量应相当于将以下两项相乘后得出的结果：

"（A）根据针对该农场该作物有效的土地面积减少方案或土地改向方案，允许种植小麦的土地面积；乘以

"（B）下列较高一项：

"（ⅰ）适用于该农场的农场方案补贴产量；

"（ⅱ）生产者在首次参加本分款规定方案的作物年度的最近 5 个作物年度内，每年每英亩的平均小麦产量，不包括每英亩产量最高和最低的作物年度及农场上未种植该农产品的作物年度。

"（4）条款及条件。选择就某季小麦收成参与本分款规定方案的农场生产者：

"（A）应与农业部长签订协议。该协议规定生产者应遵守针对该季收成的方案规定；

"（B）对方案农产品的播种量不得超过适用于该农场的作物种植面积基数的总数；

"（C）即使农场上已种植小麦的土地面积超出了土地面积减少方案或土地改向方案中允许的面积，该生产者也将被视为已经符合适用于该收成的小麦面积减少方案或土地改向方案中的条款与条件。

"（5）超额生产。

"（A）概述。对于某农场在某一作物年度内生产的、超出适用于该农场的生产限制量的小麦量，可由生产者存储，存储期限为不超过 5 个销售年度，且只能根据本段落规定使用该小麦量。

"（B）下一年的销售。

"（i）参与方案。参与本分款规定方案的农产生产者可销售、交换或使用分段（A）中提及的过剩小麦的一部分，具体数量相当于适用于该农场在生产该过剩小麦的作物年度的下一作物年度的生产限制量减去该农场在该作物年度实际生产的小麦量后的数量。

"（ii）土地面积减少方案的参与者。就某季小麦收成正参与一项土地面积减少方案或土地改向方案的农场生产者可销售、交换或使用分段（A）中提及的过剩小麦的一部分。具体数量相当于预计的、生产者在某一作物年度同意用于获准保护用途的土地面积（超出任何土地面积减少或土地改向要求）原本可以生产的小麦量，具体由农业部长确定。

"（6）农业部长职责。执行本分款规定的试验性方案时，农业部长：

"（A）应发布必要规章，以执行该方案；

"（B）对于拥有过剩小麦产量的生产者，须要求其加大土地面积减少力度或提高土地改向要求，以促使生产者在随后几年中销售、交换或使用该产量；

"（C）应采取妥善措施（包括处以罚金）防止出现规避本分款规定方案的现象；

"（D）对于就某季收成参与此方案但未能遵守方案规定条款和条件的生产者，可要求其退还就该收成获取的全部或一部分差额补贴。

"（E）可要求商品信贷公司没收超过生产限制量，且在5个销售年度内未能销售、交换或使用完的所有小麦。

"（F）若农业部长在确定某农场小麦的农场方案补贴产量时，决定提高补贴产量（参照实际生产水平），那么，农业部长应保证公正对待每个参加试验性方案的生产者。

"（7）报告。

"（A）概述。美国联邦政府审计长应准备一份用于评估根据本分款规定执行的试验性方案的报告。

"（B）提交。审计长应将分段（A）要求的报告复本提交众议院农业委员会、参议院农业、营养、林业委员会，以及农业部长。

"（h）公平救济。

"（1）贷款、收购、补贴。对因某生产者未能完全遵守按照本条款规定开展的方案的条款及条件，从而造成该生产者获取贷款、收购及补贴遇到障碍的，农业部长应根据该生产者失误的严重程度公平确定应给予该生产者的贷款、收购、补贴额度。在确定是否根据本段落规定批准公平救济时，农业部长应考虑该生产者是否以诚信为本为完全遵守该方案的条款及条件而做出合理努力。

"（2）最后期限和方案要求。农业部长须授权根据《土壤保持和国内分配法》条款8（b）（《美国法典》第16卷590h（b））规定成立的县、州委员会放弃或修改最后期限及其他方案要求。前提是延迟行为或不符合此类要求的行为未对方案运作产生不利影响。

"（i）规章。为执行本条款，农业部长须颁布其认为必要的规章。

"（j）商品信贷公司。农业部长应通过商品信贷公司执行本条款授权的方案。

"（k）对补贴的分配。《土壤保持和国内分配法》条款8（g）（《美国法典》第16卷590h（g））中的条款（关于补贴分配事宜）将被应用于本条款规定的补贴项下。

"（l）分享补贴。农业部长须规定，本条款规定的补贴应在公平、公正的基础上在农场生产者之间分配。

"（m）佃户和佃农。农业部长应为保护佃农和佃户的利益提供充足保障。

"（n）交叉依从性。

"（1）概述。遵守任何其他农产品方案的条款及条件，或遵守与任何其他农产品有关的作物面积基数要求，可不被视为某农场获得本条款规定的贷款、收购或补贴资格的条件。

"（2）其他农场的依从性。对于同时经营多个农场的生产者，农业部长可不必要求该生产者将其他农场对该小麦方案的条款及条件的依从性作为获得本条款规定的贷款、收购或补贴资格的条件。

"（o）对小麦方案的公众评论。

"（1）概述。为确保小麦生产者和消费者均享有合理的评论机会，即享有对与 1992 年每季小麦收成及随后的小麦收成相关的价格补贴和土地面积减少方案的年度方案决议进行评论的机会，农业部长应根据本分款规定，征求与小麦方案相关的公众意见。

"（2）选项。在最晚不得超过本条款中规定的适用于某季小麦收成的方案公布之前的 60 天内，农业部长应就多个与该小麦收成相关的方案选项征求公众意见。

"（3）分析。农业部长提议的每个选项都应随附一份分析报告，包括预估的播种面积、产量、国内和出口使用量、期末库存、季节平均生产者价格、方案参与率及联邦政府就每个选项可能花费的成本费用。

"（4）预估。公布本条款规定的、适用于某季小麦收成的方案时，农业部长应同时提供一份预估报告，包括对播种面积、产量、国内和出口使用量、期末库存、季节平均生产者价格、方案参与率及联邦政府就该方案可能花费的成本费用的预估。

"（p）适用于 1990 年播种的小麦的特殊条款。对于 1990 年播种、于 1991 年收获的小麦收成的生产者有效。倘若此类生产者正在参与本条款中指定的适用于 1991 年小麦收成的生产调整方案，则此类生产者可选择参与经过下列修改的该方案：

"（1）差额补贴。给予生产者的差额补贴应相当于该小麦收成的规定价格减去下列较高一项后所得数额：

"（A）下列较低一项。

"（ⅰ）生产者在该收成的销售年度内收取的全国加权平均市场价格，具体由农业部长确定；

"（ⅱ）生产者在该收成的销售年度内的前 5 个月取得的全国加权平均市场价格（具体由农业部长确定）的基础上，每蒲式耳加 10 美分；

"（B）在按照分款（a）（3）对该销售年度小麦收成作出调整之前确定的适用于该季收成的贷款数额。

"（2）补贴英亩数。生产者的补贴英亩数应以下列较低一项为准：

"（A）不超过获准土地面积的、用于播种该收成的英亩数；

"（B）该收成在农场上的作物面积基数的 100％减去减少的土地面积（根据分款（e）（2）（D）确定）。

"（q）收成。尽管法律有其他规定，本条款只对 1991—1995 年的小麦收成有效。"

第 302 条　证书要求的非适用性。

1991 年 6 月 1 日至 1996 年 5 月 31 日期间，《1938 年农业调整法》的第 379d 至 379j 条（《美国法典》第 7 卷 1379d 至 1379j）（关于对加工者和出口商的销售证书要求）将不适用于小麦加工者或小麦出口商。

第 303 条　暂时取消土地使用、小麦市场配置及生产者证书条款。

《1938 年农业调整法》的第 331 至 339 条，以及第 379b 和 379c 条（《美国法典》第 7 篇 1331 至 1339，1379b 和 1379c）将不适用于 1991—1995 年的小麦收成。

第 304 条　暂时取消某些限额条款。

于 1941 年 5 月 26 日批准、名为"《1938 年农业调整法》下的一项关于玉米和小麦的销售限额的联合决议，修订版"（《美国法典》第 7 篇 1330 和 1340）的联合决议将不适用于 1991—1995 年播种的小麦收成。

第 305 条　《1949 年农业法》第 107 条对 1991—1995 年小麦收成的非适用性。

《1949 年农业法》第 107 条（《美国法典》第 7 篇 1445a）将不适用于 1991—1995 年的小麦收成。

第 4 篇　饲料谷物

第 401 条　与 1991—1995 年饲料谷物收成相关的贷款、补贴及土地面积减少方案。

《1949 年农业法》修订内容如下：

(1) 撤销条款 105A 和条款 105B（《美国法典》第 7 篇 1444c 和 1444d）；

(2) 将条款 105C（《美国法典》第 7 卷 1444e）重新编号为条款 105A；

(3) 在条款 105A（重新编号后）后添加下列新条款：

"第 105B 条　与 1991—1995 年饲料谷物收成相关的贷款、补贴及土地面积减少方案。

"（a）贷款和收购。

"（1）概述。除本分款的其他规定以外，农业部长应就 1991—1995 年农场上生产的每一季玉米收成向农场生产者提供贷款及收购援助。援助程度以下列因素为标准：根据农业部长判断，在将玉米生产成本、供求状况及玉米世界市场价格考虑在内的情况下，其提供的贷款及收购援助能够刺激饲料谷物出口并且不会造成饲料谷物总库存过剩。

"（2）最低贷款和收购水平。除（3）和（4）的规定外，根据（1）规定确定的贷款和收购数额应不低于生产者在其最近 5 次玉米收成的销售年度内取得的简单平均价格（由农业部长确定）的 85％，不包括期间平均价格最高的一年和平均价格最低的一年。然而，如果适用于上一季收成的贷款和收购水平减去根据本项规定确定的下一季收成贷款和收购水平之差不超过 5％，则本项开头所作规定不适用。

"（3）对支持水平的调整。

（A）库存与使用量的比率。若农业部长根据其对任一销售年度的预估，认为期末玉米库存与该销售年度使用的玉米总量的比率：

"（i）大于等于 25％，则农业部长须下调相应一季玉米收成的贷款和收购水平，下调幅度为每年最高不超过 10％；

"（ii）大于等于 12.5％但小于 25％，则农业部长须下调对相应一季玉米收成的贷款和收购数量，下调幅度为每年最高不超过 5％；

"（iii）小于 12.5％，则农业部长须不下调相应一季玉米收成的贷款和收购数量。

"（B）向国会报告。

"（i）概述。如果农业部长按照（A）规定调整了玉米贷款数额和收购数量，则农业部长应将就调整事宜向众议院农业委员会和参议院农业、营养、林业委员会递交报告。

"（Ⅰ）该报告用于证明为防止库存积压并维持市场份额而采取调整的必要性；

"（Ⅱ）报告中应包含需要执行该调整原委的描述。

"（ii）调整生效日期。调整的生效日期须不迟于农业部长向国会递交报告后的 60 日内。1991 年的饲料谷物收成除外，对于该年度饲料谷物收成贷款额度和收购数量的调整，须在部长向国会递交报告的当日生效。

"（C）竞争地位。尽管（A）有其他规定，然而，倘若农业部长在某季收成的销售年度开始之前的 60 天内确定，已确定生效的针对该季收成的贷款利率将无法维持玉米在市场上的竞争地位，那么农业部长应在根据（A）所作的下调的基础上，进一步下调该销售年度的玉米贷款和收购水平，下调幅度为每年不超过 10％。

"（D）对未来年度无影响。本段落规定的对玉米贷款额度和收购数量的下调不被视为用于确定未来年度的玉米贷款额度和收购数量。

"（E）最低贷款利率。尽管分段（A）有其他规定，除非玉米的贷款利率会超过 5 年平均市场定价的 80％，否则该贷款利率不得低于每蒲式耳 1.76 美元。

"（4）销售贷款条款。

"（A）概述。农业部长须允许生产者按照下列较低一项的水平（除分段（C）的规定以外）偿还根据本分款规定所做的一季收成贷款：

"（ⅰ）确定的适用于该季收成的贷款额度；

"（ⅱ）下列较高的一项：

"（Ⅰ）该贷款额度的 70%；

"（Ⅱ）若该季收成的贷款额度按照段落（3）的规定有所下调，在下调之前有效的贷款额度的 70%；

"（ⅲ）由农业部长确定的饲料谷物在世界市场的现行价格（根据美利坚合众国的质量和产地作出调整）。

"（B）现行世界市场价格。倘如农业部长允许生产者按照分段（A）规定偿还贷款，则农业部长应通过规章作出如下规定：

"（ⅰ）指定一项公式，该公式用于确定饲料谷物在世界市场的现行价格（根据美利坚合众国的质量和产地作出调整）；

"（ⅱ）确定一项机制。通过该机制，农业部长须定期公布饲料谷物在世界市场的通行价格。

"（C）可选择还款率。对于 1991—1995 年饲料谷物收成中的任何一季收成，倘若由农业部长确定的饲料谷物在世界市场的通行价格（根据美利坚合众国的质量和产地做出调整）低于适用于该季收成的贷款额度，则农业部长须允许生产者按照符合下列条件的额度（不得高于确定的针对该季收成的贷款额度）偿还按照本分段规定所作的收成贷款：

"（ⅰ）须将可能发生的贷款罚金降至最低；

"（ⅱ）须将联邦政府的饲料谷物库存积压量降至最低；

"（ⅲ）须将联邦政府为存储饲料谷物而承担的成本费用降至最低；

"（ⅳ）可使在美利坚合众国内生产的饲料谷物在国内和国际市场上自由销售。

"（5）简单平均价格。针对本条款，生产者于上一销售年度获得的简单平均价格应以农业部长在作出确定之际所能获得的最新信息为依据。

"（6）其他饲料谷物。农业部长应分别就 1991—1995 年农场上生产的每季高粱、大麦、燕麦和黑麦收成向生产者提供贷款和收购援助。援助程度以下列因素为标准：根据判断，在将该农产品相对于玉米的饲用价值及条款 401（b）中指定的其他因素考虑在内的情况下，农业部长向其他饲料谷物生产者提供的贷款数额及收购数量相对于玉米的贷款额度和收购数量而言是公平、合理的。

"（b）贷款差额补贴。

"（1）概述。对于 1991—1995 年的每季饲料谷物收成，如本来具备资格获得分款（a）规定的贷款或收购协议的生产者同意为获得本分款规定的补贴而放弃获得该贷款或收购协议的资格，那么农业部长须向此类生产者支付相应补贴（在本条款下文中称为"贷款差额补贴"）。

"（2）计算。本分款规定的补贴应按照下列方法计算：

"（A）贷款补贴率，乘以

"（B）生产者有资格获得贷款或一份收购协议（但为获得本分款中规定的补贴，生产者同意放弃获得该贷款或收购协议的资格）中的饲料谷物量。

"（3）贷款补贴率。针对本分款，贷款补贴率应取下列两项之差：

"（A）根据分款（a）确定的适用于该季作物的贷款数额；减去

"（B）分款（a）规定的还款数额。

"（c）补贴。

"（1）差额补贴。

"（A）概述。农业部长应就 1991—1995 年的每季玉米、高粱、燕麦及大麦收成向生产者提供补贴

（在本条款下文中称为"差额补贴"），补贴金额按照下列方法计算：

"（ⅰ）补贴率，乘以

"（ⅱ）可获得补贴的收成英亩数，再乘以

"（ⅲ）已确定的适用于该农场该季收成的农场方案补贴产量。

"（B）补贴率。

"（ⅰ）适用于1991—1993年收成的补贴率。

适用于1991—1993年每季玉米、高粱、燕麦及大麦收成的补贴率应为该季各饲料谷物收成的规定价格与下列较高一项之差：

"（Ⅰ）由农业部长确定的，生产者在该季收成销售年度的前5个月内获得的全国加权平均市场价格；

"（Ⅱ）在按照分款（a）（3）对该销售年度收成作出调整之前确定的适用于该季收成的贷款数额。

"（ⅱ）适用于1994年和1995年收成的补贴率。适用于1994年和1995年每季玉米、高粱、燕麦及大麦收成的补贴率应根据条款（ⅰ）的规定确定。

"（ⅲ）最低规定价格。

"（Ⅰ）玉米。对于1991—1995年的任意一季玉米收成，玉米规定价格都不得低于每蒲式耳2.75美元。

"（Ⅱ）燕麦。对燕麦规定价格的确定应满足：根据农业部长的判断，确定的燕麦规定价格相对于玉米规定价格来讲是公平、合理的，且最低不得低于每蒲式耳1.45美元。

"（Ⅲ）高粱。对于1991—1995年的任意一季高粱收成，高粱规定价格都不得低于每蒲式耳2.61美元。

"（Ⅳ）大麦。

"（aa）概述。对大麦规定价格的确定应满足：在将大麦的各种饲用和食用用途考虑在内的情况下，根据农业部长判断，确定的大麦规定价格相对于玉米规定价格而言是公平、合理的，且最低不得低于玉米规定价格的85.8%。

"（bb）大麦计算。为确定根据条款（ⅰ）（Ⅰ）和分段（D）（ⅱ）规定大麦应获得的补贴率，农业部长将使用生产者就之前出售的、主要用于食用目的的大麦而获得的全国加权平均市场价格。

"（cc）预付补贴。对于1991年的大麦收成，为确定根据第114条是否应向大麦生产者提供预付差额补贴，农业部长应采用生产者就所有大麦收取的全国加权平均市场价格（由农业部长确定）。

"（dd）公正。不管采取何种计算方法或预付差额补贴的金额大小，执行本分款时，农业部长应向1991年大麦收成的生产者提供按照条款（bb）计算得出的总补贴金额。

"（C）补贴英亩数。对每季收成的补贴英亩数应以下列较低的一项为准：

（ⅰ）允许范围内的作物的种植英亩数；或者

"（ⅱ）适用于该农场该季收成的作物土地面积基地的100%与减少的土地面积（按照款（e）（2）（D）规定）之差。

"（D）紧急补偿。

"（ⅰ）概述。尽管本条款有前述规定，然而，倘若农业部长按照分款（a）（3）规定调整饲料谷物贷款额度和收购数量，则农业部长应以增加饲料谷物的差额补贴额的方式提供紧急补偿，具体增加幅度为：根据农业部长判断，该增加幅度须使生产者获得与未对贷款额度和收购数额作出调整之前相等的总收益。

"（ⅱ）计算。确定本分段规定的饲料谷物收成紧急补偿补贴的补贴率（每蒲式耳）时，农业部长应采用生产者在该季饲料谷物收成的销售年度内获得的全国加权平均市场价格（每蒲式耳，具体由农业部长确定）。

"（E）0/92方案。

"（ⅰ）概述。倘若（e）（2）下的土地面积限制方案对某季饲料谷物收成生效，同时农场生产者将可获最高饲料谷物补贴的农场面积的一部分（按照分段（C）（ⅱ）规定计算，且计算结果高于农场上收获该季收成饲料谷物面积的 8％）用于保护用途（分段（F）的规定除外）。

"（Ⅰ）可获最高补贴面积中用于保护用途、且高于农场饲料谷物面积 8％的部分（除分段（F）的规定以外）应被认为是用于种植饲料谷物的面积，以此确定根据分款（e）（2）（D）规定农场中应用于保护用途的土地面积；

"（Ⅱ）生产者有权就此类土地面积获得本分段规定的补贴。

"（ⅱ）差额补贴。尽管本条款中有其他规定，然而，根据本分段规定，除非农业部长确定无法将补贴率规定为低于该季收成的预计差额补贴率的水平，否则任何一个将其农场中一部分可获最高饲料谷物补贴面积用于保护用途（或分段（F）中规定的其他用途）的生产者，均可就这部分土地中被认为是用于种植饲料谷物并根据本分段规定拥有获得补贴的土地面积获得差额补贴资格，补贴率（每蒲式耳）由农业部长确定。农业部长应在饲料谷物生产者可能同意参与该收成方案之前公布预计差额补贴率。

"（ⅲ）对农业经济和其他利益的不利影响。农业部长应采取能够将对各地区、州、县农业经济以及其他与农业相关的经济利益的不利影响降至最低的方式执行本分段规定。执行本分段规定时，在根据其他价格补贴、生产调整、或保护方案行动已经或将要被剥夺生产的总土地面积考虑在内的基础上，农业部长有权限制按本分段规定可能被剥夺生产的总饲料谷物面积。

然而，如果某县生产者按照《巩固农业和农村发展法》第 321 条（《美国法典》第 7 卷 1961）规定，具备就作物年度内发生的灾害获取灾害紧急贷款的资格，那么对于该县，按照本分段规定在该作物年度内应被剥夺生产的土地面积应不受限制。

"（ⅳ）作物面积和补贴产量。根据本分段规定，获准种植饲料谷物的农场面积的一部分已用于保护用途（除分段（F）的规定以外），因此，农场的饲料谷物作物面积基数和饲料谷物农场方案补贴产量不应予以减少。

"（ⅴ）限制。不同于条款（ⅰ）至（ⅳ）的规定，可获得本段落规定的补贴的土地面积均不得超过饲料谷物的实际种植面积。

"（ⅵ）其他方案下用于保护用途的土地面积。为履行所有土地面积限制方案或土地改向方案的所有条款（要求生产者将特定的土地面积用于保护用途），所有根据条款（ⅰ）和条款（ⅳ）被认为是用于种植小麦的土地面积均不得再被指派为用于保护用途的面积。

"（F）可选作物。

"（ⅰ）工业原料作物和其他作物。视农业部长可能制定的条款及条件而定，农业部长须允许将作为获得分段（E）规定补贴的条件，被用作保护用途的全部或任何一部分土地面积用于种植甜高粱、瓜尔豆、芝麻、蓖麻子、海甘蓝、卵叶车前子、黑小麦、黑麦、绿豆等在国内无大批量生产或无市场但能够用作目前美国需要进口或将来需要进口的农产品，或是用于实验目的的农产品（包括洋麻和马利筋）。同时，上述事项需受以下限制，即农业部长只有在确定其符合下列条件的情况下方可允许该生产行为：

"（Ⅰ）该生产行为不会增加价格补贴方案的成本或对农场收入产生不利影响；

"（Ⅱ）该生产行为可提供充足的农产品，或对于在国内无大批量生产或者没有销售市场但能够提供工业原材料的农产品，该生产行为可刺激国内原材料的制作并能够提高原材料工业用途，从而有利于美利坚合众国工业的长期利益。

"（ⅱ）含油种子。视农业部长可能制定的条款及条件而定，农业部长须允许将作为获得（E）规定的补贴的条件，需被用作保护用途的全部或任何一部分土地面积用以种植向日葵、油菜籽加拿大低酸油菜籽、红花、亚麻仁、芥菜籽以及其他由农业部长指定的少数含油种子（不包括大豆）。执行本条款时，农业部长应作出规定：作为获得分款（E）规定的补贴的条件，生产者应同意放弃根据第 205 条规定可就农场上产出的任一上述含油种子收成获得贷款的资格。

"（G）对灾害补贴的下调。应将在某农场生产者的某季饲料谷物收成中可获得本段落中规定的补贴的饲料谷物的总量，减去在该生产者该季收成中可获得（2）规定的灾害补贴的饲料谷物量。

"（2）灾害补贴。

"（A）未播种地。除分段（C）的规定以外，若农业部长确定因干旱、洪水、或其他自然灾害、或超出农场生产者控制能力的其他情况造成该生产者无法在用于种植饲料谷物的某一部分土地上种植饲料谷物或其他非保护性作物，则农业部长应向该生产者提供未播种土地灾害补贴，补贴金额应相当于将以下两项相乘后得出的结果：

"（ⅰ）在最近一年中受影响的英亩数（包括因干旱、洪水、或其他自然灾害、或超出生产者控制能力的其他情况而造成生产者无法种植饲料谷物或代替饲料谷物的其他非保护性作物的所有面积，该面积不超过饲料谷物播种面积），乘以

"（ⅱ）由农业部长规定的农场方案补贴产量的75％，再乘以

"（ⅲ）相当于该季作物规定价格的33⅓％的补贴率。

"（B）减产。除分段（C）的规定以外，倘若农业部长确定，因干旱、洪水、或其他自然灾害、或其他超出生产者控制能力的其他情况，致使生产者在某个农场上收获的饲料谷物总量少于由农业部长制定的、适用于该季作物的农场方案补贴产量的60％与该作物播种面积之积，则农业部长应就该收成低于60％的产量损失向该生产者提供减产灾害补贴，补贴率为相当于该收成规定价格的50％。

"（C）收成保险。农场生产者将无资格获得：

"（ⅰ）分段（A）规定的未播种土地灾害补贴。若生产者可就其饲料谷物土地面积获得《联邦农作物保险法》（《美国法典》第7卷1501及以下）规定的未播种收成保险，则该生产者将无资格获得分段（A）规定的未播种土地灾害补贴；

"（ⅱ）分段（B）规定的减产灾害补贴。若生产者可就其饲料谷物土地面积获得上述法案规定的减产收成保险，则该生产者将无资格获得分段（B）规定的减产灾害补贴。

"（D）实施。

"（ⅰ）经济紧急情况。虽然分段（C）有其他规定，然而，若农业部长确定有下列事件发生，那么农业部长应根据本段规定向农场生产者提供灾害补贴。

"（Ⅰ）因干旱、洪水、或其他自然灾害、或其他超出生产者控制能力的情况，致使生产者遭受重大的产量损失，该损失可能是无法播种饲料谷物或其他非保护性作物造成的，也可能是减产造成的损失；

"（Ⅱ）该损失致使生产者出现经济紧急情况；

"（Ⅲ）生产者就该损失根据《联邦农作物保险法》（《美国法典》第7卷1501及以下）可获得的作物保险赔款以及联邦政府提供的其他形式的援助不足以缓解其经济紧急情况；以及

"（Ⅳ）为缓解生产者经济紧急情况，必须向其提供额外援助。

"（ⅱ）调整。在将生产者就相关作物可从联邦政府获得的其他形式的灾害援助考虑在内的基础上，为确保在生产者之间公正分配补贴，如有必要，农业部长须对按本段规定应向生产者提供的补贴额进行个别调整。

"（d）补贴产量。适用于农场上每季饲料谷物收成的农场方案补贴产量应根据第5篇中的规定确定。

"（e）土地面积减少方案。

"（1）概述。

"（A）制定。尽管本法案中有其他规定，然而，倘若农业部长确定在没有实行土地面积限制方案的情况下，玉米、高粱、大麦或燕麦的总供应量将会过剩（已将足以维持合理稳定的供应和价格并满足紧急情况下全国对此类作物的需求的储存量考虑在内），则农业部长应对任意一季玉米、高粱、大麦或燕麦收成规定一项土地面积限制方案（如段落（2）所述）。

"（B）农业资源保护方案。

按照分段（A）规定作决定时，农业部长应将列入《1985年食品安全法》第12篇子篇D（《美国法典》第16卷3831及以下）规定的农业资源保护方案下的英亩数量考虑在内。

"（C）公布。倘若农业部长决定在某一作物年度执行土地面积限制方案，则农业部长应在最晚不超

过该作物得以收获的年度的上一个 9 月 30 日之前公布该法案。然而，关于 1991 年的收成，农业部长应在本条款颁布之日起尽快公布该法案。

"（D）调整。倘若农业部长确定自首次公布分段（C）规定的土地面积限制方案后，饲料谷物的总供应量发生了重大变化，那么农业部长可在最晚不超过该作物收获年度前一年的 11 月 15 日前调整该方案。

"（E）依从性。作为有资格就上述饲料谷物收成获得贷款、收购及补贴的一项条件，除遵守条款 504（f）、（g）的规定之外，农场生产者还必须服从土地面积限制方案及（如适用）（5）规定的土地改向方案中的条款与条件。

"（F）适用于 1991 年收成的土地面积限制方案。对于 1991 年的玉米收成，农业部长应按照（G）规定，规定一项土地面积限制方案（如段落（2）所述）。

"（G）适用于 1992—1995 年收成的土地面积限制方案。对于 1992—1995 年的每季玉米收成，倘若农业部长根据其在该季收成的销售年度内所作预估，认为该年度期末玉米库存和该销售年度对玉米的总消耗量的比值将：

"（ⅰ）大于 25％，则农业部长应规定一项土地面积限制方案（如段落（2）所述），根据该土地面积限制方案，农场上的玉米播种面积应被限制为相当于将该农场的玉米作物面积基数减少了 10％（最少）～20％（最多）之后的面积；或者

"（ⅱ）小于或等于 25％，则农业部长应规定一项土地面积限制方案，根据该土地面积限制方案，农场上的玉米播种面积应被限制为相当于将该农场的玉米作物面积基数减少了 0％～12.5％之后的面积。

针对本分段，术语'总消耗量'是指对玉米的总利用量，包括国内总消耗量、总出口量及总剩余消耗量。

"（H）适用于 1991—1995 年燕麦收成的土地面积限制方案。对于 1991—1995 年的每季燕麦收成，农业部长应规定一项土地面积限制方案（如段落（2）所述），根据该土地面积限制方案，农场上的燕麦播种面积应被限制为相当于将该农场的燕麦作物面积基数减少了不多于 0％之后的面积。

"（2）土地面积限制方案。

"（A）减少百分比。除段落（3）的规定以外，倘若某饲料谷物土地面积限制方案是根据段落（1）规定公布的，那么应通过对适用于该方案的每个饲料谷物生产农场的玉米、高粱、大麦或燕麦作物面积基数，分别采用统一的减少百分比（0％～20％）落实限制。

"（B）依从性。除分款（g）和第 504 条的规定外，对于其农场上的实际饲料谷物生产面积超出各获准饲料谷物土地面积的知情生产者，将剥夺其就该农场获得饲料谷物贷款、收购及补贴的资格。

"（C）作物面积基数。适用于每季饲料谷物收成的小麦作物面积基数将在第 5 篇中确定。

"（D）用于保护用途的土地面积。根据农业部长发布的规章，农场应将其土地面积中的一部分（英亩数）用于保护用途。该英亩数的具体数值应按照如下方法计算：各饲料谷物作物面积基数乘以农业部长要求的减少百分比。以此确定的英亩数在本分段下文中将被称为"减少的土地面积"，剩余土地面积将被称为"获准土地面积"。农业部长必须按照（3）和第 504 条的规定对获准土地面积进行调整。

"（E）个别农场方案土地面积。除（c）款的其他规定以外，个别农场方案土地面积应是不超过按照本段落规定指定的农场获准饲料谷物土地面积的饲料谷物播种面积。

"（F）在减少的土地面积上种植指定作物。

"（ⅰ）指定作物的定义。本分段中使用的术语'指定作物'是指条款 504（b）（1）定义的一种作物，不包括条款 502（3）中定义的任何方案作物。

"（ⅱ）概述。视（ⅲ）规定而定，农业部长须允许农场生产者在该农场减少的土地面积上种植一种指定作物（最多不得超过减少的土地面积的一半）。

"（ⅲ）限制。倘若农场生产者决定根据本分段规定在减少的土地面积上种植一种指定作物，那么：

"（I）该生产者本来按照（c）款规定可获得的差额补贴金额将有所减少。每种植一英亩该指定作物的相应差额补贴减少幅度应相当于若干英亩（具体数值视农业部长确定）该作物应得的差额补贴数。然而，倘若农场生产者正参与一项包含了一种以上方案作物的方案，则应根据该农场种植或被认为种植所有此类方案作物的面积按比例分配补贴减少量；

"（II）农业部长应确保按照分款（I）规定确定的差额补贴减少量足以保证本分段规定不会给商品信贷公司造成额外的成本负担。

"（G）适用于制麦芽用大麦的例外情况。倘若某生产者之前已经以收获为目的生产了一种制麦芽用大麦品种，现在以收获为目的只种植一种可接受的制麦芽用大麦品种，并且符合其他条件（具体由农业部长规定），则农业部长应规定，不必将该生产者对本段落中规定的任一土地面积限制方案的依从性作为其获得饲料谷物贷款、收购及补贴资格的条件。

"（3）定向选项补贴。

"（A）概述。尽管本条款中还有其他规定，然而，倘若农业部长对1991—1995年任意一季饲料谷物收成执行土地面积限制方案，那么农业部长须向未能获取分款（c）（1）（E）规定补贴的生产者提供调整，调整水平相当于若生产者行使本段规定的补贴选项即可获得的差额补贴。

"（B）补贴选项。倘若农业部长决定执行本段落，那么针对同意按照本段落规定制定的土地面积限制方案对改向饲料谷物土地面积作出调整的生产者，农业部长应向其提供按照分段（C）和分段（D）规定，适用于此类生产者的补贴选项。

"（C）增加的土地面积限制选项。

"（i）提高规定价格。倘若农业部长决定执行本段落，那么同意将适用于其玉米土地面积基数的土地面积限制百分比增加至农业部长宣布的土地面积限制百分比以上水平的生产者，将拥有获得条款（ii）规定的提高玉米规定价格资格。

"（ii）计算方法。为计算适用于参加本段落规定方案的生产者的差额补贴，农业部长应提高玉米的规定价格，提升幅度由农业部长确定，但不得超出如下范围，即应用于此类生产者玉米面积基数的土地面积限制百分比每提高1个百分点，玉米规定价格的提升幅度不得少于0.5％或多于1％。

"（iii）限制。对于1991年的玉米收成和1992—1995年的每季玉米收成，应用于生产者的小麦面积基数的土地面积限制百分比分别不得超过农业部长宣布的适用于该收成的土地面积限制百分比的5个百分点和10个百分点，或总数不得超过适用于该收成的20％。

"（D）减少的土地面积限制选项。

"（i）土地面积限制要求的降低。倘若农业部长决定执行本段落，那么若生产者同意以计算适用于该生产者的差额补贴为目的，根据条款（ii）规定减少玉米规定价格，那么此类生产者应有资格降低由农业部长宣布的、适用于其玉米土地面积基数的土地面积限制百分比。

"（ii）计算方法。为计算适用于已选择本分段所述选项的生产者的差额补贴，农业部长应降低玉米的规定价格，降低幅度由农业部长确定，但不得超出如下范围，即应用于此类生产者玉米面积基数的土地面积限制百分比每降低1个百分点，玉米规定价格的降低幅度不得少于0.5％或多于1％。

"（iii）限制。根据本段规定，生产者选择的对适用于其玉米土地面积基数的土地面积限制百分比的降低幅度不得超过公布的土地面积限制百分比的一半。

"（E）其他饲料谷物。农业部长应按照与对玉米执行本段方案相同的方式，针对其他饲料谷物执行该方案。

"（F）对参与和产量影响。尽管本段落有其他规定，然而，农业部长应在切实可行范围内，保证本段落规定的方案不会对方案参与或总产量产生重大影响，且农业部长应确定对该方案的施行不会产生额外的预算开支。农业部长应分析其决议，将分析结果递交众议院农业委员会以及参议院农业、营养、林业委员会。

"（4）实施。

"（A）杂草及侵蚀防护。段落（2）中农业部长就用于保护用途的土地面积颁布的规章中，应确保对杂草、风力及水力侵蚀的防护。

"（B）一年生或多年生覆盖作物。

"（ⅰ）概述。除段落（2）的规定之外，对于参加本分款规定的适用于某季饲料谷物收成的土地面积减少方案的生产者，将按要求种植一种一年生或多年生覆盖作物，种植面积为饲料谷物土地面积中按要求剥夺的饲料谷物生产的面积的 50％（或更多，具体由生产者选择），但最多不得超过适用于该收成的作物面积基数的 5％（或者更多，由生产者选择）。本规定不适用于干旱地区（包括夏季休耕地区），具体由农业部长确定。

"（ⅱ）多年度方案。

"（Ⅰ）成本分担援助。倘若某生产者决定在其土地面积上种植一种能够改善水质或野生动植物栖息地环境的常年生覆盖作物，那么商品信贷公司将向该生产者提供成本分担援助。援助金额为在不超过土地面积中按要求剥夺的生产面积的 50％土地上（最多不超过适用于该季收成的作物面积基数的 5％或更多，由生产者选择）种植该覆盖作物的获准成本费用的 25％。

"（Ⅱ）生产者协定。倘若某生产者决定根据本分段规定种植一种常年生覆盖作物，并就该作物接受由商品信贷公司提供的成本分担援助，那么该生产者应在接受农业部长可能规定的条款和条件、并将根据《1985 年粮食安全法》第 12 篇子篇 G 成立的州技术委员会所规定的指导方针考虑在内的前提下，同意至少 3 年内保持种植该常年生覆盖作物。

"（Ⅲ）保护性作物。视农业部长可能规定的条款和条件而定，农业部长须允许全部或部分土地用于种植甜高粱、瓜尔豆、芝麻、蓖麻子、海甘蓝、卵叶车前子、黑小麦、黑麦、绿豆、马利筋或其他农产品，前提是农业部长确定此类作物的生产对提供充足的农产品是必要的，且此类生产不会增加价格补贴方案的成本，也不会对农场收入造成不利影响。

"（C）割干草和放牧。

"（ⅰ）概述。除条款（ⅱ）的规定之外，对于减少的土地面积、款（c）（1）（E）规定的用于保护用途的土地面积及根据本条款土地改向方案规定从作物生产土地中改向出来的土地面积，应被允许用于割干草和放牧活动。根据《土壤保持和国内分配法》条款 8（b）（《美国法典》第 16 篇 590h（b））成立的州委员会所规定的 5 个月连续时期除外。5 个月连续时期应于一年当中的 4 月 1 日开始，于当年 10 月 31 日结束。

"（ⅱ）自然灾害。倘若发生自然灾害，农业部长须允许在此类土地面积上进行的割干草和放牧活动不受限制。农业部长在行使本条款中权力时，不应排除未种植苜蓿的已灌溉或可灌溉土地。

"（D）蓄水用途。

"（ⅰ）概述。农业部长在（2）中就按要求用于保护用途的土地面积发布的规章应规定，倘若已被改向用于蓄水用途的土地在最近 5 年中至少有 3 年用于种植小麦、饲料谷物、棉花、水稻或含油种子的，则该土地应被视为已用于保护用途。

该土地被视为用于保护用途的年限为其用于蓄水用途的年限，但最多不得超过其改向成为蓄水用途土地后的 5 年。

"（ⅱ）限制。针对本分段，转向用于蓄水用途的土地不得用于其他商业用途，包括商业鱼类生产。该土地储存的蓄水不必为地下水。该土地所在农场必须在最近 5 个作物年度内至少有一个作物年度使用地下水进行灌溉。

"（E）夏季休耕。对于依照夏季休耕条例（由农业部长规定）已耕种土地，在确定其根据土地面积限制方案应用于保护用途的土地面积时，农业部长应将土壤侵蚀及其认为其他诸如此类的影响因素考虑在内。

"（5）土地改向补贴。

"（A）概述。倘若农业部长确定，土地转向补贴对于协助将全国总饲料谷物土地面积调整至需求目标十分必要，则无论是否存在有效的土地面积限制方案，农业部长都应向饲料谷物生产者提供土地改向补贴。在农业部长规定的范围内，有资格获得土地转向补贴的生产者是指根据其与农业部长签订的土地改向合约，将其农场的某一块耕地专门用于许可的保护用途的生产者。

"（B）补贴额。根据土地转向合约应支付给生产者的补贴额应通过由生产者按照农业部长可能规定的方式或农业部长认为合适的其他方式递交的合约投标来确定。农业部长在考虑合约要约的可接受性时，应将该生产者将要开展的土地改向的范围以及被改向土地的生产力考虑在内。

"（C）对改向土地面积的限制。农业部长应对所有县级或地方社区级协议中规定的总改向土地面积进行限制，以防对县经济或地方社区经济造成不利影响。

"（6）保护条例。

"（A）野生动物食物地块或栖息地。根据农业部长和野生动物机构协商后所规定的标准，减少的土地面积及额外的改向土地面积可能被用于野生动物食物地块或野生动物栖息地。对于以执行本分段为目的制定条例产生的成本费用，农业部长应给予合理分担。

"（B）水土保护条例。对于生产者就按要求用于保护用途的土地面积或额外的改向土地面积制定的水土保护条例（包括有效期为若干年的条例）的成本费用，农业部长也应给予合理分担。

"（C）公众可及性。若生产者准许公众进入其整个或部分（具体比例由农业部长规定）农场从事狩猎、诱捕、垂钓、徒步旅行等活动（视相关州及联邦规章而定），且不要求其他补偿，那么，农业部长应就该土地面积向生产者提供额外补贴，补贴额由农业部长根据公众受益程度确定。

"（7）参与协议。

"（A）概述。意欲参与按照本分款规定执行方案的农场生产者，应与农业部长签订一份协议。该协议规定生产者应于最晚不超过农业部长规定的日期之前参与该方案。

"（B）修改或终止。倘若因干旱或其他灾害引发紧急情况或为防止或缓解农产品供应短缺的问题，农业部长确定必须修改或终止上述协议，那么，在农业部长和农场生产者双方达成一致的情况下，农业部长须修改或终止上述协议。只有在确定自农业部长已公布适用于该季饲料谷物收成的方案的最终条款和条件后，预计农产品存储量已发生重大变化的情况下，农业部长方可按照本分段规定修改协议以缓解农产品供应紧缺问题。

"（8）特殊的燕麦种植。倘若农业部长在某一作物年度内确定国内燕麦预计产量将无法满足国内对燕麦的预测需求量，那么虽然本分款之前已有其他规定，农业部长应：

"（A）规定任何减少的土地面积均可种植燕麦；

"（B）根据本条款中的燕麦年度方案，就按照本段落规定用于种植燕麦的土地面积向生产者提供方案补助（包括贷款、收购以及补贴）；

"（C）除按照分段（B）规定，即按照本段落规定就用于种植燕麦的土地面积向生产者提供的方案补助之外，不得再提供其他方案补助。

"（f）库存减少补贴。

"（1）概述。农业部长应就1991—1995年每季饲料谷物收成向符合本分款要求的生产者提供应支付补贴。

"（2）形式。补贴可以销售证书的形式加以落实。

"（3）补贴。本分款规定的补贴应按照与（b）款相同的方式确定。

"（4）资格。倘若某生产者符合下列要求，则该生产者将有资格就某季收成获得本分款中规定的补贴。

"（A）同意放弃获取（a）款规定的贷款或收购协议；

"（B）同意放弃接受（c）款规定的补贴；

"（C）饲料谷物播种面积不超过作物面积基数减去根据（e）款规定按要求用于改向的土地面积的一半之后剩余的土地面积；

"（D）符合本条款的其他要求。

"（g）试验性自愿生产限制方案。

"（1）概述。对 1992 年或 1993 年的收成有效（根据农业部长的决定，对 1994 年和 1995 年的收成也可有效），倘若根据分款（d）规定宣布了一项针对此类收成的饲料谷物土地面积限制方案或土地改向方案，农业部长应在至少 2 个州的至少 15 个县内开展一项试验性方案（当地生产者有兴趣参与该方案）。根据该试验性方案，如果农场生产者符合本分款规定的自愿生产限制方案的要求，则该生产者将被视为已经满足了上述土地面积限制方案或土地改向方案的要求。

"（2）对销售的限制。为遵守自愿生产限制方案规定，农场生产者必须同意在一个销售年度内对饲料谷物的销售、交换、捐赠或使用量（包括用作牲畜饲料）不得超过在该销售年度内对该农场规定的饲料谷物生产限制量。

"（3）生产限制量。针对本分款，某销售年度内对某农场规定的某作物生产限制量应将以下两项相乘后得出的结果：

"（A）根据对该农场该作物有效的土地面积减少方案或土地改向方案，允许种植饲料谷物的土地面积；乘以

"（B）下列较高一项：

"（ⅰ）适用于该农场的农场方案补贴产量；

"（ⅱ）生产者在其首次参加本分款规定的方案的最近 5 个作物年度内，每年每英亩的平均饲料谷物产量，不包括每英亩产量最高和最低的作物年度及农场未种植该农产品的作物年度。

"（4）条款及条件。选择就某季饲料谷物收成参与本分款规定方案的农场生产者：

"（A）应与农业部长签订协议。协议规定生产者应遵守适用于该季收成的方案规定；

"（B）对方案农产品的播种量不得超过适用于该农场的作物种植面积基数的总数；

"（C）即使农场种植了饲料谷物的土地面积超出了土地面积减少方案或土地改向方案中允许的面积，该生产者也将被视为已经符合适用于该收成的饲料谷物土地面积减少方案或土地改向方案中的条款与条件。

"（5）超额生产。

"（A）概述。对于某农场在某一作物年度内生产的、超出适用于该农场的生产限制量的饲料谷物量，须由生产者存储，存储期限不超过 5 个销售年度，且只能根据本段落规定使用该饲料谷物量。

"（B）下一年的销售。

"（ⅰ）参与方案。参与本分款规定方案的生产者可销售、交换或使用分段（A）提及的过剩饲料的一部分。具体数量相当于适用于该农场在生产该过剩饲料谷物的作物年度的下一作物年度的生产限制量减去该农场在该作物年度实际生产的饲料谷物量后的差值。

"（ⅱ）土地面积减少方案的参与者。就某季饲料谷物收成正参与一项土地面积减少方案或土地改向方案的农场生产者可销售、交换或使用分段（A）提及的过剩饲料谷物的一部分。具体数量为相当于预计的、生产者在某一作物年度同意用于获准保护用途的土地面积（超出任何土地面积减少或土地改向要求）原本可以生产的饲料谷物量，具体由农业部长确定。

"（6）农业部长的职责。执行本分款规定的试验性方案时，农业部长：

"（A）应发布必要规章，以执行该方案。

"（B）对于有过剩饲料谷物产量的生产者，可要求增加土地面积减少量或土地改向要求，以便使得生产者可以在随后几年中销售、交换或使用该产量。

"（C）应采取妥善措施（包括处以罚金）防止对本分款中规定的方案的规避现象。

"（D）对于就某季收成参与此方案但未能遵守方案规定的条款和条件的生产者，可要求其退还就该收成获取的全部或一部分差额补贴。

"（E）可要求商品信贷公司没收超过生产限制量，且在 5 个销售年度内未能销售、交换或使用掉的

所有饲料谷物。

"（F）倘若农业部长在确定某农场饲料谷物的农场方案补贴产量时，决定提高补贴产量（参照实际生产水平），那么，农业部长应保证公正对待每个参加试验性方案的生产者。

"（7）报告。

"（A）概述。美国联邦政府审计长应准备一份报告用于评估根据本分款规定执行的试验性方案。

"（B）提交。审计长应将分段（A）要求的报告复本提交众议院农业委员会、参议院农业、营养、林业委院会及农业部长。

"（h）公平救济。

"（1）贷款、收购、补贴。对因某生产者未完全遵守按照本条款规定开展方案的条款及条件，从而给该生产者获取贷款、收购及补贴造成障碍的，农业部长应根据该生产者失误的严重程度公平地确定应给予该生产者的贷款、收购、补贴额度。在确定是否根据本段落批准公平救济时，农业部长应考虑该生产者是否以诚信为本为完全遵守该方案的条款及条件而做出合理努力。

"（2）最后期限和方案要求。农业部长须授权根据《土壤保持和国内分配法》条款8（b）（《美国法典》第16卷590h（b））成立的县、州委员会放弃或修改最后期限及其他方案要求，前提是延迟行为或不符合此类要求的行为不会对方案的运作产生不利影响。

"（i）规章。为执行本条款，农业部长须颁布其认为必要的规章。

"（j）商品信贷公司。农业部长应通过商品信贷公司来执行本条款授权的方案。

"（k）对补贴的分配。《土壤保持和国内分配法》条款8（g）（《美国法典》第16卷590h（g））的条款（关于补贴的分配事宜）将被应用于本条款中的补贴项下。

"（l）分享补贴。农业部长应规定，本条款规定的补贴应在公平、公正的基础上在农场生产者之间分配。

"（m）佃户和佃农。农业部长应为保护佃农和佃户的利益提供充足保障。

"（n）交叉依从性。

"（1）概述。遵守任何其他农产品方案的条款及条件，或者遵守与任何其他农产品有关的作物面积基数要求，可不被视为某农场获得本条款规定的贷款、收购或补贴资格的条件。

"（2）其他农场的依从性。对于同时经营多个农场的生产者，农业部长不必要求该生产者将其他农场对该饲料谷物方案的条款及条件的依从性作为获得本条款中规定的贷款、收购或补贴资格的条件。

"（o）对饲料谷物方案的公众评论。

"（1）概述。为确保饲料谷物生产者和消费者均享有合理的评论机会，即享有机会对与1992年每季饲料谷物收成以及随后的饲料谷物收成相关的价格补贴和土地面积减少方案的年度方案决议加以评论，农业部长应根据本分款规定，征求与饲料谷物方案相关的公众意见。

"（2）选项。在最晚不得超过本条款规定的适用于某季小麦收成的方案公布之前的60天内，农业部长应就多个与该饲料谷物收成相关的方案选项征求公众意见。

"（3）分析。农业部长提议的每个选项都应随附一份分析报告，包括预计播种面积、产量、国内和出口使用量、期末库存、季节平均生产者价格、方案参与率以及联邦政府就每个选项可能花费的成本费用。

"（4）预估。公布本条款规定的适用于某季饲料谷物收成的方案时，农业部长应同时提供一份预估报告，包括对播种面积、产量、国内和出口使用量、期末库存、季节平均生产者价格、方案参与率及联邦政府就该方案可能花费的成本费用的预估。

"（p）制麦芽用大麦。为抵消根据本条款规定应向大麦生产者支付的差额补贴的相关成本，农业部长应在1991—1995每个作物年度，向正参加本条款规定的生产调整方案的制麦芽用大麦生产者征收一笔估定金额。农业部长对该估定金额的规定应不多于该农场在1991—1995每个作物年度内生产的制麦芽用大麦价值的5％。

"（q）收成。尽管法律有其他规定，本条款只对 1991—1995 年的饲料谷物收成有效。"

第 402 条 《1949 年农业法》第 105 条对 1991—1995 年饲料谷物作物的非适用性。

《1949 年农业法》第 105 条（《美国法典》第 7 卷 1444b）对 1991—1995 年饲料谷物作物不适用。

第 403 条 青贮饲料追索型贷款方案。

《1985 年粮食安全法》第 403 条（《美国法典》第 7 卷 1444e‐1）经修订删除"1990"，添加"1996"。

第 404 条 高水分饲料谷物的价格补贴。

（a）追索型贷款。尽管法律有其他规定，对 1991—1995 年每季饲料谷物均有效，农业部长应根据本条款规定，向符合下列条件的农场生产者提供追索型贷款（具体由农业部长确定）：

（1）正常收获其全部或一部分处于高水分状态的饲料谷物收成（以下将该饲料谷物定义为，水分含量高于由农业部长根据《1949 年农业法》条款 105B 段落（1）和段落（6）（在本法案中添加入第 401 条）中规定的商品信贷公司标准的饲料谷物）；

（2）（A）具有经过检查和认证的商业规模，且能够出示经认证的规模认证书，包括持有许可证的货栈、饲育场、饲料加工厂、酿酒厂或其他类似的得到农业部长按照其发布的规章批准的实体；

（B）对国内未经认证的商业规模（只有具备相应商业规模才能在与收获操作合理邻近的地区获得经认证的规模证明书）的地区内的田地内饲料谷物或存储饲料谷物作物进行实地测量或其他物理测量（具体由农业部长确定）。

（3）证明将饲料谷物交付饲育场、饲料加工厂、商业设施、或农场内高水分储藏设施、或交付至由该高水分饲料谷物使用者所拥有的该类设施时，该农场生产者是该饲料谷物的所有者，且用于获得贷款的饲料谷物量是农场上实际收获并交付的饲料谷物量；

（4）遵守农业部长对饲料谷物收割规定的期限，在农业部长规定的期限内递交贷款申请；

（5）就该季饲料谷物收成参与由农业部长规定的一项土地面积限制方案。

（b）已获得饲料谷物的合格程度。贷款额应根据生产者获得的同一季饲料谷物收成量确定，该收成量的确定方式为：

（1）在生产者的农场上以高水分状态收获的饲料谷物的土地面积；乘以

（2）农场方案补贴产量或某一块田地（与该高水分饲料谷物得以收获的田地相同）的实际产量中较低的一个（具体由农业部长确定）。

第 405 条 针对 1988 年或 1989 年饲料用大麦生产者预付规定价格补贴应退款的计算。

（a）对退款的强制计算。

（1）概述。在最晚不得超过本法案颁布之后的 90 天内，农业部长应仅以获得信息为目的（除分款（b）下斟酌裁断权中的规定以外）计算参加过 1988 或 1989 年联邦大麦价格补贴方案的生产者按照《1949 年农业法》条款 107C（《美国法典》第 7 卷 1445b‐2）（本法案颁布日期紧随该法案之后）的规定应按要求退还的预付差额补贴款项。在该退款的计算公式中，计算大麦的市场价格（用于确定生产者应退还的预付差额补贴款项）时，应排除制麦芽用大麦。

（2）披露。

（A）向公众披露。农业部长应在《联邦公报》上公布：

（ⅰ）用于执行段落（1）中的计算方法的公式；

（ⅱ）根据分款（b）规定，使用该计算方法在以下方面给出合计结果：

（Ⅰ）退款金额的减少总量；

（Ⅱ）受影响的生产者人数；

（Ⅲ）由农业部长确定的其他合适信息；

（ⅲ）宣布农业部长就是否利用该计算方法，根据分款（b）规定重新计算大麦生产者应付退款所做的决定；

（ⅳ）就其在条款（ⅲ）中所做的决定的原因进行阐述。

（B）向生产者披露。应生产者要求，农业部长应向每位 1988 年或 1989 大麦收成生产者提供一份声明，具体阐述段落（1）中描述的退款计算方法对生产者就 1988 年或 1989 大麦收成应付退款的影响。

（b）对计算方法的酌情使用。

（1）概述。农业部长可使用分款（a）中所述计算方法来确定是否减少 1988 或 1989 年大麦收成生产者按照《1949 年农业法》条款 107C（本法案颁布日期紧随该法案之后）规定所欠的退款总额。

（2）使用该计算方法的程序。倘若农业部长决定按照段落（1）规定使用分款（a）中所述的计算方法，那么对于在早于本法案颁布之前便已就 1988 年或 1989 年大麦收成支付了预付差额补贴退款的生产者，或对于超出按照段落（1）计算方法确定的退款额的退款，农业部长：

（ⅰ）应在 1991 年 5 月 31 日之前，向此类生产者退还其支付的、超出按照本条款规定确定的退款额的退款；

（ⅱ）应选择以一次性全额付清或分期付款方式向生产者支付退款；

（ⅲ）应在最晚不超过本《法案》颁布之后的 90 天内，就下列事项向根据本条款有资格就其 1988 或 1989 年预付差额补贴退款获得退款的生产者发出通知：

（Ⅰ）退款的支付时机（以一次性全额付清或分期付款方式）；

（Ⅱ）对于在 1991 年 2 月 15 日之前支付的退还退款，将不产生利息；

（Ⅲ）对于在 1991 年 2 月 15 日之后支付的退款，将产生利息，利率为每年至少 7％；

（ⅳ）若在本法案颁布之后的 60 天内支付退款，可选择一次性付清＋通用证书（可换取由商品信贷公司所有的农场品）的方式支付退款。

第 5 篇 棉 花

第 501 条 与 1991—1995 年的陆地棉收成相关的贷款、补贴及土地面积减少方案。

《1949 年农业法》经修订在条款 103A（《美国法典》第 7 卷 1444‑1）后添加下列新条款：

"第 103B 条 与 1991—1995 年的陆地棉收成相关的贷款、补贴及土地面积减少方案。

"（a）贷款。

"（1）概述。除本条款中的其他规定以外，农业部长在收到列明不超过 60 天的应计储存费用的货栈收据或其他可接受的所有权证明后（具体由农业部长确定），应就 1991—1995 年的陆地棉收成向农场生产者提供陆地棉无追索权贷款，贷款期限为自生产者获得该贷款的月份的第一天之后的 10 个月，贷款数额（每英镑）为能够反映美国一般地区陆地棉基本质量（具体由农业部长确定）、不低于下列较低一项额度：

"（A）在贷款宣布当年的 7 月 31 日之前的、5 年中的 3 年时间内，美国指定现货市场中对具有基本质量棉花的报价的平均价格（根据市场和月份确定权重）的 85％，不包括期间平均价格最高和最低的一年；

"（B）在贷款宣布当年的 7 月 1 日之后的 15 周时间内，最低的 M 级 $1\frac{3}{32}$ 英寸棉北欧现货到岸价（有所下调，下调幅度为：在贷款得以宣布当年的 4 月 15 日至 10 月 15 日期间，对上述质量棉花的北欧平均报价与基本质量棉花在美国指定现货市场的市场报价的平均差）的平均值的 90％。

"（2）对贷款额度的调整。

"（A）对降低贷款数额的限制。对根据段落（1）确定的适用于某季收成的贷款水平的减少幅度不得超过适用于前一季收成的贷款水平的 5％，且每英镑作物不得低于 50 美分。

"（B）对提高贷款额度的限制。如果根据段落（1）（B）规定确定的适用于某季收成的北欧平均价格低于根据段落（1）（A）确定的美国现货市场平均价格，则农业部长须将贷款数额提高至其认为合适的水平，但不得超过根据段落（1）（A）确定的美国现货市场平均价格。

"（3）贷款数额的公布。任何一季陆地棉收成的贷款额度均由农业部长确定并于贷款将得以生效的销售年度之前的日历年度的 11 月 1 日之前公布。对于 1991 年的收成，农业部长应在本法案颁布之后在可行情况下尽快公布适用的贷款水平，且不得改变之后的贷款数额。

"（4）贷款期限的延长。

"（A）概述。除分段（B）中的规定以外，在为期 10 个月的棉花贷款期限中，应生产者要求，可将本条款规定的无追索权贷款延期 8 个月。

"（B）限制。对于在符合下列条件的月份中提出的延长贷款要求，将不予批准：该月份基本质量陆地棉在过去一个月里在指定的现货市场的平均价格（具体由农业部长确定）超过此类基本质量陆地棉在过去 36 个月内在美国指定的现货市场的平均价格的 130％。

"（5）销售贷款条款。

"（A）概述。倘若农业部长确定陆地棉在世界市场的现行价格（根据美利坚合众国的质量和产地做出调整）低于根据本条款前述规定所确定的贷款额度，为使美利坚合众国陆地棉在世界市场上具有竞争力，农业部长应允许生产者按下列额度偿还就任一收成所做贷款：

"（ⅰ）下列较低的一项：

"（Ⅰ）确定的适用于该季收成的贷款水平；

"（Ⅱ）下列较高的一项：

"（aa）该贷款额度的 70％；

"（bb）由农业部长确定的陆地棉在世界市场的现行价格（根据美利坚合众国的质量和产地做出了调整）。

"（ⅱ）农业部长认为将符合下列条件的其他额度水平（不超过确定的适用于该收成的贷款数额水平且不低于该贷款数额的 70％）：

"（Ⅰ）可将可能发生的贷款罚金降至最低；

"（Ⅱ）可将联邦政府的棉花库存积压量降至最低；

"（Ⅲ）可将联邦政府为存储棉花而担负的成本费用降至最低；

"（Ⅳ）可使在美利坚合众国内生产的棉花在国内和国际市场上自由销售。

"（B）第一操作者销售证书。

"（ⅰ）概述。自 1991 年 8 月 1 日开始，于 1996 年 7 月 31 日结束的这段期间内，倘若按照分段（A）或分款（b）规定执行的某方案无法保证美利坚合众国陆地棉在世界市场上具有完全的竞争力，且由农业部长确定的陆地棉在世界市场上的通行价格（已根据美利坚合众国的质量和产地做出调整）低于根据分段（A）规定确定的现行陆地棉贷款还款率，为使美利坚合众国陆地棉在世界市场上具有竞争力，保持并扩大对美国境内生产的陆地棉的国内消费和出口，农业部长应按照本分段规定签发销售证书。

"（ⅱ）补贴。根据农业部长可能规定的规章，商品信贷公司应通过出具销售证书向与商品信贷公司就参与本分款中规定的方案一事签订协议的第一棉花操作者（指定期从事陆地棉买卖的群体）提供补贴。根据农业部长判断，补贴的货币金额及遵循的条款与条件应符合能够使美国境内生产的陆地棉以有竞争力的价格销售。这也符合本分段目的。

"（ⅲ）价值。根据条款（ⅱ）规定颁发的每个证书的价值应视下列两者之差而定：

"（Ⅰ）陆地棉的贷款还款率；

"（Ⅱ）由农业部长确定的陆地棉在世界市场的现行价格（已根据美利坚合众国的质量和产地做出调整）。

"（ⅳ）赎回、销售或交换。根据农业部长可能规定的规章，商品信贷公司可协助任何根据本分段规定可获得销售证书的人员以证书兑取现金，或通过销售或交换证书的方式，换取由商品信贷公司所有的农产品或产品，具体时间、方式及价格水平由农业部长根据是否能够最圆满地实现本分段规定方案之目的来确定。其他可能适用于商品信贷公司对农产品的处理的价格限制，将不适用于本分段规定的证书赎回。

"（ⅴ）指定农产品和产品；费用。在可行范围内，农业部长应允许证书所有人指定其意欲用证书交换的农产品和产品，包括指定此类农产品和产品的存储地点。倘若某一证书在自其颁发之后的合理天数内仍未用于赎回、出售或交换，则将从该证书的价值中扣除用于存储和其他搬运费用的合理费用，该扣除费用的适用期限自合理的天数结束后至该证书被交至商品信贷公司之日。

"（ⅵ）置换。农业部长应采取必要措施，防止根据本条的规定通过销售或交换农产品和产品的方式换取证书的行为对此类农产品或产品生产者的收入造成不利影响。

"（ⅶ）转移。根据农业部长制定的规章规定，根据本分段规定颁发给棉花的证书，可被转交给经农业部长许可的其他操作者或人员。

"（C）世界现行市场价格。

"（ⅰ）农业部长应按照规章做出如下规定：

"（Ⅰ）指定一项公式。该公式用于确定陆地棉在世界市场的现行价格（已根据美利坚合众国的质量和产地做出调整）；

"（Ⅱ）确定一项机制。通过该机制，农业部长可定期公布陆地棉在世界市场的现行价格（已根据美利坚合众国的质量和产地做出调整）。

"（ⅱ）使用。根据本分段规定确定的陆地棉的世界现行市场价格（已根据美利坚合众国的质量和产地做出调整）应被用于分段（A）和分段（B）。

"（D）对世界现行市场价格的调整。

"（ⅰ）概述。于1991年8月1日开始，于1996年7月31日结束的期间内，倘若符合下列条件，那么根据分段（C）规定确定的陆地棉的世界通行市场价格（已根据美利坚合众国的质量和产地做出调整）应进一步加以调整。

"（Ⅰ）调整后的世界通行市场价格低于适用于当前作物年度的基本质量陆地棉贷款水平的115％；

"（Ⅱ）对最低的 M 级 1$\frac{3}{32}$ 英寸棉北欧美国现货到岸价的周五至周四平均报价高于5个最低的 M 级 1$\frac{3}{32}$ 英寸棉北欧现货到岸价（在本条款下文中称为"北欧价格"）的周五至周四平均价格。

"（ⅱ）进一步调整。除条款（ⅲ）的规定以外，应参照以下部分或全部可获取数据，对经过调整的世界现行市场价格进行进一步的调整：

"（Ⅰ）美国在世界出口中所占份额。

"（Ⅱ）当前棉花的出口额及出口发货量。

"（Ⅲ）由农业部长确定的、与确定精确的陆地棉普遍世界市场价格（已根据美利坚合众国的质量和产地做出调整）相关的其他数据。

"（ⅲ）对进一步调整的限制。根据条款（ⅱ）规定所做的调整不得超过下列两项之差：

"（Ⅰ）对最低的 M 级 1$\frac{3}{32}$ 英寸棉北欧美国现货到岸价的周五至周四平均报价；

"（Ⅱ）北欧价格。

"（E）棉花使用者销售证书。

"（ⅰ）颁发。自1991年8月1日开始，至1996年7月31日结束的这一段期间，倘若在任一连续4周的时期内，对最低的 M 级 1 3/32 英寸棉北欧美国现货到岸价的周五至周四平均报价每英镑超出北欧价格1.25美分，则农业部长应参照在该连续4周时期之后的一周内发生的随附证明文件体现的销售额，向国内使用者或出口商颁发销售证书。

"（ⅱ）价值。销售证书的价值应参考上述价格在连续 4 周中的第 4 周的差额（每英镑减少 1.25 美分）乘以随附证明文件的销售额中所包含的陆地棉数量所得的积。

"（ⅲ）实施。应将分段（B）的条款（ⅳ）与条款（ⅶ）用于根据本分段规定颁发的销售证书。任何此类证书均可按照农业部长发布的规章之规定转交给他人使用。

"（F）特殊进口限额。

"（ⅰ）制定。总统应于最晚不超过本条款颁布之后的 180 天内，制定一项进口限额方案。该方案规定，于 1991 年 8 月开始，于 1996 年 7 月 31 日结束这段期间，无论何时，只要农业部长确定并宣布在此期间的任一连续 10 周内，对最低的 M 级 1 3/32 英寸棉北欧美国现货到岸价的周五至周四平均报价（针对根据分段（E）的规定颁发的证书价值有所调整）每英镑超出北欧价格 1.25 美分，则应立即启动一项有限的特殊全球进口限额。

"（ⅱ）数量。限额应相当于国内作坊对陆地棉的一周消耗量，限额率以可获取相关数据的最近 3 个月的按季节调整的平均价格为准。

"（ⅲ）应用。该限额应被应用于自农业部长按照条款（ⅰ）规定发出通知之后的 90 天内收购、并于通知发出后的 180 天内进入美利坚合众国的陆地棉。

"（ⅳ）重叠。应条款（ⅰ）规定要求，可能会确立一个与现存限额周期有重叠的特殊限额周期。下列情况除外：如果根据分款（n）规定已确立了一个特殊限额周期，则不得根据本段落规定再确立一个特殊限额周期。

"（6）适用于籽棉的追索型贷款。为鼓励、协助生产者对其生产的陆地棉进行有序轧棉和销售工作，农业部长应按照《商品信贷公司宪章法》（《美国法典》第 15 卷 714 及以下）赋予的权力就籽棉向该生产者提供追索型贷款。

"（b）贷款差额补贴。

"（1）概述。对于 1991—1995 年的每季陆地棉收成，若本来具备资格获得分款（a）规定的贷款的生产者同意为获得本分款规定的补贴，放弃获取该贷款的资格，那么农业部长应向此类生产者支付该补贴（在本条款下文中称为"贷款差额补贴"）。

"（2）计算。本分款规定的补贴应按下列方法计算：

"（A）贷款补贴率，乘以

"（B）生产者有资格获得贷款（但为获得本分款规定的补贴，生产者同意放弃获得该贷款的资格）的陆地棉数量。

"（3）贷款补贴率。针对本分款，贷款补贴率应取下列两项之差：

"（A）根据分款（a）确定的适用于该季作物的贷款数额；减去

"（B）分款（a）规定的还款数额。

"（4）销售证书。视分款（a）（5）（B）规定的条款和条件而定，农业部长可以销售证书的形式补足按照本分款规定应付的补贴额的一半。

"（c）补贴。

"（1）差额补贴。

"（A）概述。农业部长应就 1991—1995 年的每季陆地棉收成向生产者提供补贴（在本条款下文中称为"差额补贴"），补贴金额按照下列方法计算：

"（ⅰ）补贴率，乘以

"（ⅱ）可获得补贴的收成英亩数，再乘以

"（ⅲ）已确定的适用于该农场该季收成的农场方案补贴产量。

"（B）补贴率。

"（ⅰ）概述。适用于陆地棉收成的补贴率应为该季陆地棉收成规定价格与下列较高一项之差：

"（Ⅰ）由农业部长确定的，生产者在包含该季收成销售年度的前 5 个月的日历年度内收取的全国平均市场价格；或者

"（Ⅱ）已确定的适用于该季收成的贷款数额。

"（ⅱ）最低规定价格。对于 1991—1995 年每季陆地棉收成，陆地棉的规定价格应不低于每英镑 0.729 美元。

"（C）补贴英亩数。某季收成的补贴英亩数应以下列较低一项为准：

"（ⅰ）不超过获准土地面积的、用于播种该季收成的英亩数；或

"（ⅱ）该季收成在农场上的作物面积基数的 100% 减去减少的土地面积（根据分款（e）（2）（D）确定）。

"（D）50/92 方案。

"（ⅰ）概述。倘若分款（e）（2）规定的土地面积限制方案对某季陆地棉收成生效，同时农场生产者将就农场面积的一部分可获得最高陆地棉补贴。（按照分段（C）（ⅱ）规定计算，且计算结果高于农场上收获该季收成的陆地棉面积的 8%）用于保护用途（除分段（E）的规定外）。

"（Ⅰ）可获最高补贴面积中用于保护用途、且高于农场陆地棉面积 8% 的部分（除分段（E）的规定外）应被认为是用于种植陆地棉的面积。以此确定根据分款（e）（2）（D）规定农场中应当用于保护用途的土地面积；

"（Ⅱ）视生产者对条款（ⅱ）的依从程度而定，生产者有权就此类土地面积获得本分段规定的补贴。

"（ⅱ）最低种植要求。为获得领取条款（ⅰ）规定补贴的资格，除条款（ⅳ）和条款（ⅴ）的规定之外，农场生产者还必须符合其农场陆地棉的实际播种面积至少占其可获最高棉花补贴面积的 50% 这一条件。

"（ⅲ）差额补贴。尽管本条款中有其他规定，然而，根据本分段，除非农业部长确定无法将补贴率规定为低于该季收成的预计差额补贴率的水平，否则任何一个将其农场中可获最高陆地棉补贴面积的一部分用于保护用途（或分段（E）中规定的其他用途）的生产者，均可就这部分土地中被认为是用于种植陆地棉且根据本分段规定具备资格获得补贴的土地面积获得差额补贴，补贴率（每英镑）由农业部长确定。农业部长应在陆地棉生产者可能同意参与该收成方案之前公布预计差额补贴率。

"（ⅳ）检疫。倘若某州机构或地方机构对某州或某县的某个区域内某农场的陆地棉种植进行检疫，那么根据《土壤保持和国内分配法》条款 8（b）（《美国法典》第 16 卷 590h（b））成立的州委员会，可建议农业部长根据本段落规定，向该区域中按要求放弃种植陆地棉以缓解或消除需要检疫的情况的生产者提供补贴（不受条款（ⅱ）中规定的要求的限制）。倘若农业部长确定此情况确实存在，则农业部长可向此类生产者提供本段落规定的补贴。作为获得本段落规定补贴的条件，此类生产者必须将其土地面积用于保护用途（除分段（E）的规定以外）。

"（ⅴ）未播种地。倘若分款（e）规定的土地面积限制方案对某季陆地棉收成生效，且农业部长确定因干旱、洪水、或其他自然灾害、或超出农场生产者控制能力的其他情况造成某生产者无法在用于种植陆地棉的土地上种植陆地棉，则农业部长应向此类生产者提供本段落规定的补贴（不受条款（ⅱ）规定的要求的限制）。作为获得本段落规定的补贴的条件，生产者必须将其土地面积用于保护用途（除分段（E）的规定以外）。所有此类土地面积都应被视为是用于种植陆地棉的面积。

"（ⅵ）作物面积和补贴产量。根据本分段规定，获准的农场棉花面积的一部分已用于保护用途（除分段（E）的规定以外）。因此，农场的棉花作物面积基数和棉花农场方案补贴产量不应被减少。

"（ⅶ）限制。不同于条款（ⅰ）至（ⅵ）的规定，可获得本段落规定补贴的土地面积均不得超过陆地棉的实际种植面积。

"（ⅷ）其他方案下用于保护用途的土地面积。为履行所有土地面积限制方案或土地改向方案的所有条款（要求生产者将特定的土地面积用于保护用途），所有根据条款（ⅰ）和条款（ⅵ）被认为用于

种植陆地棉的土地面积均不得再被指派为用于保护用途的面积。

"（E）可选作物。视农业部长可能制定的条款及条件而定，农业部长须允许将其作为获得分段（D）规定的补贴的条件，把全部或任何一部分用作保护用途的土地面积用于种植甜高粱、瓜尔豆、芝麻、蓖麻子、海甘蓝、卵叶车前子、黑小麦、黑麦、绿豆等在国内无大批量生产或者无市场但能够用于提供目前美国需要进口或将来需要进口的工业原料的农产品，或者用于实验目的的农产品（包括洋麻和马利筋）。同时，上述事项需受以下限制，即农业部长只有在确定其符合下列条件的情况下方可允许此类生产行为：

"（ⅰ）此类生产行为不会增加价格补贴方案的成本或对农场收入产生不利影响；

"（ⅱ）此类生产行为可提供充足的农产品，或对于在国内无大批量生产或无销售市场但能够提供工业原材料的农产品。此类生产行为可刺激国内的原材料制作并能够提高原材料的工业用途，从而有利于美利坚合众国工业的长期利益。

"（F）对灾害补贴的下调。应将某农场生产者的某季陆地棉收成中可获得本段落规定补贴的陆地棉的总量，减去该生产者该季收成中可获得段落（2）规定灾害补贴的陆地棉数量。

"（2）灾害补贴。

"（A）未播种土地。除分段（C）的规定之外，倘若农业部长确定因干旱、洪水、或其他自然灾害、或超出农场生产者控制能力的其他情况造成该生产者无法在用于种植陆地棉的某一部分土地上种植陆地棉或其非保护性作物，则农业部长应向该生产者提供未播种土地灾害补贴，补贴金额应相当于将以下两项相乘后得出的结果：

"（ⅰ）在最近一年中受影响的英亩数（包括因干旱、洪水、或其他自然灾害、或超出生产者控制能力的其他情况从而造成生产者无法种植陆地棉或代替陆地棉的其他非保护性作物的所有面积，该面积不超过陆地棉播种面积），乘以

"（ⅱ）农业部长规定的农场方案补贴产量的 75％，再乘以

"（ⅲ）相当于该季作物的规定价格的 $33\frac{1}{3}$％的补贴率。

"（B）减产。除分段（C）的规定之外，倘若农业部长确定，因干旱、洪水或其他自然灾害、或其他超出生产者控制能力的情况，致使生产者在某个农场收获的陆地棉总量低于由农业部长制定的、适用于该季作物的农场方案补贴产量的 75％与该作物播种面积之积，则农业部长应就该收成低于 75％的产量损失向该生产者提供减产灾害补贴，补贴率相当于该收成规定价格的 $33\frac{1}{3}$％。

"（C）收成保险。农场生产者将无资格获得：

"（ⅰ）分段（A）规定的未播种土地灾害补贴。倘若生产者可就其陆地棉面积获得《联邦农作物保险法》（《美国法典》第 7 卷 1501 及以下）规定的未播种土地收成保险，则该生产者将无资格获得分段（A）规定的未播种土地灾害补贴；或

"（ⅱ）分段（B）规定的减产灾害补贴。倘若生产者可就其陆地棉面积获得上述法案规定的减产收成保险，则该生产者将无资格获得分段（B）规定的减产灾害补贴。

"（D）实施。

"（ⅰ）经济紧急情况。虽然分段（C）有其他规定，但是，倘若农业部长确定有下列事件发生，那么农业部长应根据本段规定向农场生产者提供灾害补贴：

"（Ⅰ）因干旱、洪水、或其他自然灾害、或其他超出生产者控制能力的情况，致使生产者遭受了重大的产量损失。该损失可能是无法播种陆地棉或其他非保护性作物造成的，也可能是减产造成的损失；

"（Ⅱ）该损失迫使生产者面临经济紧急经济状况；

"（Ⅲ）生产者就该损失根据《联邦农作物保险法》（《美国法典》第 7 卷 1501 及以下）可获得的作物保险赔款及联邦政府提供的其他形式的援助不足以缓解其经济紧急情况；

"（Ⅳ）为缓解生产者的紧急经济状况，必须向其提供额外援助。

"（ⅱ）调整。农业部长在将生产者就相关作物从联邦政府获得其他形式的灾害援助考虑在内的基

础上，为确保在生产者之间公正分配补贴——如果有的话，农业部长必须对按照本段规定应向生产者提供的补贴额进行个别调整。

"（d）补贴产量。适用于农场上每季陆地棉收成的农场方案补贴产量应根据标题 5 的规定确定。

"（e）土地面积减少方案。

"（1）概述。

"（A）制定。尽管本法案有其他规定，然而，倘若农业部长确定在未曾实行土地面积限制方案的情况下，陆地棉的总供应量将会过剩（农业部长已将足以维持合理稳定的供应和价格并满足紧急情况下全国对陆地棉的需求的储存量考虑在内），则农业部长应对任意一季陆地棉收成规定一项土地面积限制方案（如段落（2）所述）。

"（B）农业资源保护方案。按照分段（A）规定作决定时，农业部长应将列入《1985 年粮食安全法》第 12 篇子篇 D（《美国法典》第 16 卷 3831 及以下）规定的农业资源保护方案中的英亩数量考虑在内。

"（C）公布。

"（i）初步公布。倘若农业部长决定在某一作物年度执行土地面积限制方案，则农业部长应在最晚不超过该作物收获年度的上一日历年度的 11 月 1 日之前公布该法案。

然而，对于 1991 年的收成，农业部长应自本条款颁布之日起及早公布该方案。除农业部长认为必要的其他信息外，公布内容还应包括对陆地棉作物面积基数的统一的减少百分比（如段落（2）（A）所述）的公布。

"（ii）最终公布。农业部长应在不迟于该季收成收获的日历年度的 1 月 1 日之前，最终公布该方案。除农业部长认为必要的其他信息外，公布内容还应包括对陆地棉作物面积基数的统一的减少百分比（如段落（2）（A）所述）的公布。

"（iii）早播区域的可选方案。农业部长应允许早播区域的生产者根据以下土地面积限制方案选择参与方案：

"（I）根据条款（i）规定首次宣布的、适用于该收成的土地面积限制方案；或

"（II）根据条款（ii）规定随后经修订的土地面积限制方案，前提是农业部长确定新修订方案会给生产者造成不公平和不利影响。

"（D）合适的储存量。农业部长对某季陆地棉收成执行段落（2）所表述的土地面积限制方案时，应采取以下方式：即通过执行该土地面积方案，使陆地棉储存量和总消耗量的比值达到 30%（基于农业部长在公布该土地面积限制方案之际，对陆地棉储存量和总消耗量的最新估计）。针对本分段，术语'总消耗量'（total disappearance）是指对陆地棉的总利用量，包括国内总消耗量、出口总量及总剩余消耗量。

"（2）土地面积限制方案。

"（A）统一的减少百分比。除段落（3）的规定之外，倘若某陆地棉面积限制方案是根据段落（1）规定公布的，那么应对适用于该方案的每个陆地棉生产农场的陆地棉作物面积基数，采用统一的减少百分比（0%～25%）加以限制。

"（B）依从性。除第 504 条的规定之外，对于农场的实际陆地棉生产面积超出获准陆地棉面积（根据分段（A）规定确定）的知情生产者，将剥夺其农场获得陆地棉贷款和补贴的资格。

"（C）作物面积基数。适用于每季陆地棉收成的陆地棉作物面积基数将在第 5 篇确定。

"（D）用于保护用途的土地面积。根据农业部长发布的规章，农场生产者应将一部分土地面积中（英亩数）用于保护用途。具体英亩数值应按照如下方法计算：陆地棉作物面积基数乘以农业部长要求的减少百分比。以此确定的英亩数在本分段下文中称为'减少的土地面积'，剩余土地面积将被称为'获准土地面积'。农业部长须按照段落（3）和第 504 条的规定对获准土地面积进行调整。

"（E）个别农场方案土地面积。除分款（c）的其他规定之外，个别农场方案土地面积应为不超过

按照本段落规定指定的农场获准陆地棉面积的陆地棉播种面积。

"（F）在减少的土地面积上种植指定作物。

"（ⅰ）指定作物的定义。本分段中使用的术语'指定作物'是指条款 504（b）（1）定义的一种作物，不包括条款 502（3）定义的任何方案作物。

"（ⅱ）概述。视条款（ⅲ）规定而定，农业部长须允许农场生产者在该农场减少的土地面积上种植一种指定作物（最多不得超过减少的土地面积的一半）。

"（ⅲ）限制。倘若农场生产者决定根据本分段规定在减少的土地面积上种植一种指定作物，那么：

"（Ⅰ）该生产者本来按照分款（c）规定可获得的差额补贴金额将有所减少。每种植一英亩该指定作物的相应差额补贴减少幅度应相当于若干英亩（具体数值视农业部长确定）该作物应得的差额补贴数。然而，倘若农场生产者正参与一项包含了一种以上方案作物的方案，则应根据该农场上种植或被认为种植所有此类方案作物的面积按比例分配补贴减少量；

"（Ⅱ）农业部长应确保按照分款（Ⅰ）规定确定的差额补贴减少量足以保证本分段规定不给商品信贷公司造成额外的成本负担。

"（3）定向选项补贴。

"（A）概述。尽管本条款有其他规定，然而，倘若农业部长对 1991—1995 年任意一季陆地棉收成执行土地面积限制方案，那么农业部长必须向未能获取分款（c）（1）（E）规定补贴的生产者相应补贴加以调整。调整数额相当于若生产者执行本段规定的补贴选项即可获得的差额补贴。

"（B）补贴选项。倘若农业部长决定执行本段落，那么对于同意按照本段落规定制定的土地面积限制方案调整改向陆地棉面积英亩数的生产者，农业部长应向其提供按照分段（C）和分段（D）规定、适用于此类生产者的补贴选项。

"（C）增加的土地面积限制选项。

"（ⅰ）提高规定价格。倘若农业部长决定执行本段落，那么同意将适用于其小麦面积基数的土地面积限制百分比增加至农业部长宣布的土地面积限制百分比以上的生产者，将有资格按照条款（ⅱ）规定提高小麦规定价格。

"（ⅱ）计算方法。为计算适用于参加本段落规定方案的生产者的差额补贴，农业部长应提高陆地棉的规定价格。提升幅度由农业部长确定，但不得超出如下范围，即应用于此类生产者陆地棉面积基数的土地面积限制百分比每提高 1 个百分点，陆地棉规定价格的提升幅度不得低于 0.5%，不得高于 1%。

"（ⅲ）限制。适用于生产者的小麦面积基数的土地面积限制百分比不得超过农业部长宣布的、适用于该季收成的土地面积限制百分比的 10 个百分点，或总数不得超过适用于该季收成的 25%。

"（ⅳ）对林下栽植的调整。确定本段落中适用于生产者陆地棉基数提高的土地面积限制百分比时，农业部长应将相当于以下两项之差的土地面积排除在外，即生产者在前两年时间内的获准陆地棉面积与陆地棉的实际播种面积（包括根据分款（c）（1）（D）规定用于保护用途的土地面积）的差值。

"（D）减少的土地面积限制选项—倘若农业部长决定执行本段落，那么若生产者同意以计算适用于该生产者的差额补贴为目的，根据条款（ⅱ）规定减少陆地棉规定价格，那么此类生产者应有资格减少由农业部长宣布的、适用于其陆地棉面积基数的土地面积限制百分比。

"（ⅱ）计算方法。为计算适用于选择本分段所述选项的生产者的差额补贴，农业部长应降低陆地棉的规定价格。降低幅度由农业部长确定，但不得超出如下范围，即应用于此类生产者陆地棉面积基数的土地面积限制百分比每降低 1 个百分点，陆地棉规定价格的降低幅度不得低于 0.5%，不得高于 1%。

"（ⅲ）限制。根据本段规定，生产者选择的对适用于其陆地棉面积基数的土地面积限制百分比的降低幅度，不得超过公布的土地面积限制百分比的一半。

"（E）对参与和产量的影响。尽管本段落有其他规定，然而，农业部长应在切实可行范围内保证本段落规定的方案不会对方案参与或总产量产生重大影响，且农业部长应确定对该方案的实施不会产生额外预算开支。农业部长应分析其决议，将分析结果递交众议院农业委员会及参议院农业、营养、林业委员会。

"（4）实施。

"（A）杂草及侵蚀防护。段落（2）中农业部长就用于保护用途的土地面积颁布的规章，应确保对杂草、风力及水力侵蚀的防护。

"（B）一年生或多年生覆盖作物。

"（i）概述。除段落（2）的规定外，对于参加本分款规定的适用于某季陆地棉收成的土地面积减少方案的生产者，将按要求种植一种一年生或多年生覆盖作物，种植面积为陆地棉面积中按要求被剥夺陆地棉生产的面积的 50%（或更多，由生产者选择），但最多不得超过适用于该收成的作物面积基数的 5%（或者更多，由生产者选择）。但本要求不适用于干旱地区（包括夏季休耕地区），具体由农业部长确定。

"（ii）多年度方案。

"（I）成本分担援助。倘若某生产者决定在其土地面积上种植一种能够改善水质或野生动植物栖息地环境的常年生覆盖作物，那么商品信贷公司将向该生产者提供成本分担援助。援助金额为在不超过陆地棉面积中按要求剥夺的生产面积 50% 的土地上（最多不得超过适用于该季收成的作物面积基数的 5% 或更多，由生产者选择）种植该覆盖作物的获准成本费用的 25%。

"（II）生产者协定。倘若某生产者决定根据本分段规定种植一种常年生覆盖作物，并就该作物接受由商品信贷公司提供的成本分担援助，那么该生产者应接受农业部长可能规定的条款和条件、并将根据《1985 年食品安全法》第 12 篇子篇 G 成立的州技术委员会规定的指导方针考虑在内的前提下，同意保持种植该常年生覆盖作物至少 3 年。

"（iii）保护性作物。视农业部长可能规定的条款和条件而定，农业部长必须允许生产者将全部或部分土地用于种植甜高粱、瓜尔豆、芝麻、蓖麻子、海甘蓝、卵叶车前子、黑小麦、黑麦、绿豆、马利筋或其他农产品，前提是农业部长确定此类作物的生产对提供充足的农产品是必要的，且生产既不增加价格补贴方案的成本，也不会对农场收入造成不利影响。

"（C）割干草和放牧。

"（i）概述。除条款（ii）的规定外，对于减少的土地面积、分款（c）（1）（E）规定的用于保护用途的土地面积及根据本条款土地改向方案规定从作物生产土地中改向出来的土地面积，应允许从事割干草和放牧活动。根据《土壤保持和国内分配法》条款 8（b）（《美国法典》第 16 卷 590h（b））成立的州委员会规定的 5 个月连续时期除外。5 个月连续时期应从一年当中的 4 月 1 日开始，于当年 10 月 31 日结束。

"（ii）自然灾害。倘若发生自然灾害，农业部长须允许在此类土地面积上的割干草和放牧活动不受限制。农业部长在行使本条款中权力时，不应排除未种植苜蓿的已灌溉或可灌溉土地。

"（D）蓄水用途。

"（i）概述。农业部长在段落（2）中就按要求用于保护用途的土地面积发布的规章应规定：若已被改向、用于蓄水用途的土地在最近 5 年中至少有 3 年用于种植了小麦、饲料谷物、棉花、水稻或含油种子等作物的，则该土地应被视为是用于保护用途。该土地被视为是用于保护用途的年限为其用于蓄水用途的年限，但最多不得超过其改向成为蓄水用途土地后的 5 年。

"（ii）限制。针对本分段，转向用于蓄水用途的土地不得用于其他商业用途，包括商业鱼类生产。该土地储存的蓄水不必是地下水。该土地所在农场必须在最近 5 个作物年度内至少有一个作物年度是使用地下水进行灌溉的。

"（5）土地改向方案。

"（A）补贴。

"（i）概述。倘若农业部长确定，土地转向补贴对于协助将全国总陆地棉面积调整至需求目标十分必要，则无论是否存在有效的土地面积限制方案，农业部长都应向陆地棉生产者提供土地改向补贴。

在农业部长规定的范围内，有资格获得土地转向补贴的生产者，是指根据其与农业部长签订的土地改向合约，将农场的一块耕地专门用于许可的保护用途的生产者。

"（ii）过剩储存量。倘若截至根据本分款规定确定的土地面积限制方案的最终公布时间，对该作物年度内陆地棉的预估储存量大于或等于 800 万捆，则农业部长应向该陆地棉生产商提供补贴土地改向方案。参与该方案的生产者应得补贴按下列方法计算：

"（Ⅰ）不低于每英镑棉花 35 美分的补贴率（由农业部长确定）；乘以

"（Ⅱ）已确定的适用于该农场该季收成的方案补贴产量；再乘以

"（Ⅲ）该农场改向的获准陆地棉英亩数。

"（B）合约投标。根据土地转向合约应支付给生产者的补贴额应通过由生产者按照农业部长规定的方式或农业部长认为合适的其他方式递交的合约投标来确定。农业部长在考虑合约要约的可接受性时，应将该生产者将要开展的土地改向范围及被改向土地的生产力考虑在内。

"（C）对改向土地面积的限制。

"（i）每个社区、县或农场的最大改向面积。农业部长应将本段落规定的改向土地的总面积限制为：

"（Ⅰ）不多于该农场陆地棉作物面积基数的 15％；

"（Ⅱ）县或地方社区协议规定范围内，以防对县或地方社区的经济造成不利影响。

"（ii）降低参与水平。农业部长须允许生产者按照低于农业部长宣布的最高数额的参与本段落规定的土地改向方案，生产者对此有选择权。前提是农业部长确定这样操作可增加该方案的参与人数。

"（6）保护条例。

"（A）野生动物食物地块或栖息地。根据农业部长和野生动物机构协商后所规定的标准，减少的土地面积及额外的改向土地面积可能被用于野生动物食物地块或野生动物栖息地。农业部长应合理分担以执行本分段为目的而制定条例产生的成本费用。

"（B）公众可及性。若生产者准许公众进入其整个或部分（具体比例由农业部长规定）农场进行狩猎、诱捕、垂钓、徒步旅行等活动（视相关州及联邦规章而定），且不要求其他补偿，那么，农业部长应就该土地面积向生产者提供额外补贴，补贴额由农业部长根据公众受益程度确定。

"（7）参与协议。

"（A）概述。意欲参与按照本分款规定执行的方案的农场生产者，应与农业部长签订一份协议。该协议规定生产者应于最晚不超过农业部长规定的日期之前参与该方案。

"（B）协议修改或终止。倘若因干旱或其他灾害引发紧急情况或为防止或缓解农产品供应短缺问题，农业部长确定必须修改或终止上述协议，那么，在农业部长和农场生产者双方达成一致的情况下，农业部长必须修改或终止上述协议。只有在确定自农业部长公布适用于该季陆地棉收成方案的最终条款和条件之后，预估农产品存储量已经发生重大变化的情况下，农业部长方可按照本分段规定修改协议以缓解农产品供应紧缺问题。

"（f）库存减少补贴。

"（1）概述。农业部长应就 1991—1995 年每季陆地棉收成向符合本分款条件的生产者提供应支付补贴。

"（2）形式。补贴可以销售证书的形式落实。

"（3）补贴。

"（A）概述。分款规定的补贴应按照与分款（b）规定相同的方式确定。

"（B）可用棉花量。根据本分款规定可向生产者提供的陆地棉数量应与根据本分款确定的补贴额的价值相等。

"（4）资格。若某生产者符合下列要求，则该生产者将有资格就某季收成获得本分款规定的补贴。

"（A）同意放弃获取分款（a）规定的贷款；

"（B）同意放弃接受分款（c）规定的补贴；

"（C）陆地棉播种面积不超过作物面积基数减去根据分款（e）规定按要求用于改向的土地面积的一半之后剩余的土地面积；

"（D）符合本条款的其他要求。

"（g）公平救济。

"（1）贷款、收购、补贴。对因某生产者未完全遵守按照本条款规定开展的方案的条款及条件，从而造成生产者获取贷款、收购补贴遇到障碍的，农业部长应根据该生产者失误的严重程度公平地确定应给予该生产者的贷款、收购、补贴额度。在确定是否根据本段落规定批准公平救济时，农业部长应考虑该生产者是否以诚信为本为完全遵守该方案的条款及条件而做出合理努力。

"（2）最后期限和方案要求。农业部长须授权根据《土壤保持和国内分配法》条款8（b）（《美国法典》第16卷590h（b））成立的县、州委员会放弃或修改最后期限及其他方案要求，前提是延迟行为或未符合条件的行为不会对方案的运作产生不利影响。

"（h）规章。为执行本条款，农业部长须颁布其认为必要的规章。

"（i）商品信贷公司。农业部长应通过商品信贷公司执行本条款授权的方案。

"（j）对补贴的分配。《土壤保持和国内分配法》条款8（g）（《美国法典》第16卷590h（g））的条款（关于补贴的分配事宜）将应用于本条款中的补贴项下。

"（k）分享补贴。农业部长应规定，本条款规定的补贴应在公平、公正的基础上在农场生产者之间分配。

"（l）佃户和佃农。农业部长应为保护佃农和佃户的利益提供充足保障。

"（m）交叉依从性。

"（1）概述。遵守任何其他农产品方案的条款及条件，或遵守与任何其他农产品有关的作物面积基数要求，可不被视为某农场获得本条款规定的贷款或补贴资格的条件。

"（2）其他农场的依从性。对于同时经营多个农场的生产者，农业部长不必要求该生产者将其他农场对该小麦方案的条款及条件的依从性，作为获得本条款中规定的贷款或补贴资格的条件。

"（n）特殊进口限额。

"（1）概述。总统应于最晚不得超过本条款颁布之后的180天内，制订一项进口限额方案，该方案规定（尽管法律有其他规定），无论何时，只要农业部长确定并宣布基本质量陆地棉在一个月内，在指定现货市场的平均价格（由农业部长确定）超过同等质量棉花，在最近36个月内在此类市场的平均价格的130%，则应立即启动一项特殊的有限全球进口限额。该限额受下列条件限制：

"（A）数量。特殊限额量应相当于国内作坊对陆地棉21天的消耗量，限额率以可获取相关数据的最近3个月的、按季节调整的平均价格为准。

"（B）之前的限额量。倘若根据本分款规定，在之前的12个月内已确定一项特殊限额，那么根据本分款规定随后确定的限额量，应为下列较低的一项：根据分段（A）计算得出的国内作坊对陆地棉21天的消耗量；或是可将供应量提高至需求量的130%的量。

"（C）定义。分段（B）中所用词语：

"（i）供应量。术语'供应量'（supply）是指，通过采用财政部、农业部、人口统计局的最新官方数据得出的：

"（Ⅰ）特殊限额确立的销售年度伊始时的陆地棉储存量（调整至480英镑捆）；加上

"（Ⅱ）当前收获的产量；再加上

"（Ⅲ）截止到该销售年度内最近日期的进口量。

"（ii）需求量。术语'需求量'（demand）是指：

"（Ⅰ）国内作坊在可获取相关数据的最近3个月内、按季节调整的平均年消耗率；加上

"（Ⅱ）下列较高一项：

"（aa）陆地棉在最近6个销售年度内的平均出口量；

"（bb）陆地棉在特殊限额确立的销售年度内的累计出口量加上未偿付出口额。

"（D）进入限额期限。本分款中规定价格的特殊限额一经确定，棉花应在该限额公布生效之后的 90 天内进入该限额期限。

"（2）无重叠。尽管段落（1）有其他规定，但不得确立与某一现存限额周期或根据分款（a）（5）（F）规定确立的特殊限额周期相重叠的特殊限额周期。

"（o）收成。尽管法律有其他规定，本条款仅对 1991—1995 年的陆地棉收成有效。"

第 502 条　暂时取消基数土地面积分配、销售限额及相关条款。

《1938 年农业调整法》的第 342、343、344、345、346、347 条（《美国法典》第 7 卷 1347 - 1346 以及 1377）不适用于 1991—1995 年的任何一季陆地棉收成。

第 503 条　其他棉花条款。

《1949 年农业法》条款 103（a）（《美国法典》第 7 卷 1444（a））不适用于 1991 至 1995 年的收成。

第 504 条　跳行条例。

《1938 年农业调整法》条款 374（a）（《美国法典》第 7 卷 1374（a））经修订删除"1990 年收成"，添加"1995 年收成"。另外，对于 1991—1995 年的收成，将种植棉花的土地面积和跳过的区域进行分类时，条例应允许将 30 英寸（1 英寸＝0.025 4 米）宽的种植行列考虑在内。

第 505 条　适用于 1996 年陆地棉作物的初步分配规定。

尽管法律有其他规定，适用于 1977 年陆地棉收成的永久性州、县及农场基数土地面积配给规定应作为适用于 1996 年收成的初步分配规定（1977 年就林下栽植进行了调整，并按照《1938 年农业调整法》第 379 条（《美国法典》第 7 卷 1379）规定进行了重组）。

第 506 条　特长绒棉方案。

（a）概述。《1949 年农业法》条款 103（h）（《美国法典》第 7 卷 1444（h））的修订内容如下：

（1）删除段落（4）至段落（6）；

（2）分别将（7）至（19）各段落重新编号为段落（4）至（16）；

（3）在段落（5）（A）（ⅰ）（重新编号后）中"减少"后面添加"（包括 0％的减少）"；

（4）删除段落（13）（重新编号后）并添加下列新段落：

"（13）（A）遵守任何其他农产品方案的条款及条件，或遵守与任何其他农产品有关的作物面积基数要求，不被视为某农场获得本条款中规定的贷款或补贴资格的条件。

"（B）对于同时经营多个农场的生产者，农业部长不必要求该生产者将其他农场对该特长绒棉方案的条款及条件的依从性作为获得本条款规定的贷款或补贴资格的条件。

（5）删除段落（16）（重新编号后）中的"1991"，添加"1996"。

（b）为保证一致性的修订。上述法案的条款 103（h）的修订内容如下：

（1）在段落（3）（A）中：

（A）删除"本分款的段落（6）或段落（8）（A）"，添加"段落（5）（A）"；

（B）删除"本分款的段落（7）"，添加"段落（4）"；

（2）在段落（3）（C）中，删除"本分款的段落（8）（A）"，添加"段落（5）（A）"；

（3）在段落（5）（A）（ⅰ）（按照分款（a）（2）的规定重新编号后）中，删除倒数第二个句子；

（4）在段落（5）（A）（ⅱ）（按照分款（a）（2）的规定重新编号后）中，删除"段落（16）（C）"，添加"段落（13）（C）"；

（5）在段落（6）（按照（a）（2）的规定重新编号后）中，删除"本分款的段落（8）"，添加"段落（5）"。

第 507 条　棉籽和棉籽油价格补贴。

《1949 年农业法》第 203 条（《美国法典》第 7 卷 1446d）经修订内容如下：

"第 203 条　棉籽和棉籽油价格补贴。

"（a）概述——倘若农业部长确定，某项或某几项含油种子方案造成或可能造成棉籽生产者或棉籽油加工者所得价格的降低，农业部长必须采取必要行动，以抵消此类方案对棉籽或棉籽油价格的实际或预期影响。此类行动仅限于稳定或提高棉籽价格，不得包括降低其他含油种子价格的行动。

"（b）收成。尽管法律有其他规定，本条款仅对 1991—1995 年的陆地棉收成有效。

第 508 条　担保物权。

（a）概述。《美国货栈法》第 17 条（《美国法典》第 7 卷 259）经修订，在其结尾添加下列新分款：

"（c）（1）（A）农业部长或由农业部长指派的代表须规定，对于存储在经本法案授权的货栈中的棉花的相关收据，按照农业部长发布的规章，须将第 18 条规定的此类收据应包含的信息记录到一个或多个中央归档系统（位于一个或多个地点）中，以替代出具纸质收据。

"（B）所有此类记录均须说明，该棉花将被交付某一特定人员或订货人员。

"（C）本分款和分款（d）不适用于未装备可与中央归档系统进行电子信息传送的设备的货栈。本分款中的任何内容均不得解读为要求货栈管理人获得该类设备。

"（2）尽管法律有其他规定：

"（A）针对本法案，上述任一中央归档系统中包含的、某人就某棉花享有的所有者权益的记录都将被视为一份收据，并以此确立该人员对该棉花的所有者权益；并

"（B）农业部长必须规定，中央归档系统中代表留置权所有人完全担保物权的留置权记录，且该留置权应是可对该系统中记录的棉花的所有者和收购者执行的唯一留置权。此外，本段中的任何内容均不得解读为对货栈管理人留置权的执行力的更改。

"（3）应棉花所有人（该所有人在中央归档系统中的记录为相应棉花收据的所有人）要求，经营由本《法案》授权的货栈的货栈管理人，应交付存储在该货栈的棉花（若无合法辩解不得无故延迟）。同时，棉花所有人应就其交付要求满足以下条件：

"（A）同意满足合法的货栈管理人留置权（具体由农业部长确定）；

"（B）应货栈管理人要求，同意在中央归档系统中发布确认书，确认棉花已交付。

"（d）视农业部长可能规定的规章而定，农业部长应规定征收合理费用并征收。此类费用用于支付农业部在分款（c）中提及的、由其管理的中央归档系统的调试和维护可能支付的成本费用。

"（2）农业部长必须规定，上述费用由农业部管理下的中央归档系统的操作人员向在该系统中记录其信息的人员收取，收取时间与收取方式由农业部长发布规章进行规定。

"（3）上述费用应用作为基金，以支付农业部长执行分款（c）和本分款时发生的开销，且不受财政年度限制。任何由农业部长根据本法案规定征收或收到并存入该基金的款项以及由农业部长征收并计入该基金贷方的滞纳金，均可由农业部长投资于已投保账户或完全抵押的有息账户，或由财政部部长投资于美国政府债券证券（由农业部长自行决定）。

上述款项所得利息及农业部长征收的滞纳金，应被计入该基金贷方，用于支付在执行分款（c）和本分款时发生的维护开销。

（b）处罚。上述法案第 30 条（《美国法典》第 7 卷 270）经修订，在"发布或使用伪造或欺骗性收据或证书"后添加"或向第 17 条所述的中央归档系统提供虚假或欺骗性信息"。

第 6 篇 大 米

第 601 条 与 1991—1995 年的大米收成相关的贷款、补贴和土地面积减少方案。

修正《1949 年农业法》,在第 101A 条(《美国法典》第 7 卷 1441‑1)后新增以下条款:

"第 101B 条 与 1991—1995 年的大米收成相关的贷款、补贴和土地面积减少方案。

"(a) 贷款和购买。

"(1) 概述。除子条款另有规定外,农业部应向生产者提供无追索权贷款,或采购 1991—1995 年任意一年农场出产的大米,其标准不应低于以下两者之间的较高标准:

"(A) 按照农业部的规定,除去平均价格最高和最低的两年,在针对前五年大米收成的营销年中,生产者所获得的简单平均价格的 85%;

"(B) 每英担 6.50 美元。

"(2) 最大缩减值。段落 1 中规定的所有大米收成的贷款标准可能不会减少超过之前收成的 5%。

"(3) 宣布贷款标准和定价。在宣布 1991—1995 年期间任意一年大米收成的贷款和购买标准及定价时,对于年度的收成宣布时间不应晚于年度的 1 月 31 号,或者对于 1991 年的收成应尽快定于本条款生效之日起。

"(4) 期限。本子条款下贷款的期限不应超过九个月,时间是从申请贷款的当月开始算起。

"(5) 营销贷款条款。

"(A) 概述。为了确保大米能够保持市场竞争力,农业部应当允许生产者在偿还按照段落 1 中规定的收成贷款时,其标准为两者取其低:

"(ⅰ) 为大米制定的贷款标准;或者

"(ⅱ) 两者取其高:

"(Ⅰ) 大米贷款标准乘以 70%;或者

"(Ⅱ) 依照农业部的规定,当前世界大米市场的现行价格。

(B) 现行世界市场价格。农业部应该通过法规做出以下规定:

"(ⅰ) 一个界定现行世界市场大米价格的公式;

"(ⅱ) 一个农业部需要定期宣布现行世界市场大米价格的机制。

"(C) 生产者购买营销证书。

"(ⅰ) 概述。在允许生产者按照子段落(A)规定偿还贷款时,农业部可以要求生产者购买按照农业部规定与不超过生产者获得的贷款数目和偿还的贷款数目之间半数差别等价值的营销凭证。

"(ⅱ) 大米偿还或现金兑换。依照农业部的规定,证书应当可以兑换商品信贷公司拥有的按照现行的市场价格定价的农产品,或者兑换现金,前提是根据农业部可能规定的条款和条件。

"(ⅲ) 偿还、营销或者兑换。依照农业部的规定,商品信贷公司应当在农业部认定为能够最大限度实现本条款确立的计划目标的时机、方式和价格标准方面协助所有个体获得按照本子段落规定的偿还、营销或者兑换的营销证书。

"(ⅳ) 费用。如果上述证书没有按照农业部的规定在发行之后合理的时间内发放,那么将按照农业部的规定从证书价值中扣除合理的存储费用和其他持仓费,时间是从合理的时间之后开始一直到将证书呈交给商品信贷公司为止。

"(ⅴ) 指定商品和产品。在可行的范围内,农业部应当允许证书所有者指定商品及其产品,包括相关的储藏场所在内,相比之下,所有者可能更愿意换取证书。

"(ⅵ) 销售价格限制。即使存在其他法律条款,依照本子段落的规定,任何有可能适用于商品信贷公司进行农产品处置的价格限制都不得适用于证书的偿还。

"（vii）替代。农业部长应当采取此类必要的措施来避免与该子段落中证书相关的农业商品及其产品的营销或者兑换可能会对商品或产品生产者收入产生的负面影响。

"（viii）转让。依照农业部的规定，该子段落发行的证书经农业部批准可以转让给其他人。

"（D）保持竞争力的证书。

"（i）概述。即使存在其他法律条款，只要是在 1991 年 8 月 1 日到 1996 年 7 月 31 日期间，依照农业部规定，某一类大米的现行世界市场价格（根据美国的特性和位置作调整）要低于当前此类大米的还款率，从而确保美国大米在世界市场的竞争力，维持以及扩大美国生产的大米的出口量。为此，商品信贷公司应当通过发行营销凭证的方式向与其达成协议参与到本子段落确立的项目当中的个人支付补贴。补贴应基于货币的数量以及遵守农业部的条款和规定，从而为美国生产的大米确立与子段落目的相一致的具有竞争力的价格。

"（ii）价值。该子段落发行的任一证书的价值应基于下面两者之间的差异：

"（I）该类大米的还款率；

"（II）依照农业部的规定，该类大米的现行世界市场价格。

"（iii）证书条款和条件。该子段落发行的营销凭证应当遵从与子段落（C）中发行的证书同样的条款和条件。

"（6）简单平均价格。为服务于本条款，生产者在过去的销售年度中所获得的简单平均价格应当基于做决策时农业部现有的最新信息。

"（b）贷款差额补贴。

"（1）概述。针对 1991—1995 年中任意一年的大米收成，农业部应当支付给生产者补贴（之后在该条款中被称为贷款差额补贴）。尽管依照子条款（a）这些生产者有资格达成贷款或购买协议，但他们依照该子条款同意放弃协议从而换取补贴作为回报。

"（2）计算。依照本子条款，补贴应当运用乘法计算：

"（A）贷款补贴率；乘以

"（B）依照该子条款，生产者有权置于贷款之下的大米产量（或者达成购买协议），但他们为了换取补贴而放弃这一贷款或协议。

"（3）贷款补贴率—为服务于本子条款，贷款还款率的数额应当是：

"（A）子条款（a）规定的产量贷款标准；超过

"（B）依照子条款（a）规定的还款标准。

"（4）营销凭证。按照子条款（a）（5）（c）规定的条款和条件，农业部可以通过发放营销凭证的方式补齐补贴总数的½。

"（c）补贴。

"（1）差额补贴。

"（A）概述。农业部应就 1991—1995 年其中任意一年的大米收成向生产者支付补贴（之后在该条款中被称为"差额补贴"），运用乘法计算该补贴数额。

"（i）补贴率；乘以

"（ii）每英亩收成补贴；乘以

"（iii）针对农场收成制定的农场计划补贴收益率。

"（B）补贴率。

"（i）针对 1991—1993 年收成的补贴率。针对 1991—1993 年其中任意一年的大米收成，其补贴率数额应为既定大米收成价格超过以下两者中较高者的数目：

"（I）按照农业部的规定，在作物营销年度的头五个月里，生产者获得的全国平均市场价格；

"（II）既定的作物贷款标准。

"（ii）针对 1994—1995 年收成的补贴率。1994—1995 年大米收成的补贴率应按照条款（i）

确定。

"（ⅲ）最低定价。1991—1995 年的大米收成定价不应低于每英担 $10.71。

"（C）每英亩补贴。每英亩作物补贴应当在以下二者中取其低：

"（ⅰ）允许种植面积内的作物收成所需要的英亩数目；

"（ⅱ）少于种植面积减少数目的农田作物种植基地的 100％（按照子条款（e）（2）（D））。

"（D）50/92 计划。

"（ⅰ）概述。假设依照子条款（e）（2）规定的一项种植面积限制计划针对大米收成生效，并且农田生产者将根据子段落（C）（ⅱ）计算的最大补贴面积的一部分等同于超过 8％的农田水稻种植收成用于储存使用（子段落（E）中的规定除外）。

"（Ⅰ）最大补贴面积超出用于储存使用面积 8％的部分（子段落（E）规定的除外），应被视为依照子条款（e）（2）（D）的规定用于水稻种植，目的是确定用于储存使用的农田种植面积；

"（Ⅱ）假设生产者能够遵守条款（ⅱ），那么他们应有资格获得依照该段落规定的种植面积补贴。

"（ⅱ）最低种植要求。要想获得条款（ⅰ）中规定的补贴，除条款（ⅳ）和（v）中的规定之外，农场生产者实际的大米收成必须至少达到农田大米最大补贴面积的 50％。

"（ⅲ）差额补贴。即使该条款还存在其他规定，任何将一部分最大水稻种植面积用于农田储存使用的生产者（或者子段落（E）中规定的其他用途），依照此分段落将获得相应种植面积的差额补贴，该补贴用于水稻种植并适用于按照农业部规定的每英担收成比率所对应的补贴，但根据农业部的规定，该比率不得低于该作物的预计差额补贴率。此类作物的预计差额补贴率应经由农业部于大米生产者同意参与收成计划之前宣布。

"（ⅳ）检疫。倘若某一国家或地方机构对某一州或县实行该地区大米收成种植方面的检疫，那么依照水土保持与国内分配法中第 8（b）项条款设立的州委员会可以在不考虑条款（ⅱ）提出的要求的前提下，依照该段落规定向农业部提议向该地区的生产者提供补贴。这些生产者按要求需要放弃大米收成的种植面积，从而缓解或消除急需检疫的局面。如果农业部认定存在这种情形，那么农业部可以依照该段落向生产者提供补贴。要想获得此条款规定的补贴，生产者必须将土地用于保留的用途（（E）规定的除外）。

"（v）妨碍种植。假如子条款（e）规定的土地种植限制计划针对任何大米收成都生效，并且农业部决定禁止农场生产者因为干旱、洪水及其他自然灾害或者其他不可抗拒因素从而获得大米收成而增加水稻的种植面积，那么农业部将依照该分段落向此类生产者提供补贴而无需考虑条款（ⅱ）提出的要求。要想获得该条款规定的补贴，生产者必须将土地投入保留使用（子段落（E）规定的除外）。任何此类土地将被视为用于水稻种植的用途。

"（ⅵ）作物种植面积和补贴收益。不得减少大米收成面积基地和农场的大米计划补贴收益率，原因是依照该子段落的规定，农场的一部分可用于水稻种植的面积已被用于保留用途（除子段落（E）的规定之外）。

"（ⅶ）限制。除条款（ⅰ）到（ⅵ）的规定之外，当实际用于种植水稻的土地面积低于用于种植其他作物所需土地面积时，按照该段落的规定可能不会给予生产者补贴。

"（ⅷ）其他计划规定的保留使用土地面积。任何依照条款（ⅰ）和条款（ⅵ）规定的用于水稻种植的土地面积可能不会用于土地保留使用，目的是履行任意面积限制的规定或者要求生产者将特定土地投入保留使用的土地分流计划。

"（E）替代作物。农业部按照其规定的条款和条件，允许将全部或任意原计划用于保留使用的土地按照子段落（D）的规定，将其列为符合补贴要求的情形，主要用于甜高粱、瓜尔豆、芝麻、蓖麻、海甘蓝、车前草、黑小麦、黑麦、绿豆，以及国内产量或市场不大却能够产出需要进口或可能进口到美国的工业原材料的商品作物，或者为实验目的而种植的商品作物（包括洋麻和乳草属植物在内），前提是需要遵守以下条款。农业部可以允许土地投入生产使用的前提是农业部决定：

"（ⅰ）生产不会增加价格支持方案的成本，也不会对农场收入产生不利影响；

"（ⅱ）该生产在提供充足的商品供给或者国内产量或市场不大却能够产出工业原材料的商品方面很有必要，并且能够促进国内原材料生产及增加其工业用途从而使美国工业长期从中获益。

"（F）降低灾难补贴。依照本段落，根据大米总量向农场生产者支付的补贴应当减去根据段落（2）的规定支付给农作物生产者的灾难补贴数额。

"（2）灾难补贴。

"（A）妨碍种植。除子段落（C）中的规定之外，倘若农业部因为干旱、洪水或其他自然灾害或者其他超出生产者控制范围之外的情形，规定禁止农场生产者为了大米收成而将土地用于种植水稻或者其他非保留性作物，那么农业部需要向生产者支付与其获得的农产品同等数量的妨碍种植灾难补贴，该补贴通过乘法进行运算：

"（ⅰ）乘以关联的英亩数目，但该数目不能超过之前一年用于大米收成的种植面积（包括任何禁止生产者种植水稻或其他一旦出现干旱、洪水或其他自然灾害或者其他超出生产者控制范围之外而用于代替水稻的非保留性作物的种植面积）；乘以

"（ⅱ）农业部确定的农场计划补贴收益的75％；乘以

"（ⅲ）等同于作物定价33％的补贴率。

"（B）降低收益率。除子段落（C）的规定之外，倘若农业部决定由于干旱、洪水或其他自然灾害，或者其他不受生产者控制的因素，生产者能够收获的农田大米收成总量低于农业部为该作物收成种植面积制定的农场计划补贴收益的75％，那么农业部应以等同于低于作物生产差额75％的定价的33％的比率向生产者支付缩减的灾难补贴收益。

"（C）收成保险。农场生产者无权获得：

"（ⅰ）依照子段落（A）规定的妨碍种植灾难补贴，如果关于水稻种植面积，生产者根据《联邦农作物保险法案》（《美国法典》第7卷1501及以下）能够获得妨碍种植收成保险；

"（ⅱ）依照子段落（B）规定的缩减的收成灾难补贴，如果根据此法案生产者就水稻种植能够获得数目缩减的作物收成保险。

"（D）管理。

"（ⅰ）经济紧急情况。即使存在子段落（C）的规定，农业部可以依据该段落向农场生产者提供灾难补贴，前提是农业部决定：

"（Ⅰ）由于干旱，洪水或其他自然灾害，或者其他超出生产者控制范围之外的因素，生产者因为不被允许种植水稻或者其他非保留性作物亦或是缩减产量而蒙受的巨大生产损失；

"（Ⅱ）损失对生产者造成的经济紧张局面；

"（Ⅲ）《联邦农作物保险法案》（《美国法典》第7卷1501及以下）所规定的收成保险赔偿补贴，以及联邦政府向蒙受损失的生产者提供的其他形式的援助都不足以缓解经济紧张的局面；

"（Ⅳ）必须向生产者提供额外援助从而缓解经济紧张的局面。

"（ⅱ）调整。农业部可以根据该段落就针对个人农场补贴数目做出必要的调整，从而确保生产者之间的公平分配，其中需要考虑向生产者提供针对相关作物的其他形式的联邦灾难援助。

"（d）补贴收益。针对农场大米收成的农场计划补贴收益应置于第5篇之下。

"（e）种植面积缩减计划。

"（1）概述。

"（A）制定。即使该法案存在任何其他规定，在考虑是否需要充分储存从而确保合理和稳定的供给，价格以及解决全国紧急形势之后，倘若农业部认定在没有一项种植面积限制计划的前提下大米的总供给会过剩，那么农业部可以依照段落（2）为所有大米收成提供一项种植面积限制计划。

"（B）农业资源保留计划—在依照子段落（A）作决策时，农业部应当考虑投入到农业资源保留计划中的英亩数目，应置于《1985年粮食安全法》第ⅩⅡ篇子篇D之下（《美国法典》第16篇3831及以

下）。

"（C）公告。如果农业部选择在任意收成年实行一项种植面积限制计划，那么其应当在不晚于农作物收成的年度 1 月 31 日公布此类计划，除 1991 年的收成之外，农业部应尽可能在条款生效之日起公布该计划。

"（D）储存。在发布公告当年之前的三年营销年度中，农业部应当针对大米收成依照段落（2）的规定实行种植面积限制计划，可能会产生等同于大米消耗总值的简单平均值的 16.5％到 20％的储存量。为了服务于该子段落，术语"消耗总值"指全部大米利用率，包含全部的国内，出口以及全部剩余消耗。

"（2）种植面积限制计划。

"（A）缩减比率。除段落（3）的规定之外，如果按照段落（1）公布一项水稻种植面积限制计划，此类限制应当通过采取统一的缩减比率（从 0％到 35％）的方式来对所有生产大米的农场的大米收成种植基地实行限制。

"（B）遵守规定。除第 504 条的规定之外，按照子段落（A）的规定，有意生产大米超过允许的农场水稻种植面积的生产者没有资格获得大米贷款，购买及相应的农场补贴。

"（C）农作物种植基地。针对大米收成的水稻种植面积基地应当置于第 5 篇之下。

"（D）用于保留用途的种植面积。

农场大量的土地应根据农业部发布的法规作保留用途。该数量应当通过将大米收成种植面积基地乘以农业部规定的缩减比率得以确定。如此得出的英亩数量稍后在该子条款中被称为"允许面积"。农业部可以根据段落（3）和第 504 条的规定调整该面积。

"（E）个人农场计划面积。除子条款（c）所做的规定之外，个人农场计划面积在农场大米收成面积方面应按照该段落处于农场水稻种植面积的允许范围之内。

"（F）在缩减的种植面积上种植指定作物。

"（ⅰ）指定作物的定义。用于该子段落的术语"指定作物"指的是条款 504（b）（1）中界定的作物，但不包含条款 502（3）中界定的其他计划作物。

"（ⅱ）概述。根据条款（ⅲ）的规定，农业部可以允许农场生产者在不超过农场½的缩减种植面积上种植某种指定作物。

"（ⅲ）限制。如果农场生产者选择依照该子段落在缩减的种植面积上种植指定作物：

"（Ⅰ）生产者依照子条款（c）有资格获得的针对种植指定作物每一英亩（或者比例）的差额补贴数额应当减少，减少数额等同于农业部认定为恰当的大量作物英亩数的差额补贴，除非农场生产者正参与到某一为多种计划作物而确立的计划当中，否则缩减的数量将取决于所有此类计划作物农场种植面积缩减的分配情况；

"（Ⅱ）农业部应当确保依照子条款（Ⅰ）规定的差额补贴的缩减，足以保证该子段落不会对商品信贷公司产生额外的成本。

"（3）针对性的选择补贴。

"（A）概述。即使该条款存在其他规定，如果农业部针对 1991—1995 年其中任意一年的大米收成实行种植面积限制计划，并公布大约 20％或更少的种植面积限制百分比，那么农业部可以向那些没有依照子条款（c）（1）（D）获得补贴的农场生产者提供此类作物，并对差额补贴标准做出相应调整，前提是生产者根据该段落的规定践行补贴的选项。

"（B）补贴选项。假使农业部选择执行该段落，那么其应当向那些同意依照该段落对从种植面积限制计划的大米生产中分离出来的面积数量做出调整的生产者提供子段落（C）和子段落（D）中规定的补贴选项。

"（C）增加种植面积限制选项。

"（ⅰ）提高定价。如果农业部选择执行该段落，那么依照条款（ⅱ）生产者应当有资格提高大米的定价，前提是该生产者同意适用于其水稻种植基地的种植面积限制百分比增长高于农业部公布的种植面积限制百分比。

"（ⅱ）计算方法。为了计算提供给参与到该段落规定计划当中的生产者的差额补贴，针对适用于生产者水稻种植面积基地的种植面积限制百分比增长的每个百分点，农业部应当提高其大米定价，数量是按照农业部的规定，既不低于0.5％也不能高于1％。

"（ⅲ）限制。适用于生产者水稻种植面积基地的种植面积限制百分比增长不应超过由农业部公布的种植面积限制百分比的5％以上。

"（ⅳ）调整未充分种植。在依照本段落决定提高适用于生产者水稻种植面积基地的种植面积限制百分比时，农业部应当排除等同于生产者被允许的水稻种植面积与过去两年实际种植水稻面积（包括按照子条款（c）（1）（D）规定的用于保留用途的面积）平均差的种植面积数目。

"（D）减少种植面积限制选项。

"（ⅰ）降低种植面积限制要求。如果农业部选择执行该段落，那么生产者应当有资格提高适用于其水稻种植面积基地的种植面积限制百分比（根据农业部的规定），前提是该生产者同意依照条款（ⅱ）降低大米定价，目的是计算提供给该生产者的差额补贴数额。

"（ⅱ）计算方法。为了计算向那些选择该子段落提出的选项的生产者提供的差额补贴数额，针对适用于生产者水稻种植面积基地的种植面积限制百分比减少的每个百分点，农业部应当根据其规定的数额降低大米的定价，既不低于0.5％也不能高于1％。

"（ⅲ）限制。依照本段落的规定，生产者一般不能选择降低适用于其水稻种植面积基地的种植面积限制百分比超过公布的种植面积限制百分比的1/2。

"（E）参与和生产效果。即使该段落存在其他规定，农业部应当在可行的范围内确保该段落规定的计划不会对计划参与或总产量产生显著影响，另外，该计划提出所遵循的方式是农业部的决定不会造成额外的预算支出。农业部应当向众议院农业委员会和参议院农业、营养和林业委员会提供关于其决议的相关分析。

"（4）管理。

"（A）免受杂草和侵蚀危害。农业部依照段落（2）就保留用途所需土地面积所颁布的法规应当确保保护土地免受杂草、大风及水的侵蚀。

"（B）一年或常年植被覆盖。

"（ⅰ）概述。除段落（2）所作规定之外，依照本子条款规定，参与到针对大米收成而设立的种植面积限制计划当中的生产者应当按照要求在除用于大米生产的50％的土地上（根据生产者的选择可以不止50％）种植一年生或多年生植被，但不能超过既定的作物种植面积基地的5％（根据生产者的选择可以不止这个数字）。该要求根据农业部的规定不适用于干旱区域（包括夏季休耕区域）。

"（ⅱ）多年计划。

"（Ⅰ）成本份额援助—如果生产者选择种植常年植被，从而改善该土地的水质和野生动物栖息地，那么商品信贷公司应当针对不超过50％的土地上的植被覆盖提供既定价格25％的成本份额援助，但不能超过既定作物种植面积基地的5％（根据生产者的选择可以不止这个数字）。

"（Ⅱ）生产者协议—如果生产者选择依照该子段落在土地上种植常年植被，并且就该土地接受公司给予的成本份额援助，那么在遵守农业部规定的条款和条件以及考虑国家技术委员会制定的指导方针的前提下，依照《1985年粮食安全法》第Ⅻ篇下的子篇G，生产者应当同意保持常年植被覆盖至少3年以上。

"（ⅲ）保护作物。在遵守农业部规定的条款和条件的前提下，农业部可以允许全部或一部分土地面积用于种植甜高粱、瓜尔豆、芝麻、蓖麻、海甘蓝、车前草、黑小麦、黑麦、绿豆或其他农产品。前提是农业部认定该生产在提供充足的商品供给的同时却不会增加价格支持方案的成本，也不会对农场收入产生不利影响。

"（C）收割干草和牧草。

（ⅰ）概述。除条款（ⅱ）所作规定之外，依照该条款，应当允许缩减土地面积的干草和牧草收割，依照子条款（c）（1）（D）投入保留用途的土地面积以及从土地分配计划中分离出来的土地产量，但是依照州委会为各州设立的《水土保持与国土分配法》（《美国法典》第 16 篇 590h（b））的条款 8（b），其中规定的任意连续 5 个月的时间除外。这 5 个月的时间应从当年的 4 月 1 日开始到一直到 10 月 31 日结束。

"（ⅱ）自然灾害。关于自然灾害，农业部可以允许无限制地收割土地上的干草和牧草。依照该条款行使此项权利时，农业部不会排除未种植苜蓿的灌溉或未灌溉土地。

"（D）水存储用途。

"（ⅰ）概述。农业部依照段落（2）关于投入保留用途使用的土地面积而颁布的法规应当作出以下规定，如果土地在过去的五年中至少有 3 年是用于种植小麦、饲料谷物、棉花、水稻或者油菜籽，那么转化为水存储用途的土地应被视为投入保留用途。在土地作为水存储之用的期间，该土地应被视为作保留用途，但自转化之日起不能连续超过 5 年。

"（ⅱ）限制。为服务于该子段落而转化为水存储用途的土地不能作任何商业用途，包括商品鱼生产在内。该土地储存的水资源可能不是地下水。位于该土地上的农场在过去 5 年的收成年度中至少有一年必须使用地下水进行灌溉。

"（5）土地转让计划。

"（A）概述。无论水稻种植面积限制计划是否生效，如果农业部认定该土地转让补贴在协助调整全国水稻种植总面积达到理想目标方面很有必要，那么农业部会向大米生产者提供土地转让补贴。

根据农业部的规定，应依照农业部与生产者达成的土地转让协议向将农场的作物种植面积用于保留用途的生产者提供土地转让补贴。

"（B）数量—土地转让协议中提供给生产者的应付金额可以经由生产者按照农业部规定的方式或其他农业部认定为恰当的方式提交投标合同决定。在决定协议条款的可接受性时，农业部应当考虑生产者转让的程度以及转让土地面积的生产力。

"（C）土地转让面积的限制。农业部应当根据各县或当地的协议限制转让土地的总面积，从而不会对各县或当地经济产生不利影响。

"（6）保护措施。

"（A）野生动物食物获取地或栖息地。缩减的土地面积或额外的转让土地面积可以在咨询野生动物机构的前提下，依照农业部制定的标准用于野生动物食物或栖息地。农业部可以将合理的成本份额用于服务该子段落的目的。

"（B）公共访问。农业部可以就种植面积提供额外补贴，其数目取决于农业部认定是否符合群众的利益，前提是生产者在没有获得其他补偿的条件下，按照农业部的规定及遵守可行的州和联邦法规，允许其他人将全部或部分农场用于打猎、捕获、捕鱼以及远足等用途。

"（7）参与协议。

"（A）概述。想要参与到依照该子条款实行的计划当中的农场生产者应当同农业部达成协议，前提是该参与不应晚于农业部规定的日期。

"（B）修正或终止。通过与农场生产者达成双方协议，在遇到因为干旱或其他灾害造成的突发事件或者为了预防或缓解农产品供应上的短缺，农业部若认为有必要就有权修正或终止任何此类协议。只有当农产品的预计库存量发生显著变化时，农业部才能根据该子段落的规定修正协议，从而达到缓解农产品供给短缺局面的目的。原因是农业部之前公布了该大米收成计划的最终条款和条件。

"（f）库存缩减补贴。

"（1）概述。针对 1991—1995 年其中任意一年的大米收成，农业部可以向满足该子条款的生产者提供补贴。

"（2）形式。补贴可以采取营销凭证的形式发放。

"（3）补贴。

"（A）概述。依照该子条款规定的补贴应通过与子条款（b）相同的方式加以确定。

"（B）供给大米的数量。依照该子条款提供给生产者的大米数量应当等值于该子条款规定的补贴。

"（4）资格。生产者应当有资格获得该子条款规定的作物补贴，前提是生产者：

"（A）依照子条款（a）同意放弃获取贷款或购买协议；

"（B）依照子条款（c）同意放弃获取补贴；

"（C）大米收成不超过依照子条款（e）从生产中分离出来的缩减50%之后的作物种植面积基地；

"（D）否则，就遵守该条款。

"（g）公平救济。

"（1）贷款和补贴。如果生产者没能完全遵守依照该条款设立的计划的条款和条件，并且妨碍到了其贷款、购买和获得补贴，那么由农业部根据失败的严重性决定相关贷款、购买和补贴的公平数目。农业部会考虑生产者是否努力充分遵守该计划的条款和条件，从而依照该段落决定是否批准向生产者提供公平救济。

"（2）期限和计划要求。农业部可以授权依照《水土保持与国土分配法案》（《美国法典》第16篇590h（h））中条款8（b）设立的各县和州委员会进行搁置或修正期限以及其他计划要求，前提是延迟或没有达到其他要求不会对计划的开展产生不利影响。

"（h）法规。农业部可以颁布其认为有必要的法规从而执行该条款。

"（i）商品信贷公司。农业部应当执行由该条款授权的经由商品信贷公司的计划。

"（j）补贴分配。《水土保持与国土分配法》（《美国法典》第16篇590h（g））条款8（g）中的法规（与补贴分配相关的法规）应依照该条款适用于补贴。

"（k）补贴分配。农业部应当秉承公开公平的原则依照该条款向农场生产者提供补贴分摊。

"（l）租户和佃农。农业部应当为保护租户和佃农的利益提供充分的保护措施。

"（m）交叉遵守。

"（1）概述。依照该条款，农场遵守其他商品计划的条款和条件标准或者遵守任何其他商品的作物种植面积基地要求，这两方面的遵守可能不会被视为获取贷款、购买或者补贴资格的条件。

"（2）符合其他农场。农业部不会要求农场生产者遵守其他农场所规定的条款和条件，也不会将其作为生产者依照该条款获得农场贷款、购买或者补贴资格的条件。

"（n）作物。即使存在其他法律规定，此条款应只针对1991—1995年的大米收成生效。"

第7篇 含油种子

第701条 针对1991—1995营销年度的含油种子贷款和补贴。

修订《1949年农业法》（《美国法典》第7卷1446及以下）的第2篇如下：

（1）根据第201条中子条款（a）之前的规定（《美国法典》第7篇1446），强调"东坚果"，并增加以下内容："含油种子（包括大豆、葵花籽、油菜籽、菜籽、红花、亚麻籽、芥菜籽和其他农业部规定的含油种子），"以及

（2）在结尾处增添以下新条款：

"第205条 针对1991—1995营销年度的含油种子贷款和补贴。

"（a）含油种子的定义。正如该条款所示，术语"含油种子"指的是大豆、葵花籽、油菜籽、菜籽、红花、亚麻籽、芥菜籽和其他农业部规定的含油种子。

"（b）概述。根据该条款的规定，针对1991—1995营销年度的任意一年农场生产的含油种子，农

业部应当通过向农场生产者提供无追索权贷款的方式支持含油种子的价格。

"（c）贷款标准。1991—1995 年收成的贷款标准：

"（1）大豆不应低于每蒲式耳 5.02 美元；

"（2）葵花籽、油菜籽、菜籽、红花、芥菜籽和亚麻籽每英镑不应低于 0.089 美元；

"（3）其他含油种子在定价时应当参照大豆的贷款标准，依照农业部认定为公平合理的标准，棉籽的情况除外，其价格不能低于同一作物收成年每英镑大豆的标准。

"（d）营销贷款法规。

"（1）概述。农业部应当允许生产者依照该条款偿还作物贷款。

"（A）其标准为在以下两者中取其低：

"（ⅰ）针对该作物确定的贷款标准；或者

"（ⅱ）按照农业部的规定，现行的实际含油种子世界市场价格（根据美国的特点和位置做出调整）；或者

"（B）农业部规定的其他标准（不超过该作物的贷款标准）可能会：

"（ⅰ）最小化潜在的贷款没收；

"（ⅱ）由联邦政府最小化含油种子库存的积累数量；

"（ⅲ）最小化联邦政府在储存含油种子的过程中产生的成本；

"（ⅳ）使得美国生产的含油种子能够以自由和富有竞争力的方式在国内和国外进行交易。

"（2）现行的世界市场价格。农业部应当通过制定法规的形式来作出以下规定：

"（A）一个界定现行世界市场含油种子价格的公式（根据美国的特点和位置做出调整）；

"（B）一个农业部需要定期宣布现行世界市场含油种子价格的机制（根据美国的特点和位置做出调整）。

"（e）贷款差额补贴。

"（1）概述。针对 1991—1995 年任意一年的含油种子收成，农业部应当向生产者提供补贴，尽管依照子条款（b），这些生产者有资格获得贷款，但他们依照该子条款同意放弃协议从而换取补贴作为回报。

"（2）计算。该子条款规定的补贴应运用乘法进行运算：

"（A）贷款补贴率；

"（B）依照该子条款，生产者有权置于贷款之下的含油种子产量，但他们为了换取补贴而放弃这一贷款。

"（3）贷款补贴率。为服务于该子条款，贷款补贴率的数目应是：

"（A）子条款（c）规定的作物贷款标准；超过

"（B）子条款（d）规定的还款标准。

"（4）营销凭证。

"（A）概述。农业部应当根据本条款的规定通过证书赎回商品信贷公司拥有的农产品的形式支付补贴。

"（B）最低含油种子存储量。农业部应当根据子段落（A）发放凭证，从而使含油种子存储积累实现最小化。

"（f）营销年。为服务于本条款，以下营销年：

"（1）大豆的营销年应持续 12 个月，从 9 月 1 日开始一直持续到来年的 8 月 31 日；

"（2）其他含油种子的营销年应遵守农业部的法规。

"（g）公告。

"（1）概述。除段落（2）所作规定之外，农业部宣布年度收成作物贷款标准的时间不应晚于当前年度的 11 月 15 日。

"（2）1991 年收成。关于 1991 年的收成，农业部应尽快于本条款生效之日起宣布其该作物的贷款标准。

"（h）贷款到期。依照该条款规定的含油种子贷款将于申请贷款的当月起之后的第九个月的最后一天到期。

"（i）其他条款和条件。即使存在其他法律规定：

"（1）农业部不应要求生产者将参与任何含油种子生产调整计划或者其他商品作为取得含油种子价格支持资格的条件；

"（2）农业部不能向生产者提供用以支付储存含油种子成本的补贴；

"（3）含油种子不能被视为所有储备计划的合格商品。

"（j）法规。农业部可以颁布其认为对实施该条款必要的法规。

"（k）商品信贷公司。农业部应当执行由该条款授权的经由商品信贷公司的计划。

"（l）补贴分配。《水土保持与国土分配法》（《美国法典》第 16 篇 590h（g））条款 8（g）中的法规（与补贴分配相关的法规）应依照该条款适用于补贴。

"（m）作物。即使存在其他法律规定，此条款应只针对 1991—1995 年的油菜籽收成生效。

第 8 篇 花 生

第 801 条 暂停销售配额和面积分配。

下列《1938 年农业调整法》中的规定将不适用于 1991—1995 年的花生收成：

（1）条款 358 中（a）到（j）子条款（《美国法典》第 7 篇 1358（a）（j））。

（2）条款 358a 中（a）到（h）子条款（《美国法典》第 7 篇 1358（a）（h））。

（3）条款 359 中（a），（b），（d）和（e）子条款（《美国法典》第 7 篇 1359（a），（b），（d）和（e））。

（4）第 3 篇下子篇 C 的第一部分（《美国法典》第 7 篇 1361 及以下）。

（5）第 371 条（《美国法典》第 7 篇 1371）。

第 802 条 全国磅值配额和面积分配。

修订《1938 年农业调整法》，在第 358 条后增添以下新条款：

"第 358－1 条 针对 1991—1995 年花生收成的全国磅值配额和面积分配。

"（a）全国磅值配额。

"（1）设定。1991—1995 年期间任一营销年度的全国磅值配额和面积分配应当由农业部确定，标准等同于农业部预计将在每一营销年度用于国内食用、做种和相关用途的花生数目（以吨计）。即使该段落存在其他规定，每一营销年度的全国磅值配额不得低于 1 350 000 吨。

"（2）公告。农业部公布某一营销年度的全国磅值配额的时间不得晚于当年之前的 12 月 15 日。

"（3）各州分配。依照段落（1）确立的全国磅值配额应当分摊到各州，从而确保分配到各州的磅值配额等同于 1990 年农业部分配到各州农场的全国磅值配额的百分比。

"（b）农场磅值配额。

"（1）概述。

"（A）确立。1991—1995 年期间任意营销年度的农场磅值配额应当通过以下方式确立：

"（i）针对拥有 1990 营销年度花生的农场磅值配额的农场；

"（ii）按照农业部的规定，针对其他于收成年之前 3 年中至少有两年投入花生生产营销的农场，假如依照子条款（a）（3）分摊到各州任意营销年度的磅值配额高于之前营销年度的配额；

"（iii）根据条款 358c，经农业部批准和决定，针对那些为实验和研究项目而生产花生的农场。

"（B）数量。依照子段落（A）（i）的规定，各农场于 1991—1995 年期间任意营销年度的农场磅值配额应当等同于根据段落（2）调整之后的之前营销年的农场磅值配额，但不包括：

"（i）因为之前年度营销不利而增加的数量；或者

"（ii）任何依照段落（7）的规定因公布配额分配一年之后而自动产生的数量增长。

假使 1991—1995 年期间各农场营销年度存在依照子段落（A）（ii）规定的农场磅值配额，其数量应等同于当年依照段落（2）规定的该农场获得的花生分配数量。

"（C）转让。为服务于该子条款，如果依照条款 358a 或 358b，农场磅值配额及其各组成部分实现了永久转让，那么接手的农场应被视为在接下来的全部营销年中拥有了转让农场的农场磅值配额（或者部分）。

"（2）调整。

"（A）增长配额的总体分配。除遵循子段落（B）和子段落（D）的规定之外，如果在 1991—1995 任意营销年度期间，依照子条款（a）（3）分配给州的磅值配额增长超过之前营销年度分配给各州农场的磅值配额，那么应当基于农场在过去三年中的花生产量情况对该增长实行按比例分配，其中：

"（i）针对所有在分配营销年度之前确立其农场磅值配额的州农场；

"（ii）按照农业部的规定，所有在之前的三年收成年度中至少有两年用于花生生产的其他州农场。

"（B）德克萨斯州的增长配额分配。

"（i）概述。在得克萨斯州，依照农业部规定的条款和条件，从 1991 营销年度开始，33％的增长配额依照子段落（A）的规定应当分配到各县在 1990 营销年度拥有磅值配额的农场，这些县的额外花生产量已超过了 1989 营销年度分配给各县的总配额。

"（ii）县分配依据。将配额分配到符合条件的县的过程应当基于相关县 1988 年收成的额外花生总产量，但依照子段落和段落（6）（C）规定的分配到各县的总配额增长不能超过 1989 营销年度分配到各县的基本配额的 100％，前提是该县在 1989 营销年度拥有超过 10 000 吨的配额。

"（iii）面向其他县的分配。假设各县的总配额增长了 100％，那么所有依照该子段落留出的剩余配额百分比，应当根据该子段落分配给满足条件的其他各县农场。

"（iv）合格农场的配额。各县增长配额的百分比，应当依照该子段落只分配给那些在分配营销年度之前的营销年度中根据与经营者达成的合同交付额外花生产量的配额农场。各县配额增长的百分比在各合格县农场之间的分配应当建立在以下基础之上：

"（I）因素。任一合格农场因素的确立，应当通过将农场按照合同交付给经营者的额外花生数量除以在分配营销年度之前的营销年度中的农场剩余花生总量。

"（II）分配。由于该因素引出了所有满足条件的农场应当具备的因素，因此，所有合格农场应当获得该县增长配额的百分比。

"（v）剩余百分比。在得克萨斯州，子段落（A）中提到的剩余的 67％的增长配额应依照子段落（A）的规定分配给各州农场。

"（C）减少。假如在 1991 到 1995 任意营销年度期间，依照子条款（a）（3），分配给各州的磅值配额相比根据子条款（a）（3）于之前营销年度分配给各州农场的磅值配额减少了，那么针对所有在分配营销年度之前的营销年度中确立农场磅值配额的州农场，应当将该减少的数量分摊到所有州农场。

"（D）关于租户增长配额的份额的特别规定。根据农业部制定的条款和条件，就租用给租户用于花生生产的农场而言，租户应当享有和农场所有者同等的子段落（A）中原已指出，后却由于租户额外的花生产量分配给农场的配额百分比。租户拥有的此类配额份额应不得晚于每年的 4 月 1 日或尽快分配给其名下的县农场，或者由该租户出售给县农场场主并永久转手该农场。任何没有按照该子段落处置的配额将依照段落（6）分配给其他州配额农场，作为配额生产失败引起的州农场配额减少部分。

"（3）未生产配额。

"（A）概述。在可行的范围内以及基于农业部规定的公平公正的基础之上，在1991—1995任意营销年度期间确立的农场磅值配额减少的幅度，应满足农业部认定的于三年营销年度的任意两年中确立的农场磅值配额，具体时间应于尚未就农场生产作出决定的营销年之前。

"（B）例外条款。为服务于该段落，任意先前营销年度的农场磅值配额不得包括：

"（i）前些年花生配额营销不利造成的增长；或者

"（ii）依照段落（7）配额分配发布一年之后自动引起的增长。

"（4）考虑配额生产。为服务于该子条款，农场磅值配额应当考虑在农场生产，前提是：

"（A）依照农业部的规定，农场磅值配额的确定不是因为旱灾、洪水或其他自然灾害，或者其他超出生产者控制范围之外的情形；

"（B）只能在做决定的营销年度之前的三年营销年度中的一年依照段落（7）自动公布的农场磅值配额；

"（C）只能在做决定的营销年度之前的三年营销年度中的一年中，将农场磅值配额租用给同一个县的另一位所有者或农场的经营者。

"（5）永久转让配额。即使存在其他法律规定：

"（A）依照该子条款，既定的农场税率配额或配额的任意部分可以由农场主永久移交或者由经营者在获得农场主允许的前提下进行；

"（B）为了能够反映移交的配额，应当下调与移交配额相关的农场磅值配额。

"（6）缩减或移交配额的分配。

"（A）概述。除子段落（B）和（C）的规定之外，农场税率配额的缩减总量或依照段落（3）和（5）的规定，于任意营销年自动由州农场移交的农场税率配额，应当根据农业部的规定，分配给该州的其他农场，在进行分配之前，这些农场在过去的三年收成年中至少有两年需要从事花生生产。

"（B）为没有配额的农场预留配额。依照子段落（A），不超过25%的用于全国分配的农场磅值配额总值应当分配给州内其他在之前收成年中没有农场磅值配额的农场。分配给此类农场的配额不能超过过去三年中农场生产花生总量的平均值。

"（C）得克萨斯州的缩减和移交配额的分配。

"（i）概述。在得克萨斯州，根据农业部规定的条款和条件，从1991营销年起，除依照子段落（B）分配给新农场的配额百分比之外，农场磅值配额的总量应当分配给县里其他所有拥有1990营销年磅值配额的农场，这些农场的花生额外产量超过了1989营销年的县配额总量。

"（ii）县分配依据。针对合格县的配额分配应当基于相应县1988年收成中的花生额外总产量，但依照子段落和段落（2）（B）分配到各县的总配额的增长不能超过1989营销年分配给该县的基本配额的100%，前提是该县于1989营销年获得了10 000吨的配额。

"（iii）分配给其他县。如果此类县的总配额增长达到了100%，那么所有根据该子段落预留的配额应当分配给满足该子段落要求的其他县的农场。

"（iv）分配给合格的农场。依照该子段落用于分配的农场磅值配额的百分比，应当只面向那些按照合同在分配营销年度之前的营销年度中将额外花生数量交付给经营者的农场。各县配额增长的百分比应当在以下的基础上实现合格农场之间的分摊：

"（Ⅰ）因素。任一合格农场因素的确立应当通过将农场按照合同交付给经营者的额外花生数量除以在分配营销年度之前的营销年度中的农场剩余花生总量的方式。

"（Ⅱ）分配。由于该因素引出了所有满足条件的农场应当具备的因素，因此，所有合格农场应当获得该县增长配额的百分比。

"（7）短期移交配额。

"（A）概述。就某一营销年为一农场确立的农场磅值配额或其中的一部分可以自动公布给农业部，该配额或其中一部分不会用于当前营销年的农场生产。所有各州公布的农场磅值配额应当依照农业部的规定实现州内各农场之间的分摊。

"（B）有效期。除非本条款另有规定，任何依照子段落（A）进行的农场磅值配额方面的调整都只在其确立的营销年中有效，而在确立及公布下一个营销年的农场磅值配额时不应将其考虑在内。

"（8）针对以往营销年中营销不力的增长。

"（A）概述。除子段落（B）的规定之外，针对任意营销年中农场获得的农场磅值配额，其增长的磅数应遵循该农场于以往营销年花生的总营销配额（不包括 1989 收成营销年之前的所有营销年）低于当前营销年适用农场磅值配额的总值（不考虑针对以往营销年营销不力而做的调整）。

"（B）未生产配额。为服务于子段落（A），因以往营销年的营销不力而向所有农场提供的磅值配额的增长幅度不得超过当前营销年度依照段落（3）就生产失败而确立的农场磅值配额。

"（C）全国磅值配额。任何依照该段落实现的农场磅值配额增长不得有损于当前营销年的全国磅值配额。

"（D）转让额外花生产量。依照本段落，某一营销年中农场磅值配额的增长可以用于当前营销年中依据农业部法规的规定实现从农场生产的额外花生产量向定价为目的的配额贷款的转让。

"（9）针对营销不力的增长限制。即使该子条款存在前述规定，如果依照段落（8）个体农场磅值配额的增长总值超过了当前营销年中全国磅值配额可行范围内增长的 10%，那么农业部应当对该增长做出调整，从而确保其不超过全国磅值配额的 10%。

"（c）农场产量。

"（1）概述。针对所有已依照子条款（b）确立农场磅值配额的农场，为服务于本法案，应为其限定农场花生产量。

"（2）数量。该产量应等同于三个收成年农场实际每英亩的平均产量，这三个收成年必须是 1973—1977 年五个收成年中农场产量最高的三年。

"（3）产量评估。如果农场在五年期间没有做到三年用于生产花生，或者在这期间农场经营发生了巨大变化（包括经营者的变动，作为经营者的租户的变动或者灌溉措施的改变），那么农业部应当为农场进行产量评估。该产量评估数量的确定应当秉承公平合理的原则，在综合考虑花生生产所需要的土地，劳力和设备，作物轮作措施，土壤和水源以及其他相关因素的基础上，基于之前为该农场所在地区同类生产花生的农场所规定的产值作出决定。

"（d）就磅值配额进行公民投票。

"（1）概述。每个年度 12 月 15 日之前，农业部应当在于当前年度从事花生配额生产的生产者当中开展公民投票，目的是决定生产者关于公投当年之后连续 5 个年度中的花生收成的磅值配额持赞成意见还是反对意见，但如果参与到公民投票中的生产者的⅔赞成磅值配额，那么就不需要针对该期间的第二、第三、第四和第五个年度再进行公民投票。

"（2）公布。农业部应在开展公民投票之后的 30 天内公布公投结果。

"（3）投票反对配额。如果超过 1/3 的生产者投票反对配额，那么农业部也应当宣布该磅值配额对在公投年度之后的下一个年度中的花生收成无效。

"（e）定义。为服务于该部分以及《1949 年农业法》的第 1 篇（《美国法典》第 7 卷 1441 及以下）：

"（1）额外花生量。术语"额外花生量"指的是在任意营销年中：

"（A）从拥有农场磅值配额的农场交易得来的花生量，并且超过了当年农场花生的营销配额；

"（B）依照子条款（b），所有从未获得农场磅值配额的农场交易得来的花生量。

"（2）碾磨。术语"碾磨"指的是对花生进行加工，从而提取食用油、饲料或单纯是因为农业部的授权通过碾磨的方式进行花生加工。

"（3）国内食用。术语"国内食用"指的是通过碾磨的方式生产国内的花生食品（不包括段落（2）中提到的用途），做种以及作农场使用，但农业部依照条款 359（c）将用于种植花生的花生种子从定义中除去，认定其为独特的种类，并且不用于商业目的。

"（4）花生配额。术语"花生配额"指的是在任意营销年中根据子条款（b）的规定，由拥有农场磅值配额的农场生产的花生量：

"（A）该花生量依照农业部的规定可用于国内食用；

"（B）可用于交易或被视为从农场交易得来；

"（C）不超过当年农场的农场磅值配额。

"（f）收成。即使存在其他法律规定，该条款只适用于1991—1995年的花生收成。"

第803条　出售、租赁或者转让农场磅值配额。

修订《1938年农业调整法》，在第358a条后增添以下新条款：

"第358b条　针对1991—1995年花生收成的农场磅值配额的出售、租赁或者转让。

"（a）概述。

"（1）权力。在遵守农业部规定的条款，条件或限制的前提下，依照该法案拥有农场磅值配额的农场所有者或获得农场所有者允许的经营者，有权以转让农场为目的向同一个县的其他农场所有者或经营者出售或租赁全部或任意部分的磅值配额，但此类的磅值配额租赁一般要在秋季或者正常的种植期之后进行。

"（A）如果不少于90%的基本配额（排除营销不力和短期的配额转让之后的农场配额）加上依照该子条款转让给农场的所有磅值配额已经用于或可以被视为用于即将租赁配额的农场的生产；

"（B）依照农业部规定的条款和条件。

关于现金承租人的秋季转让或者正常种植期之后的转让，土地所有者无需签署转让授权书。秋季转让或者正常种植期之后的转让的时间不应晚于对转让对象——花生进行审核和评级之后的72小时。

"（2）转让给其他私人农场。农场所有者或经营者可以转让全部或部分的农场磅值配额给位于同一个县，或同一个州内相邻县的其他由农场所有者或经营者拥有和控制的农场，此类农场在之前的收成年中拥有农场磅值配额。任何依照该段落进行的农场磅值配额转让不应造成转让农场的农场磅值配额的减少，前提是转让的配额是或者可以视为由接手农场生产的。

"（3）小配额州之间的转让。尽管有段落（1）和（2）的规定，针对所有在之前收成年中分摊的磅值配额低于10 000吨的州，其全部或部分农场磅值配额可以通过出售、租赁或者从同一个州内位于一个县的农场转到另一个县的农场的方式实现转让。

"（b）条件。依照该条款进行的农场磅值配额的转让（包括通过出售和租赁进行的转让）应当满足以下全部条件：

"（1）担保物权。除非担保物权允许，否则不允许已抵押或留置的农场转让其农场磅值配额。

"（2）宜耕田。如果根据《水土保持与国内分配法案》（《美国法典》第16篇590h（b））的条款8（b）设立的县委员会认定接手农场不具备充足的宜耕田来生产农场磅值配额，那么不会允许其转让农场磅值配额。

"（3）登记在案。只有当就转让向所在县的县委员会报备并经委员会认定该转让符合本条款时，农场磅值配额的转让才生效。

"（4）其他条款。其他农业部规定的条款和条件。

"（C）收成。即使存在其他法律规定，该条款只适用于1991—1995年的花生收成。

第804条　营销处罚；额外花生量的处置。

修订《1938年农业调整法》，在第359条后增添以下新条款：

"第 359a 条　针对 1991—1995 年花生收成的营销处罚和额外花生量的处置。

"（a）营销处罚。

"（1）概述。

"（A）超过配额的花生营销。针对用于国内食用的花生超过生产花生农场的农场磅值配额的部分，其营销应当接受等同于营销年中花生配额支持定价的 140％的处罚。根据农业部法规的规定，该处罚不适用于饲养员营销或者由公有农业试验站种植及推广的基金会种子花生（包括州种子机构）。

"（B）营销年。为服务于本条款，花生的营销年应当持续 12 个月，从 8 月 1 日开始一直到次年 7 月 31 日结束。

"（C）额外花生量的营销。农场额外花生量的营销应接受同等处罚，除非根据农业部的规定，该花生产量：

"（ⅰ）依照《1949 年农业法》的条款 108B，以花生的额外贷款率进行贷款，并且生产者没有偿还该贷款；

"（ⅱ）通过《1949 年农业法》条款 108B（c）（1）指定的地区行销协会进行交易；

"（ⅲ）根据子条款（f）通过经营者和生产者签订的合同进行交易。

"（2）支付人。购买或向生产者取得花生产量的个人应支付罚款，或者如果生产者通过中介进行花生交易，那么应由中介来支付罚款。个人或中介可以从支付给生产者的价格中扣除与罚款同等的数额。

"（3）未能收回罚款。如果个人未能收回罚款，那么其本人和所有有权分享农场花生交易及其收益的个人都应和未能收回罚款的个人一起承担连带责任。

"（4）申请配额。从农场磅值配额生效的营销年起，当前年度的花生产量应当受限于该配额，即该花生产量的交易时间早于营销年的开始时间。

"（5）虚假信息。如果生产者不能正确地识别，准确地证实种植面积，或者无法解释花生种植量的处置，那么依照农业部的规定，与农场平均产值和实际产值之间较高值相等数值的花生产量乘以种植面积之后得到的数值，应被视为违反配额和额外花生产值允许使用之外的交易。所有依照该段落支付的罚款应当由生产者支付和免除。

"（6）无意违反。按照农业部颁布的法规，农业部应当授权给依照《水土保持和国内分配法案》（《美国法典》第 16 篇 590h（b））设立的县委员会，在其认定应处罚款的违反行为是无意的或由相关当事人的无知造成的情形下进行搁置或者降低营销罚款。

"（7）最低违反标准。除欺诈和阴谋外，营销文件当中记录的重量误差在不超过百分之零点一的情况下，不应被视为营销违规。

"（b）配额使用以及额外花生量。

"（1）配额花生。农场只能将配额花生留作种子使用或其他用途。除非依照条款 359（c）预留出用于生产花生的相关数量的配额花生种子的营销属于特殊种类并不作商业用途，在此情形下农业部将对其不加以考虑，否则预留出的花生量应被视为配额花生的营销。

"（2）额外花生量。除子条款（g）所作规定之外，额外花生量不得留作农场使用或用于国内食用交易。

"（3）种子。除段落（1）所作规定之外，美国用于花生种植的种子只能通过交易用于国内食用的配额花生的方式得到。

"（c）超过一定数量、级别或者质量的花生交易。农业部的一项发现表明：如果经营者对用于国内食用的花生产量的交易在数量上超过或在级别或者质量方面高于作物交易过程中经营者凭借特定等级、核心内容以及质量的配额花生有可能生产出的花生，那么该经营者应当支付等同于配额花生贷款标准 140％的罚款，其花生数量被农业部认定为超过了花生能够合理产出的数量、级别或者质量。

"（d）处理额外花生量。

"（1）概述。除段落（2）所作规定之外，农业部应要求额外花生量的处理置于农业部相关机构或依照《1949 年农业法》条款 108B（c）（1）设立的地区行销协会的监管之下。

"（2）非经营者监管。

"（A）概述。如果经营者在处理花生产量之前同意遵守农业部颁布的法规，那么依照段落（1）不应对额外花生量的处理进行监管。

"（B）法规。农业部根据子段落（A）所颁布的法规应当包括以下条款：

"（ⅰ）出口或碾磨花生的类型。去壳或碾磨花生的经营者可以出口或者碾磨花生，其类型如下所示：

"（Ⅰ）完全分离的花生仁。针对经营者依照价格支持贷款计划购买的作为额外花生量的完全分离的花生仁，应根据完全分离的比例强制扣除向花生生产者支付的价格。

"（Ⅱ）成熟的花生仁。经营者作为额外花生量购买的与花生磅值同等数量的成熟花生仁（该术语包括完全分离的花生仁和完整的花生仁），减去子条款（Ⅰ）中规定的分离花生仁的总磅值。

"（Ⅲ）剩余。经营者作为额外花生量购买的全部花生仁的剩余量。

"（ⅱ）文件。经营者应当确保所有出口或碾磨的花生量经提单或其他农业部规定的恰当文件证实，或者同时经上述两个方面的证实。

"（ⅲ）花生产量损失。如果经营者因火灾、洪水或者其他超出其控制范围之外的情形而蒙受花生产量的损失，那么依照合同规定分摊的花生额外量的损失比例不得高于当年经营者因依照合同购买的出口或碾磨额外花生量而最后得出的花生总购买量。

"（ⅳ）收缩限额。

"（Ⅰ）概述。经营者根据该子段落规定的数量出口或碾磨花生的义务应当根据农业部的规定通过收缩限额减少，从而如实反映经营者在商业经营中经历的美元价值缩水，但依照子条款（Ⅱ）的规定该限额不得少于 4％。

"（Ⅱ）通行的行业措施。农业部在考虑通行的行业措施的基础上，可以向那些按照商品信贷公司的界定未能遵守花生使用限制的经营者提供较低的收缩限额。

"（3）充足的资金和设施。经营者应当向农业部上交财务担保以及证明其具备充足的设施和资产，并且经营者能够控制设施的管理和运营，从而确保其能够遵守出口花生的义务。

"（4）类似花生的混合。依照农业部颁布的法规，近似类型的配额和额外花生量及其分离或质量，可以基于美元价值的基础上进行混合和交换，从而促进仓库储存，交易和市场营销。

"（5）罚款。

"（A）概述。除子段落（B）所作规定之外，经营者如果未能遵守农业部就处理和交易花生额外量颁布的法规，那么其应当接受等同于针对违规相关部分的花生量的配额花生贷款标准 140％的罚款。

"（B）未交付。如果没有按时将花生交付给经营者，那么该经营者无需就出口花生额外量的失败缴纳罚款。

"（6）再引进出口花生。如果经营者出口的额外花生量以农业部认定的商业数量被再次引进美国，那么相关引进者应当根据再引进花生的数量支付等同于配额花生贷款标准 140％的罚款。

"（e）专门出口信贷。

"（1）概述。在适当考虑花生计划的完整性的基础上，农业部应当颁布相关法规，允许那些为国内食用而加工花生产品的花生经营者出口产品，以及获得该经营者之后可能需要申请的信贷，从而完成出口花生的义务，该数值应达到与经营者要求的和国内食用市场食用的同类额外花生量同等的标准。依照该子条款规定的国内食用市场需要的花生量应当与用于出口的花生产品加工处于同一个收成年。

"（2）证书。根据此类法规，农业部应当要求所有加工花生产品的经营者基于不同的产品上交年度花生产品证明。所有影响花生含量的花生产品配方的变化应当于变动之后 90 天之内加以记录。农业部应当对证书进行年度审查。农业部应当就没能遵守本段落的个人寻求一切可能的补救措施。

"（3）记录。农业部应当要求从事花生产品加工的经营者继续提供此类必要的文件，从而确保其遵守该子条款并维护花生计划的完整性。

"（f）购买额外花生量的合同。

"（1）概述。依照农业部颁布的此类法规，经营者可以与生产者就以碾磨或出口（或二者兼备）为目的的额外花生量的购买签订合同。

"（2）递交农业部。

"（A）合同期限。所有此类合同应当在签订之后递交到农业部（或者由农业部指定的地区行销协会），从而于收成年的 9 月 15 日之前取得批准。

"（B）延长期限。依照子段落（A），为应对灾害性天气或者相关状况，农业部可以延长期限到 15 天（根据《1989 年灾难援助法》第 112 条的规定（《美国法典》第 7 篇 1421 及以下）。农业部公布该延期的时间不得晚于当前收成年的 9 月 5 日。

"（3）形式。合同的签订应当遵守农业部规定的形式。该形式应当包含经农业部认定恰当的信息，从而确保额外花生量的妥善交易，包括合同双方的身份、磅值、花生的种类、披露留置权以及预期的花生处理。

"（4）与交易和加工额外花生量相关的信息。即使该条款存在其他规定，所有希望作为经营者进行交易和加工额外花生量的个人应当根据农业部规定的日期向农业部（或者由农业部指定的地区行销协会）递交子条款（d）指定的信息，从而允许其于每一个营销年的 7 月 1 日采取最后的申请措施。

"（5）条款。每一个此类合同应当包含相关花生经营者需要支付的最后定价以及专门针对国内食用或种子使用的花生处理的禁令。

"（6）暂停对进口花生的限制。即使该法案存在其他规定，如果总统根据《1937 年农业营销协议法》修正之后的《农业调整法》第 22 条（《美国法典》第 7 篇 624）颁布公告，暂停对进口花生的限制，那么农业部应当依照其规定的条款和条件，允许经营者在取得生产者的书面同意书的前提下向与经营者签订合同的生产者购买额外花生量，并以国内食用为目的出售花生。

"（g）商品信贷公司拥有或控制的花生量的营销。

"（1）概述。根据《1949 年农业法》的第 407 条（《美国法典》第 7 篇 1427），商品信贷公司拥有或控制的所有花生产量应当根据农业部颁布的法规作国内食用用途，前提是其不会对商品信贷公司造成大幅度的成本增长。通过贷款获得的额外花生量用于国内食用的出售价格不应低于涵盖与花生相关的项目，例如审查、库房储存、收缩以及其他费用等在内的所有成本，再加上：

"（A）不低于配额花生贷款价值的 100%，前提是额外花生量在收获季节的出售与支付是在取得生产者的书面同意书的条件下进行；

"（B）不低于配额花生贷款价值的 105%，前提是额外花生量的出售时间为生产者的交付日期之后，但不得晚于当前营销年的 12 月 31 日；

"（C）不低于配额花生贷款价值的 107%，前提是额外花生量的出售时间为当前营销年的 12 月 31 日之后。

"（2）接受地区行销协会的投标。

"（A）概述。除子段落（B）的规定之外，从交付额外花生量获取贷款之日起到收获额外花生量之后的农历年的 3 月 1 日期间，根据《1949 年农业法》条款 108B（c）（1）设立的地区行销协会在销售价格依照该子条款的规定等于或超过商品信贷公司出售额外花生库存量的最低价时，应当拥有唯一的权力接受或拒绝投标名单。

"（B）修正。地区行销协会可以同商品信贷公司一起对子段落（A）的授权进行修正，从而促进额外花生量的有序营销。

"（3）生产者市场营销和费用。即使该法案存在其他规定，根据《1949 年农业法》条款 108B 中子条款（a）（2）和（b）（1）的规定，农业部应当包括应法律要求需要的所有额外营销费用，但不包括

1990 年综合预算协调法案中规定的评估费用。

"（h）管理。

"（1）利息。根据该条款的规定，承担罚款的责任人还应该承担之后的利息，其年度比率等于由美国财政部于罚款到期之日向商品信贷公司收取的年度利息率。

"（2）最低缩减数量。本条款将不适用于其他用于花生收成的种植面积为一英亩或少于一英亩的农场所生产的花生收成，前提是分享该农场花生产量的生产者在其他农场不能享有此权利。

"（3）留置权。只有付清本条款规定的罚款，造成该罚款的花生收成以及对罚款责任人产生利息的所有后续的满足农场磅值配额的花生收成的留置权才能以对美国有利的方式生效。

"（4）罚款。

"（A）程序。即使存在其他法律规定，依照该条款评定的责任和罚金数额应当根据农业部的规定加以确定。当其作出遵循农业部适用法规的正式决定时，构成该条款评估决定责任和罚金数额基础的事实，应既正式又具有决定性，其他官员或政府机构不得对其进行审查。

"（B）司法审查。本条款的所有规定不得被解释为禁止法院的管辖权对农业部就是否根据适用法律和法规做出决定进行审查。

"（C）民事罚款。所有本条款规定的罚款在考虑多方面的因素之后应被视为民事罚款。

"（5）减轻处罚。

"（A）概述。即使存在其他法律规定，除子段落（B）所作规定之外，农业部应当依照该条款对经营者进行评估之后，减少适当数额的处罚，包括在适当的情况下，如果农业部认定违规行为情节轻微或是由于疏忽大意造成的，或者减轻处罚不会损害花生计划的运营，那么可以全部免除处罚。

"（B）未能按照合同出口的额外花生量。农业部不得减少所有根据该条款向经营者收取的因未能根据合同出口或碾磨额外花生量而造成的罚款数目。

"（i）收成。即使存在其他法律规定，该条款只适用于 1991—1995 年的花生收成。"

第 805 条　有关花生的实验和研究项目

进一步修订《1938 年农业调整法》（如法案中被修正的第 803 条），在第 358b 条后增添以下新条款：

"第 358c 条　有关花生的实验和研究项目。

"（a）概述。即使该法案存在其他规定，农业部可以允许将部分分摊到各州的花生磅值配额从州配额储备中分配到经 1914 年的 5 月 8 日法案认定的土地授予机构（《美国法典》第 7 篇 341 及以下），以及根据 1890 年 8 月 30 日制定的法案认定有资格获得资金的高校（《美国法典》第 7 篇 321 及以下），包括塔斯克基学院以及农业部关于适当地实验和研究目的而提供的农业研究服务。

"（b）数量。依照该条款分配给某一机构的配额数量不得超过 1985 收成年中该机构持有的配额数量，但分配给州内所有机构的总配额数量不得超过该州基本配额的 0.1%。

"（c）限制。州农业试验站的主管应当在切实可行的范围内确保该州内的农场经营者依照子条款（a）生产的花生配额不超过试验和研究目的所需的数量。

"（d）收成。即使存在其他法律规定，该条款只适用于 1991—1995 年的花生收成。"

第 806 条　价格支持计划

修订《1949 年农业法》：

（1）通过废除条款 108 和 108A（《美国法典》第 7 篇 1445c 和 1445c‑1）；

（2）通过重新调整条款 108B（《美国法典》第 7 篇 1445c‑2）为条款 108A；

（3）在条款 108A（调整之后的）后增添以下新条款：

"第 108B 条 针对 1991—1995 年花生收成的价格支持计划。

"（a）配额花生。

"（1）概述。针对 1991—1995 年的作物收成，农业部应当通过贷款、购买以及其他经营配额花生的方式向生产者提供价格支持。

"（2）支持率。针对 1991—1995 年配额花生收成的全国平均配额支持率应等于收成营销年之前的年度收成的全国平均配额支持率，经调整之后反映全国花生生产平均成本的增长情况，不包括土地成本的变动，但该类作物的全国平均配额支持率决不能超过之前作物的全国平均配额支持率 5% 以上。

"（3）审查、交易或者储存。公布的支持标准不得以审查、交易或者储存为目的通过扣除的方式减少。

"（4）位置和其他因素。农业部可以根据第 403 条的规定对花生的种植地点和其他因素作出调整。

"（5）公告。农业部应于确立支持率的收成营销年之前一年的 2 月 15 日之前公布配额花生的支持标准。

"（b）额外花生量。

"（1）概述。针对 1991—1995 年的收成，农业部应当通过贷款、购买或其他经营配额花生的恰当方式向生产者提供价格支持，其中需要考虑对花生油和花生食物的需求，其他植物油和蛋白质食物的预期价格以及国外市场的花生需求，但农业部还应当根据其预计的标准为额外花生量制定支持率，从而确保不会使商品信贷公司在花生销售和处理方面蒙受损失。

"（2）公告。农业部应于确立支持率的收成营销年之前一年的 2 月 15 日之前公布额外花生的支持标准。

"（c）地区行销协会。

"（1）仓库存储贷款。

"（A）概述。根据子条款（a）和（b）的规定，农业部应当向三个产地（如《联邦法规》（1989 年 2 月 1 日）条款 1446.95 中第 7 篇所述）中的指定地区行销协会中的花生生产者提供仓库存储贷款，此类地区行销协会由农业部挑选并批准，最初其运营是以开展贷款为目的。农业部只向从事依照《1938 年农业调整法》中的该条款以及条款 359 和 359a 指定的经营活动的合作社提供仓库存储贷款。

"（B）管理和监督活动。地区行销协会根据《1938 年农业调整法》中的该条款以及条款 359 和 359a 的规定应当在与价格支持和市场营销活动相关的管理和监督活动中发挥作用。

"（C）协会成本。根据该段落向协会提供的贷款，除花生的价格支持值之外还应当包括地区行销协会根据《1938 年农业调整法》中的该条款以及条款 359 和 359a 行使其职责，开展经营活动时带来的合理成本。

"（2）配额花生和额外花生量联合经营。

"（A）概述。农业部应当要求所有的地区行销协会进行联合经营，并针对用于贷款的配额花生交易额和额外花生量按不同区域和分离特征对其进行完整和准确的记录，但针对新墨西哥州生产的瓦伦西亚花生应另外单独设立联合经营，并且为达到该目的，光皮瓦伦西亚花生和暗皮瓦伦西亚花生应被看做不同的类型。

"（B）净收益。每一经营中花生的净收益，除非另外取得农业部的批准，应当只分配给将花生列入其经营范围之内的生产者，并且按比例将经营中的花生产值分配给生产者。任一经营中的花生净收益应当包括以下几个方面：

"（ⅰ）配额花生。对配额花生而言，超过贷款债务和其他花生联合经营带来的成本或损失再加上额外联合经营收益的数目的净收益应当等于配额花生联合经营中花生处理的全部损失。

"（ⅱ）额外花生量。对额外花生量而言，超过贷款债务和其他花生联合经营带来的成本或损失再加上额外联合经营收益的数目的净收益，根据条款（ⅰ）的规定应当少于用于抵消联合经营配额花生所带来的损失的分配数额。

"（d）损失。即使该条款存在其他规定：

"（1）用于贷款的配额花生。所有额外花生量净收益的分配（除根据子条款（c）（2）（A）为新墨西哥州生产的瓦伦西亚花生单独规定的联合经营中所获得的额外花生量净收益），应当首先经由商品信贷公司就用于贷款的配额花生进行相应程度的缩减。

"（2）限额贷款经营。

"（A）实现由额外贷款经营的转移生产者在联合经营中的收益应当依照《1938年农业调整法》的条款358-1（b）（8）减去花生从额外贷款经营转向配额贷款经营过程中产生的损失。

"（B）其他损失。除依照《1938年农业调整法》的条款358-1（b）（8）从额外贷款经营转向配额贷款经营过程中产生的损失之外，地区配额经营蒙受的损失应当根据农业部的规定，通过其他产地经营所得或者收益抵消（不包括针对新墨西哥州生产的瓦伦西亚花生依照子条款（c）（2）（A）确立的不同经营类型）。

"（e）反对配额。即使存在其他法律规定，根据《1938年农业调整法》的358-1（d）的规定，农业部不得就生产者反对的磅值份额向花生收成提供价格支持。

"（f）提高质量。

"（1）花生价格支持。关于花生的价格支持贷款，农业部应当：

"（A）加快碾磨更容易变质的花生；

"（B）确保商品信贷公司所有用于国内食用的花生贷款存储，必须已经在农户库存和去壳或者清洗之后的带壳花生两方面通过了农业授权部门的正式审查；

"（C）继续努力经营花生价格支持计划，从而提高国产花生的质量和确保依照营销协议第146条设立的花生管理委员会开展活动的协调性，该委员会主要执行规范国产花生质量的功能（根据1937年的农业营销协议法（《美国法典》第7卷601及以下））；

"（D）确保所有因该子条款对额外产量或农场交易的要求而引起的价格支持计划的变动应当反映农业部贷款计划的上调趋势。

"（2）出口和其他类花生。农业部应当要求国内市场上的所有花生完全遵守市场销售协议第146条规定的质量标准，同时也必须确保所有用于出口的花生达到市场销售协议第146条为国内市场确立的质量标准。

"（g）收成。即使存在其他法律规定，该条款只适用于1991—1995年的花生收成。"

第807条 报告和记录。

在只适用于1991—1995年的花生收成的情况下，修正《1938年农业调整法》中条款373（a）中的第一项规定，在"所有经纪人和花生经销商"之后增添以下内容"所有从事花生生产的生产者"。

第808条 暂停某些价格支持规定。

《1949年农业法》中的第101条不应适用于1991—1995年的花生收成。

第809条 法规。

农业部应当颁布相关法规，其对执行该篇以及修正案是很有必要的。农业部在颁布此类法规时应当：

（1）遵守《美国法典》第5篇下第5章的第2节；

（2）通过此类规定的联邦公报发布公告；

（3）在制定和颁布最终规章之前匀出足够的时间用于发表公开的书面评论。

第 9 篇　食　糖

第 901 条　食糖价格支持。

进一步修正《1949 年农业法》(《美国法典》第 7 篇 1446 及以下)下的第 2 篇(根据该法案的条款 701 进行修正):

(1) 关于之前第 201 条中的子条款(a)(《美国法典》第 7 篇 1446),要强调"蜂蜜和牛奶",并增加"蜂蜜、牛奶、甜菜和甘蔗";

(2) 在结尾处增添以下新条款:

"第 206 条　针对 1991—1995 收成的食糖价格支持。

"(a)概述。根据该条款的规定,分别对 1991—1995 年甜菜和甘蔗收成的价格提供支持。

"(b)甘蔗。农业部应当通过提供适当的无追索权贷款的方式支持国产甘蔗的定价,但每磅蔗糖原材料的价格不得低于 18 美分。

"(c)甜菜。针对 1991—1995 年的国产甜菜收成,农业部应当通过提供无追索权贷款的方式进行价格支持,其中该作物的贷款标准应根据农业部的规定制定:

"(1)该金额与根据子条款(b)规定的甘蔗收成的支持标准之间的关系类似于生产者关于甜菜收益的加权平均数与生产者关于甘蔗收益的加权平均数之间的关系,其主要表现为基于美分/磅的基础上最近五年中甜菜糖和原材料蔗糖的数量。

"(2)包含甜菜加工固定营销费用在内的数额。

"(d)调整支持定价。

"(1)概述。针对 1991—1995 年的国内蔗糖和甜菜收成,农业部应当根据恰当的因素就之前确定的作物定价增加其支持价格,包括蔗糖产品成本的变化(在做决定的收成年之前的两个收成年中),国内蔗糖生产成本以及其他可能对国内蔗糖生产造成不利影响的情形。

"(2)报告。如果农业部根据段落(1)的规定不增加支持定价,那么其应当向众议院农业委员会和参议院农业、食品和林业委员会提交关于该决议的报告,包含调查结果、决议和相关证据。

"(e)公告。农业部应根据该条款的目的尽可能于当前财政年度开始之前依照该条款公布所有财政年度的可行贷款率。

"(f)条款。任意财政年中依照该条款提供的贷款应不得早于当前财政年年初,其到期时间应为下述两个时间中较早的一个:

"(1)9 个月之后;

"(2)当前财政年年末。

"(g)补充无追索权贷款。针对财政年最后 3 个月的甜菜产地,农业部应当在此期间向依照该条款进行借贷和偿还的贷款人就利用甜菜加工蔗糖方面提供除最初贷款之外的补充无追索权贷款。根据不同的情况,该补充性贷款应当:

"(1)于下一财政年度的第一天起提供给借贷者;

"(2)拥有和最初贷款相同的贷款率;

"(3)于 9 个月后到期,在时间上少于最初贷款生效的时间。

"(h)商品信贷公司的作用。农业部应当利用商品信贷公司提供的基金、设施和权限执行该条款。

"(i)收成。该条款只适用于 1991—1995 年的甜菜和甘蔗收成。

第 902 条　蔗糖和结晶果糖的营销配额。

修订《1938 年农业调整法》下第 3 篇的子篇 B(《美国法典》第 7 卷 1311 及以下),于结尾处增添以下新部分：

"第 6 部分　营销配额——蔗糖和结晶果糖

"第 359a 条　信息披露。

"（a）信息披露的义务。所有蔗糖炼油厂、甜菜加工厂和利用玉米的结晶果糖制造商（之后称为结晶果糖）每月应当向农业部提供其要求的分别关于蔗糖或者结晶果糖的个人进口、分配和储存标准方面的信息。

"（b）处罚。所有故意拒绝提供此类信息或者有意提供虚假信息的个人必须为每一次违反行为缴纳不超过 10 000 美元的民事罚款。

"（c）月度报告。考虑到子条款（a）提供的信息，农业部应当每月就蔗糖或者结晶果糖的进口、分配和储存标准发布综合数据。

"第 359b 条　蔗糖和结晶果糖的营销配额。

"（a）蔗糖预计产量。

"（1）概述。在 1992—1996 财政年度之前，农业部应当估算：

"（A）当前财政年度中在美国的关税领土上将要消耗的蔗糖数量（不包括用于除供人食用目的之外的进口蔗糖）；

"（B）美国在当前财政年度中库存的可用蔗糖数量或者用于食用的国产甘蔗和甜菜数量；

"（C）当前财政年度中用于食用的进口蔗糖数量（不包括用于除供人食用目的之外的进口蔗糖），该数量是基于以下两方面之间的差异：

"（ⅰ）预计消耗的数量；

"（ⅱ）用于食用的国产甘蔗和甜菜数量和库存数量。

"（2）季度重估。农业部应当对当前财政年度的蔗糖消耗、可用性和进口进行季度重新估算，时间不得晚于当前财政年度第二到第四季度。

"（b）蔗糖分配。

"（1）概述。针对任一财政年度农业部依照子条款（a）的规定对美国的进口蔗糖消耗的估算低于 1 250 000 净吨的原始数值，农业部应当依照条款 359c 以对生产者、加工者和精炼者公平、有效和公正的方式为当年的国产甘蔗和甜菜加工营销确立恰当的分配标准，该标准经农业部估计于当前年度的蔗糖进口将达到不少于 1 250 000 净吨的原始数值。

"（2）产品。根据段落（1）的规定，农业部可以将蔗糖产品纳入分配中，前提是农业部认定其适用于该部分。

"（c）结晶果糖分配。针对任一财政年度农业部依照条款 359c 为蔗糖营销所确立的分配标准，农业部应为当前年度加工玉米生产结晶果糖的制造商确立恰当的营销分配标准，其总值不得超过与当前财政年度中 200 000 吨蔗糖的原始数值等同的数值，采取对制造商公平、有效和公正的方式。

"（d）禁令。

"（1）蔗糖。

"（A）超额分配。根据条款 359d 的规定，一旦分配生效并分配给加工者，那么，以下两个方面的总数：

"（ⅰ）加工者交易的蔗糖数量，加上

"（ⅱ）根据《1949 年农业法》的第 206 条的规定，加工者为获得价格支持贷款而用于抵押的蔗糖数量，不得超过分配给加工者的分配数量。

"（B）例外。子段落（A）不得适用于：

"（i）根据《1949 年农业法》第 206 条的规定，兑换蔗糖之后为获得价格支持贷款而抵押蔗糖的财政年度中的市场营销；

"（ii）一个加工者向另一个加工者出售蔗糖，从而帮助其他加工者完成其分配数值。

"（2）结晶果糖。根据子条款（c）的规定，一旦结晶果糖分配生效，制造商交易结晶果糖的数额不得超过其分配数额。不得针对由玉米加工的液体果糖的营销设立限制或分配标准。

"（3）民事处罚。所有违反段落（1）的加工者或者违反段落（2）的制造商应当在违反委员会规定时，就违规行为牵涉的蔗糖或结晶果糖数量以美国市值 3 倍的价格向商品信贷公司缴纳民事罚款。

"（4）营销的定义。为服务于该部分，术语"营销"指的是美国的商业销售或经营。

"第 359 条　确立营销分配份额。

"（a）概述。根据该条款的规定，农业部应当依照条款 359b（b）为所有需要分配份额的财政年度确立蔗糖营销配额。

"（b）总体分配数量。

"（1）概述。根据条款 359（a）的规定，农业部应确立分配到当前财政年度的总体蔗糖分配数量（之后被称为"总体分配数量"），通过扣除当前财政年度中预计的蔗糖消耗的方式。

"（A）1 250 000 净吨的原始数值（代表美国在当前财政年度中食用蔗糖的最低进口值）；

"（B）蔗糖的存储量，包括商品信贷公司储存的蔗糖。

"（2）调整。农业部应当最大限度地调整总体的分配数量，从而防止商品信贷公司的蔗糖积累。

"（c）分配。当前财政年度的总体分配数量应当分配到以下几个方面：

"（1）源自甜菜的糖；

"（2）源自甘蔗的糖。

"（d）比例因子。

"（1）概述。农业部应当为当前财政年度确立可行的甜菜糖和蔗糖总体分配比例因子。该因子的确立应在之前的蔗糖市场营销，加工和精炼能力以及加工者根据配额营销蔗糖的能力的基础上采取公平、公正的方式（考虑到针对所有 1985—1989 年甘蔗和甜菜收成加工的营销）。

"（2）公布。农业部应当在联邦公报报告中公布此类比例因子，同时还要根据条款 359b（c）的规定，对农业部确立此类因子的原因进行描述。

"（e）营销分配。根据某一财政年度中蔗糖的营销分配和甜菜糖的营销分配的不同情况，其数值应等于当前财政年度总体分配数值乘以农业部根据子条款（d）（1）的规定确立的分配比例因子得出的结果。

"（f）州蔗糖分配。蔗糖的分配应当在美国的 5 个州中进行进一步的分配，该 5 个州的蔗糖生产在之前的蔗糖市场营销（考虑到针对 1985—1989 年中产值最高的两年的甘蔗和甜菜收成加工的营销平均值），加工和精炼能力以及加工者根据配额营销蔗糖的能力的基础上采取公平、公正的方式。

"（g）调整营销分配。

"（1）概述。根据条款 359（b）（2）规定的重估，农业部应当采取上调或下调依照子条款（a）到（f）确立的营销配额，或者在其认定为恰当的时候暂停配额，从而反映预计蔗糖消耗，可用性或进口方面的变化。

"（2）加工者分配。关于分配份额的增加或减少，所有根据条款 359d 分配给加工者的配额以及依照条款 359f（b）规定的分配比例份额应当同配额保持同样的增长或降低比例。

"（3）缩减。每当依照该段落缩减某一财政年度的营销配额时：

"（A）在缩减所有参与到分配中的加工者配额的财政年度中，如果营销的蔗糖数量，包括依照《1949 年农业法》中的第 206 条用作价格支持贷款抵押的蔗糖在内，超过了缩减的配额，那么应当从过量蔗糖的销售数量中扣除：

"（ⅰ）如果包含甜菜在内，扣除随后为之确立的营销配额；

"（ⅱ）如果涉及蔗糖，那么扣除之后确立的州营销配额。

"（B）在缩减所有参与到分配中的个体加工者配额的财政年度中，如果蔗糖的营销数量，包括依照《1949年农业法》中的条款206用作价格支持贷款抵押的蔗糖在内，超过了缩减的配额，那么应当从之后为生产者确立的配额中扣除过量蔗糖的销售数量。

"（h）填充甘蔗和甜菜配额。除条款359e所作规定之外，所有根据该条款确立的甘蔗营销配额只能通过加工国内种植的甘蔗生产的蔗糖加以填充，同样，所有根据该条款确立的甜菜营销配额也只能通过加工国内种植的甜菜生产的甜菜糖加以补充。

"第359d条　营销配额的分配。

"（a）概述。

"（1）加工者分配。一旦根据条款359c的规定为某一财政年度确立了营销配额，那么为了能够确保所有利害关系人获得平等的蔗糖配额营销的机会，农业部应当向所有参与到分配中的加工者提供此类配额。

"（2）听证和公告。

"（A）甘蔗糖。农业部应当于听证会之后及根据农业部规定的公告开展蔗糖的分配，其分配方式和数量应当在考虑加工能力，过往蔗糖营销以及加工者营销蔗糖的能力之后采取公平、有效和公正的分配形式。所有的分配应当根据条款359c（g）进行调整。

"（B）甜菜糖。农业部应当于听证会之后及根据农业部规定的公告开展甜菜糖的分配，其分配方式和数量应当在考虑加工能力，过往甜菜糖营销（考虑到针对所有1985—1989年甜菜收成加工的营销）以及加工者营销甜菜糖的能力之后采取公平、有效和公正的分配形式。所有的分配应当根据条款359c（g）进行调整。

"（b）填充蔗糖配额。除条款359e所作规定之外，所有根据该条款确立的当前财政年度中的蔗糖营销配额只能通过加工州内种植的甘蔗生产的蔗糖加以填充。

"第359e条　赤字分配。

"（a）营销预算。一旦分配根据该部分规定生效，那么农业部应当不时地作出决定是否各州参与到分配当中的甘蔗加工者能够营销配额中涉及的蔗糖数量以及是否各州参与到分配当中的甜菜加工者能够营销配额中涉及的甜菜糖数量（针对之后的蔗糖存储，蔗糖的预计产值和预计营销以及其他相关因素）。

"（b）赤字的重新分配。

"（1）甘蔗糖。如果农业部认定隶属于州配额分配的甘蔗加工者无法经营当前财政年度的州配额：

"（A）农业部应首先对赤字的预计数值与州内其他加工者的分配进行按比例的重新分配；

"（B）如果重新分配之后，还是不能完全消除赤字，那么农业部应对赤字的预计数值与州内其他蔗糖的分配进行按比例的重新分配，该比例是基于其他各州弥补赤字的能力，并且重新分配到各州的数量应当根据加工者的分配情况按比例分配给州内的加工者；

"（C）如果重新分配之后，还是不能完全消除赤字，那么农业部应将剩余量重新分配用于进口。

"（2）甜菜糖。如果农业部认定隶属于配额分配的甜菜加工者无法经营该配额，那么：

"（A）农业部应当首先对赤字的预计数值与其他甜菜糖加工者的分配进行按比例的重新分配，该分配是基于所有其他加工者弥补赤字的能力；

"（B）如果重新分配之后，还是不能完全消除赤字，那么农业部应当将剩余量重新分配用于进口。

"（3）对应增加值。根据该子条款的规定，针对某一财政年度中加工者通过重新分配所获得的配额数量，应增加此类配额从而体现重新分配的效果。

"第 359f 条　适用于生产者的规定。

"（a）加工者保证。一旦依照条款 359d 于当前财政年度将配额分配给加工者，那么农业部应当从加工者那里取得其认为能够充分确保生产者之间配额分配的保证，采取公平、公正并且能够充分体现生产者生产历史的方式。任何加工者和生产者或者生产者群体之间的纠纷应任何一方的要求应当通过农业部仲裁的方式解决。

"（b）某些配额的比例分配。

"（1）概述。

"（A）受影响的各州。一旦根据条款 359c（f）确立州配额，并且该州拥有超过 250 个生厂商，那么农业部应根据子段落（B）的规定作出决议。

"（B）决议。针对子段落（A）规定的全国分配，农业部应当就以下方面作出决议，即是否蔗糖产量在缺少比例份额的条件下会大于加工者填充配额和提供正常的库存运转所需要的数量。

"（2）确立比例份额。如果农业部根据段落（1）认定当前财政年度中所有参与到全国分配中的加工者加工的蔗糖数量将超过加工者填充当年配额及提供正常的库存运转所需要的数量，那么农业部应当根据该子条款的规定，确立当前财政年度中的甘蔗收成配额的比例份额。全部比例份额应当根据条款 c（g）进行调整。

"（3）决议方法。确定甘蔗收成的比例份额：

"（A）农业部在确立各州作物每英亩产量的目标标准时（根据农业部的规定，不少于之前 5 年中该州的每英亩平均产量），考虑到其认定为相关的现有的生产研究数据，应确保国内生产者获得充足的每磅纯收益。

"（B）农业部应当根据子段落（A）的规定，通过将全国配额除以全国每英亩平均产量的方式实现当前财政年度与全国种植面积作物配额相关的全国配额的转化。

"（C）根据子段落（B）对该作物的规定，农业部应当通过全国种植面积配额除以全部国内种植面积基地总数的方式为该作物确立一个统一的缩减百分比。否则，该配额根据农业部的估算将用于生产甘蔗。

"（D）根据子段落（C）为该作物确立的统一缩减百分比应当适用于所有参与到全国配额中农场的种植面积基地，从而确立该农场的作物比例份额。

"（4）种植面积基地。为服务于本子条款，农业部应确立各甘蔗生产农场的种植面积基地，如下所示：

"（A）作物种植面积基地的英亩数应当等于当前收成年之前的 5 个收成年中该农场生产蔗糖或种子的平均种植面积。

"（B）如果因为干旱、洪水、其他自然灾害或者其他超出生产者控制范围之外的其他情形，农场生产者不能收获蔗糖或甘蔗种子，那么相应的种植面积应被视为服务于该段落。

"（5）违规行为。

"（A）概述。一旦比例份额针对州内甘蔗收成生效，那么生产者用于蔗糖或者种子收成的甘蔗种植面积不得有意超过该作物的农场比例份额，否则根据条款 359h（a）的规定其将违反农业部颁布的比例份额法规。

"（B）民事处罚。所有违反子段落（A）的加工者应当在违反委员会规定时，就违规行为牵涉的蔗糖数量以美国市值 3 倍的价格向商品信贷公司缴纳民事罚款。根据段落（3）确立的每英亩产量目标决定相关的蔗糖产量。

"（6）搁置。即使存在前一子段落，农业部可以授权给依照《水土保持与国内分配法》（《美国法典》第 16 卷 590h（b））中条款 8（b）设立的县和州委员会进行搁置或调整截止日期和其他比例份额要求，前提是未能按时满足这些要求或者无法满足这些要求并不会对比例份额的开展产生不利影响。

"第 359g 条　特别规定。

"（a）转让生产历史。为达到根据条款 359f 的规定确立生产者拥有的比例份额的目的，农业部可以应生产者的要求转让包括生产者的所有土地，经营土地或控制土地在内的生产历史给其他拥有大片土地的申请者。

"（b）保留生产历史。如果由于不可抗拒因素，农场所有者无法利用全部或部分根据条款 359f 规定的农场比例份额，那么农业部可以为其保留与比例份额相关的生产历史，时间不超过 3 年。比例份额可以通过重新分配的方式转让给其他农场所有者或经营者，但生产历史不能通过重新分配比例份额的方式转让给其他农场所有者或经营者。

"（c）修正配额和比例份额。听证会之后及根据农业部规定的公告，农业部可以根据条款 359d 修正营销配额的分配或者根据条款 359f 修正农场的比例份额，该修正与早先确立的分配或比例份额是基于相同的基础之上。

"第 359h 条　法规；违规行为；公布农业部决议；法庭的司法权；美国检察官。

"（a）法规。

"（1）概述。农业部在管理营销配额计划时，应颁布对执行其职权有必要的此类法规。

"（2）先前必要的咨询。在根据段落（1）的规定出台相关法规时，除采取《美国法典》中第 551 条到 559 条中第 5 篇所要求的其他措施之外，农业部应当就如何确保法规实现该部分目标咨询国内蔗糖加工者和生产者的代表。咨询的结果应当连同出台的法规一起公布在联邦公报上。

"（b）违规行为。所有有意违反农业部根据子条款（a）的规定制定的法规的个人应接受民事处罚，每次违规缴纳的数额不得高于 5 000 美元。

"（c）联邦公报发布。农业部制定的所有关于确立、调整或者暂停配额的决议都必须立即在联邦公报上公布，同时还必须附有对该决议原因的说明。

"（d）法庭的司法权；美国检察官。

"（1）法庭的司法权。美国的几大联邦地区法院拥有司法权，从而强制、防止和限制个人违反该部分规定或之后制定的法规。

"（2）美国检察官。一旦农业部有所要求，那么美国检察官有责任在其各自的地区内提起诉讼，执行补救措施和收齐该部分规定的罚款。当农业部认定向违规个人发放书面通知或警告足以实现该部分的管理和执行时，农业部可以选择不就违规行为咨询美国检察官。

"（e）补救措施的非排他性。该部分规定的补救措施和处罚措施应当是除现有法律或产权中补救措施和处罚措施之外的内容而不是排他性的。

"第 359i 条　上诉。

"（a）概述。可以根据条款 359d 的规定就营销配额的分配决议向农业部提起诉讼，或者根据条款 359f 的规定由因该决议遭受不利影响的个人提起诉讼。

"（b）程序。

"（1）上诉通知书。所有上诉应当在接受投诉的决议生效后的 20 天内提交到农业部，同时要附上上诉通知书和对相关原因的说明。除非农业部特别指定一个较晚的日期并将其作为决议的一部分，否则该接受投诉的决议自公布决议之日起就被视为生效。农业部应当向所有根据农业部的记录遭受该决议不利影响的个人提供上诉通知书的复印件，并且应当随时允许这部分人监督和备份上诉者的上诉原因以及应要求允许他们干预上诉。

"（2）听证会。农业部应当提供给所有上诉者参与听证会的机会。农业部应当根据该条款的规定任命一名行政法法官就上诉记录举行听证会。关于其他方面，所有依照该条款的上诉都应遵守《美国法典》第 551 到 559 条，第 701 到 706 条中第 5 篇的规定。

"第 359j 条　管理。

"（a）利用某些机构。执行该部分规定时，农业部可以利用以下机构提供的服务，包括当地由甜菜和甘蔗生产者、甘蔗加工者或者甜菜加工者组成的委员会，根据《水土保持与国内分配法》（《美国法典》第 16 篇 590h（b））条款 8（b）确立的州和县委员会以及美国政府的相关部门和机构。

"（b）利用商品信贷公司。农业部应当利用商品信贷公司提供的服务、设施、资金和职权执行条款 359a 到 359i。

"（c）定义美国和州。即使存在第 301 条，为服务于该部分，术语"美国"和"州"指的都是 50 个州，哥伦比亚特区和波多黎各自由联邦。"

第 903 条　针对进口蔗糖国家配额分配的报告。

修正《1985 年粮食安全法》中的条款 902（c）（《美国法典》第 7 篇 1446）：

（1）在指定子条款后增添"（1）"；

（2）在末尾处增加以下新段落：

"（2）（A）自该段落制定之日起的 90 天有效期内及 1995 年之后每年的 8 月 1 日，农业部应当向总统和国会报告关于段落（1）规定国家的从古巴进口的蔗糖数量。

（B）从 1990—1991 配额年之后的蔗糖进口配额年开始，总统应当于 1 月 1 日向国会就以下方面作报告：

"（ⅰ）在当前配额年中拥有配额的作为蔗糖和甜菜糖的净进口国的身份；

"（ⅱ）已证实不会将古巴产的蔗糖进口或再出口到美国的国家的身份；

"（ⅲ）针对之前配额年中农业部报告为从古巴进口蔗糖和再出口蔗糖到美国的蔗糖和甜菜糖的净进口国，总统采取相应的措施。

第 10 篇　蜂　蜜

第 1001 条　蜂蜜价格支持

进一步修订《1949 年农业法》（《美国法典》第 7 篇 1446 及以下）的标题 2，在结尾处增添以下新条款（按照对该法案第 901 条的修正）：

"第 207 条　蜂蜜价格支持。

"（a）概述。针对 1991—1995 任意一年的蜂蜜收成，应当通过贷款、购买或者其他不低于每磅（1 磅＝0.453 592 千克）53.8 美分的交易方式对蜂蜜价格予以支持。

"（b）营销贷款规定。农业部可以根据该条款允许生产者以不低于以下两者之间较低的标准归还贷款：

"（1）为该作物确立的贷款标准；

"（2）农业部确立的标准将会：

"（A）最小化贷款没收的数目；

"（B）不会造成过多的蜂蜜总库存；

"（C）减少联邦政府储存蜂蜜时产生的成本；

"（D）保持蜂蜜在国内和出口市场中的竞争力。

"（c）贷款差额补贴。

"（1）概述。针对 1991—1995 任意一年的蜂蜜收成，农业部应当支付给生产者补贴。尽管依照子条款（b）这些生产者有资格获得贷款，但他们依照该子条款同意放弃贷款从而换取补贴作为回报。

"（2）计算。依照本子条款，应当运用乘法计算补贴：

"（A）贷款补贴率；乘以

"（B）依照该子条款，生产者有权置于贷款之下的蜂蜜产量，但他们为了换取补贴而放弃这一贷款。

"（3）贷款补贴率。为服务于本子条款，贷款还款率的数额应当是：

"（A）子条款（a）规定的产量贷款标准；超过

"（B）依照子条款（b）规定的还款标准。

"（4）营销凭证：农业部可以根据该条款通过凭证的方式提供补贴，用于兑换商品信贷公司拥有的所有农产品。

"（d）承诺掺假或者进口蜂蜜用作抵押品。

"（1）概述。如果农业部根据该条款认定某人为取得贷款有意掺假或者进口蜂蜜用于抵押品，那么其在接受法律规定的其他处罚和制裁之外，同时根据该条款还会在公布决议之后的3个收成年中被剥夺贷款、购买和补贴的资格。

"（2）掺假蜂蜜。为服务于段落（1），蜂蜜在下列情况下会被视为掺假：

"（A）蜂蜜的部分或全部物质已被替换；

"（B）蜂蜜中含有有毒或者有害物质，可能会损害健康，除非该物质没有在任何情况下添加到蜂蜜中，并且蜂蜜中该物质的数量一般不会有损健康，此时不会视其为掺假蜂蜜；

"（C）因为其他原因，不健康，不卫生或者不适合人类食用的蜂蜜。

"（e）补贴限制。

"（1）概述。个人根据该条款的规定可以获得的补贴总额不能超过：

"（A）1991收成年中的200 000美元；

"（B）1992收成年中的175 000美元；

"（C）1993收成年中的150 000美元；以及

"（D）1994和之后每一个收成年中的125 000美元。

"（2）补贴。为服务于该子条款，术语'补贴'指的是：

"（A）根据该条款，生产者通过以低于原始贷款标准的标准归还蜂蜜收成贷款的方式取得的收益；

"（B）根据子条款（c）获得的所有贷款差额补贴。

"（3）个人。农业部应当颁布相关法规定义术语个人，从而实现该条款的目的。法规应当根据该条款就补贴的分配作出相关规定。

"（f）法规。为执行该条款，农业部可以制定必要的法规。

"（g）商品信贷公司。农业部应当通过商品信贷公司根据该条款的规定执行该项目。

"（h）补贴分配。水土资源与国内分配法案（《美国法典》第16篇590h（g））条款8（g）的规定（与补贴分配相关法规）应当根据该条款适用于补贴。

"（i）收成。即使存在其他法律规定，该条款只适用于1991—1995年的蜂蜜收成。"

第1002条　贷款没收限制。

修订《1949年农业法》的405A（《美国法典》第7篇1425A）：

（1）在（a）中，强调"根据201（b），生产者的蜂蜜收成不超过250 000美元"，以及增添"根据第207条，生产者在1991收成年中的蜂蜜收成不超过200 000美元，1992收成年不超过175 000美元，1993收成年不超过150 000美元，1994和之后每一个收成年不超过125 000美元"；

（2）在（b）中，在结尾处增加以下新规定："相关法规应当根据（a）的规定归纳抵押没收物品的价值。"

第 11 篇　一般商品规定

子篇 A　种植基地和产量体系

第 1101 条　种植基地和产量体系

修订《1949 年农业法》的第 5 篇（《美国法典》第 7 篇 1461 及以下），如下所示：

"第 5 篇　种植基地和产量体系

"第 501 条　目的。

"该标题的目的是确立一套体系，根据该法案以高效，公平，灵活和可预测的方式规定一套体系，确立小麦、饲料谷物、陆地棉和大米项目的种植基地和计划补贴产量。

"第 502 条　定义。

"为服务于该标题：

"（1）县委员会。术语"县委员会"指的是根据《水土保持与国内分配法》（《美国法典》第 16 篇 590h（b））8（b）为农场所在县设立的县委员会。

"（2）含油种子。术语"含油种子"指的是以下作物，包括黄豆、葵花籽、油菜籽、红花、亚麻籽、芥菜籽或者农业部制定的其他含油种子。

"（3）计划收成。术语"计划收成"指的是小麦、玉米、高粱、燕麦、大麦、陆地棉或水稻收成。

"第 503 条　作物种植基地。

"（a）确立。

"（1）概述。农业部应当为建立和维护所有计划作物的作物种植基地作准备，包括所有常规的双季计划作物。

"（2）限制。农场拥有的作物种植基地数目不能超过农场的耕地面积，农场之前就实行常规双季种植的情况除外。

"（3）定义双季种植。用于该子条款的术语"双季种植"指的是由农业部界定的一种农耕方式，农场需要至少在设立农场种植基地的收成年之前的 5 个收成年中的 3 个收成年中开展该农耕方式。

"（b）计算。

"（1）概述。除（2）的规定之外，某一收成年中农场针对所有计划作物建立的作物种植基地所占用的英亩数应当等于当前收成年之前 5 个收成年中农场用于种植计划作物的平均种植面积。

"（2）棉花和水稻。

"（A）概述。关于陆地棉和水稻，除（B）所作规定之外，作物种植基地的数目应等于当前收成年之前 3 个收成年中农场用于种植计划作物的平均种植面积。

"（B）例外。

"（ⅰ）1991 年收成。关于 1991 年的陆地棉和水稻收成，如果农场生产者不参与到分别为 1989 到 1990 年陆地棉和水稻收成而确立的产量调整项目当中，那么 1991 年收成的作物种植基地数目应等于 1991 收成年之前五个收成年中农场用于种植计划作物的平均种植面积，但不包括没有为农场确立种植面积的所有收成年。所有根据该子段落设立的作物种植基地的公亩数不应超过 1991 收成年之前两个收成年中农场用于种植计划作物的平均种植面积。

"（ⅱ）1992 年收成。关于 1992 年的陆地棉和水稻收成，如果农场生产者不参与到分别为 1990 到

1991 年陆地棉和水稻收成而确立的产量调整项目当中，那么 1992 年收成的作物种植基地数目应等于 1992 收成年之前五个收成年中农场用于种植计划作物的平均种植面积，但不包括没有为农场确立种植面积的所有收成年。所有根据该子段落设立的作物种植基地的公亩数不应超过 1992 收成年之前两个收成年中农场用于种植计划作物的平均种植面积。

"（c）考虑种植面积。为服务于该法案，某种计划作物的考虑种植面积应当包括以下几个方面：

"（1）农场所有的缩减种植面积和转移面积。

"（2）因为干旱、洪水或其他自然灾害，或者其他不可抗拒因素，生产者不能用于种植的农场土地面积。

"（3）等同于某一计划作物的允许种植面积与该作物的实际种植面积之间差额的种植面积数目，前提是考虑种植面积主要用于保留用途或者商品生产，该生产需经农业部允许根据 107B（c）（1）（E），105B（c）（1）（E），103B（c）（1）（D）和 101B（c）（1）（D），针对 1991—1995 年的小麦、饲料谷物、陆地棉和水稻收成确立的 0/92 或者 50/92 项目。

"（4）等同于某一计划作物的允许种植面积与该作物的实际种植面积之间差额的种植面积数目，前提是考虑种植面积根据第 504 条主要用于商品生产。

"（5）所有经农业部认定对建立公平和公正的作物种植基地很有必要的农场种植面积。

"（6）关于作物种植基地，如果农场生产者根据依照第 1 篇确立的计划而放弃获得补贴并证明没有将农场种植面积用于种植。

"（A）该作物；

"（B）普通作物之外的，所有未被农业部指定为工业或者实验作物的水果或者蔬菜作物（包括马铃薯和干食用豆类）。

"（7）根据（h），由于不可抗拒因素，生产者针对农场种植面积进行调整的农场作物种植基地。

"（d）建立种植历史。为确定某一农场于 1991 和之后收成年中的作物种植基地，根据农业部颁布的规定，州委员会可以为该作物建立种植历史，前提是：

"（1）当前收成年之前的 5 个收成年中该作物的种植记录不完整或者不可用；

"（2）在当前收成年之前的 1～4 收成年中，农场没有生产该计划作物。

"（e）作物轮作和其他因素。农业部应当作出相应的调整，从而体现作物轮作实践以及其他农业部在建立公平和公正的作物种植基地时需要考虑的因素，包括为使生产者达到《1985 年粮食安全法》中（《美国法典》第 16 篇 3801 及以下）第 12 篇中规定的要求所需要做的必要调整。

"（f）未播种地。如果根据农业部制定的法规，县委员会认定因为自然灾害或其他类似的不可抗拒因素而妨碍了县内农场的生产者种植计划作物（或者在收获之前对该计划作物产生了极大的破坏作用），那么生产者可以种植其他作物，包括其他如果不是因为灾害或者其他情形可以用于生产该计划作物的农场种植面积。为了确定作物种植基地，所有根据该子条款用于种植包括所有计划作物在内的替代作物的农场种植面积应当被列入考虑范围之内，就如同用于种植替代性计划作物所需要的种植面积。

"（g）随后的收成年。有资格就任意计划作物或者超长纤维棉收成于某一收成年获得差额补贴的生产者，不可以将当前收成年中种植或考虑种植任意计划作物或者超长纤维棉作物的农场种植面积在之后的收成年中用于增加该农场的作物种植基地数目。

"（h）基地调整。根据农业部制定的法规，县委员会可以调整所有农场计划作物的作物种植基地，前提是该农场相关作物的作物种植基地会因为不可抗拒因素遭受负面影响。

"第 504 条　种植灵活性。

"（a）概述。根据该条款，除特定的计划作物之外，农场生产者还可以在特定计划作物的作物种植基地种植商品作物，从而避免该作物种植基地因生产一种作物而减产。

"（b）指定商品作物。

"（1）经允许的作物。除（2）所作规定之外，为服务于该条款，生产者可以在作物种植基地种植以下商品作物：

"（A）任意计划作物；

"（B）任意含油种子；

"（C）任意农业部指定的工业或实验作物；

"（D）所有其他作物，但不包括未被农业部指定用于以下用途的水果或者蔬菜作物（包括马铃薯和干食用豆类）：

"（ⅰ）工业或实验作物；

"（ⅱ）缺乏大量国内产量和市场的作物。

"（2）限制。为服务于该条款，农业部在自主决定的基础上可以根据（1）的规定禁止生产者在作物种植基地种植作物。

"（3）通知。关于依照该子条款可以种植的商品作物，农业部应当根据该子条款决定每一个收成年中可以种植的商品作物并提供一个商品作物的列表。

"（c）种植面积限制。

"（1）概述。除（2）所作规定之外，种植商品作物的作物种植基地的数目除特定的计划作物之外，根据该条款不能超过作物种植基地的 25%。

"（2）例外——大豆。如果农业部于任意年度的 1 月 1 日作出以下估计，即在之后的大豆营销年中大豆的全国平均价格不低于根据第 205 条规定的大豆无追索权贷款的 105%，前提是如果根据该条款 25% 的土地种植基地用于种植大豆，那么根据该条款种植大豆的种植基地数目不得超过种植基地总数的 15%。

"（d）超出允许种植面积之外的种植。即使该法案存在其他规定，根据该法案的规定，参与到生产调整项目当中的某一计划作物的生产者应当可以在以超过该作物允许的种植面积种植计划作物的同时不会失去贷款，购买或者补贴的资格，前提是：

"（1）农场中种植该计划作物的种植面积超过允许种植面积的部分不超过其他计划作物所需种植基地的 25%；

"（2）生产者同意缩减农场中其他计划作物的允许种植面积，其数量等于移植的数目。

"（e）贷款资格。

"（1）概述。根据该条款在某一原始计划作物种植基地上种植其他计划作物以及没有参与其他计划作物生产计划的生产者（该子条款中称为"原始计划作物"），应有资格就该类计划作物获得贷款、购买和贷款差额补贴，其条款和条件应遵循该类计划作物的生产调整计划的规定。

"（2）要求。根据该子条款的规定，生产者应当有资格获得贷款、购买权或者贷款差额补贴，前提是生产者：

"（A）种植其他计划作物所用面积不超过原始计划作物占用种植基地的 25%；

"（B）同意缩减某一特定收成年中原始计划作物的允许种植面积。

"第 505 条　农场计划补贴收益。

"（a）确立。农业部应当根据（b）或者（c）的规定为每一个收成年所有农场的计划作物确立农场计划补贴收益。

"（b）基于 1990 收成年的农场计划补贴收益。

"（1）概述。除段落（2）和（3）所作规定之外，如果农业部认定应当根据本子条款确立农场计划补贴收益，那么 1991—1995 任意一个收成年的农场计划补贴收益应等于 1990 收成年为该农场确立的农场计划补贴收益。

"（2）额外收益补贴。针对 1991—1995 任意收成年的商品作物，如果农场的农场计划补贴收益缩减比例超过了 1985 收成年中农场计划补贴收益的 10%，那么农业部应当向生产者提供该商品作物的既定价格补贴，其数值需经农业部认定对向生产者提供同等总收益是很有必要的，就如同该农场计划补贴收益的缩减比例没有高于 1985 收成年的 10%。农业部发放补贴的时间不得晚于最终的差额补贴。

"（3）缺乏可用的收成或产量。如果 1981—1985 收成年（或者根据具体情况，1986—1990 收成年）中农场没有生产商品作物或者没有确立农场计划补贴收益，那么应当根据当前收成年中当地类似农场的平均农场计划补贴收益设定该农场的农场计划收益补贴。

"（4）全国、各州或县产量。如果农业部认定有必要采取该措施，那么其可以在以下几个方面的基础上确立全国，各州或县补贴收益。

"（A）历史收益率，经农业部调整之后从而纠正当前历史时期内影响收益率的异常因素；

"（B）在缺少历史收益率数据的前提下农业部对当前收成年实际收益的估计。

"（5）平衡收益率。一旦确立了全国、各州或县计划补贴收益率，那么农场计划补贴收益率应当与全国、各州或县计划补贴收益率保持平衡。

"（c）确定收益率。

"（1）实际收益率。关于 1991 及之后的收成年，农业部可以：

"（A）根据（a）的规定确立农场计划补贴收益；

"（B）基于当前收成年之前的 5 个收成年中农场每英亩作物产量的平均值，确立所有农场计划作物的农场计划补贴收益率，但不包括拥有最高每英亩单产值的收成年，最低每英亩单产值的收成年以及所有没有种植该作物的收成年。

"（2）先前收益率。为服务于前一规定，在确立农场计划补贴收益率时应当利用 1986 收成年的农场计划补贴收益率和 1987 及以后收成年中的实际每英亩单产值。

"（3）缩减限制。即使该段落存在其他规定，为确立农场所有计划作物 1991 及之后收成年中的农场计划补贴收益率，1986 收成年中农场计划补贴收益率的缩减比例不得高于 1985 收成年农场计划补贴收益率的 10%。

"（4）调整收益率。根据农业部制定的法规，县委员会可以调整所有农场计划作物的农场计划补贴收益率，前提是该农场作物的农场计划补贴收益率不能准确反映该农场的生产潜力。

"（d）收益率分配。在根据（c）当前收成年中农场缺少该计划作物的实际每英亩单产值的情况下，农业部可以根据该地区类似农场在当前收成年中的实际作物收益率分配该作物的农场收益率。

"（e）实际收益率数据。

"（1）条款。根据农业部规定的条款和条件，农业部应当允许生产者向县委员会提交有关所有农场计划作物实际收益率的数据。

"（2）保留。农业部应当在获得数据之后至少保留该数据 5 个收成年，从而确保在管理商品作物计划时可以利用这些数据。

"（3）通知。农业部应当根据该款的规定及时向生产者发放通知书。

"第 506 条　农场的种植和生产历史。

"根据农业部颁布的规定，所有县委员会可以要求所有力图建立作物种植基地或某一收成年的农场计划补贴收益率的生产者提供当前收成年之前 5 个收成年中农场的种植和生产历史。

"第 507 条　县委员会确立基地和收益率。

"根据农业部颁布的规定，所有县委员会可以就该县农场的作物种植基地和农场计划补贴收益率的确立作出相关规定，前提是无法根据该篇确立该作物种植基地和农场计划补贴收益率。作物种植基地和农产计划补贴收益率的确立应当遵循公平和公正的原则，但如果农场生产者因耕种易受侵蚀土地或者改造湿地而受到制裁，那么不能为此类农场确立作物种植基地或者农场计划补贴收益率。

"第 508 条　上诉。

"农业部应当建立一套行政上诉程序，从而就作物种植基地和农场计划补贴收益率的行政复议决定作出相关规定。

"第 509 条　收成。

"即使存在其他法律规定，该篇只适用于 1991—1995 年的计划收成。"

子篇 B　补贴限制

第 1111 条　补贴限制。

(a) 概述。修订《1985 年粮食安全法》的第 1001 条（《美国法典》第 7 篇 1308）。

(1) 在（1）中：

(A) 在指定项之后增加"（A）"；

(B) 强调"1990"和增加"1995"；

(C) 在结尾处增加以下新小项：

"（B）根据针对 1991—1995 年收成制定的 1001A 到 1001C，（2）（B）中（ⅲ）、（ⅳ）和（v）规定的依照《1949 年农业法》（《美国法典》第 7 篇 1421 及以下）设立的一个或多个年度小麦、饲料谷物、陆地棉、水稻和含油种子计划中（根据《1949 年农业法》第 205 条（a）的规定），个人所得的补贴总额不能超过 75 000 美元"；

(2) 在（2）（A）中：

(A) 删除"1987—1990 年收成"和增加"1991—1995 年收成"；

(B) 删除"蜂蜜以及（根据（B）中（ⅲ）（Ⅱ）的规定）"和增加"以及"；

(3) 在段落（2）（B）中：

(A) 删除条款（ⅲ）和增加以下新条款：

"（ⅲ）所有生产者通过归还某一经济作物贷款（不包括蜂蜜）所获得的收益，其标准应低于根据《1949 年农业法》确立的原始贷款标准；"；

(B) 在条款（ⅳ）中：

(ⅰ) 删除"107D（c）（1）或者 105C（c）（1）"和增加"107B（c）（1）或者 105B（c）（1）"；

(ⅱ) 删除"107D（a）（4）或者 105C（a）（3）"和增加"107B（a）（3）或者 105B（a）（3）"；

(C) 删除条款（v）和增加以下新条款：

"（Ⅴ）根据《1949 年农业法》的 107B（b），105B（b），103B（b），101B（b），或者 205（e）的规定，所有小麦、饲料谷物、陆地棉、水稻或者含油种子收成的贷款差额补贴；"

(D) 在条款（ⅵ）中，删除"107D（g），105C（f），103A（g）或者 101A（f）"和增加"107B（f），105B（f），103B（f）或者 101B（f）"。

(b) 外国人。修订该法案（《美国法典》第 7 卷 1308 - 3（a））中的 1001C（a）：

(1) 删除"1989 和 1990 年收成"和增加"1991—1995 年收成"；

(2) 在"《美国法典》第 16 篇 3881 及以下"后增加下述内容"，或者针对 1989—1995 收成年中根据第 12 篇达成的协议，"。

(c) 配偶。修订该法案（《美国法典》第 7 篇 1308（5）（B）（ⅲ））中 1001（5）（B）中第三节，如下所示：

"（ⅲ）关于所有的已婚夫妇，法规应当规定夫妇二人被视为一人，根据该条款应用限制条件的除外。

"（Ⅰ）关于配偶夫妇二人，如果在结婚之前，二人分别参与彼此不相关的农业经营，那么每一个配偶应当被看作农业经营过程中独立的个体，前提是婚后二人的农业经营仍然互不相干；

"（Ⅱ）如果已婚夫妇中没有直接或间接就不只一个实体持有其受益权的配偶双方（包括配偶本人）作为单独个体从事农场经营并且获得农场计划补贴（根据（1）和（2）的规定），那么农业部有权将配偶双方看作是单独个体，前提是根据本条和1001A的规定每个配偶成为单独个体所需要满足的其他条件。"

（d）杂交种子种植者。修订该法案的1001A（b）（《美国法典》第7篇1308-1（b）），在结尾处增加以下新段落：

"（6）杂交种子种植者。为确定是否按照合同行事的杂交种子种植者应被视为积极从事农业生产，农业部不应将杂交种子合同考虑在内。"

（e）不可撤销信托。修正该法案的1001（5）（B）（ⅱ）（《美国法典》第7篇1308（5）（B）（ⅱ）），在结尾处增加以下：

"（Ⅲ）即使存在其他法律规定，要想根据该条款成为单独个体，不得将不可撤销信托（不包括1987年1月1日之前建立的信托）用于修正或终止委托人的信托，使委托人在信托方面拥有未来或者获得收益，或者自建立信托之日起不少于20年内向其余受益人转让信托，但取决于其余大多数受益人的转让或者取决于委托人或收入受益人死亡的情形除外。"

（f）最低受益权。修订该法案的1001A（a）（2）（《美国法典》第7篇1308-1（a）（2）），删除"10％"和增加"0~10％"。

（g）教育计划。修订该法案，在1001C（《美国法典》第7篇1308-3）后增加以下：

"第1001D条　教育计划。

"（a）概述。为促进更有效和统一地运用根据1001到1001C确立的补贴限额，农业部应当执行一项补贴条款教育计划，主要面向农业部符合条件的相关人员，以及根据《水土保持和国内分配法》（《美国法典》第16篇590h（b））中8（b）设立的县和州委员会成员和其他人员。

"（b）培训。该教育计划应当向相关人员提供培训，培训的主要内容是如何根据1001到1001C规定的补贴法规和规定以公平、准确和统一的方式进行个体农业经营。

"（c）管理。农业稳定和保护服务政府办公室应当在以下方面作出最初的决定，即在农业部的监督之下，将根据1001到1001C确立的补贴限额运用到由5人以上组成的农场运营当中。

"（d）商品信贷公司。农业部应当通过商品信贷公司执行该条款规定的计划。"

（h）多年项目合同补贴待遇。进一步修订该法案（按照该条的款（g）进行修订），在1001D后增加以下：

"第1001E条　多年项目合同补贴待遇。

"（a）概述。即使存在其他法律规定，一旦通过遗赠或者继承的方式实现土地所有权的转让（或者土地的所有者权益），那么农业部可以根据该合同向新土地所有者提供补贴，并且无需考虑新土地所有者在根据第12篇执行遗赠或者继承之前所获得的补贴数额，前提是该新土地所有者根据第12篇继承了前任土地所有者的合同。

"（b）限制。根据该条款规定的补贴数额不应超过之前土地所有者根据合同条款在前任土地所有者去世时有权得到的数额。"

（ⅰ）现金租金租户的待遇。修订《公法》101-207中的第2条，删除"只对其生效"和增加"自……起生效"。

子篇 C 《1949 年农业法》的相关规定

第 1121 条 差额和土地转让补贴。

（a）概述。修订《1949 年农业法》的第 107C 条（《美国法典》第 7 篇 1445b‑2），如下所示：

"第 107C 条 差额和土地转让补贴。

"（a）差额补贴。

"（1）概述。如果根据该法案针对 1991—1995 年小麦、饲料谷物、陆地棉和水稻收成，农业部确立了一项种植面积限制计划并决定为该商品作物设立差额补贴，那么农业部应当就所有作物向生产者提供预付差额补贴。

"（2）条款和条件。根据（1）向生产者提供的预付差额补贴应当遵循以下条款和条件：

"（A）形式。支付补贴的形式如下：

"（ⅰ）现金；

"（ⅱ）商品信贷公司所有的商品作物以及可用于兑换商品作物的凭证，但生产者不能以商品作物或者凭证的形式获得 50％以上的补贴；

"（ⅲ）结合（ⅰ）和（ⅱ）。

"（B）商品作物和凭证。如果根据 A（ⅱ）的规定向生产者提供补贴，那么此类生产者可以选择以下任意一种方式获得补贴：

"（ⅰ）商品作物；

"（ⅱ）凭证。

"（C）截止日期。该类证书的兑换有效期自发放证书之日起不得超过 3 年。

"（D）存储。商品信贷公司应当支付兑换凭证之前该凭证所产生的存储商品作物的成本。

"（E）时机。为参与到该计划当中，应当尽快向与农业部签订合同的生产者提供补贴。

"（F）数额。分发农业部认定为适当的补贴数额，从而鼓励生产者充分参与到计划当中，但其数额根据农业部的规定不能超过以下通过乘法运算之后得到的数值：

"（ⅰ）作物的预计补贴面积；乘以

"（ⅱ）作物的农场计划补贴收益率；乘以

"（ⅲ）（Ⅰ）关于小麦和饲料谷物，其预计补贴率不得低于 40％也不能高于 50％；

"（Ⅱ）关于水稻和陆地棉，其预计补贴率不得低于 30％也不能高于 50％。

"（G）还款。如果农业部根据该法案最终决定可以向生产者支付的差额补贴数额少于根据该子条款就该作物规定的预付差额补贴数额，那么生产者应当偿还等于预付数额和经农业部最终认定确立的差额补贴数额之间差额的数额。

"（H）还款要求。如果农业部根据该法案作出以下决议，即已经根据该子条款获得预付差额补贴的作物生产者将没有资格获得差额补贴，同时此类生产者还应该偿还预付补贴。

"（ⅰ）截止日期。所有根据（G）和（H）规定的还款的截止日期应为支付补贴的当前作物营销年的年末。

"（J）违规行为。如果生产者在根据该子条款获得预付差额补贴之后未能遵守种植面积限制计划中规定的要求，那么生产者应当立即偿还预付补贴数额再加上农业部规定的利息数额。

"（3）法规。为执行该条款，农业部可以颁布必要的法规。

"（4）商品信贷公司。农业部应当通过商品信贷公司根据该条款的规定执行该计划。

"（5）额外权限。该条款规定的权限应当是所有农业部或者商品信贷公司根据任何其他法律规定授予的职权之外的权限而不是取代其中任意一项。

"（b）土地转让补贴。如果农业部根据该法案向生产者提供土地转让补贴，从而协助调整1991—1995年小麦、饲料谷物、陆地棉和水稻收成的全国总种植面积，使其达到令人满意的标准，那么一旦生产者同意转让土地以换取补贴，农业部就可以尽快向生产者提供至少此类补贴的50%。

"（c）提供差额补贴的时间安排。针对1991—1995年小麦、饲料谷物和水稻收成向生产者支付的差额补贴，该补贴的计算是基于当前作物营销市场的全国加权平均市场价格（或者就水稻而言是全国平均市场价格），农业部应当按照以下几种方式提供差额补贴：

"（1）一部分差额补贴应根据（a）（2）提前支付。

"（2）当前营销年的头5个月后，应当尽快向生产者支付减去预付数额之后的最终预计差额补贴的75%。

"（3）差额补贴的剩余部分应于当前营销年年末支付给生产者。"

（b）偿还要求。

（1）概述。不论法律中其他款项作何规定，农业部部长决定，只对农场遇到财政困难的、提前接受1988年或1989年商品作物差额补贴的生产者和第二条的一些情况有效，农业部部长：

（A）对于预先差额补贴的任何拖欠退款，其收取的年利率不得高于农场信贷系统机构规定的经营性贷款的现行利率；

（B）在之后的3个作物年度，每年不得扣押多于农场计划支付款的1/3，否则，农场生产者可视为拖欠退款；

（C）若生产者签订协议在1990年、1991年和1992年每个作物年申请并获得多重风险农作物保险，则应允许生产者在每一年分3期等额退款；在此方面农业部部长决定效仿《1989年灾害救助法》第107条（《美国法典》第7篇1421）。

（2）应用。本项规定适用于：

（A）在《1949年农业法》（《美国法典》第7篇1445b-2（a））107C（a）规定下接受1988年或1989年商品作物差额补贴的生产者；

（B）针对预付差额补贴，《1949年农业法》107C（a）（2）中小项（G）或（H）规定，还款金额至少为1 500美元的生产者；

（C）在《罗伯特 T. 斯塔福德减灾和紧急援助法》（《美国法典》第7篇5121）中，总统指出重大自然灾害或紧急情况造成的1988年、1989年和1990年3个作物年度其中两年度至少30%正常生产能力的减少，在此情况下，农业部部长发现农耕、放牧或水产养殖业务已经大幅减少的县或相邻县的生产者；

（D）生产者能够收获的1988年或1989年的商品作物总量不到农业部规定的农场应有产量的65%，农业部规定的农场应有产量是通过可收获的农作物面积与不可收获的农作物种植面积（第（C）小项中提到的自然灾害和紧急情况）之和确定的。

（c）符合标准的修正案。《1985年粮食安全法》（《公法》99-198；《美国法令全书》第99篇1446）第1002条修正，去掉"仅对1986—1990年的小麦、饲料谷物、陆地棉、大米组有效"，插入了"条"。

第1122条　商品证书。

（a）概述。在《1949年农业法》（《美国法典》第7篇1445b-4）第107E条修订，在结尾增加以下部分：

"（c）由部长颁发给生产者的商品证书（生产者至少持证150天），部长须对此商品证书的现金偿还支付利息。对于《1978年农业贸易法》颁发的与出口增强计划或市场推广计划有关的商品证书，本项条款不适用。"

（b）特殊规则。

（1）概述。商品信贷公司颁发的商品证书，应当允许后续持有人按照同样的适用于原证书持有者的规则交换过期的商品证书。

（2）申请和赎回限制。本款仅适用于在该法案颁布之日起的 180 天内。任何人不得根据本款换购价值超过 1 000 美元的证书。

（3）赎回限制。在任何情况下，根据本款规定赎回的商品证书，任何人支付给商品信贷公司的金额不得多于个人办理证书的费用。据本条规定，如果证书持有者在 1990 年 1 月 1 日后购买，则过期证书不予以交换。

第 1123 条　农民储藏计划。

《1949 年农业法》第 110 条（《美国法典》第 7 篇 1445e）现予修订，内容如下：

"第 110 条　农民储藏计划。

（a）概述。农业部部长应制定和管理农民储藏计划，在此计划下，在商品供应充足时小麦和饲料谷物生产商将能存储小麦和饲料谷物，延长有序销售商品的时间，并提供充足的结转库存量，以确保可靠的商品供应。

"（b）方案条款：

"（1）价格支持贷款。在实施此计划时，农业部部长应为小麦和饲料谷物提供长期价格支持贷款。只有按照本条规定在 9 个月的价格支持贷款（以下简称"原贷款"）到期后，生产者才可以得到长期贷款。

"（2）贷款级别。据本条规定，对于以此名义制定的小麦和饲料谷物计划，其贷款金额不得低于当时现行的支持级别。

"（3）其他条款及条件。农业部部长应提供：

"（A）从原贷款到期之日起，延长价格支持贷款的偿还时间为 27 个月，若部长酌情，贷款可延长 6 个月的期限；

"（B）利率遵循（c）小项规定；

"（C）生产者存储小麦和饲料谷物的支付金须按照（d）款规定。

"（4）区域差别。对于根据本条设立的计划，在收获时节，农业部部长应考虑到区域差异，确保给予生产者一个公平和公正的机会参与其中。

"（c）利息收费。

"（1）收取利息。根据本条规定，当小麦或饲料谷物的价格等于或超过当时现行规定的商品价格的 105％时，农业部部长可收取贷款利息。

"（2）90 天期限。在（1）规定的情况下，若征收贷款利息，在小麦或谷物饲料的价格等于或超过 105％的商品价格的最后一天开始，可以征收期限为 90 天的利息。

"（3）利率。对此项计划参与者收取的利息不得小于美国财政部商品信贷公司收取的利息率，但部长为实现本条规定的目的放弃或调整利息除外。

"（d）存储款项。

"（1）概述。根据该方案实施的计划中，农业部部长若决定适当鼓励生产者参与该计划，则应对存储小麦或饲料谷物的生产者提供存储补贴。

"（2）时限。在每季度末，部长须给参加此方案的生产者存储补贴。

"（3）持续时间。当小麦或谷物饲料的价格等于或超过当时现行规定的商品价格的 95％，以及在小麦或谷物饲料的价格等于或超过当时商品价格的 95％的最后一天开始的任何一个 90 天期限期间，农业部部长应停止发放存储补贴。

"（e）突发事件。不论法律中其他款项作何规定，若部长确定紧急情况需要商品提供市场，以满足紧迫的国内或国际需求，以及向总统报告裁决和原因，众议院农业委员会和参议院农业、营养、林业委员会至少提前 14 天采取行动。农业部部长可根据本条要求生产者偿还贷款，加上应计利息及其他费用，并且依据法规，这些都要在还款日之前完成。

"（f）计划中商品数目。据该计划，部长可建立可能会收到支付贷款及存储补贴的小麦和饲料粮的最大量，具体如下：

"（1）小麦的存贮量不得少于 3 亿蒲式耳，不得多于 4.5 亿蒲式耳。

"（2）饲料谷物的存储量不得少于 6 亿蒲式耳，不得多于 9 亿蒲式耳。

"（g）计划宣布

"（1）公布时间。对于小麦和饲料谷物存储计划，部长应向生产者公布相关条款及条件

"（A）小麦。每年 12 月 15 日小麦收获；

"（B）饲料谷物。每年 3 月 15 日收获饲料谷物。

"（2）自由裁量条目。在以下情况下，部长可为小麦或饲料谷物生产者提供长期贷款：

"（A）部长确定，在为期 90 天的时间结束之前（在第 1 款中已规定），小麦或玉米各自的市场平均价格分别小于目前小麦或玉米贷款利率的 120%；

"（B）在第 1 款规定的适当的日期，在当前营销年的最后一天，部长估计股票使用比将会：

"（ⅰ）小麦。高于 37.5%；

"（ⅱ）玉米。高于 22.5%。

"（3）强制条目。若第 2 项小麦和玉米分别符合（1）（2）小项规定，部长须向小麦或饲料谷物生产者提供长期贷款。

"（4）公告内容。在公告中，对于部长确定的能够适当推动有序销售商品的计划，部长秘书应指定存储小麦或谷物饲料的最大数量。

"（h）自行退出。据本条，生产者可在任何时间偿还长期贷款。

"（i）粮食再集中。若将运输和正常的营销模式等因素考虑在内，部长认为符合公众利益，在征得该计划中粮食储备者的同意后，部长可再集中这些粮食在商业仓库中。根据规定，部长应允许库存的周转并促进质量的维护，以保证储备生产者或仓管员——征得他们同意后——在任何时候都可保质保量的运到指定地点。

"（j）粮食管理。根据本条，不论粮食何时存储，部长可以同等价格购买出售，允许习惯位置和等级差别，在不同的地点或仓库的粮食数量大致相当于所需要粮食量，对商品信贷公司拥有或控制的商品进行妥善处理、周转、分发和定位。抵消销售须于购买后 2 集市日内完成。部长应做一个每日清单显示价格、位置以及交易数量。

"（k）商品信贷公司的使用。在可行的情况下，部长可利用商品信贷公司达到本条规定的目的。为最大程度实现本规定目的及有效、高效地管理本规定，部长可利用一般及惯常的贸易和商业渠道、设施和安排。

"（l）商品证书的使用。不论其他法律作何规定，据本条，如果生产者已购买或以其他商品替换最初作为贷款抵押的商品且替代商品已抵押作为贷款抵押并只能在同一县赎回，部长可允许生产者使用一个通用的商品证书——该商品证书是商品信贷公司所有，可用于商品交换——偿还贷款。

"（m）额外权利。本条所提供的权利是对部长开展生产者贷款和存储操作已有的权利的补充。

"（n）条例。农业局局长须规定，本条例自颁布之日起不迟于 60 天须执行。

"（o）农作物。不论其他法律作何规定，本条例自 1990 年 12 月 1 日起生效。"

第 1124 条　存储款项的可比性。

根据《1949 年农业法》（《美国法典》第 7 篇 1445e）第 110 条对生产者支付存储款项，根据《商品信贷公司宪章法》（《美国法典》第 15 篇 714）支付商业仓库存储费，商品信贷公司与农业部长须在切实可行的范围内，考虑存储商品的当前需求、效率、位置、额外的法规成本、连接要求、部长决定的用

户费的影响，确保向生产者支付的存储款项的利率应等同于商业储存的平均利率；但若支付给生产者存储和商业存储的利率与商品信贷公司根据本规定调整的存储利率相同，使得支付给生产者和商业仓库目前或预计的支出就不会增加时，这种情况除外。

第 1125 条　补充休耕和种植面积的限制权限。

（a）概述。《1949 年农业法》（《美国法典》第 7 篇 1445h）第 113 条修订内容如下：

"第 113 条　补充休耕和种植面积的限制权限。

"不论任何法律作何规定，或与农业部部长之前的公布相悖，若部长确定，总统或联邦政府的行政部门的其他成员对任何此类商品实行强制出口限制的行为是符合公众利益的，部长可根据第 105B 或 107B 条规定，宣布并提出 1991—1995 年一年或多年小麦和饲料谷物种植面积限制计划。为根据本条有效开展种植面积限制计划，若此计划执行的有任何延迟，必要时部长可做出修改和调整。"

（b）符合标准的修正案。《1985 年粮食安全法》（《公法》99-198；《美国法令全书》第 99 篇 1454）第 1011 条修正为："仅对 1986—1990 年的小麦、饲料谷物、陆地棉、大米、节有效"，此处插入了"条"。

第 1126 条　灾害款项。

《1949 年农业法》（该法案已经第 1001 条修订）第 2 篇进一步修订，内容如下：

"第 208 条　1991—1995 年花生、大豆、甜菜、甘蔗的灾害款项。

"（a）种植限制。用于花生、大豆、甜菜、甘蔗种植的土地禁止种植其他农作物，或花生、大豆、甜菜、甘蔗或其他的非保护作物在干旱、洪水或其他自然灾害或生产者无法控制的情况下，部长可为生产者提供未播种地灾害款项，这些款项是与商品价值相同，是通过增加：

"（1）受影响的土地，但不得超过花生、大豆、甜菜、甘蔗前一年的计划种植面积（包括禁止生产者种植商品，或在干旱、洪水或其他自然灾害或生产者无法控制的情况下其他的非保护作物如花生、大豆、甜菜、甘蔗）；

"（2）75％的农场计划支付效益由部长设立；

"（3）支付率等于贷款和作物购买水平的 50％。

"（b）减产。若部长确定，因为干旱、洪水或其他自然灾害，或其他超出生产者控制的状况导致生产者能收获花生、大豆、甜菜、甘蔗的总数量小于农场计划支付效益的 60％（农场计划支付效益是通过可收获作物的种植面积确定的），对于生产量低于 60％的作物，部长可以作物贷款和购买水平的 50％降低产量灾害款项。

"（c）调整。将对农作物生产者提供的其他联邦救灾形式考虑在内，依照本段落的规定，农业部可以对个人农场的支付数量做出调整确保生产者获得公平合理的支付分配。

"（d）农作物。不论其他法律作何规定，本条规定仅对 1991—1995 年的花生、大豆、甜菜、甘蔗有效。"

第 1127 条　增加支持水平。

《1949 年农业法》（《美国法典》第 7 篇 1421）第 402 条修订内容如下：

（1）在指定条插入（a）；

（2）在结尾处增加以下新条款：

"（b）仅对 1991—1995 年的作物如小麦、饲料谷物、棉花、水稻有效，对于计划中作物的既定价格，农业部部长可做年度调整，以反映上一日年结束到每一农事年开始前农民所支付的此年生产项目、利息、税收、工资率等的价格指数的任何变化。"

第 1128 条　支持价格的调整。

《1949 年农业法》（《美国法典》第 7 篇 1423）第 403 条修订内容如下：

"第 403 条　支持价格调整。

"（a）概述。对于不同等级、类型、质量、位置和其他因素的任何商品（不含棉花），农业部部长可对支持价格做出适当的调整。在可行范围内，将一些因素的预期发生率考虑在内，商品平均支持价格应等同于本法案中确定的支持水平。

"（b）棉花支持价格的调整。根据棉花质量因素和生产地点的差异，农业部部长可对棉花的支持价格做出适当的调整。从 1991 年的种植作物开始，陆地棉贷款项目的质量差异（质量因素的溢价和折价）应由部长决定：（1）与之前作物的贷款差别，（2）该作物在指定的美国现货市场的市场差别。

"（c）小麦及饲料谷物调整的限制。不论本节作何其他规定，1990—1995 年每年小麦和饲料粮作物贷款利率的调整不适用于某一特定区域、州或县，目的在于运输差异可增加或降低区域、州或县的贷款利率，该贷款利率是由超过全国平均贷款利率变动百分比加上或减去 3% 来确定的。"

第 1129 条　1996 年作物的计划特权。

《1949 年农业法》（《美国法典》第 7 篇 1445b）第 406 条第（b）款修订内容如下：

"（b）（1）不论其他法律作何规定，对于 1996 年小麦作物、饲料谷物、棉花、超长绒棉、大米、含油种子生产者，以及 1996 年加入到商品价格支持、生产调整和本款规定的支付方案中的乳制品生产企业，部长可为他们提供特权。

"（2）根据《1949 年农业法》101（H），101B，103B，105B，107B，114，204，205 的规定，以及《1949 年农业法》其他相关规定，部长可提供上述方案。据本款规定，可使用的任何既定价格或者贷款和购买水平应与 1995 年农作物或 1995 年牛奶的既定价格或贷款和购买水平相等。

"（3）若农业部部长未最终公布对商品价格支持、生产调整，或 1996 年小麦作物、饲料谷物、棉花、水稻，或含油种子的支付计划，或 1996 之前或者之后乳制品的历年计划，部长可提供本款所规定每一项计划：

"（A）小麦：1995 年 6 月 1 日；

"（B）饲料谷物：1995 年 9 月 30 日；

"（C）陆地棉：1995 年 11 月 1 日；

"（D）超长纤维棉：1995 年 12 月 1 日；

"（E）稻米：1996 年 1 月 31 日；

"（F）油菜籽：1995 年 7 月 15 日；

"（G）乳制品：1995 年 11 月 1 日。

"（4）生产者将不会参与此类计划，除非自本款法规颁布之日起，另一部法律——为 1996 年作物如小麦、饲料谷物、棉花、水稻、油料或 1996 年乳品提供贷款和购买款项——也随即颁布。

"（5）部长可利用商品信贷公司的资金、设施和权限实施本款规定。"

第 1130 条　商品信贷公司销售价格的限制。

《1949 年农业法》（《美国法典》第 7 篇 1427）第 407 条修订内容如下：

"第 407 条　商品信贷公司销售价格的限制。

"（a）概述。未违反本款规定，商品信贷公司可以任何价格出售公司拥有或控制的任何农产品。

"（b）库存资产。在确定基本农产品或耐贮藏的非基本大宗商品的销售政策时，公司应考虑建立有关价格政策、条款和条件的政策，该公司决定将不会妨碍或阻止制造商、加工商、经销商获取和携带商品的正常存货。

"（c）销售价格限制。

"（1）概述。除本条另有规定外，公司不得出售任何基本的农产品或非基本大宗商品以低于115％的：

"（A）当前全国平均价格支持商品贷款利率因当前市场差异而调整，这些差异反映了商品的档次、质量、位置、合理的运送费以及由公司决定的其他因素。

"（B）贷款还款水平。

"（2）超长纤维棉。若公司认为可适当维持和扩大出口和国内市场，公司可以这样的价格出售超长绒棉，供无限制使用。

"（3）油菜籽。公司不得出售油菜籽，除非低于：

"（A）当前全国平均价格支持油菜籽贷款利率的105％，这个利率因市场差异而调整，这些差异反映了商品的档次、质量、位置、合理的运送费以及由公司决定的其他因素。

"（B）贷款还款水平的115％。

"（4）小麦和饲料谷物。根据第110条设立的小麦和饲料粮储备计划生效时，公司不得以低于当时现行的小麦或饲料谷物贷款利率的150％出售任何小麦或谷物饲料。

"（5）陆地棉。商品信贷公司可以与出口陆地棉相同的价格出售无限制使用的陆地棉，但不得低于（1）规定的金额。

"（d）销售价格限制的不确定性。本款的上述规定不适用于：

"（1）新商品或副产品的销售。

"（2）用于食用油提取的花生和油菜籽的销售。

"（3）种子或饲料的销售，只要其不会大幅削弱任何价格支持计划。

"（4）销售的商品有质量的严重变质，或有因变质或腐烂造成损失或浪费的危险。

"（5）为建立合同之外的索赔或针对犯有商品欺诈、失实陈述，或其他不法行为的人的销售。

"（6）出口销售（不包括出口销售的陆地棉）。

"（7）羊毛销售。

"（8）基本用途之外的销售。

"（e）遇险、灾难、牲畜应急领域。

"（1）概述。不论本条上述规定如何，对于部长确定的符合公众利益的有关条款及条件，公司可：

"（A）提供其拥有或控制的为缓解压力的任何农产品。

"（ⅰ）为由于失业或其他经济原因，总统宣布有可能成为严重灾区的美国的任何区域包括维尔京群岛，前提是总统确定不会代替或干扰正常的农产品营销；

"（ⅱ）根据《灾难救援和紧急援助法案》（《美国法典》第42篇5121），总统判定并能获得联邦政府援助的任何重大灾难。

"（B）根据第六篇法规捐赠或出售商品。

"（2）成本。据本条规定，除了在可偿还基础上，公司不得承担超出商品成本的可用商品的任何费用。

"（A）储存的商品；

"（B）在运输商品到每个州或其他地区的一个或几个中心地点的指定机构过程中的处理及运输成本。

"（f）有效运营。

"（1）概述。根据（2）规定，本节上述限制不适用于以下商品的销售：即使其质量是符合要求的，但为切实有效地开展公司的运作，涉及较少的销售商品，及商品的时限、地点及是否继续存储。

"（2）抵消交易。如有必要，通过购买商品来抵消销售，若公司确定此做法能防止销售严重损害任何的价格支持计划或不适当地影响市场价格，但购买价格不得高于公司制定的无限制使用商品的价格。

"（3）竞标基础。根据本条规定中包含的销售价格限制，公司可在竞标的基础上出售任何基本的农产品或耐储存的非基本商品，前提是农业部部长确定此种销售是合适的。

"（g）出口销售。据此条规定，出口销售应包括：

"（1）相同商品的出口销售；

"（2）种类相同，具有可比价值或数量的出口商品，不管是原材料还是成品的销售。"

第 1131 条　《1949 年农业法》条款的应用。

（a）概述。《1949 年农业法》（《美国法典》第 7 篇 1428（k））第 408 条（k）款修订内容如下：

"（k）（1）针对价格支持、支持水平及价格支持水平，402、403、406、407 和 416 条法规提供参考，根据本法，这些法规同样适用于小麦、饲料谷物、棉花、超长绒棉、蜂蜜、含油种子和大米的贷款及采购量。

"（2）根据本条及 401（a）法规，价格支持、价格支持操作和价格支持计划，根据本法，应同样适用于小麦、饲料谷物、棉花、超长绒棉、蜂蜜、含油种子和大米的贷款和购买操作。

"（3）不论其他法律作何规定，是有效的，本款只对 1991—1995 年的小麦作物、饲料谷物、棉花、超长绒棉、蜂蜜、含油种子和大米生效。"

（b）生产者。该法案第 408 条删除了（l）、（m）款，并加入以下新款：

"（1）根据合同规定，生产者应包括种植杂交种子的人。在确定杂交农作物种植者的利益时，农业部部长不得将杂交种子合同考虑在内。"

第 1132 条　生产者的上诉过程。

（a）概述。《1949 年农业法》（《美国法典》第 7 篇 1421 及以下）第 4 篇已修订并在其结尾处增加以下新条款：

"第 426 条　上诉。

"（a）上诉权。根据本法案或农业稳定与保护局（以下简称 ASCS），或是美国农业部的任何继任机构颁布的其他法案中的任何计划，所有参与者都有权对任何州或县根据《土壤保护和国内分配法案》第 8 条（b）下达的不利的判决提起诉讼，诉讼对象可包括：委员会的雇员或代理人，ASCS 的其他工作人员，或商品信贷公司根据该法或 ASCS 其他任何法案的代理人。

"（b）上诉程序。

"（1）概述。诉讼程序应按照本法规定进行。

"（2）上诉条件。任何认为 ASCS 制订的计划实施未得到公正判决的任何参与者都可根据如下要求提起诉讼：

"（A）若判定由县委根据《土壤保护和国内分配法案》第 8 条（b）制定的，参与者可根据此法案规定，向相应的国家委员会提出上诉；

"（B）若判定由国家委员会根据《土壤保护和国内分配法案》第 8 条（b）制定的，参与者可根据此法案规定，向相应的国家上诉庭提出上诉；

"（C）若判定由 ASCS 或商品信贷公司的任何其他雇员或代理人制定的，参与者向相应的国家上诉庭提出上诉。

"（3）上诉归档时间。根据农业部规定，参与者在接收到不利判决后，须在合理时间内提出上诉。

"（c）国家上诉庭。

"（1）成立。为举行生产者上诉听证会，部长须在 ASCS——国家上诉庭——内举行听证会，人员包括主官、听证官员和该办公室的其他必要人员，所有的这些参与人员必须是农业部的在职人员，而不是根据农业稳定与保护局或后继机构制定的法案举行听证会并提起正式诉讼。

"（2）听证官员。国家上诉庭的听证官员应根据本法案听证每一场诉讼。

"（3）庭长的权利与责任。据本法，国家上诉庭的庭长应执行以下条款：

"（A）可使用上诉有关的关于程序和操作的所有记录、报告、审计、评论、文件、证书、建议或其他材料；

"（B）可要求有关的信息或帮助，履行本款规定的关于任何联邦、州或地方政府机构或单位的职责和责任；

"（C）可要求证人出席，以及所有信息、文件、报告、解答、记录、账目、文件，和其他数据和必要的书面证据，以妥善解决上诉；

"（D）如若合适，可通过传唤要求证人出席并出示文件证据，在拒不服从或拒绝服从的情况下，可在任意一个合适的美国地区法院强制执行传唤命令；

"（E）在上诉听证过程中，如必要，可主持宣誓及确定声明；

"（F）为做报告及提供其他服务可签订合同，确定其他安排并支付有关款项，这些款项是实施本款规定的必要措施；

"（G）应发布诉讼规定程序要求；

"（H）部长判决，主官可将本条（A）～（E）规定的权利赋予听证官员。

"（4）听证会。

"（A）概述。应在国家上诉庭规定的时间地点举行听证会。

"（B）听证执行。听证会的进行至少要经过以下过程：

"（i）参与者应当告知所涉及的问题；

"（ii）参与者应给予充分机会提出有关发行事宜的事实和信息，并可能提出证据；

"（iii）听证官员可以只介绍相关事宜的事实和证据，并排除无关紧要、微不足道或过于重复的证据、信息或问题。

"（C）记录。若参与者要求，国家上诉庭的每场听证会，听证员的一言一语需通过录音机、速记员或其他方法逐字记录。若听证官员的决定被提起上诉，应参与者要求，听证会的文字记录与提交的所有文件和证据应提供给参与者。听证记录应当包括所有文件的副本及提交给听证人员的其他证据，及听证笔录。

"（5）审查决定。

"（A）概述。对于提交给相关部门进行审查的上诉，国家上诉庭庭长应作出所有裁决。

"（B）程序。在提交诉讼等待庭长的裁决时，听证官员应核实记录和上交的材料，或将已核实的记录提交给庭长。

"（C）审查基础。国家上诉庭的审查应根据听证会笔录和听证人员提出的证据，除非国家上诉庭庭长下令要求进一步审理，以便完整国家上诉庭供审查的记录，或听证新的或额外的证据。

"（6）部门的独立性。国家上诉庭内的所有听证员都应向该部门主要人员汇报工作，不得根据国家上诉庭以外的其他部门的指示或控制，或接受行政支持（可偿还的除外）。

"（7）最终裁决。除第（e）款的规定，全国上诉庭庭长的裁决应为最终定论，对农业部、商品信贷公司及其所有相关机构都具有约束力。

"（d）法院审查。根据本条规定的程序，农业部的最终决定应由具有合法管辖权的美国法院审查。

"（e）参与者。为实现本条目的，参与者是指根据本法令或 ASCS 任何其他法令管理实施的所有计划，根据《土壤保护和分配法案》8（b）任一州或县委员会，或这些委员会的员工或代理人，或由 ASCS 其他人员，或根据该法或 ASCS 颁布的其他的法案的商品信贷公司任何代理人做出的裁决造成不利影响，任何拥有参与权，或收取款项或其他利益的人。

"（f）官方委派。本节所载的任何内容均不妨碍部长、ASCS 行政主管或是商品信贷公司的执行副总裁在任何时候裁决计划中引起的问题，执行本条的条款，修改（要有充分的理由才予以修改）由县或州委员会或国家上诉庭庭长做出的任何裁决。

"（g）州委员会和县委员会的裁决。根据《土壤保护和分配法案》条款 8（b），州和县委员会做出的裁决，或这些委员会员工未有失实陈述、虚假陈述、欺诈或故意不当行为下做出的裁决，应视为最终裁决，除非根据（f）款规定，在 90 天内做出修改。并且不得采取任何行动，追讨已支付的错误的金额，除非生产者有证据证明这一裁决是错误的。

"（h）法规。部长可制定这样的法规，如确定本条规定的制定确实需要这些法规，包括州和县委员会根据《土壤保护和分配法案》8（e）制定的上诉法规。"

（b）生效日期。根据《土壤保护和分配法》（《美国法典》第 16 篇 590h（b））8（b）任何州或县委员会，或这些委员会的员工或代理人，或是农业稳定和保护局的其他人员，或商品信贷公司代理人在该法案颁布之日前做出的不利裁决，（a）的修订不适用于以上任何情况。

（c）诚信依赖。《1962 年食品和农业法》（《美国法典》第 7 篇 1339c）第 326 条已修订，内容如下：

"第 326 条　诚信依赖。

"不论其他法律作何规定，为提供公平和公正的待遇，若农业部长认为可取的，对于试图遵循部长颁布的任何价格支持或其他计划的，或法律中其他要求影响其资格的并已经采取行为依赖部长授权的行动或建议的农民，部长可提供价格支持或其他款项，若部长裁决这些农民因这种善意的信赖遭受损失，部长可提供价格支持；也可要求农民采取必要行动纠正任何不符合这种方案的地方。"

子篇 D　杂项商品规定

第 1141 条　通用种植面积。

《1977 年食品和农业法》（《美国法典》第 7 篇 1309）第 1001 条已修订，内容如下：

（1）删除"1990"出现的每个地方，并插入"1995"；

（2）（c）（2），删除"107D（d）（3）（A）"，"插入 107B（d）（3）（A）"。

第 1142 条　正常供应。

《1985 年粮食安全法》（《美国法典》第 7 篇 1310a）修订，删除 1990，插入 1995。

第 1143 条　小麦粮食储备安全。

（a）拓展。《1980 年粮食安全小麦储备法》（《美国法典》第 7 篇 1736f-1（i））第 302（i）条进行修订，删除两次"1990"，插入"1995"。

（b）补充。本法案 302（b）（2）修订，内容如下：

（1）重新分别将（A）及（B）改为（i）和（ii）；

（2）在标识的段落后插入（A）；

（3）在新条款后增加以下内容：

"（B）释放库存储备后不迟于 18 个月，农业部部长应补充储备：

"（i）根据（A）（i）进行的购买，在一定范围内可给予拨款；

"（ii）若根据（A）（i）未有足够的拨款，部长可从商品信贷公司未支配的库存中拨取同等数量的小麦，除非部长上报众议院农业委员会及参议院农业、食物和林业委员会商品信贷公司未支配的库存中也有足够的小麦。"

第 1144 条 部长裁决。

《1985 年粮食安全法》（《公法》99 - 198；《美国法令全书》第 99 篇 1459）第 1017（b）条现予修订，删掉"1986 年至 1990 年"，插入"1991 年至 1995 年"。

第 1145 条 全国农产品成本生产标准审查委员会。

（a）委员会成员。《1981 年农业和食品法》（《美国法典》第 7 篇 4102（a）（l））1006（a）（l）第一句修订，将"在美国从事一种或多种农产品商业生产的 7 名成员"删除，插入"在美国，无论是以个人身份还是集体身份，从事一种或多种农产品商业生产的 7 名成员"。

（b）范围。《1981 年农业和食品法》（《美国法典》第 7 篇 4110）第 1014 条修订，删掉"1990 年"，插入"1995 年"。

第 1146 条 补贴分配。

《土地保护和国内分配法》（《美国法典》第 16 篇 590h（g））第 8 条第（g）款修改内容如下：

"（g）根据本条给予生产者的补贴只有在部长签发的规例下才能被分配。若给予生产者的补贴不存在任何有关的转让，本款不得授权对农业部部长、支付代理或任何美国的代理机构的起诉或强制命令。"

第 1147 条 财务影响研究。

（a）研究。对于根据《1949 年农业法》规定实施的计划方案（本条下简称"方案"），部长设立宣布的支持水平的财务影响，部长应做年度调查，包括支持水平对生产者还款能力的影响（特别强调从农民家庭管理局和农场信贷系统借款的人）。

（b）报告。局长应每年编写一份关于研究结果的报告，并不得迟于部长决定的任何一年计划的最终公布日期向众议院农业委员会及参议院农业、食物和林业委员会提交报告。

（c）报告目的。根据本条做的研究（包括支持水平对生产者还款能力的影响研究）应仅适用于报告之用和国会监督，不得产生任何行动或为其他行动做铺垫，或者在任何行政或司法程序被用来作为任何人，包括农民和借款人，任何索偿的证据支持。

第 1148 条 针对项目参与者的调查。

（a）调查。农业部部长（本条中以下简称为"部长"）应规定，在《1949 农业法》（《美国法典》第 7 篇 1441）规定下 1992 年的商品计划的注册期，生产者应完成关于生产者每英亩土地种植作为再分配的偏好的调查，既是为了提高他们的农事操作效率，也是为了达到农场节约要求。该调查应包括生产者是否同意重新种植当前农作物的问题：

（1）在当前生产者的种植土地上重新分配不同比例的计划农作物；

（2）在当前生产者未有的种植土地上的计划农作物；

（3）结合（1）和（2）提供的选择组合，不超过农场的总耕地面积。调查应由农业稳定与保护局准备及管理，并在每一个已注册联邦商品计划的县城里进行。

（b）数据分析。部长应编制和分析根据（a）款规定收集的数据：

（1）像（a）款提到的作物种植基地，若给予生产者选择权利重新分配当前的作物种植基地，要确定可种植多种计划作物的州、区、国家种植面积的潜在增加性和减少性。

（2）若生产者遵循（1）提到的作物种植基地的再分配的执行，确定其潜在的商品计划成本及节省资金。

（3）确定这种农作物播种面积基地的再分配对美国农业在世界市场上竞争力的潜在影响。

（4）确定这种部长决定的农作物播种面积基地的再分配对美国农业的意义及结果。

（c）报告。部长应不迟于 1993 年 1 月 31 日，向众议院农业委员会及参议院农业、食物和林业委员会提交第（a）款中调查的结果。该报告须：

（1）包括汇编根据第（a）款进行的调查所收集的数据；

（2）根据第（b）款规定进行的分析和确定的结果；

（3）汇总总结计划中的作物及州与州基础上的数据及决定；

（4）提供部长决定的其他的合适建议或信息。

子篇 E　期权试点项目

第 1151 条　简称。

本章可引作为《1990 年期权试点计划行动》。

第 1152 条　目的。

本子篇目的是要求农业部部长（以下简称部长）进行必要的研究：

（1）以确定期货期权交易是否为生产者将提供合理的保护，避免所生产的商品因价值波动受影响；

（2）若提供给生产者的是关于试点项目的正确使用，要确定生产者是否会接受并充分利用这种价格保护法；

（3）要确定广泛采用这种期货期权交易计划大宗商品价格的影响。

第 1153 条　期权试点项目。

（a）概述。要确定生产者是否可以利用规定的农产品期权交易，以避免生产的商品受市场价格波动及该交易的影响，部长须对 1991—1995 年每年的玉米及 1993—1995 年每年的小麦和大豆作物进行一个试点项目。

（b）试点县。部长应在 1991—1995 年生产大量玉米及 1993—1995 年生产大量小麦和大豆的各个县进行试点项目。对于 1991 年，在 3 个主要玉米生产州，部长须选择不少于 3 个县进行试点工作。在随后的作物年度部长可增加其他州和县的试点计划。

（c）经纪人。根据此章规定进行的试点项目交易应进行选择参与该计划的注册商品经纪人执行。

（d）合格的生产参与者。部长应约聘愿意参与该计划并在试点项目所在县的合格生产者。该合同应当载明参与试点方案的条款和条件，其中包括一项规定，在试点项目接受到期权款项之前，任何参与者可以在任何时间终止合同。

第 1154 条　条款和条件。

（a）合格要求。

（1）概述。为有资格参加本子篇下的试点项目，生产者应当满足本子篇指定的所有资格要求，及根据本子篇颁布的法规。

（2）价格项目支持参与。条例应规定何种程度上参与试点方案要求的建立适用作物的商品价格支持和生产调整方案。

（3）附加要求。为有资格参与试点方案，生产者应：

（A）出席不少于一个合作推广服务举行的研讨会；

（B）为试点方案涵盖的交易期货和期权合约维护一个单独的经纪账户；

（C）因条例规定项目须提交一个合适的记录，因此要汇编、维护，并提交（或授权编译、维护和提交）参与者在试点项目下进行的所有现金、期货或期权交易的结果的文档。

（b）项目条款及条件。部长须发布条款或开发合同形式，或两者兼而有之，设置计划的条款和条件，以及计划所有参与方（包括生产商和注册经纪人）的权利和义务。其条款及条件至少应包括以下内容：

（1）履行合同月及执行价格。

（A）概述。参与生产者可能购买的商品的合同月和期权执行价格可认沽期权，以收取涵盖 1991—1995 年玉米和 1993—1995 年小麦作物和大豆的款项。

（B）目标价格和贷款利率的执行价格。试点项目应包括：

①认沽期权的目标价行使相当于所涉及的商品目标价；

②所涉及的大宗商品的贷款利率相当于贷款率行使价。

（C）其他期权执行价格。根据 1155（a）规定，可使用试点计划中的商品的其他期权执行价格，前提是该价格被部长和商品期货贸易行业的代表所认可。

（2）合格作物。部分符合资格的生产者的作物可能被用来作为购入期权合约的基础。

（3）认沽期权合约。生产者获取、持有和清算期权合约的时间与方式应满足方案的要求。

（4）项目效益。

（A）概述。参与生产者可提供的项目收益包括期权保费，每蒲式耳不超过 15 美分，包括交易费用、利息，以及其他费用。

（B）相对效益。部长应告知参与者，他们的参与是自愿的，不管是美国，商品信贷公司，还是期货行业的代表都不能保证参与者参与试点方案的结果会比与只参与部长和商品信贷公司确立的价格支持和生产调整方案，在经济效益上更好或更差。

第 1155 条　商品期货交易产业。

（a）讨论会。部长或部长的指派代表可与商品期货交易业者咨询商讨，这些商品期货交易业者是期货合约和期货期权合约方面的专家，被指定管理商品期货市场的试点方案并参与该试点方案的实施。

（b）程序。在不考虑《联邦咨询委员会法》（《美国法典》第 5 篇 2）的情况下，咨询和磋商也可进行。该法案不应适用于本节规定下进行的试点方案，或与局长或其指派代表举行的商品期货交易行业代表的会议。

第 1156 条　商品信贷公司。

（a）概述。根据本子篇规定设立试点方案应通过商品信贷公司进行。

（b）资金。根据本子篇法规采取形式进行期货期权合约交易的试点计划以及签订的合同，公司须支付这些资金，除非该公司已收到资金来支付这些之前提到的那些费用，否则公司无法执行这些规定。

（c）合同。根据本子篇条例签订的合同应被视为商品信贷公司的计划利益合同，而不是美国的服务或收购合同。

子篇 F　一致性修改

第 1161 条　一致性修改。

（a）杂项商品规定。《1949 年农业法》（《美国法典》第 7 篇 1441）修订该法第 301、1121 和 1122 条得到进一步修订：

（1）将 107C 和 107E（《美国法典》第 7 篇 1445b - 2 和 1445b - 4）调整到第一章结尾处，分别为 114 条和 115 条；

（2）去掉 107F 条（《美国法典》第 7 篇 1445b - 5）。

（b）指定的非基本农产品。《1949 年农业法》（《美国法典》第 7 篇 1446）第 201 条修订内容如下：

（1）在第一个句子中：

（A）在"部长"前插入"（a）"；

（B）删除"如下所示："并插入"与此标题一致。"

（2）在（c）删除"（d）"并插入"第204条"；

（3）将（c）（按上述修订后）重新命名为（b）。

（c）糖。《1985年粮食安全法》902（a）（《美国法典》第7篇1446注释）经修订删除"《1949年农业法》第201条（《美国法典》第7篇1446）"并插入"《1949年农业法》第206条"。

（d）蜜。《1949年农业法》条款405A（a）（《美国法典》第7篇1425a（a））修订内容如下：

（1）删除"本法案中201（b）"并插入"第207条"；

（2）删除"201（b）（2）（B）"并插入"207（b）（2）"。

子篇G 有效日期

第1171条 有效日期。

（a）概述。除第Ⅰ篇至本篇另有规定之外，此类及其修订内容应自1991年农作物收割之日起生效。

（b）收割前。除本文或其他法律另有规定外，自第Ⅰ篇至本篇及其修订内容，均不得影响农业部长依据（a）规定生效日期前生效的法律条款，对1986—1990年的农产品收割实行价格补贴或产品调节计划。

第12篇 国有林业和私有林业

第1201条 简称。

该篇也可以被称为"1990年森林管理法"。

子篇A 《1978年合作林业援助法》

第1211条 参考信息。

在本子篇中，当一个修正案或是法令的废除是针对某一条款或是其他法律规定的修正或废除时，其引用信息都应当参考《1978年合作林业援助法》（《美国法典》第16篇2101及以下）中的条款或法律规定。

第1212条 研究成果、目的及政策。

本法案第2条（《美国法典》第16篇2101）修订内容如下：

"**第2条 发现、目的，以及政策。**

"（a）发现。国会调查发现：

"（1）美国大部分的多产林地都归个人、各个州以及当地政府所拥有，同时，这些非联邦所有的林地在很大程度上决定了美国可再生林业资源的生产能力；

"（2）原木以及其他森林资源的充足供应对美国至关重要，而这些资源的充足供应则取决于建立一系列有效的树木管理、收获方法以及原木和木制品的加工和销售方法；

"（3）美国将近1/2的木材供应来自非工业的私人林地，而且随着更多援助项目的实施，该比例还会上升；

"（4）妥善经营的林地不仅为鱼类和野生动植物提供良好的栖息环境，还会给人们带来美的享受，提供户外休闲场所以及其他森林资源；

"（5）对私人林地资源的妥善管理不仅可以维持美国现有的土壤、水以及空气质量，还有可能使其进一步优化；

"（6）林地树木所滋生的害虫或是引发的疾病有时会使全美的土地，无论是联邦土地还是非联邦土地，陷入紧急状态，要预防并控制这些害虫和疾病则需要联邦土地经营者以及非联邦土地经营者们的协同行动；

"（7）农村地区的火灾会危及人的生命、财产安全，还会对森林和其他资源构成严重威胁，为此，联邦政府和州政府在森林防火方面的合作已卓见成效；

"（8）树木以及森林对城市地区具有极大的环保价值和经济价值；

"（9）森林不仅可以提高流域产水量，还可以改善水质，调节时令，裨益社会；

"（10）美国超过半数以上的林地都需要采取保护措施；

"（11）林地拥有者所面临的将其林地作为发展和其他用途的压力与日俱增；

"（12）面对日益增加的人口压力和用户需求，私有土地拥有者和公共土地拥有者不得不提供多种多样的产品和服务，包括鱼类和野生动植物的栖息地，美观享受以及休闲机会等。

"（13）对私有林地资源的监督管理需要当地政府、州政府以及联邦政府长期持久的努力；

"（14）通过其下属部门的协调努力，以及与其他联邦机构、州林务员和州政治分支等的合作努力，农业部已经积累了丰富的专业知识和经验来协助私有土地拥有者实现个人目标和社会福利；

"（15）非工业私人林地的管理衍生的产品和服务创造了收入和就业机会，

从而促进了农村社区的经济健康发展和多样性；

"（16）在半干旱地区发展可持续的农林业系统并加以适当的植树造林不仅可以改善当地的环境质量，还可以维持农作物产量和农民收入。

"（b）目的。本法案旨在授权农业部部长（以下简称为"部长"）对美国的非联邦林地提供下列援助：

"（1）成立联邦政府、州政府以及当地政府间相互协调、共同合作的森林管理项目，以对非联邦林地进行管理；

"（2）鼓励木材生产；

"（3）防控林木虫害与疾病；

"（4）防控农村火灾；

"（5）有效利用木材以及木材残渣，包括木质纤维的循环利用；

"（6）改善并维护鱼类以及野生动植物栖息地；

"（7）规划并实施城市林业项目；

"（8）扩展现有针对非联邦林地的林业管理项目、消防项目，以及病虫害防控项目的范围，以便以环保的方式满足林地所有者的多重使用目标；

"（9）为私有林地所有者提供机会以使其保护具有生态价值且受到威胁的非联邦林地；

"（10）强化教育、技术以及财政援助项目以便为非联邦土地所有者提供援助；

"（c）政策。国会政策规定，为了国家利益，农业部长应与州林务员或是同等级别的州政府官员、非政府组织，以及私营部门等合作实施针对非联邦林地的联邦项目。

"（d）立法。本法案可以被解释为是对《1974 年森林和牧场可再生资源规划法》（《美国法典》第 16 篇 1600 及以下）中的政策以及说明的补充。"

第 1213 条　农村林业援助。

本法案第 3 条（《美国法典》第 16 篇 2102）修订内容如下：

"第 3 条　农村林业援助。

"（a）为林地所有者和其他人员提供援助。农业部长可以为州林务员或同等级别的州政府官员，以及州政府农业推广主任等人员提供财政、技术、教育及其他相关援助，并且，这些官员可将技术信息、建议以及相关援助等提供给私有林地的所有者、管理者、供应商、森林资源经营者、森林资源专业人士、公共机构以及个人，从而使得他们的活动符合本法案的宗旨，包括：

"（1）保护、改善、修复林地以及依托林地而产生的价值和用途；

"（2）识别、保护并维持野生动植物以及鱼类品种，包括濒危物种及其栖息地；

"（3）执行森林管理技术；

"（4）选择、生产并销售替代性森林作物，产品以及相关服务；

"（5）防控火灾、病虫害以及恶劣天气对森林造成的危害；

"（6）妥善管理城乡交错带土地以便平衡使用城市和社区里及其附近的林业资源；

"（7）识别并管理休闲林地资源；

"（8）识别并保护林地的美学特征；

"（9）防止林地资源被用作其他用途；

"（10）管理林地资源，包括：

"（A）原木和其他森林资源的采伐、加工以及销售和木材及木制品的销售和使用；

"（B）将木材转化为能源以满足家庭、工业、市政及其他用途；

"（C）林地的规划、管理以及处理，包括林地开发、植树造林、稀释和计划烧除等一系列造林活动，以提高原木和其他林业资源的数量和质量；

"（D）必要条件下进行林地更新或林地再造以确保林业资源长期持久发展；

"（E）保护并改善林地土壤肥力以及林地流域产水量，提高水质，调节时令；

"（F）鼓励将一部分出售木材和其他林业资源的收入投入森林管理活动以保护维持并改善林地；

"（b）州政府林业援助。农业部长有权向州林务员或是同等级别的州政府官员提供财政、技术以及其他相关援助，以实现下列目标：

"（1）培育改良树种；

"（2）与州政府合作承包发展林地植物园、温室以及树木苗圃，以促进改良树种在尚不具备植树造林能力的州进行生产和分配；

"（3）采购、生产并分配改良树种树苗以再造森林、防风林、防护林带、造林地及其他林地；

"（4）在适宜生产原木和适用于休闲场所及其他用途的非联邦土地种植树种和树苗；

"（5）对非联邦土地进行规划，组织并实施一系列措施，包括稀释，计划烧除以及其他造林活动，以提高树木和其他植被的数量和质量，改善鱼类和野生动植物的栖息地，进而提高流域产水量并提高水质；

"（6）保护并改善非联邦林地土壤肥力，进而提高和改善流域产水量，提高水质，调节时令。

"（c）履行。履行该条款时，部长可与其他联邦政府、州政府以及当地政府下属的自然资源管理机构、大学和私营部门等合作。

"（d）拨款授权。执行该条款所必需款项经授权可以拨出。"

第 1214 条　森林激励计划。

本法案第 4 条（《美国法典》第 16 篇 2103）经修订，在末尾增加如下款：

"（k）本条款下部长所提出的森林激励计划将于 1995 年 12 月 31 日终止。"

第 1215 条　森林管理计划。

本法案（《美国法典》第 16 篇 2101 及以下）修订如下：

（1）将第 5 到 15 条分别重新命名为第 8 到 18 条；

（2）在第 4 条之后插入如下新条：

"第 5 条　森林管理计划。

"（a）制定。经与州林务员或同等级别州政府官员磋商，部长可制订一个森林管理计划（以下简称为"计划"）以鼓励对非工业私有林地的长期管理。利用现有的州政府，联邦政府以及私营部门的资源管理经验和援助项目来帮助非公业私有林地所有者更加积极地管理他们的森林和其他相关资源。

"（b）目标。该计划的目标是截止到 1995 年 12 月 31 日，将至少 25 000 000 英亩的非工业私有林地纳入该计划的范围之内。

"（c）定义。在该条款中，'非工业私有林地'（nonindustrial private forest lands）指现有森林覆盖，或是适合种植树木并且由任一个人、私人团体、协会、公司，或印第安部落以及其他私有法人实体所拥有的农村（由部长确认）地区。

"（d）实施。实施该计划时，部长经与州林务员或是同等级别的州政府官员磋商，应向州林务员或是同等级别的州政府官员提供财政、技术、教育及其他相关援助，进而州林务员或同等级别的州政府官员可以向其他州政府或当地政府的公共或私人自然资源机构和当地大学提供财政支持，以确保非工业私有林地所有者获得相关信息和专业援助。该相关信息和援助应当用来帮助所有者理解并评估他们的可能性替代行为，包括：

"（1）妥善管理并提高原木的生产能力，鱼类和其他野生动植物的栖息地，流域水质，娱乐休闲资源以及林地的美学价值；

"（2）在实践中，加大对（1）中提及的林业资源的保护、维持和改善等方面的投入；

"（3）在必要条件下，确保可以通过植树造林和再造林，改善贫瘠储备土地，林分改造，以及改善幼苗生长存活环境等措施来改善并维持原木和其他非原木林业资源的持久生产能力，进而满足未来公众对所有林业资源的需求并创造环境效益；

"（4）防控火灾、病虫害以及恶劣天气对森林造成的危害；

"（e）适用性。自本条制定之日起，所有未被纳入到联邦、州或私营部门的财政技术援助计划内的非工业私有林地都有资格接受该计划的援助。对于已被纳入到现有援助计划内的非工业私有林地，如其森林管理活动已扩展，且林地所有者同意遵守该条款要求，则这些非工业私有林地也可接受该计划的援助。

"（f）所有者义务。若想将其林地纳入该计划援助范围内，则林地所有者应：

"（1）起草一份森林管理计划书并提交州林务员或同等级别的州政府官员，其起草并提交的森林管理计划书应满足该条款的如下要求：

"（A）该计划书应由一位专业资源管理者起草；

"（B）在计划书中，应识别并描述林地所有者为保护林地土壤、水质、牧场、美学价值、休闲价值、原木、水域，以及鱼类和其他野生动植物资源而采取的措施和行动，且这些措施和行动应符合林地所有者的目标；

"（C）获州林务员或同等级别的州政府官员批准；

"（2）同意在该林地上所进行的一切活动都符合该森林管理计划的规定。

"（g）管理认可。经与州林务员或是同等级别的州政府官员磋商，部长应为林地所有者制定一项合适的管理认可计划，以便其在管理自家林地时拥有合适且特别的标志和头衔。

"（h）拨款授权。特此授权自 1991—1995 年的每一财政年度拨款 25 000 000 美元，并在此后的每年拨出所需款项，用以该条款的实施。"

第 1216 条　管理激励计划。

本法案（《美国法典》第 16 篇 2101 及以下）经修订，在第 5 条（在本法案第 1215 条中已增加）之后插入如下新条款：

"第 6 条　管理激励计划。

"（a）制定。经与州林务员或是同等级别的州政府官员磋商，部长应在《森林服务》之下制定一个计划，称为'管理激励计划'（以下简称为"计划"）以满足第 5 条的目的目标。

"（b）适用性。

"（1）概述。满足下列条件的非工业私有林地所有者都有资格获得该计划规定的费用分担援助。

"（A）所有者已起草符合 5（f）规定的森林管理计划书并获批准；

"（B）所有者同意在不少于 10 年的时间内将按照该计划（4）中的规定来执行其活动，除非州林务员或同等级别的州政府官员同意对该计划进行修正；

"（C）所有者拥有的非工业私有林地不得多于 1 000 英亩，除非部长发现向拥有 1 000 英亩以上非工业私有林地的拥有者提供费用分担援助有助于公共利益的累加进而批准向其提供援助。

"（2）限制。

"（A）部长。部长不得批准向任一 5 000 英亩以上非工业私有林地的所有者提供费用分担援助。

"（B）所有者。如果林地所有者已经按照第 4 条规定获得费用分担援助，则同样面积的林地不能再次获得该条款中规定的费用分担援助。

"（3）州优先权。经与州林务员或是同等级别的州政府官员，其他州政府自然资源管理机构，以及按照 19（b）规定成立的州政府协调委员会等磋商，部长可以确立本条款中费用分担援助计划的州优先权，从而使优先获得援助的州实现其森林管理目标。

"（4）获批准活动。

"（A）制定。经与按照 19（b）规定成立的州政府协调委员会磋商，部长应制定一个获批准活动清单，清单中获得批准的活动和实践都有资格申请其所在州该计划中的费用分担援助；

"（B）活动类型。在制定子条款（A）中的获批准活动清单时，部长应致力于同时实现林地所有者以及公众的目标，包括：

"（ⅰ）建设、管理、维护以及修复森林以实现防护林、防风林、美学价值及其他保护目的；

"（ⅱ）持续开发管理森林以生产原木木材；

"（ⅲ）对森林湿地的保护、修复以及利用；

"（ⅳ）提高对异地本土植被的管理和维护以提高水质；

"（ⅴ）植树造林管理树木以节约能源；

"（ⅵ）妥善管理并维护鱼类和其他野生动植物的栖息地；

"（ⅶ）户外休闲娱乐场所的管理；

"（ⅷ）部长批准的其他活动。

"（c）符合条件的活动费用报销。

"（1）概述。根据 5（f）规定，制订并实施森林管理计划过程中产生的费用，以及实施获部长批准且符合大众利益的活动过程中所产生的费用应由部长和同意将其林地纳入该计划范围中的私有林地所有者一起承担。

"（2）报销率。经与州林务员或是同等级别的州政府官员磋商，部长应确定合适的费用分担报销率和支付计划。

"（3）最高数额。按该子条款规定，部长所支付的费用最高不得超过制定森林管理计划以及实施活动过程中所产生的费用总额的 75%。向所有者支付的最高费用应由部长决定。

"（d）收回。

"（1）概述。部长应当建立一个费用收回机制，由此，当获得分担费用的所有者无法实施森林管理计划中所规定的批准活动时，部长应当收回已支付的费用。

"（2）附加条款。（1）中的条款是其他任何条款的附加条款。

"（e）资金分配。只有当部长对公众利益进行评估并考虑下列因素之后，才可以将可用作分担费用的资金在各个州分配：

"（1）各州的非工业私有林地的总面积；

"（2）非工业私有林地的潜在生产能力；

"（3）各州符合费用分担条件的非工业私有林地所有者人数；

"（4）各州对植树造林的需求；

"（5）在这些林地上发展非原木资源的机会；

"（6）各个州对原木和非原木资源的预期需求。

"（f）拨款授权。特此授权自 1991—1995 年的每一财政年度拨款 100 000 000 美元，并在随后的每一年拨出所需款项，用以该条款的实施。"

第 1217 条 森林遗产计划。

该法案（《美国法典》第 16 篇 2101 及以下）经修订，在第 6 条（在本法案第 1216 条中已增加）之后插入如下新条款：

"第 7 条 森林遗产计划。

"（a）制定和目的。部长应与适当的州政府、地区政府或其他政府单位合作制订一个森林遗产计划，该计划旨在通过保留地役权和其他机制的作用推动林地保护和其他转换机会，进而实现并保护对环保有重大作用却面临被改作他用威胁的森林区域的目标。该计划的目标还应当包括保护重要的风景、文化、鱼类、野生动植物以及休闲娱乐资源，以及河岸和林地的其他生态价值。

"（b）州政府以及地区政府森林遗产计划。部长应按照（a）中所制定的与本条款相一致的州政府或是地区政府计划的规定行使权力。

"（c）林地利益。除了 1911 年 3 月 1 日法案第 6 条（《美国法典》第 16 篇 515）以及《1956 年农业部有机法》11（a）（《美国法典》第 7 篇 428a（a））授予部长的权力之外，根据该森林遗产计划的规定，部长还可从自愿加入该计划的林地所有者处获得相关土地和利益，包括保留地役权，向公众开放等。若林地属于两方所共同拥有，则部长无法获得保留地役权的权力。

"（d）实施。

"（1）概述。据（c）的规定而获得的土地和利益可永久用以该计划以及地役权管理。在管理该计划中的土地和利益时，部长应在降临地纳入该计划范畴之内时识别需要加以保护的环境价值，进而规划管理活动并确认这些管理活动对已识别的环境价值可能造成的影响，同时，部长还应当从林地所有者处获取其他相关信息以实现该计划管理目标。

"（2）初步计划。本条款实施之日起不迟于 1 年的时间之内，部长应制定一个区域计划以促成纽约州、新罕布什尔州、佛蒙特州和缅因州等依据《公法》100 - 146 的规定而进行的北部林地研究。部长应当在评估制订该计划的必要性的基础上，在美国的东北地区、中西部地区、南部地区和西部地区以及西北太平洋沿岸地区等分别制订相应的计划。

"（e）适用性。自本条款实施之日起 1 年时间之内，部长经与依据 15（b）的规定而成立的州森林管理咨询委员会或是类似组织等磋商，应制定纳入该计划的林地的使用标准，进而选择出合适的林地。若要符合纳入该计划的条件，林地须具备重大的环境价值或是正面临或即将面临被改作他用的威胁。对于建议被纳入该计划的林地，部长应给予那些可以获得有效保护和管理以及那些有重要风景或休闲价值、河岸、鱼类和野生动植物包括濒危物种或具备其他生态价值的林地以优先权。

"（f）申请。对于被纳入该森林遗产计划的林地而言，林地或是林地利益所有者应在部长规定的时间和地点，按照部长规定的格式及所应包含内容起草并提交一份申请。部长应提前将提交申请的通知传达给州林务员或同等级别的州政府官员，或其他适合的州或区域自然资源管理机构。如申请超过部长可资助的能力范围，则部长应按照（d）的规定给予最需要加以保护的林地以优先权。

"（g）州政府同意。按照1911年本法案第6条（《美国法典》第16篇515）规定，如州政府没有批准林地收购，则部长无法在被纳入到（b）计划中的林地之外获得本条款授予其的林地或林地利益。

"（h）森林管理活动。

"（1）概述。对于被纳入森林遗产计划范围并按照本条款规定获得或保留地役权或地契的林地，经部长确认符合该条款目标的，可以实施包括原木管理在内的森林管理活动。

"（2）职责分配。对于纳入森林遗产计划范围之内的林地区域，部长可以将归联邦政府所有的林地和林地利益的管理和实施责任分配给另一个政府机构。

"（i）所有者职责。依照（b）所获得的保留地役权或是其他财产利益的条款规定，林地所有者应当应该按照森林遗产计划的规定管理其财产，而不应将其森林财产改作他用。一般认为，狩猎、垂钓、登山及其他类似休闲娱乐用途不符合该计划目标的规定。

"（j）补偿与费用分担。

"（1）补偿。部长应支付本条款中所获得任意财产利益的公平市价。本条款规定的支付事宜应按照联邦政府的估价与收购程序执行。

"（2）费用分担。按照部长规定的条款和条件，收购林地和林地利益的费用以及工程费用等应当由参与方分担，这其中的参与方包括区域组织，州政府单位和其他政府单位，林地所有者，公司或私人组织等。其中的费用包括但不限于，规划、管理、财产收购，以及财产管理过程中所产生的费用。在可行范围内，联邦政府所分担的费用不得超过总额的75%，包括任何形式的捐赠在内。

"（k）地役权。

"（1）利益保留契约。在本条款中，术语'保留地役权'（conservation easement）包括被授予者在获得一处财产的所有权利和利益时同时使用利益保留契约而获得的地役权，但那些与授予者保留的土地并行的权利和利益除外。

"（2）限制禁止。尽管州法律有规定，任何由美国政府及其继任政府所持有的保留地役权在时间和范围上都不应被下列原因限制或因下列原因而被废止：

"（A）保留地役权为附属权；

"（B）保留地役权的管理被分配给非联邦机构；

"（C）州法律要求对保留地役权进行重复记录或更新；

"（D）任何未来对被纳入森林遗产计划的林地区域的解除，或对原本获得的保留地役权新启动的联邦项目。

"（3）设立。尽管州法律有规定，保留地役权应满足联邦政府的目标，在对保留地役权的条款进行解读时，不应包含有利于地役权持有者或所有者的假定。

"（l）拨款授权。执行该条款所必须款项经授权可以拨出。"

第1218条　森林健康保护。

本法案第8条（本法案第1215条中已经重新命名）（《美国法典》第16篇2104）修订如下：

"第8条　森林健康保护。

"（a）概述。部长应保护国家森林体系中的树木、森林、木材、存储木以及正在使用中的木材等，并且应通过与他人的合作来保护美国其他土地上的自然林以及人造林中的树木、森林、木材、存储木以及正在使用的木材等，以便：

"（1）提高树木和森林的增长和维护；

"（2）通过保护林业资源提高与森林相关行业的稳定性，并促进与此相关的就业；

"（3）对森林火灾的防控给予援助；

"（4）保持分水岭、防护林带以及防风林地的森林覆盖；

"（5）保护户外休闲机会及其他资源；

"（6）通过保护木材、存储木以及正在使用的木材来扩大原木供应。

"（b）活动。按照（c）（d）（e）以及部长可能制定的其他条款的规定，部长可通过与其他联邦土地上的联邦部门合作，或与非联邦土地上的州林务员或是同等级别的州政府官员，州政府分支部门、机构、组织或个人等合作实施下列活动：

"（1）开展调查以对病虫害状况、人为压力等影响树木的因素进行检测和评价，进而在全国范围建立森林检测系统以确定随着时间推移所可能发生的不利和有利变化，从而对这些调查和检测进行年度总结报告；

"（2）确定采取必要的生物、化学及机械措施以预防、延迟、控制或抑制影响树木生长的初期、潜在、威胁或是突发病虫害的发展；

"（3）对部长所确定的预防、延迟、控制或是抑制影响树木生长的初期、潜在、威胁或是突发病虫害的发展的必要措施进行规划、组织、指导并实施；

"（4）提供技术信息、建议及其他相关援助以维护森林健康，组织并协调给树木和其他植被、木材、存储木以及正在使用的木材喷洒杀虫剂和其他有毒物质以保护这些林木资源；

"（5）发展应用技术，并在大规模运用该项技术之前首先在受影响林地进行试点测验研究；

"（6）推广实施合适的造林或管理技术以改善或保护美国的森林健康；

"（7）采取任何部长认为必要的措施实现该条款的目标。

"（c）参与方同意。若未经受影响林地所有者或是监管机构的同意、合作以及参与，则本条款所规定的预防、延迟、控制或抑制影响树木生长的病虫害发展的措施将无法被实施。

"（d）参与方贡献。本条款实施过程中所接受的拨款不得用于非联邦土地上树木病虫害的预防、延迟、控制以及抑制，除非受影响林地所有者或是监督机构愿意为其树木病虫害的预防、控制以及抑制做出符合部长要求的贡献。

"（e）给予其他机构的拨款。经酌情决定，部长可将用以实施该条款的拨款分配给对美国政府所属林地具有监督权的联邦机构，分配的拨款数目依部长认定预防、控制及抑制病虫害所需费用数额而定。

"（f）拨款使用的限制。

"（1）枯死树木的移除。拨款不得用于：

"（A）支付砍伐以及转移枯死树木的费用，除非部长认为砍伐和转移枯死树木可以防止重大病虫害的传播；

"（B）对由于任何原因而引起的财产损失的价值补偿。

"（2）影响树木的病虫害。如部长认为购买预防、延迟、控制以及抑制影响树木的病虫害所必需的材料和设备必要且符合大众利益，则部长可以进行此购买行为，而无须考虑修正法第 3709 条（《美国法典》第 41 篇 5）的规定，购买程序由部长自行决定。

"（g）合作关系。通过合同或合作协议，部长可以经林务局向州林务员或同等级别的州政府官员、私有林业组织和其他组织等提供财政援助以检测森林健康状况并保护美国林地。部长应要求非联邦机构做出应有的贡献。非联邦机构可以按照符合部长要求的方式贡献现金、服务、设备等。

"（h）拨款授权。每年都会授权拨出必需的款项用以实施（a）到（g）中的活动。

"（i）病虫害综合治理。

"（1）概述。按照（c）和（e）的规定，部长应与非联邦土地上的州林务员或同等级别的州政府官员，州政府下属部门或是其他机构（以下简称为"合作者"）合作。

"（A）向这些合作者提供费用分担援助，这些合作者已经按照部长要求建立了可行的病虫害综合治理策略，以预防、延迟、控制或抑制诸如舞毒蛾、南方松甲虫、云杉卷叶蛾或其他重大虫害。在此情况下，部长所分担的费用应不低于实施病虫害综合治理策略所需费用的 50%，且不高于其所需费用的 75％。

"（B）经要求，帮助合作者发展病虫害综合治理策略。

"（2）拨款授权。特此授权每年拨款 10 000 000 美元用以实施该条款。

第 1219 条　城市和社区林业援助。

"（a）合作森林援助法案修正案。本法案第 9 条（《美国法典》第 16 篇 2105）（经第 1215 条重新命名）现修订如下：

"第 9 条　城市和社区林业援助。

"（a）发现。国会调查发现：

"（1）美国城市和社区包括城市、郊区以及城镇中的森林健康状况正在下降；

"（2）城市和社区的林地、林荫树以及空地可以改善居民的生活质量；

"（3）林地和相关自然资源可以提高城市和社区主住宅地产和商业地产的经济价值；

"（4）城市树木在减轻城市热岛效应进而减少二氧化碳累积和提高能源节约方面的效用比森林树木高 15 倍以上；

"（5）在城市和社区种植树木以及诸如低矮密集的多年生草坪草皮等地被植物可以帮助减少二氧化碳排放，减轻热岛效应，进而降低能源损耗，从而有效遏制温室效应；

"（6）在城市和社区鼓励种植树木并保护现有空地可以提高社会福利并提高居民的集体意识；

"（7）在城市和社区有必要通过增强树木植被的种植以及保护方面的研究、教育和技术援助以及公众参与等方法来保护和扩大该地区的树木覆盖和空地面积。

"（b）目标。本条款的目标是：

"（1）加深人们对保护城市和社区现有树木覆盖益处的理解；

"（2）鼓励私人住宅和商业地产所有者保护其居所内的树木并扩大树木覆盖；

"（3）向州政府以及当地组织（包括社区协会和学校）提供教育和技术援助以保护城市和社区内的林地和树木，同时帮助他们识别树木种类和场所进而扩大植被覆盖率；

"（4）通过向满足《1986 年国内税收法典》501（c）（3）要求的当地政府单位和获批准组织或其他当地社区的树木志愿团队，以给予配额补助的方式向他们提供援助；

"（5）实施树木种植计划以补充城市和社区的树木和空地保护计划，进而减少二氧化碳排放量，节约能源，提高空气质量；

"（6）在选定的城市和社区推广建立示范项目，展示维护及建造森林覆盖和树木的益处；

"（7）提高技术技能以及对良好树木保护和培植实践的理解，包括树木、灌木丛以及互补性地表植被的栽培，提高个人参与城市和社区树木和森林的规划、发展和保护的观念；

"（8）扩展现行的研究和教育以加深对下述事宜的理解：

"（A）树木的种植和保护，树木生理学和树木形态学，物种适应性以及森林生态学；

"（B）树木和地被植物结合的价值；

"（C）树木和森林对城市和社区环境所具有的经济、环保、社会以及心理效益；

"（D）城市树木在节约能源和减轻城市热岛效应方面的重要作用。

"（c）一般授权。部长被授权向州林务员或是同等级别的州政府官员提供财政、技术以及其他相关援助，进而鼓励州政府向地方政府单位和其他机构提供信息和技术援助，从而鼓励城市林业计划的协同规划和发展，进而实现对城市地区的空地、绿化带、路边屏障、公园、林地、路缘地带以及居民区树木的规划、保护和有效利用。在提供此类援助时，部长被授权与包括非营利性质的私人组织在内的相关利益成员合作。同时，部长还被授权直接与地方政府单位和其他机构合作实施该条款，前提是他们都认为他们之间的协同合作有利于实现该条款中的目标。

"（d）教育和技术援助计划。经与州林务员和州扩展董事或是同等级别的州政府官员以及包括非营利性质的私人组织在内的相关利益方合作，部长应实施一个针对城市和社区林业资源的教育和技术援助计划。该计划旨在：

"（1）帮助城市地区和社区对其林业资源进行库存，包括制定城市和社区树种、数量、地址以及树木健康状况的清单，识别机会种植树木以便节约能源，以及确认相关资源（包括鱼类及野生动植物栖息地，水资源和道路等）的状况；

"（2）帮助州和地方机构（包括社区协会和学校）组织并实施城市和社区林业项目和计划；

"（3）提高以下方面的教育和技术支持：

"（A）选择适合城市和社区环境且有利于促进能源节约的树种；

"（B）为城市和社区种植的树木提供适当的维护和保护支持；

"（C）保护树木，并维持城市和社区现有的空地；

"（D）把握机会扩大城市和社区的树木覆盖；

"（4）帮助州政府和地方政府制定树木和相关资源管理计划；

"（5）提高公众对城市和社区的树木和空地所具有的节约能源、经济、社会、环保及心理价值的理解，提升公众对树木和相关资源所具有的生态效益的认识；

"（e）采购树苗。经与州林务员或是同等级别的州政府官员合作，部长应确认树苗供应源头，进而从公共或私人供应处购得这些树苗，城市和社区便可利用这些树苗扩大其森林覆盖进而实现在空地种植树木，取代枯死树木，促进能源节约及其他相关环保效益等目标。

"（f）挑战费用分担计划。

"（1）概述。部长应制订一个城市和社区林业挑战费用分担计划。按照该计划应向符合竞争条件的社区和组织提供资金或其他方式的支持，从而促使他们实现其林业计划。每年，部长都应依据与在（g）规定下成立的国家城市和社区林业咨询委员会协商或建议而制定的标准授予奖金。每一名州林务员或同等级别的州政府官员都可以向部长就其所在州符合标准的计划申请奖金。所授予的奖金应符合本条款中的费用分担要求。

"（2）费用分担。—联邦政府对本条款中的项目所承担的费用支持不得超过项目资金总额的50%以上，且联邦政府应在匹配的基础上承担该费用。非联邦政府应以现金，服务和实物捐赠的形式分担费用支持。

"（g）林业咨询委员会。

"（1）成立和目标。部长应成立一个城市和社区林业咨询委员会（以下简称"委员会"）以实现下述目标：

"（A）制订一个全国范围内的城市和社区林业行动计划；

"（B）对计划的实施进行评估；

"（C）为（e）所规定的城市和社区林业挑战费用分担计划制定标准并提交建议；

"（2）组成和运行。

"（A）组成。委员会应当由部长任命的15个成员组成，如下所示：

"（ⅰ）2位代表国家非盈利林业保护公民组织的成员；

"（ⅱ）3位成员，分别代表州政府、县政府、市镇政府；

"（ⅲ）1位成员代表木材、苗圃和相关行业；

"（ⅳ）1位成员代表城市林业，景观或设计顾问；

"（ⅴ）2位成员代表重点研究城市和社区林业活动的学术机构；

"（ⅵ）1位成员代表州林务机构或同等级别的州政府机构；

"（ⅶ）1位成员代表专业的可再生自然资源社团或树木培植社团；

"（ⅷ）1位来自推广服务局的成员；

"（ⅸ）1位来自林务局的成员；

"（ⅹ）其余2位成员来自应当是非政府成员，其中1位应是来自人口不少于50 000的城市且是由大家推举产生的普通居民，这2位成员都应有城市和社区林业方面的特长和参与经验。

"（B）空缺。委员会空缺应按最初的任命方式填补。

"（C）主席。部长应当从被任命的成员中选择一名不在国家机关或是任何州政府、县政府、市镇政府供职的成员来担任该委员会的主席。

"（D）任期。

"（ⅰ）概述。除本段落条款（Ⅱ）和（Ⅲ）的规定之外，成员任期为3年，任何成员在该委员会的连任不得超过两届。

"（ⅱ）交错任期。首次被任命的成员：

"（Ⅰ）5人，包括主席和2名政府职员在内，任期3年，

"（Ⅱ）5人，包括两名政府职员，任期2年；

"（Ⅲ）5人，包括两名政府职员，任期1年，由部长在任命时指派。

"（ⅲ）继任。任何一个被任命填补前任空缺的成员，其任期应是前任任期的剩余期限。在其任期结束之后，成员可在其继任者任职之前继续供职。

"（E）薪酬。

"（ⅰ）概述。除条款（ⅱ）规定之外，委员会成员任职期间没有薪酬，但是其任职期间执行任务的合理费用支出可以报销。

"（ⅱ）联邦官员和雇员。委员会成员中的美国政府全职官员或雇员不得因其在委员会的服务而获得额外薪酬，津贴或好处。

"（ⅲ）财政和管理支持。部长应向委员会提供财政和管理支持。

"（3）城市和社区林业行动计划。本子条款实施之日起一年时间之内以及以后每隔10年，委员会都应起草一份国家城市和社区林业行动计划书。计划书应包括（但不仅限于）下列内容：

"（A）对美国现有的城市林业资源的评估；

"（B）对美国的城市和社区林业计划和活动的审查，包括农业部、其他联邦机构、州政府林业组织、私有行业、私有非盈利组织、社区以及民间组织和其他相关方所进行的教育和技术援助活动。

"（C）为改善国家城市和社区林业资源状况而提出的建议，包括教育和技术援助以及现行计划和联邦机构相关政策中所要求的修正；

"（D）对城市和社区林业研究的审查，包括：

"（ⅰ）对所有与城市和社区森林和园艺培植实践有关的研究进行审查，并对林务局、其他联邦机构及相关学院和大学所在城市和社区进行的树木种植和造林活动所产生的经济，社会以及心理效益进行审查；

"（ⅱ）建议进行新的更大范围的、针对城市和社区森林建设的研究；

"（ⅲ）在接下来的10年中，每年对研究重点进行总结，并评估进行此类研究所需的资金；

"（E）按照（e）中城市和社区林业挑战费用分担计划的规定，提出项目评估标准，重点关注城市和社区中经改善的森林管理（包括森林覆盖和树木的维护和建设）所带来的效益。

"（F）对未来10个财政年度中实施国家城市和社区林业行动计划所需资源进行评估。

"（4）本计划的修正。大多数委员会成员都可以对该计划提出修正。按照（5）规定，委员会成员对本计划的修正内容应被合并到委员会提交给部长的年度计划审查中。

"（5）计划审查。本计划完成之后，应由委员会提交给部长，众议院农业委员会以及参议院农业，食品和林业委员会。本计划提交后在不迟于一年的时间之内以及随后的每一年，委员会都应在12月31日之前向部长提交一份对该计划的审查。计划审查应包括：

"（A）委员会对上年度城市和社区林业研究，教育，技术援助以及其他相关方面所取得成就的

评估；

"（B）委员会就下年度研究，教育，技术援助及其他相关方面提出的建议；

"（C）委员会就下年度城市和社区林业挑战费用分担计划提出的建议。

提交给部长的计划审查应被合并到《1974 年森林和牧场可再生资源规划法》3（d）（《美国法典》第 16 篇 1601（d））所要求的年度报告之中。

"（6）人员选派。经委员会要求，部长被授权选派农业部的工作人员到委员会以协助委员会执行本法案所规定的职责。

"（h）定义。为实现该条款目标：

"（1）术语'委员会'指按照（f）的规定而成立的国家城市和社区林业咨询委员会；

"（2）术语'计划'指按照（f）（3）的规定而制订的国家城市和社区林业行动计划；

"（3）术语'城市和社区'包括城市、城市郊区和城镇。

"（ｉ）拨款授权。特此授权自 1991—1995 年及随后的每一财政年度拨款 30 000 000 美元用于该条款的实施。

"（b）《可再生资源扩展法案修正案》。

"（1）提高公众认识。《1978 年可再生资源扩展法》3（a）（《美国法典》第 16 篇 1672（a））修定如下：

"（A）在（7）结尾处删除"和"；

"（B）在（8）结尾处删除句号并插入"和"；

"（C）在结尾处添加如下新项：

"（9）经与州林务员或同等级别的州政府官员合作，提高公众对城市和社区树木和空地所具有的节约能源、经济、社会、环保以及心理价值的认识，并提高公众对城市和社区树木和相关资源的生态关系和效益的认识。

"（2）城市和社区林业。《1978 年可再生资源扩展法》5（a）（《美国法典》第 16 篇 1674（a））经修定，删除最后一句话中的"城市地区树木和森林的种植和管理"，并插入"城市和社区林业活动。"

第 1220 条　火灾防范和动员援助。

（a）对州林务员的援助。本法案 10（b）（《美国法典》第 16 篇 2106（b））（经本法案第 1215 条重新命名）现修定如下：

"（1）在（2）结尾处删除"和"；

"（2）在（3）结尾处删除句号，并插入"：和"；

"（3）在结尾处添加如下内容：

"（4）向州林务员或是同等级别州政府官员提供财政、技术及其他相关援助，并经由他们转交给包括农村志愿消防部门在内的机构和个人，以进行火灾防控和动员援助活动，包括培训、配备和其他手段帮助州消防机构和地方消防机构应对火灾防控；

（b）拨款授权。本法案第 10 条（e）（《美国法典》第 16 篇 2106（e））修定如下：

（1）删除"（e）"并插入"（e）（1）"；

（2）在（1）（经重新命名）"实施"之后插入"（1），（2）和（3）"；

（3）在结尾处添加如下内容：

"（2）（A）特此授权每年拨款 70 000 000 美元用于（b）（4）的实施。在拨款总额中：

"（ｉ）所拨款项的一半数额应经由州林务员或是同等级别的州政府官员转交给其他机构和个人，其中每个州所获的款项数额不得低于 100 000 美元；

"（ⅱ）所拨款项的其余一半应转交给农村志愿消防部门。

"（B）按照本段落规定，联邦政府承担的资金不得超过执行活动所需资金总额的 50％。非联邦政府应以现金、服务和实物捐赠的形式分担活动费用。"

（c）定义。本法案第 10 条（《美国法典》第 16 篇 2106）（经第 1215 条修定）在结尾处修定如下：

"（g）在本条款中：

"（1）部长对术语'农村志愿消防部门'的定义是任何非营利性质的、有组织的、为人口小于等于 10 000 的社区、城市或农村地区提供服务的消防组织，其部门中的消防人员 80％以上为志愿者，并被州法律认可为消防部门；

"（2）术语'动员'指一个消防组织向另一个请求援助的消防组织提供帮助的活动或行为。"

第 1221 条　限制声明。

本法案第 14 条（《美国法典》第 16 篇 2110）（经本法案第 1215 条重新命名）修定如下：

"第 14 条　限制声明。

"本法案不得授权联邦政府对私有土地的使用作出规划，也不得授权联邦政府剥夺土地所有者的财产权或收入，除非该权利被土地所有者经合同或其他协议自愿转让。本法案不得以任何形式削弱州政府和州政府的下属政治分支的权利和责任。

第 1222 条　联邦政府、州政府及当地政府之间的协同合作。

本法案（《美国法典》第 16 篇 2101 及以下）（经本法案第 1215 条修定）经再次修定，在结尾处添加下列新条款：

"第 19 条　联邦政府、州政府及当地政府之间的协同合作。

"（a）农业部协调委员会。

"（1）设立。部长应当设立一个跨部门委员会，称为'林业资源协调委员会'（以下简称为"协调委员会"）以对林业活动进行统筹协调。

"（2）组成。协调委员会应由部长任命，来自农业研究局、农业稳定和保护局、推广服务局、林务局以及水土保持局的代表组成。

"（3）主席。部长应任命林务局主席担任该委员会主席。

"（4）职责。协调委员会应当：

"（A）指导并协调农业部向私有林地所有者提供教育、技术以及财政援助；

"（B）声明委员会所代表的个体机构所应承担的林地责任；

"（C）建议部长对不同部门实施本法案及其他与非联邦林地部长权力相关的法案时的差异有所认识；

"（b）州协调委员会。

"（1）设立。

"（A）概述。经与各个州的州林务员或是同等级别的州政府官员磋商，部长应为每个州设立一个州森林管理协调委员会（以下简称为"州协调委员会"）。

"（B）组成。州协调委员会应由州林务员或同等级别的州政府官员或被任命者担任主席并管理，州协调委员会在可行范围内，应当包括：

"（ⅰ）来自林务局、水土保持局、农业稳定和保护局以及扩展服务局的代表；

"（ⅱ）州林务员或是同等级别的州政府官员所任命的代表，以代表：

"（Ⅰ）地方政府；

"（Ⅱ）林务咨询机构；

"（Ⅲ）环保组织；

"（Ⅳ）林产工业；

"（Ⅴ）林地所有者；

"（Ⅵ）土地信托组织，

"（Ⅶ）水土保持组织；

"（Ⅷ）州政府鱼类和野生动植物机构；

"（ⅲ）部长任命的任何个人。

"（C）任期。按照（B）（ⅱ）的规定所任命的州协调委员会成员任期为 3 年，州林务员或同等级别的州政府官员可以决定最初任命成员的交错任期，最初任命的成员可以连任。

"（D）现有委员会。如现有的州林务委员的成员组成与（B）（ⅱ）中描述的相似，且其成员组成里包括林地所有者和普通民众，则它可以补充、规范或取代州协调委员会，以避免智能重复。

"（2）职责。州协调委员会应：

"（A）与农业部和其他处理州林业和私有林业问题的委员会协调磋商；

"（B）向部长建议优先权分配以及职责统筹以便联邦和州政府森林管理机构实施该法案时充分考虑其各自机构的授权命令；

"（C）向州林务员或同等级别的州政府官员建议制定（3）中的森林管理计划；

"（D）向部长建议应当优先考虑被纳入第 7 条森林遗产计划的林地。

"（3）森林管理计划。各州的州林务员或同等级别的州政府官员，经与其所在州的州协调委员会磋商，应制定一个森林管理计划以：

"（A）提供其所在州森林资源的基线资料；

"（B）概述其所在州森林资源面临的威胁；

"（C）描述与其所在州森林资源相关的经济或环境机遇；

"（D）处理其所在州联邦政府、州政府以及私人所有的混合林地所有模式相关的管理问题、机遇和目标；

"（E）为联邦政府、州政府以及地方政府对该《法案》的实施提出规划建议。

"（4）其他计划。如果其他州政府森林管理计划完全符合该条款的目标，则可以用作州政府制定（3）计划的基础。

"（5）终止。该州政府协调委员会永不终止。

"（6）解释规则。任何州政府官员不得将本条的内容解读为强迫行为。

第 1223 条　管理。

本法案（《美国法典》第 16 篇 2101 及以下）（经本法案第 1222 条修定）再次修定，在结尾处添加下列新条款：

"第 20 条　管理。

"（a）概述。部长对该法案的管理应与其所制定的规则保持一致。

"（b）指导方针。本法案所制定的规则应当包括在州政府和地方政府等层面上对本法案的管理指导方针，并且应确认本法案规定的符合费用分担的措施和行为。

"（c）现有机制。应尽可能利用现有机制向本法案规定的林地所有者进行支付并提供服务。

"（d）赠地大学。当州林务员或同等级别的州政府官员无力向其他州或机构进行资金转移时，经与州林务员或是同等级别的州政府官员磋商，部长可直接向其他州政府或地方政府的自然资源管理机构以及赠地大学提供援助以实施该法案。

第 1224 条　一致性修正。

本法案修定如下：

"（1）在第 4 条（《美国法典》第 16 篇 2103（d）和（f））的（d）款和（f）款，删除出现的所有"10（c）"并插入"13（c）"；

"（2）在 12（f）（经本法案第 1215 条重新命名）（《美国法典》第 16 篇 2108（f））删除（f）款中的"13"并插入"16"；

"（3）在 13（g）（经本法案第 1215 条重新命名）（《美国法典》第 16 篇 2109（g））删除"13"并插入"16"。

子篇 B　研究和教育

第 1 章　一般研究计划

第 1231 条　麦金泰尔—斯坦尼斯研究计划

国会意识到必须重申《公法》87 - 788（《美国法典》第 16 篇 582a 及以下）的重要性，该《公法》87 - 788 也被称为《麦金泰尔—斯坦尼斯合作林业法》。

第 1232 条　林业、自然资源及环保竞争性补助计划

（a）制定。农业部部长（以下简称为"部长"）应制定一个林业，自然资源以及环保竞争性补助计划以开展（c）中所提及的研究。

（b）合格机构。一个机构若想获得（a）中的补助，应符合下列条件：

（1）该机构应有能力开展部长所制定的林业、自然资源以及环保研究的州政府农业试验站，学院或大学，研究机构或研究组织，联邦机构，私有组织，或公司。

（2）按照部长要求的时间和方式起草并向部长提交一份申请，申请应当包括部长所要求的信息，包括如何使用可能获得的补助款项等。

（c）使用。授予（a）中的补助款项时，部长应将补助款项优先分配给使用补助进行下述研究的申请人：

（1）森林有机体生物学，包括生理学、遗传机制以及生物技术学；

（2）生态系统的功能和管理，包括森林生态系统研究、生物多样性、森林生产力、虫害管理、水资源以及替代性林业系统的研究等；

（3）作为原材料木材的研究，包括木材及木材的砍伐；

（4）人类与森林的交互作用，包括户外休闲、公共政策的制定、经济学、社会学以及管理行为的研究等；

（5）与森林产品相关的国际贸易、竞争及合作等研究；

（6）私有林地的可再生自然资源可以产生的替代性本土农作物、产品及服务等的研究；

（7）针对替代性自然资源产品和服务的可行的经济和营销系统的研究；

（8）林地各种保护措施的经济和环境效益的研究；

（9）树木的基因改良；

（10）市场扩展。

（d）设施与设备。

（1）授权。林业、自然资源以及环保方面现有技术水平研究的开展。

（2）优先权和标准。经与《公法》87 - 788（《美国法典》第 16 篇 582e（b））5（b）所规定成立的合作林业研究委员会磋商，部长可以设定补助发放的优先权和标准以满足（1）中的用途。

（e）建议。部长应要求合作林业研究委员会在建议补助优先权时参考（d）（2）的相关规定。

（f）期限。部长按照本条款授予的补助期限不得超过 5 年。

（g）拨款授权。执行该条款所必须款项经授权可以拨出。

第 2 章　专项研究

第 1241 条　研究和应用。

（a）造林研究；拨款；私有林业。《1978 年森林和牧场可再生资源研究法》第 3 条（《美国法典》第 16 篇 1642）修定如下：

（1）在（a）（1）中，在"节约能源和其他目标"之后插入如下内容："，包括在原木被砍伐的林地鼓励森林再造活动"；

（2）在（b）中：

（A）在"以保证有效性"之前插入"（1）"；

（B）在结尾处添加如下内容：

（2）在实施该子条款时，部长被授权制定并实施改良的森林存储信息调查分析方法，为此每年拨款 10 000 000 美元以实现该目标。

（3）在结尾处添加如下内容：

"（d）部长被授权开展，支持并配合相关研究和活动以便：

"（1）对城市和森林接合处可再生资源的管理问题进行评估；

"（2）评估联邦财政规范在私有林业投资和管理方面所作改变产生的效果；

"（3）改善面向私有林业所有者的信息和技术援助配送系统。"

（b）再生资源研究。《1978 年森林和牧场可再生资源研究法》第 9 条（《美国法典》第 16 篇 1641及以下）修定如下：

"第 9 条　再生资源研究。

"（a）发现。国会研究发现：

"（1）美国累积了大量的固体垃圾，表明其城市在定位合适的垃圾处理场所方面问题日益严重；

"（2）固体垃圾中很大一部分都含有纸张和其他木材废料；

"（3）这些纸张和木材废料中不足 1/3 可以回收再利用；

"（4）附加的回收木料会减少固体废物的填埋，并且可以减少对林地树木的砍伐；

"（5）需要开展额外研究提高解决回收纸张和木材废料以及对包含回收材料产品使用方面的困难的技术水平。

"（b）再生资源研究计划。部长被授权开展，支持并配合木质纤维的回收研究计划，包括购买必要的研究设备。部长应尽力确保该计划可以获得私有工业的配合和支持，保证该计划研究成果可以满足工业和消费者的需要。

"（c）拨款授权。除实施本法案第 3 条的任何其他可行性资金之外，从 1990 年 10 月 1 日开始，此后的 5 年时间里，每年可以拨款 10 000 000 美元用以该条款的实施。"

（c）现代木桥计划。

（1）概述。部长被授权继续推动现代木桥计划并为该计划提供联邦资金支持，其所提供的资金支持应以费用分担计划为基础，进而推动示范桥梁的建设以及现代桥梁技术转让项目以及会议等的开展。

（2）拨款。特此授权每年拨款 5 000 000 美元用于该条款的实施。

（d）林业研究必要性评估。自本法案实施之日起 6 个月之内，部长应向众议院农业委员会以及参议院农业、食品和林业委员会提交一份报告以响应国家研究委员会名为"林业研究：改革命令"的报告中所包含的建议。报告应包括以下内容：

（1）对现行针对报告中所提及的研究领域而开展的林业研究计划进行功能评估，包括生态系统功能和管理的研究；

（2）对现行的指导林业研究计划的组织框架进行替代性评估，并制定研究的优先权，包括成立一个国家林业研究委员会；

（3）建议改变现行的林业研究计划以解决研究中现有的缺陷，包括改变研究的资助水平等。

第 1242 条 南部森林再生计划。

（a）建设。农业部长应投入一部分补助用于"南部森林再造中心"（以下简称为"中心"）的建设，以对美国南部地区森林再造过程中出现的问题以及森林的生产能力等进行研究。

（b）中心的职责。该中心应对美国南部地区森林再造过程中出现的问题以及森林的生产能力等进行研究，包括：

（1）可以提高树苗质量的苗圃管理方式；

（2）导致环境压力的森林管理实践；

（3）发展成本较低的森林再造方法，进而为木材，物种多样性，野生动植物栖息地以及清洁的淡水和空气提供可能性。

（c）其他计划的制定。必要时农业部长可以在美国的其他地区制定其他计划，或制定一个综合性的国家计划，以实现本条款的目标。

（d）拨款授权。执行该条款所必须款项经授权可以拨出。

第 1243 条 半干旱农林业研究中心。

（a）半干旱农林业研究、发展和示范中心。农业部长应在内布拉斯加州林肯市美国林务局的林业科学实验室成立一个半干旱农林业研究，发展和示范中心（以下简称为"中心"）并任命一位负责人对（b）中的研究计划进行管理和协调。

（b）计划。部长应在该中心制订一个计划，并努力争取让联邦政府或州政府机构，赠地学院或大学，州农业试验站，州林务员和个体林务员，国家植树日基金会以及其他非营利性基金会等积极参与到该计划中，以开展或协助开展研究和调查以便：

（1）在半干旱地区发展可持续性农林业系统以减少表层土和地下水的污染，进而提高作物产量；

（2）在不同的农业系统和土壤或气候条件下调节该农林业系统，并对其有效性进行示范，记录和模拟；

（3）发展并运用符合（1）和（2）的农林业系统，以便在半干旱地区生产具有商业价值的高附加值林业产品；

（4）发展并提高半干旱地区树木的抗旱和抗虫性，包括引进和培育适宜在美国大平原地区生长的树木等；

（5）制定技术转让计划以提高农民和公众对可持续性农林业系统的接受程度；

（6）发展改良的防风林和防护林技术以应对半干旱地区的旱情，保持水土，提高环境质量以及生物多样性；

（7）发展半干旱地区可持续性农林业系统的技术和经济概念，包括对农林业系统成本和收益的分析，以及在土壤和气候条件下预测经济收益模型的建立；

（8）在世界范围内引导半干旱地区农林业系统实践的发展和交流；

（9）支持农林业系统对半干旱地区在减轻非点源水污染方面的效果研究；

（10）为树木和灌木种植的设计、建立以及维护等方面的研究提供支持以便有效处理路边积雪；

（11）必要时进行社会学、人口统计学以及经济学方面的研究以便制定策略有效利用林业保护和农林业实践。

（c）信息收集和传播。部长应在该中心制订一个计划，称为国家农林业保护和促进信息交换所，以便：

（1）收集、分析并传播农林业保护技术和实践等方面的信息；

（2）促进土地所有者及相关组织对信息的运用；

（d）拨款授权。特此授权每年拨款 5 000 000 美元用于该条款的实施。

第 1244 条　林地保护。

（a）北部林地。为促进《公法》100 - 446，农业部长（以下简称为"部长"）被授权及持续支持缅因州、新罕布什尔州、佛蒙特州以及纽约州等北部林地的土地所有权变更和管理模式的研究。

（b）纽约—新泽西高地。

（1）概述。部长被授权对被称为纽约—新泽西高地的地区进行调查研究，纽约—新泽西高地地跨纽约州、新泽西州和宾夕法尼亚州，包括纽约州橘子郡的斯特林森林在内。

（2）研究范围。本款授权进行的研究（以下简称为"该研究"）应当包括对下述内容的识别和评估：

（A）本款中所提及地区（以下简称为"该地区"）的地理界限；

（B）该地区的林业资源，包括（但不仅限于）原木和其他木材，鱼类和野生动植物，河湖和休闲；

（C）该地区历史上的土地所有权模式以及规划的未来土地所有权，管理以及使用模式，包括未来休闲需求和缺陷以及休闲娱乐对该地区的潜在经济利益；

（D）土地和资源所有权，管理和使用模式的变更可能对该地区传统土地使用模式造成的影响，包括经济稳定性，就业，私有土地的公共征用，自然完整性，当地文化以及居民生活质量等；

（E）替代性保护策略以保护该地区土地的长久完整性和传统使用模式；

（3）替代性保护策略。（2）（E）中所提及的替代性保护策略应当包含对下列因素的考虑：

（A）可再生资源的可持续性流动以满足社会当前和未来的需求；

（B）公众休闲；

（C）对鱼类和野生动植物栖息地的保护；

（D）对生物多样性和重要自然区的保护；

（E）地方政府、州政府和联邦政府新的指令。

（4）公众参与。在开展该研究时，部长应当提供公众参与的机会。

（5）拨款。特此授权拨款 250 000 美元用于该款的实施。

第 1245 条　国有和私有森林总统委员会。

（a）成立。总统应当授权成立一个国有和私有森林委员会（以下简称为"委员会"）以对美国的国有和私有林地状况，影响林地的问题因素，这些林地对美国可再生自然资源需求的潜在贡献以及林地的管理和保护等进行评估。

（b）组成。委员会应当由总统任命的 25 名成员组成，包括联邦政府、州政府以及地方政府官员，木材行业代表，非工业私有林地所有者，自然资源保护论者，以及社区领导。任何一个州不得有多于 5 人被任命。总统应当从下列国会议员所提交的候选人名单中认命至少 20 个成员：

（1）众议院农业委员会主席。

（2）众议院农业委员会少数民族成员。

（3）参议院农业，食品和林业委员会主席。

（4）参议院农业、食品和林业委员会少数民族成员。

（c）空缺。委员会空缺应当由总统按照子条款（b）规定的方式任命成员去填补。

（d）主席。委员会应从其成员中以多数票的方式推举委员会主席。

（e）会议。委员会应在主席或是大多数委员会成员要求的情况下召开会议。

（f）职责。

（1）研究。委员会应开展以下方面的研究：

（A）对美国国有和私有林地当前状况进行评估，包括：

（ⅰ）所有权状况以及从前和今后的发展趋势；

（ⅱ）这些林地所生产的原木和非原木资源；

（ⅲ）所有者对林地保护和管理所持的态度；

（B）对影响美国国有和私有林地的问题因素进行审查，包括：

（ⅰ）因病虫害和恶劣天气造成的资源损失；

（ⅱ）再造林不足；

（ⅲ）林地的破裂和转变；

（ⅳ）管理选择；

（C）林地生产多资源产品的限制和机遇；

（D）建议运用行政和立法手段解决林地问题并利用林地满足美国对可再生资源的需求。

（2）发现和建议。基于本项研究，委员会应当按照总统的规定总结调查结果并制定建议，以改变美国林业的管理方式，尤其是对其原木砍伐方面的管理方式，以使得美国国有和私有森林能够满足美国对其商品和非商品的未来需求。这一评估应以国有和私有林地的角色为重点，并设法提高林地生产能力以满足美国对原木和非原木等林业资源的需求。

（3）报告。委员会应于1992年12月1日当日或之前向总统提交一份报告，报告中应包含其研究发现和建议。总统则应将报告提交众议院农业委员会和参议院农业、食品和林业委员会，经授权，该报告可以作为美国国会众议院文件出版。

（g）一般运作。

（1）机构合作。执行部门、总审计局、技术评估局以及国会预算局等领导应与该委员会合作。

（2）薪酬。委员会成员在该委员会供职期间没有薪酬。但是，按照《美国法典》第5篇第5703条对连续在政府部门任职人员的授权规定，当委员会成员因执行任务而出差时，其成员可以获得差旅费，包括每日生活津贴等。

（3）主任。在委员会可用资金充足且符合委员会规定的情况下，委员会无需考虑《美国法典》第5篇有关职务任命的规定条款，也无需考虑第51章和第53章第Ⅲ节中有关总薪资等级的相关规定，而可以：

（A）对委员会主任进行任命，并对其薪资进行调整；

（B）由委员会任命必要的额外工作人员以协助委员会履行职责和任务，并对其薪资进行调整。

（4）工作人员和服务。经委员会要求，执行部门领导、总审计长，以及技术评估局局长等可以在机构或各局领导以及委员会主席统一的情况下，为委员会提供必要的人员或支持服务以协助委员会履行职责和义务。按照该款规定，委员会无需为任何机构所提供的人员或是支持服务支付薪资或补偿。

（5）豁免。

（A）FACA（《联邦咨询委员会法》）。委员会不受《联邦咨询委员会法》（《美国法典》第5篇注释2，1及以下）7（d），10（e），10（f）和第14条等规定的限制。

（B）第5篇。委员会不受《美国法典》第5篇4301条到4305条中要求的限制。

（h）拨款授权和财务开支授权。

（1）拨款授权。实施该条款所需款项经授权可以拨出。

（2）财务开支授权。本篇中所提及的任一财政年度的财务开支授权（《1974年国会预算法》第401条明确定义）只有在符合《拨款法》规定的条件下才会生效。

（i）终止。总统授权成立的国有和私有森林委员会在报告提交给总统后90天之内终止。

第1246条 蓝山自然资源研究所。

（a）发现。国会调查发现：

（1）喀斯喀特山脉以东的华盛顿州和俄勒冈州的森林和牧场生产复合产品、服务以及收益的能力并不强，然而这些林地和牧场本应有更强的生产能力；

（2）由于先前的管理不善，这些森林是北美受病虫害影响最严重的森林，火灾预防系统的缺失以及过去的管理处理方法等使得这些森林过于浓密，进而变成极易受病虫害影响的森林；

（3）由于杂草、杜松以及毒草的蔓延，这些森林和牧场的粮草生产能力日益下降；

（4）前所未有的可燃物的累积使得这些森林时刻面临着灾难性火灾的威胁；

（5）森林因病虫害、火灾以及生产力下降而遭受的损失给当地社区以及完全依赖土地资源的地区造成了严重的环境和经济后果；

（6）人们对全球气候变化，水的质量以及数量，空气质量，鱼类和野生动植物栖息地，生物多样性，森林和牧场长久的健康和生产力，资源依赖性社区的福利，以及景观质量等方面的担忧正在降低决策者和土地管理者工作的有效性。

（b）研究和示范计划的制订。农业部长应当制定、规划并启动一个针对喀斯喀特山脉以东的华盛顿州和俄勒冈州的森林和牧场的研究、发展和应用计划，以便满足华盛顿州和俄勒冈州的蓝山地区的研究和发展要求。通过研究，技术开发和应用以及公共投资，该计划应：

（1）收集并发展基本的生物和生态信息以改善森林和牧场的健康状况并提高其活力；

（2）集中对原木、野生动植物、牧场、鱼类、水质以及休闲等的共同管理和生产进行研究；

（3）刺激大学和联邦机构以及州政府机构之间的合作研究；

（4）结合县政府和地方政府所提出的经济策略，对可以提高该地区森林和牧场资源的持久性经济和社会收益的机会进行识别和评估；

（5）将研究结果转化为技术发展产品，并及时运用新信息；

（6）发展技术以指导集约型多元资源系统的管理和决策，将其长久生产力和生态价值维持到 21 世纪初；

（7）发展新兴技术促使森林和牧场管理者将多元资源的效益最大化，从而将火灾、病虫害等的危害最小化；

（8）为林地管理者和所有者制定森林管理策略以对荒原和城市接合处的林地进行妥善管理进而体现这些地区的公共价值；

（9）在特定的管理区域示范技术以及资源知识的应用；

（10）与公众建立互惠关系，并及时告知公众相关研究和技术的发展以及新的管理方向以便得到他们的及时反馈。

（c）合作关系。农业部长按照（b）的规定经与联邦政府、州政府以及地方政府机构，大学，私营部门等磋商与合作，制订并实施该计划。此外，农业部长应当成立一个代表公众利益和视角的咨询委员会以协助该计划的实施。

第 1247 条　国际林产品贸易研究所。

（a）成立。农业部长可以成立一个国际林产品贸易研究所（以下简称为"研究所"）。

（b）使命。该研究所的使命是提高美国东北部林业的竞争能力，使其成为国际林产品的主要生产地，进而促进国内就业，刺激农村发展，并为全球林业资源问题进行客观且有见识的分析。

（c）功能。该研究所应当：

（1）强调现有知识在林产品制造和国际市场销售方面的运用，并开展新的研究以提高东北部林业的竞争能力；

（2）研究并评估国内外与森林、林业、农林业、发展、经济以及贸易相关的政策；

（3）设计、分析并测试技术适宜的支持并符合该研究所指定的森林政策和管理策略的加工、制造以及营销系统，进而为林产品开拓更大的市场；

（4）指定并检测针对如下内容的管理策略：

（A）美国的森林；

（B）促进国际森林的生态可持续利用以及长久管理的制造设备。

（d）拨款授权。实施该条款所需款项经授权可以拨出。

第3章 教 育

第1251条 扩展。

（a）计划的扩展。《1978年可再生资源扩展法》（《美国法典》第16篇1671及以下）经修定，在第5条后面添加如下新条款：

"第5A条 扩展计划。

"（a）概述。通过推广局和州政府的合作推广局的作用，并经与州林务员或是同等级别的州政府官员、学校董事会，以及大学等的磋商，部长应将本《法案》规定的林业和自然资源教育计划的对象扩展到私有森林所有者和管理者，公务员，年轻人，以及普通大众，并且应当将技术转让的指导方针纳入该计划内容之中。

"（b）活动。

"（1）概述。在扩展本《法案》规定的计划时，部长应当确保所进行的活动可以促进相关政策和实践的建立进而提高美国林地的健康状况、生产能力、经济价值以及环保价值。

"（2）类型。（1）中所提及的活动应当包括：

"（A）向林地所有者和森林管理者展示并教授多用途自然资源管理以及可持续性自然资源管理等概念；

"（B）实施综合性环保教育计划以帮助公民积极参与到诸如植树、废物回收利用、防止水土流失以及废物管理等环保活动中；

"（C）可以提高学校、地方政府以及资源机构等向年轻人以及具有环保意识的公民和行动小组传递林业和自然资源信息能力的教育计划和材料等。"

（b）计划授权。本法案第3条（a）（《美国法典》第16篇1672（a））修定如下：

（1）在（7）的结尾处删除"和"；

（2）在（8），删除句号，插入"；和"；

（3）在结尾处添加如下新段落：

"（9）实施针对土地所有者和管理者，公务员和公众，尤其是年轻人的综合性自然资源和环保教育计划。"

（c）扩展计划方案。本法案第5条（a）（《美国法典》第16篇1674（a））经修定，在结尾处句号前插入如下新内容："并尤其关注针对土地所有者和管理者，公务员以及普通大众的水质保护，自然资源和环保教育"。

第1252条 林业助学金计划。

《1978年森林和牧场可再生资源研究法》（《美国法典》第16篇1641及以下）经修定，在结尾处添加如下新条款：

"第10条 林业助学金计划。

"（a）制定。部长应制订一个计划，称为"林业助学金计划"（以下简称为"计划"），以协助扩展对林业科学家、自然资源科学家以及环保科学家等的专业教育。

"（b）助学金。按照本计划，部长应帮助制定一个竞争性助学金计划以帮助研究生、少数本科生以及女性学生可以进入有林业和自然资源计划的研究机构。

"（c）资格。部长应确保集中于下列研究的学生有资格获得（b）款中的帮助：

"（1）林业；

"（2）生物和森林有机物；

"（3）生态系统的功能和管理；

"（4）人类与森林的相互影响；

"（5）国际贸易，竞争与合作；

"（6）木材原料；

"（7）经济学和政策。

"（d）拨款授权。实施本条款所需款项经授权可以拨出。"

子篇 C　美丽美国

第 1261 条　简称。

本子篇可以称为"《1990 年美丽美国法》"。

第 1262 条　发现。

国会研究发现：

（1）树木和森林可以使农村和城市的景色变得美丽且多样；

（2）树木和森林通过过滤径流和防止水土流失可以保护美国的土壤、水以及湿地资源；

（3）树木和森林为很多野生动植物提供食物和栖息地；

（4）树木和森林可以提供荫凉，抵挡风寒，并增加空气湿度，进而减轻城市的"热岛效应"，从而极大地节约能源；

（5）树木和森林极大地促进了全美农村和城市地区的环境、社会和经济进步；

（6）可以通过鼓励，促进和支持个人、青年团队、组织、商业以及政府等在各个层面上的合作和协同服务来提高对树木和森林的管理。

第 1263 条　目标。

本子篇的目标是：

（1）授权总统指定一个有资格获得部长一次性补助的私有非营利性基金会，借以提高公众意识和自愿精神，征求私营部门的捐款，并对这些捐款的使用进行监督，从而鼓励在社区和城市地区开展植树工程。

（2）通过全国范围内的树木种植，改良以及保护来推广基本的森林管理政策，进而鼓励植树造林，提高美国农村和城市地区的环境和美感质量，并降低全球二氧化碳水平；

（3）授权农业部长为州林务机构和其他机构提供财政和技术援助，并与个人签订费用分担协议，以实现鼓励农村地区非工业私有林地所有者种植并保护树木进而改善森林状况等目标；

（4）授权农业部长为州林务机构和其他机构提供财政和技术援助，以实现鼓励社区和城市地区的地方政府单位、公民团队以及个人种植并保护树木进而改善森林状况等目标。

第 1264 条　树木种植基金会。

（a）目标。本条款的目标是授权总统指定一个有资格获得农业部补助的私有非盈利性基金会用于：

（1）提供按比例补助在内的补助金，以使非营利性组织（包括青年团队），市政单位，县政府和城镇等具备实施该计划的资格，进而提高公民意识和自愿精神，以对全美范围内的农村地区、社区和城市地区的树木种植、维护、管理、保护以及培育项目提供支持；

（2）通过动员个人、公司、政府以及社区组织等来征求公共部门和私营部门的捐助，进而实现提高农村城市地区所种植、维护、管理并保护的树木的数量；

（3）接受并对公众和私人捐赠的礼物进行管理，提供包括按比例补助在内的补助金，以鼓励地方参与到树木的种植、维护、管理、保护和培育等活动中去；

（4）确保我们的后代能够分享其祖先的骄傲，称他们的祖国为"美丽美国"。

（b）授权。总统被授权指定私有非盈利性组织（以下简称为"基金会"）有资格获得（d）和（e）中规定的资金，条件是，该组织可以在遵循其组织宗旨的条件下，执行（a）中的目标，且该组织的成员具有相关领导组织活动的经验和专长。该条款中没有内容显示该基金会的成员，雇员或是董事会成员就是美国国家政府的官员或是雇员。该基金会应当是一个私有非营利性组织而不应是美国国家政府的一个机构或是部门。

（c）实施。该基金会应当按照（a）中所描述的目标要求实施该条款。

（d）资金。在1991财政年度，部长被授权为该基金会提供不多于25 000 000美元的补助。

（e）资金的使用。按照（d）所得的资金应当由部长提供给基金会，以使基金会能够执行（a）中所提及的目标。

（f）利息。尽管有其他法律条款规定，基金会应当按照（e）的规定在支出资金以用于实现（a）中的目标之前，将所得资金存入生息账户，从而可以利用账户所得利息执行其目标。

（g）资金使用限制。

（1）概述。本条款下所得资金只能被基金会用来向符合资格的组织、市政单位、县政府以及城镇等提供补助以帮助他们实施与（a）目标要求相一致的计划和活动。

（2）符合资格的组织。为实现该条款的目标，符合资格的组织应包括满足《1986年国内税收法典》501（c）（3）（《美国法典》第26篇501（c）（3））的要求并且有能力实施基金会所资助的项目或活动的组织。

（h）外部薪资。基金会的官员或是雇员不得因其在基金会的服务接受除基金会之外的外部机构所提供的薪金或是补偿。

（i）股票和分红。基金会不得发行任何形式的股票也不得宣布或支付任何形式的红利。

（j）游说。基金会不得为影响立法而参与任何形式的游说或是宣传，也不得代表任何政治候选人参加或介入任何政治运动。

（k）薪金；差旅费；利益冲突。

（1）个人从基金会的收益。除合理的薪金和因服务而获得补偿之外，基金会的任何董事成员，官员或雇员不得从基金会的资金中获益。

（2）差旅费补助。董事会成员所得补偿金应当局限于对差旅费的合理补助。

（3）利益冲突。在基金会影响下列事项之前，该基金会的任何董事，官员或雇员都不得直接或间接地参与到任何问题的考虑或抉择：

（A）董事会成员，官员或是雇员的财政利益；

（B）任何公司，合作关系，机构以及组织的利益，其中，董事会成员、官员或雇员：

（i）是官员、董事或信托人；

（ii）有直接或间接的财政利益；

（l）记录；审计。基金会应当确保：

（1）按照本条款要要求，每一位接受该基金会援助的人，在接受援助之后的至少5年之内，都应将所得援助储存在分别独立的账户，而且这些记录必要时可用来揭露：

（A）接受援助者所获得的援助数额和处置方式；

（B）该援助所支持的项目或活动的总花费；

（C）本项目或活动中所得除基金会之外的第三方提供的援助数额和援助性质；

（D）其他有利于有效审计的记录等。

（2）按照本条款规定，为进行审计和检查，基金会以及基金会授权的任何代表都可查阅接受者与所获得援助相关的书籍、文件、资料以及记录。

（m）审计。

（1）独立审计。在基金会收到按照（e）的规定所授予的捐助的财政年度及随后的 5 个财政年度中，每年，基金会的账户都应按照普遍接受的审计标准接受独立注册会计师或美国的州政府或其他政治分支所授权认证的独立注册会计师的审计。每次独立审计报告都应被包含在（n）所要求的年度报告之中。

（2）政府机构审计。在基金会收到按照（d）的规定所授予捐助的财政年度及随后的 5 个财政年度中，基金会按照本条款规定所进行的财政交易应接受总统指定的任意机构的审计。

（n）年度报告。

（1）概述。在每一财政年度结束后不少于 3 个月之内，基金会应出版一份年度报告，报告中应全面详细的介绍本财政年度基金会的运营情况、活动、财政状况以及所取得的成就等。

（2）终止。按照本子条款规定，当包含按照（1）所要求程序进行的最终审计结果的年度报告出版之后，基金会出版年度报告的义务就应当终止。

（o）禁止商业砍伐。按照本计划规定，由本条款资金所资助而种植的树木不得被商业砍伐以作圣诞树之用。

（p）拨款授权。农业部长特此授权向该基金会拨款 25 000 000 美元。按照本条款规定，拨出的款项都可以为基金会所用。

第 1265 条　树木种植和森林管理计划。

农业部长被授权制定一个农村树木种植和森林管理计划，以将其作为按照《1978 年合作林业援助法》（《美国法典》第 16 卷 2102）（经子篇 A 修定）第 5 条和第 6 条的规定而制定的森林管理计划和管理激励计划的一个特殊组成部分。该计划将于 2001 年 12 月 31 日终止。

第 1266 条　社区树木种植和改良计划。

农业部长被授权制定一个社区树木种植和改良计划，以将其作为按照《1978 年合作林业援助法》（《美国法典》第 16 篇 2105）（经第 1219 条修定）第 9 条的规定而制定的城市和社区林业援助计划的一个特殊组成部分。该计划将于 2001 年 12 月 31 日终止。

子篇 D　其他规定

第 1271 条　紧急再造林援助。

（a）概述。按照本条规定，农业部长被授权向因为恶劣天气、相关条件以及森林火灾等遭受 35％甚至更大的商业损失的林地所有者提供援助。

（b）援助形式。部长按照本条款的规定所提供的援助，应包括以下两者的任何一种：

（1）偿付因恶劣天气、相关条件以及森林火灾等而遭受损失的森林再造所耗费成本的 35％～65％；

（2）在部长权利范围内，提供充足的树苗以用于森林再造。

（c）条件。

（1）援助限制。按照本条款规定，任一财政年度个人所接受的援助数额不得超过 25 000 美元或是等值的树苗。

（2）不具备资格。部长规定，年度收入总额超过 2 000 000 美元的个体不具备接受本条款所规定的灾难偿付或其他救济的资格。

（3）实施。在实施该条款时，部长应颁发规章制度：

（A）在可行范围内，本条款中对术语"人"的定义应当与《1985年粮食安全法》第1001条（《美国法典》第7篇1308）对术语"人"的定义相一致；

（B）对部长认为必要的条款作出规定以确保本子条款制定的限制申请公正合理；

（C）确保任何个人不得重复获得本条款，《1978年合作林业援助法》，以及《水土保持和分配法》条款16（b）（《美国法典》第16篇590h，5901（d））规定制定的农业保护计划或其他联邦计划规定的补助或援助。

（d）定义。本条款中：

（1）术语"恶劣天气"包括干旱、冰雹、过度湿润、冰冻、龙卷风、飓风、大风或上述天气的任意组合；

（2）术语"符合资格的土地所有者"指满足下列条件的个人：

（A）其树木每年都会产生商业利益，并且拥有不多于500英亩的类似树木；

（B）拥有不多于100英亩的私有林地；

（C）拥有多于100英亩但少于500英亩的私有林地，但是在其权衡范围内，认为该人符合资格；

（3）术语"合格的收入总额"指：

（A）如果一个人年收入的大部分是来自农场、牧场，以及森林经营，其收入总额是来自个人的农场、牧场以及森林经营；

（B）如果一个人年收入的小部分是来自农场、牧场以及森林经营，其收入总额来自各个方面；

（4）术语"相关条件"包括病虫害，或是由于恶劣天气等而加剧恶化的树基；

（5）术语"再造"包括场地规划，遭破坏的森林再造，包括稀释、计划烧除以及部长允许的其他再造林实践在内的原木基地改良等；

（6）术语"部长"指的是农业部长；

（7）术语"野火"指森林或牧场火灾。

（e）追加援助。部长应当利用本条款提供的资金对林地所有者于本条款实施之日之前所进行的再造林实践进行补助偿付。但部长不得对1989年9月1日之前的再造林实践进行补助偿付。

第1272条　塔拉迪加国家森林扩展。

特此修定，塔拉迪加国家森林的边界包括1990年"塔拉迪加国家森林扩展"地图上的所有土地范围，并且应当在哥伦比亚特区，华盛顿州的林务局局长办公室存档以方便接受公众监督。在地图所示范围之内，部长应按照1911年3月1日本《法案》（186章36卷961）的规定行使权力以获得该地区的土地、水源以及相关利益。按照此种方式获得的土地应依照本《法案》中国家森林的目标要求加以管理。国会希望在可行范围内，私有林地的收购可以在卖主自愿的基础上进行，且无不必要的延迟。

第13篇　水果、蔬菜与销售

子篇A　水果和蔬菜

第1301条　发现。

国会研究发现：

（1）水果、蔬菜以及特产作物是美国人民保持健康的极为重要的营养来源；

（2）包括美国卫生局局长，国家卫生研究院，国家癌症研究所，美国心脏协会，国家科学院饮食，营养和癌症委员会，农业部以及卫生和公共服务部等在内的无数卫生官员和组织一致认为水果和蔬菜是健康、营养饮食的必要组成部分。

第 1302 条　目标。

本子篇目标是：

（1）通过推广国内生产的健康营养的水果和蔬菜产品等来改善过敏饮食和营养标准；

（2）让公众意识到国内生产商在此类产品的生产、收获以及销售过程中所遇到的困难；

（3）协助发展新兴科技技术以帮助国内生产商应对未来人们对水果和蔬菜产品日益增长的需求挑战。

第 1303 条　声明。

国会声明，国内水果和蔬菜的生产是国家农业政策的一个主要部分。

第 1304 条　水果蔬菜行业的研究。

（a）研究。

（1）概述。农业部长应开展一项研究以确定美国国内水果和蔬菜的行业状况。在开展该项研究时，农业部长应当与诸如环境保护局、卫生和公共服务部、商业部、劳工部以及教育部等必要的机构或部门协调磋商。

（2）内容。按照（1）要求开展的研究应包括：

（A）维护以及收获水果和蔬菜的充足劳工供给的可行性审查；

（B）针对水果和蔬菜生产商的作物保险和救灾援助的可行性审查；

（C）遗传学、生物科技、综合虫害管理、收货后保护以及其他与水果和蔬菜生产和销售相关的科学技术方面所取得的进展审查；

（D）对水果和蔬菜的生产过程中所使用的安全有效的化学药品的可行性进行检验，并评估针对消费者和生产者的国家统一标准的价值；

（E）对水果和蔬菜行业对标签的要求和成本以及其所可能带来的收益进行审查；

（F）对教授水果和蔬菜对合理饮食的重要性的联邦教育计划进行审查；

（b）报告。自本篇实施之日起 18 个月之内，农业部长应当起草并向众议院农业委员会和参议院农业、食品和林业委员会提交一份报告，报告中应包含（a）所开展的研究结果。该报告内容应包括：

（1）部长关于目前没有获得相关市场援助计划（比如《1985 年粮食安全法》第 Ⅺ 篇下子篇 B 所制订的增强出口计划）的国内水果和蔬菜生产商如何参与这些计划的建议；

（2）部长多提出关于制定类似于（1）中的额外援助计划以帮助国内的水果和蔬菜生产商提高产量，扩大国内外市场的相关建议。

第 1305 条　原产国标签计划。

（a）原产美国计划。农业部长（以下简称为"部长"）应实施一个计划以界定何种条件下不易腐烂的农产品可以标记为"原产美国"。

（b）试验计划。

（1）概述。部长应实施一个为期 2 年的试验计划，在这 2 年时间内，易腐烂的农产品（新鲜水果和蔬菜）按其原产国标记。该计划应当在全国范围内实施。2 年之后，部长应开展一项研究以对计划结果进行确定。部长在该计划完成之日起 18 个月之内将研究结果提交给国会。

（2）试验计划细节。

（A）原产国的指定。该计划要求，当代销商、经销商、经纪人或是杂货商在其销售点销售易腐烂产品时，其易腐烂产品的原产国应当在产品上或产品的外包装、展销摊、存放处或储藏箱以标签、图章、商标或其他清晰可见的符号标记出来。将原产国标记于产品附近也是可以接受的。

（B）该计划适用范围。

（ⅰ）进口及国内产品。该计划适用于进口及易腐烂的农产品（包括新鲜的水果和蔬菜）。

（ⅱ）进口的易腐烂农产品。该标签计划应适用于按照《1930 年关税法》条款 304（a）规定进入美国市场的易腐烂农产品。

（C）免税。部长应为按照《1930 年关税法》条款 304（a）（3）（J）的规定免除原产国标签要求的产品减免税收。

（c）拨款授权。实施该条款所需款项经授权可以拨出。

第 1306 条　实施经销商评估。

《1937 年农产品销售协议法》条款 8c（14）（《美国法典》第 7 篇 608c（14））修定如下：

（1）在（A）：

（A）删除"（除非有条款规定要求按比例支付费用）"；

（B）删除"：条件是，如果"并插入"。如果"；

（2）在（B），删除"（除非有条款规定要求按比例支付费用）"。

第 1307 条　奇异果和其他水果。

《农业调整法》条款 8e（《美国法典》第 7 篇 608e-1）中的第一句，经《1937 年农产品销售协议法》修定重新实施，现修定，删除"或茄子"并插入"茄子，奇异果，油桃，李子，开心果或苹果"。

第 1308 条　销售订单。

《农业调整法》条款 8e（《美国法典》第 7 篇 608e-1），经《1937 年农产品销售协议法》修定重新实施，现修定如下：

（1）在第一句中，删除"（a）尽管有其他法律规定，"并插入"（a）遵照款（c）和款（d）的规定，即便法律有其他规定，"；

（2）在结尾处添加如下新条款：

（c）在本条款所规定的任何商品进口的限制或是规范生效之前：

（1）农业部长应将这些进口限制或规范告知美国商务代表；

（2）在收到（1）中的通知的 60 天之内，美国商务代表应建议农业部长确保相关销售指令中关于进口产品的等级、尺寸、质量及成熟度等的规定或同等限制与美国包括《贸易和关税总协定》在内的任何贸易协定中的规定相一致。

（d）如果部长在收到（1）中通知的 60 天之内收到了美国商务代表的建议，部长则应按照商务代表所建议的限制或规范继续工作。

第 1309 条　产自特殊地域的产品。

（a）概述。对于易腐烂农产品（定义参见《易腐烂农产品法》（《美国法典》第 7 篇 499a（4））：

（1）遵循《1937 年农产品销售协议法》（《美国法典》第 7 篇 601 及以下）中的联邦销售指令的相关规定；

（2）传统意义上被认定为产自特殊地理区域、州或地区；

（3）因其产自特殊地理区域而被赋予的独特品质，且其独特品质经生产商按照该销售指令的规定所捐助的资金已被推广；任何人不得将这类农产品的独特名字或地理名称用于产自其他地区类似产品的销售推广。

（b）处罚。违反本条规定将被视为违反《易腐烂农产品法》第 2 条（《美国法典》第 7 篇 499b（4）

和（5））的（4）和（5）的相关规定。

（c）赔偿。按照本条款规定，任何提出控告的人都应向农业部长就本条的执行所产生的费用进行偿付。

（d）禁止。农业部长不得擅自提高《易腐烂农产品法》（《美国法典》第 7 篇 499b 及以下）中所规定的收费标准以抵消因实施本条所产生的费用。

（e）规范。部长应当公布相关规范以促进该条的执行。

子篇 B　国家实验所认证

第 1321 条　定义。

在本子篇中：

（1）农产品。术语"农产品"指任何在美国市场上销售以供人消费的新鲜水果或蔬菜，或来自家禽家畜的产品。

（2）认证书。术语"认证书"按照本子篇规定所签发的认证证书。

（3）实验所。术语"实验所"指个人或公共或私有机构所拥有的进行农产品农药残留分析的设备设施或工具；

（4）农药。术语"农药"指在《联邦杀虫剂，杀菌剂与杀鼠剂法》（《美国法典》第 7 篇 136（u））中被定义为农药的任何单一物质或多种物质的组合。

（5）部长。术语"部长"指的是农业部长。

第 1322 条　国家实验所认证计划。

（a）计划制订。部长应制订一个国家实验所认证计划，按照该计划的规定，请求对农产品进行农药残留测试和认证，或向公众及购买者公布农产品化学残留水平的实验所，应满足最低的质量和可靠性标准。

（b）标准。卫生和公共服务部部长，经与农业部长和环境保护局局长磋商之后，应为国家实验所认证计划制定标准，标准包括：

（1）适用于实验所的标准；

（2）实验所主任和其他工作人员资格。

（3）质量保证计划的标准和程序。

（c）认证机构。卫生和公共服务部部长应批准州政府机构或私营非营利性机构作为认证机构，代表部长按照本条的要求实施认证和质量保证计划。在做出此类批准时，卫生和公共服务部部长应：

（1）对任何代表部长行使权力的认证机构进行监督审查，以确保此类认证机构符合本条下的认证计划的要求；

（2）有权从代表部长行使权力的认证机构和认证机构所认证的实验所中获取记录和资料以进行（1）中的监督和审查。

（d）要求。若要获得本子篇的认证，实验所应当：

（1）起草并向部长提交一份认证申请书；

（2）遵守农业部长和卫生和公共服务部部长等规定的条款和条件。

（e）例外。本子篇不适用于：

（1）政府机构运营下的实验所；

（2）公司运营下的只为该公司开展农产品药物残留分析的实验所，或由公司的子公司独立拥有且无需对公众或是购买者公布分析结果的实验所；

（3）合作经营企业运营下的只为企业开展农产品药物残留分析且无需对公众或购买者公布分析结果

的实验所；

（4）为所开展的农产品药物残留分析不是为了商业目的而是为分析发起者进行研究和质量保证等内部用途的实验所。

第 1323 条　认证。

（a）概述。部长应当向符合本子篇要求的实验所签发认证证书。

（b）认证要求。要想获得本子篇中的认证证书，实验所应起草并向部长提交一份认证申请，并且应按照要求完成测试，并满足第 1322 条所指定的标准。

（c）无法满足认证标准。对于无法满足本子篇所规定的认证要求的实验所，部长应当否决其认证申请或是撤销任何现有的认证。

（d）有限认证。部长应向特定测试领域的实验所签发认证证书。

第 1324 条　示例。

（a）绩效评估示例。

（1）由部长提供。部长应确保向任何在本子篇下申请认证的实验所提供绩效评估示例。

（2）由实验所分析。（1）中提及的实验所应对部长提供的绩效评估示例进行分析，并按照第 1322 条的要求，将分析结果提交给部长。

（3）测试方法。绩效评估示例应由实验所根据本子篇制定规范中的充分性或对等性方法进行测试。

（b）测试结果。

（1）结果提交。实验所应按照部长要求的格式于部长要求的日期当天或之前将款（a）所规定进行的测试的结果提交给部长。

（2）结果评估。部长应对实验所得测试结果进行评估，并决定该实验所是否有能力进行农产品药物残留的精准分析。

（c）认证审查。部长应确保每年向本子篇所认证的实验所提供至少两次绩效评估示例以供他们分析。

第 1325 条　申请书。

（a）申请书内容。本子篇规定的认证申请书应当起草并提交给部长，申请书中应包括：

（1）实验所名称和地址；

（2）实验所所有者和管理者的名称和地址；

（3）关于实验所试图进行的分析类型的陈述；

（4）实验所简史介绍以及之前的经营状况介绍；

（5）部长要求的其他信息。

（b）提交申请的限制。按照本子篇规定，已被否决或失去认证的实验所，在否决或失去认证期满 6个月之内，不得重复申请认证。重复申请时，实验所必须附有在被否决或失去认证的基础上所采取的纠正措施。

第 1326 条　报告。

（a）概述。每一个开展、安排或组织食品药物残留分析的实验所或个人都应起草并同时向农业部长、卫生和公共服务部部长和食品所有者提交一份报告，报告内容应当包括任何关于该食品药物残留的检查结果：

（1）尚未有规定容许该食品含有药物残留；

（2）超过了该食品药物残留的容许量；

（3）该食品药物残留的容许量被撤销或未被环境保护局批准。

（b）报告时间。实验所应在完成对该食品的分析之后尽早将款（a）要求的报告提交给农业部长、卫生和公共服务部部长以及食品所有者。

（c）准则。部长应采取标准化的报告准则以供本条下的实验所使用，并应将这些准则和其他有关农药残留容许量的信息提供给本子篇下的认证实验所。

第 1327 条　费用。

（a）概述。部长收到认证申请书之时以及随后每一年的这个时候，本子篇下申请认证的实验所都应支付不可归还的认证费用。

（b）费用数额。款（a）所要求的费用数额应当由部长决定，且费用数额应可以抵消本子篇制订计划所耗费的成本。

（c）费用报销。每一个本子篇下所认证或申请认证的实验所都应报销部长对其实验所进行实地考察时花费的合理差旅费和其他费用。

（d）费用调整。部长可以每年对本条规定的支持本子篇制订计划所耗费的成本的必要费用进行调整。

第 1328 条　公开披露。

部长按照本子篇的要求开展的实验所评估结果应及时告知卫生和公共服务部部长以及公众。

第 1329 条　规范。

部长应颁布规范以执行该子篇的内容。

第 1330 条　其他法律效力。

本子篇中的任何内容不得改变《联邦食品、药品和化妆品法》（《美国法典》第 21 篇 301 及以下）中规定的卫生和公共服务部部长的权力。

子篇 C　表面外观

第 1351 条　定义。

在本子篇中，术语"表面外观"指农产品的外部形态，包括因表面损坏或其他变更而引起的不影响养分含量、口味以及营养价值的外观变化等。

第 1352 条　研究。

（a）要求。农业部长应在款（b）的规定下，开展研究以检测《1946 年农产品销售法》（《美国法典》第 7 篇 1621 及以下）以及其他监管表面外观的法令所制定和颁布的等级标准和其他规则的有效性。

（b）研究范围。本研究的首要目的是探究监管表面外观的等级标准和其他规则对易腐烂农产品的农药使用的影响程度。本研究还应：

（1）确定美国易腐烂农产品的农药使用水平，并对自 1975 年以来的农药使用水平的趋势和影响该趋势的因素进行评估；

（2）确定联邦政府制定的等级标准和其他规则对改善表面外观的农药使用的影响程度；

（3）确定在等级标准和其他规则中减少对表面外观的重视对下述各项的效果：

（A）农药在农业生产中的应用和可用性；

（B）减少农药使用的实践活动的采用；

（C）生产和销售成本；

（D）易腐烂农产品的国内外市场和贸易；

（4）确定等级标准和其他规则反映消费者喜好的程度；

（5）基于本条款中开展研究的结果，发展多种选择以消除在实施减少农药使用的政策和实践中所遇到的障碍。

（c）实地研究。

（1）项目时长。农业部长应在本法案实施之日起 12 个月之内，至少在 3 个州实施至少 3 个为期两年的市场调研项目，以展示并评估消费者教育和信息计划的可行性。

（2）实地研究范围。（1）中提及的研究应针对下列内容的计划进行评估：

（A）为消费者提供多种不同生产实践生产出来的易腐烂农产品的选择；

（B）为消费者提供易腐烂农产品生产过程中使用的农业实践的相关信息；

（C）按照本子篇所开展的研究规定，对公众进行展示易腐烂农产品表面外观和农药使用之间的关系。

（d）结果公开。农业部长应向相关利益方公开之前针对联邦政府的销售政策和实践开展的科学有效的研究结果，以避免任何无谓的重复劳动，进而确保针对相关政策和实践的现有知识得到提高和改进。

（e）咨询委员会。

（1）成立。农业部长应成立一个咨询委员会以便对本条款中所实施的要求提供持续审查，并就实施这些要求向农业部长提出建议。

（2）成员资格。咨询委员会应由 12 名成员组成，包括 3 名来自非营利消费者组织的代表，3 名来自非营利性质的环保组织的代表，3 名来自生产农业和易腐烂农产品种植者和承运者协会的代表，以及 3 名来自食品零售部门的代表，每个成员都应具备参与该条款中的政策问题的经验。

（f）报告。农业部长应于 1992 年 9 月 30 日当天或之前向国会就本条款中开展的研究作出报告。部长应于 1993 年 9 月 30 日当天或之前就款（c）所开展的研究作出报告。

第 1353 条　程序规则方面的变化。

关于联邦政府按照《1946 年农产品销售法》（《美国法典》第 7 篇 1621 及以下）规定而制定的等级标准，农业部长应：

（1）将这些标准对易腐烂农产品种植者降低农药使用的影响考虑在内；

（2）为易腐烂农产品行业之外的公民提供公正合理的申请和对等级标准作出改变的机会；

（3）在正式申请改变等级标准之后，提供一个评论时间，使得所有相关的利益方都可以提交他们的意见信息。农业部长应对他们所提交的信息进行评估并审核；

（4）为相关利益方提供 1992—1994 年农业部考虑的等级标准变化的年度现状报告。

第 1354 条　拨款授权。

特此授权每一财政年度拨出 4 000 000 美元用于执行本子篇所要求的活动。

子篇 D　其　　他

第 1361 条　《易腐农产品法》修订。

《1930 年易腐农产品法》条款 3（b）（《美国法典》第 7 篇 499c（b））进行了以下的修订：

（1）删去"规定"，插入"易腐农产品法基金储备金可由农业部部长、财政部部长授予，并存入到已经投保的或完全抵押的计息账户中。上述储备金所得的任何利息应该计入到易腐农产品法基金，并用

于该基金指定的目的";

（2）删去"进一步规定，金融"，插入"金融的"。

第 1362 条　葡萄酒和葡萄酒酿造行业研究。

（a）研究。在研究基础上，农业部部长应确定如何更好地协助与支援美国葡萄酒和葡萄酒酿造业。研究包括：

（1）测定是否可以通过改进农业部的现有项目以更好地协助和资助美国葡萄酒和葡萄酒酿造业；

（2）测定农业部实施的新方法或项目是否可以提高葡萄酒和葡萄酒酿造行业的生产和加工能力，是否可以扩大美国葡萄酒和葡萄酒酿造市场；

（3）应该咨询当地、州、联邦葡萄酒和葡萄酒酿造生产者协会或组织；

（4）特别关注没有葡萄酒和葡萄酒酿造行业传统的州或其他地区。

（b）报告。农业部部长务必在 1991 年 12 月 31 日之前向众议院农业委员会和参议院农业、营养和林业委员会提交款（a）规定的报告，该报告详述了研究项目所做的各种测定。上述报告也应该同时包括提交给国会的建议，用于立法。这些建议是农业部部长鉴定和落实款（a）规定的项目或方法所必要的建议。

第 14 篇　资源保护

第 1401 条　简称。

本标题可以引用为《资源保护项目改进法》。

子篇 A　易受侵蚀土地的保护

第 1411 条　无资格参与项目的情况。

《1985 年粮食安全法》（《美国法典》第 16 篇 3811）第 1211 条进行了如下修订：

（1）在第一句的"为主"后面插入以下内容："把易受侵蚀土壤为主的、用于搁置、转移或保护的土地标出，或标出部长规定的不得以其他方式耕作的土地（部长的这个规定旨在减少农产品的生产）"；

（2）在（l）（D）分号之前插入"根据 1989 年灾难救助法第 132 条（《美国法典》第 16 篇 1421 注解），或根据 1989 年 8 月 14 日后执行的类似的条款"；

（3）在（1）（E）中删去最后的"或者"；

（4）在（2）中删去句尾的句号并插入"；或者"；

（5）在最后添加如下内容：

（3）在上述的农作物年：

（A）根据《土壤保护和国内分配法》（《美国法典》第 16 篇 590h，5901 或者 590p（b））第 8 或第 12 或第 16 条支付的一笔款项；

（B）根据 1978 年《农业信贷法》（《美国法典》第 16 篇 2201 或 2202）第 401 或 402 条支付的一笔款项；

（C）根据第 1231 条签署任何合同而支付的一笔款项；

（D）根据第 2 章支付的一笔款项；

（E）根据第 3 章支付的一笔款项；

（F）根据《流域保护和防洪法》第 3 或第 8 条（《美国法典》第 16 篇 1003 或 1006a）支付的一笔款项或贷款或其他援助。

第 1412 条　豁免。

（a）资源保护的合规性。《1985 年粮食安全法》（《美国法典》第 16 篇 3812（a））第 1212（a）条经过了修订，在最后添加了以下：

（3）拥有或经营易受侵蚀土地（该易受侵蚀土地为合同的主体，该合同是根据子篇 D 第 1 章第 B 节签署的）的任何人应该（如果根据子篇制定的上述土地保护计划规定需要建造建筑物）在上述合同期满后 2 年或更长的时间内（如果部长鉴定在技术上或经济上要求遵守保护计划是不可行的，或者除此之外更长的时间是合适的）遵守保护计划规定，受限人员无土地经营资格（见第 1211 条易受侵蚀土地项目无资格条件）。

（4）在根据子篇 D 第 1 章第 B 节签署的合同期满后，本子篇的条款应该适用于土地面积，土地面积是上述合同的主体。

（b）无意行为；特定款项、贷款、援助的削减。《1985 年粮食安全法》第 1212 条（《美国法典》第 16 篇 3812）经过了修订：

（1）在款（b）（1）分号后插入了"或者"；

（2）款（b）（2）删去分号，并插入句号；

（3）把款（c）重置为款（d）；

（4）把款（b）的（3）到（5）重置为款（c）的（1）到（3），并在款（b）（2）后加入以下内容：

（c）农产品收成后，或把土地指定用于搁置、转移或保护，或根据部长的规定指定土地不得以其他方式耕作以减少农产品的生产（在本子条款中称为"搁置"），根据本项目的 1211 条款，所有人都有资格享受项目的贷款、款额和收益—"；

（5）在（c）（Ⅰ）（B）（在（4）中经过修订）中在"充足的"后插入"用于保护已经被搁置的易受侵蚀的土地或"。

（6）在（c）（2）（在（4）中经过修订）：

（A）在"已种植"后插入"或者搁置"；

（B）在"已种植"后插入"或者搁置"。

（c）租户。《1985 年粮食安全法》第 1212 条（《美国法典》第 16 篇 3812）（在本条的款（b）中经过了修订）经过了修改，在末尾处添加了一条新款：

"（e）如果租户被鉴定为无资格享受第 1211 条规定的款项和其他收益，那么该农场受无资格条件限制。无资格条件在以下情况下适用于该农场，如果：

"（1）租户可以满足部长的条件：

"（A）租户已经真诚地努力满足本条款的要求，包括争取获得部长的援助去为上述农场获取合理的资源保护合规性计划；

"（B）土地所有人拒绝遵守上述农场的资源保护合规性计划；

"（2）部长鉴定上述的不遵守并非出于故意逃避遵守计划的动机。部长应该根据本款向众议院农业委员会和参议院农业、营养和林业委员会提交年度报告。该报告的内容有关对前 12 个月期间内无资格条件的鉴定"。

（d）分级约束，易受侵蚀土地保护：

《1985 年粮食安全法》第 1212 条（《美国法典》第 16 篇 3812）（在本条的款（c）中经过了修订）得到了进一步的修订，在末尾处添加了一条新款：

"（f）（1）除非出现（2）规定的情况，否则任何人都不得因为没有成功申请保护计划（该计划记录了上述的人员对土地位置、用途、耕作系统所做出的种种决策和上述人员根据款（a）编制的保护措施和方案）而不能享受项目贷款、款项和收益的资格。当然上述的规定要取决于部长鉴定上述人员是否：

"（A）在土地使用的前 5 年违反第 1211 条的规定；

"（B）付出了真诚的行动，而且没有违反本子篇条款的动机。

"（2）如果部长鉴定某人没有成功遵守第 1211 条（1）的要求，那么根据第 1211 条的规定，削减一个农耕年度享受的项目收益。削减的程度不少于 500 美元但又不超过 5 000 美元，削减的程度取决于部长鉴定的违约的严重程度。

"（3）根据本款，任何被削减收益的农耕人员应该在随后的农耕年度依然有资格享受第 1211 条所描述的所有收益。条件是：部长在上述农耕年度开始之前认定该人员积极根据上述计划的方案使用款（a）阐述的保护计划。

"（4）无论本子篇下的任何其他条款如何规定，任何人都不得因为没有成功申请保护计划（该计划记录了上述的人员对土地位置、用途、耕作系统所做出的种种决策和该上述人员根据款（a）制订的保护措施和方案）而失去享受项目贷款、款项和收益的资格，如果部长：

"（A）认定由于技术原因而导致申请失败，进而导致违反第 1211 条的规定，而且这种违约在本质上程度较轻，而且上述违约对土地的侵蚀影响很少。

"（B）认定申请失败是因为不可抗力的情况；

"（C）授予该人暂时性的差异对待，目的在于处理具体问题。

"部长根据本项认定或授予差异对待将不被视为违反（1）（A）的旨意。"

（e）信息。《1985 年粮食安全法》第 1212 条（《美国法典》第 16 篇 3812）（在本条的款（d）中经过了修订）得到了进一步的修订，在末尾处添加了一条新款：

"（g）部长根据本条在协助个人制定或修订保护计划时应该向上述的个人提供以下的信息：

"（1）有关个人为了符合本条款要求而采取的节约成本和控制侵蚀的措施；

"（2）有关有利于个人符合本条款要求的作物灵活性，基地调整和保护援助可选方案的各种信息，包括《1990 年粮食、农业、保育和贸易法》中的第 X、XII 和 XIII 篇内的条款（或者上述篇所做的修订）。"

（f）非商业用途农产品生产。《1985 年粮食安全法》第 1212 条（《美国法典》第 16 卷 3812）（在本条的款（e）中经过了修订）得到了进一步的修订，在末尾处添加了一条新款：

"（h）第 1211 条将不适用于农场非商业用途农产品的生产，如果上述生产只是在两英亩或更少的范围内开展，而且如果部长认定上述生产不是出于逃避资源保护的动机。"

子篇 B　湿地保护

第 1421 条　湿地项目改进。

（a）定义。《1985 年粮食安全法》1201（a）（16）（《美国法典》第 16 篇 3801（a）（16））把第一个句子修订如下：

"（16）除非术语'湿地'用在术语 4'改造过的湿地'中，否则术语'湿地'指：

"（A）以氢气土壤为主；

"（B）经常被水面或地下水淹没或湿透，淹没或湿透的持续时间足以繁殖适合饱和土壤条件的水生植被；

"（C）在正常的情况下足以繁殖上述植被。"

（b）湿地。《1985 年粮食安全法》1212 条（《美国法典》第 16 篇 3821）修订如下：

（1）删去"除非有规定"，并插入"（a）除非有规定"；

（2）在（1）（D）中在分号前插入"，根据《1989 年灾害救助法》第 132 条（《美国法典》第 16 篇 1421 注解）或根据 1989 年 8 月 14 日之后执行的任何类似条款"；

（3）在（1）（E）中，删去最后的"或者"；

（4）在（2）中，删去句尾的句号并插入"；或者"；

（5）在最后添加如下内容：

"（3）在上述的农作物年：

"（A）根据《土壤保护和国内分配法》（《美国法典》第 16 篇 590h，5901 或者 590p（b））第 8 或第 12 或第 16 条支付的一笔款项；

"（B）根据《1978 年农业信贷法》（《美国法典》第 16 篇 2201 或 2202）第 401 或 402 条支付的一笔款项；

"（C）根据第 1231 条签署的任何合同而支付的一笔款项；

"（D）根据第 2 章支付的一笔款项；

"（E）根据第 3 章支付的一笔款项；

"（F）根据《流域保护和防洪法》第 3 或第 8 条根据第 2 章支付的一笔款项或贷款或其他援助（《美国法典》第 16 篇 1003 或 1006a）。"

（6）在（a）（在（1）中修订过）后添加新款（b），如下：

"（b）在《1990 年食品、农业、资源保护和贸易法》执行日期之后的任何耕作年度内，除第 1222 条中规定外，任何人不得依据其他法律条款通过排水、疏浚、填充、填平或任何其他方法把湿地改造为可以生产农产品的土地或达到同等效果，如有发生，该人没有资格享受（a）（1）到（3）规定的该耕作年度和所有随后耕作年份的款项、贷款或参与项目。"

第 1422 条　湿地的定义；豁免。

《1985 年粮食安全法》第 1222 条（《美国法典》第 16 篇 3822）修订如下：

"第 1222 条　湿地的定义；豁免。

"（a）湿地的定义：

"（1）湿地圈定图。部长应该在图上圈定湿地。无论是湿地所有者还是经营者要求，部长都应该在湿地圈定前努力进行现场湿地鉴定。

"（2）鉴定。给湿地所有者或经营商发出通知后，部长根据湿地圈定图来判断某人是否有资格享受第 1221 条规定的项目收益，申请者根据第 1243 条的规定，在上述鉴定最终有效之前向部长做出申述。如果出现申述，部长应该在《1990 年食品、农业、资源保护和贸易法》执行之前根据申述去检验并鉴定所有土地的绘图是否正确，以保证上述湿地的圈定无误。在判决任何上述申述之前，部长应该实地考察相关的土地。部长不受理本款执行之前就已经圈定的土地的申述，尽管圈定没有变更，尽管对该圈定已经发出申述并就此进行了湿地鉴定。

"（3）公布。部长应该公开列出已经完成的所有的上述鉴定。

"（4）定期检查与更新。部长应该在合适的时候定期检查和更新上述湿地的圈定。任何人都不能因为对部长前一次鉴定采取了诉讼而受到不利影响。

"（b）豁免。根据第 1221 条任何人都不能失去享受项目贷款、款项和收益的资格。

"（1）因为在以下地方生产农产品：

"（A）改造湿地。如果上述湿地的改造开始于 1985 年 12 月 23 日之前。

"（B）通过挖掘或筑堤非湿地生成人工湖、塘或湿地以蓄水用于养家禽、养鱼、灌溉（包括渗灌）、建沉沙池、乘凉、种水稻或防洪。

"（C）潮湿区域。由输水系统、灌溉、灌溉系统或因为灌溉用水而生成的潮湿区域。

"（D）湿地。在湿地上农场或牧场所有者或经营商进行耕作或饲养以获取农产品，耕作或饲养的方式符合该地区的情况。在该地区的自然条件（如干旱）下，生产农产品成为可能，而且农产品生产者的行为没有破坏湿地的特征。

"（2）以下情况的改造：

"（A）通过挖掘或筑堤非湿地生成人工湖、塘或湿地以蓄水养家禽、养鱼、灌溉（包括渗灌）、建沉沙池、乘凉、种水稻、或防洪。

"（B）由输水系统、灌溉、灌溉系统或因为灌溉用水而生成的潮湿区域。

"（c）实地考察要求。除非部长已经对相关土地进行了实地考察，否则不得撤退任何人的项目贷款、款项或收益。

"（d）提前贷款。第 1221 条不适用于 1985 年 12 月 23 日之前的贷款。

"（e）非湿地。根据第 1221 条无资格条款，部长可以认定无论何时豁免人员的任何以下行为都不适用于上述土地的规定：

"（1）以氢气土壤为主；

"（2）经常被水面或地下水淹没或湿透，淹没或湿透的持续时间足以繁殖适合饱和土壤条件的水生植被；和

"（3）在正常的情况下足以繁殖上述植被。

"（f）影响最小；面积减少。部长应该豁免第 1221 条规定的不符合资格的条款，如果一个人在改造的湿地上采取了有关农产品生产的任何行为，或者部长鉴定湿地的改造。

"（Ⅰ）在该区域上述的单独行为以及和其他类似行为有关联的行为是部长授权的，而且对湿地的功能、水文和生物价值（包括水禽和野生动物）的影响最小；

"（2）上述湿地在上述行为之前就已经多次被耕作而且湿地的价值、面积和功能因为生产者修复、改造湿地而有所降低，而且湿地的改造行为在 1985 年 12 月 23 日之前发生或开始，同时，上述的修复行为：

"（A）符合修复计划；

"（B）在上述行为之前或和上述行为同时；

"（C）并非由联邦政府支付费用；

"（D）如果由于湿地改造，使土地面积减少，为了得到同等价值，可以按照不大于 1∶1 的比例进行改造；

"（E）改造的湿地面积和当地流域的一般面积一样；

"（F）关于上述改造湿地（根据地役权要求进行修复，地役权需要记录到公地记录本上），而且只要改造的湿地（修复就是为了降低湿地的改造程度）依然用于农业用途或没有归位到原来的湿地分类（功能和价值不得有变化），那么该地役权依然有法律效力，而且该地役权禁止对上述的修复湿地进行变更，因为该变更会降低修复湿地的功能和价值；

"（3）如果湿地改造符合（2）下面的（A）、（B）、（C）、（D）、（E）和（F）的要求，而且湿地改造发生在 1985 年 12 月 23 日之后、在本条款执行之前改造的，因为生产者修复改造过的湿地而使得湿地的价值、面积和功能降低、减少、减弱，湿地改造发生在 1985 年 12 月 23 日之前。

"（g）申请减少面积。生产者应该有权根据第 1243 条申请实施缓解协议，该协议要求生产者可以享受大于 1∶1 的面积补偿待遇。

"（h）诚意豁免；分级约束。

"（1）诚意豁免。根据（2）的规定，可以减少一个人的无资格限制（根据第 1221 条，如果一个人在本款执行之后改造湿地或在 1985 年 12 月 23 日之后生产农产品，那么该人将无资格享受项目贷款、款项和收益），条件是：

"（A）上述人员和农业部部长签署了协议并根据该协议积极修复湿地，并把湿地的特征完全恢复到之前的湿地状态，或者该人已经在之前把改造的湿地特征修复到之前的状态（这由部长来鉴定）；

"（B）部长做出以下鉴定：

"（ⅰ）该人在使用农场的前 10 年期间并没有违反第 1221 条的规定；

"（ⅱ）上述的人员并非出自违反第 1221 条规定的动机去改造湿地或在改造的湿地上生产农产品

"（2）分级约束。如果部长鉴定某人没有成功遵守第 1211 条（1）的要求，将不应用第 1211 条的无资格条款，取而代之，部长根据第 1211 条规定，削减上述人员在一个农耕年度应该享受的项目收益。削减的额度不少于 750 美元但又不得超过 10 000 美元，具体数额取决于违约严重程度。

"（3）解除。本款批准的解除的内容包括恢复因为在执行本条之前违反条约而被撤销的收益。

"（ⅰ）恢复。根据第 1221 条如果有人某年被认定没有资格享受项目收益，但如果该人在随后的耕作年度开始之前把改造湿地的特征完全恢复到之前状态，那么他就不应该失去享受随后耕作年度项目收益的资格。

"（j）鉴定；恢复和面积减少计划；恢复；面积减少活动。

"（1）鉴定；计划。应该通过土壤保护局当地代表和鱼类和野生动物局当地代表共同协议后做出技术鉴定，制定修复进展和面积缓解计划。如果无法在当地层面上达成以上协议，上述鉴定应该提交给州资源保护局。该局根据本项做出判决时应该咨询鱼类和野生动物局。

"（2）鉴定报告。州资源保护局和鱼类和野生动物局当地代表应该向各自的国家办事处提交报告，报告的内容有关在州层面上的所做出的所有鉴定（该鉴定是因为根据（1）由于无法在当地层面达成协议后才做的）。

"（3）监督。部长应该采取必要的监督以保证湿地修复（根据本条进行的修复行为）成功有效地完成。"

第 1423 条　咨询。

《1985 年粮食安全法》（《美国法典》第 16 篇 3823）的第 1223 条做出了以下的修订：

（1）在（2）中删去"和"；

（2）在（3）中删去句号并插入"；和"；

（3）在末尾添加如下的内容：

（4）减少；

（5）根据本子篇恢复改进湿地的价值和功能。

第 1424 条　遵守的公平性。

《1985 年粮食安全法》（《美国法典》第 16 篇 3823）第 12 篇的子篇 C 经过了修订，在最后添加了如下的新条款：

"第 1224 条　遵守的公平性。

"如果是因为一个不相关的人或公共实体在没有征得土地所有者或租户的同意下或在土地所有者或租户的控制范围外采取了某些行为，而且这些行为导致农田的特征发生了变更，使得该土地被鉴定为湿地，那么相关的土地将不被视为符合本子篇所指的湿地。"

子篇 C　农业资源保护项目

第 1431 条　农业资源保护项目。

《1985 年粮食安全法》（《美国法典》第 16 篇 3823）第 12 篇子篇 D 经过了修订：

（1）在子篇的开头，删去"自然资源保护区"，并插入"农业资源保护项目"；

（2）在第 1231 条之前插入以下内容：

"第 1 章　环境保护限制耕地面积计划

"第 A 节　总　　则

"第 1230 条　环境保护限制耕地面积计划。

"（a）制定。农业部部长应该在 1991—1995 年份根据本章的要求，制定《环境保护限制耕地面积计划》并通过签订合同以及取得地役权来实施上述项目，目的在于协助易受侵蚀土地、其他易损坏土地（包括易受污染的相关地下或水面水）和湿地的所有者和经营者保护并改进上述所有者和经营者的农场或牧场的土壤和水资源。

"（b）面积。部长在实施《环境保护限制耕地面积计划》时应该和土地所有者和经营者签署合同，并根据 1986—1995 年制定的《环境保护限制耕地面积计划》要求通过地役权向所有者收取土地利息，土地不得少于 40 000 000 英亩，但是也不能超过 45 000 000 英亩。

"（c）实施。部长应该通过 B 节和 C 节分别制定的保护限制耕地面积计划和湿地限制计划实施（a）款制定的《环境保护限制耕地面积计划》。出于本章的目的，在执行本章之前登记到 B 节限制耕地面积计划中的英亩数应该被视为《环境保护限制耕地面积计划》规定的土地。"

第 1432 条　资源保护限制耕地面积计划。

《1985 年粮食安全法》的第 12 篇做出了以下的修订：

（1）在第 1230 条（经过本法案第 1431 条的修订）插入以下的内容：

"第 B 节　资源保护限制耕地"；

（2）把第 1231 条修订（《美国法典》第 16 篇 3831）如下：

"第 1231 条　资源保护限制耕地面积。

"（a）总则。在 1995 整个日历年间，部长应该制定出资源保护限制耕地面积计划土地登记情况并通过签署合同加以实施，目的在于协助（b）规定的土地所有者和经营者保护和改进上述土地的土壤和水资源。

"（b）符合条件的土地。部长应该在根据本节制定的项目中纳入以下内容：

"（1）易受侵蚀的农田。

"（A）如果得到批准允许被搁置，应该在后代大幅度降低产能；

"（B）根据第 1212 条的规定，按计划不得耕作；

"（2）在《1990 年粮食、农业、保育和贸易法》执行之前，边缘牧场改造为湿地或作为野生动物栖息地；

"（3）边缘牧场用于种植河岸区或河岸区附近的数目或出于类似的水质考虑，但是用于上述目的的面积（本节对 1991—1995 日历年度每年的保护面积有所规定）不应超过该土地面积的 10%；

"（4）不符合条件的农田。

"（A）如果部长鉴定（ⅰ）因为批准在上述土地上继续从事农业生产而导致上述土地水质恶化或将对周围水质造成现场或非现场的威胁，和（ⅱ）无法实现上述水质目的（在第 2 章中制定了水质奖励计划）；

"（B）如果上述农田是新建的、永久性的草皮水道，或者是周围草皮条，这些草皮水道或草皮条是已获审批的资源保护计划所建立并维护的一部分；

"（C）根据地役权的规定，专门用于新建的雪栅栏、永久性野生动物栖息地、防风物、防风林或滤土带（树木或灌木专用）；

"（D）如果部长认定继续在上述土地上生产将对农场外的环境造成危险，或由于土壤盐渍度导致土地生产率持续恶化。

"（c）受到部长行为影响的特定土地。出于鉴定符合本节规定的限制耕地面积计划资格的目的，尽管部长采取的行为导致该土地不得在耕作年度内种植农产品，但是该土地应该依然被看作在年度内种植农产品。

"（d）最大登记数。部长可以根据本条款签署合同，把条款 1230（b）中规定的英亩数放进保护保留计划当中。在登记上述英亩数时，部长应该根据本条款在 1994 和 1995 日历年度内的每年预留登记 100 万英亩数。

"（e）合同期限。

"（1）总则。出于落实本分章的目的，部长应该签署不少于 10 年但又不超过 15 年的合同。

"（2）特定土地。如果根据签署的合同（根据本节的要求在 1990 年 10 月 1 号后签署），土地专门用于阔叶树、防风林、防风物，或专门用作野生动物走廊，而且根据条款 1235A 修订的合同土地用于上述的用途，那么上述土地所有者或经营者可以在本条款规定的限制内规定合同的期限。如果根据签署的合同（根据本节要求在 1990 年 10 月日前签署）的要求，土地专门用于阔叶树，那么，部长可以把合同延长，但是经过上述土地所有者或经营者和部长协议后，上述合同的延长时间不超过 5 年。

"（f）优先保护区域。

"（1）指定。向适当的州立机构申请后，部长应该指定切萨皮克湾流域（宾夕法尼亚州、马里兰州和弗吉尼亚州），大湖区，长岛海峡区和其他具有特别环境敏感度的地区作为优先保护区。

"（2）符合条件的湿地。符合本款的流域应该包括对水质造成实际的、非常不利影响的区域，或因为农业生产而对栖息地造成影响的区域。

"（3）期满。本款指定的优先保护区域在 5 年后到期，需要重新指定，除非部长撤销了对流域的指定。

"（A）收到特定州政府部门的申请；

"（B）就本款规定的区域而言，如果部长发现上述地区不再对水质造成实际的、非常不利影响的区域或因农业生产而对栖息地造成影响。

"（4）部长的义务。部长在使用本款授予的权利时应该使用合适的、与本节一致的任何方法来明显提高本项目上述流域范围内的土地登记数，以达到最大限度提高水质和栖息地效益的目的。

"（g）多年生草和豆类。出于本节的目的，经部长批准后，交替养殖的苜蓿和其他多年生草和豆类将被视为农产品。"

第 1433 条 土地所有者和经营者的义务。

（a）协议规定。《1985 年粮食安全法》（《美国法典》第 16 篇 3832（a））的条款 1232（a）修订如下：

（1）在（1）中删去"易受侵蚀农田"并插入"符合条件的土地"；

（2）在（4）中：

（A）在"覆盖"后插入"，或者覆盖水以保证野生动物繁荣，"；

（B）在"土地"之后插入"，除非上述的水覆盖不包括用于商业用途的水禽养殖、农作物灌溉、或养鱼的水塘"。

（3）在（5）中在"违反"之前插入"除了条款 1236（d）规定的补救方法外，"；

（4）在（6）中在句尾的分号之前插入"，或者受让人和部长同意修订上述合同，但是部长认定上述的修订和项目的目的一致；"

（5）在（7）中，在"紧急情况"后插入"，而且部长可以允许秋冬时节在上述的土地放牧。在上述土地放牧是伴随收拾田野作物残茬的行为。可以降低位于该田野上的土地的租费"；

（6）在（9）句末删去"和"；

（7）在（10）删去句号和插入"，和"；

（8）在最后添加如下的新节：

（11）关于在执行本节后签署的、有关县级地区（该县没有达到条款 1243（f）规定的限制）的、易受侵蚀土地的任何合同：

（A）不是为了上述土地的所有者或经营者在执行本节后、在合同期间内、在任何其他易受侵蚀土地上生产农作物，而且上述的任何其他易受侵蚀土地从来没有被用做生产农作物（除了生产饲料作物）；

（B）至于违反（A）描述的合同，将受制于（5）描述的约束。

（b）环境使用，间作；止赎权。《1985 年粮食安全法》（《美国法典》第 16 篇 3832）条款 1232 经过了修订，删除了（c）并添加了以下新款：

（C）环境使用。要把不少于本节中规定的限制耕地面积计划中的土地的 1/8 面积在 1991—1995 年专门用来种树、或灌木或其他非作物植被或水以给野生动物（包括迁徙的水禽）提供永久性的栖息地。

（d）间作。

（1）部长允许根据本节签署的合同范围内的土地上进行农产品间作，如果：

（A）上述土地种植了阔叶树；

（B）上述农产品和上述阔叶树同时种植，并且彼此靠的很近；

（C）上述土地的所有者或经营者同意执行适当的保护行为，以保护上述土地。

（2）部长应该制定一个招标系统，土地所有者和经营者在招标系统中可以投标以减少其年度租费，在本款的规定范围内，在上述土地上生产农作物，如果投标的款额低于上述年度费用的 50%，部长将不接受该投标。

（3）部长要保证任何根据本款修订的合同生效期间，土地年度租费总额不得超过原合同规定的总额。

（4）出于本款的目的，术语"间作"表示：种植一排排树，每两排树中间交替种植窄条地被植物和宽条中耕作物或谷物。

（e）止赎权。尽管有其他法律条款规定，作为合同（根据本节签署的合同）一方土地所有者或经营者无须向部长偿还合同的款额，如果上述合同土地已经被取消了赎回权，而且部长鉴定豁免上述偿还是合理的，以做到公平、公正处理。但是，如果上述土地所有者或经营者在本合同规定的期间内重新获得了作为合同物业的控制权，本款不得豁免本合同的上述土地所有者或经营者的责任。上述土地所有者或经营者新获得了作为合同物业的控制权后，已生效的合同条款在止赎权日前依然适用。

第 1434 条　补贴。

（a）费用分担援助。《1985 年粮食安全法》（《美国法典》第 16 篇 3832）条款 1234（b）经过了以下修订：

（b）（1）部长从公众利益的立场出发，认定所有者或经营者需要采取适当的措施和行动，以便有利于提高水质和资源保护，农业部承担 50% 的费用，把这 50% 的费用支付给按本节规定已经签署合同的所有者或经营者。

（2）依据本节的规定，部长支付给土地所有者或经营者的分担费用不得超过全部经费的 100%。

（3）如果本节签署的合同规定土地专门用来种植阔叶树、防风物、防风林或专门用作野生动物走廊，或如果根据条款 1235A 土地改造后用于上述用途，那么部长应该支付 50% 的分担费用给土地所有者或经营者，作为合理的、必要的费用供土地所有者或经营者种植树木或灌木。费用包括了重新种植（如果因为不可抗力造成树木或灌木损失）所需的费用。种植的时间从上述种植之日开始，时长不少于 2 年、不超过 4 年，具体时间由部长决定。

（4）如果土地所有者或经营者签署了合同，在不少于 10 英亩的土地上种植阔叶树，那么部长可以允许土地所有者或经营者把种植阔叶树的时间延长3年多，条件是至少在头两年中的每年种植至少1/3的阔叶树。

（5）如果上述土地所有者或经营者根据法律的任何其他条款收到了联邦政府提供的、有关上述土地的任何其他分担费用，那么上述土地所有者或经营者将没有资格收取或保留本款规定的分担费用。

（b）援助可接受性；继续签署阔叶树合同。

（1）援助可接受性。《1985年粮食安全法》（《美国法典》第16篇3834（c）（3））条款1234（c）（3）经过了以下修订：

"（3）鉴定合同援助可接受性时，部长应该：

"（A）考虑到土地登记者（合同的主体）如何提高土壤资源、水质、野生动物栖息地或如何采用有益于环境的措施；

"（B）根据水质提高或野生动物栖息地改善或侵蚀减少的程度来给美国不同的州和地区制定不同的标准。"

（2）继续签署阔叶树合同。《1985年粮食安全法》（《美国法典》第16篇3834（c））条款1234（c）（3）经过了进一步修订，在末尾添加了以下的新节：

"（4）如果登记的土地的面积（该土地是根据本节制定的资源保护耕地限制计划登记的）专门用来种植阔叶树，部长可以根据本款考虑签署长期招标合同。"

（c）州补贴。《1985年粮食安全法》（《美国法典》第16篇3834（d））条款1234（d）经过了进一步修订，在末尾添加了以下的新节：

"（4）根据专门的资源保护耕地限制强化项目（在子条款（f）（4）中有描述），支付给生产者的补贴只能以现金的形式出现。"

（d）其他的付款。《1985年粮食安全法》（《美国法典》第16篇3834（f）（3））条款1234（f）（3）经过了修订，在"这部法案"后插入了"，《1990年食品、农业、资源保护和贸易法》"。

（e）豁免抵押；其他的州付款。《1985年粮食安全法》（《美国法典》第16篇3834）第1234条经过了进一步的修订，在末尾添加了以下的新子条款：

（g）尽管有任何其他的法律规定，但是《1985年预算平衡和紧急赤字控制法案》第252条（经《美国法典》第2篇903修订）签发的任意财政年度法令都不能影响任何费用。该费用是根据本节规定的、任何时候签署的合同（包括本款执行日之前签署的合同）规定的费用（签署的合同是本节的主体）。

（h）除了本节规定的任何费用，任何土地所有者或经营者可以因为把土地登记到资源保护耕地限制项目而接受来自州或分区的分担费用、租金或减税。

第1435条　合同土地改造。

《1985年粮食安全法》第12篇下的子篇D经过了修订，在第1235条（《美国法典》第16篇3835）后插入了以下新款：

"第1235A条　把合同土地改造用于其他保护目的。

"（a）改造为植树。

"（1）总则。部长应该允许本节所说的、签署了合同、而且合同在执行本条款时依然有效的所有者或经营者把上述合同所讲的易受侵蚀的、专门用于植被覆盖的农田改造为种植阔叶树、防风物、防风林用途或改造为专门的野生动物走廊。

"（2）期限。

"（A）合同延展。任何所有者和经营者如果签署了土地经营合同，并将土地专门用于种植阔树、防风物、防风林用途或专门野生动物走廊，如果原来期限少于15年，那么土地的所有者或经营者申请延长合同期限，但是延长的时间不得超过15年。

"（B）地役权。如果上述区域被改造专门用于种植阔树、防风物、防风林或专门的野生动物走廊，上述土地的所有者应该签署一份协议并向部长提交一份保护上述树林的地役权。

"（C）费用承担援助。经部长鉴定，如果经营者从公众利益的立场出发，并按照本款规定，采用了有利于提高水质和资源保护的措施和行动，农业部将承担 50％的费用，此费用直接支付给已经签署合同的所有者或经营者。

"（b）改造为湿地。部长应该允许本节所说的、签署了合同、而且合同在执行本条款时依然有效的、上述合同所讲的易受侵蚀的所有者或经营者把专门用于植被覆盖的农田改造为湿地，但是需要符合以下的条件：

"（1）上述区域是之前就已经被改造过的湿地；

"（2）上述区域的所有者或经营者签署协议、向部长提交了一份根据本节规定的长期或永久性的有关上述区域的地役权；

"（3）之前已经被改造过的湿地很可能再次被成功修复为湿地；

"（4）上述区域的修复符合 C 节的要求。

"（c）限度。部长不得因为本条款所说的改造而给上述面积支付额外的费用，包括原来规定的植被覆盖的费用，否则会导致超越了新的改造所能享受的分担费用。

"（d）合同条件。作为签署（a）的一个条件，土地所有者或经营者应该参与《1978 年合作造林援助法》第 5 条（经由《1990 年粮食、农业、保育和贸易法》第 1215 条修订）制定的《森林保护项目》。"

第 1436 条　延长基地保护期限。

《1985 年粮食安全法》第 1236 条经过了修订，在末尾添加了新款：

（c）在本节规定的合同期满后，部长应该根据农场或牧场所有者或经营者的要求给上述所有者或经营者提供机会，延长（b）所规定的农田基地保护和分配时间，具体时长由部长决定。延长期限内，所有者或经营者应该同意遵守原有合同的条件与条款，除非：

（1）上述所有者或经营者没有收到额外的分担费用、年度租金，或奖金；

（2）按照合约，部长有权批准在合约规定的土地面积上割草和放牧，州委员会制定的每年连续 5 个月时间段除外。5 个月时间段的制定期间是每年 4 月 1 至 10 月 31 日。如果出现自然灾害，部长可以允许在上述的土地面积上无限制割草和放牧。

（d）除了法律规定的任何其他补救方法，部长可以根据（c）的规定和根据违反条件或条款的面积大小减少或终止农田基地保护和分配的款额。

第 1437 条　到期合同土地的使用研究与授权的延长。

（a）总则。农业部部长应该研究资源保护耕地限制计划合同即将期满的农田，该合同是根据《1985 年粮食安全法》（《美国法典》第 16 篇 3831 及以下）第 12 篇下子篇 D 的规定在本执行本法案之前就签署的。

上述研究应该分析：

（1）对上述农田不投入作物生产所带来的环境利益与把上述土地归还生产并得到充分保护与管理所带来的经济利益进行比较；

（2）续签合同，为了减少租金，将允许继续商业化使用农田；

（3）因为购置了永久性地役权而允许商业化使用合同农田；

（4）购买了合同农田；

（5）如果所有者或经营者把农田继续用于水土保持，那么使用面积要符合合同规定；

（6）购买农田面积符合合同规定；

（7）合同期满。

（b）报告。农业部部长务必在不迟于 1993 年 12 月 31 日向众议院农业委员会和参议院农业、营养和林业委员会提交一份报告，该报告的内容是根据（a）开展的研究所取得的结果以及合同到期（该合同是根据《1985 年粮食安全法》（《美国法典》第 16 篇 3831 及以下）第 12 篇下子篇 D 的规定签署的）的土地处理建议，可以通过建立法规来解决上述土地问题以及处理预计所需要费用。

（c）延长。在 1996—2000 年，农业部长可以：

（1）在本法案执行之前，部长根据《1985 年粮食安全法》（《美国法典》第 16 篇 3831）第 12 篇下子篇 D 的规定，把合同的时间最多延长到 10 年；

（2）按照第 3 章节规定，购买长期或永久性地役权；

得到所有者或经营者批准后购买土地（部长根据（a）规定所开展的研究决定该土地应该继续用于保护）。

第 1438 条 湿地保护项目。

《1985 年粮食安全法》（《美国法典》第 16 篇 3831 及以下）第 12 篇下子篇 D 经过了修订，在第 1236 条后插入了以下的新节：

"第 C 节 湿地保护项目

"第 1237 条 湿地保护项目。

"（a）制定。部长应该制定湿地保护项目，协助符合条件的土地所有者修复并保护湿地。

"（b）英亩数。在可行的范围内，部长应努力注册湿地保护项目，在 1991—1995 年，湿地保护项目规定亩数为 1 000 000 英亩；此外，1991 年登记亩数不能超过 200 000 英亩，在 1991—1992 年不得超过 400 000 英亩，在 1991—1993 年不得超过 600 000 英亩，在 1991—1994 年不得超过 800 000 英亩，在 1991—1995 年不得超过 1 000 000 英亩。

"（c）资格条件。出于 1991—1995 年把土地登记到湿地保护项目的目的，如果农业部部长经和内政部部长沟通后达成以下的决定，那么土地应该有资格参与上述的保护项目：

"（1）上述的土地已经是养殖湿地或者改造湿地，而附近的土地需要依赖上述的湿地才可以维持下去，另外，在 1985 年 12 月 23 日还没有开始改造的湿地将没有资格参与本条款的项目；

"（2）如果可以把上述土地成功修复，而且修复后的湿地价值值得加入到保护项目（当然需要考虑上述修复的成本）。

"（d）其他符合条件的土地。部长也可以把符合（d）的土地纳入到湿地保护项目：

"（1）登记到保护项目的养殖湿地和临近的土地具有最完善的湿地功能和最高的价值，而且离开保护计划后有可能可以重新生产；

"（2）所有者的其他湿地没有资格参与项目，如果部长认定把湿地纳入到地役权后会显著增加地役权的功能性价值；

"（3）与湿地连接的河岸区受地役权保护，或受与地役权具有同等效力的其他手段的保护。

"（e）不符合资格的土地。部长在以下的情况下不可以取得地役权：

"（1）根据 B 节保护项目规定可以种植用材林的土地；

"（2）根据 B 节保护项目规定可以种植数目的牧场。

"（f）现有合同的终止。根据本节规定，如果合同中的土地可以转移到本项目之中，部长可以终止或修订根据条款 1231（a）签署的现有合同。

"（g）地役权。部长可以通过购买第 1237A 条规定的地役权把土地登记到湿地保护项目。

"第 1237A 条 地役权。

"（a）总则。上述湿地的所有者为了获得加入到湿地保护项目的资格应该和部长签署协议：

"（1）把上述土地的地役权授予部长；

"（2）按照本条款规定实行湿地地役权保护计划；

"（3）根据适用的州法制定并记录合适的契约限制以反映根据本节签署的、有关上述土地的地役权；

"（4）提供一份上述地役权书面同意说明，该说明由拥有该土地担保权益的当事人签署。

"（b）地役权条款。根据湿地地役权保护计划，根据（a）授予地役权的所有者务必修复和保护湿地的功能性价值。

"（1）允许以下行为：

"（A）如果上述土地后来修复到地役权条款所要求的状态，需要对上述土地进行修补、改进和视察以维护公众排水系统；

"（B）允许土地所有者限制公众使用地役权区域，同时批准土地所有者用于修复湿地和管理、地役权监控的交通路线；

"（2）禁止以下行为：

"（A）除非得到保护计划的特许，否则不得改变上述土地的野生动物栖息地和其他自然特征；

"（B）除非得到保护计划的允许或在必要情况下，否则禁止用化学药品喷洒上述土地或在上述土地上割草。

"（i）遵守联邦或州有害杂草控制法；

"（ii）遵守联邦或州紧急害虫处理方案；

"（C）参与保护项目的土地所有者或其继承者人不得在地役权范围内或临近的土地上采取一些会改变、恶化或降低符合保护资格的土地的功能价值的行为；

"（D）不得采取任何部长认定的、会导致本节目的无法实现的任何其他行为；

"（3）有效率地、有效果地恢复湿地的功能价值；

"（4）添加部长认定的有利于履行本节或实际管理的附加条款。

"（c）修复计划。

"（1）计划。应该通过土壤保护局当地代表以及鱼类和野生动物局当地代表共同协议后制订本条款规定的修复计划。如果无法在当地层面上达成一致协议，上述计划应该提交给州资源保护局。该局根据本节做出判决时应该咨询鱼类和野生动物局。

"（2）报告。州资源保护局和鱼类和野生动物局当地代表应该向各自的国家办事处提交报告，报告的内容有关根据（1）在州层面上的所制订的所有计划（报告是由于无法在当地层面达成协议后才提交的）。

"（d）兼容使用。符合湿地保护计划的土地可以兼容用于经济用途，包括打猎、捕鱼、有限制的木材采伐或偶尔的割草或放牧，当然上述的行为要符合以下的条件：上述的用途得到资源保护计划的批准而且符合地役权长期保护和改善湿地资源的目的。

"（e）地役权的类型和时长。根据本条款授予的保护地役权：

"（1）应该有记录可查；

"（2）时长为 30 年，永久，或根据适用的州法律规定达到最大时长。

"（f）补偿金。部长应该根据本节的规定以现金的形式支付地役权的补偿金。补偿金的款额是双方协商同意、并在地役权上明确规定的款额，但是款额不得超过土地的公平市价或由于地役权而导致土地的补偿金额低于上述土地的公平市价。可以根据部长制定的程序通过提交投标把土地登记下来。补偿金可以不少于 5 年但不超过 20 年等额或不等额的费用形式支付。如果出现永久地役权的情况，经由所有者和部长的协商同意可以一次性支付总额。

"（g）违约。如果出现违反地役权或根据（a）签署的相关协议的条款，那么地役权依然保持有效而且部长可以要求所有者退还根据本节规定的费用的全额或部分款项，而且还要缴纳部长鉴定的任何合理的利息。

"**第 1237B 条　所有者的义务。**

"根据本节签署的协议的条款，土地所有者和经营者（根据本节规定，该土地是相关地役权的主体）应该遵守地役权和相关协议，并且按照部长制订的计划，永久退耕任何现有的农田，并撤销上述土地的分配历史记录。

"**第 1237C 条　部长的义务。**

"（a）总则。根据本节的规定，作为对所有者授予地役权的报答，部长应该：

"（1）根据保护计划的规定，制定保护措施和履行保护行为和保护湿地功能和价值所需的费用由部长承担，要确保费用额度合理，并符合公众利益。

"（2）提供必要的技术支持以协助所有者遵守地役权和计划的条件与条款。

"（b）费用分担援助。部长根据（a）（1）的规定进行费用分担时，应该向所有者支付符合条件的、不少于非永久性地役权费的 50％但是又不超过 75％的款额，并支付符合条件的不少于永久性地役权费的 75％但是又不超过 100％的款额。

"（c）费用可接受性。部长在鉴定地役权援助的可接受性时需要考虑：

"（1）地役权项目的保护目的在土地上能有多大程度上得到实现；

"（2）土地的生产能力；

"（3）如果该土地用于生产农产品，那么生产会对农场内外环境造成多大威胁。

"（d）地役权优先权。为了实际执行本节并考虑到成本以及将来的农业和食品需要，部长应该优先考虑获取永久性保护地役权而不是短期保护地役权。经过和内政部部长协商后，农业部部长应该根据候鸟和其他野生动物的保护要求以及栖息地改善要求来赋予地役权获取优先权。

"**第 1237D 条　付款。**

"（a）付款时间。部长应该为土地所有者或经营者执行本节规定的义务支付费用。

"（1）支付分担义务的费用。一旦土地所有者或经营者开始承担义务，就付款；

"（2）每个日历年的 10 月 1 号后，部长尽快支付每年的承担地役权义务的费用。

"（b）支付他人的费用。如果本节中规定的有权享受费用的所有者死亡、无行为能力、不能接收上述费用或由他人继承（该继承者提供或完成了要求的工作），那么部长应该根据制定合理的条款并支付上述的费用。

"（c）费用限度。

"（1）总则。根据本节的规定任何年度支付给一个人的地役权费总额不得超过 50 000 美元，但是上述限额不适用于支付永久性地役权的费用。

"（2）规章。为了公平起见，部长应该制定章程，确保公平合理地执行本款所需费用。

"（3）其他款额。除《1990 年粮食、农业、保育和贸易法》或《1947 年农业法》（《美国法典》第 7 篇 1421 及以下）规定的、有资格获取的总额，所有者还可以收取地役权费用，但是不能影响上述的总额。

"（4）州湿地和环境改善。本款的规定（对任何人的费用限制）和《1987 年农业和解法》（《美国法典》第 7 篇 1308 注解）不适用于州、行政办事处或政府部门收取的费用。州、行政办事处或政府部门收取的费用与根据湿地和环境地役权改善项目（由部长授权的政府部门执行）签署的协议有关。如果部长鉴定上述费用支付有利于实现本节的目的，他签署上述协议并根据协议支付给州、行政办事处或政府部门费用。

"（d）豁免扣押。尽管有其他的法律规定，但是根据《1985 年预算平衡和紧急赤字控制法》第 252 条（经《美国法典》第 2 篇 902 修订）签发的任意法令都不能影响任何本节规定的费用。

"第 1237E 条　所有权更改；协议修订；终止。

"（a）限制。根据本节的规定，如果土地的所有权在前 12 个月发生了变更，不得生成土地地役权，除非：

"（1）新的所有权是由于前任所有者死亡而通过遗嘱或继承而生成；

"（2）新的所有权在 1990 年 1 月 1 日前获得；

"（3）部长鉴定上述土地的获取不是为了加入到本节的保护项目。

"（b）修订，终止。

"（1）修订。部长可以根据本节规定修订所有者的地役权或与所有者相关的协议，如果：

"（A）当前的所有者同意上述修订；

"（B）部长鉴定上述修订有利于：

"（ⅰ）履行本节的规定；

"（ⅱ）加快实际执行本节的规定；

"（ⅲ）达成部长认定的合适的、与本节一致的其他目标。

"（2）终止。

"（A）总则。部长可以根据本节规定，终止所有者的地役权，如果：

"（ⅰ）当前所有者同意上述终止；

"（ⅱ）部长认定上述终止对公众有利。

"（B）通知。部长根据（A）在终止根据本节规定签署的所有役权前至少 90 天应该把上述行为书面通知众议院农业委员会和参议院农业、营养和林业委员会。

"第 1237F 条　管理和筹资。

"（a）地役权管理授权。部长可以把部长的地役权管理、监控和实施的职责授予有权、有技术、有财力的联邦或州政府部门。

"（b）规章。在不迟于执行本节 180 天后，部长应该颁发必要的规章以履行本节的规定。"

第 1439 条　农业水质激励方案。

《1985 年粮食安全法》（《美国法典》第 16 篇 3831 及以下）（经由第 1438 条修订）第 12 篇下的第 D 节进过了进一步的修订，在第 1237F 条后面添加了以下的新章节：

"第 2 章　农业水质激励方案

"第 1238 条　政策。

"国会的政策：水质保护（包括从源头上减少农业污染物）应该作为农业部项目和政策的一个重要目标。而且，环境敏感区域的农业生产者应该申请协助以制订和执行农场内水质保护计划，达到遵守州和联邦环境法和加强环境保护的目标。

"第 1238A 条　定义。

"在本章节中：

"（1）农业水质保护行为。术语"农业水质保护行为"指旨在通过减少排放农业污染物，包括养分、农药、动物粪便、沉积物、盐、生物污染物和其他材料到环境中去以保护水质的农场行为或行为总和。

"（2）从源头减少。术语"从源头减少"指尽可能通过改进农业生产系统和生产行为来减少农业污染物或废物的产生和排放。

"**第 1238B 条　农业水质激励方案。**

"（a）激励方案。

"（1）总则。在 1991—1995 年，部长应该根据本章的规定制定，并实施自愿参与式激励计划，通过签署协议协助农场所有者和经营者制订和履行本条款规定的水质保护计划。

"（2）协议。部长应该根据符合条件的土地的所有者和经营者的申请，签署 3～5 年的协议，但是在 1995 年 12 月 31 日后就不得签署任何上述协议。

"（3）所有者和经营者的义务。为了获得每年激励项目下拨的费用，所有者和经营者必须同意：

"（A）根据本章节规定而制定的协议执行部长批准的水质保护计划；

"（B）不得在农场上从事任何可能会导致无法实现本章节规定的行为；

"（C）遵守部长规定的、纳入到协议中的上述附加条款，以贯彻水质保护计划或加快本项目的实际执行；

"（D）无论何时，一旦违反协议条款，所有者或经营者务必退回已收到的奖金或分担费用，退回利息，并放弃上述的、部长认定的后期费用；

"（E）所有者或经营者转让自己的土地（本协议所说的土地）权利和利益，但是上述权利与利益的受让人需要向部长保证同意承担协议的所有义务，同时，所有者或经营者需要退还本章节规定的、部长认定的上述分担费用和激励奖金；

"（F）准确报告前 3 年所管理的区域的养分、农药和动物粪便使用率；

"（G）在协议期间的每年向土壤保护局或部长指定的部门（包括当地的保护区）提供生产证明、试井测试结果、土壤测试、组织测试、养分应用水平、农药应用程度和动物粪便使用程度等情况。

"（4）湿地或野生动物选择权。

"（A）费用分担援助。自愿同意开发与落实农业生产行为的所有者和经营者根据水质保护计划（该计划旨在保护和改善湿地或野生动物栖息地），有资格收到费用分担援助以落实上述行为。部长应该制定出适用于上述农业行为并能够获得批准的程序，该程序作为水质保护计划的一部分，与计划目标是一致的，因此所有者和经营者必须经过这个程序才可以有资格享受费用分担援助。

"（B）湿地保护和野生动物栖息地改进。

"（ⅰ）湿地保护。部长应该鼓励保护湿地的所有者和经营者，根据水质保护计划（该计划旨在保护并改善现有的湿地）的规定落实、改进和维持农业生产活动。

"（ⅱ）野生动物栖息地改进。部长应该鼓励选择了改善野生动物栖息地的所有者和经营者根据水质保护计划（该计划旨在改善农场内的野生动物栖息地）的规定落实、改善和维持农业生产活动，包括营造多年生植物植被，保护河岸区，野生动物走廊，以及濒临危险的重点动物保护栖息区域。

"（5）部长的职责。一旦所有者或经营者根据本章要求自愿签署了资源保护激励协议，部长应该通过以下行为协助其保护并改善水面和地下水的水质以及相关的资源：

"（A）提供耕作资格条件评估，水质保护计划以及上述计划相关的选择方案是在上述评估基础上生成的；

"（B）在制订和落实农业水质保护计划方面提供技术支持；

"（C）所有者或经营者提交水质保护计划，计划得到批准后，每年提供激励费用，费用用于开展和落实农业生产活动；

"（D）提供分担费用援助，以落实湿地保护或野生动物栖息地的改善工作；

"（E）为参与者提供信息、教育和培训以协助落实计划；

"（F）鼓励所有者或经营者获得其他联邦、州或当地分担费用援助。

"（6）费用。

"（A）期限。根据本条款的要求，支付的费用应该不少于 3 年，但是不得超过 5 年，具体时间由部长决定，要在合同中有明确规定。

"（B）款额。

"（ⅰ）奖金。为了决定支付给参与者本节规定的奖金，部长应该全面考虑应该支付的、必要的每英亩款项以鼓励生产者参与，考虑生产者的额外费用，以及在执行保护活动中放弃的可能存在的生产价值。

"（ⅱ）限度。分担费用不得超过所需的费用的 50%。

"（C）限制。支付给参与者（同意落实本节所说的农产品专用地保护计划的参与者）费用不得超过：

"（ⅰ）每年 3 500 美元，以奖金形式支付；

"（ⅱ）另外再给每份合同签署人支付不超过 1 500 美元的费用，以分担费用援助的形式支付。

"（D）方式。为了帮助生产者支付落实本合同活动的首期费用，部长可以根据本节签署的合同的规定，向所有者或经营者一次支付现值的、总奖金费用。

"（E）其他项目。费用是除《1990 年粮食、农业、保育和贸易法》或《1947 年农业法》（《美国法典》第 7 篇 1421 及以下）规定的、有资格获取的总额之外的费用，但是不能影响上述的总额。但是，如果费用或援助是任何其他联邦项目提供的，那么根据本节的规定，不得支付该笔费用。

"（7）修订。经当事人同意的情况下，部长可以根据本节的规定修订合同，此修订有利于：

"（A）履行本节的规定；

"（B）由于自然的原因妨碍执行、改进、或维持合同要求的活动；

"（C）如果合同的执行会导致经济损失，威胁到耕作的生命力；

"（D）如果所有者或经营者以及部长同意修订合同，而修订过的合同不会影响现有合同的水质保护目标，而且修订过的合同在达成上述目标上不比现有的合同时效差；

"（E）加快实际执行本节的规定；

"（F）达成部长认定的合适的、和本节一致的其他目标。

"（8）终止。部长可以根据本节终止与所有者的地役权，如果：

"（A）（ⅰ）当前所有者同意上述终止；

"（ⅱ）生产者违反协议条款；

"（B）部长认定上述终止对公众有利。

"（9）退款。如果合同终止或出现违约的情况，部长应该收回奖金和分担费用，连同利息，根据公众利益决定退款的多寡。

"（10）基地和产量保护。签署了本章节规定的水质保护，且得到批准的计划合同的所有者或经营者，应该根据部长制定的规章在合同期间收到用于上述农田项目产量和基地的保护费用。

"（11）英亩数。部长应该根据实际需要和项目参与者签署合同，在 1991—1995 年把 1 000 万英亩数放进项目中。

"（b）计划内容。农业水质保护计划应该包括以下适用的内容：

"（1）描述主导农业企业、耕作模式和文化，以及其他与保护农田水质有关的信息；

"（2）描述农场资源，包括土壤特征、与水体的远近程度以及与水质有关的农场特征；

"（3）提供尽可能具体的水质保护量化目标，以尽可能减少污染或恶化水面水或地下水；

"（4）采取水质保护行动，生产者一旦采取上述行动，将有助于生产者遵守州和联邦环境法，如果行动妥当，可以对保护计划（根据《1985 年粮食安全法》（《美国法典》第 16 篇 3812）第 1212 条制定的有关易受侵蚀土地的计划）形成有效的互补；

"（5）具体的实施、改进和维持农业生产的活动包括通过有效使用化肥、其他农作物养分、农药以及避免某些不当的管理行为来保证农场生产率和利润，以上行为旨在实现生产者的水质保护目标；

"（6）尽可能地安全存储、配制和填充农药和化肥，以及存储和处理动物粪便；

"（7）安排具体实施计划和时间安排，协助厂商遵守州和联邦政府法律，并在法律允许的范围内提出具体实施方案；

"（8）提供有助于评估水质保护计划有效性的信息；

"（9）对营养物、农药和动物粪便的使用程度和处理方法提出建议。

"（c）制订计划。部长应该通过自然资源和环境部副部长形成程序，以有利于农业生产者根据本条款制订农业水质保护计划。

"（d）保护机密。部长应该根据现行信息机密保护法保护计划信息。同时，部长应该通知生产者计划上所含的信息在需要时应该向公众公开。

"（e）接受合同。部长应在本章节实行日期后一年内开始接受合同。

"（f）联邦或州条款。根据本条款接受协议，或根据第1238D条收到援助并不代表符合任何州或联邦法律要求。

"第1238C条　符合条件的土地。

"（a）符合条件的土地。根据第1238B条有资格参与项目的土地或根据第1238D条有资格享受技术援助的土地应该包括：

"（1）离公众井的距离不超过1 000英尺（1英尺＝0.304 8米）的区域，除非部长已向环境保护局咨询后认为需要加入一个较大的井口区，而州环境保护局负责根据《安全饮用水法》（《美国法典》第42篇300h-7）的规定负责落实州范围内的井口区操作；

"（2）浅层岩溶地貌区（污水沟把经流水直接输送到地下水）；

"（3）根据《联邦水污染控制法》（《美国法典》第33篇1329）第319条提交方案，确定水文单位内重点农田地区，应为此区域存在农业非点源污染问题而得到优先考虑；

"（4）被认定为农业非点源污染的、对濒临生存危险物种的栖息地造成严重威胁的区域；

"（5）州领导机构推荐的环境保护区域（区域由州长指定）；

"（6）和部长协商后，环境保护局管理者或内政部部长推荐的其他区域；

"（7）不在指定或批准范围内的土地，但是在现行管理下如果允许在该土地上继续经营会导致无法实现本计划；

"（8）导致在部长指定区域内引起水质问题的区域。

"（b）优先考虑的土地。部长根据本条款接受合同并根据第1238D条提供援助，通过和各州负责水质监控和保护（部长鉴定这种监控和保护符合公众利益）官员咨询后，应该优先考虑这样的土地：经鉴定，此地农业生产可能无法达到质量标准，或无法符合联邦或州水面水和地下水的规定。

"第1238D条　水质保护技术援助。

"（a）总则。部长应该根据需求，向符合土地资格的农业生产者提供技术援助以协助上述生产者制定并落实农业水质保护计划。

"（b）水质保护技术指导现场办事处。

"（1）制定。部长应该做好指导性材料，协助农业生产者制定和落实必要的农场内农业水质保护计划，以遵守州和联邦环境法，履行本章节制定的农业水质保护政策。

"（2）内容。本款所说的指导材料应该尽可能反映出当地的农业、经济和生态情况，包括并详细描述以下内容：

"（A）鉴定农场潜在污染源头的程序；

"（B）提供尽可能多的有关水质保护行为及其成本和收益的信息，水质保护行为符合当地的生态特征和当前主导农业企业，并是对《1985年食品安全法》第1212条（《美国法典》第16卷3812）易受侵蚀土地保护计划的有益补充；

"（C）存储、配制和填充农场内农药和化肥以保护水质；

"（D）有关各州和联邦环境法的信息（对生产者可能有用）；

"（E）提供有助于评估农场内水质保护计划有效性的标准，并提供尽可能多的信息，协助遵守各州和联邦环境法；

"（F）评估包括减少污染源头活动在内的农业水质保护经济成本和收益。

"（3）最后期限。当地的指导材料应该在本章节执行之日后两年完成，并定期更新，至少要每两年更新一次。

"（4）咨询。部长在准备本款的指导材料时应该咨询环境保护局局长、内政部部长和相关的各州机构以保证上述材料囊括准确的、最新的技术信息，以保护水质。

"（c）人员。为落实本章节的规定，部长应将土壤保护局指定为技术援助领导机构，并委派推广处、农业研究处和其他必要机构共同落实该规定。部长可以要求各州水质保护处、各州鱼类和野生动物保护处、各州林业处或其他相关机构协助提供技术援助，制订并落实水质保护计划。

"（d）责任限度。根据本条款的（b）（1）规定，任何人都要遵守各州或联邦环境法规定，不得为了获得技术支持，而向官方或其他机构提出诉讼、协助。

"第 1238E 条　示范与试验项目。

"（a）示范和样板农场计划。根据实际情况并按照本章节的项目要求以及条款 1238C（b）所描述的优先条件，部长可以根据本章节规定与所有者和经营者签署合同，以加速上述所有者或经营者落实示范或模板项目。该项目得到政府或民间非盈利机构的支持，旨在教育、传播和示范能够减少水面水或地下水污染，或避免水面水或地下水恶化的农业生产行为，同时提倡有利于提高盈利与生产率的行为。

"（b）试验项目。为了与本章节规定的项目相辅相成，同时为了强化该项目的有效性，部长可以成立试验项目。项目可以在条款 1238C（b）鉴定的具有优先权的区域落实。项目旨在促进解决一系列农场操作和生产条件的问题，以提高农业输入的有效使用并降低浪费。

"第 1238F 条　向国会报告。

农业部部长务必在 1992 年 9 月 30 日前向众议院农业委员会和参议院农业、营养和林业委员会提交（a）规定的报告，该报告描述了计划过程的参与程度与本子篇的项目参与程度，包括制订的计划数、落实中的计划数目，包括环境敏感区参与计划的农场数目和面积，评估旨在提高农场水质计划的有效性，以及其他有关落实本章节的信息。最终的报告不迟于 1994 年 9 月 30 日上交。"

第 1440 条　环境地役权项目。

《1985 年粮食安全法》（《美国法典》第 16 篇 3831 及以下）第 12 篇下的子篇 D 经过了进一步修订，在第 1238F 条后面添加了以下新章节：

"第 3 章　环境地役权项目

"第 1239 条　环境地役权项目。

"（a）制定。部长应该从具有参与（自愿参与）项目资格的农场、牧场的所有者处取得永久性地役权或各州法律所允许的最大时限的地役权，通过这种方式：

"在 1991—1995 年制定和落实环境地役权项目（此后简称"地役权项目"）。目的在于通过持续保护和改善土壤和水源来减少环境敏感性的土地水质的恶化。

"（b）资格条件；终止。

"（1）总则。部长可以获得本节资源保护计划中本条款规定的土地地役权（避免土地继续闲置，而有可能受外部环境威胁影响），和《水库法》所规定的土地的地役权（《美国法典》第 16 篇 1301），或其他农田：

"（A）包括河岸走廊；

"（B）野生动物，尤其是濒临灭绝危险的野生动物的重要栖息地；

"（C）包括部长认定的其他敏感的环境区域。如果在这些区域的土地上生产农产品，将妨碍生产者实现联邦、州或当地环境的保护目标。

"（2）不符合条件的土地。部长不可以取得地役权：

"（A）根据 D 节保护计划规定要种植用材林的土地；

"（B）据 D 节保护计划规定种植树木的牧场。

"（3）现有合同的终止。如果上述合同中的具有资格的土地转入到本章节规定的项目，部长可以终止或修订根据条款 1231（a）已经签订的合同。"

"**第 1239A 条　所有者的义务；计划的组成成分。**

"（a）所有者的义务。

"（1）计划。上述土地所在的农场或牧场所有者连同生成本章节规定的任何土地的地役权必须根据（b）执行资源保护管理的计划（由农业部部长和内政部部长协商后批准的计划）。

"（2）英亩数。作为对本章节规定的任何土地的地役权交换，上述土地所在的农场或牧场所有者必须同意以下：

"（A）根据现行的州法制定规范做好记录，以反映出根据本章节所签署的关于上述土地的地役权情况。

"（B）提供上述地役权的书面同意书，同意书由持有土地担保权益的人签名。

"（C）遵守部长认为合适的上述附加条款（该附加条款也包括在地役权里）以执行本章节或有利于加快实际执行。

"（D）指定地役权上规定的木材采伐位置。禁止在上述土地采伐，禁止以商业目的销售圣诞树和坚果，除非地役权或相关的协议允许常规林业活动，譬如修剪、修磨或在改造为林业用途的土地上改进树架。

"（E）把上述土地上的任何农产品限制在有利于野生动物的活动范围内。

"（F）除非在地役权或相关的协议上有明确规定，否则不得在地役权主体的土地上采伐或耕作，也不得把饲料用于商业用途。

"（G）不得采取任何其他部长鉴定的会导致无法实现本章节目的行为。

"（3）违约。如果出现违反地役权或根据（a）签署的相关协议的条件或条款，那么地役权依然保持有效而且部长可以要求所有者退还根据本节规定的费用的全额或部分款项，而且还要缴纳部长鉴定的任何恰当的利息。

"（b）计划组成部分。在（a）（1）中所指的自然资源保护管理计划（下称"计划"）：

"（1）应该规定：

"（A）地役权所指的土地所有者应该要落实保护措施和行为；

"（B）如果用于商业用途也要在地役权期限内所允许的范围内；

"（2）根据部长执行的任何计划永久撤退上述土地的任何现有农田基地和分配历史。

"**第 1239B 条　部长的义务。**

"作为对本章节规定的所有者授予地役权的交换，部长应该：

"（1）分担制定、落实保护计划规定的措施和行为。部长鉴定分担费用是否合理，是否符合公众利益；

"（2）支付不超过 10 年的年度地役权费用，地役权总额不得少于：

"（A）250 000 美元；

"（B）有地役权和没有地役权的价值差异；

"（3）给所有者提供必要的技术援助以协助所有者遵守地役权和计划条款；

"（4）在所有者允许的前提下，土地可以用于野生动物活动，包括打猎和捕鱼，前提是得到所有者的允许。

"**第 1239C 条　付款。**

"（a）付款时间。部长应该为土地所有者或经营者执行本节规定的义务支付费用。

"（1）支付分担义务的费用。一旦义务被承担起，就付款；

"（2）每个日历年的 10 月 1 号后，部长尽快支付每年的承担地役权义务的费用。

"（b）费用分担。部长可以根据本章节的要求，支付高达 100％的分担费用，用于制定保护措施和采取必要的行动。

"（c）地役权费用；费用可接受性。

"（1）款额的决定。部长应该根据本章节的规定决定支付给所有者的款额，可以以地役权费用的形式支付。在做出上述决定时应该考虑有利于鼓励所有者参与地役权项目的必要款额和其他相关因素。

"（2）费用可接受性。部长在鉴定地役权援助的可接受性时需要考虑：

"（A）地役权项目的保护目的在土地上能有多大程度上得到实现；

"（B）土地的生产能力；

"（C）如果该土地用于生产农产品，那么这种行为对农场内外环境的威胁有多大。

"（d）支付方式。除非本条款另有规定，否则本章节规定的支付：

"（1）以现金形式在地役权或相关的协议规定的上述时间支付上述款额；

"（2）可以提前支付。

"（e）支付给他人的费用。如果本节中规定的有权享受费用的所有者死亡、无行为能力、不能接收上述费用或由他人继承（该继承者提供或完成了要求的工作），那么部长应该根据制定的规章（无须考虑任何别的条款）在任何情况下公平、合理地支付上述的费用。

"（f）费用限制。

"（1）总则。根据本章节所支付任何一年的地役权总额不可以超过 50 000 美元。

"（2）规章。部长应该颁布规章，规定部长认为有必要的、可以保证公平、合理操作本款规定的限制。

"（3）其他的费用。除《1990 年粮食、农业、保育和贸易法》或《1947 年农业法》（《美国法典》第 7 篇 1421 及以下）规定的、有资格获取的总额，所有者还可以收取地役权费用，但是不能影响上述的总额。

"（4）州环境改善。本款的规定（对任何人的费用限制）和《1987 年农业和解法》（《美国法典》第 7 篇 1308 注解）不适用于州、行政办事处或政府部门收取的费用。州、行政办事处或政府部门收取的费用与根据湿地和环境地役权改善项目（由部长授权的机构执行）签署的协议有关。如果部长认定上述费用支付有利于实现本节的目的，他可以签署上述协议并根据协议支付给州、行政办事处或政府部门相关费用。

"（g）豁免自动扣押。尽管有任何其他的法律规定，但是根据《1985 年预算平衡和紧急赤字控制法案》第 252 条（经《美国法典》第 2 篇 902 修订）签发的任意其他法令都不能影响本章节规定的任何费用。

"**第 1239D 条　所有权变更；地役权修订。**

"（a）限制。根据本节的规定，如果土地的所有权在前 12 个月发生了变更，不得生成土地地役权，除非：

"（1）新的所有权是由于前任所有者死亡而通过遗嘱或继承而生成；

"（2）新的所有权在 1990 年 1 月 1 日前获得；

"（3）部长认定上述土地的获取不是为了加入到本节的保护项目。

"（b）修订，终止。

"（1）修订。部长可以根据本节规定修订所有者的地役权或与所有者相关的协议，如果：

"（A）当前的所有者同意上述修订；

"（B）部长鉴定上述修订有利于：

"（ⅰ）履行本节的规定；

"（ⅱ）加快实际执行本节的规定；

"（ⅲ）实现部长鉴定的合适的、和本节一致的其他目标。

"（2）终止。

"（A）总则。部长可以根据本分章终止与所有者的地役权，如果：

"（ⅰ）当前所有者同意上述终止；

"（ⅱ）部长鉴定上述终止符合公众利益。

"（B）通知。部长根据（A）在终止根据本节规定签署的所有地役权前至少 90 天应该把上述行为书面通知众议院农业委员会和参议院农业、营养和林业委员会。"

第 1441 条　植树激励计划。

（a）植树激励计划。《1985 年粮食安全法》（《美国法典》第 16 篇 3801 及以下）第 12 篇经过了修订，在子篇 F 后面添加了以下新的条款：

"**第 1256 条　植树激励计划。**

"（a）林地的维持、绿化和再造林。

"（1）政策。美国采取了以下的政策：

"（A）把当前森林植被维持并管理的土地提升为林地；

"（B）联邦、州、私人非工业用途林地被采伐或由于大火、昆虫损害、疾病或破坏性天气造成植被受损后进行再造林；

"（C）提倡给以前的林地再造林，并对边际农田进行绿化；

"（D）提倡植树并妥当管理现有的林地以降低土壤侵蚀的情况、提高水质、改善鱼类与野生动物栖息地，并保证这些土地能够持续进行商业化和非商业化生产以满足国家的需要。

"（2）政策的执行。建议部长采用以下的项目执行（a）（1）规定的政策：

"（A）根据第 1 章 B 节制订保护计划。

"（B）经由以下条款授权的农业保护项目：《土壤保护和国内分配法》（《美国法典》第 16 篇 590g 到 590o，590p（a），590p（1）和 590（g））条款 7 到 15，16（a），16（1）和 17；《1970 年农业法》（《美国法典》第 16 篇 1501 到 1508，和 1510）的条款 1001 到 1008，和 1010。

"（C）《1978 年合作造林援助法》（《美国法典》第 16 篇 2103）。

"（D）《1990 年粮食、农业、保育和贸易法》第 12 篇的规定。

"（b）和州林业部门签署协议。部长应该鼓励根据本条款已经签署协议的所有者和经营者获得州合作造林援助，或获得具有同等法力的州官员的支持，以便于根据《1990 年粮食、农业、保育和贸易法》第 12 篇的规定赢得植树和管理活动的技术和财政援助。"

第 1442 条　保护项目的管理。

《1985 年粮食安全法》（《美国法典》第 16 篇 3843）第 1243 条经过了修订，在末尾添加了以下新款：

"（d）部长在处理本篇的决定和由本篇下的决定引起的上诉时要行动迅速但是要充分保护涉及上述决定的人员的利益。

"（e）部长应该保存超过 120 天还悬而未决的上诉案子的数目和状态或本篇下已经解决的上诉案子的信息。

"（f）（1）部长不得把超过任何一个县农田总数的 25％的农田纳入到第 1 章所讲的环境保护项目和第 3 章所讲的环境地役权项目，而且上述的农田不得有超过 10％的比例被授予地役权（地役权是这些章节要求的）。部长可以打破上述的县区限制，超越的程度取决于部长以下的决定：

"（A）上述的行为不会对上述县区的当地经济造成负面影响；

"（B）上述县区的生产者难以遵守保护计划或其他环境要求。

"（2）本款规定的限制条款不适用于第 1 或第 3 章的、已经授予地役权的农田，因为那些农田被用来建造防风林和防风带。

"（3）部长在做出本款的决定时无须得到国会成员的书面同意书。"

第 1443 条　授权拨款。

《1985 年粮食安全法》（《美国法典》第 16 篇 3845）第 1245 条经过了修订，修订如下：

"第 1245 条　授权拨款。

"（a）环境保护耕地限制计划和水质保护激励项目。拨款不受财政年度限制，授权的拨款款额能够用于履行子篇 D 下的第 1 和第 2 章的条款。在执行本条款之前就已经有的款额（用于履行子篇 D）依然有效。

"（b）其他保护事宜。在（a）之外，不受财政年度限制的拨款能够履行除了子篇 D 下的第 1 和第 2 章之外的子篇 A 到 G 的规定所需的必要款额。"

第 1444 条　监督和评估。

《1985 年粮食安全法》（《美国法典》第 16 篇 3841）第 12 篇下的 E 节经过了进一步的修订，在第 1245 条后添加了以下新的条款：

"第 1246 条　监督和评估。

"（a）总则。部长应该在不迟于 1993 年 6 月 30 日制定并向众议院农业委员会和参议院农业、营养和林业委员会提交综合报告。该报告根据（b）评估根据本篇规定而制定的项目和政策。

"（b）要求。部长在执行（a）规定的评估时应该：

"（1）评估通过履行本篇相关规定落实防止全国土壤资源恶化目标所取得的进展，鉴定妨碍实现上述目标的障碍，以及提出克服上述障碍的方法；

"（2）对所有相关土地面积的 5％或类似的合理比例进行现场评估，进行调查，并生成有效的数据。

"（A）对受侵蚀土地所做的保护行为；

"（B）对履行保护计划后的侵蚀降低情况进行评估；

"（C）上述计划的技术充分性和可行性；

"（3）收集部长认为有必要的、对本篇整体效果的评估有影响的社会和经济效果、违约、上诉和其他类似事宜，但是不能因为收集数据而要求生产者提供额外的记录或报告；

"（4）评估通过履行本篇相关规定为了实现落实全国湿地保护、野生动物和水禽栖息地改善和水质提高的目标所做出的贡献，鉴定妨碍实现上述目标的障碍，以及提出克服方法。"

第 1445 条　协助控制杂草和害虫的蔓延。

《1985 年粮食安全法》（《美国法典》第 16 篇 3841 及以下）第 12 篇下的 E 节经过了进一步的修订，在第 1246 条后添加了以下新的条款：

"第 1247 条　协助控制杂草和害虫的蔓延。

"（a）总则。农业部部长经和州实验站、推广处处长、土壤保护局局长、州昆虫和杂草控制委员会协商后，向子篇 D 规定的合同主体——土地所有者和经营者提供杂草和害虫控制的技术信息和资料。

"（1）解决登记到保护计划的土地的杂草和害虫问题；

"（2）除此之外，和资源保护以及环境保护目标一致的信息和资料。

"（b）保护措施。根据部长的酌情决定，考虑在很可能会引起农田虫害的资源保护土地（很可能会影响周边的商业用途土地）上采取害虫控制措施以实现子条款 1234（b）的目的。"

第 1446 条　州技术委员会。

《1985 年粮食安全法》（《美国法典》第 16 篇 3801 及以下）经过了进一步修订，在末尾添加了以下的新子篇：

"子篇 G　州技术委员会

"第 1261 条　成立。

"（a）总则。部长应该在每个州成立技术委员会，协助部长处理和落实与本篇资源保护有关的技术问题。

"（b）标准。部长应该在不迟于执行本条款 180 天后制定州技术委员会的技术指导标准（条款 1262（b）规定的）以落实本篇规定的资源保护条款。

"（c）组成。根据（a）的规定，每个州要成立技术委员会，该委员会有专业的资源管理者组成，要求其成员的学科背景丰富，在土壤、水、湿地和野生动物科学方面有相应的管理经验。上述的委员会应该由以下的代表组成：

"（1）土壤保护局；

"（2）土壤稳定和保护局；

"（3）森林处；

"（4）拓展处；

"（5）农业管理机构；

"（6）鱼类与野生动物处；

"（7）部长认为合适的各州部门和机构，包括：

"（A）州鱼类与野生动物处；

"（B）州森林管理处或同等的州官员；

"（C）州水源处；

"（D）州农业局；

"（E）州土壤与水保护区协会；

"（8）部长认为合适的、在土壤、水、湿地和野生动物科学方面具有专长的机构人员。

"第 1262 条　责任。

"（a）总则。根据第 1261 条的规定而设立的每个委员会应该定期见面，并向负责落实本篇所规定的资源保护的农业局官员提供信息、分析和建议。上述提供的信息、分析和建议应该有助于农业局鉴定事实、技术水平或科学问题。应该以书面的形式提交数据、分析和建议，要体现委员会专业信息和鉴定的最高水平。部长应该协调本条款规定的活动和根据《1990 年粮食、农业、保育和贸易法》第 1628 条规定的活动。

"（b）湿地和野生动物栖息地保护指南。

"（1）制定技术指南。各州的技术委员应该在不迟于执行本条款之日起的一年后，制定落实条款 1238B 规定的农业水质保护项目下的湿地保护和野生动物栖息地改进方案指南。

"（2）指南的内容。

"（A）总则。本款规定的技术指南应该包括以下的详细内容：农作物的选择、农作物和植物的品种、覆盖作物、间作、耕作方式、养分管理、生物控制（包括综合害虫强化生物管理）、土壤、水和自然资源保护，以及其他的有益活动。

"（B）标准与指导。（a）要求的技术指南应该在现有的科学和技术知识的基础上提供落实湿地保护和野生动物栖息地改进的标准和时间指导。

"（C）合同。部长应该签署合同协助制定并修订本款描述的技术指南。

"（c）其他义务。每个技术委员会应该提供以下技术领域的技术援助和建议：

"（1）湿地保护，修复和减少要求；

"（2）评估加入到环境敏感土地资源保护项目的标准；

"（3）这些方面的指南：在搁置地割草或放牧，控制杂草以保护具有结巢习性的野生动物；

"（4）易受侵蚀土地豁免和上诉；

"（5）豁免遵守湿地和资源保护条款以及上诉；

"（6）解决登记到保护计划的土地的杂草和害虫问题；

"（7）指南：种植长生植被以提高搁置土地的水质和改善野生动物栖息地；

"（8）部长认定的其他相关事宜。

"（d）权威。根据第 1261 条而设立的每个委员会性质上是咨询机构，因此无执行或落实的权限。但是，部长应该好好考虑上述委员会执行本篇规定项目时的建议，同时认真考虑上述委员会的事实陈述、技术或科学发现（这也是上述委员会的责任所在）。"

第 1447 条　技术与规则修订。

（a）《粮食安全法》。《1985 年粮食安全法》第 12 篇下的子篇（《美国法典》第 16 篇 3831 及以下），就其本身而言，在执行本法案之前就存在的子篇，经过了修订，删去了"该《美国法典》第 16 篇子篇"，并插入"该节"。

（b）目录。

（1）湿地保护。《1985 年粮食安全法》第 2 条修订如下：

（A）删去与第 1222 条相关的条，并插入："第 1222 条湿地圈定；豁免"；

（B）在第 1223 条相关的条款后面插入以下的新条款："第 1224 条　遵守的公平性"。

（2）资源保护。上述法案条款 2 经过了修订，删去了开头和与第 12 篇下的子篇 D 相关的条款，并插入："子篇 D　农业资源保护项目

"第 1 章　环境保护限制耕地计划

"第 A 节　总规定

"第 1230 条　环境保护限制耕地计划。

"第 B 节　资源保护

"第 1231 条　资源保护。

"第 1232 条　所有者和经营者的义务。

"第 1233 条　部长的义务。

"第 1234 条　支付。

"第 1235 条　合同。

"第 1235A 条　把合同土地改为其他保护用途。

"第 1236 条　基本历史。

"第 C 节　湿地保护计划。

"第 1237 条　湿地保护计划。

"第 1237A 条　地役权。

"第 1237B 条　所有者的义务。

"第 1237C 条　部长的义务。

"第 1237D 条　支付。

"第 1237E 条　所有权变更；协议修订；终止。

"第 1237F 条　执行和筹资。

"第 2 章　农业水质激励计划

"第 1238 条　政策。

"第 1238A 条　定义。

"第 1238B 条　农业水质保护计划。

"第 1238C 条　符合条件的土地。

"第 1238D 条　水质保护技术援助。

"第 1238E 条　示范与试验项目。

"第 1238F 条　向国会报告。

"第 3 章　环境地役权计划

"第 1239 条　环境地役权计划。

"第 1239A 条　所有者义务；计划的组成部分。

"第 1239B 条　部长的义务。

"第 1239C 条　付款。

"第 1239D 条　所有权变更；地役权修订。"

（3）管理。上述法典的第 2 条经过了进一步的修订，删去了与第 1245 条有关的条款，并插入了以下的新条款：

"第 1245 条　授权拨款。

"第 1246 条　监督与评估。

"第 1247 条　杂草与害虫蔓延的控制援助。"

（4）植树激励项目。上述法典的第 2 条经过了进一步的修订，在与第 1254 条有关的条款后插入了以下的新条款：

"第 1256 条　植树激励项目。"

（5）州技术委员会。上述法典的第 2 条经过了进一步的修订，在与第 12 篇下的子篇 F 有关的条款后面插入以下的新条款：

"子篇 G　州技术委员会

"第 1261 条　成立。

"第 1262 条　责任。"

子篇 D　其他保护措施

第 1451 条　综合农场管理方案选项。

（a）制定。农业部部长（此后在本条款指"部长"）应该通过规章成立一个自愿式的计划，称为"综合农场管理方案"（此后在本条款中简称"计划"）。该项目旨在协助农产品生产者采取综合的、多层的、特定场所的农场管理计划。该计划要求生产者减少在农场资源管理活动和系统中出现的障碍。

（b）定义。

（1）总则。出于本条款的目的：

（A）术语"资源保护作物"指豆类、豆类-草混合物、豆类-小粒谷物作物混合物、豆类-草-小粒谷物作物混合物和替代性作物。

（B）术语"资源-保护作物轮作"指作物轮作，包括至少一个资源保护作物，轮作能够减少侵蚀、维持或提供土壤肥力，打破害虫周期并能保护水质。

（C）术语"农业经营与活动"包括作物混合、作物-植物品种选择、轮作、耕作系统、土壤保护和造土、养分管理策略、生物控制和综合害虫管理策略、畜牧业生产和管理系统、动物粪便管理系统、水和资源保护措施、健康和安全因素。

（D）术语"综合农场管理计划"指符合（e）要求的综合、多层、场地特有的计划。

（2）作物。出于（1）（A）的目的：

（A）术语"草"指常用作割草或放牧的多年生草。

（B）术语"豆类"指豆科饲用植物（譬如苜蓿或三叶草）或任何用于饲料或绿肥的豆科植物，但是不包括用于收获种子的任何豆类作物。

（C）术语"小粒谷物"不包括制麦芽所用的大麦或小麦，但是和其他小粒谷物混合种植并用于非人类消费的小麦除外。

（D）术语"替换性作物"指在干旱和半干旱的地区为了保护土壤和水的而种植的实验性和工业性的谷物。

（c）资格条件。为了享有参加本条款规定的项目，生产者必须：

（1）制定并向部长提交一份综合农场管理计划以供部长审批（以后简称"计划"）；

（2）积极应用部长审批的条件与条款；

（3）平均而言，在合同期限内把不少于本项目规定农田面积的 20％专门用于种植有利于资源保护的作物；

（4）遵守任何有效的年度面积限制项目（根据本款签署的作物面积基地合同）条款；

（5）按部长要求作好记录。

（d）英亩数。部长在接受项目合同时应该根据实际需要在 1991—1995 年度注册不少于 3 000 000 但是又不超过 5 000 000 英亩农田。

（e）合同。部长应该和生产者签署合同以把英亩数登记到项目中去。上述合同时间应该不少于 3 年，但是可以根据生产者的需求延长时间（直到 5 年），如果部长和生产者双方同意，合同可以续签。

（f）项目要求。部长批准的每个计划都应该：

（1）规定登记到项目的英亩数和作物播种面积基地；

（2）描述在合同期间内为了完成项目要求而实施的作物轮作和水土保持工作。

（3）具有一份计划所描述的落实、改进和维持有利于资源保护的、作物轮作的进度表；

（4）描述将要在上述面积上落实的农业经营行为，及其预期效果：

（A）维持或提高农场的整体生产率和利润；

（B）预防农田土壤恶化，提高上述土壤的长期生产力和地理特征；

（C）为了取得积极的经济和环境收益，要尽量减少农业污染物保护水源免受污染；

（5）协助生厂商遵守联邦、州和当地保护土壤、湿地、野生动物栖息地和地下水和水面水质量的要求；

（6）包含部长认为根据规章要求所需要的任何其他条款。

（g）管理；证实；终止：

（1）管理；技术援助；灵活性；落实；置换。

（A）管理。项目应该由部长来管理。

（B）技术援助。部长在管理项目时应该和当地的保护区以及有关州、当地政府协商，并在制定和落实计划、评估计划有效性和农业经营成本和收获方面向生产者提供技术援助。计划可以引用手册和技术指南，也可以包括生产者具体情况以及为完成项目而实施的其他活动。

（C）灵活性。部长在管理项目的时候应该向生产者提供足够的弹性以根据本条款调整或修订生产者的计划，但是上述调整或修订必须得到部长的批准。

（D）把不利影响降到最低。

（ⅰ）总则。尽管本条款有任何其他规定，部长应该落实本条款，把任何县、州或地区的农业和其他农业相关的经济利益的不利影响降到最低（这种不利的影响也许来自耕作面积的减少，因为实行本条款要求减少耕作面积）。部长在落实本条款时，可以给限制不能从事生产的农田面积总数，因为部长还需要考虑根据其他价格补贴，生产调整，或保护项目而禁止从事生产的农田数。

（ⅱ）保护目标最大化。部长应该尽最大可能允许自愿参加项目的生产者（得到本条款授权）把足够的英亩数登记到保护项目，以使得上述农场的保护目标最大化，并保证每个申请的项目具有经济有效性。

（E）置换。部长不得批准会导致地主非自愿置换（通过禁止农场大面积从事商品生产）农场租户的计划。如果租户已经租赁（有或没有书面的年度续约或定期续约）土地2年或以上的时间，那么部长可以允许地主拒绝（地主拒绝的唯一理由是为了要加入到保护项目中去）续签上述的租赁，这种拒绝可以作为一种非自愿置换（因为租户没有得到上述拒绝续签的书面同意）。

（2）证实。部长应该证实生产者遵守计划的条件与条款。

（3）终止。部长可以终止和生产者根据本计划签署的合同，如果：

（A）生产者同意上述终止；

（B）生产者违反上述合同的条件与条款。

（h）项目规则。

（1）基地和产量保护。尽管有任何其他的法律规定，但是部长不得（除非在（6）有规定）因为种植有利于资源保护的作物（作为资源保护作物轮作的一部分）减少作物基地，或农场项目付款产量。

（2）在面积减少的土地上种植有利于资源保护的作物。尽管有《1949年农业法》第Ⅰ篇的规定，专门用于种植有利于资源保护的作物（作为本项目资源保护作物轮作的一部分）也可以被指定为资源保护用途的面积，这样做的目的在于遵守面积限制或土地转移项目的条款，而且指定的土地面积的50%应该不限制割草和放牧，除非在（5）（B）另有规定，但是上述专门用于长生植被的面积（已经得到了费用分担援助）不得作为生产者（本条款规定的签订了合同的生产者）资源保护作物的要求。

（3）大麦，燕麦和小麦。尽管本条款有任何其他的规定，但是已经在面积减少的土地上种植的大麦、燕麦或小麦（作为资源保护作物的一部分）不得以麦粒的形式收割。

（4）付款英亩。尽管本法案有任何其他的规定，部长不得因为项目参与者种植有利于资源保护的作物（作为付款英亩资源保护作物轮作的一部分）而减少农场项目的费用。

（5）割草和放牧限制。

（A）总则。部长不得向本来具有资格享受项目费用的生产者支付任何项目费用，如果上述生产者在每个州的 5 个月时间内（根据《1949 年农业法》的规定在这 5 个月时间内禁止在受到保护的面积上割草和放牧）在上述的面积（除了专门用于资源保护用途的土地）割草或放牧。或者如果生产者在上述面积上种植的作物包括小粒作物，那么在生产者以麦粒形式收割小粒作物前，部长不得向本来具有资格享受项目费用的生产者支付任何项目费用。

（B）割草和放牧限制。尽管本条款有任何其他规定，但是如果部长鉴定因为执行本条款而导致某一地理区域的干草或畜牧价格受到不利的经济影响，那么部长可以限制该区域的收割或放牧的干草数量。上述的限制可以包括每年每英亩可以收割或放牧干草的次数、上述收割和放牧的时间安排、或者上述土地保持同样干草状态的年份数目、或禁止在土地上（原来小粒作物没有和干草作物间作并收割的土地）收割或放牧干草。

（6）基地英亩调整。部长可以仅仅出于根据《1949 年农业法》建立生产者作物基地的目的公平、公正地调整以体现出资源保护作物轮作的做法（这是生产者在参与本项目之前就坚持的做法），并反映出部长认为应该考虑的其他因素，但是上述的总调整在任何年度都不得超过当年的农场计划节约的总数（这个总数是通过落实计划而得出的结果）。

（7）支付英亩限制。

（A）总则。根据《1949 年农业法》的规定任何生产者都有资格接受农场项目的小麦、饲料谷物、棉花、水稻的费用。支付费用的英亩数和参与项目之前的 3 年平均传统不足种植英亩数一样。

（B）定义。

（ⅰ）总则。根据（ⅱ），出于本项的目的，术语"传统的不足种植面积"指在某一年度生产者作物面积（作物的种植不是为了履行项目）和根据面积限制项目规定或要求搁置的作物面积之间的差异。但是，上述的面积数无论如何不得少于零。

（ⅱ）例外。如果生产者在某一年度参与《1949 年农业法》条款 101B（c）（1）（B）、103B（c）（1）（B）、105B（c）（1）（B）或 107A（c）（Ⅰ）（B）授权的项目，那么术语"平均传统不足种植英亩数"指上述年度生产者获批英亩数的 8%。

第 1452 条　资源保护和开发项目。

（a）资格条件。《1981 年农业和食品法》（《美国法典》第 16 篇 3459）的第 1536 条经过了修订，删去了"225"，并插入了"450"。

（b）授权。《1981 年农业和食品法》（《美国法典》第 16 篇 3461）的第 1538 条经过了修订，删去了"连续 5 个财政年度的每一年，从 1982 年 10 月 1 日开始，至 1987 年 9 月 30 日结束"，并插入"从 1991 到 1995 年间的每一个财政年度"。

第 1453 条　《有毒杂草法》修订。

对《1974 年联邦有毒杂草法》（《美国法典》第 7 篇 2801 及以下）进行修订，在结尾处增加以下内容：

"第 15 条　管理联邦土地不良植物。

"（a）政府部门的义务。每个联邦政府部门应该：

"（1）指定在管理不良植物品种方面有充分培训经验的办事处或个人来制定并协调不良植物管理计划，目的在于根据政府部门的司法权限防治联邦土地的不良植物；

"（2）通过政府部门的预算建立资助不良植物管理计划；

"（3）达成并落实和州政府部门的合作协议。协议的内容根据政府部门的司法权限管理联邦土地不良植物物种制定；

"（4）根据合作协议控制目标制定综合管理体系以控制或保存不良植物物种。

"（b）环境影响陈述。为了落实植物控制协议而需要根据《1969 年国家环境政策法》（《美国法典》第 42 篇 4321 及以下）进行环境评估或环境影响陈述，联邦政府部门应该在收到上述评估或陈述要求一年后的时间内完成评估或陈述。

"（c）和州政府部门签订的合作协议。

"（1）总则。联邦政府部门应该酌情和州政府部门签订合作协议以协调管理联邦土地不良植物物种。

"（2）计划的内容。根据（1）签署的合作协议应该：

"（A）确定某一具体地理区域需要防治的不良植物物种或物种群体，并根据重要性排出先后顺序；

"（B）描述用来控制目标不良植物物种或物种群体的综合管理体系；

"（C）详细列出落实综合管理体系的方法，明确联邦和州政府部门在执行方法时的义务，并确定开始和完成综合管理体系的时间范围。

"（d）例外。根据本条款联邦政府部门不需要执行联邦土地项目，除非在同一地区普遍执行类似的州或私人土地计划。

"（e）定义。本条款中的定义：

"（1）合作协议。术语'合作协议'指联邦政府部门与州政府部门之间根据本条款签订的书面协议。

"（2）联邦政府部门。术语"联邦政府部门"指根据其司法权限负责管理联邦土地的联邦政府部门、机构或局。

"（3）联邦土地。术语'联邦土地'指由联邦政府根据其司法权限进行管理的土地。

"（4）综合管理体系。术语'综合管理体系'指规划和落实计划的体系。该体系采用跨学科的方法，用各种方法控制不良植物物种或物种群体，包括：

"（A）教育；

"（B）预防性措施；

"（C）物理或机械方法；

"（D）生物制剂；

"（E）除草剂方法；

"（F）文化方法；

"（G）普通的土地管理行为，譬如管理牲畜或野生动物放牧策略或改善野生动物或牲畜栖息地。

"（5）跨学科方法。术语"跨学科方法"指控制不良植物物种或物种群落时的决策方法。

"（A）包括具有杂草学科、草原学、野生动物生物、土地管理和森林学的联邦或州政府部门人员；

"（B）包括以下方面：

"（ⅰ）控制不良植物物种的最有效的方法；

"（ⅱ）科学证据和当前技术；

"（ⅲ）植物物种的生理机制和栖息地；

"（ⅳ）因为执行本计划而造成的经济、社会和生态影响。

"（6）州政府部门。术语州政府部门指州农业局、或其他州政府部门或政治机构，负责管理或落实州层次不良植物。

"（7）不良植物物种。术语"不良植物"指根据州或联邦法律被划分为不良、有毒、有害、有病的植物物种。在本条款，被《1973 年濒临危险物种法》列为濒临灭绝的物种不应该被视为不良植物，而且需要采取措施保护不良植物的地区，其本土植物也不应该纳入这个术语范围内。

"（f）协调。

"（1）总则。农业部部长和内政部部长应该采取必要的行动，协调联邦政府部门控制、研究联邦、州和当地被指定为有害杂草，并协调开展相关的教育活动。

"（2）义务。农业部部长和内政部部长协商后，应该：

"（A）鉴定好地区控制毒草的优先顺序；

"（B）把合适的地区技术信息纳入到现有的技术指南；

"（C）把上述的技术信息传播给有兴趣的州、当地和私人实体。

"（3）费用分担援助。如果该地区的大部分土地经营者同意参与毒草管理项目，部长可以给州和当地政府部门提供经费，分担管理该地区的毒草的费用。

"（g）授权拨款。在1991—1995年的每个财政年度，为了落实本条款，授权发放必要的款额。"

第 1454 条　鉴定联邦计划的成效。

《耕地保护政策法》（《美国法典》第7篇4202（b））条款1541（b）经过了修订，在"在本条款后"，插入了"确定由联邦计划改造的农田实际数量"。

第 1455 条　大平原保护计划。

（a）合同。《土壤保护和国内分配法》（《美国法典》第16篇590（b））条款16（b）经过了修订：

（1）在（1）中删去"1991"，并插入"2001"；

（2）在（7）中，删去"600 000 000 美元"，并插入"1 000 000 000 美元"。

（b）系统设计和数据。《土壤保护和国内分配法》（《美国法典》第16篇590p）的第16条经过了修订，在末尾添加了以下的新款：

（j）部长在根据本条款设计和制定资源管理体系时应该尽可能用更加强化的管理措施来代替结构性的措施。

（k）部长应该收集并记录执行本条款时提援助和具体实施过程给全国和各州所带来的资源、环境和经济影响。

第 1456 条　堆制肥料的研究和扩展计划。

（a）目的。本条款旨在要求农业部部长制定农业粪便堆肥的方法以及如何使用上述堆肥，并且将信息向有关联邦、州或其他私人机构以及大众可公开上述信息。

（b）堆肥信息。

（1）部长。部长应该鉴定并制定以下信息：

（A）农业粪便的堆肥，包括生产、加工和分配食物、纤维、林业、牲畜和鱼类产品所产生的粪便堆肥，以及如何使用上述堆肥；

（B）州和当地政府以及国外政府的法律、规则和程序。这些政府制定了堆肥加工、处理和使用的定义及标准。

（2）咨询。部长在鉴定并制定上述信息时应该和其他联邦部门的代表以及部长认定的其他相关人员协商。

（c）研究。部长应该研究如何使用动物粪便和其他废物，确定上述堆肥的使用，包括销售上述产品的市场潜力。上述研究应该包括评估对来自土壤、植物、食物、纤维作物的农业废物所产生的堆肥的应用。

（d）堆肥扩展计划。在不迟于执行本法案之日起一年后开始，部长应该努力做出扩展计划，并向农业界和大众公开以下信息：

（1）来自农业废物堆肥的理想性和安全性；

（2）农场内和其他堆肥技术；

（3）使用堆肥的程序。

（e）农场资源保护行为。部长应该考虑把堆肥规定为一种农场资源保护行为，并有资格享受分担费用。

子篇 E　流域保护和防洪；农地保护

第 1 章　流域保护和防洪

第 1461 条　收益和农业的关系。

《1954 年流域保护和防洪法》第 2 条（《美国法典》第 16 篇 1002）第三句经过了修订：
（1）删去"上述每个项目"以及删去"1987"之后的所有内容，并插入"每个项目"；
（2）在"农业"后面插入以下："，包括农村地区，"。

第 1462 条　费用分担援助。

《流域保护和防洪法》（《美国法典》第 16 篇 1001 及以下）经过了修订，在第 3 条后面添加了以下的新条款：

"第 3A 条　费用分担援助。

"（a）地役权。部长应该给项目赞助人提供费用分担援助以保证上述赞助人获得永久性的湿地或泛洪平原保护地役权，以维持、修复和加强湿地和泛洪平原抵抗大洪水的自然能力、提高水的质量和数量，并为鱼类和野生动物提供栖息地。

"（b）数额。部长应该根据（a）的规定要求流域项目的赞助人提供达到地役权 50％ 的费用。

第 1463 条　数据。

《1954 年流域保护和防洪法》（《美国法典》第 16 篇 1001 及以下）经过了修订，在末尾添加了以下的新条款：
（1）根据本法规定而提供的个人防洪和保护措施所需的援助经费；
（2）执行上述规定所需的预期防洪措施或环境（包括土壤侵蚀）收益。

第 1464 条　《湿地保护和防洪法》修订。

《湿地保护和防洪法》（《美国法典》第 16 篇 1003（6））条款 3（6）经过了修订，在"．．．休闲资源"后插入"和提高水质"。

第 2 章　农田保护

第 1465 条　简称、目的和定义。

（a）简称。本章可以简称为《1990 年为了后代着想的农田法》。
（b）目的。本章节旨在加大全国保护后代关键农田资源的力度。
（c）定义。在本章的范围内：
（1）允许利率。术语"允许利率"指当前平均利率。每个州以 10 年期国债或其他类似的契约支付利率，或者部长指定的类似利率。
（2）合格贷款。术语"合格贷款"指贷款机构贷给州信托基金的 10 年贷款，用于进一步实现本章节的旨在目的。在上述贷款生效后的头 10 年不需要支付本金。本金应该由州信托基金在第 10 年末支付。对于上述每一笔合格贷款，每个州的信托基金应该有权根据条款 1466（b）的规定从部长那里收取利率补贴。
（3）合格的州。术语"合格的州"指：

（A）佛蒙特州；

（B）根据部长的选择和依据拨款情况，任何在 1991 年 8 月 1 当天或之前采取以下行为的州：

（ⅰ）经营或管理一个对农业农田保护进行投资的土地保护基金；

（ⅱ）和县、城市、镇、农村或州以下的其他政府机关单位，或和私人非盈利或公众机构合作以协助保护农业农田保护。

（4）贷款机构。术语"贷款机构"指任何联邦或州特许银行，储蓄和贷款机构，合作贷款机构，或者其他合法的贷款机构。

（5）计划。术语"计划"指根据本章节制定的农田保护计划，也称为"农业资源保护示范计划"。

（6）部长。术语"部长"指农业部部长。

（7）州。术语"州"指部长授权可以参加本计划的美国的任何一个州，波多黎各联邦和美国的维尔京群岛。根据本章节收取的联邦基金由上述信托基金存好以备用。

第 1466 条　计划制订。

（a）总则。

（1）目的。部长应该通过农民管理机构制定和执行农业资源保护示范计划，为贷款机构贷款，给州信托基金提供联邦担保和利率援助。

（2）援助。根据本计划，部长应该保证及时支付本金额和贷款机构贷款给州信托基金的合格的贷款利息。而且，部长应该在上述贷款兑现后的头 5 年，以允许的利率补贴上述贷款的利息，按（b）描述的程序在第 2 个 5 年补贴不少于 3％的利息。每个州应该按照贷款协议中关于合格贷款的规定在第 10 年末支付利率和本金。

（b）每个州信托基金的强制援助。部长应该：

（1）按照协议规定，给每个州信托基金发放贷款机构拨出的款额。

（2）在上述每笔贷款兑现后的头 5 年根据部长制定的程序，每年支付给州信托基金一笔款额，具体数目运用州信托基金收到的每笔贷款的允许利率进行计算。

（3）在上述每笔合格贷款兑现后，在第 2 个 5 年期间每年向州信托基金支付一笔款额。款额的数目运用州信托机构从任何贷款机构收取的每笔贷款的利率差额计算：《巩固农业和农村发展法》（《美国法典》第 7 篇 1946（a）（2））条款 316（a）（2）描述的向借款人收取的直接贷款的利率和允许利率之间的差额。

（c）财政部部长提供的资金。农业部部长应该按要求（以《巩固农业和农村发展法》（《美国法典》第 7 篇 1929（c））的条款 309（c）或 309A（d）发行国债的形式发行）向财政部发行股票，目的在于根据本章的规定从财政部部长处获得资金以解除农业部部长的契约。上述股票不得支付股息而且不得赎回。

（d）需要购买的股票。某一个州审批合格后，农业部部长应该根据本章要求，及时以书面的形式通知财政部部长。财政部部长应该根据（c）在股票发行的当天购买农业部部长发行的股票，而农业部部长应该把每笔股票销售收益存入账户中，用于执行该计划。

（e）应得权利。农业部部长有权而且应该从财政部部长处取得和向财政部部长发行的股票票面价值相等的资金款额。每个州的信托基金有权取得根据（b）款规定计算的款额，农业部部长应该尽快支付给上述信托基金。

（f）规章。部长应该根据《美国法典》第 5 篇第 553 条之前的公众意见规定颁布提案和最终规章：

（1）申请符合条件州的程序；

（2）审批申请者的因素；

（3）部长有义务根据（b）款尽快支付款额的程序；

（4）把通过审批的州信托基金记录在档；

（5）制定规范，避免项目滥用，设立程序，收回非法所得资金；

（6）设立规定允许州信托基金作为周转基金或者积累投资得到的额外资本，以便随后用于促进实现本章节目的；

（7）其他任何履行本计划的必要的、妥当的规则。

（g）计划时长。根据本章制订的计划将在 1996 年 9 月 30 日到期，但是部长依然需要遵守本章规定的任何财政上的义务。

第 1467 条　联邦账户。

为了执行本章要求，部长应该在财政部部长处开一个账户——"农业资源保护周转资金"（在本章简称"资金"）供部长使用以履行本章规定的部长义务。

第 1468 条　申请与管理。

（a）申请。某州想要具备援助资格，根据本章要求，该州应该：

（1）按照部长要求的时间、方式和信息内容向部长提交申请；

（2）同意州信托基金以一种和本章要求以及部长颁布的规章一致的方式使用部长根据本章要求提供的任何资金；

（3）同意遵守协议规定的任何其他要求（和部长签署的协议）或部长通过规章指定的任何其他要求。

（b）年度申请。符合条件的州可以根据本章要求每年申请联邦援助。

（c）匹配款额和最大款额。部长根据本计划要求提供的任何担保金的总额不得超过每个符合条件的州用于获取土地利息和保护重要农田（以供后代使用）的款额的两倍，但是无论如何在任何一个财政年度支付给任何一个州的总额不得超过 10 000 000 美元。

第 1469 条　报告。

农业部部长务必在不迟于 1992 年 9 月 30 日和之后的每年制定并向众议院农业委员会和参议院农业、营养和林业委员会提交本章规定的报告，报告阐述了计划实施办法。

第 1470 条　执行和生效日期。

本章将在 1990 年 10 月 1 日生效。部长应该在不迟于 1990 年 12 月 30 日和佛蒙特州签署协议以根据本章要求向该州提供联邦援助。

子篇 F　环境计划的执行

第 1471 条　成立环境质量农业委员会。

（a）成立。部长应该在农业部成立环境质量农业委员会（在本子篇简称"委员会"）。该委员会应该在部长的直接管制下负责实施本子篇的条款并协调、指导环境政策和农业部颁发的计划。

（b）成员。委员会的成员应该包括部长、副部长、自然资源和环境副部长、科学和教育副部长、农业部部长指定的其他副部长，和农业环境质量办公室主任（该办公室是根据第 1472 条而设立的，该办公室主任担任委员会的执行董事）。部长应该指定委员会内部除执行董事外的一个成员作为委员会的主席。

第 1472 条　农业环境质量办公室。

（a）成立。部长应该在农业部成立环境质量办公室（在本子篇简称"办公室"）。

（b）主任。上述的办公室应该由部长指定的一名主任管理。主任要具有农业和环境方面的知识经验。

（c）职员。

（1）任命。主任可以任命必要的雇员协助其落实本条款。上述雇员应具有环境质量方面包括（但是不限制于）农业生产、水质量、湿地、野生动物保护、土壤保护和农业化学物品使用方面的专业技术知识。

（2）联络。环境保护局局长和内政部部长应该按农业部部长的要求分别找出一位具有农业和环境质量技术和知识的员工，向质量办公室详细说明情况。负责说明情况的员工分别作为各自部门的代表与农业部联络以协助办公室主任落实本条款的规定。详细说明情况这项服务应该不得超过 3 年。

（3）增聘人手。任何联邦政府部门的负责人可以根据部长的要求有权以收费的方式把上述政府部门的员工增添到办公室以协助办公室主任的工作。

（d）办公室主任的义务。

（1）总则。主任应该根据第 1473 条的规定，协助农业环境质量委员会制定并落实具体的部门和机构环境质量政策和执行计划、年度农业环境质量报告。主任应该协调和监督部门的环境质量方案和计划以及对影响环境质量的部门政策做出解释。主任应该是委员会的一名成员并担任执行董事的职位。

（2）附加义务。办公室主任应该负责：

（A）向委员会提出以下用于平衡农业生产和环境保护的建议：环境保护目标和具体的计划、方案和政策；

（B）向委员会提交制定、实施和审核农业部下属各部门活动的建议，以保证各项活动和农业部的环境保护目标一致；

（C）通过计划管理者协调部门内的环境政策，并协调农业部和其他联邦政府部门、地区当局、州和当地政府、政府赠地大学和其他大学以及非盈利机构、商业机构协调有关环境质量的计划和行为；

（D）协调农业部关于环境质量的资料、信息、计划和方案；

（E）根据本子篇的要求制订计划和报告；

（F）提供符合上述规定的、能够援助委员会活动的人手。

第 1473 条 环境质量政策说明。

（a）环境质量政策说明、实施计划和年度报告。

（1）政策说明。委员会应该制定环境质量政策说明，确定解决农业对环境质量影响的目标。应该根据（B）的要求，从人员和资金的角度评估当前环境保护的状态和程度，以及评估农业部的计划。政策说明是在上述评估的基础上形成的。评估的目的在于评价、避免和减少由于农业生产而带来的环境问题。政策说明至少每 5 年就得修订一次。

（2）评估。（A）所说的评估应该包括：

（A）详述农业部相关部门的角色。

（B）描述如何协调农业部每个相关部门之间的个别行动。

（C）提出建议，排除农业部内部之间，农业部和其他联邦、州计划之间的任何没意义重复劳动。

（D）提出具体的监督、研究、扩展新方案和技术援助活动，以解决当前和潜在的环境质量问题。评估可以把现有的文件和规划过程融入到农业部中去。

（b）实施计划。办公室主任应该根据委员会的批准制订环境质量政策说明的实施计划。该计划应该包括评估农业部每个部门在各自的司法权限内通过农业政策、计划和行动是否可以降低对环境质量的负面影响，并详细描述各部门和具体机构为实现政策目标而实施的的具体活动。计划需要至少每 5 年就修订一次。

（c）年度环境质量报告。农业部部长务必在不迟于 1992 年 1 月 31 日和之后的每年制定并向国会、其他相关联邦、州政府部门和公众提交报告。报告的内容是关于如何实现环境治理政策要求而取得的进展。报告应该包括：

（1）审核农业部在前一年度所采取的环境活动和方案；

（2）采取具体的行动协调农业部的环境计划和其他联邦政府部门以及相关的州计划的进度；

（3）部长认为合适的、关于平衡农业生产和解决环境问题的现有或补充性的环境保护计划、方案或政策。

（d）拨款授权。为了实施本子篇的规定，每年需要授权拨款不超过 2 000 000 美元。

子篇 G　水质研究、教育和协调

第 1481 条　简称、目的、定义和拨款授权。

（a）简称。本子篇可以简称"农业和水政策协调法"。

（b）目的。本子篇的目的在于保证：

（1）农业部制订、实施、维持协调各相关部门之间的计划以保护水不受到农业化学品和生产活动的污染；

（2）农业部增加扩展活动、技术援助以及加强对农业生产和水污染关系的研究。

（c）定义。基于本子篇的目的：

（1）术语"污染物质"指任何可能损害水质或可能对人类健康或环境有潜在负面影响的物质，这些物质作为水的一种成分，可以以其原形出现，也可以以代谢物、降解或人体排泄物出现。

（2）术语"部门"指美国农业部。

（3）术语"食品和农业委员会"指那些根据部长提出的政策在每一个州建立的委员会，委员会由每个州负责农业的领导组成。

（4）术语"土壤和水保护委员会"指根据州法律在各自的州成立的委员会，委员会由负责处理土壤和水保护的相关州政府部门领导组成。

（5）术语"部长"指农业部部长。

（6）术语"州"指以下几个州的任何一个：哥伦比大地区、波多黎各联邦、北马里亚纳群岛、美属萨摩亚群岛、关岛、美属维京群岛和联邦政府认可的印第安部落。

（d）拨款授权。授权在 1991—1995 财政年度拨出必要的款额以实施本子篇。

第 1482 条　土壤和水活动。

（a）目的。国会宣布土壤保护局和拓展处的一个另外目的在于协助保护和改进水质。

（b）保护计划。部长在审核资源保护计划合规性认证时，应该鉴定上述计划对农业和水质规划的影响。土壤保护局应该在 2000 年 1 月 1 日前完成鉴定。

（c）通过国家资源库获取水信息。部长应该在落实本法之日后的 6 个月内决定是否可以改进国家资源库以获取有关会影响水质和水供应的水状况和表面状况的有用信息。在做出鉴定时，部长应该考虑：

（1）把资源库拓展到包括水物质所需要的成本、面临的局限性、可能遇到的机遇以及能否实现扩展的能力；

（2）自然资源库是否可以整合联邦和州政府部门的其他数据库。

（d）年度报告。农业部部长务必向众议院农业委员会和参议院农业、营养和林业委员会提交条款 1473（c）规定的年度报告。该报告应该规定：

（1）土壤资源保护局在前一年度所采取的活动和取得的成绩，包括用于提高该局解决水污染问题的措施；

（2）部长在随后的年份采取的计划，计划关于采取什么措施去提高该局解决水污染问题能力；

（3）为了实现（a）所规定的目的而取得的进展。

第 1483 条　州水质协调计划。

（a）制定。部长要求在每个州制订水质协调计划。部长应该尽可能应用食品和农业委员会的专门技能和知识。

（b）成员。每个州的水质协调计划应该包括那些在（c）中有所规定而且在州内经营的政府部门。州负责水项目部门在自愿的前提下，为了便于协调，应该参加到州水质协调计划当中。州政府部门成员应该包括各州土壤和水保护委员会的成员。计划也应该包括条款 1629（b）指定的教育计划协调机构。

（c）政府部门。（b）所指的政府部门指农业研究局，农业稳定和资源保护处，动物、植物卫生检查处，和州农业实验站合作的协同州研究处，经济研究处，拓展处，和州、先协同拓展处合作的拓展处，森林处，国家农业图书馆，国家农业统计处，土壤保护处，和其他在农业部内部而且部长认为合适的部门。

（d）计划领导。州水质协调计划的领导应该由部长从（b）中所列的联邦政府部门代表中选出。

（e）目的。每个州内的水质协调计划应该主要旨在协调农业部和该州政府部门之间的计划。在采取其他行动之余，每个水质协调计划应该：

（1）主要在州范围内协调农业部支持的农业水计划和在该州范围内其他联邦政府部门执行的水计划；

（2）协调农业部和在该州范围内的其他联邦活动，协调农业部的活动和该州依据适用的联邦和州法律而制订的水质计划；

（3）检查在州内鉴定和划定水文单位的活动进展；

（4）审议该州是否有必要获取州联邦援助，该援助是由州计划拨款并用于解决水污染农业源头的问题。

（f）顾问团。每个州的水质协调计划的董事会应该成立一个临时顾问团。该顾问团应该包括农场主、资源保护小组代表、支持可持续农业活动的人士、农业综合企业、化学和化肥行业、农产品、贷款机构和贸易组织。

（g）州和地区研究优先权。每个州的水质协调计划应该要求农业研究处、州农业实验站和赠地大学的农业系派出有关专家一起和水质协调计划组研究制定州农业和水研究议程表。议程应包括第 1484 条确定的主题和 e（4）中鉴定的研究发现的问题。本条款规定了州研究重点，州政府应协同州研究处和农业研究处的地区子部门共同确定区域研究重点。

第 1484 条　水质和养分管理研究。

（a）目的。本条款旨在制订农业部协调性水质和养分管理研究计划。为了实施该条款，部长应该做出以下努力：

（1）通过形成一个消除上述污染物或虽然保持使用上述污染物但是维持农场盈利的农场系统来减少水面水和地下水资源污染物的源头。

（2）开发出制定综合农场化学和植物养分以及动物粪便管理战略所需要的信息和技术。这些战略可以用来避免水面水和地下水的污染，尤其在州和联邦监督或管制活动鉴定为具有当前或潜在水质问题的地区。

（3）监督和更加完善地评估由农场化学品、植物养分和动物粪便而引起的水污染。

（b）协调。部长在执行该条款时采取的所有活动要与农业部内的其他计划、其他联邦政府部门的计划以及州政府的计划协调一致。

（c）研究。由部长全额或部分资助的本条款所讲的水质研究项目应该包括有助于以下活动的研究：

（1）开发种植业系统和发展种植业活动，这些系统和活动有利于预防水污染，同时还可以保持和提高盈利，包括：

　　（A）综合作物管理系统；

　　（B）可持续的农业活动；

　　（C）植物养分和动物粪便的最佳管理模式；

　　（D）控制害虫和疾病的方法，这些方法旨在从生物、文化、寄生抗性、司法角度综合使用杀虫剂；

　　（E）完善储备、使用和安全处理潜在污染物的方法；

　　（2）深入理解农场化学品、植物养分和动物粪便的最终走向和传输，因为这些东西会污染水并对人或环境有不利的影响；

　　（3）开发出更有效率的综合作物生产系统，便于有效吸收输入养分，有利于环境保护，具体包括以下几个方面：

　　（A）养分管理与使用效率；

　　（B）土壤与组织测试，养分供应与具体的作物种植法之间的互动；

　　（C）植物氮养分需求，集中管理种植体系的成分；

　　（D）提高土壤生产力；

　　（E）变种和杂交与植物养分要求、作物整体管理之间的互动；

　　（F）土壤微生物活动与养分管理之间的关系；

　　（G）遮盖作物在土壤保护和养分保护中的合适性；

　　（H）作物轮作在集中管理种植体系中所起的作用；

　　（I）豆类管理以保护养分与环境；

　　（J）提高养分使用效率与提高水使用的效率之间的互动；

　　（K）养分供应与土壤物质条件之间的互动；

　　（L）提高氮使用效率和降低土壤的硝酸盐残留所带来的养分平衡效果；

　　（M）底土肥力在提高植物产量和养分使用效率上的重要性；

　　（4）监督与评估农业生产对水的污染程度；

　　（5）加深对水使用与水供应、质量之间关系的理解；

　　（6）提高产量与养分咨询的准确性；

　　（7）从生态与生物方面加深对农业生产的理解；

　　（8）演示使用本条款规定的资金以及和拓展处、土壤保护处以及其他实体合作研究所带来的结果；

　　（9）降低种植切花月季和其他的鲜切花的水污染并提高其水质量；

　　（10）符合部长认定的其他重要水质研究需要。

第1485条　农业和地下水质量计划信息库。

　　（a）库。部长应该通过国家农业图书馆行政官依照子篇建立一个存储所有已经制定和提交的报告的库，供农业环境质量办公室主任、农业部部长、国会委员会阅读使用。图书馆行政官在管理上述信息库时应该：

　　（1）把农业部部长和其他联邦、地区和州政府部门制作的有关农业和地下水保护规划文档汇编；

　　（2）把所有有关保护地下水免受农业生产污染的法规汇编并编目；

　　（3）确定、列出并提供使用有关地下水、农业生产的数据库和信息源的方法，这些数据库和信息源有农业部部长、美国地质调查局、环境保护机构、商业部、国家海洋和大气局、田纳西州流域开发管理局、私人企业、非盈利组织等。

　　（b）研究数据库。

　　（1）报告。部长应该在实施该法之后的270天内制定并向国会提交一份开发互动性、描述性的、有必要的国家数据库的报告。该数据库囊括了农业活动和水资源的信息（包括研究结果、监督和调查数据、农药和养分使用数据）。除此外，还有其他有关水保护的数据库和信息源。这些数据设在国家农业图书馆内。部长在制定这份报告时应该：

（A）确定开发上述农业和水数据库所需的信息，并确定上述信息的公众或私人收集的程度；

（B）确定在多大程度上上述信息可以整合到一个数据库；

（C）制订实施开发上述数据库的计划。

（2）咨询。部长在制定报告时应该恰当地咨询经济研究处、拓展处、协同国际研究处、国家农业数据处、土壤保护处、美国地质调查局、环境保护局以及部长认定为其他相关公开人物和民众。

（3）开发。在上述报告根据（a）的规定提交之日 90 天后，部长应该根据上述计划启动数据库的开发。

子篇 H 农 药

第 1491 条　农药记录保管。

（a）要求。（1）农业部部长经和环境保护局局长协商后应该要求得到认证的、有限使用农药（《联邦杀虫剂、杀菌剂和灭鼠剂法》（《美国法典》第 7 篇 136a（d）（1）（C））的 3（d）（1）（C）所描述的类型）的申请者保存好记录，记录要与每个州的商业农业申请记录相匹配。如果州没要求保存记录，那么上述申请人应该自行保存记录，做好以下记录：产品名称、数量、使用农药的大概日期以及上述每种农药使用 2 年后又在哪里使用了。

（2）商业认证申请人在使用农药 30 天内应该向授予批准的人提供一份（1）要求的记录复印件。

（b）阅读和使用记录。根据（a）的要求而保存的记录应该在需要的时候向处理农药或处理任何与农药有关的健康或环境问题有关的联邦或州政府部门开放。上述的每个联邦政府部门应该进行调查并记录来自每个申请人的数据以有利于环境和农事统计分析，但是在任何情况下任何一个政府部门都不可以泄漏数据，包括数据的来源地，因为如果这样做将会直接或间接披露个体生产者的身份。就联邦政府部门而言，如果它们希望阅读和使用根据（a）规定保存的记录，它们的权利需要得到农业部部长或部长指定的人的批准。如果州申请阅读和使用根据（a）的规定而保存的记录，它们应该需要获得州指定的主要州政府部门的批准。

（c）医护人员。如果卫生专业人士认定有必要获得本条款所说的农药信息以对个人施行医疗或急救（该个人因为感染农药该而患病，而该农药的信息又得以保存），那么按（a）的要求，保存记录的人员应该在需要的时候马上向上述的卫生专业人士提供记录和可用信息。如果出现紧急情况，应该马上提供上述的记录信息。

（d）罚款。农业部部长应该负责执行（a）、（b）和（c）。如果违反上述条款，将：

（1）如果是初犯，罚款金额不超过 500 美元；

（2）如果是再犯，每次违反将被罚款不少于 1 000 美元，但是如果部长认定违反的人已经真挚地努力遵守上述条款，那么罚金将不超过 1 000 美元。

（e）联邦或州条款。本条款的要求不影响联邦或州的其他法律条款。

（f）调查和报告。农业部部长和环境保护局局长应该调查（a）所讲的保存记录，维护部长和局长年度综合农业和非农业农药使用报告的数据库。农业部部长和环境保护局局长应该签署一份谅解备忘录以明确双方在本条款上的各自职责，避免重复工作。上述报告应该在每年不迟于 4 月 1 日提交给国会。

（g）规章。农业部部长和环境保护局局长应该在实施本法之日后的 180 天内颁布各自落实本条款的职责的规章。

第 1492 条　注册支持数据。

《联邦杀虫剂、杀菌剂和灭鼠剂法》（《美国法典》第 7 篇 136a（c）（2）（A））的条款 3（c）（2）

（A）经过了修订，在第三句后面添加了以下的新句子"关于本法要求注册或小规模农业用途农药注册方面，如果一个人在没有得到注册允许的地区使用了农药，环境保护局局长不应该要求该人提交现场残留数据。"

第 1493 条　减免小规模农业用途农药注册费用。

《联邦杀虫剂、杀菌剂和灭鼠剂法》（《美国法典》第 7 篇 136a-1（ⅰ）（5）（A））的条款 4（ⅰ）（5）（A）经过了修订，在末尾添加了以下的内容：

"如果注册小规模地在农业用途上使用农药，环境保护局局长可以减免本节施加的费用。局长之所以要求缴费，是因为局长鉴定缴费可以大幅度降低农药的供应。"

第 1494 条　自愿取消。

《联邦杀虫剂、杀菌剂和灭鼠剂法》（《美国法典》第 7 篇 136d（f））的条款 6（f）经过了修订：

（1）把（1）修订成如下：

"（1）自愿取消。

"（A）注册人可以在任何时候申请取消或更改其农药注册以终止使用一种或更多的农药。

"（B）环境保护局局长在处理（A）的申请时应该在联邦注册处公开收到申请的通知，并提供 30 天的公示时间。

"（C）关于小规模农业农药注册的情况，如果环境保护局局长认定如果取消或终止使用农药会负面影响该农药的供应，局长：

"（ⅰ）应该在联邦注册处公开收到申请的通知，并做出合理的努力以通知使用该农药的所有人士进行上述申请；

"（ⅱ）直到 90 天（从联邦注册处公布上述通知的日期开始算）的期限到期，才可以批准申请，但是局长可以根据注册人的要求取消 90 天的期限，或如果局长鉴定继续使用该农药会对环境造成负面的影响，那么局长可以取消 90 天的期限。

"（D）根据（3）（B），在遵守本节要求之后，局长可以批准或拒绝申请。"以及

"（2）在末尾添加以下的新内容：

"（3）转让小规模农业用途注册农药。如果农药用于小规模农业用途：

"（A）款（1）（C）（ⅱ）所指的 90 天时期内，农药注册人可以把自身和受让人（包括使用农药的人）之间的协议告之环境保护局局长，以取消或修订注册的方式终止农药的使用。

"（B）根据环境保护局局长采取的任何规章而申请转让注册时，申请人必须在根据（A）的规定在发出通知之日后的 30 天内把申请提交给局长。一旦申请人提交了申请，局长可以批准转让。但是局长将不批准通过自愿取消或修订方式终止农药使用的申请，除非局长鉴定如果继续使用农药将会对环境造成过度的负面影响。

"（C）如果局长批准了转让而且注册人转让了农药的注册，部长在 180 天内（从批准转让之日开始算）将不得通过取消或修订注册的方式停止农药的使用或废除注册转让，除非局长鉴定如果继续使用农药将会对环境造成过度的负面影响。

"（D）农药的新注册人应该承担转让待定期间的余下农药数据和其他要求。"

第 1495 条　害虫防治。

《联邦杀虫剂、杀菌剂和灭鼠剂法》（《美国法典》第 7 篇 136w-3）经过了修订：

（1）在"局长"，之前删去"（a）总则"。

（2）在末尾添加以下的新款：

（Ⅰ）总则。环境保护局局长应该协同农业部部长鉴定：

（A）害虫防治可行性；

（B）小杂粮的较小害虫防治问题或主要作物的小问题或当地问题，以及主要作物的小问题或当地问题较小的害虫防治问题；

（C）影响具体害虫防治方法的因素，包括对防治方法的抵制和限制防治方法的监管行为。

（2）报告。农业部部长应该在本款执行之后的不晚于 180 天内制定并向环境保护局局长提交一份报告。报告应该：

（A）包括（1）所描述的信息以及《1990 年粮食、农业、资源保护和贸易法》第 1651 条要求的信息；

（B）在（1）标明缺乏防治方法的地区，明确重要害虫防治需要；

（C）详述为了解决（B）所鉴定的需求而采取的研究和拓展活动。

（c）综合害虫管理。环境保护局局长应该联合农业部部长找到符合生产者需求的综合害虫管理防治方法，尤其要注重小作物害虫防治 。

第 1496 条　按照内容表进行修订。

《联邦杀虫剂、杀菌剂和灭鼠剂法》（《美国法典》第 7 篇前言 121）的条款 1（b）经过了修订：

（1）把与条款 6（f）（1）相关的条款删去并在下面插入以下新条款：

"（1）自愿取消；"

（2）在与条款 6（f）相关的条款末尾添加以下的新款：

"（3）转让小规模农业使用的农药注册；"

（3）把第 128 条相关的条款删去，并插入以下的新内容：

"第 28 条　识别害虫；和农业部环境保护计划合作。

"（a）总则。

"（b）害虫防治可行性。

"（1）总则。

"（2）报告。

"（c）综合害虫治理。"

第 1497 条　地区间研究项目之 4（IR‑计划）。

1965 年 8 月 4 日（《美国法典》第 7 篇 450i）通过的第 2 条"理顺农业部工作的法规，和其他目的"经过了修订：

（1）把（e）到（i）重新编排为（f）到（j）；

（2）在（d）后面插入以下新款：

"（e）（1）农业部部长应该制定《地区间研究项目 NO.4》（此后在本条款简称为"IR‑4 计划"）协助收集余下的、有效的数据以支持：

"（A）根据《联邦杀虫剂、杀菌剂和灭鼠剂法》（《美国法典》第 7 篇 136 及以下）的规定注册或再注册小规模农药使用；

"（B）根据《联邦食品、药品和化妆品法》（《美国法典》第 2 篇 346a，348）第 408 和 409 条的规定允许在未加工的农产品上残留轻微的化学品残迹。

"（2）部长应该配合环境保护局局长、州农业实验站、大学、拓展机构、私人机构和其他当事人一起实施 IR‑4 计划。

"（3）部长在实施 IR‑4 计划时应该优先考虑用于供农作物生产的农药的注册、再注册和准许。

"（4）作为实施 IR‑4 计划的一部分，部长应该：

"（A）参与旨在减少注册农药在小规模农业使用中残留物的研究；

"（B）找到适用于分析注册农药在小规模农业使用中残留物的技术，包括自动化技术和分析方法的验证；

"（C）协调农业部、环境保护局的其他项目（这些项目旨在找到并推广生物和其他替换性防治措施）。

"（5）部长应该制定并向相关国会委员会提交一份年度报告，报告内容要求：

"（A）列出所有的注册、再注册，以及上一年度所收集数据的公差；

"（B）列出所有的注册、再注册，以及下一年度将要收集数据的公差，并注明列表需要优先考虑的系统；

"（C）列出根据（4）的规定在 IR-4 计划中已经实施的所有活动。

"（6）部长应该在本节执行之日后的一年内向国会提交一份报告，报告包括根据本计划的规定注册、再注册或残余物数据公差所需偿还的费用。上述的偿还只适用于本计划残余物数据制成后能从上述注册、再注册或数据公差中获利的那些注册人。上述报告应该包括：

"（A）分析上述费用给 IR-4 计划所带来的利好；

"（B）分析上述费用对注册人注册或再注册小规模使用农药的可行性的影响；

"（C）对实施上述偿还政策的建议。

"（7）在 1991 财政拨款年度授权拨款 25 000 000 美元，而且上述的费用对随后实施本条款的财政授权年度是有必要的。"

（3）在"子条款（b）"后插入以下："和（e）"。

第 1498 条　生物害虫处理研究。

（a）研究。国家科学院应该在不迟于 1992 年 30 日开展一项生物防治和注册程序的研究（生物防治计划和注册程序为食品和药物局、动植物健康检查处和环境保护局所用）。

（b）流程的制定。（a）款下的研究完成后 1 年内，本款规定的相关机构和部门应根据该等研究以及国家科学院和其他公共意见，就该等机构和部门提交的生物控制申请，制定并实施审批流程。

第 1499 条　关于农业化学品的水利政策。

（a）权限。就为农业化学品的用户和经销商制定并交付教育项目、技术援助和研究项目而言，农业部是主要负责的联邦机构，以确保：

（1）用户谨慎、经济和环保地使用、存储和处理农业化学品；（2）农业化学品的用户、经销商和公众理解其行为的含义以及对水的潜在影响。

部长获授权联合其他联邦、州及当地政府部门和机构以及相关的非盈利性组织，实施该等项目和援助。部长应宣传扩展、技术援助、研究及相关活动所取得的成果。按照本法第 1612 条规定部长应联合环境品质局，采取本子篇项下的活动。

（b）对现有权限的影响。（a）款所授予的权限，不得更改或影响环保局在《联邦杀虫剂、杀菌剂、灭鼠剂法》（《美国法典》第 7 篇 163）中的责任。

（c）参与。以下机构须参与部门的水项目：农业研究服务处、农业稳定和资源保护服务处、动植物卫生检验署、州合作研究服务处联合州农业经验站的系统、经济研究服务处、扩展服务处以及州县的合作扩展服务处、森林服务处、国家农业图书馆、国家农业统计服务处、水土保持服务处以及部长认可的其他部门内的其他机构。

第 15 篇　农业贸易

第 1501 条　简称。

本篇援引为《1990 年农业发展和贸易法》。

子篇 A 《1954 年农业贸易发展和援助法》

第 1511 条 简称。

本子篇可援引为《米奇·乐兰德粮食促进和平法》。

第 1512 条 《1954 年农业贸易发展和援助法》。

《1954 年农业贸易发展和援助法》修订为：

"第 1 条 简称。

"本法案可以引述为《1954 年农业贸易发展和援助法》。

"第 2 条 美国政策。

"美国的政策为使用其丰富的农业生产力，通过使用本法项下的农产品和当地货币，改善粮食安全，促进美国的外交政策，以实现：

"（1）消除世界饥饿、营养不良及其成因；

"（2）促进包括农业发展在内的基于广泛基础、公平和可持续发展；

"（3）发展国际贸易；

"（4）发展壮大美国农产品出口市场；

"（5）促进和鼓励发展中国家民营企业的发展和提高民众参与度。

"第 3 条 全球粮食援助需求。

"根据国家科学院国家研究委员会的发现，为满足整个 90 年代全球对食品的预计需求，必须在 1990 年每年 10 000 000 吨的基础上，将粮食援助翻倍，在国会看来，总统必须：

"（1）增加美国对食品援助所做出的贡献，并鼓励其他捐赠国家增加其援助，以满足新的粮食援助需求；

"（2）鼓励其他发达国家增加粮食援助，特别是通过扩展全球粮食和农业援助项目，消除世界范围内的饥饿和营养不良现象。

"第 1 篇 贸易和发展援助

"第 101 条 贸易和发展援助。

"（a）概述。总统应在本篇下建立一个项目，向发展中国家出售农产品换取美元（基于赊销条款）或当地货币，供本篇下的使用。该项目应由部长开展。

"（b）一般权限。为实施相关政策和实现第 2 条所述目标，部长可就向发展中国家出售和出口农产品提供资金，与该等国家谈判并签订协议。

"第 102 条 有资格的国家。

"（a）概述。只有部长认为在外汇收入方面存在短缺并且难以通过商业渠道满足其食品需求的发展中国家，方有资格获得本篇下的援助。

"（b）优先权。为决定是否以及在何种程度上向发展中国家提供本篇下的农产品，部长应予以下发展中国家优先权：

"（1）对粮食有极大需求；

"（2）为了发展经济，正在采取措施，改善粮食安全和农业发展，消除贫困，并促进基础广泛、公平和可持续的发展；

"（3）证明该国家有潜力使美国农产品在其商业市场上具有价格竞争力。"

"第103条　销售的条款和条件。

"（a）付款。

"（1）美元。除非（2）另有规定，否则本篇下的协议，应要求使用美元为农产品付款。

"（2）当地货币。

"（A）概述。部长可允许接收国家使用该等国家的当地货币，支付本篇下协议的款项，并将该等付款的收入，用于开展第104条下的活动。

"（B）汇率。以当地货币支付的款项，其汇率不得低于该国合法可获得的最高汇率，并且不得低于任何其他国家可获得的最高汇率。

"（b）利息。该等协议应规定，该等协议项下的拖欠款项的应计利息，其利率应为部长视为恰当的优惠利率。

"（c）期限。该等协议项下的应付款项，可以在合理的期限（自协议规定的最后交付日期起，10年以上和30年以内）内，每年支付合理的金额。

"（d）拖欠款项。部长可延期接收国家在该等协议项下首次付款的日期，但自每年最后一次交付商品之日起，不得超过7年，利息计算从最后交付之日起开始计算。

"（e）交付商品。根据协议条款交付商品。

"第104条　使用当地货币付款。

"（a）概述。部长应根据本条规定，使用接收国家的当地货币进行付款。

"（b）专用账户。部长在本篇下收到的外汇，应以美国的名义，存入专用的计息账户，该等货币及其利息，应根据本条的规定使用。

"（c）活动。（a）款所述付款的收益，接收国家可以在以下方面使用：

"（1）贸易发展。在互惠互利的基础上，开展项目，帮助美国农产品在接收国家拓展市场。

"（2）农业发展。以支持：

"（A）更好的农业生产，包括农业投入的可用性，特别是小型农场、农产品加工、林业管理以及水土保持；

"（B）私营农业发展的信贷政策；

"（C）建立并扩展相关机构，加强基础和应用研究，发展扩展服务；

"（D）控制啮齿类动物、昆虫、杂草和其他动植物害虫的项目。

"（3）农业经营开发贷款。为在该等接收援助的国家发展农业经营并扩展农业贸易，向美国的商业实体（包括合作社）及其分支、子公司或附属机构提供贷款。

"（4）农业设施贷款。为了增加美国农产品的销量或市场份额，向国内外实体（包括合作社）提供贷款，建立相关设施。

"（5）促进贸易。根据部长建立的程序，按部长要求发放贷款或举办其他活动（包括贸易展会），以促进农业贸易的发展。

"（6）私营农业贸易的开发。在接收国家，开展部长认为恰当的私营农业贸易开发活动。

"（7）研究。开展农业、林业和水产研究，包括对美国和接收国家均有利的合作研究。

"（8）美国债务。支付美国的债务（包括根据其他法律产生的债务）。

"（d）关于使用当地货币的财政要求。

"（1）豁免。总统根据（c）款（1）至（7）所使用的当地货币，不适用《美国法典》第31篇第

1306 条的规定。

"（2）其他机构使用货币。除农业部以外，联邦政府任何其他部门或机构通过借贷使用当地货币，应向商品信贷公司偿付同等结的美元货币。

"第 105 条　增值食品。

"（a）政策。国会宣布政策支持目前是或曾经是接受美国援助的发展中国家，具体食品是第 2 篇下的高蛋白质、混合或强化食品，通过持续此类食品，继续消除该等国家低收入人口，特别是儿童的饥饿和营养不良现象。

"（b）部分放弃还款。在实施（a）款所宣布的政策时，按照本篇规定，部长签订高蛋白质、混合或强化食品的销售协议时，如果该等国家：

"（1）确保本款下授予的任何放弃的利益，应转移给该等食品的各接受者；

"（2）具有将放弃的利益转移给该等食品的商业采购商的潜力；可规定放弃部分付款，但不得超过该等产品的加工、增加营养元素或强化营养成分的成本。

"（c）最低影响。在实施本条时，部长应在切实可行的范围内，将本条对全谷物的商业销售和优惠销售的影响降至最低。

"第 2 篇　紧急和私人援助项目

"第 201 条　一般权限。

"总统应在本篇下建立一个项目，代表美国人民向外国提供农产品，以实现：

"（1）应对饥荒紧急救助或特殊救济；

"（2）消除营养不良，特别是妇女儿童的营养不良；

"（3）开展活动，努力消除饥饿、死亡和患病的成因；

"（4）促进经济和社区发展；

"（5）宣传环保常识；

"（6）开展食物供应项目。

"该等项目应由主管人负责实施。

"第 202 条　提供农产品。

"（a）紧急援助。尽管有法律规定，主管人也可通过政府和公共或私人机构，包括世界粮食计划署等政府间组织和其他多边组织，主管人提出恰当的应对紧急状况的方法和条款，提供农产品，以满足本篇下的紧急食品需求。

"（b）非紧急援助。根据本篇规定，与主管人签订协议的有资格的组织（定义见（d）款），按本款要求提供非紧急援助农产品。

"（c）援助的使用。按本款规定提供的农产品，可用于直接销售以物易物或其他合理处置。

"（d）有资格的组织。为获得收到（b）款所述援助的资格，该组织应该：

"（1）在切实可行的范围内，与已经在行政部门登记的私人志愿组织或合作社合作；

"（2）政府间组织，如世界粮食计划署。

"（e）支持私人志愿组织与合作社。

"（1）概述。按本款规定，每财政年度可向私人志愿组织与合作社提供的资金中，主管人应拨出 10 000 000 美元以上、13 500 000 美元以下的资金，用于援助该等组织和合作社：

"（A）建立本篇下的新项目；

"（B）支付在外国实施本篇下的项目所产生的具体行政、管理、人事和内部运输和分配成本。

"（2）资金申请。为收到（1）下所提供的资金，向主管人提供本篇下的协议的建议书时，私人志愿组织或合作社必须同时提交该等资金的申请（必须经由主管人批准）。该等资金申请必须详细说明：

"（A）该等资金将抵消的项目成本；

"（B）为实施具体的援助项目，需要该等资金的原因；

"（C）该等资金将向外国（特别是遭受严重、长期粮食短缺的撒哈拉以南非洲国家）提供粮食援助的程度。

"（3）关于销售的援助。应私人志愿组织或合作社的请求，主管人可向该等组织或合作社，按照本篇要求向其销售农产品，提供援助。

"（f）产品的有效使用。为确保本篇下提供的农产品得以有效用于最迫切需求的领域，负责分配该等产品的组织或合作社应该：

"（1）在可行的范围内，与本地机构合作，并雇用本地员工；

"（2）评估并考虑受益群体的营养和其他需求；

"（3）帮助该等受益群体设计和实施双方均可接受的项目；

"（4）根据当地情况提供援助方法，向主管人提出建议；

"（5）监管本篇下所提供的商品分配，监督项目实施；

"（6）定期评估本篇下开展项目的效果。

"（g）标记。在切实可行的范围内，提供本款规定的产品，应在该等商品的包装物或容器上，以当地语言，清晰地注明该等商品由美国人民提供。

"第 203 条　私人志愿组织与合作社所产生的外汇及其使用。

"（a）当地商品销售与实物交易。主管人通过私人志愿组织或合作社提供本款要求的粮食援助与该等组织或合作社签订协议，规定商品在接收国家的销售或实物交易原则。

"（b）当地销售的最低水平。在履行（a）款所述类型的协议时，主管人要求私人志愿组织和合作社在接收国家出售的产品数量，按本款规定，不得超过各财政年度非紧急项目总产品的10％，以换取外汇收益，并根据本条的规定使用该等外汇收益。

"（c）介绍计划用途。根据本款非紧急粮食援助协议提交建议书，私人志愿组织或合作社应在该等建议书中，介绍在接收国家出售馈赠产品所产生的外汇收益的计划用途。

"（d）使用。私人志愿组织或合作社全部或部分出售非紧急援助的产品或进行实物交易产生的外汇收入可以：

"（1）依据本篇提供的农产品的运输、存储、分配或通过其他方式提高其使用效果；

"（2）援助接收国用于增加收入，促进社区发展，发展健康事业，加强民众营养，加强合作发展促进农业建设以及其他相关活动；

"（3）用于投资，所产生的任何收益，要继续用于援助，无须国会进一步拨款。

"第 204 条　援助水平。

"（a）最低水平。

"（1）最低援助。除非（3）另有规定，否则主管人在本篇提供用于粮食分配的农产品的数量应为：

"（A）1991 财政年度，不得低于 1 925 000 吨；

"（B）1992 财政年度，不得低于 1 950 000 吨；

"（C）1993 财政年度，不得低于 1 975 000 吨；

"（D）1994 财政年度，不得低于 2 000 000 吨；

"（E）1995 财政年度，不得低于 2 025 000 吨。

"（2）最低非紧急援助。就（1）中规定的数量而言，除非（3）另有规定，主管人应要求第 202 条有资格的组织，为非紧急粮食援助提供农产品，数量为：

"（A）1991 财政年度，不得低于 1 450 000 吨；

"（B）1992 财政年度，不得低于 1 475 000 吨；

"（C）1993 财政年度，不得低于 1 500 000 吨；

"（D）1994 财政年度，不得低于 1 525 000 吨；

"（E）1995 财政年度，不得低于 1 550 000 吨。

"（3）例外情况。如果主管人认为该等产品数量无法有效地执行本报告要求，主管人可放弃任何财政年度（1）和（2）的要求。在作出放弃时，主管人应准备并向众议院外交事务委员会和农业委员会以及参议院的农业、营养和林业委员会提交报告，报告中应注明放弃的原因。

"（b）增值产品的使用。

"（1）最低水平。除（2）规定的情况外，提供本篇的农产品时，主管人应确保（a）（2）款项下任何财政年度应分配的农产品中，不低于 75% 的产品已经完成加工、强化或装袋。

"（2）放弃最低要求。如果主管人认为本篇建立的项目的要求，无法通过执行该项下的该等要求实现最佳效果，则主管人可放弃任何财政年度中（1）中的要求。

"第 205 条　粮食援助咨询小组。

"（a）设立。设立粮食援助咨询小组（以下称为"小组"），定期举行会议建立和实施粮食援助项目的规定和程序，对其有效性进行监督，对私人志愿组织、合作社和当地非政府组织其他条款的实施情况，进行审查并处理相关事宜。

"（b）成员。小组应由以下成员组成：

"（1）主管人；

"（2）负责国际事务和商品项目的副部长；

"（3）美国国际开发署监察长；

"（4）参与本篇的各私人志愿组织和合作社，或从本篇建立的机构，收到规划援助资金的代表；

"（5）主管人指定的非洲、亚洲、拉丁美洲的当地非政府组织的代表。

"（c）主席。主管人担任小组的主席。

"（d）咨询。在编制实施本篇的规定、手册或方针，或对其进行重大修订时，主管人应向小组提交建议书，以供审查和评论。在颁布该等拟议规定、手册或方针或其修订之前，主管人应就相关事宜向小组咨询并（如恰当）举行会面。

"（e）咨询委员会法。《联邦咨询委员会法》（《美国法典》第 5 篇）不适用于小组。

"（f）解散。小组应于 1995 年 12 月 31 日解散。

"第 206 条　开支的最高水平。

"（a）最高支出。（b）款另有规定除外，在任何财政年度，为向商品信贷公司支付项目的所有相关费用，援助项目所需的拨款超过了 1 000 000 000 美元，则不得开展本篇下的该等援助项目。

"（b）总统放弃。出于紧急需求或紧急人道主义救助，总统可放弃（a）款所述限制。

"第 207 条　管理。

"（a）建议书。

"（1）决策时间。主管人收到建议书后 45 天内做出决策，建议书由以下组织提供：

"（A）私人志愿组织或合作社，经由美国关于商品项目外地特派团的同意；

"（B）美国外地特派团，负责为私人志愿组织或合作社提供商品；

"（2）拒绝。如果（1）中的建议书被拒绝，回复中应注明拒绝的原因，并提出具体指导建议。

"（b）通知和评论。实施本篇的最终方针出具后 30 天内，主管人应：

"（1）通知参阅拟定方针，并要求其提出意见和建议；

"（2）应（1）所述组织、合作社和其他人士根据提出的要求，向其提供拟议的方针；

"（3）在出具最终方针之前，综合考虑上述组织提出的意见。

"（c）规定。

"（1）概述。根据项目（符合本篇规定的项目）的运行和实施情况，主管人应立即出具相关规定并对机构方针作出必要的修订。

"（2）要求。主管人按照如下要求，制定规则：

"（A）简化参与本篇建立的项目的流程；

"（B）减少该等项目项下的文书要求；

"（C）建立合理和实际的责任标准，应用于有资格参与本篇建立项目的组织，并考虑与在发展中国家开展项目的相关问题；

"（D）灵活开展本篇下的项目。

"（3）手册。为了协助开展协助本篇项目，主管人负责编制手册，旨在促进有资格的组织发展本篇的项目。

"（d）提交商品订单的截止日期。发出通知后，要求主管人按照本篇要求派发农产品，无论是通过采购还是提取库存，收到通知后 15 天内该商品应发送给商品信贷公司。

"第 3 篇　粮食促进发展

"第 301 条　双边捐赠项目。

"（a）概述。总统应根据本篇的规定，成立具体项目，向最不发达国家捐赠农产品。在接收国家出售该等商品所产生的利润，可用于经济发展活动。该等项目应由主管人负责实施。

"（b）一般权限。为实施第 2 条所述政策并实现预期目标，主管人应就在捐赠基础上向该等最不发达国家提供商品，与该等国家进行谈判并签订协议。

"第 302 条　有资格的国家。

"（a）最不发达国家。以下国家将被视为最不发达国家并有资格获得本篇的农产品的捐赠：

"（1）根据复兴和发展土木工程优惠政策国际银行规定，该国家符合其经济援助贫困标准；

"（2）部长根据（b）款的规定，认为该等国家存在粮食短缺，并且相当数量的人口面存在高度营养不良现象。

"（b）粮食短缺国家的指标。根据（a）（2）款规定，确定一个国家是否因为粮食短缺而存在高度营养不良的情况，主管人须参照以下标准确定该等国家是否满足国家粮食短缺和营养不良指标：

"（1）卡路里消耗。该国的人均每日消耗的卡路里低于 2 300 卡（1 卡＝4.184 焦）。

"（2）粮食安全要求。由于外汇收入存在短缺，该国无法通过国内生产或进口满足其粮食安全的要求。

"（3）儿童死亡率。该国 5 岁以下儿童的死亡率超过 10％。

"（c）优先权。主管人确定以某种程度向最不发达国家提供本篇的农产品时，应优先考虑符合以下标准的国家：

"（1）证明其对粮食的需求最大；

"（2）证明其有能力高效地使用援助的粮食；

"（3）承诺制定政策促进粮食安全，大幅减少饥饿和营养不良人群，成立专项计划，保证食品送达极度营养不良人群。

"（4）制定了基础广泛、公平和可持续的长期发展计划。

"第 303 条　赠予项目。

"为开展第 2 条所述项目并实现该条所述目标，主管人可通过商品信贷公司或私人贸易渠道，在赠予基础上向最不发达国家提供农产品，与该等最不发达国家谈判并签订协议。

"第 304 条　直接使用或出售商品。

"在本条向最不发达国家提供的农产品：

"（1）可用于该等国家的以下方面：

"（A）直接的食品供应项目，包括根据《1961 年对外援助法》（《美国法典》第 12 篇 2151b（c）（2））104（c）（2）条款，利用儿童生存基金处理妇女儿童的特殊健康需求；

"（B）紧急粮食储备的发展；

"（2）该国政府或主管人（或其指定人员），可根据协议的规定，在该等国家出售该等农产品，收益应根据本篇的规定使用。

"第 305 条　当地货币账户。

"（a）保留收益。在部长允许范围内，根据 304（2）款销售本篇提供的农产品所产生的收益，按照接收国家与主管人签订的当地货币协议，在接收国家存入专用账户（可计息），并用于该等国家。如果发生以下情况，主管人可决定不将该等收益存入专用账户：

"（1）当地货币按计划将用于 306（a）款所述的具体的经济发展；

"（2）根据主管人与接收国签署的协议要求，接收过要出具数额相当的款项用于其经济发展。

"（b）账户的所有权和规划。根据 304（2）款的规定而进行的销售所产生的收益，应为接收国家或美国的财产（视适用协议的规定而定）。该等收益应用于接收国家利益，并根据主管人与该国政府签订的当地货币协议支出。

"（c）整体开发战略。主管人应将当地货币收益视为国际开发署和接收国家整体开发战略不可分割的一部分。

"第 306 条　当地货币收益的使用。

"（a）概述。根据第 304（2）条款规定，销售所产生的当地货币收益，应用于接收国家的具体经济发展，包括：

"（1）推进具体的政策改革，改善国内的粮食安全和农业发展，并推广基础广泛、公平和可持续的发展；

"（2）建立发展项目、计划和活动，促进粮食安全，消除饥饿，改善营养，推广符合《1961 年对外援助法》（《美国法典》第 22 篇 2151b（c）（2））第 104（c）（2）款规定并且与儿童生存基金相关的家庭规划、妇女儿童医疗保健、口服补液治疗和其他儿童生存目标。

"（3）增加国内就业和收入的具体政策和项目，增加粮食供应渠道；

"（4）通过具体的政策和项目，鼓励自由和开发的市场；

"（5）支持美国的私人志愿组织和合作社，鼓励发展利用当地非政府机构；

"（6）采购该国生产的农产品（包括运输和加工费用）：

"（A）满足该国或邻国的紧急或重大救济要求；

"（B）发展紧急粮食储备；

"（7）采购商品和服务（农产品和相关服务除外），满足紧急或重大救济要求；

"（8）在切实可行的范围内，支付开展第 5 篇中获授权项目的成本；

"（9）旨在进一步推进第 2 条所述政策的私营部门发展活动，包括向金融中介机构提供贷款，供其向个人、合作社、公司或其他实体提供贷款；

"（10）与农业相关的维和部队的活动；

"（11）农业基础设施的发展，如公路、灌溉系统和电气化，改善农业生产；

"（12）研究营养不良及其成因，并为处理营养不良的问题，利用本条规定指定政策策略，并进行相关的研究；

"（13）支持农业科学研究（包括对美国和接收国家互惠互利的合作研究）、教育和扩展活动。

"《美国法典》第 31 篇第 1306 条，不适用于本款项下美国拥有的当地货币收益的使用。

"（b）支持本地的非政府组织。在切实可行的范围内，根据第 305（a）款，接收国家建立的账户中包含的金额，不得低于 10％的款项，由本地活跃的非政府组织和合作社支配，用于该国农业、农业教育、可持续农业生产、援助贫困人口和环境保护等项目。

"（c）非政府组织的当地货币投资。关于非政府组织因（a）款下的援助而获得的当地货币，非政府组织可使用此货币用于投资，投资产生的任何利益，可用于向该等组织提供援助目的，无须要求国会拨款。

"（d）支持部分教育机构。根据本篇存入专用账户的当地货币，如果主管人认为（a）款（1）至（13）所述活动或接收国家的经济发展无须使用该等当地货币，主管人可将货币用于支持其他机构（宗教机构除外）向当地美国公民（包括美国武装部队或驻外办事处的成员或该等成员的家属）提供农业科学或其他学科教育。

"第 4 篇　一般权限和要求

"第 401 条　商品的确定。

"（a）可使用的商品。在咨询联邦政府机构的前提下，根据总统制定的政策，综合考虑生产能力、国内需求、农场和消费水平、商业出口和充分的转期交割等各因素后，部长应在各财政年度开始前，确定本法项下可处置的农产品及其数量。

"（b）修改。部长可在财政年度中修改（a）款下的决定，须提前通知国会（包括修改的原因）。

"（c）无法使用的商品。除非部长认为必须将一部分用于本法中的紧急人道主义救助，否则不得将商品做此处理。这种做法减少国内商品供应，无法满足国内需求、不能完成充分的转期交割和出口兑换美元所需的水平。

"（d）实施本法的政策。在切实可行的范围内，部长应努力将本法项下所需种类和类型的可用农产品，维持在一个稳定的水平，以向发展中国家提供粮食援助，根据协议一贯要求，尽最大努力提供该等农产品。

"（e）无资格的商品。

"（1）酒精饮品。按本法案规定，不得提供酒精饮品。

"（2）烟草。烟草或烟草制品不得用于本法第 303 条或第 2 篇。

"（f）市场开发活动。按照第（e）（1）款规定，部长或美国葡萄酒、啤酒、蒸馏酒或其他酒精饮品行业的代表不得使用本法第 1 篇所提供的外汇，开展农业市场开发活动。

"第 402 条　定义。

"在本法中：

"（1）主管人。除非本法中另有规定，否则"主管人"均指国际开发署的主管人。

"（2）农产品。除非本法中另有规定，否则"农产品"是指在美国生产的农产品及农业制品，包括木材和加工木制品、鱼、牲畜以及增值、强化或高价值的农产品。根据第 2 篇规定，如果农业制品包含非产自美国的任何成分，并且美国生产并以公平和合理的价格出售该等成分，则该农业制品不能定义为美国生产，自 1991 年 10 月 1 日起开始生效。

"（3）合作社。"合作社"，是指由其成员经营获利、提供商业服务、为其成员提供发展机会、并不断壮大的私营组织。

"（4）发展中国家。"发展中国家"，是指外汇收入存在短缺并且通过商业渠道难以满足其所有粮食需求的国家。

"（6）本地的非政府组织。"本地的非政府组织"，是指按照接收国家法律经营的组织，或其主要工作活动地点在该国家，并且在该地工作，解决其所处国的发展问题，但担任外国政府代理或机构的组织不包括在内。

"（7）私人志愿组织。"私人志愿组织"，是指由私人提供资金、自愿捐款、工作时间或来获得公众实物支持，参与或计划参与志愿、慈善或发展援助活动（宗教互动除外）的非营利性非政府组织（如果是美国组织，则为《1986 年国内税收法典》第 501（c）（3）款项下的豁免联邦收入税的组织）。

"（8）部长。"部长"系指农业部长，本法另有规定除外。

"第 403 条　一般条款。

"（a）禁止。除非作出以下决定，否则不得提供本法项下的农产品：

"（1）商品抵达时，应提供充分的存储设施，以防止商品的损坏或浪费；

"（2）商品在接收国家的分配，不能对该国的国内生产或营销造成实质性的遏制或干扰。

"（b）咨询。部长或主管人，视情况而定，应向国际货币基金组织、国际复兴开发银行、世界银行和其他捐赠组织的代表进行咨询，确保美国农产品的进口和对当地货币的使用，不会对接收国家的农业或当地经济产生负面影响。

"（c）转运。部长或主管人根据相关条款规定，按照实际情况，要求该等国家做出承诺，防止或限制本法项下捐赠或采购的农产品转售或转运给其他国家，禁止用于国内用途以外的目的。

"（d）私人贸易渠道和小型企业。在最大的可行范围内，应在接收国家就以下各项，尽可能地使用私人贸易渠道：

"（1）销售私人库存；

"（2）销售商品信贷公司的库存；

"（3）捐赠。

"小型企业应给予公平参与该等销售的机会。

"（e）世界价格。在实施本法时，必须采取合理的预防措施，确保农产品的销售或捐赠不会过渡干扰农产品的世界价格或与外国的正常商业贸易模式。

"（f）宣传。接收本法项下商品的国家，应承诺在切实可行的范围内，通过使用公共媒体或通过其他方式，广泛地宣传该等商品由美国人民友情提供，以粮食促进和平。

"（g）私营部门的参与。部长或主管人按照实际情况应鼓励美国的私营部门和发展中国家的私人进口商参与本法项下的项目。

"（h）保护正常的销售。在实施本法时，应采取合理的预防措施，保护美国商品的正常销售，避免其他商品销售取代美国农产品。

"（i）军队分配粮食援助。

"（1）概述。部长或主管人根据实际情况，依据本法提供农产品，不得考虑接收者的政治关系、地理位置、民族、部落、宗教背景或考虑其他无关的因素。

"（2）禁止由军队处理商品。

"（A）概述。除非（B）另有规定，如果该等协议要求或允许有任何政府或叛乱组织的武装势力销售、处理或分配援助商品，则部长或主管人，视情况而定，不得就提供农产品而签订本法项下的协议。

"（B）例外情况。不论（A）有何规定，在以下特殊情况下，部长或主管人，视情况而定，可授权一个国家的武装势力处理或销售商品：

"（i）在没有非军队渠道的情况下，可进行该等处理或分配；

"（ii）该等行动符合第（1）项的要求；

"（iii）为满足接收国家人口的紧急健康、安全或营养需求，部长或主管人可根据实际情况同意该等行动。

"（C）报告。根据（B）提供授权后30天内，部长或主管人，视情况而定，应编写报告，并向国会相关的委员会并在报告中说明该等授权的原因，以及为什么没有其他替代方案。

"（3）鼓励安全通道。当签订本法项下的协议时，如果接收国家的相关区域正在经历持久战争或内战，部长或主管人，视情况而定，应在切实可行的范围内，鼓励冲突各方为商品和其他救济供应物资设立安全通道，并设立安全区，用于为医疗、人道主义救助和受伤人员的撤离。

"（j）侵犯人权。

"（1）无资格的国家。如果总统认为某国或政府持续严重侵犯国际认可的人权，部长或主管人根据实际情况不得与该国签订本法项下的任何协议，不得提供农产品或农产品销售资金，该等国家或政府包括：

"（A）施以酷刑或以残忍、非人道或侮辱人格的方式对待或惩罚公民；

"（B）未经指控而长期拘留公民；

"（C）以绑架或秘密拘留等手段导致公民失踪；

"（D）其他公然剥夺人的生命、自由或安全权利的行为。

"（2）放弃。如果援助旨在帮助该国急需帮助的人，并通过非政府渠道实施馈赠，则向该等国家提供援助不受第（1）项规定限制。

"（k）禁止堕胎。本法项下可使用的当地货币，不得用于作为家庭堕胎或鼓励、胁迫他人进行堕胎。

"第404条 协议。

"（a）概述。签订第1和3篇的协议之前，部长或主管人考虑如何改善粮食安全和农业发展，如何消除贫困和推广基础广泛、公平和可持续的发展，以及在援助接收国家采取何种措施来促进经济发展。

"（b）协议的条款。本法项下签订的协议应该：

"（1）预计每年拟向协议项下的国家或有资格的组织提供的农产品的价值或数量；

"（2）关于第1和3篇下签订的协议，说明农产品的提供方式或出售该等商品所获收益的支配（在商品出售的前提下），本协议将成为该国改善粮食安全和农业发展、消除贫困和推广基础广泛、公平和可持续农业的整体发展计划的一部分；

"（3）根据第1和3篇签订的协议，规定接收国有竞争力的私营部门参与存储、销售、运输和分配本法项下提供的农产品方面的具体方式方法；

"（4）包含每个财政年度中必要拨款的分配和农产品的可用性；

"（5）包含部长或主管人，视情况而定，认为必要的该等其他条款。

"（c）多年协议。

"（1）概述。依据本法规定多年向接收国家或有资格的组织提供援助。

"（2）例外情况。如果由于以下原因，部长或主管人决定不再向该等国家或有资格的组织提供多年援助，而是按年提供，具体情况包括：

"（A）该国或该组织实现项目目标的过往表现，不足以担保多年协议；

"（B）预计该等国家或组织对粮食援助的需求不会超过一年；

"（C）部长或主管人，视情况而定，决定的其他情况表明仅需一年的协议。

"（d）协议评估。如果部长或主管人认为该等国家未实现本法的目标或要求，可决定终止或拒绝与接收国家签订多年协议。在作出该等决定时，部长或主管人可决定该国在多大程度上：

"（1）进行重大的经济发展改革；

"（2）为粮食和农业生产商提供自由和开放的市场；

"（3）鼓励更高的粮食安全。

"第 405 条　磋商。

"在实施本法时，部长和主管人应相互合作和磋商。

"第 406 条　使用商品信贷公司。

"（a）概述。商品信贷公司应获得并提供履行本法项下协议所必须的（根据第 401（a）款决定提供）农产品。

"（b）包含费用。就本法项下提供的商品而言，商品信贷公司可支付：

"（1）获得该等商品的成本；

"（2）包装、改进、保存和强化该等商品的相关费用；

"（3）该等商品在美国港口的船上交货之前，加工、运输、处理和其他相关的费用；

"（4）从美国港口运输到指定的入境港口的海运费用；

"（5）在以下情况下，从美国港口将该等商品运输到指定入境站相关的运输费用：

"（A）内陆国家；

"（B）因自然或其他原因港口无法有效的使用；

"（C）没有送达特定国家的承运人；

"（D）使用港口以外的其他入境方法，可有效地节约大幅成本；

"（6）如果商品用于紧急或重大的救助要求（包含预先配备的商品），将商品从指定入境站或港口运输到仓储或分配点所产生的运输费用，以及相关的仓储和分配费用；

"（7）商品海上运输所产生的共同海损保险费用。

"（c）商品信贷公司。为实施本法，可使用商品信贷公司的资金、设施和权限。

"第 407 条　行政条例。

"（a）第 1 篇项目。

"（1）获取。进口国家应获得第 1 篇将提供资金的农产品。

"（2）招标邀请。按照第 1 篇规定，不得为从私人库存农产品或采购海上运输提供资金，除非该等采购基于在美国公开广告的招标作出，并且中标者应遵照该等招标邀请，并且在美国公开招标和开标。第 1 篇提供资金的商品采购或海上运输的中标，应遵循有效的投标程序，公平竞争，反应迅速。

"（b）费用的报告。

"（1）要求。不论法律有任何其他规定，在第 1 篇，任何农产品或资助海上运输或商品信贷公司捐赠的农产品的供应商，向进口商或进口国家的任何代理、经纪或其他代表支付或将要支付的任何佣金、费用或其他任何形式的报酬，应由商品或海上运输的供应商承担，并向部长汇报。

"（2）内容。根据第（1）项的规定呈交的报告，应指出付款的对象（个人或实体）以及支付的佣金或费用的数额。

"（3）信息的公布。部长应：

"（A）保存本条提供的所有信息，供公众检查；

"（B）每年公布（A）所提及信息的报告；

"（C）向国会相关的委员会递交（B）中所提到的年度报告的副本。

"（4）未能呈交。如果商品供应商或海上运输供应商，未能根据本款的要求提交报告，或提交了虚假报告，该等供应商未来5年内没有资格直接或间接提供第1篇商品或海上运输服务。

"（c）代理。

"（1）部长或商品信贷公司的权限。

"（A）一般规定。除非（B）另有规定，否则如果其视为恰当，部长或商品信贷公司可担任采购或运输代理，或同时二者兼任，为进口国家安排本条提供了资金的商品的采购或运输。

"（B）例外情况。不论（A）有何规定，部长或商品信贷公司，可根据有竞争性的投标流程，与货运代理签订合同，由该等代理代表部长或商品信贷公司，处理本法项下提供了资金的商品的运输。

"（C）避免承包商的利益冲突。部长或商品信贷公司在第1篇雇佣的货运代理，在与美国政府订约期间，不得代表任何其他外国政府。

"（2）合理的费用和佣金。

"（A）费用。不论法律有任何其他规定，部长或商品信贷公司可以与进口国家签订协议，协议将规定部长或公司提供采购或运输代理服务的方式，确定该等服务的费用。任何该等费用，应根据服务质量，以公平、合理的价格支付，并应根据提供该等服务所产生的费用实报实销。

"（B）不得支付佣金。使用本法项下提供的资金采购农业商品时，不得向任何销售代理或采购商的代理提供佣金、费用或支付其他款项。

"（3）限制。就本法项下提供的商品运输而言，向代理、经纪、顾问或进口商或进口国家其他代表就海上运输经纪服务所支付的佣金、费用或其他款项不得：

"（A）超过部长视为恰当的数额；

"（B）由该等人士与进口商、进口国家或其代表共享。

"（4）避免利益冲突。如果相关人士参与了上述商品的海上运输服务，则在其担任代理、经纪、顾问或其他代表的财政年度，该人士不得担任美国政府、进口商或进口国家与该等商品相关的代理、经纪、顾问或其他代表。在本项中，"运输相关的服务"，是指减载、货物装卸、装袋或目的地区域的路上运输。

"（d）第2和3篇的项目。

"（1）获取。主管人应转移、安排运输和采取其他必要的措施，提供标第2和3篇所要求的农产品。

"（2）全面和公开竞争。第2和第3篇提供的资金，不得用于美国政府向私人库存采购农业商品或支付海上运输服务，除非主管人认为该采购符合公开竞争采购程序。

"（3）避免利益冲突。国际开发署在第2和第3篇雇佣的货运代理在与美国政府订约期间，不得代表任何其他政府。

"（4）海上运输服务。不论经修订的《1949年联邦物权法》或任何类似的条例对美国政府合同的签订和履行有何规定，主管人可通过适当的、完全公开的竞争程序，采购本法项下的海上运输服务。

"（e）装运时间。决定本法项下将提供的农产品的装运时间时，部长或主管人视情况而定，应考虑：

"（1）任何有竞争商品接收国家的收获季节；

"（2）其视为恰当的其他因素。

"（f）第1和3篇的协议的截止日期。在切实可行的范围内，第1与第3篇的协议，其签订时间不得迟于：

"（1）按协议规定，在第一个财政年度的11月30日之前，完成农产品装运；

"（2）《农业发展、农业和相关机构拨款法》生效之日起60天内，按协议规定，要完成农产品装运。

"以二者中较晚者为准。

"（g）年度报告。

"（1）概述。总统应编制年度报告，描述本法项下上一财政年度所开展的项目和活动。

"（2）内容。各份报告应包含：

"（A）收到他国或相关组织提供的食品和其他援助的国家和组织；

"（B）概述本法项下所开展的项目或活动，包括当地货币资助活动；

"（C）根据《1949 年农业法》416（b）和《1985 年粮食促进和平法》陈述各国的农产品的数量。

"（3）呈交。总统应于每年的 1 月 15 日之前，向众议院农业委员会和对外事务委员会以及参议院农业、营养和林业委员会呈交该等报告。

"（h）世界粮食日报告。世界粮食日，即每年的 10 月 16 日，总统应向国会的相关委员会，提交一份在部长和主管人协助下编制的报告，评估接收美国粮食援助的各个国家在粮食安全方面所取得的进步。报告还应该着重介绍该等国家最贫困人口的营养情况。

"第 408 条　截止日期。

"1995 年 12 月 31 日后，不得就本法项下的资助销售或提供其他援助签订任何协议。

"第 409 条　规定。

"本法颁布之日起 180 天内，应颁布实施本法条例的规定。

"第 410 条　项目的独立评估。

"（a）第 1 篇的项目。自本法颁布之日起 2 年内以及其后 2 年，美国总审计长应选择 5 个国家，作为 3 个地理区域所有国家的代表，负责接收第 1 篇提供的援助，并评估第 1 篇的资金在该等国家的使用，对农业发展、农业贸易开发的影响以及该等资金的财务管理情况（参考管理该等资金的人员要求）。

"（b）第 2 篇的项目。自本法颁布之日起 2 年内以及其后 2 年，美国总审计长应选择 5 个国家，作为 3 个地理区域所有国家的代表，负责接收第 2 篇提供的援助，并评估第 1 篇的资金在该等国家的使用，对增强该等国家的粮食安全和使用当地货币对经济发展的影响以及该等资金的财务管理（参考管理该等资金的人员要求）。

"（c）第 3 篇的项目。自本法颁布之日起 2 年内以及其后 2 年，美国总审计长应选择 5 个国家，作为 3 个地理区域的所有国家的代表，负责接收第 3 项下提供的援助，并评估：

"（1）该篇商品在该等国家的使用情况；

"（2）第 3 篇在该等国家设立的专用账户资金的使用情况；该等使用和资金对改善该等国家的粮食安全（包括营养）的影响以及该等资金的财务管理（参考管理该等资金的人员要求）。

"（d）向国会报告。美国总审计长应就本条项下开展的评估，准备并向众议院对外事务委员会、农业委员会以及参议员农业、营养和林业委员会提交一份报告。

"第 411 条　债务减免。

"（a）权限。总统在综合考虑一国的财务资源后，可放弃该国根据本篇的美元销售协议，本应向商品信贷公司支付的任何本金或利息，但须满足：

"（1）该等国家为最不发达国家；

"（2）以下二者之一：

"（A）国际货币基金组织协议在该等国家已生效；

"（B）国际复兴开发银行或国际开发协会就该等国家实施了结构调整计划；

"（C）国际货币基金组织与该等国家达成了结构调整贷款、强化结构调整贷款或类似的监管安排；

"（D）即便未生效该等协议、项目、贷款或安排，该国正在努力进行国家经济政策的改革，促进民主、市场主导和长期的经济发展。

"（b）总统要求免除债务。总统可批准（a）款的债务减免，但须通知国会。通知应：

"（1）注明总统建议免除的官方债务的金额；

"（2）注明拟议债务减免的国家以及该等国家有资格获得债务减免的原因。

"（c）要求的拨款行动。本条项下减免的本金及其利息，其总额不得超过本法规定的款项总额。

"（d）新信贷援助的限制。如果本条项下的权限用于减免某国根据本法本应支付的款项，则自实施减免权限之日起 2 年内，总统不得向该等国家提供新的信贷援助，除非总统在提供援助前，向国会提交予以新信贷援助的书面解释。

"（e）适用性。本条项下的权限，适用于本法生效日期之前所签订的信贷销售协议。

"第 412 条　拨款的权限。

"（a）偿还。获授权拨款实施以下各项所必须的款项：

"（1）第 1 篇建立的优惠信贷销售项目；

"（2）第 2 篇的紧急和私人援助项目；

"（3）第 3 篇建立的捐赠项目，包括商品信贷公司为实施本法项下项目所产生或将产生的实际开销，在未向商品信贷公司偿付的范围内，应向商品信贷公司支付的款项。

"（b）限制 。各财政年度为实施第 1 和 3 篇可使用的金额中，不低于：

"（1）40％的款项应用于第 1 篇建立的信贷销售项目；

"（2）40％的款项应用于第 3 篇建立的捐赠项目。

"（c）资金的转移。不论法律有任何其他规定，除非（b）款另有规定，制定本法时，必要情况下，总统可将任何财政年度为实施本法任何篇可使用的资金，用于实施本法的任何其他篇，但不得超过该等资金的 15％。

"（d）预算。在提交美国预算时，总统应将本法项下的支出归类为国际事务支出，而非农业和农业资源支出。

"（e）商品的价值。不论法律有任何其他规定，应该依据本法项下产生的费用确定偿还商品信贷公司的金额，《1949 年农业法》（《美国法典》第 7 篇 1421）第 1 篇获取的来自商品信贷公司的库存的商品，在确定其价值时，所采用的价格不得高于本法项下由部长确定的该等商品的出口市场价格。

"第 413 条　对外援助项目的协调。

"在最大的可行范围内，为了更好地执行本法案的项目计划，要重点发展最不发达国家的营养援助和儿童生存项目，并投入相应的资金。

"第 414 条　支持促进美国毒品控制目标方面。

"（a）实质性伤害。如果某一农产品（或农业制品）将与美国生产的类似农产品（或农业制品）在全球市场上存在竞争，并且总统认为该等竞争将对美国的生产商造成实质性伤害，则本法项下所提供并可使用的当地货币，不得用于资助该等农产品（或农业制品）的出口生产。

"（b）毒品控制的例外情况。不论（a）款有何规定，总统可以提供本法项下的援助，包括通过使用本法项下的出售商品所产生的当地货币收益，援助作为违禁毒品主要生产国家（定义见《1961 年对外援助法》第 481（i）（2）款）并且有资格的国家所采取的经济发展活动，以降低该等国家对种植毒品或精神药品原材料农作物的依赖。

"第 5 篇　从农民到农民的项目

"第 501 条　从农民到农民的项目。

"（a）概述。为进一步援助发展中国家、中等收入国家和发展中的民主国家以及新兴的民主国家，增加农业生产和农民收入，不论法律有任何其他规定，总统有权：

"（1）设立并管理美国与该等国家之间的从农民到农民的项目，支持增加粮食生产和分配，改善务农的效率和农民的市场经营；

"（2）利用美国的农民、农业学家、政府赠予土地的大学、私营农业综合企业和非营利性农业组织，让其与该等国家的农民和农业组织合作，协助改善该等国家的农场、农业综合企业的经营以及农业体系，包括动物医疗保健、大田作物种植、水果和蔬菜种植、牲畜经营、食品加工和包装、农业信贷、营销、投入、农业推广以及加强合作社和其他农民团体；

"（3）在人民对人民的基础上，将美国农业生产商和从业者的知识和专业技术转移给该等国家，同时通过现金或非现金服务，支持公私领域要求，支持技术援助活动的相关农业组织，促进该等国家的民主进程；

"（4）在切实可行的范围内，与私人志愿组织、合作社、政府赠予土地的大学、私营农业综合企业和非营利性农业组织签订合同或合作协议或向其作出捐赠，以实施本条的规定（但任何该等合同或其他协议只可要求美国在预算权限范围内提供（c）款可使用的费用或拨款法预先提供的费用）；

"（5）协调本条项下设立的项目与美国开展的其他对外援助活动；

"（6）在切实可行的范围内，通过使用本法项下出售农产品所产生的外汇收益以及其他类型的对外援助活动所产生的当地货币，扩充本条项下项目可使用的资金。

"（b）定义。在本条中，以下词语及表达的定义如下：

"（1）新兴的民主国家。"新兴的民主国家"，是指正在采取措施实现以下目标的国家：

"（A）以朝着自由和公正地选举和多党政治体系方向前进为基础的政治多元化；

"（B）以朝着市场经济方向前进为基础的经济改革；

"（C）尊重国际认可的人权；

"（D）愿意与美国建立友好关系。

"（2）中等收入国家。"中等收入国家"，是指在经济上发展到了一定程度并且无资格收到美国的双边发展援助的国家。

"（c）最低资助。不论法律有任何其他规定，从 1991 年至 1995 的各财政年度中，本法可使用的资金，其中至少 0.2％的款项，加上为实施本条而特别拨出的任何款项，应用于开展本条项下的项目，并且其中至少 0.1％应用于发展中国家的项目。

"第 6 篇　美洲事业倡议

"第 601 条　机构的成立。

"在财政部成立一个名为"美洲事业倡议机构"的实体（在本篇下文中称为"机构"）。

"第 602 条　目的。

"本篇旨在通过以市场为主导的改革和经济发展，结合促进债务减免、投资改革、社区保护和可持续地利用环境资源等措施，鼓励和改善拉丁美洲及加勒比海地区人民的生活。机构将通过管理符合本篇中规定的投资改革和其他政策条件对该等国家实行债务减免，支持这些目标的实现。

"第 603 条　获得机构项下利益的资格。

"（a）要求。为获得本篇机构的利益的资格，一个国家必须：

"（1）是拉丁美洲或加勒比海国家；

"（2）在实际上拥有或获得了批准或（如恰当）在特殊情况下，在以下方面取得了巨大的进步：

"（A）国际货币基金组织（在本篇下文中称为"IMF"）的备用贷款协议、延伸的 IMP 安排或结构调整贷款或强化结构调整贷款项下的安排，或在特殊情况下，IMF 监管的项目或类似情况；

"（B）国际复兴开发银行（在本篇下文中称为"世界银行"）或国际开发协会（在本篇下文中称为"IDA"）可以适当地从结构上或在特定范围内调整贷款；

"（3）结合美洲开发银行（在本篇下文中称为"IDB"）的贷款实施了投资改革，或通过其他方式实施了开放性投资体制或在该方面取得了巨大进展；

"（4）如恰当，就满意的融资项目，包括（如恰当）债务或债务服务减免，与其商业银行贷款人达成了协议。

"（b）资格的确定。根据（a）款规定，由总统确定一个国家是否有资格取得上述利益。

"第604条　特定债务的减免。

"（a）减免债务的权限。

"（1）概述。不论法律有任何其他规定，关于第1篇向有资格收到机构利益的国家授予的任何贷款，截至1990年1月1日尚未向美国或美国的任何机构偿付的部分，总统有权减免该等欠款。

"（2）拨款的可用性。本条项下授予的权限，必须根据拨款法预先的规定行使。

"（b）限制。（a）款项下授权的债务减免，应根据机构的要求，应通过本篇的新债务，替换（a）款项下截至1990年1月1日尚未偿付的欠款。

"（c）债务的交换。根据机构指示，商品信贷公司和（b）款项下有资格的国家以债务交换达成新的协议，可取消协议涉及的旧有债务，并为签约国家设立新债务。商品信贷公司应调整其账目，以反映本条下的债务减免。

"第605条　本金的偿还。

"（a）利率。第604条产生的新债务，偿还本金应使用美元支付。

"（b）存款付款。第604条产生的新债务，偿还的本金应存入商品信贷公司的账户。

"第606条　新债务的利息。

"（a）利率。第604条授予有资格的国家的新债务，应以优惠利率计算利息。

"（b）付款货币、存款。

"（1）美元。获得了第604条新债务的有资格的国家，如果其未签订第607条的协议，则该等国家应以美元，支付该等债务的利息，并存入商品信贷公司的账户。

"（2）当地货币。获得了第604条新债务的有资格的国家，如果其签订了第607条的协议，则该等债务的利息，可使用有资格国家的当地货币支付，并存入第608条所述环保基金。该等利息在根据第608条支出之前，应属于有资格国家的财产。该等当地货币的使用应符合第607条签订的协议规定。

"（c）已付利息。获得了第604条新债务的有资格的国家，如果其签订了第607条的协议，则该等新债务的利息首次到期当日后，该在该等协议签署前，就该等新债务已支付的任何利息，不得重新存入第608（a）款项下为有资格的国家设立的基金，而应存入商品信贷公司的账户。

"第607条　环保框架协议。

"（a）权限。总统获授权，就第608条为该国设立的美国环保事业基金（在本篇下文中称为"环保"基金）的经营和使用，与有资格收到机构的利益的各个国家签订环保框架协议。签订该等协议时，总统应向第610条设立的董事会咨询。

"（b）要求。本条签订的环保框架协议应该：

"（1）要求有资格的国家设立环保基金；

"（2）要求有资格的国家向环保基金支付第608（a）款下的利息；

"（3）要求有资格的国家使用环保基金，立即向（c）款所述机构付款；

"（4）如恰当，努力维持存入相关环保基金的当地货币资源的美元价值；

"（5）根据第 612 条的规定，规定环保基金的用途；

"（6）包含实施协议条款的合理条例。

"（c）管理机构。有资格国家的环保基金的资金支出，应由根据该国法律成立的机构管理。该等机构应：

"（1）由以下成员组成：

"（A）总统任命的一位或多位代表；

"（B）有资格的国家任命的一位或多位代表；

"（C）来自所在国的各种环保组织和当地社区发展和非政府组织的代表；

"大部分成员应为来自非政府组织、科学或学术机构的当地代表；

"（2）接收当地组织关于捐赠援助的建议书，并根据框架协议商定的优先顺序，向该等组织授予捐赠，但必须符合第 612 条的整体规定；

"（3）负责项目管理，监督环保资金资助的捐赠活动；

"（4）每年接受独立审计员的财政审计；

"（5）每年提呈年度项目，供第 610 条设立的董事会审查；

"（6）每年向第 610 条设立的董事会主席以及有资格的国家政府，提交前一年所开展的活动的年度报告；

"（7）美国和有资格国家的政府，可否决 100 000 美元以上的任何赠予。

"第 608 条　美国环保事业基金。

"（a）设立。有资格的国家，应根据第 607 条签订的环保框架协议的条款设立环保基金，收取根据第 607（b）（1）款的规定支付的当地货币。

"（b）投资。存入环保基金的款项在支出之前应用于投资。不论法律有任何其他规定，该等投资产生的任何收益均由环保基金持有，无须存入商品信贷公司的账户，并且无须经国会拨款后持有。

"第 609 条　环保基金的支出。

"环保基金中的资金，必须根据第 607 条签订的框架协议支出。

"第 610 条　美洲环境董事会。

"（a）建立。建立美洲环境董事会（在本篇下文中称为"董事会"）。

"（b）成员和主席。

"（1）成员。董事会由以下成员组成：

"（A）来自美国政府的 5 位代表；

"（B）来自私人非政府环保组织、社区发展组织、科学和学术组织并且在拉丁美洲和加勒比海地区有经验和专业技术的 4 位代表；

"均由总统任命。

"（2）主席。董事会由主席负责，总统应在第（1）（A）款项下任命的代表中选择主席。

"（c）职责。董事会应：

"（1）根据 607（a）款和（b）款的环保框架协议进行谈判，向总统提供建议；

"（2）向相关的有资格国家的政府、该等有资格国家和（如恰当）地区的非政府组织、以及该等有资格国家和（如恰当）地区的环保、科学和学术领袖咨询，确保设立了符合条款 607（c）要求的相关机构；

"（3）审查条款 607（c）所述的机构的项目、运营和财政审计。

"第 611 条　监管。

"总统应指派恰当的美国机构，审查本篇的项目的实施情况以及与该等项目相关的财政审计。该等监管不得被视为是对环保基金的主动管理。

"第 612 条　有资格的活动和受资助者。

"（a）有资格的实体。有资格通过第 607 条签订的框架协议收到援助的活动应包括：

"（1）《1989 年全球环保援助法》（《美国法典》第 22 篇 462）所述类型的活动；

"（2）与农业相关的活动，包括生物防治、动植物害虫和疾病控制等环保活动；

"（3）促进保护和可持续地使用环境的当地社区倡议。

"（b）规定。（a）款所述类型的所有活动，如适当，应包括将节约自然资源和当地社区发展相结合的倡议。

"（c）设立优先顺序。要求有资格国家的当地非政府组织设立环保基金，开展相关活动，确立优先顺序。

"（d）赠予。第 607（c）款所述机构，可为环保目的，使用环保基金赠予以下各方：

"（1）所在国的非政府环保、资源保护、发展、教育和原住民组织；

"（2）其他恰当的当地或地区实体；

"（3）在特殊情况下，赠予有资格的国家政府。

"（e）优先顺序。使用环保基金提供援助时，第 607（c）款项下在有资格的国家所设立的机构，应予以非政府组织或其他私人实体经营的项目优先权，并在其规划和实施中，让当地社区参与进来。

"第 613 条　鼓励多边债务捐赠。

"（a）鼓励官方债权人的捐赠。总统应积极鼓励有资格国家的其他官方债权人减免该等有资格国家的债务。

"（b）鼓励其他来源的捐赠。总统应尽一切努力，确保通过环保基金所设立的项目，能够收到来自公私实体和有资格国家的私人债权人的捐赠。

"第 614 条　向国会提呈年度报告。

"每个财政年度的 12 月 31 日之前，总统应准备并向众议院议长与参议院临时议长提交上一财政年度机构运营情况的年度报告。"

第 1513 条　生效日期。

第 1512 条所作出的修订，应于 1991 年 1 月 1 日起开始生效。

第 1514 条　对《1949 年农业法》第 416 条的修订。

《1949 年农业法》（《美国法典》第 7 篇 1431（b））条款 416（b）现修订为：

（1）在（1）中，删去"第 2 篇"并插入"第 2 和 3 篇"；

（2）在（3）（B）（ⅰ）中，删去"401（b）"并插入"403（a）"；

（3）在 5（A）中，删去"203"并插入"406"；

（4）在（6）中，删去"203"并插入"406"；

（5）在（7）中：

（A）删去（D）（ⅲ）中的"第 2 篇"并插入"第 2 和 3 篇"；

（B）在末尾加上以下新内容：

（F）《1954 年农业、贸易、发展和援助法》第 403（j）和 407（c）款的规定，适用于本款项下的捐赠以及有资格商品的销售和实物交易。

第 1515 条　相应修订和技术变更。

（a）《1981 年农业和食品法》。《1981 年农业和食品法》（《美国法典》第 7 篇 1736n）第 1208（d）（2）款经修订删去"408（a）"，并插入"407（g）"。

（b）《农业和贸易代表团法》。《农业和贸易代表团法》（《美国法典》第 7 篇 1736bb-6）第 7（4）（A）款经修订删去"第 1 和 2 篇"，并插入"第 1、2 和 3 篇"。

（c）《1985 年粮食安全法》。《食品安全和小麦储备法》（《美国法典》第 7 篇 1736-1）第 302 条现修订为：

（1）在（c）款中，删去"401（a）"并插入"401"；

（2）在（d）款中，删去"401（a）"并插入"401"。

第 1516 条　粮食促进。

《1985 年粮食促进法》（《美国法典》第 7 篇 1736o）现修订为：

（1）在（b）款中：

（A）删去"国家"并插入"发展中国家以及新兴的民主国家"；

（B）删去"发展中国家"并插入"该等国家的政府，或与私人志愿组织、非营利农业组织或合作社"；

（2）在（d）款中，删去"与国家"；

（3）在（e）（3）款中：

（A）删去"向发展中国家"；

（B）删去"由发展中国家"'

（4）在（e）（4）款中。

（A）删去出现两次的"向发展中国家"；

（B）删去"401（b）款"并插入"402、403（a）、403（c）和 403（j）款"；

（5）在（f）（1）款中，删去"向发展中国家"；

（6）在（g）款中，删去"1990"并插入"1995"；

（7）在（j）款中，删去"与一国签订的"，并在"影响"前插入"关于一个国家的"；

（8）在（k）款中，删去"接收国家"并插入"接收者"；

（9）在（l）款中，删去"1990"并插入"1995 年 12 月 31 日"；

（10）在末尾处加入以下新条款：

"（m）（1）为改善接受本法项下援助的私营部门农业的发展，在 1991—1995 的各个财政年度，除本法项下为该等活动的款项外，总统可使用商品信贷公司的资金（或公司拥有的价值相当的商品），为粮食援助项目的管理、销售和监管，提供额外的援助，以增强接收国的私营部门的农业，但不得超过 10 000 000 美元。

"（2）为执行本款，总统可以通过商品交易的方法，提供本法项下签订的协议中所述农业商品，作为在接收国家发展具有竞争力的私营部门的方法，协助该等商品的进口、运输、存储、经营和销售。

"（3）为了拓展美国农业商品的潜在市场，总统可以使用本款项下提供的援助以及第（2）项下的商品销售所产生的当地货币，设计、监督和管理使用该等援助所开展的活动，加强和创造接收国家私营企业进行商品交易的能力。"

第 1517 条　以债务换取健康和保护。

（a）定义。在本条中"以债务换取监控和保护"，是指自愿取消外国政府的外债，以换取：

（1）该等国家向（b）款下的受资助者提供当地货币（包括通过出具担保），但只可用于该国的动植物害虫和疾病的研究、调查、预防或控制等有资格的项目；

（2）该等国家承诺向该等国家的动植物害虫防治和疾病的研究、调查、预防或控制提供金融或政策支持。

（b）商业债务交换的援助。

（1）赠予。部长获授权，根据部长认为必要和恰当的条款及条件，以赠予的形式，向美国和外国的非政府组织，包括向高等院校提供援助，以购买部长和该国政府签订的协议条款和条件将取消的外国政府的（在二级市场上的）打折商业外债，作为以债务换取健康和保护项目的一部分。

（2）赠予的利息。本条项下的赠予接收者（或该接收者的分受资助者），如果该等接收者（或分受资助者）为经批准的项目目的支出了该等资金，则其有权保留任何以债务换取健康和保护项目所产生的收益的利息，该等利息无须上交美国财政部，并且无须经由国会进一步拨款。

（3）利息的再投资。根据（2）所产生的利息，应由本条的赠予接收者，重新投资到所在国经被批准的项目，或为出于捐赠目的设立的基金。

（c）有资格的项目。

（1）互惠互利。部长应确保本条的以债务换取健康和保护项目，对美国和接收国家的农业部门均有利。

（2）识别迫切需求。部长应与国际开发署、国际组织、国内外的非政府组织及高等学院合作，应大力发展农业和需要关注的领域，以支持和促进西半球动植物害虫和疾病预防和控制。

（d）交换的条款与条件。

（1）规定。自本法颁布之日起180天内，部长应出具实施本法案的相关规定。该等规定应包括：

（A）描述为获得（2）的批准，任何拟议交换所必备的一般条款和条件；

（B）确保（b）款提供的任何援助，其使用符合本条的规定。

（2）其他援助。本条项下作出的赠予旨在补充，而非取代外国通过其他方式可从农业部获得的任何其他援助。

（3）禁止。严禁农业部收取本条项下的任何项目或计划的任何头衔或利益，或赠予款项所产生的利息，作为以债务换取健康和保护交换的条件。

（e）拨款的授权。为执行本条所述规定，获授权并为所需金额进行拨款。

子篇 B 船运条例

第 1521 条 美国五大湖船运输优惠货物的豁免限制。

（a）豁免遵守限制。（b）款所述限制不适用于被命名为美国五大湖船的船只。

（b）限制解除。（a）款所述限制即为《1936年商船法》（《美国法典》第46篇1241（b）（1））第901（b）（1）款所述限制，即以下船只：

（1）在美国境外建造；

（2）在美国境外重建；

（3）在任何外国登记处登记的船只；

根据美国法律，该等船只登记满3年之前，不得被视为私人拥有的美国国旗商船。

（c）限制的后续适用。命名为美国五大湖船的船只，如被取消或终止该等命名，（b）款所述限制应适用于该等船只，相当于该等船未曾根据美国法律进行过登记。

第 1522 条 美国五大湖船的分类。

（a）概述。为本子篇之目的，如果符合以下情况，部长应将船只命名为五大湖船：

（1）船只在美国法律项下进行了登记；

（2）部长收到了根据（d）款规定所提交的该等命名的申请；

（3）船只的所有人根据（b）款签订了协议；

（4）（A）在该等命名的生效日期，该等船只的使用年限在 1 年以上，6 年以下；

（B）在该等命名的生效日期，该等船只的使用年限在 1 年以上，11 年以下，并且部长认为就该等船只在命名后需要提供的服务，没有其他合适的船只可使用；

（5）船只之前未被命名为美国五大湖船。

（b）施工和采购协议。作为本条项下船只被命名为美国五大湖船的条件，在分类期间部长应要求船只的所有人与部长签订协议，按照协议要求如果部长认为需要使用该船只保卫美国，则在根据第 1524 条取消命名的撤销之日起 120 天内，美国政府拥有按照以下价格购买该船只的独家权利：

（1）相当于船只的市场价值；

（2）船只所有人拥有船只的成本减去合理的折旧费；

以二者中较大者为准。

（c）部分外国注册处和销售未予禁止。不论法律有任何其他规定，如果美国未根据（b）款的施工和采购协议购买船只，则不得禁止船只所有人：

（1）将船只转移到外国注册处；

（2）向美国公民以外人士出售船只。

（d）颁布规定。自本法颁布之日起 60 天内，部长应就提交申请本条项下命名为美国五大湖船的要求，颁布相关规定。

第 1523 条　美国五大湖船的经营限制。

（a）概述。根据（b）款的规定，美国五大湖船不得用于：

（1）参与以下贸易。

（A）从非美国五大湖港口出发；

（B）美国国内港口之间的贸易。

（2）运送受限于《1936 年商船法》（《美国法典》第 46 篇 1241（b）或 1241f）第 901（b）或 901b 款或《美国法典》第 10 篇第 2631 条的散装货（属于定义见《1984 年船运法》（《美国法典》第 46 篇 1702（4））第 3 条）；

（3）提供除海上运输服务以外的任何服务。

（A）作为契约承运人；

（B）作为普通承运人，按照固定和公开的日程，定期为美国对外贸易提供频繁的船运服务。

（b）淡季运输的例外情况。

（1）概述。受限于（2），美国五大湖船可用于参与（a）（1）（A）款所限制的贸易，但在任何 12 个月内，参与该等贸易的时间不得超过 90 天。

（2）限制。在五大湖船运季节，美国五大湖船不得参与（1）所述的贸易。

第 1524 条　废除和终止命令。

（a）废除。如果部长认为船只符合以下各项要求，则在发出通知并召开听证机会后，部长可取消根据 1522 条命名的美国五大湖船只：

（1）船只未达到该等分类的要求；

（2）船只的经营违反了本子篇的规定；

（3）船只所有人或运营人违反了第 1522 条（b）款的施工和采购协议。

（b）民事处罚。针对（a）款可撤销美国五大湖船命名的任何行为，发出通知并召开听证会后，部长可向五大湖船的所有人处以 1 000 000 美元以内的民事处罚。

（c）终止分类。如果船只所有人提出申请并呈交终止合约的合理理由，部长可终止本子篇船只作为美国五大湖船的命名。为防止该等终止对其他美国国旗船只运营商造成重大的不利影响，部长可对终止施加条件或限制。

第 1525 条 基于最低抵岸成本进行调配。

《1936 年商船法》（《美国法典》第 46 篇 1241f（c））第 901b（c）款现修订为：

（1）在 2（A）中，删去"（A）"；

（2）在（2）中，删去（B）；

（3）在结尾处加上以下内容：

"（3）（A）根据（B）的规定，管理 901（b）和 901b（《美国法典》第 46 篇 1241（b）和 1241f）时，根据这些条款的规定，商品信贷公司应采取必要和可行的措施，基于最低抵岸成本，调配根据《1954 年农业贸易发展和援助法》（《美国法典》第 7 篇 1751）第 2 篇提供的袋装、加工和强化商品的 50%，在任何国家登记的船只，都不得违背港口经营范围。

"（B）在实施本段规定时，在任何一年当中，商品信贷公司向五大湖港口范围调配的商品比例，不得超过农业部长决定的 1984 年该港口范围所处理的比例。

"（4）根据（3）调配给五大湖港口货物数量，不得从另外的港口范围出口，为满足第 901（b）和 901b 条关于美国国旗运输要求所必需的情况除外，在该等情况下，同一年内，商品信贷公司应采取必要和可行的措施，确保从五大湖港口范围出口的（3）（A）所提及的无须使用美国国旗船只运输的商品，其吨数相当于转移到其他港口范围出口的吨数，但不得损害任何港口利益。

"（5）根据本款规定，一旦发生美国旗帜船只不可使用的情况，不得降低第 901（b）和 901b 条要求由美国旗帜船只运输的商品的总吨数。"

第 1526 条 研究和报告。

（a）研究。向农业部长咨询后，部长应就实施本子篇开展一项研究，该项研究应包括以下分析：

（1）实施往来五大湖港口范围的货物转运的影响及其对运输根据《1954 年农业贸易发展和援助法》第 2 篇提供的商品所产生的影响；

（2）将船只命名为五大湖船的权限是否增加了五大湖港口的美国国旗船只服务。

（b）报告。1994 年 12 月 31 日前，部长应就（a）款所开展的研究的结果，向国会提呈报告。

第 1527 条 定义。

在本子篇中：

（1）美国五大湖船。"美国五大湖船"，是指根据第 1522 条的规定，由部长命名为美国五大湖船的船只。

（2）五大湖。"五大湖"，是指苏比利尔湖，密歇根湖，休伦湖，艾尔湖，安大略湖，纽约圣瑞吉西侧的劳伦斯河以及他们连接和支流水域。

（3）五大湖船运季节。"五大湖船运季节"，是指由圣劳伦斯航道开发公司《1954 年 5 月 3 日法》（《美国法典》第 33 篇 981）确定的每年圣劳伦斯航道开放供船只航行的季节。

（4）部长。"部长"，是指交通部长。

子篇 C 促进出口

第 1531 条 对《1978 年农业贸易法》的修订。

《1978 年农业贸易法》（《美国法典》第 7 篇 1761）现修订为：

"**第 1 条　简明标题。**

"本法可援引为《1978 年农业贸易法》。

"第 1 篇　一般规定

"**第 101 条　目的。**

"本法旨在通过以下方法，增加农耕的盈利能力，并为美国农场和农业企业增加机会：

"（1）增加农业部制定和实施农业出口政策的效力；

"（2）增强美国农产品及农业制品在世界市场上的竞争力；

"（3）对所有农业出口项目的协调和有效的实施作出规定。

"**第 102 条　定义。**

"在本法中：

"（1）农产品。"农产品"，是指任何农产品、食品、饲料、纤维或其任何农业制品。

"（2）发展中国家。"发展中国家"，是指：

"（A）部长认为其外汇收入面临短缺并且难以获得足够的商业信贷满足其所有粮食需求；与

"（B）有潜力成为农产品的商业市场。

"（3）部长。"部长"，系指农业部长。

"（4）服务局。"服务局"，系指农业部的涉外农业服务局。

"（5）不公平的贸易手段。

"（A）概述。受限于（B）的规定，"不公平的贸易手段"，是指外国的以下任何行为、政策或做法：

"（i）违反或违背美国作为一方的任何贸易协议或通过其他方式否认美国在该等协议项下的利益；

"（ii）不正当、不合理或差别对待美国商业或增减其负担，或对其进行限制。

"（B）与《1974 年贸易法》保持一致。部长不得将本法的任何内容视为授权其可以使用不公平的贸易手段，作出与《1974 年贸易法》（《美国法典》第 19 篇 2411）第 301 条不符的决定。

"（6）美国。"美国"，包括各州、哥伦比亚特区、波多黎各以及美国的领土和领地。

"（7）美国农产品。"美国农产品"是指：

"（A）就农业制品以外的农产品而言，完全在美国生产的农产品；

"（B）就农业制品而言：

"（i）产品的所有农业成分完全产自美国；

"（ii）如果符合以下各项要求，即使产品包含并非完全产自美国的其他农业成分，部长可将其指定为美国农产品：

"（Ⅰ）该等成分为允许添加的微量成分；

"（Ⅱ）该等成分未在美国进行商业销售；

"（Ⅲ）在美国商业销售的该等成分中，没有可接受的替代物。

"根据本项规定，完全在美国捕获的鱼，包括《美国法典》第 46 篇所定义的美国登记捕鱼船在非外国水域范围内（包括领海）所捕获的鱼。

"**第 103 条　农业贸易战略的制定。**

"（a）概述。

"（1）制定多年战略。部长应为美国制定长期农业贸易战略，指导部长开展旨在促进美国农产品出口的农业项目。

"（2）频率。自1991年10月1日起，应制定（1）的长期农业贸易战略，期限为3个财政年度。

"（3）咨询。在制定（1）的战略时，部长向以下各方咨询：

"（A）美国贸易代表，以确保该等战略与《1974年贸易法》（《美国法典》第19篇2122）第163条的年度国内贸易政策计划相互协调；

"（B）根据《1974年贸易法》（《美国法典》第19篇2155）第135条设立的农业政策顾问委员会与农业技术顾问委员会；

"（C）其他相关的机构和人员。

"（b）目标。（a）制定的长期农业贸易战略应确保：

"（1）美国农产品出口实现增长；

"（2）有效、协调地使用旨在促进美国农产品出口的联邦项目；

"（3）提供食品援助，增强美国农产品在发展中国家的潜在商业市场；

"（4）维持美国农产品的传统市场。

"（c）内容。制定（a）款的长期农业贸易政策时，部长应该：

"（1）在制定战略的3年期限内，为美国农产品的预期出口水平，设立目标，包括高价值、加工农产品的目标；

"（2）就实施和协调美国出口援助项目和对外粮食援助项目，制订多年计划，以实现这些农业贸易目标；

"（3）为农业贸易和出口的发展，综合考虑以下各项，提出与长期战略相关的建议：

"（A）美国在出口农产品方面的竞争力；

"（B）美国参与双边和多边贸易谈判；

"（C）外国政府的汇率波动和限制对进入该等国外市场的不公平贸易手段的影响；

"（D）在非市场经济体开展贸易所必需的销售、融资和其他要求；

"（E）发达国家与发展中国家的市场的差异（包括具体国家未偿还的国家债务）；

"（F）运输和船运因素；

"（4）设计战略，让美国成为世界市场上农产品的主要的和可信赖的供应商；

"（5）预测美国农产品在（d）款所述重点市场的联邦出口项目的支出水平及其影响；

"（6）考虑部长认为恰当的其他因素。

"（d）重点市场的确立。

"（1）指定成长型市场。部长应编制自1991年10月1日起，在3～6个财政年度内，最可能成为美国农产品的成长性市场的名单，包含在（a）款制定的长期农业贸易战略中，名单不得超过15个国家（或国家集团）。

"（2）成长型市场的优先顺序。部长应将（1）中所列出的国家，列为旨在促进美国农产品出口的联邦项目的重要市场（《1954年美国农业发展和援助法》（经修订）项下提供粮食援助的项目和第301条的项目除外）。

"（3）确立市场计划。部长应为（2）中的各个重要市场，制订单独的市场计划。该等市场计划应规定：

"（A）符合美国向各重要市场出口农产品预期水平的贸易目标；

"（B）通过旨在促进美国农产品出口的联邦项目，协助美国农产品向各重要市场出口并为该等商品开发市场的具体方案。

"（e）战略的审查。依据美国长期农业贸易战略，部长应该至少每3年一次审查美国农业贸易业绩。

"（f）保密。如果符合以下情况，部长可决定不向公众披露本条制定的农业贸易战略的相关部分：

"（1）部长认为披露该等信息，会导致美国在国际贸易谈判中或相对于具体国外市场上的竞争对手而言，处于不利地位；

"（2）部长认为任何该等信息是机密的商业信息。

"（g）信息。本条的规定，不得被视为授权拒绝向国会披露信息。

"（h）终止。本条的规定，自 1991 年 1 月 1 日起开始生效，直至 1995 年 12 月 31 日。

"第 104 条　保留传统市场。

"部长在实施农业部旨在鼓励或支持农产品出口的项目时，应努力维持美国农产品的传统市场。

"第 105 条　独立权限。

"本条项下授予的各权限，目的在于补充而不是取代其他法律条例向部长或商品信贷公司授予权限。

"第 2 篇　农业出口项目

"第 201 条　直接信贷销售项目。

"（a）短期项目。为了促进农产品的销售，商品信贷公司可根据信贷条款，资助私人库存商品进行商业出口销售，但信贷的期限不得超过 3 年。

"（b）中期项目。受限于（c）款规定，为了促进农产品的销售，商品信贷公司可根据信贷条款，资助私人库存商品进行商业出口销售，信贷的期限为 3 年以上，10 年以下，并且必须确保美国农业制造商可直接受益。

"（c）决定。如果部长认为该等销售将产生以下结果，则商品信贷公司不得为（b）款的出口销售提供资金：

"（1）在不取代正常商业销售的基础上，发展、扩大或维持进口国家成为外国市场，长期进行美国农产品的商业销售和出口；

"（2）改善进口国家在长期采购和使用美国农产品的能力；

"（3）通过其他方式促进美国农产品的出口。

"（d）项目的使用。

"（1）一般使用。商品信贷公司可使用本条项下授予的出口销售资金：

"（A）增加农产品的出口；

"（B）与外国农业出口产品相竞争；

"（C）协助其他国家，特别是发展中国家，满足其对粮食和纤维的需求；

"（D）用于部长视为恰当的其他目的，但须符合（c）款的规定。

"（2）一般限制。本条项下授予的出口销售资金，不得用于对外援助、对外政策或债务重组的目的。资助的出口销售，不得用于外国援助、外国政策或债务重组目标。货物优惠法条例，不适用于本条项下资助的出口销售。

"（e）信贷援助的条款。商品信贷公司在本条项下就出口融资而签订的任何合同应规定：

"（1）关于部长视为恰当的应计利息，其还款应使用美元；

"（2）为保护美国的利益，如果部长认为恰当，采购商的首次还款应在合同项下的农产品出售或装运时支付。

"第 202 条　出口信贷担保项目。

"（a）短期信贷担保。在 3 年内的信贷基础上，为使用私人库存出口农产品的商业出口销售提供贷款资金，商品信贷公司可为该等贷款的还款提供担保。

"（b）中期信贷担保。受限于（c）款的规定，关于在 3 年以上，10 年以内的信贷基础上，为使用私人拥有的库存出口农产品的商业出口销售提供贷款资金，商品信贷公司可为该等贷款的还款提供担保，但应确保美国农业生产商可直接从中受益。

"（c）要求的决定。商品信贷公司不得就（6）款为出口销售融资所提供贷款的还款提供担保，除非部长认为该等销售将：

"（1）在不取代正常商业销售的基础上，发展、扩大或维持进口国家成为外国市场，长期进行美国农产品的商业销售和出口；

"（2）改善进口国家长期采购和使用美国农产品的能力；

"（3）通过其他方式促进美国农产品的出口。

"（d）项目目的。商品信贷公司可使用本条项下授权的出口信贷担保：

"（1）增加农产品的出口；

"（2）与外国农业出口产品相竞争；

"（3）协助其他国家，特别是发展中国家，满足其对粮食和纤维的需求；

"（4）用于部长视为恰当的其他目的，但须符合（c）款的规定。

"（e）使用信贷担保的限制。本条项下授予的出口信贷担保，不得用于对外援助、对外政策或债务重组的目的。资助的出口销售，不得用于外国援助、外国政策或债务重组目标。货物优惠法条例，不适用于本条项下进行信贷担保的出口销售。

"（f）限制。如果部长认为该等国家无法充分偿还与该等销售相关的债务，则商品信贷公司不得为该国的农产品销售提供信贷担保。

"（g）条款。根据本条授予的出口信贷担保，应包括商品信贷公司视为必要的条款和条件。

"（h）外国农业成分。商品信贷公司只可为美国农业商品提供本条项下的资金或担保。商品信贷公司不得就任何外国农业成分，提供本条项下的资金或担保。

"（i）无资格的金融机构。如果商品信贷公司认为该等金融机构满足以下各项，则该等金融机构无资格收到商品信贷公司在本条项下授予的信贷担保或该等信贷担保应付收益：

"（1）财务状况不佳；

"（2）出具信用证的金融机构或该等机构的附属机构；

"（3）被拥有或控制出具信用证的金融机构所拥有或控制。

"（j）鱼及加工鱼类产品的条件。为鱼或加工鱼类产品的销售提供本条的任何信贷担保时，部长应根据与本条其他农产品销售的担保的条款和条件类似的条款或条件，提供该等担保。

"第 208 条　市场促进项目。

"（a）概述。商品信贷公司应设立并实施一个项目，通过向外国市场开发项目有资格的贸易组织，提供分摊成本的援助，鼓励农产品商业出口市场的开发、扩展和维持。

"（b）援助的类型。本条项下予以的援助，可以通过部长视为恰当的商品信贷公司的资金或其拥有的商品形式提供。

"（c）参与的要求。

"（1）概述。为获得本条项下的分摊成本的援助资格，该组织必须：

"（A）是有资格的贸易组织；

"（B）准备并向部长提交营销计划，该计划要符合部长为管理此类计划而设立的方针政策；

"（C）满足部长制定的其他要求。

"（2）出口援助的优先顺序的基础。如果出现不公平的贸易手段，部长应基于优先顺序，提供本条的出口援助。

"（d）有资格的贸易组织。有资格的贸易组织为：

"（1）促进农产品的出口和销售，并且并未直接从特定农业商品的销售获利的美国农业贸易组织或与州相关的地区组织；

"（2）促进农产品销售的合作组织或州立机构；

"（3）如果部长认为该等组织将为美国出口市场开发做出重要贡献，并能够促进农产品出口和销售的私人组织。

"（e）经批准的营销计划。

"（1）概述。有资格的贸易组织，在本条提交的营销计划，应描述该等有资格的贸易组织在本条提供的援助的基础上，如何采取宣传或其他以市场为主导的出口促销活动。

"（2）要求。为获得部长批准，本条所提交的营销计划应该：

"（A）具体介绍实施营销计划时，有资格的贸易组织要详述如何使用收到该等援助以及资金和服务；

"（B）确立该等营销推广项目应实现的具体目标；

"（C）包含部长认为确有必要的任何额外要求。

"（3）修订。经部长批准，有资格的贸易组织可随时修订营销计划。

"（4）品牌推广。本条签订的协议，可规定使用品牌宣传，根据部长确定的条款和条件，促进农产品在国外的销售。

"（f）其他条款和条件。

"（1）多年基础。部长可以在多年的基础上，提供本条项下的援助，但须经由部长每年审批，确保符合经批准的营销计划。

"（2）终止援助。部长可终止本条项下已提供或将提供的任何援助，如果部长认为：

"（A）有资格的贸易组织未遵守本条项下所设立的条款和条件；

"（B）有资格的贸易组织未实施已批准的营销计划，或者未充分实现市场促进计划所设定的目标；

"（C）有资格的贸易组织未就营销促进项目，充分贡献自己的资源；

"（D）作为提供援助基础的不公平贸易手段不再存在，并且不再需要营销援助以抵消其影响；

"（E）部长认为在具体情况下终止援助对项目最为有利。

"（3）评估。部长应监控本条接收者对该等资金的使用情况。部长还应评估该等支出情况，包括：

"（A）评估美国农产品的市场开发或维持项目的有效性；

"（B）评估为维持该等市场，是否需要本条提供的援助；

"（C）接收者支出该等资金的全部账目。

向接收者提供第一笔资金后的 15 个月内，部长应对接收者的支出情况进行首次评估。

"（g）营销援助的水平。

"（1）概述。部长应以书面形式，说明向有资格的贸易组织提供的援助水平以及该等组织所需的成本分摊水平。

"（2）限制。本条为（e）（4）款所述活动提供的援助，不得超过营销计划实施成本的 50%，但是如果《1974 年贸易法》第 301 条的美国贸易代表就该等农产品作出了优惠决定，部长可决定不适用该等限制。确定不适用该限制的标准，应保持一致性并记录在案。

"（3）援助的分阶段缩减。根据《1985 年粮食安全法》第 1124 条收到援助的参与者，在本法生效日期之前，该等援助受到了第（2）项下的限制，则该等援助的任何缩减，应分 5 年按照同样的比例进行。

"第 204 条　农产品的实物交易。

"（a）概述。部长或商品信贷公司可根据部长或公司规定的条款和条件，通过以实物交易的方式，提供有资格的商品，换取外国产品。

"（b）有资格的商品。除非另有规定，否则有资格的商品应包括：

"（1）商品信贷公司通过价格补贴获得的农产品；

"（2）部长或商品信贷公司在其正常经营过程中获得并且可以处置的农产品。

"（c）农产品出口商的实物交易。

"（1）目的。部长或商品信贷公司应鼓励农产品的出口商，使用该等商品进行实物交易，换取外国产品：

"（A）获取该等出口商所需的外国产品；

"（B）为美国农业出口产品开发、维持或扩展外国市场。

"（2）有资格的活动。部长或商品信贷公司应向出口商提供有资格的商品，协助该等出口商进行实物交易。

"（3）技术援助。部长或商品信贷公司应向要求提供该等建议或援助的美国出口商，提供与农产品的实物交易相关的技术建议和援助。

"（d）向其他政府机构或私人相关方转移外国产品。部长或商品信贷公司可以将部长或该等公司通过实物交易活动获得的任何外国产品，转移给其他政府机构。在该等转移发生的同一财政年度，该等机构应向公司保证，全额支付相关费用。

"（e）公司的权限不受限制。如果商品信贷公司为了合理地履行职能或保护资产，则该公司获得、持有或处置外国资料时，不受本条内容限制。

"（f）禁止的活动。部长或商品信贷公司应采取合理的预防措施，防止有资格的商品在实物交易或交换项目中被滥用，包括以下活动：

"（1）取代或干扰本应发生的美国农产品的商业销售；

"（2）过度干扰农产品的世界价格或在接收国家的正常商业贸易模式；

"（3）允许有资格的商品被转售或转运到除拟议接收国家以外的其他国家。

"第 205 条　项目的结合。

"商品信贷公司可实施一个项目，将第 202 条提供的商业出口信贷担保与第 201 条来自商品信贷公司的直接信贷结合起来，以降低农产品出口销售的有效利率。

"子篇 B　实　　施

"第 211 条　资助的水平。

"（a）直接信贷项目。在各个财政年度，为实施第 201 条设立的任何直接信贷项目，商品信贷公司可提供必要的资金。

"（b）出口信贷担保项目。

"（1）短期担保。

"（A）最低数额。1991—1995 年的各个财政年度，商品信贷公司应提供第 202（a）款的信贷担保，金额不得低于 5 000 000 000 美元。

"（B）贷款发放费用的限制。不论法律有任何其他规定，部长不得就第 202（a）条的任何信贷担保交易，收取超过授予信贷金额 1% 的贷款发放费用。

"（2）中期信贷担保。1991—1995 年的各个财政年度，商品信贷公司应提供第 202（b）款的信贷担保，金额不得低于 500 000 000 美元。

"（c）营销促进项目。商品信贷公司或部长应根据 203 条规定，为商品信贷公司获授权开展的市场促进活动提供：

"（1）除为开展市场开发项目专门拨出的任何款项外，1991—1995 年的每个财政年度不低于 200 000 000 美元，或商品信贷公司拥有等值商品；

"（2）为实施第 203 条的营销促进项目专门拨出的任何款项。

"第 3 篇　应对不公平的贸易手段

"第 301 条　出口强化项目。

"（a）概述。商品信贷公司应根据本条规定，开展项目，提高美国农业商品的竞争力，减少不公平的贸易手段。

"（b）出口奖励。

"（1）概述。为开展本条设立的项目，商品信贷公司可以：

"（A）直接或通过出具商品证书，免费向出口商、用户、加工商或外国采购商提供商品信贷公司获取的农产品；

"（B）使用现金向出口商、用户和加工商付款。

"（2）奖金水平的计算。商品信贷公司应：

"（A）为评估项目奖金要求维持一个已确立的程序，设定具体方针，评测目标商品的现行市场价格；

"（B）使用一套清晰、已建立的程序，衡量计算可接受的奖金水平以及评估此费用时所使用的运输和额外成本；

"（C）如恰当，为审计和审查奖金的支付和担保还款，维持一致和有效的控制和程序。

"（3）信息的披露。不论《美国法典》第 5 篇第 552 条有何规定，如果部长认为该等披露，将对项目的运营产生不利影响，部长可以拒绝披露第（2）（A）和（B）项中确立的公共程序和方针，本条的任何内容，不得视为授权向国会隐瞒任何信息，包括该等程序和方针。

"（4）竞争劣势。如果进口使用本篇用于出口的全部或部分商品制造的产品，使商品的国内用户处于竞争劣势，部长可采取必要的行动，确保在任何情况下，均向农产品的国内外采购商以及用户提供了相同的待遇。

"（5）不同的商品。商品信贷公司可以向本条设立的项目的进口商、用户或加工商，或国外采购商，提供与本条提供援助相关的农业商品所不同的农业商品。

"（6）其他出口项目。商品信贷公司联合部长或商品信贷公司开展的其他出口促进项目，提供本条的奖励。

"（7）避免优惠的应用。当使用本条授予的权限促进谷物的出口时，部长应努力避免向某类别的小麦提供与其他级别的小麦不成比例的优惠。

"（8）取代。在实施本条规定时，部长应避免取代美国农产品的正常营销。

"（c）牲畜的优先顺序。提交奶牛或其他相关牲畜的奖金建议书，商品信贷公司应优先照顾牲畜的采购，提供恰当的牧群管理培训、兽医服务、营养培训和使牲畜适应外国环境所必需的其他技术支持。

"（d）价格限制的不适用性。可适用于商品信贷公司处置其拥有的农产品的任何价格限制，不得适用于本条提供的农产品。

"（e）资助的水平。自 1991 年到 1995 年每个财政年度，商品信贷公司应提供不低于 500 000 000 美元的资金或商品信贷公司的商品，以开展本条设立的项目。

"（g）对第三世界国家的影响。本条所设立的项目，无意于影响农产品公平的出口交易。

"第 302 条　减轻不公平的贸易手段。

"（a）项目的使用。

"（1）概述。为（2）所述各控告，部长可以提供农业部和商品信贷公司的全部或部分商业出口促进项目，以帮助消除或抵消不公平贸易手段的影响，作为（2）所述诉讼程序的基础。

"（2）指定的商品。美国依据任何国际贸易协议对不公平交易提出的争端解决诉讼，目的在于阻止使用不公平贸易手段的一方拒绝接受诉讼时，第（1）项内容适用于此类争议和解程序。

"（b）要求的协商。为第（a）（2）款所述任何控告，部长应：

"（1）立即就使用农业部和商品信贷公司的全部或部分商业出口项目的具体行动或综合营销战略，向生产该等商品的行业代表以及其他联盟群体或个人咨询，以帮助消除或抵消第（a）（2）款所述不公平贸易手段的影响；

"（2）为开展（a）（1）款提供的商业出口促进项目的实际使用，确认并考虑实施行业优先性。

"第303条　高价值和高附加值美国农业商品的公平待遇。

"关于部长或商品信贷公司在1991—1995年财政年度，为消除不公平的贸易手段而设立的任何项目，如第301条设立的项目，部长每年应为涉及美国高价值或高附加值的农产品的项目活动，至少支出该等总可用资金的25%（或使用任何商品价值的25%）定为目标。

"第4篇　一般条款

"子篇A　项目控制

"第401条　出口项目的项目控制。

"（a）抵达认证。关于在第201、202和301条授权的项目提供的商品或其他援助，或提供的资金或信贷担保，商品信贷公司应：

"（1）要求出口商保存官方或海关商业性质的记录或部长可能要求的其他文件的记录，并且可采用这些必要的文件或记录，就该等商品拟议目的地国家的项目，核实出口产品的抵达的情况；

"（2）从卖方或出口商获得该等商品的证书或其他记录，证明其未曾应为提供、资助或担保的交易收受贿赂或额外销售服务，并且该等交易符合适用的美国法律的其他额外项目。

"（b）转移。未经授权，不得转移第201、202和301条授权项目项下的商品。商品信贷公司应建立程序，对该等项目出口数量的充分性进行审核，以确保该等交易中的农业商品根据销售协议的规定抵达目的地国家。

"（c）善意。出口商、卖方或其他人士未能遵守本条的规定，如果商品信贷公司签订该等义务时或授予信贷担保时，不知晓该等未能遵守情况，不得影响商品信贷公司在本法项下的任何项目中关于该等出口商、卖方或其他人员的任何信贷担保或其他义务的有效性。

"第402条　遵从规定。

"（a）记录。

"（1）概述。在管理第201、202、203和301条设立的项目时，部长应通过规定，要求各出口商或其他参与者，在项目交易完成后5年内，维持项目交易的所有记录，并允许部长在5年期限内，拥有获得该等记录的全部权限。

"（2）非项目交易。如果部长认为该等记录与进口商或参与者进行的与项目相关交易的审查直接相关，部长应通过规定，要求出口商或项目的其他参与者，向部长提供关于非项目交易的相关记录。

"（3）保密。（a）款所述报告中包含的个人信息，可根据《美国法典》第5篇第552（b）（4）款暂不披露。农业部的任何官员或雇员，如果根据《美国法典》第18篇第1905条所述的规定披露了机密信息，则须受限于《美国法典》第18篇第1905条的规定。本条的任何内容，不得被解释为授权向国会隐瞒这些信息。

"（b）违约。如果任何出口商、受让人或其他参与者参与了与本法项下授权项目相关的欺诈活动，或违反了本法项下的项目要求，商品信贷公司可以：

"（1）让该等出口商、受让人或参与者对公司因该等欺诈或违约而产生的所有损失承担责任；

"（2）由部长决定，要求该等出口商、受让人或参与者退还向其提供的任何援助并附带利息；

"（3）向该等出口商、受让人或参与者收取部长认为适当金额的违约赔偿金。

"本款中的规定，不得影响任何其他法律项下可获得的任何其他救济。

"（c）暂停和阻止。如果商品信贷公司在提供听证机会后，认为该等出口商、受让人或参与者违反了项目或本法的条款和条件并且其性质足以导致暂停或阻止，则商品信贷公司可暂停或阻止任何出口商、受让人或其他参与者在一年以或多年的时间内，不得参与本法项下授权的一个或多个项目。

"（d）虚假证书。美国法典标题 18 第 1001 条的规定，适用于本法案项下出具的任何虚假证书。

"第 403 条　部门管理系统。

"（a）概述。关于农业部或商品信贷公司的各个商业出口促进项目，部长应：

"（1）按照规定列出用于评估或批准项目建议书的标准；

"（2）建立集中的系统，以允许对外农业服务局提供任何建议书的历史或当前的状态；

"（3）规定对项目交易进行定期审计，以确定其是否符合项目目标和要求；

"（4）为评估有资格获得商品信贷公司担保的贷款，设立标准，以确保无须承担不必要的风险。

"（b）信息的可用性。关于某一具体建议书的状态信息，应通过部长视为恰当的分类，在中央系统内进行检索。

"第 404 条　规定。

"自本法颁布之日起 180 天内，部长应出具实施本法条例的规定，包括关于项目符合第 401 和 402 条的具体规定。

"子篇 B　其他规定

"第 411 条　农业禁运保护。

"（a）前提条件、赔偿的范围。不论法律有任何其他规定，如果：

"（1）总统或联邦政府的其他行政机构导致向任何其他国家或地区出口任何农产品，因《1979 年出口管理法》（《美国法典》第 50 篇 2401）或任何其他法律条例项下的国家安全或对外政策的原因，被迫暂停或受到限制；

"（2）该等农产品的出口暂停或受限，并非由于美国暂停或限制向该等国家或地区的所有出口而导致的；

"（3）实施暂停或限制前一年中，美国向该等国家或地区出口该等农产品，销量超过了实施暂停或限制前一年美国对外出口销售该等农产品的总销量；

"部长应依据本条（b）款所述规定，通过向该等农产品生产商付款，向其作出补偿。

"（b）付款的数额。如果部长在（a）款下向生产商付款，该等付款的金额应通过以下方法决定：

"（1）如果是《1949 年美国农业法》（《美国法典》第 7 篇 1441）第 1 篇获授权向生产商作出的付款，则为以下各项的乘积：

"（A）生产商的农产项目产量或农产相关商品的产量；乘

"（B）商品的种植面积基础；乘

"（C）实施该等暂停或限制后 60 天内生产商收到的该等商品的平均市场价格，低于由部长在实施暂停或限制当日决定该等商品平价的 100%；

"（2）如果是其他农产品，《1949 年农业法》（《美国法典》第 7 卷 1421）项下获授权向生产商提供的价格补贴，乘以生产商在实施该等暂停或限制日期后 60 天内收到的该等商品的市场单价，低于由部长在实施该等暂停或限制当日决定的该等商品平价的100％，乘以该等生产商在实施暂停或限制期间售出的该等商品的数量。

"（c）付款的时间。（b）款（1）项下的付款，应于在该等暂停或限制生效的期限内的每个营销年度或其中任何部分，在实施该等暂停或限制当日后90天，每隔90天支付，每次付款的金额相等。

"（d）商品信贷公司。部长应通过商品信贷公司实施本条例。

"（e）规定。部长应颁布部长认为实施本条所必需的规定。

"第412条　制定缓解禁运负面影响的方案。

"如果总统或联邦政府的其他行政机构使某一农产品向某国家或地区的出口被暂停或受到限制，为了在最大可能的范围内，缓解该等情况对农民、起卸机操作员、普通承运人和农产品出口商的负面影响，农业部长应：

"（1）制定包含以下各项的全面应急方案：

"（A）评估现有农业项目，并决定该等项目是否足够灵活，让部长能够有效和高效地抵消该等暂停或限制对农民、起卸机操作员、普通承运人以及该等项目项下提供商品的出口商的不利影响；

"（B）在应急基础上，为确定该等暂停或限制对生产商、起卸机操作员、普通承运人和出口商的影响范围和严重程度所需信息的类型和可用性；

"（C）制定标准，以确定在何种程度（如有）上，该等暂停或限制的影响应抵消其对（1）（B）项所述各个行业的影响。

"（2）如果部长认为有必要有效、高效、经济和公平地处理该等暂停或限制的影响，根据第411条未规定赔偿的任何暂停或限制，准备并向国会相关的委员会提交变更现有农业项目或开展新项目的建议；

"（3）针对第411条规定的赔偿暂停或限制，准备并向国会相关的委员会提交实施和管理第411条规定的方案；

"（4）在商品信贷公司为抵消商品暂停或限制的影响采购任何合同之前，要求商品信贷公司：

"（A）为该等暂停或限制交易所涉及的各项商品，进行经济核算，以决定是否有必要进行采购；

"（B）预计任何暂停或限制交易给出口商带来的相关利益及负面影响，并使用这两项预计结果，确定所需联邦援助（如有）的程度；

"（C）该等采购，仅限于暂停或受限装运的商品类型和等级，并且应以当前的市场价格或大致价格采购。

"第413条　扩展农业出口市场的订约权限。

"（a）概述。为实施美国农产品及农业制品维持、开发或增强出口市场的活动和项目，如果部长认为必要或恰当，可根据需要在美国以外履行的服务，与个人订立合约。

"（b）非美国雇员。（a）款所述个人，不得被视为美国的官员或雇员。

"第414条　关于进口产品的贸易磋商。

"（a）机构之间的咨询。在放松或解除美国进口农产品的限制之前，部长应要求服务局的主管人与农业部相关机构或办公室的负责人，包括动植物健康检查服务局的主管人进行磋商。

"（b）向贸易代表进行咨询。在放松或解除美国进口任何农产品的任何限制之前，部长应向美国贸易代表进行咨询。

"第415条　贸易谈判中的技术援助。

"根据农业贸易事项和农业贸易相关事宜的国际谈判，部长应向美国的贸易代表，提供技术服务。

"**第 416 条　使用部分出口促进项目的限制。**

"（a）概述。关于无资格参与《1954 年农业贸易发展和援助法》（《美国法典》第 7 篇 1691）第 1 篇设立的出口项目，或商品信贷公司实施或管理，或根据 1935 年 8 月 24 日批准的（《美国法典》第 7 篇 612c）名为《农业调整法修订及其他法》的法案第 32 条提供的资金开展任何其他出口信贷、信贷担保、奖励或其他出口项目的人员，根据《1930 年关税法》（《美国法典》第 19 篇 1313（j）（2））第 313（j）（2）款，就任何农产品或农业制品出口已经或将被用于还款申诉，退还联邦法律项下对进口商品或产品征收的任何关税、税收或费用。

"（b）植物油。无资格参与（a）款所述的任何出口项目的人员，关于已经或将被用于退款申诉的植物油或植物油产品的出口，根据《1930 年关税法》第 313 条的规定，退还联邦法律项下对进口商品或产品征收的任何关税、税收或费用。

"（c）证书。如果部长根据（a）款所授予的权限采取行动，申请出口（a）款所述出口项目的任何农业商品出口的人员，应证明商品均没有并且不会被用于（a）款所述的任何退款申诉，但是不论部长是否根据（a）款所授予的权限采取行动，申请出口该等项目项下的任何植物油或植物油产品的人员，应证明其植物油或植物油产品，均没有并且不会被用作（b）款所述任何退款申诉的基础。

"（d）规定。部长应颁布实施本条的规定。

"（e）适用性。本条生效日期前，就农产品或农业制品与出口商签订了出口销售合同的情况，不适用于本条。

"第 5 篇　对外农业服务局

"**第 501 条　国际事务和商品项目副部长。**

"农业部特此设立农业副部长一职，负责国际事务和商品项目，此职位的人选经参议院提议并批准后，由总统任命。农业副部长获授权行使与对外农业、农业稳定以及与资源相关的职能，并有义务履行法律或农业部长规定的其他职责。

"**第 502 条　对外农业服务局的主管人。**

"（a）设立。特此在农业部设立对外农业服务局主管人一职。

"（b）职责。对外农业服务局主管人，获授权行使与对外农业相关的职能并履行相关职责，主管人还应履行法律或农业部长规定的其他职责。

"（c）服务局的使用。在行使本条项下的职责时，主管人应监管对外农业管理局、销售总经理和农业附加服务局的运营。

"**第 503 条　对外农业服务局的设立。**

"服务局应通过获得与农业贸易相关的信息，协助部长实施美国农业贸易政策，开展市场推广和开发活动，实施本法、《1954 年农业贸易发展和援助法》以及其他法律所授权的项目。

"**第 504 条　对外服务局的职员。**

"（a）服务局的职员。为确保美国农业出口项目得到有效地开展，每个财政年度，服务局获授权可使用的人员数量，不得低于 900 人。

"（b）对外农业服务局办公室在驻外使团中的等级。不论法律有任何其他规定，应农业部长的要求，国务卿应向美国驻外使团的资深服务局官员，授予部长公使衔参赞的头衔。在任何时候，服务局持有该等外交头衔的官员，不得超过 12 人。

"第506条 拨款的授权。

"特此授权向服务局拨配实施本篇所必须的款项。

"第6篇 报 告

"第601条 长期农业贸易战略报告。

"（a）概述。部长应就部长在第104条制定的长期农业贸易战略，定期编制长期农业贸易战略报告。

"（b）频率。（a）款的首份报告，应于1991年10月1日前根据（f）款的规定提交。后续报告，则应根据（f）款的规定，于1992财政年度后的第三个财政年度的10月1日前提交。

"（c）内容。（a）款编制的各项报告，应详细说明第104条所制定的长期农业贸易战略的各个方面。

"（d）咨询。在准备（a）款的各份报告时，部长应向美国贸易代表进行咨询，以确保报告与《1974年贸易法》第163条准备的相关财政年度的年度报告中包含的年度国家贸易政策议程相协调。

"（e）更新报告。根据（a）款规定，编制报告后的第二个财政年度，部长应为（a）款的报告，准备一份年度更新报告，介绍对第104条中的长期农业贸易战略的任何修改、为实现长期农业贸易战略的目标必要的法律变更以及部长认为恰当的其他信息。

"（f）视为年度预算提呈。

"（1）报告。（a）款所要求的报告，或（e）款所要求的年度更新报告，应随相关财政年度的美国政府预算一同向国会提呈。

"（2）建议的支出水平。（a）款所要求的报告，或（e）款所要求的年度更新报告中，关于农业部国际活动的支出水平的建议，应包含在提交该等报告后更新的财政年度年初，总统向国会提交的该代征年度的美国政府预算中。该等报告和更新报告，应随农业部该财政年度其他项目的预算申请一同向国会提交。

"（g）报告的可用性。

"（1）向国会提呈。部长应向众议院农业委员会、对外事务委员会、众议院筹款委员会以及参议院的农业、营养、林业委员会和财政委员会提交（a）款所要求的报告和（e）款所要求的年度更新报告。

"（2）向公众公布。除非（3）另有规定，否则部长向公众，包括任何州的农业部公布（a）款所要求的报告和（e）款所要求的年度更新报告。

"（3）保密。在以下情况下，部长可将（a）款所要求的报告或（e）款所要求的年度更新报告中的内容划分为机密信息，并且有权不向公众披露：

"（A）部长认为披露该等信息会使美国在具体的国外市场上，相对于其竞争对手而言，处于不利地位；

"（B）部长认为任何该等信息为机密的商业信息。

"（4）业绩例外。（3）（A）所述规定，不适用于第104条的农业贸易战略关于审查美国之前3年的农业贸易业绩的相关部分。

"第602条 出口申报与合同神圣不可侵犯。

"（a）出口销售申报。

"（1）概述。小麦和小麦粉、饲料谷物、油籽、棉花及其产品以及部长可能指定为在美国生产的其他商品的所有出口商，每周应向农业部长报告，提供关于报告期内签订的任何出口销售合同或对后续的任何修改，具体包括：

"（A）拟出口商品的类型、等级和数量；

"（B）发货的农产品销售年度；

"（C）目的地（如知悉）。

"（2）保密和报告汇编。各报告应根据（c）款的规定保持其机密性，但应由部长进行汇编，并于报告的下一周以每周汇编的形式公布。

"（3）立即报告。应部长的要求，美国生产农产品的所有出口商，应在故障要求的时间内，立即向部长报告关于农业商品出口销售的任何信息。如果部长要求出口商每日报告该等信息，则根据各份报告所汇编的信息，应每天向公众公布。

"（4）允许的月度报告。关于部长认为符合以下各项的任何期限内的商品及其类型和等级：

"（A）该等商品的国内供应在实质上超过了满足国内需求所需的数量；

"（B）该等商品的总供应在出口国家预计将出现剩余；

"（C）计划出口数量不会导致国内供应出现过度短缺；

"（D）要求的报告将对出口销售产生不利影响；

"则应按月，而非按天要求出口商提交报告并公布该等信息。

"（b）未能报告。故意不按本条要求提交报告的人士，将被处以 25 000 美元以内的罚款或一年以内的监禁，或同时处以两种处罚。

"（c）合同神圣不可侵犯。不论法律有任何其他规定，总统不得禁止或削减以下出口销售合同项下的农业商品的出口：

"（1）总统宣布禁止或削减商品出口前签订的合同；

"（2）合同条款要求在实施暂停贸易日期后 270 天内进行交付商品。

"但如果总统宣布国家为紧急状态或国会宣战期间，总统有权禁止或削减任何农业商品的出口。

"第 603 条　向国会提呈的其他报告。

"部长应每季度准备并向众议院农业委员会和对外事务委员会以及参议院的农业、营养和林业委员会提交一份报告，报告注明商品信贷公司和部长在本法、《商品信贷公司宪章法》、《1954 年农业贸易发展和援助法》项下在该财政年度合同所提供的出口援助的累积总额。该等信息可以单份报告、合并报告的形式，或是在第 601 条项下制定的长期农业贸易战略报告（以及该等报告的年度更新报告）中提呈。"

第 1532 条　对《1954 年农业法》的修订。

《1954 年农业法》（《美国法典》第 7 篇 1741）经修订，在结尾处添加了以下条款：

"第 108 条　农业专员的年度报告。

"（a）概述。部长应要求农业部的相关官员和雇员，包括派驻外国的官员和雇员，每年编制并向部长提交详细的年度报告，报告应：

"（1）记录以下各项的性质和范围：

"（A）为农产品和农业制品的出口，在该等国家提供直接或间接政府支持的项目；

"（B）可能妨碍美国农产品及农业制品入境该等国家的其他贸易实践；

"（C）如适用，美国向该等国家出口的类似产品在该等国家的平均价格和生产成本；

"（2）寻找将美国农产品及农业制品出口到该等国家的机会。

"（b）职责。部长应：

"（1）每年对（a）款提交的报告中的信息，进行汇编。

"（A）按照国家划分；

"（B）按照美国出口的农业商品进行划分，包括水果、蔬菜、豆类、玉米和鸭子，如果部长认为该等出口受到了不公平的贸易手段的影响。如适用，报告还应包含前一年该等商品在美国与进口国家的平均价格和成本的对比。

"（2）向《1974年贸易法》（《美国法典》第19卷2155（c））第135（c）款建立的农业技术顾问委员会进行咨询，包括排列商业团体根据（a）款识别的贸易壁垒优先顺序；

"（3）包含一系列消除或减少该等贸易壁垒应采取的措施；

"（4）每年1月15日之前，向国会、《1978年农业贸易法》第504条（修订为第201条）授权的贸易援助办公室、农业政策顾问委员会以及其他相关方提交汇编结果。

"（c）会议。部长和美国贸易代表每年应就农业政策顾问委员会和农业技术顾问委员会至少召开一次会议，为联邦政府和私人行业将采取的以下行动提出建议：

"（1）减少或消除（a）和（b）款要求提交的年度报告中发现的贸易壁垒或曲解；

"（2）扩展该等年度报告中所发现的美国农产品的出口机会。

"第109条　专员教育项目。

"对外农业服务局的主管人，应在服务局内建立一个项目，指导服务局从海外分配到美国的专员，就增加美国农产品及农业制品的出口的各种方法，与农产品及农业制品以及美国各州的官员进行会面并提供咨询建议。"

子篇 D　一般规定

第1541条　棉花籽油和葵花籽油的出口。

《1988年灾难援助法》第301（b）（2）款（A）小项现修订为：

（A）（ⅰ）自1991至1995财政年度开始生效，1935年8月24日批准（《美国法典》第7篇612c）的《农业调整法修订及其他法》第32条提供的50 000 000美元资金中，应在拨款法规定的范围内，该财政年度中用于该法第二句第（1）条款中所述的目的，通过出口该等商品的相关优惠，鼓励在世界市场上以具有竞争力的价格销售额外数量的葵花籽油和棉籽油。

（ⅱ）第（ⅰ）条的实施，应确保该条提供的款项在以下期限中充分使用，以实现该等油类产品的出口最大化：

（Ⅰ）提供该等款项的年度；

（Ⅱ）该等油类产品的国内价格在国际市场上具有竞争力的年度。

（ⅲ）决定本款项下应提供的优惠时，部长只需考虑鼓励销售所需的优惠。

（ⅳ）为实施本款规定，部长应确保在可能的最大范围内，在该等财政年度中，为鼓励葵花籽油和棉籽油在世界市场上的销售，使用同样金额的资金。

第1542条　促进向新兴民主国家的农业出口。

（a）将提供的担保。从1991到1995财政年度，商品信贷公司应为向《1978年农业贸易法》第202条的新兴民主国家出口农产品，提供不低于1 000 000 000美元的出口信贷担保，作为该法第211条就该等项目须提供的款项的补充。

（b）改善设施。如果农业部长认为该等担保将主要用于促进美国农产品（定义见《1978年美国农业贸易法》第101（b）款）的出口，则该等出口信贷担保的一部分，应用于建立或改善美国在新兴的民主国家的设施，以改善处理、营销、加工、存储或分配进口农产品及农业制品的能力。如果（d）款所述机会和项目符合本条要求，则商品信贷公司应给予其优先性。

（c）咨询。在行使本条所授予的权限前，农业部长应向美国农产品出口商（定义见《1978年美国农业贸易法》第101（b）款）、非政府专家和其他联邦政府机构进行咨询，以确保（1）（B）款提供的资金用于资助发展中民主国家的设施，而不是使地理位置靠近新兴民主国家的国家成为主要受益者。

（d）分享美国的农业专业技术。

（1）概述。

（A）项目的设立。从 1991 到 1995 财政年度，农业部长（在本条下文中称为"部长"），为开发、维持或扩展美国农业出口产品的市场，应向新兴的民主国家，提供美国的专业技术支持，以评估该等民主国家对粮食和农村商业体系的需求，就如何改善这些体系提出建议，并通过指定具体机遇和项目来改善这些体系有效性。

（B）项目的范围。在各财政年度，部长至少应针对 3 个新兴民主国家实施本条规定。

（2）来自美国的专家。部长应通过以下方法，实施（1）项中的要求：

（A）就评估其他国家的粮食和农村商业体系，向主要由农业顾问和政府官员专家组成的团队提供援助，协助其开展评估，提出建议，并寻找（1）项所述新兴发展中国家的机会和项目；

（B）通过向新兴民主国家指定的人员提供在美国必要的生活补贴和交通费用，协助他们向美国粮食和农村商业体系专家进行咨询，以改善该等新兴民主国家的该等体系。

（3）成本分摊。部长应鼓励（2）（B）项所述非政府专家，分摊本条项目中专家的成本或接受其他方式的援助。

（4）技术援助。部长获授权为实施相关建议或关于（1）项的机会和项目，提供技术援助。

（5）向部长报告。获得（2）（A）项援助的小组，应向部长提供其要求的报告。

（6）向国会报告。部长应每年向参议院农业、营养和林业委员会以及众议院农业委员会和对外事务委员会，提交本条所实施活动的总结报告，包括本条准备的评估和建议的总结，部长还应向公众公布这些评估和建议。

（7）顾问委员会。为向部长提供就其实施本条规定可能有用的信息，部长应设立一个顾问委员会，委员会由美国食品农村经营体系各个部门的代表组成。

（8）商品信贷公司的使用。部长应可通过商品信贷公司的资金和设施实施本款的规定。本款授予的权限旨在补充部长或商品信贷公司的其他权限，而非替代其他权限。

（9）援助的水平。在任何财政年度，部长在本款可授予的援助不得超过 5 000 000 美元。

（e）外债负担。

（1）信贷的影响。为开展（a）款所述项目，农业部长应确保（a）款为还款提供了担保的信贷，不得过度增加该等国家的外债负担，并因此对该等新兴民主国家的政治和经济状况造成负面影响。

（2）咨询和报告。自本篇生效之日起 6 个月以及该等 6 月期限结束后的 6 个月内，应向相关联邦政府机构咨询后，农业部长准备并向众议院对外事务委员会和农业委员会以及参议院农业、营养和林业委员会提交报告，协助国会评估（a）款为还款提供了担保的信贷在多大程度上满足了（1）所述要求。该等报告还应包括：

（A）各国收到的（a）款授予的信贷担保的金额和分配；

（B）收到该等信贷担保项下的商品或贷款的国家的总外债负担，因农产品及农业制品而产生的债务，或（a）（1）（B）款提供的担保的贷款以及所有其他债务；

（C）如果该等国家无法履行其还款义务，债权人政府或私人债权人，重新安排或减少该等国家现有债务的活动；

（D）分析。

（ⅰ）对接收国外债负担的影响，尤其是（a）款为还款提供了信贷担保的接收国家；

（ⅱ）因其总外债负担和（a）款产生的债务对接收国家的负面经济影响与该国的政治稳定之间的关系。

（f）新兴的民主国家。在本条中，"新兴的民主国家"，是指在部长看来，正在采取措施朝着以下方向前进的任何国家：

（1）以朝着自由和公正地选举和多党政治体系方向前进为基础的政治多元化；

（2）以朝着市场经济方向前进为基础的经济改革；

（3）尊重国际认可的人权；

（4）愿意与美国建立友好关系。

条1543条　中等收入国家和新兴民主国家的农业培训项目。

（a）设立。农业部长应为中等收入国家和新兴民主国家设立"考科伦项目培训"，为有资格国家专门从事农业的人员提供在美国学习的机会。

（b）有资格的国家。若满足以下条件，则应视为有资格参与本条设立项目的国家：

（1）中等收入国家。当经济发展到一定程度，并且人均收入超过了该等援助项目设置的标准，无资格收到美国的双边对外援助支持的国家（在本条下文中称为"中等收入国家"）。

（2）现有关系。无资格获得美国双边对外援助的中等收入国家，但针对其与美国的现有关系，包括技术援助和培训，对该等国家与美国互惠互利。

（3）政府的类型。近期进行了行政体系改革，从非代表类型的政府向代表型民主政府改革，并且鼓励建设民主机构、培养文化价值、发展机构以及组织的民主多元化。

（c）培训项目的目的。本条的培训项目，应帮助接受了培训的人员获得以下知识和技能：

（1）协助有资格的国家发展必要的农业体系，以满足其国内人口对粮食的需求；

（2）加强和改善有资格的国家与美国农业从业者之间的贸易联系。

（d）有资格接受培训项目的个人。部长应利用参与国家工作的美国农业领事、贸易官员和商品贸易促进团体的专业人员，帮助农业部确认本条培训项目的候选人，候选人应分别来自该等国家的公私领域。

（e）项目的实施。部长应向其他美国政府机构、美国大学和私人农业部门（如适当）进行咨询，以设计和管理培训项目，实现设立该等项目的目标。

（f）拨款的授权。获授权拨出实施本条的项目所必需的款项，并且该等拨款没有财政年度的限制，但在任何财政年度，该等资金不得超过：

（1）向满足（b）（1）款要求的有资格的国家，拨款3 000 000美元；

（2）向满足（b）（2）款要求的有资格的国家，拨款2 000 000美元；

（3）向满足（b）（3）款要求的有资格的国家，拨款5 000 000美元；

（g）补充资金。如果农业部长认有必要进一步发展本条设立的项目，则部长可接受通过礼物、赠送、遗赠、授予或其他方式予以的金钱、资金、财产和各类服务，并且可以作为本条的一般项目资金，采取任何方式对其进行处置并可使用该等处置收益。本条设立的项目的所有指定资金，应在实际支出之前，随时可用。

第1544条　协助实现美国毒品控制目标。

（a）放弃部分限制。不论本条（b）款有何规定，对于因种植古柯而成为主要的违禁药物生产国家（定义见《1961年对外援助法》（《美国法典》第22篇2291（i）（2））第481条（i）（2）），总统可以向该等国家提供经济援助，以降低其对作为毒品和精神药物原材料种植的依赖，促进其他经济产品的生产、加工和营销。

（b）介绍放弃的限制。因（a）款，因农产品（或农业制品）或其他产品的生产、加工和销售而限制经济援助资金使用的许多其他法律条例均不再适用，包括《1990年对外经营、出口资助和相关项目拨款法》第521、546和547条（但第510条除外）以及后续拨款法关于为对外经营、出口资助和相关项目提供拨款资金的法律规定。

（c）经济援助的定义。在本条中，"经济援助"，是指《1961年对外援助法》第1部分第1章（《美国法典》第22篇2151及以下）关于发展援助的规定以及该法律第2部分第4章（《美国法典》第22篇2346及以下）关于经济支持资金的规定。

第 1545 条　世界牲畜销售价格信息。

（a）制定方法。农业部长应制定恰当的方法，以确定牲畜和牲畜产品的世界价格，并收集和分析该等产品在国外的相关价格和生产成本信息，以确定价格并为牲畜和牲畜产品在国外出口市场的销售提供援助。

（b）信息公布。自本法案颁布之日起 240 天内以及其后固定的期限内，农业部长应公布（a）款收集的信息。

子篇 E　研究、报告及其他规定

第 1551 条　北美自由贸易区的研究。

农业部长应研究北美自由贸易区的建立，包括成立美国墨西哥自由贸易区对美国农业经济的影响。部长应于 1991 年 3 月 31 日前，向国会报告该等研究的结果。

第 1552 条　玫瑰和鲜花的研究。

（a）概述。农业部长应针对外国玫瑰和鲜花对国内玫瑰和鲜花行业的寄售的影响，并综合考虑 1989 年 4 月美国国际贸易委员会名为《美国和世界市场鲜花的竞争条件》的研究结果，并开展研究。

（b）向国会报告。自本法颁布之日起 6 个月内，部长应向国会报告（a）款研究结果，以及部长就国内玫瑰和鲜花行业如何与寄售进行公平竞争，提出相关建议。

第 1553 条　商品运输和技术评估和报告。

（a）评估。针对当前的农业运输状况对生产商受到的价格、消费者的成本以及美国实现出口目标和为国内商品拓展外国市场的能力的整体影响，农业部长对其进行评估，评估应着眼于铁路运输能力，包括铁路废弃、运输农业商品所适合的铁路车辆设备的定期短缺以及铁路承运人预售运输证的做法。

（b）额外要求。在准备本条所要求的评估时，部长应向具有运输农业商品经验的铁路、公路和水路承运人进行咨询，并调查以下各项的可行性：

（1）就替代品的涉及和施工，向生产商、销售商和出口商提供技术和财务援助，以替代铁路卸货车（如可以被运送到国外的平板卡车、平板铁路车和内河趸船以及海上集装箱船只的货运集装箱），将大宗商品运输到相关的目的地终端市场；

（2）鼓励建立计算机化网络，协助生产商、营销商、出口商和承运人与能力强的、设备完善的承运人沟通联络，加快当前农业商品货物的识别和配送。

（c）报告。自本法颁布之日起 240 天内，农业部长应向参议院农业、营养和林业委员会以及众议院农业委员会报告本条开展的评估的结果，以及部长就该等评估结果可能提出的任何建议。

第 1554 条　第 22 条暂停或终止的报告。

（a）报告的要求。如果《农业调整法》（《美国法典》第 7 篇 624）第 22 条被废除，则暂停实施该条的所有措施，农业部长应在该条的具体限制或实际费用暂停或终止的生效日期前，向国会报告相关情况。

（b）报告的内容。（a）款的报告应评估消除该等限制或费用所产生的各个实质性影响，包括对以下各项的影响：

（1）农民住房管理局和一般的农业信贷；

（2）农民为受影响的商品一般支付的价格；

（3）美国粮食安全的要求。

第 1555 条　向欧盟出口农业产品。

（a）发现。国会发现：

（1）作为欧洲 1992 年经济一体化计划的一部分，欧盟设立了一个体系，以设置产品标准和要求，包括与农产品及农业制品相关的标准和要求，由于欧盟拒绝了美国政府或行业专家列席欧洲标准制定机构的相关会议的合理要求，所以截止目前，该体系尚未完全透明化；

（2）目前，欧盟尚在制定规则，通过该等规则，美国农业商品及农业制品的出口商能够证明其符合欧共体的产品标准和要求，但欧盟拒绝保证美国的该等出口商，是否可以通过美国实验室或自我检测的方法，保证其产品符合欧盟的产品标准和要求。

（3）在设置农产品及农业制品的标准和要求方面，美国维持了一个开放、透明的体系，并且目前实施了许多互惠政策，允许欧盟的农产品及农业制品出口商，通过使用欧盟的实验室或自我认证，来证明其符合美国产品标准；

（4）1989 年，美国向欧盟出口农产品及农业制品的出口总值为 6 600 000 000 美元，占美国农产品及农业制品总出口额的 17%；

（5）因此，欧盟的产品标准和测试政策是不公平的并具有歧视性，而且极有可能会明显减少美国农产品及农业制品的出口量。

（b）政策声明。

（1）欧盟设置农产品及农业制品标准和要求的程序不透明，对此，国会予以谴责，此外国会还进一步谴责了欧盟的做法，他们拒绝向美国的出口商保证其可以通过美国的实验室或自我认证，证明产品符合欧盟的标准和要求。

（2）国会对欧盟的标准和测试政策对美国与欧盟之间的双边农业贸易关系所造成的负面影响感到遗憾。

（3）国会呼吁总统尽一切努力，对欧盟的标准和测试政策作出实质性和深远的改变，以保护和维持美国农产品及农业制品在欧盟所享有的市场份额。

第 1556 条　对外农业服务人员语言能力和评估。

（a）评估外语能力。如果监管人有能力进行该等评估，则对外农业服务局应修订其对于对外农业服务官员的评估报告，要求对该等官员能否有效地在工作中使用一门或多门外语进行评估，是否能够达到一般专业对话熟练程度或以上水平。

（b）晋升的优先顺序。对外农业服务局的人事负责人，应要求晋升评估小组在所有其他晋升标准相同的情况下，相对于缺乏语言技能的官员，优先考虑晋升至少一门或多面外语达到一般专业对话熟练或以上水平的官员。

（c）向国会报告。自本篇生效之日起 6 个月内，对外农业服务局的主管人应向众议院对外事务委员会、农业委员会、公务员委员会以及参议院的农业、营养和林业委员会提交一份报告，报告应：

（1）详细说明本篇生效日期起前 3 年内，对外农业服务局的对外服务官员，在其抵达该等国家前或抵达后一年内，其该国的外语水平已经达到了一般专业对话熟练水平；

（2）向国会提供详细具体的建议，确保对外农业服务局中至少 75% 的对外服务官员，在抵达该等国家前或抵达后一年内，其该国的外语水平已经达到了一般专业对话熟练水平。

第 1557 条　与烟草相关的报告要求。

《1983 年烟草调整法》经修订，在第 213 条（《美国法典》第 7 篇 511r）后加入了以下新条款：

"第 214 条　关于香烟的报告要求。

"（a）概述。出口（b）款未规定的烟草或烟草制品后 60 天内，该等烟草或烟草制品的出口商应准备一份该商品的出口报告，并呈交农业部长。

"（b）特别规定。烟草制品的生产商，应准备并保存关于所有成品香烟和加工后烟草产品的记录。该等记录中的信息，应每季度汇总一次，经编制该等汇总的实体认证无误后，根据本条的规定，呈交农业部长。烟草制造商应保存编制汇总所使用的记录，为期 5 年。

"（c）范围。本条保存的记录，应包含收获年度、等级、类型、原产国、磅数以及部长视为必要的关于烟草制品的其他信息。

"（d）报告。本条向农业部长呈交的记录、报告和汇总，应由部长及时提呈众议院农业委员会以及参议院农业、营养和林业委员会。

"（e）处罚。违反本条规定，提供虚假信息或未能提供所需信息的进口商，将根据《美国法典》第 18 篇第 1001 条的规定对其各违法行为进行处罚。

"（f）机密信息。本条的报告中包含的个人信息，可根据《美国法典》第 5 篇第 552（b）（4）款暂不披露。农业部的任何官员或雇员，如果根据《美国法典》第 18 篇第 1905 条所述的规定披露了机密信息，则须受限于《美国法典》第 18 篇第 1905 条的规定。本条的任何内容，不得被解释为授权向国会隐瞒这些信息。"

第 1558 条　花生出口原产地报告。

（a）花生出口商。未加工花生（无论是否去壳）的出口商，应在该等出口商在其他法律规定项下应填写的出口文件中，注明该等花生的原产地。

（b）信息收集。农业部长应收集包含在该等出口文件中的信息，并就各日历年美国出口的所有花生的原产地，每年向众议院农业委员会和参议院农业、营养和林业委员会进行报告。

（c）机密信息。本条的报告中包含的个人信息，可根据《美国法典》第 5 篇第 552（b）（4）款暂不披露。农业部的任何官员或雇员，如果根据《美国法典》第 18 篇第 1905 条所述的规定披露了机密信息，则须受限于《美国法典》第 18 篇第 1905 条的规定。本条的任何内容，不得被解释为授权向国会隐瞒这些信息。

第 1559 条　国会对欧盟调整建议的看法。

（a）发现。国会认为：

（1）关税贸易总协定（GATT）乌拉圭回合中关于农业谈判所取得成功，对于解放世界农业贸易和为美国商品拓展世界市场有着重要意义；

（2）为了纠正世界农业市场上的曲解和限制，GATT 谈判的参与者承诺在实质上积极减少对农业的保护和支持；

（3）自第二次世界大战以后，通过一系列的多边贸易谈判，建立以市场为主导的贸易的历史进程，取得了显著和积极的成果；

（4）欧盟关于"调整"进口保护的建议，在实质上允许欧盟增加部分产品的进口壁垒，包括之前的谈判涉及的可享受无壁垒自由贸易地位的产品；

（5）这一调整建议，可能对美国向欧盟出口玉米麸饲料和油籽产品造成格外严重的威胁，而欧盟一直试图取消该等产品的零关税地位；

（6）向欧盟市场出口美国的玉米麸饲料和油籽，为美国和欧盟近 30 年的贸易关系的稳固，做出了巨大的贡献，并且不应受到限制。

（b）国会的看法。在国会看来：

（1）欧盟调整进口保护的建议，与解放世界农业贸易和消除贸易保护政策的重要目标严重不符；

（2）该等调整会给美国向欧盟出口玉米麸饲料和油籽造成严重的影响，更容易受到不公平待遇，增加了贸易壁垒；

（3）在 GATT 乌拉圭回合之后的农业谈判中，美国应强有力地拒绝欧盟调整进口保护的建议。

第 1560 条 参议院关于多边贸易谈判的看法。

（a）概述。在参议院看来，多边贸易谈判乌拉圭回合谈判关于农业贸易的目标为：

（1）改革全球农业贸易，消除阻碍农业贸易的政策和实践；

（2）就以下各项达成协议：

（A）为美国农民和农业群体提供在国际市场上公平竞争的机会；

（B）允许美国农民获得安全的网络，保护自身免受市场不稳定性的影响；

（C）确保目前和未来消费者均可以以合理的价格获得高质量食品和纤维的充足供应；

（D）确保满足人道主义粮食援助的需求。

（b）谈判。在参议院看来，开展多边贸易谈判乌拉圭回合的农业贸易谈判时，为实现《1988 年综合贸易和竞争法》第 101（b）条以及本条中包含的主要谈判目标，美国应该：

（1）确保任何协议：

（A）均有利于美国的农业生产商和从业者；

（B）不会导致某件商品容易受到不公正的对待或增加贸易壁垒，美国农业各部门，均可受到平等和公正地对待；

（C）允许国家直接或间接通过自助行动，根据市场变化提供收入支持和稳定性；

（D）如果放松或消除贸易壁垒或补贴会导致行业调整和资源的重新分配，则应提供一个调整适应期；

（E）不得为了美国经济中的其他行业而牺牲农业部门的利益；

（2）应立即消除针对农产品及农业制品所有的出口补贴，善意的粮食援助除外；

（3）不得通过签订自我执行的协议来过度限制美国稳定农业经济的权限；

（4）不得签订如下协议：该等协议将废除或实质性干扰旨在促进或保护任何国内农业项目、稳定价格的任何现有法律权限，或导致美国放弃关税贸易总协定授予美国限制进入美国的商品数量权限，但满足本条所述目标的协议除外；

（5）确保向发展中国家提供特殊或区别对待的规定中，包含随着该等国家的竞争力逐步提高，将逐步取消该等待遇的准则和限制。

子篇 F 相应条款和技术变更

第 1571 条 《1988 年综合性贸易和竞争法》的修订。

《988 年综合性贸易和竞争法》经修订，废除了第 4201、4202、4205、4206、4211、4212、4213、4305 和 4311 条（《美国法典》第 7 篇 5211、5212、5215、5216、5231、5232、5233、1736t 注和 1691 注）。

第 1572 条 《1985 年粮食安全法》的修订。

《1985 年粮食安全法》现修订为：

（1）在第 1110 条中（《美国法典》第 7 卷 1736o）：

（A）删除（j）款；

（B）重新将（k）款命名为（j）款；

（2）在 1113（c）（9）款中（《美国法典》第 7 篇 1736 - 1（c）（9））：

（A）在（A）款分号后加上"与"；

（B）删除（B）款；

（C）将（C）款更名为（B）款；

（3）废除第 1124、1125、1127、1128、1132、1151、1162、1165 和 1167 条（《美国法典》第 7 篇 1736s，1736t，1736v，1736w，1736x，2275，1736z，1736 和 1736aa）。

第 1573 条　《1981 年农业和食品法》的修订。

《1981 年农业食品法》经修订，废除了第 1203、1204 和 1205 条（《美国法典》第 7 篇 1736i、1736j 和 1736k）。

第 1574 条　《1966 年粮食促进和平法》的修订。

《1966 年粮食促进和平法》经修订，废除了第 4 条（《美国法典》第 7 篇 1707a）。

第 1575 条　《1949 年农业法》的修订。

《1949 年农业法》经修订，废除了 416 条（d）款（《美国法典》第 7 篇 1431（d））。

第 1576 条　《1995 年农业法》的修订。

《1956 年农业法》经修订，删去了（b）款（《美国法典》第 7 篇 1851（b））。

第 1577 条　《农业技术修正法》的修订。

公法 101-220 第 13 条（《美国法典》第 7 篇 1736cc）被废除。

第 1578 条　《1970 年农业法》的修订。

《1970 年农业法》第 812 条（《美国法典》第 7 篇 612c-3）被废除，经本篇修订，自《1978 年农业贸易法》第 404 条条例公布之日开始生效。

第 16 篇　研　　究

子篇 A　现有计划的增补与变更

第 1601 条　向现有计划增加授权及现有计划的增补或废止。

（a）农业研究机构拨款。《研究机构法》第 4 条（a）款（《美国法典》第 7 篇 390c（a））进行如下修订：

（1）删除 "20 000 000 美元"，插入 "50 000 000 美元"；

（2）删除 "截至 1986 年 9 月 30 日，至 1990 年 9 月 30 日"，插入 "1991 年至 1995 年"。

（b）对 1977 年通过的《全国农业研究、推广和教育政策法》中已经确立的计划增补如下部分：

（1）动物健康与动物源性疾病持续性研究。1977 年通过的《全国农业研究、推广和教育政策法》第 1433 条（a）款（《美国法典》第 7 篇 3195（a））进行如下修订：删除 "1981 年 10 月 1 日至 1990 年 9 月 30 日期间每年，" 插入 "1991 财年至 1995 财年期间每年"。

（2）动物健康与动物源性疾病全国或区域性研究。该法案的条款 1434（a）（《美国法典》第 7 篇 3196（a））进行了如下修订：删除 "1981 年 10 月 1 日至 1990 年 9 月 30 日期间每年，" 插入 "1991 财年至 1995 财年期间每年"。

（3）农业研究计划。该法案第 1463 条（《美国法典》第 7 篇 3311）进行了如下修订：

（A）在子条款（a）中，删除 "600 000 000 美元"，及 "1990 年" 期间的所有相关费用，插入 "1991 至 1995 财年期间，每年拨款 850 000 000 美元"；

（B）在（b）中，删除"270 000 000 美元"，后附及"1990 年"期间所有相关费用。插入"1991 至 1995 财年期间，每年拨款 310 000 000 美元"。

（4）普及教育。该法案第 1464 条（《美国法典》第 7 篇 3312）进行了如下修订：删除"370 000 000 美元"，以及该期间的所有相关费用，插入"1991 财年为 420 000 000 美元，1992 财年为 430 000 000 美元，1993 财年为 440 000 000 美元，1994 财年为 450 000 000 美元，1995 财年为 460 000 000 美元。"

（5）辅助作物与替代作物研究。该法案第 1473 条 D（a）款（《美国法典》第 7 篇 3319d（a））进行了如下修订：删除"1990"，插入"1995"。

（6）牧场研究咨询委员会。该法案第 1482 条（a）款（《美国法典》第 7 篇 3335（a））进行了如下修订：删除"1990"，插入"1995"。

（7）牧场研究。该法案第 1483 条（a）款（《美国法典》第 7 篇 3336（a））进行了如下修订：删除"1981 年 10 月 1 日至 1990 年 9 月 30 日期间每年"，插入"1991 财年至 1995 财年期间每年"。

（c）奶山羊研究。1981 年通过的《全国农业研究、推广和教育政策法修正案》第 1432 条（b）（5）款（《美国法典》第 7 篇 3222 注释）进行了如下修订：删除"截至 1986 年 9 月 30 日，至 1990 年 9 月 30 日"，插入"1991 年至 1995 年"。

（d）（1）拨款以对 1890 年赠地学院推广机构进行升级。1985 年通过的《粮食安全法》第 1416 条（b）款（《美国法典》第 7 篇 3224（b））进行如下修订：删除"截至 1986 年 9 月 30 日，至 1990 年 9 月 30 日"，插入"1991 年和 1992 年"。

（2）联邦政府农村研究机构。上述法案第 1431 条（《美国法令全书》第 99 篇 1556）进行如下修订：

（A）在款（a）中，删除"截至 1988 年 9 月 30 日，至 1990 年 9 月 30 日"，插入"1991 年至 1995 年"；

（B）在款（b）中，删除"截至 1986 年 9 月 30 日，至 1990 年 9 月 30 日"，插入"1991 年至 1995 年"。

（e）重要农业物资研究。《重要农业物资法》第 16 条（《美国法典》第 7 篇 178n）进行了如下修订：

（1）删除款（a），插入如下内容：

（a）授权自 1991 年至 1995 年，每财年拨付农业部对等资金，用于落实本条款所述项目；

（2）删除款（b）；

（3）在款（c）中，删除"款（a）和（b）"，插入"子条款（a）"；

（4）款（c）、（d）和（e）分别重新命名为（b）、（c）和（d）。

（f）废止 1977 年通过的《全国农业研究、推广和教育政策法案》中确立的如下计划：

（1）废止部分。1977 年通过的《全国农业研究、推广和教育政策法》（《美国法典》第 7 篇 3101 及以下）进行了如下修订：

（A）废止有关美国国会调查结果的第 1402 条（《美国法典》第 7 篇 3101）；

（B）删除第 1409A 条的款（c）（《美国法典》第 7 篇 3124a），其款（d）和（e）分别重新命名为（c）和（d）；

（C）废止有关生物质能第 1413A 条（《美国法典》第 7 篇 3129）；

（D）废止有关太阳能研究与开发的子篇 H（《美国法典》第 7 篇 3241 -3282）；

（E）废止有关中小型农场经营技术开发的第 1473B 条（《美国法典》第 7 篇 3319b）；

（F）废止有关专有技术开发研究计划第 1473B 条（《美国法典》第 7 篇 3319c）。

（2）编纂修订。1977 年通过的《食品与农业法》目录部分（《公法》95 -113；《美国法令全书》第 91 篇 913）进行了如下修订：

（A）在有关子篇 A 的条款中，删除"调查结果"；

（B）删除与第 1402 条和第 1413A 条相关的各项内容；

（C）删除与第 16 篇下的子篇 H 相关的各项内容，以及与该子篇 H 的各部分和各条款相关的各项内容；

（D）删除与第 1473B 条和第 1473C 条相关的各项内容。

第 1602 条　农业研究与推广体系的目标。

（a）目标声明。1977 年通过的《全国农业研究、推广和教育政策法》（《美国法典》第 7 篇 3101）经修订，在第 1403A 条的前面插入如下新增条款：

"第 1402 条　农业研究与推广的目标。

"依据各州的具体情况与需要，由联邦政府拨款的农业研究与推广计划应当与其他配套计划共同实现如下目标：

"（1）持续满足人类对食品与纤维的需求；

"（2）提高美国食品生产与农业生产体系在全球市场上的持久性生命力与竞争力；

"（3）扩大美国农村地区的经济增长点，全面提高农民、农村居民以及整个社会的生活质量；

"（4）提高美国农业系统的生产力，发展新型农作物，为农产品开发新型应用领域；

"（5）开发信息体系，改善可持续农业经济所依赖的环境与自然资源；

"（6）改善人类健康状况。

"（1）提倡安全、健康、营养、经济、方便的食品供应，以满足消费者不同的需求与喜好；

"（2）在健康和安全问题的检查与预防方面，向农民和其他农村居民提供相关建议帮助。"

（b）相应修订。1977 年通过的《全国农业研究、推广和教育政策法案》第 1403 条（《美国法典》第 7 篇 3102）经修订，删除该条款标题和"第 1403 条"，插入如下内容：

"第 1403 条　农业研究与推广体系的附加目标。"

（c）编纂修订。《1977 年食品与农业法》目录部分（《公法》95-113；《美国法令全书》第 91 篇 913）进行了如下修订：

（1）在与第 1403 条相关的内容前面插入以下新内容：

第 1402 条农业研究与推广的目标；

（2）删除与第 1403 条相关的内容，插入如下新内容：

第 1403 条农业研究与推广的附加目标。

第 1603 条　定义。

《1977 年全国农业研究、推广和教育政策法》第 1404 条（《美国法典》第 7 篇 3103）进行了如下修订：

（1）删除第（15）段结尾的"和"；

（2）在第（16）段的"子篇 E"后面插入"G"；

（3）在新段落结尾处增加如下内容：

（17）"可持续农业"一词的定义是：可因地制宜地应用于动植物生产实践的一体化体系，从长远看，其可：

（A）满足人类对食物与纤维的需求；

（B）改善农业经济赖以发展的环境品质及自然资源；

（C）充分利用不可再生资源和农田资源，对自然生物循环进行合理整合与管理；

（D）维持农场经营的经济活力；

（18）"技术委员会"一词指第 1408A 条中成立的农业科学技术审查委员会。

第 1604 条　食品与农业科学联合委员会及国家农业研究与推广用户咨询委员会。

（a）联合委员会。《1977 年全国农业研究、推广和教育政策法》第 1407 条修改如下：

"第 1407 条　食品与农业科学联合委员会。

"（a）成立。农业部长应在农业部内部成立一个名为"食品与农业科学联合委员会"的委员会，其任期应截止到 1995 年 9 月 30 日。

"（b）成员。该联合委员会应由不少于 21 个组织或机构的代表组成，致力于实施或协助食品与农业科学的研究、推广或教学计划，其中包括：

"（1）6 名州合作机构代表，其中至少包括一名依据 1890 年 8 月 30 日通过的法案（《美国法典》第 7 篇 321 及以下）有资格获得政府资助的机构（包塔斯基吉大学）委派的代表。

"（2）4 名来自农业部担负重大研究、推广及教学职责的部门代表。

"（3）一名来自公立院校、确有能力从事食品与农业研究、推广及教学计划的代表。

"（4）一名从事与食品和农业科学相关研究的院校代表。

"（5）3 名从事食品与农业科学相关研究的民间机构或私营企业代表，其中包括一名在食品加工行业从事食品技术研究的代表。

"（6）一名为食品与农业科学研究提供资金的各基金会代表。

"（7）一名农牧民及国内其他农产品生产商代表。

"（8）一名科学技术政策办公室代表。

"（9）两名经农业部长确认，来自其他联邦政府机构的代表。

"（10）一名国家科学院的代表。

"（11）就本条款而言，该联合委员会由超过 21 名成员组成，他们分别代表各公共和民间机构、生产商及有兴趣且有能力（经农业部长确认）为制定国家食品与农业科学政策做出贡献的民众。

"（c）行政规定：

"（1）任期。联合委员会成员应由款（b）所述组织和机构提名，经农业部长批准任命，任期为 3 年。各成员的任期应相互错开。

"（2）主席。联合委员会各项事务应由负责研究、推广教育计划的农业部部长助理与从联合委员会非联邦政府成员中选举的一名代表联合主持。

"（3）会议。联合委员会应至少每 3 个月召开一次会议。每年与用户咨询委员会至少召开一次联合会议。联合委员会的会议应当提前公告，并向公众开放。联合委员会的活动记录资料应妥善保管，如有需要，可供公众查阅。

"（d）主要职责。联合委员会的主要职责是通过改进由公共部门和私营机构提供资金支持的食品与农业科学活动之间的规划与协调，及通过将联邦政府预算制定和项目管理与上述过程的有机结合，以期在食品与农业科学研究、推广和教育方面展开更加有效的工作。

"（e）其他职责。联合委员会的其他职责应包括：

"（1）为联合委员会各成员所代表的组织提供信息交流论坛，以确保加强各成员组织对有关农业研究与推广、各组织的教学计划、结果和管理等方面的认识与了解。

"（2）对美国进行的各项农业研究、推广和教育计划对经济、环境和社会所造成的影响进行分析和评估。

"（3）确定农业研究、推广和教育计划最优先考虑问题与目标，向农业部和国会提交年度报告，以对上述最优先考虑问题与目标进行确认。

"（4）制定一套体系，并审核该体系的有效性，以供农业部就每一联邦政府资助的农业研究和推广项目的相关信息进行汇编、更新和宣传，并在最大程度上对院校、基金会、协议研究机构、公司及其他机构实施的私有化农业研究与推广项目方面的相关信息有所了解。私营组织机构实施的农业研究和推广项目信息不应包含在该体系内，除非联邦政府向此类项目提供全部或部分资金支持，或此类项目的赞助机构同意将此类项目信息纳入上述体系内。

"（5）协助各方依照本法案及其他法案的规定，对农业部及其他参与方代表之间就与农业研究、推广和教育计划进行详细说明的各相关条款和条件进行编制、审核与评估。

"（6）协助农业部长履行依据本篇规定赋予农业部长的职责，尽可能由州合作机构现有的区域性研究、推广和教育机构制订实施区域性计划和协调措施，并依据食品与农业科学的短期与长期需要、优先性、目标及实现这些目标的方法，制定相关建议及提交相关报告。

"（7）配合农业部长的工作。评估当前向农业界转让新技术的有效性，并制订相关工作计划。

"（8）与用户咨询委员会磋商以下事宜：

"（A）提交一份年度审查报告，并对农业特殊政府津贴和农业建设津贴申请进行优先顺序排列；

"（B）提交一份由农业部长划拨的竞争性赠款年度审查报告，确定优先研究项目和赠款的类别或类型，努力提前实现第 1402 条所述的目标；

"（C）对农业研究局、林业局、经济研究服务处、推广服务处、国家农业图书馆、州合作研究局及其他部门的研究、推广和教育预算进行审核，并且提出相应的预算建议。

"（f）报告。

"（1）年度报告。每年 6 月 30 日及该日之前，联合委员会应编制一份报告，对如下各项作出总结性的陈述：

"（A）食品与农业研究、推广和教育计划的优先顺序；

"（B）联邦机构、州属机构以及各私营机构实施此类计划的责任范围提议；

"（C）实施此类计划所需的财政支出和其他支持；

"（D）按优先顺序实施计划的进展情况，以及在上一年度所做的年度报告中建议的相关财政支出和其他支持；

"（E）用户咨询委员会为履行本条款规定的责任而采取的行动。

"（2）五年计划。在 1990 年 11 月 30 日及该日之前，联合委员会应编制一份概述食品与农业科学发展的五年计划报告。该五年计划报告应反映研究、推广与教学机构之间的协调情况。联合委员会应每两年对报告中的五年计划进行一次更新，更新后的报告应反映出该计划的实施进展情况。

"（3）提交报告。按照本条款编制的每份报告均应提交给农业部长。报告应及时提交，每份报告中均应包含少数派的意见。"

（b）用户咨询委员会。1977 年通过的《全国农业研究、推广和教育政策法》第 1408 条作如下修订：

"第 1408 条　国家农业研究与推广用户咨询委员会。

"（a）成立。农业部长应在农业部内部成立一个名为"国家农业研究与推广用户咨询委员会"的组织，该委员会任期应截止到 1995 年 9 月 30 日。

"（b）成员。该咨询委员会应由农业部委任的 21 名代表成员组成。上述委任成员的任期应按照农业部长确定的方式实行相互错开。该咨询委员会的成员包括：

"（1）农业合作社生产商代表，一名。

"（2）普通农场组织生产商代表，两名。

"（3）不同地理区域的农产品、林产品以及水产品组织的生产商代表，四名。

"（4）农场农产品供应商代表，一名。

"（5）食品和纤维加工商代表，一名。

"（6）关注动物健康问题代表，一名。

"（7）从事食品和农产品国内外市场运输的代表，一名。

"（8）主要涉及从事食品和农产品生产、加工、经销或者运输的劳工组织代表，一名。

"（9）食品销售市场的代表，一名。

"（10）致力于农业研究、可持续农业研究、教育及推广的非营利机构和基金会代表，一名。

"（11）业务涉及发展中国家的发展项目与相关问题的私有产业组织的代表，一名。

"（12）农业部不具备研究能力的组织机构代表，一名。

"（13）从事农村发展工程的代表，一名。

"（14）从事人类营养工程的代表，一名。

"（15）消费者利益代表，两名，其中包括一名不以盈利为目的的消费者维权组织代表。

"（16）不以盈利为目的的环境保护组织代表，一名。

"（c）主席；副主席。在咨询委员会每年召开的第一次会议上，咨询委员会成员应从各成员中选举出一名主席和一名副主席。主席和副主席的任期均为一年。

"（d）会议。为履行款（f）所规定的职责，咨询委员会每年应安排充分的会晤次数。每年至少应与联合委员会共同召开一次会议。

"（e）专家组。咨询委员会可以视情况成立专家组，由该专家组提供的信息、报告、提议和建议可供咨询委员会履行职责之用。该专家组的成员可包括咨询委员会的成员、咨询委员会职员、农业部及其他联邦政府部门和机构工作人员，及经专家组评审拥有专业资格的私营机构工作人员。

"（f）职责。

"（1）咨询意见。咨询委员会应承担编制食品与农业科学独立性咨询意见的一般性责任。

"（2）特定职责。咨询委员会应履行以下特定职责：

"（A）审核农业部内部涉及食品与农业科学的政策、规划和计划目标，其他联邦政府、州各部门和机构的相关计划，以及各院校所实施的本篇由农业部长提出的相关项目。

"（B）审核评估由私营机构实施的农业研究、教育和推广的范围，以及此类活动与联邦政府资助的农业研究、教育和推广计划的关系与协调。

"（C）审核长、短期农业研究与推广的全国性政策、优先顺序及战略，并且向农业部长提供相关咨询服务。

"（D）评估农业部的农业研究、推广与教育活动的总体资源分配以及划拨资金的充裕度，向农业部、联邦政府机构以及为农业研究、推广与教育提供资金的私营组织提出关于此类资源分配与资金划拨的建议。

"（E）确认新出现的农业研究、教育与推广问题，提出相关计划以及技术转让解决方案的建议，供公共和私营农业科学教育组织利用。

"（F）根据研究和推广计划对第1402和1403条所述的长期农业目标和消费需求的影响，评估研究和推广计划取得的结果以及有效性。

"（g）咨询委员会编制的报告。

"（1）联邦政府资助的农业研究与推广计划的审核。在每年的7月1日及该日之前，咨询委员会主席应向农业部部长进行口头陈述，并且向国会和农业部长呈交书面报告。报告包括关于联邦政府资助的不同农业研究和推广计划之间的责任分配与资金预算水平的建议。咨询委员会所做的口头陈述以及按照本条款编制的书面报告应包括如下内容：

"（A）农业部在上一财政年度向农业研究与推广计划划拨资金的审核与评估；

"（B）针对以下方面的一项评估：

"（ⅰ）联邦机构研究计划与私营机构研究计划之间的有效协调；

"（ⅱ）需要通过农业研究体系落实的最新研究和推广计划；

"（ⅲ）私营和公共研究推广体系的效力；

"（C）如果及时提交，则需附上少数派的意见。

"（2）预算审核以及农业部报告。在每年的 2 月 20 日及该日之前，咨询委员会向美国总统、众议院农业拨款委员会、参议院农业、营养、林业拨款委员会提交一份报告，报告包括如下内容：

"（A）在提交报告的年度之初，由总统提出该财政年度的食品与农业科学预算，咨询委员针对该预算提交一份评估报告；

"（B）农业部长按照第 1410 条提交的年度报告中包括农业部长提出的建议；

"（C）如果及时提交，则需附上咨询委员会所有成员的不同意见。

"（3）报告的要求。咨询委员会编制的每份报告均应列明自报告编制之日起参与报告编制的咨询委员会成员名单，其中包括咨询委员会每名成员的人事雇佣关系。

"（h）农业部的报告。在每年的 2 月 1 日及该日之前，农业部部长向众议院农业委员会以及参议院农业、营养、林业委员会提交一份报告，说明农业部的预算和计划在哪些方面采纳了咨询委员会的建议。"

第 1605 条　农业科学技术评审委员会。

（a）总则。《1977 年全国农业研究、推广和教育政策法》（《美国法典》第 7 篇 3101）经修订在第 1408 条后面插入如下新条款：

"第 1408A 条　农业科学技术评审委员会。

"（a）成立。农业部通过联合委员会成立农业科学技术评审委员会，并且通过联合委员会监督该委员会的工作。

"（b）成员。

"（1）组成。该技术委员会应由农业部指派的 11 名成员组成，各成员所从事的专业领域涉及技术评估、环境科学、国际农业问题、社会科学、农业科学（包括基础类型和应用类型）、技术转让以及教育，其中包括如下各机构的代表：

"（A）农业研究局；

"（B）州合作研究局；

"（C）推广服务局；

"（D）专业从事农业研究、教育与技术转让的私营基金会和非营利组织；

"（E）农业研究与技术转让私营企业；

"（F）政府赠地学院体系。

"（2）指派方式。农业部指派其认为恰当的人选担任该技术委员会的成员。

"（3）私营部门代表。按照（1）的规定，受指派的技术委员会成员应主要来自私营部门。

"（4）任期。技术委员会成员的任期为 3 年，各成员的任期届满日应错开，由农业部视情况确定。

"（5）主席。技术委员会应从其成员中选举一名担任委员会的主席，任期一年。

"（c）技术性解释与评估。

"（1）总则。技术委员会应当履行如下义务：

"（A）对现有和新出现的农业和环境科学问题提供技术性解释和解读，供联合委员会与咨询委员会在制定优先顺序和执行评估时使用；

"（B）对现有和新出现的公共和私营部门实施的农业研究与技术转让活动进行技术评估，包括私营产业和公共机构新兴技术对农业、环境、营养产生的影响，以及对城镇和农村社区的社会结构、经济发展以及卫生健康方面产生的深远影响。

"（2）评估。技术委员会在实施评估工作中需要考虑农业研究和推广计划在如下方面产生的促进作用：

"（A）发展新型农作体系，最有效地利用自然进程和生物之间的相互良性影响以及其他可持续农业技术；

"（B）为丰富农作物品种、改善牲畜管理模式、提高农业产量、提高各种投入的利用以及为农场经营者打开销路的产品多样化做出贡献的遗传学研究；

"（C）致力于发展适应气候不确定性的新型农作体系的研究工作；

"（D）致力于提高现有农产品需求量、发展新型农作物和新型农场企业、获得经济和环保双重效益并且提高农业多样性的研究工作；

"（E）致力于提高经济效益和社会福利的研究工作；

"（F）通过提高经营技巧，根据个体经营传统、农村地区资源以及宣传此类战略方案的推广计划，致力于制定农村经济发展战略的研究工作；

"（G）向包括中小型家庭农场、潜在新农民和拥有有限资源的少数农场主在内的农村社区转移新技术的新型推广和教育计划。

"（H）在实质上牵涉到有利益关系的个人、社区组织、农商组织、农场组织、农村组织、社区组织、农场工人以及环保组织的推广计划，致力于扩大向研究和推广优先性项目的投入。

"（d）技术评估报告。

"（1）总则。在每年的12月31日及该日之前，技术委员会应编制一份报告，其中包括新出现的公共和私营农业研究计划以及相关活动的技术评估，报告内容如下：

"（A）关于如何最有效地利用这些研究成果以提前实现第1402条所述目标的建议；

"（B）由农业部、公共和私营院校研究机构，以及新出现的私营农业研究计划执行的评估工作。

"（2）报告接收部门。技术委员会应把（1）规定的报告提交给相应的国会委员会、农业部、为农业研究提供资助的其他联邦机构的负责人，并且视要求提供给那些为农业研究工作做出重大贡献的私营组织。

"（3）少数人意见。报告应及时提交，每份报告中均应有少数人审核后签署的意见。"

（b）相应修订。

（1）支持。该法案第1412条（《美国法典》第7篇3127）进行了如下修订：

（A）删除标题和"第1412条"，插入以下内容：

"第1412条 向联合委员会、咨询委员会和技术委员会提供资助。"

（B）在款（a）中：

（ⅰ）删除前款相关内容中的"和咨询委员会"，插入"咨询委员会和技术委员会"；

（ⅱ）在破折号前面插入"和技术委员会"；

（ⅲ）在（1）中，在"可能指导"的前面插入"和技术委员会"；

（ⅳ）在（2）中，删除"委员会和"，插入"委员会；

（ⅴ）在（2）中，在句号前面插入如下内容"一人应担任技术委员会的执行秘书"；

（C）在款（b）中，删除"和咨询委员会"，插入"，咨询委员会和技术委员会"；

（D）在款（c）中，删除"和咨询委员会"，插入"，咨询委员会和技术委员会"；

（2）一般条款。该法案第1413条（《美国法典》第7篇3128）进行了如下修订：

（a）在款（a）中，删除"或者咨询委员会"，插入"，咨询委员会和技术委员会"；

（b）在款（b）中，删除"和咨询委员会"，插入"，咨询委员会和技术委员会"；

（c）删除款（d），款（e）改称款（d）。

（3）协调。该法案第1405（12）条（《美国法典》第7篇3121（12））经修改，在"建立"后面插入"，与技术委员会协调之后"：

（4）农业部的年度报告。该法案第 1410 条第（2）项（《美国法典》第 7 篇 3125）修改如下：

（2）联合委员会根据第 1407（f）条给出的建议，咨询委员会根据第 1408（g）条给出的建议，以及技术委员会根据第 1408（d）条给出的建议；

（c）编纂修订。1977 年通过的《食品与农业法》目录部分（《公法》95 - 113；《美国法令全书》第 91 篇 913）进行了如下修订：

（1）在第 1408 条相关条文的后面插入以下新条文：

"第 1408A 条　农业科学技术评审委员会。"

（2）删除第 1412 条相关条文，插入以下新条文：

"第 1412 条　向联合委员会、咨询委员会和技术委员会提供资助。"

第 1606 条　美国国家农业图书馆。

（a）总则。《1977 年全国农业研究、推广和教育政策法》（《美国法典》第 7 篇 3101 及以下）经修订在第 1410 条后面插入以下新条款：

"第 1410A 条　美国国家农业图书馆。

"（a）目的。本条款旨在加强和扩大依据《联邦修正法律》第 520 条（《美国法典》第 7 篇 2201）成立的农业部图书馆的合法经营授权，使该图书馆成为美国首要的农业信息来源。

"（b）成立。农业部已经成立美国国家农业图书馆，承担美国首要农业信息来源的职能。

"（c）馆长。农业部应指派一名美国国家农业图书馆馆长，主管部门为农业部。

"（d）馆长职能。图书馆馆长有权开展如下工作：

"（1）搜集、保管、管理各时期农业及相关学科的信息和信息产品，并提供高质量的信息服务；

"（2）对所有农业信息和信息产品以及信息服务进行分类、编制索引、按时间顺序排列，包括利用其他合适的信息管理技术进行有效的组织管理；

"（3）向农业部、联邦政府、公共组织和私有组织以及全球各地人员提供农业信息、农业信息产品和农业信息服务；

"（4）规划、协调、评估农业研究教育所需的农业信息图书馆；

"（5）与各农业院校图书馆、私有图书馆、其他农业图书馆以及其他信息中心合作，同时做好与这些单位的协调工作，致力于开发一套综合性的农业图书馆和信息网络；

"（6）协调开发农业图书馆信息组织之间的专题信息服务。

"（e）图书馆产品和信息服务。馆长可开展如下活动：

"（1）复制美国国家农业图书馆的书目；

"（2）缩微和复制书籍以及农业部内部的其他图书馆材料；

"（3）提供任何其他的图书馆信息产品和服务项目；

"（4）以农业部认为适合的价格销售此类图书馆产品和信息服务（不低于推广此类产品和服务的预计总成本）。

"（f）收入款。按照款（e）所述获得的销售款应存入美国国库，记入适用的政府拨款账项的借方，这项收入款在支出时销账。

"（g）协议。

"（1）总则。为开展落实本条款规定所需的各项活动，馆长可与任何州政府以及其他政体部门、组织、公司或者个人签订协议，接收这些单位和个人支付的采购资金。

"（2）采购资金。依据本款的规定，为了获得图书馆产品和服务或者其他服务项目而支付的资金应存入其他缴入资金账户，在支出时销账。

"（h）拨款授权。"

（b）相应修订。

（1）销售数量。1908 年 5 月 23 日通过的法案（《美国法令全书》第 35 篇第 192 章 264；《美国法典》第 7 篇 2242）修订如下：

（A）在标题"图书馆"后面未编号的第二项中，删除第二句话；

（B）在标题为"试验站办公室"后面未编号的第二段第二句话中，删除"农业部部长可提交"直到"其他收入"的所有内容。

（2）销售量。1915 年 3 月 4 日通过的法案（《美国法令全书》第 38 篇第 144 章 1109；《美国法典》第 7 篇 2242）经修订删除标题"州关系办公室"后面未编号的第 11 段。

（3）销售量。1944 年 9 月 21 日通过的法案第 708 条（《美国法令全书》第 58 篇第 412 章 742；《美国法典》第 7 篇 2244）废止。

（c）编纂修改。《1977 年食品和农业法》目录（《公法》95 - 1132；《美国法令全书》第 91 篇 13）经修订，在与第 1410 条相关条文后添加以下内容：

"第 1410A 条　美国国家农业图书馆。"

第 1607 条　用于加强兽医专业学院科研力量的政府津贴。

（a）总则。《1977 年全国农业研究、推广和教育政策法》第 1415 条（《美国法典》第 7 篇 3151）经修订，内容如下：

（1）在款（a）中，删除第一句，同时添加如下内容："农业部应实施一项面向各州的竞争性赠款计划，以遵照联邦政府相关法规的要求对房屋校舍进行翻新修缮；招聘师资、采买设备及采取其他措施改善兽医专业学院的设施环境以确保美国农业在全球范围内的竞争性。

（2）在款（b）（1）中，删除，"或者已经采取合理的措施努力建设，"删除结尾处的"和"；

（3）对款（b）（2）进行修改，并且新增款（b）（3）如下：

（2）需改善临床实习条件的兽医学院应当把重点放在食用型动物和宠物（包括马）的看护与预防性医疗计划中，以为具有重要经济意义的行业提供支持；

（3）政府为本条款所述拨款事宜而拨付的资金，农业部可做部分留存，并将其拨付给农业部认为有资格获得政府资助的高等院校。这类学院需在美国国家兽医专业学院中拥有一般学院无法比拟的优势，并能在研究工作中实现少数派群体充分参与的目标。

（b）相应修订。该条款进一步修订如下：

（1）删除该条款标题和"条款 1415（a）"，插入如下内容：

"第 1415 条　用于增强兽医专业学院研究能力的政府津贴。

"（a）竞争性赠款项目。"

（2）在"（b）"后面插入"优先政策"；

（3）在"（c）"后面插入"资金的拨付与分配"。

（b）编纂修改。在《1977 年食品和农业法》目录（《公法》95 - 113；《美国法令全书》第 91 篇 913）中，与第 1415 条相关的内容修改如下：

"第 1415 条　用于增强兽医专业学院研究能力的政府津贴。"

第 1608 条　食品与农业科学教育政府津贴与奖学金政策。

《1977 年全国农业研究、推广和教育政策法》第 1417 条（《美国法典》第 7 篇 3152）修订如下：

"第 1417 条　食品与农业科学教育政府津贴与奖学金政策。

"（a）高等教育教学计划。农业部应制定一套旨在提高高等院校在农业、自然资源、森林、兽医药物、家庭经济，以及与食品和农业体系密切相关的学科教学计划质量管理体系，以达到促进和加强食品与农业科学高等教育的目标。

"（b）政府津贴。政府赠地高等院校，拥有大量少数派群体入学率并有确切证据证明其有能力实施食品与农业科学教育的高等院校，以及其他有确切证据证明其有能力贯彻实施食品与农业科学教育的高等院校，农业部可以实施竞争性赠款（或没有任何竞争性要求的拨款）。5 年内，上述院校应落实如下工作：

"（1）加强机构能力，包括增设课程、增强师资力量、增加科学仪器、改善指令传输系统、加强学员招募及挽留人才，以满足各州、各地区、全国乃至全球对食品及农业科学教育的既有需求；

"（2）吸引并资助本科生和研究生进入食品与农业科学专业学习，以满足全国食品与农业科学人才之需；

"（3）促进两个或多个符合条件的学院，符合条件的学院与州政府部门，或私有部门组织之间的积极合作，使师资力量、教学设施设备等用于提高食品与农业教育计划质量的资源得以充分开发和最有效的利用；

"（4）设计、制定、实施创新型食品与农业教育计划；

"（5）实施本科生奖学金计划，以满足美国本土及国内外对培养高素质食品与农业科学领域专业人才和科学家的需要；

"（6）实施研究生和博士后奖学金计划，吸引高素质的人才从事食品与农业科学研究或教学。

"（c）政府津贴资格授予。

"（1）有资格获得款（b）中所述政府津贴的学院必须有确切证据证明其致力于食品与农业科学高等教育教学计划及本条款所述政府款项拨入的各专业学科领域。

"（2）少数派群体。对于政府为款（b）所述款项而拨付的资金，农业部可做部分留存，并将其拨付给农业部认为有资格获得政府资助的高等院校。这类学院拥有一般学院无法比拟的优势，能够在美国的食品与农业科学研究工作中实现少数派群体充分参与的目标。

"（d）教学计划的评估。农业部应搜索、分析对评估教学计划质量至关重要的数据和信息，并且把这类信息提供给高等院校，以利于其制定包括美国食品与农业科学高等教育体系设计在内的更加高效的教育计划。

"（e）继续教育。农业部应与高等院校及私有部门各级机构一起实施包括政府津贴和技术支持在内的特殊项目，以为各类教育计划提供支持，确保食品与农业科学家及相关专业人员能够对不断更新的技术、不断扩大的知识范围、社会问题及影响使美国农业体系专业基础知识保持不断更新所需技术和竞争力的其他因素有所了解。

"（f）资金与职能的转移。依据 1935 年 6 月 29 日通过的本法案第 22 条（《美国法令全书》第 49 篇 439；《美国法典》第 7 篇 329）所授予的资金已经拨付给农业部，并且由农业部负责该笔资金的管理。依据该法案第 22 条获得政府资助的活动和计划所适用的法案下的全部教育部职能与责任均转移到农业部。

"（g）美国国家食品与农业科学教育奖励。

"（1）建立。农业部应建立国家食品与农业科学教育奖励计划，对高等院校在食品与农业科学教育方面取得的卓越成绩予以表彰和鼓励。农业部应对每财年向农业部推荐的一名候选人授至少一项现金奖励，以表彰其在高等院校食品与农业科学教育方面做出的突出贡献。

"（2）资金支持。农业部可以把用于实施农业研究、推广或者教育计划的拨款转移到依据本条款建立的账户，以作颁发奖金之用。农业部可以按照公法 95 - 442（《美国法典》第 7 篇 2269）的规定接收赠予，作为奖励，颁发给受奖者。

"（h）行政管理。《联邦咨询委员会法》（《美国法典》第 5 篇附件 2）以及《1977 年食品与农业法》的第 ⅩⅧ 篇（《美国法典》第 7 篇 2281 及以下）不适用于为审核本条款规定的津贴申请和提议或提交授奖候选名单而成立的专家组或者委员会。

"（i）拨款授权。为执行本条款，1990—1995 年，每财年授权拨付政府津贴，金额为 60 000 000 美元。对为执行本条款而为每财年拨付的款项中，用于款（b）（6）中所指的国家规定研究生奖学金计划的款项不应少于 10 000 000 美元。"

第 1609 条　关于利用农产品和林产品制造的醇类和工业烃类生产与销售研究项目政府拨款。

（a）政府津贴。对《1977 年全国农业研究、推广和教育政策法》第 1416 条（《美国法典》第 7 篇 3154）进行了如下修订：

"第 1419 条　以农产品和林产品为原料的醇类和工业烃类生产与销售研究项目政府拨款。

"（a）农业部授权。依据本条款的规定，农业部可以向高等院校以及联邦实验室拨付政府津贴，以资助其从事如下方面的研究工作：

"（1）醇类燃料，包括乙醇、甲醇或其他醇类；

"（2）用作柴油和石油替代品的工业用油料作物；

"（3）其他形式的生物质燃料，包括气体和固体燃料；

"（4）以农产品和林产品为原料制造的其他工业烃类；

"（5）开发最经济、最具商业操作性的农作物、废料垃圾、残渣的生产、收集和运输方式，开发用作酒类的生产原料及其他形式生物质能的副产品，开发销售副产品的新市场。

"（b）为某些接受政府拨款的项目预留部分资金。依据款（c）所述的授权范围，在任意财年划拨的款项，其金额不得低于政府向以提高能源利用效率及醇类生产的商业可行性为目的的技术开发所提供研究经费的 50%，其中包括：

"（1）纤维素转换工艺过程与膜技术；

"（2）提高副产品质量和价值的研究工作，以提高畜禽类和鱼类的可消化性以及营养价值；

"（3）开发销售副产品的新市场。

"（c）少数派群体。农业部可以预留一部分政府拨款，用于本条款下的津贴奖励，这笔款项只能拨付给农业部确认有资格获得奖励的高等院校。这类学院拥有一般学院无法比拟的优势，在利用农产品和林产品制造醇类和工业用烃类产品的生产和销售研究工作中，能够实现少数派群体充分参与的目标。

"（d）拨款授权。从 1991 财年至 1995 财年，每财年授权拨款 20 000 000 美元，用于落实本条款所述项目。"

（b）编纂修改。在《1977 年食品和农业法》目录（《公法》95 - 113；《美国法令全书》第 91 篇 913）中，对与第 1419 条相关的内容进行修改，删除"，和农业化学品以及煤衍生物形成的其他产品"。

第 1610 条　食品科学与营养研究中心。

（a）拨款授权。《1977 年全国农业研究、推广和教育政策法》中的子篇 D（《美国法典》第 7 篇 3171 以及相关条款）经修改，在第 1423 条后面插入如下新增条款：

"第 1424 条　食品科学与营养研究中心。

"（a）中心的成立。农业部可向款（b）所述的一家研究机构授予政府拨款，用于在美国东南部成立至少一所食品与营养研究中心。

"（b）研究机构。款（a）所述的研究机构是指属于政府赠地学院体系的研究机构，该机构在 1990

年 10 月 1 日获得一家非联邦营养机构捐赠的一笔不低于 100 000 000 美元的捐款。

"(c) 资金的管理。州合作、教育、推广研究局应负责管理拨付资金的使用，相关事宜与农业研究局磋商确定，以落实本条款的规定。

"(1) 确保采用的方式与人类营养研究进展协调一致；

"(2) 避免重复款 (a) 确定的任意研究中心已经实施的研究工作，以及避免重复联邦人类营养研究中心已经实施的研究工作。

"(d) 拨款授权。从 1991 财年至 1995 财年，每财年授权拨付落实本条款所需的资金。"

(b) 编纂修改。在《1977 年食品和农业法》目录（《公法》95-113；《美国法令全书》第 91 篇 913）经修订，在第 1423 相关的条文后面插入下列新条文：

"第 1424 条　食品科学与营养研究中心。"

第 1611 条　动物健康与动物源性疾病调查研究和动物健康科学研究咨询委员会。

(a) 动物养殖供应体系的研究。《1977 年全国农业研究、推广和教育政策法》的第 1431 条（《美国法典》第 7 篇 3193）修改如下：

(1) 删除条款标题和"第 1431 条"，插入如下内容：

"第 1431 条　农业部的权限。

"(a) 有权与各州合作，为各州提供支持："；

(2) 在结尾处增加下列款：

"(b) 动物养殖供应体系的研究。(1) 农业部应委托美国国家科学院与国家研究委员会下属的农业委员会合作，共同从事动物养殖供应体系的研究工作，以便于向农场主（包括拥有有限资源的小型农场主）和牧场主提供包括兽药在内的动物养殖与家畜医疗服务。

"(2) 本款规定的研究工作应对以下方面的可能性进行评估：

"(A) 使生产者更快、更有效地获得有关动物饲养、疾病诊断及治疗方法方面的信息，其中包括有效应用此类做法和方法所需的费用及必要条件；

"(B) 促进实现食品安全目标；

"(C) 改善农场牲畜的福利和待遇，尤其应注重疾病预防的方法。

"(3) 本条款规定的研究工作应包括对研究和推广政策或优先顺序所提出的修改建议，以及对食品安全计划与政策及就兽药的审核、使用和监管相关政策与程序所提出的修改建议。"

(b) 动物健康科学研究咨询委员会的变更。对《1977 年全国农业研究、推广和教育政策法》的第 1432 条（《美国法典》第 7 篇 3194）修改如下：

(1) 删除该条款标题和"第 1432 (a) 条"，插入如下内容：

"第 1432 条　动物健康科学研究咨询委员会。

"(a) 委员会成立与成员。"

(2) 款 (a) 中：

(A) 删除该条款各项中的"1990"，插入"1995"；

(B) 删除该条款各项中的"11"，插入"12"；

(C) 删除 (4) 中的"××局"，插入"××中心"；

(D) 在 (5) 中：

(i) 删除"七"，插入"八"；

(ii) 删除 (B) 结尾处的"和"；

（ⅲ）（C）更名为（D）；

（ⅳ）在（B）后面插入下列新条款：

"（C）一名关注一般性动物保护与福利工作的组织代表；"

（3）删除款（b），添加下列新增的子条款：

"（b）责任。该委员会应每年至少一次出席农业部召集的会议，并按照农业部制定的议事规则和程序，对本篇所述的任何有关动物健康和疾病研究计划的落实事宜进行磋商，并向农业部提供相关建议。"

第 1612 条 关于 1890 年政府赠地学院（包括特斯基吉大学）的拨款计划。

（a）居民课程。经对《1977 年全国农业研究、推广和教育政策法》（《美国法典》第 7 篇 3101 及以下）进行修改，在第 1445 条（《美国法典》第 7 篇 3222）后面插入如下新增条款：

"第 1446 条 1890 年政府赠地学院（包括特斯基吉大学）开办的居民课程。

"（a）目标。本条款旨在促进和强化包括特斯基吉大学在内有资格获得 1890 年 8 月 30 日法案规定津贴的大学院校（《美国法典》第 7 篇 321 及以下）（本条款下文称"有资格的院校"）在食品和农业科学方面的高等教育。此类院校可透过相关计划的制订与管理，加强农业、自然资源、森林、兽药、家庭经济，以及与食品、农业生产和供应体系有密切关系的学科领域的高等教育。

"（b）竞争性赠款。农业部可向有资格的院校拨付竞争性赠款或没有任何竞争性要求的拨款。这类院校需有确切证据证明其有能力实施食品与农业科学教育。

"（c）赠款基金的使用。按照款（b）发放的津贴应当用于：

"（1）增强各院校包括图书馆、课程设置、师资力量、科学仪器、课程传播体系及学员招募和人才挽留在内的教育能力，以响应满足各州、各地区、全国乃至全世界对食品与农业科学教育的需求。

"（2）吸纳本科生和研究生专修食品与农业科学领域的知识，并且为这类学生提供资助，以满足国家对该领域人才的需求。

"（3）促进两个或者多个符合条件的学院之间，或者符合条件的学院与州政府部门，或者私有部门组织之间的积极合作，使师资力量、教学设施设备等用于改善食品与农业教育计划质量的资源得以充分开发和最有效的利用；

"（4）落实本科生奖学金计划，满足国家对培养食品与农业科学家的需求；

"（d）获取赠款的规定。（1）每个有资格的院校在接受款（b）所述的赠款基金之前，农业部应确保此类院校有确切证据证明其致力于食品与农业科学高等教育教学计划及本条款所述赠款基金拨入的各专业学科领域。

"（2）对按照本条款发放的赠款，农业部可以提出"该赠款必须用于满足第 4102 条确认的需求"的规定。

"（e）为少数群体预留的津贴。对于政府为本条款所述津贴项目而拨付的资金，农业部可作部分留存，并将这笔款项拨付给农业部认为有资格获得政府资助的院校，这类院校拥有一般院校无法比拟的优势，能够实现美国食品与农业科学研究工作领域中不具有代表性的少数群体充分参与目标。

"（f）拨款授权。为落实本条款的规定，从 1991 财年至 1995 财年，每财年授权拨款 11 000 000 美元。"

（b）农业与食品科学设施。该法案经修订，在第 1446 条后面（增加款（a））插入下列新条款：

"第 1447 条 为更新 1890 年政府赠地学院（包括塔斯基吉大学）的农业和食品科学设施而拨付的政府津贴。

"（a）目的。国会特此声明：该津贴旨在帮助有资格接受 1890 年 8 月 30 日法案规定资金的学院（包括塔斯基吉大学）购置和改善农业与食品科学设施器材和图书馆，使这些有资格的学院能够充分参与该领域人才资源的建设。

"（b）拨款授权。为落实本条款的规定，1990—1995 年财年，每财年向农业部授权拨付 8 000 000 美元的政府津贴，这项津贴款需在支出时销账。

"（c）政府津贴款的使用。按照本条款拨付款项的 4％可由农业部用作该津贴计划的管理费用。其余资金可作为政府津贴发放给有资格的院校，用于帮助这类院校购置设备和土地，以及校舍的规划、建设、改造或者翻新，从而加强院校的食品与农业科学领域人才的培养能力；院校也可自行斟酌如何将拨付的津贴应用于研究、推广以及居民课程方面或者在其中几项共同落实中使用。

"（d）授予政府津贴的方法。依据本条款授予津贴的金额以及附带的条款规定等应由农业部决定，以能够落实本条款的目的为准。

"（e）禁止规定。依据本条款拨付的联邦资金不得用于支付这类有资格院校的任何管理费用。

"（f）法规。农业部可以视情况需要颁布相关规章条例，以落实本条款的规定。"

（c）美国国家研究与培训百年中心。本法案经进一步修订，在第 1447 条后面（增加款（b））插入下列新条款：

"第 1448 条　美国国家研究与培训百年中心。

"（a）授予竞争性赠款。农业部可向 5 个设置于有资格接收 1890 年 8 月 30 日法案规定赠款院校（包括塔斯基吉大学）的国家研究与培训百年中心拨付竞争性赠款。这 5 个中心必须是：

"（1）从 1991 财年至 1995 财年，每财年均被农业部指定为美国国家研究与培训百年中心；

"（2）农业部确定其拥有确凿可信的能力，能够在担任如下角色中发挥组织领导的作用：

　　"（A）国家级奶山羊研究与培训中心；

　　"（B）国家级农业工程开发、研究与培训中心；

　　"（C）国家级水质与农业生产研究与培训中心；

　　"（D）国家级可持续农业研究与培训中心；

　　"（E）国家级国内外贸易与发展研究培训中心。

"（b）赠款的使用。按照款（a）授予的赠款可由各中心应用于如下方面的支出：

"（1）指定的中心研究课题的经费支出；

"（2）研究成果的印刷和传播；

"（3）规划、管理和领导该领域的研究工作；

"（4）改造或者维修研究用房。

"（c）优先原则。在依据款（a）制定拨付决策时，农业部应优先考虑如下中心机构：

"（1）保证款（a）所述的符合资格院校之间的信息传播，以及农业生产者之间的信息传播；

"（2）吸引学生研修食品与农业科学相关领域的知识，聘请该领域的专家教授。

"（d）支出。（1）依据款（a）所述赠款的相关条款规定，以及款（f）关于一个财年拨付资金的规定，在农业部对支付凭证做出批准意见之后，自每年 10 月 1 日开始，把相关赠款按季度平均支付给有资格接受该赠款的中心。

"（2）按照本条款规定向中心支付资金的每个财年结束后的 60 天内，该中心的研究主任应当向农业部提交一份该财年的详细支出报表。

"（3）如果按照本条款规定接收资金的任何中心由于其有意或无意的行为导致出现赠款使用不当、遗失、减少的情况：

"（A）该中心应相应地补齐资金；

"（B）该中心将相应的资金补齐之前，农业部不得再向该中心划拨本条款规定的任何其他资金。

"（e）资金使用禁止。按照本条款拨付的资金不得用于：

"（1）购置或者建设房舍；

"（2）接受赠款院校（或者该院校的协议合作机构）管理费用的支付。

"（f）拨款授权。为落实本条款规定的赠款项目，从 1991 财年至 1995 财年，每财年授权拨款 2 000 000 美元。

"（g）中心的定义。就本条款而言，"中心"指的是依据本条款规定，接受政府赠款的美国国家研究与培训百年中心。

"（h）各中心活动的协调。（1）款（a）（2）（C）指定的中心研究活动应当与《1990 年粮食、农业、保育和贸易法》第 XIV 篇子篇 G 规定执行的水质研究活动协调一致。

"（2）款（a）（2）（D）指定的中心研究活动应当与《1990 年粮食、农业、保育和贸易法》第 XVI 篇子篇 B 规定成立的可持续农业研究和教育计划协调一致。"

（d）编纂修订。《1977 年食品和农业法》目录（《公法》95‑113；《美国法令全书》第 91 篇 913）经修订，在第 1445 条下的条文要求后面添加以下新条文：

"第 1446 条　1890 年政府赠地学院（包括塔斯基吉大学）开办的居民课程。

"第 1447 条　为更新 1890 年政府赠地学院（包括塔斯基吉大学）的农业和食品科学设施而拨付的政府津贴。

"第 1448 条　美国国家研究与培训百年中心。"

第 1613 条　国际农业科学、教育、发展与国际贸易发展中心。

（a）科学、教育和发展—对《1977 年全国农业研究、推广和教育政策法》第 1458 条的款（a）（《美国法典》第 7 篇 3291（a））修改如下：

"（a）农业部部长的权限。为落实本子篇所述政策，农业部长可行使如下权力，但需征求国际开发署的意见并与其他联邦官员、部门及总统指定的机构进行协调：

"（1）扩大农业部与世界各国相关院校及其他实体单位之间的业务协调，在全球范围内开展农业方面的研究工作以及推广活动，具体做法如下：

"（A）与相关机构或实体单位交流研究资料与成果；

"（B）与相关机构或实体单位联合开展或者协调性地开展美国食品与农业重要性的研究和推广活动。

"（2）与其他国家各部或农业部门签订合作协议，以建立一种有效的、可持续的全球农业体系为目标，共同开展相关的研究、推广和教学活动，努力建立一套全球性的植物遗传资源保护体系。

"（3）与政府赠地高等院校、国际开发署、国际组织（如联合国、世界银行、区域开发银行、国际农业研究中心）以及秉承相似宗旨的其他组织、机构或实体单位签订协议，共同致力于促进和建立有效的、可持续的全球农业体系。

"（4）在部门内部，继续培养致力于国际问题的高水平、经验丰富的科学家和专家，使这些科学家或专家能够参与落实本条款所述活动的相关工作。

"（5）与正处于转型阶段的国家及较发达的国家合作，共同致力于食品、农业以及相关领域的研究、开发和推广（包括提供技术援助培训，向从事相关活动的外国雇员提出建议，以及向本国和别国机构派驻科学家和其他专家）。

"（6）针对在发展中国家开展食品与农业研究、推广和教学计划的相关事宜，扩大与国际开发署的合作与协调。

"（7）为高等院校提供资助，增强这类院校在食品、农业及其他国家农业开发活动相关研究和推广领域的研究与推广能力，并通过如下方式实施：

"（A）向各州大学和政府赠地的高等院校提供资助，支持其与其他国家合作研究同美国农业竞争性相关的问题；

"（B）为全球农业的合作推广教育提供资助，为加速将别国开发的新技术应用于美国农业提供资助；

"（C）为（A）所述高等院校开设的居民课程国际化提供资助。

"（8）与美国国务院合作设立一项计划，旨在通过国际干旱地区联盟的协调，使有能力致力于干旱地区土地开发、整治和复垦研究的机构之间增进协调与合作。"

（b）专业服务或者技术服务。该法案第 1458 条（c）款（《美国法典》第 7 篇 3292）经修改，在"大学"后面插入"及其他非政府组织"。

（c）国际贸易发展中心。该法案第 1458A 条（《美国法典》第 7 篇 3292）修改如下：

（1）在（a）中：

（A）在"（a）"后面插入"津贴计划"；

（B）删除第一句中的"拨给各州的津贴"，插入"拨给各州或者各州的区域性组织机构的津贴"；

（C）删除第二句中的"州政府拨款"，插入"州政府或者各区政府拨款"；

（D）删除第二句中的"自××州"，插入"自××州或地区"；

（2）款（b）、（c）和（d）分别更名为款（c）、（d）和（e）；

（3）在款（a）后面插入下列新增的子条款：

（b）中心部门的地点与资金拨款。该条款规定生效之后，依据通过国际贸易开发中心促进农业出口的国家计划，农业部应确定国际贸易开发中心成立的地点和资金拨款额度。按照本条款规定，应当依据该计划，在竞争性原则的基础上拨付津贴。"

（4）款（c）（在（2）中重新编号的）：

（A）在"（c）"后面插入"优先原则"：

（B）在该段落的相关语句中的"应"后面插入"b，与按照款（b）制定的计划一致"；

（C）删除"州"，插入"州或者各州的区域性组织机构"；

（d）文体修改。（1）该法案第 1458 条（《美国法典》第 7 篇 3291）（款（a）和（b）修订后的结果）进一步修订如下：

（A）删除"第 1458 条"，插入下列内容：

"第 1458 条　国际农业研究与推广"；

（B）在"（b）"后面插入"增进联系"；

（C）在"（c）"后面插入"提供专业服务或者技术"

（2）该法案第 1458A 条（《美国法典》第 7 篇 3292）（款（b）修订后的结果）进一步修订如下：

（A）删除该条款标题和"第 1458A 条"，插入下列内容：

"第 1458A 条　向州政府拨付的国际贸易开发中心项目津贴"；

（B）在"（d）"后面插入"中心机构的工作"；

（C）在"（e）"后面插入"拨款授权"。

第 1614 条　水产养殖扶助计划。

（a）食品安全；封闭式体系生产；相关报告。对《1977 年全国农业研究、推广和教育政策法》第 1475 条（《美国法典》第 7 篇 3322）进行了如下修订：

（1）在款（a）中：

（A）在"（a）"后面插入"研究和推广计划："；

（B）删除"美国"，插入"美国，并且进一步提高水产养殖业食品的安全性，"

（2）在款（a）中：

（A）在"（b）"后面插入"政府津贴："

（B）在"赠地"后面插入"和赠海"；

（C）删除第一句结尾处的句号，插入"进一步增强水生物种和水产品的安全性与营养价值，包括开发可靠的种群与疾病治疗药剂的供应源"；

（3）在款（c）中，在"（c）"后面插入"水产养殖开发计划："

（4）在款（d）中：

（A）在"（d）"后面插入"水产养殖中心："

（B）删除第一句中的"4个水产养殖研究、开发和示范中心"；插入"5个水产养殖研究、开发和示范中心"；

（C）在结尾处增加下列新内容："农业部应尽可能地确保在应对区域内的国内水产养殖业研究需求方面，3个中心投入同样的努力。"

（5）在款（e）中：

（A）删除"不晚于"至"下一年"之间的所有内容，插入"报告：（1）在每年的3月1日或者该日之前，"

（B）在结尾处增加下列新内容：

（2）农业部在评估动物危害对美国水产养殖业造成经济影响的研究工作中，应与依据《1980年国家水产养殖法》（《美国法典》第16篇2805（a））第6条（a）款规定成立的水产养殖统筹协调小组磋商相关事宜。在执行此项研究工作中，农业部应考虑到包括动物之间的掠食行为在内的动物危害对水产养殖企业（包括渔业）可能产生的影响。在1992年1月1日或该日之前，农业部应将此类研究结果详细呈报农业委员会、众议院商业海事及渔业委员会和参议院农业、营养及森林委员会；

（6）在结尾处增加下列新制定的条款：

（f）水产养殖法律清单。依据《1980年国家水产养殖法》第6条（a）款（《美国法典》第16篇2805（a））成立的水产养殖统筹协调小组应与相关联邦机构和各州机构磋商，编制一份对商业水产养殖业以及水产品生产、加工、销售和运输有重大影响的联邦政府及各州政府的法律、法规和条例。水产养殖统筹协调小组应当在1992年1月1日或者该日之前将该清单公布于众，并且应在1996年1月1日或者该日之前更新修订该清单，同时在清单上注明此类法律、法规和条例的生效日期。

（g）鱼病防治计划。农业部应与《1980年国家水产养殖法》第6条（《美国法典》第16篇2805）所指的水产养殖联合小组委员会磋商，实施一项鱼病防治计划，该计划包括：开发新型鱼病诊断程序，确定鱼类免疫系统研究对水环境的影响，制定防治鱼病的治疗体系、综合体系或自然体系。

（b）水产养殖研究设施。（1）该法案的子篇L（《美国法典》第7篇3321及以下）经修改，在第1475条后面插入如下新增条款：

"第1476条　水产养殖研究设施。

"（a）授予的政府津贴。为获得更多关于密集型水循环水产养殖系统方面的知识，并进一步改善和扩大位于伊利诺伊州诺默尔镇的伊利诺斯州立大学、弗吉尼亚工学院及位于弗吉尼亚布莱克斯堡的州立大学的水产养殖研究设施，以及实施密集型水循环水产养殖系统的基础研究和应用研究，农业部可酌情拨付相应的津贴。

"（b）拨款授权。如果农业部决定按照款（a）所述落实该条款的规定，1991—1995财年，每财年分别向每所设施拨付500 000美元的政府津贴。"

（2）《1977年食品和农业法》目录（《公法》95-113；《美国法令全书》第91篇913）经修订，在第1475条后面插入下列新条文：

"第 1476 条 水产养殖研究设施"。

（c）计划延长和建设禁令。该法案第 1477 条（《美国法典》第 7 篇 3324）修改如下：

（1）删除"每财年"至"1990"之间的所有内容，插入"1991 财年至 1995 财年"；

（2）在结尾处增加下列内容："按照本条款或者按照第 1476 条拨付的资金不得用于购置或者建设房舍"。

（d）水产养殖业的政府拨款。1991—1993 财年，每财年授权拨付落实《1980 年国家水产养殖法》所需的津贴。《1980 年国家水产养殖法》第 10 条（《美国法典》第 16 篇 2809）的（1）、（2）、（3）修改如下：

（1）1991—1993 财年，每财年分别向农业部拨款 1 000 000 美元；

（2）1991—1993 财年，每财年分别向商务部拨款 1 000 000 美元；

（3）1991—1993 财年，每财年分别向内务部拨款 1 000 000 美元；

第 1615 条 全国竞争性研究活动。

（a）活动的确立。《公法》89-106 第 2 条的款（b）（《美国法典》第 7 篇 450i）修改如下：

（1）在"（b）"后面插入"竞争性津贴赠款：（1）"；

（2）删除第三句以及后面所有附带的条文，插入下列新内容：

"（2）高优先级研究。就本条款而言，"高优先级研究"指以国内和区域研究需求为重点的基础研究与应用研究（以及将该研究成果应用于农场或者国内市场的方法）。

"（A）植物体系，包括植物基因组的结构和功能；分子与细胞遗传学以及植物生物技术；植物与病虫害的相互作用以及生物防治系统；农作物对环境变化的反应；未获得证实的植物产品营养品质；新型食品和植物产品在工业上的应用；

"（B）动物体系，包括养殖业，影响动物繁殖、生长、疾病和健康的细胞与分子基础；识别对改良遗传标记和抵抗疾病起关键作用的基因；改良动物的营养作用；改良动物产品的营养品质和用途；开发新型改良畜牧业生产体系，并将生产效率与动物福利两方面的考虑纳入该体系；开发适用于养殖业的动物体系；

"（C）营养、食品质量和健康，包括关系到人类健康的微生物污染和残留农药；饮食和健康之间的关系；营养素的生物利用度；植物采后生理和处理技术；改良加工技术；

"（D）自然资源与环境，包括生态系统的基础结构和功能；可持续生产系统的生物和物理基础；尽量减少水土流失，维持地表水和地下水的水质；全球气候变化对农业和林业产生的影响；生物多样性；

"（E）工程、产品以及加工过程，包括开发传统与非传统农作物、动物、副产品以及自然资源的新用途；机器人系统、节能系统、计算系统和专业系统；新型风险评估以及减缓措施；水质和水质管理；

"（F）市场、贸易与政策，包括选择性准入政策，以增强海外市场的竞争力；农场和国内市场体系的新型决策工具；技术的选择与应用；技术评估；发展农村经济的新途径。"

（3）政策津贴的类型。除了授予（1）所述的研究津贴之外，农业部还出台了一项旨在提高农业、食品与环境科学研究能力的计划，并发放如下类别的竞争性津贴：

（A）可以向一名独立的研究员或者致力于相同学科的合作研究员授予津贴奖励。

（B）可向不同领域的农业研究和不同学科的研究小组授予津贴。

（C）可以向拟长期进行应用研究问题研究工作的多学科小组授予津贴，技术转让成分在所有授予此类津贴的提议中占有重要地位。

（D）可向一所学院提供津贴，使该学院能够购置专业研究设备，以改善农业教育教学质量，提高研究开发能力、加快技术转让，提高机构的教育能力。农业部应将本款所述的津贴款的25%～40%用于向博士前和博士后学生提供农业科学研究奖学金。

（E）可以向那些开始致力于研究工作，但还没有一项深入研究成果出版记录的个体研究员或者共同研究员授予津贴。有资格获得本段所述津贴的个人在毕业后需具有不足 5 年的研究经验。

（F）为确保从未成功获得本款所述竞争性赠款的中小型院校的师资力量，可向这类院校授予部分赠款。

（4）期限。按照本款制定的竞争性赠款的期限不得超过 5 年。

（5）主管。农业部应为本款津贴计划指派一名主管。依据计划的管理、操作及计划中的工作情况，农业部通过该主管对津贴计划进行总体指导并执行总体政策。

（6）参与授予津贴过程。在征求本款所述津贴计划的意见，以及就此类意见履行同行审议评估时，农业部应在最大程度内努力获得来自联邦政府、高等院校、州农业实验室以及私营部门的资深科学家最广泛的参与。

（7）禁止施工建设。无论出于任何目的，按（1）授予的津贴不得用于建筑物或者房舍的设计、维修、翻新、购置或者施工建设，以及（d）所述的津贴用途。

（8）对等资金。（A）除了（B）的规定外，农业部不得考虑在本款下使用对等资金或者接受这类提议。

（B）对于按照（3）（D）拨付的津贴，按照本款提供的金额不得超过购置专业研究设备或者其他设备成本的 50%。

（9）年度报告。农业部应向国会提交一份年度报告，说明依据本款规定授予津贴计划的上财年政策、优先原则以及津贴发放操作。报告应：

（A）包括一项为了落实款（j）的要求而已经取得的进度说明；

（B）在每年的 1 月 1 日或之前提交。

（10）拨款授权。为落实本款实施的授权拨款情况如下：1991 财年拨款 150 000 000 美元，1992 财年拨款 275 000 000 美元，1993 财年拨款 350 000 000 美元，1994 年财年拨款 400 000 000 美元，1995 财年拨款 500 000 000 美元，各财年的拨款应符合如下规定：

（A）向多学科小组拨付的研究津贴占各财年拨款总额的比例如下：在 1991 财年不低于 10%，在 1992 财年不低于 20%，在 1993 财年不低于 30%，此后的每个财年都应拨付研究津贴；

（B）向从事与任务挂钩体系研究的人员拨付的研究津贴不应低于 20%；

（C）向（3）的（D）和（F）所述项目授予的津贴不低于 10%，用作对研究成果、加强教育、寻找研究可能性等方面做出成就的奖励；

（D）用于（3）（D）所述设备的补贴款不得超过 2%；

（E）农业部可留存的比例不超过 4%，用于支付农业部在落实本款要求时产生的管理费用。

（b）管理规定。此类条款经进一步修订，在结尾处增加下列新款：

"（j）重点关注可持续农业。农业部应尽量确保向款（b）和（c）所述项目拨付的津贴与可持续农业体系的发展相协调。就本条款而言，"可持续农业"的含义与《1977 年全国农业研究、推广和教育政策法》第 1404 条 17 款（《美国法典》第 7 篇 3103（17））所述含义相同。

"（k）报告。在每年的 1 月 1 日，农业部应向国会提交一项关于上财年按照款（b）和（c）所述授予奖励的情况报告。

"（l）向技术委员会咨询相关事宜。有关款（b）和（c）所述政策、优先原则以及具体操作等事宜，农业部可以与农业科学技术评审委员会咨询相关信息。"

（c）文体修改。该条款进一步修订如下：

（1）删除"第 2（a）条"，插入如下内容：

"第 2 条　竞争性津贴、特殊津贴以及设施研究津贴。

"（a）津贴计划的确立。"

（2）款（d）中，在"（d）"后面插入"设施津贴"

（3）款（e）中，在"（e）"后面插入"保存记录"

（4）款（f）中，在"（f）"后面插入"管理费用的限制"

（5）款（g）中，在"（g）"后面插入"拨款授权"

（6）款（h）中，在"（h）"后面插入"法规"

（7）款（i）中，在"（i）"后面插入"适用的其他法律"。

第 1616 条 特殊研究津贴。

1965 年 8 月 4 日通过的法案第 2 条第（c）款（《美国法典》第 7 篇 450i）修改如下：

（c）特殊津贴。（1）农业部可以向如下机构授予期限不超过 5 年的政府津贴：

（A）所有从事对美国有重要意义的食品与农业科学研究的州农业试验室、高等院校、其他研究机构组织、联邦机构、私营组织或者私营企业以及个人，旨在推动、表彰在食品与农业科学方面取得的重大突破；

（B）州农业试验室、政府赠地的高等院校、政府赠地高等院校成立的研究基金会，以及接收 1962 年 10 月 10 日法案（《美国法典》第 16 篇 582a 及以下）所述资金的高等院校、获得认证的兽医专业学校，旨在推动、开拓正在实施的州-联邦食品与农业研究计划：

（i）推动各区域以及全国的研究工作取得卓越成绩；

（ii）推动区域研究中心的发展；

（iii）促进农业部、高等院校、研究基金会以及为区域研究做出贡献的州农业实验站之间的关系；

（iv）通过发放区域研究津贴，加速各州在研究工作方面的合作与协商。

（2）限制范围。农业部不得向本条款下述项目拨付津贴：

（A）该津贴可能用于款（d）所述的项目，无论出于任何意图。

（B）建筑物或者房舍的设计、维修、翻新、购置或者建设。

（3）对等资金。按照本款拨付的津贴不考虑对等资金。

（4）留存资金。为了落实本款，在一个财年拨付的政府资金的一部分：

（A）该资金的 90% 应当用于区域研究项目津贴；

（B）该资金的 4% 可由农业部留存，用于支付农业部为落实本款的规定而产生的行政费用。

第 1617 条 接收《史密斯—利弗法》资金学院的雇员利益冲突最小化。

1914 年 5 月 8 日通过的法案（普遍称为《史密斯—利弗法》）的第 4 条（《美国法典》第 7 篇 344）经修改，在第二句后面插入如下内容："农业部应确保正在争取获得《史密斯—利弗法》所述资金的每一所学院制定农业部认为比较恰当的指导原则，针对此类学院中工资全部或者部分利用《史密斯—利弗法》资金发放的雇员，该指导原则应尽量减少这些雇员实际或者潜在的利益冲突。"

第 1618 条 农业试验站与手足口病病毒的运输。

（a）农业试验站持有配额的再分配。1887 年 3 月 2 日法案第 3 条（d）款（《美国法典》第 7 篇 361c（d））经修改，在结尾处的句号前面插入："以及在各州之间进行再分配"。

（b）在具备充分安全保障的前提条件下，授予一定的运输权。1884 年 5 月 29 日法案第 12 条（《美国法典》第 21 篇 113a）第一句的附带条件修改如下：

（1）删除"美国除了×××"，插入"美国（除了×××）"；

（2）删除"隧洞，和"，插入："隧洞，和），除非农业部确任美国开展此类研究与学习非常必要，并利于维护公众利益（位于纽约厄普顿的布鲁克黑文国家实验室开展的研究工作除外），则应按照农业部颁布的动物健康保护法规的规定签发许可。"

子篇 B 可持续农业研究与教育

第 1619 条 目标与定义。

（a）目标。本子篇旨在鼓励致力于提高我们对农业生产体系认知程度的研究工作：

（1）保护、改善土壤品质和肥沃程度；

（2）保护土壤、水源、能源、自然资源以及鱼类和野生动物的栖息地；

（3）保护、改善地表水和地下水的水质；

（4）保护接触食品和农场体系的人员健康与安全；

（5）改善动物福利；

（6）增加农业领域的就业机会。

（b）定义。就本子篇而言：

（1）"可持续农业"的含义与《1977 年全国农业研究、推广和教育政策法》第 1404（17）条（《美国法典》第 7 篇 3103（17））所述含义相同。

（2）"综合作物管理"指的是一种农业管理体系，该体系把所有可控的农业生产因素整合起来，从而长久持续地保持农场的生产力、经济利益以及良好的生态条件。

（3）"综合资源管理"指将利用跨学科体系组织的牲畜管理与可控农业生产实践相整合，以获得长期持久的生产力，并在环保条件下保证生产食品的安全性、营养价值及经济效益。

（4）"农业综合经济"包括以盈利为目的经营农业企业的生产商或者组织。

（5）"推广"应具有《1977 年全国农业研究、推广和教育政策法》第 1404（7）条（《美国法典》第 7 篇 3103（7））所述的含义。

（6）"部长"指的是"农业部长"。

（7）"咨询委员会"指的是按照第 1622 条（c）款成立的全国可持续农业咨询委员会。

（8）"州"指美国 50 个州、哥伦比亚特区、波多黎各自由邦、美属维尔京群岛、美属萨摩亚、北马里亚纳群岛自由联邦、太平洋岛屿托管领土，以及联邦政府认可的印第安人部族。

（9）"州农业实验站"的含义应与《1977 年全国农业研究、推广和教育政策法》第 1404（13）条（《美国法典》第 7 篇 3103（13））所述含义相同。

（10）"非营利组织"指的是满足如下条件的组织、团体、机构或者院校：

（A）有确切证据证明其有能力实施农业研究或教育计划；

（B）具有研究、示范、教育、推广可持续农业实践与体系方面的经验；

（C）具备《1986 年国内税收法》第 501（c）条规定的非营利组织的资质。

第 1620 条 农业生产力研究条款的废止。

（a）废止。废除《1985 年全国农业研究、推广和教育政策法》修正案的子篇 C 下第 1461 至 1471 条（《美国法典》第 7 篇 4701—4710）。

（b）编纂修改。《1985 年食品安全法》开始部分的目录（《公法》99 - 198；《美国法令全书》第 91 篇 1354）经修订，删除与第 XIV 篇下的子篇 C 相关的条文。

第 1 章 生物应用技术的最有效利用

第 1621 条 研究与推广项目。

（a）规定的项目。为促进实现本章的宗旨，农业部应开展研究与推广项目，以便获取数据、总结经验、进行技术示范和实施教育计划。此类研究与推广项目应利于实现以下目标：

（1）促进和加强科研教育的力度，实现如下：

（A）在可行的条件下，减少化学杀虫剂、化学肥料以及毒性自然材料在农业生产中的使用；

（B）加强低投入农场管理，提高农业产量、经济效益以及竞争力；

（C）推进农作物、牲畜以及农业企业多元化。

（2）加速项目的实施，实现如下目标：

（A）在可行的条件下，对土壤、气候和物理条件呈多样性的区域内的农业生产体系进行研究；

（B）对已经并继续以低投入和水土保持生产方式进行管理的农场进行研究；

（C）通过吸纳农场主、牧场主直接参与项目并在项目中承担领导职责的方式，充分发挥其经验和专业知识；

（D）向农场主、牧场主及时发布有关低投入、可持续耕种方法及体系的可靠信息；

（E）促进农场主、非盈利组织、农业综合企业与公共和私营研究及推广机构之间的关系。

（b）协议。为落实本条内容，农业部应与拥有尖端专业知识的政府赠地高等院校、其他大学、州农业试验站、州合作推广服务处、确有一定专长的非盈利组织及联邦政府或州政府实体单位签订协议。

（c）项目选择。

（1）总则。农业部应根据如下信息选择落实本条款需要开展的研究与推广项目：

（A）咨询委员会的建议；

（B）项目与本章所述目标的相关性；

（C）项目设计是否恰当；

（D）实现项目目标的可能性；

（E）拟选项目成果在全国或者区域范围内的适用性。

（2）优先原则。在开展本条下的项目时，农业部应优先考虑满足如下条件的项目：

（A）咨询委员会建议的项目；

（B）与研究和推广活动协调一致；

（C）表明项目成果所述的方式容易被农场主接受、应用；

（D）尽量扩大农场主参与合作的范围，包括参与农场研究与示范项目；

（E）涉及多学科体系的研究方法；

（F）涉及农场、非盈利组织、高等院校以及政府部门之间的合作。

（d）研究多元化。农业部应在能代表美国多元化农业生产特点的区域开展本条所述包括家庭农场、混合作物畜牧养殖场及乳制品厂的生产在内的项目与研究工作。

（e）农场实地研究。农业部可开展涉及农场实地研究与示范的项目以及相关活动。

（f）影响研究。针对采纳低投入、可持续耕种体系对全国经济、区域经济、全球竞争力、社会与环境产生的影响，农业部可批准相关的研究项目。

（g）项目期限。

（1）总则。农业部根据本条批准执行的项目，其期限不长于一个财政年度。

（2）顺序耕作。如果按照本条规定实施的研究项目涉及农作物的顺序耕作或轮作，农业部应批准该项目延长至与被研究作物耕种顺序和轮作周期相称的期限。

（h）公众查询。农业部应确保按照本条所述开展的研究工作在指定时间内公开，以便公众查阅。

（i）补偿。

（1）总则。根据（2）所述，如果按照本条实施的研究属硬性规定项目，且在正常农业生产中从未实施过，并导致项目执行实体蒙受不应有的损失或损害，则农业部可向该执行实体给予以相应的补偿。

（2）达成协议。对于（1）所述的补偿款支付问题，在启动相关项目之前，项目承授人与执行实体之间应就补偿款支付事宜达成协议。

第 1622 条　计划管理。

（a）农业部的职责。农业部应：

（1）通过州合作研究局对第 1621 条和 1624 条规定的计划和项目实施情况进行管理，并且与农业技术推广局、农业研究局以及相关的服务机构密切合作；

（2）按照款（c）的规定，成立咨询委员会；

（3）按照款（e）的规定，成立至少 4 个区域管理委员会；

（4）与区域管理委员会合作，确定执行计划或者项目的区域主办机构。

（b）报告。自 1991 年开始的每年 4 月 1 日或该日之前，农业部应向众议院农业委员会，参议院农业、营养、林业委员会以及咨询委员会提交如下方面的报告：

（1）按照第 1621 条、1623 条和 1627 条规定执行计划的工作成果，编制一份相应的陈述报告；

（2）按照本子篇要求开展的项目进度情况，编制一份陈述报告，其中包括如下内容：

（A）对执行项目时收集的数据进行汇总和分析；

（B）上述数据的基础上，提出新的基础研究或者应用研究建议；

（C）由区域机构执行、资助、实施的项目编号、期限和类型；

（D）说明按照本子篇以及第 1650 条所述开发的种植方法对全国及区域经济、社会和环境所产生的影响。

（c）全国可持续农业咨询委员会。全国可持续农业咨询委员会的成员应包括如下各机构的代表：

（1）农业研究服务局；

（2）州合作研究局；

（3）水土保持局；

（4）推广局；

（5）州合作推广局；

（6）州农业试验站；

（7）经济调查服务局；

（8）国家农业图书馆；

（9）环境保护局；

（10）农场主之家管理局；

（11）美国国家科学院农业委员会；

（12）拥有尖端专业知识的私营非盈利组织；

（13）应用可持续农业体系与耕作方式的农场主；

（14）美国地质调查局；

（15）农业综合企业；

（16）从事农业研究或技术转让的其他专业人士，包括 1890 年 8 月 30 日法令（《美国法典》第 7 篇 321 及以下）规定有资格获得政府资助的学院（包括塔斯基吉大学）的专业人士，或确有一定专长的其他高等院校。

（d）咨询委员会的责任。咨询委员会应履行如下职责：

（A）就按第 1621 条和 1623 条规定应获得政府津贴的研究与推广项目向农业部提出相关建议；

（B）在全国范围内推进制订本章节所述计划；

（C）协调按照本章所述计划获得资助的各项研究与推广活动；

（D）为本章所述资金的发放与管理事宜建立总体流程；

（E）权衡为改进此类计划而提出的建议；

（F）促进可持续农业计划、全国水质计划、综合虫害治理计划、食品安全计划以及其他相关计划的合作与整合；

　　（G）编制工作总结年度报告，并提交农业部。

　　（e）区域管理委员会。

　　（1）成员。区域管理委员会的成员应包括如下各方面的代表：

　　（A）农业研究服务局；

　　（B）州合作研究局；

　　（C）推广局；

　　（D）州合作推广局；

　　（E）州农业试验站；

　　（F）水土保持局；

　　（G）从事可持续农业计划服务的州部门；

　　（H）确有一定专长的私营非盈利组织；

　　（i）应用可持续农业体系与耕作方式的农场主；

　　（J）农业综合企业；

　　（K）美国地质调查局；

　　（L）在可持续农业及对环境与农村社会造成影响方面颇有建树的其他人士。

　　（2）责任。区域管理委员会应履行如下职责：

　　（A）就按第 1621 条和 1623 条规定应获得政府津贴的研究与推广项目向咨询委员会提出相关建议；

　　（B）根据本子篇所述，促进在区域范围内推进制定本子篇所述计划；

　　（C）根据本子篇授予的项目选择权，在适用区域内确定选择的删掉的目标和选择标准；

　　（D）根据本子篇所述，指派一个技术委员会对区域管理委员会建议的项目进行评估；

　　（E）技术委员会提出的建议经审核通过后遵照执行，并且与区域主办机构做好相应的工作协调；

　　（F）为根据第 1621 条和 1623 条规定成立的项目编制年度报告，并呈交一份项目活动评估报告。

　　（3）利益冲突。如任何区域管理委员会或技术委员会成员在其政府津贴申请尚未通过审核的组织上报的拟建项目中存在包括提供咨询服务在内的专业或商业利益，则该成员不得参与该拟建项目的讨论或者提议。

第 1623 条　联邦政府和州政府等额配给公共补贴计划。

　　（a）建立。根据本子篇所述，农业部应建立一项"联邦政府和州政府等额配给公共补贴计划"，并通过该计划向州政府发放补贴款，帮助各州建立或者加强可持续农业研究、推广和教育计划。

　　（b）符合条件的计划活动。有资格接受本条款所述政府补贴款的州政府可开展各种活动，以落实本子篇的目标，这些活动包括：

　　（1）鼓励对所有涉及可持续农业问题的州研究、推广及教育计划进行合并与整合；

　　（2）面向农民、教育工作者以及公共大众的教育计划；

　　（3）涉及可持续农业创新型研究、推广、教育计划的开展与筹资；

　　（4）开展项目研究与论证；

　　（5）向农场主和牧场主提供技术支持；

　　（6）鼓励农场主之间进行信息交换；

　　（7）在本科与研究生课程中引入可持续发展农业的研究内容；

　　（8）与本章目标一致且适用于各州农业问题的其他活动。

　　（c）提交计划。

　　（1）要求。选择申请本条款所述津贴的州政府应当编制"州政府计划与工作安排"，提交依据第 1622 条规定成立的区域管理委员会，由该委员会和农业部进行审核。

（2）州政府计划的组成部分。依据（1）编制的州政府计划应详细说明1991—1995财年或之后任意5年期间利用本条所述资金上报计划的相关信息，并对同一财年州政府等额资金来源进行确认。

（3）农场主的参与。为符合批准条件，依本款规定提交的州政府计划应对广大农场主直接参与计划的编制、实施和评估予以说明。

（d）授予政府津贴。

（1）限制条件。依据（2）所述，农业部应依据其按款（c）规定批准的计划向符合条件各州提供低于建立或加强可持续农业项目所需费用总额50%的政府津贴，期限不超过5年。

（2）州政府供款。为符合接受本条所述政府津贴的条件，州政府应同意从州下拨资金、其他州政府收入，或州政府私人捐款中提取依据款（c）规定所批准的计划中不低于建立或加强可持续农业项目所需费用50%的款项。

第1624条 拨款授权。

为落实本章所述目标，每财年授权拨款40 000 000美元。上述每财年拨款金额中应拿出不低于15 000 000美元或不低于任意一笔此类拨款金额2/3的款项——以金额较大者为准——用于落实第1621条和1623条规定的计划内容。

第2章 综合管理体系

第1627条 综合管理体系。

（a）建立。农业部应建立一套综合资源管理和综合农作物管理研究与教育体系，以加强农业耕作、实践及农业体系相关研究，在有益环保的同时，最大限度发挥农作物与家畜的生产潜力。该计划的目标是：

（1）鼓励生产商采用"农作物与牲畜综合管理办法和管理体系"，以尽量降低或消除对环境产生的不良影响，减少土壤侵蚀、水分和养分流失，加强农场内投入与农场外投入的利用效率，保持或提高经济效益及长期生产能力；

（2）收集"农作物与牲畜综合管理方法和管理体系"方面的知识与信息，帮助农业生产者采用这些体系和做法；

（3）对依据本子篇及第ⅩⅣ篇子篇G条文中的规订所制订的各项计划中已经调查研究的农业耕作信息进行汇总、分析，以进一步开发农作物与牲畜管理体系；

（4）通过在个体农场（包括有限资源小农场在内）实施示范项目，在全美推广使用"农作物与牲畜综合管理体系"；

（5）对适合的"农作物与牲畜综合管理政策与计划"进行评估推荐。

（b）农作物综合管理方法的开发与使用。农业部应鼓励农业生产者利用个体农场特定场地开发、使用农作物综合管理方法。在农业部依据优先原则确定的特定地点或如下特定农作物种植区域内，其应开发并向农业生产者推广此类农作物综合管理体系信息。

（1）由当地或区域性农业生产实践导致水质级别降低的区域；

（2）其所采用的农业经营方式可能有助于濒危或受威胁物种恢复的区域。

（c）资源综合管理方法的开发与使用。农业部应依据优先原则制订各项计划，鼓励畜牧业生产商利用个体农场特定场地开发、使用农作物综合管理方法。这些计划应致力于通过如下措施使生产商和消费者受益：

（1）提高可获取资源的利用效率，提高生产商的生产效率，节约成本；

（2）确认与提高生产效率、节约成本、提高竞争力、保护环境及食品安全性相关领域的畜牧业研究与教育的必要性，并确定优先顺序；

（3）采用跨学科研究方法。

（d）拨款授权。每财年授权拨款 20 000 000 美元，并通过推广服务局落实本条。

第 3 章　可持续农业技术开发与转让计划

第 1628 条　技术指导手册。

（a）开发。本法颁布之日起两年内，农业部应对依据本子篇所述及第 1650 条第 ⅩⅣ 篇子篇 G 所述进行的研究与开发结果及农业部其他适合的研究计划进行总结，并编制可持续农业生产体系与实践手册、技术指南及任何其他形式的教学材料。

（b）咨询与协调。农业部应负责编制各类手册、技术指南和教学材料，相关事宜应与咨询委员会、水土保持服务局以及农业部指定的其他相关实体单位进行咨询。农业部还应负责按照本条款及《1985 年粮食安全法》第 1261 条（第 1446 条已添加相关内容）规定所开展的各项活动的协调工作。

（c）手册与指南的主题。手册、指南及其他教学材料应包括以下详细信息及为落实本子篇目标而采取的其他措施：农作物的选择，作物-植物种类，轮作法，土壤改良实践，耕作方式，养分管理，虫害综合防治措施，动物栖息地保护，害虫、杂草和病害管理，牲畜管理，水土保护和能源节约。

（d）组织与内容。手册、指南及其他教学材料应提供实际操作指导，其所采用的组织方式应能使农业生产者愿意采纳按照本子篇和第 1650 条第 16 ⅩⅣ 篇子篇 G 制定的方法和体系及农业部为解决特定场地环境与资源管理问题而开发的其他适用研究计划，以使农场能够保持长期的盈利能力，其中包括：

（1）改善和保持耕地、牧场土壤、山脉、草场的肥沃度和生产力，保护野生动物；

（2）实现农业投入效率最大化；

（3）保护或者改善水源品质；

（4）有效利用农场资源和不可再生资源。

（e）可获取性。农业部应确保农业界可获取上述手册、技术指南及其他教学材料，并通过院校、州合作推广局、水土保持局、其他州属和联邦机构，以及任何相关实体单位使公众能够获取相关知识。

（f）拨款授权。授权拨付落实本条项目所需的资金。

第 1629 条　国家培训计划。

（a）总则。农业部应建立一项国家级可持续农业培训计划，向参与可持续农业技术信息教学与转让的合作推广局以及其他专业人士提供教学和培训，以使其具备一定的向合作推广局代表机构及需要掌握可持续农业信息的农场主和城镇居民教授，推广可持续农业概念的能力。

（b）管理。国家培训计划应由推广局负责组织管理，由其他相关的联邦部门进行协调。农业部应从每个州的合作推广局中指定一人负责协调在该州开展全国培训计划。协调员应负责与相关的联邦部门和州部门合作，以州为单位，制定实施一项针对相关现场办公人员的培训课程。

（c）必要的培训。

（1）农技师。自本法颁布之日起，在 5 年期终止之前，农业部应确保合作推广局所有农技师均参加国家培训计划课程的学习。依本条款规定指定的协调员可在各州内指定一所高等院校开设此类培训课程。

（2）培训证明。自本法颁布之日起前 3 年内，农业部应确保合作推广局新聘用的所有农技师能证明其自聘用之日起 18 个月内学完（a）规定的培训课程。

（d）区域性培训中心。

（1）指定培训中心。农业部应指定两个或者多个区域性培训中心，负责依据本条款协调和管理可持续农业教学活动。

（2）培训课程。这些指定的中心机构应为推广专员以及其他承担推广技术信息任务的人员提供集中课堂教学或者现场培训。

（3）施工建设禁止。这些指定的中心机构应设于现有的房舍中，为落实本章目标而拨付的资金不得用于房舍的施工建设。

（4）管理。这些指定的中心机构应由在可持续农业方面实力雄厚的单位进行管理。农业部在制定和实施（2）所述的培训课程时，应考虑利用上述拥有可持续农业专业人才的现有实体单位提供帮助。

（5）资源的协调。上述指定中心机构应充分利用农业部、州农业试验站提供的信息及执行此类中心机构职能的农场主——特别是参加农场示范与研究项目的农场主——获得的实践经验。

（e）竞争性赠款。

（1）总则。农业部应建立一套竞争性赠款计划，以相关款项奖励致力为乡镇技术员及其他需获取可持续农业实践基础信息的人员提供可持续农业培训的组织（包括政府赠地的高等院校）。

（2）短期课程。按照（1）授予的赠款应用于在美国各地区开设培训课程，其中包括为需要熟悉和了解可持续农业概念与重要意义的参加者设置的研习班和短期课程。

（f）区域专员。为帮助乡镇技师和农场主实施依照本子篇及第 1650 条第 ⅩⅣ 篇子篇 G 的规定和依照农业部其他相关研究计划开发的耕作方法，各州可指定可持续农业专员。该农业专员须向所在州的州协调员汇报工作。农业专员应采取对当地农场主有益的方式推广可持续农业信息，并负责相关事宜的协调。

（g）获取信息。各州合作推广局应通过一项对依照第 1650 条第 ⅩⅣ 篇子篇 G 的规定和依照农业部其他适用研究计划开发的耕作方法进行广泛宣传，以便于实现如下职能：

（1）帮助建立农场主之间的信息交流网络，以便于农场主向更具可持续性的种植体系转型，并与其他农场主相互交流，吸取经验；

（2）在各州协调和宣传定期举办的各种可持续农业农场现场考察活动；

（3）为开展推广计划做好相应的规划工作，包括农场主的广泛参与和反馈，致力于与可持续农业相关的新型可持续性研究工作的设计等；

（4）在设计和实施农场管理计划与战略的过程中，向农场主提供技术支持，使农场经营向更具可持续性的农业体系转型；

（5）在落实信息、技术支持以及相关计划过程中，与水土保持局以及农业稳定与保护局磋商相关事宜、建立密切的合作关系；

（6）在极易造成地下水污染的区域，将可持续农业信息与水质改善信息相结合，制定专项教育与继续教育课程，并负责相关工作的协调和指挥；

（7）开发与农作物多样性、替代作物、农场食品或商品就地加工以及农场发电相关的信息源；

（8）建立一套井水检测计划，使依赖地下水生活的居民了解定期水质检测的必要性、检测源信息和检测结果的含义，并做好地下水源的保护工作；

（9）依照第 ⅩⅣ 篇子篇 G 规定的研究计划制定水质保持措施，并提供此方面的具体信息；

（10）依照第 ⅩⅣ 篇子篇 G 规定的研究计划制定养分保持管理措施，并提供此方面的具体信息；

（11）提供已将依照第 1650 条第 ⅩⅣ 篇子篇 G 的规定及农业部其他适用研究计划获取的研究成果纳入其中的全国农场管理体系相关信息。

（h）定义。就本条款而言，"合适的现场办公人员"包括推广局、水土保持局以及农业部确定的其他相关的农业部工作人员，其活动包括向农业生产者提供农业生产和水土保持方面的信息。

（i）拨款授权。每财年授权拨款 20 000 000 美元，用于落实国家级培训计划。

子篇 C 国家遗传资源计划

第 1632 条 国家遗传资源计划的确立、目的和作用。

（a）总则。农业部长负责国家遗传资源计划。

（b）目的。保障和促进对美国食物和农业生产有重要意义的遗传材料的收集、保存和推广。

（c）管理。本计划由农业部农业研究服务局组织实施。

（d）作用。通过该计划，农业部将：

（1）为收集、分类、保存和推广对美国食物及农业产业有重要意义的遗传材料提供资助；

（2）指导对所收集的遗传材料及其储藏、保存方法的研究；

（3）对该计划中出现的与国内其他类似的项目进行协调；

（4）有权要求得到计划所征集的遗传材料，无需付费，无需考虑要求材料的起源国家；

（5）扩大该计划所涵盖的遗传资源的类型，以利于制订综合遗传资源计划，其中包括植物（含造林物种）、动物、鱼类、昆虫、微生物及其他对食品及农业至关重要的遗传资源类型；

（6）从事农业部认定适宜且在该计划资源涵盖类型范围内的其他活动。

第 1633 条 主任的任命和权限。

（a）主任。农业部任命该计划的负责人担任国家遗传资源计划主任。主任行使本子篇规定的职责和农业部规定的其他职责。

（b）管理权。农业部通过主任落实本子篇的相关规定。

（1）全面负责计划指导，建立、实施计划内相关项目操作与管理的总体方针；

（2）为计划的咨询事务和获得来自国内外的个人建议提供保障；

（3）可接受志愿和无偿服务；

（4）行使农业部确定的有效实施本子篇职责所必需的其他管理职能。

（c）责任。主任应当：

（1）就计划事项向参与者提供建议；

（2）整理、审核按本计划规定所产生的相关信息，并对其进行系统性鉴定和评价；

（3）推进（2）中所述信息向农业和食品生产部门及需要此类信息的实体部门的有效转让；

（4）对（3）中所述活动产生的结果进行监测。

（d）两年一次的报告。主任必须准备并向农业部和国会呈交两年一度的工作报告，报告应包括下列内容：

（1）说明计划实施的活动、政策及主任认为与上述活动、政策相关的适当建议；

（2）说明为将第 1632 条（d）（5）款中所列遗传资源范围纳入计划活动而制订追加计划和项目的必要性及已取得的进展；

（3）对国际社会发生的与本计划活动和政策相关的事件与活动进行评估。

（e）首次报告。本法颁布后一年内，主任向农业部和国会提交报告，报告应包括下列内容：

（1）说明第 1632 条（d）（5）款所列遗传资源各领域 10 年内的规划需求，其中包括对综合计划现有各组成要素进行确认，对上述要素进行协调的各项政策、活动，及依照本条款的规定，对制订综合遗传资源计划必须但尚未加入的其他要素；

（2）对国际社会在与本计划相关领域所做的工作和取得的成就及其对本计划产生的影响和与本计划之间可能的协调配合进行评估；

（3）评价各国法律（包括国家检疫要求、条约、协议以及国际组织活动）对建立一套对遗传资源的收集、保持意义重大的综合国际体系的潜在影响。

第 1634 条　顾问委员会。

（a）成立和成员。农业部应成立一个顾问委员会，旨在为农业部和主任就与本计划相关的活动、政策和操作等事宜提供咨询、协助、协商与建议。该顾问委员由当然成员和农业部长任命的不超过 9 人的成员组成。

（b）当然成员。顾问委员会当然成员应由以下人员（或其指定代表）组成：

（1）主任。

（2）分管科教的助理农业部长。

（3）国家农业图书馆馆长。

（4）国家卫生研究院院长。

（5）国家自然科学基金会主任。

（6）能源部长。

（7）科技政策办公室主任。

（8）其他由农业部长确认对顾问委员会职责的有效履行确有必要的官员和雇员。

（c）其他成员的任命。顾问委员会的非当然成员由农业部依照下列规定任命：

（1）2/3 成员来自从事与本计划活动相关学科领域（包括农业、环境、自然资源、卫生和营养学）的主要代表。

（2）1/3 的成员来自一般公共领域，并应包括公共政策、贸易、国际开发、法律或管理领域的领导人。

（d）报酬。咨询委员会成员提供无偿服务。如遇成员不属于美国政府官员或雇员，则在其因参加咨询委员会的活动而必须离开家庭所在地或固定工作地点时，依据《美国法典》第 5 篇第 5701 至 5707 节的规定，按与美国政府部门阶段性从业人员相同的标准报销相关差旅费用。

（e）被任命人的任期；缺额。

（1）任期。依据（c）规定任命的成员，其任期为 4 年；因填补空缺而获任命的成员，其任期为其前任离职到任职期满剩余的时间。

（2）首次任命。农业部长负责任命咨询委员会成员，以确保依据（c）规定任命的成员其任期不全在同一年期满。咨询委员会成员在其继任者到任之前，可继续超期服务。

（3）再次任命。获任 4 年任期的成员，期满后两年内不得重新获任咨询委员会成员。

（4）空缺。如依据（c）规定任命的咨询委员会成员出现空缺，则农业部长应在出现空缺后 90 天内任命他人填补空缺。

（f）主席。农业部长挑选一名依据（c）规定任命的成员担任咨询委员会主席一职，任期为两年。

（g）会议。咨询委员会经主席召集或应主任要求每财年至少召开两次会议。会议地点须经主任批准同意。

（h）工作人员。主任应向咨询委员会提供履行职责所必需的人员、信息及其他帮助。

（i）定位和培训。主任应对新任咨询委员会成员提供指导和培训，以便于其有效履行咨询委员会的工作职责。

（j）评价与建议。依照第 1633 条的规定，咨询委员会应编制并提交一份报告。报告应包括：

（1）报告所涉期间事关咨询委员会活动的评价；

（2）落实本计划目标进展情况评价；

（3）本计划未来发展方向、规划及政策重点相关建议。

（k）报告。咨询委员会可根据具体情况自行决定编制报告的内容。

（l）咨询委员会法案的适用性。《联邦咨询委员会法》第 14 条（a）款（《美国法典》第 5 篇附则）中有关终止咨询委员会的条文不适用于根据本条款规定成立的咨询委员会。

第 1635 条　定义和拨款授权。

（a）定义。就本子篇而言：

（1）"计划"是指"国家遗传资源计划"。

（2）"部长"是指"农业部长"。

（3）"主任"是指"国家遗传资源计划主任"。

（b）拨款授权。1991—1995 财年，每财年授权拨付必要款项，用于实施本副标题规定的各项工作。

子篇 D　美国国家农业气象信息系统

第 1637 条　简称与目的。

（a）简称。本子篇援引自《1990 年美国国家农业天气信息系统法案》。

（b）目的。本子篇的目的是：

（1）在各院校、州计划部门、联邦机构以及私营气象咨询部门广泛参与的基础上，提供一套国家协调的农业气象信息系统，以满足农业生产者对天气和气候信息的需求；

（2）通过私营部门和其他实体单位的参与，促进与农业生产者相关的天气与气候信息的咨询、收集、组织和推广；

（3）向包括短期雷电天气预报及长期天气预报技术与模型研究工作在内的农业天气与气候信息研究和教育提供资助，以提高提供给农业生产者的天气与气候信息的数量与质量；

（4）鼓励更多私营部门参与提供农业天气气候信息，鼓励私营部门参与教育和培训农场主及其他相关人士正确利用农业天气与气候信息，加强向农场主和一般性农业部门提供特定场地天气预报服务的能力；

（5）确保农业部门所需天气与气候数据库具有高度科学精确性，并确保全部记录存档。远程计算机可轻松访问此类数据库。

第 1638 条　农业气象局。

（a）气象局的成立与系统管理。

（1）成立。农业部长应在农业部成立农业气象局，负责规划和管理全国农业气候信息系统。该系统应包括根据本条款规定成立的农业气象局的工作及根据第 1640 条规定州农业天气信息系统所从事的各项活动。

（2）主任。农业部应任命一人担任农业气象局主任，负责管理农业气象局的各项工作，并就气候、天气、遥感等各领域间有计划、科学性地协调共济向农业部提出建议。

（b）管理权。农业部通过农业气象局落实本子篇的规定：

（1）与国家气象局签订合作项目。

（A）支持对农业有益的实用天气预报与观测；

（B）资助成立培养农业专家的联合讲习班，以实现农业天气与气候数据应用最大化；

（C）联合开发改进型计算机模型，提高计算能力；

（D）提高农业专家所需天气与气候信息的精确性和信息量。

（2）获取通过州农业气象信息系统实时收集的标准化天气观测数据。

（3）通过州合作研究服务局，拨付（c）所述的竞争性赠款，以表彰在天气科学与气候学方面取得的卓越研究成果。

（4）向符合第 1640 规定条件的州拨付资金，用于规划和管理州农业天气信息系统。

（5）农业气象局的工作与州研究合作局、国家科学院、国家科学基金会大气服务计划，以及国家气候计划的项目进行协调。

（6）通过采取与私营部门相互合作、彼此受益的方式，鼓励私营部门参与国家农业气候信息系统，特别是对特定场地农业天气预报极为有益的天气与气候数据生成方面的工作。

（c）竞争性赠款计划。

（1）授予赠款。农业部可向州农业试验站、所有高等院校、其他研究机构和组织、联邦机构、私营组织和公司及个人拨付为落实本子条款而划拨的资金，用于从事大气科学与气候学相关领域的研究工作。

（2）竞争基础。本条款所述赠款的授予应当建立在竞争的基础上。

（d）优先原则。在根据（c）的规定提出赠款申请的候选人中，农业部应对在如下方面取得突出成就者给予优先考虑：

（1）与气候因素导致的农业减产及与改进干旱、洪水、冰冻、雷电等极端天气信息咨询服务相关的技术和方法；

（2）特定场地天气数据收集与预测服务的提高；

（3）天气对农业生产中的经济与环境成本的影响。

第 1639 条　国家农业气象顾问委员会。

（a）成立。农业部应成立农业气象顾问委员会（在本节的以下各条文中简称为"委员会"），向农业气象局主任提出实施本法案的相关建议。

（b）组成成员。气象顾问委员会应由 9 名成员组成，经农业部长与国家气象局主任磋商后任命。合作推广局下辖四区中每区推选两名成员，其中一名为农业生产者，另一名为农业或气象科学家。气象顾问委员会成员至少有两名从提供私营气象服务的个人中产生或经与一家私营气象公司磋商后产生。

（c）主席。委员会应从其成员中选举一人担任委员会主席。

（d）小组。每名委员会成员任期为 3 年。为确保委员会成员届满期错开，农业部应任命任期为一年的创始成员 3 名，任期为两年的创始成员 3 名。

（e）会议。委员会一年至少召集两次会议。

（f）报酬。顾问委员会成员提供无偿服务。如遇成员因参加顾问委员会的活动而必须离开家庭所在地或固定工作地点时，依据《美国法典》第 5 篇第 5703 条的规定，按与美国政府部门工作人员相同的标准报销包括每日补助津贴在内的相关差旅费用。

（g）《联邦顾问委员会法》。该顾问委员会不受《联邦顾问委员会法》（《美国法典》第 5 篇附录）第 14 条（a）（2）款规定的约束。

第 1640 条　州农业气象信息系统。

（a）顾问计划津贴。

（1）规定的津贴。农业部应向不少于 10 个符合资格的州拨付为落实本条款而划拨的资金，用于与（2）规定的人员合作，对州农业气象信息系统咨询方案进行规划和管理。

（2）规定的人员。这类人员指的是（1）所述的农业气象局主任、推广局局长、州合作研究局局长以及其他合适的人员（比如：州农业试验站主任以及州推广计划主任）。

（b）咨询。挑选各州提交的本条款所述津贴候选人时，农业部应考虑农业气象顾问委员会的建议，并且与委员会主任交换意见。

（c）资格要求。为了符合接收本条款所述津贴的资格，州首席执行官应向农业部提交申请，其中包括如下内容：

（1）保证该州将把津贴用于规划和管理州农业气象系统，包括：

（A）收集本州气象数据，并将此类数据提供给国家气象局和农业气象局；

（B）将全国系统的信息接收、打包，以供农业生产者使用（州合作推广局和私营部门充当向农业生产者提供农业气象预测和气候信息的主要渠道）；

（C）制订计划，教授农业生产者如何充分利用天气与气候信息，提高管理决策。

（2）农业部规定的其他担保和信息。

第 1641 条　拨款。

（a）资金的划拨。

（1）协同工作。为落实本子篇的目标而划拨的资金占每财年拨付资金总额的 15％以上、25％以下，这笔款项应当用于第 1638 条（b）（1）款所述的与国家气象局签订的协同工作。

（2）竞争性赠款计划。州合作研究局将赠款总额的 15％～25％用于第 1638 条（c）款所述的竞争性赠款计划。

（3）气象信息系统。资金总额的 25％～35％在依据第 1640 条所述于本财年获选参与的各州之间平均分配。

（4）其他用途。剩余资金应当由农业气象局和推广局用于落实本子篇中一般性的项目。

（b）资金使用限制。按照本子篇授权分配的资金不得用于房产设施的施工建设，接收资金的各州或者机构用于采购设备的资金比例不得超过 30％。在划拨资金以促进向农业生产者提供农业与气候信息时，应对私营气象机构在此类信息提供中发挥的作用予以考虑。

（c）拨款授权。1991—1995 财年，每财年授权拨款 5 000 000 美元，用于落实本子篇所述项目。

子篇 E　关于农产品生产、制备、加工、搬运和储存的研究

第 1644 条　研究与津贴计划。

（a）研究计划。农业部长应设立一项研究计划，旨在：

（1）建立统计框架，以对进入或影响农产品、并严重损害农产品营养与卫生的微生物和化学制剂进行测量；

（2）在（1）所述统计框架下，对所有微生物或化学制剂进行鉴别；

（3）确定避免微生物和化学制剂影响农产品，或控制和减少此类制剂的方法，其中包括：

（A）开发快速检测和鉴别此类微生物和化学制剂的技术；

（B）对农产品的生产、制备、加工、搬运、储存和分配进行分析，以确定微生物或化学制剂进入或影响农产品的环节；

（C）开展、加强包括食品辐照研究在内的现有技术的研究工作，以对进入或影响农产品的微生物或化学制剂实施控制。

（b）竞争性赠款计划。与根据第 1645 条规定成立的委员会交换意见后，农业部可向个人及政府机构拨付竞争性赠款，用于执行（a）所述项目的研究工作，赠款期限不超过 5 年。除非农业部认定该研究工作不涉及对等资金，否则其应要求此类赠款接受者为该研究工作提供对等资金。

（c）禁止使用项。按照（b）所述发放的津贴不得用于建筑物或者房舍的设计、维修、翻新、购置或者施工建设。

（d）资格要求。有资格接收（b）所述津贴的个人或者政府机构应向农业部提交申请，其中包括如下内容：

（1）为执行（a）所述一项或多项研究工作提出建议；

（2）确保向农业部提交该赠款研究项目进展情况详细报告；

（3）农业部规定的其他条款和条件。

（e）对其他计划的影响。在本条款中的任何内容均不得解释为：

（1）限制或影响联邦政府机构依据其他法定授权正在执行或将要执行的研究计划；

（2）对现行农产品生产、制备、加工、搬运和储存方法以及步骤实施任何改变。

（f）农产品的定义。就本节而言，"农产品"指在美国境内利用植物、动物、造林活动或水产物种（包括在可控环境下培养或繁殖出的物种）生产的所有农业商品。

第1645条 顾问委员会与政府津贴授予程序。

（a）顾问委员会。农业部应成立一个委员会，负责制定研究项目优先顺序，并对第1644条（b）款所述津贴申请研究项目进行评估。

（b）成员。该委员会应由13名成员组成，如下：

（1）农业部长或其指定代表。

（2）两名农业部长从高等院校或州农业试验站聘用、从事食品科学、微生物、兽医、病理学或其他相关学科领域研究工作的知名专家或科学家中挑选任命的成员。两名成员须有确切证据证明其有能力胜任该职。

（3）两名农业部长从私营研究组织或其他食品研究单位聘用、从事食品科学、微生物、兽医、病理学或其他相关学科领域研究工作的知名专家、科学家或公共卫生专家中挑选任命的成员。两名成员须有确切证据证明其有能力胜任该职。

（4）两名农业部长从联邦政府从事食品科学、微生物、兽医、病理学或其他相关学科领域研究工作的知名专家中挑选任命的成员。两名工作人员须有确切证据证明其有能力胜任该职。

（5）3名经由众议院农业委员会主席与该委员会少数派成员交流意见，从从事食品科学、微生物、兽医、病理学或者其他相关学科领域研究工作的知名专家中挑选任命的成员。3名成员须有确切证据证明其有能力胜任该职。

（6）3名经由参议院农业、营养、林业委员会主席与该委员会少数派成员交流意见，从从事食品科学、微生物、兽医、病理学或其他相关学科领域研究工作的知名专家中挑选任命的成员。3名成员须有确切证据证明其有能力胜任该职。

（c）公告。

（1）获建议的优先研究项目。针对第1644条（b）款所述的优先拨付津贴研究项目，农业部收到委员会提出的相关建议之后，应当在《联邦公报》中刊登如下事宜：

（A）获建议的优先研究项目；

（B）要求法人和政府部门在公告颁布之后的60天内向农业部提交上述优先研究项目书面意见的通知。

（2）最终确定的优先研究项目。对按照（1）规定提交的意见进行审核之后，农业部应在《联邦公报》中以公告的方式确定最终优先研究项目。

（d）优先研究项目的审核。

（1）委员会的职能。收到依据第1644条（b）款规定提交的研究申请后，农业部应将申请中包含的研究建议转给依据本条款成立的委员会进行审核。

（2）同行审核。为了有助于委员会进行内部商议，委员会成立同行审核小组，负责审核该研究方案的科学和技术优势。委员会在此类小组中应寻求获得资深科学家以及公共卫生专家最广泛的参与，同行审核小组应将结果与建议呈报给委员会。

（3）咨询与协作。委员会与同行审核小组应与其他相关的联邦顾问委员会交流意见以及相互协作。

（4）建议。对审核小组的意见进行切实考虑之后，委员会应向参议院提出本子篇下应获得津贴的项目。

（e）基础研究与应用研究。对依照（d）收到的研究方案进行审核时，委员会与同行审核小组应确定如下两个要素：

（1）提出基础研究建议；

（2）提出应用研究建议，并考虑基础研究与应用研究结果的可行性。

（f）完成项目审核。研究项目完成后，津贴接受单位应将项目成果呈报委员会进行审核。委员会将审核结果连同委员会的意见、建议一起提交参议院。

（g）《联邦顾问委员会法》的应用。依据本条款成立的顾问委员会或同行审核小组不受《联邦顾问委员会法》（《美国法典》第 5 篇附录）的约束。

第 1646 条　提交国会的报告。

（a）实施情况报告。该法颁布之后一年内，农业部应向众议院农业委员会及参议院农业、营养、林业委员会提交一项报告，以对本子篇所述项目的实施进展情况进行说明。

（b）研究报告。农业部应在为落实本子篇所述内容而拨付资金的每个财年内，将接受津贴的研究项目在该财年取得的研究成果编制报告，报告中应包括提交众议院农业委员会和参议院农业、营养、林业委员会的研究成果实施建议。

第 1647 条　拨款授权。

（a）授权。1991—1995 财年，每财年授权拨付落实本子篇所述内容所需的政府津贴。此项津贴款在支出时销账，无财年限制。

（b）管理费用。农业部用于支付为落实本子篇所述内容而产生的管理费用不得超过（a）所述一个财年拨付的总津贴额的 4%。

子篇 F　植物和动物虫害与疾病防治计划

第 1650 条　植物和动物病虫害防治计划。

（a）虫害综合管理研究。

（1）必要的计划。为落实本子篇所述内容，农业部应承担或协助实施虫害综合管理研究，其中包括由联邦、州部门拨款或与联邦、州部门及私人企产业、机构或组织签约实施的研究工作。此类研究工作应包括有益于花卉栽培的虫害综合管理研究。

（2）实施。虫害综合管理计划应由推广局负责实施。

（b）对其他法律的影响。该法案中所有内容均不应解释为限制或废止《联邦农业杀虫剂、杀真菌剂和杀鼠剂法》第 20 条（a）款（《美国法典》第 7 篇 136r（a））赋予环境保护局局长实施虫害综合管理研究相关工作的权力。

（c）虫害综合管理的定义。就本条款而言，"虫害综合管理"指利用所有适用技术（如生物和培养控制措施及杀虫剂）在可对虫害或疾病实施预测和控制，以使其不对经济效益产生影响的总体生产体系内对虫害或疾病传播进行防治的管理系统。

第 1651 条　病虫害防治数据库和昆虫抗药性监测。

（a）必要的数据库。农业部应成立、维护包括现有材料和虫害与疾病防治方法在内的数据库，以供农业生产者查阅。本款规定的数据库应包括一份信息清单（按农作物、动物、虫害或疾病顺序排列）：

（1）目前可获得的材料或用于控制动植物虫害与疾病的化学、生物、动物、培养方法及其他手段；

（2）依据（d）规定监测到的抗虫害与抗病性的程度。

（b）研究项目与推广活动的重点。当依据（a）规定建立的数据库信息表明用于保护某一特定农作物或动物的虫害和疾病防治材料或方法缺失时，农业部应确定优先研究项目，以弥补本子篇下虫害和疾病控制研究与推广计划中的不足。

（c）数据库信息的推广。农业部应：

（1）使公众能通过国家农业图书馆查阅依据（a）规定公布的数据库信息；

（2）每年向环境保护局局长提交一次此类信息，以支持该局依据《联邦农业杀虫剂、杀真菌剂和杀鼠剂法》（《美国法典》第7篇136及以下）的规定履行职责。

（d）昆虫抗药性监测。依据农业部按照《1985年粮食安全法》第1437条规定（《公法》99-198；《美国法令全书》第91篇1558）发布的报告，农业部应成立一个国家级昆虫抗药性监测计划。

（e）杀虫剂的定义。就本条款和第1652条而言，"杀虫剂"的含义应与《联邦农业杀虫剂、杀真菌剂和杀鼠剂法》条款2（u）（《美国法典》第7篇136（u））界定的含义相同。

第1652条　关于外来有害生物的研究。

（a）目的。本条款的规定旨在提高农业部与州合作机构在控制和消灭外来有害生物方面的研究能力。

（b）研究计划。农业部应扩展正在实施的研究工作以及津贴计划，以控制外来有害生物的侵染。研究和津贴计划的扩展部分应包括：

（1）改进现有虫害防治方法，包括释放含有佛罗蒙的不育昆虫和开发比较安全的杀虫剂；

（2）提高研究能力，开发虫害防治新方法，比如为研究其习性而捕捉昆虫等。

第1653条　造成粮食减产的原因及如何改良管理措施——麦长蝽的生物学和行为学研究。

农业部应成立一项研究与教育计划，通过该计划对麦长蝽的生物学和行为学进行研究。该研究的目的是：

（1）具体明确环境气候因素与麦长蝽虫害暴发之间的关系，尝试对麦长蝽虫害的暴发做出预测；

（2）确定麦长蝽的传播习性，越冬栖息地的选择及在本地草本植物和外来草本植物中的越冬存活率；

（3）说明麦长蝽在小粒谷类作物以及非农作物草本植物寄主中的种群数量变动，评估春播小粒谷类作物寄主植物的产量损失；

（4）调查麦长蝽行为的不同方面（包括寄主栖境偏好、产卵及佛罗蒙），以为制定新型管理方法提供参考。

第1654条　拨款授权。

授权拨付落实本子篇项目所需的资金。

子篇G　替代农业研究与商业化

第1657条　简称、目的与定义。

（a）简称。本子篇可引述为《1990年替代农业研究与商业化法》。

（b）目的。本子篇旨在通过鼓励和支持农业研究、发展与商业化，实现：

（1）授权进行农产品转型及相关研究，以便于开发、生产除食品、饲料、传统林产品或纤维制品之外的其他适销产品；

（2）实现传统与新型农产品的非食品及非饲料用途商业化，创造就业机会，提高农村经济发展，促进农林产品市场多元化；

（3）鼓励生产商、金融机构、大专院校及私营和政府实验室之间进行合作开发，共同打开市场销路，帮助实现农林产品的新型非食品用途商业化；

（4）致力研究如何实现家庭规模农业生产者种植的农产品向新型非食品类、非饲料产品的转化及上述产品的商业化；

（5）通过推广以农产品为原料的非食品类、非饲料产品，促进美国农村地区的经济发展。

（c）定义。就本篇而言：

（1）"农产品"指植物或动物物种（包括在可控环境下繁衍、培育的物种或树种）及利用该物种生产的产品；

（2）"替代农产品"指通过如下方法开发的农产品的新用途、新应用或制成的新材料：

（A）由农产品制成；

（B）未广泛应用于商业用途，且不会大规模取代已在商业领域广泛应用的农产品的用途、应用或制成的材料。

（3）"委员会"是指"替代农业研究与商业化委员会"。

（4）"中心"指的是"替代农业研究与商业化中心"。

（5）"商业化"的动词和名词形式均包括：

（A）与开发替代型农业产品或者工业用植物相关的活动；

（B）用于开发工业产品和替代农产品的技术应用；

（C）利用新型或传统农产品与工艺制造的新型非食品类、非饲料产品的市场开发，使产生的新型商品和服务能够畅销盈利。

（6）"资金"指的是"替代农业研究与商业化周转资金"。

（7）"主办机构"指的是位于如下区域中的实际存在的实体单位：

（A）大学或者其他高等教育机构；

（B）农业实验室部门；

（C）州农业试验站；

（D）州合作推广服务处；

（E）其他参与以农产品为原料的新型非食品类、非饲料产品开发与商业化的组织，或参与农村经济开发的组织。

（8）"新型非食品类、非饲料产品开发"指包括如下方面基础研究与应用研究在内的针对性研究：

（A）以开发新型非食品类、非饲料产品为目的的农产品生产与加工；

（B）新型非食品类、非饲料产品的用途；

（C）新型非食品类、非饲料产品进入市场需要实施的步骤。

（9）"新型非食品类、非饲料产品"指其主要用途不属于食品、饲料、传统林产品或纤维制品的商品，包括以农产品为原料加工制作、但未在商业领域销售的商品。

（10）"非营利组织"指的是符合如下条件的组织：

（A）《1986 年国内税收法典》第 501 条（c）款规定的"非盈利组织"资格；

（B）免除缴纳《国内税收法典》第 501 条（a）款规定的税费；

（11）"部长"即指"农业部长"。

（12）"传统林产品或纤维制品"指使用森林或农业物料制作的森林产品或纤维制品，其中几乎不包含任何新属性。

第 1658 条　替代农业研究与商业化中心。

（a）成立。农业部长应成立一个"替代农业研究与商业化中心"，负责落实本子篇的目标。该中心应作为农业部的独立实体单位经营日常业务，由农业部进行总体监管和政策调控。

（b）职能。中心有权：

（1）依据第 1660 条的规定，向研究、开发和示范项目符合条件的申请者发放政府津贴，签订合作协议和相关合同；

（2）依据第 1660 条的规定，发放贷款和利息补贴款，进行风险资本投资；

（3）收集和推广州、地区及当地商业化项目信息；

（4）开发可能以农产品为原料生产的新型非食品类、非饲料产品，开发此类产品的生产工艺；

（5）负责"替代农业研究与商业化周转资金"的管理、保管和支出，加速落实本子篇下的项目实施；

（6）参与为履行中心职能而产生的其他项目活动。

（c）主任。中心主任应由委员会提名、经农业部长批准的一名人员担任，负责领导中心的事务。中心主任应按照《美国法典》第 5 卷第 5315 条规定的"行政人员等级表"第Ⅳ级费率计算获得基本报酬。主任任期为 5 年，任期届满之前，委员会可以随时予以辞退。

（d）主任的责任。在委员会的总体监管下，主任应负责中心的整体管理、计划的管理与操作、中心事务总体政策的落实。代表中心履行上述责任时，主任应：

（1）为实施适当的同行审核，提供：

（A）按照第 1660 条规定提交的津贴申请、合同、合作协议及按照第 1661 条提交的资助申请；

（B）中心资助开展的研究项目；

（C）委员会认为必要、由中心管理的研究成果或津贴、合同及合作协议相关报告。

（2）对通过拨付津贴、签订合同或合作协议及通过本子篇提供的其他支持而开发的新产品、新用途、新型应用技术或工艺过程，需提供许可和专利协议费、版权费、特许使用费或其他费用安排。

（3）采取恰当的措施，使中心和其他农业、科学以及商业实体单位之间有畅通的农产品与加工信息传播和交流渠道。

（e）工作人员。应中心主任的要求，农业部可具体指定农业部任何工作人员为主任履行职责提供有偿帮助。

（f）专家和顾问。主任可获得《美国法典》第 53 篇第 109（b）条规定的临时性、阶段性咨询服务。

第 1659 条　替代农业研究与商业化委员会。

（a）委员会的成立。农业部应成立"替代农业研究与商业化委员会"。

（b）成员。委员会应由农业部任命的 9 名成员组成，如下：

（1）一名农业部工作人员。

（2）其中 4 名成员为：

（A）至少一名与中心业务相关的重点学科代表；

（B）至少一名农产品生产者或加工商的代表；

（C）至少一名私营单位聘用、致力实现以农产品为原料加工的新型非食品类、非饲料产品商业化的代表。

（3）其中两名成员应当：

（A）具备与新型非食品、非饲料产品开发或者商业化相关应用研究领域的专业知识；

（B）在出现职位空缺后的 60 天内，从其成员至少有 4 人由国家科学基金会主任提名的小组中指派。

（4）其中的两名成员应当：

（A）具备财务和管理业务方面的专业知识；

（B）在出现职位空缺后的 60 天内，从其成员至少有 4 人由商务部长提名的小组中指派。

（c）责任：委员会应：

（1）负责中心以及区域中心的总体监管与政策调控；

（2）经与依照第 1661 条规定指派的顾问委员会交换意见，及与依照第 1663 条规定成立的区域中心磋商之后，确定获得该条款所述资助的高优先级商业化领域；

（3）对中心依据第 1660 条规定获得的津贴、签订的合同或合作协议及依据第 1661 条规定获取的资金支持进行审核；

（4）通过大多数人表决，最终决定是否向申请者提供资助以及如何提供；

（5）委员会成立之后，在可行的条件下举行听证会，确立计划政策、目标、研发及商业化重点项目，以落实本子篇的目标；

（6）利用听证结果和（5）下收集的其他信息和数据，开发和确立一项预算计划和一项长期运行计划，以落实本子篇的目标。

（d）会议。经委员会主席召集或应主任要求，委员会应每财年至少召集 3 次会议。委员会会议地点应由主任批准。委员会法定参会人数应为委员会多数成员。委员会的决策应由多数人表决通过确定。

（e）任期；缺额。委员会成员任期 4 年。委员会成立之初任命的成员其任期届满时间应相互错开。因填补空缺获任的成员，其任期为其前任离职时剩余的任期。委员会填补空缺成员的任命方式应与初始任命方式相同。

（f）主席。委员会成员应从全体成员中选举一人担任委员会主席，任期两年。按照（b）（1）任命的委员会成员不得担任主席之职。

（g）临时委员会。委员会可与农业、科学、技术或者其他学科的专家成立一个或者多个临时委员会，其职责应是按照委员会的要求和指令提供关于科学、技术、政策以及委员会认为必要的其他领域的信息、分析和建议。

（h）报酬。如遇委员会成员属美国政府官员或雇员，则其不应以为委员会提供服务为由接收任何额外报酬。其他成员的报酬应按照其在委员会工作的天数进行计算（包括旅途时间），费率不超过美国现行公务员一般行政工资体系 GS—18 级年度费率平均日费率。应为委员会全体成员报销差旅费用，提供津贴补助及其他因履行职责而发生的必要费用支出。

（i）限制条款。

（1）利益冲突。除（3）所作规定之外，如遇下列情况，则委员会任何成员不得在知情前提下参与中心就申请、合同、索赔或其他特殊未决事宜进行的表决：与委员会成员、其配偶或子女，其合伙人或其担任主管、董事、受托人、合伙人或雇员的组织存在一定经济利益；或委员会成员与任何个人或组织就潜在聘用事宜进行磋商或已达成一致意见。

（2）违反规定。如遇委员会成员出现违反（1）所述限制规定的行为，则应将该成员辞退，但该成员任职中心期间中心所做的任何合法行为不应受到损害或影响。

（3）例外。如遇委员会任何成员将其提议参与的某项特殊问题的性质告知委员会，且该成员在参与前述问题之前充分披露其相关经济利益，且委员会经过大多数表决确定此经济利益太过轻微或牵强，尚不足以影响该成员履行中心职责，则（1）所述限制规定不应适用于该成员。但当事成员不应参与此类决定的表决。

（j）农业部长的权力。农业部长可以否决按照（c）所述作出的任何最终决定，农业部长应将否决的理由告知该委员会。

第 1660 条　研发津贴、合同、协议。

（a）资格。如本条款所述，所有公共与私营教育机构、其他公共与私营研究机构和组织、联邦机构及个人均有资格接收中心设立的研究、开发或示范项目津贴，并有资格与中心签订合作协议。

（b）竞争性奖励。依本条款的规定，应依据中心建立的同行审核系统提出的建议，在竞争原则基础上授予津贴和签订合同或合作协议。该审核系统应包含农产品商业生产、农产品开发、加工、销售及农产品科学研究方面的同行评议专家。

（c）选择标准。委员会可依据项目生产或提高具经济可行性的商业性非食品类、非饲料产品生产及其应用、加工或改进初级农产品和加工农产品应用技术的可能性，选择一项研发或示范项目，并向该项目授予本条款所述的津贴或与之签订合同、合作协议。应考虑的标准可能包括：

（1）使现有农产品成为具经济可行性新型非食品类、非饲料产品的技术发展前景；

（2）新型非食品类、非饲料产品的潜在市场规模，产品进入商业流通领域并得到广泛应用所需时间，及作为产品生产原料的农产品的可获取性；

（3）在经济不景气的农村地区创造的就业机会；

（4）州或当地机构参与的可能性；

（5）私营单位融资参与的可能性；

（6）联邦农作物补贴及其他联邦农业扶助项目费用减少可能产生的影响；

（7）无法从其他资源获取充分的资金；

（8）对资源与环境保护可能产生的积极影响；

（9）帮助家庭规模农场主和靠近受影响农业与林地的农村社区获得收益可能带来的积极作用。

（d）为某些项目预留的资金。

（1）总论。每财年为本条款下津贴项目、合同和合作协议所拨付的资金总额中，应将至少 2/3 的款项授予研究、开发和示范项目。津贴申请者应当：

（A）从其自有资源获得大部分资金与支持；

（B）已与在美国境内设立的一家商业公司签订了一项合作协议或者其他合约，使该公司履行如下职责：

（i）至少提供此类项目总费用 20％ 的资金；

（ii）在恰当的许可、特许或者其他协议的规定下，利用该项目开发的适销产品、工艺、用途、应用或者技术进行商业生产和销售。

（2）动物资源。每财年为本条款下津贴项目、合同和合作协议所拨付的资金总额中，应将至多 25％ 的款项授予使用动物资源加工新型非食品类、非饲料产品的项目。

（e）提供的资金限额。中心为本条款下任何津贴项目、合同和合作协议所拨付的资金在任何情况下均不得超过项目总费用的 2/3。

（f）侧重点。在选择接受资金的项目时，中心可侧重于中心拨付的资金量与中心之外的其他资金量的比值最低的项目。

第 1661 条 商业化支持。

（a）授权资助。根据委员会的决定，中心可向（b）所述致力研究以农产品为原料的新型非食品类、非饲料产品商业化项目的机构提供财政援助。资助形式如下：

（1）中心提供贷款或者提供贷款担保；

（2）中心向贷方支付利息补贴款（依据中心、贷方和借方达成的协议），支付金额按协议确定；

（3）中心通过可兑换债券投资风险资本；

（4）与私营或者当地公共资金匹配的应偿还政府津贴，按照中心与该实体单位之间签订的合同条款偿还。

（b）符合条件的机构。可获得中心为非食品类、非饲料产品商业化提供的财政援助的实体单位应是大学或其他高等教育机构，或非盈利组织、合作经营企业，或商业企业。

（c）顾问委员会。委员会应任命成立顾问委员会，负责向委员会和区域中心提供按照本条款规定提交财政援助申请所有相关事宜的咨询建议。第 1659 条（i）款中有关利益冲突的条文应适用于该顾问委员会。任命顾问委员会成员时，委员会应确保该顾问委员会中有来自区域机构的成员。顾问委员会应：

（1）审核（协调相关审核工作）申请项目的技术、工程、财务、管理的健全性以及市场潜力；

（2）经大多数表决通过，对本条款下提交的每项申请给出无约束力的建议；

（3）监督正在执行项目的进展情况，提供必要的技术和业务咨询服务；

（4）监督区域中心的运营情况；

（5）向致力实现农产品的非食品类、非饲料产品用途商业化但未寻求中心提供财政援助的实体单位提供技术和业务咨询。

（d）申请要求。

（1）提交给主任。为了获得中心提供的本条款规定的财政援助，符合资格的实体单位应当向主任提交一份申请。

（2）申请内容。在（1）中提交给主任的申请应：

（A）说明该实体单位实施的、与本条款规定相一致、包括书面文件在内的新产品商业化方案。该方案：

（i）科学、合理；

（ii）具有技术可行性；

（iii）适销。

（B）提交无充足私营部门资金但申请人有能力从公共或私营部门获取对等资金的文件证明。

（C）提交申请人已将大量包括时间和金钱在内的自有资源投入项目的文件证明。

（D）提交其产品或工艺应用广泛，具商业可行性潜力，且无需持续资助的文件证明。

（E）提交其方案已获得公共部门、金融机构、私营商业机构、州及当地政府、教育机构、农业界、科学界和工程界等各界代表广泛参与的文件证明。

（F）提交申请人与能为其提供私营企业资助的其他实体单位建立良好的文件证明。

（G）保证申请人遵守本条款资助发放条文的规定。

（H）保证该项目将为农村地区创造新的就业机会。

（e）优先原则。委员会应优先考虑如下申请：

（1）为经济不景气的农村地区创造就业机会的申请项目；

（2）拥有州政府或者当地政府财政资助的申请项目；

（3）拥有私营企业出资参与的申请项目。

（f）附加标准。委员会应确立附加标准，用于在条件相当的申请项目中选择优胜者。此类标准应集中在：

（1）在农村地区创造就业机会的数量和质量；

（2）州政府、或当地政府、或私营部门的出资额；

（3）项目管理能力；

（4）潜在销售产品的潜在市场要求与必要的财政援助是否成正比；

（5）可能退还的资金量及第 1660 条（c）款第（2）、（6）、（8）和（9）项。

第 1662 条　财政资助总则。

（a）受理申请的通知。委员会为受理第 1660 条或第 1661 条所述财政资助申请而确定的每个申请期开始之前 30 天内，委员会应在《联邦公报》刊登一份即将开始受理财政资助申请的通知。

（b）监督。委员会应对接受本子篇下财政资助项目的进展情况进行监督。监督工作包括委员会、区域中心或顾问委员会代表进行的现场审核，财政资助申请人编制的书面报告，及财政资助申请人需要的业务与技术咨询服务。委员会可通过依据第 1661 条规定任命的顾问委员会为签署监督工作提供帮助。

（c）审查与责任制。

（1）要求。委员会应建立一套完整、有效的审查与责任体系，确保按照第 1660 或 1661 条规定发放给申请人的财政资助完全用于该项资金的指定用途。

（2）证明合规性。委员会可要求财政援助申请人证明其财政援助的使用符合提供援助协议的规定。

（d）免于披露的信息。依据《美国法典》第 5 卷第 552 条有关披露义务的规定，对有私营研究机构或商业公司参与实施的研发、示范或商业化项目，中心随附收到的信息应免于披露公开，但以下情况不受此限：

（1）信息提供主体允许披露；

（2）在前述信息是否披露应以保护令要求为准的司法或行政程序执行过程中。

（e）管理和行政费用。委员会应规定，申请人提交的申请材料或根据中心颁发的政府津贴、合同、合作协议计划要求提交的方案需详细列出项目管理和行政费用估算。在选择前述申请项目或方案的授予对象时，中心应对实际成本最低者给予优先考虑。

（f）资金使用限制。在本子篇下授予的政府津贴或签订的合同、合作协议，均不得用于建筑物、房舍的购置或施工建设。

（g）报告。

（1）编制。每财年结束后，委员会应尽快编制一份报告并提交农业部长。报告应对中心在前述财年执行的项目、取得的进展和成果进行说明。报告应包括如下内容：

（A）说明中心在本财年执行的项目、取得的进展与成果及中心收集信息和实施其他服务活动发生的费用支出情况；

（B）委员会依据第 1659 条（c）（6）款规定编制的运营计划副本。

（2）文件传送。农业部长收到（1）所述报告之后的 30 天内，应转呈总统和国会。

第 1663 条　区域中心。

（a）成立。

（1）要求。除（2）规定的情况之外，委员会应成立 2～6 个区域中心，以落实本条款所述项目及委员会规定的其他项目。

（2）例外。每财年至少拨款 5 000 000 美元用于落实本子篇所述项目，否则该财年可不成立区域中心或区域中心停止工作。

（b）成立的方法。

（1）以区域为基础。依据本条款规定成立的各区域中心应设于主办机构内。各州均应成立区域中心，以反映美国不同区域的气候条件及农村经济的重要性。

（2）竞争。希望被选为区域中心主办机构的组织应向委员会提交申请。委员会应依据此类申请内容的评审结果，并在考虑申请人落实本条款所述项目的能力之后，再行决定区域中心的位置。

（c）资金的匹配。

（1）申请者保证。每个申请成立本条款所述区域中心的机构应作出如下保证：

（A）应提供充足的资金或实物支持（包括办公室、设备和人员支持），其金额与联邦政府依据本条款规定提供的用于行政费用的资金金额对等；

（B）有能力执行区域中心需要落实的项目；

（C）委员会认为必要的其他事宜。

（2）联盟。（1）规定的对等资金可由主办机构及分布于美国各地的其他公共或私有实体单位组成的财团提供，其中包括州政府和当地政府、州政府和当地政府成立的实体单位、慈善组织、公共和私立大学、其他高等教育机构、合营公司以及经济开发组织。

（d）主任。每个区域中心应当由一名全职区域主任领导，该区域主任应是：

（1）由委员会选举产生；

（2）有理科或工科背景，或在公共或私营部门开发新产品或新工艺的经验。

（e）活动。每个区域中心均应：

（1）鼓励私营与联邦实验室、国家科学基金会中心、农业部研究计划机构、其他联邦部门、州和当地区域性经济发展计划机构、大专院校、私营部门及金融集团等实体单位之间的互动交流，以对农产品的新型非食品类、非饲料产品用途进行评估和实现商业化；

（2）通过开发私营公司和企业农产品新型非食品类、非饲料产品用途，确定新型非食品类、非饲料产品和工艺商业化可促进美国农村地区经济增长的主要区域；

（3）为国内小企业提供技术支持及相关业务、财务咨询服务，以促进其实现农产品新型非食品类、非饲料产品用途商业化；

（4）确定应获得财政资助的新型非食品类、非饲料产品及工艺；

（5）利用现有科学、工程、技术和管理教学计划，为农产品新型非食品类、非饲料产品和工艺加速实现商业化提供支持；

（6）就特定财政资助申请项目及资助类型（如有）向委员会提出建议；

（7）与小型商业开发中心协调工作；

（8）与区域中心协调工作。

（f）资助建议的评审。

（1）提交给区域中心。如果区域中心设置在本子篇所述资助申请人所在的地区，则该申请人应向区域中心提交申请，由区域中心进行审核。

（2）审核。区域中心主任应与依据第 1661 条（c）款任命的顾问委员会进行磋商，使提交给区域中心的申请文件获得同行评审和评估。

（3）顾问委员会的职能。顾问委员会应负责审核提交给区域中心的申请。顾问委员会的决定应由多数人表决通过，针对每个资助项目给出无约束力的建议，并提交给区域中心主任。

（4）建议。区域主任在考虑了顾问委员会的建议之后，依据评审人员的意见，应当向"替代农业研究与商业化委员会"提交一项建议，并随附顾问委员会的建议。区域主任或者顾问委员会提交的建议不应对"替代农业研究与商业化委员会"产生约束力。

第 1664 条 替代农业研究与商业化周转资金。

（a）成立。美国财政部设立一项名为"替代农业研究与商业化周转资金"的周转资金。这笔资金应提供给中心，用于落实本子篇下中心授权的计划和项目，且不受财年时间限制。

（b）资金组成。在该资金中应包含：

（1）拨付或者过户的资金，用于支持中心落实计划与项目；

（2）用于支付中心开展工作所需的产品、服务或不动产的任何来源的资金；

（3）中心对全部或部分利用政府津贴资助的项目或签订合同、合作协议的项目开发的产品商业化授权许可或协议收取的相关费用及特许使用费；

（4）中心接受的用于资助授权计划和项目的捐赠；

（5）中心取得的任何其他资金。

（c）资金划拨。为本子篇下的项目或活动拨付的资金应遵守下列限制规定：

（1）根据本子篇的规定，一个财年可用的资金总额中：

（A）中心留存用于支付履行职能所需的行政费用，不超过资金总额的 5％；

（B）中心留存用于本子篇下授权的信息收集、推广和技术转让计划的金额，不超过资金总额的 5％；

（C）中心留存授予依据第 1660 和 1661 条下项目申请合格者或符合中心提出方案要求的申请者的资金，不低于资金总额的 85％。

（2）在一个财年结束时仍未发出的资金，应存入资金账户，并记入中心下一财年可用计划资金总额中。

（d）本子篇规定的有效期届满时，资金账户所有资产（偿清所有债务之后）应转入财政部一般资金账户。

（e）拨款授权。授权拨付资金的情况如下：

（1）1991 财年拨付 10 000 000 美元；

（2）1992 财年拨付 20 000 000 美元；

（3）1993 财年拨付 30 000 000 美元；

（4）1994 财年拨付 50 000 000 美元；

（5）1995—2000 财年，每财年拨付 75 000 000 美元。

子篇 H 其他研究规定

第 1668 条 生物技术风险评估研究。

（a）目的。本条款的目的是：

（1）在必要范围内，授权、支持环境评估研究，以帮助解决广受关注的生物技术对环境的影响问题；

（2）授权展开研究，以帮助监管者制定生物技术环境释放方面的相关政策。

（b）政府津贴计划。农业部应在州合作研究局和农业研究局内部设立一项政府津贴计划，以为基因工程生物环境释放相关领域的环境评估研究提供必要的资金支持。

（c）研究类型。依据本条款规定，可获得政府津贴的研究类型包括：

（1）开展旨在通过物理与生物方式使释放到环境中的转基因动物、植物和微生物得到抑制的研究工作。

（2）开展旨在监测转基因动物、植物和微生物扩散情况的研究工作。

（3）开展旨在进一步了解转基因生物与相关野生生物和农业有机物之间可能发生的基因转移、基因转移速度及转移方式的研究工作。

（4）旨在进一步落实本条款目的的其他领域的研究工作。

（d）资格要求。本条款下的政府津贴应：

（1）根据拟研究项目的质量酌情拨付；

（2）任何公共或私营研究教育机构与组织均可申请该项政府津贴。

（e）咨询。关于本条款所述资金拨付的特定研究领域，农业部长应与动植物卫生检验局局长、农业生物技术办公室及农业生物技术研究顾问委员会进行磋商。

（f）计划协调。农业部应与环境保护局研究发展办公室协调本条款资助的研究项目，避免重复开展研究活动。

（g）拨款授权。

（1）总论。授权拨付落实本条款所需的资金。

（2）从生物技术费用中留存的资金量。农业部应从其生物技术研究开支中留存部分资金，具体金额由农业部长确定，但至少应占总支出的 1％，以用于支付本条款下生物技术风险评估研究津贴。

第 1669 条 农业部研究所。

（a）培训服务。依据《美国法典》第 31 篇第 1535 条的规定，无论其他法律条文作何规定，联邦机构负责人或任何机构的主要组织单位——包括农业部机构与办公室，均可向农业部研究所下订单（或签订协议），要求提供培训及此类培训附带的其他服务项目。

（b）商品或服务。为履行（a）所述订单或协议规定的义务，研究所可在不考虑如下方面要求的情况下，购置必要的商品或服务：

（1）《1949 年联邦财产与行政服务法》（《美国法典》第 40 篇 471 及以下）；或者

（2）规定执行机构购置资产或服务应履行流程的任何其他法规。

（c）财务记录的审核。与（a）所述订单或协议相关的研究所财务记录应提交总审计师进行审核。

（d）定义。就本条而言：

（1）"研究所"指农业部研究所。

（2）"培训"一词的含义与《美国法典》第 5 篇第 4104（4）条给出的定义相同。

第 1670 条　畜产品安全检查计划。

（a）成立。分管科教的助理农业部长可依托州合作研究局专项津贴计划向符合条件的实体单位提供资助，以对其为提高畜产品安全检查体系的效率和有效性付出的努力予以鼓励和资助。

（b）符合条件的实体单位。有资格接受本条所述资助的实体单位应是政府赠地高等院校或其他在农业科学方面有雄厚实力的高等院校、独立研究机构，或前述机构组成的联合组织。

（c）实体单位的捐赠。

（1）要求。为取得获得本条所述政府资助的资格，实体单位应同意支付非联邦捐赠，捐赠金额相当于该实体单位在联邦政府资助的研究工作中发生的费用总额的 50%（可直接提供，也可通过捐赠方式提供）。

（2）非联邦捐赠。（1）规定的非联邦捐赠可以现金或按公允价值评估的实物提供，如机器、设备或服务等。在确定本条所述非联邦捐款的金额时，联邦政府提供的资金额或联邦政府提供资助或补贴的服务项目不应包括在内。

（d）行政管理。在提供本条所述资助时，分管科教的助理农业部长应尽量确保该资助款平均分配给分别代表牛、猪、羊、禽类及水产行业符合资格的实体单位。

（e）拨款授权。1991—1995 财年，每财年授权拨付落实本条所需资金。

第 1671 条　植物基因组图谱计划。

（a）规定的计划。农业部长（本条以后各节中称作"农业部"）应实施一项研究计划，以开展以下方面的工作：

（1）支持植物基因组结构与功能领域的基础研究、应用研究及技术开发；

（2）使美国在生物技术领域保持领先地位；

（3）提供能够取得经济效益，并且不会对环境产生不良影响的农作物品种。

（b）竞争性赠款。农业部可制定期限不超过 5 年的竞争性赠款。该赠款面向州农业试验站、所有高等院校、其他研究机构组织、联邦机构、私营组织或企业及（c）确定的区域研究项目研究人员。

（c）研究领域。（b）所述的津贴应授予下列研究领域：

（1）植物基因组图谱的构建。

（2）对农业有重要意义的基因识别、说明、转移和表示。

（3）植物基因图谱、排序、基因转移和数据管理领域的技术发展。

（4）与植物相关的微生物研究，比如植物病原菌和植物共生物。

（d）津贴计划。本法颁布后 90 天内，农业部应向国会提交一份本条所述详细津贴拨款计划。

（e）工作协调力度。农业部依据本条规定从事的活动应与国家科学基金会、国家卫生组织、能源部和商业部主办的相关活动进行必要的协调。

（f）专利权权益。因获得本条下资助而开发的产品及新型用途、应用、技术或工艺，农业部有权收取其授权许可费、专利协议费、版权费、特许使用费或者其费用（在农业部认为恰当的时间）。

（g）报告。农业部应向国会提交一份年度报告，说明上一财年期间本条授权津贴计划的执行情况。

（h）拨款授权。授权拨付落实本条所需的资金。

第1672条 专项研究计划。

（a）动物瘦肉含量的研究。农业部应为确定人类消费用动物瘦肉含量的技术开发研究投入资金。

（b）乙醇研究。为进一步推动和加强必要的乙醇研究，位于伊利诺伊州佩尔罗里亚的农业研究局（《1938年农业调整法》第222条（《美国法典》第7篇1292）授权）可与能源部就乙醇研究项目签订合作协议、合同和交流科学信息。该机构在下文指"美国农业部农业研究局国家农业应用研究中心"。

（c）黄曲霉毒素的研究。农业部应实施一项旨在确定食品和饲料供应链中是否存在黄曲霉毒素的研究计划。本款中规定的研究工作应包括以下方面：

（A）农产商品、农产品及饲料中黄曲霉毒素含量检查。

（B）人类群体调查，评估接触黄曲霉毒素的程度。

（C）食品和饲料供应链中的黄曲霉毒素安全标准检查。

（D）开发、评价黄曲霉毒素控制方法，包括搬运、储存、毒性解除方法及受黄曲霉毒素污染的农产商品、农产品和饲料的处置方法。

（E）开发有效防治方法，以解决国际贸易中农产品黄曲霉毒素污染程度超过合格标准的问题。

（F）开发具有抗黄曲霉毒素污染的植物。

（G）提高黄曲霉毒素采样与分析方法。

（H）通过抑制免疫反应及与其他病原体接触，研究黄曲霉毒素对动物疾病的影响。

（I）黄曲霉毒素污染造成的经济损失。

（d）牧豆研究。

（1）规定的研究工作。农业部应实施一项旨在开发牧豆增产方法和商业用途的研究计划。

（2）竞争性赠款。农业部可制定期限不超过5年的竞争性赠款计划。该赠款面向州农业试验站、所有高等院校或前述实体单位组成的联合机构，以从事（3）确认的研究领域中的研究项目。

（3）研究领域。（2）所述的津贴应当授予从事如下方面研究工作的申请者：

（A）使用小直径、低矮或者其他不规则形状的牧豆树原木加工实木制品的技术开发；可加工成地板材料、家具组件、车削坯料以及具有潜在经济价值的其他用途；

（B）旨在提高牧豆灌木材料品质形象的管理技术的开发；

（C）致力开发牧豆产品市场，实现牧豆产品商业化，使其成为极具经济价值作物的生产、收割、加工及销售的其他方法。

（4）拨款授权。1991—1995财年，每财年授权拨款100 000美元，用于落实本条的规定。

（e）仙人镜研究。

（1）规定的研究工作。农业部应实施一项旨在调查仙人镜的改良遗传选择和处理技术的研究计划。

（2）竞争性赠款。农业部可制定期限不超过5年的竞争性赠款计划。该赠款面向州农业试验站、所有高等院校或前述实体单位组成的联合机构，以从事（3）确认的研究领域中的研究项目。

（3）研究领域。（2）所述的津贴应当授予从事如下研究工作的申请者：

（A）通过仙人镜的基因选择，开发其不同品种，改善其生长、抗冻性和收成特点；

（B）开发以仙人镜为原料制造、加工食品的技术；

（C）继续研究仙人镜的营养价值和效用。

（4）拨款授权。1991—1995财年，每财年授权拨款100 000美元，用于落实本条所述内容。

（f）免疫性研究。

（1）规定的研究工作。农业部应建立并实施一项旨在为从事免疫性研究的高等院校拨付政府津贴的研究计划，用于如下方面的研究工作：

（A）检测人类消费的农产品中的农药残留量；

（B）诊断动植物疾病。

（2）优先考虑。在拨付本款规定的津贴款项时，农业部可对自本法案颁布之日起一直从事本子所述研究工作的高等院校给予优先考虑。

（g）利基市场开发。农业部应拨付用于农业生产与销售体系开发的研究和推广津贴，以服务于大都市区域周边的利基市场。授予此类津贴时，农业部应特别关注如下区域：

（1）小型农场经营高度集中；

（2）由于地理位置偏僻，向市场运输产品非常困难。

（h）羊瘙痒病研究。

（1）授权研究。农业部应建立并实施一项旨在加强绵羊和山羊瘙痒病研究的计划，该计划包括以下方面的研究内容：

（A）动物出现病状之前检查其是否感染瘙痒病的方法。

（B）应对、预防、治疗瘙痒病的方法。

（C）控制瘙痒病扩散的方法。

（2）政府津贴与合同。在实施依据条款规定建立的研究计划时，农业部可向联邦部门、州部门、当地机构及任何在研究动物疾病方面有丰富经验的组织授予津贴或与其签订合同。

（3）协调。农业部应做好依据条款建立的研究计划与其他脑病研究计划——特别是在牛群中暴发的牛海绵状脑病的研究计划——之间的协调工作。

（i）鹿虱生态学及相关研究。1991—1995 财年，每财年向农业研究局授权拨款 250 000 美元，用于资助研究鹿虱种群及其他传播莱姆病的昆虫、害虫的生态特点。

（j）使用自然植物材料加工的新型商用产品。农业部可以：

（1）开展使用自然植物材料制造工业、医学、农业新型商用产品开发相关领域的基础研究与应用研究工作；

（2）高等院校、其他联邦部门和私有产业单位参与研究工作。

（k）行政规定。

（1）同行审核。除依据（i）规定资助的研究工作外，依据本条规定资助的研究工作应接受同行审核。审核内容包括研究进展、效率、继续提供资助的合理性与必要性。审核次数由农业部视情况确定。

（2）资金使用限制。在本条下提供的资金不得用于建筑物或者房舍的设计、维修、翻新、购置或者施工建设。

（3）通用资格。如非本条款特别指明，则州农业试验站、所有高等院校、其他研究机构和组织、联邦机构、私营组织或企业及个人均有资格参与本条下确立的研究计划。

第 1673 条　农业电信计划。

（a）目的。依照本条规定建立的计划（本条以下条文称"计划"）旨在通过符合条件的机构与农业部之间建立密切合作关系，鼓励开发和利用农业电信网络，促进和加强农业推广、居民教育与研究及美国农产品在国内外市场的销售。网络将利用卫星和其他电信技术传播和分享学术课程、合作推广计划、农业研究和市场营销信息。

（b）工作目标。依照本条规定建立的计划其目标是：

（1）各参与机构之间共享资源，使农业推广、居民教育和研究工作能够充分利用可获取的资源；

（2）向生产单位、加工单位和研究单位传播信息，提高美国农业在国际市场上的竞争力；

（3）为以农业和食品业为职业的学生提供培训；

（4）方便资深农业科学家之间互动交流；

（5）提高美国农业对环境和食品安全问题迅速响应的能力；

（6）确定农产品的新用途，增加美国农产品在国内外市场上的需求量。

（c）定义。就本条而言：

（1）"符合条件的机构"指农业部确定其有能力实现（b）规定的工作目标的高等教育认可机构。

（2）"电信网络"指电视、有线电视始发或网络分配设备、信号转换设备（包括调制器和解调器）、电脑软硬件、程序或终端设备，或相关器件，其可通过电信系统处理和交换数据，借助电信终端设施或电信传送，在该电信系统中生成、修改、准备发送或接收信号。

（3）"传播"指通过位于电信电路或路径两端的电信终端设备之间数据的传送、接收或携带，实现节目的传送和接收。

（4）"设施"包括微波天线、光纤电缆、中继器、同轴电缆、通信卫星地面站系统集成、与电信传输相关的铜缆电力设备以及农业部界定的类似器材。

（5）"通信卫星地面站系统集成"包括地面站场地的传送设备、接收设备、通信天线及地面传输互连设施（包括电缆、电线或者微波设施）和调制、解调设备。地面传输互连设施和调制、解调设备负责在卫星传送和向地面分配系统传送之前，分别对从地面分配系统收到的流量及从卫星接收到的流量进行处理。

（d）授权向符合条件的机构提供政府资助。（1）农业部应建立一项由分管科教的助理农业部长管理的计划。该计划可向符合条件的机构（该机构需加入与（b）所述目标一致的节目转播网络系统）提供资金和技术支持。

（2）如果符合条件机构提交的申请中的提议项目将直接或间接有助于实现本条确立的计划目的和宗旨，则农业部可全部或部分批准其申请。

（3）根据（f）的规定，财政资助申请包括节目制作资助申请、节目播放资助申请或节目制作与播放资助申请。

（e）优先原则。在考虑本计划规定的资助申请时，农业部应建立程序，以确保广泛的节目覆盖面。符合如下条件的申请将给予优先考虑：

（1）现有农业电信网络下属机构提交，节目播放覆盖区域广；

（2）说明申请资助的必要性及申请者获取或建立电信系统的经济实力，同时兼顾所有申请者的相对需求。

（f）节目制作与播放申请。（1）农业部应考虑向提出与（b）所述宗旨一致的农业、农业研究及相关课题学术教学节目的制作、传播或合作推广活动的申请者提供财政支持。

（2）符合条件的机构应向分管科教的助理农业部长提交资助申请，申请材料应包括：

（A）电信网络及拟制作与播放节目的详细说明，其中包括节目播放的目标人群，实现（b）所述目标的播放形式及节目制作与播放的总成本；

（B）依照本条授权拟制作节目的申请资助金额，及用于拟制作节目的其他资源来源；

（C）采购（或租赁）不同类型设施、设备、组件、硬件和软件或其他器件的成本与收益分析报告。

（g）资助限额。（1）农业部可提供的资金总额不超过按照（f）所述提交申请方案总费用的50%。尽管有前述规定，如果农业部确定某个符合条件的机构确定无能力落实该方案，农业部仍可提供该方案费用总额100%的资金支持。

（2）农业部可以从本条款所述拨付资金中扣除一部分，用于支付采购和安装电信传输设施的费用，该扣除部分不超过该拨款总额的10%。

（h）拨款授权。1991—1995财年，每财年授权拨款总额不超过12 000 000美元，用于实施依照本条规定建立的计划。

第 1674 条　农业研究设施委员会。

（a）定义。就本条而言：

（1）农业研究设施。"农业研究设施"指的是定期开展农业研究活动或者拟开展农业研究活动所在的一处设施，该设施是：

（A）现有农业研究服务设施或森林服务设施；

（B）规划中，或使用联邦拨款建设中的农业设施，或使用联邦拨款计划建设的农业设施；

（C）由农业部管辖的其他设施。

（2）研究委员会。"研究委员会"指依照本条规定成立的"农业研究设施规划与关闭研究委员会"。

（3）部长。"部长"即指农业部长。

（b）成立研究委员会。农业部应成立农业研究设施规划与关闭研究委员会，由该委员会负责实施
（c）所述项目。

（c）总体职责。研究委员会应：

（1）对所有当前正在实施和规划的农业研究设施进行审核，确定研究重点；

（2）确认应关闭、调整、合并或更新的农业研究设施，以支持落实农业部研究日程安排；

（3）提出关于农业研究设施的建议；

（4）对农业部农业研究设施采购和更新系统进行评估，并提出系统改进意见。

（d）研究委员会的组成。

（1）成员。研究委员会应当由本法案颁布后 60 天内任命的 14 名成员组成，其中包括：

（A）两名农业部从普通公民或行政部门雇员中任命的成员；

（B）3 名参议院农业、营养、林业拨款委员会主席任命的成员；

（C）3 名参议院农业、营养、林业拨款委员会少数派首席成员派任命的成员；

（D）3 名众议院农业委员会主席任命的成员；

（E）3 名众议院农业委员会少数派首席成员任命的成员；

（2）缺额。研究委员会填补空缺成员的任命方式应与初始任命方式相同。

（3）报酬与费用支出。

（A）报酬。如遇研究委员会成员不是美国政府正式、全职雇员，则在其出席研究委员会会议或履行研究委员会工作职责期间（包括旅途时间），该成员有权获得农业部支付的报酬。相关酬金的计算由农业部决定，但不得超过依据《美国法典》第 5 篇第 5332 条确立的一般行政工资体系 GS-18 级规定的该项服务价格。

（B）费用支出。如遇委员会成员在其因参加研究委员会活动而必须离开家庭所在地或固定工作地点时，根据《美国法典》第 5 篇第 5332 条的规定，按与美国政府部门阶段性从业人员相同的标准报销相关差旅费用（包括每日津贴补助）。

（4）主席。农业部应从研究委员会成员中指派一人担任委员会的主席。

（5）会议。研究委员会经主席召集或应农业部长要求召开会议，法定出席人数为研究委员会的大多数成员。

（6）主任和工作人员。研究委员会主席可任命一人担任该委员会主任，还可要求将联邦机构工作人员的详细信息提供给研究委员会，以帮助研究委员会履行职责。委员会主席也可聘用专家和顾问为其服务。

（e）一般权力。研究委员会有权召集会议、举行听证会、使用美国邮政系统及提供和获得行政支持服务。

（f）报告。在本法颁布后的 240 天内，研究委员会应编制并向农业部、众议院农业拨款委员会、参议院农业、营养、林业拨款委员会提交一份报告，报告中列明按照（c）所述获得的成果和提出建议。

（g）拨款授权。授权拨付落实本条款所需的资金。

第1675条 全国农产品质量研究中心。

（a）目的。全国农产品质量研究中心的目的是：

（1）吸收一所或多所大学及联邦机构参与，履行区域或特定商业农产品质量研究与教育中心的职责；

（2）利用各种机会，建立院校及其他在基础生物工程、新技术开发、技术应用实践等领域有一定专长的实体单位与相关质量保证与监管机构之间的联系与交流；

（3）建立和加强研发部门、农业部、其他联邦机构及相关各行业之间的密切联系（包括分担中心运营成本的可能性）；

（4）提供一套机制，用于解决那些利用生物技术开发的新型食品和工艺（包括转基因植物和动物）存在安全与卫生问题；提供一套机制，以解决利用生物技术开发新型食品和工艺（包括转基因植物和动物）存在的安全与卫生问题；

（5）随时提供有关农产品质量与卫生问题的真实、公开信息；

（6）在适当条件下，以现有制度优势和保证为基础，解决农产品质量与卫生相关问题；依据自身能力，有效建立与农业部业务部门、其他联邦机构及私营产业部门之间的联系。

（b）中心特点。

（1）以区域为单位。中心应以区域为单位，广泛实施研究、发展和教育计划，并通过预防、检查、修正食品链中可能存在的危及农产品质量与卫生的工艺与产品，确保食品的安全和卫生。

（2）研究方式。中心应采取多学科、跨学科的研究方法开发新知识和新技术；中心可建立各院校与相关联邦实验室之间的多机构联系。

（3）管理。中心应对为实施农产品质量研究、推广和教育计划而拨付的政府津贴进行管理，并建立使合作机构与实验室实现资源共享的管理机制。

（4）关联研究。各中心内部适当的关联研究应包括为应对影响健康的行为而在农业、医药、兽医药、公共卫生、工程、相关生命与物理科学及社会科学领域所付出的努力。

（5）研究范围。各中心应全面开展动物（包括动物产品和动物饲料）、农作物和园林作物一类农产品商品的生产、加工、运输及销售领域的研究与教育工作。

（c）中心的成立。

（1）政府津贴。农业部应划拨津贴，用于成立各中心。用于成立中心的津贴应是竞争性的，申请者需参照（a）所述目标，凭借自身优势及与目标的相关性获授津贴。

（2）期限和侧重。津贴授予期限不超过5年。如在竞争中表现突出，则可继续获授政府津贴。农业部应对能证明其与农业部执行机构、其他相关联邦研究实验室和机构，及私营实体单位有关联研究的申请者予以侧重。

（3）中心的主要机构。中心的主要机构包括与学术机构建立合作或协作关系的政府赠地学院、非盈利研发单位及联邦实验室。一个中心可包括多个州的机构或实验室。

（4）对等资金。非联邦赞助单位为中心运行捐赠的资金总额应不低于联邦政府拨付的资金额度。

（d）计划方案与审核。

（1）方案。计划方案应在听取各中心用户代表（包括执行部门及食品业各领域的代表）的建议后由农业部制定。方案应提交国会审核，每3年至少提交一次。

（2）审核。中心取得的成绩及未来的发展方向应由农业部定期进行审核，但至少应在本法颁布之后的第二年末和第四年末进行。实施审核的人员应由农业部任命，并向农业部汇报工作。

（e）资金使用限制。按照本子篇授权分配的资金不得用于房产设施的施工建设。

（f）定义。就本条而言：

（1）"中心"指依照本条规定成立的全国农产品质量研究中心。

（2）"部长"指农业部长。

（3）"部门"指"农业部"。

（g）拨款授权。（1）1991—1995 财年，每财年授权拨款落实本条所需资金。

（2）中心应通过农业部州合作研究局获得资助。

第 1676 条　火鸡研究中心。

1992 财年授权向农业研究局拨款 500 000 美元，用于成立名为"农业火鸡研究中心"的规划工作。该中心位于明尼苏达州的佩利肯拉皮兹，由农业研究局与北达科他州州立大学联合经营。

第 1677 条　保留地推广机构。

（a）成立。农业部应责成推广局制定印第安人保留地和部落司法管辖区推广教育计划。在制订此类推广计划时，农业部长应与印第安人事务局、部落间农业委员会及西南部印第安人农业协会交流意见，并签订机构间合作协议或谅解备忘录。农业部应就在保留区及部落司法管辖区范围内的计划推广与宣传工作征求保留地或部落计划顾问委员会的意见和忠告，然后再作决定。

（b）行政管理。推广代表应为州合作推广局雇员，并负责推广局的行政事务。如印第安人保留地或部落司法管辖区在其管辖的州内，则就业与人事管理责任应归属州合作推广局。如印第安人保留地或部落司法管辖区跨两个或多个州，则由农业部长决定其行政责任（包括沿州界划分行政责任的可能性）的归属。

（c）顾问委员会。农业部可应州推广局主任的要求，并在部落当局的协助下，成立顾问委员会，负责制定总体方针，并向州推广局主任提供在印第安人保留地和部落司法管辖区范围内执行计划的建议。农业部还可组建计划顾问委员会，以为推广局工作人员制定实施计划活动提供帮助。

（d）人员配置。推广代表和专业人员应尽可能包含目标服务部落组织的人员代表。制订的计划应着重在计划助理、园艺师及志愿者等职业领域向当地居民提供培训和就业指导。特殊岗位的人员配置应取决于该岗位的必要性和优先原则，由顾问委员会和州推广局主任决定。主任应恰当发挥现有人员和设施的作用。

（e）代表处的位置。州推广局主任需在兼顾印第安人保留地或部落司法管辖区内农业土地面积及此类农业用地的土质类别和印第安人保留地或部落司法管辖区内的人口数量的前提下，与各州部落当局联合确定办公室的数量和地点。

（f）授权拨款。授权拨付落实本条所需的资金。

第 1678 条　农产品贸易限制研究特殊津贴。

（a）规定的津贴。农业部长应向政府赠地高等院校提供至少两项特殊津贴，用于开展旨在评估农产品贸易中存在的技术壁垒、质量指标及最终使用特性等贸易影响因素的研究工作。这类研究工作的目标是：

（1）确认和分析在贸易与竞争中与最终使用特性相关的制约因素；

（2）改进生产和加工技术，减少这类因素的影响；

（3）确认国内外的公共政策动向，尽量减少此类贸易管制的影响。

（b）联合开发。农业部长应确保本条中提供的津贴用于津贴接收单位之间联合开发技术方法，以满足（a）所述的目标。

（c）报告。在本法案颁布之后的 18 个月内，农业部长应向众议院农业委员会和参议院农业、营养、林业委员会报告该项研究津贴的使用情况。

（d）政府赠地高等院校的定义。就本条而言，"政府赠地高等院校"的含义与《1977 年全国农业研究、推广和教育政策法》第 1404（10）条（《美国法典》第 7 篇 3103（10））给出的含义相同。

第 1679 条　统筹食品与营养教育计划的试点项目。

（a）试点项目。农业部长应确立一项五年试点项目，依据竞争原则，向两个或者多个州拨付政府津贴，用于在该州内落实如下计划：

（1）食品与营养教育计划面向州范围内的所有潜在参与人员，为该计划的初步设计和课程传播全面统筹工作提供资助；

（2）尽最大能力做好此类食品与营养教育计划与相关州立计划的协调工作；

（b）项目组成部分。在落实（a）时，农业部应：

（1）为提高机构之间的协调性，在食品与营养教育计划的设计与宣传方面加强机构间的工作统筹；

（2）开发更有效的方法，改进机构组织，使公众和符合条件的人员了解食品与营养计划，使联邦、州和当地等各层面均可获得此类教育课程（包括营养教育课程，以及以家庭为单位的更营养、更健康的营养管理课程）和营养教育课程；

（3）为评估上述统筹工作取得的成就，对计划参与者的实际行为改变产生的影响，该计划的意义，以及对未来公众健康、预算支出和一般公共福利产生影响等评估工作提供资金。

（c）定义。就本条款而言：

（1）"统筹协调"指制订实施一致、连贯的营养教育计划，并在可行条件下，向公众传播食品与营养课程及相关州和当地的食品与营养课程。

（2）"食品和营养教育计划"包括所有教育计划或部分食品券计划，食品与营养推广教育计划及农业局主管并经部长确认可有效实施（a）规定计划所需的其他此类必要计划。

（d）拨款授权。1991—1995 财年，授权农业部每财年拨付适量资金，用于实施依据（a）确立的试点项目。

第 1680 条　针对残疾农民的辅助性技术项目。

（a）专项示范津贴。

（1）总论。与其他相关的联邦部门交流意见后，农业部长应划拨示范津贴，用于支持州合作推广局代表处与私有非盈利残疾人组织之间开展合作计划，提供农场农业教育和帮助，使从事农场种植及农场相关工作的残疾人员及其家人适应农场经营。

（2）服务资格。依据（1）所述授予的津贴，可用于资助为从事农场经营及农场相关工作的残疾人员及其家庭提供服务的计划。

（3）符合条件的计划。依据（1）所述授予的津贴可用于启动、推广或延续如下计划：

（A）向从事农场经营及农场相关工作的残疾人员提供直接教育和帮助，使其能适应农场环境；

（B）提供设计、制造、使用农业及相关设备、机器和工具方面的农场实地技术咨询，帮助调整农场工作场地、经营模式和起居安排，使残疾人员能适应农场经营、农场生活及与农场相关的工作；

（C）社区和卫生保健专业人员（包括推广局代表及其他人员）参与需要提供残疾人员服务的农场和农村家庭的早期识别；

（D）提供专项教育计划，提高农村地区农业专家、康复和保健机构、职业咨询师及面向农场经营或农场相关工作的残疾人员及其家庭的其他服务机构的专业能力；

（E）调配农村志愿者资源，其中包括残疾农民之间的相互咨询，推广节约费用方法的农村特色网络和使残疾人员适应农场经营及农场相关工作的方法。

（4）推广服务机构。本款所述津贴应直接授予州推广服务机构，以使其有能力与私有非盈利、直接面向社区的服务组织签订期限长达数年的合同，以便于启动、推广或维持（2）和（3）所述合作计划。

（5）最低资金量。在本款下授予的津贴不低于 150 000 美元。

（6）拨款授权。为落实本款而授权拨款如下：

（A）1991 和 1992 财年，每财年拨付的资金不低于 3 000 000 美元；

（B）1993—1996 财年，每财年拨付的资金不低于 5 000 000 美元。

（b）全国技术支持、培训和推广津贴。

（1）总论。农业部应向全国性私有非盈利残疾人组织授予一笔竞争性赠款，以使其有能力为从事农场经营或农场相关工作的残疾人员及其家庭提供技术支持、培训、信息传播及其他服务，进而进一步支持以社区为单位的实地农村复兴与援助技术直接服务计划。

（2）拨款授权。1991—1996 财年，每财年授权拨付 1 000 000 美元，用于落实本款所述计划。

第 1681 条　关于蜜蜂疾病的研究。

（a）国会意见。国会认为：

（1）影响整个蜜蜂种群的疾病不仅使蜜蜂为农作物授粉的能力受到影响，而且影响蜂蜜产量，并进而对养蜂者、生产者和消费者产生不良影响。

（2）有些疾病对一般蜜蜂种群的持续发展构成威胁，因此，需要进行深入研究。

（b）研究。即便有其他法律规定，农业部仍应优先考虑向（a）所述的影响蜜蜂种群发展的蜜蜂疾病提供研究津贴。

第 17 篇　食品券和相关规定

第 1701 条　简称。

本法案可作为《纪念 Mickey Leland 国内饥荒救援法》加以引用。

子篇 A　食品券计划

第 1711 条　《1977 年食品券法》的引述。

除非另有规定，否则本法案所述章节或其他条款的修订或废止指《1977 年食品券法》（《美国法典》第 7 篇 2011 及以下）所述章节或其他条款的修订或废止。

第 1712 条　当地老年人、盲人和残疾人等福利领取人。

（a）食品的定义。条款 3（g）（《美国法典》第 7 篇 2012（g））修订内容如下：

（1）在（3）项中，删除"在第 16 篇下"，插入"第 1、2、10、14 或 16 篇下或残疾人、或盲人补贴"；

（2）在（7）项中：

（A）删除"第 2 篇或第 16 篇"，插入"第 1、2、10、14 或 16 篇"；

（B）在"《社会保障法》条款 1616（e）"后插入如下内容："或者根据农业部制定的标准执行，该标准应与各州主管机构制定的标准相当。"

（b）家庭的定义。条款 3（i）的最后一句修订内容如下：

（1）删除"第 2 篇或第 16 篇"，插入"第 1、2、10、14 或 16 篇"；

（2）在"《社会保障法》条款 1616（e）"后插入如下内容："或者根据农业部制定的标准执行，该标准应与各州主管机构制定的标准相当"。

第 1713 条　无家可归者的餐厅用餐优惠价格。

（a）食品的定义。条款 3（g）（9）（《美国法典》第 7 篇 2012（g）（9））修订内容如下：删除"个人和公众"一直到"或者收容所）"之间的全部内容，插入"与相应的州机构签订合同，向该等个人提供就餐优惠价格的个人和私营企业"。

（b）合规条款变化。1990 年 9 月 29 日生效的《无家可归者资格澄清法》条款 11002（f）（3）（《美国法典》第 7 篇 2012 注释）修订如下：删除"（b）款"，插入"（a）款和（b）款"。

第 1714 条　一般援助领取人的分类资格。

条款 5（a）（《美国法典》第 7 篇 2014（a））修订内容如下：

（1）删除"从《1985 年粮食安全法》颁布之日开始，"

（2）在第二句后面插入如下新句："除条款 6.16（e）（1）和条款 3（i）的第三句外，每名家庭成员均领取州或当地一般援助计划（符合农业部为确保计划适合分类对待而制定的标准）福利的家庭有资格参加食品券计划。"

第 1715 条　排除教育福利。

（a）概述—条款 5（d）（《美国法典》第 7 篇 2014（d））修订内容如下：

（1）在第（3）段中：

（A）在"等等"后面插入"（A）"；

（B）删除"在机构中"一直到"残疾人及"之间的全部内容，插入如下内容："在认可的高等教育机构、残疾人学校实施职业教育计划，及为拿到中学或同等文凭实施的教育计划（包括为完成相关学业而租借或购买的设备、材料和物资）"；（B）不超过该等学校、机构或计划所确定的学生参加该等学校、机构或计划而发生的书本、物资、交通等其他个人费用（生活费除外）的补贴金额和（C）"；

（2）在第（5）条的限制性条款中：

（A）在"1988 年）"后插入"和"；

（B）删除"非联邦"；

（C）删除"任何联邦"一直到"强制性学费"之间的全部内容。

（b）澄清和技术修订。条款 5（e）第四句修订如下：在"第三方"后面插入如下内容："，为子条款（d）（3）的费用提供和扣除的金额。"

第 1716 条　排除校服补贴。

条款 5（d）（5）（《美国法典》第 7 篇 2014（d）（5））修订如下：在"家庭"后面插入如下内容："以及州机构在孩子上学、返校或上幼儿园时向有孩子的家庭提供的校服补贴，补贴频率不超过每年一次（但是，如果州机构在提供补助的当月根据《社会保障法》（《美国法典》第 42 篇 601 及以下）第 4 篇的 A 部分规定减少月度补助，则不得扣除校服补贴）"。

第 1717 条　医疗费用的超额扣减。

条款 5（e）（《美国法典》第 7 篇 2014（e））的最后一句修订如下：在结尾的句号前插入如下内容："应以核实期间合理估计的成员预期医疗费用为准（包括根据成员的身体状况、公共或私人医疗保险及成员当前核实的医疗费用等信息合理预预期变化），

如果核实期间已预期到医疗费用的变化，则不需要对变化作进一步报告或核实"。

第 1718 条　预算和月度报告。

（a）概述。条款 5（1）节第（2）项（《美国法典》第 7 篇 2014（1））修订如下：

（2）（A）除（B）、（C）和（D）小项另有规定之外，各个申请家庭应根据（3）（A）项的规定对其收入进行前瞻性计算，或根据州机构的选择，按（3）（B）项的规定对其收入进行回顾性计算。

（B）州机构在对申请家庭进行核实时，应根据其第一个月（或根据州机构的选择，对其进行核实的第一和第二个月）期间的家庭收入及其他相关情况确定福利资格和金额。

（C）条款 6（c）（1）（A）（ⅰ）、（ⅱ）、（ⅲ）和（ⅳ）规定的家庭应根据（3）（A）项的规定对其收入进行前瞻性计算。

（D）除（B）小项的规定之外，需根据 6（c）（1）条的规定按月上报收入和家庭情况的家庭应按（3）（B）项的规定对其收入进行回顾性计算。

（b）家庭收入的计算。

（1）概述。虽然有其他法律规定，州机构仍可选择从 1988 年 10 月 1 日始，至本法案颁布至少 120 天后开始的第一个月第一天止的这段时间内依据《1988 年防饥饿法》（《公法》100—435；《美国法令全书》第 102 篇 1656）相关条款（有关不需按月上报收入和家庭情况的家庭对其收入进行前瞻性计算的要求）的规定，对《1977 年食品券法》条款 5（f）（2）（《美国法典》第 7 篇 2014（f）（2））进行修订。

（2）付款错误率。虽有《1977 年食品券法》第 16 条（c）款（《美国法典》第 7 篇 2025（c））的相关规定，但在（1）所述期限内，如因州机构执行（1）所述修订内容而造成错误，则不应计入依据本法案第 16 条 c 款确定的付款错误率。

第 1719 条　简化资源与资格确定。

第 5 条（《美国法典》第 7 篇 2014）修订如下：

（1）在（g）中：

（A）把第一句到第四句分别命名为第（1）至第（4）项；

（B）在结尾处新增如下：

（5）农业部应颁布州机构据以制定标准的规则，以对实际情况下因收益相对较小，或出售收益的成本相对太高而使申请家庭无法为获得高额回报出售资源的种类进行确认。据此确认的资源应作为不可使用的资源排除在外。"

（2）在（j）中：

（A）删除"所有家庭成员领取……的家庭"，插入"领取《社会保障法》（《美国法典》第 42 篇 1382 及以下）第 16 篇规定的补充保障收入福利、《社会保障法》（《美国法典》第 42 篇 301 及以下）第 1、5、14 或 16 篇规定的老年人、盲人或残疾人补助，或者领取……的家庭成员的资源"；

（B）删除"满足（g）规定的资源限制条件"，插入"如该篇视资源为豁免，则予以豁免，以满足（g）规定的资源限制条件。"

第 1720 条　灾民的救灾食品。

条款 5（h）（《美国法典》第 7 篇 2014（h））修订如下：在结尾处新增如下：

（3）（A）农业部应制定法规，对符合条件的家庭进行紧急拨款，以赔还灾难中损毁的食品。法规应规定实际损毁食品的赔还价值不得超过农业部长批准的限值，也不得大于适用家庭人数的最大月拨款。

（B）农业部应调整上报及其他申请要求，使其符合受灾地区的实际情况。做出上述调整时，部长应考虑州机构办公场所和人员的可用性，以及交通、通信设备的损坏或中断情况。

第 1721 条　过渡房屋。

条款 5（k）（2）（《美国法典》第 7 篇 2014（k）（2））修订如下：删除小项（F），插入如下新增小项："（F）拨付第三方（代表居住于无家可归者过渡性住房的家庭）的住房补助金额应为向不居住于过渡性住房的家庭拨付的最高住房补贴的 50％（依据《社会保障法》A 部分第 4 篇（《美国法典》第 42 篇 601 及以下）批准的州受抚养子女家庭补助方案）；或者"。

第 1722 条 一般援助付款的排除。

条款 5（k）（2）（《美国法典》第 7 篇 2014（k）（2））修订如下：

（1）删除（F）末的"或"；

（2）删除（G）末的句号，插入"；或者"；

（3）在结尾处新增如下小项：

（H）依照州法律的规定，如无法以现金支付方式向申请家庭直接提供计划项下的援助，则根据州或当地一般援助计划，或与一般援助计划相当的另一项当地基本援助计划（由农业部决定）向代表申请家庭的第三方提供援助。

第 1723 条 预算和保留地月报。

条款 6（c）（1）（A）（《美国法典》第 7 篇 2015（c）（1）（A））修订如下：

（1）将（ⅱ）和（ⅲ）分别重新命名为（ⅲ）和（ⅳ）；

（2）在（ⅰ）后面插入如下新条款：

"（ⅱ）住在保留地的家庭。"

第 1724 条 定期资格信息报告。

条款 6（c）（《美国法典》第 7 篇 2015（c））修订如下：

（1）在（2）（C）中，删除"部长批准的表格"，插入"州机构设计的表格"；

（2）在（3）第一句中，删除"根据农业部制定的标准，表格应包含足够信息，以便于州机构确定申请家庭的资格和拨款水平"，插入"表格包含州机构指定的资格和福利确定相关信息"。

第 1725 条 家庭的户主选择。

条款 6（d）（1）（《美国法典》第 7 篇 2015（d）（1））修订如下：在第一句后面插入如下新句："州机构应允许申请家庭从孩子的成年父母中选择一人作为户主，并经提出申请的所有成年家庭成员一致同意。申请家庭可在每次审核食品券计划参与资格时指定户主。除非家庭成员发生变化，否则审核期内不得对已指定的户主实施更换。"

第 1726 条 扩大就业及培训计划的范围。

（a）扫盲。条款 6（d）（4）（B）（ⅴ）（《美国法典》第 7 篇 2015（d）（4）（B）（ⅴ））修订如下：在"基本技能"后面插入"和识字"。

（b）以自主创业机会为重点的计划：

（1）计划的批准。条款 6（d）（4）（B）（《美国法典》第 7 篇 2015（d）（4）（B））修订如下：

（A）把（ⅳ）重新命名为（ⅶ）；

（B）在（ⅴ）后面插入如下新条款：

（ⅳ）旨在使接受者通过自主创业提高自给自足能力的计划，包括提供自主创业指导的计划。

（2）项目所用资源的豁免。条款 5（g）（3）（依照本法案 1719（1）条的规定）修订，在结尾句号前插入如下内容："以及申请家庭实施州机构批准的自给自足能力计划（包括充分参与条款（6）（d）的就业和培训计划）所需的非流动资源。"

（c）增加州的灵活性。条款 6（d）（4）（E）（《美国法典》第 7 篇 2015（d）（4）（E））修订，在结尾处新增如下句子："至 1995 年 9 月 30 日，在提出申请并获农业部长批准后，两个州可优先向志愿参加者（包括豁免参加者和非豁免参加者）提供服务。但不得依据本句规定免除州遵守根据（K）和（L）规定发布的绩效标准的义务。如果农业部长向国会报告依据本句规定给予优先权的志愿参加者的人数和特点及部长认为其他适当的信息，则其可酌情批准两州给予优先权的额外请求。"

（d）州绩效标准的实施。条款 6（d）（4）（L）（ⅲ）（《美国法典》第 7 篇 2015（d）（4）（L）（ⅲ））修订如下：删除"4 月"，插入"10 月"。

第 1727 条　学生资格。

条款 6（e）（《美国法典》第 7 篇 2015（e））修订如下：

（e）对于以其他资格参加本条下食品券计划的家庭成员个人，如果其至少被高等教育机构录取为半日制学生，则不得作为该家庭或其他家庭成员参加食品券计划，除非该个人：

（1）未满 18 岁或 50 岁以上；

（2）身体或精神不健康；

（3）通过或根据下列计划要求，被分配给或安置于高等教育机构：

（A）《职业培训伙伴关系法》（《美国法典》第 29 篇 1501 及以下）项下的计划；

（B）本条的就业和培训计划；

（C）《1974 年贸易法》（《美国法典》第 19 篇 2296）项下的计划；或者

（D）部长认为适当的、州政府或当地政府经营的其他就业和培训计划；

（4）在常规学年每周受雇 20 小时以上，或参加州或联邦资助的勤工俭学计划；

（5）是：

（A）负责照顾 6 岁以下受抚养儿童的父母；或者

（B）负责照顾 5 岁以上、12 岁以下受抚养儿童，且因无法获得足够儿童护理服务而无法上课或满足（4）要求的父母；

（6）根据《社会保障法》（《美国法典》第 42 篇 601 及以下）第 4 篇的 A 部分规定领取受抚养儿童家庭补助；

（7）由于参加《社会保障法》第 4 篇的促进就业计划或后续计划而被录取；或者

（8）被高等教育机构录取为高等教育机构全日制学生，且负责照顾 12 岁以下受抚养儿童的单亲。

第 1728 条　交错发放；保留地。

条款 7（h）（《美国法典》第 7 篇 2016（h））修订如下：

（h）（1）州机构可制定一定程序，在一个月内向有资格的家庭交错发放食品券。州机构还应为居住在保留地的合格家庭制定该等程序。

（2）根据（1）制定的程序不得减少任何所涉家庭的拨款额度，以避免其遇到 40 天以上的发放间隔。程序可包括向同一家庭多次发放福利。

第 1729 条　福利的电子发放。

（a）概述。第 7 条（《美国法典》第 7 篇 2016）修订如下：在结尾处新增如下新款：

（ｉ）（1）（A）获农业部批准后，州机构可通过在线电子福利转移系统实施福利发放。家庭成员可在各业务点以电子方式获取中央数据库存储、发放的条款 8（a）的家庭福利。

（B）无农业部事先批准，州机构不得实施或扩展电子福利转移系统。

（2）农业部应发布一项于 1992 年 4 月 1 日之前生效的最终法规，以为系统的审批制定标准。标准内容包括：

（A）确定系统的成本效益，确保系统一年的运营成本（包括按比例资本成本支出及其他合理的启动成本支出在内）不超过执行在线电子福利转让系统之前所使用的分发系统的运营成本；

（B）确定领取人的隐私保护等级、确保其使用方便，可自由出入食品零售店和享受食品零售店的服务；

（C）零售食品店、金融机构和其他相应方的参加条件；

（D）系统安全；

（E）系统交易交换、可靠性和处理速度；

（F）财务问责制；

（G）执行前的系统运行试验；

（H）扩展前在有限的项目区域分析系统执行结果。

（3）如果领取家庭无法选择参加（1）所述的系统，则农业部不得批准该系统，除非：

（A）系统运行地区有足够数量、合乎资格的食品零售店，包括可为少数民族语言的人群提供服务并同意加入系统的食品零售店，以避免有资格的家庭失去更多选择食品零售店的机会，或极大增加食品成本或前往参与系统食品零售店的交通费用；

（B）使领取家庭可用按本法案发放的福利购买食品的专用设备在下列情况下正常运行：

（ⅰ）用食品券在系统参与食品店购买的食品大于或等于食品店所售食品总金额的 15%（由农业部确定）时，食品店所有收银机处正常运行状态；

（ⅱ）其他系统参与商店，其为食品券领取家庭成员个人提供的服务与提供给非食品券家庭成员个人的服务（由农业部确定）相当时，仍有足够数量的收银机处于正常运行状态。

（4）在满足条款 16（g）规定的限制条件的情况下，可根据第 16 条的规定报销与本款的活动有关的管理费用。

（5）部长应定期向州机构发出通知，告知其以电子福利系统向领取家庭发放本款的福利取代发放食品券的优势。

（6）本款不得削弱农业部实施、开展各项计划，以对条款 17（1）的自动或电子福利分配系统进行测试的权力。

（b）合规和技术条款修订。条款 17（1）修订如下：删除"（f）（1）"，插入"（f）"。

第 1730 条　最低福利。

条款 8（a）（《美国法典》第 7 篇 2017（a））修订如下：在最后的句号前插入如下内容"，应在每年 10 月 1 日进行调整，以便在不考虑根据条款 3（o）所作的截至上一年 6 月为止为期 12 个月的特殊调整的情况下，反映节俭食品计划成本的百分比变动，其结果应四舍五入到最接近 5 美元"。

第 1731 条　总拨款额的发放。

条款 17（a）（《美国法典》第 7 篇 2026（a））修订如下：

（1）在款名称后面插入"（1）"；

（2）在结尾处新增如下：

（2）收到申请后，农业部可允许两个或以下的州机构制定程序，使月食品券福利不超过 20 美元的家庭自行选择不领取第 8 条规定的初始期限食品券福利及此后数月的定期拨款，而选择在此之后以不超过 3 个月的间隔领取不超过 60 美元的总拨款额（包括不超过 3 个月的福利）。拨款根据条款 11（e）第（3）至第（9）项的规定实施拨付（除非在达到条款 11（e）（3）的要求前，没有家庭开始领取本条规定的合并拨款）且（相对于按此方式发放的总拨款额）应在上一次发放食品券后的 40 天内。

第 1732 条　州在家庭救助方面的灵活性。

条款 8（c）（《美国法典》第 7 篇 2017（c）（3））的第（3）项修订如下：

（3）州机构。

（A）如申请家庭未根据条款 11（e）（9）的规定在申请加急服务的当月获得资格，则可根据条款 11（e）第（3）项的规定，向其提供相当于（当月 15 日后提出申请的合格家庭能够领取的）初始拨款和首次定期拨款总额的拨款，以代替初始拨款和下一个月的定期拨款；

（B）如申请家庭根据条款 11（e）（9）的规定在申请加急服务的当月获得资格，则应根据条款 11（e）第（3）项的规定，向其提供相当于（当月 15 日后提出申请的合格家庭能够领取的）初始拨款和首次定期拨款总额的拨款，以代替初始拨款和下一个月的定期拨款。

第 1733 条　零售食品店和批发食品公司的定期再授权。

条款 9（a）（《美国法典》第 7 篇 2018（a））修订如下：
（1）在款名称后面插入"（1）"；
（2）在结尾处新增如下：
（2）农业部有权颁布法规，以对零售食品店和批发食品公司的定期再授权作出规定。

第 1734 条　批发食品公司授权。

条款 9（b）（1）（《美国法典》第 7 篇 2018（b）（1））修订，在第一句后插入如下新句："不得授权同时经营食品批发-零售业务的公司作为零售食品店接受和兑换食品券，除非（A）该公司经营大量零售食品业务或（B）农业部认为如不将该公司认定为零售食品店，则会给持有食品券的家庭带来困难。"

第 1735 条　零售食品店和批发食品公司的某些识别信息提交要求。

（a）概述。《社会保障法》条款 205（c）（2）（C）（《美国法典》第 42 篇 405（c）（2）（C））修订如下：
（1）把（ii）、（iii）和（iv）分别重新命名为（iv）、（V）和（iv）；
（2）把（i）的子条款（I）和（II）分别重新命名为（i）和（ii）；
（3）在（重命名后的）（ii）后插入如下新条款：
（iii）在行使依据《1977 年食品券法》第 9 条（《美国法典》第 7 篇 2018）的规定对根据该法确定的申请人资格进行管理时，农业部可要求每家提起申请的零售食品店或批发食品公司向其提供担任商店或公司管理人员的个人社保账号，或私营申请人提供申请人业主的社保账号。农业部官员或雇员只能用上述账号建立和保存该等个人的姓名和社会账号清单，以对其是否曾根据本法案第 12 或 15 条（《美国法典》第 7 篇 2021 或 2024）的规定受到处罚或定罪进行确认，此外则不得作其他使用。农业部应根据卫生与公众服务部部长的要求，限制使用根据本条款获得的社保账号，且仅允许因职责所需为管理或执行《1977 年食品券法》所述规定而使用上述社保账号的美国政府官员和雇员使用社保账号。农业部应采取卫生与公众服务部部长认为其他必要或适当的防护措施，以对社保账号进行保密。

（b）社保账号的保密。本法案条款 205（c）（2）（C）（已经修订的本条（a）款）进一步修订，在结尾处新增如下条款：
（vii）（I）由授权人员根据 1990 年 10 月 1 日及以后颁布的法律规定获得或保存的社保账号和相关记录应予保密，非授权人员不得披露该等社保账号或相关记录。
（II）按照《1986 年国内税收法典》条款 7213（a）（1）、（2）和（3）项的规定，向任何人非法、故意披露由授权人员根据 1990 年 10 月 1 日及以后颁布的法律规定获得或保存的社保账号和相关记录，其适用方式、范围与依据该项规定非法披露该项所述所得回报和回报信息的适用方式、范围相同。依据本法案条款 7213（a）（4）项的规定，为换取该等社保账号或相关记录而故意提供任何物质价值的适用方式、范围与依据该项规定在该项所述出价（以换取任何回报或回报信息）的适用方式、范围相同。
（III）在本条款中，"授权人员"指根据 1990 年 10 月 1 日及以后颁布的法律规定有权或曾经有权使用社保账号和相关记录的美国政府官员或雇员，州政府、州政治分区官员或雇员，州及州政治分区机构或任何其他个人（或其官员或雇员）。本子条款中，"官员或雇员"包括前官员或雇员。

（Ⅳ）在本条款中，"相关记录"指根据本条款的规定，为保留社保账号而直接或间接表明个人身份的记录、清单或汇编。

（c）雇主识别号码提交要求。《1986 年国内税收法典》第 6109 条（与识别号码有关）修订，在结尾处新增如下子条款：

（f）农业部长为了实施《1977 年食品券法》而使用雇主识别号码。

（1）概述。在行使依据《1977 年食品券法》第 9 条（《美国法典》第 7 篇 2018）的规定对根据该法确定的申请人资格进行管理时，农业部可以根据本款的规定要求每家提起申请的零售食品店或批发食品公司向其提供根据本条分配给商店或公司的雇主识别号码。农业部只能用上述账号建立和保存该等个人的姓名和雇主识别号码清单，以对其是否曾根据本法案第 12 或 15 条（《美国法典》第 7 篇 2021 或 2024）的规定受到处罚或定罪进行确认，此外则不得作其他使用。

（2）防护措施。农业部应根据财政部的要求，限制使用根据（1）获得的雇主识别号码，仅允许因职责所需为管理或执行《1977 年食品券法》而使用雇主识别号码的美国政府官员或雇员使用雇主识别号码。农业部应采取财政部认为必要或适当的其他防护措施，对雇主识别号码进行保密。

（3）保密规则。农业部对根据本款的规定获得或保存的雇主识别号码应予保密；有权或曾经有权使用社保账号的美国政府官员或官员不得以任何方式披露按上述方式获得的雇主识别号码。在本项中，"管理人员或员工"包括前管理人员或前员工。

（4）处罚。依据条款 7213（a）（1）、（2）和（3）项的规定，在向任何人非法、故意披露由农业部根据本款的规定获得或保存的雇主识别号码，其适用方式、范围与该项在非法披露该项所述回报和回报信息的适用方式、范围相同。依据条款 7213（a）（4）项的规定故意提供任何物质价值换取该等雇主识别号码的适用方式、范围与该项在该项所述出价（以换取任何回报或回报信息）的适用方式、范围相同。

第 1736 条　简化适用要求。

条款 11（e）（2）（《美国法典》第 7 篇（e）（2））修订如下：

（1）在第三句中，删除"说明"，插入"（在封面上或封面旁边）说明"；

（2）删除句首"一名成人成员"，插入如下新句："根据美国法律有关伪证罪的规定，州机构应要求各食品券福利申请家庭的成年人代表书面证明其申请书所载的信息真实无误，及其家庭所有成员要么是美国公民、要么是根据条款 6（f）的规定有资格领取食品券的外国人。应视本条款所述的成年人签名充分符合联邦法律要求家庭成员签署与申请过程相关的申请书或声明书的规定。"

第 1737 条　以无家可归者家庭住房成本估算代替核实。

条款 11（e）（3）（E）（《美国法典》第 7 篇 2020（e）（3）（E））修订，在最后的分号前插入句号和如下内容："根据农业部制定的规则，州机构应确定可合理预计所有成员均无家可归、但未在当月获得免费住房的家庭所发生的住房费用标准估算值。农业部可颁布法规，以使不适用下一句规定、且住房成本极低的申请家庭无法使用该估算值。州机构在确定申请家庭的拨款额度时，应使用该估算值进行计算，但经核实费用较高的申请家庭除外。"

第 1738 条　农村发放程序。

条款 11（e）（《美国法典》第 7 篇 2020（e））修订如下：

（1）删除（21）项末的"和"；

（2）删除（22）项末的句号，插入分号；

（3）删除（23）项末的"和"；

（4）） 删除（24）项末的句号，插入"；和"；

（5）在结尾处新增如下：

（25）指定项目地区或部分项目地区为农村，其中的低收入人员很难获得交通服务的程序。州机构应根据农业部批准的程序指定项目地区。在以这种方式指定的项目地区内，州机构应以邮寄方式向地区内所有合格家庭发放食品券。如遇邮件遗失率超过农业部制定标准的家庭，则该家庭无权获得邮寄服务，并不得要求州机构以邮寄方式向邮件遗失率超过农业部所设标准地区的家庭发放食品券。

第 1739 条　营养教育。

条款 11（1）（《美国法典》第 7 篇 2020（1））修订如下：删除第一句，插入如下新句："为鼓励购买、制备和消费营养食品，授权农业部与食品和营养局合作，把向有资格领取食品券的个人提供营养教育或在保留地分配商品的职责委派给推广合作服务局。"

第 1740 条　一般救助家庭的食品券申请。

条款 11（i）（3）（《美国法典》第 7 篇（i）（3））修订如下：

（1）在"州或当地一般救助补助金"后面插入如下内容："在全州使用统一的一般救助申请表的州"；

（2）在结尾分号前插入如下内容："，向在当地管辖权范围内兼管一般救助计划的食品券计划管理机构申请当地一般救助补助金的家庭，在其申请一般救助时，应向其提供参加食品券计划的申请书及食品券计划的申请说明。"

第 1741 条　附加保障收入的申请。

条款 11（j）（1）（《美国法典》第 7 篇 2020（j）（1））修订如下：在"……的领取人"后面插入"附加保障收入或"。

第 1742 条　社会保障部门的简化食品券申请审计。

（a）概述。美国总审计长应对根据《1977 年食品券法》（《美国法典》第 7 篇 2020）条款 11（i）和（j）的规定制订的计划进行审计（社会保障福利申请人或领取人可根据该等计划向社会保障部门提出参加食品券计划的简化申请），审计内容包括：

（1）计划是否有效运作；

（2）（A）是否应对根据《社会保障法》（《美国法典》第 42 篇 1381 及以下）第 16 条的规定为附加保障收入领取人制订的计划进行扩展，以将社会保障福利所有申请人和领取人纳入其中；或者

（B）联合申请是否有利于《1977 年食品券法》（《美国法典》第 7 篇 2011 及以下）规定的福利和补充保障收入福利的实施。

（b）报告。总审计长应在 1991 年 12 月 31 日之前向众议院农业委员会、参议院农业、营养和林业委员会及参议院老龄特别委员会提交本条规定的研究结果报告。

第 1743 条　永久取消资格。

条款 12（b）（3）（《美国法典》第 7 篇 2021（b）（3））修订如下：

（1）删除（A）小项结尾处的"或"；

（2）在（B）小项中：

（A）在"20 000 美元"后面插入如下内容："每一次违规（两年内的民事罚款金额不得超过 40 000 美元）"；

（B）在"确凿的证据"后面插入如下内容："（包括证明商店或食品公司的业主和管理人员不知道、

不认可、未从中得利或未参与或认可违规的证据）"；

（C）删除小项结尾处的句号，插入"或者"；

（3）在结尾处新增如下小项：

（C）如遇发现为获取食品券而出售枪支、弹药、炸药或管制物品（定义参见《美国法典》第21篇802）的情况，则除非农业部认为有确凿证据（包括证明商店或食品公司的业主和管理人员不知道、不认可、未从中得利或未参与或认可违规的证据）证明商店或食品公司具有防止违反本法案规定的有效政策和计划，否则农业部可自行决定对每次违规处20 000美元以下的民事罚款（两年内的民事罚款金额不得超过40 000美元），以代替本小项规定的取消资格。

第1744条　收取散装食品券的罚款。

条款12（e）（《美国法典》第7篇2021（e））修订，在结尾处新增如下：

（3）农业部可对收取无相应图书封面的食品券的零售食品店或批发食品公司处以罚款，用于根据本法案规定进行找零的面额除外。罚款金额由农业部确定，可根据按照本法案颁布的法规评估和收取罚款。罚款可与农业部规定的财政收款分开收取或合并收取。美国总检察长可在有司法管辖权的法庭对商店或公司提起诉讼，收取罚款。

第1745条　非授权第三方收取食品券罚款。

条款12（《美国法典》第7篇2021）修订，在结尾处新增如下款：

（f）农业部可对任何违反本法案，或违反根据本法案颁布的法规（包括涉及食品券收取的违规行为）规定未获得农业部批准收取和兑换食品券的人处以罚款。罚款金额由农业部确定，可根据按照本法案颁布的法规评估和收取罚款。罚款可与农业部规定的财政收款分开收取或合并收取。美国总检察长可在有司法管辖权的法庭对商店或公司提起诉讼，收取罚款。

第1746条　欺诈索赔还款。

条款13（b）（1）（A）（《美国法典》第7篇2022（b）（1）（A））的最后一句修订如下：删除"在30天内"，插入"收取日期（或者，如收取日期并非工作日，则为下一个工作日）"。

第1747条　计算机欺诈处罚。

（a）存取设备的使用。条款15（b）（1）（《美国法典》第7篇2024（b）（1））的第一句修订如下：

（1）删除"或者未经授权的任何形式的授权卡"，插入"，授权卡，或者存取设备与……相反的形式"；

（2）在"超过100美元的价值"后面插入如下内容："或者如果使用、转移、获取、修改或处理的物品是价值超过100美元的存取设备"；

（3）在"不到100美元的价值"后面插入如下内容："或者如果使用、转移、获取、修改或处理的物品是价值不到100美元的存取设备"。

（b）定义。第3条（《美国法典》第7篇2012）修订，在结尾处新增如下：

（u）"存取设备"指任何卡、牌、代码、账号或其他存取手段，可以单独使用，也可以配合另一台存取设备使用，以获取付款、拨款、福利、资金、货物等物的价值，或者用于转拨本法案项下的资金。

（c）合规条款变化。条款15（g）（《美国法典》第7篇2024（g））修订如下：删除"或者未经授权的任何形式的授权卡"，插入"，授权卡或存取设备，或通过存取设备的使用获取的有价物，以与……相反的形式"。

第1748条　非法使用食品券洗钱。

条款15（b）（1）的第一句（《美国法典》第7篇2024（b）（1））（经第1747条修订）进一步修订

如下：

（1）在"法案应，"后面插入如下内容："如果该等食品券、授权卡或存取设备的价值超过 5 000 美元，则构成重罪，应处以 25 万美元以下的罚款或判处 20 年以下有期徒刑，或同时处以罚款并判处徒刑，并且应"；

（2）在每一个出现"100 美元以上，"的地方后面插入，"5 000 美元以下"。

第 1749 条　食品券贩卖。

条款 15（c）（《美国法典》第 7 篇 2024（c））修订如下：在每一个出现的地方删除"10 000 美元"，插入"20 000 美元"。

第 1750 条　资金保留或州收回或收取的拨款。

条款 16（a）（《美国法典》第 7 篇 2025（a））第一句的限制性条款修订如下：

（1）删除"50％"，插入"在 1990 年 10 月 1 日到 1995 年 9 月 30 日期间为 25％，此后为 50％"；

（2）删除"25％"，插入"在 1990 年 10 月 1 日到 1995 年 9 月 30 日期间为 10％，此后为 25％"。

第 1751 条　质量控制处罚。

（a）概述。根据《1977 年食品券法》条款 16（c）（《美国法典》第 7 篇 2025（c））或与依照该法案规定执行州计划时所发生的错误发放而导致的不准列支或类似款项有关的先前法律或监管的规定，在 1983—1985 财政年度任何一个财政年度中，不准列支或类似款项不适用于各州，在本法案颁布之日以后根据调解书（未规定根据日后的法律变化调整付款）支付或收取的金额除外。

（b）适用。对于在本法案颁布日期时未决的行政或司法上诉，（a）款也适用于（a）款所述的不准列支，包括在该日期前收取的不准列支费用。

第 1752 条　联邦自动化匹配。

（a）概述。条款 16（g）（《美国法典》第 7 篇 2025（g））修订如下：

（1）删除"1980 年 10 月 1 日生效，"，插入"The"；

（2）删除"75％"，插入"从 1991 年 10 月 1 日开始生效的 63％"。

（b）适用。（a）（2）款所作修订不适用于本法案颁布之前经农业部批准、依据《1977 年食品券法》条款 16（g）的规定提交的自动化数据处理和信息检索系统提案。

第 1753 条　就业和培训拨款。

条款 16（h）的第（1）项（《美国法典》第 7 篇 2025（h）（1））修订如下：

（1）（A）1991—1995 的每个财政年度，农业部应从根据条款 18（a）（1）的规定在每财政年度划拨的资金中向州机构拨付 7 500 万美元，以开展条款 6（d）（4）规定的就业和培训计划。（3）另有规定的除外。

（B）根据（A）的要求，在 1992—1995 的每个财政年度实施资金拨付时，农业部应对州机构在条款 6（d）（4）所取得的成绩予以确定，并据此在各州之间对 1 500 万美元的资金进行分配。

（C）根据（A）的要求在 1992 财政年度实施资金拨付时，农业部长在州之间对 6 000 万美元不良资金进行分配，使拨给每个州的资金：

（ⅰ）相当于根据 1991 财政年度的不良资金分配公式决定的资助水平；

（ⅱ）比上述资助水平与根据州在条款 6（d）（4）注册工作的个人数量比例确定的金额（如大于该资助水平）之间的差额增加一半；或

（ⅲ）比上述资助水平与上述金额（如小于该资助水平）之间的差额减少一半。

（D）根据（A）的要求，在 1992—1995 的每个财政年度实施资金拨付时，农业部应根据各州在条款 6（d）（4）注册工作的个人数量比例在州之间进行 6 000 万美元不良资金的分配。

（E）即使有（C）和（D）的规定，部长应：

（i）在 1992 财政年度中，通过在必要的范围内减少分配给根据（C）的规定其资助水平已获增加的各州（分配资金不足 5 万美元的州除外）的资金，确保每个州分到的资金不少于 5 万美元；

（ii）在 1993—1995 的每个财政年度，通过在必要的范围内减少分配给拨款额超过 5 万美元的各个州的资金，确保每个州分到的资金不少于 5 万美元。

（F）根据（E）规定各州减少的份额应代表各州在条款 6（d）（4）注册工作的个人数量比例。

第 1754 条　试点项目的延伸。

条款 17（b）（1）（《美国法典》第 7 篇 2026（b）（1））的最后一句修订如下：删除“1990”，插入“1995”。

第 1755 条　兑现示范项目的销售税。

条款 17（b）（1）（《美国法典》第 7 篇 2026（b）（1））修订如下：

（1）在项名称后面插入（A）；

（2）在结尾处新增如下小项：

（B）（i）本小项颁布以后，不得依本法案批准免税或示范项目，除非：

（Ⅰ）用非食品券方式向之发放食品援助的家庭的拨款在必要的范围内得到了提高，能补偿在全部或部分示范项目地区征收的州或地方销售税。该等家庭的食品购买税被免除，或者农业部根据州机构提供的信息决定，从需要缴纳州或地方销售税的物品的有限性来看，没有提高的必要；

（Ⅱ）开展示范项目的州机构支付增加的拨款成本。

（ii）如免税或示范项目向领取家庭提供超过其本有资格领取的救助，且超过金额大于其所居住的项目地区在家庭购买食品时向家庭征收的销售税估计金额，则不适用条款（i）。

第 1756 条　扩大示范项目的免税权。

条款 17（b）（《美国法典》第 7 篇 2026（b））修订如下：

（1）在（1）（A）小项（经本法案条款 1755（1）修订）的第二句中，在“有资格的家庭”后面插入如下内容：“或根据（3）开展的项目”；

（2）在结尾处新增如下：

（3）（A）农业部可开展示范项目，以检验食品券就业和培训计划与《社会保障法》（《美国法典》第 42 篇 601 及以下）规定的就业机会和基本技能项目之间是否取得更好的一致性或协调性。

（B）即使有（1）的规定，作为本项批准项目的一部分，农业部可以放弃条款 6（d）的要求，允许州针对食品券领取人开展就业和培训计划。计划的开展条件与州针对《社会保障法》（《美国法典》第 42 篇 681 及以下）第 4 篇的 F 部分规定的受抚养儿童家庭补助领取人开展的就业机会和基本技能项目相同。作为项目组成部分开展的任何工作实践计划应符合该法条款 482（f）（《美国法典》第 42 篇 682（f））的规定。

（C）谋求免税的州应确保就业和培训计划满足本法案第 402 条的款（a）（19）和（g）（《美国法典》第 42 篇 602）的要求（包括但不限于根据本法案条款 402（g）（1）（A）的（ii）～（vii）到 481～487 条的规定提供过渡福利）。条款中所指的受抚养儿童家庭补助应指用于示范项目的食品券。

（D）即使本项有其他规定，参加食品券福利换现金的就业和培训活动必须得到参加人的同意。

（E）对于根据本项开展的项目，可以在必要的范围内放弃本法案影响领取人权利的规定，以符合《社会保障法》第 402 条和第 481～487 条的规定。

（F）在最终批准本项规定的项目前，农业部应提前 60 天以上在《联邦公报》发布开展示范项目的条款和条件，以征求公众意见，同时通知众议院农业委员会和参议院农业、营养和林业委员会。

（G）可根据本项批准弃权，以便于一次在最多 60 个项目地区（或部分项目地区）开展项目。地区的定义参见 1990 年 1 月 1 日生效的法规。

（H）只有已获农业部批准、并将依据农业部制定的标准进行评估、且其开展时限不超过 4 年的示范项目才能根据本项的规定放弃项目规则的改变。

第 1757 条 车辆排除极限示范项目。

第 17 条（《美国法典》第 7 篇 2026）修订，在结尾处新增如下款：

（h）部长应开展足够数量的示范项目，以评价在条款 5（g）的财务资源中加入价值 4 500 美元以上的上牌车辆的公平市价而排除下列价值在农村和城市地区取得的成效：

（1）用于产生工资收入、且对运送老年或身体残疾家庭成员所必需的上牌车辆价值或用作家庭住所的上牌车辆价值；

（2）用于获得、继续或寻求就业（包括上下班），用于寻求与就业相关教育或培训，或用于获取食品券计划的食品或福利的上牌车辆价值。

第 1758 条 受抚养子女家庭补助/食品券简化示范项目。

第 17 条（《美国法典》第 7 篇 2026）（经本法案第 1757 条修订）进一步修订，在结尾处新增如下款：

（i）（1）根据《社会保障法》第 4 篇 A 部分项下的计划规则和程序，农业部可在城市和农村地区开展 4 个示范项目，按月向每名成员均领取根据《社会保障法》第 4 篇 A 部分（《美国法典》第 42 篇 601 及以下）批准的州计划福利的家庭（本款后文中称"有资格家庭"）发放拨款。除本款或农业部制定的法规外，不考虑本法案的资格、福利和行政规定，以确保计划的完整性。

（2）开展示范项目时，农业部应确保：

（A）适用条款 3（i）第三句，条款 6（b）和（d）（2），条款 6（c）第一句，条款 11（e）的（1）（B）、（3）、（4）和（9）项，以及本法案有关无家可归者、移民和季节性农场工人家庭的所有适用规定。

（B）向提供信息（包括州机构为确定正确月拨款额所需的信息，以及家庭申请《社会保障法》第 4 篇 A 部分救助必须提供的信息）、申请救助的有资格家庭提供食品券计划补助。

（C）除家庭收入根据（D）和（E）的规定进行确定之外，应根据条款 8（a）的规定计算有资格家庭的月拨款额。拨款应从申请之日始开始提供。

（D）在根据本款规定确定月拨款额时，家庭收入指《社会保障法》第 4 篇 A 部分项下的福利及用于确定家庭该部分项下的福利金额（不包括不计的受抚养人护理费用金额），但依据该法案条款 402（a）（7）（C）（《美国法典》第 42 篇 602（a）（7）（C））规定计算的金额、一次性收入的金额和视为或分配给本部分所指家庭收入的金额不应包括在内。

（E）为确定月拨款额而计算家庭收入时，对有资格家庭应按条款 5（e）提供的标准、工资收入、多余住房和医疗费用实施扣减，以代替按《社会保障法》条款 402（a）（8）（《美国法典》第 42 篇 602（a）（8））规定提供的不计工资收入。或者农业部也可批准示范项目，对无工资收入的家庭按上述标准、多余住房和医疗费用实施扣减。对于有工资收入的家庭，用该等扣减及《社会保障法》条款 402（a）（8）规定的、部长认为符合本款示范项目的不计工资收入计算家庭收入。

（F）对无资格领取本款项下救助但被确认有资格领取食品券救助的家庭，以及领取非本款项下食品券救助且被确认有资格领取本款项下救助的家庭，应提供不间断的食品券救助。

（G）如果农业部确认开展示范项目的要求或程序有利于促进实现本款所述目的且不破坏项目的完

整性，则可在实施本款要求的示范项目时使用与《社会保障法》第 4 篇 A 部分（《美国法典》第 42 篇 601 及以下）相当的其他要求和行政程序。

（3）立项时，农业部应就放弃可协助开展本款规定项目的《社会保障法》第 4 篇 A 部分规定的联邦规则向感兴趣的州及当地机构征求建议和意见，并与卫生与公众服务部进行协商。

（4）在项目终止后 6 个月内，农业部应向众议院农业委员会和参议院农业、营养和林业委员会提交报告，对根据本款建立的示范项目结果进行评估，其中应包括领取人和行政人员的影响评估。

第 1759 条　提高食品券参与度的补助。

第 17 条（《美国法典》第 7 篇 2026）（经本法案第 1758 条修订）进一步修订，在结尾处新增如下子条款：

（j）（1）（A）根据实施本款的专项拨款的可用性及本款的其他规定，在 1992—1995 的每个财政年度内，农业部应将竞争性补助授予公共或民间非盈利组织，以便于在美国各地区对食品券推广示范项目（本款后文称"项目"）和相关评估进行资助，增加有资格的低收入家庭在食品券计划中的参与度。一个财政年度提供的补助总额不宜超过 50 万美元。应在拨款年度内使用为执行本款而拨付的资金。评估资金不得超过本款执行拨款的 20%。

（B）农业部必须把补助提供给能向农业部证明其有能力履行本款所述推广职能的实体单位。

（2）本款所述推广项目应面向农村、老年和无家可归人群，有子女的低收入工作家庭及不讲英语的少数民族（本款后文统称"目标人群"）。

（3）（A）农业部应指定由目标人群代表和具有项目评估专业知识的个人组成的顾问小组（本款后文称"顾问小组"）。顾问小组无须遵守《联邦顾问委员会法》（《美国法典》第 5 篇附件 2）的规定。

（B）农业部应结合顾问小组对领取人选择标准的建议选择补助领取人，并根据项目提议方法的适合性执行本款项下的项目，以确保触及目标人群。适当的方法包括：

（ⅰ）电子媒体宣传制作（宣传总额不超过（1）（A）项规定的资金总额的 15%）；

（ⅱ）利用当地推广工作人员和志愿者；

（ⅲ）制定运输和出入问题的解决办法；

（ⅳ）能够把家庭引荐给项目的人员岗位培训；

（ⅴ）社区介绍和教育；

（ⅵ）项目资格预审协助；

（ⅶ）个性化的客户协助；

（ⅷ）福利诉求的顾问和转介；

（ⅸ）招募不能到场认证或前往授权食品店的申请人的授权代表。

（C）选择补助金领取人时，农业部应考虑申请人提供可用的评估用数据的能力。

（D）从申请人公共机构选择补助领取人时，应对提议让非盈利组织参与利用补助金开展的项目的申请人给予优先考虑。

（E）农业部应至少提供一次补助金，其金额相当于面向一般食品券资格人群和特定目标人群的推广材料（包括书面材料和公益广告）制作费的 50%，以使其他补助金领取人酌情使用或采用此类推广材料。为获得补助金的领取资格，领取人应提供相当于前句所述材料制作费 50% 的等额资金。在执行本小项所述规定时，农业部应优先考虑有能力借助其他公共和民间非盈利组织传播推广材料的申请人。在任意财政年度内用作补助金的资金均不得超过按本款规定提供的 50 万美元。

（4）（A）农业部应对足够数量的项目进行评估，以确定项目及项目所用方法在以下方面的有效性：

（ⅰ）成功减少参与障碍；

（ⅱ）提高项目的整体参与度，包括目标人群的参与；

（ⅲ）行政效果；

（ⅳ）计划效率；

（ⅴ）有效开展活动所需的充分的行政资源。

（B）农业部应分别在足够数量的项目启动以后的 1 年和 3 年内，向众议院农业委员会和参议院农业、营养和林业委员会提交（A）所述评估结果的中期报告和最终报告。

（C）农业部还应就先前有关不参加原因及有效推广和减少参与障碍方法所作的研究进行调查和提交报告。

（5）农业部应该：

（A）在资金拨付后的 180 天内，发布执行本款所需的通知；

（B）在通知发布后 90 天内，收取各组织依据本款规定提交的提案；和

（C）在通知发布后的 180 天内，开始授予本款所述的补助金。

第 1760 条　食品券计划的再授权。

第 18 条（《美国法典》第 7 篇 2027）修订如下：

（1）在（a）（1）中：

（A）删除开头两句，插入如下新句："为了执行本法案，授权在 1991—1995 的各个财政年度内拨付必要的金额。"

（B）在最后一句中，删除"根据本条（b）款的规定，必须减少发放给经核实参与食品券计划的家庭的拨款价值"，插入"需要追加拨款，使计划继续开展到财政年度结束"。

（2）在（b）中，删除"（a）（1）授权的金额"。

第 1761 条　提高营养教育。

第 18（a）条（《美国法典》第 7 篇 2027（a））（经本法案第 1760 条修订）进一步修订如下：

（1）在（a）（1）的第二句中，在结尾的句号前插入如下内容："，根据段落（3）的规定"；

（2）在结尾处新增如下段落：

（3）（A）在根据第（1）项第二句提供的金额中，农业部可以在任意财政年度使用不超过 200 万美元的金额提供为期 2 年的竞争性补助金，以达到下列目的：

（ⅰ）提高营养教育活动中的跨部门合作；

（ⅱ）找到经济有效的方法，使有食品券领取资格的人了解包括食品和营养教育扩展计划在内的营养、资源管理和社区营养教育计划。

（B）农业部应根据本项的规定，授权一个或多个州合作推广局（根据《1977 年全国农业研究、推广和教学政策法》第 1404（5）条（《美国法典》第 7 篇 3103（5）））与为低收入人群提供服务的其他州或当地机构相互配合，共同管理补助金。

（C）每个项目均应包括评估内容，并制订实施计划，以供其他州参照执行。

（D）农业部应向相应的国会委员会提交项目结果报告，并通过合作推广服务体系向州卫生与公共福利部、当地食品券计划部门及为低收入家庭提供服务的其他实体单位推广项目结果。

第 1762 条　波多黎各营养援助计划。

（a）国会的政策。国会的政策是以对待联邦营养计划覆盖范围内其他公民一样的方式对待波多黎各自由邦的美国公民，以使其免于挨饿。

（b）资助水平。条款 19（a）（1）的（A）（《美国法典》第 7 篇 2028（a）（1））修订如下：

（A）根据本条的规定，农业部应以按本法案拨付的资金向波多黎各自由邦提供如下救助：1991 财政年度 9.74 亿美元，1992 年财政年度 10.13 亿美元，1993 财政年度 10.51 亿美元，1994 财政年度 10.91 亿美元，1995 财政年度 11.33 亿美元，用以负担贫困人群食品 100% 的救助支出和 50% 与提供救

助有关的行政支出。

（c）波多黎各人的营养需求研究。美国总审计长应研究：

（1）波多黎各自由邦公民的营养需求，包括：

（A）领取营养救助计划救助的家庭和目前未领取救助的家庭的饮食营养状况；

（B）居住在自由邦境内的儿童和老人的营养不足发生率；

（C）将提供给自由邦境内家庭的营养援助水平恢复到提供给其他美国家庭援助水平所产生的营养效应；

（D）总审计长认为适当的其他因素；和

（2）在波多黎各自由邦提供营养援助的可能替代方法，包括：

（A）自由邦恢复食品券计划产生的影响；

（B）如自由邦参加食品券计划，则把营养援助计划的福利增加到分发给自由邦境内家庭的食品券总价值；

（C）与依据《1977年食品券法》（《美国法典》第7篇2011及以下）的规定对阿拉斯加、夏威夷、关岛和维珍群岛所做的调整相当、且适合于自由邦各项条件的资格标准和其他因素进行调整的有效性。

（d）研究结果报告。在1992年8月1日之前，总审计长应向众议院农业委员会和参议院农业、营养和林业委员会提交（c）所述的研究结果最终报告。

第1763条　自动数据处理和信息检索系统。

（a）概述。本法案（《美国法典》第7篇2011及以下）修订，在结尾处新增如下条款：

第23条自动数据处理和信息检索系统。

（a）审查标准和程序。

（1）初审。

（A）概述。在本条颁布后的1年内，农业部应对州实施维护的自动数据处理和信息检索系统（本条后文称"系统"）审批法规和标准（本条颁布之日有效）进行审查，以判断法规和标准在提高计划效率和效果方面的作用。

（B）法规的修改。部长应结合（A）所述的审查结果修改法规（本法案颁布之日有效）。

（C）现有系统的合并。除非各州有文件记载说明替代系统的设计和运行成本较低，否则依据本法规的规定，农业部应要求各州对其在其他地点使用的全部或部分系统进行合并。农业部应制定标准，确定按16（a）条或16（g）条规定拨款的系统修改范围。

（D）实施。拟议系统应符合农业部为了及时实施适当的变化而制定的标准。

（E）性价比。条款16（g）所述的系统审批标准应包括拟议系统的性价比。实施批准的系统时，州应记录系统的实际成本和效益。

（2）运行审查。部长应进行必要的审查，以确保系统：

（A）符合初始资助审批条件；

（B）在符合本法案和根据本法案颁布的法规的情况下，充分支持计划的执行。

（b）系统审批标准。

（1）概述。进行（a）规定的审查后，部长应制定系统审批标准。

（2）实施。州应在农业部确定的合理期限内实施部长制定的标准。

（3）定期合规审查。部长应对系统进行适当的定期审查，以确保系统符合农业部制定的标准。

（c）报告。农业部应在1993年10月1日之前，向众议院农业委员会和参议院农业、营养和林业委员会就州机构为符合本法案及根据本法案颁布的法规中支持食品券计划的规定而开发并正在运行的系统的有效性提交报告。

（b）合规条款修订。条款 11（g）（《美国法典》第 7 篇 2020（g））修订如下：在"条款 16（b）（1）"后面插入如下内容："或者根据第 23 条确定的要求"。

子篇 B　商品分发计划

第 1771 条　商品分发计划；商品补充食品计划。

（a）再授权。《1973 年农业消费保护法》条款 4（a）（《公法》93 - 86；《美国法典》第 7 篇 612c 注释）修订如下：删除"1986 年、1987 年、1988 年、1989 年和 1990 年"，插入"1991—1995 年"。

（b）婴幼儿。

（1）概述。《1973 年农业消费保护法》条款 4（a）（《公法》93 - 86；《美国法典》第 7 篇 612c 注释）修订如下：在"分发给机构"后面插入如下内容："（包括医院和贫困婴幼儿护理设施）"。

（2）合规条款修订。《1949 年农业法》条款 416（a）（3）（《美国法典》第 7 篇（a）（3））修订如下：删除"医院，在为贫困人群提供服务的范围内"，插入"医院和设施，在向贫困人群（包括婴幼儿）提供服务的范围内"。

（c）老年人。《1973 年农业消费保护法》（《美国法典》第 7 篇 612c 注释）修订如下：

（1）在条款 4（a）中，删除"补充饮食计划"，插入"为妇女、婴幼儿和/或老年人提供服务的补充饮食计划"；

（2）在条款 5（f）中，在"计划的附加场所"后面插入如下内容："，包括仅为老年人提供服务的场所"。

（d）行政资助。该法条款 5（a）（2）（《美国法典》第 7 篇 612c 注释）修订如下：

（1）删除"1986—1990 年"，插入"1991—1995 年"；

（2）删除"15%"及其后面款结束前的全部内容，插入"商品补充食品计划拨付金额的 20%。"

（e）其他计划转介。该法第 5 条（《美国法典》第 7 篇 612c 注释）修订，在结尾处新增如下：

（h）管理为妇女和婴幼儿提供服务的商品补充食品计划的州机构应：

（1）确保至少向每名申请参加商品补充食品计划的成年人提供一次有关食品券计划、《社会保障法》（《美国法典》第 42 篇 601 及以下）规定的受抚养儿童家庭补助计划及《社会保障法》第 4 篇 D 部分（《美国法典》第 42 篇 651 及以下）规定的强制子女扶养计划方面的书面信息；

（2）向当地机构提供相应材料，说明基于家庭人数、适用于有权享受根据《社会保障法》第 14 篇（《美国法典》第 42 篇 1936 及以下）规定制定的医疗援助计划的孕妇、婴儿和 6 岁以下幼儿（本条款后文称"医疗计划"）的最高收入限制。此材料可与根据《1966 年儿童营养法》条款（e）（3）（《美国法典》第 42 篇 1786（e）（3））规定的材料相同；

（3）如果个人未参加医疗计划，则应确保当地机构向申请商品补充食品计划或再次申请该计划的孕妇、母乳喂养妇女、产后妇女和代表婴幼儿申请的成年人提供有关医疗计划和计划转介的书面信息，或者向有权决定医疗计划推定资格的机构提供上述书面信息。

（i）管理向老年人提供服务的商品补充食品计划的州机构应确保至少向参加或申请参加老年人商品补充食品计划的老年人提供一次与下列内容有关的书面信息：

（1）根据《1977 年食品券法》（《美国法典》第 7 篇 2011 及以下）提供的食品券；

（2）根据《社会保障法》第 16 篇（《美国法典》第 42 篇 1381 及以下）提供的附加保障收入福利；

（3）根据该法第 14 篇（《美国法典》第 7 篇 1396 及以下）提供的医疗援助（包括向有资格的医疗保险受益人提供的医疗援助（定义参见该法的条款 1905（p）（《美国法典》第 42 篇 1396（d）（5）））。

（f）计划服务人数下降预警。该法条款 5（《美国法典》第 7 篇 612c 注释）（经修订的本条款子条款（e））进一步修订，在结尾处新增如下：

（j）（1）如果农业部必须支付的价格远远大于根据商品补充食品计划购买的一种或多种商品的预期

价格，农业部应立即判断该价格是否导致本财政年度内计划服务人数下降。

（2）如果农业部判定人数会下降，则其应立即就人数下降情况通知负责开展计划的州机构，以确保州机构向负责开展计划的所有当地机构通知人数下降情况。

第 1772 条　紧急食品援助计划。

（a）简称。《1983 年临时紧急食品援助法》（《公法》98 - 8；《美国法典》第 7 篇 612c 注释）修订如下：

（1）删除篇，插入如下新篇：

"第 2 篇　《1983 年紧急食品援助计划》"；

（2）在第 201 条中，删除"临时"。

（b）CCC 商品的可用性。本法案第 202 条（《美国法典》第 7 篇 612c 注释）修订，在结尾处新增如下：

（g）（1）只要商品信用公司获得的捐赠给国内食品计划的商品数量超过联邦承付款项，农业部应结合可用且适合分发给根据本法案授权参与计划的紧急供给组织的商品种类和金额，并考虑以与其他商品领取机构一样的方式，向紧急供给组织捐赠商品。

（2）决定根据本法案向紧急供给组织提供商品时，农业部可按季节、或不定期分发可用商品。

（c）再授权。该法第 204 条（《美国法典》第 7 篇 612c 注释）修订如下：

（1）删除（a）和（b）；

（2）分别将（c）和（d）重新命名为（a）和（b）；

（3）在（a）（1）（重命名的）中，删除"从 1986 年 9 月 30 日到 1990 年 9 月 30 日结束"，插入"1991—1995 年"。

（d）搬运费。该法条款 204（a）（2）（《美国法典》第 7 篇 612c 注释）（已经修订的本条款（c）（2））的第二句修订如下：在"搬运，"后面插入如下内容："重新包装、加工"。

（e）可用商品的种类和数量估计。该法第 210 条（《美国法典》第 7 篇 612c 注释）修订如下：删除（c），插入如下新款：

（c）（1）农业部应尽早，且在不晚于每个财政年度之初的时间内，在《联邦公报》发布部长预计可在本财政年度内用于本法案所述的商品分发计划的商品种类和数量估计数据。

（2）部长根据本法案规定提供的商品实际种类和数量可不同于根据第（1）项所做的估计。

（f）计划的终止。该法第 212 条（《美国法典》第 7 篇 612c 注释）修订如下：删除"1990 年"，插入"1995 年"。

（g）额外商品。本法案第 214 条（《美国法典》第 7 篇 612c 注释）修订如下：

（1）在（a）中，删除"1989 和 1990 财政年度"，插入"1991—1995 财政年度"；

（2）删除（e），插入如下新款：

"（e）金额。为了执行本条，授权在 1991 财政年度内拨款 1.75 亿美元，在 1992 财政年度内拨款 1.9 亿美元，在 1993—1995 的各个财政年度内拨款 2.2 亿美元，以购买、加工和分发本条规定的附加商品。1991—1995 财政年度内提供的金额不超过拨款法案预先规定的金额。"

（h）合规条款修订。

（1）本法案第 214 条（《美国法典》第 7 篇 612c 注释）修订如下：删除（k）。

（2）《1973 年农业消费保护法》条款 4（c）（《公法》93 - 86；《美国法典》第 7 篇 612c 注释）修订如下：删除"（《美国法典》第 7 篇 1446a - 1）临时或"，插入"《美国法典》第 7 篇 1446a - 1），或"。

（3）《1987 年商品分发改革法和 WIC 修正案》条款 3（a）（2）（F）（《公法》100 -237；《美国法典》第 7 篇 612c 注释）修订，删除（ｊ），插入如下新款：

"（ｊ）根据《1983 年紧急食品援助法》（《公法》100 -237；《美国法典》第 7 篇 612c 注释）制订

的紧急食品援助计划；和"。

（4）《1987 年商品分发改革法和 WIC 修正案》条款 13（3）（E）（《公法》100 - 237；《美国法典》第 7 篇 612c 注释）修订如下：删除"临时"。

（5）《1988 年饥荒救援法》条款 220（a）（《公法》100 - 435；《美国法典》第 7 篇 612c 注释）修订如下：在每次出现的地方删除"临时"。

（6）《社区服务整体补助法》条款 675（c）（5）（《美国法典》第 42 篇 9904（c）（5））修订如下：删除"临时"。

第 1773 条　商品分发计划。

（a）澄清条款修订。《1987 年商品分发改革法和 WIC 修正案》条款 3（a）（3）（A）（ⅰ）（《公法》100 - 237；《美国法典》第 7 篇 612c 注释）修订如下：在"领取机构"后面插入如下内容："，包括食品银行"。

（b）州期权合同（SOCs）预拨资金。该法（《美国法典》第 7 篇 612c 注释）修订如下：在第 3 条后面插入如下新条：

"第 3A 条　州期权合同预拨资金。

"（a）概述。根据与州分发机构的约定，农业部可使用商品信用公司的资金及依据 1935 年 8 月 24 日生效法案第 32 条（《美国法典》第 7 篇 612c）的规定获得的可用资金，为州机构代付全部或部分食品、或食品加工或包装费用。

"（b）偿付。在此情况下，州分发机构应向农业部偿付约定的费用。农业部应将收到的偿付资金酌情存入商品信用公司贷方账户或 1935 年 8 月 24 日生效法案第 32 条规定的贷方。如果州分发机构未在交付后 150 天内全额偿还金额，农业部应在 30 天内从相关账户中抵扣未偿还金额。"

（c）商业仓储和配送。该法条款 3（d）（《美国法典》第 7 篇 612c）修订如下：

（1）删除"在继本法案颁布之日后的 270 天期限到期前，"插入如下内容："在 1992 年 7 月 1 日或之前"；

（2）删除（1）、（2）和（3），插入如下：

（1）对向依据条款 13（3）（A）和（B）项规定指定的领取机构（本法案后文称"儿童和老年人营养计划领取机构"）存储和配送捐赠商品系统进行评估；

（2）要求儿童和老年人营养计划领取机构支付任何仓储或配送费用的州分发机构，其所执行的仓储和配送系统应以成本最低、最有效的方式向领取机构提供捐赠商品，且其服务水平应不低于农业部确定的基本服务水平；

（3）在确定最有效、成本最低的存储和配送系统时，除非州提请农业部批准使用其在考虑领取机构发生的直接和间接成本的情况下能证明更为有效，向领取机构提供服务的总成本更低的其他设施，否则需使用商业设施向领取机构提供的仓储和配送服务。

（d）商品可接受性信息。该法条款 3（f）（2）（《美国法典》第 7 篇 612c）修订如下：删除"每半年"，插入"每年"。

（e）食品银行项目。该法第 4 条（《美国法典》第 7 篇 612c 注释）修订如下：

（1）在条标题中，删除"示范"；

（2）在款（a）中，删除"示范项目"，插入"社区食品银行"；

（3）在款（d）中，删除"1990 年 12 月 31 日结束"；

（4）删除（e）项。

（f）福利商品加工报告。

（1）概述。在 1992 年 1 月 1 日之前，美国总审计长应向众议院农业委员会与参议院农业、营养和林业委员会提交儿童营养计划用福利商品加工报告。

（2）结论。总审计长应在报告的范围和设计方面借鉴州和联邦商品分发主管部门、当地选出的学校主管部门、当地学校服务主管部门和食品加工商向儿童营养计划提供服务的经验。

（3）评价。报告应评价：

（A）州加工福利商品的范围；

（B）参与加工的政府要求在各个州的变化范围；

（C）福利商品领取人对获取福利商品加工和通过福利商品加工提供的服务的满意程度。

第1774条 防饥饿计划。

（a）流动厨房和食品银行。《1988年防饥饿法》第110条（《公法》100-435；《美国法典》第7篇612c注释）修订如下：

（1）在（a）中，删除"1991年"，插入"1995年"；

（2）在（b）中：

（A）分别将（4）～（8）重新命名为（5）～（9）；

（B）在（3）后面插入如下：

"（4）食品分发处。'食品分发处'指向低收入家庭和失业家庭分发食品（包括农业部以外的食品）的公共组织或民间非盈利组织，以缓解紧急和危难情况。"

（3）删除（c），插入如下新款：

（c）金额。

（1）1991财政年度。在1991财政年度内，农业部应拨付3 200万美元的款项，用以购买、加工和向各州发放额外商品，并进而向特定州内提供营养援助的流动厨房和食品银行分发额外商品，以为贫困人群提供食品和三餐，缓解紧急和危难情况。

（2）授权为1992—1995的每个财政年度拨款4 000万美元，用以购买、加工和向各州发放额外商品，并进而向特定州内提供营养援助的流动厨房和食品银行分发额外商品，以为贫困人群提供食品和三餐，缓解紧急和危难情况。1992—1995财政年度内提供的金额款项不应超过拨款法案预先规定的金额数额。

（3）食品分发处。如果特定州内没有食品银行，则该州可将商品发给食品分发处。"

（4）删除（j）。

（b）拾落穗援助。《1988年防饥饿法》第111条（《美国法典》第7篇612c注释）修订如下：

第111条 拾落穗交换所。

（a）拾落穗的定义。在本条款中，"拾落穗"指从农户田地中捡拾的未收获的农作物，或从农户、加工商或零售商处获得的农产品，并将该等产品分给包括失业个人和低收入个人在内的穷人。该术语仅包括捡拾农产品和进入田间及相关设施不收费的情况。

（b）建立。

（1）概述。农业部（本条后文称"该部"）有权协助州和民间非盈利组织建立落穗交换所（本条后文称"交换所"）。

（2）协助。农业部有权提供其认为适当的技术信息和其他援助，鼓励公共组织和民间非盈利组织。

（A）通过演讲、信函、咨询等农业部认为适当的措施发动和开展拾落穗活动，并且协助其他组织和个人开展拾落穗活动；

（B）从公共和私人来源（包括农户、加工商和零售商）收集与未完全收割的农产品的种类、数理和地理位置有关的信息；

（C）整理、编撰根据本项收集的统计信息和其他信息，以合理的时间间隔向公共组织、民间非盈利组织和公众提供该等信息；

（D）设立和管理免费电话线，通过该电话线：

（ⅰ）农户、加工商和零售商就可供拾落穗的未收割农作物和农产品信息上报交换所，以便于信息传递，同时还可以上报联系信息；

（ⅱ）希望拾落穗或协助他人拾落穗的公共组织和非盈利组织可以向交换所上报需要拾落穗的产品种类和数量，同时还可以上报联系信息；

（ⅲ）可运输农作物或产品的个人可上报提供所拾农作物或产品的免费运输；

（ⅳ）交换所可以向（ⅰ）、（ⅱ）和（ⅲ）所述的个人和组织免费提供拾落穗信息；

（E）编制、出版并按成本价持续提供拾落穗手册。手册包括以下有效开展拾落穗活动和项目所需的信息和建议：

（ⅰ）如何组织团体参与拾落穗；

（ⅱ）如何向穷人，包括低收入人群和失业人群，发放所拾食品和农产品；或

（F）利用印刷品、电台、电视或通过部长认为适合的其他媒体宣传交换所根据本条的规定提供的服务。

（c）奶酪和脱脂奶粉。

（1）合规条款修订。《1973 年农业消费保护法》第 5 条的（d）款（《公法》93 - 86；《美国法典》第 7 篇 612c 注释）修订，在款名称后面插入"（1）"。

（2）转换。《1988 年防饥饿法》第 130 条（《美国法典》第 7 篇 612c 注释）修订如下：

（A）将该条重新命名为《1973 年农业消费保护法》条款 5（d）（2）（《公法》93 - 86；《美国法典》第 7 篇 612c 注释）；

（B）紧随《1973 年农业消费保护法》条款 5（d）（1）（《公法》93 - 86；《美国法典》第 7 篇 612c 注释）之后转换和插入该条；

（C）修订如下：

"（2）虽然有其他法律的规定，商品信用公司仍可在其库存量允许的情况下，在 1991—1995 的各个财政年度内向农业部提供 900 万磅以上奶酪和 400 万磅以上脱脂奶粉。农业部应使用这些奶酪和脱脂奶粉在每个财政年度结束前开展商品补充食品计划。"

第 1775 条　与私营公司的再加工协议。

（a）再授权。《1981 年农业食品法》的条款 1114（a）（2）（A）（《美国法典》第 7 篇 1431e（2）（A））修订如下：删除"1990 年"，插入"1995 年"。

（b）加工制成品。该法的条款 1114（a）（2）修订，新增如下小项：

（C）只要是根据《1965 年美国老年人法》条款 311（a）（4）（《美国法典》第 42 篇 3030a（a）（4））规定提供的商品，农业部应在判断其性价比较高时鼓励使用含上述商品的加工制成品。应尽可能以最有效的方式满足本小项的规定。农业部可采用直接购买《1987 年商品分发改革法和 WIC 修正案》条款 3A（《公法》100 - 237；《美国法典》第 7 篇 612c 注释）认可的州期权合同、州加工计划以及作为全国商品加工计划组成部分与私营公司签订的协议（1994 财政年度内开始）及其他替代方法。

（D）在 1992—1993 的每个财政年度，农业部应至少在 3 个州开展试点项目。在实施试点项目期间，根据《1965 年美国老年人法》条款 311（a）（4）（《美国法典》第 42 篇 3030a（a）（4））的规定向机构提供的加工制成品应包含农业部认为适合再加工的商品。应根据与私营公司签订的协议对上述商品进行再加工，并作为按（A）规定制定的全国商品加工计划的组成部分对其实施管理，加工费用由机构承担。部长应结合机构的共同需求和加工商的可用性决定待再加工商品的适合性。

第 1776 条　营养教育再授权。

（a）营养教育计划。《1985 年粮食安全法》的条款 1588（a）（《美国法典》第 7 篇 3175e（a））修订如下：删除"500 万美元"及其后面直到款结束前的全部内容，插入"1991—1995 各财政年度 800 万

美元。"

（b）扩展食品和营养教育计划。《1977 年全国农业研究、推广和教学政策法》条款 1425（c）修订，在结尾处新增如下：

"（3）授权在 1991 财政年度拨款 6 300 万美元，在 1992 财政年度拨款 6 800 万美元，在 1993 财政年度拨款 7 300 万美元，在 1994 财政年度拨款 7 800 万美元，在 1995 财政年度拨款 8 300 万美元，开展根据 1914 年 5 月 8 日颁布法案条款 3（d）（《美国法令全书》第 38 篇第 79 章 373；《美国法典》第 7 篇 343（d））和本条的规定制定的扩展食品和营养教育计划。"

第 1777 条　告知收容所慈善机构计划。

在 1991 财政年度内，当农业部向州提供捐赠给慈善机构的商品时，其应至少一次要求相应的州机构开展工作，告知无家可归者及受虐待妇女与儿童收容所以下信息：

（1）捐赠给慈善机构的商品可用性；

（2）捐赠物领取资格标准；

（3）如何申请领取捐赠物。

第 1778 条　福利简化和协调顾问委员会。

（a）任命和成员资格。

（1）成立。福利简化和协调顾问委员会（本条后文称"委员会"），其成员应不少于 7 人，不超过 11 人，由农业部长（本条后文称"部长"）任命。任命时应征求卫生与公众服务部部长和住房与城市发展部部长的意见，并听取负责食品券计划、依据《社会保障法》规定的低收入家庭和个人现金与医疗援助计划、贫困家庭和个人住房援助计划管理的州和当地官员及相关计划领取人和领取倡导组织代表的建议。

（2）资格。委员会成员应熟悉联邦低收入家庭和个人食品券、现金、医疗和住房救助计划的规则、目标和限制条件。委员会成员可以包括具有评估对行政人员和领取人产生影响的计划运行和互动情况专业知识的个人，有联邦、州或地方级计划管理经验的人，以及受计划影响的行政人员和领取人代表。

（b）目标。委员会的目标在于酌情征求计划行政人员和领取人代表的意见。

（1）确定执行食品券计划，依据《社会保障法》规定制定的现金和医疗援助计划，以及住房援助计划所涉及的重要政策（无论其源于法律、法规或行政惯例）。由于前述政策存在巨大差异，故而对有资格申请和获得多个计划福利的人员造成极大困难，并限制了计划行政人员向有资格获得多种援助的人员有效、及时提供相应福利的能力，应酌情从先前工作中吸取经验教训，以对前述计划和政策进行协调和简化；

（2）查找使计划和政策出现差异的主要原因；

（3）评估计划和政策差异如何及在多大范围内极大阻碍多个计划的福利领取，并严重限制行政人员有效、及时提供相应福利的能力；

（4）推荐一般或简化计划和政策（包括法律、法规和行政惯例变更建议和计划当前缺少的政策建议），以实质性降低多个计划的福利申请和获取难度，极大地提高计划行政人员有效、及时地向有资格获得多种援助的人提供相应援助的能力；

（5）说明一般或简化计划与政策的主要影响（包括一般或简化计划与政策如何提高计划目标或如何与计划目标发生冲突，如何影响计划成本及参与，能在多大程度上改变联邦和州在该等计划中的关系）及推荐该等计划与政策的原因（包括能充分超越源自各计划目标的特殊规则的原因（如有））。

（c）行政支持。农业部应向委员会提供委员会履行职能所需的技术支持和其他支持，包括秘书和文员支持。

（d）报销。委员会成员不得领取报酬，但可报销成员在履行委员会职责时发生的必要的差旅费和生活费。

（e）报告。1993 年 7 月 1 日前，委员会应编写并向相应的国会委员会、农业部长、卫生与公众服务部部长以及住房和城市发展部部长提交最终报告。报告内容应包括一般或简化计划与政策建议及该等计划与政策造成的影响和原因。委员会也可向国会委员会及其认为适合的各部部长提交中期报告，内容应包括不涉及审查中的计划与政策的一般或简化计划与政策报告。

第 1779 条　学校午餐研究。

（a）概述。农业部应确定：

（1）1987—1988 学年以来各州损失的奖励商品数量；

（2）学校食品服务部门就非免费或降价膳食向学生收取了什么费用；

（3）各州及全美范围内学校和学生参与研究的趋势。

（b）额外研究。

（1）概述。农业部应确定：

（A）学校午餐和早餐的生产成本，包括间接和当地行政成本；

（B）学校选择不参加全国学校午餐计划的原因；

（C）州管理学校午餐计划所发生的费用；

（D）有资格获得免费或降价膳食的儿童为什么不申请福利或不参加；

（E）部长认为必要的其他信息。

（2）拨款授权。授权在 1991—1993 的各财政年度拨款 100 万美元，以执行本款。

（c）报告。部长应：

（1）在 1991 年 10 月 1 日前向国会提交（a）所述研究的中期报告；

（2）在 1992 年 10 月 1 日前向国会提交（b）所述研究的中期报告；

（3）在 1993 年 10 月 1 日前向国会提交（c）所述研究的最终报告。

子篇 C　生效日期

第 1781 条　生效日期。

（a）概述。除非（b）和本篇项下的其他条款另有规定，否则本篇和本篇所作的修订应从实施细则发布 120 天后开始月的第 1 天开始生效和实施。实施细则的发布时间不晚于 1991 年 10 月 1 日。

（b）特别生效日期。

（1）1990 年 10 月 1 日。条款 1721、1730、1750、1754、1760（1）（A）、1761、1762、1771（a）、1771（d）、1772（c）、1772（f）、1772（g）和 1776 所作的修订于 1990 年 10 月 1 日生效。

（2）颁布日期。条款 1718、1729、1731、1739、1742、1746、1747、1748、1749、1751、1753、1755、1756、1757、1758、1759、1760（1）（B）和（2）、1763、1771（b）、1771（c）、1772（a）、1772（b）、1772（d）、1772（h）、1773、1774（a）（1）、1774（b）、1774（c）、1775（a）、1775（b）、1777、1778 和 1779 所作的修订从本法案颁布之日开始生效。

（3）1991 年 4 月 1 日。条款 1716、1722 和 1736（2）所作的修订应从实施细则发布 120 天后开始月的第 1 天开始生效和实施。实施细则的发布时间不晚于 1991 年 4 月 1 日。

（4）分类资格。条款 1714（2）所作的修订应从实施细则发布 120 天后开始月的第 1 天开始生效和实施。实施细则的发布时间：

（A）州一般援助计划，不晚于 1991 年 10 月 1 日；

（B）当地一般援助计划，不晚于 1992 年 4 月 1 日。

第 18 篇 信 贷

子篇 A 农户房屋管理局贷款

第 1801 条 《巩固农业和农村发展法》的引述。

除非另有规定，否则本子篇所述的某一章节或其他条款的修订或废止指的是《巩固农业和农村发展法》（《美国法典》第 7 篇 1921 年及以下内容）中某一章节或其他条款的修订或废止。

第 1802 条 水土贷款。

（a）概述。第 304 条（《美国法典》第 7 篇 1924）修订，在结尾处新增如下：

（d）（1）还可以根据本子篇提供或担保水土保护贷款。该等贷款应向农场主或本子篇规定的有资格的借款人提供，用于：

（A）设置保护结构物，包括梯田、水渠、栽有永久植被的溪流边界和拦截带、防风林（树木或草）、防护林带和防雪栏；

（B）设置森林植被，用于木材永续利用、水土流失控制或防风林；

（C）建立或改善永久牧场；

（D）转变并保持农业部技术指南和手册所述的可持续农业生产体系；

（E）支付用于遵守《1985 年粮食安全法》第 1212 条的规定所发生的费用；

（F）符合水土保护、综合农场管理、水质保护和改善以及野生动物栖息地改善计划的其他目的。

（2）提供或担保本款规定的贷款时，农业部应优先考虑用前述贷款建造保护结构物或制定保护惯例的生产者，以满足《1985 年粮食安全法》第 1212 条（《美国法典》第 16 篇 3812）所述的规定。

（3）农业部不得提供或担保本款所述的超过以下金额中较小金额的贷款：

（A）农场或其他贷款抵押物的价值；或

（B）5 万美元。

（b）有限资源授权。条款 310D（a）（《美国法典》第 7 篇 1934（a））修订如下：

（1）删除"本篇 303（a）条的（1）～（5）"，插入"303（a）条的（1）～（5），或条款 304（d）（1）的（A）～（E）"；

（2）在（2）中，删除"条款"，插入"项"；

（3）在（2）中，删除"本篇的"；和

（4）在第二句中，删除"条款"，插入"项"。

第 1803 条 有限资源借款人的农场产权贷款和经营周转贷款利率。

（a）农场产权贷款。条款 307（a）（3）（《美国法典》第 7 篇（a）（3）（B））的（B）小项修订如下：

（B）除非第（6）项另有规定，否则 310D 条所述的贷款（担保贷款除外）利率不得：

（i）超过以下金额的和：

（I）不超过美国未偿付的 5 年期有价债务的当前平均市场收益率的一半金额；

（II）农业部认为合适的每年不超过 1% 的金额；或

（ii）低于每年 5%。

（b）经营周转贷款。条款 316（a）（《美国法典》第 7 篇 1946（a）（2））修订如下：

（2）本子篇项下借给低收入有限资源借款人的贷款（担保贷款除外）利率不得：

（A）超过以下金额的和：

（ⅰ）不超过美国未偿付的 5 年期有价债务的当前平均市场收益率的一半金额；

（ⅱ）部长认为合适的每年不超过 1％的金额；或

（B）低于每年 5％。

第 1804 条　夏威夷国土部门的付款保证。

条款 310C（b）（《美国法典》第 7 篇 1933（b））修订如下：删除"，经修订的"，插入"或本篇"。

第 1805 条　债务清偿。

（a）概述。第 331 条（《美国法典》第 7 篇 1981）修订如下：

（1）在（d）中：

（A）删除"如形势要求，则在其任何计划项下开展"，插入"，《1949 年住房法》规定的活动除外"；

（B）删除"在本篇项下发生的"，插入"，在《1949 年住房法》项下发生的债务除外"；

（C）在（1）中，删除"按条件"之前的"关于农户计划贷款"；和

（2）在（e）中：

（A）删除"（e）"后面的"根据《1949 年住房法》的规定开展的活动除外"；

（B）删除"出现或"；

（C）删除"本篇项下"，插入"农户房屋管理局"；

（D）删除"根据本篇"，插入"农户房屋管理局"。

（b）应计利息的支付。第 331 条（《美国法典》第 7 篇 1981）修订如下：删除（h）。

（c）技术和合规条款修订。第 331 条（《美国法典》第 7 篇 1981）修订如下：

（1）缩进（f）、（g）和（i）的页边空白，与（e）的页边空白对齐；

（2）在（f）中，删除"发放（Release）"，插入"发放（release）"；

（3）在（g）中，删除"获得（Obtain）"，插入"获得（obtain）"；

（4）在（i）中，删除"同意（Consent）"，插入"同意（consent）"；

（5）分别把（i）和（j）重新命名为（h）和（i）。

第 1806 条　抵押物转让审批文件。

条款 331（h）（2）（经修订和重新命名的本法案第 1805 条）修订如下：在结尾的分号前插入如下内容："，应记载农业部同意转让借款人档案中的借款人地产"。

第 1807 条　贷款服务计划通知。

条款 331D（《美国法典》第 7 篇 1981d）修订如下：

（1）在（b）（1）中，在"保护贷款服务计划，"后面插入"债务清偿计划"；

（2）在（e）中，删除"45"，插入"60"。

第 1808 条　贷款审批形式和标准。

（a）概述。本法案修订如下：在条款 331E（《美国法典》第 7 篇 1981e）后面插入如下新款：

"第 331F 条　贷款审批形式和标准。

"在本篇的管理中，部长应在可能的情况下采用与私营领域的出借人所用的形式、标准、惯例和方法类似的贷款审批形式、标准、惯例和方法。"

（b）法规。农业部必须先提交《1987 年农业信贷法》（《美国法典》第 7 篇 1989 注释）第 621 条规定法规的影响研究报告，然后才可颁布最终法规，以对确定《巩固农业和农村发展法》条款 331F（本

款（a）所作补充）所述潜在贷款风险程度的比例和标准进行规定。

第 1809 条　县委员会。

（a）FMHA-有资格的借款人。条款 332（a）（4）（《美国法典》第 7 篇 1982（a）（4））修订如下：在"服务"前插入"选举"。

（b）邮寄选票。条款 332（a）修订，在结尾处新增如下：

"（6）只有当选票的邮寄与农业部管理的其他计划的选票邮寄重合时，农业部才应该规定向有资格投票选举县委员会成员的人邮寄选票。"

（c）培训。第 332 条修订如下：在结尾处新增如下款：

（d）（1）农业部每年向县委员会成员提供本篇所述的成员岗位职责培训。

（2）农业部应编写县委员会培训手册，向县委员会的所有成员提供培训手册，并及时更新培训手册，反映法律或法规变化。

第 1810 条　贷款资格证明。

条款 333（b）（《美国法典》第 7 篇 1983（b））修订如下：

（b）（1）（A）对于贷款（条款 306、310B、314 和 321（a）（2）项下的贷款除外），县委员会须书面证明申请人满足贷款资格要求、具备开展拟议经营的品质、勤奋和能力、且在县委员会看来将诚实、努力地履行申请人的承诺和债务；

（B）对于条款 306、310B、314 和 321（a）（2）项下的贷款，县委员会应对贷款的提供或担保提出建议；

（C）对于所有贷款，本款所述的资格证明应在委员会认为适当的不超过 2 年的期限内持续有效；和

（2）农业部可制定与要求县委员会所做的证明或建议相关的上诉和审查裁决程序，以及能证明该等上诉裁决撤销或修改程序的事实。

第 1811 条　工商业界和社区设施贷款。

条款 333A（a）（《美国法典》第 7 篇 1983a（a））修订，在结尾处新增如下：

（4）（A）虽有（1）的规定，但如农业部仅因缺乏必要贷款或担保资金而拟拒绝条款 310B（a）所述贷款或贷款担保申请，或条款 306（a）所述贷款申请，则不得予以批准，且需将其置于未决状态。

（B）农业部应保管未决申请，待有足够资金可用时，再予以重新考虑。

（C）待未决申请资金到位 60 天内，农业部应就批准资助申请与否通知申请人。

第 1812 条　上诉。

条款 333B（e）（《美国法典》第 7 篇 1983b（e））修订，在结尾处新增如下：

（4）除非依据（3）和农业部对本篇所述上诉裁决审核具有管辖权的法规另有规定，否则县委员会或农户房屋管理局雇员应在根据听证官员、州办公室主任或全国上诉处处长的裁决发回案件以后，在合理期限内执行裁决。"

第 1813 条　适当的产权处置。

（a）持有期。条款 335（c）（1）（《美国法典》第 7 篇 1985（c）（1））修订如下：删除"收购日期后的 3 年"，插入"（2）（D）所述的首次发布日期后的 12 个月"。

（b）同等资格申请人的随机选择。第 335 条（《美国法典》第 7 篇 1985）修订如下：

（1）在（c）（2）（C）中，在分号前面插入如下内容："，除非委员会认定两名以上的申请人符合

贷款资格标准，否则委员会应在合格的申请人中随机选择申请人"；和

（2）在（e）（4）（C）中：

（A）删除"应，通过多数票决，"插入"应随机地"；

（B）在结尾的句号前面插入如下内容："，根据（c）（2）（B）（iii）的规定"。

（c）以借款人购买或租赁选择为准的产权。条款（e）（1）（A）（i）（《美国法典》第 7 篇 1985（e）（1）（A）（i））修订如下：删除"不动产"，插入"农场或牧场不动产（包括借款人的主要住宅）"。

（d）优先购买权。条款（e）（1）（A）（7）（《美国法典》第 7 篇 1985（e）（1）（A））修订，在结尾处新增如下：

"（iv）对于（i）所述不动产，如农业部于 1988 年 1 月 6 日前收购，目前（或在本条款颁布之日前 12 个月以内的任何时候）租给（C）所述人员，且农业部未在本条款颁布之日前让与（或签订让与合同），则农业部应在本条款颁布之后的 30 天内，向前述人员就购买产权提出报价（公示期为 90 天），报价条款和条件与该产权在本条款颁布之日或之后录入地产目录后提出的报价条款和条件相同。"

（e）合格的起步农场主或牧场主。

（1）适合的农田。条款 335（c）（2）（《美国法典》第 7 篇 1985（c）（2））修订如下：

（A）分别将小项（A）、（B）、（C）和（D）重新命名为条款（i）、（ii）、（iii）和（iv）；

（B）删除条款（i）（经本项（A）小项重新命名）前面的全部内容，插入如下内容：

（2）（A）虽有其他法律规定，农业部仍应按以下顺序向个人出售根据本篇管理的适合农田：

（i）根据县委员会的决定，在签订该等出售或租赁合同后立即出售给合格的起步农场主或牧场主（根据条款 343（a）（8）定义）。

（ii）根据县委员会的决定，在签订该等出售或租赁合同后立即出售给规模不超过家庭农场的农场经营者。

（B）出售该等土地时，县委员会应：

（2）其他产权。条款 335（e）（1）（C）（《美国法典》第 7 篇 1985（e）（1）（C））修订如下：

（A）把条款（iv）重新命名为条款（V）；

（B）在条款（iii）后面插入如下新的条款：

"（iv）在签订该等出售或租赁合同以后，规模不超过家庭农场或牧场的起步农场主或牧场主（根据条款 343（a）（8）定义）。"

（f）目录中的印第安人土地。条款 335（e）（1）（D）（《美国法典》第 7 篇 1985（e）（1）（D））修订，在结尾处新增如下条款：

"（x）本小项适用于根据本篇编制的土地目录中属于条款（i）所述的印第安借款人-业主拥有（本条款生效日临近前）、位于印第安保留地（参见条款（ii）定义）内的全部土地（截至本条款的颁布之日），无需考虑农业部规定的止赎或收购日期。农业部应向部落成员、印第安公司实体或部落提供机会，以购买或租赁条款（iii）所述的不动产。如未在本条款颁布之日后 180 天内行使权利或表示行使权利的意图，则农业部应根据条款（V）的规定，将不动产转让给内政部。"

（g）报价。

（1）概述。条款 335（c）（2）（B）（ii）（《美国法典》第 7 篇 1985（c）（2）（B）（ii）），经本条（e）（1）修订，修订如下：

（ii）对该等土地进行报价。

（I）对根据（e）（1）（C）规定的出售，以不超过体现该等农田市价评估的价格进行；

（II）对所有其他销售，以不超过根据广告招标或议价销售确定、体现该等土地公平市价的价格进行"。

（2）合规条款修订。条款 335（e）（4）（《美国法典》第 7 篇 1985（e）（4））修订如下：

（A）删除（B）；

（B）重新命名（C）和（B）。

（h）FMHA目录地产的湿地保护地役权。

（1）概述。第335条（《美国法典》第7篇1985）修订，在结尾处新增如下款：

（g）（1）依据（2）～（5）的规定，在处置本条规定的不动产时，农业部应根据《1985年粮食安全法》第12篇（《美国法典》第16篇3801及以下）所述作出决定，建立永久湿地保护地役权，以对录入地产目录的湿地或改造湿地实施保护和恢复。

（2）在建立截止本款颁布之日被视为耕地的土地上的湿地保护地役权时，农业部应根据本款的规定，尽量避免对农田的生产力产生负面影响。

（3）为免产生负面影响，农业部：

（A）1985年12月23日前改造、农业部决定作为耕地使用的湿地建立的湿地保护地役权，不得超过目录地产特定地块上可用于农产品生产的现有耕地的10%；

（B）种植农产品的湿地和（A）所述湿地建立的湿地保护地役权，不得超过目录地产特定地块上可用于农产品生产的现有耕地的20%；

（C）确保毗邻湿地的缓冲区的平均宽度不超过100英尺；

（D）确保为地产的其他部分设置用于耕种等用途的通道。

（4）根据农业部的决定，应为曾用于割干草和放牧的湿地建立湿地保护地役权，但建立地役权的湿地数量不得超过目录地产地块上现有牧草地的50%。湿地上进行的所有割干草和放牧活动（包括割干草和放牧的时间与强度）应符合湿地牧草地保护的管理标准。

（5）虽有（3）所述的限制条件，但如按（1）规定建立的湿地保护地役权阻碍待出售或出租给（e）（1）（C）第（i）、（ii）或（iii）项所述借款人或起步农场主、牧场主借款人的目录地产中的特定地块成为与收购地块相当的有价农业生产单元，则农业部可以：

（A）对1985年12月23日之前改造的湿地建立湿地保护地役权，湿地数量应小于特定地块上可用于农产品生产的现有耕地的10%；

（B）如（A）规定的减少数量不适用或不足以确保特定场地成为有价农业生产单元，则需对经常种植农产品的湿地建立的湿地保护地役权进行修订，以便在必要范围内保证农产品的生产（符合《1985年粮食安全法》第12篇的规定），使地块保持有价农业生产单元的状态。

（6）农业部应向考虑保护贷款服务的借款人提供事先书面通知，以对借款人正在协商租赁的土地建立湿地保护地役权的可能性进行说明。

（7）农场的估定价值应反映土地设置湿地保护地役权的价值。

（8）虽有（3）和（4）规定的限制条件，但任何人均可就（3）或（4）所述的不动产自愿、有意放弃限制条件。

（2）在现有耕地上设立湿地保护地役权的相应上限研究和报告。

（A）研究。1991年1月31日之前，农户房屋管理局应就按该等条款设置何种永久湿地保护地役权对依据《巩固农业和农村发展法》条款335（g）（3）小项（A）和（B）所述规定的可用于农产品生产的现有耕地的最大百分比的适合性教学研究，研究考虑下列因素：

（i）可能受该等地役权管辖的农户房屋管理局目录中的土地数量；

（ii）使该等目录土地受该等地役权管辖的成本和效益。

（B）报告。1991年1月31日之前，农户房屋管理局应编写并向众议院农业委员会和参议院农业、营养和林业委员会提交报告，报告内容应包括该局对（A）所述的适合的最大百分比建议。

第1814条　定义。

条款343（a）（《美国法典》第7篇1991（a））修订如下：

（1）删除（6）结尾的"和"；

（2）在结尾的句号前插入如下内容：

"，（8）'起步农场主或牧场主'一词的含义与农业部给出的定义相同，（9）'直接贷款'一词指依据第 309 条的规定创建的账户资金提供或担保的贷款，（10）'农场主计划贷款'指第 303 条所述的农场所有权贷款（FO）、第 312 条所述的经营周转贷款（OL）、第 304 条所述的水土贷款（SW）、第 304 条所述的休闲贷款（RL）、第 321 条所述的紧急贷款（EM）、《紧急农业信贷调整法》第 202 条（《公法》95-334 第 2 篇）所述的经济紧急贷款（EE）、《1961 年经济机会法》（《美国法典》第 42 篇 2942）所述的经济机会贷款（EO）、《1985 年粮食安全法》第 1254 条所述的软木木材贷款或《1949 年住房法》第 502 条所述的用于农场生产建筑的农村房屋贷款（RHF）"。

第 1815 条　保护地役权的资格期限的延长；借款人援助。

第 349 条（《美国法典》第 7 篇 1997）修订如下：

（1）在（c）中：

（A）在（1）前面的内容中，删除"该等地产"；

（B）在（1）中，在"是"前面插入"该等地产"；

（C）在（2）中，在"是"前面插入"该等地产"；

（D）在（3）（A）（ⅰ）中，在"担保"前面插入"该等地产"；

（E）项（3）（A）的条款（ⅱ）修订如下：

"（ⅱ）根据农业部的决定，该等地役权最好能使合格的借款人及时偿还贷款；或"；

（F）在（3）中，在"是"前面插入"该等地产"；

（G）在（4）中，在"曾是"前面插入"该等地产"；和

（2）款（e）修订如下：

（e）（1）根据（2）的规定，农业部可向借款人购买任何地役权：

（A）在农业部已经根据农户房屋管理局管理的法律向借款人提供了一次或多次未偿贷款的情况下，农业部可以取消未偿贷款总额中占总额比例与借款人受地役权管辖的不动产英亩数占贷款抵押总英亩数的比例相同部分的未偿贷款，向借款人购买该等地役权；或

（B）在任何其他情况下，部长可以把发放给借款人的新贷款本金金额中部长根据农户房屋管理局管理的法律持有的以下部分金额作为预付款：占本金金额的比例与借款人受地役权管辖的不动产英亩数占新贷款抵押总英亩数的比例相同，向借款人购买该等地役权。

（2）根据（1）的规定取消或作为预付款的金额：

（A）如果是拖欠贷款，则不超过购买地役权的土地价值或土地抵押的未偿贷款金额与土地价值之间的差额，以较大的为准；或

（B）如果是非拖欠贷款，则不超过土地抵押贷款的 33%"；和

（9）删除（h）。

第 1816 条　债务重组和贷款服务。

（a）重组资格。条款 335（b）（1）（《美国法典》第 7 篇 2001（b）（1））修订，在分号前面插入如下内容："，如果通过清算或其他方法实现的、按（c）（2）（A）（ⅱ）计算的资产价值会产生足够的收入使拖欠贷款正常偿付，则除非法规要求，否则借款人没有资格获得（a）规定的援助"。

（b）净收回价值的计算变化。

（1）在收回价值中计入借款人的某些非必要无担保资产。条款 353（c）（2）（A）（《美国法典》第 7 篇 2001（c）（2）（A））修订如下：

（A）（ⅰ）借款人贷款抵押地产权益的当前估定价值金额；加

（ⅱ）借款人所有其他下列资产的权益价值：

（Ⅰ）非必要的家庭生活开支所必需的资产；

（Ⅱ）非农场经营必需的资产；和

（Ⅲ）非判定债权人免除的资产或处于联邦或州法律规定的破产程序的资产；减去"。

（2）在收回价值中计入非借款人所拥有的担保地产。条款353（c）（2）（《美国法典》第7篇2001（c）（2））修订如下：

（A）在（B）（ⅳ）中，删除"成本"，插入"成本；加"；

（B）在结尾处新增如下：

"（C）如果该等贷款的担保协议指定任何地产、且农业部认为应在本条中计入该等地产的价值，则依据农业部的决定，其不应计入小项（A）（ⅰ）的地产价值。"

（c）偿债保证金。条款353（c）（3）（《美国法典》第7篇2001（c）（3））修订，在结尾处新增如下子段落：

（C）偿债保证金。为了根据（A）的规定评估借款人履行债务和继续农场经营的能力，农业部应假设借款人需要指定偿债金额105％的金额。

（ⅰ）为了达到根据（A）评估借款人满足债务义务和继续农场耕作的能力，借款人需要支付债务数额的105％。

（ⅱ）可用收入。如果指定借款人偿债金额105％的金额专用于偿付债务，则农业部应考虑借款人的收入是否足够履行借款人的债务。

（d）重组计算的最后期限。条款353（c）（4）（《美国法典》第7篇2001（c）（4））修订如下：删除"60"，插入"90"。

（e）回租/回购资格的诚信要求。条款353（e）（1）（《美国法典》第7篇1985（e）（1））修订如下：

（1）在（A）（ⅰ）中，在结尾的句号前插入"，根据农业部颁布的法规的规定，如果该等借款人-业主在该等贷款方面行事诚信"；

（2）在（C）（ⅰ）中，在结尾的句号前插入"，根据农业部颁布的法规的规定，如果该等借款人-业主在该等地产担保的该等借款人-业主贷款方面行事诚信"。

（f）贷款义务的终止。条款353（c）的第6项（《美国法典》第7篇2001（c）（6））修订如下：

（6）贷款义务的终止。

（A）要求的条件。

（ⅰ）概述。除非（B）另有规定，否则借款人对于农业部的重组贷款义务应在出现以下情况时终止：

（Ⅰ）借款人满足款（b）项（1）和（2）的规定；

（Ⅱ）重组贷款的价值小于回收价值；

（Ⅲ）在收到（4）（B）项所述通知后的90天内，借款人支付（或得到第三方融资支付）给农业部与回收价值相当的金额。

（ⅱ）诚信要求的有限适用性。条款（ⅰ）（Ⅰ）不适用于农业部在本项颁布日期前根据本条的规定提出的净收回收购出价，除非农业部在该等日期前认定相关借款人在贷款方面行事不诚信。

（B）取回。

（ⅰ）要求借款人在贷款义务终止前签订协议的权力。

（Ⅰ）概述。作为终止本项贷款义务的条件，农业部可要求借款人与其签订协议。依据本协议的规定，如果借款人在协议日期后10年内出售或以其他方式让与担保贷款所用的不动产，及出售或让与获利超过贷款的收回价值金额，则农业部可取回贷款收回价值与贷款抵押地产（在该等出售或让与之日）公平市价之间的全部或部分差额。

（Ⅱ）取回金额限制。子条款（Ⅰ）所述的协议不得规定在本项的贷款义务即将终止前取回超过收回价值与贷款的未清本息余额间差额的金额。

（ⅱ）家庭内部转让处理。依据条款（ⅰ）（Ⅰ）的规定，借款人死亡或退休时向在地产上积极从事农业的其配偶或子女转让地产所有权，不得视为出售或让与。"

（g）估价。条款 353（c）（《美国法典》第 7 篇 2001（c））修订，在结尾处新增如下新项：

（7）估价协调。

（A）概述。确定本款的相关重组时，农业部应在借款人提出请求时与借款人协商本款规定的相关估价。

（B）独立估价。如果借款人基于当前的独立估价反对农业部的估价决定，则其和农业部应在可能范围内与再次对借款人的地产进行估价的独立估价师达成一致，并以两次价值最接近的估价平均值作为本项所述的最终估价。借款人和农业部应各自支付一半的独立估价成本。"

（h）附加规定。第 353 条修订，在结尾处新增如下：

（l）部分清算。如果本篇所述的担保出借人作为贷款服务的一部分执行部分清算（在得到农业部事先同意的情况下），则农业部不得要求全部清算拖欠贷款，以使出借人有资格就损失收到付款。

（m）正常收入担保的处置。在本条款的款（b）（2）和条款 335（e）（1）（A）的小项（A）（ⅰ）和（C）（ⅰ）中，如果贷款人：

（1）未得到农业部的同意在 1988 年 10 月 4 日前处置了正常收入担保；和

（2）证明：

（A）用收益支付了必要的家庭和农场经营费用；和

（B）如果本款颁布之日生效的法规在处置时依然有效，则借款人有权得到农业部发放的收入款项，此种情况下，农业部不得视借款人在处置方面行事不诚信。

（n）1988 年 1 月 6 日以后的贷款，向每名借款人仅提供一次划减或净回收收购。

（1）概述。农业部可向 1988 年 1 月 6 日以后所有贷款的借款人提供本条不超过一次的划减或净回收收购。

（2）特殊规则。在（1）中，农业部应将 1988 年 1 月 6 日或之前提供、但在该日期后按本条提供重组、划减或净回收收购的贷款视为该等日期之后的贷款。

（o）资产清算。农业部可不使用本条规定的权力，以减少或终止借款人通过款（c）（2）（A）（ⅱ）所述的资产清算（或者，当贷款价值大于清算价值时，通过支付资产的贷款价值）偿还的任何债务。

（p）每名借款人的债务减免终身限制。农业部可以根据本条的规定向每名借款人提供不超过 30 万美元的本息减免。

第 1817 条　印第安保留地资金分配。

条款 335（b）（《美国法典》第 7 篇 355（b））修订，在结尾处新增如下段落：

"（3）印第安保留地。向印第安保留地境内的各县分配贷款资金时，农业部应将资金分配至全保留地范围内。"

第 1818 条　借款人培训。

（a）概述。子篇 D（《美国法典》第 7 篇 1981 及以下）修订，在结尾处新增如下条款：

"第 359 条　借款人培训。

"（a）概述。农业部应签订合同，向根据本篇提供的农场主计划直接贷款和担保贷款的借款人提供与商业性农业有关的财务和农场经营理念方面的教育培训。

"（b）合同。

"（1）概述。农业部可以与州或私营农场经营和信贷咨询服务供应商（包括社区学院、州推广服务处、州农业部或非盈利组织）签订合同，执行本条的规定。

"（2）意见征求。农业部可以就承包组织的认定和承包过程征求州长的意见。

"（c）贷款资格。

"（1）概述。在满足（2）的情况下，有资格获得本篇直接或担保贷款的借款人必须获得本条规定的、与借款人的经营能力（由依据第332条规定成立的相应的县委员会在裁定贷款资格时决定）相当的经营援助。

"（2）贷款条件。满足条款302（a）（2）或311（a）（2）规定标准的借款人对于本条所述的经营援助的需求不得成为否定借款人获得本篇直接或担保贷款资格的理由。

"（d）指南和课程。农业部应颁布法规，确定本条所述借款人培训项目的课程和指南。

"（e）付款。借款人应该为接受本条的培训支付费用，并可以用根据子篇B提供的经营周转贷款资金支付培训费。

"（f）弃权。农业部可以放弃本条中对于个人借款人的如下要求：经县委员会裁定要求借款人证明自己在本条所述领域具备足够的知识。"

（b）经营周转贷款的用途。条款312（a）（《美国法典》第7篇1942（a））修订如下：

（1）删除（11）末的"和"；

（2）在结尾的句号前插入如下内容："，和（13）第359条所述的借款人培训"。

第1819条　贷款评估。

子篇D（《美国法典》第7篇1981及以下）修订，在本法案条款1818（a）已增加的条款后面新增如下条款：

"第360条　贷款评估。

"（a）概述。根据第332条成立的相应县委员会确定有资格获得本篇援助的申请人后，农业部应根据其颁布的法规，对有资格的农场主或牧场主申请人的农业计划和财务状况进行评估。

"（b）确定。评估本条申请人的农业计划和财务状况时，农业部应确定：

"（1）申请人需要借入以执行拟议农业计划所需的金额；

"（2）申请人获得支付费用和建立足够股权基础的能力所需的利率；

"（3）申请人拟议农业计划的目标；

"（4）计划的财务可行性以及为了使计划可行而必须做出的改变；

"（5）在本篇项下，援助是否必要，如果有必要，援助金额。

"（c）合同。农业部可以与第三方（包括有资格提供条款359（b）借款人培训的实体）签订合同，执行本条的贷款评估。

"（d）贷款审查。

"（1）概述。根据本条进行的贷款评估包括按本篇所做的直接贷款的半年审查和担保贷款的定期审查（如农业部认为必要），以评估借款人实现农场或牧场经营目标的进度。

"（2）合同。农业部可以与有资格提供条款359（b）所述的借款人培训的实体签订合同，执行（1）所述的贷款审查。

"（3）问题评估。如果借款人拖欠偿还本篇的直接或担保贷款，农业部或承包实体应查明拖欠的原因和必要的纠正措施。

"（e）指南。农业部应颁布法规，规定按本条所作的贷款评估指南。"

第1820条　监督信贷。

子篇D（《美国法典》第7篇1981及以下）修订，在本法案条款1818（a）和1819已增加的条款后面新增如下条款：

"第 361 条　监督信贷。

"部长应向农户房屋管理层的员工提供充分的信贷分析及财务和农场经营培训，以：

"（1）使员工更深入地了解作为直接或担保贷款审批决定基础的充分的财务数据；

"（2）确保正确地监督农户计划贷款。"

第 1821 条　市场募集。

子篇 D（《美国法典》第 7 篇 1981 及以下）修订，在本法案条款 1818（a）、1819 和 1820 已增加的条款后面新增如下条款：

"第 362 条　市场募集。

"农业部应该为有资格的起步农场主和牧场主以及农业部认为有合理机会以本篇的担保获得商业信贷资格的其他借款人设立市场募集计划。"

第 1822 条　国会对合格的创业初期农场主或牧场主的援助意向。

在执行《综合农业和农村发展法》（《美国法典》第 7 篇 1921 及以下）时，国会认为农业部应：

（1）为两代人之间的土地转让及新农场、新牧场单位的建立制定创新性财务和援助计划；

（2）扩大赊销和土地合同方法的使用范围，以出售根据该法收购的适当的地产；

（3）维护根据该法向合格的起步农场主或牧场主提供或担保的贷款以及出售或出租的目录农田的数量统计。

第 1823 条　国会对 FmHA 贷款申请审查和贷款服务的意向。

（a）调查结果。国会查明，农业部监察长和美国总审计长出具的报告找到了《巩固农业和农村发展法》（《美国法典》第 7 篇 1921 及以下）所用的贷款申请审查体系和担保贷款的贷款服务监控问题。

（b）国会的态度。国会认为，农业部应迅速采取必要的措施纠正报告发现的问题，并向国会报告采取的行动。

第 1824 条　禁止将贷款用于某些用途。

《巩固农业和农村发展法》的子篇 D 修订，在本法案条款 1818（a）、1819、1820 和 1821 已增加的条后面新增如下：

"第 363 条　禁止将贷款用于某些用途。

"农业部不得批准将本篇所述的贷款用于湿地（参见《1985 年粮食安全法》条款 1201（a）（16）（《美国法典》第 16 篇 3801（a）（16））的定义）的排水、疏通、填表、整平或其他作业方式，或从事影响或降低水的流动、循环或到达条件的活动，与维护先前改造的湿地有关的活动或在本条款颁布日期前已经开始的活动除外。

子篇 B　农业信贷体系

第 1831 条　《1971 年农业信贷法》的引述。

除非另有规定，否则本子篇所述的某一章节或其他条的修订或废止指的是《1971 年农业信贷法》

（《美国法典》第 12 篇 2001 及以下）中某一章节或其他条款的修订或废止。

第 1832 条　针对诚信生产商的基本加工和营销经营的融资。

（a）农业信贷银行。条款 1.11（a）（《美国法典》第 12 卷 2019（a））修订如下：

（1）删除"（a）农业或水产用途。农业信贷银行提供的贷款"，插入如下内容：

（a）农业或水产用途。

（1）概述。农业信贷银行提供的贷款；

（2）删除"20％以上，"以及"农业信贷管理局"以前的全部内容，插入"某部分"；和

（3）在结尾后面和下面新增如下项：

"（2）基本加工和营销经营贷款的限制。任何农业信贷银行提供的与农场主、牧场主和水产品生产商或收获者直接相关的基本加工和营销融资总数（如果申请人的经营占融资加工或营销总数的比例不足 20％）不超过该银行所有未偿贷款总数的 15％。"

（b）生产信贷局。条款 2.4（a）（1）（《美国法典》第 12 篇 2075（a）（1））修订如下：删除"20％以上"以及后面直到段末前的全部内容，插入"融资加工或营销总数的一部分，除非任何信任社提供的与农场主、牧场主和水产品生产商或收获者直接相关的基本加工和营销融资总数（如果申请人的经营占融资加工或营销总数的比例不足 20％）不超过地区所有信贷局在前一财政年度末所有未偿贷款总数的 15％"。

第 1833 条　股票的第一留置权恢复。

第 2 篇的子篇 A 修订如下：

（1）把第 2.7 条重新命名为第 2.6 条（《美国法典》第 12 篇 2077）；

（2）在第 2.5 条（《美国法典》第 12 篇 2076）后面插入如下新条：

第 2.6 条　股票留置权。

"除了其他农业信贷体系机构持有的股票证书或参股证书外，对于资本投资持有人的债务以及股权投资准备情况下信贷局超过准备金和盈余的损失费用，各生产信贷局应对信贷局发布的股票证书和参股证书、分配盈余以及股权投资准备设置第一留置权。"

第 1834 条　保险业务。

第 4.29 条（《美国法典》第 12 篇 2218）修订如下：

（1）在（a）（2）：

（A）在第一句中，在结尾的句号前插入如下内容："，如果每种保险有两个以上的承保人向银行提出很可能具有长期可行性并满足（b）（2）（D）要求的项目"；

（B）在第三句中，在结尾的句号前面插入如下内容："，如果至少根据本段的规定批准了两名以上承保人"；和

（2）在（b）（2）（E）中，在结尾的分号前面插入如下内容："，如果至少根据（a）（2）的规定批准了两名以上承保人"。

第 1835 条　签证报表内容的澄清。

第 5.56 条的（a）款（《美国法典》第 12 篇 2277a-5（a））修订如下：

（a）签证报表的备案。每年，在有待董事会全权决定的日期，在当年开始前投保的保险体系的各家银行应在公司备案表明如下内容的签证报表：

（1）银行提供的处于应计状态贷款的年平均未偿本金，包括政府担保贷款的非担保部分；

（2）处于应计状态的联邦政府担保贷款（定义参见第 5.55（a）（2））担保部分的年平均未偿本金；

（3）处于应计状态的州政府担保贷款（定义参见第 5.55（a）（2））年平均未偿本金；

（4）处于非应计状态的贷款年平均未偿本金；

（5）当年公司来自银行的到期保险费金额。

第 1836 条　农业信贷体系援助委员会的终止日期。

（a）保险基金的使用。第 5.60（c）条（《美国法典》第 12 篇 2277a-9（c））修订如下：

（1）在（1）项中，删除"本部分颁布之日后的 5 年"，插入"1993 年 1 月 1 日"；

（2）在（2）项中，删除"本部分颁布之日后的 5 年"，插入"1993 年 1 月 1 日"。

（b）关于陷入困境的保险体系银行的公司权力。第 5.61（f）条（《美国法典》第 12 篇 2277a-10（f））修订如下：

删除"从本部分颁布日期开始"，插入"1993 年 1 月 1 日前"。

第 1837 条　农业信贷体系机构对某些人员的雇用。

第 5.65（d）条（《美国法典》第 12 篇 2277a-14（d））修订如下：

（1）在（1）项中，删除"保险体系银行"，插入"保险体系机构"；

（2）在（2）项中，删除"银行"，插入"机构"。

第 1838 条　加利福尼亚州畜牧生产信贷局体系机构状态的终止。

（a）终止权力。即便有本法案颁布之日生效的其他法律规定，加利福尼亚州畜牧生产信贷局仍可终止信贷局的农业信贷体系机构状态。

（b）要求。即使《1971 年农业信贷法》条款 7.10（a）（4）（《美国法典》第 12 篇（a）（4））有其他规定，不得（在终止时）：

（1）要求加利福尼亚州畜牧生产信贷局支付最后的 10 万美元资本中的任何部分；或

（2）限制加利福尼亚州畜牧生产信贷局将 10 万美元中的任何部分转让给继任机构。

第 1839 条　担保农户计划贷款的次级市场。

（a）认证设施的定义。第 80 条（《美国法典》第 12 篇 2279aa（3））的第（3）项修订如下：

（3）认证机构。"认证机构"指：

（A）根据第 8.5 条认证的次级营销农业贷款设施；或

（B）公司及其附属公司，仅限于（9）（B）所述的有合格贷款。

（b）合格贷款的定义。"合格贷款"指如下债务：

（A）（ⅰ）针对不受源自先前完全所有权或租借抵押索赔管辖的美国境内的农业地产用完全所有权或租借抵押担保的、处于第一留置权状态的债务；

（ⅱ）下列债务：

（Ⅰ）美国公民、国民或允许其在美国境内合法永久居留的外国人的债务；或

（Ⅱ）私营公司或私人合伙企业（持公司或合伙企业多数股权的成员、股东或合伙人为子条款（Ⅰ）所述的个人）的债务；和

（ⅲ）有培训或农业经验（从公司制定的标准来看，足以确保按贷款条件偿付贷款的合理的可能性）的个人、公司或合伙企业的债务；或

（B）作为农业部根据《巩固农业和农村发展法》（《美国法典》第 7 篇 1921 及以下）规定担保的贷款组成部分的债务，除非：

（ⅰ）第 8.6 条的款（b）～（f）以及第 8.7、8.8 和 8.9 条不适用于农业部担保贷款部分或不适用于代表与农业部担保贷款部分有关的一揽子债务权益的债务、一揽子抵押或抵押物或该等一揽子债务担保债务的债务、一揽子抵押或抵押物；

（ⅱ）视农业部担保贷款部分完全满足本法案所述的合格贷款的全部标准。

第1840条　农业信贷局调控联邦农业抵押贷款公司的权力。

第8.11条（《美国法典》第12篇2279aa-11）修订如下：

（1）在（a）中，（1）修订如下：

（1）权力。即使本法案有其他规定，农业信贷局有权：

（A）规定审查公司及其附属公司的条件；

（B）规定全面监督本篇赋予公司及其附属公司的权力、职能和职责的安全、良好履行，包括通过行使第5篇的C部分规定的农业信贷局的执行权履行；和

（2）在结尾处新增如下款：

"（e）附属公司的定义。在本篇中，'附属公司'指公司有效控制或拥有的实体，但不包括认证设施或发起人（定义分别参见第8.0条的（3）和（7））。"

第1841条　从高级行政服务中排除农业信贷局。

《美国法典》第5篇的条款3132（a）（1）（D）修订如下：在"公司，"后面插入"农业信贷局"。

第1842条　农村信贷成本及可用性的GAO研究。

（a）研究。美国总审计长应对与美国农村信贷成本及可用性相关问题进行研究，包括以下方面的研究：

（1）农业信贷体系的作用和借出量与《1987年农业信贷法》及该法修正案所述体系偿付援助能力之间的关系；

（2）结合重建资本成本、援助偿付和根据《1971年农业信贷法》第5.60条（《美国法典》第12篇2277a-9）设立的农业信贷保险基金的资本化，研究农业信贷体系机构的竞争能力；

（3）农业信贷银行收取的信贷费率与风险和到期日相当的信贷的当前市场费率；

（4）农村借贷机构的信贷定价实践对其他提供农业信贷的借贷机构的财务稳健性产生负责影响的可能性；

（5）商业借贷和保险机构的定价实践以及实践是否能充分地解决农业借贷的风险等级；

（6）是否按国会的预期用途使用《1987年农业信贷法》及该法修正案授权的援助；

（7）美国农村资助农业生产、基础设施发展（包括道路、桥梁和供水系统的发展）和农村发展的信贷可用性和充足性；

（8）以农业服务为主的商业出借人和农业信贷体系机构扩大出借活动的范围，增加组合多样性的谨慎性和可取性；

（9）主要农业部门出借人之间的竞争力水平，过去5年内出借人之间的竞争加剧还是减弱，美国生产商是否在竞争环境中获益；

（10）与总资产水平相关的、美国农村农业借贷机构的农业出借行为水平，农村社区或借贷机构所在地区以外机构的投资水平。

（b）报告。在本法案颁布之日后的2年内，总审计长应向众议院农业委员会和参议院农业、营养和林业委员会提交（a）所述的研究报告（包括相关建议）。

第1843条　体系机构支付的工资和报酬。

（a）废除农业信贷局对于体系机构所付工资和报酬的审批权力。

（1）概述。条款5.17（a）（《美国法典》第12篇2252（a））修订如下：删除段落（13）。

（2）合规条款修订。条款6.6（a）（8）（B）（《美国法典》第12篇2278a-6（a））修订如下：删除

"即使农业信贷局有权审批该等事务"。

(b) 在银行审查中纳入报酬分析。条款 5.19（a）（《美国法典》第 12 篇 2254（a））修订如下：在第三句后面插入如下内容："银行审查应包括首席执行官报酬分析和银行员工的工资级别。"

子篇 C 其 他

第 1851 条 经济紧急贷款计划。

废除《1978 年紧急农业信贷调整法》（废除《美国法典》第 7 篇 1961 注释前的条款）。

第 1852 条 社会弱势个体的农场所有权推广计划拨款授权。

《1987 年农业信贷法》第 623 条（《美国法典》第 7 篇 1985 注释）修订如下：

（1）在农业部前面插入"（a）概述—";

（2）在结尾处新增如下款：

"（b）拨款授权。授权在 1991—1995 的每个财政年度拨款 250 万美元，用于本条的执行。"

第 1853 条 州调解程序。

《1987 年农业信贷法》第 506 条（《美国法典》第 7 篇 5106）修订如下：删除"1991"，插入"1995"。

第 1854 条 印第安土地收购程序。

（a）有限资源利率。公法 91 - 229（《美国法典》第 25 篇 492）第 5 条修订如下：删除"条款 307（a）"，插入"条款 307（a）（3）（B）"。

（b）拨款授权。公法 91 - 229（《美国法典》第 25 篇 488 及以下内容）修订，在结尾处新增如下条款：

第 6 条 拨款授权。

"授权在 1991—1995 的每个财政年度拨款 80 万美元，用于本法案的执行。"

子篇 D 生效日期

第 1861 条 生效日期。

（a）概述。除非本篇另有规定，本篇和本篇所作的修订应从本法案颁布之日开始生效。

（b）债务清算程序的通知。

（1）概述。除非《巩固农业和农村发展法》条款 353（c）（6）（A）（ii）（经修订的本法案条款 1816（f））和本款第（3）项另有规定，否则本法案第 1816 条及第 1816 条所作的修订应适用于本法案颁布之日或之后根据《巩固农业和农村发展法》（《美国法典》第 7 篇 2001）第 353 条的规定提交的新申请。

（2）新申请的定义。在（1）中，"新申请"指借款人提交的提请债务重组审议的申请，并非在初次申请裁定或修改以后重新审议的申请。

（3）资产清算。在农业部长发布《巩固农业和农村发展法》条款 353（o）（经本法案条款 1816（h）修订）的最终执行法规前，不适用条款 353（o）。

（d）股票的第一留置权恢复。本法案第 1833 条所作的修订于 1988 年 1 月 7 日生效。

（e）法规。在本法案颁布之日后的尽快时间内：

（1）农业部长应发布必要的法规，以执行本法案的子篇 A 和 C 以及该等子篇所作的修订；和

（2）农业信贷管理局应发布必要的法规，以执行本法案的子篇 B 以及该子篇所作的修订。

第 19 篇 农业推广

第 1901 条 简称。

本法案可以引用为《1990 年农业推广项目法》。

子篇 A 美洲山核桃

第 1905 条 简称。

本子篇可以引用为《1990 年美洲山核桃推广及研究法》。

第 1906 条 研究结果及政策声明。

（a）研究结果。国会发现：

（1）美洲山核桃是美国本地的一种坚果，是一种重要的食品，也是人们饮食的重要组成部分；

（2）美洲山核桃的产量对美国经济的发展有重要影响，因为有成千上万的生产商生产美洲山核桃，无数脱壳商和加工商从事美洲山核桃脱壳和加工，并且美国生产的美洲山核桃供美国及其他国家的上百万人消费；

（3）为确保消费者获得充分的美洲山核桃供应，美洲山核桃必须质量优良、随时可以购买、正确经营并充分销售；

（4）美洲山核桃现有市场的维持和扩展以及新市场的开发，对于美洲山核桃生产商、与美洲山核桃销售、使用和生产有关的人群以及美国整体经济而言至关重要，必须要确保美洲山核桃的随时供应以及充分销售；

（5）现在已有州组织进行美洲山核桃的推广、研究以及行业和消费者教育项目，这些项目对于促进美洲山核桃的销售工作而言意义重大；

（6）为了维持和扩展现有美洲山核桃市场，并开发新的美洲山核桃市场，必须要合作开发、资助和实施全国美洲山核桃推广、研究、行业信息和消费者信息合作项目；

（7）美洲山核桃进入州际和国外贸易渠道，未进入这些贸易渠道的美洲山核桃直接加重州际美洲山核桃贸易的负担或者影响州际美洲山核桃贸易。

（b）政策。国会声明，其政策是，通过行使本子篇中所规定的权限授权建立有序的开发、资助（通过对美国生产或者进口到美国的美洲山核桃征收充分的特别税捐），实施有效、连续、协同的推广、研究、行业信息和消费者信息项目有利于公共利益，该程序和项目旨在：

（1）提高美洲山核桃行业的市场地位；

（2）维持和扩展现有的国内及国外美洲山核桃市场和用途；

（3）开发新的美洲山核桃市场和用途。

（c）说明。本子篇中的任何内容都不得用于控制美洲山核桃的生产或者以其他方式限制任何人生产美洲山核桃的权利。

第 1907 条 定义。

在本子篇中：

（1）理事会。术语"理事会"指按照条款 1910（b）规定建立的美洲山核桃营销理事会。

（2）贸易。术语"贸易"指州际、国外或者州内贸易。

（3）利益冲突。术语"利益冲突"指委员会某一委员在直接或间接负责委员会的法人、合伙企业、独资企业、合资企业或者其他商业实体中享有直接或间接经济利益的情形。

（4）消费者信息。术语"消费者信息"指可以协助消费者以及其他人针对美洲山核桃购买、制作和使用相关评估与决策提供的信息和项目。

（5）部。术语"部"指农业部。

（6）地区。术语"地区"指由委员会确定、部长批准的美国一个地理区域，该区域生产的美洲山核桃约占美国美洲山核桃产量的 1/4。

（7）第一经销商。术语"第一经销商"指第一个从种植者处购买或获得美洲山核桃并用于销售的人。如果种植者直接向消费者销售美洲山核桃，那么该种植者本人应视为该种植者所种植美洲山核桃的第一经销商。

（8）种植者。术语"种植者"指在美国从事美洲山核桃生产和销售、独自拥有/承担或者与他人共有/分担美洲山核桃所有权和风险的任何人。

（9）种植者兼脱壳商。术语"种植者兼脱壳商"指下列人：

（A）在美国从事美洲山核桃脱壳或者委托他人进行美洲山核桃脱壳的人；

（B）在上一年度，此人脱壳或委托他人脱壳的美洲山核桃中有 50％或以上是由此人种植的。

（10）经销。术语"经销"指脱壳商或第一经销商收到带壳美洲山核桃，包括由该脱壳商或第一经销商种植的美洲山核桃。

（11）进口商。术语"进口商"指从美国以外进口美洲山核桃在美国销售的任何人。

（12）行业信息。术语"行业信息"指开发新市场和营销策略、提高效益、进行改善美洲山核桃行业形象活动所需的信息和项目。

（13）带壳美洲山核桃。术语"带壳美洲山核桃"指尚未脱壳的美洲山核桃。

（14）营销。术语"营销"指通过任何渠道销售或处理美洲山核桃。

（15）委员。术语"委员"指委员会委员。

（16）美洲山核桃。术语"美洲山核桃"指美洲山核桃树的果仁。

（17）人。术语"人"指任何个人、个人群体、合伙企业、法人、协会、合作社或者任何其他实体。

（18）计划。术语"计划"指按照第 1908 条的规定发布的计划。

（19）推广。术语"推广"指委员会根据本子篇规定采取的、旨在提高美洲山核桃在市场上的竞争地位、促进美洲山核桃销量而进行的任何行动，包括付费广告。

（20）研究。术语"研究"指旨在提升美洲山核桃的形象、合意性、使用、适销性、产量、产品开发或质量而进行的任何类型的测试、研究或分析。

（21）部长。术语"部长"指农业部长。

（22）脱壳。术语"脱壳"指去除带壳美洲山核桃的壳。

（23）脱壳美洲山核桃。术语"脱壳美洲山核桃"指去除山核桃壳以后的美洲山核桃仁或部分桃仁。

（24）脱壳商。术语"脱壳商"指满足下列条件的任何人：

（A）脱壳或委托他人脱壳美洲山核桃；

（B）在上一年度，其脱壳或委托他人脱壳的美洲山核桃有 50％以上由此人购买。

（25）州。术语"州"指美国各个州、哥伦比亚特区以及波多黎各自由邦中的任何一个。

（26）美国。术语"美国"是美国各州、哥伦比亚特区和波多黎各自由邦的统称。

第 1908 条　计划的发布。

（a）概述。为了实施条款 1906（b）中所声明的政策，部长应按照本子篇的规定，发布并适时修订适用于美洲山核桃种植者、种植者兼脱壳商、脱壳商、第一经销商和进口商的计划。任何此类计划都应适用于全国范围，根据本子篇的规定，任何时候都只能有一项计划有效实施。

（b）程序。

（1）发布计划的提出。部长可以按照本篇的规定提出发布计划，或者美洲山核桃种植者或种植者兼脱壳商或者受本篇规定影响的任何其他人组成的联盟都可以要求发布计划，并可以提出建议的计划。

（2）建议的计划。在收到利益相关人发布计划的要求和提议之后 60 天内，或者部长决定提出计划时，部长应公布建议的计划，适时通知公众，使公众有机会对建议的计划发表意见。

（3）计划的发布。按照第（2）项的规定向公众发出通知并为公众提供了发表意见的机会以后，部长应发布计划，在计划中考虑收到的公众意见，并包括为确保计划符合本子篇要求所必需的条款。

（4）计划的生效日期。计划应在建议的计划发布以后 150 天内发布并生效。

（c）修订。部长可以随时修订按照本条规定发布的计划。本子篇中适用于某一计划的条款也应适用于对该计划的修订。

第 1909 条　规定。

部长可以发布为实施本子篇规定所必需的规定。

第 1910 条　计划中的必需条款。

（a）概述。按照本子篇规定发布的每项计划都应包括本条中所规定的条和条件。

（b）美洲山核桃营销理事会。

（1）建立。计划中应规定建立美洲山核桃营销理事会，以实施条款 1906（b）中所述的项目。

（2）服务于全行业。理事会应实施能够使全美国的美洲山核桃行业最大受益的计划和项目，并且只对美洲山核桃做一般推广。

（3）理事会成员。理事会应由 15 名理事组成，包括：

（A）8 名种植者理事；

（B）4 名脱壳商理事；

（C）1 名第一经销商理事，该第一经销商的总收入中有 50% 以上是通过购买和销售美洲山核桃而获得的；

（D）1 名理事为向美国进口美洲山核桃的进口商，该理事由理事会提名；

（E）一名代表公众的理事，该理事由理事会提名；

（F）根据理事会的选择，可以选择代表其他国家美洲山核桃生产商的观点的一名顾问作为无投票权的理事参与理事会。

（4）理事的代表性。

（A）种植者代表。在（3）（A）中所述的种植者中，每个地区应有两名理事。

（B）脱壳商代表。在（3）（B）中所述的脱壳商中：

（ⅰ）两名理事应从居住于密西西比河以东的脱壳商中选出；

（ⅱ）两名理事应从居住于密西西比河以西的脱壳商中选出。

（C）第一经销商代表。（3）（C）中所述的理事会中的第一经销商代表应从居住于某一地区的第一经销商中选出。

（D）进口商代表。（3）（D）中所述的理事会中的进口商代表应为向美国进口美洲山核桃的个人。

（E）公众代表。（3）（E）中所述的理事会中的公众代表不得是种植者、种植者兼脱壳商、脱壳商、第一经销商或进口商。

（5）每个理事的候补理事。理事会每名理事都应有一名候补，该候补理事应具有与其所对应理事相同的资质。

（6）各州理事人数限制。每个地区每个州的理事不得超过一名，但是佐治亚州可以有两名种植者代表其所在地区参与理事会。

（7）理事会理事的更改。根据部长批准的规定，每两年到三年，理事会应：

（A）审查全美国美洲山核桃产量的地理分布；

（B）经授权向部长提出建议重新划分某一地区，以反映美洲山核桃产量的地理分布。

（8）理事选举过程。

（A）宣传。委员会对行业做合理宣传，以提名有兴趣担任理事的人为理事会理事。

（B）资格。每个种植者和脱壳商都应有资格就理事会中代表该类人员的理事提名进行投票；种植者应有资格就理事会第一经销商理事的提名进行投票。

（C）被提名人的选择。（B）中所述的每个人应有一票的投票权。获得理事会中每种理事位置所投票数最多的两名符合条件的候选人，应为该位置的被提名人。

（D）资格鉴定。除非是在初始理事会建立时，否则根据（C）和款（b）（3）（D）和款（b）（3）（E）所进行的提名，都应在 5 月 1 日之前或者按照（9）的规定在理事会理事任期开始之前，由理事会提出、经部长批准的其他日期由理事会对提名人进行资格鉴定并提交给部长。

（E）任命。对于每个空缺的理事会位置，部长应在按照（D）的规定在经鉴定并提交的被提名人中选择一个。

（F）驳回被提名人。部长可以驳回按照（D）的规定提交的任何被提名人。如果由于部长驳回被提名人而导致被提名人数量不足以任命委员会委员，那么应以同样的方式向部长提交其他被提名人。

（G）初始委员会。部长应从部长要求提名的人中选择委员建立初始委员会。根据部长的决定，为了获得 3（A）、（B）和（C）中所述初始委员会委员的提名，部长应履行委员会的职责。（3）（D）和（E）中所述初始委员会委员的提名应根据（3）的规定做出。

（H）提名失败。如果种植者和脱壳商未能提名拟任命个人，那么部长可以根据计划中的规定任命委员。如果委员会未能提名进口商或公众代表，那么该委员可以不经提名而任命。

（9）任期。

（A）概述。委员会任期 3 年，但是按照（8）（G）的规定建立初始委员会任命的委员的任期，按照部长的决定，按比例应为一年、两年和三年。

（B）任期结束。虽然在（C）中做出了规定，但是在部长任命下任委员之前，每个委员应继续任职。

（C）任期限制。任何委员都不得连续任职超过两届（每届 3 年）。

（D）空缺。

（ⅰ）提交提名。为了填补由于任何委员会委员死亡、被免职、辞职或被剥夺资格而造成的任何空缺，部长应要求每个空缺位置按照（8）规定的方式提交至少两名合格的继任委员被提名人。

（ⅱ）提名不足。如果未能按照条款（ⅰ）的规定提交至少两名合格的被提名人，那么部长应决定提交空缺位置被提名人的方式。

（10）报酬。委员会委员应无偿任职，但是对于其在履行委员会的义务或者委员会批准的义务中所产生的必要合理的费用，应给予报销。

（c）委员会的权力和义务。计划应确定委员会的权力和义务，应包括以下权力和义务：

（1）根据计划条款和条件实施计划；

（2）按照委员会的决定，召集会议、组织并在委员会委员中选出主席、其他官员以及委员会和分委员会；

（3）按照理事会认为合理的要求，进行会谈并组织选举理事会主席、其他官员、委员会和小组委员会；

（4）建立由非理事会理事组成的工作委员会；

（5）如果理事会认为必要，雇用理事会理事以外的人员，并确定该类人员的报酬并决定其义务；

（6）在每个财务期间开始之前，编制第 1912 条所规定的建议分摊比例、以及实施计划预计费用的财务期间预算，包括实施所有计划和项目可能产生的费用，提交给部长审批；

（7）根据款（d）的规定制订计划和项目；

（8）根据款（e）的规定签订合同或协议，制定和实施推广、研究、行业信息和消费者信息计划和项目；

（9）实施研究、推广、行业信息和消费者信息项目，支付实施这些项目的费用并按照第 1912 条的规定征收特别税捐；

（10）保持反映委员会行为和交易的会议纪要、账簿和记录，及时向部长汇报每次理事会会议纪要；

（11）随时任命和召集由种植者、种植者兼脱壳商、第一经销商、脱壳商、进口商和公众组成的工作委员会，以协助制订美洲山核桃的研究、推广、行业信息和消费者信息计划；

（12）利用计划和项目下的未支出的、按照本子篇授权通过征收特别税捐而筹集的资金进行投资，但只能用于以下投资：

（A）美国国家或任何美国国家的代理机构的债务；

（B）任何州或者其任何政治部门的一般债务；

（C）联邦储备系统成员银行的有息账户或存款单；或者

（D）美国完全保证支付本金和利息的债务；

但是由投资资金所获得的收益可以用于该投资资金可以使用的任何目的；

（13）受理、调查并向部长汇报关于违反计划的投诉；

（14）按照部长的要求向部长提供信息；

（15）向部长建议对计划进行修订；

（16）编制并建议部长批准制定和执行项目或计划所必要的规定，或者实施计划所必需的其他规定。

（d）项目与预算。

（1）向部长提交。计划应规定，理事会应将任何推广、研究、消费者信息或行业信息计划或项目提交给部长审批。任何计划或项目都必须经过部长批准以后才能实施。

（2）预算。计划应要求理事会在每个财政年度开始之前，或者必要时在该财政年度开始之后，将其实施计划中产生的预计费用（包括款（b）（10）中所述的报酬）和支出预算提交给部长审批，预算包括实施推广、研究、消费者信息和行业信息计划和项目所需的预计费用。

（3）产生费用。理事会可以根据部长的授权产生因实施研究、推广、消费者信息或行业信息计划或项目而造成的费用，以及因理事会的管理、维护和履行职责而产生的其他费用，包括农业部产生的任何实施、管理和投票费用。

（4）支付费用。（3）中所述费用的资金应由理事会利用按照第 1912 条的规定征收的特别税捐或者按照（5）的规定借入的资金支付。

（5）借款权力。为了支付（3）中所述的费用，理事会应有权按照部长的审批权限借款，用于资本支出和启动成本。

（6）支出限制。在理事会成立日期以后 3 年中，理事会在管理费用中的支出不得超过按照第 1912 条的规定所征收的特别税捐的 20％。

（e）合同与协议。

（1）概述。为了确保高效利用资金，计划应规定，委员会可以就实施和进行美洲山核桃推广、研究、消费者信息或行业信息计划或项目而签订合同或协议，包括与种植者和种植者兼脱壳商组织签订合同，以及利用委员会根据计划规定收到的资金支付费用的合同。

（2）要求。任何此种合同或协议都应规定：

（A）合同方应制定并向理事会提交计划或项目以及预算，该预算说明此计划或项目会产生的预计费用；

（B）计划或项目应在部长批准以后生效；

（C）合同方应准确记录其所有交易、资本收支情况，并按照委员会或部长的要求报告其他信息。

（3）种植者和种植者兼脱壳商组织。计划应规定，理事会可以就任何其他服务与种植者和种植者兼脱壳商组织订立合同。任何此类合同都应包括（2）中所规定的相应条款。

（f）委员会账簿和记录。

（1）概述。计划应要求委员会：

（A）按照部长的规定保存账簿和记录（供部长检查和审计）；

（B）按部长的规定要求，及时编制并提交报告；

（C）说明委托于理事会的所有收支情况。

（2）审计。在每个财政年度结束时，理事会都应聘请独立审计员对其账簿和记录进行审计，并向部长提交审计报告。

（g）禁止事项。理事会不得进行或参与下列行为，理事会按照本条规定收到的任何资金也不得用于下列目的：

（1）影响立法或政府功能，建议部长修订计划除外；

（2）参与引起利益冲突的行为；或者

（3）参与任何虚假或误导性的广告行为。

（h）账簿和记录。

（1）概述。计划应要求每个第一经销商、种植者兼脱壳商或进口商都应：

（A）保持并向委员会提交部长认为必要的任何报告，以确保符合本子篇规定的要求；

（B）在正常工作时间内，向理事会雇员或部长提供履行本子篇规定所必需的账簿和记录以供检查，包括受检查报告的支持报告。

（2）时间要求。对于（1）中所要求的记录，应保持该记录适用的财政年度以后两年的时间。

（3）保密性。

（A）概述。除非本子篇另有规定，否则从按照（1）的要求保持的账簿、记录或报告中所获得的所有信息均应保密，任何人不得公开该信息。

（B）公开。只有在下列情况下，（A）中所述的信息才能向公众公开：

（ⅰ）如果部长认为该信息有关；

（ⅱ）如果信息在诉讼或者行政听审会中按照部长的指示或要求进行公开，或者部长或农业部的任何官员是诉讼或行政听审的一方；

（ⅲ）如果信息与本子篇内容有关。

（C）不当行为。除非按照其他法律要求或者按照（B）或（D）的规定允许的情况下，否则任何理事会理事或雇员违反（A）的规定公开保密信息的行为，都应视为违反本子篇规定的行为。

（D）一般声明。本段中的任何内容都不得用于阻止以下行为：

（ⅰ）按照报告发布有关计划涉及的人数或者从计划收集的统计数据的一般声明，该声明不涉及任何人提供的信息；或者

（ⅱ）按照部长指示公布违反计划的人员名字以及说明此人违反的具体计划条款。

（4）信息可用性。

（A）例外条款。除非本子篇中有所规定，否则按照本子篇规定获得的信息，可以向另一联邦政府机构提供，供其在民事或刑事执法活动中使用，但是该执法活动必须经法律授权，并且该机构领导已经向部长提出书面请求，说明需要的具体信息以及该信息所使用的执法活动情况。

（B）处罚。任何人如果经审判确定故意违反本子篇的规定，都应处以不超过 1 000 美元的罚款或者不超过一年的监禁，或者处以不超过 1 000 美元罚款的同时处以不超过一年的监禁；如果是理事会或农业部官员或员工违反规定，则应处以免职处罚。

（5）隐瞒信息。本子篇中的任何内容都不得解释为授权任何人向国会隐瞒信息。

（ⅰ）特别税捐的使用。计划应规定，按照第 1912 条的规定征收的特别税捐应用于支付实施和执行本子篇规定而产生的费用，可以拨付合理准备金，并用于支付部长在实施和执行本子篇规定中产生的管

理费用，但是不得用于支付由于进行投票而产生的政府员工工资。

（j）其他条款和条件。计划还应包括部长认为实施本子篇规定而必要的、与本子篇规定不冲突的条款和条件。

第 1911 条　允许的计划条款。

（a）概述。根据本子篇规定发布的计划可以包括本条中的一种或多种条款和条件。

（b）免税权。计划可以授权非食用目的的美洲山核桃免缴特别税捐，并授权理事会要求采取防止不正当使用该免税权的措施。

（c）差异性支付和报告表。计划可以授权为种植者、种植者兼脱壳商、第一经销商和进口商指定差异性支付和报告表，以承认不同产区市场活动和实际的差异。

（d）推广。计划可以规定适当的美洲山核桃计划或项目的设立、发布、实施和执行，并规定为此支付的必要资金，但是：

（1）任何此类计划或项目都应旨在提高美洲山核桃的总体需求；

（2）此类推广活动应遵守按照本子篇的规定设立的资金使用方面的限制规定。

（e）研究和信息。计划可以规定设立和实施旨在鼓励、扩大、提高美洲山核桃销售和利用，或者提高其销售量或利用效率的研究、消费者信息和行业信息项目和研究，并规定为此而必要的资金支付。

（f）准备金。计划可以授权从根据本子篇规定征收的特别税捐中拨付准备金，以确保合作研究、消费者信息、行业信息和推广项目在产量和特别税捐收入减少的年度能够有效、连续运行，但是准备金总额不得超过为计划运行两年而预算的资金金额。

（g）国外市场。计划可以授权，经部长批准，利用按照本子篇规定筹集的资金开发和拓展美洲山核桃在国外市场的销售。

第 1912 条　特别税捐。

（a）概述。在按照本子篇规定发布的计划有效期内：

（1）应对美国生产以及进口到美国并在美国销售的所有美洲山核桃征收特别税捐；

（2）从由于向第一经销商销售美洲山核桃而支付给种植者的款项中扣除特别税捐。

（b）特别税捐的限制。对于任何数量的经销或进口的美洲山核桃，对每个种植者（由第一经销商代扣代缴）、种植者兼脱壳商或进口商都只能征收一次（a）中所规定的特别税捐。

（c）代扣代缴特别税捐。

（1）概述。（a）中所规定的特别税捐应由以下实体代扣并上缴委员会：

（A）第一经销商；

（B）进口商。

（2）特别税捐代扣代缴的时间。

（A）第一经销商。每位按照（1）项的规定代扣代缴特别税捐的不是种植者兼脱壳商的第一经销商，都应在购买或销售应缴特别税捐的美洲山核桃下一个月的最后一天之前代扣并向委员会上缴特别税捐。

（B）种植者兼脱壳商。每位按照（1）项的规定代扣代缴特别税捐的同时是种植者兼脱壳商的第一经销商，都应按照实际情况，在收获应缴特别税捐的美洲山核桃的财政年度的 1 月 31 日、3 月 31 日和 5 月 1 日或者理事会提议、部长批准的其他日期，分 3 次向委员会上缴特别税捐，每次应向委员会上缴特别税捐年度总额的 1/3。

（C）进口商。向美国进口美洲山核桃的进口商，应在美洲山核桃进入美国时缴纳特别税捐，并将该税捐上缴理事会。

（d）特别税捐税率。

（1）概述。除非在（2）项中有所规定，否则特别税捐税率应由理事会提出、经部长批准，但是特别税捐额度最高不得超过：

（A）在从计划发布生效日期到按照第 1916（a）条的规定进行投票的日期期间，按照委员会确定、部长批准的税率，带壳美洲山核桃的最高税率不得超过每磅 1.5 美分；

（B）在此期间之后，带壳美洲山核桃的最高税率不得超过每磅两美分。

（2）脱壳美洲山核桃税率的调整。脱壳美洲山核桃的特别税捐税率应为按照（1）项的规定确定的带壳美洲山核桃税率的两倍。

（3）个别州的特别税捐。

（A）概述。无论本子篇做出了何种其他规定，经部长批准，在州法律允许的情况下，按照该州要求，应按照（2）项的规定对带壳美洲山核桃特别税捐税率进行每磅 1/4 美分的调整，对脱壳美洲山核桃的税率进行适当的调整，并将此调整形成的特殊特别税捐上缴理事会，以便州美洲山核桃营销理事会按照州法律规定将此资金用于推广美洲山核桃的研究项目。

（B）征收及上缴。理事会应征收上述特别税捐，并在收到特别税捐以后，在州政府和理事会之间达成、经部长批准的时间内将其上缴州政府。在征收州特别税捐的过程中，无论是理事会还是部长，都不得强制征收或上缴生产商支付的州特别税捐或者调查所述州特别税捐的未支付情况，但是可以向州政府提供缴纳特别税捐的种植者名单以及各自缴纳的特别税捐金额。

（C）规定。部长有权制定必要的规定以便执行本节各项条款。

（e）滞纳金。

（1）概述。未能在委员会按照款（c）（2）确定的日期之前上缴特别税捐的任何人，均应全额向理事会交纳应付的滞纳金。

（2）滞纳金金额。按照（1）项的规定收取的滞纳金金额，应由委员会规定，由部长批准。

（f）从委托账户退还特别税捐。

（1）委托账户的设立。在从计划按照第 1908 条首次发布生效日期到按照第 1916（a）条的规定进行投票的日期期间，委员会应：

（A）设立委托账户用于特别税捐退款；

（B）根据（2）项的规定向该账户中存入资金。

（2）向账户存入资金。在（1）项中所述的期间，委员会应利用征收的特别税捐向该账户存入资金，资金金额为在此期间征收的特别税捐总额的 10%。

（3）获得退税的权利。按照（4）、（5）和（6）项的规定，在下列情况下，每个种植者、种植者兼脱壳商或进口商都应有权利要求获得委员会支付的，由此种植者、种植者兼脱壳商或进口商在（1）项中所述的期间内缴纳的特别税捐的一次性退税：

（A）如果该种植者、种植者兼脱壳商或进口商被要求缴纳特别税捐；

（B）如果该种植者、种植者兼脱壳商或进口商不支持按照本子篇规定设立的项目；

（C）如果该种植者、种植者兼脱壳商或进口商在按照第 1916（a）条的规定进行投票之前请求获得该退税；

（D）如果根据第 1916（a）条的规定所进行的投票，计划没有获得批准。

（4）请求表。该请求应按照规定、以请求表的形式在理事会规定的时间内提出。

（5）退税。应在提交理事会认可的证据证明该种植者、种植者兼脱壳商或进口商缴纳了请求退税的特别税捐之后，退还税金。

（6）按比例分配。如果：

（A）（1）项中要求的委托账户中的金额不足以支付符合条件的种植者、种植者兼脱壳商或进口商所请求的特别税捐退税总额；

（B）根据按第 1916（a）条的规定进行的投票，计划未获批准；

那么理事会应在所有符合条件的种植者、种植者兼脱壳商和进口商中按比例分配退税总额。

（7）获批准的项目。如果根据第 1916（a）条的规定进行的投票，计划获得批准，那么委托账户中的所有资金都应返还给理事会，由理事会根据本子篇的规定予以使用。

第 1913 条　申诉和复核。

（a）申诉。

（1）概述。受按照本子篇规定发布的计划约束的人，可以向部长提出申诉：

（A）说明计划、计划的任何条款或者与计划有关的任何义务违反法律规定；

（B）要求修改计划或者免于受该计划约束。

（2）听证。申诉人应获得根据部长发布的规定就申诉进行公开听证的机会。

（3）裁决。听证结束之后，部长应就申诉做出裁决，该裁决如果符合法律规定则应为最终裁决。

（b）复核。

（1）诉讼启动。如果在部长按照（a）款所做出的裁决登记日期之后 20 天内，申诉人就此提出申诉，那么在（a）款规定的申诉人所居住或经营业务的任何地区的美国地区法院，都有权复核此申诉人的申诉裁决。

（2）传唤。此类程序中的传讯应根据《民事诉讼程序联邦法规》的规定执行。

（3）发回。如果法院确定该裁决不符合法律规定，那么法院应将事项发回部长，要求：

（A）按照法院的决定修改裁决，使其符合法律规定；或者

（B）根据法院的意见，依法采取进一步程序。

（4）执行。由于按照（a）款的规定提出诉讼而导致事项未决，不得妨碍、阻止或延缓总检察长或部长按照第 1914 条的规定采取任何行动。

第 1914 条　执行。

（a）司法权。美国地方法院应有执法管辖权，并有权防止和阻止违反本子篇或者按照本子篇规定制订的任何计划或规定。

（b）移送总检察长。按照本条规定提起的民事诉讼应移送总检察长进行适当处理，但是如果部长确信，按照（c）款的规定进行行政诉讼或者通过对具有违反行为的人提供适当的书面通知或警告，就可以充分实施和执行本子篇的规定，那么部长不需要将违反本子篇规定或者按照本子篇规定制订的任何计划或规定的行为移送总检察长。

（c）民事罚款和命令。

（1）民事罚款。

（A）概述。任何人如果故意违反本子篇规定或者按照本子篇规定发布的任何计划或规定的任何条款，或者未能按照本子篇或者按照本子篇规定发布的任何计划或规定要求，支付、征收或上缴此人应缴纳的任何特别税捐或费用，那么部长可以对此人处以每次违反行为 1 000 美元到 10 000 美元的民事罚款。

（B）单独违反行为。（A）中所述的每次违反行为应为单独的违反行为。

（2）勒令停止命令。部长可以在进行民事罚款的同时下达勒令停止的命令，或者只勒令停止，不进行民事罚款。

（3）通知和听证。除非部长已经通知命令发布的对象或者为其提供了就其违反行为记录进行听证的机会，否则不得对其处以任何罚款或发布停止命令。

（4）最终性。除非命令发布的对象根据（d）款的规定就部长的命令提出上诉，否则部长处以罚款或发布停止命令的法令应为最终决定。

（d）地方法院复核。

（1）诉讼启动。按照（c）款的规定被处以民事罚款或收到勒令停止命令的个人，可以在其所居住或进行业务的地区的美国地方法院或者哥伦比亚特区的美国地方法院获得对该罚款或命令的复核，方法如下：

（A）在处以罚款或收到命令的日期以后 30 天内，向该法院提出上诉通知；

（B）同时通过挂号信将上诉通知书复印件发送给部长。

（2）记录。部长应及时向该法院提供部长发现涉案人具有违反行为记录的经核证的副本。

（3）复核标准。除非发现有实质证据证明部长的结论不正确，否则不得宣布部长的结论无效。

（e）未能遵守命令。在命令已经成为最终命令且不可上诉，或者适当的地方法院已经做出部长胜诉的最终判决的情况下，任何人如果未能遵守停止命令，那么此人在按照（c）和（d）款规定的程序获得就记录进行听证和司法审查的机会之后，应被部长处以每次违反行为不超过 1 000 美元的民事罚款。未能遵守命令的每一天，都应视为单独的对该命令的违反行为。

（f）未能支付罚款。在部长发布的命令已经成为最终命令并且不可上诉，或者适当的地方法院已经做出了部长胜诉的最终判决的情况下，如果任何人未能支付罚款，那么部长应将案件移送至总检察长，以追缴此人居住或从事业务的任何地区的美国地方法院对其处以的罚款金额。在这种情况下，不得对处以民事罚款的命令的有效性和适当性进行复核。

第 1915 条　调查及传唤权力。

（a）概述。部长可以就下列目的进行部长认为必要的调查：

（1）有效执行本子篇规定；或者

（2）确定是否有人进行了或正在进行构成对本子篇或按照本子篇规定发布的任何计划、规章或规定条款的违反行为或做法。

（b）传唤权力。

（1）调查。为了按照（a）款的规定进行调查，部长有权实施宣誓和作证并发出传票，要求提供与调查有关的任何记录。可以要求从美国任何地方提供此种记录。

（2）行政听审。为了按照第 1913 条和第 1914 条的规定进行行政听审，主席有权实施宣誓和作证、传唤证人、强制其出庭、取证，并要求提供与调查有关的任何记录。可以要求美国任何地方的证人出庭以及从美国任何地方提供此种记录。

（c）法院援助。如果任何人违抗命令或拒绝服从传唤，那么部长可以援用进行此调查或诉讼的管辖地，或者此人居住或从事业务地区的美国任何法院援助，以执行部长根据（b）款的规定发出的传唤。法院可以发布命令，要求此人服从传唤。

（d）藐视法庭。任何不服从法院命令的行为都可以由该法院按藐视法庭的行为予以处罚。

（e）传唤。在任何此类案件中的传唤，都可以在此人居住或从事业务的审判区域内或者发现此人的任何地方进行。

（f）听证地点。按照第 1913 条或第 1914 条举行的任何听证地点，均应在此人居住或其主要经营场所所在的审判区域内。

第 1916 条　投票要求。

（a）概述。按照第 1908 条的规定首次发布计划生效日期以后 24 个月内，部长应在部长确定的代表期间在从事美洲山核桃的生产或进口的种植者、种植者兼脱壳商和进口商中进行投票，以确定这些种植者、种植者兼脱壳商和进口商是否支持继续实施、终止或延缓计划。

（b）其他投票。

（1）概述。在进行（a）款所要求的投票之后，应理事会或者种植者、种植者兼脱壳商和进口商总数的 10% 或以上的要求，部长应进行投票，以确定种植者、种植者兼脱壳商和进口商是否支持终止或延缓计划。

（2）延缓或终止。根据第 1917（b）条的规定，一旦部长确定参与投票的大多数人支持延缓或终止计划，部长应终止或延缓计划。

（c）投票费用。对于农业部产生的与按照本子篇规定进行任何投票有关的费用，应利用委员会征收的特别税捐对部长进行补偿，但所述费用不包括政府员工的工资。

（d）方式。

（1）概述。按照本子篇规定进行的投票应以部长确定的方式进行。

（2）预先登记。选择参与按照本子篇规定进行投票的种植者、种植者兼脱壳商或者进口商，应在投票期之前按照部长的决定在农业稳定与保护局的当地办事处亲自登记，或者可以向部长邮寄书面请求，代表进口商投票。

（3）投票。在参与按照本子篇规定投票的种植者、种植者兼脱壳商或进口商，应根据部长的决定亲自在农业稳定与保护局的当地办事处投票，或者可以通过向部长发送邮件来投票。

（4）通知。按照部长的决定，每个农业稳定与保护局办事处，均应在按照本子篇的规定进行投票之前至少 30 天通知该办事处所在区域的所有种植者、种植者兼脱壳商或进口商，通知应说明本款中规定的登记和投票程序。

第 1917 条　计划的延缓或终止。

（a）强制性延缓或终止。一旦部长发现计划或者计划的任何条款妨碍或不符合本子篇中所声明的政策，部长应终止或延缓该计划或条款的执行。

（b）延缓或终止。如果通过本子篇的规定而进行的任何投票结果，部长确定参与投票的大多数种植者、种植者兼脱壳商和进口商支持延缓或终止计划，那么部长应：

（1）在确定大多数投票者支持延缓或终止计划之后 6 个月内，根据实际情况决定延缓或终止按照该计划进行的特别税捐的征收；

（2）根据实际情况，尽快有序延缓或终止按照该计划进行的活动。

（c）任何计划或者任何计划条款一旦终止或延缓，不得视为本子篇中所述的计划。

第 1918 条　拨款授权。

（a）概述。在每个财政年度，授权拨付实施本子篇规定所需的款项。

（b）管理费用。拨付用于实施本子篇规定的款项，不得用于支付理事会在执行按照本子篇规定发布的任何计划的任何条款中所产生的费用或支出。

子篇 B　蘑　菇

第 1921 条　简称。

本子篇可以引用为《1990 年蘑菇推广、研究和消费者信息法》。

第 1922 条　研究结果及政策声明。

（a）研究结果。国会发现：

（1）蘑菇是一种重要的食品，也是人们饮食的重要组成部分；

（2）蘑菇生产对本国经济的发展有重要影响，因为有许多蘑菇生产商生产蘑菇，通过成千上万的批发零售渠道予以经销，并且蘑菇供美国及其他国家的上百万人消费；

（3）通过高效利用农业副产品，蘑菇生产有利于环境保护；

（4）为确保美国人民可以获得这一重要产品，蘑菇必须质量优良、随时供应、正确处理并充分销售；

（5）蘑菇现有市场和用途的维持和扩展以及新市场和用途的开发，对于蘑菇生产商、与蘑菇销售、使用和生产有关的人群的福利以及整个国家的农业经济而言非常重要；

（6）为了维持和扩展现有的蘑菇市场，并开发新的蘑菇市场，必须要合作开发、资助和实施蘑菇推广、研究及消费者信息合作项目；

（7）蘑菇进入州际和国外贸易渠道，未进入这些贸易渠道的蘑菇直接加重州际蘑菇贸易的负担或者影响州际蘑菇贸易。

（b）政策。国会声明，其政策是，通过行使本子篇中所规定的权限授权通过对美国生产或者进口到美国的蘑菇征收充分的特别税捐而建立有序的开发、资助程序、实施有效、连续、协同的推广、研究以及消费者和行业信息项目有利于公共利益，该程序和项目旨在：

（1）提高蘑菇行业的市场地位；

（2）维持和扩展现有的蘑菇市场和用途；

（3）开发新的蘑菇市场和用途。

第 1923 条　定义。

在本子篇中：

（1）贸易。术语"贸易"指州际、国外或者州内贸易。

（2）消费者信息。术语"消费者信息"指可以协助消费者以及其他人进行与蘑菇的购买、制作和使用有关的评估和决策的信息和项目。

（3）理事会。术语"理事会"指按照第 1925（b）条的规定建立的蘑菇理事会。

（4）部。术语"部"指农业部。

（5）第一经销商。术语"第一经销商"指按照本子篇的规定发布的命令中所述的、从生产商收到或者以其他方式获得蘑菇并加工销售或销售蘑菇的任何人，或者加工销售其自己生产的蘑菇的任何人。

（6）进口商。术语"进口商"指平均每年从美国以外向美国进口 50 万磅以上蘑菇的任何人。

（7）行业信息。术语"行业信息"指旨在开发新市场和营销策略、提高效益、进行改善蘑菇行业形象活动的信息。

（8）营销。术语"营销"指通过任何销售渠道销售或处理蘑菇。

（9）蘑菇。术语"蘑菇"指在美国种植供应生鲜市场销售的各种栽培蘑菇，或者进口到美国供应生鲜市场销售的栽培蘑菇。但是，根据部长的决定，本子篇中所述的蘑菇不包括为了商业目的而腌制、灌装、冷冻、烹熟、漂白、干燥、盐水封装或者以其他方式处理过的蘑菇。

（10）人。术语"人"指任何个人、个人群体、合伙企业、法人、协会、合作社或者任何其他实体。

（11）生产商。术语"生产商"指从事蘑菇生产、独自拥有/承担或者与他人共有/分担蘑菇所有权和损失风险、平均每年生产 50 万磅以上蘑菇的任何人。

（12）推广。术语"推广"指部长决定的旨在提高蘑菇在市场上的竞争地位而进行的任何行动，包括付费广告。

（13）研究。术语"研究"指旨在提升蘑菇的形象、合意性、适销性、产量、产品开发、质量或营养价值而进行的任何类型的研究。

（14）部长。术语"部长"指农业部长。

（15）州和美国。术语"州"和"美国"包括美国的 50 个州、哥伦比亚特区和波多黎各自由邦。

第 1924 条　命令的发布。

（a）概述。为了实施第 1922（b）条中所声明的政策，部长应按照（b）款中规定的程序，发布适用于蘑菇生产商、进口商和第一经销商的命令。任何此类命令都应适用于全国范围，根据本子篇的规定，任何时候都只能有一项此类命令有效实施。

（b）程序。

（1）命令的提出。部长可以按照本子篇的规定提出发布命令，或者蘑菇生产商或者受本子篇规定影响的任何其他人组成的联盟都可以要求发布命令，并可以提出命令建议。

（2）命令的公布。在收到利益相关人发布命令的要求和提议之后60天内，或者部长决定发布命令时，部长应公布提出的命令，适时通知公众，使公众有机会对提出的命令发表意见。

（3）命令的发布。按照（2）的规定向公众发出通知并为公众提供了发表意见的机会以后，部长应发布命令，在命令中考虑收到的公众意见，并包括为确保命令符合本子篇要求所必需的条款。如果该命令按照第1926（a）条的规定获得蘑菇生产商和进口商的认可，那么该命令应在提出的命令公布以后180天以内公布和生效。

（c）修订。

（1）概述。部长可以随时修订按照本条规定发布的命令。

（2）本子篇的适用性。本子篇中适用于某一命令的条款也应适用于对该命令的修订。

第1925条　命令中的必需条款。

（a）概述。按照本子篇规定发布的每项命令都应包括本条中所规定的条款和条件。

（b）蘑菇理事会。

（A）建立。命令中应规定建立蘑菇理事会并选择理事会成员的条款，蘑菇理事会成员不低于4名，不超过9名。

（B）理事会成员。除了（2）中的规定以外，理事会成员应为蘑菇生产商和进口商，这些成员由部长从生产商和进口商中按照部长授权的方式提交的被提名人中任命，但是，每一个生产商或进口商提交的提名中，只能有一个被提名人被任命为理事会成员。

（2）任命。

（A）概述。在进行任命时，部长应尽可能考虑整个美国蘑菇生产的地理分布，以及进口到美国的蘑菇相对进口量。

（B）单位。在确定蘑菇生产的地理分布时，一个州应视为一个单位，这些单位应分为4个区域，区域划分应公允反映美国蘑菇生产的地理分布。

（C）进口商。进口商应作为一个独立的区域，独立于划定的美国的蘑菇生产区域。

（D）每个区域的成员。如果一个区域平均每年生产或进口至少3 500万磅蘑菇，那么部长应从该区域任命一名成员。

（E）附加成员。根据（1）中规定的对理事会成员人数的9人限制，对于一个地区额外每500万磅的平均年产量或年进口量，部长应从这一地区任命一名理事会附加成员。

（F）按照本项的规定，在确定根据本项确定的美国4个区域中每个区域的蘑菇平均年产量时，部长应只考虑第1923（11）条中定义的本子篇下所包括的生产商生产的蘑菇。

（G）提名失败。如果生产商和进口商未能提名拟任命个人，那么部长可以按照命令的规定任命成员。

（3）任期；报酬。

（A）任期。理事会成员的任期应为3年，但是初始任命成员的任期，根据实际情况，按比例应为1年、2年和3年。

（B）报酬。理事会成员应无偿任职，但是对于其在履行理事会会员义务中所产生的费用，应对其进行补偿。

（c）理事会的权力和义务。命令应确定理事会的权力和义务，应包括以下权力和义务：

（1）根据命令条款和规定执行命令；

（2）制定实施命令的各项条款所需的规章制度；

（3）任命理事会执行委员会委员；

（4）按照（d）款的规定提出、接收、评估和批准蘑菇推广、研究、消费者信息和行业信息预算、计划和项目，并提交给部长审批；与有关人员签订合同和协议以实施这些计划或项目；

（5）制定并向部长提出蘑菇自愿质量和等级标准；

（6）受理、调查并向部长汇报关于违反命令的投诉；

（7）向部长建议对命令进行修订；

（8）利用计划和项目下的未支出的、按照本副标题授权通过征收特别税捐而筹集的资金进行投资，但只能用于以下投资：

（A）美国或任何美国代理机构的债务；

（B）任何州或者其任何政治部门的一般债务；

（C）联邦储备系统成员银行的有息账户或存款单；或者

（D）美国完全保证支付本金和利息的债务；

但是由投资资金所获得的收益可以用于该投资资金可以使用的任何目的。

（d）计划和预算。

（1）向部长提交。命令应规定，理事会应将任何推广、研究、消费者信息或行业信息计划或项目提交给部长审批。

（2）预算。命令应要求理事会按照财政年度，将其在实施命令中所产生的预计费用和支出预算提交给部长审批，预算包括实施推广、研究、消费者信息以及行业信息计划和项目所需的预计费用。

（3）部长批准。任何推广、研究、消费者信息或行业信息计划或项目或者预算，都必须经过部长批准以后才能实施。

（e）合同和协议。

（1）概述。为了确保高效利用资金，命令应规定，理事会可以就实施和进行蘑菇推广、研究、消费者信息或行业信息计划或项目而签订合同或协议，包括与生产商组织签订合同，以及利用理事会根据计划规定收到的资金支付费用的合同。

（2）要求。任何此种合同或协议都应规定：

（A）合同方应制定并向理事会提交计划或项目以及预算，该预算说明此计划或项目会产生的预计费用；

（B）计划或项目应在部长批准以后生效；

（C）合同方应准确记录其所有交易、资本收支情况，定期向理事会报告进行的活动，并按照理事会或部长的要求报告其他信息。

（3）生产商组织。命令应规定，理事会可以就任何其他服务与生产商组织订立合同。任何此类合同都应包括（2）项中（A）、（B）和（C）中规定的相应条款。

（f）理事会账簿和记录。

（1）概述。命令应要求理事会：

（A）按照部长的规定保存账簿和记录（以供部长检查和审计）；

（B）及时编制并向部长提交部长规定的报告；

（C）说明委托于理事会的所有收支情况。

（2）审计。在每个财政年度结束时，理事会都应聘请独立审计员对其账簿和记录进行审计，并向部长提交审计报告。

（g）特别税捐。

（1）征收和缴纳。

（A）概述。命令应规定，美国生产的供应国内生鲜市场的蘑菇的每个第一经销商，都应按照命令规定的方式向生产商征收特别税捐，并将特别税捐上缴理事会。

（B）进口商。命令还应规定，供应国内生鲜市场的每个蘑菇进口商，都应按照命令规定的方式向理事会缴纳特别税捐。

（C）直接销售。直接向消费者销售其自己生产的蘑菇的任何人，都应按照命令规定的方式就其销售的蘑菇直接向理事会缴纳特别税捐。

（2）特别税捐税率。特别税捐税率应由理事会确定和公布，并且理事会可以随时更改税率。命令应规定：

（A）在命令发布的第一年，特别税捐税率不得超过每磅蘑菇1/4美分；

（B）在命令发布的第二年，特别税捐税率不得超过每磅蘑菇1/3美分；

（C）在命令发布的第三年，特别税捐税率不得超过每磅蘑菇1/2美分；

（D）在命令发布三年以后，特别税捐税率不得超过每磅蘑菇一美分。

（3）特别税捐的使用。命令应规定，特别税捐应用于支付实施和执行本子篇规定而产生的费用，可以拨付合理准备金，并用于支付部长在实施和执行本子篇规定的过程中产生的管理费用，但是不得用于支付由于进行投票而产生的政府员工工资。

（4）征收限制。对于第一经销商证明用于出口的蘑菇，不得征收任何特别税捐。

（h）禁止事项。命令应禁止理事会将按照命令规定收到的资金，以任何方式用于影响立法或政府行为或政策，但是理事会可以将资金用于按照本子篇规定制定或建议部长做出对命令的修订，也可以用于按照《1946年农业营销法案》（《美国法典》1621及以下内容）的规定向部长提交提出的蘑菇自愿等级和质量标准。

（i）账簿和记录。

（1）概述。命令应要求，每个蘑菇第一经销商和进口商都应保存命令要求的账簿和记录，以便接受检查。第一经销商和进口商还应按照命令规定的时间、方式和内容编制报告。

（2）部长可获得性。部长应可以获得这些信息，用于实施或执行本子篇规定、命令或按照本子篇规定发布的任何规定。

（3）保密性。

（A）概述。除非本子篇另有规定，否则，农业部和理事会所有官员和员工、理事会代理人应对按照（1）的规定所获得的所有信息保密，由此获得的信息中，只有部长认为相关的信息才能公布于众，或者信息是在诉讼或者行政听审会中按照部长的指示或要求进行公开，或者部长或农业部的任何官员是诉讼或行政听审的一方时才可以公开。

（B）限制。本项中的任何内容都不得用于阻止：

（ⅰ）按照报告发布有关命令涉及人数或者从命令收集的统计数据的一般声明，该声明不涉及任何人提供的信息；或者

（ⅱ）按照部长指示公布违反命令的人员名字以及说明此人违反的具体命令条款。

（4）信息可用性。

（A）概述。除非本子篇中有所规定，否则按照本子篇规定所获得的信息，可以向另一联邦政府机构提供，供其在民事或刑事执法活动中使用，但是该执法活动必须经法律授权，并且该机构领导已经向部长提出书面请求，说明需要的具体信息以及该信息所使用的执法活动情况。

（B）处罚。任何人如果经审判确定故意违反本子篇的规定，都应处以不超过1 000美元的罚款或者不超过一年的监禁，或者处以不超过1 000美元罚款的同时处以不超过一年的监禁；如果是理事会或农业部官员或员工违反规定，则应处以免职处罚。

（5）隐瞒信息。本子篇中的任何内容都不得解释为授权任何人向国会隐瞒信息。

（j）其他条款和条件。命令还应包括部长认为为实施本子篇规定而必要的、与本子篇规定不冲突的条款和条件，包括按照（g）的规定对逾期不缴特别税捐而处以罚款的条款。

第 1926 条 投票。

（a）初始投票。

（1）概述。在按照第 1924（b）条的规定发布的命令生效之前 60 天的时间里，部长应在蘑菇生产商和进口商中组织投票，以确定命令是否应生效实施。

（2）命令的批准。按照第 1924（b）条的规定，如果部长确定命令已经获得大多数参与投票的生产商和进口商的认可，那么命令应生效，所述大多数生产商和进口商，平均每年生产和向美国进口蘑菇的总量超过参与投票的所有人每年生产和进口总量的 50%。

（b）后续投票。

（1）关于命令的决定。

（A）概述。在命令按照第 1924（b）条的规定生效 5 年以后，部长应在蘑菇生产商和进口商中组织投票，以确定他们是否支持继续实施、终止或延缓命令。

（B）投票要求。在命令按照第 1924（b）条的规定生效 3 年以后，应由 30% 或更多蘑菇生产商和进口商组成的代表团的要求，部长可以进行投票，以确定生产商和进口商是否支持终止或延缓命令。

（2）延缓或终止。根据（1）的规定，一旦部长通过投票确定参与投票的大多数生产商和进口商支持延缓或终止计划，该大多数生产商和进口商，平均每年生产和进口到美国的蘑菇总量超过参与投票的所有人每年生产和进口蘑菇总量的 50%，那么部长应：

（A）在确定大多数投票者支持延缓或终止命令之后 6 个月内，根据实际情况决定延缓或终止按照该命令进行的特别税捐的征收；

（B）根据实际情况，尽快有序延缓或终止按照该命令规定进行的活动。

（c）方式。按照本条规定进行的投票应以部长确定的方式进行。

第 1927 条 申诉和复核。

（a）申诉。

（1）概述。受按照本子篇规定发布的命令约束的人，可以向部长提出申诉：

（A）说明命令、命令的任何条款或者与命令有关的任何义务违反法律规定；

（B）要求修改命令或者免于受该命令约束。

（2）听证。申诉人应获得根据部长发布的规定就申诉进行公开听证的机会。

（3）裁决。听证结束之后，部长应就申诉做出裁决，该裁决如果符合法律规定则应为最终裁决。

（b）复核。

（1）诉讼启动。如果在部长按照（a）款所做出的裁决登记日期之后 20 天内，申诉人就此提出申诉，那么在（a）款规定的申诉人所居住或经营业务的任何地区的美国地区法院，都有权复核对此申诉的人申诉裁决。

（2）传唤。此类程序中的传讯应根据《民事诉讼程序联邦法规》的规定执行。

（3）发回。如果法院确定该裁决不符合法律规定，那么法院应将事项发回部长，并要求：

（A）按照法院的决定修改裁决，使其符合法律规定；或者

（B）根据法院的意见，依法采取进一步程序。

（4）执行。由于按照（a）款的规定提出诉讼而导致事项未决，不得妨碍、阻止或延缓总检察长或部长按照第 1928 条的规定获得救济。

第 1928 条 执行。

（a）司法权。美国地方法院应有执法管辖权，并有权防止和阻止违反部长按照本子篇规定制定或发布的任何命令或规定。

（b）移送总检察长。按照本条规定提起的民事诉讼应移送总检察长进行适当处理，但是如果部长确信，按照（c）款的规定进行行政诉讼或者通过对具有违反行为的人提供适当的书面通知或警告，就可以充分实施和执行本子篇的规定，那么部长不需要将已经违反或正在违反本子篇规定或者按照本子篇规定制定的任何命令或规定的行为移送总检察长。

（c）民事罚款和命令。

（1）民事罚款。任何人如果故意违反部长按照本子篇规定发布的任何命令或规定的任何条款，或者未能或拒绝根据按照本子篇规定发布的任何命令或规定要求，按时支付、征收或上缴此人应缴纳的任何特别税捐或费用，那么部长可以对此人处以每次违反行为 500 美元到 5 000 美元的民事罚款。每次违反行为应为单独的违反行为。

（2）勒令停止命令。部长可以在进行民事罚款的同时下达勒令停止的命令，或者只勒令停止，不进行民事罚款。

（3）通知和听证。除非部长已经通知罚款对象或命令发布的对象或者为其提供了就其违反行为在部长面前进行听证的机会，否则部长不得按照本款的规定对其处以任何罚款或发布停止命令。

（4）最终性。除非处以罚款的对象或命令发布的对象根据（d）款的规定就罚款或部长发布的命令向适当的美国地方法院提出上诉，否则部长对其处以的罚款或发布的停止命令应为最终决定。

（d）地方法院复核。

（1）诉讼启动。按照（c）款的规定被发现存在违反行为并被处以民事罚款或发布停止命令的个人，可以获得对该罚款或命令的复核，方法如下：

（A）在处以罚款或发布命令的日期以后 30 天内，向此人所居住或从事业务的地区所在的美国地方法院或者哥伦比亚特区的美国地方法院提出上诉通知；

（B）同时通过挂号信的方式将此上诉通知的副本发送给部长。

（2）记录。部长应及时向该法院提供部长发现涉案人具有违反行为记录的经核证的副本。

（3）复核标准。除非发现有实质证据证明部长的结论不正确，否则不得宣布部长的结论无效。

（e）未能遵守命令。在命令已经成为最终命令且不可上诉，或者适当的地方法院已经做出部长胜诉的最终判决的情况下，任何人如果未能遵守停止命令，那么此人在按照（c）和（d）款规定的程序获得就记录进行听证和司法审查的机会之后，应被部长处以每次违反行为不超过 500 美元的民事罚款。未能遵守命令的每一天，都应视为单独的对该命令的违反行为。

（f）未能支付罚款。在部长发布的命令已经成为最终命令并且不可上诉，或者适当的地方法院已经做出了部长胜诉的最终判决的情况下，如果任何人未能支付罚款，那么部长应将案件移送至总检察长，以追缴此人居住或从事业务的任何地区的美国地方法院对其处以的罚款金额。在这种情况下，不得对处以民事罚款的命令的有效性和适当性进行复核。

第 1929 条　调查及传唤权力。

（a）调查。为了有效实施本篇规定或者确定受本篇约束的任何人是否已经从事或正在从事构成对本篇或按照本篇规定发布的任何命令、规章或规定的违反行为，部长可以进行其认为必要的调查。

（b）传唤、宣誓和作证。

（1）概述。为了按照（a）款的规定进行调查，部长有权实施宣誓和作证并发出传票，要求提供与调查有关的任何记录。可以要求从美国任何地方提供此种记录。

（2）行政听审。为了按照第 1927 条和第 1928 条的规定进行行政听审，主席有权实施宣誓和作证、传唤证人、强制其出庭、取证，并要求提供与调查有关的任何记录。可以要求美国任何地方的证人出庭以及从美国任何地方提供此种记录。

（c）法院援助。如果任何人违抗命令或拒绝服从传唤，那么部长可以援用进行此调查或诉讼的管辖地，或者此人居住或从事业务地区的美国任何法院援助，以执行部长根据（b）款的规定发出的传唤。

法院可以发布命令，要求此人服从传唤。

（d）藐视法庭。任何不服从法院命令的行为都可由该法院按藐视法庭的行为予以处罚。

（e）传唤。在任何此类案件中的传唤，都可以在此人居住或从事业务的审判区域内或者发现此人的任何地方进行。

（f）听证地点。按照第 1927 或 1928 条举行的任何听证地点，均应在此人居住或其主要经营场所所在的审判区域内。

第 1930 条　保留条款。

本子篇中的任何内容均不得解释为优先于或取代按照美国法律或任何州法律组织和运行的与蘑菇推广、研究、消费者信息或行业信息有关的任何其他项目。

第 1931 条　命令的延缓或终止。

一旦部长发现命令或者命令的任何条款妨碍或不符合本子篇中所声明的政策，部长应终止或延缓该命令或条款的执行。任何命令或者任何命令条款一旦终止或延缓，不得视为本子篇中所述的命令。

第 1932 条　拨款授权。

（a）概述。在每个财政年度，授权拨付实施本子篇规定所需的款项。

（b）管理费用。拨付用于实施本子篇规定的款项，不得用于支付理事会在执行按照本子篇规定发布的任何命令的任何条款中所产生的费用或支出。

第 1933 条　规定。

部长可以发布执行本子篇规定而必需的规定。

子篇 C　马 铃 薯

第 1935 条　简称。

本子篇可以引用为《1990 年马铃薯研究与推广法修正案》。

第 1936 条　研究结果及政策声明。

《马铃薯研究与推广法》第 302 条（《美国法典》第 7 篇 2611）的修订内容如下：

（1）在第一段中：

（A）在第一句中，在"美国"之后插入"及外国"；

（B）在第二句中，在"美国"之后插入"以及从外国进口到美国的"；

（C）删除最后一句；

（2）在第二段中：

（A）在第一句中：

（ⅰ）删除"大部分"；

（ⅱ）在"州际渠道"之后插入"或国外"；以及

（B）删除第二句；以及

（3）在第四段中：

（A）在"商业用途"之后插入"以及从外国进口到美国的"；

（B）删除本段末尾的"美国生产的"并删除"及马铃薯产品"。

第 1937 条　定义。

《马铃薯研究与推广法》第 303 条（《美国法典》第 7 篇 2612）的修订内容如下：

（1）在（c）中：

（A）删除"48 个邻近"并插入"50"；

（B）在结尾处句号之前插入"，以及在国外种植并进口到美国的"；以及

（2）在结尾处增加如下款：

"（g）术语'进口商'是指向美国进口的供人食用的蒸煮类、冷冻类或薯条类马铃薯或种用马铃薯的任何人。"

第 1938 条　发布计划的权力。

《马铃薯研究与推广法》第 304 条（《美国法典》第 7 篇 2613）的修订内容如下：

（1）在第一句中：

（A）删除"从事马铃薯经营的人（以下简称为经销商）"，并插入"经销商和进口商"；

（B）在"经销的马铃薯"之后插入"或进口的"；以及

（2）在第三句中：

（A）删除"48 个邻近"，并插入"50"；

（B）在句号之前插入"在国外，如果进口商受计划约束，并且所述马铃薯进口到美国"。

第 1939 条　通知与听证。

《马铃薯研究与推广法》第 305 条（《美国法典》第 7 篇 2614）的修订内容如下：

（1）在第一句中，删除"马铃薯生产商"，并插入"利益相关人"；

（2）在第二句中删除"由马铃薯生产商或者任何其他利益相关人，包括部长"，并插入"由任何利益相关人，包括部长"。

第 1940 条　计划的必需条款。

《马铃薯研究与推广法》第 308 条（《美国法典》第 7 篇 2617）的修订内容如下：

（1）在（b）中：

（A）在第一句之后插入下列内容：

"如果进口商受计划约束，那么委员会也应包括五名进口商代表，代表由部长从进口商按照部长规定的方式提交的被提名人中任命"；

（B）在"如果生产商"之后插入"或者进口商"；

（C）在最后一句中，在"批准"之后插入"，或者受计划约束的进口商批准"；

（2）在（e）中：

（A）删除"一美分"，并插入"两美分"；

（B）在"生产商"之后插入"，以及受计划约束的进口商"；

（3）在（f）（1）中，在限制性条款中，在"生产商批准"之后插入"，或者受计划约束的进口商批准"；以及

（4）删除（g），并将（h）、（i）和（j）分别重新编号为（g）、（h）和（i）。

第 1941 条　计划允许的条款。

《马铃薯研究与推广法》第 309 条（《美国法典》第 7 篇 2618）的修订内容如下：将（g）重新编号为（i），并插入下列款：

（g）如果按照本条规定的权力征收特别税捐的马铃薯生产商或进口商不支持本条中规定的研究和推广项目，那么该生产商或进口商应有权要求委员会退还特别税捐。这种要求应由该生产商或进口商，按照委员会的规定，以委员会规定、部长批准的形式，并在委员会规定、部长批准的时间内亲自提出，但是规定的时间在任何情况下都不得少于 90 天，在生产商或进口商向委员会提交材料证明该生产商或进口商已经缴纳了要求退还的特别税捐的情况下，任何此种退款都应在提出要求之后 60 天内退还。

（h）规定就进口到美国供人食用的蒸煮类、冷冻类或薯条类马铃薯和种用马铃薯征收特别税捐的权力。

第 1942 条　特别税捐。

《马铃薯研究与推广法》第 310 条（《美国法典》第 7 篇 619）的修订内容如下：

（1）在（a）中，在"（a）"之后插入"（1）"，并在结尾处增加以下：

"（2）如果根据计划规定，由委员会指定的进口商根据按照计划发布的规定应缴纳特别税捐，那么该进口商应按照委员会的指示，负责向委员会缴纳对马铃薯征收的特别税捐。进口的供人食用的蒸煮类、冷冻类或薯条类马铃薯以及种用马铃薯的特别税捐，应由委员会确定，使有效征收的特别税捐等于国产马铃薯的特别税捐，进口马铃薯的特别税捐应在马铃薯进入美国时，由进口商向委员会缴纳。每个进口商都应保持单独记录，记录内容包括计划条款规定的，以及计划条款中未规定的进口到美国、供人食用的蒸煮类、冷冻类或薯条类马铃薯以及种用马铃薯的总量，并应说明委员会规定的其他信息。对于任何进口马铃薯，都只能征收一次特别税捐"；

（2）在（b）中，在"经销商"之后插入"和进口商"；

（3）在（c）（1）中，在"经销商"之后插入"或进口商"。

第 1943 条　调查及传唤权力。

《马铃薯研究与推广法》第 313 条（《美国法典》第 7 篇 2622）的修订内容如下：在（a）中：

（1）删除第一句中的"经销商或任何其他"，并插入"任何"；

（2）删除最后一句中的"经销商或其他"。

第 1944 条　投票要求。

《马铃薯研究与推广法》第 314 条（《美国法典》第 7 篇 2623）的修订内容如下：

（1）在（a）中，在结尾处增加以下内容："如果计划的发布使进口商受计划条款和条件的约束，那么部长还应在部长确定的代表期间从事马铃薯进口业务的进口商中组织投票，以确定该计划的发布是否得到所述进口商的认可和支持"；

（2）在（b）中，删除"参与投票的生产商的 2/3，或者在代表期间生产由参与投票的生产商生产的马铃薯至少 2/3 的生产商，以及参与投票的生产商的大多数"，并插入"参与投票的大多数生产商，以及参与投票的因计划发布而受计划条款和条件约束的大多数进口商"；

（3）在（c）中，在"生产商"之后插入"和进口商"；

（4）在（d）中，在"马铃薯"之后插入"，或任何进口商或者该进口商进口的马铃薯数量"。

第 1945 条　计划的延缓或终止。

《马铃薯研究与推广法》第 315 条（《美国法典》第 7 篇 2624）的修订内容如下：

（1）在（b）中：

（A）在第一次出现的"马铃薯生产商"之后插入"，或者生产商以及受计划约束的进口商总数"；

（B）在第二次出现的"马铃薯生产商"之后插入"和进口商"；

（C）在"生产"之后插入"和进口"；

（D）删除"由参与投票的马铃薯生产商"，并插入"由投票参与者进口的"；以及

（2）增加（c），内容如下：

"（c）任何计划或任何计划条款的终止或延缓，都不得视为本部分内容中所述意义上的计划的发布。"

第 1946 条　修订程序。

（a）概述。无论《马铃薯研究及推广法》（在本条下文中简称为《法案》）中作出了何种规定，如果生产商或生产商组织为下列目的而要求农业部长（在本条下文中简称为"部长"）修订按照《法案》规定正在实施的计划（在本条下文中简称为"计划"），那么应按照本条中规定的程序执行：

（1）以计划的条款和条件约束进口商；

（2）删除关于向不支持《法案》规定的研究和推广项目者退还特别税捐的条款。

本条中规定的程序，应只有在本《法案》颁布日期之后首次提出才能适用。

（b）建议修订内容的公布。部长应在 60 天内公布对计划的建议修订内容，以征求公众意见。

（c）最终修订内容的发布。修订内容公布以后 150 天内，向公众发布通知并为公众提供了发表意见的机会以后，如果部长有理由相信修订内容有利于实施按照本子篇规定公布的政策，那么部长应按（a）所述发布对计划的修订内容。

（d）投票。在计划修订内容公布日期以后 24 个月内，部长应在部长确定的代表期间从事马铃薯生产或进口的生产商和进口商中组织投票。只有在部长确定参与投票的大多数生产商和进口商认可计划修订内容的情况下，修订内容才能继续实施。

（e）退款。委员会应：

（1）设立委托账户用于特别税捐退款，并且应在从计划按照（c）的规定进行的计划修订生效日期到对计划修订内容进行投票的日期期间，根据（2）的规定向该账户存入资金；

（2）在（1）中所述的期间，委员会应利用征收的特别税捐向按照（1）的规定建立的账户存入资金，资金金额等于在此期间征收的特别税捐总额乘以 10%；

（3）根据（4）、（5）和（6），规定在下列情况下，任何生产商或进口商都应有权利要求获得委员会支付的、由此生产商或进口商在（1）中所述的期间内缴纳的特别税捐的一次性退税：

（A）该生产商或进口商有责任缴纳该特别税捐；

（B）该生产商或进口商不支持按照计划规定设立的项目；

（C）根据（d）的规定进行的投票结果，删除特别税捐退款条款的计划修订内容未获批准；

（4）要求退款请求按照委员会的规定，以表格形式在委员会规定的时间内提出；

（5）要求在向委员会提供材料、证明该生产商或进口商已经缴纳了要求退还的特别税捐以后，才能提供退款；

（6）如果要求建立的委托账户中的金额不足以支付符合条件的生产商或进口商按照本款规定所请求的特别税捐退税总额，那么委员会应在所有符合条件的生产商和进口商中按比例分配退税总额。

（f）终止。如果对计划的修订未获批准，那么计划应不做修订继续实施。

（g）修订计划以包括 50 个州。无论《法案》中做出了何种规定，如果生产商或生产商组织提出要求，那么部长都应发布对计划的修订以包括美国 50 个州。这种修订不需要通过投票决定。

子篇 D　酸　　橙

第 1951 条　简称。

本子篇可以引用为《1990 年酸橙研究、推广及消费者信息法》。

第 1952 条　研究结果、目的及限制。

（a）研究结果。国会发现：

（1）国产酸橙由许多个人生产商种植；

（2）几乎所有的国产酸橙都产自佛罗里达州和加利福尼亚州；

（3）酸橙进入州际和国外贸易渠道，未进入这些贸易渠道的酸橙直接加重州际酸橙贸易的负担或者影响州际酸橙贸易；

（4）近年来，大量的酸橙已进口到美国；

（5）现有酸橙市场的维持和扩展以及新的、更完善的市场开发，对于酸橙生产商，与酸橙生产、销售和加工有关的人群的生活以及对美国整体经济而言至关重要；

（6）为了维持和开发上述市场，有必要进行有关酸橙研究、推广和消费者信息的合作项目；

（7）酸橙生产商、酸橙生产商兼经销商、酸橙经销商和酸橙进口商，必须要通过合作才有能力、有资金实施这种项目。

（b）目的。本子篇内容的目的是：

（1）授权设立制定高效的酸橙研究、推广和消费者信息合作项目，并为此种项目提供资金（通过充分征收特别税捐）的有序程序，以达到下列目的：

（A）提高酸橙行业在国内和国外市场上的地位；

（B）维持、开发和拓展酸橙市场；和

（2）平等对待国产酸橙和进口酸橙。

（c）限制。本子篇中的任何内容，均不得解释为提出酸橙质量标准要求、控制酸橙生产或者以其他方式限制个人生产商生产酸橙的权利。

第 1953 条　定义。

在本子篇中：

（1）委员会。术语“委员会”指第 1955 条（b）条中规定的酸橙委员会。

（2）消费者信息。术语“消费者信息”指为了向公众提供关于酸橙使用、营养特征和保存的信息，并拓宽公众对此的了解而采取的任何行为。

（3）经销。术语“经销”指销售、购买或包装酸橙。

（4）经销商。术语“经销商”指从事酸橙经销业务的任何人。

（5）进口商。术语“进口商”指向美国进口酸橙的任何人。

（6）酸橙。术语“酸橙”指供应生鲜市场的酸橙树的果实。

（7）营销。“营销”指为了商业目的而销售或以其他方式处理酸橙。

（8）命令。术语“命令”指部长按照第 1954（a）条的规定发布的酸橙研究、推广和消费者信息命令。

（9）人。术语“人”指任何个人、个人群体、合伙企业、法人、协会、合作社或者任何其他实体。

（10）生产商。术语“生产商”指在美国生产酸橙用于商业销售的任何人。

（11）生产商兼经销商。术语“生产商兼经销商”指同时生产和经销酸橙的任何人。

（12）推广。术语“推广”指按照本子篇规定采取的、旨在向公众展示酸橙的良好形象、明确为了提高酸橙的竞争地位、促进酸橙销售而进行的任何活动（包括付费广告）。

（13）研究。术语“研究”指与酸橙的使用和营养价值有关的、旨在提升酸橙的形象、合意性、适销性或质量而进行的任何类型的研究。

（14）部长。术语“部长”指农业部长。

（15）州和美国。术语：

（A）"州"指美国 50 个州、哥伦比亚特区和波多黎各自由邦其中之一；

（B）"美国"指美国 50 个州、哥伦比亚特区和波多黎各自由邦。

第 1954 条　命令的发布。

（a）概述。为了实现本子篇中所述的目的，部长应按照本子篇的规定，发布并及时修订适用于酸橙经销商、生产商、生产商兼经销商和进口商的命令。任何此类命令都应适用于全国范围，根据本子篇的规定，任何时候都只能有一项此类命令有效实施。

（b）程序。

（1）提议发布命令。受本子篇规定影响的任何人都可以要求发布命令，也可以按照本子篇规定提交命令提案。

（2）命令提案。在收到利益相关人发布命令的要求和提议之后 60 天内，部长应公布提交的命令提案，适时通知公众，使公众有机会对命令提案发表意见。

（3）命令的发布。按照（2）的规定向公众发出通知并为公众提供了发表意见的机会以后，部长应发布命令，在命令中考虑收到的公众意见，并包括为确保命令符合本子篇要求所必需的条款。

（4）该命令应在命令提案公布以后 150 天以内公布和生效。

（c）修订。部长可以随时修订按照本条规定发布的任何命令。本子篇中适用于命令的条款也应适用于对命令的修订。

第 1955 条　命令的必需条款。

（a）概述。按照第 1954 条（a）条的规定发布的命令应包含本条中所述的条款和条件，并且不得包含除第 1956 条中所述条款以外的条款或条件。

（b）酸橙委员会。该命令应规定建立酸橙委员会，内容如下：

（1）委员。委员会应由下列委员组成：

（A）7 名未被免除款（d）（5）（A）中所述特别税捐的生产商委员；

（B）3 名未被免除款（d）（5）（A）中所述特别税捐的进口商委员；

（C）一名从公众中任命的委员。

（2）任命和提名。

（A）任命。部长应任命委员会委员。

（B）生产商。7 名生产商委员应在生产商提名的个人中任命。

（C）进口商。3 名进口商委员应在进口商提名的个人中任命。

（D）公众。公众代表应在委员会的提名中任命。

（E）提名失败。如果生产商和进口商未能提名个人供任命，那么部长可以按照命令中规定的方式任命委员。如果委员会未能提名公众代表，那么部长可以不经提名而任命公众代表委员。

（F）初始委员会。部长应从部长要求提名的人中选择委员建立初始委员会。根据部长的决定，为了实现（1）中所述初始委员会委员的提名，如果部长认为必要和恰当，那么部长应按照本款的规定履行委员会的职责。（3）（D）和（E）中所述初始委员会委员的提名应根据（3）的规定做出。

（3）候补委员。部长应为委员会每名委员任命一名候补委员。候补委员应：

（A）按照与该候补委员相对应的委员相同的方式任命；

（B）如果其所对应委员缺席会议或者按（5）的规定被剥夺资格，候补委员应担任委员会委员。

（4）任期。委员会委员任期应为 3 年。首次任命的委员中：

（A）3 名任期应为一年；

（B）4 名任期应为两年；

（C）4 名任期应为 3 年；具体由部长在任命时分配。

（5）更换。如果被任命为生产商、进口商或公众代表的委员会委员或候补委员不再属于任命该委员时所代表的群体，那么该委员或候补委员应不再具有担任委员会委员或候补委员的资格。

（6）报酬。委员会委员和候补委员应无偿任职。

（7）差旅费。在委员会委员和候补委员离开家乡或正常营业场所履行委员会义务期间，像政府临时雇员按照《美国法典》第5篇第5703条的规定获得差旅费一样，该委员或候补委员应获得差旅费，包括每日生活津贴。

（8）权力和义务。委员会应：

（A）根据命令条款和条件以及本子篇的规定，执行部长按照第1954（a）条的规定发布的命令及其修订内容；

（B）规定实施命令条款和条件的规章制度；

（C）受理、调查并向部长报告违反命令的事项；

（D）就应对命令所做的修订内容向部长提出建议；

（E）雇用管理人员和员工。

（c）预算和计划。命令应规定编制定期预算和计划，内容如下：

（1）预算。委员会应在就其在实施命令中产生的预计费用和支出编制预算（根据部长的决定按财政期间编制），并提交部长，预算包括进行研究、推广和消费者信息项目所需的费用。预算应在部长批准之后立即生效。

（2）计划。每项预算都应包括一个有关酸橙的研究、推广和消费者信息计划。本项规定的计划应在部长批准以后立即生效。经部长批准，委员会可以为了下列目的而签订合同和协议：

（A）制订和实施该计划；

（B）利用根据本子篇规定筹集的资金支付计划费用。

（d）特别税捐。命令应规定就酸橙生产和进口征收特别税捐，内容如下：

（1）税率。特别税捐税率应不超过每磅酸橙0.01美元。

（2）由第一经销商征收。除非在（4）中有所规定，否则酸橙第一经销商应：

（A）负责按照本款规定向生产商征收特别税捐并向委员会缴纳；

（B）保持每个生产商的酸橙经销的单独记录，包括经销商自有的酸橙。

（3）生产商兼经销商。在（2）中，生产商兼经销商应视为该生产商兼经销商所生产酸橙的第一经销商。

（4）进口商。进口酸橙的特别税捐应在酸橙进入美国时由进口商缴纳，并上缴委员会。

（5）最低减让例外条款。下述人员应免缴本款下规定的特别税捐：

（A）每年酸橙产量低于35 000磅的生产商；

（B）每年酸橙产量和经销量低于35 000磅的生产商兼经销商；

（C）每年酸橙进口量低于35 000磅的进口商。

（6）要求免除。要获得（5）中所述的免税权，要求免除的人应向委员会提交申请：

（A）说明享受该免税权的基础；

（B）证明此人在该年度中不会超过免税规定中要求的数量限制。

（e）特别税捐的使用。

（1）概述。命令应规定，按照（d）向委员会支付的资金：

（A）委员会可以用于：

（i）支付（c）中规定的委员会预算中所述的研究、推广和消费者信息费用，并可用于支付委员会在执行命令中产生的其他费用；

（ii）支付部长授权的委员会管理、维护和活动中所产生的其他费用；

（iii）为按照第1956（4）条的规定设立的准备金提供资金；和

（B）应用于支付部长产生的费用，包括在实施和执行命令中产生的政府员工工资，但是不包括（2）中所述的工资。

（2）投票。命令应规定，委员会应利用按照（d）的规定征收的特别税捐，向部长偿付部长在进行本子篇下的投票中所产生的任何费用，但是不包括政府员工的工资。

（f）谎报。命令应规定，在由按照（d）款的规定征收的特别税捐提供资金的任何推广活动中，都不得进行：

（1）有关酸橙的任何谎报或无根据的乱报；

（2）与用于商业销售的酸橙存在竞争关系的任何产品的属性或用途有关的谎报或无根据的乱报。

（g）资金使用禁止条款。命令应规定，委员会按照本子篇规定通过按本子篇授权征收特别税捐而筹集的资金，可用于照本子篇向部长提出建议，但不得以任何方式用于阻碍立法或政府功能的行为。

（h）账簿、记录及报告。

（1）委员会。命令应要求委员会：

（A）保存有关委员会所收到资金的收支情况的账簿和记录；

（B）及时向部长提交部长为了正确核算而要求提交的报告；

（C）在每个财政年度结束时，向部长提交关于委员会在本财政年度中所进行活动的完整审计报告。

（2）其他方。为了确保委员会和部长可以获得恰当或必要的信息和数据，以实施或执行本子篇（或者按照本子篇规定发布的任何命令或规定）的规定，命令应要求负责（d）款中所述特别税捐的征收、缴纳或上缴的经销商、生产商兼经销商和进口商：

（A）按照命令要求保存账簿和记录，并可以接受委员会员工和部长的检查；

（B）按照命令规定的时间、方式和内容，编制有关特别税捐征收、缴纳或上缴的报告。

（i）保密性。

（1）概述。命令应要求，所有农业部和委员会官员和员工，都应对按照（h）（2）的规定所获得的所有信息保密，只有部长认为有关的信息才能向公众公开，或者信息是在诉讼或者行政听审会中按照部长的指示或要求进行公开，或者部长或农业部的任何官员是诉讼或行政听审的一方时才可以公开。

（2）限制。本款中的任何内容都不得禁止：

（A）根据命令规定，以大量经销商、生产商兼经销商和进口商的报告为基础，发布不涉及任何人所提供信息的一般声明；或者

（B）按照部长指示公布违反第1954（a）条中所述命令规定的人员姓名以及说明此人违反的具体命令条款。

（j）隐瞒信息。本子篇中的任何内容都不得解释为授权任何人向国会隐瞒信息。

第1956条　命令允许的条款。

经委员会提议、部长批准，按照第1954（a）条的规定发布的命令可以：

（1）授权委员会免除美国出口酸橙受此命令约束，前提是委员会要建立防范规定以确保免除权合理使用；

（2）授权委员会指定差异性经销商付款计划和申报计划，从而体现营销行为和程序方面的差异；

（3）规定委员会可以随时召集生产商、经销商、生产商兼经销商、进口商、出口商或者普通大众组成工作组，协助酸橙研究和影响项目的开发；

（4）规定委员会有权从根据第1955（d）条的规定征收的特别税款中提取准备金，以确保合作研究、推广和消费者信息项目在产量和特别税捐收入减少的年度能够有效、连续运行，但是准备金总额不得超过为计划运行一年而预算的金额；

（5）规定委员会有权在部长批准的情况下，利用根据第1955（d）条的规定筹集的资金开发和拓展酸橙在国外市场的销售；

（6）规定如下条款和条件：

（A）本子篇中所规定的条款和条件附带的、不与本子篇条款和条件冲突的条款和条件；

（B）实施命令其他条款所必需的条款和条件。

第 1957 条　申诉与复核。

（1）概述。受命令约束的人，可以向部长提出申诉：

（A）说明命令、命令条款或者与命令有关的任何义务违反法律规定；

（B）要求修改命令或者免于受该命令约束。

（2）听证。按照（1）的规定提出申诉的申诉人应获得根据部长发布的规定就申诉进行公开听证的机会。

（3）裁决。听证结束之后，部长应就申诉做出裁决，该裁决如果符合法律规定则应为最终裁决。

（b）复核。

（1）诉讼启动。如果在部长按照（a）款的规定所做出的裁决登记日期之后 20 天内，申诉人就此提出申诉，那么在（a）款规定的申诉人所居住或经营业务的任何地区的美国地区法院，都被授予复核对此申诉人申诉裁决的权限。

（2）传唤。此类程序中的传讯应根据《民事诉讼程序联邦法规》的规定执行。

（3）发回。如果法院确定该裁决不符合法律规定，那么法院应将事项发回部长，并要求：

（A）按照法院的决定修改裁决，使其符合法律规定；或者

（B）根据法院的意见，依法采取进一步程序。

（4）执行。由于按照（a）款的规定提出诉讼而导致事项未决，不得妨碍、阻止或延缓总检察长或部长按照第 1958 条的规定获得救济。

第 1958 条　执行。

（a）司法权。美国地方法院应具有执行部长按照本子篇规定制定或发布的任何命令或规定的司法权，并有权防止和阻止违反按照本子篇规定制定或发布的任何命令或规定的行为。

（b）移送总检察长。按照本条规定提起的民事诉讼应移送总检察长进行适当处理，但是如果部长确信，按照（c）款的规定进行行政诉讼或者通过对具有违反行为的人提供适当的书面通知或警告，就可以充分实施和执行本子篇的规定，那么部长不需要将违反本子篇规定或者按照本子篇规定发布的任何命令或规定的行为移送总检察长。

（c）民事罚款和命令。

（1）民事罚款。任何人如果故意违反部长按照本子篇规定发布的任何命令或规定的任何条款，或者未能按照命令或规定的要求，支付、征收或上缴此人应缴纳的任何特别税捐或费用，那么部长可以对此人处以每次违反行为 500～5 000 美元的民事罚款。每次违反行为应为单独的违反行为。

（2）勒令停止。除上述民事罚款以外，部长可以发布命令，要求此人停止违反行为；或者只发布勒令停止的命令，而不进行民事罚款。

（3）通知和听证。除非部长已经通知命令发布的对象或者为其提供了就其违反行为记录进行听证的机会，否则不得对其处以任何罚款或发布停止命令。

（4）最终性。除非命令发布的对象根据（d）款的规定就部长对其处以罚款或发布停止命令的法令提出上诉，否则部长处以罚款或发布停止命令的法令应为最终的、决定性的法令。

（d）美国地方法院复核。

（1）诉讼启动。按照（c）款的规定被处以民事罚款或收到停止命令的任何人，都可以在其所居住或从事业务的地区的美国地方法院，或者哥伦比亚特区的美国地方法院获得对该罚款或命令的复核，方法如下：

（A）在发布命令的日期以后 30 天内，向该法院提出上诉通知；

（B）同时通过挂号信函的方式将上诉通知副本发送给部长。

（2）记录。部长应及时向该法院提供部长发现涉案人具有违反行为记录的核证副本。

（3）复核标准。除非发现有实质证据证明部长的结论不正确，否则不得宣布部长的结论无效。

（e）未能遵守命令。在命令已经成为最终命令且不可上诉，或者适当的地方法院已经做出部长胜诉的最终判决的情况下，任何人如果未能遵守勒令停止的命令，那么此人在按照（c）和（d）款规定的程序获得听证和司法审查的机会之后，应被部长处以每次违反行为不超过 500 美元的民事罚款。未能遵守命令的每一天，都应视为单独的对该命令的违反行为。

（f）未能支付罚款。在部长发布的命令已经成为最终命令并且不可上诉，或者适当的地方法院已经做出了部长胜诉的最终判决的情况下，如果任何人未能支付罚款，那么部长应将案件移送至总检察长，以追缴此人居住或从事业务的任何地区的美国地方法院对其处以的罚款金额。在这种情况下，不得对处以民事罚款命令的有效性和适当性进行复核。

第 1959 条　调查与传唤权力。

（a）概述。部长可以就下列目的进行部长认为必要的调查：

（1）有效履行本子篇中规定的部长的职责；或者

（2）确定受本子篇条款约定的人是否进行了或正在进行构成对本子篇或按照本子篇规定发布的任何命令、法规或规定条款的违反行为。

（b）传唤权力。

（1）调查。为了按照（a）款的规定进行调查，部长有权实施宣誓和作证并发出传票，要求提供与调查有关的任何记录。可以要求从美国任何地方提供此种记录。

（2）行政听审。为了按照第 1957 条或第 1958 条的规定进行行政听审，主席有权实施宣誓和作证、传唤证人、强制其出庭、取证，并要求提供与调查有关的任何记录。可以要求美国任何地方的证人出庭以及从美国任何地方提供此种记录。

（c）法院援助。如果任何人违抗命令或拒绝服从传唤，部长可以援用进行此调查或诉讼的管辖地，或者此人居住或从事业务地区的美国任何法院援助，以执行部长根据（b）款的规定发出的传唤。法院可以发布命令，要求此人服从传唤。

（d）藐视法庭。任何不服从法院命令的行为都可以由该法院按藐视法庭行为予以处罚。

（e）传唤。在任何此类案件中的传唤，都可以在此人居住或从事业务的审判区域内或者发现此人的任何地方进行。

（f）听证地点。按照第 1957 或 1958 条举行的任何听证地点，均应在此人居住或其主要经营场所所在的审判区域内。

第 1960 条　初始投票。

（a）要求。在部长按照第 1954（a）条的规定首次发布命令之后两年内，部长应在符合下列条件的生产商中进行投票：

（1）未根据条款 1955（d）（5）的规定免缴特别税捐；

（2）在部长确定的代表期间，从事酸橙生产或销售。

（b）投票目的。（a）款中所述的投票，目的是确定是否只有不到大多数的参与投票的生产商、生产商兼经营商和进口商支持命令的发布；只有在获得大多数参与投票者支持的情况下，该命令才能继续实施。

（c）保密性。泄露或可能泄露按照本条或者第 1961 条的规定进行投票的任何人投票情况的票数以及其他信息或报告，均应严格保密，不得公开。

（d）从委托账户退还特别税捐。

（1）概述。在公布本条中所规定的投票结果之前向生产商、生产商兼经销商和进口商征收的特别税捐，在部长公布投票结果之前应保存在委托账户中。委托账户中的金额应等于在此期间征收的特别税捐总额乘以 10％。

（2）命令的认可。如果命令获得大多数按照（a）款的规定参与初始投票的生产商、生产商兼经销商和进口商的认可，那么委托账户中的资金应解除委托，用于本子篇中所规定的目的。

（3）命令未批准。

（A）按比例分配。如果：

（ⅰ）（1）中要求的委托账户中的金额不足以支付符合条件的生产商、生产商兼经销商或进口商所请求的特别税捐退税总额；

（ⅱ）根据（a）款的规定进行的投票结果，计划未获批准；

那么委员会应在所有符合条件的生产商、生产商兼经销商和进口商中按比例分配退税总额。

（B）退税权。在下列条件下，生产商、生产商兼经销商或进口商应有资格获得退税：

（ⅰ）如果该生产商、生产商兼经销商或进口商按照委员会的规定、以委员会规定的表格、并在委员会规定的时间内亲自提出要求，但是规定的时间在任何情况下都不得少于公布投票结果以后 90 天；

（ⅱ）生产商、生产商兼经销商或进口商向委员会提交材料，证明该此人已经缴纳了要求退还的特别税捐，并且没有向其他人征收特别税捐。

（C）剩余资金。未按照本项规定退还的资金，都应解除委托用于执行本子篇规定。

第 1961 条　延缓与终止。

（a）部长调查结果。一旦部长发现按照第 1954（a）条的规定发布的命令或者该命令的任何条款妨碍实现或不符合本子篇中所述的目的，部长应终止或延缓该命令或条款的执行。

（b）定期投票。部长可以定期组织投票，确定酸橙生产商、生产商兼经销商和进口商是否支持继续实施、终止或延缓按照第 1954（a）条发布、并在投票时实施的任何命令。

（c）请求投票。在下列情况下，部长应按照（b）款的规定举行投票：

（1）应委员会要求；或者

（2）如果不少于 10％的按本子篇规定缴纳特别税捐的酸橙生产商、生产商兼经销商和进口商提交申请，要求进行投票。

（d）限制。任何命令或者任何命令条款一旦终止或延缓，不得视为本子篇中所述的命令。

（e）投票。在销售年度结束时，如果部长确定下列事实，那么部长应延缓或终止命令：

（1）命令的延缓或终止，获得参与（b）款规定所投票的大多数人的支持；

（2）构成上述大多数的生产商、生产商兼经销商和进口商生产和进口的酸橙量，超过参与投票的所有人生产和进口酸橙总量的 50％。

第 1962 条　拨款授权。

（a）概述。在每个财政年度，授权拨付实施本子篇规定所需的款项。

（b）管理费用。拨付用于实施本子篇规定的款项，不得用于支付委员会在执行按照本子篇规定发布的任何命令的任何条款中所产生的费用或支出。

第 1963 条　规定。

部长可以发布为实施本子篇规定而必要的规定。

子篇 E 大 豆

第 1965 条 简称。

本子篇可以引用为《大豆推广、研究及消费者信息法》。

第 1966 条 研究结果及政策声明。

（a）研究结果。国会发现：

（1）大豆是一种重要的营养食品来源，是人类饮食的重要组成部分，也是畜牧业一种重要的饲料；

（2）大豆生产在美国经济中起着重要作用，因为有成千上万的大豆生产商生产大豆、无数的加工实体加工大豆，并且美国生产的大豆和大豆制品供全美国及其他国家的人们消费，并为畜牧业供应饲料；

（3）为确保消费者以合理的价格获得充分的大豆制品供应，大豆和大豆制品应随时可以购买并充分销售；

（4）大豆及大豆制品现有市场的维持和扩展以及新市场的开发，对于大豆生产商和加工商以及与大豆和大豆制品的销售有关的人群以及美国整体经济而言至关重要，必须要确保大豆及大豆制品的随时供应以及充分销售；

（5）现在已有州组织进行大豆推广、研究及消费者教育项目，这些项目对于促进大豆和大豆制品的消费意义重大；

（6）为了维持和扩展现有的大豆及大豆制品市场，并开发新市场，必须要合作开发、资助和实施大豆推广、研究、消费者信息及行业信息的全国合作项目；

（7）大豆和大豆制品进入州际和国外贸易渠道，未进入这些贸易渠道的大豆和大豆制品直接加重州际大豆和大豆制品贸易的负担或者影响州际大豆和大豆制品贸易。

（b）政策。国会声明，其政策是，通过行使本子篇中所规定的权限授权通过对美国生产的大豆和大豆制品征收充分的特别税捐而建立有序的开发、资助程序、实施推广、研究以及消费者信息和行业信息项目有利于公共利益，实施这些项目的目的是提高大豆的市场地位、维持和扩展现有的大豆和大豆制品的国内、国外市场和用途，并开发大豆和大豆制品的新市场和用途。

（c）解释。本子篇中的任何内容，均不得解释为控制个人大豆生产商生产大豆或者以其他方式限制个人生产商生产大豆的权利。

第 1967 条 定义。

在本子篇中：

（1）理事会。术语"理事会"指按照第 1969（b）条的规定建立的大豆联合理事会。

（2）贸易。术语"贸易"包括州际、国外或者州内贸易。

（3）委员会。术语"委员会"指按照第 1969（g）条的规定建立的大豆项目协调委员会。

（4）消费者信息。术语"消费者信息"指可以协助消费者以及其他人进行与大豆及大豆制品的购买、制作和使用有关的评估和决策的信息。

（5）部。术语"部"指农业部。

（6）第一购买人。术语"第一购买人"指：

（A）除（B）小项中规定以外的从生产商购买或以其他方式获得此生产商所生产的大豆的任何人；或者

（B）在按照货物信贷公司实施的价格支持贷款项目以大豆作为抵押获得贷款的情况下，指货物信贷公司。

（7）行业信息。术语"行业信息"指旨在开发大豆行业新市场和营销策略、提高效益、进行改善大豆行业形象活动的信息和项目。

（8）营销。术语"营销"指通过任何销售渠道销售或以其他方式处理大豆或大豆制品。

（9）市场净价。术语"市场净价"指：

（A）除（B）小项中所规定的以外，指在根据部长确定的评级或质量因素进行溢价或折扣调整以后，生产商收到的大豆的销售价格或其他价值金额；或者

（B）对于按照货物信贷公司实施的价格支持贷款项目作为贷款抵押的大豆而言，是指贷款的本金金额。

（10）命令。术语"命令"指按照第 1968 条的规定发布的命令。

（11）人。术语"人"指任何个人、个人群体、合伙企业、法人、协会、合作社或者任何其他法人实体。

（12）生产商。术语"生产商"指在美国从事大豆种植、拥有/承担或与他人共有/分担大豆所有权和损失风险的任何人。

（13）推广。术语"推广"指为了提升大豆或大豆制品在国内外市场上的形象或合意性而进行的任何行为，包括付费广告、技术援助和贸易服务活动，以及旨在向消费者、进口商、加工商、批发商、零售商、政府官员或其他人传递有关大豆或大豆制品的积极属性或者进口、使用或经销大豆和大豆制品的利益的信息。

（14）合格的州大豆理事会。术语"合格的州大豆理事会"指由州法律授权成立的州大豆推广实体。如果在某个州中没有这样的实体，那么术语"合格的州大豆理事会"是指符合下列条件的大豆生产商支配的实体：

（A）在州内组建和运营；

（B）接受自愿捐款并进行大豆推广、研究、消费者信息或行业信息项目；

（C）按照部长批准，满足委员会设立的与该实体有关标准、按命令规定履行义务、被委员会认定为本州内的大豆推广和研究实体。

（15）研究。术语"研究"指为了提升大豆或大豆制品的形象、合意性、适销性、产量、产品开发、质量，或功能或营养价值而进行的任何类型的研究，包括旨在确定和分析大豆和大豆制品出口销售障碍而进行的任何研究活动。

（16）部长。术语"部长"指农业部长。

（17）大豆制品。术语"大豆制品"指部分或全部由大豆或大豆副产品生产的产品。

（18）大豆。术语"大豆"指栽培大豆或野生大豆的所有品种。

（19）州。术语"州"和"美国"包括美利坚合众国的 50 个州、哥伦比亚特区和波多黎各自由邦。

第 1968 条　命令的发布和修订。

（a）概述。为了实施第 1966（b）条中所声明的政策，部长应按照（b）款中规定的程序，发布适用于大豆生产商和第一购买人的命令。任何此类命令都应适用于全国范围，根据本子篇的规定，任何时候都只能有一项此类命令有效实施。

（b）程序。

（1）发布命令的提议或要求。部长可以提出按照本子篇规定发布命令，或者大豆生产商协会或会受到按本子篇规定发布的命令影响的任何其他人，可以要求发布命令并提交命令提议。

（2）通知及与建议命令有关的评论。在收到发布命令的要求和提议之后 60 天内，或者部长决定发布命令时，部长应公布提出的命令，并适时通知公众，使公众有机会对提出的命令发表意见。

（3）命令的发布。按照（2）的规定向公众发出通知并为公众提供了发表意见的机会以后，部长应发布命令，在命令中考虑收到的公众意见，并包括为确保命令符合本子篇要求所必需的条款。该命令应在提出的命令公布以后 180 天以内发布和生效。

（c）修订。部长可以随时修订按照本条规定发布的命令。本子篇中适用于某一命令的条款也应适用于对该命令的修订。

第 1969 条　命令中的必需条款。

（a）概述。按照本子篇规定发布的每项命令都应包括本条中所规定的条和条件。

（b）联合大豆理事会的建立和成员。

（1）概述。命令应规定建立实施命令的联合大豆理事会，并任命理事会成员。理事会成员应为部长按照本款的规定从各个州或联合单位按地域任命的大豆生产商。理事会的席位总数应为所有单位有资格获得的席位总数。

（2）席位。部长应建立州单位和联合单位，并为这些单位设立委员会席位，具体如下：

（A）州单位。除了在（B）中的规定以外，每个州都应视为一个单位。

（B）联合单位。大豆平均年产量低于 300 万蒲式耳的州，应与其他州合并组成联合单位。大豆平均年产量低于 300 万蒲式耳的州，应尽量按照命令中规定的方式与其他大豆平均年产量低于 300 万蒲式耳的州合并组成联合单位，每个联合单位应由地域相邻的州构成。每个联合单位的平均大豆年产量应尽可能达到至少 300 万蒲式耳。

（C）每个单位的席位数量。根据（F）的规定，按照（A）或（B）设立的标准，每个单位：

（ⅰ）如果其平均大豆年产量低于 1 500 万蒲式耳，那么该单位应获得理事会的一个席位；

（ⅱ）如果其平均大豆年产量达到或超过 1 500 万蒲式耳，但是低于 7 000 万蒲式耳，那么该单位应获得理事会的两个席位；

（ⅲ）如果其平均大豆年产量达到或超过 7 000 万蒲式耳，但是低于两亿蒲式耳，那么该单位应获得理事会的 3 个席位；

（ⅳ）如果其平均大豆年产量达到或超过两亿蒲式耳，那么该单位应获得理事会的 4 个席位。

（D）平均大豆年产量的确定。在（A）、（B）、（C）和（F）的规定中，部长应利用前 5 年大豆产量、除去最高年产量和最低年产量的平均年产量来确定适用于某一农事年的平均大豆年产量。

（E）席位的重新分配。在从命令生效日期开始的 3 年期间结束时，如有必要，部长应按照（A）和（B）中设立的标准，对单位的席位进行调整。如果部长进行调整，那么部长应按照（C）的规定以及按照（F）规定进行的更改来重新分配委员会的席位。如果在按照第 1970（a）条的规定进行初始投票之后，生产商授权支付退税，那么在进行所述调整时，部长应从每个州的大豆年产量中排除支付了退税的大豆产量。

（F）产量水平的调整。在从命令生效日期开始到结束时的 3 年期间内，理事会可以建议部长按照其认为恰当的程度更改（A）、（B）和（C）中在确定每个单位理事数量时所采用的产量水平，部长可以对命令进行修订，更改在确定每个单位理事数量时所采用的产量水平。对计划进行的任何此类修订，都无需通过生产商投票决定。除非根据（D）中确定的标准，其平均年产量降至低于（A）、（B）和（C）中规定的最低必需水平，否则任何单位不会由于按照本小项规定所进行的任何修改而失去本单位在命令首次发布时被授予的委员会席位。

（3）提名。

（A）概述。部长应从每个单位提交的提名中按照（2）项的规定设立的标准任命大豆生产商担任理事会理事。对于按照（2）项的规定本单位被授权的每个席位，每个单位至少应向部长提交两名被提名人。

（B）获得提名的方式。

（ⅰ）最初建立的理事会。

（Ⅰ）州单位。部长应要求每个州的州大豆理事会，为该州获得授权的初始建立的理事会的每个席位提交被提名人，但是该州大豆理事会要向部长提供证据证明该理事符合条款 1967（14）（A）或（B）

小项中所述的标准。如果某个单位没有此类组织，那么部长应按照部长认为恰当的方式要求提交被提名人。

（Ⅱ）联合单位。部长应按照恰当的方式，要求为授予联合单位的初始理事会的席位提交被提名人，部长应考虑在该单位内运营、向部长提交证据证明其符合条款 1967（14）（A）或（B）小项中所述标准的任何州大豆理事会所提出的建议。

（ⅱ）后续任命。

（Ⅰ）州单位。对授予州单位的理事会席位后续任命人员的提名，应由该州单位有资格的州大豆理事会提出。如果该单位中没有合格的理事会，那么部长应按照恰当的方式要求提交被提名人供任命。

（Ⅱ）联合单位。部长应按照恰当的方式，要求提交授予联合单位的委员会席位人员后续任命的提名，部长应考虑在该单位内经营的任何合格的州大豆理事会的建议。

（ⅲ）驳回。部长可以驳回按照本项规定由某一单位提交的任何被提名人。如果由于部长驳回某一单位提交的被提名人而导致被提名人数量不足以任命理事会理事，那么该单位应按照本项的规定提交附加被提名人。

（4）任期。每次任命的理事会理事任期应为 3 年，但是最初建立的理事会理事的任期，按照比例应为一年、两年和 3 年。任何委员都不得连续任职超过 3 届（每届 3 年）。

（5）报酬。理事会理事应无偿任职，但是对于其在履行理事会的义务中所产生的合理费用，应予以报销。

（6）临时任命。

（A）任命。尽管（1）项到（5）项中做出了规定，但是为了实现顺利过渡，部长应根据（B）小项中规定的标准，按照部长确定的程序为最初建立的理事会任命本小项规定任命的理事以外的 3 名临时理事。临时理事只能任职一届，不得超过 3 年。

（B）特定州的代表。部长应为最初建立的理事会任命临时理事，以尽可能确保每个具有州大豆理事会的州，在本《法案》实施日期之前进行州大豆推广，并为全国大豆推广和研究工作缴纳特别税捐资金的每个州，都在最初建立的理事会中有代表，反映该州对全国大豆推广和研究工作的相应贡献。

（7）会议。命令应规定，理事会每年至少召开一次会议，并明确理事会召开特别会议的条件。

（c）理事会的权力和义务。命令应确定理事会的权力和义务，并应包括下列权力和义务：

（1）根据命令的条款和条件执行命令；

（2）制定规章制度实施命令的条款和条件；

（3）如果委员会行使其建立（g）款中所述大豆项目协调委员会的职权，那么理事会还应：

（A）选举理事会理事担任大豆项目协调委员会的委员；并且

（B）如果理事会授予大豆项目协调委员会按照（h）（1）款的规定制定和提交预算的权力，那么理事会还应批准、修改或驳回大豆项目协调委员会提交的预算；

（4）向部长提交预算，供部长审批；

（5）与适当的人签订合同实施计划或项目；

（6）与合格的州大豆理事会签订合同，实施在理事会所在州的项目；

（7）受理、调查并向部长报告违反命令的事项；

（8）就对命令的修订向部长提出建议；

（9）召开理事会会议以及大豆项目协调委员会会议之前通知部长，允许部长或部长指定的代表出席会议；以及

（10）每年向生产商提供至少一次报告，说明资金情况以及所实施的项目，此种报告应可以应公众要求向公众提供。

（d）委员会投票程序。

（1）概述。根据本款的规定，命令应设定理事会投票的程序。自命令生效日期起 3 年结束时或结束

之后，理事会可以建议部长更改理事会投票程序，部长可以更改命令以更改投票程序。投票程序的更改应无需通过生产商投票决定。

（2）每位理事的票数。在理事会进行的任何投票中，每位理事有权投票的票数应按照下列规则确定：

（A）概述。除非进行点名投票，否则每位理事应有一票的投票权。在点名投票中，每位理事应有权进行按照（B）的规定授予该理事的附加投票。

（B）附加投票。在点名投票中授予每位理事的附加投票应按照下列规则计算：

（ⅰ）特别税捐水平。除非在条款（ⅱ）中有所规定，否则，对于在理事会的前3个财政年度中每个单位每年平均向理事会上缴的（除去按照（1）（2）款进行的任何退税）特别税捐的每个百分点应有一票的投票权，或者按照每个百分点的比例获得相应的投票权。

（ⅱ）前3个财政年度。

（Ⅰ）第一个财政年度。在委员会的第一个财政年度，每个单位应为本单位为生产的大豆产量所占之前3个农事年中平均每年美国大豆总产量的每个百分点获得一票或者按每个百分点的比例获得相应的投票权。

（Ⅱ）第二和第三个财政年度。为了适应理事会第二和第三个财政年度的票数分配，命令应规定对条款（ⅰ）中的票数分配程序进行适当调整。

（ⅲ）单位内的票数分配。条款（ⅰ）或条款（ⅱ）中规定的一个单位的总票数，应在代表该单位加入理事会并投票的所有理事中平均分配。命令中确定的程序应规定对按照该单位投票分配规定授予某一理事的不足一票的投票进行平均分配。

（3）提议。

（A）概述。除非（B）中有所规定，否则提议只要经理事会中参与投票的大多数理事认可即应通过。

（B）点名投票。任何理事会理事都可以要求就任何提议进行点名投票。除非在理事会采用的规章制度中另有规定，否则一旦进行点名投票，提议应只有在获得所有投票票数的大多数以及所有参与投票单位的大多数（每个单位的投票由该单位中所有理事所投票数的大多数确定）同意以后才能通过。

（4）大豆项目协调委员会的票数。在理事会下属的大豆项目协调委员会进行的任何投票中，每个大豆项目协调委员会委员均应有一票的投票权。

（5）代表。任何成员不得通过代表投票。

（e）预算。

（1）概述。命令应规定，理事会应按照财政年度按照命令规定编制预计费用和支出的预算，预算包括在实施和推广、研究、消费者信息以及行业信息项目中可能产生的费用。理事会应将该预算或者对其进行的任何重大更改提交给部长审批。

（2）限制。除非按照部长批准的预算或预算更改获得授权，否则理事会不得进行任何资金的支出。

（f）计划和项目。命令应规定，理事会应审核或者主动制订利用理事会所收到的资金的推广、研究、消费者信息和行业信息计划或项目。此种计划或项目必须在获得部长批准以后才能生效。

（g）大豆项目协调委员会。

（1）建立。按照本款的规定，命令可以授权理事会建立大豆项目协调委员会，协助实施命令。

（2）委员。

（A）构成。大豆项目协调委员会的委员构成应满足下列标准：

（ⅰ）大豆项目协调委员会委员中，不少于2/3的委员为理事会理事，包括：

（Ⅰ）理事会主席和财务主管；

（Ⅱ）理事会选出的理事会附加理事；并且

（ⅱ）大豆项目协调委员会不超过1/3的委员，应为代表州大豆理事会行为的、并且在本《法案》

颁布日期作为农业部外国农业服务局的合作伙伴将进行大豆和大豆制品推广活动的全国非盈利性大豆生产商管理组织选出的生产商。

（B）证明。要在大豆项目协调委员会任职，由全国非盈利性大豆生产商管理组织选出的每位生产商，都应由部长证明其是由该组织适当选出的参与大豆项目协调委员会的代表。

（3）任期。大豆项目协调委员会委员的任期应为一年。任何大豆项目协调委员会委员的连续任期均不得超过 6 届。

（4）报酬。大豆项目协调委员会委员应无偿任职，但是应就其在履行大豆项目协调委员会的义务中所产生的合理费用予以报销。

（5）主席。理事会主席应担任大豆项目协调委员会主席。

（6）法定人数。大豆项目协调委员会的法定人数应为大豆项目协调委员会委员总数的 3/4。

（h）大豆项目协调委员会的权力和义务。命令应明确理事会可以授予大豆项目协调委员会的权力和义务，可以包括：

（1）预算。理事会可以授予大豆项目协调委员会按照（e）款的规定，按财政年度制定并向理事会提交预算供理事会审批的权力。理事会应审核并批准、驳回、修改或替换大豆项目协调委员会提出的预算，并按照（e）款的规定向部长提交预算供部长审批。

（2）计划和项目。理事会可以授予大豆项目协调委员会按照（f）款的规定审核或者主动制订利用理事会所收到的资金的推广、研究、消费者信息和行业信息活动计划或项目。每项此种计划或项目均应提交给理事会审批。

（3）投票。向理事会提出的关于预算或计划和项目的建议，需要获得至少 2/3 的出席大豆项目协调委员会会议的委员的一致投票支持。

（i）管理。

（1）费用。命令应规定，理事会应承担自身的所有费用。

（2）人员。

（A）概述。命令应规定，理事会可以建立自己的管理人员或机构，或者签订合同雇用代表大豆生产商的全国、非盈利性的、生产商主导的组织的人员和机构。

（B）工资限制。如果理事会建立自己的管理人员，那么理事会有权支付管理人员的工资和福利，但是金额不得超过本财政年度理事会预计征收的特别税捐水平（除去按照（1）（2）款进行的任何退税）的 1%。

（C）组织费用报销。如果理事会雇用代表大豆生产商的全国、非盈利性的、生产商主导的组织的人员，那么此类组织的人员不得直接从理事会获得报酬，但是此类组织应就包括工资在内的其人员在代表理事或者经理事会授权履行义务中产生的合理费用予以报销。

（3）管理费用的限制。命令应规定，在任何财政年度中，理事会在实施命令过程中所产生的费用（包括人员费用，但是不包括部长所产生的管理费用），不得超过本年度理事会预计征收的特别税捐水平（除去按照（1）（2）款进行的任何退税）的 5%。

（j）合同及协议。

（1）权限。为了确保协调性及高效利用资金，命令应规定，理事会可以就实施和进行本子篇授权的活动，以及利用理事会按照命令规定收到的资金支付费用而与代表大豆生产商的全国、非盈利性的、生产商主导的组织签订合同或协议。

（2）协调性。为了提高协调性，理事会在就实施和进行本子篇授权的活动签订合同或协议时，应确保为消费者信息、行业信息、推广或研究而进行的所有计划或项目，均由同一实体实施。在任何时候，都应只有一项消费者信息、行业信息、推广或研究计划或项目有效实施，但是，经部长批准，委员会可以与合格的州大豆委员会签订合同，在其各自州内实施计划或项目。

（3）任期。按照本款规定签订的任何合同或协议均应规定：

（A）合同方在制订并向理事会提交计划或项目的同时，应制定并向理事会提交一项或多项预算，说明该计划或项目预计产生的费用情况；

（B）计划或项目只有在获得部长批准以后才能生效；

（C）合同方应准确记录其所有交易、资本收支情况，包括人员工作时间、工资以及为理事会活动而支出的费用情况，定期向理事会报告所进行的活动，并按照理事会或部长的要求报告其他信息。

（4）与生产商的沟通。命令可以规定：

（A）理事会可以与申请并同意相关条款的合格的州大豆理事会签订合同或协议，实施相应的计划或项目，以协调并促进和生产商之间就实施命令规定的有关各项活动的信息沟通，并且使用理事会根据命令规定收到的资金支付相关计划或项目的费用；

（B）为了给（A）小项中所述的计划或项目提供资金，如果命令没有授权支付退税，那么每年应以合格的州理事会提交的信息为基础，确定对合格的州理事会由于生产商获得特别税捐退税而不能保留、转交给理事会的资金进行分配，分配金额不低于所有生产商前一年度向合格的州委员会缴纳的特别税捐总额。

（5）资金在合格的州大豆理事会中的分摊。

（A）概述。根据（B）小项的规定，在利用每年按照（4）（B）的规定分配的资金支付（4）（A）中所述合同或协议费用时，理事会应以合格的州理事会提交的信息为基础，确定在各个州之间分摊所分配的资金，以便每个合格的州大豆理事会都能收到资金，金额等于前一年度由于该州退税而获得的分配资金金额。

（B）例外条款。在下列情况下，委员会应不需要向合格的州大豆理事会分配（A）小项中所规定的资金：

（ⅰ）合格的州大豆委员会未与委员会就（4）（A）中所述的计划或项目的实施签订合同或协议；或者

（ⅱ）向合格的州大豆理事会分配的金额低于理事会在涉及年份监督分配资金使用中所产生的费用金额，并且合同或协议做出了此规定。

（k）理事会账簿和记录。命令应要求委员会：

（1）根据部长的规定保存账簿和记录，以供部长检查和审核；

（2）及时编制并向部长提交部长规定的报告；

（3）说明委托于理事会的所有资金的收支情况。

在每个财政年度结束时，委员会都应聘请独立审计员对其账簿和记录进行审计，并向部长提交审计报告。部长应按照公众要求公开该报告。

（l）特别税捐。

（1）概述。

（A）第一购买人。

（ⅰ）征收。命令应规定，每个大豆第一购买人都应按照命令规定的方式向生产商征收特别税捐，并将特别税捐上缴理事会。在有合格的州大豆理事会运作的州，理事会应利用合格的州大豆理事会来征收上述特别税捐。

（ⅱ）税率。命令规定的特别税捐税率，应为生产商向第一购买人销售的大豆市场净价格的0.5%。

（ⅲ）一次特别税捐。对任何大豆都只能征收一次特别税捐。

（B）直接加工。命令应规定，加工并销售其自行生产的大豆或销售自产大豆制品的任何人，都应以命令规定的方式，按照等于（A）小项（ⅱ）中所规定税率的确定税率，向理事会或合格的州大豆理事会上缴特别税捐。

（2）退税。

（A）初始投票之前的退税。

（ⅰ）概述。命令应规定，在初始发布的命令通过第 1970（a）条的规定所进行的投票获得批准继续实施之前，按照部长的决定，在下列条件下，每个生产商都应有权要求获得理事会就从该生产商征收的任何特别税捐所支付的退税：

（Ⅰ）该生产商负责支付特别税捐；

（Ⅱ）该生产商不支持按照命令规定实施的计划、项目或活动。

（ⅱ）由理事会提供。在条款（ⅰ）所述的期间，根据部长的决定，退税应由理事会以及（如果适用）合格的州大豆理事会平等提供。

（B）管理。根据（C）（ⅰ）小项的规定，生产商按照本项规定提出的退还特别税捐的任何要求，都应根据理事会的规定、以表格形式在理事会规定的时间内（不超过 90 天）提出。

（C）退税要求的提交。

（ⅰ）概述。根据（1）（A）（ⅰ）中的规定，在由合格的州大豆理事会征收特别税捐的每个州，生产商应向合格的州大豆委员会提交退还特别税捐的要求。该理事会应以理事会规定的方式，通知生产商其拥有获得该退税的权利，并应按照适用于大豆特别税捐退税的州法律中确定的程序处理提交的要求，但是如果州法律中没有关于退税的规定，那么提交的请求应按照本项中确定的程序处理。

（ⅱ）无合格的州大豆理事会。在没有合格的州大豆理事会的每个州，生产商应直接向理事会提交退还特别税捐的要求。

（D）退税的时间限制。根据（C）（ⅰ）的规定，按照本项规定向生产商退还的特别税捐退税，应尽快退还，但是在任何情况下，都要在向合格的州大豆理事会或理事会提交了能够证明该生产商已经缴纳了所要求退税的特别税捐的证据之后 60 天内退还。

（E）命令未获支持。如果部长通过按照第 1970（a）条的规定进行的投票结果确定，生产商不支持命令的继续实施，那么在按照第 1970（a）条的规定进行的特别税捐征收结束之前，应按照本项规定就征收的特别税捐进行退税。

（F）初始投票之后进行的退税。

（ⅰ）概述。根据本小项的要求，命令应包含与命令在按照第 1970（a）条的规定进行的初始投票获得批准之后进行退税有关的条款。

（ⅱ）可用性。在自部长确定按照第 1970（a）条的规定所进行的初始投票结果起，至由部长确定的日期（初始投票结果揭晓之后 18 个月内）止的期间内，根据条款（ⅶ）的规定，合格的州大豆理事会（如果没有合格的州大豆理事会，则理事会）应在财政年度末从代管资金中向大豆生产商支付退税，在不与本小项规定冲突的情况下，退税应按照（A）到（D）的规定，向在此期间要求退税的生产商退还。

（ⅲ）民意测验。在条款（ⅱ）中规定的期间之前，部长应按照 1970（b）（3）中规定的程序在大豆生产商中进行民意测验，以确定生产商是否支持就按命令支付退税继续执行进行投票。

（ⅳ）投票。如果根据按条款（ⅲ）的规定进行的民意测验，部长确定至少 20% 的在代表期间从事大豆生产的生产商（任何一个州的生产商均不得超过 1/5）支持进行投票，那么部长应在所有这些生产商中进行投票，以确定这些生产商是否支持根据命令规定继续执行退税。根据第 1970 条中规定的程序，该投票应在部长根据民意测验确定需要投票之后一年内进行。

（ⅴ）继续退税。如果部长按照条款（ⅳ）的规定进行投票，那么在进行投票之前，合格的州大豆理事会（如果没有合格的州大豆理事会，那么理事会）应按照条款（ⅱ）的规定继续可以向生产商支付退税，根据条款（ⅶ）的规定，该退税应在此期间结束时从托管资金中支付。

（ⅵ）退税的继续或终止。如果通过按照条款（ⅳ）的规定进行的投票，部长确定参与此投票的大多数生产商支持继续支付退税，那么在大豆生产商批准修订命令删除退税规定之前，在之后的每个一年期间内，合格的州大豆理事会（如果没有合格的州大豆理事会，那么理事会）应按照条款（ⅱ）的规定继续向生产商支付退税。按照条款（ⅶ）的规定，该退税应在每个一年期间结束时从托管资金中支付。

如果部长通过投票确定参与投票的大多数生产商不支持继续执行退税，那么获得退税的权利应立即终止。

（ⅶ）第三方托管账户。

（Ⅰ）设立。合格的州大豆理事会（在没有合格的州大豆理事会的州，则理事会）应设立第三方托管账户，用于按照条款（ⅱ），必要时按照条款（ⅴ）和（ⅳ）的规定支付退税。

（Ⅱ）独立账户。合格的州大豆理事会（如果没有合格的州大豆理事会，则理事会）应为向生产商征收特别税捐的每个州设立独立的第三方托管账户，用于分别按照条款（ⅱ）、（ⅴ）和（ⅵ）的规定支付退税。

（Ⅲ）存款。合格的州大豆理事会（如果没有合格的州大豆理事会，则为理事会）应向其第三方托管账户存入资金，用于按照条款（ⅱ）、（ⅴ）或（ⅵ）的规定进行退税，存入资金金额为合格的州大豆理事会（如果没有合格的州大豆理事会，则为理事会）征收的特别税捐总额的10%（包括在有关期间内按照（2）的规定缴纳的特别税捐以及生产商按照（4）的规定向合格的州大豆理事会缴纳的资金）。

（Ⅳ）从第三方托管账户进行退税。在涉及的期间内某个州的生产商根据条款（ⅱ）的规定要求的退税（或者如果按照条款（ⅴ）或（ⅵ）的规定可以进行的退税），应从适用该州条款的委托账户中进行支付。

（Ⅴ）按比例分配。如果存于按照子条款（Ⅰ）的规定设立的州账户中用于条款（ⅱ）、（ⅴ）和（ⅵ）中所述目的的资金，不足以满足涉及期间内该州所有生产商提出的退税要求，那么合格的州大豆理事会应将该州账户中的资金金额在该州要求退税的所有生产商中按比例分配，如果该州没有合格的州大豆理事会，那么则由理事会对资金按比例分配。

（Ⅵ）盈余资金。各州没有按照本条款规定向生产商退还的所有资金，都应在理事会和该州合格的州大豆理事会之间平均分配。该资金应用于实施本子篇中所规定的项目。

（Ⅶ）退税期间。在本条款中，对于条款（ⅵ）中所述的退税，每个年度的退税期间应单独处理。

（3）使用。特别税捐（除去按照（2）进行的任何退税）应用于下列目的：

（A）支付在实施和执行命令中所产生的费用；

（B）建立合理的后备资金；

（C）向部长支付部长在实施和执行命令中产生的管理费用，但是在按照（2）（F）所进行的投票中所产生费用的1/2除外。

（4）向合格的州大豆理事会缴纳税款的赊欠。如果一个生产商能够确定其向合格的州大豆理事会缴税，那么在确定应向理事会支付的税款时，该生产商可以赊欠向合格的州大豆理事会缴纳税款，赊欠额度最高为大豆市场净价格0.25%或者等值金额。在本子篇中，每个州只能有一个合格的州大豆理事会。只有在向生产大豆的州的合格州大豆理事会缴纳税款时，生产商才能允许赊欠。但是，经部长批准，理事会可以适当批准此州原产地规定的例外情况，以确保各个州之间征收程序的协调性。

（5）单一特别税捐程序。命令中规定的征收特别税捐的程序，应尽可能确保对大豆按照命令规定的单一特别税捐程序征收特别税捐。

（m）各个州特定费用的赊欠。命令应规定，理事会可以为每个合格的州大豆理事会提供信贷，如果在本《法案》颁布实施日期之前州法律要求合格的州大豆理事会支付用于征收特别税捐的费用，那么信贷金额不超过向州政府机构或第一购买人支付的金额的一半，但是理事会向任何合格的州大豆理事会提供的信贷，都不得超过按照（l）款的规定征收并上缴委员会的特别税捐金额的2.5%。

（n）向各个州缴纳的特别税捐的最低水平。

（1）投票前期间。命令应包含有关条款，确保在按照第1970（a）条的规定进行投票之前的期间，由部长确定，根据（3）的规定，每个合格的州大豆理事会每年都获得一定的资金，金额等于1984—1988年（不包括征收金额最高和最低的年份）在每个州理事会的财政年度中该州理事会从特别税捐中征收的平均金额。

（2）投票后期间。命令应规定，在按照第 1970（a）条的规定进行投票之后，根据（3）的规定，理事会每年应向每个合格的州大豆理事会提供信贷，信贷金额等于下列（A）中所述金额超出（B）中所述金额的部分：

（A）在前 5 年中（不包括产量最高和最低的年份）该州每年平均生产的大豆蒲式耳数乘以 1％的金额；超出

（B）合格的州大豆理事会向生产商征收的特别税捐总额减去在本年度按照（1）款的规定向理事会上缴的特别税捐金额的部分。

（3）限制。按照（1）或（2）提供的信贷总额以及合格的州大豆委员会一年中保留的特别税捐总额，不得超过该州在本年度按照（l）款的规定征收的特别税捐总额（除去按照（l）款（2）项的规定所进行的任何退税）。

（o）资金投资。

（1）概述。命令应规定，经部长批准，理事会可以利用按照命令规定征收的特别税捐资金进行投资，但是只能将其用于以下投资：

（A）美国或任何美国代理机构的债务；

（B）任何州或者其任何政治部门的一般债务；

（C）联邦储备系统成员银行的有息账户或存款单；或者

（D）美国完全保证支付本金和利息的债务。

（2）收益。从任何此类投资中所获得的收益可以用于该投资资金可以使用的任何目的。

（p）禁止将资金用于影响政府行为。

（1）概述。除非在（2）中另有规定，否则命令应禁止理事会按照命令规定筹集的任何资金以任何方式用于影响立法或政府行为或政策。

（2）例外条款。（1）不适用于下列情况：

（A）编制和建议对命令的修订；

（B）按命令规定向有关政府官员传达有关推广、研究、消费者信息或行业信息活动的执行、实施或结果的信息；或者

（C）旨在直接向外国政府或其政治部门营销大豆或大豆产品的任何行为。

（q）第一购买人的账簿和记录及特定程序。

（1）记录保存。

（A）概述。命令应要求每个大豆第一购买人以及加工自产大豆的任何人保存并向理事会或部长提供命令要求的账簿和记录供理事会或部长检查，并按命令规定的时间、方式和内容编制报告。命令应免除对不需要按照命令规定缴纳特别税捐的加工自产大豆的小规模生产商的记录保存和报告要求。

（B）小规模生产商的定义。命令应定义术语"小规模生产商"用于（A）中的含义。

（2）信息的利用。

（A）概述。根据（1）的规定保存的信息，应可以适当向部长提供，以实施或执行本子篇规定或者按照本子篇规定发布的任何命令或规定。

（B）其他信息。部长应授权使用根据本子篇规定而不是依据本子篇以外的其他法律或法规获得的与第一购买人有关的信息。

（3）保密性。

（A）概述。除非在本子篇中另有规定，否则农业部的所有官员和员工、理事会理事和理事会代理人都应对根据（1）或（2）的规定获得的特许或保密商业或金融信息保密。

（B）允许使用。根据本子篇的授权获得的信息，应可以提供给联邦政府的任何部门或官员用于以下目的：

（ⅰ）实施本子篇规定；

（ⅱ）为了实施本子篇规定而需要进行的调查或执法行为；或者

（ⅲ）法律授权的任何民事或刑事执法活动。

（C）其他例外情况。（A）中的任何内容，都不得视为禁止：

（ⅰ）按照报告发布有关命令涉及人数或者从命令收集的统计数据的一般声明，该声明不涉及任何人提供的信息；或者

（ⅱ）按照部长指示公布违反命令的任何人的名字以及说明此人违反的具体命令条款。

（4）处罚。任何人如果经审判确定故意违反本款的规定，都应处以不超过1 000美元的罚款或者不超过一年的监禁，或者处以不超过1 000美元罚款的同时处以不超过一年的监禁；如果是理事会理事或代理人或农业部官员或员工违反规定，则应处以免职处罚。

（r）其他条款和条件。命令还应包括为实施本命令条款而必要的、与本子篇条款不冲突的条款和条件，包括关于收取未按时按（1）款的规定缴纳特别税捐的滞纳金的条款。

第1970条 投票。

（a）初始投票。

（1）要求。在按照第1968条的规定发布命令之后18~36个月内，部长应在部长确定的代表期间在从事大豆生产的生产商中进行投票，以便确定当时实施的命令是否应继续实施。

（2）提前通知。部长应尽可能在进行任何投票之前向广大公众发出通知。任何此类通知都应无偿发布，通知应利用州和郡推广服务处和郡农业稳定和保护服务局发布的通知以及命令规定的其他适当的方式，通过报纸、郡时事通讯、电子媒体、新闻媒体发布。该通知应包括关于投票举行时间、登记和投票要求、缺席者投票规则以及其他有关事实的信息。

（3）赞成命令。只有在部长确定参与投票的大多数生产商赞成命令的情况下，该命令才能继续实施。

（4）不赞成命令。如果参与投票的大多数人不赞成命令的继续实施，那么部长应按照命令的规定在投票之后6个月内停止征收特别税捐，并应尽快有序终止命令的实施。

（b）附加投票。

（1）概述。

（A）要求。在就命令进行初始投票之后，应（B）中所述的生产商代表团的要求，部长应按照（C）的规定进行附加投票。

（B）生产商代表团。如果在代表期间从事大豆生产的生产商的10%或以上提出要求，那么应由部长决定就命令进行附加投票，提出要求的生产商代表团中，不得有超过1/5的代表来自同一个州。

（C）符合条件的生产商。每次附加投票都应在部长确定的期间在从事大豆生产的生产商中进行，以确定这些生产商是否支持终止或延缓实施命令。

（2）不赞成命令。如果在按照（1）的规定进行的任何投票中，部长确定参与投票的大多数生产商赞成终止或延缓实施命令，那么部长应按实际情况在确定之后6个月内终止或延缓命令规定的特别税捐的征收，并应在做出该决定之后尽快有序延缓或终止该命令的实施。

（3）要求附加投票的机会。

（A）概述。为了定期确定生产商是否赞成按照本款规定进行附加投票，部长应在按照本《法案》规定进行投票5年之后，按照本项的规定为大豆生产商提供要求进行附加投票的机会，并且之后每5年提供一次要求进行附加投票的机会。

（B）提出要求的方式。

（ⅰ）亲自要求。为了实施（A）的规定，部长应确定一种程序，按此程序生产商可以在部长确定的期间或条款（ⅱ）中规定的期间内，亲自向郡推广服务处或郡农业稳定和保护服务局要求进行再确认投票。

（ii）邮寄要求。如果不亲自提出要求，生产商也可以通过邮件提出要求。邮寄要求的邮戳日期应不迟于条款（i）中规定的亲自要求的期间结束时间。为了方便邮件要求的提交，部长可以为生产商提供邮寄要求形式。

（C）通知。在（B）（i）中确定的亲自要求的期间结束之前不少于 60 天，部长应在联邦公报上发布通知，并且理事会应向生产商提供书面通知，通知生产商要求进行附加投票的机会。该通知应说明生产商进行附加投票的权利、本款中规定的投票程序、投票的目的以及生产商可以按照本项规定要求进行附加投票的日期和方式。部长应采取部长认为必要的行为，以确保生产商知晓要求就命令进行附加投票的机会。

（D）部长采取的行为。在提交进行再审议投票的要求之后，部长应尽快确定是否有足够数量的生产商提出进行附加投票的要求，并按照（1）的要求采取进行附加投票的其他措施。

（E）时间限制。按照本项规定的程序提出要求进行的任何附加投票，都应在部长确定（1）（B）中所述的代表团已经提出进行投票的要求之后一年之内进行。

（c）程序。

（1）对部长的补偿。对于部长产生的与本款要求的任何行为有关的费用，均应利用委员会征收的特别税捐对部长进行补偿，但是不包括与按照（a）和（b）款进行投票有关的政府员工工资。

（2）日期。每次投票均应持续合理的时间，但是不得超过 3 天，具体由部长确定，在投票程序中，打算参与投票的生产商应证明其在代表期间从事大豆生产，同时获得参与投票的机会。

（3）地点。投票应在郡推广服务处进行，并应规定提供缺席者邮寄选票的条款。缺席者邮寄选票应按照本人要求由部长亲自或通过邮件或电话提供。

第 1971 条 申诉和复核。

（a）申诉。

（1）概述。受按照本子篇规定发布的命令约束的人，可以向部长提出申诉：

（A）说明命令、命令的任何条款或者与命令有关的任何义务违反法律规定；

（B）要求修改命令或者免于受该命令约束。

（2）听证。申诉人应获得根据部长发布的规定就按照（1）的规定提出的申诉进行公开听证的机会。

（3）裁决。按照（2）的规定进行的听证结束之后，部长应就申诉作出裁决，该裁决如果符合有关法律规定则应为最终裁决。

（b）复核。

（1）诉讼启动。如果在部长按照（a）款所做出的裁决登记日期之后 20 天内，申诉人就此提出申诉，那么在（a）款规定的申诉人所居住或经营业务的任何地区的美国地区法院，都有对此申诉人申诉裁决进行复核的权限。

（2）传唤。（1）中所述程序中的传讯应根据《民事诉讼程序联邦法规》的规定执行。

（3）发回。如果法院按照（1）的规定确定按照（a）（3）款的规定作出的裁决不符合有关法律规定，那么法院应将事项发回部长，并要求：

（A）按照法院的决定修改该裁决，使其符合法律规定；或者

（B）根据法院的意见，依法采取进一步程序。

（4）执行。由于按照（a）款的规定提出诉讼而导致事项未决，不得妨碍、阻止或延缓总检察长或部长按照第 1972 条的规定采取任何行动。

第 1972 条 执行。

（a）司法权。美国地方法院应有执法管辖权，并有权防止和阻止违反按照本子篇规定制定或发布的任何命令或规定的行为。

（b）移送总检察长。按照本条规定提起的民事诉讼应移送总检察长进行适当处理，但是如果部长

确信，通过对具有违反行为的人提供适当的书面通知或警告或者按照第 1971 条的规定进行行政诉讼，就可以充分实施和执行本子篇的规定，那么部长就不需要将违反本子篇规定的行为移送总检察长。

（c）民事罚款和命令。

（1）民事罚款。任何人如果故意违反部长按照本子篇规定发布的任何命令的任何条款或规定，或者未能或拒绝按照命令或规定的要求，适时支付、征收或上缴此人应缴纳的任何特别税捐或费用，那么：

（A）部长可以对此人处以每次违反行为不超过 1 000 美元的民事罚款；

（B）如果故意不支付、征收或上缴命令或规定要求的特别税捐，那么应处于金额等于该特别税捐金额的附加罚款。

每次违反行为应为单独的违反行为。

（2）勒令停止。除（1）中所述的民事罚款以外，部长还可以发布命令，要求此人停止违反行为；或者发布勒令停止命令，不进行民事罚款。

（3）通知和听证。除非部长已经通知命令发布的对象或者为其提供了就其违反行为进行听证的机会，否则不得对其处以任何处罚或发布停止命令。

（4）最终性。除非受影响的人根据（d）款的规定就部长的命令向适当的地方法院提出上诉，否则部长按照本款规定处以罚款或发布停止命令的法令应为最终裁决。

（d）地方法院复核。

（1）诉讼启动。已经被确定违反本子篇规定，或者按照（c）款的规定被处以民事罚款或发布停止命令的任何人，都可以获得对该罚款或命令的复核，方法如下：

（A）在处以罚款或发布命令的日期以后 30 天内，向下列法院提出上诉通知：

（i）此人居住或经营业务的地区的美国地方法院；或者

（ii）哥伦比亚特区的美国地方法院；并且

（B）同时通过挂号信方式将上诉通知副本发送给部长。

（2）记录。部长应及时向（1）中所述的适当法院提供部长发现涉案人具有违反行为记录的核证副本。

（3）复核标准。除非发现有实质证据证明部长的结论不正确，否则不得宣布部长按本条规定得出的结论无效。

（e）未能遵守命令。在按照本条规定发布的停止命令已经成为最终命令且不可上诉，或者适当的美国地方法院已经做出部长胜诉的最终判决的情况下，任何人如果未能遵守该停止命令，那么此人在按照（c）款和（d）款规定的程序获得进行听证和司法审查的机会之后，应被部长处以每次违反行为不超过 5 000 美元的民事罚款。未能遵守命令的每一天，都应视为单独的对该命令的违反行为。

（f）未能支付罚款。在命令已经成为最终命令并且不可上诉，或者适当的地方法院已经做出了部长胜诉的最终判决的情况下，如果任何人未能支付按照本条规定所处的罚款，那么部长应将案件移送至总检察长，以追缴此人居住或从事业务的任何地区的美国地方法院对其处以的罚款金额。在这种情况下，不得对处以民事罚款的最终命令的有效性和适当性进行复核。

（g）其他补救措施。除本子篇中所规定的补救措施以外，还可以采取其他补救措施，本子篇的规定不得排除可能采取的其他补救措施。

第 1973 条　调查及传唤权力。

（a）调查。为了下列目的，部长可以进行其认为必要的调查：

（1）有效实施本子篇规定；

（2）确定任何人是否已经从事或正在从事构成对本子篇或按照本子篇规定发布的任何命令、规章或规定的违反行为。

（b）传唤、宣誓和作证。

（1）概述。为了按照（a）款的规定进行调查，部长可以实施宣誓和作证并发出传票，要求提供与调查有关的任何记录。可以要求从美国任何地方提供此种记录。

（2）行政听审。为了按照第 1971 或 1972 条的规定进行行政听审，主席有权实施宣誓和作证、传唤证人、强制其出庭、取证，并要求提供与调查有关的任何记录。可以要求美国任何地方的证人出庭以及从美国任何地方提供此种记录。

（c）法院援助。如果任何人违抗命令或拒绝服从传唤，那么部长可以援用进行此调查或诉讼的管辖地，或者此人居住或从事业务地区的美国任何法院援助，以执行部长根据（b）款的规定发出的传唤。法院可以发布命令，要求此人服从传唤。

（d）藐视法庭。任何不服从法院命令的行为都可由该法院按照藐视法庭行为予以处罚。

（e）传唤。在任何此类案件中的传唤，都可以在此人居住或从事业务的审判区域内或者发现此人的任何地方进行。

（f）听证地点。按照第 1971 或 1972 条的规定举行的任何听证地点，均应在此人居住或其主要经营场所所在的审判区域内。

第 1974 条　管理规定。

（a）解释。除非在（b）款中另有规定，否则本子篇中的任何内容，均不得解释为：

（1）优先于或者替代按照美国或任何州法律组织和实施的与大豆推广、研究、消费者信息或行业信息有关的任何其他项目；或者

（2）授权任何人向国会隐瞒任何信息。

（b）州法律。

（1）就合格的州大豆理事会进行的投票。为了正确实施本子篇的规定，在下列情况下，任何州都不得进行有关合格的州大豆理事会或者州大豆特别税捐的继续实施或终止的投票：

（A）在从按照第 1968 条的规定发布命令的日期起，到按照第 1970（a）条的规定对该命令进行投票之后 18 个月的日期止的期间内；或者

（B）如果在按照第 1970（a）条的规定进行的投票中，该州参与投票的大多数生产商支持该命令，那么该州法律应推迟 36 个月实施。

（2）（1）的规定不得解释为适用于：

（A）与不涉及终止合格的州大豆理事会或州大豆特别税捐的州大豆推广项目的修订批准有关的州投票；

（B）与大豆生产商发起的州大豆推广项目有关的投票。

（3）合格的州大豆理事会征收的特别税捐。为了确保本子篇下合格的州大豆理事会的运作所需的资金，在按照本子篇的规定命令有效实施的任何时候，限制该州合格的州大豆理事会向生产商征收的在本州生产的大豆特别税捐税率，或者具有限制该税率效果的任何州法律或规定，都不得禁止该州理事会为了授权的目的而向生产商征收和支出特别税捐，金额等于合格的州大豆理事会授权的信贷总额。

（b）对命令的修订。本子篇中适用于命令的条款，也应适用于对命令所进行的修订。

第 1975 条　命令的延缓或终止。

一旦部长发现命令或者命令的任何条款妨碍或不符合本子篇中所声明的政策，部长应终止或延缓该命令或条款的执行。任何命令或者任何命令条款一旦终止或延缓，不得视为本子篇中所述的命令。

第 1976 条　拨款授权；规定。

（a）概述。在每个财政年度，授权拨付实施本子篇规定所需的款项。

（b）管理费用。按照（a）款的规定拨付的款项，不得用于支付理事会或大豆项目协调委员会在执

行按照本子篇规定发布的任何命令的任何条款中所产生的费用或支出。

（c）规定。部长可以发布必要的规定以执行本子篇中的各项条款，包括与收取特别税金滞纳金有关的规定。

子篇 F　蜂蜜和羊毛

第 1 章　蜂　蜜

第 1981 条　简称。

本章可以引用为《1990 年蜂蜜研究、推广及消费者信息法修正案》。

第 1982 条　定义。

《蜂蜜研究、推广及消费者信息法》第 3 条（《美国法典》第 7 篇 4602）的修订如下：

（1）在第（8）项中：

（A）删除"或行为人"，并插入"或行为"；

（B）在末尾的句号之前插入下列内容："在进口记录中列为该蜂蜜或蜂蜜产品记录的进口商的人"；

（2）在末尾增加下列新项：

"（18）术语'出口商'指从美国出口蜂蜜或蜂蜜产品的任何人。"

第 1983 条　命令中的必需条款。

《蜂蜜研究、推广及消费者信息法案》第 7 条（《美国法典》第 7 篇 4606）的修订如下：

（1）在第（c）小项中：

（A）删除第（2）项的第（C）小项，并插入下列新项：

"（C）经代表进出口商利益的行业组织推荐和委员会提名的候选人中任命两名成员，这两名成员可以是进口商或者出口商，但其中至少 1 名应为进口商；"

（B）在第（2）（E）项的内容中，删除"提名一名或多名候补委员"，并插入"提交候补委员提名"；

（C）在第（2）项末尾，增加下列句子："但是，在以前 5 年的任何 3 年中，购买用于转售的蜂蜜超过其生产的蜂蜜的任何生产商兼包装商，都不得作为第（A）小项中所述的生产商或者该生产商的候补者而向蜂蜜委员会提名或任命。"；以及

（D）在第（4）项中，在末尾的句号之前插入下列内容："，但是，如果由于对按照第（2）（A）项的规定确定的区域界线进行调整，生产商委员或候补委员不再属于任命此人的区域，那么该委员或候补委员应在其任期期满以后停止担任委员"；

（2）在末尾增加下列新款：

"（k）利用蜂蜜委员会筹集的资金而开发的任何产品专利、材料版权或任何发明、产品配方或出版资料，均应为蜂蜜委员会的财产。由上述任何专利、版权、发明、产品配方或者出版资料而产生的资金，应用于为实现蜂蜜委员会利益的目的。"

第 1984 条　特别税捐。

（a）特别税捐税率和免税规定。《蜂蜜研究、推广及消费者信息法案》第 7 条（《美国法典》第 7 篇 4606）的其他修订如下：

（1）在第（e）（1）款中，删除第二句和第三句，并插入下列内容："特别税捐税率应为每磅 0.01 美元，按照第 9 条中所述的方式支付。"；以及

（2）删除第（e）款的第（2）项，并插入下列新项：

"（2）（A）按照部长的决定，生产商或进口商在国内消费的、或者生产商或进口商向非营利性组织、政府组织或其他实体捐赠而非用于销售的蜂蜜，应免予缴纳命令规定的特别税捐，但是受赠者或受赠者的代理人后来通过商业渠道销售的蜂蜜，应就蜂蜜销售缴纳特别税捐。

（B）（ⅰ）由部长决定，在任何年度蜂蜜产量或进口量不超过 6 000 磅的生产商、生厂商兼包装商或进口商，在此年度应可以免予就其在本年度通过本地零售渠道直接经销的蜂蜜而缴纳特别税捐。

（ⅱ）为了要求按本小项的规定获得免税，应向蜂蜜委员会提交申请，说明本年度要求免税的依据。

（ⅲ）如果在按照本小项规定要求免除特别税捐之后，要求免税的人不再满足本小项中对于免税资格的要求，那么此人应以委员会规定的形式和方式，向委员会提交报告，并在随后一年的 3 月 15 日或以前，就此人在要求免税的年份生产或进口的所有蜂蜜，缴纳特别税捐。

（3）如果由于第（2）项中规定的免除特别税捐的规定，任何生产商、生产商兼包装商或进口商未按照本《法案》规定缴纳任何特别税捐，那么此生产商、生产商兼包装商或进口商，不得视为在此人免缴所有特别税捐期间按照本法案规定进行的任何投票中的生产商或进口商。"。

（b）特别税捐的征收；退税。《蜂蜜研究、推广及消费者信息法》第 9 条（《美国法典》第 7 篇4608）的修订如下：

（1）在第（a）款中，删除"以及（e）"，并插入"（e），以及（ⅰ）"；

（2）第（d）款改为下列内容：

"（d）在任何情况下，如果根据《1949 年农业法》或后续法令的规定设立的蜂蜜价格支持贷款项目而支付贷款或贷款差额补贴，那么部长应规定，允许从向生产商支付的贷款资金支出或贷款差额补贴中扣除特别税捐，并规定将此特别税捐转交给蜂蜜委员会。部长应规定，在每次按照本分条款规定从所述贷款资金或补贴中扣除特别税捐之后，生产商可以立即获得对从贷款资金或贷款差额补贴中所扣除特别税捐金额的说明。"

（3）在第（f）款中，在"特别税捐"之后插入下列内容："，以及按照第 7（e）（2）条的规定获得特别税捐免税权的人，"；

（4）在第（h）款中：

（A）删除"任何"，并插入"（1）（A）除非在第（2）项中另有规定，否则任何"；

（B）删除"向进口商"，并插入"进口商"；

（C）删除"从进口商"，并插入"从该进口商"；以及

（D）在末尾添加如下内容：

"（B）已经按照《1949 年农业法》或者后续法令的规定获得蜂蜜价格支持贷款的生产商，如果该生产商已经向蜂蜜委员会提交了按照第（d）款的规定收到的关于从贷款资金中扣除的特别税捐金额的说明，并且在其他方面符合本分条款的规定，那么该生产商可以获得退税，即使征收特别税捐的贷款尚未支付、最终结算尚未完成，该生产商也同样可以获得退税。

（2）就本款规定实施时正在生效的命令而言，在按照第 13（b）（2）条的规定就该命令进行投票之后，只有在部长决定终止退税的提议在该投票中被否决的情况下，生产商或进口商才可以按照第（1）项的规定获得命令规定特别税捐的退税。"；以及

（5）在第（h）款之后插入下列新的分条款：

"（ⅰ）如果第一经销商或部长未能按照本条款规定向生产商征收特别税捐，那么生产商应负责向蜂蜜委员会缴纳特别税捐。"

第 1985 条　首次再确认投票。

（a）概述。《蜂蜜研究、推广及消费者信息法》第 13（b）条（《美国法典》第 7 篇4612）的修订如下：

（1）删除"五"，并插入"（1）除非在第（2）项中另有规定，否则五"；

（2）删除"继续、终止"，并插入"终止"；以及

（3）在末尾添加下列新项：

"（2）（A）对于按照第（1）项的规定另行要求就本段落规定制定日期正在实施的命令进行的首次投票，部长应代之以投票确定蜂蜜生产商和进口商是否赞成：

"（i）命令的继续实施；以及

"（ii）终止授权生产商和进口商按照第9（h）（1）条的规定获得特别税捐退税。

投票应在按照第（1）项的规定另行要求的首次投票进行时间进行，本段落中规定的情况除外。

"（B）（i）如果部长确定，大多数的参与投票的生产商和进口商支持或赞成终止命令，并且该大多数的生产商和进口商所生产和进口的蜂蜜量占参与投票的所有人蜂蜜产量和进口量的50%以上，那么部长应在进行该投票的销售年度结束时终止实施命令。

"（ii）如果部长确定，大多数的参与投票的生产商和进口商支持或赞成终止授权生产商和进口商按照第9（h）（1）条的规定获得特别税捐退税，并且该大多数的生产商和进口商所生产和进口的蜂蜜量占参与投票的所有人蜂蜜产量和进口量的50%以上，那么部长应对命令进行必要的修订，以反映生产商和进口商的投票结果。对命令进行的修订应在其发布日期生效，但是在任何情况下生效日期都不得超过进行投票以后180天以上。"。

（b）一致性修订。《蜂蜜研究、推广及消费者信息法》第13（d）条（《美国法典》第7篇4612）的修订如下：

（1）删除"该命令"，并插入"命令"；

（2）在"销售年度"之后插入"按照第（b）款或（c）款的规定进行投票的"；以及

（3）删除"命令的"。

第1986条　调查及传唤权力。

《蜂蜜研究、推广及消费者信息法》的修订如下：在第11条（《美国法典》第7篇4610）后插入下列新条：

"第11A条　调查及传唤权力。

"（a）概述。部长可以就下列目的进行部长认为必要的调查：

"（1）有效执行本法案规定；或者

"（2）确定是否有人进行了或正在进行构成对本法案或按照本法案规定发布的任何命令、法规或规定条款的违反行为或做法。

"（b）传唤权力。

"（1）调查。为了按照第（a）款的规定进行调查，部长有权实施宣誓和作证并发出传票，要求提供与调查有关的任何记录。可以要求从美国任何地方提供任何此种记录。

"（2）行政听审。为了按照第10条或第11条的规定进行行政听审，主席有权实施宣誓和作证、传唤证人、强制其出庭、取证，并要求提供与调查有关的任何记录。可以要求美国任何地方的证人出庭以及从美国任何地方提供任何此种记录。

"（c）法院援助。如果任何人违抗命令或拒绝服从传唤，部长可以援用进行此调查或诉讼的管辖地、或者此人居住或从事业务地区的美国任何法院援助，以执行部长根据分第（b）款的规定发出的传唤。法院可以发布命令，要求此人服从传唤。

"（d）藐视法庭。任何不服从法院命令的行为都可由该法院按藐视法庭行为予以处罚。

"（e）传唤。在任何此类案件中的传唤，都可以在此人居住或从事业务的审判区域内或者发现此人的任何地方进行。

"（f）听证地点。按照第 10 条或 11 条举行的任何听证地点，均应在此人居住或其主要经营场所所在的审判区域内。"。

第 1987 条 对命令的一致性修订。

无论《蜂蜜研究、推广和消费者信息法案》（《美国法典》第 7 篇 4601 及以下）做出了何种规定，在发布通知并提供了公众发表意见的机会以后，部长应在本法案颁布实施的日期，按照法案规定发布对正在实施的命令的修订，以使命令与按照本副标题规定所做的修订一致，修订内容应在在联邦公报上公布对命令所进行修订的日期生效，对此无需进行投票（第 1985 条中具体规定的投票除外）。部长应在本法案颁布实施日期以后 150 天以内以最终形态发布对命令所进行的修订。

第 2 章 羊 毛

第 1989 条 推广项目。

《1954 年国家羊毛法》第 708 条（《美国法典》第 7 篇 1787）的修订如下：删除所有出现的"至少 2/3"，并插入"大多数"；删除所有出现的"2/3"，并插入"大多数"。

子篇 G 棉 花

第 1990 条 简称。

本子篇可以引用为《1990 年棉花研究及推广法案修正》。

第 1991 条 研究结果及政策声明。

《棉花研究及推广法》第 2 条（《美国法典》第 7 篇 2101）的修订如下：

（1）在第 2 句中，在句号之前插入"以及美国以外"；

（2）在第 3 句中，删除"大部分"；

（3）删除第 1 项中的第 4 和第 6 句；

（4）删除"市场上的大量减少以及对美国的使用"，并插入"市场上的大量减少以及使用"；以及

（5）在第 3 项中：

（A）删除"收获的"，并插入"销售的"；以及

（B）在第一次出现的"美国"之后插入"以及就棉花进口"。

第 1992 条 命令的必需条款；棉花进口。

《棉花研究及推广法》第 7 条（《美国法典》第 7 篇 2106）的修订如下：

（1）在第（a）（2）款中：

（A）删除"经销商"，并插入"人"；以及

（B）删除"生产商"。

（2）在第（b）款第 1 句中：

（A）在"应由……组成"之后插入"（1）"；以及

（B）删除冒号以及冒号后面本句中的所有内容，并插入下列内容："，以及（2）如果棉花进口受命令约束，由部长确定，适当数量的按本《法案》规定缴纳特别税捐的棉花进口商代表。由部长确定，这些进口商代表应由部长在同代表进口商的组织协商之后予以任命。生产棉花的每个州，都应有权选派至少 1 名棉花委员会代表。"

（3）将第（e）款的内容修改如下：

"（e）（1）但是：

"（A）生产商或者为经销棉花的其他人，应根据按命令发布的规定向棉花委员会指定的棉花经销商缴纳命令规定的特别税捐；

"（B）该经销商应向生产商或为他经销棉花（包括经销商所拥有的棉花）的其他人征收并向棉花委员会缴纳命令规定的特别税捐；以及

"（C）每个进口商都应就棉花进口向棉花委员会缴纳命令规定的特别税捐，缴纳金额以经销或进口的包数为基础。特别税捐应包括部长认为合理、棉花委员会在部长规定的任何期间可能产生的费用和支出，包括合理的准备金拨付。

"（2）命令应规定就下列款项为部长保销：

"（A）不超过 30 万美元的由部长产生的与按照第 8 条规定所进行的任何投票有关的费用；以及

"（B）命令或对命令的修订发布并生效以后 5 年中部长在管理工作中产生的管理费用。

命令中还应包括有关条款，对协助执行命令进口条款的联邦政府机构产生的与执行命令进口条款有关的合理金额的费用予以保销。

"（3）为了便于征收和缴纳特别税捐，棉花委员会可以指定不同的经销商或进口商或者经销商或进口商团体，确定在任何州或地区采用的销售实践或程序的差异，但是除非经本款特别授权，否则对任何数量的棉花，都不得征收 1 次以上的特别税捐。

"（4）命令规定的特别税捐税率应为每包棉花 1 美元，外加不超过经销棉花价值 1% 的每包纳税金额，具体由棉花委员会和部长确定。棉花进口的特别税捐税率，应按照与经销棉花税率相同的方式确定，为了确定特别税捐金额而计算的棉花进口价值，应由部长以公平、公正的方式确定。部长应设立程序，确保对进口产品中所包含的高地棉，不得征收 1 次以上的本篇中所规定的特别税捐。

"（5）本法案中的任何授权，都不得作为宣传或在与特别税捐按税率有关的任何投票中要求利用按本法案规定筹集的资金投票的依据。

"（6）部长可以就特别税捐的征收起诉受命令约束的任何人，无论争议金额多少，美国多家地方法院都有权受理该诉讼。除条款中所规定的补救措施以外，还可以采取本法案其他内容中规定的补救措施或者目前或以后法律或平衡法中规定的补救措施，本条款规定不得排除上述措施。

"（7）本款以及第（b）款中的条款，不适用于国产或进口的棉籽或由棉籽生产的产品。

"（8）本款中与棉花进口商和棉花进口特别税捐有关的条款，只有在按照第 8（b）条或第 8（c）条中规定的投票中获得通过时才能生效。"

第 1993 条　投票要求。

《棉花研究及推广法》第 8 条（《美国法典》第 7 篇 2100）的修订如下：

（1）在"部长"之前插入"（a）"；以及

（2）在末尾增加下列新款：

"（b）（1）虽然第 4 条和 5 条做出了规定，但是在《1990 年棉花研究及推广法修正案》颁布实施日期以后 150 天内，并且发布通知并提供了公众发表意见的机会以后，部长应发布对实施该法案规定的命令的建议修订，修订内容应按照第（2）项的规定生效。

"（2）虽然第（a）款中做出了规定，但是在《1990 年棉花研究及推广法修正案》颁布实施日期以后不超过 8 个月的时间内，部长应在部长确定的代表期间内从事棉花生产的人、从事棉花进口的人、以及在按照本条款规定进行投票之前 90 天以内截止的 12 个月期间进口的棉花数量超过部长按照第 17C（2）条的规定确定的最低数量（如果有）的人中进行投票，以确定是否参与投票的大多数人赞成部长按照第（1）项的规定发布的对命令进行的建议修订。部长应在投票日期后 30 天内宣布投票结果。如果修订内容在投票中获得赞成，那么在宣布投票结果的日期以后不超过 90 天的时间内，部长应发布对命令的修订以及实施本分条款中规定的修订内容的规定。

"（c）（1）虽然第 4 条和 5 条做出了规定，但是在按照第（b）款的规定进行投票的日期以后每 5 年，部长应进行复核，如果当时修订内容正在实施，确定是否需要进行投票确定生产商和进口商是否赞成继续实施《1990 年棉花研究及推广法修正案》中规定的命令修订内容；或者如果修订内容当时没有实施，确定生产商和进口商是否赞成实施批准修订的内容。部长应在第（b）款中规定的投票日期的每个五周年日期之后 60 天内公布复核结果。如果部长决定进行投票，那么部长应在公布进行投票的决定之后 12 个月内进行投票。

"（2）如果部长不主动决定进行该投票，那么部长应按照参与最近投票的生产商和进口商数量的 10% 或以上的要求进行该投票，但是在投票要求人数的计算中，提出投票要求的人中不得有超过 20% 的人为来自同一个州的生产商，也不得有超过 20% 的人是棉花进口商。按照规定，生产商和进口商可以在农业稳定和保护服务局的郡办事处或者郡推广机构报名进行投票，或者可以将要求邮寄给部长。报名期间应不超过 90 天，从部长主动公布不进行投票的决定后 60 天起算，并且应在做出公布之后立即由部长和棉花委员会予以公布。如果要求投票的人数符合要求，那么投票应在报名期间结束后 12 个月内进行。

"（3）按照本款规定而对命令进行的修订，如果遭到参与投票的大多数棉花生产商和进口商反对，那么该修订不得生效。"

第 1994 条　命令的延缓和终止。

《棉花研究及推广法》第 9（b）条（《美国法典》第 7 篇 2108（b））的内容改为如下内容：

"（b）部长随时可以进行投票，并应在至少参与最近一次投票的（受此命令约束的）生产商和进口商中至少 10% 提出要求的情况下进行投票，以确定受命令约束的棉花生产商和进口商是否赞成终止或延缓命令的实施，但是在提出要求进行投票的人数计算中，提出要求的人中不得有超过 20% 的人来自同一个州，也不得有超过 20% 的人是（受此命令约束的）棉花进口商。如果部长确定，大多数参与投票的生产商和进口商（受命令约束的）赞成延缓或终止实施命令，这些生产商和进口商在部长确定的代表期间从事棉花生产和进口，并且这些生产商和进口商所生产和进口的棉花数量超过参与投票的所有人棉花总产量和进口量的 50% 以上，那么部长应在命令确定的销售年度结束时延缓或终止实施命令。"

第 1995 条　对命令的修订。

《棉花研究及推广法》第 10 条（《美国法典》第 7 篇 2109）的内容改为如下内容：
"适用于修订的条款
"第 10 条（a）除非在第（b）款中有所规定，否则本法案中适用于命令的条款也应适用于对命令的修订。

"（b）只有在部长确定下列事实的情况下，按照本法案规定发布的对命令的修订才能生效：

"（1）对于第 8（b）条或第（8）（c）条中所述的修订而言，修订内容按照本条款规定获得棉花生产商和进口商的赞成；或者

"（2）对于任何其他修订而言，修订内容获得大多数参与投票的、受命令约束的棉花生产商和进口商的赞成。

"（c）对按照本法案规定发布的任何命令修订内容的否决，都不得视为废除该命令。"

第 1996 条　生产商退款。

《棉花研究及推广法》第 11 条（《美国法典》第 7 篇 2110）的修订如下：

（1）删除"无论做出了任何其他规定"，并插入"（a）无论任何其他条款做出了何种规定，除非在第（b）款中有所规定，"；以及

（2）在结尾处增加下列新的分款：

"（b）如果建议实施《1990 年棉花研究及推广修正案》的命令修订内容按照第 8 条的规定在投票中

获得赞成，那么生产商按照第（a）款的规定要求退款的权利应终止。如果建议的修订内容获得赞成，那么该权利应在部长宣布该投票的结果以后 30 天终止，如果修订内容在任何后续投票中被否决，那么这种权利应恢复。"

第 1997 条　定义。

《棉花研究及推广法》第 17 条（《美国法典》第 7 篇 2116）的修订如下：

（1）在第（c）款中：

（A）在"指"之后插入"（1）"；以及

（B）删除"其种子"，并插入下列内容："其种子以及（2）陆地棉的进口，包括由陆地棉加工的产品（不包括部长规定的工业产品）中所含的陆地棉。但是，术语'棉花'不包括进口商进口的、价值或重量低于按照部长发布的规定确定的最低数值的棉花。按照本段落规定确定的任何最低数值，都应尽量降低执行特别税捐条款的负担，但是仍允许棉花进口尽可能参与执行本法案中的特别税捐条款。"；

（2）在第（d）款中，在"棉籽"之后插入下列内容：

"或者，在第 3、6（c）条和 13 条中，进口棉花的任何人，包括第（c）款中所述的最低棉花数量，"；以及

（3）在结尾处增加新的分款，内容如下：

"（h）（1）术语'进口商'指在美国海关领域内输入或从仓库提取棉花用于消费的任何人。

"（2）术语'进口'指任何此种输入行为。"

第 1998 条　报告。

（a）概述。按照本标题规定进口应缴纳特别税捐的日期以后 1 年内：

（1）农业部部长应编制关于棉花研究及推广项目实施和执行、以及在该项目实施和执行中可能出现的任何问题的报告；并且

（2）如果在上述日期美国海关总署在特别税捐的实施或执行中负有任何职责，那么海关总署应编制关于与进口有关的实施和执行的报告。

（b）审计长报告。在按照本标题规定进口应缴纳特别税捐的日期 3 年后，审计长应编制关于与进口有关的棉花研究及推广项目的报告，该报告应在该日期以后 6 个月以内提交，并应包括对下列内容的分析：

（1）棉花及棉花产品在美国市场上的增长情况，尤其要关注对棉花及棉花产品进口征收特别税捐以后的期间；

（2）对棉花及含棉花产品的进口限制如配额等，在多大程度上促进或者妨碍进口商受益于美国市场的这种增长；以及

（3）与本标题规定的对棉花及棉花产品征收特别税捐有关的贸易协议中规定的美国的有关国际义务。

（c）提交。第（a）和（b）款中所要求的报告，应在该款中所述有关日期前提交给众议院的农业委员会和筹款委员会，以及参议院的农业、营养及林业委员会和财务委员会。

（d）拨款授权。授权拨付实施本条款规定所必需的资金。

子篇 H　由加工商提供资金的牛奶推广项目

第 1999A 条　简称。

本子篇可以引用为《1990 年流质牛奶推广法》。

第 1999B 条　研究结果及政策声明。

（a）研究结果。国会发现：

（1）流质牛奶是基本食品，也是钙等人体必需营养的重要来源，另外也是人们饮食的重要组成部分；

（2）为了确保美国人民获得充分的营养，流质牛奶必须随时供应并充分销售；

（3）乳品加工业在美国经济中起重要作用，因为成千上万的牛奶生产商生产牛奶，美国数以百万计的人每天都要消费奶制品（包括流质牛奶产品）；

（4）流质牛奶产品的加工以及这种产品的销售对乳品加工业非常重要，因为在确保牛奶生产商获得的原料牛奶价格的稳定性以及维持乳品加工业的综合实力方面，奶制品市场中的流质牛奶部门起根本作用；

（5）流质牛奶现有市场的维持和扩展以及新市场的开发，对于本国的流质牛奶加工商和生产商以及美国整体经济而言至关重要；

（6）为了维持和扩展流质牛奶市场，必须要合作开发、资助和实施流质牛奶产品的宣传和推广项目；

（7）通过流质牛奶加工商缴纳的自助特别税捐来提供第（6）项中所述合作项目的资金这一做法是正确的；以及

（8）流质牛奶产品进入州际和国外贸易，未进入这些贸易渠道的流质牛奶产品直接加重州际流质牛奶产品贸易的负担或者影响州际流质牛奶产品贸易。

（b）政策。国会声明，其政策是，通过行使本子篇中所规定的权限授权建立有序的程序开发、资助（通过对美国生产的流质牛奶产品征收充分的特别税捐）和实施有效的旨在提高乳品加工业的市场地位、并维持和扩展美国流质牛奶产品市场的协同广告项目有利于公共利益。本子篇中的任何内容，都不得解释为控制牛奶生产或者以其他方式限制个体牛奶生产商生产牛奶的权利。

第 1999C 条　定义。

在本子篇中：

（1）广告。术语"广告"指只涉及流质牛奶产品、旨在提高流质牛奶产品总体需求的任何广告或推广项目。

（2）委员会。术语"委员会"指按照第 1999H（b）条的规定建立的全国加工商广告及推广委员会。

（3）流质牛奶产品。术语"流质牛奶产品"：

（A）指流质或冷冻形态的任何下列产品：牛奶、脱脂牛奶、低脂牛奶、牛奶饮料、白脱牛奶、添加配料的脱脂牛奶以及固体物质总含量低于 20% 的奶昔和牛奶冻，包括经过调味、培养、添加奶干改性、浓缩（以消费形式包装）或重构的任何产品；并且

（B）不包括脱水牛奶或炼乳（原味或甜味）、脱水脱脂牛奶或脱脂炼乳（原味或甜味）、以密封玻璃杯或全金属容器包装的专为婴儿喂养或食用而制作的配方奶、脱脂奶干重量含量低于 6.5% 的任何产品和乳清。

（4）流质牛奶加工商。术语"流质牛奶加工商"指以消费形式包装、为了商业目的而加工并销售流质牛奶产品的任何人。

（5）部。术语"部"指农业部。

（6）研究。术语"研究"：

（A）限于支持广告和推广工作的市场研究，包括教育活动；并且

（B）不包括针对营养等产品特征的研究；包括新产品在内的产品开发；或者改进的生产或加工技

术；或者不直接用于衡量或提高扩展流质牛奶产品销量的广告活动有效性的任何其他工作。

（7）部长。术语"部长"指农业部部长。

（8）除了在第1999K～1999M条中以外，术语"美国"指美国大陆范围内48个相邻的州以及哥伦比亚特区。

第1999D条　发布命令的权力。

（a）概述。为了实施按照第1999B（b）条的规定声明的政策，部长可以发布并及时修改用于所有流质牛奶加工商的命令，命令授权：

（1）按照本篇规定就流质牛奶产品征收特别税捐；以及

（2）以本篇规定的方式利用特别税捐进行研究和广告活动。

（b）范围。按照本篇规定发布的任何命令，都应适用于全国范围。

（c）一项命令。在任何时候，都只能有1项按照本篇规定发布的命令有效实施。

第1999E条　通知和意见。

在部长确定的代表期间，接到流质牛奶产品销量不低于所有加工商流质牛奶销量30％的个体流质牛奶加工商提出按照本副标题规定发布命令的提议，以及具体的命令提案以后60天内，部长应公布命令提案，并适时通知公众并为公众提供对建议的命令发表意见的机会。

第1999F条　结果及命令的发布。

（a）概述。按照第1999E条的规定向公众发出通知并为公众提供了发表意见的机会以后，部长应发布命令，在命令中考虑收到的公众意见，并包括为确保命令符合本篇要求和声明的政策所必需的条款。

（b）生效日期。命令应予以发布，并且如果按照第1999N条的规定获得流质牛奶加工商的赞成，应在建议的计划公布以后180天内生效。

第1999G条　规定。

部长可以发布为了实施本篇规定并行使本篇授予部长的权力而必需的规定。

第1999H条　命令中的必需条款。

（a）概述。按照本篇规定发布的每项命令，都应包括本条款中所规定的条款和条件。

（b）全国加工商广告及推广委员会。

（1）建立。命令应规定建立全国加工商广告及推广委员会来实施命令。

（2）服务于全行业。在实施命令时，委员会应实施为流质牛奶行业提供最大利益、只限于推广流质牛奶产品的项目。委员会应尽可能确保广告按照在各个地区筹集的资金比例覆盖每个地区。

（3）地区。部长应设立12～15个地区，以确保委员会代表按适当的地理区域比例选择。

（4）委员会委员。委员会应包括部长从流质牛奶加工商中任命的委员，以代表按照第（3）项建立的每个地区，委员数量应尽可能代表不同的经营规模。部长应任命5名一般委员，其中至少有3名应为流质牛奶加工商，并且至少有1名为公众代表。

（5）任期。委员会任期应为3年，但是任命的初始委员会委员的任期，按照部长的决定，按比例应为1年、2年和3年。任何委员都不得连任超过两届，但是最初任期为1年或两年的委员，应可以再任命3年的任期。

（6）报酬。委员会委员应无偿任职，但是对于其在履行委员会的义务中所产生的必要合理的费用，应对其进行补偿。

（c）委员会的权力和义务。命令应确定委员会的权力和义务，应包括以下权力和义务：

（1）根据命令条款和条件执行命令；

（2）制定实施命令条款和条件的规定；

（3）受理、调查并向部长报告有关违反命令的投诉；

（4）制定为实施命令而制定或执行的计划或项目而必需的规章、规定及对命令的修订，并将其提交给部长审批；

（5）雇用委员会认为必要的人员，并确定所雇用人员的报酬和职责；

（6）在每个财政年度开始之前，编制在执行命令中产生的预计费用的年度预算，包括所有计划和项目可能产生的费用，并将预算提交给部长审批；

（7）根据第（d）款的规定制定计划和项目；

（8）经部长批准，签订制定和实施研究和广告计划或项目的合同或协议；

（9）进行广告或研究，并利用按照第 1999J 条的规定筹集的资金支付费用；

（10）保存反映委员会所有行为和交易的会议记录、账簿和记录，并及时向部长汇报每次委员会会议的会议记录；

（11）向部长提供部长要求的其他信息；以及

（12）利用委员会根据第（g）款的规定筹集的资金进行投资。

（d）计划和预算。

（1）预算。命令应要求委员会在每个财政年度开始之前，或者必要时在该财政年度开始之后，编制其实施命令中产生的预计费用和支出预算，预算包括预计的研究和广告费用。预算应提交给部长，并在部长审批之后生效。

（2）产生费用。委员会可以产生进行流质牛奶产品研究或广告所需的费用，以及部长授权的用于委员会管理、维护和工作的其他费用。上述费用应包括农业部产生的任何实施、管理和投票费用。

（3）支付费用。用于支付第（2）项中所述费用的资金，应利用按照第 1999J 条的规定征收的特别税捐支付。

（4）花费限制。在委员会成立以后 1 年内，委员会花费的管理费用总额不得超过所征收特别税捐的 5％。

（e）禁止品牌广告。按照本子篇规定实施的计划或项目，不得提及私有品牌名称、或者使用关于流质牛奶产品的虚假或无根据的主张或有关任何竞争产品的属性或用途的虚假或无根据的陈述，但是本分款中的内容，不得阻止委员会按照部长批准、委员会规定的条款和条件允许商业团体利用其计划或项目。

（f）合同和协议。

（1）概述。为了有效利用按照本子篇规定筹集的资金，命令应规定，委员会可以就执行和实施流质牛奶产品研究和广告计划或项目、以及利用委员会根据命令规定获得的资金支付计划或项目费用签订合同或协议。

（2）要求。任何此类合同或协议都应规定：

（A）合同方应制定并向委员会提交计划或项目以及预算，该预算应说明此计划或项目会产生的预计费用；

（B）计划或项目应在部长批准以后生效；并且

（C）合同方应准确记录其所有交易、资本收支情况、定期向委员会报告进行的活动，并按照委员会或部长的要求报告其他信息。

（g）资金投资。

（a）概述。命令应规定，经部长批准，委员会可以利用按照命令规定征收的特别税捐资金进行投资，但是只能将其用于以下投资：

（A）美国或任何美国代理机构的债务；

（B）任何州或者其任何政治部门的一般债务；

（C）联邦储备系统成员银行的有息账户或存款单；或者

（D）美国完全保证支付本金和利息的债务。

（2）收益。从任何此类投资中所获得的收益可以用于该投资资金可以使用的任何目的。

（h）委员会账簿和记录。

（1）概述。命令应要求委员会：

（A）根据部长的规定保存账簿和记录，该账簿和记录应可以供部长检查和审核；

（B）及时编制并向部长提交部长规定的报告；并且

（C）说明委托于委员会的所有资金的收支情况。

（2）审计。在每个财政年度结束时，委员会都应聘请独立审计员对其账簿和记录进行审计，并向部长提交审计报告。

（i）加工商账簿和记录。

（1）概述。命令应要求受本副标题约束的每个流质牛奶加工商保存供部长检查命令要求的账簿和记录，并在命令规定的时间、按照命令规定的方式和内容提交报告。

（2）信息的利用。按照第（1）项的规定获得的信息，应可以适当向部长提供，用于实施或执行本子篇规定或者按照本子篇规定发布的任何命令或规定。

（3）保密性。

（A）概述。除非在第（B）和（C）小项中有所规定，否则，农业部和委员会所有官员和员工、委员会代理人应对按照第（1）或（2）项的规定获得的商业或财务信息保密，由此获得的信息中，只有部长认为有关的信息才能公布于众，或者信息是在诉讼或者行政听审会中按照部长的指示或要求进行公开，或者部长或农业部的任何官员是诉讼或行政听审的一方时才可以公开。

（B）信息可用性。除非本子篇中另有规定，否则按照本子篇规定获得的信息，可以向另一联邦政府机构提供，供其在民事或刑事执法活动中使用，但是该活动必须经法律授权，并且该机构领导已经向部长提出书面请求，说明需要的具体信息以及该信息所使用的执法活动情况。

（C）其他例外情况。第（A）小项中的任何内容，都不得解释为禁止：

（i）按照报告发布有关命令涉及人数或者从命令收集的统计数据的一般声明，该声明不涉及任何人提供的信息；或者

（ii）按照部长指示公布违反命令的任何人的姓名以及说明此人违反的具体命令条款。

（4）处罚。任何人如果经审判确定故意违反本分条款的规定，都应被处以不超过1 000美元的罚款或者不超过1年的监禁，或者被处以不超过1 000美元罚款的同时处以不超过1年的监禁；如果是委员会代理人或农业部官员或员工违反规定，则应处以免职处罚。

（5）隐瞒信息。本款中的任何内容都不得解释为授权部长向适时授权的国会委员会或分委员会隐瞒信息。

（6）时间要求。对于第（1）项中所要求的记录，应保存该记录适用的财政年度以后两年的时间。

（j）禁止利用资金影响政府行为。

（1）概述。除非在第（2）项中另有规定，否则命令应禁止委员会按照命令规定筹集的任何资金以任何方式用于影响立法或政府行为或政策。

（2）例外条款。第（1）项不适用于编制和建议对命令的修订。

（k）配合。命令应要求委员会采取合理的措施，使委员会的特别税捐征收以及广告和研究活动与按照《1983年奶制品生产稳定法》第113（b）条（《美国法典》第7篇4504（b））的规定建立的全国奶制品推广及研究委员会相配合。

（l）免税。命令应规定，从美国出口的流质牛奶产品免于缴纳命令规定的特别税捐。

（m）报告。在按照《1983 年奶制品生产稳定法》第 113（b）条（《美国法典》第 7 篇 4504（b））的规定建立的全国奶制品推广及研究委员会进行评估的同时，部长应每年独立评估在上一个财政年度中按照本子篇规定实施的流质牛奶推广项目的有效性。

（n）其他条款和条件。命令还应包括为实施本子篇规定而必要的、与本子篇条款不冲突的条款和条件，包括关于收取特别税捐滞纳金的条款。

第 1999I 条 允许条款。

（a）概述。按照本子篇规定发布的每项命令，都可以包括本条中所述的一项或多项条款和条件。

（b）广告。命令可以规定流质牛奶产品广告计划或项目的确立、发布、实施或执行，也可以规定按照本副标题规定筹集用于该计划或项目的资金的施用。

（c）研究与开发。命令可以规定确立和实施支持流质牛奶产品广告工作的研究项目和研究，并可以规定按照命令规定为该项目或研究所筹集资金的使用。

（d）准备金。命令可以授权从按照命令规定征收的特别税捐中拨付准备金，以确保在特别税捐收入减少的年度能够有效、连续实施研究和广告项目，但是准备金总额不得超过为本财政年度中实施命令而预算的费用金额的 25％。

（e）其他条款。命令可以包含为实施命令其他条款而必要的、与本子篇规定的条款和条件不冲突的其他条款和条件。

第 1999J 条 特别税捐。

（a）概述。命令应规定，每个流质牛奶加工商都应就其在美国为商业目的而加工和销售的每单位消费型包装流质牛奶产品缴纳特别税捐。

（b）不影响生产商价格。上述特别税捐不得：

（1）降低按《农业调整法》第 8c 条（《美国法典》第 7 篇 608c）的规定发布的联邦牛奶销售法令规定的价格，该法案经由《1937 年农业销售协议法》修订以后重新颁布实施；

（2）以其他方式从经销商就向加工商销售的流质牛奶产品必须支付给生产商的款项中扣除；或者

（3）以其他方式从部长确定的经销商支付给生产商的牛奶价格中扣除。

（c）上缴特别税捐。

（1）概述。第（a）款中所要求的特别税捐，应由流质牛奶加工商根据命令规定及部长发布的规定直接上缴委员会。

（2）上缴特别税捐的时间。负责上缴第（1）项中规定的特别税捐的每个加工商，都应在缴税牛奶销售下一个月的最后一天之前将特别税捐上缴委员会。

（3）确认。按照部长的规定，上缴税捐应由市场管理员、州监管官员以及当地和州农业稳定和保护局官员确认。

（d）特别税捐的限制。在本子篇的规定中，对于任何单位的流质牛奶产品，都只能按照本条款规定征收一次特别税捐。

（e）生产商兼经销商。根据《1983 年奶制品生产稳定法案》第 113（g）条（《美国法典》第 7 篇 4504（g））的规定需要缴纳特别税捐的生产商兼经销商，也应负责缴纳按照本条款规定征收的附加特别税捐。

（f）加工商特别税捐税率。除非在第 1999P（b）条中有所规定，否则命令规定的特别税捐税率应为销售每一百磅流质牛奶产品 20 美分。

第 1999K 条 申诉和复核。

（a）申诉。

（1）概述。受按照本子篇规定发布的命令约束的人，可以向部长提出申诉：

（A）说明命令、命令的任何条款或者与命令有关的任何义务违反法律规定；并且

（B）要求修改命令或者免于受该命令约束。

（2）听证。申诉人应获得根据部长发布的规定就申诉进行公开听证的机会。

（3）裁决。听证结束之后，部长应就申诉做出裁决，该裁决如果符合有关法律规定则应为最终裁决。

（b）复核。

（1）诉讼启动。如果在部长按照第（a）款所做出的裁决登记日期之后30天内，申诉人就此提出申诉，那么在第（a）款规定的申诉人所居住或经营业务的任何地区的美国地区法院，都有权复核对申诉人做出的裁决。

（2）传唤。在此类程序中的传讯应根据《民事诉讼程序联邦法规》的规定执行。

（3）发回。如果法院确定该裁决不符合有关法律规定，那么法院应将事项发回部长，并要求：

（A）按照法院的决定修改该裁决，使其符合法律规定；或者

（B）根据法院的意见，依法采取进一步程序。

第 1999L 条　执行。

（a）司法权。美国地方法院应有执法管辖权，并有权防止和阻止违反按照本子篇规定制定或发布的任何命令或规定的行为。

（b）移送总检察长。按照本款规定提起的民事诉讼应移送总检察长进行适当处理，但是如果部长确信，通过按照第（c）款的规定进行行政诉讼或者对具有违反行为的人提供适当的书面通知或警告，就可以充分实施和执行本子篇规定，那么部长就不需要将违反本子篇规定或者按照本子篇发布的任何命令或规定的行为移送总检察长。

（c）民事罚款和命令。

（1）民事罚款。任何人如果故意违反部长按照本子篇规定发布的任何命令的任何条款或规定，或者未能或拒绝按照命令或规定的要求，适时支付、征收或上缴此人应缴纳的任何特别税捐或费用，那么

（A）部长可以对此人处以每次违反行为 500 美元到 5 000 美元之间的民事罚款；或者

（B）如果故意不支付、征收或上缴或拒绝支付、征收或上缴本子篇或者按照本子篇的规定所要求的特别税捐，那么部长应对此人处以每次违反行为 10 000～100 000 美元的民事罚款。

每次违反行为应为单独的违反行为。

（2）勒令停止命令。除上述民事罚款以外，部长还可以发布命令，要求此人停止违反行为；或者只发布勒令停止命令，不进行民事罚款。

（3）通知和听证。除非部长已经通知命令发布或处以罚款的对象或者为其提供了就其违反行为进行听证的机会，否则不得对其处以任何罚款或发布停止命令。

（4）最终性。除非受影响的人根据第（d）款的规定就部长的命令向适当的美国地方法院提出上诉，否则部长处以罚款或发布停止命令的法令应为最终决定。

（d）地方法院复核。

（1）诉讼启动。被发现发生违反行为并按照第（c）款的规定被处以民事罚款或发布停止命令的任何人，都可以获得对该罚款或命令的复核，方法如下：

（A）在处以罚款或发布命令的日期以后30天内，向下列法院提出上诉通知：

（i）此人居住或从事业务的地区的美国地方法院；或者

（ii）哥伦比亚特区的美国地方法院；并且

（B）同时通过挂号信函方式将上诉通知副本发送给部长。

（2）记录。部长应即时向该法院提供部长发现涉案人具有违反行为记录的核证副本。

（3）复核标准。除非发现有实质证据证明部长的结论不正确，否则不得宣布部长的结论无效。

（e）未能遵守命令。在命令已经成为最终命令且不可上诉、或者适当的地方法院已经做出部长胜诉的最终判决的情况下，任何人如果未能遵守停止命令，那么此人在按照第（c）和（d）款规定的程序获得进行听证和司法审查的机会之后，应被部长处以每次违反行为不超过 5 000 美元的民事罚款。未能遵守命令的每一天，都应视为单独的对该命令的违反行为。

（f）未能支付罚款。在罚款已经成为最终命令并且不可上诉、或者适当的地方法院已经做出了部长胜诉的最终判决的情况下，如果任何人未能支付民事罚款，那么部长应将案件移送至总检察长，以追缴此人居住或从事业务的任何地区的美国地方法院对其处以的罚款金额。在这种情况下，不得对处以民事罚款的最终命令的有效性和适当性进行复核。

（g）其他补救措施。除本子篇中所规定的补救措施以外，还可以采取其他补救措施，本子篇的规定不得排除可能采取的其他补救措施。

第 1999M 条　调查及传唤权力。

（a）调查。为了下列目的，部长可以进行其认为必要的调查：

（1）有效实施本子篇规定；或者

（2）确定任何人是否已经从事或正在从事构成对本子篇规定或按照本子篇规定发布的任何命令、规章或规定的违反行为。

（b）传唤、宣誓和作证。

（1）概述。为了按照第（a）款的规定进行调查，部长可以实施宣誓和作证并发出传票，要求提供与调查有关的任何记录。可以要求从美国任何地方提供此种记录。

（2）行政听审。为了按照第 1999K 或 1999L 条的规定进行行政听审，主席有权实施宣誓和作证、传唤证人、强制其出庭、取证，并要求提供与调查有关的任何记录。可以要求美国任何地方的证人出庭以及从美国任何地方提供此种记录。

（c）法院援助。如果任何人违抗命令或拒绝服从传唤，部长可以援用进行此调查或诉讼的管辖地、或者此人居住或从事业务地区的美国任何法院援助，以执行部长根据第（b）款的规定发出的传唤。法院可以发布命令，要求此人服从传唤。

（d）藐视法庭。任何不服从法院命令的行为都可由该法院按照藐视法庭行为予以处罚。

（e）传唤。在任何此类案件中的传唤，都可以在此人居住或从事业务的审判区域内或者发现此人的任何地方进行。

（f）听证地点。按照第 1999K 或 1999L 条的规定举行的任何听证地点，均应在此人居住或其主要经营场所所在的审判区域内。

第 1999N 条　初始投票要求。

（a）概述。在按照第 1999F（a）条发布的命令生效之前 60 天的时间里，部长应在流质牛奶加工商中组织投票，以确定命令是否应生效实施。

（b）实施。如果根据按第（a）款的规定进行的投票结果，部长确定：

（1）至少 50％的参与投票的流质牛奶加工商支持命令；以及

（2）参与投票的在部长确定的代表期间销售的流质牛奶量占所有加工商销售流质牛奶量 60％或以上的流质牛奶加工商支持命令；

那么命令应按照第 1999F（b）条的规定生效。

（c）投票费用。对于农业部产生的与按照本子篇规定所进行的投票有关的任何费用，应利用委员会征收的特别税捐对部长予以补偿。

（d）方式。

（1）概述。根据本子篇规定进行的投票，应以部长确定的方式进行。

（2）预先登记。选择参与本子篇规定的任何投票的流质牛奶加工商，应在按照第（4）项的规定收到部长发出的有关通知以后，在投票期以前向部长登记。

（3）投票。参与本子篇规定的任何投票的流质牛奶加工商，都应根据部长确定的程序投票。泄露或可能泄露任何加工商投票结果的选票以及其他信息或报告，都应严格保密。

（4）通知。部长应在按照本子篇的规定进行投票之前至少 30 天通知所有加工商。通知应说明按照本款规定确定的程序。

第 1999O 条　命令的延缓或终止。

（a）命令的终止。按照本子篇规定生效的任何命令，均应在 1996 年 12 月 31 日终止。部长应：

（1）在此日期终止命令规定的特别税捐的征收；并且

（2）在此日期之后尽快有序终止按命令进行的活动。

（b）由部长延缓或终止命令。一旦部长发现命令或者命令的任何条款妨碍或不符合本子篇中所声明的政策，部长应终止或延缓该命令或条款的执行。

（c）其他投票。

（1）概述。部长可以随时在部长确定的代表期间在从事流质牛奶加工的人中进行投票，以确定是否要延缓或终止实施命令，并且应按照委员会或者在部长确定的期间销售的流质牛奶量占所有加工商销售的流质牛奶产品总量的 10% 或以上的加工商的要求进行投票。

（2）延缓或终止。如果部长确定：

（A）至少 50% 的参与投票的流质牛奶加工商赞成延缓或终止命令；并且

（B）参与投票的在部长确定的代表期间销售的流质牛奶产品量占所有加工商销售流质牛奶产品总量的 40% 或以上的流质牛奶加工商赞成延缓或终止命令；

那么部长应在确定之后 6 个月内，视具体情况延缓或终止按命令规定征收特别税捐，并视具体情况尽快有序延缓或终止按照命令实施的活动。

（3）费用；方式。第 1999N 条的第（c）和（d）款应适用于按照本分条款规定进行的投票。

第 1999P 条　修订。

（a）对命令的修订。根据第（b）款的规定，部长可以发布为实施本子篇规定而必要的对命令的修订。

（b）对特别税捐税率的修订。

（1）概述。部长可以随时在部长确定的代表期间在从事流质牛奶加工的人中进行投票，确定调整按照当时正在实施的按本副标题规定发布的命令中规定的特别税捐税率，并且应按在部长确定的代表期间销售的流质牛奶量占所有加工商销售的流质牛奶产品总量的 10% 或以上的加工商的要求进行投票。

（2）特别税捐税率的调整。一旦部长确定下列事实，部长应对命令规定的特别税捐税率予以调整：

（A）至少 50% 的参与投票的流质牛奶加工商支持调整；以及

（B）参与投票的在部长确定的代表期间销售的流质牛奶量占所有加工商销售流质牛奶量 60% 或以上的流质牛奶加工商支持调整；

在任何情况下，命令规定的特别税捐税率都不得超过每一百磅 20 美分。

（3）生效日期。调整的特别税捐税率应按照部长的决定在投票结果揭晓以后生效，但是不得超过进行投票以后 30 天。

（4）费用；方式。第 1999N 条的第（c）和（d）款应适用于按照本分条款规定进行的投票。

第 1999Q 条　项目的独立评估。

（a）审查和评估。美国审计员应审查和评估命令，以达到以下目的：

（1）确定按照本子篇规定实施的流质牛奶销售推广项目的有效性；

（2）确定流质牛奶加工商是否已将项目的特别税捐返还牛奶生产商；以及

（3）就项目未来的资金和特别税捐税率提出建议。

（b）向国会报告。审计长应在 1995 年 1 月 1 日之前向众议院的农业委员会以及参议院的农业、营养及林业委员会提交有关按照本条款规定进行的评估的报告。

第 1999R 条 拨款授权。

（a）概述。在每个财政年度，授权拨付实施本子篇规定所需的资金。

（b）管理费用。拨付用于实施本副标题规定的款项，不得用于支付委员会在执行按照本副标题规定发布的任何命令的任何条款中所产生的费用或支出。

子篇 I 其他条款

第 1999S 条 生产商研究和推广委员会的责任。

（a）研究结果。国会发现：

（1）通过联邦授权的扣款项目，美国的农业生产商和进口商每年大约提供 6 亿美元的资金，支持有关食品和营养的农业推广和研究以及消费者信息工作；

（2）这些联邦授权的扣款项目是自助式的，使行业成员能够为这些扣款项目提供资金，以此积极加强其农产品的营销；

（3）虽然相对来说是一种新型项目，但是联邦授权的扣款项目，为强化项目下的农产品市场做出了重大贡献；

（4）有关这些农业扣款项目的授权法规，规定农业部长成立由生产商和进口商组成的委员会或理事会，以在部长的监督下协助部长实施项目；

（5）参与实施联邦授权扣款项目的每一个委员会和理事会，都在项目的有效管理中负有重要责任，并做出重大贡献，同时也是为项目下的推广、研究和信息活动的行业成员和农业部之间的宝贵连接；

（6）支付特别税捐支持项目的生产商和进口商必须相信并有力支持这些代扣会费的项目，这些项目才能不断取得成功；并且

（7）只有委员会和理事会诚信、勤勉地履行按照授权法规授予的职责，这些代扣会费的项目才能高效运行，也只有如此才能保持生产商对这些项目的信心和支持。

（b）国会的意见。国会认为，为了确保联邦授权的扣款项目获得持续成功，参与这些代扣会费项目管理的委员会或理事会，应诚信、勤勉地履行按照授权法规授予的职责，并在其他方面履行其关键项目职责。国会还认为，每个委员会和理事会，在履行授予其的职责时，都要对农业部、国会和为有关扣款项目提供资金的行业负责，并且，目前运行的每个扣款委员会或理事会，都应审查其章程和活动，以确保其职责没有以不当方式委托于或以其他方式让与其他组织。

第 1999T 条 与美国国际义务的一致性。

（a）概述。在本条款下，在颁布或修订研究与推广计划下与任何农业商品或农产品之研究和推广相关的任何法令或计划时，若法令或计划要求进行进口评估，则农业部应向美国贸易代表咨询，了解法令或计划条款是否与美国的国际义务一致。

（b）与美国国际义务的一致性。农业部部长应采取一切必要且适当之措施，确保任何法令或计划，或者对此类法令或计划的修订，以及任何法令或计划或者对此类法令或计划之修订的实施和执行，或者与进口相关之计划一视同仁，并且与美国贸易代表解释的美国国际义务一致。

（c）解释。本条款下的任何规定均不应理解为依据本条款提供诉因。

第 20 篇　谷物品质

第 2001 条　简称。

援引本标题时可使用《1990 年谷物品质激励法》。

第 2002 条　谷物品质委员会及谷物品质协调员。

（a）委员会及协调员的设立。

（1）委员会。农业部部长（本标题下文中简称为"部长"）应在农业部内设立谷物品质委员会（本条款下文中简称为"委员会"）。

（2）协调员，按照第（1）款设立的委员会应由 1 名部长任命的人选主持，且此人担任谷物品质协调员（本标题下文中简称为"协调员"）。该协调员将在与委员会协商之下，履行第（b）小项所述之职责。

（b）职责。协调员应负责：

（1）以系统的方式，对国内外买家和最终用户提出的美国谷物品质问题进行汇总和评估。

（2）制订和实施协调措施，让国外买家了解谷物采购合同的正确规范，从而使谷物品质达到买家的要求。

（3）对农业部有关美国谷物的计划和活动进行审查，确定活动是否与本篇中与谷物品质和谷物品质竞争力有关的规定（以及其他法律规定）一致。

（4）作为联邦政府谷物品质与谷物品质竞争力方面的协调员。

（5）对以下事务进行调查，并通过农业部部长告知众议院农业委员会以及参议院农业、营养及林业委员会。

（A）农业部采取的：

（ⅰ）提高美国谷物品质的措施；以及

（ⅱ）与提高谷物品质这一目标不一致的措施；

（B）生产与销售领域中存在的阻碍谷物品质提高的情况；

（C）联邦谷物检验局、农业部其他机构、食品药品管理局、环保局以及联邦其他与谷物生产、搬运、储存、运输以及加工相关之机构采取的，对谷物完整性及性状表现有影响之规定和措施的相互关系；

（D）能够解决谷物品质问题的立法变化或监管变化方面的建议；

（E）如果把有关谷物的卫生和植物检疫要求进行国际统一，预期带来的进步和好处；

（F）如果把谷物等级和标准进行国际统一，将带来的潜在机会和好处；

（G）可提供的并且生产者和谷仓经营者为获得并正确使用谷物清洁、干燥和储存设备而需要的其他形式的财政和技术援助；以及

（H）本篇其他条款要求的进展。

（c）终止。本条款于 2001 年 1 月 1 日终止。

第 2003 条　益谷物品质提高的益处与成本。

实施本篇对《美国谷物标准法》第 4 条和第 13 条（《美国法典》第 7 篇 76 和 87b）进行的修订之时所需作出的任何重大更改，联邦谷物检验局的局长应在此更改之前，对更改带来的经济影响，包括其利益和成本，以及此类利益和成本的分配进行评估。

第 2004 条　分类、等级及标准设计框架。

对《美国谷物标准法》第 2（b）（3）条（《美国法典》第 7 篇 74（b）（3））进行了如下修订：

（1）在第（C）小项中，删除结尾的"以及"；

（2）在第（D）小项中，删除句号，插入分号；并且

（3）在结尾处新添加下列小项：

"（E）反映了谷物最终使用中以经济价值为基础的特点；并且

"（F）纳入检测领域的科技进步，以及与谷物最终使用性状表现相关联之要素的相关新知识。"

第 2005 条　提高谷物的洁净度。

对《美国谷物标准法》第 4（b）条（《美国法典》第 7 篇 76（b））进行了如下修订：

（1）在小节名称后插入"（1）"；并且

（2）在结尾处新添加下列段落：

"（2）（A）（ⅰ）若部长认为对小麦、玉米、大麦、高粱、大豆的洁净情况制订或修订能够达到 3 级或以上要求（详见下文第（B）小项）的标准，能够：

"（Ⅰ）提高美国小麦、玉米、大麦、高粱和大豆对其他主要出口国之小麦、玉米、大麦、高粱和大豆出口的竞争力；

"（Ⅱ）保有或扩大美国小麦、玉米、大麦、高粱和大豆在出口市场的份额；

"（Ⅲ）保持或提高美国生产商的收入；并且

"（Ⅳ）在对生产商和行业的技术制约、经济利益和成本、价格竞争力及进口商需求进行考量之后，符合美国农业利益；

则部长应制订或修订标准，纳入从经济和商业角度来说可行的小麦、玉米、大麦、高粱及大豆洁净标准。

"（ⅱ）本款规定颁布之后，部长应尽快按照本小节对第（ⅰ）条款所述之谷物类型进行调查。

"（B）（ⅰ）在确定洁净特点的要求时，部长应：

"（Ⅰ）对生产商和行业的技术制约、经济利益和成本，美国农业生产的价格竞争力，以及出口小麦、玉米、大麦、高粱和大豆的主要竞争国所达到的洁净标准进行考量；

"（Ⅱ）发出通知并且征求公众意见之后颁布法规；并且

"（Ⅲ）通过逐步减少 3 级或以上小麦、玉米、大麦、高粱和大豆中允许货物存在的异物水平，逐步采用洁净特点之要求。

"（ⅱ）继第（ⅰ）（Ⅲ）条款所述之逐步采用期之后，应按照部长的谷物标准审查计划，对洁净要求进行后续修订。

"（C）若部长决定对本节下的洁净特点制订要求，则部长应确保此类要求在本项规定颁布之后的 6 年内全面落实。"

第 2006 条　关于物理完整性和纯度的等级决定要素。

对《美国谷物标准法》第 4 条（《美国法典》第 7 篇 76）（通过条款 2005 修订后）进一步作了如下修订：

（1）将第（c）款重新改为第（d）款；并且

（2）在第（b）款后插入下列新增款：

"（c）（1）在按照第（a）款对已建立有官方等级的各种谷物制订标准时，部长必须对各种此类谷物制订决定其官方等级的要素和要素限值，且这些要素和要素限制反映的完整性和纯度水平与各种此类谷物国内外主要用户的最终使用特点目标相一致。3 级和 3 级以上的此类要素和要素限值应尽可能详尽地为此类标准的用户提供确定最终使用产品品质所需的信息。部长应确定要素和要素限值，使达到 3 级或 3 级以上要求的谷物能够达到此类谷物主要用途的一般贸易预期。

"（2）在根据第（1）项确定要素和要素限值时，部长应在更改本节下适用于官方分级之谷物的等级

确定要素和要素限值之前，发出通知并征求公众意见。"

第 2007 条　对外贸易中装运玉米黄曲霉毒素污染的检测。

对《美国谷物标准法》第 5 条（《美国法典》第 7 篇 77）进行了修订，在该节结尾处插入以下新增小节：

"（c）对于从美国出口的玉米，除买卖双方在合同中规定无需进行黄曲霉毒素的检测外，部长有权按照指示要求对所有玉米进行检测，以确定黄曲霉毒素污染是否超出接受水平。"

第 2008 条　禁止污染。

对《美国谷物标准法》第 13 条（《美国法典》第 7 篇 87b）进行了修订，在该节结尾处新增以下款：

"（e）（1）部长可禁止因引入下列物质而对优质纯谷物造成污染：

"（A）非谷物物质；

"（B）不适合普通商业用途的谷物；或者

"（C）超出食品和药品管理局规定之纠偏限度的谷物，或者残留物超出环保局规定之允许水平的谷物，

"（2）只要谷物的等级或情况进行了妥当分级或辨识，本条下的禁止就不应被解释为对任何谷物的销售进行限制。

"（3）在采取本小款下的措施之前，部长应在发出通知并征求公众意见之后颁布相关法规，对需遵守此禁止规定的行动和条件进行识别和定义。

"（4）不论在何情况下，部长都不应禁止对整个等级的谷物进行混合。

"（5）在实施第（1）（C）项时，部长应将任何禁止情况报告给其他相关的公共卫生机构。"

第 2009 条　商检标准化。

对《美国谷物标准法》（《美国法典》第 7 篇 71）进行了修订，在结尾处新增以下条款：

"第 22 条　商检标准化。

"（a）检测设备。为提高谷物商检结果的一致性，部长可协同美国国家标准技术研究所和美国称重计量协会进行以下工作：

"（1）确定按照第（b）款要求须进行标准化的检验仪器；

"（2）建立谷物商检仪器的性状表现标准；

"（3）制订商检使用之谷物检验仪器的全国性审批计划；以及

"（4）编制和开发对获批仪器进行校准或测试所需的标准参考材料或者其他工具。

"（b）一般检验程序。为确保生产商在谷物交付过程中得到公平对待，部长应针对品质系数的应用（直接导致溢价和折扣价），制订切实可行并且经济节约的谷物商检程序。此类程序应可提供给乡镇谷仓以及其他进行首交付点检验的其他单位。

"（c）检验服务和信息。为鼓励按照第（a）和（b）款开发及制订之设备和程序的使用，部长应通过本部、州及官方检验机构提供官方检验服务，并提供以下方面的信息：取样和检验设备的正确使用，谷物标准的应用，以及官方检验服务的可用性，包括依据本法进行的申诉。

"（d）标准化黄曲霉毒素检测设备和程序，部长应：

"（1）对检测设备制订统一的标准；并且

"（2）制订统一的检测程序，确定统一的取样技术；

供加工商、提炼商、谷仓和集散站经营者以及其他单位使用，以准确检测出美国玉米中黄曲霉毒素

的污染水平。"

第 2010 条　农民自有储备粮的准入品质标准。

对《1949 年农业法》第 110 条（《美国法典》第 7 篇 1445e）进行了修订，在该款结尾处新增以下款：

"（k）在宣布按照第（e）（1）款制订之生产商储存计划的条款和条件时，部长应对计划下允许储存之谷物的品质标准进行审查，并且此类标准应鼓励仅对部长确定的优质谷物进行贷款抵押担保。部长应对检验、维持以及库存周转要求进行审订，并采取必要的措施，保证此类谷物的品质。"

第 2011 条　针对质优谷物的价格支持贷款优惠。

对《1949 年农业法》第 403（a）条（《美国法典》第 7 篇 1423）（通过第 1128 条修订）作进一步修订，在该节结尾处新增以下内容："自 1991 年开始，对于按照本法获得价格扶持的小麦、饲料谷物以及大豆作物，除任何其他与品质相关的溢价和折扣价外，部长还应根据作物的洁净系数，制订相关的溢价和折扣。"

第 2012 条　商品信贷公司所有谷物的品质要求。

对《1949 年农业法》进行了修订，在该法第 407 条（《美国法典》第 7 篇 1427）后插下以下新条款：

"第 407A 条　商品信贷公司所有谷物的品质要求。

"（a）建立最低标准。即使法律有任何其他规定，针对为商品信贷公司代销而存储于谷仓内的谷物，部长应制订最低品质标准。部长在制订此类标准时，应对谷物耐储存能力以及达到可接受最终使用性状表现之保证相关的因素加以考量。

"（b）收购谷物的检验。商品信贷公司应使用联邦谷物检验局批准的程序，对其从生产商处收购的谷物的情况进行检验和评估。除生产商要求外，不论在何种情况下，本条款都不要求必须采用官方检验。"

第 2013 条　种子品种信息及调研。

（a）信息。

（1）概述。送交公共检测的谷物应对部长确定的特定具体农业性状表现特点以及最终使用性状表现特点进行评估，并将评估结果提供给部长。

（2）信息的传播。部长应将按照第（1）项下获得的品种性状表现信息传播给植物育种者、生产商以及最终用户。

（b）调研。部长应定期对美国商业化生产的谷物品种进行调研，对调研结果进行汇编并发布调研报告。

（c）品种调研数据的分析。部长应结合可获得的内在品质特点方面的应用研究信息，对按照第（b）条进行的品种调研进行分析，以便评估作物一般的内在品质特点以及生产中与内在品质特点相关的趋势。此信息应按照（a）（2）节之要求进行传播。

第 2014 条　对农民和谷仓经营者提供帮助的职权。

部长可向谷物生产商及谷仓经营者提供技术援助（包括可提供之财政资助方面的信息），在谷物清洁、干燥或储存设备的安装或改进方面，为此类生产商或经营者提供帮助。

第 2015 条　国会关于纯度检测的意见。

（a）发现。国会发现，不管是国际消费者还是国内消费者，都会注意和关注其粮食供给的纯度。

（b）国会意见。国会认为，为了向买家保证美国谷物的纯度，联邦谷物检验局应在技术和经济可行的范围内，尽快制订黄曲霉毒素和杀虫剂残留检测方法，并结合按照《美国谷物标准法》（《美国法典》第 7 篇 71 及后文）建立的谷物官方检验方法，对此类杂质进行检测。

第 2016 条　国会关于合作执行联邦谷物纯度要求的意见。

（a）发现。国会发现，食品和药品管理局以及环保局实施的与谷物纯度与安全性方面的法律和法规，足以保证美国提供有益身体健康之谷物。

（b）国会意见。国会认为，负责执行美国出口以及国内销售之谷物品质、纯度以及安全相关之法律和法规的联邦机构在执行第（a）款所述之法律和法规时，应寻求联邦谷物检验局的帮助，并与该局合作。

第 2017 条　国会关于最终使用性状表现研究的意见。

（a）发现。国会发现：

（1）农业研究局和赠地大学进行的谷物最终使用性状表现方面的研究，对提高美国谷物的质量以及其在国内外市场上的竞争力非常重要；

（2）农业研究局小麦品质实验室所进行的工作被证明很有价值，有助于人们了解小麦的物理和化学性质与辗磨和烘烤所用小麦之性状表现之间的关系；

（3）农业研究局研究局和赠地大学进行的玉米和大豆品种成分的研究，经证明对饲料和粮食用户非常有价值。

（b）国会意见。国会认为，部长，特别是农业研究局和赠地大学应对其财政重点进行调整，加大谷物品种评估以及谷物最终使用特性之客观测试的开发工作力度。

第 2018 条　国会关于客观检测合作的意见。

（a）发现。国会发现，经验证明，联邦谷物检验局、农业研究局和赠地大学之间存在的密切合作关系，有利于辨别与谷物品质相关的特征，有利于制订检测方法、编制谷物标准。

（b）国会意见。国会认为，第（a）款所述之合作努力，包括资金及工作人员的共享应进一步扩大，联邦谷物检验局应在此类努力中继续利用农业研究局和赠地大学的研究能力。

第 21 篇　有机认证

第 2101 条　简称。

援引本标题时可使用《1990 年有机食品生产法》。

第 2102 条　目的。

本标题旨在：

（1）制订国家标准，对某些作为有机产品来销售的农产品进行管理；

（2）保证向消费者提供的有机产品能够达到统一的标准；并且

（3）促进有机新鲜食品和加工食品的州际贸易。

第 2103 条　定义。

在本篇中使用时：

（1）农产品。术语"农产品"系指不管是原生还是加工过的任何农业商品或产品，包括源于美国市场销售的牲畜且供人或牲畜消耗的任何商品或产品。

（2）植物性杀虫剂。术语"植物性杀虫剂"系指使用植物制成的天然杀虫剂。

（3）认证中介。术语"认证中介"系指一个州的首席执行官；或者某一州在全州范围内推选单独负责管理该州农业工作的官员时，该官员；以及经农业部部长认可担任认证中介，负责按照本篇规定，对农场或加工处理经营单位进行有机认证的任何人（包括私人主体）。

（4）获证有机农场。术语"获证有机农场"系指经本篇下认证中介认证，采用本标题所述的有机农业体系的农场或部分农场，或者进行农产品或畜产品生产的地点。

（5）有机认证加工处理经营单位。"有机认证加工处理经营单位"系指经本篇下认证中介认证，采用本篇所述之有机加工处理体系的任何经营单位或其一部分。

（6）收成年度。术语"收成年度"系指部长确定的某一作物的正常生长期。

（7）州主管官员。术语"州主管官员"系指一个州的首席执行官，或者某一州在全州范围内推选单独负责管理该州农业工作的官员时，该官员，由其管理本标题下有机认证计划。

（8）农产品加工处理。术语"加工处理"系指农产品的销售、加工或包装。

（9）加工处理人。术语"加工处理人"系指从事农产品加工处理经营活动的任何人。该词不包括未进行农产品加工活动的终端零售商。

（10）加工处理经营单位。术语"加工处理经营单位"系指符合以下条件的任何经营单位或其一部分（不进行农产品加工活动的终端零售商除外）：

（A）接收或以其他方式购买农产品；并且

（B）加工、包装或储存此类产品。

（11）牲畜。术语"牲畜"系指任何牛、羊、猪、家禽、食用或食品生产中使用的马科动物、食用鱼、野生或家养动物，或其他非植物生物。

（12）国家名录。术语"国家名录"系指第 2118 条中规定的允许和禁止使用物质的名录。

（13）有机计划。术语"有机计划"系指经生产商或加工处理人以及认证中介同意的有机农业或加工处理经营单位的管理计划，该计划包括涉及本篇所述之农业生产或加工处理各个方面的书面计划（其中包括本篇下要求的轮作和其他方法）。

（14）有机产品。术语"有机产品"系指按照本篇生产和加工处理的农业产品。

（15）人。术语"人"系指个人、群体、公司、协会、组织、合作社或其他实体。

（16）杀虫剂。术语"杀虫剂"系指《联邦杀虫剂、杀菌剂及灭鼠剂法》（《美国法典》第 7 篇 136 及以后内容）定义为杀虫剂的任何单一物质、化合物质，或者与一种或多种物质形成的任何配方物质。

（17）加工。术语"加工"系指烹饪、烘烤、加热、干燥、混合、辗磨、搅拌、分离、提取、切割、发酵、取内脏、腌制、脱水、冷冻或者以其他方式生产，并且包括包装、装罐、装坛，或者以其他方式将食品密封到容器内。

（18）生产商。术语"生产商"系指从事粮食或饲料种植或生产经营活动的人。

（19）部长。术语"部长"系指农业部部长。

（20）州有机认证计划。术语"州有机认证计划"系指符合第 2107 条要求，经部长批准的一项计划，该计划旨在保证以本篇下"有机产品"名义出售或标有此标签的产品是采用有机法进行生产和加工处理的。

（21）合成物质。术语"合成物质"系指采用化学工艺，或者采用以化学方式更改天然植物、动物或矿物的提取物质之工艺而配制或生产出的物质。但该词不适用于采用天然生物工艺制造的物质。

第 2104 条　美国国家有机生产计划。

（a）概述。针对采用本标题规定之有机方法生产农产品的生产商和加工处理人，部长应制订有机认证计划。

（b）州计划。在制订第（a）款下的计划时，针对采用本篇规定之有机方法生产农产品的生产商和加工处理人，部长应允许每个州执行一个州有机认证计划。在制订第（a）款下的计划时，部长应允许各州针对采用本篇规定之有机方法生产农产品的生产商和加工处理人制订该州有机认证计划。

（c）咨询。在制订第（a）款下的计划以及第 2118 条下的国家名录时，部长应咨询按照第 2119 条设立的美国国家有机食品标准审议委员会。

（d）认证。部长应通过认证中介落实第（a）款下制订的计划。此类认证中介可将符合本计划要求以及州有机认证计划要求（若适用）的农场或加工处理经营单位认证为获证有机农场或加工处理经营单位。

第 2105 条　有机产品国家标准。

作为本篇中的有机农产品出售或打上有机农产品标签，这些农产品应该：

（1）除本篇另行规定外，生产和加工处理时未使用合成化学品。

（2）除本篇另行规定并且除牲畜外，在农产品收获前的 3 年中，生产所在土地未使用任何禁止使用物质（包括合成化学品）。

（3）按照产品生产商和加工处理人以及认证中介一致同意的有机计划进行生产和加工处理。

第 2106 条　合规要求。

（a）国内产品。

（1）概述。1993 年 10 月 1 日或之后：

（A）只有按照本篇规定生产和加工处理的农产品，才可作为有机产品出售或打上有机产品标签；并且

（B）除按照本标题规定外，若农产品的标签或其他销售信息直接或间接暗示该产品系采用有机方法生产和加工处理，则任何人都不得将此标签粘贴于产品之上，或者提供此类信息。

（2）美国农业部标准和印章。按照第（1）项粘贴的标签或者提供的其他销售信息可说明其农产品符合美国农业部的有机产品标准，并且可加盖农业部印章。

（b）进口产品。若部长认为进口农产品的生产和加工处理系按照某一能够对此类产品的生产和加工处理提供保障和指导并且至少达到本标题同等要求的有机认证计划进行，则此类农产品可作为有机产品出售，或打上有机产品标签。

（c）加工食品豁免规定。第（a）款之规定应不适用于符合下列条件的农产品：

（1）包含的有机配料按重量计算（不包括水和盐）至少达到 50%，并且仅限于部长与美国国家有机食品标准审议委员会及卫生和公共服务部部长商议后，决定允许只可出于描述有机配料之目的，在产品的主要展示版面使用"有机"一词。

（2）包含的有机配料按重量计算（不包括水和盐）不到 50%，并且仅限于部长与美国国家有机食品标准审议委员会及卫生和公共服务部部长商议后，决定允许在配料表版面显示"有机"一词，对按照本标题以有机方式生产的配料进行描述。

（d）小农场豁免规定。第（a）（1）款应不适用于农产品年销售额不超过 5 000 美元的人。

第 2107 条　一般要求。

（a）概述。按照本标题制订的计划应：

（1）规定作为有机产品销售或打上有机产品标签的农产品必须：

（A）只按照本标题规定在认证有机农场生产并只通过有机认证加工处理经营单位进行加工处理；并且

（B）按照有机计划生产和加工处理；

（2）要求希望参与该计划的生产商和加工处理人按照第 2114 条制订有机计划；

（3）制订相关程序，允许生产商和加工处理人对本篇下的不利行政裁决进行申诉；

（4）要求各认证有机农场或各有机认证加工处理经营单位每年向部长、州主管官员（若适用）以及认证中介证明，证明其除按照本篇外，未生产或加工处理任何以有机产品名义出售或打上有机产品标签的农产品；

（5）规定认证中介每年对按照本篇获得认证之农场和加工处理经营单位进行现场检验；

（6）要求认证中介定期对认证有机农场生产以及通过有机认证加工处理经营单位加工处理的农产品进行残留检测，以确定此类产品是否含有任何杀虫剂或其他非有机残留或天然毒素，并要求认证中介，在其知悉存在违反食品安全相关法规之情况时，将此违反情况报告给相关卫生机构；

（7）根据部长按照本篇要求作出的决定，制订相应且适当的执行程序；

（8）防止出现第 2116（h）条所述之利益冲突；

（9）允许公众查阅认证文件及与认证相关的实验室分析报告；

（10）对希望参与该计划之生产商、认证中介以及加工处理人征收的合理费用作出规定；并且

（11）需有部长认为需规定的其他条款和条件。

（b）酌情要求。按照本篇制订的有机认证计划可：

（1）在下列情况下，可对整个农场或加工处理经营单位进行认证，也可对某一农场的具体农田或者某一加工处理经营单位的具体部分进行认证：

（A）若为农场或农田，则认证区域应有明显的清晰边界和缓冲区，能够将采用有机方式耕作的土地与未采用有机方式耕作的土地分开；

（B）此农场或加工处理经营单位的经营人应将所有有机经营活动的记录与其他经营活动的相关记录分开保存，并且可随时将此类记录提供给部长、认证中介以及州主管官员检查；并且

（C）配备相应的物理设施、机器设备并制订相应的管理规定，防止将有机产品与非有机产品混合在一起，或者防止禁用化学品或其他物质渗透到认证区域；并且

（2）若农场加入了联邦或州的虫病紧急救治计划，则本篇中有关认证有机农场生产之农产品的某些要求（第 2112 条的规定除外），可在合理范围内对该农场予以免除。

（c）州计划。按照本标题批准的州有机认证计划可包括其他指导方针，按照第 2108 条的要求，对产于该州作为有机产品出售或打上有机产品标签之农产品的生产或加工处理进行管理。

第 2108 条　州有机认证项目。

（a）概述。州主管官员可编制设立州有机认证项目的计划，并提交给部长批准。州有机认证项目必须符合本标题中部长批准的要求。

（b）其他要求。

（1）权力。按照第（a）款制订的州有机认证项目中，对农场以及加工处理经营单位有机认证的要求，以及作为本篇下有机产品销售或打上有机产品标签的有机产品的生产和加工处理要求，可比部长制订的计划中包含的要求更加严格。

（2）内容。第（1）项下制订的任何其他要求，应：

（A）进一步推动本篇的制定宗旨；

（B）与本篇一致；

（C）不对其他州内按照本篇生产的有机农业商品进行差别对待；并且

（D）经部长批准后才可生效。

（c）审查和其他决定。

（1）后续审查。自计划批准之日起，部长应至少每 5 年对州有机认证项目进行一次审查。

（2）计划修改。按照本小节批准之计划若有任何重大修改，则州主管官员在实施修改之前，应将此类修改提交给部长批准。

（3）决定时间。部长应在收到计划、修改提案或者审核申请书之后的 6 个月内，对收到的任何计划、计划修改提案作出决定，或者对计划进行审查。

第 2109 条　作物生产禁用规程和材料。

（a）种子、秧苗和种植规程。对于欲按照本篇进行有机认证的农场，农场生产商不得对种子或秧苗使用与相关有机认证计划相背或者与此计划不一致的材料或规程。

（b）土壤改良。对于欲按照本标题进行认证的农场，农场生产商不得：

（1）使用任何含有合成配料的肥料，或者使用任何含有本篇或相关州有机认证计划禁止使用之材料的商业掺合肥料；或者

（2）使用下列作为氮源：磷肥、石灰肥料、钾肥或者不符合相关有机认证计划要求的任何材料。

（c）作物管理。对于欲按照本篇进行认证的农场，农场生产商不应：

（1）使用相关州主管官员或部长认定的具有长期影响并且持续存在于环境之中的天然毒物，诸如砷或铅盐等；

（2）使用塑料薄膜覆盖层（每一种植或收获期结束时清除的塑料薄膜覆盖层除外）；或者

（3）使用经过任何合成或禁用材料处理过的移植植物。

第 2110 条　动物生产规程和材料。

（a）概述。作为有机产品屠宰、销售或打上此标签的任何牲畜都应按照本标题之规定饲养。

（b）种畜。若种畜未处于最后 1/3 妊娠期，则可从任何来源购买种畜。

（c）规程。农场如要按照本标准进行有机农场认证，则对于该农场饲养的牲畜，农场生产商应：

（1）应使用符合本标题要求，采用有机方式生产的饲料饲养此类牲畜；

（2）不应使用以下饲料：

（A）用作粗纤维的塑料颗粒；

（B）再投喂粪肥；或

（C）含有尿素的配方饲料；并且

（3）不应在此类牲畜身上使用生长促进剂和激素，不论是植入、摄入还是注射入体内（包括抗生素和用来刺激牲畜生长或发育的合成微量元素）。

（d）卫生保健。

（1）禁止的规程。农场如要按照本标准进行有机农场认证，则对于该农场饲养的牲畜，农场生产商不得：

（A）使用未达治疗剂量的抗生素；

（B）经常使用内服合成驱虫药；或者

（C）除接种疫苗外，无病时用药。

（2）标准。除第（1）项之规定外，美国国家有机食品标准审议委员会还应就牲畜的卫生保健向部长提供建议，保证牲畜采用有机方法饲养。

（e）其他指导方针。

（1）禽类。除初生家禽外，所有肉或蛋作为有机产品出售或打上有机产品标签的禽类，在肉或蛋出售之前和期间，都应按照本标题之规定进行饲养和加工处理。

（2）乳畜。所产奶或奶制品作为有机产品出售或打上有机产品标签的乳畜，至少在其所产奶和奶制品出售前的 12 个月中，应按照本标题规定进行饲养和加工处理。

（f）牲畜识别。

（1）概述。对于欲按照本篇之规定针对农场饲养牲畜对农场进行有机农场认证的农场，农场的生产商应妥当做好记录，并保存好详细的可核验审查跟踪资料，从而能够对农场的每一头牲畜进行跟踪（若为禽类，则是对每群禽类）。

（2）记录。为落实第（1）项之规定，每名生产商应做好每头动物（若为禽类，则为每群禽类）的准确记录。记录内容包括：

（A）所有用药的剂量和来源；以及

（B）购买和投喂的所有饲料和饮料添加剂。

（h）通知和公告。部长应召开公众听证会，制订详细的法规（并发出通知和进行公众意见征集），对本节下规定之畜产品标准的实施提供指导。

第 2111 条　加工处理。

（a）概述。若加工处理经营单位欲按照本篇进行有机认证，则对于本篇涵盖的任何农产品，该加工处理单位的每个人不应：

（1）在产品加工过程中或者任何收获后加工处理过程中添加任何合成配料；

（2）添加已知所含的硝酸盐、重金属或有毒物质残留量会超过相关有机认证计划允许之残留量的任何配料；

（3）添加任何亚硫酸盐、硝酸盐或亚硝酸盐；

（4）添加非按照本篇和相关有机认证计划规定采用有机方式生产的任何配料。但若此类配料包括在国家名录内，并且在成品总重量（不包括水和盐）中所占的比重不超过 5％，则可添加；

（5）使用任何含有合成杀菌剂、防腐剂或熏蒸消毒剂的包装材料、存储容器或桶箱；

（6）使用之前与任何可影响产品之有机品质之物质接触过的任何包装袋或容器；或者

（7）在此类产品中使用达不到《安全饮用水法》要求的水。

（b）肉类。农场或加工处理经营单位若要申请本标题下的有机认证，则该农场的生产商或者该加工处理经营单位的人员应确保采用有机方式生产的肉类不会与非采用有机方式生产的肉类接触。

第 2112 条　其他指导方针。

（a）概述。部长、相关的州主管官员以及认证中介应采用残留检测方法，对作为本篇下有机产品出售或打上有机产品标签的产品进行检验，从而协助此标题的实施。

（b）收获前检测。部长、相关州主管官员或者认证中介可要求对怀疑在被污染土壤上生长的任何作物进行收获前组织检测。

（c）合规审查。

（1）检验。若部长、相关州主管官员或者认证中介认为作为本篇下有机产品出售或打上此标签的农产品含有任何可检测出的杀虫剂或其他非有机残留或禁止的天然物质，则部长、相关州主管官员或者认证中介应对此进行调查，确定是否违反了有机认证计划，并且可要求产品生产商或加工处理人证明未对产品使用任何禁用物质。

（2）撤除有机标签。若部长、相关州主管官员或者认证中介认为，按照第（1）项进行的调查发现残留：

（A）系有意使用禁用物质所致；或者

（B）残留量超出了部长或相关州主管官员与相关环保机构商议后规定的不可避免的残留环境污染量；

则此农产品不得作为本篇下的有机产品出售，也不得打上有机产品标签。

（d）记录要求。经营本篇下获证有机农场或加工处理经营单位的生产商需对作为本篇下有机产品出售或打上此标签的农产品保留 5 年的生产或加工处理记录，其中包括：

（1）农田或农产品使用物质的详细历史记录；以及

（2）使用此类物质之人的姓名和地址，以及使用日期、比率和使用方法。

第 2113 条　其他生产和加工处理规程。

若本篇下未禁止或限制某一生产或加工处理规程，则除认定此规程与相关有机认证计划不一致外，应允许使用此规程。

第 2114 条　有机计划。

（a）概述。希望办理本篇下有机认证的生产商或加工处理人应向认证中介以及州有机认证计划（若适用）提交一份有机计划，并由认证中介对该计划进行审查，确定该计划是否符合有机认证的计划要求。

（b）农场作业生产计划。

（1）土壤肥力。有机计划应包括以提高土壤肥力为目的的条款，此类条款中提高土壤肥力的主要途径是，通过适当的耕作、轮作以及施粪肥对土壤的有机成分进行管理。

（2）施粪肥。

（A）纳入有机计划之内。有机计划应包括对作业施粪肥进行管理的条款和条件。

（B）施粪肥方法。此有机计划可规定，仅向以下作物施用未经处理之粪肥：

（ⅰ）任何绿肥作物；

（ⅱ）任何多年生作物；

（ⅲ）任何非供人食用的作物；以及

（ⅳ）符合以下条件的任何可食用作物：作物收获时间距离最后一次施用未处理粪肥时间为认证中介为保证作业安全性而确定的合理期限（但不论在何情况下，该期限都不应少于自施肥之日起的 60 天）。

（C）粪肥的污染。若作物的施肥方式会导致水被硝酸盐或细菌严重污染，则此有机计划应禁止施用未经处理的粪肥。

（c）畜牧计划。有机牲畜计划应包括与本标题目的一致、旨在提高畜牧有机生产的条款。

（d）农牧混合生产。若同一个生产商同时进行农牧这两种生产活动，则可将第（b）和（c）款下的农作物生产和畜牧生产要求纳入一个有机计划内。

（e）加工处理计划。有机加工处理计划应包括，为保证作为有机产品销售或打上此标签的农产品按照与本篇的目的一致的方式生产的条款。

（f）野生作物的管理。针对野生作物收获的有机计划应：

（1）指定采集或收获野生作物的区域；

（2）包括该区域管理情况的 3 年历史记录。记录应显示该区域未使用任何禁用物质；

（3）包括一份野生作物收获或采集计划。该计划应能保证收获或采集活动不会破坏环境，并且能够保证野生作物的持续生长和繁殖；并且

（4）包括禁止生产商使用禁用物质之规定。

（g）对计划内容的限制。有机计划不应包括任何与本篇不一致的生产或加工处理规程。

第 2115 条　认可计划。

（a）概述。部长应制订和实施一项认可计划，将州主管官员，以及符合本条要求的任何私法主体认可为认证中介，使其有资格对农场或加工处理经营单位进行有机农场或有机加工处理单位的认证。

（b）要求。若要被认可为本条下的认证中介，则州主管官员或私法主体应：

（1）准备认可申请书，并提交给部长；

（2）在部长确定的有机农场和加工处理技术方面经验丰富；并且

（3）符合本条款以及第 2116 条的要求。

（c）任职期限。本条下的认可其期限应不超过 5 年，具体由部长决定，并且可续期。

第 2116 条　对认证中介的要求。

（a）具备实施能力的要求。若要按照第 2116 条获得认证中介认可，则州主管官员或者个人应能够全面实施按照本标题制订的相应有机认证计划。

（b）检验员。任何认证中介均可按照部长的决定雇佣充足数量的检验员，以实施按照本标题制订的有机认证计划。

（c）记录。

（1）记录维护。任何认证中介都应维护好其按照本篇进行的相关活动的所有记录，维护期限不少于 10 年。

（2）部长的取阅权。任何认证中介应允许部长和州主管官员的代表取阅与认证中介按照本标题进行活动相关的任何及一切记录。

（3）记录的转移。若按照本篇获得认证的任何私法主体解散或失去认可，则与该主体按照本篇进行之活动相关的所有记录或记录副本应转移给部长，并可提供给相关州主管官员。

（d）协议。任何认证中介都需与部长签订协议，根据该协议此代理人应：

（1）同意实施本篇之规定；并且

（2）同意部长认为适合的其他条款和条件。

（e）个人认证代理协议。认证中介若为私法主体，则除第（d）款要求的协议外，还应：

（1）同意免除部长因认证中介未能实施本标题之规定而承担赔偿的责任；并且

（2）按照部长确定的金额提供合理的担保，以保护按照本标题制订之相关有机认证计划参与者的权利。

（f）计划的遵守。认证中介应贯彻遵守按照本篇实施之相应有机认证计划的条款和条件。

（g）保密。除第 2107（a）（9）条规定外，所有认证中介都应严格对参与相应有机认证计划的客户保密，并且不得将在实施本篇之规定过程中获得的与客户业务相关的信息透露给第三方（部长及相关州主管官员除外）。

（h）利益冲突。任何认证中介都不得：

（1）若认证中介、或认证中介的员工在任一经营单位存在商业利益，包括提供咨询服务，则该认证中介不得对此经营单位进行任何检验活动；

（2）从受检业务单位接受除规定费用外的其他款项、礼品或任何类型的好处；或者

（3）除计划规定的费用之外，有偿提供与有机规程或技术相关的建议。

（i）管理人。私法主体型认证中介应指定一名人员负责中介的日常工作。

（j）失去认可资格。

（1）不遵守规定。若部长或州主管官员（若适用）认为认证中介未妥当遵守本篇的规定，则部长或州主管官员可暂停该认证中介的认可。

（2）对已获认证之经营单位的影响。若某一认证中介的认可按照第（1）项被暂停，则部长或州主管官员（若适用）应及时做出决定，确定由该认证中介认证的农场或加工处理经营单位是否可保留其有机认证。

第 2117 条　认证中介的同业互查。

（a）同业互查。在决定是否批准按照第 2116 条提交的认可申请时，按照第（b）款成立的同业互查委员会应编制一份与申请相关的报告，部长应对该报告加以考量。

（b）同业互查委员会。为协助部长对按照第 2115 条提交的申请进行评估，部长可成立一个由至少三名在有机农场和加工处理方式方面拥有丰富经验的人组成的委员会，对希望获得认可成为该条款下认证中介的州主管官员或私法主体进行评估。该委员会至少应有两名成员为非农业部或相关州政府的工作人员。

第 2118 条　国家名录。

（a）概述。部长应编制一份准用和禁用物质国家名录，并将该名录包括在按照本篇编制的有机生产和加工处理标准内，以便此类产品能够按照本篇下的有机产品出售或打上有机产品标签。

（b）目录内容。按照第（a）款编制的目录应按照具体用途或用法，对第（c）（1）款下允许使用的每种合成物质或者第（c）（2）款下禁止使用的各种天然物质进行详细的记录。

（c）禁止或豁免规定指导方针。

（1）禁用物质的豁免规定。只有在下列情况下，国家名录才可规定允许使用本篇下禁止在有机农场或加工处理经营单位使用的物质：

（A）部长咨询卫生和公共服务部部长以及环保局局长后，认为此类物质的使用：

（ⅰ）不会对人的身体健康或环境有害；

（ⅱ）因为无法提供完全天然的替代产品，所以在农产品生产或加工处理中的使用不可避免；以及

（ⅲ）符合有机农业和加工处理的要求；

（B）下列物质：

（ⅰ）用于生产过程并且包含下列类别的活性合成成分：铜和硫化合物；细菌衍生出的毒素；外激素、肥皂、园艺油、鱼乳化剂、处理过的种子、维生素和矿物素；牲畜驱虫剂和药物以及生产工具，包括网、树包装纸和树伤封闭剂、捕虫器、粘网、小拱棚和设备清洁剂；

（ⅱ）用于生产过程，并且包含未列入环保局局长分类为有毒惰性成分的合成惰性成分；或者

（ⅲ）加工处理过程中使用，虽然非合成物质，但也非有机物质；以及

（C）采用第（d）款所述之程序制订具体豁免规定。

（2）禁用某些天然物质之规定。在下列情况下，国家名录可禁止在有机农场或加工处理经营单位中使用本篇允许使用的某些天然物质：

（A）部长与卫生和公共服务部部长以及环保局局长商议后，确定此类物质的使用：

（ⅰ）对人的身体健康或环境有害；以及

（ⅱ）不符合有机农业或加工处理之要求，也与本篇的目的不一致；以及

（B）采用第（d）款所述之程序制订具体禁用规定。

（d）国家名录编制程序。

（1）概述。部长应根据有机食品标准审议委员会编制的国家名录提案或国家名录修订提案，编制国家名录。

（2）不增加。除国家名录提案或国家名录修订提案中包含的豁免规定外，部长不可在国家名录中再包含针对具体合成物质使用的豁免规定。

（3）禁用物质。不论在何种情况，国家名录都不得包含联邦监管部门禁止食品中存在的任何物质。

（4）通知和评议。在制订国家名录或者对国家名录进行任何修订之前，部长应在联邦公报上发布国家名录提案或任何国家名录修订提案，以便征求公众对提案的意见。部长应将其建议对名录提案进行的任何修改或修订包括在此通知内。

（5）国家名录的公告。在对收到的与国家名录提案或国家名录修订提案相关的所有意见进行评估后，部长应在联邦公报上对国家名录终稿以及收到意见的讨论结果进行公告。

（e）日落条款。国家名录中包含的豁免或禁用规定，只有美国国家有机食品标准审议委员会在此豁免或禁用规定采用或审查后的 5 年内对此类豁免或禁用规定进行了审查，并且部长延长了此类豁免或禁

用规定的期限后，才应有效。

第 2119 条　美国国家有机食品标准审议委员会。

（a）概述。部长应设立一个国家有机食品标准审议委员会（按照《联邦咨询委员会法》（《美国法典》第 5 篇附录 2 及以下）设立）（本条下文简称为"委员会"）负责协助制订有机生产使用物质之标准，并就本篇的实施向部长提供其他方面的建议。

（b）委员会结构。委员会应由 15 名成员组成，其中

（1）4 名应为拥有或经营有机农场的个人；

（2）2 名应为拥有或经营有机加工处理经营单位的个人；

（3）1 名应为拥有或经营一家大量销售有机产品之零售店的个人；

（4）3 名应为在环境保护和资源保护领域具有丰富经验的个人；

（5）3 名应为代表公共利益或消费者利益群体的个人；

（6）1 名应为在毒理学、生态学、或生物化学领域拥有丰富经验的个人；以及

（7）1 名应为按照第 2116 条获得认证中介之资格的个人。

（c）任命。部长应自本篇颁布之日起 180 天内，从有机认证组织、州以及其他利害关系人和组织提供的提名人中，任命第（b）款（1）～（6）中的委员会成员（并在对按照第 2116 条为认证中介的个人进行认证之后，在适当之日任命第（b）（7）款所述之成员）。

（d）任期。除部长以交叉任期任命的委员会创始成员外，委员会成员的任期为 5 年。除第一个任期不足 5 年的成员外，成员不得连任。

（e）会议。部长任命了委员会成员后，应在 60 天内召开委员会会议，并在之后定期召开会议。

（f）报酬和开支。委员会成员无偿工作。委员会成员因委员会的公差而离家或离开常住业务地点时，允许支出差旅费，包括按照《美国法典》第 5 篇的第 5703 条，针对政府部门间歇雇佣之人员有权获得的代替生活费的每日补贴。

（g）主席。委员会应推选 1 名主席。

（h）法定人数。针对委员会工作的开展，委员会成员的多数即购成法定人数。

（i）决定性投票。委员会会议上若出席人数为法定人数，则 2/3 的投票即可对某一动议作出决定。

（j）其他条款和条件。部长应授权委员会聘用 1 名办公室主任，并应指派农业部的工作人进行相关工作，或者允许雇佣职员进行相关工作，并且在提供必要拨款的情况下，支付委员会在落实本篇规定中产生的、部长认为适当的费用。

（k）委员会职责。

（1）概述。委员会应就本标题的实施向部长提供建议。

（2）国家名录。委员会应按照第 2118 条编制国家名录提案或国家名录修订提案，并呈交部长。

（3）技术咨询委员会。委员会应召集技术咨询委员会，对考虑纳入国家名录的物质进行科学评估。此类委员会可包括农艺学、昆虫学、健康科学以及其他相关学科的专家。

（4）植物性杀虫剂的特别审查。委员会在编制国家名录之前，应对农业生产中的所有植物性杀虫剂进行审查，并考虑是否将任何此类植物性杀虫剂纳入禁用天然物质清单。

（5）产品残留检测。委员会应就因不可避免的残留环境污染而导致有机农产品产生的残留，向部长提供检测方面的建议。

（6）紧急喷药计划。若有机认证农场加入了联邦或州的虫病紧急救治计划，则此类农场生产的有机产品可免于遵守本篇的某些要求（第 2112 条的规定除外）。委员会应就此方面的细则向部长提供建议。

（1）要求。委员会在编制国家名录提案或者国家名录修订提案时，应：

（1）对环保局、美国环境卫生研究所以及其他来源提供的，有关拟纳入国家名录的物质对人类和自然环境所产生的不利影响方面的信息进行审查；

（2）与考虑纳入国家名录提案之物质的生产商合作，取得完整的配料清单，并确定此类物质是否包含合成隋性材料；并且

（3）在提交国家名录提案或任何国家名录修订提案时，一并提交委员会与技术咨询委员会对所有考虑纳入国家名录之物质的评估结果。

（m）评估。在评估考虑纳入国家名录提案或国家名录修订提案的物质时，委员会应对下列方面加以考虑：

（1）此类物质是否会与有机农业生产中使用的其他材料产生有害化学反应；

（2）物质及其分解产物或任何污染物的毒性和作用方式，以及其在环境中的持续存在情况和集中区域；

（3）此类物质在生产、使用、误用或处理过程中，是否有污染环境的可能；

（4）此类物质对人类健康的影响；

（5）物质对农业生态系统中生物和化学反应的影响，包括物质对土壤生物（包括土壤的盐分指标以及溶解性）、作物以及牲畜的生理影响；

（6）就技术规程或其他可用材料而言，物质的使用是否有替代方案；以及

（7）是否适用于可持续农业体系。

（n）申诉。委员会应制定申诉程序。在该程序下，人们可对物质纳入国家名录进行的评估向委员会提起申诉。

（o）保密。委员会在实施本条款规定过程中获得的任何机密业务信息不得公开。

第 2120 条　违反本篇的行为。

（a）标签的滥用。除符合本篇规定外，有意将产品作为有机产品销售或打上有机产品标签的任何人，都需接受 10 000 美元以下的民事处罚。

（b）不实声明。就本篇之规定向部长、州主管官员或认证中介提供不实声明的任何人，都需接受《美国法典》第 18 篇第 1001 条的处罚。

（c）不合格。

（1）概述。除第（2）项规定外，属下列情况的任何人：

（A）作出不实声明；

（B）试图在农产品上使用显示产品为有机产品的标签，而本人知悉或者有理由知悉，产品未按照本篇规定的方式生产或加工处理；或者

（C）以其他方式违反部长确定的相关有机认证计划的目的；在提供通知并给予自辩机会之后，自出现违反行为之日起的 5 年内，该人有利益关系的任何农场或加工处理经营单位都无资格再获得本篇下的认证。

（2）豁免。即便有第（1）项的规定，但若部长认为对该段落规定的资格剥夺期进行调整或者给予豁免最符合依据本篇制订的相关有机认证计划之利益，则部长可缩减或免除该期限。

（d）违反行为的报告。认证中介应立即将任何违反本篇的行为报告给部长或州主管官员（若适用）。

（e）认证中介的违反行为。部长或州主管官员（具体视情况而定）若认为私法主体型认证中介若违反本篇的规定，或者对不符合相关有机认证计划条款和条件的任何农场或加工处理经营单位作不实认证，或草率将其认证为有机经营单位，则在发出通知并给予自辩机会之后：

（1）丧失其作为本篇下认证中介之认可资格；并且

（2）自被认定有违反行为之日起，至少在 3 年之内不具备按照本标题成为认证中介之资格。

（f）其他法规的影响。本篇下任何规定都不得影响下列法案赋予部长的权力：《联邦肉类检验法》（《美国法典》第 21 篇 601 及以下）、《联邦家禽产品检验法》（《美国法典》第 21 篇 451 及以下），以及《联邦蛋产品检验法》（《美国法典》第 21 篇 1031 及以下）有关肉、禽、蛋产品之规定。此外，《联邦食

品药品和化妆品法》（《美国法典》第 21 篇 301 及以下）赋予联邦卫生及公共服务部部长的权力，以及《联邦杀虫剂、杀菌剂及灭鼠剂法案》（《美国法典》第 7 篇 136 及以下）赋予环保局局长之权力，也不应受影响。

第 2121 条　行政申诉。

（a）快捷申诉程序。部长应制订一个快捷行政申诉程序，相关人士可根据该程序，对部长、相关州主管官员或者本篇下认证中介的下列行动进行申诉：

（1）对申诉人产生不利影响；或者

（2）与按照本篇制定的有机认证计划不一致。

（b）最终决定之申诉。对于部长按照第（a）款作出的最终决定，相关人可在其所在区的美国地区法院提起上诉。

第 2122 条　管理。

（A）法规。自本篇颁布之日起，部长应在 540 天内颁布相关法规，以实施本篇的规定。

（B）对各州的援助。

（1）技术及其他援助。部长应提供技术、管理和推广服务援助，以帮助各州实施本篇下的有机认证计划。

（2）财政援助。部长可向实施本篇下有机认证计划的任何州提供财政援助。

第 2123 条　拨款授权。

授权每一财年根据实施本标题所需资金提供拨款。

第 22 篇　农作物保险及灾害救助

子篇 A　农作物保险

第 2201 条　社保账号及雇主识别号码的提交。

（a）提交要求。对《联邦农作物保险法》第 506 节（《美国法典》第 7 篇 1506）作了修订，在该节结尾处新增以下小节：

"（1）某些信息的提交。

"（1）社保账号及雇主识别号码。作为取得参与多重风险农作物保险计划之资格的前提条件，公司要求按照《社会保障法》第 205（c）（2）（C）（ⅲ）条之规定提供社保账号，并按照《1986 年国内税收法典》第 6109（f）条之规定提供雇主识别号码。

"（2）投保人通知。每名投保人需将本篇下的要求和限制通知给购买或持有该投保人实质受益权的个人或其他实体。

"（3）实质利益持有人的身份。公司经理可要求各投保人在其规定的时间，按其规定的方式，向其提供持有或购买投保人实质受益权的个人的姓名。

"（4）定义。本款下，'实质受益权'系指在投保人所有受益权中所占的比例至少达到 5%。

（b）FCIC 对社保账号的访问权。对《社会保障法》第 205 条（c）（2）（C）（《美国法典》第 42 篇 405（c）（2）（C））进行了如下修订：

（1）将第（ⅱ），（ⅲ），和（ⅳ）条重新分别编号为第（ⅳ），（Ⅴ），和（ⅵ）条；

（2）将第（ⅰ）条款下的第（Ⅰ）和（ⅱ）子条款分别重新编号为第（ⅰ）和（ⅱ）条款；并且

（3）在第（ⅱ）条款（重新编号后的）后插入下列新条款：

"（ⅲ）在执行《联邦农作物保险法》第506条时，联邦农作物保险公司可要求每名投保人和各分保公司向承保人或公司按照本条款要求，提供投保人的社保账号。除出于对该法进行有效执行而建立记录系统所需外，联邦农作物保险公司的主管或员工不得出于任何其他目的访问任何此类号码。公司经理可要求各投保人在其规定的时间，按其规定的方式，向其提供持有或购买投保人大量实益权益的个人的社保账号。本条款下，"实质受益权"系指在投保人所有受益权中所占的比例至少达到5％。农业部部长应提供令卫生和公共服务部部长满意的措施，限制对按照本条获取之社保账号的访问，从而使访问人仅限于出于执行《联邦农作物保险法》的职责需要的美国官员和职员或者授权人。农业部部长应提供卫生和公共服务部部长认为必要且适当之其他保障措施，做好此类社保账号的保密工作。本条款下术语"授权人"系指公司经理按规定指定的承保人主管或员工。此名主管或员工需遵守相关保障措施的规定，其中包括禁止此类人透露此社保账号（非透露给公司）。"

（c）社保账号的保密。

对《社会保障法》第205（c）（2）（C）条（《美国法典》第42篇405（c）（2）（C）（在第（b）款中进行了修订）作了进一步修订，在结尾处增加以下新条款：

"（ⅶ）（Ⅰ）受权人按照1990年10月1日或之后颁布之法律规定获得的社保账号以及相关记录，应作保密处理，任何受权人都不得透露任何此类社保账号或相关记录。

"（Ⅱ）受权人按照1990年10月1日或之后颁布之法律规定获得或保留的社保账号和相关记录，若未经授权有意透露给他人，则《1980年国内税收法典》7213（a）的第（1）、（2）和（3）项的规定应同样适用。其适用方式及适用范围应与上述段落所述之申报资料和申报信息的未授权透露相同。该法第7213（a）条中的第（4）项应适用于为交换任何社保账号或相关记录而有意提供任何物质价值之情况。并且其适用方式和适用范围应与该段落所述之出价（以交换任何申报资料或申报信息为目的）相同。

"（Ⅲ）本条款下，术语'受权人'系指美国政府官员或工作人员，任何州、州政治分区，或州或州政治分区之机构的官员或工作人员，以及按照1990年10月1日或之后颁布之法律规定，可访问社保账号或相关记录的任何其他人（或其官员或工作人员）。本子条款下，术语"官员或工作人员"包括前任官员或工作人员。

"（Ⅳ）本条款下，术语'相关记录'系指直接或间接表明按照本条款保之社保账号所属人身份的任何记录、清单或汇编物。"

（d）FCIC对雇主识别号码的访问。对《1986年国内税收法典》第6109条（识别号码之相关规定）作了修订，在其结尾处新增加了以下小节：

"（f）联邦农作物保险公司出于实施《联邦农作物保险法》之目的对雇主识别号码的访问。

"（1）概述。在执行《联邦农作物保险法》第506条时，联邦农作物保险公司可要求每名投保人和各分保公司向承保人或公司按照本条要求，提供投保人的雇主识别号码。除出于对该法进行有效执行而建立记录系统所需外，联邦农作物保险公司的主管或员工，或者受权人不得出于任何其他目的访问任何此类号码。公司经理可要求各投保人在其规定的时间，按其规定的方式，向公司经理或授权人提供持有或购买投保人大量实益权益之个人的雇主识别号码。本分条款下，"实质受益权"系指在投保人所有受益权中所占的比例至少达到5％。农业部部长应提供令财政部部长满意之措施，限制对按照本段规定获取的雇主识别号码的访问，从而使访问人仅限于出于执行《联邦农作物保险法》的职责需要的美国官员和职员或者授权人。

"（2）保密及不透露原则。农业部部长或联邦农作物保险公司按照本款保留的雇主识别号码应保密，除按照本款授权外，访问此类雇主识别号码的美国政府官员或工作人或授权人不向透露其以任何方式获得的此类雇主识别号码。本段落下，术语"官员或工作人员"包括前任官员或工作人员。本款下，术语"受权人"系指公司经理按规定指定的承保人主管或员工。此名主管或员工需遵守相关保障措施之规定，其中包括禁止此类人透露此社保账号（非透露给公司）。

"（3）制裁。第7213（a）条的段落（1），（2）和（3）项应适用于未经授权故意向他人透露农业部部长或联邦农作物保险公司按照本款保存之雇主识别号码的行为。并且其适用方式及适用范围应与上述段落所述之未获授权透露申报资料和申报信息的行为相同。第 7213（a）条中的第（4）项应适用于为交换任何雇主识别号码而有意提供任何物质价值之情况。并且其适用方式和适用范围应与该段落所述之出价（以交换任何申报资料或申报信息为目的）相同。”

第 2202 条　对故意提供虚假或不准确信息行为的处罚。

（a）授权处罚。对通过第 2201（a）条作了修订的《联邦农作物保险法》第 506 条（《美国法典》第 7 篇 1506）作进一步修订，在该节结尾处新增以下小节：

“（m）处罚。

“（1）虚假信息。若某人针对本篇下的保险计划或保单有意向公司或任何承保人提供任何虚假或不准确信息，则公司在发出通知并提供自辩机会之后，可：

“（A）对该人处以 10 000 美元以下的民事罚款；并且

"（B）剥夺该人 10 年内接受本篇下任何补助之资格。

“（2）处罚的评估。在评估本款下的处罚时，公司应对违反行为的严重程度加以考量。”

（b）一致性修订和文体修订。对本条作如下进一步修订：

（1）删除条款标题以及之后到“公司”之间的内容，并插入以下内容：

“第 506 条　一般权力。”；

（2）在第（a）款的“（a）”后插入“继承，公司”；

（3）在第（b）款的“（b）”后插入“公司公章。公司”；

（4）在第（c）款的“（c）”后插入“财产，公司”；

（5）在第（d）款的“（d）”后插入“诉讼。公司”；

（6）在第（e）款的“（e）”后插入“章程和规章制度。公司”；

（7）在第（f）款的“（f）”后插入“邮件。公司”；

（8）在第（g）款的“（g）”后插入“协助。公司”；

（9）在第（h）款的“（h）”后插入“数据采集。公司”；

（10）在第（i）款的“（i）”后插入“开支。公司”；

（11）在第（j）款的“（j）”后插入“其他权力。公司”；

（12）在第（k）款的“（k）”后插入“合同。公司”；

（13）删除第（a），（b），（c），（e），（f），（g），（h）款结尾处的分号，在上述各款结尾处插入句号；并且

（14）删除第（i）和（j）款结尾处的“；和”，在这两款的结尾处插入句号。

第 2203 条　统一理赔及分保协议。

（a）理赔。对《联邦农作物保险法》第 508（c）条（《美国法典》第 7 篇 1508（c））作如下修订：

（1）删除第一句中的“对损失理赔并付款”，插入“损失理赔　公司可按照第（a）款之规定对损失进行理赔和付款”；并且

（2）在第一句后插入以下新内容：“根据委员会规定的规则制订标准，以确保所有损失能够尽可能以统一并且及时的方式进行理赔。”

（b）分保协议。对《联邦农作物保险法》第 508（e）条（《美国法典》第 7 篇 1508（e））作如下修订：

（1）删除“和”并插入“分保。公司是”；以及

（2）在结尾处增加下列新内容：“自 1992 分保年（即 1991 年 7 月 1 日～1992 年 6 月 30 日）开始，公司将对其与分保公司签订的分保协议进行修订，以便在考虑分保公司财务状况以及私人分保可用性的

情况下，要求分保公司增加此协议下任何潜在损失的承担份额"。

第 2204 条　保单审查以确保精算的稳健性及信息收集。

（a）概述。对《联邦农作物保险法》第 508 条（《美国法典》第 7 篇 1508）作如下修订：

（1）将第（b）～（j）款重新按第（e）～（m）款分别编号；

（2）在第（a）款后插入下列新增小节：

"（b）向委员会提交保单及材料。

"（1）概述。除委员会要求向第（a）款下之生产商提供的任何标准格式或保单外，还可编制以下文件并提交给委员会：

"（A）其他农作物保险保单以及保单条款；以及

"（B）多重风险农作物保险有关小麦、大豆、玉米以及部长确定的任何其他农作物的保险费率。

"（2）保单的编制。本款下提交给委员会的保单或其他材料在编制时，可不考虑本标题所包含之限制，包括：有关保险范围和费率的限制，农业稳定和保护局调整产量的使用，以及每种投保商品之价格必须与委员会制定的商品预期市场价格相等之要求。根据损失替代因素，如根据区域常见条件平均损失率等确定保险范围的保单，可按照本条获得批准。此类保单可补助的金额与本篇授权之金额相等。

"（3）委员会的审批。按照本款提供给委员会的保单或其他材料需由委员会审查，若委员会认为生产商的利益得到了妥当保护，并且对此类生产商收取的任何保费从精算角度来说适当，则在对保单或其他材料承保的风险加以考量之后，委员会应批准其按照精算适当的费率，作为另一选择进行分保和对承包商销售。为方便提供此类新保单，公司可同时签署多份分保协议。本项下提交给委员会的提案在委员会批准或不批准之前，出于《美国法典》第 V 篇 552（b）（4）的目的，应视为机密商业信息或财政信息。在采取该行动之前，委员会应在 30 天内向申请人提供不批准提案的意向通知。收到此通知的申请人可对申请进行修改，并且此修改应视为对原申请的延期。

"（4）公布要求。按照本款批准的任何保单、保单条款应公布并提供给所有缔约人或由公司分保之人。公布及提供方式与公司标准保单之公布及提供方式相同。

"（c）精算稳健性。自本款颁布之日起的 180 天内，公司应按地区和农作物，汇编并提供实现稳健精算所需的各种费率。

"（d）费率和保险范围的采用。对于确定承保费率不具精算稳健性的农作物，承包商应尽快采用可改善公司保险业务精算稳健性的费率和保险范围。然而，增加费率的金额不能超过前一作物年度可比费率的 20%"；并且

（3）在结尾处增加下列新款：

"（n）农作物保险的信息采集。

"（1）概述。公司应向农业部部长提供：

"（A）通过农业部地方办事处提供给生产商的联邦农作物保险各个方面的当前及完整信息；以及

"（B）通过农业部地方办事处提供给生产商，进行代理推荐所用的代理人名单。

"（2）信息的使用。部长应使用按照第（1）项提供的信息，对农业稳定和保护局的各州执行主任进行此类信息的培训，以便此类执行主任能够将此类信息传达给地方办事处，从而传达给当地生产商"。

（b）一致性修订和文体修订。对本条作如下进一步修订：

（1）删除条款标题以及之后到"委托和授权"之间的内容，并插入以下内容：

"第 508 条　农作物保险。"；

（2）在第（e）款（通过第（a）（1）款重新编号）中，删除"（1）和"，并插入"保费。（1）公司可"；

（3）在第（g）款中（通过第（a）（1）款重新编号）：

（A）删除"In"，并插入"棉花特别规定　在"；以及

（B）删除"包括"并插入"公司可包括"；

（4）在第（i）款（通过第（a）（1）款重新编号）中，删除"提供"，并插入"适用于其他区域　公司可提供"；

（5）在第（j）款（通过第（a）（1）款重新编号）中，删除"提供"，并插入"可选保险范围。公司可提供"；

（6）在第（j）款（通过第（a）（1）款重新编号）中，删除"包括"，并插入"木材和林业特别规定。公司可包括"；

（7）在第（g）款（通过第（a）（1）款重新编号）中：

（A）删除"进行"并插入"研究。公司可进行"；并且

（B）删除第二句和第三句；并且

（8）删除第（m）款（通过第（a）（1）款重新编号），并插入下列新增款：

"（m）干食用豆的农作物保险。公司应向生产商提供不同类型的干食用豆农作物保险，以满足此类生产商的不同需求。"

第 2205 条　ASCS 产量及以美元计价的保险总额。

对《联邦农作物保险法》第 508 条（《美国法典》第 7 篇 1508（a））作如下修订：

（1）在第（a）款中：

（A）在"（a）"后插入"提供保险之权利　　（1）"；

（B）删除第一句中的"承保"并插入"公司可承保"；

（C）删除第七句中的"公司"，并在此处插入以下内容："对于农业稳定和保护局出于该局管理计划的目的，对所有涉及农业单位制定了调整产量的任何商品（或者按照本篇的条款针对农作物保险而制定产量），若此产量高于公司对该农业单位的商品制定的记录或评估产量，则可根据农业稳定和保护局制定的商品调整产量，而非公司制定的记录或评估产量来对商品产量的损失提供保险。此附加保险的保费另计（此保费不提供保险补助或行政补助），保险费率应规定为委员会认为能够妥当地准确反映所涉及的风险，并且认为足以涵盖此保险损失理赔，以及针对不可预见的损失建立合理储备金的费率。除前两句规定之外，公司"；并且

（D）在结尾处增加下列新内容："自 1992 作物年度开始，公司应对承保的各种商品制定价格水平，并且该价格水平不应低于委员会确定的商品预期销售价格。应按照等于或低于委员会制定之价格的选择价格来向生产商提供保险，并且保险总额应按照美元每英亩来报价"；并且

（2）删除第（k）款。

第 2206 条　与私人公司立约。

对《联邦农作物保险法》第 507（c）条（《美国法典》第 7 篇 1507（c））作如下修订：

（1）在第（2）项中的"私人保险公司"后插入下列内容："为避免联邦政府重复工作，私人部门可提供的，能够提供精算、损失调整以及其他服务的私人保险率评定机构以及其他组织，"；并且

（2）在结尾处增加下列新内容："本款无任何允许以下行为之规定：允许公司与其他人订立合同，代公司履行对按照第 508（b）条提交之保单、费率以及其他材料进行审批的职责"。

子篇 B　灾害救助

第 1 章　1989 年农作物说明

第 2231 条　甘蔗灾害救助。

（a）认定。对《1989 年救灾法》第 103 条（《美国法典》第 7 篇 1421 注释）作了修订，在该款结

尾处新增以下小节：

（f）关于甘蔗的特别规定。认定 1989 年农场生产商可收获之甘蔗总量时，部长应根据可收回蔗糖的数量来进行认证"。

（b）截止期限。对《1989 年救灾法》第 152（a）（2）条（《美国法典》第 7 篇 1421 注释）作了修订，在该条款结尾处新增下句："对于第 103（f）条所述的生产商，部长应允许生产商在 1991 年 1 月 15 日之前申请救助，若申请收到日期是在《1990 年粮食、农业、保育和贸易法》颁布之前，则应在该法颁布后的 90 天内，对应拨付的任何救助款重新进行计算（按照第 103（f）条）"。

第 2232 条　瓦伦西亚橙。

（a）资格。对《1989 年救灾法》第 104（a）（l）（A）条（《美国法典》第 7 篇 1421 注释）进行如下修订：

（A）资格。只对 1989 年大豆和非计划作物，以及受冰冻影响的任何瓦伦西亚橙收获有效。并且前提是农业部部长认为因为 1988 或 1989 年灾害性天气或者相关条件或冰冻而造成生产商能够在农场收获的 1989 年商品收获总数量，或者瓦伦西亚橙任何一次收获的总数量少于下列数量：

（b）特别规定。对《1989 年救灾法》第 104（d）（l）条（《美国法典》第 7 篇 1421 注释）进行如下修订：

（1）在"（1）非计划农作物定义。"后插入新小项编号"（A）"；

（2）在"地震"后插入以下内容："或种植所在郡为总统级灾区，并且应包括种植在被宣布为 1989 年总统级灾区的郡内，受冰冻影响的任何瓦伦西亚橙"；并且

（3）在结尾处新增加下列小项：

"（B）本法案下，'1989 年的收获'应包括受 1989 年冰冻影响的任何瓦伦西亚橙收获"。

（c）收获数量之排除数量。对第 104（a）（4）条进行修订，在结尾处新增以下句子："若为瓦伦西亚橙一季的收获，则前句要求的排除数量应为 100％"。

（d）修订的应用。对《1989 年救灾法》第 152（a）条进行修订，在结尾处新增以下段落：

"（3）延长申请期。若通过《1990 年粮食、农业、保育和贸易法》第 2235 条对第 104（a）条进行的修订，对瓦伦西亚橙的生产商产生了影响，则部长应：

"（A）允许此类生产商在 1995 年 1 月 15 日之前提交第 104 条下的拨付申请；并且

"（B）若此类生产商提交申请的日期早于该法颁布之日，则应根据修订对按照第 104 条应拨付给此类生产商的款项重新进行计算（需在颁布之日后的 90 天内进行计算）。"

第 2 章　其他救助

第 2235 条　《1989 年救灾法》修订情况。

（a）总统级灾区种植之非计划农作物的复种。对《1989 年救灾法》第 104（a）条（《美国法典》第 7 篇 1421 注释）进行了修订，在该节结尾处新增以下段落：

"（5）复种。

"（A）单独处理。对于农场生产商以前进行复种的 1989 年非计划农作物（包括同种商品的两种农作物），部长在进行第（1）项下的认证时，应对每次种植单独处理：

"（ⅰ）不论农作物是否受到 1989 年灾害性天气或相关条件影响；并且

"（ⅱ）生产商能够收获之农作物的总数量。

"（B）项应用；本项应：

"（ⅰ）仅适用于种植所在郡被宣布为此种作物总统级灾区的 1989 年非计划农作物；并且

"（ⅱ）不适用于第 110 条所述之替代作物。"

（b）《雨果飓风林业救灾法》；成本分摊救助。

（1）植树。为鼓励林场所有人恢复被雨果飓风毁坏的树林，农业部部长（本小节下文中简称为"部长"）应制订和落实成本分摊计划，按照部长的认定，向被 1989 年雨果飓风毁坏的私人用材林的所有人提供财政援助。此项援助仅针对南卡罗莱纳、北卡罗莱纳、弗吉尼亚、波多黎各以及美属维京群岛内被美国总统宣布为雨果飓风灾区的各郡，以及与上述各郡相邻的任何郡。

（2）具备条件之业务。符合本款成本分摊求助的资格的业务为：

（A）重新造林；

（B）场地预备；以及

（C）部长规定的其他用材林恢复业务。

（3）私人用材林。

（A）定义。本款下，术语"私人用材林"系指在第（1）项所述的期限中，出于商业目的为下列人持续所有，被雨果飓风毁坏的树林：拥有 1 000 英亩或以下种植林的个人、集体、协会、公司、印第安部落或者其他印第安原住群体或其他法人实体，不包括联邦、州或地方政府的各个机构。术语"私人用材林"不包括用材林被雨果飓风毁坏之日后移植的树林，但通过遗赠或继承移植的用材林，或者因所有形式或其他条件，因所有人亡故而从已故者处购买的用材林除外（包括通过委托权的行使或不行使而购买的树木）。

（B）第（a）小项的期限。第（A）小项所述之期限自树木被雨果飓风毁坏之日开始，至按照本款提出救助申请之时结束。

（4）个人森林管理计划。只有私人用材林的所有人与州林务官或州同等职务的官员合作制订了私人用材林的管理计划且该计划得到了上述官员的批准后，部长才可提供本款下的救助。该管理计划应：

（A）包括通过植树再造林或其他方法，对用材林进行更换计划；以及

（B）为第（5）项下林场所有人与部长之间所订立之协议的基础。

（5）成本分摊。部长应与同意开展符合条件业务的持有人签订协议，分摊开展协议所述合格业务的成本。合格业务的联邦政府成本分摊金额（包括劳动成本）应为开展合格业务的总成本的 75%。部长在确定开展合格业务的总成本时，可对私人用材林销售木材所得的任何收益加以考虑。

（6）截止期限。按照本小节提交的救助申请必须在 1993 年 12 月 31 日前交给部长。

（7）拨付限制。有权按照本款规定收取救助款的人，其拨付总金额不可超过 50 000 美元。部长可颁布相关规定，对术语"人"进行定义，并且此规定应尽可能与《1985 年粮食安全法》第 1001 条（《美国法典》第 7 篇 1308）下的"人"定义一致。

（8）法规。部长应在落实本款的拨款到位后，尽快颁布的相关法规，落实本款的相关规定，不需要考虑《美国法典》第 5 篇第 553 条所述的通知以及公众参与立法的要求。

（c）拨款授权。按照本条，或本条对《1989 年救灾法》所作的修订提供的任何补助或救助，应仅在相关拨款法案提前规定的范围内提供。为落实本条以及通过本条对《1989 年救灾法》所作修订，特此授权在 1991—1995 财年期间，按照需要款项进行拨款。

第 2236 条　甘蔗。

（a）1990 年作物。只针对 1990 年甘蔗作物有效，对《1949 年农业法》第 201（k）（2）条（《美国法典》第 7 篇 1446（k）（2））作如下修订：

（1）在项编号后插入"（A）"；并且

（2）在结尾处增加以下项：

"（B）（ⅰ）若因 1989 年的霜冻或相关条件构成美国总统根据《罗伯特 T. 斯塔福德救灾和紧急援助法》（《美国法典》第 42 篇 5121 及以下）宣布的出现在路易斯安那州的重大灾害或紧急事件，并且生产商可在任何农场收获的 1990 年甘蔗作物的总产量不低于：

"（Ⅰ）部长针对此种作物确定的该郡平均产量的60%，乘以

（Ⅱ）植物种植待收获得的英亩数，则对于产量差额超过60%的作物，部长应向生产商拨付产量减少救灾款，拨付比例应为该作物贷款水平的50%。

"（ⅱ）部长应确保不会重复向生产商提供本小项下的拨款。

"（ⅲ）按照本条提供的任何补助或求助应只在相关拨款法案提前规定的范围内提供。特此授权按照落实本小项之需要进行拨款。"

第3章　作物损失应急救助

第A节　一年生作物

第2241条　向计划参与人提供的目标价格商品拨款。

（a）救灾款。

（1）概述。除本款另行规定外，只对选择参与按照《1949年农业法》（《美国法典》第7篇1421及以下）针对1990年收获的小麦、饲料谷物、陆地棉、长绒棉或水稻制定的生产调整计划的农场生产商有效。若农业部部长认为，因1989年或1990年灾害性天气或相关条件的原因，生产商能够收获的1990年商品作物的数量低于下列数量：部长针对此种作物规定的农场计划付款产量的60%（或者若生产商按照《联邦农作物保险法》（《美国法典》第7篇1501及以下）的规定对1990年的商品作物投保了保险，则为65%），乘以种植待收获的英亩数以及受自然灾害（根据部长作出的决定）影响而不能种植的英亩数，则部长应按照作物规定价格的65%，对作物生产差额超过40%的部分（或者若生产商按照《联邦农作物保险法》的规定对1990年的商品作物投保了保险，则为35%），向生产商拨付救灾款。

（2）限制。

（A）超过允许范围的英亩数。若生产商农场的英亩数超出了该商品在该农场允许的英亩数，则对于任何超出的英亩数，不得向生产商提供第（1）项下的商品作物拨款。

（B）农作物保险。生产商若未按照第2247条的要求，签订相关保险协议获得多重风险农作物保险，则不向其提供第（1）项针对商品作物的拨款。

（3）减少差额补贴。按照《1949年农业法》可向生产商支付的商品作物差额补贴的总额，应减去按照第（1）项已向生产商拨付的款项的金额。

（4）选择拨付。

（A）项的适用。本项只针对1990年小麦、饲料谷物、陆地棉以及水稻作物，适用于符合下列条件的农场：

（ⅰ）小麦、饲料谷物、陆地棉或水稻作物英亩数减少；或者

（ⅱ）受1989年或1990年灾害性天气或相关条件影响，无法种值此类商品。

（B）选择。农业部部长应（自本法颁布之日起的30天内）允许第（A）小项所述的生产商选择是按照本节规定接受救灾款，还是选择按照《1949年农业法》接受补贴。

（b）差额补贴预付款。

（1）本款的适用。本款规定应只适用于选择参与按照《1949年农业法》，针对1990年小麦、谷物饲料、陆地棉或水稻制订的生产调整计划的农场。

（2）退款要求的豁免。

（A）概述。按照第（B）小项，若因为1989年或1990年灾害性天气或相关条件影响，生产商能够在农场收获的1990年商品作物总数量低于下列计算所得的数量：部长针对此种作物制定的农场计划付款产量乘以种植待收获的英亩数以及受自然灾害影响（根据部长作出的决定）作物未能种植的英亩数（本条下文称为"符合条件的数量"），则按照《1949年农业法》第107C条（《美国法典》第7篇1445b-2）向生产商支付的此种作物的差额补贴预付款中，不超过如下部分的生产差额其预付款无需退回。

（ⅰ）若生产商按照《联邦农作物保险法》对 1990 年的商品作物投保了农作物保险，则为符合条件之数量的 35％；以及

（ⅱ）若为其他生产商，则为符合条件数量的 40％。

（B）农作物保险。若生产商未按照第 2247 条的要求，签订相关协议投保多重风险农作物保险，则该农场生产商应无资格获得第（A）小项下的退款豁免。

（3）不接受补贴者的选择权。对于在本法颁布之前，选择不接受按照《1949 年农业法》第 107C 条的规定，接受 1990 年作物差额补贴预付款的农场生产商，部长应允许其选择（在本法颁布之日后 30 天内）是否接受此差额补贴预付款。

（4）补贴退款日期。本条规定仅针对 1990 年小麦、饲料谷物、陆地棉以及水稻作物。若部长认为按照《1949 年农业法》第 107C 条提供给生产商的作物差额补贴预付款必须退回，则对于按照第（a）款拨付救灾款的作物，不应在 1991 年 7 月 31 日之前提出退款要求。

第 2242 条　向非计划参与人提供目标价格商品拨款。

（a）救灾款。

（1）概述。仅针对选择不参与按照《1949 年农业法》（《美国法典》第 7 篇 1421 及以下）针对 1990 年小麦、饲料谷物、陆地棉、长绒棉或水稻作物制订生产调整计划的农场生产商。若农业部部长认为受 1989 年或 1990 年灾害性天气或相关条件影响，此类生产商能够在农场收获的 1990 年商品作物的总产量低于下列计算结果：部长对此种作物所规定的郡平均产量的 40％（若生产商购买了农作物保险，则为 35％），乘以种植待收获的英亩数以及按照第（b）款经部长批准此种作物无法种植的英亩数之和，则部长应向此类生产商拨付救灾款。

（2）拨付率。对于作物生产差额超过 40％的部分（若生产商购买了农作物保险，则为 35％），应按照部长作出的决定，按郡基本贷款利率的 65％（若无现行郡基本贷款利率，则为类似价格），向生产商拨款。

（b）未播种地信贷。

（1）概述。对于受 1989 年或 1990 年灾害性天气或相关环境影响（具体由部长决定）而不能播种收获 1990 年商品作物的农场生产商，部长应按不能播种的英亩数向生产商提供未播种地信贷。

（2）最高英亩数。此英亩数不可超过以下较高者：

（A）1989 年农场种植的商品作物（或因超过生产商控制范围的自然灾害原因，未能播种）的英亩数，减去 1990 年实际种植的商品作物的英亩数后，所得之英亩数；或者

（B）1987、1988 和 1989 年农场种植的商品作物（或因超过生产商控制范围的自然灾害原因，未能播种）的平均英亩数，减去 1990 年实际种植的商品作物的英亩数后，所得的英亩数。

（3）调整。部长在实施第（2）项规定的限制时，应对生产商的轮作情况加以考虑，并作相应的调整。

（c）限制。

（1）面积限制计划。应减少第（a）款下针对商品作物向农场生产商提供的款项金额，减少系数为按照《1949 年农业法》对该种作物规定的面积限制计划百分比。

（2）农作物保险。生产商若未按照第 2247 条的要求，签订相关保险协议获得多重风险农作物保险，则不向其提供第（a）款针对商品作物的拨款。

第 2243 条　花生、糖作物及烟草。

（a）救灾款。

（1）概述。此款规定只针对 1990 年的花生、甜菜、甘蔗和烟草。若农业部部长认为，因 1989 年或 1990 年灾害性天气或相关条件的原因，生产商能够收获的 1990 年商品作物的总数量低于下列数量：部

长针对此种作物规定的该郡平均产量（若为花生，则为计划产量）的 60％（或者若生产商按照《联邦农作物保险法》（《美国法典》第 7 篇 1501 及以下）的规定对 1990 年的商品作物购买了保险，则为 65％），乘以种植待收获的英亩数以及按照第（b）款未播种地贷款获得部长批准的英亩数的总数，则部长应向生产商拨付救灾款。

（2）拨付率。提供给生产商的拨款率应为部长针对数量不超过以下生产差额规定的，第（3）项下适用的拨付金额的 65％：

（A）若生产商按照《联邦农作物保险法》对 1990 年商品作物购买了农作物保险：

（ⅰ）农作物的 35％；或者

（ⅱ）对于白肋烟或烤烟作物，应为 1990 年农场有效销售配额的 35％；以及

（B）若生产商未按照《联邦农作物保险法》对 1990 年商品作物购买农作物保险：

（ⅰ）农作物的 40％；或者

（ⅱ）对于白肋烟或烤烟作物，应为 1990 年农场有效销售配额的 40％；以及

（3）拨付金额—针对第（1）项，商品的拨付金额应如下：

（A）若为花生，则为配额花生的支持价格金额，或配额外花生的支持价格金额（具体视情况而定）；

（B）若为烟草，则为所涉及烟草类型的全国平均贷款利率，或者（在无此利率的情况下），按照第 2244（a）（2）条确定的市场价格；以及

（C）若为甜菜和甘蔗，则为部长根据 1990 年甜菜和甘蔗作物规定的支持价格，确定的公平合理价格，并且此价格应尽可能使生产商的回报率不低于 1990 年支持价格下的回报率。

（b）未播种地信贷。

（1）概述。对于受 1989 年或 1990 年灾害性天气或相关环境影响（具体由部长决定）而不能播种收获 1990 年商品作物的农场生产商，部长应按不能播种的英亩数向生产商提供未播种地信贷。

（2）最高英亩数。此英亩数不可超过以下较高者：

（A）1989 年农场种植的商品作物（或因超过生产商控制范围的自然灾害原因，未能播种）的英亩数，减去 1990 年实际种植的英亩数后，所得的英亩数；或者

（B）1987、1988 和 1989 年农场种植的商品作物（或因超过生产商控制范围的自然灾害原因，未能播种）的平均英亩数，减去 1990 年实际种植的商品作物的英亩数后，所得的英亩数。

（3）调整。部长实施第（2）项规定的限制时，应对生产商的轮作情况以及 1990 年烟草作物配额的任何变化情况加以考虑，并作相应的调整。

（c）限制。生产商若未按照第 2247 条的要求，签订相关保险协议获得多重风险农作物保险，则不向其提供第（a）款针对商品作物的拨款。

（d）花生特别规定。即使有任何其他法规规定：

（1）按照本条确定的农场配额花生的生产不足部分，应减去该农场转让出去的作为预期产量基础的配额花生磅数；

（2）在按照本条规定拨款时，应考虑宣称为产量差额的差额是配额生产差额，还是配额外花生生产差额，并据此确定相应的拨付比率；以及

（3）农场 1990 年作物中配额花生销售不足的数量，本可按照《1938 年农业调整法》第 358 条（《美国法典》第 7 篇 1358）申请未来增加配额，该数量应减去按照本节收取补贴之花生的生产不足数量。

（e）烟草特别规定。即使有任何其他法规规定：

（1）农场 1990 年作物中配额烟草销售不足的数量，本可按照《1938 年农业调整法》第 317 条或第 319 条（《美国法典》第 7 篇 1314c 或 1314e）申请未来增加配额，该数量应减去按照本节收取补贴的烟草的生产不足数量。

（2）部长在确定《1949 年农业法》第 106A（d）条（《美国法典》第 7 篇 1445 - l（d）106A（d））下商品信贷公司的净损失时，不得考虑按照本条款拨付给生产商的救灾款。

（f）甘蔗特别规定。在认定 1990 年农场生产商可收获的甘蔗总量时，部长应根据可收回蔗糖的数量来进行认证。

第 2244 条　大豆和非计划作物。

（a）救灾款。

（1）概述。

（A）资格。仅针对 1990 年大豆和非计划作物，并且在未按照《1989 年救灾法》就生产商的损失提供援助的前提下，若农业部部长认为因 1989 年或 1990 年灾害性天气或相关条件的原因，农场生产商能够收获的 1990 年作物数量低于：

（i）对于大豆和向日葵，应为部长认定的，根据 1987、1988 和 1989 作物年中的灾害性天气条件进行调整后，州、地区或郡产量的 60％（或者若生产商按照《联邦农作物保险法》（《美国法典》第 7 篇 1501 及以下）对 1990 作物年度的产品购买了农作物保险，则为 65％），乘以种植英亩数加上部长按照第（b）款对此种作物批准的未播种地信贷英亩数的总数；

（ii）对于非计划作物（非第（i）和第（iii）条款所述之作物），为商品信贷公司按照第（d）（2）款对此作物规定之产量的 60％（或者若生产商按照《联邦农作物保险法》（《美国法典》第 7 篇 1501 及以下）对 1990 作物年度的产品购买了农作物保险，则为 65％），乘以植英亩数加上部长按照第（b）款对此种作物批准的未播种地信贷英亩数的总数；以及

（iii）对于《1949 年农业法》第 201（b）条（《美国法典》第 7 篇 1446（b））涵盖的作物，为部长确定的，生产商该作物历史年产量的 60％（或者若生产商按照《联邦农作物保险法》（《美国法典》第 7 篇 1501 及以下）对 1990 作物年度的产品购买了农作物保险，则为 65％），则部长应向此类生产商提供救灾款。

（B）拨款率。对于大豆、向日葵和其他非计划作物任何生产差额超过作物产量 40％的部分，或者承包商按照《联邦农作物保险法》（《美国法典》第 7 篇 1501 及以下）对 1990 年作物购买了农作物保险时，超过 35％的部分，应按照第（2）项下相关拨款水平 65％的比率，向生产商拨款。

（2）拨款水平。第（1）项下商品的拨款水平应为农业部部长根据第（3）项确定的，生产商在该商品最近前 5 次收成的销售年度中，收到的平均价格（排除该期限中平均价格最高的一年和平均价格最低的一年）。

（3）不同品种的拨款计算。

（A）按作物计算。部长应在对作物市场和用途加以考虑的情况下，按照部长颁布之法规，按作物拨付本小节下的救灾款。

（B）不同品种。在按作物确定拨款水平时，对于同种商品内的不同品种，以及市场内经济价值差异大的商品，部长应尽可能将其作为单独的作物来考虑，并单独制订付款水平。

（C）复种。

（i）单独处理。若某种作物在生产商的农场一贯复种（包括同种商品的两种作物），则部长在确定作物是否受灾害性天气或相关条件影响，以及在确定生产商能够收获的作物总产量时，应对每季作物分开处理。

（ii）项的适用。本项规定不适用于替代作物。

（4）不包括在收获产量内的项目。在按照第（1）项确定生产商在农场可收获的 1990 年非计划商品作物的总产量时，部长应将以下排除在外：

（A）无法通过正常商业渠道销售的产品；以及

（B）杂质，包括外皮和外壳（若在确定第（d）（2）款的产量时不将此杂质包括在内）。

（b）未播种地信贷。

（1）概述。对于受 1989 年或 1990 年灾害性天气或相关环境影响（具体由部长决定）而不能播种收

获 1990 年商品作物的农场生产商，部长应按不能播种的英亩数向生产商提供未播种地信贷。

（2）最高英亩数。此英亩数不可超过以下较高者：

（A）1989 年农场种植的商品作物（或因超过生产商控制范围的自然灾害原因，未能播种）的英亩数，减去 1990 年实际种植的英亩数后，所得的英亩数；或者

（B）1987、1988 和 1989 年农场种植的商品作物（或因超过生产商控制范围的自然灾害原因，未能播种）的平均英亩数，减去 1990 年实际种植的商品作物的英亩数后，所得的英亩数。

（3）调整。部长应实施第（2）项规定的限制时，应对生产商的轮作情况加以考虑，并作相应的调整。

（c）限制。生产商若未按照第 2247 条的要求，签订相关保险协议获得多重风险农作物保险，则不向其提供第（a）款针对商品作物的拨款。

（d）非计划作物特别规定。

（1）非计划作物的定义。术语"非计划作物"在本条款中使用时系指，可通过联邦农作物保险公司对 1990 作物年度的作物购买农作物保险的所有作物，以及其他商业作物（包括观赏植物，包括花丛、花树、田种或盆栽玫瑰或蔷薇以及 1990 作物年度无保险的甘薯）。但此术语应不包括第 2241、2242 或 2243 条下涵盖的作物、大豆或向日葵。

（2）农田产量。

（A）确定。商品信贷公司应确定非计划作物救济计划的农田产量，以落实本条的规定。

（B）有证实的产量可用。若农场生产商能够向商品信贷公司提供之前 3 个作物年度中至少 1 年的农场实际作物产量的满意证据，则该农场的产量应以此证实的产量为基础。

（C）无证实的产量可用。若农场前 3 个作物年度中无任 1 年度能够提供此证实的数据，则商品信贷公司应通过采用所在郡此种商品的平均产量，或者通过采用其他可用数据，来确定农场的产量。

（D）郡平均产量。在确定非计划农作物的郡平均产量时，商品信贷公司应采用能够获得的有关产量的最佳信息。此类信息可包括推广服务记录、可靠的非政府研究报告以及类似郡的产量。

（3）生产商责任。生产商若因 1989 年或 1990 年灾害性天气或相关条件影响而使 1990 年作物遭受损失，为按照本节规定获得救灾拨款，生产商有责任就相关损失提供令人满意的证明。

第 2245 条　农作物品质下降救灾拨款。

（a）概述。为保证第 2241～2244 条下所涵盖的 1990 年作物的所有生产商得到公平对待，农业部部长可对受 1989 或 1990 年灾害性天气或相关条件（具体由部长决定）影响，因农作物品质下降而遭受损失的农作物生产商提供另外的救灾拨款。

（b）符合资格的生产商。若部长决定按照第（a）款向生产商提供农作物品质救灾拨款，则只有生产第（a）款所述作物的农场生产商的生产差额不少于此种作物产量的 35%，并且不高于 75%（按照第 2241、2242、2243 或 2244 条作相应的认定），生产商才有资格接受作物品质下降的救灾拨款。

（c）最高拨款率。部长应制定品质下降救灾拨款的比率。但不论部长作出何决定，此比率都不应超过下列的 10%：

（1）若为第 2241 条涵盖的商品，则为作物的规定价格；

（2）若为第 2242 条涵盖的商品，则为作物的郡基本贷款利率（若该郡无基本现行贷款利率，则为类似价格）；

（3）若为第 2243 条涵盖的商品，则为第 2243（a）（3）条下规定的拨款水平；以及

（4）若为第 2244 条下涵盖之商品，则为第 2244（a）（2）条下规定的付款水平。

（d）拨款决定。本条款下向生产商拨付款项的金额应通过如下方式确定：按照第（c）款确定的拨款比率，乘以受 1989 年或 1990 年自然灾害影响（具体由部长决定），生产商农场实际收获的农作物中品质下降的作物数量。

第 2246 条　联邦农作物保险的赔付。

若农场生产商按照《联邦农作物保险法》（《美国法典》第 7 篇 1501 及以下）对 1990 年商品作物购买了农作物保险，则农业部部长应相应减少按照本条款规定可对该种作物提供拨款的金额。其前提条件是，将该生产商因作物产量不足而获得赔付的理赔金净额（赔款总额减去已付保费）与按照本条款规定确定向对该作物提供的救灾款金额相加后，不超过下列各项相乘之金额：

（1）计算本章下该作物救灾款时使用之产量的 100%；乘以

（2）种植收获的作物英亩数加上未播种信贷获得部长批准的英亩数的总和（或者若按照第 2214 条支付救灾款，则为按照第 2241（a）（l）和 2241（a）（2）（A）条确定的符合条件的英亩数）；乘以

（3）（A）若生产商参与了针对 1990 年小麦、饲料谷物、陆地棉、长绒棉或水稻作物的生产调整计划，则为 1990 年商品作物的规定价格；

（B）若生产商未参与针对 1990 年小麦、饲料谷物、陆地棉、长绒棉或水稻作物的生产调整计划，则为 1990 年商品作物的郡基本贷款利率（若该郡无现行基本利率，则为部长确定的类似价格）；

（C）若为甜菜、甘蔗、花生或烟草生产商，则为按照第 2243（a）（3）条确定的拨款水平；以及

（D）若为大豆或非计划作物（定义详见第 2244（d）（1）条）生产商，则为部长确定的，在该商品最近前 5 次收成的销售年度中商品生产商收到的平均价格（不包括这一阶段平均价格最高和最低的两个年度）。

第 2247 条　1991 年农作物的农作物保险范围。

（a）要求。在遵循第（b）款限制的前提下，生产商若要具备资格接受本条款下救灾款，或因农作物受 1989 年或 1990 年灾害性天气或相关条件影响接受《巩固农业和农村发展法》（《美国法典》第 7 篇 1916 及以下）子篇 C 下的紧急贷款，或按照条款 2241（b）规定免除偿还差额补贴预付款，必须按照《联邦农作物保险法》（《美国法典》第 7 篇 1501 及以下）对寻求上述补贴、贷款或免除的 1991 年作物购买多重风险农作物保险。

（b）限制。对于下列情况的商品，不得要求农场生产商按照第（a）款购买农作物保险：

（1）除非此生产商按照本条款原本可获取救灾款作物的生产差额超过 65%；

（2）若生产商无法就寻求补贴、贷款或免除的商品购买保险；

（3）若生产商对农作物保险支付的年保费高于生产商所在郡 1990 作物年中同种商品保险平均年保费的 125%；

（4）生产商对此种农作物投保支付的年保费金额高于寻求的补贴、贷款或免除金额的 25%；或者

（5）若生产商就购买保险对其造成繁重的财务负担，向按照《水土保持和国内分配法》第 8（b）条（《美国法典》第 16 篇 590（b））设立的郡委员会，或者按照《巩固农业和农村发展法》（《美国法典》第 17 篇 1982）第 332 条成立的郡委员会（具体视情况而定）提起申诉，郡委员会应酌情考虑免除该生产商购买农作物保险的要求。

（c）实施。

（1）郡委员会。农业部部长应通过按照《水土保持和国内分配法》第 8（b）条成立，设于第 2241～2245 条规定的援助计划实施郡的委员会，以及通过按照《巩固农业和农村发展法》第 332 条成立，设于提供第（a）款所述紧急贷款的郡的委员会，确保申请第（a）款所述援助的生产商按照本条款要求，购买多重风险农作物保险。

（2）其他来源。需遵守本条款要求的各生产商，也可通过证明其购买了部长批准的、郡委员会办公室之外的其他来源提供的多重保险农作物保险证明，来遵守本条款的要求。

（3）佣金。部长应颁布相关法规，减少按照本条款签订农作物保险合同而需向私人保险代理人、保险经纪人或公司支付的佣金，以反映在此类保险合同中保险代理人、经纪人或公司仅履行服务职能。

（d）补贴的偿还。即使法律有任何其他规定，但若（在涉及商品的 1991 作物年度终止之前），若本

条款要求生产商投保的农作物保险被生产商取消，则生产商：

(1) 立即将任何救灾款或者生产商需支付的免除差额补贴的预付款偿还给部长；并且

(2) 对按照本条款提供的第（a）款所述的紧急贷款，立即负责全额偿还未清偿的所有本金及利息。

第 2248 条　已收获饲料用农作物。

在实施本条款规定的款项拨出之后，农业部部长应在 45 天内宣布相关条款和条件，农场生产商可据此确定收获作青贮饲料和其他饲料用作物的 1990 年产量。

第 2249 条　拨付限制。

(a) 限制。在遵守第（b）和（c）款的前提下，参与本条款下一项或多项计划的个人有权收取的拨款总额不得超过 100 000 美元。

(b) 不作双重补贴。若某人按照《1949 年农业法》第 606 条在 1990 年收取了饲料生产亏损的牲畜紧急补贴，则此人将不可再接受本章下提供的救灾拨款；

(c) 联合限制。

(1) 概述。若某人接受的拨款或补贴使次人收到的拨款和补贴合并总额超过了 100 000 美元，则其不可接受本章下的拨款或《1949 年农业法》（《美国法典》第 7 卷 1471 及以下）第 6 篇下针对 1990 年遭受之牲畜紧急损失而提供的补贴。

(2) 选择。若生产商受到第（1）项的规定的限制，可选择（在遵守《1949 年农业法》第 609 条（《美国法典》第 7 篇 1471g）的补贴限制的前提下）接受 100 000 美元的拨款，也可选择接受牲畜紧急补贴（不超过 50 000 美元），也可同时选择拨款和补贴。

(d) 法规。农业部部长应颁布以下法规：

(1) 对本条以及第 2266 条中的术语"人"进行定义。该定义应尽可能与按照《1985 年粮食安全法》第 1001 条（《美国法典》第 7 篇 1308）颁布的法规对术语"人"的定义一致。

(2) 规定部长认为需要的细则，以保证本条下各项限制得到公平、合理的适用。

第 2250 条　农作物保险计划产量的替代。

(a) 概述。在确定生产商是否有资格按照本章获得 1990 作物年度的救灾拨款，以及确定该拨款金额时，即使本章有任何其他规定，但农业部部长仍可允许按照《联邦农作物保险法》（《美国法典》第 7 篇 1501 及以下）对 1990 年商品作物购买了多重风险农作物保险（或者按照第（c）款的规定，对 1989 年同种商品农作物购买了多重风险农作物保险）的生产商自行判断后，用按照本法确定的农作物保险产量来替代按照本条指定的农场产量。

(b) 差额补贴预付款的调整。

(1) 概述。即使本条有任何其他规定，但若合格的小麦、饲料谷物、棉花或水稻生产商选择替换第（a）款下该生产商 1990 作物年度的产量，则生产商按照本条款所获得的差额补贴预付款免于偿还的资格，应根据第（2）项的规定作相应的调整。

(2) 产量。生产商原本有资格免于偿还本条款下差额补贴预付款的作物的产量，应减去下列两项相减后所得的产量：

(A) 采用本条下替代产量，按照本章规定有资格获得救灾拨款的产量；以及

(B) 使用农场付款计划产量而非按照本章指定的产量，有资格获得救灾拨款的产量。

(c) 无法投保多重风险农作物保险。若生产商向部长证明，非因生产商的过错而导致生产商无法按照《联邦农作物保险法》对 1990 作物年度的产品购买多重风险农作物保险，则生产商可使用其 1989 作物年度商品的农作物保险产量，来替代第（a）款下的产量。

(d) 合格生产商的定义。本条下，术语"合格生产商"系指 1990 作物年度的小麦、饲料谷物、陆

地棉、长绒棉、水稻或大豆生产商。

第 2251 条　定义。

在本章使用时：

（1）灾害性天气。术语"灾害性天气"包括但不限于：干旱、冰雹、过潮、冰冻、龙卷风、飓风、地震或狂风，或者上述之综合。

（2）相关条件。术语"相关条件"包括但不限于：虫害、植物病害或者商品作物的其他恶化现象，包括黄曲霉毒素。此类情况在收获前或收获期间，受灾害性天气影响会自然加剧或加重。

第 B 节　果　园

第 2255 条　资格。

（a）损失。在遵守第（b）款的限制的前提下，农业部部长应按照第 2256 条的规定，向出于商业目的栽种果树，但此类果树因 1990 年的冰冻、地震或相关条件（具体由部长决定）而遭受损失的合格果农提供援助。

（b）限制。只有果农的果树受自然灾害影响，死亡率超过 35％（根据正常死亡率调整后），符合条件的果农才有资格按照第（a）款的规定，获得援助。

第 2256 条　援助。

对于符合资格的果农遭受的如第 2255 条所述的损失，农业部部长提供的援助应由下列任一种组成：

（1）对 1990 年冰冻、地震或相关条件造成的死亡率超过 35％（根据正常死亡率调整后）的树木损失中，对重植树木成本的 65％进行赔偿；或者

（2）根据部长的决定，提供充足的树苗，重新造林。

第 2257 条　援助限制。

（a）限制。按照本章规定可获得的拨款的总金额不得超过 25 000 美元（或同等价值的树苗）。

（d）法规。农业部部长应颁布以下法规：

（1）对本章下的术语"人"进行定义。该定义应尽可能与按照《1985 年粮食安全法》第 1001 条（《美国法典》第 7 篇 1308）以及《1988 年救灾法》（《美国法典》第 7 篇 1421 注释）颁布的法规中对术语"人"的定义一致；并且

（2）规定部长认为需要的细则，以保证本节下各项限制得到公平、合理的适用。

第 2258 条　定义。

术语"符合资格的果农"在本章使用时，系指出于商业目的利用果树每年生果实，并且拥有此类果树面积达 500 英亩的人。

第 2259 条　双重拨付。

农业部部长应制订相关的指导方案，确保任何人都不会根据本章、林业激励计划、农业保育计划或者其他联邦计划获得重复拨付。

第 C 节　森林作物

第 2261 条　资格。

（a）损失。在遵守第（b）款的限制的前提下，农业部部长应按照第 2262 条的规定，向出于商业目

的栽种树苗，但此类树苗因 1989 或 1990 年的干旱、地震或相关条件（具体由部长决定）而遭受损失的符合资格的树农提供援助。

(b) 限制。只有树农的树苗受自然灾害影响，死亡率超过 35%（根据正常死亡率调整后），符合条件的树农才有资格按照第（a）款的规定，获得援助。

第 2262 条　援助。

对于合格树农遭受的如第 2261 条所述的损失，农业部部长提供的援助应由下列任一种组成：

(1) 对 1990 年干旱、地震或相关条件造成的死亡率超过 35%（根据正常死亡率调整后）的树木损失中，对重植树苗成本的 65% 进行赔偿；或者

(2) 根据部长的决定，提供充足的树苗，重新造林。

第 2263 条　援助限制。

(a) 限制。按照本章规定可获得的拨款的总金额不得超过 25 000 美元（或同等价值的树苗）。

(b) 法规。农业部部长应颁布以下法规：

(1) 对本章下的术语"人"进行定义。该定义应尽可能与按照《1985 年食品安全法》第 1001 条以及《1988 年救灾法》颁布的法规中对术语"人"的定义一致；并且

(2) 规定部长认为需要的细则，以保证本节下各项限制得到公平、合理的应用。

第 2264 条　定义。

术语"符合资格的树农"在本章使用时，系指出于商业目的栽种树木，并且树林面积达 1 000 英亩或以下的人。

第 2265 条　双重拨付。

农业部部长应制订相关的指导方案，确保任何人都不会根据本章、林业激励计划、农业保育计划或者其他联邦计划获得重复拨付。

第 D 节　管理规定

第 2266 条　不合格。

(a) 通则。根据农业部部长作出的认定，年度资格性总收入超过 2 000 000 美元的人，应无资格接受本分章下的任何救灾拨款或其他补贴。

(b) 资格性总收入。本条款下，术语"资格性总收入"系指：

(1) 若某人年收入中大部分来自农场、果园以及林场经营活动，则为此人农场、果园和林场经营活动的总收入；以及

(2) 若某人年收入中只有小部分来自农场、果园以及林场经营活动，则为该人所有来源的总收入。

第 2267 条　援助时间及援助方式。

(a) 援助时间。

(1) 尽快提供援助。在遵守第（2）项的规定的前提下，农业部部长应在落实本章规定的拨款到位后，尽快提供本分章下的救灾援助。

(2) 完成申请。按照本分章下对某一商品作物申请拨款或补贴被批准时，拨付本分章下的拨款或补贴。

(b) 援助方式。部长可以以现金、商品或商品券的形式（具体由部长决定），拨付第一章下可提供

的款项。

第 2268 条　商品信贷公司。

（a）使用。农业部部长应使用商品信贷公司的资金、贷款和权力来落实本章工作。

（b）现有权力。本分章提供的权力应作为任何其他法律规定下授予部长或商品信贷公司的任何权力的补充，而非替代。

第 2269 条　紧急贷款。

《巩固农业和农村发展法》第 321（b）条（《美国法典》第 7 篇 1981（b））不适用于因 1988 年种植收获的作物受损而有资格依据该法子篇 C 获得紧急贷款的人。

第 2270 条　法规。

农业部部长或商品信贷公司（具体视情况而定）应颁布相关法规，不需要考虑《美国法典》第 5 篇第 553 条，或者部长任何指示所述的通知以及公众参与决策的要求，在落实本章工作所需拨款到位后，尽快落实本章工作。

第 E 节　拨　　款

第 2271 条　拨款授权。

本章下提供的任何补贴或援助（包括任何紧急贷款的预收的差额补贴预付款的免除），应只在相关拨款法案事先规定的范围内提供。为落实本章工作，授权拨付 1991 和 1992 财年所需的款项。

第 2272 条　补贴分配。

拨款法案中提供落实本章工作的任何资金应按照本章分配给所有有资格获得援助的生产商。

第 4 章　巨角河排水系统援助

第 2275 条　针对温德河印第安居留地巨角河排水系统生产商的救灾援助。

（a）概述。仅针对因印第安部落水权裁定而导致怀俄明州温德河印第安保留区内巨角河排水系统段受影响缺水，使 1990 年度的小麦、大麦、燕麦、牧草以及苜蓿干草受旱，从而遭受损失的农场。在此情况下，在遵守第（b）款的规定的前提下，农业部部长应按照与《1989 年救灾法》第一篇和第三篇（《美国法典》第 7 篇 1421 注释、1961 注释和 1941 注释）下针对 1989 作物年度的商品生产商提供救灾援助的类似条款和条件（区别是此项援助总额应限制在 250 000 美元），向上述区域的生产商提供救灾协助。

（b）管理。《1989 年救灾法》第一篇和第三篇应适用于按照本条款提供的援助。但特殊之处是在提供本条款下的援助时：

（1）第（a）款所述针对某一作物制订的计划的条款和条件应适用于该援助，其中包括作物年度、生产调整计划、产量、面积基础、规定价格、差额补贴预付款、利率、农作物保险赔付以及牲畜紧急补贴；

（2）获取本条下的援助无需以生产商购买多重风险农作物保险为前提条件；

（3）第 101（b）（4）条中，以下改动仅针对本条：

（A）将"1989 年作物"替换为"1990 年作物"；并且

（B）将"1990 年 7 月 31 日"改为"1991 年 7 月 31 日"；

（4）第 102（b）（2）（A）条中，针对本条作如下改动：将"1988 年减去 1989 年商品实际种植待

收的英亩数"替换为"1989 年减去 1990 年商品实际种植待收之英亩数";

（5）第 102（b）（2）（B）条中，针对本条作如下改动：将"1986、1987 和 1988 年减去 1989 年商品实际种植待收之英亩数"替换为"1987、1988 和 1989 年减去 1989 年商品实际种植待收之英亩数"；并且

（6）在第 152（a）（2）条中，针对本条作如下属改动：将"1990 年 3 月 31 日"改为"《1990 年粮食、农业、保育和贸易法》颁布之日起 180 天后"。

（c）延期还款。符合第（a）款的农场的生产商可自行选择，对美国相关机构提供、承保到期应付的本金和利息（农场贷款）申请 12 个月的延期还款。延期还款申请需采用书面形式呈交给相关农场贷款计划的管理人，并且必须通过挂号信寄送到最近的地区办事处。第（c）款下的延期还款申请书应在本法颁布后的 60 天内提供。

子篇 C　其他条款

第 2281 条　针对低收入移民和季节性农场工人提供紧急拨款援助。

（a）概述。农业部部长每年可在其认为当地、州或全国出现紧急事件或灾害，造成低收入流动性农场工人或季节性农场工人失去收入来源，无法工作，或者因工作紧缺在家待业或返家时，向按照《1986 年国内税收法》第 501（c）（3）条具有免税资格，在向低收入流动性农场工人和季节性农场工人提供紧急服务方面有丰富经验的公共机构或私人组织，提供金额不超过每年 20 000 000 美元的拨款。使用本条下援助款提供的紧急服务可包括各类农业部部长认为需要且适宜的援助。

（b）定义。本条下，术语"低收入流动性农场工人或季节性农场工人"系指符合以下情况的个人：

（1）在之前的 24 个月中，连续 12 个月从事有偿农场工作；

（2）个人总收入中至少一半来自农场工作，或者至少一半的工作时间是从事农场工作；并且

（3）第（1）项所述的 12 个月期限中的家庭年收入不超过最高贫困线，或者不超过较低生活水准收入水平的 70%。

（c）拨款授权。授权按照落实本条的需要进行拨款。

第 23 篇　农村发展

第 2301 条　简称。

本篇也可称为《1990 年农村经济发展法》。

子篇 A　重组农业部

第 2302 条　农村发展管理局。

（a）对《巩固农业和农村发展法》的修订。《巩固农业和农村发展法》（《美国法典》第 7 篇 1921 及以下）现修订为：

（1）在本法第 18 篇子篇 A 所增加的新条款后另加入以下新条款：

"第 364 条　农村发展管理局。

"（a）设立。设立农业部农村发展管理局，主管人由农业部部长任命。

"（b）行政。除非第（c）款另有规定，或本条另有规定，否则部长应通过农民住房管理局实施本法。

"（c）例外情况。部长应通过农村发展管理局，实施第 303 条（如果为第 303（a）条第（2）和

（3）项所述目的提供贷款）、第 304（b）条、第 306（a）条、第 306B 条、第 310A 条、第 310B 条、第 321（a）条（如果为第 312（a）条第（2）和（3）项所述目的提供贷款）、《1985 年粮食安全法》（《美国法典》第 7 篇 1932 注）第 1323 条、《1972 年农村发展法》第六篇以及部长认为恰当的其他农村发展项目。

"（d）引用。本条颁布日期之前生效的法律、法规或法令会提及农民住房管理局，或农民住房管理局的主管人，或农民住房管理局的功能、权力或责任，但在本条颁布当日或之后，任何对农村发展管理局或农村发展管理局主管人功能、权力或责任的引用应被视为提及农村发展管理局或农村发展管理局的主管人。

"（e）对待决诉讼以及该等诉讼各当事人的影响：

"（1）不撤销诉讼。不得撤销以下正在进行中的诉讼：

"（A）任何功能受该条影响的实体提起或针对功能受该条影响实体的诉讼；或

"（B）针对第（A）小项所述任何实体的任何官员行使公职权力所提起的或该等官员所提起的诉讼；

"（2）对当事人的影响。如果农民住房管理局的官员在施行其公职权力时，在本条的生效日期当日，是任何待决诉讼的一方当事人，并且在本条下，该官员或该官员的任何职能被转移给农业部农村发展管理局，则该等诉讼应由部长或主管人、农村发展管理局或农业部其他恰当的官员替代该方成为一方当事人或作为增加的一方当事人。

"（3）向农村发展管理局转移农民住房管理局的部分权利。在本条生效日期之前，农村发展管理局在行使其职责时，因任何贷款、担保贷款、担保、捐赠或签订的合同而产生的权利、利益、义务或职责应：

"（A）关于在该等日期当日或之后将由农民住房管理局在第（b）款下施行的任何职能，继续由农民住房管理局施行；与

"（B）关于在该等日期当日或之后应由农民住房管理局在第（c）款下实行的任何职能，则应由农村发展管理局实行。

"（f）主管人的报酬。农村发展管理局的主管人应根据《美国法典》第五篇第 53 章第 8 子章的规定收到报酬。"；并且

（2）第 309（e）条中：

（A）在"农民住房管理局"后加入"与农业发展管理局，按照该等机构就担保贷款所收取的该等费用的比例"；与

（B）删除"费用"，并加入"该等机构的费用"。

（b）促进职能的转移。（1）不论《巩固农业和农村发展法》第 331 条有何规定，在可能的情况下，并且不迟于本条生效日期起 180 天内，部长应尽快向农村发展管理局转移农业部相关机构、办公室或其他实体与施行农业发展职能相关的职责、权力和资产，或其中任何部分，包括，但不限于《巩固农业和农村发展法》第 303 条（如果是第 303 款第（2）和（3）项所规定目的的贷款）、第 304（b）、306（a）、306B、310A、310B 和 312（a）条（如果是第 312（a）条第（5）和（6）项所规定目的的贷款）、《1985 年粮食安全法》（《美国法典》第 7 篇 1932 注释）第 1323 条、《1972 年农村发展法》第六篇以及部长认为恰当的其他农业发展项目农业部的机构、办公室和其他实体或其中任何部分。

（2）其他转移。依据本条或本条所作出的修订项下转移给农村发展管理局的职能，部长应作出必要或恰当的决定，并转移农民住房管理局的相关人员。部长还应对人员、资产、责任、合约、财产、记录和与未支配的拨款、授权、分配以及依据本条或本条所作出的修订而转移的职能所产生、使用、持有或可用的其他资金，如果为实现本条之目的，部长认为确有必要，部长可作出适当的额外处置。

（3）权限的有效转移。农民住房管理局的主管人与部长应采取一切必要措施，确保根据本条的规定有效地转移相关权限。

第 2303 条　相应的修订。

（a）《巩固农业和农村发展法》（《美国法典》第 7 篇 1981）第 331 条现修订为：

（1）第一句：

（A）删去"本篇目的与"并插入"根据第 359 条，本篇的目的与"；与

（B）在句号前加入"，或根据法规关于该办公室的规定，可向农业发展管理局转让和转移相关权力、职责和资产"；

（2）在第（d）款中，在"农民住房管理局"后插入"或农业发展管理局"；与

（3）在第（h）款（经本法第 1805 条重新定义）中在每次出现的"农民住房管理局"之前插入"本篇下的农村发展管理局或通过"。

（b）该法（《美国法典》第 7 篇 1981a）第 331A 条经修订在"农民住房管理局"后插入"或通过农村发展管理局"。

（c）该法（《美国法典》第 7 篇 1981a）第 335 条现修订为：

（1）在第（a）款中，在"农民住房管理局"后插入"或农村发展管理局"；与

（2）在第（c）（1）款中，在"农民住房管理局"后插入"或农村发展管理局"。

（d）该法（《美国法典》第 7 篇 1988a）第 338（a）条经修订在"农民住房管理局"后插入"或通过农村发展管理局"。

（e）《美国法典》第 18 篇第 657、658 和 1014 条，删除每次出现的"农民住房管理局"并插入"农民住房管理局、农村发展管理局"。

（f）（1）《1981 年社区经济发展法》（《美国法典》第 7 篇 9812（c）（2））第 623（c）（2）条经修订在"农民住房管理局"后插入"，或农村发展管理局"。

（2）该法（《美国法典》第 7 篇 9817）第 628 条现修订为：

（A）标题现修订为：

"农业部、农村发展管理局项目"；与

（B）在"农民住房管理局"后插入"，或农村发展管理局"。

子篇 B　协调农村发展

第 1 章　一般条款

第 2310 条　一般条款。

（a）申请参与。如果某个州希望参与本子篇第 2 章或《巩固农业和农村发展法》（经本子篇第三章补遗）第 365 和 366 条中设立的项目，该州州长可向农业部部长（在本条中称为"部长"）提出申请。

（b）选择参与州：

（1）农村投资合作伙伴。部长应在合格的申请中，选择 5 个以内的州，在任何规定期限内，让第 2 章对所选州适用。

（2）农村经济发展审查小组。部长应在合格的申请中，选择 5 个以内的州，在任何规定期限内，让《巩固农业和农村发展法》第 365 和 366 条对所选州适用。

（c）项目期限：

（1）农村投资合作伙伴。1996 年 9 月 30 日之前，第 2 章应适用于部长在第（b）（1）款项下所选择的任何州。

（2）农村经济发展审查小组。1996 年 9 月 30 日之前，第 3 章应适用于部长在第（b）（2）款项下所选择的任何州。

（d）生效日期。本子篇第 2 章和《巩固农业和农村发展法》（经本子篇第 3 章补遗）第 365、366、376 和 368（b）条自 1991 年 10 月 1 日起开始生效。

第 2 章　农村投资合作伙伴

第 2311 条　定义。

在本章中：

（1）经批准的当地企业。"经批准的当地企业"是指根据本章的规定，可以接收有资质实体提供的周转基金援助的当地企业。

（2）有资格的实体。"有资格的实体"是指：

（A）即：

（ⅰ）非营利私人公司或公立实体：

（Ⅰ）为促进经济发展，在州法律许可下或通过其他方式成立的管理各公共地区组织（如经济开发区的主管机构）的机构；

（ⅱ）各州主要负责州内农村经济发展的机构；

（Ⅲ）县或州其他政治分支的主管机构；

（Ⅳ）州内乡镇的主管机构；或

（Ⅴ）为促进经济发展，在州法律项下组建的公共组织或非营利性私人社区发展公司，或类似的非营利性私人组织；或

（ⅱ）印第安部落定义见《印第安自治和教育援助法》（《美国法典》第 25 篇 450b）第 4（b）条）、《1934 年 6 月 18 日法》（又称为《印第安重组法》（《美国法典》第 25 篇 1001 及以后）项下组建的印第安组织或实体，或任何部落组织（定义见《印第安自治和教育援助法》《美国法典》第 25 篇 450b（c））第 4（c）条；与

（B）即：

（ⅰ）掌握为履行本章所述职能和活动必须的权力；

（ⅱ）拥有专业的员工和管理能力（包括充分的会计、法律和业务服务能力或经验）；与

（ⅲ）满足委员会为实施本章所制定的任何其他要求。

（3）投资委员会。"投资委员会"和"委员会"是指第 2312（a）条所成立的农业合作投资委员会。

（4）当地企业。"当地企业"是指：

（A）位于农村并且符合以下各项的商行：

（ⅰ）根据美国法律成立或组成，关于商行的财务记录和账目与和商行无关的记录和账簿登记和存放；与

（ⅱ）由委员会独立拥有和经营的企业（不包括《1936 年农业电气化法》项下的借款人）；或

（B）计划成立或经营第（A）小项所述类型实体的人士；

满足董事会为实现本法目的而设定的任何额外要求。

（5）农村地区。"农村地区"，是指基于美国最近一次十年人口普查，任何人口在 20 000 人或以上的城市或城镇边界以外的区域，或董事会定义的任何邻近城市化区域边界以外的所有领土。

（6）农村资金。"农村资金"和"资金"，是指第 2313（a）条下设立的农村企业投资资金。

（7）部长。除非本章另有规定，否则"部长"系指农业部部长。

（8）州。"州"，是指部长在第 2310（b）（1）条下让本章适用的任何州。

第 2312 条　农村合作投资委员会。

（a）设立。设立"农村合作投资委员会"，向有资格的实体提供贷款额度，以允许该等实体建立、

维持或扩展周转基金，联合储蓄机构（定义见《联邦储备保险法》（《美国法典》第 12 篇 1813（c）（1）第 3（c）（1）条））、储蓄获得所在州的完全信任和尊重的州有银行，或《联邦信用合作社法》（《美国法典》第 12 篇 1751 及以下）项下的国家信用合作社管理局成立的社区发展信用合作社的贷款或投资，用于向新的当地企业或扩展当地企业提供贷款或担保贷款或进行资本投资。

（b）董事会：

（1）概述。投资委员会的董事会由以下成员组成：

（A）农村电气化管理局的主管人；

（B）农村发展管理局的主管人；

（C）农业部推广局的主管人；与

（D）两位成员为：

（ⅰ）熟悉农村发展和相关事项；

（ⅱ）总统根据参议员的提名和许可任命；与

（ⅲ）来自不同的政党。

（2）主席。董事会主席为农村发展管理局的主管人。

（3）空缺。董事会的空缺应按照之前任命空缺岗位的方法填补。

（4）首席执行官。首席执行官由董事会选定，并依董事会的意愿履职。

（5）法定人数。董事会的法定人数为 3 人。董事会的所有决策必须获得大多数成员的支持。

（6）报酬：董事会的成员：

（A）根据董事会制定的章程，关于因出席董事会会议和其他活动而产生的必要差旅费、住宿费和补贴，第（1）项（A）、（B）和（C）小项下所指定的人员应得到合理的报酬，但不得超过《美国法典》第 5 篇第 57 章第 1 小章所规定的美国官员和雇员收到的最大数额；与

（B）第（1）项（D）小项下任命的成员，将按照其出席会议和其他活动的时间收到报酬，按天计费，但不得超过《美国法典》第 5 篇第 5314 条下的行政人员登记表所规定的第三级报酬，该等成员还应根据董事会出具的章程，收到因参加投资董事会会议和其他活动所产生的必要的差旅费、住宿费和生活费的合理补贴，但不得超过《美国法典》第 5 篇第 57 章第 1 章所规定的美国官员和雇员收到的最大数额。

（7）规则和记录。董事会应为投资董事会的事务处理，制定其认为恰当的规则和程序，并应永久和准确地保存其行为和议程相关记录和会议记录。

（c）投资董事会的权力。投资董事会有权：

（1）根据其董事会的决定经营；

（2）采纳、更改和使用经司法记录的公司公章；

（3）雇用 1 位或多位必要的官员、员工和代理，规定他们的职责，针对该等人士的行为，要求履约保证或作出其他的规定；

（4）雇用、晋升、赔偿和解雇投资委员会的官员和员工，无须考虑《美国法典》第 5 篇的规定，但该等官员或员工收到的基本年薪不得超过《美国法典》第 5 篇第 5314 条行政人员登记表所规定的第三级数额；

（5）通过董事会制定章程，章程应符合相关法律规定，并规定以下事项：

（A）选择官员、员工和代理的方法；与

（B）获得、持有和转移财产的方法；

（C）行使和享有法律授予特权的方法；

（6）经任何行政部门或独立机构的许可，为实行本章，使用信息、服务、员工和设施；

（7）签订合同并就该等合同支付预付款、过程款或其他付款；

（8）以公司名义向具有管辖权的法院起诉或被起诉以及投诉和抗辩；

（9）通过公开或私人销售，获得、持有、租赁、抵押或处置不动产和个人财产，并且根据其经营需要，通过其他方式在一般情况下，行使财产的所有权；

（10）修改本章项下作为一方或拥有权益的任何合同或协议，或同意对该等合同或协议进行修改；

（11）为行使本章项下所授予的权限，制定董事会认为必要和恰当的规则和规定；

（12）获得临时（不得超过两年）或间歇性专家或顾问或组织的服务，无须考虑公务员和分类法以及第 41 篇第 5 条的规定，但每天的收费标准不得高于《美国法典》第 5 篇第 5332 条的最高付款标准，包括《美国法典》第 5 篇第 5703 条下的授权出差时间以及该等人员离开家或正常营业地点的时间、差旅费；

（13）实行本章所提到的权利时，这些权利在本章中所提及的附带的其他权利、责任也需要执行或遵守。

第 2313 条　投资基金的设立。

（a）设立：

（1）概述。美国财政部设立用于委员会实施本章规定的基金，名为"农村企业投资基金"。

（2）服务对象。第（1）项下所设立的基金，应用于委员会为服务农村地区当地企业并经批准的有资格的实体经营的周转基金，提供贷款额度。

（b）使用：

（1）贷款额度。第（a）款下设立的基金，应用于委员会视为合理数额的贷款额度，但在任何情况下，每年向经批准的有资格的实体所提供的该等贷款额度，不得超过 750 000 美元（总额为 2 250 000 美元）。各贷款限额应在委员会规定的一段时期内，向各实体提供，但在任何情况下，任何该等期限不得超过根据第 2314（n）条终止投资委员会的日期。

（2）例外情况。不论第（1）项有何规定，如果经批准的有资格实体是任何州主要负责该州农村经济发展项目的机构，则委员会根据第（1）项所述方式，向该等机构提供的贷款额度每年不得超过 1 250 000 美元（总额 3 750 000 美元）。

（3）从额度中支出的款项。各经批准的有资格实体从各贷款额度中支出的款项，必须根据本章的规定使用，并且只可为提供贷款、投资或实施担保而提取。

（c）有资格的实体申请贷款额度：

（1）《联邦公告》通知。委员会应在《联邦公告》中发布申请贷款额度的通知，该等通知应包含以下内容：

（A）委员会所设立的申请程序；

（B）第（3）项的申请要求；

（C）提交申请的截止时间（不得先于申请通知公布后 150 天）；

（D）所有可用回复的复印件；

（E）概述委员会与申请相关的职能；与

（F）委员会视为恰当的其他信息。

（2）提交和考虑因素。希望收到本章项下的贷款额度的有资格的实体，应根据委员会在第（1）项下的规定，在规定时间内，按照规定的格式，向委员会提交申请，申请中应包含必要的信息和文件，包括介绍将服务的区域。董事会应根据本章的要求，考虑该等申请。

（3）有资格的实体：

（A）匹配基金或意向书。为让委员会考虑批准对贷款额度的申请，有资格的实体在提交申请时应：

（i）以书面形式证明实体将使用该等基金，作为周转基金的一部分，根据本章的要求，投资当地企业，或向其提供贷款或担保贷款；与

（ii）（Ⅰ）同意提供匹配基金（联邦基金不得用于满足该等匹配要求），金额不得低于委员会提供

的贷款额度，并且应通过以下形式提供：

（aa）现金或现金等价物；或

（bb）委员会视为恰当和可接受的储蓄机构（定义见《联邦储备保险法》（《美国法典》第 12 篇 1813（c）（1））第 3（c）（1）款）、保险公司或类似联邦监管的金融机构、州有银行、当地或州政府或私人慈善基金出具或提交的以有资格的实体为受益人的意向书；或

（Ⅱ）通过委员会视为恰当和可接受的程序，证明储蓄机构（定义见上文）或本法第 2312（a）条所述社区发展信用合作社已经准备好了让有资格的实体，为了当地经济，参与贷款、担保或投资项目，并且意向书或其他文件所代表的总财务承诺，不低于有资格的实体所申请的贷款额度。

（B）部分有资格实体的例外情况：

（ⅰ）低人均收入地区。如果有资格的实体所服务的指定农村地区，其平均人均收入水平不足可掌握的最近 1 年的全国平均人居收入的 70％，则该等有资格的实体，只需根据第（A）（ⅱ）小项第（Ⅰ）和（ⅱ）子条款所述方式，匹配委员会提供资金的 50％。委员会将通过《联邦公告》或其他方式，公布美国各县（包括农村地区）的平均人均收入以及人口以及该年的全国平均人均收入。

（ⅱ）印第安部落委员会的参与：

（Ⅰ）概述。如果联邦认可的部落委员会所经营的社区或部落发展公司希望管理当地周转基金，如果该等公司符合部长认为相关的本章项下所设立的规则和程序，则可以参与本章项下所设立的项目。

（Ⅱ）特殊规则和程序的设立：

（aa）概述。自本法生效之日起 220 天内，委员会应设立相关规则和程序，让服务位于联邦认可的居留地（包括俄克拉荷马以往的居留地）的农村地区的社区或部落发展，通过经营用于投资当地新建企业或扩展当地企业，或向该等当地企业提供贷款或担保贷款的周转基金，参与本章项下所设立的项目。

（bb）内容。第（aa）项下所制定的规则和程序，应确保得到本章项下的贷款额度的发展公司，将服务的贫困居留地区域，包括低人均收入、高失业率、高贫困率、萧条或落后当地经济以及部长视为必要的其他因素。

（Ⅲ）匹配要求。第（c）（3）款以及第 2314（d）条关于提供匹配基金的要求、贷款合作的要求以及任何相关的匹配要求，不适用于收到本条项下的援助的开发公司。

（4）重新申请贷款额度：

（A）概述。如果委员会作出以下决定，收到本条项下的贷款额度的有资格的实体，可以重新申请其后几年的贷款额度：

（ⅰ）申请者证明该等贷款额度项下之前分配的基金，已经基本上支配完毕，并且申请人的服务地区依然存在贷款、投资或担保资金的额外需求；

（ⅱ）申请人将符合第（c）（3）款下的匹配要求；与

（ⅲ）申请人已经根据本章的要求管理周转基金，并且有能力按照同样的方式管理额外的基金。

（B）优先顺序。有资质收到初始贷款额度或其服务地区没有其他服务实体的有资格的实体，应优先于申请二次或后续贷款额度的任何申请人。

（5）监管符合情况。董事会应建立程序，监管参与本章项下授权项目的各有资格的实体，是否符合本章的要求。

（6）有资格的实体的周转基金要求。为获得收到农村基金的贷款限额的资格，有资格的实体应：

（A）证明其有能力或有潜力做出合理经营、贷款和投资决策，并且提供业务咨询和技术援助；

（B）证明其有能力根据本章的要求经营以及增加农村地区的可用信贷，促进成立和扩展农村地区的企业；

（C）确定拟议的服务地区，为服务该等区域制定策略，策略应描述与工业、劳动力和其他市场类似的特征、类似的地理或社会经济条件，或其他相关因素，并且如果该等地区包含任何乡镇，则承诺将该等乡镇作为一个整体提供服务；

（D）保证其服务地区将涵盖：

（i）如果该县的中等家庭收入低于州级非都市的中等家庭收入，则该县的所有农村地区；或

（ii）如果该县符合以下各项，则为经确认的农村地区：

（I）如果该县的中等家庭收入不低于州级非都市的中等家庭收入；和

（II）将服务的农村城市、城镇以及将服务的各单独的邻近农村地区，其中等家庭收入，低于州内州级非都市的中等家庭收入；

（iii）如果平均人均收入不足全国平均人均收入的 70%，则为州内经确认的农村地区；或

（iv）从 1980 年 4 月 1 日～1987 年 7 月 1 日，依据商务部人口普查司的报告，净移民人口至少为 5% 或以上的任何州；与

（E）根据委员会制定的程序，通知管辖全部或部分拟议服务地区的各乡镇或其他当地政府单位，表明相关实体已经向委员会提出申请。

（7）批准申请时的考虑因素。决定是否批准申请以及各贷款额度的最高金额时，董事会应优先考虑以下有资格的实体：

（A）拥有服务当地信贷或证券需求以及做出合理的业务和投资决策的经验，或有能力满足该等需求和做出该等决策；

（B）其董事会（或如果未设立该等董事会，主管部门）由来自各方面的人士组成（如背景来自企业、社区发展、地区发展之人士，或州、当地或乡镇政府官员；或涉及银行、融资和其他投资活动之人士）；

（C）本条项下的提供的资金，有可能创造或保留大量的工作岗位或产生新业务或扩展新业务；

（D）提交的申请证明有能力并且愿意持续向当地经济提供技术和管理援助、培训、财务和业务指导和规划；

（E）证明有资格实体的活动与州、乡镇和当地（视情况而定）关于长期经济发展和社区发展的目标保持一致；

（F）提交的申请包含全面的投资战略，并且该等战略系在咨询适用州、地区议会或政府、县或当地政府的其他单位后所制定的；与

（G）计划服务以下地区：

（i）其失业率或贫困率高于全国非都市的平均水平；

（ii）由于经济秩序混乱导致实际或可能发生的严重失业率所引发的特殊需求；或

（iii）包含根据商务人口普查局的报告，从 1980 年 4 月 1 日～1987 年 7 月 1 日净迁出人口损失至少为 5% 或以上的任何州。

（8）地理范围：

（A）概述。拨付本条项下的贷款限额时，委员会应在合理可行的范围，根据合理的财务判断，尽可能确保美国所有农业地区均可因该等授予而获益。

（B）基金的最低数额。确定申请合格后，并且如果符合良好的投资管理和本章的其他要求，委员会应批准第 2310（b）（1）条下各州至少 1 个有资格实体的申请。委员会应在可行和恰当的最大范围内，确保任何州的委员会所批准的有资格的实体，至少从第（d）款下提供基金中收到 750 000 美元。此外，在可行的最大范围内，委员会应批准包含经批准的有资格实体的各州内至少两个有资格的实体。

（C）基金的最高数额。本章下向任何州内有资格的实体提供的资金不得超过 10 000 000 美元。

（D）特殊项目：

（i）概述。委员会应颁布规则，设立旨在服务本条项下向农村地区及具有特殊需求的居民提供联邦贷款限额的项目。

（ii）限制。如果符合良好的投资惯例，第（D）款下的拨款资金，5% 以上以及 10% 以下的资金，应用于服务以下各项的有资格的实体：

（I）委员会确定位于极端贫困地区的当地企业，可能包括因经济秩序混乱而实际或可能发生的严

重失业引发特殊需求的地区；与

（Ⅱ）向农村居民提供服务的当地公司，如更好的医疗、医院或保健服务、经许可的日托设施或中心，更好地服务残疾、伤残、年长或其他具有需求的人士、更好的教育机会、为具有特殊需要的人士提供更好的公共交通服务，或委员会认为恰当的其他相关服务。

（d）拨款授权的限制。为实行本章，1992 财政年度向农村基金和委员会拨款 10 000 000 美元、1993 财政年度 8 600 000 美元、1994 财政年度 6 700 000 美元、1995 和 1996 财政年度各 4 700 000 美元。本款项下的拨款在支出之前或委员会终止之前应随时可用。

（e）重新分配和重新融资。委员会应设立规则和程序，禁止有资格的实体使用本章项下收到的援助，用于以下各项的贷款和投资或担保：

（1）协助当地企业从一个社区迁移到另一社区；

（2）对当地企业的现有债务重新融资，但该等重新融资与当地企业的实质性扩展活动联合进行的情况除外；或

（3）显著性地降低当时现存企业参与同一社区实质性等同业务活动的可行性。

第 2314 条　当地的周转基金。

（a）设立。

（1）概述。经委员会批准参与本章下设立项目的各有资格的实体，应设立当地周转基金账户，储蓄：

（A）（ⅰ）本章下收到来自基金的款项；

（ⅱ）第 2313（c）（3）（A）条所述任何当地匹配资金；与

（ⅲ）任何盈利或收入、贷款的还款、出售股票证券投资的收益，或其他收益或本款下设立的周转基金的投资或贷款的收益；减去

（B）因管理该等基金而产生的合理的运营费用或损失。

（2）设立地点。本款下设立的各当地周转基金，可能在联邦储备系统的一家或多家会员银行、任何联邦担保的州级非会员银行（定义见《联邦储备保险法》（《美国法典》第 12 篇 1813（b））第 3 条（b）），或存款由国家完全信赖和信任的任何州有银行，该等基金，除第（b）款所述情况外，应以现金和计息的方式持有，或投资美国直接债务或美国或其任何机构担保的债务。

（b）基金的使用。当地周转基金中的款项可用于：

（1）根据委员会制定的程序，向本章授权并经批准的当地企业，提供贷款或产权资本，或贷款担保；

（2）涵盖向经批准的当地企业提供培训、业务或融资规划，或管理和技术援助的成本，但该等金额不得超过委员会所制定标准所规定的金额和水平；

（3）如果根据第 2313（c）（3）（A）（ⅱ）（Ⅰ）条（aa）或（bb）向有资格的实体提供了投资，向周转基金的非联邦投资人提供资本收益，但如果该等周转基金面临资本或其他损失，本项下的资本收益应根据委员会设立的程序，按比例或通过其他方式相应地减少，以反映该等损失；或

（4）根据委员会设立的规则或标准，包含合理的运营或资本费用。

（c）关于资助的决定。收到第 2313 条下的贷款限额的有资格的实体，应视具体情况，根据委员会设置的一般程序和要求，对各地方企业提交的贷款、产权资本或贷款担保的申请作出决定。

（d）合作贷款或投资的要求。各当地周转基金的资金应用于贷款、投资或提供担保，但一个或多个储蓄机构（定义见《联邦储备保险法》（《美国法典》第 12 篇 1813（c）（1）第 3（c）（1）条）或本法第 2312（a）条所述社区发展信用合作社，应根据委员会设置的程序，至少在美元对美元的基础上，匹配各周转基金向各当地企业提供的各项投资或贷款，或为该等当地周转基金所担保的贷款提供资金。

（e）投资规模的限制：

（1）概述：

（A）各当地企业的金额。从任何周转基金中，向任何经批准的当地企业或在董事会看来与该等当地企业有财务联系的其他当地企业，提供的用于贷款或投资的联邦基金，在任何日历年份，不得超过250 000 美元。

（B）其他来源。本章不得被解释为限制各当地企业，收到除有资格实体的其他来源的贷款、投资或担保的总额。

（C）程序。在实施本项时，委员会应制定相关程序，确定、明确或决定可以向经批准的有资格的实体所成立的周转基金提供的联邦基金的数额。

（2）无资质。雇用 100 或以上员工的任何当地企业，无资格从收到本章项下援助的当地周转资金获得援助。

（f）当地周转基金的隶属利益。如果储蓄机构（定义见《联邦储备保险法》（《美国法典》第 12 篇1813（c）（1）第 3（c）（1）条）或本法第 2312（a）条所述社区发展信用合作社，联合经批准的有资格的实体从周转基金所提供的投资或贷款，对当地企业提供了投资或贷款，该等流转资金对当地企业的投资或贷款金额，应在任何程度上以任何方式处于隶属地位。

（g）其他投资人。为收到本章项下的联邦援助的有资格的实体贡献资本的储蓄机构（定义见《联邦储备保险法》（《美国法典》第 12 篇 1813（c）（1）第 3（c）（1）条）或本法第 2312（a）条所述社区发展信用合作社，联邦监管的类似金融机构、州有银行、当地或州政府、私人慈善基金或其他实体，可根据第（b）（3）款所述规定，就当地周转基金的该等投资的收益，与该等有资格的实体达成合约安排。

（h）额外资本。委员会应颁布相关规定，规定如果任何投资人，根据第（g）款与有资格的实体所签订的合同，撤回其全部或部分投资，则应给各参与的有资格实体充裕的时间，以获得额外的资本、贷款限额或意向书。

（i）贷款限额的延续。第 2313 条下向经批准的有资格实体提供并且用于当地周转基金的贷款限额，应在投资委员会终止或委员会或部长根据第 2315 条或（1）款所述规定取消、撤回或终止贷款限额之前，可随时提取。

（j）业务提升活动的延续。本章中向任何有资格的实体所提供的联邦援助，如果符合以下各项，则在投资委员会终止前，应为该等实体的资产：

（1）委员会认为管理当地周转基金的有资格的实体，根据本章所述规定经营基金；和

（2）有资格的实体与部长签订合约，继续根据本章所述规定，提供贷款、投资和担保援助。

（k）监管程序的制定。投资委员会终止当日或之后，部长代替委员会行使职责，并监控在本章获得（在该等日期之后继续存在的）联邦援助的有资格实体的经营。

（i）基金的偿还。不论第（j）款有何规定，作为第 2315 条下任何行动的补充，如果部长认为任何有资格的实体，其目的不再是根据本章的规定促进经济发展，则应撤销对有资格实体的批准，并获得联邦贷款限额向有资格的实体提供的款项以及该等款项的应计利息，利率由部长决定，部长还应根据第2315（h）条所述规定，接手或获得该等有资格的实体的权利、特权、资产、投资和应付款项。

（m）向委员会提交年度报告。

（1）概述。收到本章援助的各有资格的实体，每年应按照委员会要求的时间和格式，向委员会提交1 份报告，介绍有资格实体的财务状况、投资、现金收益、投资收入、贷款、作出的证券平仓、出具的担保、遭受或经受的任何损失、提供的任何培训、业务或技术援助或财务规划、运营费用、亏损率以及委员会认为恰当的关于有资格实体的其他事项。

（2）终止后。在委员会根据第（n）款终止后，第（1）项下的报告应向部长提交，部长应代替委员会的职位。

（n）委员会终止后。第 2312（a）条所设立的投资委员会应于本章生效日期后第五个日历年的最后

一天终止，此后，由部长代替委员会行事。

第 2315 条　合约遵守与实施。

（a）废除或取消贷款额度与还款。

（1）废除的理由。如果发生以下情况，委员会应废除或终止贷款额度，并要求全部或部分退还联邦投资以及恰当的利息：

（A）本章下或本章下颁布的任何规则或《联邦公告》通知所要求的任何书面陈述中存在故意的虚假陈述；

（B）本章下或本章下颁布的任何规则或《联邦公告》通知所要求的任何书面陈述中，未能提供必要的事实，并且导致陈述的情况产生误导；

（C）有意或多次违反，或有意或多次未能遵守本章的任何规定；

（D）有意或多次违反，或有意或多次未能遵守本章项下授权的任何规则或规定；

（E）违反或未能遵守委员会在本条项下出具的任何停止或终止的命令。

（2）取消贷款额度。不论第（1）项下采取的任何行动，如果委员会认为参与本章所设立项目的有资格的实体，其投资或行事方式与本章的任何规定不符，委员会可取消本章将从任何经批准的贷款限额中支付的任何潜在款项。

（3）结束和停止的命令。如果有资格的实体未遵守本章的任何规定，或根据本章所颁布的任何其他规定，或参与或将参与任何行为构成或将构成违反本章或该等规定的行为，委员会可以命令该等实体结束和停止该等行为。如果委员会认为确有必要，为确保遵守本章以及根据本章颁布的规定，可要求该等实体采取相关行动或不得从事该等行动。

（4）陈述原因、内容和听证的命令。

（A）命令。在根据第（1）或（2）项废除或终止贷款额度之前或根据第（3）项出具结束和停止的命令之前，委员会应向有资格的实体送达命令，要求其陈述不应该出具该等废除或暂停贷款额度或结束或停止的命令的原因。

（B）内容。第（A）小项陈述原因的命令，应包含事实的陈述、委员会所依据的法律以及举行听证的法律权限和管辖权，并注明委员会将在命令中所述的时间和地点举行听证会。

（C）听证。如果在根据第（B）小项举行听证或放弃听证后，董事会决定应出具撤销或终止贷款之最高限额的命令，或应出具结束和停止命令，或应出具要求退还联邦投资以及额外的合理利息，则董事会应立即出具该等命令，并包括管理层的结论以及该等决定的原因，注明命令的生效日期，并且向该等实体送达该等命令。

（5）人员、账簿、报告和文件的传票；费用和补贴；强制执行。

（A）传票。委员会可通过传票要求来自美国任何地方的证人出席和作证以及出示与听证相关的所有账簿、报告和文件。

（B）费用和补贴。传讯到委员会面前的证人，应由要求该等作证的一方支付相关费用和补贴，费用和补贴标准与美国法庭作证相同。

（C）强制执行。如果未遵守本项下的传票的规定，委员会或委员会面前的诉讼的任何一方，可借由美国法院的帮助，要求证人出席和作证以及出示账簿、报告和文件。

（6）修改或废除命令的申请；登记备案、时间和地点、管理局提交记录；法院的行动；审查。

（A）概述。委员会在本款项下出具的命令为最终和决定性的命令，除非命令送达后 30 天内，有资格的实体向位于该等公司主要营业地址的美国巡回法庭提出上诉，通过向该等法院的书记员备案申请，请求根据申请所述方式，修改或废除委员会的命令。

（B）登记备案：

（ⅰ）法庭准许。在第（A）小项所述 30 天期限届满后，只有通过证明有合理理由未能在该等期限内提交申请，并且获得法庭准许后，方可对申请进行登记备案。

（ⅱ）认证。法院的书记员在登记备案时，应将申请的一份副本交付委员会，委员会应认证并向法院备案输入命令的笔录记录。如果在备案该等记录前，委员会全部或部分修改或废除其命令，申请人应在通知委员会后，在法院规定的时间范围内，修改其申请。

（C）维持或暂停命令。本项下备案供审查的申请，本身不得维持或暂停委员会命令的运作，但是地区法院经决定，可在最终的听证和对申请作出决定前，全部或部分限制或暂停命令的运作。

（D）法院的行动。法院可维持、修改或驳回委员会的命令。

（E）额外的证据：

（ⅰ）决定。如果法院为了公平和恰当的处理案件，需要额外的证据，法院应命令委员会就接纳该等证据，根据法院认为恰当的方式以及条款和条件，重新举行听证。

（ⅱ）裁决。委员会可根据本小项下所采用的额外证据，基于事实修改其裁决或作出新裁决，并随该等额外证据的记录，备案其修订或新裁决以及对命令的修订（如有）。

（F）驳回的考虑因素。除非在委员会面前提出异议，或如果未提出异议，证明其有合理理由未能在委员会面前提出异议，否则法院不予以考虑委员会对命令的驳回。

（G）审查。法院维持、修订或废除委员会任何命令的判决和命令，根据《美国法典》第 28 篇第 1254 条关于认证或诉讼文件移送命令，只能由美国最高法院才能进行审查。

（7）命令的强制执行。如果本款项下出具了命令的实体未能遵守该等命令，委员会应向位于实体主要营业地址的美国巡回上诉法庭，申请命令的强制执行，并应备案投诉命令的笔录记录。备案申请时，法院应向该等实体送达通知。应考虑的证据、应进行的程序以及法院的管辖权应与第（6）项废除和修改命令的申请保持一致。

（b）调查和检查。

（1）权限。

（A）概述。委员会应开展其认为必要的调查，以决定有资格的实体是否进行了构成或将构成违反本章的任何规定，或本章颁布的任何规定，或本条项下出具的任何命令的行为。

（B）陈述的备案。委员会应允许任何人士通过宣誓或委员会认为任何恰当的其他方法，就将调查事项的所有事实和情况，以书面陈述的方式进行备案。

（C）传票。为本项下的任何调查的目的，委员会可主持宣誓和陈述事实、传讯证人、强制出席、收集证据和要求出示与审判相关的任何账簿、报告和文件。该等证人的出席和出示的记录可能来自美国的任何地方。

（D）拒不服从。如果任何人士违抗或拒绝遵守针对其出具的传票，包括实体或公司，委员会可借由该等调查或进行的管辖权范围内，或该等人士居住或经营业务所在地的美国任何法院的帮助，要求出席或作证以及出示账簿、报告和文件，该等法院还可签发命令，要求该等人士出现在委员会面前，出示报告，或就调查事项提供证词。

（E）藐视法庭。未能遵守法院在本条项下的命令，将被视为藐视法庭并应受到相应的处罚。在任何该等情况下，所有程序可能由该等人士居住地或该等人士可能出现的地区的法院处理。

（2）检查和报告。

（A）检查。本章下的有资格的实体，可能需要经由委员会选择或批准的检察员，接受委员会的审查该等检查的费用，包括检查员的报酬，根据委员会的决定，可能由被检查的实体承担，并且在此情况下，则应由该等实体支付。

（B）报告。该等实体应根据委员会要求的时间和格式，准备并向委员会提交报告。

（3）检查。至少每两年，应根据委员会设立的程序，对各有资格的实体进行检查和审计，以决定该等实体的经营是否符合本章的规定以及其他合法要求，如果根据该等实体之前的运营经验、实体最后一次检查的内容和结果以及该等实体的管理能力，委员会认为该等延期是恰当的，则委员会可延期检查，但延期不得超过 1 年。

（c）禁令或其他命令。

（1）依据和法院的管辖权。如果委员会认为有资格的实体已参与或将参与构成或将构成违反本章任何规定，或本章颁布的任何规定，或本条下出具任何命令的行为，委员会可根据美国法律，向美国恰当的地区法院或处在管辖区内的美国法院，申请禁止该等行为或强制其遵守该等条例、规则、规定或命令的法令。该等法院应拥有该等行为的管辖权，并且一旦委员会证明该等实体参与或将参与该等行为，法院即可出具永久性或临时禁令、禁制令或其他无担保的命令。

（2）公司和资产的衡平法管辖权。在本条下的任何诉讼中，作为衡平法法院，可在其认为适当的范围内，宣布该等法院拥有对实体及其资产的独家管辖权，不论其位于何地。根据法院的决定，该等法院应有任何在该等诉讼中指定受托人或接管人持有或管理据此持有资产的管辖权。

（3）托管或接管。委员会有权担任本条下的实体的信托人或接管人。应委员会的要求，法院可任命委员会行使该等权利。如涉及特殊情况，法院认为该等任命是不公平或不恰当的情况除外。

（d）官员、董事、雇员或代理的违法行为和疏忽。

（1）违反本章。有资格的实体违反本章的任何规定，或本章下颁布的任何规定，或因任何人士直接或间接授权、命令或参与、或导致或提起顾问、援助或教唆行为构成或将构成全部或部分违反该等规定的，则该等行为系违法行为。

（2）违反受托人责任。有资格实体的任何官员、董事、雇员、代理或有资格的实体的管理或业务的其他参与者，参与的行为违反该等人士或官员、董事、员工、代理或参与者的受托人责任，并因此导致该等实体受到或可能受到财务损失或其他损害，则该等行为系违法行为。

（3）无资格的官员和雇员。除非经由委员会书面同意，否则任何人士接受或继续担任有资格实体的官员、董事或雇员，或成为或继续担任代理或参与有资格实体的管理或业务，如果该等人士符合以下各项，则将构成违法行为：

（A）犯涉及不诚信或违背信任的重罪或其他刑事犯罪；或

（B）由于涉及欺诈或违反信任的原因，被判承担民事损害赔偿金，或永久或暂时接受具有管辖权法院的法令、判决或裁决。

（e）处罚和没收：

（1）概述。除非第（2）项另有规定，否则有资格的实体违反委员会颁布并要求备案本章项下的任何定期或特殊报告的任何规定或书面指令，则公司应按每天不超过 100 美元的标准向国家缴纳民事罚款，除非该等实体证明该等未能遵守有合理理由并且并非是恶意的疏忽。本条下的民事处罚，应上交国家，并可通过委员会的民事行为收回。

（2）例外情况。如果委员会认为该等行为并未与公共利益或保护委员会相冲突，第（1）项下违约之前以及在通知和提供听证机会后的任何时间，委员会可通过规则和规定，或相关方的申请，根据委员会认为必要和恰当的条款和条件以及期限，通过命令全部或部分豁免任何实体遵守第（1）项中的条例。为本款的目的，委员会可实施任何恰当的替代要求。

（f）司法管辖权和传票送达。为实施本章或本章下颁布的任何规则、规定或命令所产生任何责任或职责或禁止相关违约行为，委员会在本条下提起的任何诉讼或法律程序，应在有资格实体主要办公室所在地区提起，在该等情况下，法律程序可在其主要营业办公室或交易所在地或可能发现被告的任何地方开展。

（g）部长接替。委员会终止后，部长应接替委员会的位置，并掌握本条和第 2314 条所述关于遵守和强制执行的所有权力、特权和权利。

（h）撤销、暂停或终止。如果任何有资格的实体参与本项目的批准被撤销、暂停或终止，或有资格实体的活动停止，委员会或部长（委员会终止后）应：

（1）掌握该等有资格实体的所有权利和特权；

（2）在获得应付给委员会或部长的任何款项的退款所必须的范围内，继承该等有资格实体的资产；

（3）有资格收到任何当地业务就任何未偿还贷款应向该等有资格实体支付的任何款项；与

（4）接管该等有资格实体持有的证券投资。

第 3 章　农村经济发展审查小组

第 2316 条　部分农村发展项目的交付。

（a）概述。《巩固农业和农村发展法》（《美国法典》第 7 篇 1921 及以下）经修订在本法第 2301（a）（1）条增加内容后加入以下新条款：

"第 365 条　部分农村发展项目的交付系统。

"（a）概述：

"（1）援助有资格的州。农村发展项目项下的援助，应根据本条所述规定，提供给有资格州的合格项目。

"（2）不得援助其他州。部长不得将任何指定农村发展项目项下的援助，提供给无资格的州。

"（b）定义。在本条和第 366 条中：

"（1）地区计划。"地区计划"，是指为某州当地或该州局部区域制定的长期农业发展计划。各地区计划应指出地区的地理界线，并包括：

"（A）地区的整体发展计划以及目标，包括业务开发和基础设施发展目标以及基于该地区的实际评估的时间表，包括，但不限于：

"（i）地区内正在增长或衰退的企业的数量和类型，以及地区内可支持的企业的类型清单；

"（ii）地区内对水和废弃物和其他公共服务或设施的需求；

"（iii）地区内产业招聘的真实可能性；

"（iv）地区内发展旅游的潜力；

"（v）地区内通过成立小企业和扩展现有公司，产生就业的潜力；与

"（iv）区域生产增值农产品的潜力；

"（B）地区内人力资源的盘点和评估，包括，但不限于：

"（i）地区内现有组织的清单以及其特殊的利益；

"（ii）地区内居民参与农村发展活动的水平以及成功实施计划所需的参与水平；

"（iii）地区内一般和专门工作培训的状况，以及该地区对该等培训的需求未满足的程度；

"（iv）具有可用于制定和实施计划的特殊技能的地区居民的名单；与

"（v）对地区内的需求，以及为满足这些需求可用资源的分析；以及如果实施计划，增加可用于满足这些需求的资源的方式的分析；

"（C）地区内政府间合作的现有水平以及为成功实施计划所需的该等合作的水平；

"（D）地区内政府和市民参与发展和实施计划的能力和意愿；

"（E）介绍地区内政府如何为计划实施制定预算和财务控制流程；与

"（F）在为实现计划的经济发展和生活质量目标程度，公共服务和设施需改善的范围内，至少考虑以下各项：

"（i）法律的执行；

"（ii）防火；

"（iii）水和固体废物管理；

"（iv）教育；

"（iv）健康医疗；

"（iv）交通；

"（ⅶ）住房；

"（ⅷ）通信；与

"（ⅸ）电力以及发电的能力。

"（2）指定的农村发展项目。农村发展项目，是指本法的第 304（b）、306（a）条或第 310B（A）到（f）和（h）条，或《1985 年粮食安全法》第 1323 条下为该条项下财政年度任何时间可用的资金所开展的项目。

"（3）有资格的州。

"（A）要求。有资格的州，是指在财政年度，《1990 年农村经济发展法》第 2310（b）（2）条使本条适用，以及以下各项在财政年度第一天之前适用的州：

"（ⅰ）建立了农村经济发展审查小组。该州已经成立了满足第 366 条要求的农业经济发展顾问审查小组。

"（ⅱ）任命了州协调员。州长应任命州政府的 1 位官员或员工：

"（Ⅰ）管理、经营和实施第（ⅰ）条款所述审查小组的指示；

"（Ⅱ）担任审查小组与联邦和州机构之间关于农业发展的联系人，包括根据第 366（b）（6）条向部长转交州协调员的任何清单；

"（Ⅲ）根据本条和第 366 条，确保州内所有农村居民了解指定农村发展项目向州提供援助的方式；

"（Ⅳ）应要求，向州居民提供关于根据本条和第 366 条向指定农村发展项目提供的援助的方法的信息；与

"（Ⅴ）协调相关农村居民与州农村经济发展审查小组的活动。

"（ⅲ）指定机构向审查小组提供管理支持。州应指定相关机构，向审查小组和州协调员，为第（ⅰ）条款所述审查小组的日常运营提供支持。

"（B）善意的例外情况。不论第（A）小项有何要求，如果部长认为该州作出了善意的努力以实现或实质性实现该等要求，农业部部长可在财政年度的第一天之前，决定某个州在该财政年度为本段项下的有资格的州。

"（4）合格项目。"合格项目"是指以下任何项目：

"（A）第（3）（C）项州所述州机构被确认为：

"（ⅰ）联邦、州、当地或私人援助的备选来源；与

"（ⅱ）州内的相关活动；与

"（B）第（c）（4）款下要求部长向其提供援助。

"（5）州协调员。"州协调员"是指州长为实施第（3）（B）项所述活动而任命的人士。

"（6）州农村经济发展审查小组。州农村经济发展审查小组或审查小组，是指满足第 366 条所述要求的顾问小组。

"（c）部长的职责。关于各有资格的州，部长应：

"（1）审查任何州协调员根据第 366（b）（6）条提供的清单；

"（2）决定清单申请所述各项目是否满足申请援助的农村经济发展项目的要求；

"（3）从清单中删除不满足要求的项目的申请；

"（4）根据可用的资金，考虑各州小组对该等项目申请的排序，向根据第（3）项修改清单后（如有必要），仍然留在清单中的申请项目提供援助，以及，如果向任何项目提供援助，并且未向小组排序较高的其他所有项目提供援助，则应在决定资助排序较低的项目后 10 天内，向审查小组、众议院农业委员会以及参议员的农业、林业和渔业委员会报告作出该等决定的原因；

"（5）在任何财政年度向任何指定农业发展项目提供拨款的任何法案颁布日期后 30 天内，通知各州该财政年度在该等项目项下将提供的资金的数额，以及该财政年度所有指定农业发展项目项下该等金额的总数；

"（6）每天或通过其他方式向担任州农业经济发展审查小组成员的全职美国官员或员工，支付该等官员或员工履行审查小组职责的每一天所产生的费用（包括出差时间）；

"（7）从第 306（a）条提供的任何拨款金额中，每年向有资格的实体提供 100 000 美元以内的拨款，支付满足第 366 条所述要求的州农村经济发展审查小组的相关管理成本；与

"（8）根据第 366（c）（1）（P）条的规定，任命州农村经济发展审查小组的 1 名成员。

"（d）官方信息。部长应为临时或为特殊目的，在来自美国任何部门或机构中并且拥有任何州农村经济发展审查小组不具备，但为允许审查委员会履行第 366（b）条所述职责所必须的专业技术的人士中，任命非投票成员，但须经该等部门或机构负责人的许可。

"（e）拨款资金的分配：

"（1）初始分配。在任何财政年度，部长应考虑第（c）（1）款所述清单中该等项目的排序，分派用于任何财政年度任何有资格的州向第（c）（4）款所述项目提供的任何指定农村发展项目的直接贷款、贷款担保或任何指定农村发展项目的拨款。

"（2）公平分配未分配的资金。不论第（1）条有何规定，部长应在每年的 7 月 15 日前，以及其后部长认为恰当的财政年度内的任何时间，从有资格的州中拨款用于直接贷款、贷款担保或各指定农村发展项目的拨付的任何未支配资金，根据部长的决定，按照需求在有资格的州中分配该等资金。

"（f）《联邦顾问委员会法》不适用。《联邦顾问委员会法》不适用于任何州经济发展审查小组。

"（g）州农村经济发展审查小组不承担任何责任。不得因州农村经济发展审查小组的任何决定向任何人员承担任何责任。

"（h）水和废弃物处理设施贷款的资格。

"（1）农村电气化项目借款人。不论法律有任何其他规定，《1936 年农村电气化法》第 3 篇下的借款人，在与该等援助的任何其他申请人平等的条件下，应有资格收到第 306 条下的贷款和拨款，第 306 条的条款和条件、规则、标准和其他条例应适用于该等借款人。如果该等借款人提出申请，则农村电气化管理局的主管人应提供关于水和废弃物处理设施和该等设施的贷款和拨款。

"（2）不得限制向电力客户提供水和废弃物处理设施服务。如果该等限制或约束基于服务该区域或计划服务该区域的该等人士或实体是否收到或将收到该等借款人的电力服务，则部长应制定规则和程序，禁止限制或约束《1936 年农村电气化法》第 3 篇下的借款人获得或使用《巩固农业和农村发展法》项下资助的水和废弃物处理设施。

"第 366 条　州农村经济发展审查小组。

"（a）概述。为让该州成为或继续成为有资格的州，该州必须设有州农村经济发展审查小组，并且该等审查小组应满足本条的所有要求。

"（b）职责。审查小组必须就资助指定农村发展项目资助申请的合理性，向部长提供建议，并且为得出该等建议，审查小组必须履行以下职责：

"（1）审查当地的农村发展计划。审查当地或地区提交的地区计划。

"（2）评估地区计划和援助申请。（A）地区计划。根据书面政策和标准，评估当地或地区提交的地区计划，并决定：

"（ⅰ）接受在技术和经济上充分、可行和可能成功实现计划既定目标的任何地区计划，但地区计划与审查已接受的该地区的其他计划相互冲突的情况除外；或

"（ⅱ）退回在技术和经济上不充分、不可行或不可能成功或与审查小组目前已接受的该地区的其他地区计划相冲突的任何计划，并解释退回的原因以及建议的替代方案。

在评估本项下的地区计划时，审查小组必须重点考虑政府间发展委员会或负责农村或地区发展的当地官员组成的类似组织所提交的地区计划或其他意见。

"（B）申请援助。评估各援助申请，决定将要在任何地区实施的项目是否与该申请所述项目的其他

地区项目兼容，与

"（i）接受审查小组认为与该等地区计划兼容的任何申请；或

"（ii）向农村发展管理局退回审查小组认为与该等地区计划相冲突的任何申请。

"（3）从已接受的地区计划中，审查和排列指定农村发展项目项下援助申请。根据第（2）（A）项已接受的地区计划的地区实施项目，审查根据第（2）（B）项已接受的援助的申请，考虑援助的来源以及第 365（b）（4）（A）条所确认的相关活动，在符合第（4）和（5）项的前提下，根据书面政策和标准，对该等申请进行排序，排序时考虑：

"（A）申请中所述项目如果为企业项目：

"（i）如果项目会：

"（Ⅰ）通过允许成立新的小企业或拥有或经营企业的当地或地区居民扩展现有企业，创造永久性新工作或保留现有工作；

"（Ⅱ）为改善和多元化当地或地区经济作出贡献；

"（Ⅲ）为当地或地区居民创造或保留工作岗位；

"（Ⅳ）由具有充分管理能力的人员实施；

"（Ⅴ）可能成为财务上可行；与

"（Ⅵ）协助当地或地区解决严重的经济问题；

"（ii）根据地理分配的敏感性，在州内尽可能多的地区分配援助项目；

"（iii）项目的技术方面；

"（iv）项目的市场潜力和营销安排；与

"（Ⅴ）该等项目促进农村经济发展的潜力，通过改善社区，增加居民人数和改善该等人员的生活品质；与

"（B）如果申请所述项目为基础设施和社区设施项目，在该等项目符合以下各项的范围内：

"（i）有潜力通过改善当地或地区居民的生活品质，促进农村社区的发展；

"（ii）影响当地或地区居民的健康和安全；

"（iii）影响企业生产力和效率；

"（iv）改善商务经营活动；

"（Ⅴ）有潜力促进长期发展，包括通过增加居住在农村社区的人数；

"（iv）解决严重的损失或水质或水量的缺失；

"（vii）让社区符合联邦或州关于水或污水的标准；与

"（viii）综合水和废弃物处理系统和利用新系统的管理效率。

"（4）应对健康紧急情况项目的优先排序。不论第（3）项下设立的标准，优先审核和照顾旨在应对恰当的联邦和州紧急机构宣布的健康紧急情况项目的申请。

"（5）基于需要确定优先次序。如果根据第（3）和（4）项对申请进行排序后，两个或以上的申请被视为在可行性和发展潜力方面相当，优先考虑需求最大的项目的申请。

"（6）提交排序后的申请清单。为向州协调员提交收到的所有申请的清单，并在清单中注明：

"（A）关于接受的所有申请，根据第（3）、（4）和（5）项对该等申请的排序；与

"（B）关于退回的所有申请，申请根据第（2）项退回的事实以及要求州协调员向部长提交清单。

"（7）排序后清单的可用性。向公众提供第（6）项下提交的排序后的申请清单，并简要地解释和说明该等优先次序排序的原因。

"（8）制定和评估书面政策和标准，对申请进行评估和排序。根据本条所述规定，设立和每年审查小组根据本条进行评估和对项目进行排序所使用的书面政策和标准，确保该等政策和标准符合当前的农村发展需求，并在政策和标准制定初始阶段向公众征集意见。

"（c）成员。

"（1）投票成员。审查小组必须由 16 位以内的投票成员组成，这些成员为农村地区的代表：

"（A）其中 1 人为州长或州长指定的人员，代表州长在该年出任小组成员；

"（B）其中 1 人为该州负责经济和社区发展机构的负责人，或该等负责人指定的人员，代表负责人在该年出任小组成员；

"（C）其中 1 人由州级金融组织协会任命；

"（D）其中 1 人由州级投资人所有的公共事业协会任命；

"（E）其中 1 人由州级农村电话合作社协会任命；

"（F）其中 1 人由州级非合作电话公司协会任命；

"（G）其中 1 人由州级农村电力合作社协会任命；

"（H）其中 1 人由州级医疗组织协会任命；

"（I）其中 1 人由现有基于当地政府的规划和发展组织州级协会任命；

"（J）其中 1 人由州长任命，或者来自州级农村发展组织或州级公共所有的电力设施协会任命，但不得来自第（C）～（I）小项所述范围；

"（K）其中 1 人由州级县协会任命；

"（L）其中 1 人由州级乡镇协会或州级市政联盟协会任命，由州长决定；

"（M）其中 1 人由州级农村水地区协会任命；

"（N）联邦州负责人小企业发展中心（或，如果没有关于州的小企业发展中心，州小企业管理局办公室的负责人）；

"（O）州经济发展管理局商务办公室的代表；与

"（P）其中 1 人由部长在联邦政府官员和员工中任命。

"（2）非投票成员。审查小组的非投票成员不得超过 4 人，该等非投票成员应为农村地区的顾问和代表：

"（A）其中 1 人由州长从州内各高等教育机构的商学院的院长或类似职位提名人选中任命；

"（B）其中 1 人由州长从州内各高等教育机构的工程学院的院长或类似职位提名人选中任命；

"（C）其中 1 人由州长从州内各高等教育机构的农学院的院长或类似职位提名人选中任命；

"（D）国家机构负责人兼任国家农业推广机构负责人。

"（3）州长在部分情况下任命州级组织的代表：

"（A）无州级组织。如果没有第（1）项（C）、（D）、（E）、（F）、（G）、（H）、（I）、（K）、（L）或（M）小项所述实体的该等协会或组织，州长应从适用段落所述该等实体的当地团体所提交的提名中任命相关人员，视情况而定。

"（B）多个州级组织。如果存在一个以上的第（1）项（C）、（D）、（E）、（F）、（G）、（H）、（I）、（K）、（L）或（M）小项所述州级协会或组织，州长必须选择 1 个组织任命成员。州长必须让该等协会或组织轮流任命，所选协会或组织任命的代表任期不得超过两年，之后由州长选择另一个该等协会或组织任命代表。

"（4）未能任命小组成员。州长、农业部长或第（1）项（C）、（D）、（E）、（F）、（G）、（H）、（I）、（L）或（M）小项所述协会或组织未能根据本款要求任命审查小组成员，不得影响该州被视为有资格的州。

"（d）通知。选择代表出任审查小组成员的各州级组织，必须通知州长其所选人士。

"（e）州长任命的小组成员的资格。州长任命的审查小组各成员，其掌握的商务和社区发展的专业技术，应符合审查小组的要求。

"（f）空缺。审查小组的空缺职位，必须按照最初任命的方式填补。

"（g）主席和副主席。审查小组必须选择小组的两名成员（非美国官员或员工）担任审查的主席和副主席，任期 1 年。

"（h）联邦成员无报酬。除非第 365（c）（6）条规定外，审查小组各成员，如果是联邦政府的官员或雇员，除因作为该等官员或员工的一般报酬和福利外，不得因出任审查小组成员而收到任何报酬或利益。

"（i）管辖小组会议的规则。

"（1）法定人数。审查小组大部分成员构成开展小组事物的法定人数。

"（2）会议的频率。审查小组至少每季度召开 1 次会议。

"（3）首次会议。州协调员必须安排审查小组的首次会议。

"（4）会议记录。审查小组必须保存会议的会议记录、审议事项和审查的评估记录，该等记录应足够详细，以便审查小组向相关人员说明其行动的理由。"

（b）相应修订。《巩固农业和农村发展法》（《美国法典》第 7 篇 1926（a）（3））第 306（a）（3）条经修订删去从"与不符合"到"该区域采取"。

第 2317 条　贷款以及贷款担保的分配和转移。

《巩固农业和农村发展法》（《美国法典》第 7 篇 1921 及以下）经本子篇上述条款增加条款后，增加以下内容：

"第 367 条　贷款金额的有限转移权限。

"（a）资金的转移。如果第 306（a）条下拨款给第 306（a）条下授权的水和废弃物或社区设施项目，以及该财政年度的该等项下向有资格的州（定义见第 365（b）（3）条）提供的直接贷款的款项，其数额无法充分允许部长予以第 365（c）（4）条所述项目所要求的全额援助，则部长可根据本条第（b）款所述规定，将全部或部分其他项目向该州提供的贷款的拨款转移到该等项目。

"（b）转移贷款金额的限制。

"（1）州内转移的金额。关于各有资格的州（定义见第 365（b）（3）条），本条下从其他项目转移的直接贷款资金，不得超过分配给根据第 365（b）（6）条所述清单的优先顺序较前的项目所要求的全额援助后，该等项目剩余的未支配款项。

"（2）国家层面资金的转移。对于所有有资格的州，某一财政年度从本条项下的项目转移的直接贷款的金额（在抵消转入该等项目的款项后）不得超过 9 000 000 美元。

"第 368 条　贷款担保权限的分配和转移。

"（a）贷款担保权限的分配。部长应按照与该等项目拨款的直接贷款和拨款资金的分配所使用的方式，以及部长认为公平、合理和恰当的方法，向所有州分配用于第 310（a）条下授权水和废弃物或社区设施项目，以及第 310B 条下授权的工商贷款项目的直接贷款的拨款。

"（b）贷款担保权限的转移。

"（1）概述。如果某一财政年度为第（a）款下所述项目项下向有资格的州（定义见第 365（b）（3）条）提供贷款担保的拨款，无法充分允许部长予以条款第 365（c）（4）条所述项目所需的全额援助，部长可以将该财政年度为其他项目向有资格的州提供的全部或部分贷款担保转移给该等项目。

"（2）转移的担保金额的限制。对于各有资格的州，本条项下从一个项目转移的贷款担保的金额，不得超过分配给根据第 365（b）（6）条所述清单的优先顺序较前的项目所要求的全额援助后，该等项目剩余的未支配款项。"

子篇 C　水和废弃物处理设施

第 2321 条　增加水和废弃物处理拨款权限的限制。

《巩固农业和农村发展法》（《美国法典》第 7 篇 1926（a）（2））第 306（a）（2）条经修订删去"：

但是，关于 1981 年 9 月 30 日后开始的财政年度，该等拨款在任何财政年度不得超过 154 900 000 美元"。

第 2322 条　水和废弃物处理设施资助。

（a）权限。在符合申请条件的情况下，农业部部长应向作为《1936 年农村电气化法》（《美国法典》第 7 篇 930 及以下）第三篇下的借款人的人士或实体（在本条中称为"借款人"）提供贷款，让该等借款人为其所在的地区提供水和废弃物处理设施服务。

（b）限制。除非法律另有规定，否则第（a）款项下提供的贷款，不得超过《1936 年农村电气化法》授权任何财政年度用于农村电气化和电话目的所提供担保贷款总额的 10%，或 40 000 000 美元，以二者中较少者为准。该等限制应为电气化和电话目的的授权担保贷款总额的补充。

（c）优先次序。审查本条项下的贷款申请时，部长应考虑：

（1）为使所服务的社区符合联邦或州环保法，该等贷款是否确有必要；

（2）服务区的个人以及任何当地政府实体是否赞成借款人在该地区提供该等服务；

（3）服务地区的收入、失业率以及其他情况；

（4）在诸如缺少安全的饮用水、充分的水供应、污水处理和其他废弃物处理设施等方面，服务区居民所面临的匮乏水平；

（5）安全水供应、废弃物处理和类似服务可能对服务区内的经济增长产生的积极影响；

（6）为确保该等贷款为服务区提供水和废弃物处理服务的成本不超过附近其他地区的收费标准，本条下所提供的贷款在多大程度上是必不可少的；

（7）贷款对保留借款人的财产和服务地区的影响，或保护向借款人提供的未偿还贷款的安全；与

（8）申请所述的水和废弃物处理设施项目是否与任何现有设施重复，以及借款人是否会协调其水和废弃物处理设施的运营与区域内的类似运营的关系，包括通过与附近的供水和废弃物处理系统共同收费以及采取其他措施从而实现规模经济，降低该等系统的成本、改善运营和促进系统发展。

（d）合作。

（1）其他项目和要求。

（A）其他项目。部长应确保本条项下所设立的项目，与《巩固农业和农村发展法》第 306 条项下所授权和设立的项目相互协调，并且尝试协调本条项目下的贷款活动与其他实体的类似活动。

（B）要求。本条下提供的贷款，应与《巩固农业和农村发展法》第 306 条项下的贷款按照同样的方式提供，并且应该符合该法第 306（a）（9）和 306（a）（10）条（需要州水污染控制机构的批准）、该法的第 306（a）（19）（A）和（B）条（需要包含水和污水处理系统的技术设计和材料选择的部分要求）以及该法第 306（b）条（关于缩减或限制服务）所述要求。

（2）职责的转移。部长应确定相对于农民住房管理局，农村电气化管理局在设施会计、设施管理和财务分析、建议和援助以及设施运营和工程的其他方面，是否掌握了更好的专业技术。如果部长认为农村电气化管理局在该等领域的专业技术更好，部长应要求农村电气化管理局在处理本条项下的申请时提供技术援助和支持。

（3）禁止限制获得。部长应制定规则和程序，禁止继续限制或约束借款人获得或使用本条项下资助的任何水和废弃物处理设施。该等规则和程序应以该等设施计划服务的地区内的个人或实体是否收到或将收到该等借款人的电力服务为基础。

（e）条款。

（1）概述。本条下提供的贷款，其还款期限应与《1936 年农村电气化管理法》第 3 篇下农村电气化管理局的主管人向该等贷款人提供的担保贷款一样，本条项下贷款的利率不得超过 5%。

（2）利率。部长应以下文为依据，决定本条下提供的贷款将收取的利率：

（A）确保客户为获得本条下提供的贷款所资助的水和废弃物处理服务的成本，不超过借款人服务

的附近区域的收费标准；

（B）所服务人群的收入及其他特点；与

（C）鼓励借款人根据第（f）款所述规定，获得私人企业的资本，补足本条项下的贷款。

（f）私人领域的资本：

（1）要求的匹配资金。部长不得向本条下的借款人提供援助，除非该借款人向部长承诺，并且向部长证明其有能力利用其自有资金，投资相当于提供援助数额的项目。

（2）经授权的利率下调。为协助获得私人资本，如果下调利率是恰当的并且可以帮助借款人获得该私人资本，部长可以根据各个案例的具体情况，下调本条项下提供的贷款的利率。

（g）拨款。部长应在拨款法规定的范围内，提供本条项下的贷款，但除非法律另有规定，否则任何财政年度该等贷款的金额，不得超过《农村电气化法》（《美国法典》第7篇930及以下）第3篇下所有担保贷款授权金额的10%或40 000 000美元，以二者中较低者为准。本款下的拨款在支出前应随时可用。

（h）还款。本条款目的下的拨款，应存放于独立的账户。本条项下贷款的预付款，应从该等账户支付，该等贷款的还款，应返还到该等账户，用于今后贷款的付款。

（i）全额使用。

（1）概述。根据第（2）和（3）项以及法律可能要求的任何其他限制，在任何财政年度，部长应采取所有合理的措施，全额使用第（h）款下设立的账户所持有的任何资金。

（2）贷款的上限。在任何财政年度，部长在第（h）款设立的账户的款项，在本条项下可提供的贷款的总计金额，除还款金额外，应为以下二者中较低者为准：

（A）《1936年农村电气化法》（《美国法典》第7篇930及以下）第3篇项下贷款的10%；或

（B）40 000 000美元。

（j）重新补充水和废弃物处理设施基金。

（1）贷款总额的计算。各财政年度结束时，应计算：

（A）该等年度本条项下持有的贷款总额；与

（B）《巩固农业和农村发展法》第306条下，向第（a）款所述借款人提供的水或废弃物处理设施贷款的总额。

（2）转移数额。不论第（g）和（i）款有何规定，如果第（g）款项下的任何拨款数额，在任何该等财政年度结束时应随时可用于：

（A）部长应将该等可用款项用于《巩固农业和农村发展法》第306条下的水和废弃物处理设施贷款的资金，但不得超过《1936年农村电气化法》向借款人提供的贷款金额；与

（B）第306条下向该等借款人提供的贷款应：

（ⅰ）受限于第306A条的条款、条件和其他要求；与

（ⅱ）向第（h）款所设立的账户还款。

第2323条　银行向合作社提供水和废弃物处理贷款。

（a）授权。《1971年农业信贷法》（《美国法典》第7篇2128）第3.7条经修订在末尾处增加以下新款：

"（f）合作社银行可以为安装、扩展和改善农村地区的水和废弃物处理设施，提供或参与提供贷款和投资，并向以下各项提供其他技术和财务援助：

"（1）为设立或运营该等设施而特别设立的合作社；与

"（2）公共和准公共机构和实体，以及在州或当地法律授权项下，设立或运营该等设施的其他公共和私人实体。

在本款中，"农村地区"，是指基于美国最近一次十年人口普查，州人口不超过20 000的任何城镇

外边界外的所有区域。"。

（b）相应修订。《1971 年农村信贷法》（《美国法典》第 12 篇 2129（b）（1））第 3.8（b）（1）款经修订在末尾处加上以下新小项：

"（D）第 3.7（f）条所述任何合作社或其他实体。"

第 2324 条　农村污水处理循环项目。

（a）设立。部长应根据收到农民住房管理局资助的国家农村水资源协会农村水循环项目，设立国家农村污水循环拨款项目。

（b）额度限制。各财政年度为实施第（a）款下所设立的项目，获授权拨款额为 4 000 000 美元。

第 2325 条　部分固体废弃物处理技术援助。

《巩固农业和农村发展法》（《美国法典》第 7 篇 1932（b））第 310B（b）条现修订为：

（1）在"部长"前插入"（1）"；与

（2）在末尾处加上以下新项：

"（2）部长应向非营利组织进行拨款，用于向当地和地区政府以及相关机构提供地区技术援助，降低或消除水资源污染和改善固体废弃物处理设施的规划和管理。本项下为提供技术援助而予以的拨款，应相当于该等援助成本的百分之百。"

第 2326 条　紧急社区水援助拨款项目。

（a）项目的设立。《巩固农业和农村发展法》子篇 A 经修订在第 306A 条（《美国法典》第 7 篇 1926a）后插入以下新条款：

"第 306B 条　紧急社区水援助拨款项目。

"（a）概述。如果发生以下情况，部长应根据本条的规定进行拨款，援助农村地区和小型社区的居民获得足够的安全用水：

"（1）在该等农村地区和小型社区的供水水量和水质发生显著下降后；或

"（2）当现有供水系统的修复、部分替代或大幅维护将改善严重的水质或缓解现有水质和水量的明显下降。

"（b）优先次序。实施第（a）款时，部长应优先考虑第（a）（1）款所述项目，并至少向该等项目提供所有该等拨款的 70%。

"（c）资格。为获得本条下收到拨款的资格，申请人应：

"（1）为公立或私营的非营利性实体；与

"（2）如果是第（a）（1）款所述拨款，需向部长证明该款所述"下降"在该等拨款申请日期后两年内出现。

"（d）使用。

"（1）概述。本条下的捐赠可用于现有系统的水线扩展、铺设新水线、修复和维护、挖掘新水井、设备替换、钩子和龙头费用以及与发展资源、处理、存储或水分配相关的恰当目的，以及协助社区遵守《联邦水污染控制法》（《美国法典》第 33 篇 1251 及以下）或《安全饮用水法》（《美国法典》第 7 篇 300f 及以下）的要求。

"（2）联合建议书。本条不得阻止农村社区根据第（e）款所述限制，就紧急水援助提交联合建议书。该等限制条件应根据参与社区数量，作整体考虑。

"（e）限制。本条下授予的拨款，不得用于协助以下任何农村地区或社区：

"（1）根据美国最近一次十年人口普查，人口超过 5 000 人的任何城市或乡镇的任何地区；或

"（2）根据美国最近一次十年人口普查，中等家庭收入高于美国非都市中等家庭收入。

本条下可分配资金的至少 75%，应用于人口不足 3 000 人的农村社区。

"（f）最大捐赠。本条下的捐赠不得超过：

"（1）如果是第（a）（1）款下的每次捐赠，500 000 美元；与

"（2）如果是第（a）（2）款下的每次捐赠，75 000 美元。

"（g）全额资助。根据第（e）款，本条下的每次拨款应相当于被拨款项目成本的百分之百。

"（h）申请。部长应就授予本条下的捐赠，制定全国范围内竞争性申请流程。该等流程应包括评估申请的标准，包括人口、中等家庭收入、以及水量或水质下降的严重程度。部长应采取措施，在该等申请提交日期后 60 天内，审查该等申请并根据该等申请行事。

"（i）拨款权限的限制。为实施本条，1991 财政年度拨款 25 000 000 美元，1992 财政年度拨款 10 000 000 美元。如果授权金额超出拨款金额，则该等超出部分应视为今后财政年度的计划拨款，直至完全拨款。"

（b）实施。

（1）规则。部长应公布：

（A）为实施《巩固农业和农村发展法》第 306B 条的过渡性最终规则，不得迟于本法生效日期后 45 天；与

（B）为实施第 306B 条的最终规定，不得迟于该等生效日期后 90 天。

（2）资助。

（A）义务。关于《巩固农业和农村发展法》第 306B（i）条下的拨款，部长有义务在第一个财政年度该等资金的拨款日期后 5 个月内，提供资金的 70%。

（B）放款。部长应在本款第（1）（B）条出具最终规定前，授予《巩固农业和农村发展法》第 306B（1）条所述拨款。

第 2327 条　降低健康风险的水和废弃物处理设施贷款和资助。

《巩固农业和农村发展法》（《美国法典》第 7 篇 1922 及以下）经修订在本法第 2326 条增加条款后，新增以下条款：

"第 306C 条　降低健康风险的水和废弃物处理设施贷款和资助。

"（a）向非个人提供贷款和拨款。

"（1）概述。部长应向农村供水公司、合作社或类似的实体、联邦和州居留地的印第安部落、其他联邦认可的印第安部落以及公共机构，提供贷款或担保贷款或进行拨款，以保存、发展、使用和控制水（包括扩展和改善现有供水系统），以及安装或改善排水和废弃物处理设施和关键的社区设施，包括必要的相关设备提供资金。只有当向部长认为由于相当一部分社区居民无法获得或无法负担起以下各项，并因此导致社区居民面临重大健康风险，方可为提供该等社区提供该等水和废弃物处理设施和服务予以贷款和拨款：

"（A）供水系统；或

"（B）废弃物处理设施。

"（2）部分目标县。第（1）项下的贷款和拨款，只有当贷款或拨款资金将用于向各县居民提供水处理或废弃物处理服务时（或二者），方可予以以下各县：

"（A）经商务部认定，居民的人均收入不足全国平均人均收入的 70%；与

"（B）经劳动统计局认定，居民失业率不低于全国平均失业率的 125%。

"（b）向个人提供贷款和拨款。

"（1）概述。部长应向居住在第（a）（1）款所述社区的个人提供贷款或担保贷款或进行拨款，用

于向该等居住区提供供水或废弃物处理系统。该等贷款的利息不得高于联邦融资银行在贷款时提供类似贷款的利率。该等贷款的还款可以在供水或废弃物处理系统的预期寿命期限内分期偿还。

"（2）提供贷款和拨款的方式 。第（1）项下向个人提供的贷款或拨款应：

"（A）由部长直接向该等人士提供；或

"（B）根据部长颁布的规定，通过农村供水公司、合作社或类似的实体，或公共机构，向该等个人提供供水或废弃物处理服务。

"（c）优先次序。部长应优先授予以下贷款和拨款：

"（1）优先考虑第（a）款下居住在农村分支区域（住房情况恶劣、道路和排水系统建设落后、缺乏水和废水处理设施）的居民提供水和废弃物处理服务的农村供水公司、合作社或类似的实体，或公共机构；与

"（2）第（b）款项下居住在农村分支区域（住房情况恶劣、道路和排水系统建设落后、缺乏水和废水处理设施）的居民。

"（d）合作社的定义。在本条中，"合作社"是指为安装、扩展、改善和运营供水和废弃物处理设施或系统而特别组建的合作社。

"（e）拨款权限的限制。获得授权拨款：

"（1）本条下的拨款，各财政年度 30 000 000 美元；与

"（2）本条下的贷款，各财政年度 30 000 000 美元。"

第 2328 条　服务农村经济的水或废弃物处理贷款。

《巩固农业和农村发展法》（《美国法典》第 7 篇 1926（a）（1））第 306（a）（1）条经修订在"农场工人"后插入"农村业务"。

第 2329 条　水和污水捐赠和贷款的条件限制。

《巩固农业和农村发展法》（《美国法典》第 7 篇 1926（a））第 306（a）条经修订在末尾处加上以下新段落：

"（20）在提供本款下的贷款或担保贷款或拨款时，除本法规定外，部长不得为该等贷款或拨款的批准提出任何要求、条件或认证的要求。"

子篇 D　改善人力资源

第 1 章　远程学习与医疗通信项目

第 2331 条　目的。

本章旨在向刺激当地电话交换公司、农村社区设施和农村居民，改善电话服务的质量，提供先进的电信服务和计算机网络，为农村的发展提供机会。

第 2332 条　目标。

联邦政府的目标是向农村居民提供可负担的先进电信服务，包括可靠的文件传真和数据传输、多音频信号服务、911 紧急服务以及自动号码识别、互动音频和视频传输，记录、存储语音的服务、检索语音信息和其他先进的电信服务。

第 2333 条　定义。

在本条中：

（1）主管人。"主管人"是指农村电气化管理局的主管人。

（2）通讯卫星地面站。"通信卫星地面站"，包括在通过卫星传输前，以及在传输到陆上分配系统前从卫星收到的数据的地面站的传输器、接收器、通信天线以及连接陆地上传输设施（电缆、电线和微波，设施）以及处理陆上分配设施收到的通信调制和解调设备。

（3）全面的农村电信计划。"全面的农村电信计划"，是指申请人为获得本章下的拨款所提交的计划。该等计划应包括：

（A）详细解释所提出的农村电信系统，以及该等系统的资金，介绍从本章项下的主管人处收到的拨款的用途。

（B）解释该等计划满足主管人在本章下所提出或第2334条所提出的任何要求的方法；

（C）申请人计划使用该等拨款建造或资助的列表清单，旨在进一步推进本章的目的，包括采购或租赁电信终端设备、电信传输设施、数据终端设备、互动视频设备、计算机硬件和软件系统以及通过电信传输加工数据的部件、计算机网络部件、通信卫星地面站设备或电信系统的任何其他元素；

（D）解释受影响农村社区和该等拨款申请人的特殊财务需求或其他需求；

（E）分析所提出的租赁或采购设施、设备、组件、硬件和软件或其他项目建议的相关成本和利益；与

（F）介绍与合适的当地电话交换公司以及各种额外电信服务供应商（包括其他交换运营商、卫星服务供应商以及电信设备制造商和经销商）进行的磋商，以及该等供应商在拟议电信系统中将扮演的角色。

（4）计算机网络。"计算机网络"，是指计算机硬件和软件、终端、信号转化设备，包括调制器和解调器或相关设施，通过电信网络与其他计算机通信、处理和交换数据，通过电信网络，信号产生、修改或准备通过电信终端设备和电信传输设施用于传输或接受信号的设备。

（5）数据终端设备。"数据终端设备"，是指将用户信息转化成传输数据信号或将收到的数据信息重新转化为用户信息的设备，一般位于电路终端，并且设在终端用户的场所。

（6）终端用户。"终端用户"，是指与这些设施相关的农村社区设施或人员，并且参与本章项下设立的项目。

（7）光纤电缆。"光纤电缆"，是指一束光纤传输元件或波导管，一般由纤维芯和光纤包层，可以引导光波，并包裹在具有张力和保护材料的组件中。

（8）互动视频设备。"互动视频设备"，是指可以在至少两个远距离的设备之间产生音频和视频传输信号的设备，个人在该等所在地可以与对方进行视频和音频沟通，并且该等设备包括监视器和其他显示设备、摄像头或其他记录设备、录音设备以及其他相关设备。

（9）部长。"部长"，是指农业部部长。

（10）电信传输设施。"电信传输设施"，是指传输、接收或承载电信电路或通道两端的电信终端设备中间数据的设施。该等设施应包括微波天线、中继站和中继塔以及其他电信天线、光纤电缆和中继器、同轴电缆、通信卫星地面站、铜电缆电子设备相关电信传输以及主管人指定的类似项目。

（11）电信终端设备。"电信终端设备"，是指电路两端电信设备的组合，通常位于终端用户的所在地，并且与电信传输设施连接，用于修改、转换、解码或准备通过该等电信设施传输的信号，或用于修改、重新转化或传输该等设施收到的信号，以实现建立网路的目标。

第2334条 电信项目的相关规定。

（a）管理。主管人负责本章的管理。

（b）政策制定。自本法颁布之日起160天内，根据《美国法典》第5篇第553条所述通知和评论规则制定的要求，部长应公布颁布本章下授权电信项目的最终规则。

（c）优先次序。主管人应为农村地区和拨款申请人以及本章利益设立证明申请人确需该等援助的程

序，考虑所有申请人的相关需求、受影响农村社区的需求以及申请人通过其他方式获得或建立电信系统的财务能力。

（d）撤销。如果主管人认为确有迫切需要，主管人可修改第 2333 条中的任何定义。

（e）加速协调电话贷款。主管人应设立并实施程序，确保加速协调和决定本章下当地交换公司提交的贷款申请以及资金的预付：

（1）允许该等交换公司在农村地区提供先进的电信服务；与

（2）本章下主管人批准的任何电信项目所包含的元素将由该等当地电话交换公司完成，但不包含本章下的任何拨款。

（f）拨款批准流程：

（1）修改。主管人可要求本章下提供的拨款申请所述的任何建议作出修改或变更。

（2）资助的水平：

（A）概述。主管人向本章下的申请提供资金拨款，可以是主管人视为恰当的任何水平，但不得超过本章所述任何百分比水平。

（B）考虑因素。在考虑全国对拨款援助的需求以及任何拟议采购或租赁电信传输设施、电信终端能设备、计算机网络部件以及其他设备或设施的成本和利益后，主管人可基于以下各项进行拨款：

（ⅰ）申请是否有价值；

（ⅱ）申请人的财务需求；

（ⅲ）受影响农村社区对拟议项目的需求；以及

（ⅳ）主管人视为恰当的其他因素。

（g）共同使用电信传输设施。颁布实施本章的规定时，以及要求变更或批准拨款申请时，在合理和恰当的范围内，主管人应优先考虑为可以共享本章下设立项目的设施的项目提供资金。

（h）电话传输设施的加速贷款：

（1）概述。不得向经批准的终端用户提供安装电信传输设施成本的拨款，如果当地电话交换公司提供电话服务，定义见《1936 年农村电气化法》（《美国法典》第 7 篇 924（a））第 203（a）条，将根据本条的条件和截止日期，通过使用第（e）款所述加速电话贷款，后通过其他融资程序，安装该等设施。

（2）通知当地交换公司。申请本章下农村电信项目拨款的各申请人，应就向主管人呈交的拨款申请，通知恰当的当地电话交换公司，并努力和该等交换公司一同努力，发展农村电信项目。主管人应公布本章项下收到的关于农村电信项目拨款的申请通知，并由第 2333（3）（F）条所述任何供应商检查该等申请。

（3）主管人设置的截止日期。收到加速电话贷款的完成申请后 45 天内，主管人应对申请作出回复。主管人应书面通知申请人关于该等加速贷款申请的决定。

第 2335 条　农村社区获得先进的电信服务。

（a）目的。

（1）概述。本章下设立的项目，旨在鼓励和改善终端用户相关人员，包括相关农村区域的老师和学生、医疗人员、小企业以及居住在农村地区的其他居民，使用电信、计算机网络和相关先进技术。

（2）拨款。根据主管人的批准，在本章下向终端用户提供的拨款，全额资助各综合农村电气计划。

（b）拨款。

（1）一般权限。为实现本章项下所设项目之目的，主管人可进行拨款，但金额不得超过第（3）项所述水平。

（2）支出。为协助规划、延续本章下设立的项目，主管人可以将任何一年的支出分配到后续一年或几年，一年的拨款和支出可能超过第（1）项所述限制。

（3）拨款权限的限制。为实施本章，1991 财政年度获得拨款 25 000 000 美元、1992 和 1993 财政年度分别获得 50 000 000 美元。

1994 和 1995 财政年度分别获得 60 000 000 美元。本款下的拨款在支出前应随时可用。

（4）资金的使用。本章下的拨款，应提供给经批准的农村电信计划，用于设施、设备、活动或其他用途的终端用户，以实现本章所述目的，包括：

（A）开发和获得指导性项目；

（B）通过租赁或采购，开发和获得计算机硬件和软件、音频和视频设备、计算机网络部件、电信终端设备、电信传输设备、数据终端设备或互动视频设备以及为推进本章授权项目目的所需的其他设施。

（C）提供技术援助和指导该等程序、设备或设施的开发和使用；或

（D）主管人批准并且符合实现本章目的的其他用途。

（5）当地交换公司。根据第 2334（h）条所述条件，为实施本章下授权的任何项目，可向当地提供电话服务的交换公司提供加速贷款（定义见《1936 年农村电气化法》（《美国法典》第 7 篇 924（a）第 2333（a）条），支付电信传输设施所需成本。

（6）信息报告。主管人应设立并实施程序，就本章下授权的项目，将相关信息通知位于各州农村地区的潜在终端用户。

（7）拨款的限制。本章下向终端用户提供的拨款，不得用于支付终端用户的工作或费用。

（c）规定。自本法颁布之日起 160 天内，除本法第 2334（b）条所述规定外，主管人还应设立优先次序，向最需改善通信农村地区的终端用户，实施本章的目的，作出拨款。

第 2 章 农村企业发展

第 2336 条 目的。

本章的目的：

（1）提供资金，改善农村地区的电信服务；与

（2）提供获得先进电信服务和电脑网络的途径，改善农村地区的就业机会和商业环境。

第 2337 条 商务电信合伙人的贷款。

《巩固农业和农村发展法》（《美国法典》第 7 篇 1932）第 310B 条经本法第 2347（a）条增加条款后加上以下内容：

"（i）向商务电信合伙人提供贷款：

"（1）概述。部长应按照最低利率和市场利率向一个或多个农村地区企业、当地政府或公共机构提供本款项下的贷款，贷款接收者使用该等贷款分享电信终端设备、计算机、电脑软件和电脑硬件设施。

"（2）一般要求。

"（A）申请流程。

"（i）提交申请。希望获得本条项下贷款的任何实体，应向部长提交相关贷款申请。

"（ii）申请的内容。本条下贷款的申请应包含：

"（Ⅰ）详细解释拟议的农村电信系统，包括所需的一般电信传输服务和设施，申请者计划购买或租赁实施系统的具体设备的清单；

"（Ⅱ）介绍拟议项目获得资助的方法；

"（Ⅲ）申请人和各实体签订的法律所允许的具有约束力约定的副本，申请人应获得项目所需的电信服务和设施，规定如果申请人收到申请贷款，实体将在合理的时间和价格，根据相关州法律，提供实体服务区域内的该等电信服务和设施。

"（Ⅳ）介绍申请人计划如何使用申请的贷款的；

"（Ⅴ）介绍如何评估拟议项目；与

"（Ⅵ）部长合理要求的其他信息。

"（B）申请的考虑因素：

"（ⅰ）部长审查。部长应：

"（Ⅰ）审查根据第（A）（ⅰ）小项所提交的各申请；

"（Ⅱ）决定申请是否满足第（A）（ⅲ）小项所述要求；与

"（Ⅲ）批准满足该等要求的各项申请；

"（Ⅳ）拒绝未能满足该等要求的各项申请；与

"（Ⅴ）如果经批准的申请将在有资格的州（定义见第 365（b）（3）款）实施，向有资格的州的审查委员会传输经批准的申请。

"（ⅱ）部分州审查小组的审查：

"（Ⅰ）概述。审查小组应检查根据第（ⅰ）（Ⅴ）条款传输给审查小组的各项申请，决定申请所述项目在技术和经济方面是否充分和可行以及该等项目成功的可能性。

"（Ⅱ）从申请人处获得信息的权限。提交本条下的贷款申请的各实体，应向项目将实施的任何有资格州的审查小组，提供审查小组合理要求的信息，协助申请的审查。

"（Ⅲ）要求申请人修改项目的权限。对实体在本款下的贷款申请作出最终决定前，审查委小组可要求该等实体修改申请所述项目。

"（ⅲ）申请的排序：

"（Ⅰ）概述。审查小组应根据书面政策和标准，对审查小组在任何财政年度收到的本款下的贷款申请进行排序，排序时应考虑以下各项：

"（aa）第（1）条款下所的审查结果；

"（bb）所述项目对地区所制定的地区计划（定义见第 365（b）（1）条）的促进作用；与

"（cc）如果项目与现有服务重复，说明原因。

"（Ⅱ）申请的分组。审查小组应将审查小组在财政年度内，收到的本条项下申请分成两组。第一组由财政年度前 6 个月收到的申请组成。第二组由该财政年度后 6 个月收到的申请组成。

"（Ⅲ）申请之间的竞争。审查小组应考虑一组内的各申请与另一组的申请的相互竞争。

"（Ⅳ）书面政策和标准。

"（aa）概述。根据（bb）款项下所述规定，审查小组应按照第 366（b）（3）条所述制定书面政策和标准的方法，制定书面政策和标准，用于评估申请。

"（bb）禁止开发或收购电信传输设施。（aa）款项下制定的政策和标准应要求申请中所述项目，不得包含开发或收购电信传输设施。

"（ⅳ）排序后申请的传输。审查小组应按照第 366（b）条所述规定给州协调员传输的方法，向根据第 365（b）（3）（A）（ⅱ）条任命的州协调员传输根据第（ⅱ）条款所制定的申请的排序。州协调员应将其收到的该等清单，传送给部长。

"（C）优先次序。部长应针对本款下向证明确有该等贷款需求的农村地区和申请人提供贷款设立程序，并考虑：

"（ⅰ）所有申请人的相对需求；

"（ⅱ）受影响农村地区的需求；

"（ⅲ）如果没有该等贷款，申请人使用电信服务开展业务的财务能力；与

"（ⅳ）审查小组关于该等地区所属有资格的州（定义见第 365（b）（3）条）的建议。

"（D）如果部长计划向有资格的州（定义见第 365（b）（3）条）以非审查小组建议方式提供本款下的贷款，部长应：

"（ⅰ）在作出该等决定后 10 天内，向有资格的州的审查小组、众议院农业委员会、参议员农业、

营养和林业委员会提交 1 份报告，注明不以建议方式向项目提供贷款的理由；与

"（ii）在审查小组和上述委员会收到该等报告之日起 7 天内不得提供该等贷款。

"（E）监控贷款的使用。部长应采取必要的步骤，确保本款下提供的贷款根据批准申请的规定使用。

"（3）与州法律的关系。本款不得被视为以任何方式影响《1934 年通信法》以及其下所述规定和命令或与通信设施或服务相关的条款或规定的任何州或当地法律的适用性。

"（4）规则。自本条生效之日起 120 天内，部长应根据《美国法典》第 5 篇第 553 条所述通知和评论规则制定要求，不论该等第 553 条第（a）（2）款有何规定，出具管理本条下设立的贷款项目的最终规则，关于机构管理和人员的规定除外。

"（5）定义。在本款中：

"（A）审查小组。"审查小组"，是指有资格的州（定义见第 365（b）（3）条）根据第 366 条所设立的州农村经济发展审查小组。

"（B）农村地区。"农村地区"，即第 306（a）（1）条下关键通信设施的贷款之目的，定义见第 306（a）（7）条。

"（C）电信终端设备。"电信终端设备"，是指以下电信设备（不含电信传输设施）：

"（i）电信传输设施的连接；与

"（ii）修改、转移、编码或通过其他方式准备将传输的信号，或修改、重新转化或运输从设施收到的信号。

"（D）电信传输设施。"电信传输设施"，是指传输、接收或承载电信网路或通道的电信终端设备信号的设施（电信终端设备除外）。

"（6）指定农村发展项目的贷款项目的处理。为本篇目的，本款下关于有资格的州（定义见第 365（b）（3）条）所设立的贷款项目，应被视为指定的农村发展项目（定义见第 365（b）（2）条）。

"（7）拨款权限的限制。

"（A）概述。关于本款项下的贷款，1991、1992、1993、1994 和 1995 各财政年度获授权向部长拨款 15 000 000 美元。

"（B）可用性。根据第（A）小项提供的拨款，在支出前应随时可用。"

子篇 E 农村企业和经济援助

第 2341 条 当地技术援助拨款。

《巩固农业和农村发展法》（《美国法典》第 7 篇 1926（a）（11））第 306（a）（11）条现修订为：

"（11）（A）（i）每年，部长可向公共团体、私人非营利性社区发展公司或实体，或部长选择的其他机构作出拨款，拨款金额不得超过 15 000 000 美元，让这些接收者：

"（Ⅰ）发现和分析将使用当地农村经济和人力资源的业务机会，包括出口市场；

"（Ⅱ）识别、培训现有或潜在农村企业家或管理人或向其提供技术支持；

"（Ⅲ）设立企业支持中心和为创造新农村企业、发展资助当地企业的方法和改善当地个人和实体参与合理经济活动的能力提供援助；与

"（Ⅳ）进行地区、社区和当地发展规划和协调，并领导开发活动。

"（ii）授予该等拨款时，除部长设立的其他标准外，部长还应考虑：

"（Ⅰ）申请人在其农村服务地区提供发展服务的范围；与

"（Ⅱ）申请人实施本条目的的能力。

"（iii）在可行的范围内，部长应确保本款下提供的援助，与推广局或其他联邦机构向农村居民提供的类似服务或援助相互协调互补。

"（iv）就本款项下的拨款，各财政年度部长可拨款 7 500 000 美元。"

第 2342 条　农村应急援助贷款。

《巩固农业和农村发展法》（《美国法典》第 7 篇 1926（a）（11））第 306（a）（11）条经修订在本法第 2341 条新增事项后加入以下新段落：

"（B）（i）为保证城镇的利益，部长应针对以下城镇设立并实施贷款项目：

"（I）人口不足 20 000 人；与

"（II）在财务上无法尽快获得所需的资金，以应对紧急条件或需要紧急关注的情况。

"（ii）部长应颁布以下规则：

"（I）本小项下所设立的针对农村地区有需求的社区项目的规则；

"（II）定义"需要紧急关注的紧急事件或情况"；与

"（iii）部长应在收到申请后 30 天内，批准或拒绝本小项下贷款申请。

"（iv）部长在本段项下向任何单个借款人提供的贷款不得超过 50 000 美元，本小项下的所有贷款期限不得超过两年。

"（v）部长可回复有资格参与本段项下授权项目的农村城镇的信贷要求，在第（iv）条款所述两年期限期满后，让贷款进行重新融资，该等贷款的还款额度应在该等两年期限内足够低，以便财务紧张的城镇可参与本段项下设立的项目。部长应协助该等贷款人通过现有农民住房管理局的项目获得融资，以便该等借款人能够在该等两年期限结束后支付应付款项。

"（iv）为实施本小项下设立的项目授权的紧急贷款项目，1991 年获得拨款 2 500 000 美元，1992 财政年度以及后续各财政年度各 5 000 000 美元。"

第 2343 条　农村电气化管理局技术援助小组。

《1936 年农村电气化法》（《美国法典》第七篇 901 及以下）第一篇经修订在末尾处加上以下内容：

"第 17 条　技术援助小组。

"（a）设立。主管人应设立技术援助小组，履行第（b）款所述职责。

"（b）职责。第（a）款下设立的技术援助小组应：

"（1）向本项下的电气和电话借款人，就该等借款人有效和谨慎地使用第 312 条下的投资权限提供建议和指导，促进农村发展；

"（2）提供关于收到本项下的援助项目或系统运营的技术建议、问题解决和指导；

"（3）通过主管人认为有用和必要的电气和电话借款人，设立和管理各类试点项目，并推荐农村地区的具体农村发展项目；

"（4）为本项下的电气和电话借款人，就该等借款人可能希望应用于其运营地区的有用和有效的农村发展活动以及关于州、地区或当地的长期农村经济发展计划，充当信息交换中心（在可行的范围内，使用国家农业图书馆的资源）和提供信息的渠道；

"（5）向本项下的电气和电话借款人，提供关于该等借款人申请财务援助、贷款或其他联邦机构和非联邦来源的拨款的资格的信息，以允许这些借款人扩展其农村发展活动；与

"（6）促进当地合作以及本法项下的借款人与社区组织、州、县和其他实体之间的协调，促进农村发展。

"（c）资助。应在各财政年度向本条项下设立的技术援助小组，提供相当于农村电气化管理局不低于 2％的工资和支出。"

第 2344 条　经济发展贷款的延期付款。

《1936 年农村电气化法》（《美国法典》第 7 篇 912）第 12 条现修订为：

（1）在"主管人"之前插入"（a）"；与

（2）在末尾处加上以下新款：

"（b）（1）根据拨款法案中确立的限制条件，在本款所述情况下，不论第（a）款所述任何限制，主管人应允许任何贷款人延期支付本法项下的任何担保或直接贷款的本金或利息，除非主管人因借款人财务困难而决定不得允许延期付款。

"（2）（A）如果延期付款允许贷款人向当地企业提供融资，延期款项应自延期之日起的 60 个月期限内，分期偿还，但不得收取利息，该等付款的总额应相当于延期的款项。

"（B）如果延期付款允许借款人向不包含在第（A）小项中的企业、或其他社区、企业或经济发展项目提供社区发展援助和技术援助，延期款项应自延期之日起的 120 个月期限内，分期偿还，但不得收取利息，该等付款的总额应相当于延期的款项。

"（3）（A）只有当拖欠部分不得超过第（2）项所述该等贷款人所作出的投资时，借款人方可拖欠其债务的偿还。

"（B）拖欠金额不得超过本款项下提供拖欠的社区或经济发展项目总成本的 50%。

"（C）1990—1993 各财政年度，本项下的拖欠总金额不得超过该等财政年度在本项下的所有借款人的直接或担保贷款的总应付款项的 3%，并且不得超过各后续财政年度该等总应付款项的 5%。

"（D）拖欠时，借款人应向根据第 313 条设立和维持的缓冲信贷账户付款，金额为拖欠的款项。借款人不得将该等账户的余额低于拖欠付款的未付部分。根据年度拨款法的限制，任何借款人的该等缓冲信贷账户以及其他缓冲信贷和预付款应包含在第 313（b）（2）（A）条下的拖欠利息的计算当中。

"（4）主管人应采取所有合理的努力，允许各财政年度本项下授权的 托拖欠的全部金额。"

第 2345 条　农村经济发展。

《1936 年农村电气化法》（《美国法典》第 7 篇 901 及以下）经修订在末尾处加上以下新标题：

"第 5 篇　农村经济发展

"第 501 条　农村电气化管理局主管人的额外权力和职责。

"主管人应：

"（1）向本项下的电气借款人提供关于有效和谨慎地使用借款人在第 312 条下的投资权限的建议和指导，以促进农村发展；

"（2）提供技术建议、问题解决和关于收到本项下援助项目或系统的运营的指导；

"（3）通过主管人认为有用或必要的电气和电话借款人，设立并管理各类试点项目，并推荐农村地区的具体农村发展项目；

"（4）为本项下的电气和电话借款人，就该等借款人可能希望应用于其运营地区的有用和有效的农村发展活动以及关于州、地区或当地的长期农村经济发展计划，充当信息交换中心和提供信息的渠道；

"（5）向本项下的电气和电话借款人，提供关于该等借款人申请财务援助、贷款或其他联邦机构和非联邦来源的拨款的资格的信息，以允许这些借款人扩展其农村发展活动；

"（6）促进当地合伙经营和本项下借款人与社区组织、州、县和其他实体之间的其他协调，促进农村发展；

"（7）审查第 601（f）条下设立的农村教育机会委员会提出的意见和建议；与

"（8）管理农村企业创业资金（第 502 条下设立），向农村地区的企业创业项目或小企业创业人的产生和经营提供技术援助、建议和贷款。

"第 502 条　农村企业创业基金。

"（a）设立及使用：

"（1）设立。在美国财务部设立名为农村企业创业基金（在本篇中称为"创业基金"）的周转基金，由主管人管理。

"（2）使用。创业基金应用于向本项下的电力和电话借款人或满足本条要求的其他非营利性实体，提供拨款或低息贷款，促进企业创业项目或成立或经营农村地区的企业创业园（定义见本法），该等贷款的利息不得超过 5%。

"（3）企业创业园。收到本篇下的援助的任何企业创业园，是指小企业可以共享场所、支持员工、电脑、软件、硬件、电信终端设备、机械、卫生服务、设施或其他管理费用的设施，在这里，该等企业可以收到技术援助、财务建议、业务规划服务或其他支持。提供本条所述援助的企业创业园应有资格收到本篇下的援助，即便该等项目不涉及共享场所。

"（b）申请援助：

"（1）提交申请的资格。本项下的借款人经营企业创业园或希望经营该等企业创业园或企业创业项目，并且满足主管人为获得本条项下的拨款或降低利息贷款所设置的要求，应根据主管人所要求的时间、格式以及包含主管人要求的信息提交申请。为本条的目的，非第 3 篇下借款人的非营利性实体，如果该等实体所在州只有 1 个电力借款人的总部设在州内，则应被视为有资格的借款人。

"（2）要求。第（1）项下提交的申请，至少应：

"（A）包含根据本条设立或经营的任何创业园将在非营利性基础上运营的保证；与

"（B）保证该等创业园的政策鼓励并且支持企业离开创业园，并且发展成为社区有资格的企业实体，并且将此项政策告知参与的企业。

"（3）审查。审查援助申请时，主管人应考虑：

"（A）创业园项目如何有效地协助小企业的成立、发展以及改善小企业的效率，如何有助于当地经济的多元化和发展；与

"（B）创业园以及该等创业园将协助的企业获得当地支持的程度，考虑当地对业务、财务、技术、科技或管理专业技术的支持程度，以及当地对设备或材料、财务援助和主管人视为恰当的其他因素的支持程度。

"（c）资助当地创业。

"（1）通过借款人设立创业园。

"（A）概述。设立或援助本条下的创业园的借款人，应购买创业园基金出具的资本短期证书，金额相当于主管人在本条下提供的拨款金额的 10% 或低息贷款金额的 5%。

"（B）赎回证书。本条下提供的拨款或低息贷款的开始日期起 10 年期限内，各日历年，主管人应偿还借款人在第（A）小项下购买的资本短期证书的 10%，但不支付利息。

"（2）财务部长。财务部长应，根据年度拨款法的限制，为创业园资金的资本化提供资金，在该等总资本化达到 60 000 000 美元之前，该等资本化的授权拨款每年不得超过 10 000 000 美元。该等款项，在创业园资金为本条的目的支出之前，应随时可用。

"（d）创业基金的还款。本条下贷款的所有偿还，以及第（c）款下提供的所有款项，应存放于第（a）款下设立的创业基金，并且应用于实施本条之目的。

"（e）全部使用。在各财政年度，主管人应采取所有合理的措施，根据创业基金按照第（c）款所述规定偿还资本短期证书的要求，全额使用第（a）款项下设立的创业基金所包含的任何资金。在各财政年度，创业基金的 10%，应向非第 3 篇下的借款人的第（b）款所述非营利性实体提供，但如果该等实体的有资格的申请，未按照规定数额或时间，在任何财政年度使用该等 10% 的金额，在该等财政年度，主管人应向其他有资格的借款人提供剩余的可用款项。"

第 2346 条　推广局。

《1972 年农村发展法》（《美国法典》第 7 篇 2662）第 502 条经修订，在末尾处加上以下新条款：

"（g）农村经济和企业发展。

"（1）概述。部长应为农村经济和企业发展项目设立推广局，允许州或县雇用州或县的合作推广局的专家，援助相关人士成立新企业，包括合作社，或对现有业务进行指导，以及协助该等企业获得先进的电信、计算机技术、技术和管理援助、业务和财务规划以及其他相关事项，并且援助社区负责人进行社区经济分析和战略规划。

"（2）专家的职能。第（1）项下雇用的专家，应向社区负责人和私营企业家以及在州或县经营并且雇用该等专家的合作社，提供关于发展业务、业务规划和建议、先进的电信、业务管理、电脑运行的发展信息和援助以及其他技术援助。

"（3）程序和限制。部长应制定适用于希望参与本条下设立项目的州和县的政策、程序和限制。州和县应决定农业企业的类型以及该等州和县所需的业务发展专家。如果州内存在政府划拨土地并且有资格收到《1862 年 7 月 2 日法》（《美国法典》第 7 篇 301 及以下）以及《1890 年 8 月 30 日法》项下的资金的高等院校，包括塔斯基吉大学，则该等有资格的机构应确定农村企业的类型以及所需的业务发展专家。

"（4）工资的拨付。部长应向参与本条项下设立的项目的州和县进行拨款，金额等于向该等项目雇用的任何专家所支付总工资的 60%，州和县应该为剩余的 40% 的工资提供资金。有资格收到本法和《1890 年 8 月 30 日法》（《美国法典》第 7 篇 321 及以下）项下资金的政府划拨土地的高等院校，应予以免除该等 40% 工资的匹配要求。

"（5）拨款权限的限制。为实施本条，1991 财政年度获授权拨款 5 000 000 美元、1992 财政年度拨款 10 000 000 美元、1993 财政年度 15 000 000 美元、1994 财政年度以及后续各财政年度 20 000 000 美元。本项下的拨款在支出前应随时可用。

"（6）协调。部长应确保推广局关于本款下设立的农村经济和业务发展项目的活动，与小企业管理局的活动相互协调，以避免任何当地区域、县或地区的活动重复交叠。

"（b）农村发展推广工作。

"（1）国家项目。农业部部长应设立国家项目，由推广局管理，向农村居民提供技术培训和管理援助以及教育机会，提高他们关于以下各项的知识：

"（A）通过传达创业精神，鼓励创业；

"（B）在农村地区设立新企业的必要程序；

"（C）农村地区的开设企业的机会；

"（D）使用现代电信和计算机技术；

"（E）业务和财务规划；与

"（F）为实施本款项下所设立的项目，部长认为必要的其他培训、援助和教育机会。

"（2）领导能力。本款下设立的项目，应提高农村地区居民的领导能力。该等援助应包括：

"（A）关于社区发展目标的信息；

"（B）获得为农村发展项目设立的州或联邦基金的方法；

"（C）撰写获得政府和私人来源贷款或拨款资金的书面申请的指导；

"（D）农村地区可用的州、联邦和其他经济发展项目的更新清单；与

"（E）为增加农村地区居民的领导能力，部长视为必要的其他培训、信息和援助。

"（3）项目的目录。国家农业图书馆的国家农业信息中心交换所，通过与各州的推广局合作，开发、维持并向各社区提供以及其他相关方提供可用的州、联邦和私人项目的目录，该等目录提供领导培训或其他信息或类似服务或相当于本条所需的培训或服务。该等目录至少应包含州内提供该等培训或服务的以下实体：

"（A）任何农村电力合作社；

"（B）任何非营利公司发展组织；

"（C）服务农村社区的任何经济发展区域；

"（D）任何私人实体的非营利性子公司；

"（E）主要目的是促进农村地区的经济发展的非营利性组织；

"（F）任何投资人或公用电力公司；

"（G）任何小企业发展中心或小企业投资公司；

"（H）任何地区开发组织；

"（I）任何职业或技术学校；

"（J）任何联邦、州或当地政府机构或部门；

"（K）部长认为恰当的任何其他实体。

各州的推广局应将目录中该等实体提供的具体培训和服务包含在目录信息中。

"（4）员工培训。部长应为恰当的负责除农业发展以外项目的州推广局员工提供培训，确保该等员工了解各自州的农村发展项目的可用性，以及推广局员工培训和技术、管理和教育援助材料的可用性。

"（5）协调援助。在可行的范围内，部长应确保本款项下提供的援助，将与其他联邦机构所提供的类似服务或援助或农村居民的项目相协调。"

第 2347 条　农村技术拨款。

（a）概述。《巩固农业和农村发展法》（《美国法典》第 7 篇 1932）第 310B 条经修订删去第（f）款并插入以下内容：

"（f）（1）部长应向非营利性组织提供本款项下的拨款，允许该等机构建立和运营农村技术或合作发展中心。

"（2）希望获得第（1）项下的拨款的任何非营利性组织，应向部长提交申请，包括设立和运营该等机构的农村技术或合作发展中心的计划。如果该等计划包含以下内容，则部长可批准该等申请：

"（A）规定该等中心将有效地服务美国农业地区的条款。

"（B）规定该等中心的主要目标为通过促进发展（通过技术创新、合作开发和采纳现有技术）以及以下各项的商业化，改善农村地区的经济条件：

"（ⅰ）可以在农村地区生产或提供的新服务和产品；

"（ⅱ）可以用于农村地区的产品生产的新流程；与

"（ⅲ）可以通过加工或营销，为农产生产增值的新企业。

"（C）介绍为实现该等目标，该等中心将开展的活动。该等活动可能包括：

"（ⅰ）在任何领域或学科，为产生原则、事实、技术知识、新技术或其他信息，可能用于农村产业、合作社、农业以及该等中心将服务农村地区的其他人员或实体以及新产品、流程或服务的发展和商业化的技术研究、调查和基础可行性研究的项目。

"（ⅱ）收集、解释和传播就新产品、流程或服务的开发和商业化，可用于中心服务的农村农业、合作社、农业和农村地区的其他人员原则、事实、技术知识、新技术和其他信息的项目。

"（ⅲ）关于开发（通过技术创新、合作发展和调整现有技术）以及新产品、流程或服务的商业化，向居住在中心服务地区的人员提供培训和指导的项目。

"（ⅳ）为产生、评估、发展和商业化新产品、流程或服务，向中心服务的农村地区的个人、小企业和合作社提供贷款或拨款的项目。

"（ⅴ）向中心服务的农村地区的个人、小企业和合作社提供技术援助和顾问服务，以发展和商业化新产品、流程和服务的项目。

"（ⅵ）向中心服务的农村地区的个人、小企业和合作社提供研究和支持的项目，发展通过加工或营销为农产品增值的新农业企业。

"（D）描述该等活动可能对改善该等中心将提供服务的农村地区的经济条件所作出的贡献。

"（E）该等中心在实施该等活动时，将寻求（如恰当）的商业、工业、教育机构、联邦政府和州和当地政府的代表的建议、参与、专业技术和援助。

"（F）规定该等中心：

"（i）将向管理《1972 年农村发展法》第 5 篇下的任何项目并且位于该等中心所在州的任何高等学院咨询；与

"（ii）将与该等高等教育机构合作，协调该等活动和该等项目。

"（G）规定该等中心将采取所有可行的步骤，为该等中心获得持续的财务支持来源，特别是来自私人领域的资源。

"（H）规定：

"（i）监控和评估该等中心运营机构的活动；与

"（ii）记录该等机构在本条项收到的款项。

"（I）规定该等中心将通过建立以下示范项目和子中心，在农村地区提供该等技术的有关应用和合作发展，特别是受农业经济条件负面影响的区域：

"（i）农村技术发展、社区、社区大学、公司、合作社和其他机构可实施的技术；或

"（ii）合作开发，该等开发可以通过合作社实施，改善当地的经济条件。

"（3）第（1）项下款项的划拨应基于竞争力。进行第（1）项下的拨款时，部长应优先考虑为成立农业技术与合作开发中心的申请：

"（A）可以证明有能力为农村地区转移该等中心产生的技术和商业化该等农村地区的产品、流程、服务和企业的能力；

"（B）有效地服务以下农村地区：

"（i）农业企业或农业综合企业较少；

"（ii）失业率高；

"（iii）人口、业务和工业迁出率高；与

"（iv）人均收入低；与

"（C）将为改善农村地区的经济条件做出最大的贡献。

"（4）在本款中：

"（A）'非营利性机构'，是指净收益不得为任何私人股东或个人谋利的任何组织或机构，包括经认证的高等教育机构。

"（B）'美国'，是指各州、哥伦比亚区、波多黎各联邦、维京群岛、关岛、美国萨摩亚群岛以及美国的其他领土和领地。

"（g）在实施第（f）款时，如果部长认为对该等援助有实质性需求，部长应提供技术援助，消除或防止居住在经济贫困农村地区的失业率过高或就业率过低。该等援助应包括规划和可行性研究、管理和运营援助以及评估项目发展潜力需求的研究，增加该等地区的就业和促进经济增长。

"（h）部长可提供拨款，支付不超过组织和公共团体为实施提供第（f）款项下的拨款或贷款的项目而产生的管理成本的 75%。为决定该等成本的非联邦部分，部长应考虑现金或以货代款的款额（公平评估），包括但不限于场所、设备和服务。"

（b）拨款授权的限制。为实施《巩固农业和农村发展法》第 310B（f）～（h）款，1992、1993 和 1994 财政年度分别向部长拨款 50 000 000 美元。

第 2348 条　示范项目。

部长应在农村地区设立竞争性的拨款项目，作为农村经济发展的示范区以及其他区域该等发展的典型。在授予该等拨款时，部长应优先考虑部长认为符合以下各项的农村地区对资助的要求：

（1）证明有能力使用州、当地或私人来源的其他资金补充本条项下的拨款资金；

（2）证明有能力使用拨款资金增加区域的就业；与

（3）成功充当示范区域，向区域内的其他农村地区分享项目的利益。

第 2349 条　农村发展研究援助。

《1972 年农村发展法》（《美国法典》第 7 篇 2662）第 502 条在第 2346 条修订内容后增加以下内容：
"（h）研究拨款。

"（1）概述。除本条下已开展的项目外，部长还可设立并实施项目，经部长决定，向政府划拨土地的高等教育机构、研究基金和政府划拨土地大学设立的中心、国家农业实验站以及证明有能力进行农村发展研究的所有高等教育机构，授予具有竞争力的研究拨款，进行以下研究：

"（A）决定影响农村经济发展的因素是有利或有害；

"（B）评估这些因素的相对影响；

"（C）制定方法调查农村经济发展的政策选择；

"（D）评估旨在改善经济竞争力和多元化的联邦和州经济发展政策和项目的影响；

"（E）支持经济投资的战略规划；

"（F）改善人力资源；与

"（G）改善农村地区农村发展决策的数据库。

"（2）拨款权限的限制。为实施本款，各财政年度部长获授权拨款 3 000 000 美元以内的款项。本款项下的拨款在支出前应随时可用。"

第 2350 条　经济发展助理主管人。

《1936 年农村电气化法》经修订在第 11 条（《美国法典》第 7 篇 911）后增加以下新段落：

"第 11A 条　经济发展助理主管人。

"（a）任命。主管人应任命经济发展助理主管人（在本法中称为"助理主管人"），实施农村电气化管理局关于社区和经济发展的农村电力和电话系统的项目。

"（b）任命的因素。任命助理主管人时，主管人应考虑候选人的以下各项能力：

"（1）社区和经济发展项目和战略的知识和经验；

"（2）根据本法所述规定，开发和应对办公室具体项目和职责的能力；

"（3）有效地与联邦、州和当地政府官员、私人和其他开发项目的官员以及农村电气化管理局及其协会的借款人开展工作的能力；与

"（4）为成功履行助理主管人办公职责，主管人认为重要的其他因素。

"（c）责任和报酬。助理主管人应：

"（1）除非法律另有规定，负责农村电气化管理局项目的管理，提供电力或电话服务直接相关的项目除外；与

"（2）收到不低于电力助理主管人和电话和农村电气化管理局助理主管人的工资。

"（d）资助。助理主管人应使用在任何财政年度提供给管理局的 10％以上和 20％以下的工资和费用，实施第（c）（1）款所述职责，该等款项在支出前应随时可用。

"（e）技术援助小组。主管人应设立技术援助小组，向借款人提供关于本项下允许的社区和经济发展活动的建议和指导。第（d）款下向助理主管人提供的金额中，不低于农村电气化管理局 1％的工资和费用，应用于本项下设立的技术援助小组。"

子篇 F　农村电气化条例

第 2351 条　简称；《1936 年农村电气化法》的修订。

（a）简称。本子篇可援引为《1936 年农村电气化法》。

（b）对《1936年农村电气化法》的修订。除非本子篇中另有明示规定，否则对条款或其他条例的修订，应被视为对《1936年农村电气化法》的条款或其他条例的修订。

第2352条　发现；政策声明。

（a）发现。国会认为：

（1）向美国农村地区提供现代电信技术和服务，可以促进农村地区的经济发展和改善生活品质；与

（2）农村电话银行和农村电气化管理局电话贷款项目的有效运营对美国农村地区的电信基础设施的持续发展至关重要。

（b）政策陈述。国会的政策是向农村电话银行和农村电气化管理局提供贷款，协助农村电信基础设施的发展和改善，以合理的价格，在可行的情况下，向尽可能多的美国农村人口提供现代电信技术和服务。

第1章　对《1936年农村电气化法》第1篇的修订

第2353条　一般禁令。

第1篇（《美国法典》第7篇901及以下）经修订在本法第2342条修订后加入以下新条款：

"第18条　一般禁止。

"电话银行的主管人和管理者不得根据借款人普通资金的水平，拒绝或减少本法项下的任何贷款或贷款预付款。"

第2章　对《1936年农村电气化法》第2篇的相关修订

第2354条　电话服务的最新定义。

第203条（a）（《美国法典》第7篇924（a））现修订为：

（1）在"传输"后插入"或接受"；

（2）在"声音，"后插入"数据"；与

（3）删去"通过使用传输和接受仪器之间的电力"并插入"电线、光缆、无线电、灯光或其他视觉或电磁方法"。

第2355条　贷款可行性。

第2篇（《美国法典》第7篇922及以下）经修订在末尾处加上以下新条款：

"第204条　贷款的可行性。

"电话银行的主管人和管理者，不得作为提供电话贷款的条件要求申请人：

"（1）增加申请人向客户或订购者收取的费用；或

"（2）增加申请人的以下比例：

"（A）净收入或税前盈利；与

"（B）申请人未偿还和拟议贷款的利息要求。"

第2356条　鼓励电话借款人投资农村发展项目。

第2篇（《美国法典》第7篇922及以下）经修订在第2355条后添加以下新条款：

"第205条有资格的电话借款人的部分农业发展投资不得用作分红或分配。"

"（a）概述。主管人和电话银行的管理人不得：

"（1）为《1972 年农村发展法》第 607（c）（2）条所述任何目的，将任何有资格借款人的任何投资金额（包括该等公司为该等目的使用的任何投资或扩展贷款、担保或向借款人的附属公司提供的预付款），视为资本分红或分配，在该等投资后，该等投资的总额不得超过借款人资本净值的 1/3；或

"（2）要求有资格的电话借款人为作出第（1）项所述投资，获得电话银行主管人或管理者的批准。

"（b）合格电话借款人的定义。在第（a）款中，"合格的电话借款人"，是指：

"（1）本法项下提供了电话贷款或担保的人士；与

"（2）资本净值至少为该等人士的总资产的 20％。"

第 2357 条　改善电话项目。

第 2 篇（《美国法典》第 7 篇 922 及以下）经修订在本法增加的第 2355 和 2356 条后加入以下新条款：

"第 206 条　一般职责和禁止。

"（a）职责。电话银行的主管人和管理者应：

"（1）不论《美国法典》第 5 篇第 553（a）（2）条有何规定，通过《联邦公告》公布根据该篇第 553 条（b）～（e）以及本项下管理电话贷款运营和贷款担保项目的所有规则、规定、公告和其他书面政策标准，关于机构管理和人员的规定除外；

"（2）评估为借款人开展电话服务提供电话贷款的可行性，使用：

"（A）关于由于该等服务的提供监管权的监管机构的项目，经借款人批准的折旧率和该等批准的比例；与

"（B）关于其他项目，本法案项下做出贷款的借款人的使用的平均折旧率；

"（3）每年决定并公布第（2）（B）项所述平均数；与

"（4）在合格申请的范围内，为第 201 或 408 条下授权电话贷款的所有目的，提供贷款。

"（b）禁止。电话银行的主管人和管理者不得：

"（1）未经借款人同意，撤销本项下提供的担保电话贷款，或农村电话银行贷款，除非本项下向借款人提供电话贷款的所有目的已经由本项下提供的资金实现；

"（2）规定本法项下向收到农村的电气化管理局、农村电话银行或联邦融资银行的任何综合电话贷款的借款人，提供电话贷款的预付金额的顺序；或

"（3）拒绝向本法项下电话贷款的申请人或借款人提供贷款或预付款项或采取其他不利的行动，但《美国法典》第 5 篇第 553 条公布的规则、规定、公告或其他书面政策标准所规定的情况除外。"

第 2358 条　快速处理电话贷款。

第 2 篇（《美国法典》第 7 篇 922 及以下）经修订在本法第 2355、2356、2357 条增加的条款后加入以下新条款：

"第 207 条　立即处理电话贷款。

每年的第二和第四季度结束后 10 天内，主管人应向众议院农业委员会以及拨款委员会、众议院农业、营养和渔业拨款委员会提交报告：

"（1）指出第 305 条下的贷款、第 306 条下的电话贷款的担保的申请，在提交申请日期后 90 天内最终实施；与

"（2）表明未能在该等 90 天期限内对完成申请最终实施的原因。"

第 3 章　对《1936 年农村电气化法》第 3 篇的相关修订

第 2359 条　在农村电力和电话周转基金中设立的独立电力和电话账户。

第 302 条（《美国法典》第 7 篇 932）经修订在结尾处加上以下新条款：

"（c）（1）主管人应维持两个账户，分别为电力账户和电话账户。

"（2）（A）主管人应负责电力账户中用于电气化贷款运营的资产、债务、收入、费用和证券。

"（B）主管人应负责电话账户中用于电话贷款运营的资产、债务、收入、费用和证券。

"（3）（A）电力账户中的资产仅可用于本法项下的电气化贷款事宜。

"（B）电话账户中的资产仅可用于本法项下的贷款事宜（第 4 篇所述规定除外）。"

第 2360 条　借款人决定电话贷款分期还款的期限。

第 309 条（《美国法典》第 7 篇 940）现修订为：

（1）删去"第 309 条贷款条款和条件：贷款来自或"并插入以下内容：

"第 309 条　贷款条款和条件。

"（a）概述。贷款来自或"；与

（2）在末尾处加上以下新条款：

"（b）本篇下的电话贷款。本篇下的任何电话贷款的期限，应由借款人在提交贷款申请时决定。"

第 2361 条　担保电话贷款的等级要求。

第 305 条（《美国法典》第 7 篇 935）经修订在末尾处加上以下新款：

"（d）主管人应向有资格收到贷款的申请人，提供本篇下的电话贷款，按照贷款的最高利率（不得低于第（b）款所述最低利率，并且不得高于最高利率）以及借款人有能力通过净收入或税前盈利偿还至少申请人所有未偿付和拟议贷款的利息要求的百分之百的利息（不得高于 150％）。"

第 2362 条　电话贷款担保权限的说明。

第 306 条（《美国法典》第 7 篇 936）经修订在第一句后插入以下新内容："主管人不得向本项下的电话贷款的任何借款人提供该等援助，除非借款人特别申请该等援助。"

第 4 章　对《1936 年农村电气化法》第 4 篇的相关修订

第 2363 条　对农村电话银行董事会的修订。

（a）概述。第 405 条（《美国法典》第 7 篇 945）经修订删去第（g）款前的所有条款，并插入以下内容：

"第 405 条　董事会。

"（a）概述。在法律规定的限制范围内，应将电话银行的管理权限授予董事会（在本篇中称为"电话银行董事会"）。

"（b）成员。电话银行董事会应由 13 位成员组成，具体为：

"（1）总统任命。总统应任命 13 人担任电话银行董事会成员，随总统意愿行事：

"（A）5 人为农业部的官员或雇员，但不得是农业电气化管理局的官员或雇员；与

"（B）其中两人来自一般民众，联邦政府官员或员工除外。

"（2）合作社成员。合作型实体以及持有 B 或 C 级股票的该等实体控制的组织，应通过股东投票，选举 3 人出任电话银行董事会成员，为期两年。

"（3）商业成员。商业型实体以及持有 B 或 C 级股票的该等实体控制的组织，应通过股东投票，选举 3 个人出任电话银行董事会成员，为期两年。

"（c）选举。

"（1）效力。第（b）款（2）或（3）项下的选举，除非有资格投票的大部分持股人在选举中投票，否则无效。

"（2）投票表决。第（b）款（2）或（3）项下的选举，可根据电话银行章程授权的程序通过邮件进行。

"（3）不得累计投票。第（b）款（2）或（3）项下的选举，不得进行累计投票。

"（d）报酬。

（1）概述。除非第（2）项另有规定，电话银行董事会各成员在其履行官方职责时，应为每天或其中任何部分收到 100 美元的报酬，每年不得超过 50 天，并且应根据电话银行董事会规定的方法和限制条件，报销差旅和其他费用。

（2）例外情况。第（b）（1）（A）款任命的电话银行董事会的 5 位成员，不得因服务电话银行董事会而收到报酬。

（e）继任。电话银行董事会成员在任职期满后，在继任成员任职前可继续服务。

（f）主席。电话银行董事会成员应根据电话银行的章程，选举一位成员担任董事会主席。董事会主席应主持董事会的所有会议，并且可在董事会会议上投票，但其投票会导致出现票数相同的情况除外。"

（b）相应修订。

（1）对第 405 条的修订。第 405 条（《美国法典》第 7 篇 945）现修订为：

（A）在第（g）款中，删除"（g）"并插入"（g）章程：";

（B）在第（h）款中，删去"（i）"并插入"（i）年度报告："。

（2）对第 410（a）（2）条的修订。第 410（a）（2）条（《美国法典》第 7 篇 950（a）（2））经修订删去"405（b）"并插入"405（b）（1）（A）"。

（c）阳光法案的适用性。第 405 条（《美国法典》第 7 篇 945）经修订在末尾处加上以下段落：

"（j）公开会议。为美国法典第 5 篇第 522b 条的目的，电话银行董事会应被视为第（a）（1）款所述机构。"

第 2364 条　农村电话银行借款人按比例采购农村电话银行股票。

第 406（d）条（《美国法典》第 7 篇 946（b））第二段经修订在句号前插入"，通过在预付时，支付金额等于每次贷款预付款 5% 的金额"。

第 2365 条　设置农村电话银行贷款水平的权限的说明。

第 408（a）条（《美国法典》第 7 篇 948（a））经修订删去"获授权代表电话银行作出贷款"，并插入"应在合格申请的范围内，根据美国国会为任何一年的贷款所颁布的法律中关于贷款和预付款的授权金额的限制，代表电话银行提供贷款，与"。

第 2366 条　借款人决定农村电话银行贷款的分期偿付的期限。

第 408 条（《美国法典》第 7 篇 948）经修订在末尾处加上了以下新款：

"（d）（1）除非第（2）项另有规定，本篇下的任何贷款的期限，应由借款人在提交贷款申请时决定。

"（2）本篇下的任何贷款的期限，不得超过第 4 条下贷款的最长期限。"

第 2367 条　关于《1987 年综合预算协调法》与农村电话银行条例相关的技术修订。

（a）对第 406（h）条的修订。第 406（h）条（《美国法典》第 7 篇 946（h））现修订为：

（1）在第二句后插入"据此转移的所有款项不得直接或间接转移到应急储备。"；与

（2）删去"农村电话银行借款人公平"并插入"综合预算协调"。

（b）对第 408（b）（3）条的修订。第 408（b）（3）条（《美国法典》第 7 篇 948（b）（3））现修订为：

（1）在第（B）小段中，"段"并插入"小段"；

（2）在第（D）（ⅱ）小段中，在末尾处加上"为本小项下的计算之目的，该等利率为零。"；与

（3）在第（E）小段中，删去第二处"小段"，并插入"段"。

第 5 章　生效日期

第 2368 条　生效日期。

（a）概述。除非第（b）款另有规定，本子篇以及子篇所作出的修订，应自本法生效之日起开始生效。

（b）技术修订。第 2367 条所作出的修订，应自该章的生效之日起开始生效，如同该等修订包含在《1987 年综合预算协调法》第Ⅰ篇 D 子篇第 2 章中一样。

子篇 G　林业复兴农村

第 1 章　林业复兴农村

第 2371 条　林业复兴农村。

（a）建立经济发展和全球营销项目。农业部长，向林业服务办公室咨询后，应通过推广局和合作推广系统，建立并实施教育项目，提供技术援助，帮助工商业和政策制定者创造工作岗位、提高收入和增加公共盈利，但须符合环保要求。

（b）活动。第（a）款下设立的项目应：

（1）向美国以自然资源基础的工业转移技术，让该等工业更具效率、生产力和竞争力；

（2）协助企业发现全球营销机会，在国际基础上开展业务，更有效地推销自己；与

（3）就战略社区经济发展培训当地领导人。

（c）项目的类型。农业部长应在第（a）款下所设立具体项目应：

（1）提供一社区经济分析、经济多元化、经济影响分析、保留和扩展现有商品和非商品行业、便利设施资源和旅游开发、关注林地和农村社区的企业的教育服务；

（2）使用合作推广系统的数据库和分析工具，帮助社其经济基础、增加当地的价值，为林业产品原材料保留利润，帮助发展当地供应当地的林业产品的工商业；与

（3）使用合作推广局的全部资源，包括政府授予土地大学和县办公室，促进可持续和环保的经济发展。

第 2 章　以林业为依托农村社区

第 2372 条　简称。

本章可援引为《1990 年以林业为依托的农村社区经济多元化法》。

第 2373 条　发现和目的。

（a）发现。国会发现：

（1）美国的农村经济对美国的发展和繁荣至关重要；

（2）许多农村社区的经济依赖来自林业产品和服务；

（3）其中许多社区的经济缺乏工业和商业多元化；

（4）主要依赖伐木和可再生资源的社区的经济多元化发展严重滞后，联邦和私人组织对于林业资源的管理决策可能干扰这些资源的供应；

（5）林业服务办公室拥有相关的专业技术和资源，可用于促进基于森林资源的现有工业和服务的现代化和经济多元化；

（6）森林服务办公室拥有相关的专业技术，可以与其他政府机构和私营部门合作提供指导，通过发展与林业无关的新的经济活动，协助依赖国家森林资源的农村社区升级现有产业和多元化；与

（7）农业部提供的技术援助、培训、教育和其他援助，可立即帮助需求巨大的农村社区。

（b）目标。本章的目标为：

（1）向位于或靠近国家森林并且在经济上依赖林业资源或可能因联邦或私人部门的土地管理惯例，在经济上处于劣势的农村地区提供援助；

（2）援助该等社区经济基础的多元化；与

（3）改善美国农村的经济、社会和环境健康。

第 2374 条　定义。

在本章中：

（1）"行动小组"，是指部长根据第 2375（b）条设立的农村林业和经济多元化行动小组。

（2）"在经济上处于劣势"，是指由于林业、木制品行业或相关商业企业，如相关休闲和旅游商业化带来的工作机会或收入（劳动力或经营者）的减少所产生的经济困难。

（3）"农村社区"是指：

（A）人口不足 10 000 人（根据最新的十年人口普查）任何乡镇、市或其他类似的当地行政单元，并且位于至少 15％的主要和次要劳动力和经营者来自林业、木质产品或林业相关产业，如休闲和旅游业，的县市；或

（B）人口不足 22 550 人（根据最新的十年人口普查）的任何县或类似的当地行政单元，并且位于至少 15％的主要和次要劳动力和经营者来自林业、木质产品或林业相关产业，如休闲和旅游业，的县市；

位于国家森林范围内，或距离国家森林 100 英里范围内。

（4）"部长"，是指农业部部长。

第 2375 条　农村林业和经济多元化行动小组。

（a）援助的要求。在经济上处于劣势的农村社区可要求部长提供援助，帮助其发现能促进经济和多元化和发展的机会。

（b）设立。应要求，部长可设立农村林业和经济多元化行动小组，准备行动方案，为在经济上处于劣势的社区提供技术援助。行动计划应明确能促进经济多元化和改善目前依赖国家林业资源的当地经济的机会，或明确使用来自国家林业资源的增值产品和服务的机会。

（c）组织。部长应根据第（b）款规定，设计并组建行动小组，满足需要援助的农业社区的需求。各行动小组应由林业服务办公室的 1 名员工负责，并且成员可能来自农业部其他机构、其他联邦和州部门和机构以及私人领域。

（d）合作。准备行动计划时，部长可与州和当地政府、大学、私人公司、个人和非盈利组织合作，获取必要和所需的服务。

（e）资格。部长应确保未在任何连续 5 年期限内，向地理实质上类似或一州的指定地区，提供本项下向经济上处于劣势的社区授予的技术援助以及《巩固农业和农村发展法》第 365（b）（2）条所规定的指定农村发展项目的援助拨款。

（f）批准。审查本条项下的申请的财务和经济可行性后，部长应根据第 2376 条的规定，批准和实施这些行动计划，实现本章的目的。

第 2376 条 行动计划的实施。

（a）概述。在可行的范围内，应实施行动计划，升级现有工业，更高效地使用林业资源和扩展农村社区的经济基础，以减轻或降低其对国家林业资源的依赖。

（b）援助。为实施行动计划，部长应作出拨款并签订合作协议和合约，提供必要的技术和相关的援助。该等拨款、合作协议以及合约可能与受影响的农业社区、州和当地政府、大学、公司以及其他人员签订。

（c）限制。联邦为实施行动计划的整体援助，不得超过计划总成本的 80％，包括行政和其他成本。为计算联邦援助时，部长应考虑提供设备、人员和服务的公平市场价值。

（d）可用的权限。部长应使用《1978 年合作林业援助法》（《美国法典》第 16 篇 2101 及以下）项下的部长权限以及其他联邦、州和当地政府的权限，实施行动计划。

（e）符合林业计划。行动计划的实施应符合土地和资源管理计划。

第 2377 条 培训和教育。

（a）项目。为推进行动计划，部长可通过推广局以及农业部其他恰当的机构，制定和开展教育项目，援助企业、选择或任命的官员以及农业社区的人士，处理从经济上处于劣势到经济多元化转变的影响。这些项目包括：

（1）社区经济分析和战略规划；

（2）改善和重组目前依赖国家林业资源的企业的方法；

（3）通过强调不依赖国家林业资源的其他产业或服务的经济机会，扩展企业和创造新的经济机会的方法；与

（4）职业技能、培训的评估、咨询等方面的培训，基础和可提高的读写能力，寻找工作的能力的培训，培训启动或开办企业的培训。

（b）现有教育和培训项目。在可行的范围内，部长应使用现有的联邦、州和私人教育支援实施这些项目。

第 2378 条 向经济上处于劣势的农村社区提供贷款。

（a）概述。部长应根据部长设立的条款和条件，向经济上处于劣势的农村社区提供贷款，确保为行动计划的制定和实施提供技术援助和服务，包括以下规划：

（1）改善可能产生就业或利润的社区现有设施；

（2）利用目前依赖国家林业资源的多元经济的机会，扩展现有基础设施、设施和服务；与

（3）支持与国家林业资源无关的新产业和商业投资的发展。

（b）利息。根据本条提供的贷款的利息，应由部长决定贷款的利率，但不得超过在该等贷款到期前剩余期限类似的美国未偿付可交易债务的现有平均市场收益，增加不超过 1％（由部长决定），并且下调为近 1％ 的 1/8。

第 2379 条　拨款的权限和支出权限。

（a）拨款的权限。除非第（b）款另有规定，拨款应为：

（1）金额不得超过以下数额的 5%：

（A）部长从木材和其他林业产品销售获得的金额；与

（B）就使用林业土地所支付的使用费；与

（2）为实施本章可能需要的其他金额。

（b）授权的限制。第（a）款不得以任何方式影响根据《1908 年 5 月 23 日法》（《美国法典》第 16 篇 500）第 192 章向美国支付的款项。

（c）支出的权限。本章所授予的任何支出权限（定义见《1974 年国会预算法》条款 401），应在拨款法提供该等金额的范围内，在任何财政年度生效。

子篇 H　其他条款

第 2381 条　国家农村信息中心交换所。

（a）设立。部长应通过与推广局合作，在国家农业图书馆，设立一个国家农村信息中心交换所（在本条中称为"交换所"），履行第（b）款所述职能。

（b）职能。交换所应向任何工业、组织或联邦、州或当地政府实体，提供并向其分配关于联邦、州和当地机构和私人非营利性组织和机构的项目和服务、个人居住在农村区域有资格收到任何形式的援助，包括工作培训、教育、医疗和经济发展援助以及情感和财务咨询的相关信息和数据。在可能的范围内，国家农业图书馆应使用电子通信技术，向农村地区传播信息。

（c）联邦机构。应部长要求，联邦机构的负责人，应向交换所提供部长要求的信息，以允许交换所实施第（b）款的规定。

（d）州和当地机构以及非营利性组织。部长应要求州和当地政府以及私人非营利性组织和机构，向交换所提供关于该等机构、组织可能拥有的关于该等机构、组织的任何项目或服务、居住在农村地区的个人有资格收到任何形式的援助，包括工作培训、教育、医疗和经济发展援助以及情感和财务咨询的相关信息。

（e）拨款权限的限制。为实施本条规定，1991—1995 财政年度每年拨款 500 000 美元。

第 2382 条　监控美国农村经济进程。

（a）人口普查局。人口普查局的负责人应扩展普查局的数据收集活动，允许普查局收集在统计上重要的数据，包括关于美国农村各县和社区的经济条件的变更、农村就业、贫困、收入和美国农村劳动力的其他信息的数据。

（b）拨款权限的限制。为实施第（a）款规定，各财政年度拨款 1 000 000 美元。

第 2383 条　适用部分《巩固农业和农村发展法》贷款的贷款利率。

《巩固农业和农村发展法》（《美国法典》第 7 篇 1927（a）（3））第 307（a）（3）条现修订为：

（1）在第（A）款中，删去"担保（拼写错误）"并插入"担保"；与

（2）在末尾处加入以下新条款：

"（C）不论第（A）款有何规定，部长应完全基于将服务的区域的收入，为医疗和相关设施确立贷款利率，该等利率应与该等条款保持一致。"

第 2384 条　部分贫困社区项目借款人的援助。

（a）修订。《巩固农业和农村发展法》，在第 353 条（《美国法典》第 7 篇 2001）后插入以下新

条款：

"第 353A 条　社区设施贷款的欠款重组和贷款还款。

"部长应设立并实施与第 353 条下设立项目类似的项目，但欠款重组和贷款还款程序应适用于农民住房管理局在第 306（a）条下向医院或医疗设施提供的拖欠社区设施项目贷款（拖欠农民项目贷款除外）。"

（b）规则。自本法生效之日起 120 天内，部长应基于第 353 条下颁布的规则，颁布相关规则，实施《巩固农业和农村发展法》第 353A 条下设立的项目。

第 2385 条　技术评估办公室的分析。

（a）概述。技术评估办公室应包括信息技术时代对美国农村的影响的研究、可行性分析，确保美国农村居民有能力通过计算机获得国家图书馆的信息。

（b）内容。开展第（a）款下的分析时，技术评估办公室应：

（1）向国会图书馆咨询，评估建立个人计算机可访问的国家图书馆的成本和收益，包括访问该图书馆的书籍、期刊、指导材料、音频和视频资源以及其他数据；

（2）评估设立第（1）项所述图书馆和信息检索系统的技术、规则和其他要求，以及设立该等图书馆和检索系统所需的时间；

（3）介绍第（1）项所述图书馆和信息检索系统的潜力，为农村居民学习和探讨外语、地理、数学、科学、历史和其他爱好提供机会，交流学术信息和其他用户的理念，以及通过其他方法参与互动学习；与

（4）向国会建议建立第（1）项所述图书馆和检索系统须采取的措施。

第 2386 条　向广播系统进行拨款。

《巩固农业和农村发展法》（《美国法典》第 7 篇 1932（f））第 310B（f）条经修订，在结尾处加上了以下新项：

"（4）部长可向其覆盖范围主要为农村的州级非营利性公共电视系统进行拨款，为展示该等系统在提供关于农业和其他农民和其他农村居民重要事项的目的。本项下可用的可用于资本设备支出、启动和项目成本以及运营该等项目所需的其他费用。"

第 2387 条　部分农业电力合作社的合并。

《1936 年农村电气化法》（《美国法典》第 7 篇 936b）第 306B 条现修订为：

（1）在"直接"前插入"（a）"；与

（2）在末尾处加上以下新款：

"（b）不论第（a）款有何规定，如果电力借款人是借款人和 1987 年 10 月 1 日前根据本条预付或担保贷款组织合并所产生的电力组织，直接或担保贷款可通过电力借款人预付，以应付未偿还本金或主管人设定的利率的到期时票面价值折扣后的当前价值。借款人在本条项下的预付款，不得迟于合并、重组或其他交易生效日期后 1 年内进行。主管人为本条项下的直接或担保贷款的预付款设置的折扣率，应基于财政部就预付款相当的到期义务提供资金的时价。如果借款人使用免税融资还款，该等折扣应相应调整，让折扣等于完全税后融资。借款人应通过书面形式证明提供资金是否免税，并遵守主管人为实施本条规定的合理和必须的其他条款和条件。在本条中，"直接贷款"是指条款 4 下的贷款。"

第 2388 条　技术更正。

（a）对第 308 条的修订。《巩固农业和农村发展法》（《美国法典》第 7 篇 1928）第 308 条修订为：

（1）在第（a）项中，删去"规定,;"，并插入"规定;"；与

（2）分别将第（a）和（b）项重新命名为第（1）和（2）项。

（b）对第 310B（a）条的修订。该法（《美国法典》第 7 篇 1932（a））第 310B（a）条经修订删去"（a）和（c）款"，并插入"（1）和（3）段"。

（c）对第 310B（d）条的修订。该法（《美国法典》第 7 篇 1932（d））第 310B（d）条现修订为：

（1）将第（4）、（5）和（6）项向左移两个字符，以便该等段落的左边与第（3）项的左边保持齐平；

（2）在第（3）项中，删去"（1）和（2）项"并插入"（2）和（3）项"；

（3）分别将第（1）～（6）项重新命名为第（2）～（7）项；与

（4）在"（1）"后插入"（d）"。

（d）第 331 条相关的修订：

（1）对第 331 条的修订。该法（《美国法典》第 7 篇 1981）第 331 条现在修订为：

（A）第 2 个未命名的条款：

（ⅰ）将第（f）、（g）、（h）和（i）项向右移动 2 个字符，以便该等段落的左边与第（e）项保持齐平；

（ⅱ）在第（f）项中，删去粗体"解除"并插入"解除"；

（ⅲ）在第（g）项中，删去粗体"获得"并插入"获得"；

（ⅳ）在第（h）项中，删去粗体"不得"并插入"不得"；

（ⅴ）在第（i）项中：

（Ⅰ）删去粗体"同意"，并插入"同意"；与

（Ⅱ）分别将第（1）和（2）小项重新命名为（A）和（B）小项；

（ⅵ）在第（d）项中，分别将第（1）和（2）小项重新命名为（A）和（B）小项；与

（ⅶ）分别将第（a）～（j）项重新命名为第（1）～（10）项；与

（B）分别将第一和第二个未命名的段落命名为第（a）和（b）款。

（2）相应修订。该法（《美国法典》第 7 篇 2005（b））第 357（b）条经修订删去每次出现的"第 331（d）条"并插入"第 331（b）（4）条"。

（e）对第 333 条的修订。该法（《美国法典》第 7 篇 1983）第 333 条经本法第 1810 条修订后，现修订为：

（1）在第（a）项中，第（1）小段和（2）小段分别重新命名为第（A）小项和（B）小项；

（2）在第（b）项中：

（A）在第（1）小项中，重新将第（A）、（B）和（C）条款分别命名为第（1）、（2）和（3）条款；与

（B）重新将第（1）和（2）小项分别命名为第（A）和（B）小项；

（3）在第（c）和（e）项中，删去每次出现的"本篇"；与

（4）将第（a）、（b）、（c）、（d）和（e）项分别重新命名为第（1）、（2）、（3）、（4）和（5）项。

（f）对第 333（A）（c）条的修订。该法（《美国法典》第 7 篇 1983a（c））第 333A（c）条经修订删去"在"并插入"如果"。

（g）第 335（c）（2）（D）条的修订。该法（《美国法典》第 7 篇 1985（c）（2）（D））第 335（c）（2）（D）条经修订删去"所导致"并插入"导致"。

（h）对第 343（a）条的修订。该法（《美国法典》第 7 篇 1991（a））第 343（a）条修订为：

（1）在第（1）项中，删去"与"；

（2）在第（3）项中，删去第三次出现的"与"；与

（3）在第（5）项中，删去"合同保险"并插入"'合同保险'"。

（i）第 346（b）条的修订。该法（《美国法典》第 7 篇 1994（b））第 346（b）条现修订为：

（1）在第（1）（B）项中，删去"（C）小项"，并插入"第（3）项"；

（2）在第（1）（C）项中，删去"（A）小项"，并插入"第（1）项"；

（3）分别将第（1）（A）、（B）、（C）、（D）（i）和（E）项重新命名为第（1）、（2）、（3）、（4）和（5）项；

（4）在第（2）项中（经本条第（3）项重新命名后），分别将第（i）、（ii）和（iii）条款重命名为第（A）、（B）和（C）小项；

（5）经本款第（4）项重新命名个小项后，将各个小项的第（Ⅰ）和（Ⅱ）子条款分别命名为第（i）和（ii）条款。

（j）对第 349（a）条的修订。该法（《美国法典》第 7 篇 1997（a））第 349（a）条经修订，将第（5）项重新命名为第（4）项。

第 2389 条　向财务紧张的农民、失地农民和农村家庭拨款。

（a）捐赠项目的范围。《1972 年农村发展法》（《美国法典》第 7 篇 2662（f）（2））第 502（f）（2）条现修订为：

（1）删除"1990"，并插入"1995"；与

（2）在"第（1）项下"后插入"向申请该等拨款的任何州的合格申请人"。

（b）拨款项目的变更。本法（《美国法典》第 7 篇 2662（f）（1））第 502（f）（1）条现修订为：

（1）在第（A）小项中，删去"咨询"前的"特殊拨款"，并插入"为符合第（B）小项所述标准的项目提供的竞争性拨款，用以发展咨询、再培训和教育的"；

（2）分别将第（C）和（D）小项更名为第（E）和（F）小项；

（3）在第（B）小项中：

（A）删去"（B）将提供的服务"，该条之前的事项以及第（i）条款；与

（B）将第 D 小项（ii）~（viii）条更名为第（i）~（vii）条款；

（4）在第（A）小项后加入以下新小项：

"（B）拨款标准。为获得收到本条项下的拨款的资格，申请人必须提供恰当的保证：

"（i）根据第（C）小项的要求，向申请人授予的资金中，至少一半将用于临床推广咨询和危机管理援助；

"（ii）该州多数农场的资产负债率达到 40% 或以上，该州的农村经济状况常年不佳，或部长决定的其他情况，认为提供本款项下的援助是必要和恰当的；

"（iii）规划和提供本条项下的服务时，将与恰当的州心理卫生机构、卫生部、农村卫生办公室和其他负责援助州内农村区域人员的州内机构或部门配合完成；与

"（iv）规划和提供本条项下的服务时，将与恰当的当地政府和其他公私非营利机构以及位于农村地区并且参与解决农村居民心理卫生相关问题的组织配合完成。

"（C）要求的咨询和推广。本款下向各州提供的拨款资金中，其中至少 50%，应用于提供临床推广咨询和危机管理援助。

"（D）将提供的其他服务。除第（C）小项所要求的咨询和推广服务外，还应通过本条下资助的项目，提供以下服务；"

（5）在第（D）小项末尾（经本款第（4）项添加后）加入以下新条款：

"（viii）当地官员和群体在发展收入和就业替代方案方面的援助"；与

（6）在第（F）小项中（经本款第（2）项重新命名后）：

（A）删去"鼓励与某某合作"并插入"应与恰当的州农村卫生办公室、州内心理卫生部门或机构等合作"；

（B）删去"全面的计划"并且插入"全面的年度计划"；

（C）删去"特殊"；与

（D）在结尾处加上："关于任何财政年度有资格得到本条项下拨款的州内接收者，各州的合作推广局应拟定并与各州恰当的心理卫生部门或机构以及其他恰当的州内机构签署合作备忘录，以实施全面的计划。根据第（B）小项所述规定，该等协议和计划必须强调咨询和推广项目的开发和交付。"

（c）相应修订。

（1）该条进一步修订为删除"（f）特殊"并插入"（f）具有竞争力的"。

（2）该法（《美国法典》第 7 篇 2663（c））第 503（c）条现修订为：

（A）在"（c）"后面插入"额外分配。（1）"；

（B）删去每次出现的"与第 502（f）条"；与

（C）在结尾处加上以上新段落：

"（2）部长应根据该条的要求，向高等教育机构分配拨款，以实施第 502（f）条所述规定。"

（d）修订对现有拨款接收者的影响。1990 财政年度，《1972 年农村发展法》（《美国法典》第 7 篇 2662（f））第 502（f）条下收到拨款的 8 个州，尽管该等拨款是在竞争性基础上授予，只要该州遵守第（C）小项下的要求，即一半以上的拨款应用于临床推广咨询和危机管理援助，应继续有资格收到该项下的拨款（金额不得超过该财政年度收到的款项）。

第 2390 条　农业健康和教育。

（a）简称。本条可援引为《1990 年农村卫生和安全教育法》。

（b）农村卫生和安全教育项目。

（1）概述。《1972 年农村发展法》（《美国法典》第 7 篇 2661）第 502 条经修订为在第 2346 条后加入以下新条款：

"（h）农村卫生和安全教育项目。

"（1）授权项目。

"（A）个人和家庭卫生教育。部长可为设立个人和家庭卫生教育项目进行拨款，向个人和家庭提供：

"（ⅰ）关于良好的卫生价值的信息；

"（ⅱ）用以增加个人或家庭为个人卫生承担更多责任的动力的信息；

"（ⅲ）参与卫生促进活动的机会；与

"（ⅳ）与卫生与公共服务部合作，为自愿者和医疗服务提供者提供的关于卫生促进和卫生保健服务的培训。

"（B）农场安全教育。部长可为设立农场安全教育项目拨款，该项目应向农场工人、伐木工人和农场家庭提供关于工作场所安全的信息和教育，包括以下信息和培训：

"（ⅰ）减少职业伤亡率；

"（ⅱ）降低和防止接触到农场化学制品；

"（ⅲ）降低农业呼吸疾病和皮炎；

"（ⅳ）降低和预防因噪音造成的听力损伤；

"（ⅴ）残疾农民和伐木工人的职业重建；与

"（ⅵ）农场事故救援程序。

"（2）项目的协调。根据本款下拨款进行的教育项目，应与州农村卫生办公室与卫生与公共服务部的其他恰当项目协调开展。

"（3）信息的传播。根据本款下拨款开展的教育项目，应在各州的领导下，传播国家农业图书馆设立的农业信息中心所持有的恰当的农村卫生和安全信息资源。

"（4）程序和限制。部长应制定政策、程序和限制，应用于希望收到本款下拨款的州。有资格收到《1862 年 7 月 2 日法》（《美国法典》第 7 篇 301 及以下）和《1890 年 8 月 30 日法》（《美国法典》第 7 篇 321 及以下）项下的拨款的接受政府增地的高等教育机构，包括塔斯基吉大学以及收到农业卫生研究中心赠款的大学，该等有资格的机构应共同决定该等机构所在州境内所需的农业卫生和安全教育项目的类型。

"（5）拨款授权的限制。本款下的拨款，1991 财政年度授权拨款 5 000 000 美元、1992 财政年度为 10 000 000 美元、1993 财政年度为 15 000 000 美元、1994 财政年度以及其后各财政年度为 20 000 000 美元。本款下拨款的金额在支出前应随时可用。"

（2）技术修订。本法（《美国法典》第 7 篇 2663（c））第 503（c）条经修订删除"与第 502（f）条"，并插入"第 502（f）和 502（h）条"。

第 2391 条　改善农村卫生基础设施。

（a）示范项目的拨款。农业部部长应为项目的设立拨款，以示范改善农村医疗基础设施的模型方法。用此拨款设立的项目应：

（1）实施系统、以社区为基础的农村医疗需求评估；

（2）识别和协调可用的医疗服务资源；

（3）通过卫生教育、信息提供和领导力提升与培训改善社区基础设施；

（4）形成社区产生的医疗改善战略。

（b）项目实施。第（a）款下设立的项目应通过以下各项合作实施：

（1）学术医疗中心、可信赖的医疗专业学校，包括医学院、牙科、公共医疗、护理和专职医疗学校；

（2）接受政府增地大学的合作发展系统；与

（3）以县为基础、关于农村卫生服务的市民组织。

（c）拨款授权的限制。为实施第（a）款，获授权拨款每个财政年度所需的款项。本款下的拨款在支出之前应随时可用。

第 2392 条　农业普查。

商务部部长应在 1992 年的农业普查中包含与农业事故和农场安全相关的问题。

第 2393 条　水和排水捐赠和贷款的限制及条件。

《巩固农业和农村发展法》（《美国法典》第 7 篇 1926（a））第 306（a）条经修订后在本法第 2329 条后插入以下新项：

"（21）提供或担保本款下的贷款或拨款时，除本法规定外，部长不得就该等贷款或拨款的批准提出任何要求、条件或认证。"

第 2394 条　鼓励私人合约。

（a）概述。为促进农村社区当地就业和私营企业的投资，鼓励农业部部长，在恰当和可行的范围内，让位于农村地区的私人企业，而非政府雇员或政府企业，为实施本标题之目的，提供商业活动或产品。

（b）要求的计划。部长应制定并实施一项计划，用以增加农业部向私人企业授予的合约以及增加用于农村发展的拨款、贷款或其他财政援助，从而为实施本篇的目的而提供商品和服务。

第 2395 条　资格的维护。

不论法律有任何其他规定，对于合作社和其他企业在联邦法律项下的任何其他信贷援助的资格，本篇不得被视为对本法生效之日业已存在的该等资格产生负面影响。

第 2396 条　法规。

除非本篇另有规定，否则本法生效之日起 180 天内，部长应为实施本篇以及本篇所作出的修订颁布必要的法规。

第 24 篇　全球气候变化

第 2401 条　简称。

本篇可简称为《1990 年全球气候变化防御法》

第 2402 条　全球气候变化项目。

（a）设立。鉴于农业部内部需要一个部门负责协调气候变化的相关事宜，农业部部长（以下简称"部长"）应设立全球气候变化项目（以下简称"项目"）。部长应为该项目组任命一位总监，负责实施第（b）和（c）款规定的职责，并向部长直接汇报。

（b）总体职责。项目总监应负责：

（1）协调开展与气候变化相关的政策分析、长期规划、研究和应对策略的制定；

（2）通过科技政策办公室与其他国家机构建立联系，共同开展气候变化领域的相关合作；

（3）及时向农业部通报涉及气候变化对农业、林业影响的科学发展与政策，包括其他可能增加或减小气候变化对美国农林业影响的因素；

（4）为部长提供应对上述科学发展与政策问题的各种方案；

（5）确保农业部在研究、规划和决策过程中，对气候变化可能造成的潜在影响有充分的考量。

（c）具体职责。项目总监应负责：

（1）协调开展第 2403 条规定的全球气候变化研究；

（2）通过部长认定的机构，为与气候变化对农业的潜在影响相关的气候学研究课题提供竞争性的资金支持；

（3）协调农业部参与机构间气候相关活动；

（4）就气候研究与相关活动问题，向国家科学院和其他民间、学术、国家及地方组织进行咨询；

（5）代表农业部接洽科技政策办公室，按照职位要求协调农业部各项活动；

（6）代表农业部出席政府间气候变化小组会议；

（7）审核农业部所有与气候变化相关的预算事项，尤其是部长将提交科技政策办公室和预算管理办公室的研究预算。

第 2403 条　全球气候变化、农业与林业的研究。

（a）农作物。

（1）概述。部长应就全球气候变化对农林业的影响进行研究。研究领域至少应涵盖：

（A）二氧化碳排放增加带动气温上涨现象对重要经济作物的影响；

（B）极端天气频发对重要经济作物的影响；

（C）水文的潜在变化对当前作物产量的影响；

（D）南部、中西部和大平原地区干旱频发、受旱面积不断扩大造成的经济影响；

（E）气温升高导致病虫害问题产生的新变化。

（2）深入研究。在第（1）项所述研究成果的基础上，根据全球气候变化对重要经济作物的影响，部长应深入研究相应缓解手段，研究领域至少应涵盖：

（A）确定是否可通过杂交技术提升新品种对气候变化的耐受力，杂交所需时间，及其对农民收入的影响；

（B）对现有基因资源和农作物杂交项目进行评估，确定是否可培养出能够抵挡潜在气候变化的新品种；

（C）评估新作物品种开发潜力，此类品种应对气候变化和干旱、虫害、土壤碱度等其他环境压力具有耐受性。

（b）森林。部长应对热带和温带森林甲烷、一氧化二氮和碳氢化合物的排放量进行研究，研究这种排放对全球气候变化的影响方式；全球气候变化对这种排放的影响方式；以及通过管理措施，减少此类排放的有效手段。研究内容至少应涵盖：

（1）获取热带和温带森林一氧化二氮、甲烷和非金属碳氢化合物的测量值；

（2）确定热带和温带森林体系排放的一氧化二氮、甲烷和非金属碳氢化合物对气候变化的反应方式；

（3）确定并提出能够缓解全球气候变化对温热带森林负面影响的其他管理战略。

（c）报告。自本法案实行之日起，部长应在第 3 年和第 6 年分别向众议院的农业委员会、众议院科学、空间与技术委员会和参议院的农业、营养与林业委员会分别提交第（a）和（b）款规定的研究报告。此外，部长还须每年向这些委员会递交上述研究的中期报告，同时提出能够有效缓解全球气候变化负面影响、有利于适应全球气候变化和相关现象的可行性建议。

第 2404 条　技术顾问委员会。

（a）设立。农业部长应建立一个技术顾问委员会，就本标题下所要求的主要研究领域向农业部部长提供建议。

（b）成员。根据第（a）款设立的委员会应参照科技政策办公室和环保局局长的意见，经过部长对该委员会服务人员资质要求的严格认证，在各大学院校、专业社会团体、政府试验室和农业、环境等其他组织的代表中选拔适当人选。自本法案实行之日起 90 天内应完成委员会成员的任命工作。该委员会主席应由当选委员会成员选举产生。

第 2405 条　国际林业办公室。

（a）设立。农业部部长应责成林务局局长在本法案实行 6 个月内，成立国际林业办公室。

（b）选派副局长。林务局局长应选派 1 名副局长负责国际林业办公室的工作。

（c）职责。该副局长应承担如下职责：

（1）负责林务局的国际林务活动；

（2）协调林务局落实本标题下各项条款的相关活动；

（3）作为林务局联络人，与依据第 2402 条设立的项目总监进行接洽。

第 2406 条　明细支出预算。

自本法案实施之日起，及随后的每一财务年度，总统向国会提交的年度预算均应包含林务局国际合作与协助任务的一切明细开支。

第 2407 条　热带林业协会。

部长将在波多黎各授权并指导建立热带林业协会和太平洋岛林业协会（以下在本条款中简称为"协会"）。协会将负责开展森林管理和自然资源研究，具体研究内容包括：

（1）热带森林的管理与发展；

（2）气候变化与热带森林的关系；

（3）濒危物种；

（4）休闲与旅游；

（5）在可持续利用的前提下热带森林资源的发展；

（6）热带森林的生态健康与生产力监控技术；

（7）热带森林的再生与恢复；

（8）热带森林采伐对生物多样性、全球气候、野生动物、土壤和水资源的影响。

第 2408 条　《1974 年森林与牧场可再生资源规划法》。

（a）可再生资源评估。《1974 年森林与牧场可再生资源规划法》（《美国法典》第 16 篇 1601（a））第 3（a）条作出以下修订：

（1）第（3）项尾删除"和；"

（2）第（4）项删除句号并插入"；和"；

（3）在结尾处添加如下新项：

"（5）就全球气候变化对美国森林与牧场可再生资源状态潜在影响的分析；

（6）就乡村与城市林业在缓解大气二氧化碳增加、降低全球气候变化风险方面的可能性的分析，"。

（b）可再生资源项目。该法案（《美国法典》第 16 篇，1602）第 4 条第（5）项作出如下修订：

（1）删除子第（D）小项结尾处的"和"；

（2）删除子第（E）小项结尾处的句号，并插入"；和"；

（3）在结尾处添加如下小项：

"（F）说明全球气候变化对森林与牧场生态条件的影响，包括对地理范围内的物种、森林与牧场产品的潜在影响。"

第 2409 条　城市林业示范项目。

部长有权责成林务局东北地区分局和私有林项目组开展一项研究与示范项目，旨在证明保留与整合森林资源在城市发展过程中的益处。此项研究与示范项目的重点是保护环境，为当代民众与后世子孙留续宝贵的自然资源。

第 2410 条　生物质能量示范项目。

经与能源部长磋商，部长可开展示范项目，用来证明短期造林方法能为电力生产和其他工业能源需求培育木材的巨大潜力。在此类项目的实施过程中，部长应与私营企业、联邦和州政府机构，以及其他组织加强合作。

第 2411 条　机构间合作扩大生物质能源增长。

部长可与国防部长达成如下协议：

（1）开展再造林和国防部军事设施与土地优化管理方面的研究；

（2）开发一个项目管理这些森林和土地，最大限度地发挥他们生物量增长和隔绝二氧化碳的潜力。

第 2412 条　授权拨款。

1991—1996 财政年度，特授权每年拨付特定款项，用于本篇下各项目的落实工作。

第 25 篇　其他相关条款

第 2501 条　社会弱势农牧民的扶贫与援助计划。

（a）扶贫与援助：

（1）概述。农业部部长（本节以下简称"部长"）有责任为社会弱势农牧民群体提供扶贫与技术援助服务，以帮助他们拥有和管理自己的农牧场，平等参与农业项目。此类援助服务应包括：申请信息与竞标手续、农业管理，以及参与农业项目所需的其他必要信息。

（2）补助与合约。部长在推动本条款规定项目的过程中，可为如下机构提供津贴并签订合同或其他协议：

（A）符合如下要求的任何社区机构：

（ⅰ）已证明在为社会弱势农牧民提供农业教育或其他农业相关服务方面拥有经验的机构；

（ⅱ）可提交在申请本条款规定的补助前的两年中为社会弱势农牧民提供服务的书面证明；

（ⅲ）未从事过《1986 年国内税法典》第 501（c）（3）条禁止的活动；

（B）根据《1890 政府赠地学院法》获得政府赠地的学院，包括：塔斯基吉学院、印第安部落社区学院、阿拉斯加土著合作学院、西班牙服务业专科教育学院，以及其他具备为当地社会弱势农牧民群体提供农业教育与农业相关服务的学院。

（3）资金支持。农业部可在每财年授权划拨 1 000 万美元，用于本条规定项目的落实工作。

（b）国家公务人员的选派。

（1）概述。部长应从国家或地区政府现有人员中选派胜任者，与国家签约服务推广机构合作，共同推行本条款规定设立或修订的政策及项目。

（2）增派人员。如当地社会弱势农牧民群体在农牧民总数中的比例超过 25%，部长应增派额外人员，协助推行本条款规定设立或修订的政策及项目。

（c）国会汇报制度。

（1）概述。最迟自 1992 年 9 月 30 日起，由部长每两年向众议院农业委员会和参议院农业、营养与林业委员会进行一次汇报，具体汇报内容如下：

（A）部长如何提升社会弱势农牧民群体参与农业项目的积极性；

（B）每个农业项目制定的具体参与比例；

（C）各农业项目的实际成果；

（D）农业部在实现第（2）（C）项规定目标过程中取得的进展。

（2）内容。除第（1）项中规定的信息外，汇报内容还应涉及：

（A）各农业项目社会弱势农牧民计划参与人数和实际参与人数的比较结果；

（B）分析并解释部长达成目标成功或失败的原因，以及本条的总体目标；

（C）以各州和各县为单位，提供以下表格：

（ⅰ）为社会弱势农牧民群体提供的贷款金额；

（ⅱ）社会弱势农牧民抵押贷款在抵押贷款总额中所占的比例；

（D）以各州和各县为单位，将各项农作物计划种植基地的农作物配置分类与《综合农场与农村发展法》（《美国法典》第 7 篇 2003（a）（1））第 355（a）（1）和 355（c）条规定的目标参与率进行比较；

（E）以各州和各县为单位，核查并分析社会弱势农牧民群体与社会其他群体在农业项目中的参与度对比，包括全体农牧民的抽样调查结果和社会弱势农牧民群体的抽样调查结果，从而确定农牧民是否参与农业项目的原因。

（d）平权行动、上诉与合约审核。

（1）目的。本子条款旨在指导部长在该部门内，对平权行动项目及其政策的设计与实施、歧视诉讼的上诉手续、以及农业部签署的合约与采购规范进行分析。

（2）范围。研究范围应包括：

（A）平权行动及其政策成功与失败的评估；

（B）第（A）小项所述成功与失败的原因分析；

（C）核查农业部门的采购、签约与采买政策，社会弱势企业在此类活动中的参与度，此类政策对社会弱势群体参与农业部签约业务的影响；

（D）社会弱势群体所有企业是否参与第（C）小项所述活动的原因分析；

（E）全面核查农业部存档的所有诉讼或指控的上述手续，只要内容与歧视行为、惯例、或形式有关，无论个人或任何其他机构发起诉讼，均属核查范围，具体核查内容包括：

（ⅰ）有关歧视行为、惯例或形式的诉讼或指控数量；

（ⅱ）农业部调查与解决此类诉讼的方式；

（ⅲ）在调查与解决此类与歧视行为、惯例或形式相关的诉讼和指控过程中，所耗费的最长时间、最短时间和平均时间各是多少。

（3）汇报制度。自本法案实施之日起 1 年内，部长应准备并向众议院农业委员会和参议院农业、营养与林业委员会提交第（2）项所规定的相关信息。

（e）定义。

（1）社会弱势群体。在本条款的适用范围内，"社会弱势群体"是指该群体的成员，无论其个人素质的高低，均由于自身所属的群体身份，受到人种或种族的歧视。

（2）社会弱势农牧民。在本条款的适用范围内，"社会弱势农牧民"是指属于社会弱势群体的农牧民。

（3）农业项目。在本条款的适用范围内，"农业项目"是指依据如下法案设立或授权的项目：

（A）《1949 年农业法》；

（B）《巩固农业和农村发展法》；

（C）《1938 年农业调整法》；

（D）《土壤保护法》；

（E）《国内拨款援助法》；

（F）《1985 年粮食安全法》；

（G）部长认为必要的其他相关法案。

（f）《巩固农业和农村发展法》修订案。《巩固农业和农村发展法》第 355 条做出如下修订：

（1）删除第（d）款；

（2）将第（c）款重新命名为第（d）款；

（3）在第（b）款后面插入如下新条款：

"（c）经营贷款。

（1）目标制定。部长应制定年度参与率目标，确保社会弱势农牧民能够依据子篇 B 获得贷款。在制定此类目标比例时，部长应考虑到本州社会弱势农牧民数量在本州农牧民总数中的比例。

（2）储备金与拨款。部长应尽最大可能，依据子篇 B 预留并拨付符合各州贷款配置，并与本州目标参与率相对应的贷款资金，供本州的社会弱势农牧民使用。部长还应尽最大可能，以县为基础，根据本县社会弱势农牧民数量分配所有派生资金。任何根据本段所述目的预留和分配、但未经使用的资金均应在本州内重新分配。"

（4）在第（d）小项（上述重新命名的）后插入如下新的小项：

（e）定义。

"（1）社会弱势群体。在本条款的适用范围内，'社会弱势群体'是指该群体的成员，无论其个人素质的高低，均由于自身所属的群体身份，受到人种或种族的歧视。

（2）社会弱势农牧民。在本条款的适用范围内，'社会弱势农牧民'是指属于社会弱势群体的农牧民。"

（g）保护区。

（1）联合办事处。农业部部长应要求农业稳定与保护服务局、土壤保护局、农民之家管理办公室和部长选择加入的其他相关部门与管理机构，在每个境内拥有保护区的县内设立 1 个联合分局，地点可选在保护区的部落总部，也可选在工作人员认为需要的地点。工作人员由现有人员兼任，但每周工作时间不得少于一天，或由当地部落与农业部门协商确定。自愿加入该项目的当地部落须负责为分局提供办公地点。

（2）合作协议。如保护区所处位置跨越多个县，则农业部部长、相关县主管部门和当地部落应达成合作协议，共同提供第（1）项中规定的服务，以避免重复劳动。

第 2502 条　《农田保护政策法》防护特例的缩减。

《农田保护政策法》（《美国法典》第 7 篇 4208）第 1547（b）条修订内容：在"目的"后插入"在国家紧急时刻"。

第 2503 条　宠物保护。

《动物福利法》（《美国法典》第 7 篇 2131 条及以后内容）修订如下：

（1）第 16 条（c）（《美国法典》第 7 篇第 2146 条）中，在首次出现的"法案"后插入"本法案发布的规定与标准"；

（2）在结尾处添加如下新条款：

"第 28 条宠物保护。

"（a）持有期。

"（1）要求。如第（2）项所述机构获得 1 只狗或猫，该机构在向宠物商贩出售这只狗或猫前，有义务收留并照顾这只狗或猫至少 5 天，以便狗或猫有机会被主人找回，或被其他个人收养。

"（2）机构定义。第（1）项所述机构是指：

"（A）各州、县或市所属或管理的兽栏或庇护所；

"（B）以护养动物为目的的私人机构，例如：动物保护协会或与州、县、市签约的其他组织，从事志愿动物放养的兽栏或收养所；

"（C）经农业部认证的研究机构。

"（b）认证。

"（1）概述。宠物商贩通常不得向个人或机构销售或提供来历不明的猫狗，除非可向买家提供符合第（2）项要求的有效证明，证实其销售行为符合第（a）款的相关规定。

"（2）要求。有效证明应包括：

"（A）宠物商贩的姓名、地址、农业部执照或注册号（如有此类号码）；

"（B）猫狗买家的姓名、地址、农业部执照或注册号（如有此类号码），以及买家的签名；

"（C）对所出售猫狗的描述应包括：

"（i）猫狗的品种、血统或类型等信息；

"（ii）猫狗性别；

"（iii）猫狗出生日期（如知道）；

"（iv）猫狗颜色或其他特殊标记；

"（v）农业部部长规定需提供的其他信息；

"（D）向宠物商贩出售或以其他方式提供猫狗的个人、兽栏或收养所的名称和地址，同时保证该个人、兽栏或收养所了解其猫狗可能会用于研究或教学目的；

"（E）第（D）小项提到的购买或获取的日期；

"（F）兽栏或收养所（如宠物商贩确由此类机构获取猫狗）声明，该机构符合第（b）款的相关要求；

"（G）农业部部长规定需提供的其他信息。

"（3）备案。第（1）项所要求的证明原件应随宠物商贩所购或所得猫狗的运送一并交付，为便于执法,研究机构应至少将该证明保留 1 年以上。同样出于执法目的,宠物商贩应依据本段预留 1 份证明复印件,并将其保留至少 1 年以上。

"(4) 转让。如一家研究机构需将所购或所得动物转让给其他研究机构,该证明复印件应一并交付对方。

"(5) 修正。随着芯片等识别技术的发展,如农业部部长决定利用此类技术收集、传输或保存本条款规定的相关信息,则证明要求可能会做出相应调整。

"(c) 执法。

"(1) 概述。如宠物商贩未履行本条款的相关规定,或在第(b)款规定的证书中提供虚假信息,则应依据第 19 条对该商贩予以罚款。

"(2) 重复违规。对于任何违反本条款 1 次以上的商贩,每违反本部分条款违规获取或销售 1 只猫或 1 只狗,应被处以 5 000 美元的罚款。

"(3) 永久吊销资质。违反本条款 3 次或 3 次以上者,将被永久吊销经商执照。

"(d) 法规发布。农业部长应在本条款通过之日起 180 天内,发布落实本条款的相应法规。

"第 29 条禁令申请权。

"(a) 申请。如部长有依据认定任何宠物商贩、运输者、展览商或中介驯养者私自贩卖偷盗宠物,或违反本法案及其相关法规与标准,严重危害动物健康,则部长有权通知司法部长,要求该商贩、运输者、展览商或中介驯养者所居住或从事经营活动所在的美国地区法院发布临时限制令或禁令,以阻止此类违反本法案及其相关法规与标准的行为。

"(b) 发布。法院应凭借合理证据,根据第(a)款发布无保证金的临时限令或禁令。此类禁令或限令将持续生效,除非依据第 19 条发起的控诉提交后被部长驳回,或部长据此发布的禁令和限令成为最后裁决并生效或因上诉审议被搁置。获得司法部长批准后,农业部代理律师有权在美国地区法院上代表农业部出庭处理任何本条款引发的诉讼案件。"

第 2504 条　植物病虫害的防控与消除。

《1944 年农业部有机物法》(《美国法典》第 7 卷,第 147 条 a(b))第 102 条(b)做出如下修订:

(1) 删除"西半球所有国家",并插入"海外国家";

(2) 在"国际的"前加入"国外或"。

第 2505 条　动物疾病防控合作。

《1947 年 2 月 28 日法案》第 8 章第 1 条(《美国法典》第 21 篇 114b)做出如下修订:

(1) 删除"墨西哥、危地马拉、萨尔瓦多、哥斯达黎加、洪都拉斯、尼加拉瓜、伯利兹城、巴拿马、哥伦比亚、加拿大、巴哈马群岛、大安的列斯群岛和小安的列斯群岛"并插入"海外国家";

(2) 在"国际的"前加入"国外或"。

第 2506 条　假性狂犬病的灭除。

(a) 研究决议。国会经研究决定,农业部与国家相关部门和生猪养殖业针对美国存栏生猪展开的假性狂犬病灭除工作意义重大,应持续开展,直至美国境内彻底消灭假性狂犬病为止。

(b) 项目设立。农业部部长应面向美国生猪养殖业设立并推行假性狂犬病灭除项目。

(c) 假性狂犬病检测与防控基金的使用。部长应确保依据第(b)款设立的项目基金中,用于动物检测与筛查,或与假性狂犬病防控和灭除工作直接相关事务的比例不得低于 65%。有关本项目配置资金使用的要求在实施过程中不得对其他动植物疾病或病虫害防控与灭除项目产生负面影响。

(d) 授权拨款。特授权自 1991—1995 各财年,每年为依据第(b)款推行的项目提供所需资金。

第 2507 条　进口家禽检测规定。

（a）研究决议。国会经研究决议如下：

（1）1985 年，旨在维系国家食品供给诚信与健康的《禽类产品检测法》经修订改为《1985 年食品安全法》；

（2）1985 年的修订法案规定，美国欲进口的禽类产品均须与美国自产禽类产品在检测、卫生、质量、品种鉴定与筛查方面采用相同标准，此类产品的加工设施和条件应与美国加工此类产品的设施和条件相同；

（3）1989 年 10 月 30 日，农业部部长通过下属食品安全检查局（农业部下属负责《禽类产品检测法》条款实施的部门）发布 1985 年修订法案实施规定，规定针对出口美国的禽类食品发放检测证书的海外检测体系，其各项检测要求至少要等同于美国现行标准。

（b）国会意见。国会就此持下意见：

（1）农业部部长通过食品安全检查局就美国进口禽类食品发布的相关规定不代表国会意见；

（2）要求农业部部长责成下属食品安全检查局废除 1989 年 10 月 30 日的相关规定，并发布符合国会意见的新规定。

第 2508 条　附加检测服务。

农业部长在推行禁止或限制携带病虫害物种入关规定的过程中，有权同船只或飞机的经营者或所有者签订协议，目的是，除此类船只或飞机目前接受的定期或随时检测外，在美国入境关口提供检测服务。此类协议应依据农业部长要求，规定相关经营者或所有者依据协议支付部分必要费用，以抵补提供附加检测服务所需成本。

第 2509 条　检测费的收取。

（a）检疫、检测和运输费。

（1）检疫与检测。农业部部长（本条款后续简称为"部长"）可在商业船只、商用飞机、商用卡车或火车车厢抵达美国关境入口，或在美国境外入境审查与预检时，限定并收取农业检疫与检测费；

（2）财政部。无论何人依据本子条款收取的费用均应在费用收取的当季度结束后 31 天内提交至财政部；

（3）农业检疫检测用户费账户。

（A）设立。在美国财政部设立一长年基金账户，名为"农业检疫检测用户费账户"（本条款后续简称为"账户"），以供部长依据本条款提供检疫或检测服务使用。

（B）账户金额。

（ⅰ）存入资金。依据本子条款收取的所有费用均应存入本账户。

（ⅱ）偿付。财政部长应利用该账户为落实第（1）小项授权服务而引发的成本偿付相应的款项资金。

（ⅲ）程序。财政部长应依据第（ⅱ）条按季度偿付相应资金。依据第（ⅱ）条需偿付的金额应由农业部部长根据第（ⅱ）条规定的各项支出进行估算，所估算的费用应为偿付前 3 个月内的支出金额。

（ⅳ）调整。如根据第（ⅲ）条款要求偿付的金额多于或少于此前的预估金额，依据第（ⅱ）条款拨配的偿付资金可根据需要进行调整。

（4）收费金额的调整。农业部长应依据该部在落实子款和农业检疫检测服务规定过程中，在美国关境入口开展相关检测活动，或在美国境外入境审查与预检时实际发生的成本进行评估，并调整收费金额，以确保该账户收支平衡。

（b）植物检测。《1944 年 9 月 21 日法案》（《美国法典》第 7 篇 147a（f））第 102 条第（f）款做出如下调整：

"（f）（1）除第（2）项外，还可授权拨付落实本条款所需的必要资金。除特别授权或拨款法案特别规定外，此类资金不得用于支付固定资产损毁引发的成本或费用。

"（2）农业部部长有权限定并收取费用，用于支付为出口或途经美国的植物及植物产品进行检测的成本，以及向托运人和相关利益方提供证明的成本，包括根据该植物或植物产品的出口目的地国植物检疫要求证明该植物或植物产品无植物病虫害，或证明该植物或植物产品在途径美国境内时从未与植物病虫害进行接触。享受上述服务的人应负责支付评估费用。如该费用到期未付，农业部部长应制定明确的逾期罚款金额，按照《美国法典》第 31 部分第 3717 条规定，此类延期费用应计算相应利息。所收取的全部费用、延期罚款及其产生的利息均应存入用于偿付该成本的账户，该资金应不受财政年度限制，在支出之前应随时可用。农业部部长应对接受检疫服务的植物或植物产品拥有留置权，以偿付费用、任何延期罚款及其产生的利息。如任何人未能按期支付相关费用，农业部部长对此人计划出口的植物或植物产品同样具有留置权。如发生对应交费用、延期罚款及其利息一律拒交的情况，在对应支付该费用、延期罚款及其利息的责任人予以合理通知后，部长有权在合理公示后，对依据本条款留置的植物或植物产品进行公开拍卖或相应处理。如销售所得超出应收费用、延期罚款及其利息和相关销售成本，则剩余部分应依据农业部长的相关规定，在该植物或植物产品所有人提出申请并证明其所有权的前提下，于销售结束后 6 个月内归还该植物或植物产品的所有人，否则，剩余款项应存入用于偿付该成本的账户，并在支出之前应随时可用。农业部长可根据其制定的相关规定，对未支付相关费用、延期罚款及其利息的人士暂停提供检疫服务。"

（c）动物检测与兽医诊断。

（1）动物检测。部长可限定并收取一定费用，用于偿付该部在推行《联邦动物检疫法》有关动物、物品或运输工具的进口、报关和出口的相关条款过程中产生的费用。

（2）兽医诊断。《1884 年 5 月 29 日法案》（《美国法典》第 21 篇 114a，修订的美国法令全书第 58 卷，734 条）第 11 条修订为：紧接第一句后插入："农业部部长有权限定并收取一定费用，以偿付落实本条款规定过程中与兽医诊断相关的费用。"

（3）收费。依据本子条款收取的全部费用、延期罚款及其产生的利息均应存入用于偿付该成本的账户。该资金应不受财政年度限制，在支出之前应随时可用。

（4）责任。根据本条款，任何人在从事动物、物品或运输工具的进口、报关、出口时，凡涉及兽医诊断相关工作，则应支付额定费用。如该费用到期未付，部长应制定明确的逾期罚款金额，按照《美国法典》第 31 项 3717 条款规定，此类延期费用应计算相应利息。所收取的全部费用、延期罚款及其产生的利息均应存入用于偿付该成本的账户。该资金应不受财政年度限制，在支出之前应随时可用。

（5）留置权。

（A）概述。根据本条款，农业部部长应对接受服务的动物、物品、运输工具或设备拥有留置权，以偿付费用、任何延期罚款及其产生的利息。

（B）其他动物等。如任何人未能依据本子条款按时付费，部长对该人在过期未付款后进口、开展洲际贸易或计划出口的动物、物品或运输工具享有留置权，直至其所有人或经营者依据本子条款向农业部全额付款为止。

（C）动物等的销售。

（ⅰ）授权。如某人拒绝支付相关费用、延期罚款及其利息，在对该人进行合理提示后，部长有权在公示后，对依据本段落留置的动物、物品、交通工具或设备进行公开拍卖或处置。

（ⅱ）超额收入。如根据第（ⅰ）条款开展的拍卖所得超出应收费用、延期罚款及其利息和相关销售成本，则剩余部分应依据农业部部长的相关规定，在该所有人提出申请并证明其所有权的前提下，于销售结束后 6 个月内归还该动物、物品、运输工具与设备的所有人。如该所有人未进行申请，则剩余款项应存入用于偿付该成本的账户，并在支出之前应随时可用。部长可根据该部相关规定，对未支付相关费用、延期罚款及其利息的人士暂停提供检疫服务。"

（d）规定。部长应制定推行本条款各项规定的相关法规。

（e）欠款追偿。农业部有权针对应依照本条款支付此类检测费用的个人或机构，在其出现、居住或开展业务经营的任何美国地方法院或其他各地基层法院发起诉讼，以追偿应付费用、延期罚款及其利息，拥有管辖权的受理法院应给予听证和判决。

（f）定义：

（1）动物检疫法。在本条款中，"动物检疫法"一词系指：

（A）《1930年关税法》第306条（《美国法典》第19篇1306）；

（B）《1890年8月30日法案》第6～10条（《美国法令全书》第26篇，839章，416条；《美国法典》第21篇101～105）；

（C）《1903年2月2日法案》第2条（《美国法令全书》第32篇，349章，792条；《美国法典》第21篇第111条）；

（D）《1884年5月29日法案》（《美国法令全书》第23篇，60章，32条；《美国法典》第21篇112至114a-1，第115，117～119和130）（通常也称为《动物行业法》）；

（E）《1947年2月28日法案》（《美国法令全书》第61篇，8章，7条；《美国法典》第21篇114b，114c，和114d-1）；

（F）《1948年6月16日法案》（《美国法令全书》第62篇，477章，458条；《美国法典》第21篇114e和114f）；

（G）公法87～209（《美国法典》第21篇第114g条和第114h条）；

（H）《1920年5月31日法案》（《美国法令全书》第41篇，217章，第699条；《美国法典》第21篇116）；

（I）《1903年2月2日法案》（《美国法令全书》第32篇，349章，第791条；《美国法典》第21篇112和120～122）（通常也称为《1903年家畜传染病法》）；

（J）《1905年3月3日法案》（《美国法令全书》第33篇，1496章，1264条；《美国法典》第21篇123～127）（通常也称为《1905年家畜传染病法》）；

（K）《1914年6月30日法案》标题"畜产局"下方内容（《美国法令全书》第38篇，131章，第419条；《美国法典》第21篇128）；

（L）《公法》第101条第92～73条（《美国法典》第21篇，129）；

（M）《1910年5月26日法案》标题"其他"下方内容（《美国法令全书》第36篇，256章，第440条；《美国法典》第21篇131）；

（N）《公法》第87～518条第1～6条和第11～13条款（《美国法典》第21篇，134～134h）；或

（O）除公法第91～239条第1条（《美国法典》第21篇135）之外，由部长负责监管的任何其他与动植物病虫害相关的法案。

（2）关税区。在子条款（a）中，"美国关税区"一词是指50个州、哥伦比亚特区和波多黎各。

（3）法人。在本条款中，"法人"一词是指个人、公司、合伙企业、信托公司、协会或任何其他国有或私有机构，及其官员、员工或代理人。

（4）美国。在子条款（b）中，"美国"一词是指美国各州、哥伦比亚特区、关岛、北马里亚纳群岛共和国、波多黎各共和国、美属维京群岛和美国所辖的全部区域和领地。

（5）船只。在子条款（a）中，"船只"一词不包含渡船。

第2510条　报告、出版物与软件的使用费。

1981年《农业与食品法》（《美国法典》第7篇2242a）第1121条在结尾处加入如下新增子条款：

"（d）投资。所有收费、延期罚款及其利息均应交付本条款所指账户，农业部部长可将其投资于获

保的或有息全抵押账户，或经农业部部长决定，由财政部部长代为投资于美国政府债务证券。所收取的各种费用，包括延期罚款及此类基金投资产生的利息，均应交付该账户。"

第 2511 条　《1983 年烟草调整法》。

《1983 年烟草调整法》（《美国法典》第 7 篇 511r）第 213（d）条在结尾处加入如下新增语句："所有收费、延期罚款及其利息均应交付本条款所指账户，农业部部长可将其投资于获保的或有息全抵押账户，或经农业部部长决定，由财政部部长代为投资于美国政府债务证券。所收取的各种费用，包括延期罚款及此类基金投资产生的利息，均应交付本条款所指账户。"

第 2512 条　生产成本。

（a）提升商业项目预算预测的准确度。国会认为，要提升商业项目收益预测的准确度，农业部长应指定独立机构对商业项目预测进行管理并制定质量控制计划，以便：

（1）系统地识别预测错误的原因；

（2）保存可用于供求预测的数据记录；

（3）记录预测方法；

（4）不断完善各种预测元素的缺点。

（b）资产收益。农业部部长应每年发布 1 份年度报告，分析陆地棉、水稻、小麦、玉米、燕麦、大麦、高粱、大豆、花生、甜菜糖和竹糖等生产中获取的资产收益。在分析过程中，部长应考虑到从农业价格支持计划中获取的收益、农业价格支持计划对生产成本上的影响，当前农业部生产成本数据中使用的元素、当前土地价值和部长认为可精确体现农作物生产收益的其他信息。

第 2513 条　农产品的耕种价值。

（a）概述。农业部部长（后续简称为"部长"）应开发一套系统，用于告知最终消费者，农业生产者为零售产品中所含的每种初级商品所投入的大概资金（以美元计算）。在本子条款中，"初级商品"一词是指被部长认定为主食级农产品（包括根据《1949 年农业法》设立的联邦农业计划中的所有商品）的 135 类美国农业商品。

（b）部长年度报告。农业部部长应按照不同商品或产品类型，每年向众议院农业委员会和参议院农业、营养与林业委员会提交 1 份年度报告，报告内容包括根据子条款（a）应向用户提供的信息。在编写该报告的过程中，部长可向必要人员寻求帮助。

第 2514 条　商品报告。

（a）农作物报告。农业部部长（后续简称为"部长"）应从农业生产者处收集农作物报告编写过程中所需的数据，以便在每年农作物生长季节进行分发。报告应介绍各州农作物的生长状况，并通过解释、对比和各类信息进行说明。

（b）专题报告。

（1）概述。除根据第（a）款编制的报告外，部长还应针对其确定的如下商品，每年从农业生产者处收集供货、种植面积、生产、加工和价格等信息，以便撰写专题报告：

（A）25 种在售的新鲜蔬菜；

（B）3 种加工蔬菜；

（C）6 种水果和坚果；

（D）17 种饲料和草种；

（E）50 种蔬菜种子；

（F）枫糖浆。

（2）管理。部长应每年为其指定各州编制年度报告，其内容应包含第（1）项所规定的调研结果。此类报告须提交至部长并经其审批通过后方可发布和印制。

（c）树木盘存。农业部部长应从农业生产者处调研与果树和坚果树盘存相关的信息，以便撰写报告。此类调查和报告应按照部长要求，每隔3～5年定期开展、印制和分发。此类报告须提交至部长并经其审批通过后方可发布或印制。

（d）统一修订。《1917年3月4日法案》（《美国法令全书》1157，第179章第39条）"美国农业预算局"篇下方附文和《1909年3月4日法案》（《美国法令全书》1053，第301章第35条）（《美国法典》第7篇411a）标题"统计局"下方第一条附文统一废止。

（e）授权。特此授权按需拨付落实本条款所需资金。

第2515条　国家稀缺资源。

除本法案其他条款另行规定外，农业部部长为保护国家稀有资源，可在参议院农业、营养与林业委员会主席与副主席、众议院农业委员会主席与副主席的配合下，按优先级对本法案授权开展的各项研究或报告进行排序，并确定应完成的研究或报告项目。部长应至少完成12项此类研究或报告。

第2516条　优化文件备案手续。

（a）篇简称。本条款可简称为《1990年农业项目报告与文件备案优化法》。

（b）目标。在可行范围内，本条款旨在本法案实行之日起3年内，显著减少参与农业部部长下辖项目的生产者须按要求提交的备案材料数量，为完成各项文字工作而投入的时间和到访农业部办公机构的次数。

（c）报告。自本法案实行240天内，农业部部长（本条款后续简称为"部长"）应编写并向众议院农业委员会和参议院农业、营养与林业委员会递交报告，在报告中提出具体建议用以减少并简化农业生产者与合作社（本条款后续简称为"生产者"）在申请参与或遵照执行如下项目要求时需提交的备案文件及其他文件：

（1）农业部部长负责监管的农业价格与收入支持计划，包括《1949年农业法》（《美国法典》第7篇第1421条及以下各条）规定的相关项目；

（2）部长负责监管的志愿或义务土壤或水源保护项目，包括《1985年粮食安全法》（《美国法典》第7篇1281注释及以下）规定的相关项目；

（3）部长负责监管的任何其他项目，包括《巩固农业和农村发展法》（《美国法典》第7篇1981及以下）规定的相关项目和联邦农作物保险公司下属的农作物保险项目。

（d）报告内容：

（1）概述。在第（c）款要求的报告中，部长应明确指出通过为生产者提供分部门计算机网络或系统（包括农业部现有或将有的计算机功能与设备的应用），减少当前生产者须按要求提交文件和备案资料的可行性，生产者可利用此类网络或系统：

（A）通过音频、数据、视频或3者结合的形式与主管部门联系，以电子文档的方式提交全部或大部分必要的申请、报告或其他手续；

（B）提供与生产者开展农业经营与营销活动相关的最新电子信息和数据，或通过视频会议系统分享信息。

为根据本子条款编写报告，特授权农业部部长期聘用至少1家民营企业获取所需咨询服务，该企业应在计算机网络设计、运行、安装、维护、集成视频会议和数据库管理系统等广泛领域拥有丰富经验和技术专长。

（2）收费计划。在确定第（1）项提供所述计算机网络或系统的可行性和成本后，农业部部长可提出一份象征性收费计划，按照生产者访问和使用此类系统所需成本的一定比例，面向生产者及其他相关人士收取。此类费用可部分或全部用于支付网络、系统及其功能在日常运行、维护和未来扩容时所需的成本（同时应考虑到该系统为农业部带来的节余），但不应用于偿付现有设备和功能，或与初期建立该网络或系统相关的成本。报告还应对下述内容提出建议：可允许收费使用网络或系统的其他用户类型，以及依据《1974 年隐私权法》（《美国法典》第 5 篇 552a）相关条款和其他相关部门为个人或专用信息披露制定的相关规定，应针对文档访问权限采取的安全措施。

（e）国家委员会建议：

（1）概述。依据第（c）款编制报告时，部长应尽最大可能，考虑并纳入委员会依据《1985 年农业信用修订法》第 V 篇第 501 条提出的建议，此类建议同时也包含在 1989 年 2 月 22 日《国家委员会农业金融报告》中，关系到为农业企业设立统一贷款申请表和统一核算标准的需求。考虑到此类建议，部长应设计和采用尽可能简洁的表格与标准，并与农场信用系统、商业银行系统和农场所有权与经营信用服务的其他重要提供商代表进行协商。

（2）减少文件提交量。为了提高农业部部长下辖农业项目的效率，减少此类项目参与者的文件填写与提交负担，部长应尽可能设计并采用一张简单申请表，供参与部长下辖农业项目及第（c）款所述项目的申请者使用。第（c）款规定的报告中应提供的信息包括：农业部在落实子条款工作中取得的进展，以及在使用单张简化表格过程中存在的法律障碍。

（f）数据库的整合。除本条款其他条文另行规定外，农业部部长应采取适当措施，整合农业部所有与农业项目数据相关的数据库，同时促进相关数据在农业部各机构间的分享。

第 2517 条　化肥与农业化学品运输研究。

（a）研究。农业部部长应针对化肥、农用杀虫剂和燃料等农用危险化学品向农场的运输开展研究。此项研究应包含对如下事项的评估与分析：

（1）农民、农场雇佣工人和农业企业向农场运输化肥、燃料（例如：液态丙烷、柴油、汽油燃油和甲烷等）和农用杀虫剂的情况，包括：

（A）所采用的安全措施、启用的设备类型、途径路况和从事此类运输工作的员工情况；

（B）零售商与农民运输方式的主要区别；

（2）针对农民、农场雇佣工人和农业零售企业向农场运输化肥、燃料和农用杀虫剂，联邦和各州采取的各项规定（以及此类规定授权的免税、免责或减免措施）包括：

（A）商业司机驾照要求；

（B）司机资质要求；

（C）酒精与药品检测要求；

（D）工人安全要求；

（3）农民、零售商及其员工对联邦政府和州政府相关规定的执行情况和执行成本；

（4）农民、零售商及其员工以往运输化肥、燃料和杀虫剂的安全记录；

（5）执行联邦政府和州政府相关规定给农村社区生活、当地就业、化肥、燃料和农用杀虫的剂成本与供给带来哪些影响。

（b）报告。自本法案实现之日起 18 个月内，农业部应发布 1 份上述研究与分析报告（包括对现行联邦与州政府相关规定与减免措施是否合理的评价）并将其提交至国会相关委员会。

（c）拨款授权。特授权拨付相应款项用于落实本条款制定的研究、分析与报告规定，拨款金额上限为 75 000 美元。

第 2518 条　商品信用企业项目应以质量为宗旨。

在开展相关活动的过程中，商品信用企业应尽最大可能制定项目规则，大力提升美国农产品和家畜生产与营销的质量。

第 2519 条　可分割性。

如本法案任何条款及其实施过程不适用于某类人或环境，其不适用性不应影响本法案其他条款及其实施其他条款及其实施仍应正常生效，为此，本法案的所有条款具有可分割性。

1990 年 11 月 28 日批准生效。

立法历程。S. 2880（H. R. 3581）（H. R. 3950）（H. R. 4077）：

众议院报告：H. R. 4077 中的第 101～413 条和 H. R. 3581 中的第 101～415 条均出自（农业委员会）；H. R. 3950 中的第 101～569 条，第 1 部分（农业委员会）、第 2 部分（外交委员会）、第 3 部分（农业委员会）、第 4 部分（教育与劳动力委员会）、第 5 部分（筹款委员会）和第 101～916 条（议员会议委员会）。

参议院报告：第 101～357 条（农业、营养与林业委员会）

国会记录，136 卷（1990）：

3 月 6 日，H. R. 4077 经众议院讨论通过。

3 月 14 日、15 日、22 日，H. R. 3581 经众议院讨论通过。

7 月 19 日、20 日、23～27 日，S. 2830 经参议院讨论通过。

7 月 23～25 日、27 日、8 月 1 日，H. R. 3950 经众议院讨论通过。

8 月 3 日，S. 2830 经众议院讨论通过，经修订，替代 H. R. 3581、H. R. 3950 和 H. R. 4077。

10 月 23 日，众议院通过大会报告。

10 月 25 日，参议院通过大会报告。

《总统文件每周汇编》，第 26 卷（1990）；

11 月 28 日，总统发表讲话和声明。

1985 年粮食安全法

本 法 案

旨在续展和修改农业价格补贴和相关计划，就农业出口、资源保护、农场信贷以及农业研究和相关项目做出规定，继续为低收入人群提供食品援助，确保消费者以合理的价格获取充裕的食物和纤维，以及达成其他目的。

呈交美利坚合众国参议院和众议院全体通过。

短 标 题

第 1 条　本法案可被称之为"1985 年粮食安全法"。

目　　录

第 I 篇　乳 制 品

子篇 A　牛奶价格支持与支持生产者乳制品计划

子篇 B　乳制品的研究与推广

子篇 C　牛奶销售指令

子篇 D　国家乳制品政策委员会

子篇 E　杂项规定

第 II 篇　羊毛和马海毛

第 III 篇　小　麦

第 IV 篇　饲料谷物

第 V 篇 棉 花

第 VI 篇 稻 米

第 VII 篇 花 生

第 VIII 篇 大 豆

第 IX 篇 糖类产品

第 X 篇　一般商品总则

子篇 A　商品杂项规定

子篇 B　统一基数面积和项目作物产量规定

子篇 C　蜂　　蜜

第 XI 篇　贸　　易

子篇 A　《公法》480 和国际项目使用过剩商品

子篇 B　人类营养研究

子篇 B　商品分配条款

子篇 C　营养及杂项规定

第 XVI 篇　市场营销

子篇 A　1985 年牛肉推销和研究法

子篇 B　猪肉推销、研究和消费者信息

子篇 C　西瓜研究和推销法

子篇 D　销售命令

第XVII篇　相关和杂项事宜

子篇 A　加工、检查和标签

子篇 B　农业稳定和保护委员会

子篇 C　1985 年国家农业政策委员会法案

第 1770 条　信息保密。

第 1771 条　向乔治亚州欧文郡转让土地。

第 1772 条　国家树种实验室。

第 1773 条　控制联邦土地中的蚱蜢和摩门蟋蟀数量。

第 1778 条　战略乙醇储备研究。

第 XVIII 篇　总生效日期

第 1801 条　生效日期。

第 I 篇　乳 制 品

子篇 A　牛奶价格支持与支持生产者乳制品计划

第 101 条　1986 至 1990 日历年度牛奶价格支持、降价和牛奶生产终止计划。

(a) 对《1949 年农业法》第 201 条 (d)（《美国法典》第 7 篇 1446 (d)）进行修订，删去 (1) 和 (2)，原处插入下列内容：

"(1)(A) 1986 年 1 月 1 日起到 1990 年 12 月 31 日止这一期间，牛奶的价格应按照本款之规定给予支持。

"(B) 1986 年 1 月 1 日起到 1986 年 12 月 31 日止这一期间，应按照等于每英担含 3.67％乳脂牛奶 11.60 美元的价钱对牛奶的价格给予支持。

"(C)（ⅰ）1987 年 1 月 1 日起到 1987 年 9 月 30 日止这一期间，应按照等于每英担含 3.67％乳脂牛奶 11.35 美元的价钱对牛奶的价格给予支持。

"（ⅱ）除非 (D) 另有规定，1987 年 10 月 1 日起到 1990 年 12 月 31 日止这一期间，应按照等于每英担含 3.67％乳脂牛奶 11.10 美元的价钱对牛奶的价格给予支持。

"(D)（ⅰ）按照（ⅱ）规定，对于 1988、1989 和 1990 日历年度中的任何一年，本款下牛奶及乳制品的采购水平（减去第 407 条下非限制使用的销售额）经农业部长在该日历年度 1 月 1 日估计超过 5 000 000 000 磅（牛奶当量）的，部长应在该日历年度 1 月 1 日对该日期生效的牛奶价格支持的价钱减少 50 美分。

"（ⅱ）依据（ⅰ）规定，牛奶价格支持的价钱不宜降低，除非出现下列情况：

"（Ⅰ）通过实行 (3) 下的牛奶生产终止计划，该计划的参与者的牛奶产量在该计划实施的 18 个月期间至少减少了 12 000 000 000 磅；或者

"（Ⅱ）部长向国会递交一份证明，包括支持该证明的一份事实纪要，表明部长依据该计划延长了合理合约的期限但此类合约未获得足够数量竞标这些合理合约以实现上述减产目标的牛奶生产者的接受。

"(E) 对于 1988、1989 和 1990 日历年度中的任一日历年度，本款下牛奶及乳制品的采购水平（减去第 407 条下非限制使用的销售额）经部长在该日历年度 1 月 1 日估计不超过 2 500 000 000 磅（牛奶当量）的，部长应在该日历年度 1 月 1 日对该日期生效的牛奶价格支持的价钱增加 50 美分。

"(F) 牛奶价格应通过购买牛奶和乳制品得到支持。

"(2)(A) 1986 年 4 月 1 日起到 1987 年 9 月 30 日止的这一时期，部长应为牛奶生产者在美国所生产的所有牛奶及牛奶生产者用于商业目的出售的所有牛奶所获得的价格规定一个降价数。

"(B)(A) 下牛奶生产者收到的价格的降价数应为：

"（ⅰ）1986 年 4 月 1 日起到 1986 年 12 月 31 日止的这一时期，每 1 英担售出的牛奶降价 40 美分；以及

"（ⅱ）1987 年的前 9 个月，每 1 英担售出的牛奶降价 25 美分。

"（C）（A）下要求适用于一名生产者销售牛奶时降价所获得的款项应在部长规定的时间并且按照部长规定的方式由每一个向牛奶生产者支付购买其牛奶款的当事人予以征收并汇至农产品信贷公司（CCC），但是当一名生产者将自己所生产的牛奶直接出售给消费者时，则此类款项应由该生产者直接汇入农产品信贷公司。

"（D）按本项规定汇入农产品信贷公司的款项应被视为纳入支付给一名牛奶生产者的款项中，该做法是为了与《农业调整法案》（《美国法典》第 7 篇 601 及下列）中的最低价格条款保持一致。该法案由《1937 年农业市场协议法》进行修订后重新颁布。"

（b）对《1949 年农业法》第 201 条（d）（《美国法典》第 7 篇 1446（d））（3）进行修订：

（1）删去（A）到（G），原处插入以下内容：

"（A）（i）在本项下，部长应制定并实施一项从 1986 年 4 月 1 日起为期 18 个月的牛奶生产终止计划。

"（ⅱ）根据本小项要求制定的牛奶生产终止计划，部长根据向其递交标书的任何一位美国牛奶生产者的要求，可提出与该牛奶生产者签订一份合同，由该生产者停止牛奶生产，作为交换，部长将向其支付一笔款项。

"（ⅲ）本小项下的牛奶生产终止计划生效的 18 个月期限内，部长应：

"（Ⅰ）在适当的情况下，确定部长估计因实施该计划将被投放到市场上进行宰杀的奶牛的总数；并且

"（Ⅱ）制定规定明确市场销售程序，以确保因实施本条规定的停止牛奶生产计划而投放到市场上进行宰杀的奶牛的数量在 1986 年 4 月至 8 月和 1987 年 3 月至 8 月的每一时间段内比在该计划实施的其他月份多。此类市场程序还应确保所出售用于宰杀的奶牛的数量应基于部长所估计的数字，该数量应以维持以往季节性销售趋势为准。在这样的 18 个月时间段里，部长应限制按该计划投入市场用于宰杀的奶牛总数，确保使其不超过以往奶牛群扑杀数量，在每个日历年度全国牛群扑杀率的 7% 以下。

"（ⅳ）本小项下签订的每一份合同都应规定：

"（Ⅰ）生产者应将其拥有所有权的全部奶牛出售用于宰杀或出口；

"（Ⅱ）按照部长与生产者所签订的每一份合同中规定的、并且自生产者完全符合（Ⅰ）规定日起 3、4 或 5 年期间，生产者不得拥有奶牛或牛奶生产的所有权，也不得获取或向任何个人透露因符合这一分条款后可获知的关于某工厂牛奶生产能力的信息，除非部长按规定另行准许；并且

"（Ⅲ）如果生产者未能遵守该合同，该生产者应将依据该合同所收到的所有款项返还给部长，其中包括按部长规定利率支付的单利，该返还款及利息应尽可能反映出农产品信贷公司从美国财政部借贷的成本，计算时间自该合同下第一次收到支付款之日起开始。

"（Ⅴ）有意签订合同获得本项下的支付款项的牛奶生产者应向部长提供后者认为必要的适当信息：（Ⅰ）该生产者以往的市场交易证明；（Ⅱ）从事市场交易期间该生产者的奶牛群规模及构成情况；以及（Ⅲ）提交标书时该生产者的奶牛群规模及构成情况。

"（ⅵ）除（D）规定外，任何在截止到 1986 年 3 月 31 日的 15 个月期间开始从事牛奶市场交易的生产者都没有资格签订本小项下合同以获得支付款项。

"（ⅶ）本项下生产者签订的合同因该生产者死亡不能履行或委派他人履行的，可以该生产者的房产予以履行或委派履行该合同。

"（B）部长可在必要时为 1988、1989 和 1990 日历年度中的任何一年制定并实施一项牛奶分流或终止牛奶生产计划，从而避免出现牛奶或牛奶制品供应过剩情况。

"（C）在制定本项下的牛奶分流或终止牛奶生产计划以及本小项下所签订的每份合同的条款和条件时，部长应考虑该计划或合同对美国牛肉、猪肉和家禽生产者所带来的不利影响，并采取一切可行的措施将不利影响降到最低。

"（D）1984 年 12 月 31 日以后开始从事牛奶销售的生产者有资格依本分段规定签订一份合同，获得

支付款项，前提是该生产者所有的牛奶生产设施和所有乳牛是由该生产者的一个或者几个家庭成员作为赠品或死亡后的遗产转让所得。'该生产者的一个家庭成员'指（ⅰ）该生产者的一位祖先，（ⅱ）该生产者的配偶，（ⅲ）该生产者或生产者的配偶或生产者的父（母）亲的一位直系子孙，或者（ⅳ）上述指直系子孙的配偶。"

（2）删去（H）、（I）、（J）、（L）和（O）；以及

（3）将（K）重新编号为（E）。

（c）对《1949年农业法》第201条（d）（5）（B）（《美国法典》第7篇1446（d）（5）（B））进行修订：

（1）删去"（ⅰ）"；

（2）删去"，（ⅱ）"，在此处插入"或者"；

（3）删去"，或（ⅲ）"一直到"第（3）段"之间的所有内容；

（4）此处重新调整为（ⅰ）；

（5）在此结尾处加入以下内容：

"（ⅱ）每一个当事人从一名生产者那里购买一头或者更多用于宰杀或外销的乳牛，该生产者向其出售产品时其在（3）下所订立合同是有效的，且该买主知道所售该乳牛是用来宰杀或者外销的，但其在收到该乳牛后未能在一个合理时间内将该乳牛宰杀或者出口，应承担前述每头乳牛不高于5 000美元的民事处罚。

"（ⅲ）任何人违反本项下合同拥有或者获得奶牛或牛奶生产的权益时，除应支付（3）（A）（ⅳ）规定数额外，因在合同规定禁止拥有该权益期间从事牛奶生产，故还应承担一笔销售处罚。该罚款数额应按牛奶生产期间执行的牛奶支持价价格计算。

"（ⅳ）任何人依据（3）之规定递交标书时如果就下列情况：（Ⅰ）生产者出于商业目的出售牛奶，或者（Ⅱ）形成上述出售行为的乳牛群规模或构成情况，或者（Ⅲ）递交标书时乳牛群的规模或构成情况做虚假陈述的，除应支付（3）（A）（ⅳ）或本小项（ⅲ）规定应支付的数额外，还必须接受该陈述所适用的每一头奶牛5 000美元的民事处罚。

"（Ⅴ）任何人对依据（3）（A）（ⅳ）所订立合同售出的用于宰杀或出口的奶牛数量做虚假陈述时，除应支付（3）（A）（ⅳ）或本小项（ⅲ）规定应付数额外，还必须接受该陈述所适用的每一头奶牛不超过5 000美元的民事处罚。"

（d）对《1949年农业法》第201条（c）（《美国法典》第7篇1446（c））进行修订，删去"价格"，原处插入"除（d）规定外，价格"。

（e）对《1949年农业法》第201条（d）（《美国法典》第7篇1446（d））进行修订，在此结尾处增加以下内容：

"（7）部长应通过农产品信贷公司执行本款规定。"

（f）本条条款自1986年1月1日起开始生效。

第102条　行政程序。

《美国法典》第5篇第553条不得适用于农业部长执行《1949年农业法》第20条（d）（《美国法典》第7篇1446（d））（由第101条修订）之规定，其中包括针对下列事项所做出的决定：

（1）牛奶支持价的价位；

（2）支付给牛奶生产者的降价价钱；以及

（3）牛奶生产终止计划。

第103条　牛奶支持价的适用范围。

为了《1949年农业法》第201条（d）下的支持牛奶价格目的，农业部长不得考虑乳清的任何市场价值。

第 104 条 规避牛奶生产终止计划对牛肉、猪肉和羔羊肉生产者带来的不利影响。

为了尽量降低牛奶生产终止计划在《1949 年农业法》第 201 条（d）（《美国法典》第 7 篇 1446（d））下该计划 18 个月有效期内对美国的牛肉、猪肉和羔羊肉生产者带来的不利影响，在此期间：

（1）农业部长应利用为了执行 1935 年 8 月 14 日批准通过的、被称为"农业调整法之修正法案及其他用途"的法案的（《美国法典》第 7 篇 612c）第 32 条（2）目的的现有资金，包括第 32 条下拨付的紧急资金和部长在美国农业部的商品分配及其他营养补助计划下掌握的其他资金，其中包括通过商品借贷公司掌握的资金在由部长正常购买和分配产品外，再购买 200 000 000 磅红肉。不得因为部长的此类购买行为而减少第 32 条下的其他任何农产品的购买量。

（2）除了由部长正常购买和分配的数量外，农业部部长应利用通过农产品借贷公司所获得的资金购买 200 000 000 磅红肉，并将这些肉品：

（A）无偿提供给国防部长，在美军驻海外军事基地食堂使用；或者

（B）在前述"修正法案"颁布之日或之后的任何现行法律授权下用于出口；

（3）国防部长及其他联邦政府机构应在最大可行范围内充分利用增加的红肉满足他们所管理的食品计划需求。应鼓励各州机构积极配合他们的工作；并且

（4）农业部长应鼓励民众红肉消费。

第 105 条 国内干酪素产业。

（a）农产品信贷公司应以招标的方式向个人或实体每年提供不低于 1 000 000 磅库存的剩余脱脂奶粉。

（b）除非法律另行规定，农产品信贷公司可接受低于转售价的投标，以此促进国内干酪素产业的发展。

（c）农产品信贷公司应采取适当措施确保公司依本条规定所售脱脂奶粉只用于制造干酪素。

第 106 条 干酪素相关研究。

农业部长应开展调查研究，了解干酪素的进口是否可能干扰或者降低农业部支持牛奶价格计划的效力。不迟于该"修正法案"颁布日后的 60 天，部长应向美国众议院农业委员会和参议院农业、营养与森林委员会报告相关调查研究结果。

第 107 条 以往牛奶分配的规避行为。

农业部长应该：

（1）监控农产品信贷公司在 1986 至 1987 年期间购买奶制品的情况；并且

（2）每个季度向国会报告过去在实施牛奶生产终止计划期间加工商之间分配牛奶受到干扰的情况或者交易商或供销合作社联合会企图规避牛奶分配的情况。

第 108 条 修正案的适用范围。

本子篇所做修订不会影响任何当事人在该"修正法案"颁布之日前生效的《1949 年农业法》第 201 条（《美国法典》第 7 篇 1446）下应承担的任何责任。

子篇 B 乳制品的研究与推广

第 121 条 美国国家乳制品研究捐助协会。

对《1983 年乳制品生产稳定法》（《美国法典》第 7 篇 1421 以及下列）进行修订，在此结尾处增加下列内容：

"子篇 C 乳制品研究计划

"第 130 条 定义。

"就本子篇而言：

"（1）'委员会'是指该协会的受托管理委员会；

"（2）'部'指农业部；

"（3）'乳制品'是指牛奶加工衍生出来的制成品，包括鲜奶制品；

"（4）'鲜奶制品'是指通常作为饮料被消费的牛奶制品；

"（5）'基金'是指第 135 条下设立的"乳制品研究信托基金"；

"（6）'协会'是指第 131 条下创立的"国家乳制品研究捐赠协会"；

"（7）'牛奶'是指在美国出售的任何品级的母牛产牛奶；

"（8）'当事人'是指任何个人、一群个人、合伙企业、公司、协会、合作社或其他任何实体；

"（9）'生产者'是指出于商业目的从事牛奶生产的任何人；

"（10）'研究'是指检验市场发展和推广活动有效性的研究以及有关牛奶及乳制品营养价值的研究和扩大牛奶及乳制品需求相关的活动。

"（11）除非本文另行说明，'部长'指农业部长；

"（12）'美国'是指美国的数个州、领地及所辖区域，除非第 131、133（a）和 136 条及本条（7）另有所指，'美国'指美国本土的 48 个州。

"第 131 条 成立美国国家乳制品研究捐赠协会。

"农业部长可在农业部成立一个'国家乳制品研究捐赠协会'，负责向乳制品行业提供援助。该协会主要通过执行由其下属受托管理委员会下达的乳品研究命令并利用'乳制品研究信托基金'向受托管理委员会所提供的款项来执行命令，发挥职能作用。在执行命令过程中，协会应建立长效机制，为科研活动提供资金，促进美国的牛奶及乳制品的销售增长。协会的领导工作应由一个受托管理委员会担任，该委员会应由国家乳制品推广和研究委员会会员组成。该受托管理委员会可任命其成员组成一个执行委员会，执行委员会的会员构成应该反映出公平地代表美国各个不同牛奶产地的情况。执行委员会应承担和行使受托管理委员会赋予的责任和权力。受托管理委员会成员应提供无偿服务。委员会成员离家或离开日常工作地点为委员会工作的，经委员会建议和部长批准，应获得合理的差旅费，包括每日生活津贴补贴，但是不得重复支付这些费用。

"第 132 条 下达指令。

"（a）在收到提议的乳制品研究指令后，部长应在《联邦公报》上公告这一指令并且发布通知，给公众以合理的机会发表对该指令的意见。该提议的指令可由第 114 条下核准的一个组织或任何受第 B 子篇影响的利害关系人提出。

"（b）公告由部长发布并且公众得到合理机会参与（a）下听证后，部长可下达乳制品研究指令。该指令应在《联邦公告》上公告后不迟于 90 天生效。

"（c）部长可随时对（b）下达的乳制品研究指令进行修订。

"第 133 条 指令需包含的条款；依据该指令签订的协议；档案。

"（a）第 132 条（b）下达的乳制品研究指令应：

"（1）规定由协会为对口的科研活动制定规则并进行管理，以促进美国牛奶及乳制品的销售增长；

"（2）明确委员会的权力，包括以下权力：

"（A）收到并评估，或者自行制定和编制旨在达到以下目的的研究计划或项目：

"（i）增进人们的知识，了解人类的营养需求以及牛奶和乳制品与满足这些需求之间的关系；

"（ii）提高乳制品加工的技术水平，特别是那些中小型家庭农厂的牛奶加工技术水平；

"（iii）开发新的乳制品；以及

"（iv）评估乳制品销售研究的效果；

"（B）针对这些计划和项目向部长提出建议；

"（C）按照相关条款与规定做好该指令的管理工作；

"（D）制定规章制度强化该指令条款与规定的有效性；

"（E）受理、调查和向部长报告违反指令的投诉情况；

"（F）向部长建议对指令进行修订；

"（G）经部长批准签订协议，在指令授权范围内开展活动。按照协议，与开展此类活动相关的费用支出由乳制品研究信托基金承担，但是部长拨付或者调拨给该基金的款项不能用于这一目的；

"（H）经部长批准，成立由委员会成员以外人员组成的顾问委员会，并为这些委员会的成员支付合理且必要的支出和费用；并且

"（I）经部长批准，将委员成员排除在外，任命或聘用委员会认为必要的前述人员，明确职责并确定给予每个人的报酬；

"（3）明确委员会的职责，包括：

"（A）编制本子篇下拟执行的研究计划或项目，交由部长批复后，进行实施；

"（B）每个财政年度交由部长批复委员会预计的执行指令所花预算费用及支出，包括实施乳制品研究计划和项目预计所花的费用；

"（C）至少每年一次编制和公告一份委员会所开展活动的总结报告以及委员会所收到和花费款项的会计账目单；

"（D）应部长可能的要求，保留这些账目和档案（交由部长检查和审计）；

"（E）不定期地编制并向部长递交后者可能要求的这些报告；以及

"（F）对委员会保管的所有资金收据和支出做出会计解释；

"（4）委员会在本子篇下收到的任何款项都不得以任何方式用于影响政府政策或行动，除非（2）（F）另有规定；

"（5）要求每一个当事人在收到生产者的牛奶用于商业目的以及任何当事人将其自产的牛奶直接出售给消费者时，应保留并向部长提供指令可能要求提供的这些账本和档案并在指令规定的时间、以指令规定的方式和指令要求包括的内容向部长备案这些报告。

"（6）在（a）（2）（G）下签订的任何协议应规定：

"（1）与之签订此类合同的当事人应编制并向委员会提交一份研究计划或项目，连同一份预算计划，说明实施这一计划或项目可能花费的费用情况；

"（2）该计划或项目经部长批准方可生效；和

"（3）前述签约当事人应保留其所有交易的精确记录并且能够解释所收到和花费的款项，向委员会定期报告实施这一计划或项目所开展的活动，并提交部长或者委员会可能要求提交的其他类似报告。

"（c）（1）依据（a）（6）规定提供并向部长备案的信息、账本和档案应由农业部所有官员及雇员秘密保存，除非在法律诉讼或行政诉讼过程中在部长要求提交的情况下，或者部长或任何一位美国官员为诉讼一方且涉及第132条（b）下下达的指令，此类信息、账本和档案经部长核定适当，可由这些官员和雇员披露。

"（2）第（1）项不应被解释为禁止：

"（A）基于这些信息、账本、档案和报告发布有关受该指令约束人数或者从这些人那里所收集的统

计数据的一般性陈述，只要这些陈述不明确指出数据是由这些人中的哪一个人所提供；或者

"（B）在部长的指示下，公布违反指令的任何当事人的姓名并解释此人具体违反了哪些条款。

"（3）在本条授权下获得的任何信息都不得出于任何目的的透露给美国的任何一个机构、官员或雇员，除非出于实施本子篇规定之目的以及为了实施本子篇规定必须采取的任何调查或执法行动。任何人违反本项规定，应承担不高于 1 000 美元的罚款，或者不超过一年的监禁，或者二者兼有。如果当事人受雇于委员会或者农业部，应予以解除其职。

"第 134 条　申诉与复审；执法；调查。

"与本子篇规定不相符情况除外，第 118、119 和 120 条条款适用于协会、委员会、受第 132 条（b）下所下达指令约束的当事人、美国州地方法院司法管辖范围、部长在本子篇下如适用于第 B 子篇类似条款的权限范围。

"第 135 条　乳制品研究信托基金。

"（a）在第 131 条下成立协会并且在第 132 条下下达的一项乳制品研究指令在同一财政年度生效的情况下，可在美国财政部成立'乳制品研究信托基金'。

"（b）（1）获得授权向基金拨款，或者从农产品信贷公司现有的各种资金中调拨存入基金账户 100 000 000美元。

"（2）第（1）项下存入基金账户的各种资金应由财政部长投资于美国政府或美国政府的任何机构、任何州或任何下属政府分支机构承付款项的产品，或者以计息账户或存款单形式投资于作为美国联邦储备系统成员的某家银行，或者投资于美国政府能够充分保证支付利息和本金的产品。这些投资所产生的利息、股利及其他支付款项应存入基金并且依据（c）规定从事如上投资。

"（c）（b）（1）下拨付或者调拨的各种资金除外，存入基金的各种资金应由委员会掌握，相关资金额及利用这些资金所开展的活动须获得部长批准及本子篇授权。

"第 136 条　终止指令，解散协会和基金。

"（a）不管何时只要发现本子篇下下达的指令或该指令中的任何一条规定阻碍或者可能无助于拓宽美国的牛奶及乳制品销售市场的，部长应终止或者暂停实施该指令或者指令的有关规定。

"（b）一旦部长宣布终止指令，协会应在指令终止后 180 天解散。

"（c）一旦协会因为任何原因被宣布解散，经委员会和部长同意后应对基金里剩余的各种资金进行处置。

"第 137 条　其他授予权限。

（a）本子篇的任何条款均不应被解释为取代或者代替其他任何依据美国国家法律或任何州法律规定组织或执行的有关牛奶或乳制品的研究计划。

"（b）适用于第 132 条（b）下所下达指令的本子篇之规定同样适用于任何指令修正条款。"

子篇 C　牛奶销售指令

第 131 条　销售指令下对鲜奶价格进行最低限度的调整。

（a）经《1937 年农业市场协议法》修订后重新颁布的美国农业部《农业调整法》第 8c 条（5）（A）（《美国法典》第 7 篇 608c（5）（A））修订时在结尾处增加了以下内容："自本句话生效日开始的整整两年期间（以及该两年期之后，除非经相关指令修订）里，依据前一句话的（1）和（2），对美国《1985 年粮食安全法》颁布之日开始生效的本条下指令所认定的最高端牛奶价格做如下全部最低限度调整：

"受指令约束的市场区域	各地区每 1 英担含 3.5%乳脂牛奶最低限度调整美元金额
新英格兰	3.24 美元
纽约—新泽西	3.14 美元
大西洋中部地区	3.03 美元
佐治亚	3.08 美元
阿拉巴马州—西佛罗里达	3.08 美元
上佛罗里达	3.58 美元
坦帕湾	3.88 美元
佛罗里达东南部	4.18 美元
密歇根州的北部半岛	1.35 美元
密歇根州南部	1.75 美元
俄亥俄州东部—宾西法尼亚西部	1.95 美元
俄亥俄河谷	2.04 美元
印第安那州	2.00 美元
芝加哥大区	1.40 美元
伊利诺伊州中部	1.61 美元
伊利诺伊州南部	1.92 美元
路易斯维尔市—莱克星顿市—埃文斯维尔市	2.11 美元
上中西部地区	1.20 美元
南达科他州东南部	1.50 美元
南达科他州黑山	2.05 美元
爱荷华州	1.55 美元
内布拉斯加—西爱荷华	1.75 美元
大堪萨斯城	1.92 美元
田纳西河谷	2.77 美元
田纳西州首府那什维尔	2.52 美元
肯塔基州帕迪尤卡城	2.39 美元
田纳西州孟菲斯市	2.77 美元
阿肯色州中部	2.77 美元
阿肯色州史密斯堡	2.77 美元
西南部大平原	2.77 美元
得州大草原区	2.49 美元
得州拉伯克镇—平景镇	2.49 美元
得克萨斯州	3.28 美元
路易斯安那州大区	3.28 美元
新奥尔良—密西西比	3.85 美元
科罗拉多州东部	2.73 美元
罗拉多州西部	2.00 美元
爱达荷州西南部—俄勒冈州东部	1.50 美元
大盆地	1.90 美元
米德湖	1.60 美元
亚利桑那州中部	2.52 美元

（续）

"受指令约束的市场区域	各地区每 1 英担含 3.5% 乳脂牛奶最低限度调整美元金额
格兰德河谷	2.35 美元
普吉特海湾—内陆	1.85 美元
俄勒冈—华盛顿	1.95 美元

自前述两年期开始时生效，使用率最高等级的牛奶的最低价格应做调整，针对的对象是向这些服务商运送此类牛奶的地区。"

（b）本条所做的修订自本法案颁布日后多于 120 天以后开始的第一个月的第一天开始生效。

第 132 条　季节性生产调整；修正案听证；牛奶价格的确定。

对《1981 年农业和食品法》（《美国法典》第 7 篇注释 608c）进行修订，删去"1985 年"，原处插入"1990 年"。

第 133 条　市场服务支付。

经《1937 年农业市场协议法》修订后重新颁布并且 1986 年 1 月 1 日起生效的《农业调整法》第 8c 条（5）（《美国法典》第 7 篇 608c（5））得到修订，在此结尾处增加以下内容：

"（J）对服务支付做出规定，在依据（A）规定计算统一的价格和依据（C）规定调整支付之前，从所有服务商获得牛奶应支付的总金额（不管这些牛奶的使用类型），到（F）中所描述的作为服务商的供销合作联合会以及依据（C）规定为其调整支付的服务商，面向整个市场服务，包括但不限于：

"（ⅰ）提供设备供应服务商额外所需的牛奶，处理和处置超出服务商所需的剩余牛奶；

"（ⅱ）在一些特别的日子里，处理超出服务商需要的牛奶；以及

"（ⅲ）将牛奶从一个地点运往另一地点，满足需求更高的地区对牛奶的需求，或者为任何使用类型的牛奶提供市场销路。"

第 134 条　生产者兼服务商的法律地位。

《1937 年农业市场协议法》修订后重新颁布的《农业调整法》（《美国法典》第 7 篇 601 及下列）下的生产者兼服务商的法律地位应与本篇所做修订后的法律地位相同，尽管这一规定在这些修订生效日之前做出。

子篇 D　国家乳制品政策委员会

第 141 条　调查结果与政策声明。

（a）美国国会了解到：

（1）联邦政府制定的支持美国牛奶生产者牛奶售价计划旨在为牛奶生产者提供价格与收入支持，以及确保消费者以合理的价格得到充足的牛奶及乳制品供应；

（2）美国牛奶生产行业主要由中小型家庭农场构成；

（3）美国消费者从奶价支持计划中获得经济效益，因为该计划能够防止牛奶及乳制品价格和供应出现大幅波动；

（4）美国消费者还可以从国内牛奶生产行业目前的结构中获得经济效益；以及

（5）技术评估办公室在其题为《技术、公共政策及不断变化的农业结构》报告中认识到，大型牛奶生产企业在牛奶生产中已经占据了很大优势。根据目前的联邦政策，随着新技术的不断发展与运用，全国牛奶生产企业数量越来越少但规模越来越大的趋势将会继续保持。

（b）在此宣布国会政策就是应对国内牛奶生产行业新技术发展的问题。这主要通过评估目前实施的牛奶价格支持计划和其他相关的计划，采取能够避免未来出现生产严重过剩所需采取的政策并确保该行业目前的中小型家庭农场结构得以保存，从而造福世世代代的生产者与消费者。

第 142 条 成立委员会。

（a）兹成立国家乳制品政策委员会，研究为美国牛奶生产者所销售的牛奶提供价格支持的联邦立项计划未来的运作事宜并提出相关建议。

（b）委员会由 18 名在美国从事商业性牛奶生产的成员组成，这些成员由农业部部长指定。不少于12 名成员经下列国会议员与在国会两院各委员会任职的其他国会议员商量后从提名名单中指定人选提交给部长：

（1）众议院农业委员会主席。

（2）众议院农业委员会资深少数党成员。

（3）参议院农业、营养与森林委员会主席。

（4）参议院农业、营养与森林委员会资深少数党成员。

上述每一位国会两院议员应向委员会提交不少于 18 名可以从中挑选进行任命的此类提名人，但是这些提名人中不多于两名可被指派担当委员会的任何特殊空缺职位。部长应从前述每一位国会两院议员向委员会提交的提名人中挑选不少于 3 名予以委任。委员会的每一名成员代表着美国的一个牛奶产区。一个地区可能由一个以上的州组成，也可能由一个以上的委员会成员作为代表。部长在进行任命时，应尽可能考虑全国的牛奶产量地理分布情况。在分配各地区的代表人数时，一个州可以被视作一个单位。

（c）委员会的空缺职位应以最初任命时的方式予以填补。

（d）委员会应从其成员中挑选一名主席。

（e）委员会在主席或者大多数成员的要求下召开会议。

第 143 条 研究与提出建议。

（a）国家乳制品政策委员会应研究：

（1）目前的联邦牛奶价格支持计划；

（2）与该计划有关的其他计划；

（3）该计划未来发挥的作用；

（4）新科技在本世纪末之前将成为牛奶生产行业的一部分；

（5）不断发展的科学技术给过剩的牛奶生产所带来的影响；以及

（6）牛奶生产行业未来的结构。

在进行上述研究过程中，除其他问题外，委员会还应考虑怎样确保目前的联邦政府牛奶支持价格计划的有效性才能避免未来出现乳制品严重过剩的问题；怎样大力实施这一计划才能更好地应对不断发展的新技术给牛奶生产行业的家庭农场结构所带来的挑战；以及是否可以通过修改或者修订目前的联邦政府政策才能做到更好地应对上述挑战。

（b）在做好研究的基础上，委员会应针对联邦政府的牛奶价格支持计划未来运行的情况得出研究结果并提出建议，供农业部长和国会考虑。

（c）委员会应不迟于 1987 年 3 月 31 日向农业部长和国会提交一份有关其研究结果和基于这些结果所提建议的报告。

第 144 条 行政管理。

（a）各行政机构、美国审计总署、技术评估办公室和美国国会预算办公室的首脑在法律许可范围内应向国家乳制品政策委员会提供委员会在履行其职责和发挥职能作用时要求提供的信息。

（b）委员会各成员应无偿地为委员会工作。依据《美国法典》第 5 篇 5703 下法律赋予不定期为政府服务人员的权力规定，离家或离开日常工作地点履行委员会的职责时，委员会成员应获得差旅费，包括出差生活津贴。

（c）第 139 条下在委员会拥有足够的垫支资金情况下，根据委员会可能批准通过的一些规定，不考虑《美国法典》第 5 篇有关竞争性职位任命的管理规定，也不考虑有关级别分类和普通等级的支付标准那一篇第 51 章和第 53 章第Ⅲ节规定，委员会可：

（1）委任一名主任并确定其报酬；以及

（2）在委员会认为必要的情况下，另外任命其他人员并确定他们的报酬，协助委员会履行义务与职责。

（d）在委员会的要求下，各行政机构、美国审计总署和技术评估办公室的首脑可在机构或办公室负责人以及委员会主席认为必要时，再为委员会扩充一些人员和增加一些支援服务，以协助委员会履行其义务与职责。不应要求委员会为本款规定的为任何机构或办公室扩充人员和增加支援服务而支付报酬或报销所花费用。

（e）委员会应获得《联邦顾问委员会法》（《美国法典》第 5 篇适用）第 7 条（d）、第 10 条（e）、第 10 条（f）和第 14 条的豁免。

（f）委员会应获得《美国法典》第 5 篇 4301 至 4305 要求的豁免。

第 145 条　财政支持。

（a）对国家乳制品政策委员会成员的任命和委任完成后，无论是否与《美国法典》第 31 篇 1342 规定相冲突，农业部部长可以委员会的名义接受美国境内个人、团体和实体捐助的款项和无偿提供的服务，帮助委员会履行其职责与发挥职能。本条下捐助的任何款项应交由委员会履行本款描述的职责与工作。部长无论如何都不得接受任何个人、团体或实体捐赠的总额超过委员会预算 10% 的款项。

（b）（a）下捐款不足以支撑履行本款下职责与工作的，农业部部长可从农产品信贷公司持有的资金中调拨不超过 1 000 000 美元的资金给委员会用于执行本款下的职责与工作。

第 146 条　委员会终止工作。

国家乳制品政策委员会向农业部长和国会提交报告 30 天后不再继续存在。

子篇 E　杂项规定

第 151 条　向军队和老兵医院调拨乳制品。

对《1949 年农业法》第 202 条（a）和（b）（《美国法典》第 7 篇 1446a）分别进行修订，删去"1985 年"，原处插入"1990 年"。

第 152 条　乳制品补偿计划存续。

1968 年 8 月 13 日批准通过的一项名为《支付奶农补偿金法》第 3 条（《美国法典》第 7 篇 4501）得到修订，删去"1985 年"，原处插入"1990 年"。

第 153 条　乳制品出口奖励计划。

（a）自该法案颁布之日后 60 天开始到 1989 年 9 月 30 日结束这一时期，农产品信贷公司应依据《农产品信贷公司特许法》第 5 条规定设立并实施一项本条所描述的乳制品出口奖励计划。

（b）（a）下立项的计划应规定由公司在招标基础上向外销美国乳制品的实体支付补偿金。在其认为适当的情况下，部长有权决定接受或拒绝投标。

（c）应按照部长认为必要时下达的条例规定执行该计划，除其他方面外，还应确保：

（1）只对一家出口实体在该计划下在任一年份销往国外的乳制品支付补偿金，而该实体在无该计划情况下可能销往国外的乳制品应被排除在外，不得包括在内；以及

（2）在可适用范围内，在该计划下销往国外的乳制品不能取代其他出口商的美国乳制品商业出口销售。

（d）（1）部长发布的规则可规定该计划下支付的补偿金可以现金或者商业信贷公司现有的同等价值商品支付。

（2）以商品支付方式获得授权认可的，可通过发行可兑换成商品的凭证来达到支付目的。

（3）授权以乳制品支付补偿金的，部长发布的规则应确保这些乳制品或者同等量的其他乳制品将由实体销往国外，而该实体在计划下或无该计划情况下可能销往国外的乳制品应被排除在前者之外，不应包括在内，并且在可适用范围内，不能取代其他出口商的美国乳制品商业出口销售。

（e）（1）该计划下支付的补偿金应按部长确定或批准的一种或者几种比例进行支付。除考虑其他因素外，还应考虑出口产品的类型以及乳制品的国内外价格。

（2）经部长确定或批准的任何这样的比例应在《联邦公告》上公告或者通过其他恰当的途径公开宣布。该比例或这些比例大小的确定应以能够鼓励实体出口美国乳制品为准。

第 II 篇　羊毛和马海毛

第 201 条　价格支持计划存续。

对《1954 年国家羊毛法》第 703 条（《美国法典》第 7 篇 1782）进行修订：
（1）删去（a）的"1985 年"，原处插入"1990 年"；
（2）删去（b）的"1985 年"，原处插入"1990 年"。

第 202 条　对外宣传推广计划。

对《1954 年国家羊毛法》第 708 条（《美国法典》第 7 篇 1787）第二句话进行修订，删去"马海毛或山羊毛"，在原处插入"羊毛、马海毛、绵羊毛或山羊毛"。

第 III 篇　小　麦

第 301 条　小麦民意调查。

（a）不迟于 1986 年 7 月 1 日，农业部长应通过邮寄选票的方式对符合条件的小麦生产者展开一次民意调查，以确定这些生产者是否赞成对小麦生产设定强制性限制，因为一旦生产者赞成对小麦生产设定强制性限制，经部长确定，将导致小麦价格不低于生产成本的 125%（不包括土地和给管理者的剩余收益）。

（b）部长开展的民意调查须能够反映出农场所经营业务（包括牲畜）的类型与规模、所产小麦的品种与等级区别以及部长认为能够反映各州、地区和全国民意所必需的人口统计及其他信息。

（c）作为参加该民意调查的一名符合条件的投票人，一名生产者必须曾经在 1981 至 1985 小麦作物年度期间的至少一年中在一个拥有至少 40 英亩的小麦作物耕种面积基数的农场生产过一种小麦作物。

第 302 条　销售配额。

只对 1987 至 1990 年小麦作物有效，对《1938 年农业调整法》第 332 条（《美国法典》第 7 篇 1332）做如下修订：

"**第 332 条　宣布销售配额。**

"（a）正如适用于第 332 至 338 条：

"（1）'基准期间'是指 1981 至 1985 小麦作物年度。

"（2）'销售配额期间'是指 1987 至 1990 小麦销售年度。

"（b）（1）部长可：

"（A）不迟于 1986 年 6 月 15 日宣布销售配额期间每个销售年度的全国小麦销售配额；以及

"（B）不迟于 1986 年 8 月 1 日，通过邮寄选票的方式进行一次市场配额公投。

"（2）任一销售年度的全国小麦销售配额总量应是在考虑了国内需求、出口需求和紧急粮食援助之需并维持足够保留至下一季的库存之后部长估计满足这样的销售年度预期需求所需要的小麦总量。

"（c）任一销售年度的一项全国小麦销售配额宣布后，在部长认为应终止实行或调整全国销售配额计划，满足全国小麦急需或者应对小麦需求发生的重大变化的情况下，部长应调整或者终止实行全国销售配额计划。"

第 303 条　销售配额分配系数。

只对 1987 至 1990 年小麦农作物有效，对《1938 年农业调整法》第 333 条（《美国法典》第 7 篇 1333）做如下修订：

"**第 333 条　销售配额分配系数。**

"（a）部长应为第 332 条下宣布的实行全国销售配额的每一种小麦农作物确立一个全国销售配额分配系数。

"（b）该分配系数应通过以下计算方式获得：

"（1）该小麦农作物的全国销售配额；除以

"（2）部长确定的基准期间美国生产的蒲式耳小麦平均产量数，该数字调整后反映除下列情况以外在这些年份本应生产的小麦总量：

"（A）干旱、洪水或其他自然灾害，或者其他生产者无法控制的情况；和

"（B）由部长确定的在这些作物年度参加任何减少种植面积、休耕土地获得补贴或分流计划的情况。"

第 304 条　农场销售配额。

只对 1987 至 1990 年小麦农作物有效，对《1938 年农业调整法》第 334 条（《美国法典》第 7 篇 1334）做如下修订：

"**第 334 条　农场销售配额。**

"（a）对于第 332 条下宣布的实行全国销售配额计划的每一种小麦农作物，部长应为每一个在基准期间种植可获收成或被认为可获收成小麦的农场确定一个农场销售配额。

"（b）农场销售配额应等于以下几项相乘所得出的乘积：

"（1）基准期间农场上种植的可获收成或被认为可获收成小麦的平均英亩数；乘以

"（2）部长在认为该产量公平合理的基础上确定的、在该基准期间农场上种植的可获收成或被认为可获收成小麦的平均产量；乘以

"（3）销售配额分配系数。

"（c）就本条规定而言，小麦应被视为在任何作物年度在农场上种植的可获得收成的，除非部长认为由于以下原因农场上种植的小麦不能获得收成，这些原因包括：

"（1）部长确认的干旱、洪水或其他自然灾害，或者其他生产者无法控制的情况；和

"（2）农场的生产者在这些作物年度参加过任何减少小麦种植面积、休耕土地获得补贴或小麦分流计划。

"（d）部长应依据本条规定在每个农产品销售年之前日历年度的 6 月 1 日之前规定农场销售配额。该农产品销售年已依据第 332 条规定获得了宣布的全国销售配额。"

第 305 条　销售处罚。

只对 1987 至 1990 年小麦农作物有效，对《1938 年农业调整法》第 335 条（《美国法典》第 7 篇 1335）做如下修订：

"第 335 条　销售处罚

"（a）农场所产小麦的销售量超过了农场的销售配额时，应当按照最近一个销售年度每蒲式耳等于小麦全国平均市场价 75% 的价钱接受处罚。

"（b）（a）规定的处罚应在下列情况下进行支付：

"（1）当事人从生产者手中购得小麦，出售给美国境内某人时，除非买主已从支付给生产者的价钱中扣除了与罚金相当的金额；

"（2）通过或者由一名仓库管理人或代理商出售小麦时，该仓库管理人或代理商可从其支付给生产者的价钱中扣除与罚金相当的金额；或者

"（3）生产者直接向美国境外的任何人出售小麦时。

"（c）生产者未按照部长发布的条例规定确认可获得收成小麦种植面积的真实信息的，或者未能证明所报告面积是否属实的，或者未能解释对上述种植土地面积上所产小麦的处置原因的：

"（1）小麦总量等于以下两项相乘所得到的乘积：

"（A）部长依据《1949 年农业法》第 V 篇确定的农场计划支付收益；乘以

"（B）被认为是小麦销售量超过农场销售配额的小麦种植面积；和

"（2）（a）中规定的对该小麦产量的除罚应由生产者承担。

"（d）对任何农场小麦农作物拥有权益的生产者受到除罚的，须对除罚总额承担个别及连带责任。

"（e）受农场销售配额约束的小麦可由生产者从一个销售年度转结至下一销售年度，并且在下一销售年度中可在不受本条下处罚情况下进行出售，但前提是：

"（1）农场在销售年度可销售的小麦总量在前述转结情况下不超过农场销售配额的；或者

"（2）下一销售年度可供销售小麦的总量（包括转结的小麦总量）不超过下一销售年度的农场销售配额。

"（f）销售配额在销售年度开始时生效的日历年度所产小麦应受这些配额的约束，即使这些小麦是在该销售年度开始之日前销售的。

"（g）（1）在销售农场的任何小麦之前不能按照部长发布的条例规定向部长提供有关处置剩余小麦的令人满意的证据时，部长应依据本条规定按照农场销售的每一单位小麦比例相当于超出农场销售配额的农场可售小麦占农场可售小麦总额的比例，要求收取罚金。

"（2）本条下在一个销售年度收取的所有资金应存入财政部设立的一个特殊账户，存期至下一销售年度。经部长核定，可从该特殊账户中支取资金支付给部长指定的某个人款项，该部分款项是所收取罚金超过所销售小麦额超出农场销售配额时应付罚金的部分。该特殊账户应由部长管理。前述有权接受该特殊账户支付款项的当事人、其接受的数额及接受该款项的依据按照部长发布的条例规定予以确定后应是不可更改的最后决定。

"（h）在本条规定之罚金支付前，下列情况下小麦的留置权：

"（1）罚款涉及的小麦；以及

"（2）之后受销售配额约束、须接受上述罚款的当事人拥有权益的小麦，

应以有利于美国及上述罚金的情况生效。

"（i）承担支付小麦罚款或收取罚款责任的当事人还应承担该罚款自到期日到该罚款支付日止的利息，该利息按照年息率等于该罚款到期日美国"国库长"向农产品信贷公司收取的利率计算。

"（j）（1）小麦销售配额在任何一个销售年度未生效的情况下，之前适用于小麦的所有销售配额都应终止，该规定自该销售年度第一天起开始生效。

"（2）前述终止小麦销售配额的情况不应：

"（A）减轻生产者之前所受除罚；或者

"（B）解除任何买主的责任，免除之前所收取的罚款。"

第306条　公投。

只对1987至1990年小麦农作物有效，对《1938年农业调整法》第336条（《美国法典》第7篇1336）做如下修订：

"第336条　公投。

"（a）如果在不迟于1986年8月1日宣布了销售配额期间实行一项全国小麦销售配额计划，部长应通过邮寄选票的方式组织符合条件的生产者进行一次公投，了解他们是支持还是反对在该销售配额期间实行销售配额制。

"（b）基准期间至少在一个农作物年度在农场从事小麦生产的生产者都有资格参加公投。

"（c）在进行上述公投后不迟于30天，部长应宣布该公投结果。

"（d）经部长核定60％或以上生产者在公投中投票赞成实行销售配额，部长应宣布销售配额期间开始正式实行销售配额制。"

第307条　转让农场销售配额。

只对1987至1990年小麦农作物有效，对《1938年农业调整法》第338条（《美国法典》第7篇1338）做如下修订：

"第338条　转让农场销售配额。

"（a）除（b）规定外，农场销售配额不应进行转让。

"（b）按照部长发布的有关配额转让事项的条例规定：

"（1）生产者可将一个农场在任何销售年度的销售配额，或者该销售配额的任一部分，自愿移交给部长；并且

"（2）部长可将生产者放弃的任何农场销售配额重新分配给其他一些在部长确认的基础上拥有农场销售配额的农场。"

第308条　1986至1990年小麦农作物的贷款利率、目标价格、灾难补偿款支付、面积限制和休耕土地计划以及土地流转计划。

只对1986至1990年小麦农作物有效，对《1949年农业法》进行修订，在第107C条（《美国法典》第7篇1445b－2）后面插入以下新节：

"第107D条无论是否与其他任何法律条款相矛盾：

"（a）（1）除（2）到（4）规定外，部长应为1986至1990年的每一种小麦农作物向生产者发放贷款，让生产者购买小麦农作物，贷款额和购买量以达到部长认为在考虑了小麦生产成本、供需状况及全球小麦价格之后能够维持国内与出口市场小麦和其他谷物之间的竞争性关系为准。

"（2）对于受销售配额约束的任何小麦农作物，（1）下确定的贷款和购买水平不得低于以下两项中较高的一项：

"（A）每蒲式耳小麦全国平均生产成本的 75％。该数字由部长确定，考虑了可变费用、农场的一般间接费用、税金、保险、利息及资本重置成本（但不包括管理与风险的剩余收益）；或者

"（B）每蒲式耳 3.55 美元。

"（3）除（4）规定外，对于不受销售配额约束的任何小麦农作物，（1）下确定的贷款及购买水平应：

"（A）对于 1986 年的小麦农作物而言，不低于每蒲式耳 3.00 美元；和

"（B）对 1987 至 1990 年中的每一小麦农作物而言，不低于部长确定的小麦生产者在最近 5 个农作物年度的销售年度所得到的简单平均价的 75％，但同时也不应高于 85％，去掉这一期间平均价最高的年份和平均价最低的年份，除非依据本条款确定的一种农作物的贷款与购买水平与对上一个作物确定的水平相比不减少 5％以上。

"（4）（A）除（B）规定外，对于不受销售配额约束的任何小麦作物，如果部长认为小麦生产者在上一个销售年度所得到的平均价格不高于该销售年度小麦贷款与购买水平的 110％，或者认为此种情况对于保持小麦的竞争性市场地位是非常必要的，那么部长应：

"（ⅰ）就 1986 年小麦农作物而言，削减小麦销售年度的贷款与购买水平，削减数额按照部长认为足以维持谷物的国内与出口市场，但不低于该农作物贷款与购买水平的 10％；以及

"（ⅱ）就 1987 至 1990 年的每一种小麦农作物而言，可削减小麦销售年度的贷款与购买水平，削减数额按照部长认为的足以维持谷物的国内与出口市场需求。

"（B）依据（A）规定，任何一个年度的贷款与购买水平不得削减 20％以上。

"（C）本项下任何削减小麦贷款与购买水平的情况均不应被视为此后年份小麦的贷款与购买水平也应该减少。

"（5）（A）部长可允许一名生产者以下列两种水平中的较低水平偿付（1）下发放的一种农作物的贷款：

"（ⅰ）为该农作物确定的贷款水平；或者

"（ⅱ）以下三项中的较高项：

"（Ⅰ）该水平的 70％；

"（Ⅱ）在（4）中一种农作物的贷款水平减少情况下，如果没有（4）中的减少情况本可以达到 70％的贷款水平；或者

"（Ⅲ）由部长确定的小麦现行全球市价。

"（B）如果部长允许生产者按照（A）规定偿还一笔贷款，那么部长应通过发布规则规定：

"（ⅰ）一个界定小麦现行全球市价的公式；以及

"（ⅱ）一个部长可以定期发布小麦现行全球市价的机制。

"（6）就本条规定而言，生产者在最近一个销售年度得到的简单平均价格应基于部长做出决定时所掌握的最新信息。

"（b）（1）就 1986 至 1990 年中的每一种小麦农作物而言，尽管生产者有资格依据（a）规定获得一份贷款或赎买协议，但是如果他们同意放弃该贷款与购买协议以换取补偿支付款，那么部长可向这些生产者发放补偿支付款。

"（2）本款下的一笔补偿支付款应通过以下两项相乘进行计算：

"（A）贷款偿还值；乘以

"（B）生产者可以用来贷款的小麦总量。

"（3）就本款规定而言，可以用来贷款的小麦总量不得超过以下两项相乘得到的乘积：

"（A）农作物的个体经营农场计划面积；乘以

"（B）为农场规定的农场计划支付收益。

"（4）就本款规定而言，贷款偿还值应该是：

"（A）（a）中确定的该农作物的贷款水平；超过

"（B）（a）中一笔贷款可能偿还的水平。

"（c）（1）（A）部长应向生产者提供 1986 至 1990 年每一种小麦农作物的补偿支付款，该支付款额应通过以下几项相乘计算得出结果：

"（ⅰ）支付率；乘以

"（ⅱ）农作物的个体经营农场计划面积；乘以

"（ⅲ）农作物的农场计划支付收益。

"（B）执行销售配额制的任何此类农作物的支付款不应超过农场销售配额乘以支付率所得数额。

"（C）（ⅰ）如果一种小麦农作物执行（f）（2）下的一项面积限制计划并且农场生产者专门拿出一部分许可的农场小麦土地面积（按照（f）（2）（A）规定确定），该部分土地面积相当于用于保护性使用或种植非计划农作物的许可的农场小麦农作物面积的 8% 以上：

"（Ⅰ）该部分许可的农场小麦土地面积超过专门用于保护性使用或种植非计划农作物的该土地面积 8% 的，应被视为种植小麦，依据（f）（2）（E）规定确定个体经营农场计划面积和依据（f）（2）（D）规定确定需用于保护性使用的农场土地面积；并且

"（Ⅱ）在生产者遵守（ⅱ）的前提下，生产者有资格获得本项下该土地面积的补偿支付款。

"（ⅱ）为了满足条件获得（ⅰ）下的补偿支付款，除非（ⅲ）和（ⅶ）另有规定，农场生产者必须在至少占许可的农场小麦种植面积 50% 的土地上实际种植可获得收成的小麦。

"（ⅲ）当某个州或当地机构在州或者县的一个区域对农场种植的小麦强制进行检疫时，依据美国《土壤保护与国内分配法》第 8 条（b）（《美国法典》第 16 篇 590h（b））成立的州委员会可向部长建议，在不考虑（ⅱ）的强制要求的情况下，依本项规定向该区域的生产者发放补偿支付款项，因为这些生产者被要求停止在土地上种植可获得收成的小麦，以缓解或消除需要检疫的状况。当部长确认这样的状况确实存在时，部长可依本项规定向这些生产者发放支付款项。为了达到本条款规定的获得支付款的条件，这些生产者不得在这些土地上种植饲料谷物、棉花、稻米或大豆。

"（ⅳ）不得因为这样的原因减少小麦作物耕种面积基数和小麦农场计划支付收益，即：这样的一部分许可的农场土地面积被专门用于保护性利用或种植非计划农作物。

"（ⅴ）除非（ⅰ）到（ⅳ）另行规定，否则不得依据本项规定对任何农作物超过实际种植小麦面积的面积部分支付补偿款项。

"（ⅵ）在（ⅰ）中任何被视为种植小麦的土地也不得以执行任何面积限制计划、休耕土地获得补贴计划或者要求生产者专门拿出一块土地进行保护性使用的土地流转计划规定为目的而被视为保护性使用土地。

"（ⅶ）依据（H）（ⅰ）确定规定的小麦价格时，本小项规定不得适用。

"（D）（ⅰ）除非（ⅱ）另行规定，否则小麦的支付值应为小麦农作物规定价格超过以下两项中较高一项的数额：

"（Ⅰ）经部长确定，生产者在该农作物销售年度的头 5 个月期间得到的全国加权平均市场价格；或者

"（Ⅱ）依据（a）（4）为该小麦农作物销售年度所做的调整之前确定的该农作物的贷款水平。

"（ⅱ）经部长确定，当生产者在某个农作物销售年度的前 5 个月期间所得到的全国加权平均市价超过 1986 年农作物每蒲式耳 2.55 美元、1987 年 2.65 美元，或者 1988 年 2.82 美元（取决于部长的选择）时，该小麦农作物的支付值应为小麦农作物规定价格超出以下两项中的较高项数额：

"（Ⅰ）1986 年农作物每蒲式耳 2.55 美元、1987 年农作物每蒲式耳 2.65 美元，以及 1988 年农作物每蒲式耳 2.82 美元；或者

"（Ⅱ）依据（a）（4）规定为该小麦农作物销售年度所做的调整之前确定的该农作物的贷款水平。

"（E）（ⅰ）无论是否与本条前述规定相冲突，依据（a）（4）规定调整小麦的贷款和购买水平时，部长应通过提高规定小麦价的支付款项来提供紧急补偿。补偿额在考虑（D）（ⅱ）规定的支付款项后，以部长认为能够保证假设未对贷款与购买水平进行调整生产者本该获得的相同收益总额为准。

"（ⅱ）依本小项规定确定每蒲式耳小麦农作物规定价支付款的支付值时，部长应使用由其确定的生产者在销售年度得到的每蒲式耳小麦的全国加权平均市价。

"（F）对于受销售配额约束的任何小麦农作物而言，规定价应不低于下面两项中的较高项：

"（ⅰ）部长依据（a）（2）确定的每蒲式耳小麦全国平均生产成本；或者

"（ⅱ）每蒲式耳 4.65 美元。

"（G）对于不受销售配额约束的任何小麦农作物而言，小麦规定价不应低于 1986 至 1987 年的每一种农作物每蒲式耳 4.38 美元、1988 年农作物每蒲式耳 4.29 美元、1989 年农作物每蒲式耳 4.16 美元和 1990 年农作物每蒲式耳 4.00 美元。

"（H）对于不受销售配额约束的任何小麦农作物，由部长选择并根据（G）规定，适用于生产者的小麦规定价可在下列基础上予以确定：

"（ⅰ）生产者按照（f）（2）描述的面积限制计划从农场的作物耕种面积基数中减少农场可获收成小麦种植面积的比例；或

"（ⅱ）一个生产刻度标。根据该刻度标，向生产者提供的支付款额会随着生产者生产的具体的小麦数量的不同而有所差异，这些支付款项将针对年销售总额超过 20 000 美元的商业家庭农场。

"（Ⅰ）本项下在其他情况下本该向农场生产者支付的有关任何农作物的支付款将会因为（2）中因为自然灾害有关任何农作物支付给生产者的款项而减少。

"（J）部长可依本项规定以小麦的形式支付不高于总支付额的 5％。以小麦支付生产者时，部长应确定该非现金支付情况对任何商品的市场价格所产生的影响。部长应将自己的决定报告给众议院农业委员会和参议院农业、营养与森林委员会。

"（K）本项使用的词汇"非计划农作物"意思是除小麦、饲料谷物、陆地棉、超长长绒棉、稻米或大豆以外的任何农产品。

"（2）（A）（ⅰ）除非（C）另有规定，否则如果部长因为干旱、洪水或其他自然灾害或其他生产者不可控情况决定禁止农场生产者在为小麦而预留的任何一块土地上种植小麦或其他非保护性农作物的，部长应向生产者支付因灾害原因禁止生产者种植小麦而给予的补偿金。该补偿金额相当于以下几项相乘所得到的乘积：

"（Ⅰ）最近一年受到严重影响但影响面积不超过可获得收成的小麦种植面积（包括因干旱、洪水或其他自然灾害或其他生产者不可控情况禁止生产者生产代替小麦的小麦或其他非保护性农作物）的英亩数；乘以

"（Ⅱ）部长规定的 75％的农场计划支付收益；乘以

"（Ⅲ）相当于农作物规定价平均数 33.3％的支付值。

"（ⅱ）部长依据本小项规定发放的支付款可以现金或农产品信贷公司持有的小麦储备支付。

"（B）除非（C）另行规定，如果部长因为干旱、洪水或其他自然灾害或其他生产者不可控情况确定生产者在任何农场上能够获得收成的小麦总量低于可获得收成的该农作物种植面积数乘以部长为该农作物规定的农场计划支付收益的 60％所得结果时，部长应以相当于该农作物减产 60％以下时规定价的 50％的比例向生产者支付一笔因灾害导致收益减少的补偿款项。

"（C）农场生产者在下列情况下不得享受如下补偿：

"（ⅰ）如果依据《联邦农作物保险法》（《美国法典》第 7 篇 1501 及以下）针对生产者的小麦种植面积向生产者提供了禁止种植农作物保险，生产者将不符合条件依据（A）规定获得因灾害情况禁止种植的补偿支付款；或

"（ⅱ）依据该法案针对生产者的小麦种植面积向生产者提供了减产农作物保险的，生产者将不符合条件依据（B）获得因灾害导致减产的补偿支付款。

（D）（ⅰ）无论是否与（C）相矛盾，一旦核实下列情况，部长可依据本项规定向农场生产者发放灾害补偿款：

"（Ⅰ）由于干旱、洪水或其他自然灾害或其他生产者不可控情况，农场生产者或因为被禁止种植小麦或其他非保护性农作物，又或者因为减产而蒙受了巨大的生产损失；

"（Ⅱ）这些损失已为生产者带来了经济危机；

"（Ⅲ）联邦政府为弥补上述损失依据《联邦农作物保险法》（《美国法典》第 7 篇 1501 及以下）并通过其他援助形式向这些生产者提供的农作物保险理赔补偿款不足以缓解上述经济危机；并且

"（Ⅳ）必须再向这些生产者提供额外的援助来缓解上述经济危机状况。

"（ⅱ）部长可对本小项下个体经营农场得到的补偿支付款额进行调整，确保在考虑以其他形式就相关农作物向生产者提供灾难援助的前提下，将这些补偿款公平地分配给生产者们。

"（d）（1）（A）对于不受配额制约束而且不执行（f）下面积限制计划的任何小麦农作物，部长应宣布执行一个全国计划面积数。宣布时间应不迟于下一个日历年度收获的农作物的每个日历年度的 6 月 1 日。但 1986 年农作物情况除外，相关宣布应在《1985 年粮食安全法》颁布之日后的适当时间尽快完成。

"（B）当部长根据最新信息认为必要时，可出于确定第（2）段下分配系数的目的，对首次宣布的任何作物年度的全国计划面积进行修改。修改完毕后，部长应立即宣布。

"（C）小麦的全国计划面积应是部长确定的（基于该确定所依据的农作物农场计划支付收益的加权全国平均数）可获得收成英亩数，在这样面积的土地上能够生产出部长估计的该农作物销售年度国内和出口所需要的小麦数量（减去进口）。

"（D）当部长确定小麦结转库存量过量或者需要增加库存以保证理想的结转时，部长可调整全国计划面积，其所调整的面积数应以部长认为能够通过适当的增减达到理想的结转库存量为准。

"（2）部长应为不受销售配额约束的每一种小麦农作物确定一个计划分配系数，该小麦计划分配系数应通过将该农作物全国计划面积除以部长估计可获得收成的该农作物的播种英亩数得出的结果而确定，但是任何农作物的分配系数都决不能高于 100%，也不能低于 80%。

"（3）（A）（ⅰ）除非（f）（2）另行规定，否则不受销售配额约束的每一种农作物的个体经营农场计划面积数应由分配系数乘以需确定个体经营农场计划面积数的农场上种植的可获得收成小麦面积数所得到结果来决定。

"（ⅱ）当生产者将农场上种植的可获收成小麦的面积从依据第Ⅴ篇规定为该农场确定的作物耕种面积基数中至少减少部长在宣布全国计划面积时建议的百分比数时，不得再运用分配系数进一步减少个体经营农场的计划面积。

"（ⅲ）部长应确保农场生产者得到公平公正的待遇，在这些农场上种植的可获得收成小麦的面积小于依据第Ⅴ篇规定为农场确定的作物耕种面积基数，但减少面积不足以豁免该农场不使用分配系数。

"（ⅳ）在确立小麦的分配系数时，部长可在认为必要时进行调整，调整时要考虑依据本段前述规定农场可被豁免的程度。

"（B）对于受销售配额约束的任何小麦农作物，个体经营农场计划面积应是部长认为足以生产出与《1938 年农业调整法》第 334 条下确定的农场销售配额相等小麦产量的农场的面积。

"（e）每一种小麦农作物的农场计划支付收益都应该依据第Ⅴ篇规定来确定。

"（f）（1）（A）（ⅰ）无论是否与本法案其他任何条款相矛盾，除（B）到第（E）另行规定外，如果部长确定在不实行面积限制计划或休耕获得补贴计划情况下，在考虑维持合理稳定供应和价格以及满足全国紧急情况之需所需要的充足结转后，小麦供应总额出现过剩的，那么部长可为不受销售配额约束的任何小麦作物规定实行一项（2）所描述的面积限制计划或（3）所描述的休耕获得补贴计划。

"（ⅱ）依据（ⅰ）进行确定时，部长应考虑放置在《1985 年粮食安全法》第 1231 条下确立的保护面积储备中的土地英亩数。

"（ⅲ）选择在任何作物年度执行前述两个计划中的任何一个时，部长应在不迟于农作物收获日历年度以前的 6 月 1 日宣布该计划，但 1986 年农作物的情况除外，就该情况而言，部长应在《1985 年粮食安全法》颁布日后适当的时候尽快宣布该计划。

"（ⅳ）不迟于农作物收获年以前年份的 7 月 31 日，如果确定自计划最初宣布起小麦供应总额已经发生了重大变化，部长可对（ⅲ）下宣布的计划进行调整。

"（B）就 1986 年小麦农作物而言，如果部长在《1985 年粮食安全法》颁布之日后的适当时间估计在该农作物销售年度的第一天美国境内现有的小麦总量（不包括该小麦作物总量）为：

"（ⅰ）1 000 000 000 浦式耳以上，部长应规定：

"（Ⅰ）实施一项面积限制计划（如（2）所描述的），依据该计划，一家农场上种植的可获收成小麦的面积将被限制在农场小麦作物耕种面积基数减少不低于 15％，同时也不高于 22.5％；和

"（Ⅱ）一项以实物支付的土地流转计划（如（5）（A）所描述的），根据该计划，一家农场上种植的可获收成小麦的面积除（Ⅰ）要求减少的面积数以外，将被限制在农场小麦作物耕种面积基数从小麦作物基数中减少 2.5％；或者

"（ⅱ）1 000 000 000 蒲式耳或更少，部长可规定：

"（Ⅰ）实施一项面积限制计划（如（2）所描述的），依据该计划，一家农场上种植的可获收成小麦的面积将被限制在农场小麦作物耕种面积基数减少不高于 15％；和

"（Ⅱ）一项如（5）（A）所描述的土地流转计划。

"（C）就 1987 年小麦作物情况而言，如果部长在不迟于农作物收获日历年度以前年份的 6 月 1 日估计在该农作物销售年度的第一天美国境内现有的小麦总量（不包括该小麦作物总量）为：

"（ⅰ）1 000 000 000 浦式耳以上，则部长应规定实施一项面积限制计划（如（2）所描述的），依据该计划，一家农场上种植的可获收成小麦的面积将被限制在农场小麦作物耕种面积基数减少不低于 15％但也不高于 27.5％；或者

"（ⅱ）1 000 000 000 蒲式耳或更少，则部长可规定实施这样一项面积限制计划，依据该计划，一家农场上种植的可获收成小麦的面积将被限制在农场小麦作物面积基数减少不低于 20％。

"（D）对于 1988 至 1990 年的每一种小麦农作物，如果部长在不迟于农作物收获日历年度以前年份的 6 月 1 日估计在该农作物销售年度的第一天美国境内现有的小麦总量（不包括该小麦作物总量）为：

"（ⅰ）1 000 000 000 浦式耳以上，则部长应规定实施一项面积限制计划（如（2）所描述的），依据该计划，一家农场上种植的可获收成小麦的面积将被限制在农场小麦作物耕种面积基数减少不低于 20％，同时又不高于 30％；或者

"（ⅱ）1 000 000 000 蒲式耳或更少，则部长可规定实施这样一项面积限制计划，依据该计划，一家农场上种植的可获收成小麦的面积将被限制在该农场小麦作物耕种面积基数减少不超过 20％。

"（E）就任何此类小麦作物而言，作为符合贷款、购买和获得补偿支付款的一个条件，除（g）另行规定外，农场的生产者必须遵守面积限制计划和（l）（B）（ⅰ）（ⅱ）规定的土地流转计划（可适用情况下）的相关条款和条件。

"（2）（A）（ⅰ）依据（1）规定宣布实施一项小麦面积限制计划时，对于每一个小麦农场，应使用一个统一的小麦作物耕种面积的百分比减少数，从而达到限制目的。

"（ⅱ）当部长选择对适用于（c）（ⅰ）（H）（ⅰ）规定的生产者的小麦规定价格进行确定时，对于每一个小麦农场，应使用（c）（l）（H）（ⅰ）下生产者选择的小麦作物耕种面积的百分比减少数，从而达到小麦播种面积限制目的。

"（B）除（g）规定外，生产者故意不顾农场许可的小麦种植面积生产过量的小麦，该农场将不符合条件获得小麦贷款、购买和补偿支付款。

"（C）每一种小麦作物的小麦作物耕种面积基数都应当依据第Ⅴ篇规定予以确定。

"（D）（ⅰ）应按照部长发布的条例规定将农场若干英亩数土地贡献出来专门作为保护性使用。该英亩数按以下两项相除所得结果确定：

"（Ⅰ）按要求需抽出不再用于小麦生产的英亩数乘以种植该农产品的英亩数；除以

"（Ⅱ）依据部长规定的面积限制计划授权可种植该农产品的英亩数。

"（ⅱ）上述确定的英亩数在本款下文称'减少的种植面积'。

"（E）依据（1）规定宣布就一种小麦作物实行面积限制计划时，（d）不得适用于该农作物，该不适用性同时包括以前就该农作物依该款规定可能已宣布的任何规定。除非（c）（ⅰ）（C）另行规定，否则个体经营农场计划面积就是本项下确定的许可的小麦种植面积范围内种植的农场可获收成小麦面积。

"（3）（A）依据（1）规定宣布实行一项休耕土地获得补贴计划时，作为符合本法案（（g）规定除外）授权的小麦贷款、购买和补偿支付款的一个条件，农场生产者必须：

"（ⅰ）经部长确定，把相当于占可获收成小麦作物种植面积（执行休耕计划的）一个规定百分比的一块农田休耕并专门作为保护性使用；和

"（ⅱ）或者遵守该计划有关条款。

"（B）按照部长发布的条例规定，休耕计划土地应专门作为保护性使用。

"（C）一旦休耕计划确定，部长可限制小麦的种植面积。应按统一规定对所有小麦农场实行限定。

"（D）部长认为必要时可对本项下的个体休耕面积做如下调整：

"（ⅰ）修正影响生产的异常因素；和

"（ⅱ）在部长认为必要时适当考虑适于耕种的面积、轮作实践、土壤的种类、水土保护措施、地貌及其他诸如此类的因素。

"（4）部长在（2）和（3）中发布的关于专门作为保护性使用土地的规定应确保这些土地不会杂草丛生或被风蚀或水蚀。

"（B）按照（C）规定，部长可依据其规定的条款和条件准许拿出所有或者任一部分的土地专门种植甜高粱，或堆干草和放牧，或种植瓜尔豆、芝麻、红花、向日葵、蓖麻、黑麦或其他农产品，但前提是部长确定种植这些农产品能够保证这些农产品的充足供应，不会增加价格支持计划的成本并且也不会损害农场的收入。

"（C）（ⅰ）除（ⅱ）规定外，在《土壤保护和国内农作物种植分配法》（《美国法典》第16篇590h（b））第8条（b）下成立的州委员会的要求下并且按照部长可能规定的前述条款与条件，部长应准许该州参与计划的生产者拿出所有或任一部分前述土地用于：

"（Ⅰ）就1986年小麦作物情况而言，堆干草和放牧；和

"（Ⅱ）就1987至1990年的每一种小麦作物而言，放牧。

"（ⅱ）在该法案第8条（b）下设立的州委员会为某一州该农作物确定的任一连续5个月期间，对于（ⅰ）下的任何小麦作物而言，不得堆干草和放牧。

"（D）在确定面积限制计划或休耕计划下专门用作保护性使用的土地面积（该土地经部长明确界定为夏季休耕后的耕地）时，部长应在其认为适当的时候考虑土壤侵蚀及其他类似因素所造成的影响。

"（5）（A）（ⅰ）部长可向小麦生产者支付土地流转赔偿款，无论是否执行小麦面积限制计划、休耕计划或销售配额制，但前提是部长确定该土地流转补偿金肯定有助于将全国小麦总面积调整到预期要达到的水平。该土地流转补偿额应支付给那些部长规定的依据与部长所签土地流转合同专门拿出农场的一块农田作为保护性使用的生产者。

"（ⅱ）可由生产者按部长规定的方式或者部长认为适当的其他类似方式递交前述合同投标书，依据所签土地流转合同确定可向生产者支付的补偿款。在确定提供的合同是否可被接受时，部长应考虑生产者能够承受的土地流转程度以及被流转土地的生产力。

"（ⅲ）部长应限制依据协议在任何县或当地乡镇被流转的土地的总面积，以避免对该县或当地乡镇的经济产生不利影响。

"（B）（ⅰ）无论是否与本项前述条款相冲突，部长应在宣布实行小麦面积限制计划以前为种植1986 年小麦作物的生产者规定实行一项 1986 年小麦作物土地流转计划。根据小麦面积限制计划，部长应向下列情况下的这些 1986 年小麦作物生产者支付农作物"退休"和土地保护性使用补偿款项：

"（Ⅰ）减少农场可获收成小麦的种植面积，以保证该种植面积不超过农场小麦作物耕种面积基数减去相当于小麦作物耕种面积基数 10％的一个数（除（2）要求减少的面积数外）；以及

"（Ⅱ）同意保护性利用，专门贡献出一块农田，该农田相当于本段下从小麦作物耕种面积基数中减少的土地面积数。

"（ⅱ）（ⅰ）中的补偿额应按以下几项相乘计算出的结果支付：

"（Ⅰ）土地流转支付价；乘以

"（Ⅱ）本项下被流转的土地面积；乘以

"（Ⅲ）农作物的农场计划支付收益。

"（ⅲ）流转支付价应为每蒲式耳 2.00 美元。

"（6）（A）减少的种植面积、休耕计划土地面积及额外的流转土地面积可按照部长与野生动物机构磋商后设立的标准专门用作野生动物觅食地或野生动物栖息地。

"（B）部长可为实施（A）所指措施支付适当份额的成本。

"（C）部长还可为生产者在减少的种植面积、休耕计划土地面积及额外的流转土地上实施许可的水土保持性措施（包括可能几年内都会发挥作用的措施）支付适当份额的成本。

"（D）如果生产者在不要求其他补偿的情况下同意允许公众遵守可适用的州及联邦法律规定进入整个农场或部长可能规定的农场的一部分进行打猎、诱捕动物、钓鱼和徒步旅行，部长可考虑是否对公众有益规定就这些土地支付一笔额外的补偿款。

"（7）（A）农场经营者希望参加本款实施的项目的，应在不迟于部长规定的日期内与部长签署一项参加协议。

"（B）部长可依据与农场生产者签署的双方协议终止或修改该协议，前提是部长断定由于干旱或其他灾害，或者因防止或缓解农产品供应短缺而造成的紧急情况必须采取这样的行动。

"（8）无论是否与本款前述条款相冲突，在实施本款计划过程中，部长可以蒲式耳产量作为表示方式为参加计划的农场规定生产目标，以便让所有参加的农场完成全国生产目标规定的相同的按比例减产任务。

"（g）（1）就 1986 至 1990 年的每一种小麦作物而言，部长可向达到本款要求的生产者提供补偿支付款。

"（2）该支付款应：

"（A）以农产品信贷公司拥有的小麦支付；和

"（B）需视是否有这样的小麦。

"（3）（A）本款所指支付款应以（b）款规定的相同方式支付。

"（B）本款下补偿给生产者的小麦价值应与本款下确定的支付款额相当。

"（4）生产者有资格收到本款下农作物补偿款，前提是该生产者：

"（A）同意放弃获得（a）款下贷款或购买协议；

"（B）同意放弃获得（c）款下补偿款；

"（C）不会让可获收成小麦的种植面积超过作物耕种面积基数从（f）款下要求从生产中流转的面积中减少一半；

"（D）否则遵守本条规定。

"（h）（1）因生产者未能完全遵守本条实施的计划条款和条件而妨碍了贷款、购买和支付补偿款

的，部长仍可向生产者提供与其未遵守计划规定的严重性相平衡的贷款、购买和补偿支付款额。

"（2）部长可授权依《土壤保护与国内分配法》第 8 条（b）（《美国法典》第 16 篇 590h（b））成立的县和州委员会放弃或更改期限及其他计划要求，但前提是延迟或未能达到其他类似要求不会对计划方案的运行造成不利影响。

"（j）部长应通过农产品信贷公司执行本条授权实施的计划。

"（k）《土壤保护与国内分配法》第 8 条（g）（《美国法典》第 16 篇 590h（g））规定（与补偿款分配有关）适用于本条补偿款支付。

"（l）部长应规定农场的生产者之间在公平公正的基础上分享本条下发放的补偿款。

"（m）部长应规定采取足够的措施保护承租人与利益分成农民的权益。

"（n）（1）除（2）（3）规定外，可不把农场遵守任何其他农产品计划的条件与条款作为衡量本条下贷款、购买或者获得补偿支付款的一个条件。

"（2）依（f）（2）规定为某小麦作物设立一项面积限制计划时，参加计划的生产者不得使种植执行面积限制计划的另一农产品的面积超过该农场该作物的作物耕种面积基数。

"（3）依（f）（3）为某小麦作物设立一项休耕计划时，可能需要把农场遵守任何其他农产品计划的条件与条款作为衡量本节下贷款、购买或者获得补偿支付款的一个条件。"

第 309 条　销售许可证要求的不适用性。

《1938 年农业调整法》第 379d、379e、379f、379g、379h、379i 和 379j 条（《美国法典》第 7 篇 1379d 至 1379j）（关于对加工商和出口商的销售许可证要求）不适用于 1986 年 6 月 1 日至 1991 年 5 月 31 日这一时期的小麦加工商或出口商。

第 310 条　终止土地利用、小麦销售额分配和生产者许可证规定。

（a）《1938 年农业调整法》第 332、333、334、335、336 和 338 条（《美国法典》第 7 篇 1332 至 1336 和 1338）不适用于 1986 年小麦作物。

（b）该法案第 331、339、379b 和 379c 条（《美国法典》第 7 篇 1331、1339、1379b 和 1379c）不适用于 1986 至 1990 年的小麦作物。

第 311 条　暂停某些配额规定。

1941 年 5 月 26 日批准通过的名为"《1938 年农业调整法》修正案下关于玉米和小麦销售配额的联合决议"（《美国法典》第 7 篇 1330 和 1340）不适用于 1986 至 1990 日历年度种植的可获收成小麦作物。

第 312 条　《1949 年农业法》第 107 条对 1986 至 1990 年小麦作物的不适用性。

《1949 年农业法》第 107 条（《美国法典》第 7 篇 1445a）不适用于 1986 至 1990 年小麦作物。

第Ⅳ篇　饲料谷物

第 401 条　1986 至 1990 年饲料谷物作物的贷款率、目标价格、灾害补偿、面积限制计划和休耕计划以及土地流转计划。

只对 1986 至 1990 年饲料谷物有效，对《1949 年农业法》进行修订，在第 105B 条（《美国法典》第 7 篇 1444d）后面增加下列一个新条：

"第 105C 条　无论是否与其他任何法律规定相冲突：

"（a）（1）除（2）到（4）规定外，对于 1986 至 1990 年的每一种玉米作物，部长应向生产者发放贷款并准予其进行采购，其贷款和采购水平的确定应由部长在考虑玉米生产成本、供需情况及全球玉米价格之后判断其是否能够鼓励饲料谷物出口而不会导致饲料谷物总存量过剩。

"（2）除（3）规定外，（1）中确定的贷款和采购水平应：

"（A）就 1986 年玉米作物而言，不低于每蒲式耳 2.40 美元；以及

"（B）就 1987 至 1990 年的每一种玉米作物而言，不低于部长确定的玉米生产者在最近 5 个农作物年度的销售年度所得到的简单平均价的 75%，但同时也不应高于 85%，去掉这一期间平均价为最高的年份和平均价为最低的年份，除非依据本条款确定的一种农作物的贷款与购买水平与对上一个作物确定的水平相比不减少 5% 以上。

"（3）（A）除（B）规定外，如果部长确定玉米生产者在上一个销售年度所得到的平均价格不高于该销售年度玉米贷款与采购水平的 110%，或者部长确定此种情况对于保持饲料谷物的竞争性市场地位是非常必要的，那么部长：

"（ⅰ）就 1986 年的玉米作物而言，应该减少玉米销售年度的贷款与购买水平，减少额以部长认为足以维持谷物的国内与出口市场需求，但不低于该作物贷款与购买水平的 10% 为准；

"（ⅱ）就 1987 至 1990 年的每一种玉米作物而言，可降低小麦销售年度的贷款与购买水平，降低额以部长认为足以维持谷物的国内与出口市场需求为准。

"（B）依据（A）规定，任何一年的贷款与购买水平都不得减少超过 20%。

"（C）本项下任何降低玉米贷款与购买水平的情况均不应被视为确定此后年份贷款与购买水平也应减少。

"（4）（A）部长可允许一名生产者以下列两种水平中的较低水平偿付（1）或（6）下发放的一种农作物的贷款：

"（ⅰ）为该农作物确定的贷款水平；或者

"（ⅱ）以下三项中的较高项：

"（Ⅰ）该水平的 70%；

"（Ⅱ）在（3）中一种农作物的贷款水平减少情况下，如果没有（3）中的减少情况本可以达到 70% 的贷款水平；或者

"（Ⅲ）由部长确定的饲料谷物的现行全球市价。

"（B）如果部长准许一名生产者按照（A）规定偿还一笔贷款，那么部长应发布规则规定：

"（ⅰ）一个对饲料谷物现行全球市价进行界定的公式；和

"（ⅱ）一个部长可以定期发布饲料谷物现行全球市价的机制。

"（5）就本条规定而言，生产者在最近销售年度得到的简单平均价应基于部长做出决定时所掌握的最新资讯。

"（6）对于 1986 至 1990 年的每一种谷类作物、高粱、大麦、燕麦和黑麦，部长应分别向生产者发放贷款并允许其采购，贷款和采购额应以部长确定的与对玉米作物提供的贷款和采购水平相关的公平合理的水平为准，其中考虑了与第 401 条（b）所指的玉米及其他因素相关的该农产品的饲用价值。

"（b）（1）就 1986 至 1990 年的每一种玉米、高粱、大麦、燕麦和黑麦而言，尽管生产者有资格依据（a）规定获得一份贷款或采购协议，但是如果他们同意放弃该贷款与采购协议以换取补偿支付款，那么部长可向这些生产者发放补偿支付款。

"（2）本款下的一笔补偿支付款应通过以下两项相乘进行计算：

"（A）贷款偿还值；乘以

"（B）生产者可以用来贷款的此类谷物饲料的总量。

"（3）就执行本款规定而言，可以用来贷款的谷物饲料总量不得超过以下两项相乘所得乘积：

"（A）个体经营农场的农作物计划面积；乘以

"（B）为农场确定的农场计划支付收益。

"（4）就执行本款规定而言，贷款偿还值应为：

"（A）为（a）下此类作物确定贷款水平所基于的总量；超过

"（B）（a）下贷款偿还的水平。

"（c）（1）（A）部长应向生产者发放 1986 至 1990 年的每一种玉米作物、高粱、燕麦（可由部长指定大麦）的支付款，该支付款额应通过以下几项相乘计算得出结果：

"（ⅰ）支付价；乘以

"（ⅱ）农作物的个体经营农场计划面积；乘以

"（ⅲ）该农场该农作物的农场计划支付收益。

"（B）（ⅰ）依（f）（2）规定为一种饲料谷物作物实施一项面积限制计划并且农场生产者专门拿出一部分许可的农场饲料谷物面积（依（f）（2）（A）确定），该部分土地面积相当于用于保护性使用或种植非计划农作物的许可的农场饲料谷物面积的 8％以上的：

"（Ⅰ）超过专门用于保护性使用或种植非计划农作物面积 8％的该部分许可的农场谷类饲料面积应被视为种植饲料谷物，其目的是为了依据（f）（2）（E）确定个体经营农场计划面积和依据（f）（2）（D）确定需用于保护使用的农场面积；并且

"（Ⅱ）在生产者遵守（ⅱ）的情况下，生产者有资格获得本项下该土地面积的补偿支付款。

"（ⅱ）为了符合条件获得（ⅰ）下的支付款，除（ⅲ）规定外，农场生产者必须在至少占许可的农场饲料谷物种植面积 50％的土地上实际种植可获得收成的饲料谷物。

"（ⅲ）当某个州或当地机构在州或县的一个区域对农场种植的可获收成饲料谷物强制进行检疫时，依据美国《土壤保护与国内分配法》第 8 条（b）（《美国法典》第 16 篇 590h（b））成立的州委员会可向部长建议，在不考虑（ⅱ）强制要求的情况下，依本项规定向该区域的生产者支持补偿款项，因为他们被要求停止在土地上种植可获收成的饲料谷物，以缓解或消除需要检疫的状况。当部长确认这样的状况确实存在时，可依本项规定向这些生产者发放支付款。为了达到本条款规定的获得支付款条件，这些生产者不得在这些土地上种植小麦、棉花、稻米或大豆。

"（ⅳ）不得因为该部分许可的农场面积被专门用于保护性利用或种植非计划农作物而减少农场饲料谷物作物耕种面积基数和饲料谷物农场计划的支付收益。

"（ⅴ）除非（ⅰ）到（ⅳ）另行规定，否则不得依本项规定对超过实际种植饲料谷物面积的任何农作物面积支付补偿款项。

"（ⅳ）（ⅰ）下任何被认为是种植饲料谷物的土地也不得因为执行任何面积限制计划或要求生产者专门拿出一块土地进行保护性使用的土地流转计划而被指定为保护性使用土地。

"（C）（ⅰ）除（ⅱ）规定外，玉米的支付价应为玉米农作物规定价超过以下两项中较高一项的数字：

"（Ⅰ）经部长确定，生产者在该农作物销售年度的头 5 个月期间得到的全国加权平均市场价格；或者

"（Ⅱ）依（a）（3）规定为该玉米农作物销售年度所做的调整之前确定的该农作物的贷款水平。

"（ⅱ）经部长确定，当生产者在某个农作物销售年度的前 5 个月所得到的全国加权平均市价超过 1986 年玉米作物每蒲式耳 2.04 美元、1987 年 2.19 美元以及 1988 年 2.24 美元（取决于部长的选择）时，该玉米作物的支付价应为玉米作物规定价格超出以下两项中较高项的数额：

"（Ⅰ）1986 年农作物每蒲式耳 2.04 美元、1987 年农作物每蒲式耳 2.19 美元，以及 1988 年农作物每蒲式耳 2.24 美元；或者

"（Ⅱ）依据（a）（3）规定为该玉米作物销售年度所做的调整之前确定的该农作物的贷款水平。

"（D）（ⅰ）无论是否与本条前述条款相冲突，依据（a）（4）调整饲料谷物的贷款和采购水平时，部长应通过提高规定的饲料谷物价支付款来提供紧急补偿。补偿额在考虑（C）（ⅱ）发放的任何支付款后，以部长认为能够保证如果未对贷款与采购水平进行调整生产者本该获得的相同收益总额为准。

"（ⅱ）依本小项规定确定每蒲式耳饲料谷物作物规定价支付款的支付价时，部长应使用由其确定

的生产者在销售年度得到的每蒲式耳小麦的全国加权平均市价。

"（E）玉米的规定价格不应低于 1986 至 1987 年的每一种作物每蒲式耳 3.03 美元、1988 年农作物每蒲式耳 2.97 美元、1989 年农作物每蒲式耳 2.88 美元和 1990 年农作物每蒲式耳 2.75 美元。

"（F）高粱、燕麦和大麦（经部长指定）的支付价应该是部长确定的与玉米支付价相关的公平合理的支付价。

"（G）本项下本该向某农场某生产者支付的任何农作物补偿总额将因为（2）中因为自然灾害就该农作物支付给生产者的款项而有所减少。

"（H）部长可依本项规定以饲料谷物的形式支付不高于支付总额的 5％补偿款。以饲料谷物支付生产者时，应由部长确定该非现金支付对任何商品市场价格所产生的影响。部长应将自己的决定报告给众议院农业委员会和参议院农业、营养与森林委员会。

"（1）本项使用的词汇'非计划农作物'意思是除小麦、饲料谷物、陆地棉、超长长绒棉、稻米或大豆以外的任何农产品。

"（2）（A）（i）除非（C）另有规定，否则如果部长因为干旱、洪水或其他自然灾害或其他生产者不可控情况决定禁止农场生产者在为饲料谷物预留的任何一块土地上种植饲料谷物或其他非保护性农作物，部长应向生产者支付一笔因灾害原因禁止生产者种植饲料谷物而提供的补偿金。该补偿金额相当于以下几项相乘所得到的乘积：

"（Ⅰ）最近一年受到严重影响但影响面积不超过可获得收成的饲料谷物种植面积（包括因干旱、洪水或其他自然灾害或其他生产者不可控情况禁止生产者生产饲料谷物或其他非保护性农作物）的英亩数；乘以

"（Ⅱ）部长确定的 75％的农场计划支付收益；乘以

"（Ⅲ）相当于农作物规定价 33.3％的支付价。

"（ii）部长依据本小项确定发放的支付款可以现金或农产品信贷公司持有的饲料谷物储备支付。

"（B）除非（C）另行规定，否则如果部长因为干旱、洪水或其他自然灾害或其他生产者不可控情况确定生产者在任一农场上能够获得收成的饲料谷物的总量低于该农作物可获的收成种植面积数乘以部长为该农作物规定的农场计划支付收益的 60％所得结果时，部长应以相当于该农作物减产 60％以下时规定价的 50％的比例向生产者支付一笔因灾害导致收益减少的补偿款。

"（C）农场生产者在下列情况下：

"（i）依据《联邦农作物保险法》（《美国法典》第 7 篇 1501 及以下）针对生产者的饲料谷物种植面积向生产者提供了禁止种植农作物保险的，生产者将不符合条件依据（A）获得因灾害情况禁止种植的补偿支付款；或

"（ii）依据该法案针对生产者的饲料谷物种植面积向生产者提供了减少产量农作物保险的，生产者将不符合条件依据（B）获得因灾害导致产量减少的补偿支付款。

"（D）（i）无论是否与（C）相冲突，一旦核实下列情况，部长可依据本项规定向农场生产者发放一笔灾害补偿款：

"（Ⅰ）由于干旱、洪水或其他自然灾害或其他生产者不可控情况，农场生产者或因为被禁止种植饲料谷物或其他非保护性农作物，又或者因为减产，蒙受了巨大的生产损失。

"（Ⅱ）这些损失已为生产者带来了经济危机；

"（Ⅲ）联邦政府为弥补上述损失依据《美国联邦农作物保险法》（《美国法典》第 7 篇 1501 及以下）并通过其他援助形式向这些生产者提供的农作物保险理赔补偿款不足以缓解上述经济危机；并且

"（Ⅳ）必须再向这些生产者提供额外的援助来缓解上述经济危机状况。

"（ii）部长可对本小项下个体经营农场得到的补偿支付款额进行调整，确保在考虑以其他形式就相关农作物向生产者提供灾难援助的前提下，将这些补偿款公平地分配给生产者们。

"（d）（1）（A）第（f）款中执行面积限制计划的农作物除外，部长应对 1986 至 1990 年的每一种

饲料谷物作物宣布执行一个全国计划面积数。宣布时间应不迟于下一日历年度收获农作物的每个日历年度的 9 月 30 日。但 1986 年农作物情况除外，相关宣布应在《1985 年粮食安全法》颁布之日后的适当时间尽快完成。

"（B）当部长基于最新信息认为必要时，可出于确定（2）中分配系数的目的，对首次宣布的任何作物年度的全国计划面积进行修改。修改完毕后，部长应立即宣布。

"（C）饲料谷物全国计划面积应是部长决定的（基于该决定所依据的农作物农场计划支付收益的加权全国平均数）可获得收成英亩数，在这样面积的土地上能够生产出部长估计的该农作物销售年度国内和出口所需要的饲料谷物数量（减去进口）。

"（D）当部长确定饲料谷物结转库存量过量或者需要增加库存以保证理想的结转时，部长可调整全国计划面积，其所调整的面积数应以部长认为能够通过适当的增减达到理想的结转库存量为准。

"（2）部长应为每一种饲料谷物作物确定一个计划分配系数，该饲料谷物计划分配系数应通过将该农作物的全国计划面积除以部长估计可获收成该农作物的种植英亩数得出的结果而确定，但是任何饲料谷物作物的分配系数都决不能高于 100%，但同时也不能低于 80%。

"（3）（A）除（f）（2）规定外，每一种饲料谷物作物的个体经营农场计划面积数应由分配系数乘以农场上种植的可获收成饲料谷物面积数（个体经营农场计划面积数需要认定）所得到的结果来决定。

"（B）当生产者将农场上种植的可获收成饲料谷物的面积从依据第Ⅴ篇规定为该农场确定的作物耕种面积基数中至少减少部长在宣布全国计划面积时建议的百分比数时，不得再运用分配系数进一步减少个体经营农场的计划面积。

"（C）部长应确保农场生产者得到公平公正的待遇，在这些农场上种植的可获得收成饲料谷物的面积小于依据第Ⅴ篇规定为农场确定的作物耕种面积基数，但减少面积不足以豁免该农场不使用分配系数。

"（iv）在确立饲料谷物的分配系数时，部长可在认为必要时进行调整，调整时要考虑依据本项前述规定农场可被豁免的程度。

"（e）每一种饲料谷物作物的农场计划支付收益均应依据第Ⅴ篇规定来确定。

"（f）（1）（A）（i）无论是否与本法案其他任何条款相矛盾，除（B）到（D）另行规定外，如果部长认定在未实行面积限制或休耕计划情况下，在考虑维持合理稳定供应和价格以及满足全国紧急情况之需所需要的充足结转后，饲料谷物供应总额出现过剩，那么部长可为任何饲料谷物作物规定实行一项（2）所描述的面积限制计划或（3）所描述的休耕计划。

"（ii）依据（i）进行确定时，部长应考虑放置在《1985 年粮食安全法》1231 下确定的保护面积储备中的土地英亩数。

"（iii）选择在任何作物年度执行前述两个计划中的任何一个时，部长应在不迟于农作物收获日历年度以前的 9 月 30 日宣布这样的计划，但 1986 年农作物的情况除外，就这一年的情况而言，部长应在《1985 年粮食安全法》颁布日后适当的时候尽快宣布该计划。

"（iv）不迟于农作物收获年以前年份的 11 月 15 日，如果确定自计划最初宣布起饲料谷物供应总额已经发生了重大变化，则部长可对（iii）下宣布的计划进行调整。

"（B）就 1986 年的饲料谷物作物而言，如果部长在《1985 年粮食安全法》颁布之日后的适当时间估计在该农作物销售年度的第一天美国境内现有的玉米总量（不包括那种玉米作物的总量）为：

"（i）2 000 000 000 蒲式耳以上，则部长应规定：

"（Ⅰ）实行一项面积限制计划（如（2）所描述的），依据该计划，一家农场上种植的可获收成饲料谷物的面积将被限制在该农场该作物饲料谷物耕种面积基数减少不低于 12.5%，但同时也不高于 17.5%；和

"（Ⅱ）一项以实物支付的土地流转计划（如第（5）段所描述的），根据该计划，一家农场上种植的可获收成饲料谷物的面积除（Ⅰ）要求减少的面积数以外，将被限制在该农场该作物的耕种面积基数减少不低于相当于饲料谷物作物耕种面积基数 2.5% 的面积数；或者

"（ⅱ）2 000 000 000 蒲式耳或更少，则部长可规定：

"（Ⅰ）实施一项面积限制计划（如（2）所描述的），依据该计划，一家农场上种植的可获收成饲料谷物的面积将被限制在该农场饲料谷物耕种面积基数减少不低于不高于 12.5%；和

"（Ⅱ）一项如（5）描述的土地流转计划。

"（C）就 1987 至 1990 年的每一种饲料谷物作物而言，如果部长在不迟于农作物收获日历年度以前年份的 9 月 30 日估计在该农作物销售年度的第一天美国境内现有的玉米总量（不包括那种玉米作物的总量）为：

"（ⅰ）2 000 000 000 蒲式耳以上，则部长应规定实施一项面积限制计划（如（2）所描述的），依据该计划，一家农场上种植的可获收成饲料谷物的面积将被限制在该农场饲料谷物作物耕种面积基数减少不低于 12.5%，但同时也不高于 20%；或者

"（ⅱ）2 000 000 000 蒲式耳或更少，则部长可规定实行这样一项面积限制计划，依据该计划，一家农场上种植的可获收成饲料谷物的面积将被限制在该农场饲料谷物作物耕种面积基数减少不高于 12.5%。

"（D）就任何此类饲料谷物作物而言，作为符合贷款、采购和获得支付款的一个条件，除（g）另行规定外，农场的生产者必须遵守面积限制计划（以及可适用情况下，如（l）（B）（ⅰ）（Ⅰ）的土地流转计划）有关条款和条件。

"（2）（A）依据（1）规定宣布实行一项饲料谷物面积限制计划时，对每一个生产饲料谷物的农场应使用一个统一的饲料谷物作物耕种面积的百分比减少数，从而达到限制目的。

"（B）除（g）规定外，生产者故意不顾农场许可的饲料谷物种植面积生产过量的饲料谷物，生产者所在的该农场将不符合条件获得饲料谷物贷款、采购和补偿支付款。

"（C）部长可规定，不得把遵守本项下任何面积限制计划作为要求任何制麦芽用大麦的生产者符合获得贷款、采购和补偿支付款的一个条件，只要该生产者之前生产过一种可获收成制麦芽用大麦，目前只种植可接受的可获收成制麦芽用小麦种类并且符合部长可能规定的其他类似条件。

"（D）每一种饲料谷物的饲料作物耕种面积基数都应依第 V 篇规定确定。

"（E）（ⅰ）应按照部长发布的条例规定将农场若干英亩数土地专门作为保护性使用。该英亩数按以下两项相除所得结果确定：

"（Ⅰ）按要求需抽出不再用于饲料谷物生产的英亩数乘以种植该农产品的英亩数所得乘积；除以

"（Ⅱ）依据部长确定的面积限制计划授权可种植该农产品的英亩数。

"（ⅱ）上述确定的英亩数在本款下文称'减少的种植面积'。

"（F）依据（1）规定宣布对一种饲料谷物作物实行面积限制计划时，（d）规定不得适用于该农作物，包括以前就该农作物依该款规定可能已宣布的任何规定。除非（c）（ⅰ）（B）另行规定，否则个体经营农场计划面积就是本项下确定的许可的饲料谷物种植面积范围内种植的农场可获收成饲料谷物的面积。

"（3）（A）依据（1）规定宣布实行一项休耕土地获得补贴计划时，作为符合本法案（（g）小节规定除外）授权的饲料谷物贷款、采购和补偿支付款的一个条件，农场生产者必须：

"（ⅰ）经部长确定，把相当于占可获收成饲料谷物作物种植面积（执行休耕计划的）规定百分比的一块农田休耕并专门作为保护性使用；和

"（ⅱ）或者遵守该计划有关条款。

"（B）按照部长发布的条例规定，休耕计划面积应专门作为保护性使用。

"（C）一旦休耕计划确定，部长可限制饲料谷物的种植面积。应按统一规定对所有饲料谷物农场实行限定。

"（D）部长认为必要时可对本段下的个体休耕面积做如下调整：

"（ⅰ）校正影响生产的异常因素；和

"（ⅱ）在部长认为必要时适当考虑适于耕种的面积、轮作实践、土壤的种类、水土保护措施、地

貌及其他诸如此类的因素。

"（4）（A）第（2）和第（3）项下部长发布的关于专门作为保护性使用土地面积的规定应确保这些土地不会杂草丛生或被风蚀或水蚀。

"（B）按照（C）规定，部长可依据其规定的条款和条件，准许拿出所有或者任一部分的土地面积专门种植甜高粱，堆干草和放牧，或种植瓜尔豆、芝麻、红花、向日葵、蓖麻子、芥菜籽、海甘蓝、车前子、亚麻仁、黑小麦、黑麦或其他农产品，但前提是部长确定种植这些农产品能够保证这些农产品的充足供应，不会增加价格支持计划的成本并且也不会损害农场的收入。

"（C）（ⅰ）除（ⅱ）规定外，在《土壤保护与国内分配法》第8条（b）（《美国法典》第16篇590h（b））下成立的州委员会的要求下并且按照部长可能规定的条款与条件，部长应准许该州参与计划的生产者专门拿出所有或任一部分从生产流转的土地面积用于：

"（Ⅰ）就1986年饲料谷物作物情况而言，晒干草和放牧；和

"（Ⅱ）就1987至1990年的每一种饲料谷物作物而言，用于放牧。

"（ⅱ）在该法案第8条（b）下设立的州委员会为某一州该农作物确定的任一连续5个月期间，对于（ⅰ）下的任何饲料谷物作物而言，不得晒干草和放牧。

"（D）在确定限制计划或休耕计划下专门用作保护性使用的土地面积（该土地经部长明确界定为夏季休耕后的耕地）时，部长应在其认为适当时考虑土壤侵蚀及其他类似因素所造成的影响。

"（5）（A）无论是否执行饲料谷物面积限制计划或休耕计划，部长可向饲料谷物生产者发放土地流转补偿款，但前提是部长确定该土地流转补偿金肯定有助于将全国饲料谷物总面积调整到预期要达到的水平。该土地流转补偿额应支付给那些部长规定的依据与部长所签土地流转合同专门拿出农场的一块农田作为保护性使用的生产者。

"（B）可由生产者按部长规定的方式或者部长认为适当的其他类似方式递交此类合同投标书，依据所签土地流转合同确定可向生产者支付的补偿款。在确定提供的合同是否可被接受时，部长应考虑生产者能够承受的土地流转程度以及被流转土地的生产力。

"（C）部长应按照协议限制在任何县或当地乡镇流转的土地总面积，避免对该县或当地乡镇的经济产生不利影响。

"（6）（A）任何减少种植的面积、休耕计划土地及额外的流转土地面积均可按照部长与野生动物机构磋商后确立的标准专门用作野生动物觅食地或野生动物栖息地。

"（B）部长可为实施（A）所指措施支付适当份额的成本。

"（C）部长还可为生产者在减少种植面积的土地、休耕计划土地及额外的流转土地上实施许可的水土保持性措施（包括可能几年内都会发挥作用的措施）支付适当份额的成本。

"（D）生产者在不要求其他补偿的情况下同意允许公众遵守可适用的州及联邦法律规定进入整个农场或部长可能规定的农场的该部分进行打猎、诱捕动物、钓鱼和徒步旅行的，部长可考虑是否对公众有益规定就这些土地支付一笔额外的补偿款。

"（7）（A）一个农场的一名经营者希望参加本款实施的计划的，应在不迟于部长规定的日期与部长签署一项参加该计划的协议。

"（B）部长可依据与农场生产者签署的双方协议终止或修改该协议，前提是部长断定由于干旱或其他灾害，或者因防止或缓解农产品供应短缺而造成的紧急情况必须采取这样的措施。

"（8）无论是否与本款前述条款相冲突，在实施本款计划过程中，部长可以蒲式耳产量作为表示方式为参加计划的农场规定生产目标，以便让所有参加的农场完成与全国生产目标规定相同的按比例减产任务。

"（g）（1）就1986至1990年的每一种玉米作物、高粱、燕麦（经部长指定还可以包括大麦）而言，部长可向符合本款要求的生产者发放补偿支付款。

"（2）该支付款应：

"（A）以农产品信贷公司拥有的这些饲料谷物分别支付；并且

"（B）需视是否有这样的饲料谷物。

"（3）（A）本款下支付款应以（b）规定的相同方式支付。

"（B）本款下补偿给生产者的饲料谷物的价值应与本款下确定的支付款额相当。

"（4）生产者有资格收到本款下作物补偿款，前提是该生产者：

"（A）同意放弃获得（a）下贷款或采购协议；

"（B）同意放弃获得（c）下补偿款；

"（C）不会让可获收成饲料谷物的种植面积超过作物耕种面积基数减少占（f）下要求流转的任何土地面积的一半；

"（D）否则遵守本条规定。

"（h）（1）因生产者未能完全遵守本条实施的计划条款和条件而妨碍了贷款、采购和支付补偿款的，部长仍可向生产者提供与其未遵守计划规定的严重性相平衡的贷款、采购和补偿支付款额。

"（2）部长可授权《土壤保护与国内分配法》第 8 条（b）（《美国法典》第 16 篇 590h（b））下成立的县和州委员会放弃或更改期限及其他计划要求，但前提是延迟或未能达到其他类似要求不会对计划方案的运行造成不利影响。

"（i）如部长认为对执行本款规定必要时可发布这些规定。

"（j）部长应通过农产品信贷公司执行本条授权实施的计划。

"（k）《土壤保护与国内分配法》第 8 条（g）（《美国法典》第 16 篇 590h（g））规定（与补偿款分配有关）适用于本条补偿款支付。

"（l）部长应规定农场的生产者之间在公平公正的基础上分享本条下发放的补偿款。

"（m）部长应规定采取足够的措施保护承租人与利益分成农民的权益。

"（n）（1）除（2）（3）规定外，可不把农场遵守其他任何农产品计划的条件与条款作为衡量本条下贷款、采购或者获得补偿支付款的一个条件。

"（2）依（f）（2）规定为某种饲料谷物作物设立一项面积限制计划时，参加计划的生产者不得使执行面积限制计划的另一农产品的播种土地超过该农场该作物的耕种面积基数。

"（3）依（f）（3）为某种饲料谷物作物设立一项休耕计划时，可能需要把农场遵守其他任何农产品计划的条件与条款作为衡量本节下贷款、采购或者获得补偿支付款的一个条件。"

第 402 条《1949 年农业法》第 105 条对 1986 至 1990 年饲料谷物作物的不适用范围。

第 402 条《1949 年农业法》第 105 条（《美国法典》第 7 篇 1444b）不适用于 1986 至 1990 年的饲料谷物作物。

第 403 条　玉米青贮价格支持。

（a）无论是否与其他任何法律条款相冲突，只对 1986 至 1990 年的每一种饲料谷物生效，按照本条规定，农业部长可向下列情况下农场生产者提供贷款及采购：

（1）对于青贮饲料：

（A）收割生产者在该作物年度生产的玉米（包括残缺的玉米）；或者

（B）向另一位生产者（包括未参加部长规定的该作物的面积限制计划或休耕计划的生产者）购买或者与其交换在该作物年度生产的玉米（包括残缺的玉米）；以及

（2）参加部长规定的该玉米作物的面积限制计划或休耕计划。

（b）确定这些贷款和采购额可依据同种玉米作物的总量，而非用作青贮饲料的玉米，生产者所获得的这些玉米相当于以下几项相乘所得乘积：

（1）所获得的用作青贮饲料的玉米面积；乘以

（2）由部长确定的农场计划支付收益或者土地实际产量二者中的较低项，该数额与获得青贮饲料的土地面积相似。

第 V 篇 棉 花

第 501 条　1986 至 1990 年陆地棉作物的贷款利率、目标价格、灾难补偿款、面积限制计划和土地流转计划。

只对 1986 至 1990 年陆地棉作物有效，对《1949 年农业法》进行修订，在第 103 条（《美国法典》第 7 篇 1444）后面加入以下新条：

"第 103A 条　无论是否与其他任何法律条款相矛盾：

"(a)(1) 除 (2) 规定外，在出示了反映不超过 60 天的应计存储费的仓库收据后，部长应就 1986 至 1990 年陆地棉作物向生产者提供 10 个月期（从发放贷款当月的第一天算起）无追索权贷款，所提供的该贷款额能够反映美国平均海拔每磅 $1\frac{1}{16}$ 英寸陆地棉（马克隆值 3.5 到 4.9）不低于以下两项的水平：

"(A) 就 1986 年的陆地棉作物而言，为每磅 55 美分；以及

"(B) 就 1987 至 1990 年的每一种陆地棉作物而言，为以下两项中的较小项：

"(i) 宣布贷款水平那一年截止 7 月 31 日的为期 5 年的 3 年中该质量棉花指定美国现货市场报价平均价（按市场和月份加权）的 85%，去掉这一期间平均价为最高和平均价为最低的年份；或者

"(ii) 宣布贷款水平年份 7 月 1 日开始的为期 15 周的 $1\frac{3}{30}$ 英寸中级棉北欧到岸价（由贷款宣布年份 4 月 15 日至 10 月 15 日期间该质量棉花北欧报价的该平均价与马克隆值 3.5 至 4.9 的 11/16 英寸次中级棉在指定的美国现货市场上的市场报价之间的平均差额向下调整）报价 5 个最低价格涨幅平均价的 90%。

"(2)(A) 与前一种作物确定的贷款水平相比，不得将依据 (1)(B) 确定的任何作物的贷款水平减少超过 5%，也不得减少低于每磅 50 美分。

"(B) 对于任何作物，(l)(B)(ii) 中确定的北欧平均价格低于 (1)(B)(i) 中确定的美国现货市场平均价格时，部长可将贷款提高到其认为适当的水平，不超过 (1)(B)(i) 中确定的美国现货市场平均价格。

"(3) 部长应在不迟于该贷款生效的销售年度之前日历年度的 11 月 1 日确定并宣布任何陆地棉作物的贷款水平，但 1986 年农作物的情况除外，就该情况而言，部长应在《1985 年粮食安全法》颁布日后适当的时候尽快确定和宣布。一经确定与宣布的贷款水平不得改变。

"(4)(A) 除 (B) 规定外，本条规定的无追索权贷款经生产者在该棉花的 10 个月贷款期期间要求应再增加 8 个月的期限。

"(B) 当前一个月指定现货市场上的 $1\frac{1}{16}$ 英寸次中级棉（马克隆值 3.5 到 4.9）的平均价超过该质量棉花在之前 36 个月期间在该市场上的平均价的 130% 时，延长贷款期限的请求不得在任何这样的月份予以批准。

"(5)(A) 当部长确定陆地棉（按照美国的质量和棉花种植地调整后）的全球现行市价低于依本小节前述规定确定的贷款水平时，为了确保美国陆地棉在全球市场上的竞争性，部长应按照本项规定实施"A 计划"或"B 计划"条款。

"(B) 选择执行"A 计划"时，部长应允许生产者以部长在宣布依 (3) 规定确定的该农作物贷款水平的同时确定和宣布的价位偿还任何农作物贷款。这些农作物的这些偿还水平不得低于为该农作物确定的贷款水平的 80%。该偿还水平一经宣布不得改变。

"(C)(i) 选择执行"B 计划"时，除 (ii) 规定外，部长应允许生产者以下列两项中的较低项为标准偿还任何农作物的贷款：

"(I) 为该农作物确定的贷款水平；或者

"(II) 部长确定的陆地棉全球现行市价（按照美国的质量和棉花种植地调整后）。

"（ⅱ）对于 1987 至 1990 年的每一种棉花作物而言，经部长确定，如果棉花的全球市场价（按照美国的质量和棉花种植地调整后）低于为该作物确定的贷款水平的 80％，部长可允许生产者以部长确定能够达到下列目的的价位（不超过为该作物确定的贷款水平的 80％）偿还本小节下发放的农作物贷款：

"（Ⅰ）最大限度降低贷款丧失的可能性；

"（Ⅱ）最大限度降低联邦政府的棉花库存积压；

"（Ⅲ）最大限度降低联邦政府在库存棉花过程中产生的成本；并且

"（Ⅳ）可使美国生产的棉花在国内外销售市场上不受约束地充满竞争力。

"（D）（ⅰ）无论是否与其他任何法律条款相矛盾，在 1986 年 8 月 1 日起到 1991 年 7 月 31 日结束的这一时期，如果依"A 计划"或"B 计划"实施的某一项目不能使美国陆地棉在全球市场上达到充分的竞争力并且经部长确定陆地棉现行全球市价（按照美国的质量和棉花种植地调整后）低于依（A）确定的陆地棉的当前贷款偿还值，从而不能使美国陆地棉在全球市场上具有竞争力并且继续扩大美国产陆地棉的国内消费及出口，那么部长应按照本分段规定发放可流通营销证书。

"（ⅱ）农产品信贷公司应依据部长可能发布的条例规定通过发放可流通营销证书向与农产品信贷公司签订合同首次参加本小项下确定的计划的棉花交易商（定期从事陆地棉买卖人员）提供补偿支付款。这些补偿款应按照部长确定能够使美国产陆地棉具有价格竞争力并且达到本小项所指目的的金额数和条款与条件支付给交易商，包括保证在同样基础上能够提供 1986 年 8 月 1 日库存原棉可能需要的这些支付款。

"（ⅲ）（ⅱ）中发放的每一张证书的价值应基于下列二者的差值：

"（Ⅰ）"A 计划"或者"B 计划"（视情况而定）下陆地棉的贷款偿还值；以及

"（Ⅱ）由部长根据一个公布的公式（在批准通过前将提交公众讨论）确定的陆地棉的现行全球市场价格。

"（ⅳ）农产品信贷公司根据部长发布的条例规定可在部长确定能够最好地达到本小项下计划目的时候、以这样的方式和这样的价格水平帮助任何收到本小项销售证书的当事人赎回证书换取现金，或者在市场上出售或交换这些证书，以换取（Ⅰ）农产品信贷公司持有的陆地棉；或者（Ⅱ）（在部长与该当事人同意的情况下）其他农产品或农产品信贷公司拥有的其他产品。无论是否与其他任何法律条款发生矛盾，任何可能适用于农产品信贷公司处置农产品的价格限制规定不得适用于本小项下的证书赎回。

"（Ⅴ）在可能的情况下，部长应准许证书持有人按其意愿指定以证书换取的商品或相关产品，包括相关储藏场所。在发放该证书后的合理天数内（由部长决定）未提交任何证书进行赎回、在市场上出售或进行交换的，经部长确定，从这些合理天数后开始到向农产品信贷公司提交该证书的结束日这一时期合理的保管成本及其他携带费用应从证书的价值中扣除。

"（ⅵ）部长应采取必要的措施避免本条中以出售证书或者以证书换取农产品及相关产品给这些农产品及相关产品生产者的收入带来不利影响。

"（ⅶ）根据部长发布的条例规定，本小项下向棉花交易商发放的证书经部长批准可转让给其他交易商及其他人。

"（E）（ⅰ）部长应发布条例规定：

"（Ⅰ）一个对棉花现行全球市价进行界定的公式；和

"（Ⅱ）一个部长可以定期发布棉花现行全球市价的机制。

"（ⅱ）不迟于《1985 年粮食安全法》颁布日后的 90 天，部长应：

"（Ⅰ）在《联邦公告》上公布详解这一公式和机制的试行条例；并且

"（ⅱ）就该条例征求公众意见。

"（ⅲ）本小项下确立的现行全球市场价格适用于（D）下"A 计划"和"B 计划"及销售证书的相关规定。

"（b）（1）就 1986 至 1990 年的每一种陆地棉作物而言，对于尽管符合条件依（a）规定获得一笔贷款但同意放弃这笔贷款来换取补偿款的生产者，部长可向他们发放这些补偿款。

"（2）本款下的一笔补偿款应通过以下两项相乘计算结果：

"（A）贷款偿还值；乘以

"（B）生产者可以用来抵押的陆地棉的总量。

"（3）就遵守本款规定而言，用来抵押的陆地棉总量不得超过下列两项相乘所得乘积：

"（A）农作物个体经营农场计划面积；乘以

"（B）为农场确定的农场计划支付收益。

"（4）就遵守本款规定而言，贷款偿还值应为：

"（A）第（a）款下确定的该农作物的贷款水平；超过

"（B）第（a）款下一笔贷款可能被偿还的水平。

"（5）部长可按照（a）（5）（D）规定的条款和条件以可流通销售证书的形式提供本款下一笔补偿款 1/2 的数额。

"（c）（1）（A）对于 1986 至 1990 年的每一种陆地棉作物，部长应向生产者提供如下计算的补偿款额：

"（i）支付价；乘以

"（ii）个体经营农场计划面积；乘以

"（iii）为该农场该农作物确定的农场计划支付收益。

"（B）（i）如果一种棉花作物执行（f）（2）下的面积限制计划并且农场生产者贡献一部分许可的农场陆地棉土地（依（f）（2）（A）确定，该部分土地面积相当于许可的农场陆地棉面积的 8％以上）用于保护性利用或种植非计划农作物，那么：

"（Ⅰ）超过专门用于保护性使用或种植非计划农作物土地面积 8％的该部分许可的农场陆地棉面积应被视为为了按照（f）（2）（E）规定确定个体经营农场计划面积以及按照（f）（2）（D）规定确定需用于保护性使用的农场土地面积而种植陆地棉；以及

"（Ⅱ）生产者在遵守（ii）的情况下，有资格获得本项下该面积土地的支付款。

"（ii）为了符合条件获得（i）下支付款，除（iii）规定外，农场生产者必须在至少占许可的农场陆地棉种植面积 50％的土地上实际种植可获得收成的陆地棉。

"（iii）当某个州或当地机构在州或者县的一个区域对农场种植的可获收成陆地棉强制进行检疫时，依据美国《土壤保护与国内分配法》第 8 条（b）（《美国法典》第 16 篇 590h（b））成立的州委员会可向部长建议，在不考虑（ii）强制要求的情况下，依本项规定向该区域的生产者支付款项，因为他们被要求停止在土地上种植可获得收成的陆地棉，以缓解或消除需要检疫的状况。当部长确认这样的状况确实存在时，部长可依本项规定向这些生产者支付补偿款。为了达到本条款规定的获得支付款的条件，这些生产者不得在这些土地上种植小麦、饲料谷物、稻米、棉花或大豆。

"（iv）不得因为这样的原因减少陆地棉作物耕种面积基数和陆地棉农场计划支付收益，即：这样的一部分许可的农场土地面积被专门用于保护性利用或种植非计划农作物。

"（v）除非（i）到（iv）另行规定，否则不得依据本款规定对超过实际种植陆地棉面积的任何农作物面积支付补偿款。

"（vi）按照（i）规定被视为种植陆地棉的任何土地也不得以执行任何面积限制计划或者要求生产者专门拿出一块土地进行保护性使用的土地流转计划规定为目的而被视作保护性使用土地。

"（D）陆地棉的支付价应为陆地棉作物规定价格超过以下两项中较高一项的数字：

"（i）经部长决定，生产者在该农作物的日历年度（包括该农作物销售年度的头 5 个月）得到的全国平均市场价格；或者

"（ii）为该农作物确定的贷款水平。

"（D）陆地棉的规定价 1986 年的农作物不得低于每磅 0.81 美元、1987 年的农作物每磅不得低于

0.794 美元、1988 年的农作物每磅不得低于 0.77 美元、1989 年的农作物每磅不得低于 0.745 美元和 1990 年的农作物每磅不得低于 0.729 美元。

"（E）本款下本该支付给农场生产者的陆地棉作物补偿款总额因为（2）下因自然灾害而支付给生产者的任何农作物的补偿款额而减少了。

"（F）部长可依本项规定以陆地棉的形式支付不高于总支付额的 5% 的支付款。以陆地棉支付生产者时，部长应判断该非现金支付情况对任何商品的市场价格所产生的影响。部长应将自己的判断结果报告给众议院农业委员会和参议院农业、营养与森林委员会。

"（G）本款使用的词汇'非计划农作物'意思是除小麦、饲料谷物、陆地棉、超长长绒棉、稻米或大豆以外的任何农产品。

"（2）（A）（i）除非（C）另有规定，否则如果部长因为干旱、洪水或其他自然灾害或其他生产者不可控情况决定禁止农场生产者在为陆地棉预留的任何一块土地上种植陆地棉或其他非保护性农作物的，部长应向生产者支付因灾害原因禁止生产者种植陆地棉而给予的补偿金。该补偿金额相当于以下几项相乘所得到的乘积：

"（I）最近一年受到严重影响但影响面积不超过有望获得收成的陆地棉种植面积（包括因干旱、洪水或其他自然灾害或其他生产者不可控情况禁止生产者生产代替陆地棉的陆地棉或其他非保护性农作物）的英亩数；乘以

"（II）部长为农场确定的 75% 的农场计划支付收益；乘以

"（III）相当于农作物规定价 33.3% 的支付价。

"（ii）部长依据本小项支付的补偿款可以现金或农产品信贷公司的陆地棉储备支付。

"（B）除（C）规定外，如果部长确定因为干旱、洪水或其他自然灾害或其他生产者不可控情况生产者在任何农场上能够获得收成的陆地棉总量低于可获收成该农作物的种植面积数乘以部长为该农场该农作物规定的农场计划支付收益的 75% 所得结果时，部长应以相当于该农作物减产 75% 以下时规定价的 33.3% 的比例向生产者支付一笔因灾害导致收益减少的补偿款项。

"（C）农场生产者在下列情况下不得享受如下补偿：

"（i）如果依据《联邦农作物保险法》（《美国法典》第 7 篇 1501 及以下）针对生产者的陆地棉种植面积向生产者提供了禁止种植农作物保险，则生产者将不符合条件依据（A）获得因灾害情况禁止种植的补偿支付款；或

"（ii）依据该法案针对生产者的陆地棉种植面积向生产者提供了农作物减产保险，生产者将不符合条件依据（B）获得因灾害导致减产的补偿支付款。

"（D）（i）无论是否与（C）相冲突，一旦核实下列情况，部长可依据本款规定向一家农场的生产者提供一笔灾害补偿款：

"（I）由于干旱、洪水或其他自然灾害或其他生产者不可控情况，农场生产者或因为被禁止种植陆地棉或其他非保护性农作物，又或者因为减产而蒙受了巨大的生产损失。

"（II）这些损失已为生产者带来了经济危机；

"（III）联邦政府为弥补这些损失依据《联邦农作物保险法》（《美国法典》第 7 篇 1501 及以下）并通过其他援助方式向这些生产者提供的农作物保险理赔补偿款不足以缓解这样的经济危机；并且

"（IV）必须再向这些生产者提供额外的援助来缓解这样的经济危机状况。

"（ii）部长可对本小项下个体经营农场得到的补偿支付款额进行调整，确保在考虑了以其他形式就相关农作物向生产者提供灾难援助的情况下，将这些补偿款公平地分配给生产者们。

"（d）（1）（A）除执行（f）中面积限制计划的农作物以外，部长应为 1986 至 1990 年的每一种陆地棉作物宣布一个全国计划土地面积数。宣布时间应不迟于规定这一面积数年份之前的日历年度的 11 月 1 日。但 1986 年的农作物情况除外，相关宣布应在《1985 年粮食安全法》颁布之日后的适当时间尽快完成。

"（B）当部长根据最新信息认为必要时，可出于确定（2）下分配系数的目的，对首次宣布的任何作物年度的全国计划土地面积数进行修改。修改完毕后，部长应立即宣布。

"（C）陆地棉的全国计划面积应是部长决定的（基于该决定所依据的农作物农场计划支付收益的加权全国平均数）可获得收成英亩数，在这样面积的土地上能够生产出部长估计该农作物销售年度国内和出口所需要的陆地棉的数量（减去进口）。

"（D）当部长在考虑了估计的结转供应量后认为有必要进行调整以保证在执行该全国计划面积的销售年度陆地棉的总供应量充足但不过剩时，那么部长可对全国计划面积做上述调整。在任何情况下，全国计划面积都不能少于 1 000 万英亩。

"（2）部长应为每一种陆地棉作物确定一个计划分配系数。分配系数（不超过 100%）由农作物全国计划面积除以部长估计该农作物将获得收成的英亩数来确定。

"（3）（A）每一种陆地棉作物的个体经营农场计划面积应由分配系数乘以需确定其个体经营农场计划面积数的农场上种植的可获得收成陆地棉面积数所得到结果来决定。

"（B）当生产者依据第 V 篇规定将农场上可获收成陆地棉的播种面积从为该农场确定的农作物耕种面积基数中至少减少部长在宣布全国计划面积时建议的百分比数时，不得再运用分配系数进一步减少个体经营农场的计划面积。

"（C）部长应确保农场上的生产者得到公平公正的待遇，这些农场上种植的可获得收成陆地棉的面积小于依据第 V 篇规定为农场确定的作物耕种面积基数，但减少面积不足以豁免该农场不使用分配系数。

"（D）在确定陆地棉的分配系数时，部长可在认为必要时进行调整，调整时要考虑依据本款前述规定农场可被豁免的程度。

"（e）农场的每一种陆地棉作物的农场计划支付收益均应依据第 V 篇规定来确定。

"（f）（1）（A）无论是否与本法案其他任何条款相冲突，如果部长确定在不实行面积限制情况下，在考虑维持合理稳定供应和价格以及满足全国紧急情况之需所需要的充足结转量后，陆地棉供应总额出现过剩，则部长可为任何陆地棉作物规定实行一项（2）所描述的面积限制计划。

"（B）依据（ⅰ）款进行确定时，部长应考虑放置在《1985 年粮食安全法》第 1231 条下确定的保护面积储备中的土地英亩数。

"（C）选择在任何作物年度执行一项面积限制计划时，部长应在不迟于农作物收获年份之前的日历年度的 11 月 1 日宣布任何这样的计划，但 1986 年的农作物情况除外，就该情况而言，部长应在《1985 年粮食安全法》颁布日后适当的时候尽快宣布该计划。

"（D）部长应在最大可能的范围内实施一项（2）描述的陆地棉作物面积限制计划，实施该计划应以确保陆地棉结转量达到 400 万捆为准。

"（2）（A）在（1）下宣布实施一项陆地棉面积限制计划时，应使用一个统一的百分比减少数（不能超过 25%）来达到这样的限制目的。该减少数为每个陆地棉农场的陆地棉作物耕种面积基数的减少数。

"（B）除（g）规定外，生产者故意不顾许可的农场陆地棉种植面积（依（A）规定的）生产过量陆地棉的，这些生产者所在的农场将不符合条件获得陆地棉贷款、采购和补偿支付款。

"（C）每一种陆地棉作物的陆地棉作物耕种面积基数都应当依第 V 篇规定确定。

"（D）（ⅰ）应按照部长发布的条例规定将农场若干英亩数土地贡献出来作为保护性使用。该英亩数按以下两项相除所得结果确定：

"（Ⅰ）按要求需抽出不再用于陆地棉生产的英亩数乘以种植该农产品的英亩数所得乘积；除以

"（Ⅱ）依据部长规定的面积限制计划授权可种植该农产品的英亩数。

"（ⅱ）（ⅰ）下确定的英亩数在本款下文称'减少的种植面积'。

"（E）在（1）下宣布就一种陆地棉作物实行一项面积限制计划时，（d）不得适用于该农作物，包括以前就该农作物依该款规定可能已宣布的任何规定。除非（c）（ⅰ）（B）另行规定，否则个体经营农场计划面积应是本项下确定的许可的陆地棉种植面积范围内种植的农场可获收成陆地棉面积。

"（3）（A）（2）下部长发布的关于专门作为保护性使用面积的规定应确保这些土地不会杂草丛生或被风蚀或水蚀。

"（B）按照（C）规定，部长可依据其规定的条款和条件准许拿出所有或者任一部分这样的土地专门种植甜高粱，或晒干草和放牧，或种植瓜尔豆、芝麻、红花、向日葵、蓖麻子、芥菜籽、海甘蓝、车前草、亚麻仁、黑小麦、黑麦或其他农产品，但前提是部长确定确实需要拿出这样一部分土地以保证这些农产品的充足供应，而且这样做还不会增加价格支持计划的成本，也不会损害农场的收入。

"（C）（ⅰ）除（ⅱ）规定外，在《土壤保护与国内分配法》第 8 条（b）（《美国法典》第 16 篇590h（b））下成立的州委员会的要求下并且按照部长可能规定的前述条款与条件，部长应准许该州参与计划的生产者拿出所有或任一部分从生产中流转的土地专门用于：

"（Ⅰ）就 1986 年陆地棉作物情况而言，用于堆干草和放牧；和

"（Ⅱ）就 1987 至 1990 年的每一种陆地棉作物而言，用于放牧。

"（ⅱ）该法案第 8 条（b）下设立的州委员会为某一州该农作物确定的任一连续 5 个月期间，对于（ⅰ）下的任何陆地棉作物而言，不得堆干草和放牧。

"（4）（A）无论是否执行一项陆地棉面积限制计划，部长可向陆地棉生产者支付土地流转补偿款，但前提是部长确定这样的土地流转补偿金肯定有助于将全国陆地棉总面积调整到预期要达到的水平。该土地流转补偿额应支付给那些部长规定的依据与部长所签土地流转合同专门拿出农场的一块农田作为保护性使用的生产者。

"（B）可由生产者按部长规定的方式或者部长认为适当的其他类似方式递交前述合同投标书，依据所签土地流转合同确定可向生产者支付的补偿款。在确定提供的合同是否可被接受时，部长应考虑生产者能够承受的土地流转程度以及被流转土地的生产力。

"（C）部长应限制依据协议在任何县或当地乡镇土地流转的总面积，避免对该县或当地乡镇的经济产生不利影响。

"（5）（A）减少种植的面积和额外的流转土地面积可按照部长与野生动物机构磋商后确立的标准专门用作野生动物觅食地或野生动物栖息地。

"（B）部长可为实施（A）下措施支付适当份额的成本。

"（C）生产者在不要求其他补偿的情况下同意允许公众遵守可适用的州及联邦法律规定进入整个农场或部长可能规定的农场的该部分进行打猎、诱捕动物、钓鱼和徒步旅行的，部长可考虑为了公众的利益规定就这些土地支付一笔额外的补偿款。

"（7）（A）一个农场的一名经营者希望参加本款下实施的计划的，应在不迟于部长规定的日期与部长签署一项这样的参加协议。

"（B）部长可依据与农场生产者签署的双方协定终止或修改任何这样的协议，前提是部长断定由于干旱或其他灾害，或者因防止或缓解农产品供应短缺而造成的紧急情况必须采取这样的行动。

"（g）（1）对于 1986 至 1990 年的每一种陆地棉作物，部长可向达到本款要求的生产者提供补偿支付款。

"（2）该支付款应：

"（A）以农产品信贷公司持有的陆地棉支付；并且

"（B）需视是否有这样的陆地棉。

"（3）（A）本款下的补偿支付款应以（b）规定的相同方式支付。

"（B）本款下补偿给一名生产者的陆地棉总量在价值上应与本款下确定的补偿支付款额相当。

"（4）一名生产者有资格接收本款下的作物补偿款，前提是该生产者：

"（A）同意放弃获得（a）下的一笔贷款；

"（B）同意放弃接收（c）下的补偿款；

"（C）不会让可获收成陆地棉的种植面积超过作物耕种面积基数减少（f）下要求流转的一半面积；

"（D）否则应遵守本条规定。

"（h）（1）因生产者不能完全遵守本条规定的计划条款和条件而妨碍了获得贷款和接收支付补偿款的，部长仍可向生产者提供与其未遵守计划规定的严重性平衡的这些贷款和补偿支付款额。

"（2）部长可授权依《土壤保护与国内分配法》第8条（b）（《美国法典》第16篇590h（b））成立的县和州委员会放弃或更改期限及其他计划要求，但前提是延迟或未能达到其他类似要求不会对计划方案的运行造成不利影响。

"（i）部长可发布其认为执行本条规定必须的条例规定。

"（j）部长应通过农产品信贷公司执行本条授权实施的计划。

"（k）《土壤保护与国内分配法》第8条（g）（《美国法典》第16篇590h（g））规定（与补偿款分配有关）适用于本条补偿款支付。

"（l）部长应规定农场的生产者之间在公平公正的基础上分享本条下发放的补偿款。

"（m）部长应规定采取足够的措施保护承租人与利益分成农民的权益。

"（n）（1）无论是否与其他任何法律条款发生矛盾，除（2）规定外，可不把农场遵守任何其他农产品计划的条件与条款作为衡量获得本条下贷款和补偿支付款的一个条件。

"（2）作为农场生产者符合资格获得本条下的贷款和补偿支付款的一个条件，部长可要求执行面积限制计划的任何其他农产品的可收获土地面积不能超过该农产品的作物耕种面积基数。

"（3）作为该农场符合资格获得本条下的贷款和补偿支付款的一个条件，部长不得要求农场的生产者遵守由他们经营的其他任何农场陆地棉计划的条款与条件。

"（o）（1）无论何时当部长确定 $1\frac{1}{16}$ 英寸次中级棉（马克隆值3.5到4.9）在指定现货市场上一个月的平均价超过前36个月这些市场上这样质量的棉花平均价的130%时，无论是否与其他任何法律条款相矛盾，总统应遵守以下条件立即制定和宣布一个陆地棉特别限制全球进口配额：

"（A）该特别配额总量应相当于以有数据可查的最近3个月经季节性因素调整后的消费率计算的国内棉纺厂21天的陆地棉消费量。

"（B）在前12个月期间依本款规定制定了一个特别配额的，依此制定的下一个配额的总量应是依（A）规定计算的21天国内棉纺厂用棉量与供给增加到130%的需求所需要的总量这二者之间的较小项。

"（C）在（B）中：

"（ⅰ）'供给'意思是利用美国调查统计局、农业部和财政部的最新官方数据：

"（Ⅰ）特别配额制定销售年度开始时的陆地棉结转量；加上

"（Ⅱ）当季作物的产量；加上

"（Ⅲ）截至销售年度最新可用日期的进口量。

"（ⅱ）'需求'意思是：

"（Ⅰ）有数据可查的最近3个月内经季节性因素调整后的国内棉纺厂年平均消费率；加上

"（Ⅱ）以下两项中的较高项：

"（aa）前6个销售年度期间的陆地棉平均出口量；或

"（bb）陆地棉累积出口加上特别配额制定销售年度的待出口销售量。

"（D）依本款规定制定一项特别配额时，从宣布该配额生效起的90天期间棉花可纳入该配额下。

"（2）无论是否与（1）相冲突，确立一项特别配额的周期时不得与既有的配额周期相重叠。"

第502条　终止播种面积基数分配、销售配额及相关条款。

《1938年农业调整法》第342、343、344、345、346和377条（《美国法典》第7篇1342至1346和1377）不适用于1986至1990年的任何陆地棉作物。

第 503 条　农产品信贷公司销售价格限制。

只对 1978 年 8 月 1 日起到 1991 年 7 月 31 日结束的这一期间有效，对《1949 年农业法》第 407 条（《美国法典》第 7 篇 1427）的第 10 句话进行修正，删去整句话，一直到"贷款利率的 110％和（2）"，原处插入以下内容："无论是否与其他任何法律条款相冲突，（1）农产品信贷公司应以其销往国外陆地棉的相同价格出售无限制使用的陆地棉，但该价格无论如何都不应低于（A）经反映品级、质量、海拔及其他部长认为适当的价值因数和合理保管费用的当前市场差异调整后的马克隆值 3.5 至 4.9 的 $1\frac{1}{16}$ 英寸次中级陆地棉贷款利率的 115％或者（B）为该作物确定的这些贷款期间平均贷款偿还值的 115％，前提是部长准许一种棉花作物的贷款以低于为该农作物确定的贷款水平的偿还率偿还，以及（2）"。

第 504 条　杂项棉花条款。

《1949 年农业法》第 103 条（a）和第 203 条（《美国法典》第 7 篇 1444（a）和 1446（d））不适用于 1986 年至 1990 年的农作物。

第 505 条　跳行播种做法。

对《1938 年农业调整法》第 374 条（a）（《美国法典》第 7 篇 1374（a））进行修正，删去"1985 年"，原处插入"1990 年"。

第 506 条　1991 年陆地棉作物的初步分配。

无论是否与其他任何法律条款相冲突，1977 年陆地棉作物永久性的州、县和农场播种基数分配经 1977 年的任何林下种植调整和《1938 年农业调整法》第 379 条（《美国法典》第 7 篇 1379）规定重新调整后为 1991 年农作物的初步分配数。

第 507 条　超长长绒棉。

对《1949 年农业法》第 103 条（h）（《美国法典》第 7 篇 1444（h））进行修正：

（1）在（2）中：

（A）在第一句话中，删去"超过为美国平均海拔每一种马克隆值 3.5 至 4.9 的 $1\frac{1}{16}$ 英寸次中级陆地棉作物所规定的贷款水平的 50％"，原处插入"生产者在宣布贷款水平那一年截至 7 月 31 日的为期 5 年的 3 年中收到的经部长确定的超长长绒棉简单平均价的 85％，其中去掉这一期间平均价为最高和平均价为最低的年份。"

（B）删去最后一句话中的"11 月份"，在原处插入"12 月份"；以及

（C）删去最后一句话中的"，或者相关陆地棉作物的贷款水平宣布后的 10 天内，二者之间的后者，无论哪个较迟者"；以及

（2）在此结尾处加上下面的一个新段落：

"（19）无论是否与其他任何法律条款相矛盾，本款将不适用于 1991 年及其后年份超长长绒棉作物。"

第Ⅵ篇　稻　　米

第 601 条　1986 至 1990 年的稻米农作物的贷款利率、目标价格、灾难补偿款、面积限制计划及土地流转。

只对 1986 至 1990 年的稻米作物有效，对《1949 年农业法》进行修订，在第 101 条（《美国法典》

第 7 篇 1441）后面插入以下一条新内容：

"第 101A 条　无论是否与其他任何法律条款相矛盾：

"（a）（1）除（2）规定外，部长应为 1986 至 1990 年的每一种稻米作物以不低于下列几种价格水平向生产者发放贷款，让生产者购买稻米作物：

"（A）对 1986 年的稻米作物而言，为每英担 7.20 美元；以及

"（B）对 1987 到 1990 年的每一种稻米作物而言，为以下两项中的较高项：

"（i）经部长确定，生产者在最近 5 年稻米作物销售年度中收到的简单平均价的 85％，去掉在此期间平均价为最高的年份和平均价为最低的年份；或

"（ii）每英担 6.50 美元。

"（2）在（1）（B）下确定的一种稻米作物的贷款水平不得比为之前一年农作物确定的贷款水平减少 5％以上。

"（3）1986 至 1990 年的每一种稻米作物的贷款和购买水平及规定价应在不迟于其收获所在日历年度的 1 月 31 日宣布。

"（4）本条下发放的一笔贷款的期限应不超过从申请该贷款那一个月之后开始算起的 9 个月。

"（5）（A）部长应准许一名生产者以下列两项中的较低项水平偿付（1）中发放的一笔农作物贷款。

"（i）为该农作物确定的贷款水平；或者

"（ii）以下两项中的较高项：

"（Ⅰ）为该农作物确定的贷款水平乘以 1986 至 1987 年的每种农作物 50％、1988 年的农作物 60％、1989 至 1990 年的每种农作物 70％；或

"（Ⅱ）由部长确定的现行全球稻米市价。

"（B）部长可规定：

"（i）一个界定稻米现行全球市价的公式；和

"（ii）一个部长可以借此定期发布稻米现行全球市价的机制。

"（C）（i）作为准许一名生产者偿付（A）规定贷款的一个条件，部长可要求一名生产者购买价值相当于由部长确定的不超过该生产者获得的贷款额与偿付贷款额之间一半差额数额的销售许可证，这样的销售证书应是可流通的。

"（ii）这些销售证书可以兑换为农产品信贷公司持有的稻米，兑换价以部长确定的现行市价为准。如果作为贷款担保物抵押的稻米的出产州没有这样的稻米或者稻米是在该证书持有人可能同意的该州以外的其他这样的地点，则该证书可兑换为现金。

"（iii）依据部长发布的条例规定，农产品信贷公司应帮助收到本小项下销售证书的任何当事人赎回或出售这样的证书。在可能的情况下，部长应准许一名证书持有人指定该持有人希望以证换稻米的仓库。

"（iv）证书发放后的合理天数内（由部长决定）未提交任何这样的证书进行赎回或在市场上出售的，经部长确定，从这些合理天数后开始到向农产品信贷公司提交该证书的结束日这一时期合理的保管成本及其他附加费用应从证书的价值中扣除。

"（6）就执行本条规定而言，生产者在最近销售年度得到的简单平均价格应基于部长做出决定时所掌握的最新资讯。

"（b）（1）就 1986 至 1990 年的每一种稻米作物而言，尽管生产者有资格依据（a）规定获得一份贷款或购买协议，但如果他们同意放弃该贷款与购买协议以换取这样的补偿款，那么部长可向这些生产者发放补偿款。

"（2）本款下的一笔支付款应通过以下两项相乘进行计算：

"（A）贷款偿还值；乘以

"（B）生产者可以用来贷款的稻米的总量。

"（3）就执行本款规定而言，可用来贷款的稻米总量不得超过以下两项相乘得到的乘积：

"（A）农作物的个体经营农场计划面积；乘以

"（B）为农场规定的农场计划支付收益。

"（4）就执行本款规定而言，贷款偿还值应为：

"（A）（a）中确定的该农作物贷款水平；超过

"（B）（a）一笔贷款可能被偿还的水平。

"（5）部长应按照（a）（5）（C）规定的条款和条件以可流通销售证书的形式提供本款下的一笔补偿款一半的数额。

"（c）（1）（A）对于 1986 至 1990 年的每一种稻米作物，部长应向生产者发放如下计算的补偿款额：

"（i）支付值；乘以

"（ii）个体经营农场计划面积；乘以

"（iii）为该农场该农作物确定的农场计划支付收益。

"（B）（i）如果一种稻米作物执行（f）（2）中的一项面积限制计划并且农场的生产者贡献一部分许可的农场稻米土地（依（f）（2）（A）确定），该部分土地面积相当于许可的农场稻米面积的 8% 以上，用于保护性利用或种植非计划农作物，那么：

"（I）超过专门用于保护性使用或非计划农作物土地面积 8% 的该部分许可的农场稻米面积应被视为为了按照（f）（2）（E）规定确定个体经营农场计划面积以及按照（f）（2）（D）规定确定需用于保护性使用的农场土地面积而种植稻米；以及

"（II）生产者在遵守（ii）的情况下，有资格获得本项下该面积土地的支付款。

"（ii）为了符合获得（ii）中支付款要求，除（iii）规定外，农场生产者必须在至少占许可的农场稻米种植面积 50% 的土地上实际种植可获得收成的稻米。

"（iii）当某个州或当地机构在州或者县的一个区域对农场种植的可获收成稻米强制进行检疫时，依据美国《土壤保护与国内分配法》第 8 条（b）（《美国法典》第 16 篇 590h（b））成立的州委员会可向部长建议，在不考虑（ii）强制要求的情况下，依本项规定向该区域的生产者支付款项，因为他们被命令停止在土地上种植可获得收成的稻米，以缓解或消除需要检疫的状况。当部长确认这样的状况确实存在时，部长可依本项规定向这些生产者发放补偿款。为了达到本条款规定的获得支付款的条件，这些生产者不得在这些土地上种植小麦、饲料谷物、棉花或大豆。

"（iv）不得因为这样的原因减少稻米作物耕种面积基数和稻米农场计划支付收益，即：这样的一部分许可的农场土地面积被专门用于保护性利用或种植非计划农作物。

"（v）除非（i）到（iv）另行规定，否则不得依据本款规定对超过实际稻米播种面积的任何农作物面积支付补偿款。

"（iv）按照第（i）条款规定被视为播种稻米的土地也不得以执行任何面积限制计划或者要求生产者专门拿出一块土地进行保护性使用的土地流转计划规定为目的而被视作保护性使用土地。

"（D）稻米的支付值应为稻米作物规定价格超过以下两项中较高的一项：

"（i）经部长确定，生产者在该农作物销售年度的头 5 个月期间得到的全国平均市场价格；或者

"（ii）为该农作物确定的贷款水平。

"（D）稻米的规定价不得低于：1986 年农作物每英担 11.90 美元、1987 年农作物每英担 11.66 美元、1988 年农作物每英担 11.30 美元、1989 年农作物每英担 10.95 美元和 1990 年农作物每英担 10.71 美元。

"（E）本款下本该支付给一个农场的一名生产者的稻米作物补偿款总额因为（2）中因自然灾害而支付给该生产者的任何农作物的补偿款额而减少。

"（F）部长可依本项规定以稻米的形式支付不高于总支付额 5% 的补偿数额。以稻米的形式向生产者支付补偿款时，部长应判断该非现金支付情况对任何商品的市场价格所产生的影响。部长应将自己的判断结果报告给众议院农业委员会和参议院农业、营养与森林委员会。

"（G）本款使用的词汇'非计划农作物'意思是除小麦、饲料谷物、陆地棉、超长长绒棉、稻米或大豆以外的任何农产品。

"（2）（A）（ⅰ）除非（C）另有规定，否则如果部长因为干旱、洪水或其他自然灾害或其他生产者不可控情况决定禁止一个农场的生产者在为稻米预留的任何一块土地上种植稻米或其他非保护性农作物的，部长应向这些生产者支付因灾害原因禁止他们种植稻米而给予的补偿金。该补偿金额相当于以下几项相乘所得到的乘积：

"（Ⅰ）最近一年受到严重影响但影响面积不超过有望获得收成的稻米种植面积（包括因干旱、洪水或其他自然灾害或其他生产者不可控情况禁止生产者生产代替稻米的稻米或其他非保护性农作物）的英亩数；乘以

"（Ⅱ）部长为农场确定的 75% 的农场计划支付收益；乘以

"（Ⅲ）相当于农作物规定价 33.3% 的支付价。

"（ⅱ）部长依据本小项支付的补偿款可以现金或农产品信贷公司的稻米储备支付。

"（B）除（C）规定外，如果部长确定因为干旱、洪水或其他自然灾害或其他生产者不可控情况生产者在任一农场上能够获得收成的稻米的总量低于可获得收成该农作物的种植面积数乘以部长为该农场该农作物规定的农场计划支付收益的 75% 所得结果时，部长应以相当于该农作物减产 75% 以下时规定价的 33.3% 的比例向生产者支付一笔因灾害导致收益减少的补偿款项。

"（C）一个农场的生产者在下列情况下不得享受如下补偿：

"（ⅰ）依据《联邦作物保险法》（《美国法典》第 7 篇 1501 及以下）就生产者的稻米种植面积向生产者提供了禁止种植农作物保险的，生产者将不符合条件依据（A）获得因灾害情况禁止种植的补偿支付款；或

"（ⅱ）依据该法案就生产者的稻米种植面积向生产者提供了减少产量农作物保险的，生产者将不符合条件依据（B）获得因灾害导致产量减少的补偿支付款。

"（D）（ⅰ）无论是否与（C）相矛盾，一旦核实下列情况，部长可依据本款规定向农场生产者提供灾害补偿款：

"（Ⅰ）由于干旱、洪水或其他自然灾害或其他生产者不可控情况，农场生产者或因为被禁止种植稻米或其他非保护性农作物，又或者因为减产而蒙受了巨大的生产损失。

"（Ⅱ）这些损失已为生产者带来了经济危机；

"（Ⅲ）联邦政府为弥补上述损失依据《联邦作物保险法》（《美国法典》第 7 篇 1501 及以下）并通过其他援助形式向这些生产者提供的农作物保险理赔补偿款不足以缓解上述经济危机；并且

"（Ⅳ）必须再向这些生产者提供额外的援助来缓解上述经济危机状况。

"（ⅱ）部长可对本项下个体经营农场得到的补偿支付款额进行调整，确保在考虑以其他形式就相关农作物向生产者提供灾难援助的前提下，将这些补偿款公平地分配给生产者们。

"（d）（1）（A）除了执行（f）中的一项面积限制计划的农作物外，部长应宣布为 1986 至 1990 年的每一种稻米作物执行一个全国计划面积数。为那一个日历年度收获的农作物宣布的时间应不迟于每个日历年度的 1 月 31 日。

"（B）当部长根据最新信息认为必要时，可出于确定（2）中分配系数的目的，对首次宣布的任何作物年度的全国计划面积进行修改。修改完毕后，部长应立即宣布。

"（C）稻米全国计划面积应是部长决定的（基于做出该决定时所依据的农作物农场计划支付收益的加权全国平均数）可获得收成英亩数，在这样的面积上能够生产出部长估计的该农作物销售年度国内和出口所需要的稻米数量（减去进口）。

"（D）当部长认定稻米结转库存量过量或者需要增加库存以保证理想的结转时，部长可调整全国计划面积，其所调整的面积数应以部长认为能够通过适当的增减达到理想的结转库存量为准。

"（2）部长应为每一种稻米作物确定一个计划分配系数，稻米计划分配系数应通过将该农作物全国

计划面积除以部长估计可获收成该农作物的种植英亩数所得结果而确定，但是任何稻米作物的分配系数无论如何都不能高于 100％，也不能低于 80％。

"（3）（A）每一种稻米作物的个体经营农场计划面积数应由分配系数乘以农场上种植的可获收成稻米面积数（个体经营农场计划面积数需要认定）所得结果来决定。

"（B）当生产者将农场上种植的可获收成稻米面积从依据第 V 篇规定为该农场确定的作物耕种面积基数中至少减少部长在宣布全国计划面积时建议的百分比时，不得再运用分配系数进一步减少个体经营农场的计划面积。

"（C）部长应确保农场生产者得到公平公正的待遇，这些农场上种植的可获得收成稻米的面积小于依据第 V 篇规定为农场确定的作物耕种面积基数，但减少的面积不足以豁免该农场不使用分配系数。

"（D）在确定稻米分配系数时，部长可在认为必要时进行调整，调整时要考虑依据本款前述规定农场可被豁免的程度。

"（e）每一种稻米作物的农场计划支付收益均应依据第 V 篇规定来确定。

"（f）（1）（A）无论是否与本法案其他任何条款相矛盾，如果部长认定在未实行面积限制计划情况下，在考虑维持合理稳定供应和价格以及满足全国紧急情况之需所需要的充足结转后，稻米供应总额将出现过剩时，那么部长可为任何稻米作物规定实行一项（2）所描述的面积限制计划。

"（B）依据（ⅰ）做决定时，部长应考虑放置在《1985 年粮食安全法》第 1231 条中确定的保护面积储备中的土地英亩数。

"（C）选择在任何作物年度执行一项面积限制计划时，部长应在不迟于农作物收获日历年度的 1 月 31 日宣布任何这样的计划。

"（D）部长应在最大可能的范围内实施（2）中描述的一项稻米作物面积限制计划，实施该计划应以确保稻米结转达到 3 000 万英担为准。

"（2）（A）依据（1）规定宣布实施一项稻米面积限制计划时，应使用一个统一的百分比减少数（不能超过 35％）来达到这样的限制目的。该减少数为每个稻米农场的稻米作物基本农田减少的面积数。

"（B）除（g）规定外，生产者故意不顾许可的农场稻米种植面积（按照（A）制定的）生产过量稻米的，该农场将不符合条件获得稻米贷款、采购和补偿支付款。

"（C）每一种稻米作物的稻米基本农田面积都应当依第 V 篇规定确定。

"（D）（ⅰ）应按照部长发布的条例规定将农场若干英亩数土地贡献出来作为保护性使用。该英亩数按以下两项相除所得结果确定：

"（Ⅰ）按要求需抽出不再用于稻米生产的英亩数乘以种植该农产品的英亩数所得乘积；除以

"（Ⅱ）依据部长规定的面积限制计划授权可种植该农产品的英亩数。

"（ⅱ）（ⅰ）中确定的英亩数在本款下文称'减少的种植面积'。

"（E）依据（1）规定宣布就一种稻米作物实行一项面积限制计划时，（d）不得适用于该农作物，包括以前就该农作物依该款规定可能已宣布的任何规定。除非（c）（ⅰ）（B）另行规定，否则个体经营农场计划面积就是本项下确定的许可稻米种植面积范围内种植的农场可获收成稻米面积。

"（3）（A）在（2）中部长发布的关于专门作为保护性使用面积的规定应确保这些土地不会杂草丛生或被风蚀或水蚀。

"（B）按照（C）规定，部长可依据其规定的条款和条件准许拿出所有或者任一部分这样的土地专门种植甜高粱、堆干草和放牧，或种植瓜尔豆、芝麻、红花、向日葵、蓖麻子、芥菜籽、海甘蓝、车前草、亚麻仁、黑麦或其他农产品，但前提是部长确定确实需要拿出这样一部分土地以保证这些农产品的充足供应，而且这样做还不会增加价格支持计划的成本，也不会损害农场的收入。

"（C）（ⅰ）除（ⅱ）规定外，在《土壤保护与国内分配法》第 8 条（b）（《美国法典》第 16 篇 590h（b））下成立的州委员会的要求下并且按照部长可能规定的这样的条款与条件，部长应准许该州参与计划的生产者拿出所有或任一部分前述土地用于：

"（Ⅰ）就 1986 年稻米作物而言，堆干草和放牧；和

"（Ⅱ）就 1987 至 1990 年的每一种稻米作物而言，用于放牧。

"（ⅱ）在该法案第 8 条（b）下设立的州委员会为某一州该农作物确定的任一连续 5 个月期间，对于（ⅰ）下的任何稻米作物而言，不得堆干草和放牧。

"（4）（A）无论是否执行稻米面积限制计划，部长可向稻米生产者支付土地流转补偿款，但前提是部长确定该土地流转补偿金肯定有助于将全国稻米总面积调整到预期要达到的水平。该土地流转补偿额应支付给那些部长规定的依据与部长所签土地流转合同专门拿出农场的一块农田作为保护性使用的生产者。

"（B）可由生产者按部长规定的方式或者部长认为适当的其他类似方式递交前述合同的投标书，依据所签土地流转合同确定可向生产者支付的补偿款。在确定提供的合同是否可被接受时，部长应考虑生产者能够承受的土地流转程度以及被流转土地的生产力。

"（C）部长应限制依据协议在任何县或当地乡镇进行土地流转的总面积，避免对该县或当地乡镇的经济产生不利影响。

"（5）（A）减少种植的面积和额外的流转土地面积可按照部长与野生动物机构磋商后确立的标准专门用作野生动物觅食地或野生动物栖息地。

"（B）部长可为实施（A）所指措施支付适当份额的成本。

"（C）如果生产者在不要求其他补偿的情况下同意允许公众遵守可适用的州及联邦法律规定进入整个农场或部长规定的农场的一部分进行打猎、诱捕动物、钓鱼和徒步旅行，部长可考虑对公众有益的情况下规定就这些土地支付一笔额外的补偿款。

"（6）（A）农场经营者希望参加本款下实施的项目的，应在不迟于部长规定的日期与部长签署一项参加该项目的协议。

"（B）部长可依据与农场生产者签署的双方协议终止或修改该协议，前提是部长断定由于干旱或其他灾害，或者因防止或缓解农产品供应短缺而造成的紧急情况必须采取这样的行动。

"（g）（1）就 1986 至 1990 年的每一种稻米作物而言，部长可向达到本款要求的生产者提供补偿支付款。

"（2）这些支付款应：

"（A）以农产品信贷公司拥有的稻米支付；并且

"（B）需视是否有这样的稻米。

"（3）（A）本款下支付款应以（b）规定的相同方式支付。

"（B）本款下补偿给生产者的稻米的价值应与本款下确定的支付款额相当。

"（4）一名生产者有资格收到本款下的一笔农作物补偿款，前提是该生产者：

"（A）同意放弃获得（a）中的一笔贷款或购买协议；

"（B）同意放弃获得（c）中补偿款；

"（C）不会让可获收成稻米的种植面积超过作物耕种面积基数减少（f）中要求流转的面积的一半；以及

"（D）否则遵守本条规定。

"（h）（1）因生产者未能完全遵守本条实施的计划的条款和条件而妨碍了贷款、购买和支付补偿款的，部长仍可向生产者提供与其未遵守计划规定的严重性平衡的贷款、购买和补偿支付款额。

"（2）部长可授权依《土壤保护与国内分配法》第 8 条（b）（《美国法典》第 16 篇 590h（b））成立的县和州委员会放弃或更改期限及其他计划要求，但前提是延迟或未能达到其他类似要求不会对计划方案的运行造成不利影响。

"（ⅰ）部长认为执行本条规定有必要颁布条例时，可颁布这样的条例。

"（j）部长应通过农产品信贷公司执行本条授权执行的计划。

"（k）《土壤保护与国内分配法》第 8 条（g）（《美国法典》第 16 篇 590h（g））规定（与补偿款分配有关）适用于本条中补偿款支付。

"（l）部长应规定农场的生产者之间在公平公正的基础上分享本条中发放的补偿款。

"（m）部长应规定采取足够的措施保护承租人与利益分成农民的权益。

"（n）（1）无论是否与其他任何法律条款相冲突，除（2）规定外，可不把农场遵守任何其他农产品计划的条件与条款作为衡量本条下贷款、购买或者获得补偿支付款的一个条件。

"（2）作为农场生产者可获得本条下贷款、购买或补偿支付款的一个条件，部长可要求农场种植可获收成的其他任何农产品（执行面积限制计划）的土地面积不得超过为该农场该农产品规定的作物耕种面积基数。

"（3）作为农场生产者可获得本条下贷款、购买或补偿支付款的一个条件，部长不得要求农场生产者遵守由他们经营的其他任何农场的稻米计划的条款与条件。"

第 602 条　1985 年稻米作物的销售贷款。

对 1985 年的稻米作物有效，《1949 年农业法》第 101 条（i）（1）（《美国法典》第 7 篇 1441（i）（1））做如下修订：

（1）段落标示后插入"（A）"；以及

（2）在此结尾处加上以下几个新小项：

"（B）（ⅰ）自 1986 年 4 月 15 日开始，部长应准许一名符合条件的生产者以下列两项中的较低项就 1985 年的农作物偿付（A）中发放的一笔贷款：

"（Ⅰ）为该农作物确定的贷款水平；或者

"（Ⅱ）由部长确定的现行全球稻米市价。

"（ⅱ）部长应规定：

"（Ⅰ）一个界定稻米现行全球市价的公式；以及

"（Ⅱ）一个部长可以定期发布稻米现行全球市价的机制。

"（ⅲ）为了符合依据（ⅰ）偿付一笔贷款的条件，生产者必须在 1986 年 4 月 15 日拥有一笔（A）中发放的贷款。

"（ⅳ）本款下发放的一笔贷款的期限应不超过从申请该贷款那个月之后开始的 9 个月。部长可在必要时延长 1985 年稻米作物的贷款到期日，以保证该稻米在市场上的正常销售。

"（ⅴ）作为准许一名生产者偿付（A）规定贷款的一个条件，部长可要求一名生产者购买价值相当于由部长确定的不超过该生产者获得的贷款额与偿付贷款额之间差额数额的销售许可证，这样的销售证书应是可流通的。

"（ⅵ）这些销售证书可以兑换为农产品信贷公司持有的稻米，兑换价以部长确定的现行市价为准。如果作为贷款担保物抵押的稻米的出产州没有这样的稻米或者稻米是在该证书持有人可能同意的该州以外的其他这样的地点，那么该证书可换现金。

"（ⅶ）依据部长发布的条例规定，农产品信贷公司应帮助收到本小项下销售证书的任何当事人赎回或出售这样的证书。在可能的情况下，部长应准许一名证书持有人指定该持有人希望以证换稻米的仓库。

"（ⅷ）证书发放后的合理天数内（由部长决定）未提交任何证书进行赎回或在市场上出售的，经部长确定，从这些合理天数后开始到向农产品信贷公司提交该证书的结束日这一时期合理的保管成本及其他携带费用应从证书的价值中扣除。

"（C）（ⅰ）从 1986 年 4 月 15 日开始，对于 1985 年稻米作物，部长应向下列生产者支付补偿款：

"（Ⅰ）已生产稻米的生产者，他们尽管符合条件依据本款规定获得一笔贷款或购买协议，但并未

获得这样的贷款或协议，并且并未按照一份销售合同出售或交付这些稻米；和

"（Ⅱ）已生产不符合条件成为贷款抵押品的稻米的生产者，他们还没有按照一份销售合同出售或者交付这些稻米。

"（ⅱ）本小项下的一笔补偿支付款应通过以下两项相乘进行计算：

"（Ⅰ）贷款偿还值；乘以

"（Ⅱ）生产者还没有按照一份销售合同出售或交付的稻米的总量。

"（ⅲ）就执行本小项规定而言，贷款偿还值应该是：

"（Ⅰ）为 1985 年农作物确定的贷款水平；超过

"（Ⅱ）依据（B）规定可能偿还贷款的水平。

"（ⅳ）部长可依据（B）规定的条款与条件，以可流通销售证书的形式提供本小项下的一笔补偿款或者其中的一部分补偿款。

"（D）《1981 年农业和粮食法》第 1101 条（《美国法典》第 7 篇 1308）规定的支付限制不适用于：

"（ⅰ）一名生产者以（B）下许可的 1985 年稻米作物贷款偿还值偿还贷款时所获得的任何收益；或者

"（ⅱ）就（C）中一种稻米作物所收到的任何支付款。"

第 603 条　销售证书。

（a）无论是否与其他任何法律条款相冲突，1986 年 8 月 1 日起到 1991 年 7 月 31 日止这一期间无论什么时候经农业部长确定，当一个等级的稻米（按照美国的质量和产地调整后）的国际价格低于那一等级稻米的当前贷款偿还值时，为了确保美国稻米在国际市场上具有竞争力并且为了保持和扩大美国产稻米的出口，农产品信贷公司依据部长的规定，应通过发行可流通销售证书向与农产品信贷公司签订协议参加本节下确定的计划的当事人提供补偿支付款。支付过程中所提供的货币量依据部长确定的条款与条件应该能够使美国产稻米具有价格竞争力并与本节规定相一致，其中包括保持 1986 年 8 月 1 日稻米库存所需的支付款额（在相同基础上）。

（b）在（a）中发行的每一张销售证书的价值应基于以下二者差额：

（1）该等级稻米的贷款偿还值；和

（2）农业部长依据一个公告的公式（批准通过前征求过公众意见）确定的该等级稻米的现行国际市场价格。

（c）农产品信贷公司依据部长制定的规定可在部长确定能够最好地达到本条下计划目的时候、以这样的方式和这样的价格水平帮助任何收到本条销售证书的当事人赎回证书换取现金，或者在市场上出售或交换这些证书，以换取（1）农产品信贷公司持有的稻米；或者（2）（在部长与该当事人同意的情况下）其他农产品或农产品信贷公司拥有的这样的产品。无论是否与其他任何法律条款发生矛盾，任何可能适用于农产品信贷公司处置农产品的价格限制规定不得适用于本条下的证书赎回。

（d）在可能的情况下，部长应准许证书持有人按其意愿指定以证书换取的农产品或相关产品，包括储藏场所。在发放该证书后的合理天数内（由部长决定）未提交任何证书进行赎回、在市场上出售或进行交换的，经部长确定，从这些合理天数后开始到向农产品信贷公司提交该证书的结束日这一时期合理的保管成本及其他携带费用应从证书的价值中扣除。

（e）部长应采取必要的措施避免本条下以出售证书或者以证书换取农产品及相关产品给这些农产品及相关产品生产者的收入带来不利影响。

（f）根据农业部长制定的规定，本条下向稻米出口商发放的证书经部长批准可转让给其他出口商及当事人。

第Ⅶ篇 花　　生

第 701 条　终止销售配额和面积分配。

下列《1938 年农业调整法》条款不适用于 1986 至 1990 年的花生农作物：

（1）第 358 条（a）至（j）（《美国法典》第 7 篇 1358（a）—（j））。

（2）第 358a 条（a）至（h）（《美国法典》第 7 篇 1358a（a）—（h））。

（3）第 359 条（a）（b）（d）（e）（《美国法典》第 7 篇 1359（a）（b）（d）（e））。

（4）第 3 篇子篇 C 第Ⅰ部分（《美国法典》第 7 篇 1361 及以下）。

（5）第 371 节（《美国法典》第 7 篇 1371）。

第 702 条　国家磅数配额和农场磅数配额。

只对 1986 至 1990 年花生农作物有效，对《1938 年农业调整法》第 385 条（《美国法典》第 7 篇 1358）进行修订，在此结尾处添加如下内容：

"（q）（1）1986 至 1990 销售年度每一种花生农作物的国家磅数配额应由部长按照其估计相当于可在每一个这样的销售年度里专门用作家庭食用、种子和相关用途的花生总量（吨数）水平确定，除非任何这样的销售年度的国家磅数配额不低于 1 100 000 吨。

"（2）一个销售年度的国家磅数配额应由部长在不迟于前一个这样的销售年度的 12 月 15 日宣布。

"（r）（q）中规定的国家磅数配额应在各州之间进行分配，而各州得到的配额数应相当于 1985 年分配给该州农场的国家磅数配额的百分比数。

"（s）（1）（A）应在下列情况下确定 1986 至 1990 年期间每一个销售年度的一个农场磅数配额：

"（ⅰ）为每一个已经拥有 1985 销售年度花生国家磅数配额的农场确定一个国家磅数配额；和

"（ⅱ）（r）中为任何这样的销售年度分配给一个州的磅数配额大于为最近一个销售年度分配的这样的磅数配额时，为每一个由部长确定的其他农场确定一个国家磅数配额，该农场上生产的花生在最近 3 个作物年度的至少 2 年里进行出售。

"（B）前一句话中 1986 至 1990 年期间每一个销售年度每一个农场（（A）（ⅰ）描述的）的农场磅数配额应与最近销售年度该农场的农场磅数配额相同（经（2）中调整），但不包括：

"（ⅰ）前几年因为销售不足而增加的数量；或者

"（ⅱ）（7）中主动放弃一年配额分配后增加的数量。

（A）（ⅱ）描述的 1986 至 1990 年期间每一个销售年度的每一个农场的农场磅数配额（假如有的话）应与（2）中为该年度分配给该农场的花生总量相当。

"（C）就本项规定而言，如果农场磅数配额，或该配额的任一部分，按照第 358a 条规定被永久转让，则受让农场应被视为在其后的所有销售年度都拥有转让农场的农场磅数配额（或该配额的一部分）。

"（2）（A）在（r）中 1986 至 1990 年期间的任一销售年度分配给某一州的磅数配额与最近的销售年度分配给该州的磅数相比有所增加时，则这些增加的配额应在下列农场中公平分配：

"（ⅰ）该州所有农场。每一家这样的农场在配额分配销售年度之前的销售年度都已经有一个确定的农场磅数配额；和

"（ⅱ）该州其他所有农场。在每一家这样的农场，由部长确定，在最近 3 个作物年度的至少 2 年里生产过花生。

"（B）（r）中 1987 至 1990 年期间的任一销售年度分配给某一州的磅数配额与本款下最近的销售年度分配给该州的磅数相比减少时，这些减少的配额应在该州所有农场中分摊。每一个这样的农场在配额分配销售年度之前的销售年度都已经有一个确定的农场磅数配额。

"（3）（A）在可能的情况下和部长规定的公平公正的基础上，应削减为某一农场 1986 至 1990 年期间的任一销售年度确定的磅数配额，削减的程度应以部长确定为该农场规定的销售年度（部长进行确定）之前 3 个销售年度中任意 2 年的农场磅数配额并非在农场上生产的或者被认为是在农场上生产的。

"（B）就本段规定而言，任何一个这样的前一个销售年度的农场磅数配额都不应该包括：

"（ⅰ）与前几年相比因为配额花生销售不足而增加的配额数；或者

"（ⅱ）（7）中主动让与一年配额分配后增加的数量。

"（4）就本款规定而言，农场磅数配额应被视为在农场上生产的，但提前是：

"（A）经部长确定由于干旱、洪水或其他任何自然灾害或其他任何生产者无法控制的情况农场磅数配额不是在农场上生产的；或者

"（B）依据（7）的规定自愿让与的部长做出决定销售年度之前 3 个销售年度中的一年里该农场的农场磅数配额。

"（5）无论是否与其他任何法律条款相冲突：

"（A）本款下为某农场确定的磅数配额或者一部分这样的配额可由农场主或农场经营者在农场主的同意下永久让与。

"（B）被让与的农场磅数配额应向下调整，以反映配额让与情况。

"（6）（A）除非（B）中另行规定，否则（3）和（5）中任一销售年度某一州的农场主动让与或减少的农场磅数配额的总量按照部长发布的条例规定应分配给该州的其他农场，这些农场在分配这一配额的年份之前的 3 个作物年度的至少 2 年中生产过花生。

"（B）应将不低于该州这样的农场磅数配额总量的 25％ 分配给最近一年的农作物未确定任何农场磅数配额的农场。

"（7）（A）可向部长主动让与为某一农场某一销售年度规定的农场磅数配额或任一部分这样的配额，其让与的程度应以该配额或任一部分这样的配额不会在该销售年度在农场上生产为准。某一州任何这样让与的农场磅数配额都应在部长规定的基础上分配给该州的其他农场。

"（B）在（A）中对某一农场的磅数配额所做的任何调整只对做出调整那一销售年度有效，不应被视作为之后的任一销售年度让与这些配额的农场规定磅数配额。

"（8）（A）除非（B）另行规定，否则应增加一个农场在任何销售年度的农场磅数配额，其增加的磅数为农场配额花生在前几个销售年度的总销售量（不包括 1984 年农作物销售年度之前的任何销售年度）低于这些销售年度可适用的农场磅数配额（不考虑前几个销售年度销售不足调整的情况）的总数。

"（B）就（A）中规定而言，不得因为前几个销售年度销售不足而增加任何农场磅数配额的磅数，从而导致该农场在该销售年度的磅数配额在（3）中因为未能进行生产而减少了。

"（C）本项下任何农场磅数配额增加的情况都不应对相关销售年度的国家磅数配额产生不利影响。

"（D）本项下一个农场在一个销售年度增加的任何磅数配额均可被利用起来，在这一销售年度将农场生产的额外的花生转到在部长规定的基础上出于价格目的的配额贷款池里。

"（9）无论是否与本款前述条款相冲突，当（8）中个体经营农场磅数配额所有增加数的总量超过这些增加数额可适用的销售年度的国家磅数配额的 10％ 时，部长应对这些增加的数额进行调整，以保证这些增加数的总量不超过国家磅数配额的 10％。

"（t）（1）对于每一个依据（s）规定规定了磅数配额的农场，当需要执行本法案时，应为每一个这样的农场确定一个农场花生产量。

"（2）该产量应相当于 3 个农作物年度（这 3 个年份在 1973 至 1977 年这 5 个农作物年度中的农场花生产量为最高）中的每一年农场每英亩实际产量的平均数。

"（3）如果在这 5 年期间的至少 3 年中农场没有生产花生，或者在这一期间农场的经营发生了实质性的变化（包括但不限于农场主、既是农场主又是承租人的变化或者灌溉活动），则部长应指示对农场进行产量评估。评估后的产量应是在考虑了花生生产所需要的土地、劳动力和设备、农作物轮作、水土

及其他相关因素后基于为其他类似农场（这些农场坐落于该农场所在区域并且曾经生产过花生）规定的产量而为农场确定的公平合理的产量数。

"（u）（1）不迟于每个日历年度的 12 月 15 号，部长应在公民投票日历年度举行一次从事配额花生生产的生产者的公投，以确定这些生产者是赞成还是反对紧随公投年之后的 5 个日历年度中所生产的花生作物的磅数配额，但下列情况除外，即当参加公投的 2/3 的生产者对磅数配额投赞成票时，则这一期间的第二、三、四和第五年里都不得举行任何配额公投。

"（2）部长应在公投举行日后 30 天内宣布公投结果。

"（3）当参加公投的生产者中有超过 1/3 的生产者投票反对配额时，部长还应宣布紧随公投日历年度之后的日历年度所生产的花生作物的磅数配额将不生效。

"（v）就本部分和《1949 年农业法》第 I 篇规定而言：

"（1）对于任一销售年度，'额外的花生'意思是：

"（A）一个拥有确定的农场磅数配额的农场所销售的任何花生超过该农场在该年份销售的配额花生；

"（B）一个没有拥有（s）中确定的农场磅数配额的农场所销售的所有花生。

"（2）'粉碎'的意思是加工花生榨取食用油和用作饲料，或者通过粉碎或部长授权的其他方式加工花生。

"（3）'家庭食用'意思是通过碾磨生产家庭用花生食品（（2）中描述的产品除外）、做种子和农场使用，除非部长规定该含义不包括用于生产花生（不包括在第 359 条（c）中）的花生种子是独一无二的菌株且不是商品。

"（4）'配额花生'意思是任一销售年度执行磅数配额的一个农场上所生产的任何花生，这些花生由（s）确定是：

"（A）由部长确定符合要求家庭食用的；

"（B）农场销售的或被认为是农场销售的；以及

"（C）不超过该年份该农场的磅数配额。"

第 703 条　农场磅数配额的出售、出租或转让。

只对 1986 至 1990 年的花生作物有效，对《1938 年农业调整法》第 358a 条（《美国法典》第 7 篇 1358a）进行修订，在此结尾处添加以下内容：

"（k）（1）按照部长可能规定的条款、条件或限制规定，任何依本法案规定了磅数配额的农场的农场主或在农场主许可下的经营者可将该磅数配额全部或其中的任一部分出售或者出租给同一县内的一家农场的任何其他农场主或经营者作为向该农场转让配额，除非出租该磅数配额的协议是在秋天或者正常的播种季之后达成，但前提是：

"（A）拟出租配额的农场已经播种了配额花生；和

"（B）依据部长可能规定的条款与条件。

"（2）一家农场的农场主或经营者可将该农场的磅数配额全部或其中的任一部分转让给由该农场主或经营者拥有或者控制的位于同一县或同一州邻近县、上一年的农作物拥有一个农场磅数配额的其他任何农场。

"（3）无论是否与（1）、（2）相冲突，当上一年的农作物分配给某个州的磅数配额少于 10 000 吨时，可将一个农场磅数配额的全部或任一部分以出售或出租或其他方式从一个县的一个农场转让到同一州另一个县的一个农场。

"（I）本条下转让（包括通过出售或出租的方式转让）农场磅数配额时应遵守下列所有条件：

"（1）受制于按揭抵押或其他留置权的农场不准转让农场磅数配额，除非留置权人同意进行这样的转让。

"（2）当《土壤保护与国内分配法》第 8 条（b）下成立的县委员会确定作为接受方的农场并不拥有足够的适于耕种的农田生产农场磅数配额时，不准转让任何农场磅数配额。

"（3）任何转让农场磅数配额的行为均不得生效，除非向该转让接受县的县委员会进行备案，并且该委员会确定该转让符合本条规定。

"（4）部长可能规定的其他条款与条件。"

第 704 条　销售除罚；处置额外的花生。

只对 1986 至 1990 年的花生作物有效，对《1938 年农业调整法》第 359 条（《美国法典》第 7 篇 1359）进行修订，在结尾处添加以下内容：

"（m）（1）（A）任何家庭食用花生的销售超出生产这些花生农场的磅数配额的，应接受除罚，罚金按照相当于该出售行为发生销售年度配额花生支持价的 140% 计算。

"（B）就本条规定而言，花生的销售年度是 8 月 1 日起到 7 月 31 日止的 12 个月时间。

"（C）销售农场额外的花生应受到相同的除罚，除非按照部长的规定，这些花生：

"（i）被以《1949 年农业法》第 108B 条下这些花生执行的额外的贷款利率抵押进行贷款，并且不能由生产者赎回；

"（ii）通过依据《1949 年农业法》第 108B 条（3）规定指定的区域销售协会在市场上销售；或者

"（iii）按照（q）规定交易商与生产者之间所签的合同在市场上销售。

"（2）该罚金应由购买或以其他方式从生产者那里获得花生的当事人支付，或者，当生产者通过一名经纪人出售花生时，则罚金应由该经纪人支付。该当事人或经纪人可从支付给生产者的价钱中扣除一笔与罚金相当的数目。

"（3）当要求某人去收罚金而该当事人未能收取这样的罚金时，该当事人和所有有权分享农场所出售的花生或出售所得收益的当事人应集体和各自承担罚金。

"（4）销售年度开始时执行农场磅数配额的农场在一个日历年度所生产的花生应受制于这些配额，即使这些花生是在该销售年开始日之前销售的。

"（5）任何生产者确认不实的或者不能确认播种的英亩数或者不能对处置这些播种面积上所生产的任何花生做出解释的，经第 358 条（t）下确定，相当于农场平均产量乘以播种面积所得的花生总量应被视为是在违反可允许配额及额外的花生用途情况下出售的。生产者应支付和汇寄本项下的任何应缴罚款。

"（6）部长应按照其发布的条例规定授权《土壤保护与国内分配法》第 8 条（b）下成立的县委员会免除或者减少本款规定的销售罚款，但前提是这些委员会确定违反规定遭除罚的情况并非故意或者相关方对此并不知情。

"（7）任何一份销售文件中称重方面出现的误差不超过 1% 的 1/10 的，不应被视为销售违规，但欺诈或有预谋的违规情况除外。

"（n）（1）只有配额花生才可以留做种子或农场其他用途。在以上情况下进行预留时，配额花生应被视为可以出售的配额花生，除非部长不考虑把花生种子当作可以出售的配额花生，这些用来生产花生的花生种子（不包括在（c）中）是独一无二的菌株并且不是商品。

"（2）额外的花生不应被留做农场使用，也不应被出售做家庭食用，除非（r）中另行规定。

"（3）在美国的任何花生农田上播种的花生种子只能从出售或被认为出售作为家庭食用的配额花生中购得。

"（o）部长发现某个交易商从任何用做家庭食品的花生中出售的花生在数量上大于或者品级或质量上高于该交易商从这类花生的销售中购得的符合配额花生的品级、内核及质量的数量花生可能合理生产出的花生时，该交易商应接受相当于部长确定超出所购得花生可能合理生产出的花生的数量、品级或质量的数量花生基础上配额花生贷款水平 140% 的一笔罚款。

"（p）（1）除非（2）中另行规定，否则部长应要求额外的花生的交易和处置应由部长的代理人或区域销售协会依据《1949 年农业法》第 108B 条（3）规定予以监督。

"（2）（A）交易商在交易或者处置这些花生之前书面同意遵守部长可能发布的条例规定的，不得按（1）中规定要求对某交易商交易和处置额外的花生进行监督。

"（B）部长在（2）中发布的条例规定应包括但不必局限于下列条款：

"（ⅰ）带壳或者磨碎的花生交易商可按类型划分的下列总量（减去部长可能规定的合理收缩余量）出口花生：

"（Ⅰ）剥开时有撕裂响声的花生仁，数量相当于交易商作为额外的花生购买的这些花生的磅数。

"（Ⅱ）剥开时有成熟响声的花生仁，数量相当于交易商作为额外的花生购买的这些花生的磅数减去该交易商作为额外的花生购买的剥开时有撕裂呼声的花生的磅数。

"（Ⅲ）交易商作为额外的花生购买的但不在国内磨碎的所有花生仁的剩余总量。

"（ⅱ）交易商应确保所出口的额外的花生附有装船提单或部长可能要求的其他文件，或者二者兼备。

"（ⅲ）因火灾、水灾或其他任何交易商无法控制的情况使交易商蒙受花生损失的，分摊到合同下的额外的花生的该部分损失不得大于交易商该年份的花生采购总量部分（可归因于该交易商在该年份购买出口的合同下额外的花生）。

"（3）交易商应向部长提交充分的金融担保及工具和资产证明，以保证其履行花生出口的义务。

"（4）同样种类、分离方式或质量的配额及额外的花生按照部长发布的条例规定可基于美元价值混合在一起并互相交换，以方便库存、交易和出售。

"（5）（A）除非（B）中另有规定，否则交易商未能遵守部长发布的有关处置和交易额外的花生的规定的，须依据违反规定所涉及的花生总量接受相当于配额花生贷款水平 140％的罚款。

"（B）因未交付给交易商而导致交易商未能出口额外的花生的，不得对交易商实施除罚。

"（6）交易商出口的任何额外的花生经部长确定又具有商业规模地重新进入美国的，应根据重新进入美国的花生总量对相关进口商处以相当于配额花生贷款水平 140％的罚款。

"（q）（1）依据部长可能发布的条例规定，交易商可与生产者签订合同购买额外的花生，用于粉碎或出口或者粉碎加出口。

"（2）任何这样的合同都应在农作物生产年份的 8 月 1 日之前签订并呈请部长（或者经部长指定由区域销售委员会）批准。

"（3）每一份这样的合同里都应包括交易商就相关花生应支付的成交价和有关处置这些用作家庭食品或种子花生的特定禁止条款。

"（r）（1）按照《1949 年农业法》第 407 条规定，农产品信贷公司所持有或控制的任何花生依据部长发布的条例规定可作为家庭食品使用，但前提是这样做不会造成农产品信贷公司的成本大幅增加。应将贷款收到的额外的花生供出售作为家庭食品使用，其出售价不低于支付与这些花生有关事项所发生的所有费用如检验、储藏、收缩及其他花费需支付的钱数，再加上：

"（A）收获季节生产者交付时书面同意出售和支付额外的花生的，不低于配额花生贷款值的 100％；

"（B）在生产者交付后但不迟于销售年度的 12 月 31 日出售额外的花生的，不低于配额花生贷款值的 105％；或者

"（C）在晚于销售年度的 12 月 31 日出售额外的花生的，不低于配额花生贷款值的 107％。

"（2）（A）除非（B）中另行规定，否则从额外的花生交付获得贷款之日到这此额外的花生收获年份之后的日历年度的 3 月 1 日这一期间，依据《1949 年农业法》第 108B 条（3）（A）规定指定的区域销售委员会拥有独有的权力当销售价（经本款确定）等于或者大于农产品信贷公司可能售出其储藏的额外花生时所依据的最低价时接受或者拒绝抽签清单投标。

"（B）区域销售委员会和农产品信贷公司可同意修改（A）中授予的权限，以确保额外的花生的有

序销售。

"（s）（1）本条规定的支付或收取罚款承担人还应承担相关利息，该利息以每年相当于美国财政部在该罚款到期日向农产品信贷公司收取的年息的利息计算。

"（2）分享该农场生产的花生的生产者不分享其他任何农场生产的花生的，本条不适用于任何可收获坚果土地面积为一英亩或更少的农场上生产的花生。

"（3）除非支付本条规定的罚款数额，否则被罚款的花生农作物和其后执行农场磅数配额（承担支付罚款的当事人拥有权益）的任何花生农作物的留置权应有利于美国，具有法律效力。

"（4）（A）无论是否与其他任何法律条款相冲突，本条中评估的任何罚款责任及数额应按照部长可能规定的程序确定。构成确定本条中评估的任何罚款责任及数额基础的事实依照部长规定的可适用条例规定正式确定后应是最终和具有决定性的，其他任何政府官员或机构均不得进行复审。

"（B）本条任何内容均不得被视为禁止任何有司法管辖权的法院复审部长所做的任何决定是否符合可适用的法律规定。

"（C）本条中实施的所有除罚均应被视为民事除罚。

"（5）（A）无论是否与其他任何法律条款相冲突，除非（B）中另行规定，否则如果部长认为导致罚款的违反规定情况轻微或具有偶然性而且减轻除罚不会损害花生计划运行时，部长可减少本条下针对交易商评估后做出的任何罚款数额。

"（B）部长不得减少本条下因未能出口合同下的额外花生而对某个交易商实施的罚款数额。"

第705条 价格支持计划。

只对1986至1990年的花生农作物有效，对《1949年农业法》进行修订，在第108A条后加入以下内容：

"第108B条 1986至1990年花生农作物价格支持。

"无论是否与其他任何法律条款相冲突：

"（1）（A）部长应通过1986至1990年的每一种配额花生农作物的贷款、购买或者其他活动向生产者提供价格支持。

"（B）（ⅰ）1986年配额花生农作物的全国平均配额支持价应相当于为1985年配额花生农作物确定的全国平均支持价，该支持价是部长按相当于生产者在1981年日历年度开始1985年日历年度结束这一期间所支付的农产品和服务、利息、税款和薪水的价格上涨的百分比数调整后的价格（经部长确定）。

"（ⅱ）1986至1990年的每一种配额花生农作物的全国平均配额支持价应是最近一个农作物年度的全国平均配额支持价，该价格经调整后反映确定价格支持水平销售年度之前的日历年度花生生产的全国平均成本增长情况，不包括土地成本的变化，只是任何这样的农作物的全国平均配额支持价无论如何都不得超出之前年份农作物全国平均配额支持价的6％。

"（C）不得因为扣除检验、交易或储藏费用而降低上述宣布的价格支持水平。

"（D）部长可考虑花生的产地及第403条授权认可的其他此类因数进行调整。

"（E）部长应在不迟于被确定价格水平的农作物销售年度之前的2月15日宣布每一种配额花生农作物的支持水平。

"（2）（A）部长应以其认为合适的价格水平通过1986至1990年的每一种额外的花生农作物的贷款、购买或其他运营手段向生产者提供价格支持，这样做时应考虑到花生油和花生粕的需求、其他植物油和蛋白粉的预期价格以及国外市场的花生需求，除非部长根据自己估计的能够保证出售或处置这些花生不会对农产品信贷公司造成损失的水平来制定额外的花生的支持价。

"（B）部长应在不迟于被确定价格水平的农作物销售年度之前的2月15日宣布每一种额外的花生

农作物的支持水平。

"（3）（A）（ⅰ）在执行（1）和（2）中规定过程中，部长应在3个生产区域（1985年1月1日颁布的《联邦法规汇编》第7篇1446.60所描述的）中的每一个区域向部长挑选和批准、其运行的主要目的是为了开展此类贷款活动的一个指定的花生生产者区域销售协会提供仓库存储贷款。部长不得向任何从事有关花生的经营或业务活动的合作社提供仓库存储贷款，除非是《1938年农业调整法》第359条和本条所明确指出的那些经营和业务活动。

"（ⅱ）此类区域销售协会应在与《1938年农业调整法》第359条和本条下的价格支持和销售活动相关的行政和监督活动中发挥作用。

"（ⅲ）本小项下发放的贷款除了花生的价格支持价以外还应包括区域销售协会依据《1938年农业调整法》第359条和本条规定履行职责和从事经营和业务活动可能产生的合理费用。

"（B）（ⅰ）部长应要求每一个区域销售协会建立贷款池，对于贷款下交易的配额花生和作为贷款抵押物的额外的花生按区域和分类保留完整和准确的档案，但新墨西哥州所产的瓦伦西亚型花生应建立单独的贷款池。建立此类贷款池时，亮壳瓦伦西亚型花生和暗壳瓦伦西亚型花生应被视为单独种类的花生。

"（ⅱ）除非部长另行批准，否则每个池里花生的净收益只能分配给将花生放置在该池里的生产者，分配时按照每一个生产者放在池里的花生的价值而确定获得的收益比例。每个池里的花生净收益应包括以下组织部分：

"（1）对于配额花生，净收益高于花生放在该池里所产生的贷款债务及其他成本或损失加上来自额外的花生池的数额，出售额外花生池里用作家庭食品和相关用途的额外花生所得净收益相当于处置配额花生池里所有的花生所得损失。

"（Ⅱ）对于额外的花生，净收益高于放在额外的花生池里的花生所产生的贷款债务及其他成本或损失减去为了抵消（1）中规定的配额花生池损失所分摊的任何数额。

"（4）无论是否与本条其他任何条款相冲突：

"（A）在分配额外花生带来的净收益时，应首先减去获得贷款的配额花生给商品信贷公司带来的损失。"

"（B）（ⅰ）向生产者支付收益时，应首先减去依据《1938年农业调整法》第358条（s）（8）规定将花生从附加贷款池转移至配额贷款池时出现的损失。

"（ⅱ）当地区配额池出现损失时，应遵循农业部长依法确定的方式，将其他作物区的配额池产生的收益或利润用于抵销上述损失，不过此类池子不包括（3）（B）（ⅰ）中针对新墨西哥州花生作物制定的单独的池子。上述规定不适用于下列情况，即依据《1938年农业调整法》第358条（s）（8）规定将花生从额外货款池转移至配额贷款池时出现损失。

"（5）尽管存在其他的法律规定，但是依据《1938年农业调整法》第358条（u）规定，如果生产者不同意对花生作物实施税费配额，则农业部长不得向此类花生作物提供任何形式的价格补贴。"

第706条　汇报和记录

《1949年农业法》第101条（《美国法典》第7篇1441）不适用于1986年至1990年期间的花生作物。

第Ⅷ篇　大　　豆

第801条　大豆价格补贴。

仅适用于1986年至1990年期间的大豆作物，对《1949年农业法》第201条（《美国法典》第7篇

1446）做出如下修订：

（1）在第一句的"油桐果"前面插入"大豆"一词；

（2）在结尾处增加下列一款新的内容：

"（ⅰ）（ⅰ）（A）依据本款的规定，农业部长在 1986 年至 1990 年期间的每个农产品销售年度，应通过贷款和产品收购的方式，对大豆价格进行补贴。

"（B）1986 年和 1987 年大豆作物的补贴价格应为每蒲式耳 5.02 美元。

"（C）1988 年至 1990 年期间每年大豆作物的补贴价格应等于生产者在之前 5 个销售年度（剔除平均价格最高和最低的年份）所收到的大豆价格的简单平均值的 75％。不过价格补贴减少额度不得高于 5％，并且不得低于 4.50 美元每蒲式耳。

"如果农业部长裁定认为，依据第（1）段规定计算出的某一销售年度的贷款或产品收购水平影响大豆出口或者导致美国大豆存货过剩，则农业部长可以将该销售年度的贷款或产品收购价格降到必要的水平，以此维持国内大豆市场和大豆出口市场正常水平。不过在任何一个年度，贷款或产品收购水平削减幅度不得超过 5％，并且在任何情况下不得低于 4.50 美元每蒲式耳。对于本项有关削减大豆贷款和收购水平的规定，不得用于确定往后销售年度的大豆贷款和收购水平。

"（3）（A）如果农业部长在考量大豆生产成本、供求状况和世界大豆价格等因素后，认为上述举措有助于维持大豆在国内和出口市场的竞争地位，则可以允许生产者以低于下列水平或价格（取其中数值较小的），偿还依据本小节规定获得的农作物贷款：

"（ⅰ）针对此类农作物制定的贷款水平；或者

"（ⅱ）农业部长认定的世界大豆现行市场价格。

"（B）如果农业部长做出（A）所说明的决策，则应依据规定制定：

"（ⅰ）能够确定世界大豆现行市场价格的方案；和

"（ⅱ）由农业部长定期负责宣布世界大豆现行市场价格的机制。

"（4）在本款中，大豆销售年度为期 12 个月，销售年度开始于 9 月 1 日，结束于 8 月 31 日。

"（5）（A）农业部长一旦获得涉及此销售年度之前 5 年的大豆价格的完整信息和数据，应宣布最终的大豆价格补贴水平。农业部长应在当年销售年度的 10 月 1 日之前宣布最终的补贴水平，并且最终宣布的补贴水平不得低于最初宣布的补贴水平。

"（6）尽管存在其他的法律条款，

"（A）农业部长不得以大豆价格补贴资格为条件，要求生产者参加大豆或者其他任何商品的生产调整项目；

"（B）农业部长不得准许在下列土地上种植收割大豆，即其他联邦政府项目下的减种土地、休耕土地和改种土地。

"（C）农业部长不得批准向生产者提供款项用于支付大豆储藏费用；以及

"（D）大豆不具备资格成为任何储备项目的储备商品。"

第Ⅸ篇　糖类产品

第 901 条　糖类产品价格补贴。

仅适用于 1986 年至 1990 年的甜菜和甘蔗作物，《1949 年农业法》第 201 条（《美国法典》第 7 篇 1446）（本法案第 801 条修订后的）进行如下修订：

（1）删除第一条中的"蜂蜜和牛奶"，并且在此处插入"蜂蜜、牛奶、甜菜和甘蔗"；

（2）在末尾增加下列一款新的内容：

"（j）（1）应依据此款的规定对 1985 年至 1990 年期间每年甜菜和甘蔗作物进行价格补贴。

"（2）农业部长应通过无追索权贷款对国产甘蔗进行价格补贴。这一无追索权贷款的水平应维持在农业部长认定为合理的水平，并且每磅甘蔗的价格与原蔗糖价格之间的差额不得超过 18 美分。不过可依据（4）中的相关规定提高上述贷款水平。

"（3）农业部长应通过发放无追索权贷款对国产甜菜进行价格补贴。与甘蔗的贷款水平相比，甜菜的无追索权贷款水平应维持农业部长认定为公平合理的水平。

"（4）（A）农业部长可依据过往年度作物的价格，相应提高 1986 年至 1990 年期间国产甘蔗和甜菜作物的价格补贴。农业部长应依据下列合理因素确定过往年度作物的价格：（之前两个作物年度的）糖类产品成本变化、国内制糖成本和其他可能对国内制糖业生产不利影响的情况。

"（B）如果农业部长决定不依据上述（A）中的规定提高价格补贴，则应向众议院农业委员会以及参议院农业、营养和林业委员会提交一份报告，报告中应包括调查结果、相应决策和支持该决策的数据。

"（5）农业部长应切实可行地依据本款的规定，尽量在财政年度开始之前，提前宣布适用于该财政年度的贷款利率。

"（6）在依据本款相关规定发放财政年度贷款时，时间应不早于该财政年度开始的时间，并且此类贷款应在该财政年度结束之前到期。"

第 902 条　防止糖类产品贷款没收。

（a）自 1985—1986 年糖类产品进口配额年份结束之后的配额年份起，总统应动用所有必要的权力，授权农业部长启动依据《1949 年农业法》第 201 条（《美国法典》第 7 篇 1446）相关规定设立的糖类产品项目，防止商品信贷公司收购的糖类产品出现积压的情况，从而避免对联邦政府造成任何损失。

（b）总统应采取下列仅适用于 1985—1986 年糖类产品进口配额年份的措施：

（1）修改 1985—1986 年糖类产品进口配额年度的时间，使其结束时间不早于 1986 年 12 月 31 日；鉴于该配额年度时间延长，应重新调整货运时间安排，平均分配该年度的运货时间；或者

（2）要求对糖类产品项目进行管理，确保如果依据（1）修改 1985—1986 配额年度时间，商品信贷公司持有的作为价格补贴贷款抵押品的糖类产品不超过该公司有可能没收的总额（具体数额由农业部长决定）。

（c）自 1985—1986 糖类产品进口配额年度结束后的第一个配额年度起，总统不得向任何蔗糖和甜菜糖净进口国分配此类条款所规定的糖类产品配额，除非该国相应的官员向总统证明该国未将从古巴进口的糖类产品再出口至美国。

第 903 条　保护糖类产品生产者。

对《1949 年农业法》第 401 条（e）（《美国法典》第 7 篇 1421（e））进行如下修订：

（1）在款标题后插入"（1）"；和

（2）在款后增加下列一项新的内容：

"（2）（A）当与甜菜和甘蔗生产者签订合同的加工商出现破产或者其他无力清偿的状况，而（1）中所规定的保障不足以让生产者在合同规定的最后结算日结束后 30 天内，从价格补贴项目获得最高金额的补贴，则农业部长应根据生产者的要求，遵循针对此类无力支付的情况做出的保证，向生产者支付最高金额的补贴，不过在支付补贴时应减去生产者之前获得补贴。

"（B）在支付此类款项时，农业部长应采取下列措施：

"（ⅰ）代替加工商和其他无力偿款的法人，向索赔的生产者进行赔偿；并且

"（ⅱ）有权开展必要的索赔，追回未支付给生产者的款项。

"（C）农业部长应通过商品信贷公司实施本项的相关规定。"

（b）本条经过修订的规定适用于 1985 年 1 月之后出现的未付款情况。

第X篇　一般商品总则

子篇A　商品杂项规定

第1001条　款项限额。

尽管存在其他的法律规定：

(1) 在1986年至1990年期间，依据《1949年农业法》(《美国法典》第7篇1421及以下)设立的一个或多个年度项目向法人支付涉及小麦、饲料谷物、陆地棉、特长纤维棉和大米的款项总金额(不包括灾难保险款项)不得超过50 000美元。

(2) 在1986年至1990年期间，依据《1949年农业法》设立的一个或多个年度项目向法人支付涉及小麦、饲料谷物、陆地棉、特长纤维棉和大米的灾难保险款项总金额不得超过100 000美元。

(3) 本条中的用语"款项"不包括：

(A) 贷款或收购款项；

(B) 农业部长认定为资源调整补偿款(不包括土地休耕款项)或者公众娱乐补偿款的款项；

(C) 法人依据《1949年农业法》第107D条(a)(5)、第105C条(a)(4)、第103A条(a)(5)或第101A条(a)(5)所规定的利率，偿还小麦、饲料谷物、陆地棉、特长纤维棉或大米作物贷款后获得的利润；

(D) 在依据上述农业法案第107D条(a)(4)或第105C条(a)(3)相关规定降低小麦或饲料谷物贷款水平后，此类作物所获得的贷款差额补贴；

(E) 依据上述农业法案第107D条(b)、第105C条(b)、第103A条(b)或第101A条(b)相关规定分别为小麦、饲料谷物、陆地棉或大米作物提供的贷款差额补贴；

(F) 依据上述农业法案第107D条(g)节、第105C条(g)、第103A条(g)或第101A条(g)相关规定分别为小麦、饲料谷物、陆地棉或大米作物提供的库存缩减补贴；

(G) 依据农业法案第105C条(c)(1)(E)或第107D条(c)(1)(E)相关规定提高的既定价格支付款项；或者

(H) 农业部长依据本法案第1009条相关规定采取措施削减成本后所获得的收益。

(4) 当农业部长裁定，应依据本条相关规定削减法人参与现行作物项目所获得的款项时，则对于法人分享此类款项的农场，应依据款项削减情况，公平合理地调整休耕或耕种土地限制项目制定的农场种植面积。

(5)(A) 农业部长应颁布法规：

(i) 解释用语"法人"的含义；

(ii) 制定必要的规定，确保公平合理地实施依据本条规定制定的限制措施。

(B) 农业部长依据《1970年农业法》第101条(《美国法典》第7篇1307)，于1970年12月18日颁布法规。应依据上述法规确定企业股东对该企业的所有权百分比，以此判定上述企业和股东是否为独立分开的法人。

(6) 本节有关限制向法人支付款项金额的规定不适用于符合下列情况的土地，即归各个州、州行政区或州机构所有，且农业部长认定主要用于直接促进公共职能的土地。

第1002条　预先差额和土地休耕补贴。

仅适用于1986年至1990年期间的小麦、饲料谷物、陆地棉和大米作物，对《1949年农业法》第107C条(《美国法典》第7篇1445b-2)进行如下修订：

"第107C条(a)(1)如果农业部长依据《1949年农业法》针对1986年至1990年期间的任何小

麦、饲料谷物、陆地棉或大米作物，设立耕种面积限制或休耕项目，并且认定有可能需要向此类作物商品提供差额补贴，则农业部长应采取以下措施：

"（A）向同意参加 1986 年作物项目的生产者提前支付差额补贴；以及

"（B）向上述生产者提供涉及 1987 年至 1990 年种植的每种作物的补贴。

"（2）应依据下列条款向生产者提供（1）中所说明的预先差额补贴：

"（A）此类补贴的形式可为：

"（ⅰ）现金；

"（ⅱ）商品信贷公司拥有的商品以及可兑换为商品信贷公司商品的可转让证书，不过向生产者提供的商品和可转让证书价值不得超过补贴总额的 50％；或者

"（ⅲ）结合上述第（ⅰ）和（ⅱ）形式提供补贴。

"（B）如果采取（A）（ⅱ）所说明的措施向生产者提供补贴，生产者可选择以下列形式获得补贴：

"（ⅰ）上述商品；或者

"（ⅱ）上述证书。

"（C）此类证书应在证书发行之日起 3 年内可以进行兑换。

"（D）在证书进行兑换之前，商品信贷公司应负责支付储存证书所换取的商品的费用。

"（E）在生产者与农业部长签订合同参加此类项目后，应尽早向生产者提供此类补贴。

"（F）农业部长决定此类补贴的具体金额，且补贴金额应足以鼓励生产者充分参加此类项目。不过补贴金额不得超过下列由农业部长确定的数额的乘积：

"（ⅰ）农场项目作物预计耕种面积，乘以

"（ⅱ）作物的农业项目补贴产量，乘以

"（ⅲ）预计补贴率的 50％。

"（G）如果农业部长依据本法案规定最终决定向生产者支付的差额补贴金额少于依据本款规定向生产者提前支付的作物差额补贴金额，生产者应退还预先差额补贴和农业部长最终决定向生产者提供的相关作物差额补贴之间的差额。

"（H）如果农业部长依据本法案相关规定裁定无需向生产者提供差额补贴，而生产者已依据本款的规定预先领取相关作物的差额补贴，则生产者应退还上述补贴。

"（I）当出现上述（G）和（H）所述的情况时，生产者应在销售年度结束之前退还领取的作物补贴。

"（J）如果生产者在领取本款所规定的预先差额补贴后，未能遵守耕种面积限制或者休耕项目的相关规定，则生产者应立即退还所领取的预付款，并且还应支付预付款所产生的利息，利息金额由农业部长依法进行认定。

"（3）农业部长可颁布必要的法规来实施本条的规定。

"（4）农业部长应通过商品信贷公司实施本条所批准的项目。

"（5）本条所提供的权限应补充而不是取代依据其他法律条款授予农业部长或商品信贷公司的权力。

"（b）农业部长可依据本法案提供土地休耕补贴，协助调整 1986 年至 1990 年期间小麦、饲料谷物、陆地棉或大米任何一种作物的全国耕种面积，使之达到合适的水平。在生产者同意进行土地休耕，换取休耕补贴后，农业部长可尽快向生产者提供上述补贴至少 50％的金额。"

第 1003 条　预先商品追索权贷款。

仅适用于 1986 年至 1990 年期间的作物，在《1949 年农业法案》第 423 条（《美国法典》第 7 篇 1433b）后插入下列一条新的内容：

"第 424 条　尽管本法案包括其他的法律条款，农业部长如果认定有必要采取措施确保生产者能够获得足够的运营信贷，则可以为生产者提供预先追索权贷款，用于种植 1986 年至 1990 年期间依据本法

案有资格获得追索权贷款的作物。农业部长可针对此类追索权贷款制定合理的条款和条件，但不得以贷款资格为条件，要求生产者购买农作物保险。"

第 1004 条　利息支付证书

仅适用于 1986 年至 1990 年期间的作物，对《1949 年农业法》第 405 条（《美国法典》第 7 篇 1425）做如下修订：

（1）在条标题后插入"（a）"；以及

（2）在该条后面加入以下一款的内容：

"（b）（1）尽管存在其他法律条款，如果生产者参加依据本法案设立的小麦、饲料谷物、陆地棉或大米年度项目，并且申请到价格补贴贷款，当生产者偿还上述贷款并且支付相关的利息时，农业部长可以向生产者提供可转让证书。

"（2）此类证书的金额应与生产者所支付的价格补贴贷款利息金额相同。

"（3）生产者可视情况将证书兑换为商品信贷公司拥有的小麦、饲料谷物、陆地棉或大米。

"（4）在发行此类证书时应考虑商品信贷公司兑换商品的能力。"

第 1005 条　商品实物支付。

对《1949 年农业法》（《美国法典》第 7 篇 1421 及以下）进行修订，在第 107D 条（本法案第 308 条增加的）后面插入以下一条新内容：

"第 107E 条　农业部长依据小麦、饲料谷物、陆地棉或者大米年度项目规定进行实物支付时（不包括可转让的陆地棉或大米销售证书），可以采取下列的方式进行实物支付：

"（1）收购生产者申请价格补贴贷款（包括依据第 110 条提供给生产者的贷款）时抵押给商品信贷公司的商品，并使用此类商品；以及

"（2）使用商品信贷公司拥有的其他类似商品。

"（b）农业部长可通过下列办法进行实物支付：

"（1）在农业部长决定的仓库或其他类似设施向生产者交付商品；

"（2）转让可转让提货单；

"（3）发行商品信贷公司应遵循依据农业部长出台的规定进行兑换的可转让证书；或者

"（4）采取其他合适的措施，让生产者能够及时、公平和便捷地领取支付的实物，并且实物的价值应等同于采用领取现金方式的所获得价值。

第 1006 条　小麦和饲料谷物出口证书项目。

仅适用于 1986 年至 1990 年期间的小麦和饲料谷物，对《1949 年农业法》（《美国法典》第 7 篇 1421 及以下）进行修订，在第 107E 条后插入下列一条新的条款：

"第 107F 条　（a）（1）农业部长可设立一个适用于 1986 年至 1990 年期间的小麦或饲料谷物作物的项目。该项目旨在刺激私人库存小麦或饲料谷物作物的出口。农业部长依据本款的规定，针对上述作物设立项目时，应包括下列条款：

"（A）农业部长依据第 107D 条或第 105C 条相关规定向生产者提供贷款或支付款项时，如果生产者遵守作物项目的条款和条件，则农业部长应向生产者发放小麦或饲料谷物出口证书。

"（B）每份证书上应印有票面金额以及标明相关作物商品具体数量的标识，证书所涉及的具体金额和商品数量由农业部长决定。

"（C）对于向符合条件的生产者发放的所有出口证书，证书上所标识的小麦或饲料谷物总量应等于下列两个数值的乘积：

"（ⅰ）生产者依据第 107D 条或第 105C 条规定参加农作物项目后生产的小麦或饲料谷物总量（总

量为每位生产者在收获季节种植作物的土地面积乘以作物商品的农业项目补贴作物产量）；乘以

"（ⅱ）出口生产系数。

在本小项中，农作物出口生产系数计算公式如下所示：

出口生产系数＝在作物销售年度收获的且农业部长预期不会用于国内消费而是用于出口的国产作物的数量（不包括用于结转库存的作物）÷农业部长预期该作物的全国收成总额。

"（D）向每位符合条件的生产者发放小麦或饲料谷物出口证书时，应确保发放的证书总面值能够反映生产者生产的每个单位的小麦或饲料谷物产品的回报率。农业部长在确定回报率时，应考虑不同地区的生产者的商品营销成本差异（包括出口成本）。

"（E）在下列情况下，农业部长应兑换依据本款规定发放的出口证书，且兑换的金额应为证书所标明的票面金额（或者农业部长可以选择兑换商品，且兑换商品价值按公平市价计算应等于票面金额）：出口证书所有人出口的农作物数量（包括加工小麦和饲料谷物）等于证书所标明的数额，并且农业部长之前没有兑换依据本款规定发放的、涉及上述小麦或饲料谷物出口的出口证书。

"（2）农业部长应通过商品信贷公司实施本款的规定。如果商品信贷公司可动用的资金充裕，则应将资金投入用于实施本款涉及小麦或饲料谷物作物出口的规定。投入的资金不得少于下列几项数额的乘积：

"（A）小麦为 21 美分，玉米为 11 美分；而高粱、燕麦和大麦的金额应定在农业部长认为与玉米价格相比较而言公平合理的水平；乘以

"（B）下列作物的种植土地总面积：生产者参与依据第 107D 或 105C 条规定提供作物差额补贴的项目所种植收获的小麦或饲料谷物；乘以

"（C）作物的项目平均收益。

"（3）用于实施此类出口证书项目的资金应补充，而不是取代其他法律授权用于资助或鼓励小麦或饲料谷物出口的资金。

"（4）商品信贷公司可依据农业部长制定的法规，买卖此类出口证书，推动出口证书的转让。

"（b）（1）农业部长可向符合下列条件的生产者发放出口销售证书：生产小麦或饲料谷物，参与本法案针对上述作物设立的项目，并且达到（2）中的要求。这一规定适用于 1986 年至 1990 年期间的小麦或饲料谷物作物。上述出口销售证书的面值是以蒲式耳为计量单位的小麦或饲料谷物。在使用此类证书时，应遵循农业部长依据本款相关规定制定的以下条件和条款：

"（A）农业部长可在小麦或饲料谷物作物销售年度开始之前，至少提前三个月向符合下列条件的生产者发放适用于该销售年度的出口销售证书：农场小麦或饲料谷物土地面积基地中至少有 50% 的土地用于种植规定作物。出口销售证书总面额应等于农业部长预计销售年度期间的产品出口总额。每位符合条件的生产者应收到面值为一定数量商品的证书，且商品数量和出口预计数量的比值与下列比值相等，即此生产者种植此类作物的土地面积与所有符合条件的生产者种植此类作物的总土地面积的比值。在计算商品数量（以蒲式耳为单位）时，应取近似值至整数。

"（B）出口销售证书的面额应定为 1 蒲式耳（不提供现金面额），不过农业部长可发行其他面额的证书，且面额应为一蒲式耳的倍数。生产者可持此类面额的证书到郡农业稳定与保护局，兑换成总额相等的其他不同面额的证书，以此推动依据此款规定设立的项目的运转。每份出口销售证书应标明生产者的姓名和相关作物的名称。

"（C）在农作物销售年度开始 7 个月之后，如果农业部长认定该销售年度农产品出口总额将超过发放的所有出口销售证书面值总额，则农业部长可向最初领取证书的生产者增发出口销售证书，以此弥补出口超额部分。增发的出口销售证书将按照如下比例分配给生产者，即生产者依据（A）规定领取最初发放的作物出口销售证书的比例，且在计算农产品数量（计量单位为蒲式耳）时取近似值至整数。

"（D）生产者可在作物销售年度结束之前，向作物收购者转让依据本款发行的出口销售证书。如果出现下列情况，致使生产者可出售的小麦或饲料谷物数量少于其领取的出口销售证书上标明的数量，则

生产者可在作物销售年度结束之前出售多余的证书，出售价格由生产者和购买者商定：即减产或其他原因，或者在政府依据（C）中规定增发证书之前，生产者已处理生产的小麦或饲料谷物。此类证书可以进行再转让，不受任何限制。

"（2）小麦或饲料谷物生产者应参与依据本篇针对相关作物设立的项目，才有资格领取依据本款规定发行的作物出口证书，并且

"（A）如果未出台规定针对相关作物实施耕种土地限制或休耕，则应切实可行地限制农场小麦或饲料谷物土地基数中此类作物的种植面积；

"（B）如果未出台规定针对小麦或饲料谷物实施耕种土地面积限制，则应切实可行地限制农场小麦或饲料谷物土地基数中此类作物的种植面积，将种植面积减少到耕种土地限制项目所规定的面积，并且遵守部长设立的耕种土地限制项目中的其他条款；或者

"（C）如果已出台规定针对相关作物实施休耕项目，则应遵守休耕规定以及农业部长设立的休耕项目中的其他条款。

"（3）当农业部长依据本款的相关规定发放小麦或饲料谷物作物证书，任何法人如在销售年度内未向农业部长提交出口销售证书，说明此类农产品出口数量，或者相关加工产品中小麦或饲料谷物含量情况，则不得从美国出口小麦、饲料谷物或相关的加工产品。任何法人如未能遵守上述规定，每次违规行为将处以不超过 25 000 美元的罚款，或不超过一年的监禁，或者上述两种处罚措施相结合。本项的规定不适用于联邦政府或部门或机构出口的所有商品或产品，亦不适用商品信贷公司依据出口发展项目提供给出口商的商品或产品。

"（4）任何人假造、擅自发行、更改、伪造或仿造出口销售证书，或者出于欺诈意图拥有、转让或者使用假造、擅自发行、更改、伪造或仿造的出口销售证书，将处以不超过 10 000 美元的罚款，或者不超过 10 年的监禁，或者上述两种处罚措施相结合。

"（5）商品信贷公司可依据农业部长制定的规定买卖出口证书，推动出口证书的转让。"

第 1007 条　商品信贷公司商品销售价格限制。

仅适用于 1986 年至 1990 年期间作物销售年度，对《1949 年农业法》第 407 条（《美国法典》第 7 篇 1427）进行如下修订：

（1）删除第三句第三个冒号之后的文字，并在此处插入以下内容：

"现规定，尽管存在其他的法律条款，商品信贷公司不得以低于下列水平的价格出售库存的小麦、玉米、高粱、大麦、燕麦和黑麦：（A）相关商品的现行全国平均贷款利率的 115％加上合理的运输费用，并且贷款利率应依据下列市场差价进行调整，即能够反映产品品级、质量和部长认定必要的其他价值因子；或者（B）如果农业部长允许生产者以低于农产品作物正常贷款水平的利率偿还贷款，则为贷款期间该作物贷款平均还贷率的 115％。"

（2）在第五句中，删除"郡级行政地区现行的基本补贴率，其中包括任何可行的实物价格补贴（如果郡级行政地区未制定现行的基本补贴率，则为可比较价格）"，并在此处插入"郡级行政地区现行的基本补贴率（如果郡级行政地区不制定现行的基本补贴率，则为可比较价格）"；

（3）在第七句中，删除"，但在任何情况下收购价格不得超过此类农产品当时的补贴价格"，并在此处插入"或者不当影响市场价格，但在任何情况下收购价格不得超过商品信贷公司针对使用用途未受限制的此类农产品制定的最低销售价格。"

第 1008 条　1985 年至 1990 年期间花生、大豆、甜菜和甘蔗作物的救灾补贴。

仅适用于 1958 年至 1990 年期间的花生、大豆、甜菜和甘蔗作物，对《1949 年农业法》第 201 条（《美国法典》第 7 篇 1446）（本法案第 901 条对上述条款进行修订）进一步修订，在结尾后增加如下新的内容：

"(k)(1)如果农业部长裁定，由于发生旱灾、洪灾或其他自然灾害，或者其他超出生产者控制能力之外的情况，生产者无法在农场土地上种植花生、大豆、甜菜、甘蔗或者其他非保土作物，则农业部长应向生产者提供未播种地赈灾补贴。补贴金额等于下列数值的乘积：

"(A)受灾土地面积，但不得超过上一年花生、大豆、甜菜或甘蔗播种面积（其中包括生产者因为旱灾、洪灾或其他自然灾害，或者超出生产者控制范围的情况，而未能播种上述作物，或者取代花生、大豆、甜菜或甘蔗的其他非保土作物的土地面积）；乘以

"(B)农业部长所确定的农业项目补贴作物产量的 75%；乘以

"(C)等于作物贷款和收购水平 50% 的赔付率。

"(2)如果农业部长裁定，由于发生旱灾、水灾或其他自然灾难，或者其他超出生产者控制范围的情况，生产者播种的花生、大豆、甜菜或甘蔗收成总量低于下列数额的乘积结果，即农业部长针对相关作物制定的农场项目补贴作物产量的 60% 乘以相关作物的播种土地面积，则农业部长可向生产者发放减产赈灾款，则赈灾款水平为作物贷款和收购水平的 50%，用于补贴上述减产超过 40% 的的受灾作物。

"(3)如果生产者领取了其他形式的联邦赈灾款，则农业部长应考量上述因素，相应地调整依据本项相关规定发放给各个农场的赈灾款金额，确保能够公平地向生产者发放赈灾款。"

第 1009 条　降低成本措施。

（a）尽管存在其他的法律规定，如果农业部长在实施农业商品项目时，认定（c）、（d）或（e）授权批准的措施能够削减此类项目给联邦政府带来的直接或间接成本，并且与此同时不会影响参与此类项目的中小型生产者的收入，则农业部长应针对此类农产品项目采取此类措施。

（b）对于所负责的农产品项目，农业部长在发布涉及此类项目特别规定的公告时，应包括两份声明。一份声明应说明项目最初将采纳的行动；另外一份声明应说明部长保留下列权力，即有权在未来实施最初未采纳但本条授权批准的行动，其中包括有权在生产者自愿同意的情况下重启之前签订合同。

（c）当开始实施农产品作物非追索权贷款项目后，如果农业部长认定农产品收购和运输成本可能低于后期通过非追索权贷款违约收购产品的相对成本，则应进入商业市场购买上述农产品。

（d）对于参与非追索权贷款项目农产品作物，如果该农产品的国内市场价格不足以支付上述项目贷款的本金和积累的利息，从而导致生产者违约，则农业部长可允许生产者以低于贷款本金和累积利息总额水平结算偿还贷款，不过前提是农业部长认定，当降低贷款结算金额时，下列情况能够为联邦政府带来收益：

（1）联邦政府可以收到部分的累积利息；

（2）避免违约情况发生；或者

（3）减除没收商品的储存、处理和运输成本。

不过农业部长在削减结算金额时，金额不得低于贷款本金金额。

（e）如果针对某种主要农产品作物实施生产控制或贷款项目，农业部长可在作物收成之前向有意向参与项目的生产者重新开放项目，接受生产者投标。生产者投标后，在用于种植上述作物的土地上改种其他作物，以此换取商品信贷公司实物支付的上述农产品剩余库存，不过前提是农业部长认定，（1）在宣布针对作物实施上述项目后，国内或国际供求情况发生实质性的变化，并且（2）如果不采取行动调整作物种植生产，联邦政府和生产者将面临产品过剩这一沉重的负担。此类实物支付不得包括在依据本法案第 1001 条规定的每人 50 000 美元款项限额当中，不过每位生产者每年每种产品的补贴应限制在 20 000 美元以内。

（f）本条赋予的权力应补充，而不是取代其他法律条款赋予农业部长的权力。

第 1010 条　多年休耕。

尽管存在其他的法律规定：

（1）农业部长可签订仅适用于 1990 年之前的作物的多年休耕合同。此类合同是 1986 年至 1990 年期间小麦、饲料谷物、陆地棉和大米作物项目的组成部分。只有参与一个或多个项目的生产者才符合条件，能够与农业部长签订此类合同。当生产者同意参加多年休耕项目，应在休耕土地上种植符合下列条件的植被，即在休耕期内能够保护土地，改善水质，防止火灾，并且改善自然美观的植被。依据本条的规定，严禁在休耕地上进行放牧，除非出现总统认定为重大灾害的状况且农业部长裁定此类重大灾害导致有必要在休耕地上进行放牧。生产者依据本条规定签订合同后，应同意遵守州和地方所有涉及有毒野草控制问题的法律法规。

（2）依据本条规定签订多年休耕合同之后，农业部长应建立费用分摊机制，鼓励农场运营者种植植被。

（3）农业部长可制定必要的法律规定来实施本条的内容。

（4）农业部长应通过商品信贷公司实施本条所授权批准的项目。

第 1011 条　涉及休耕和限制种植土地面积的补充权力。

仅适用于 1986 年至 1990 年小麦和饲料谷物作物，对《1949 年农业法》第 113 条（《美国法典》第 7 篇 1445h）进行如下修订：

"第 113 条　涉及休耕和限制种植土地面积的补充权力。

"尽管存在其他的法律规定或者农业部长之前发布其他的公告，如果总统或联邦政府行政部门决定限制 1986 年至 1990 年小麦和饲料谷物产品的出口，则农业部长可遵循公众利益需求，依据第 105C 或 107D 条规定，针对上述的一种或多种作物开展实施休耕或限制种植土地面积项目。对于本条所授权批准的休耕或限制种植面积项目，如果项目立项出现延迟的问题，农业部长可对项目进行必要的更改和调整，推动高效地开展实施此类项目。

第 1012 条　生产者储备小麦和饲料谷物项目。

（a）除非（b）中另有规定，否则对于 1986 年之后的农作物，对《1949 年农业法》第 110 条（《美国法典》第 7 篇 1445e）做出如下修订：

（1）在（a）中的第一句中：

（A）删除"供应"后面的"和"字，并在此插入逗号；

（B）在本款结尾句号前面插入"，并且提供足够但不过量的存转库存，确保能够稳定地供应商品"；

（2）在（B）中第三句中：

（A）在（1）中，删除"或者超过 5 年"，并在此处插入"，依据市场具体情况延长时间"；

（B）在（4）中，删除"在小麦或饲料谷物价格达到"，并在此处插入"依据本条规定设立的项目储备小麦或饲料谷物的总量低于（e）（2）（A）和（B）规定的最高存储限额，并且小麦或饲料谷物价格低于"；

（C）在（5）中，删除"农业部长确定的具体水平"，并在此处插入"第Ⅰ篇制定的商品非追索权贷款率或此类商品既定价格的 140%"；

（3）在（b）中结尾处增加下列内容：

"当出现下列情况时：

"（A）（i）农业部长认定，依据本条规定设立的存储项目存储的小麦总量低于当时小麦销售年度的小麦国内消费和出口总量的 17%；或者

"（ii）农业部长认定，依据本条规定设立的存储项目存储的饲料谷物总量低于当时销售年度饲料谷物国内消费和出口总量的 7%；并且

"（B）农业部长认定该商品的市场价格未超过该商品非追索权贷款率的 140％；

"则农业部长应鼓励生产者参加本条授权设立的项目，向生产者提供更高的储备补贴和贷款水平，或者不收取贷款利率，或者采取其他必要的激励措施，将上述项目的商品存储总额维持在（A）和（B）中具体规定的水平。农业部长应考虑收成季节各个地区的差异，确保生产者能够拥有公平公正的机会参与各个生产者储备产品项目。"以及

（4）对（e）进行如下修订：

（A）在款标题后插入"（ⅰ）"；

（B）在第二句结尾句号之前插入如下内容："，应遵循依据本条（2）中设立的储备项目所规定的小麦或饲料谷物存储最高限额"；

（C）删除第三句；并且

（D）在本款结尾处增加下列一段内容：

"（2）在小麦和饲料谷物作物收成之前，农业部长应确定并规定销售年度存储项目下小麦和饲料谷物存储总量上限，具体规定如下：

"（A）此类项目的小麦存储总量上限不得超过经农业部长所确定的、小麦销售年度预计国内消费和出口总额的 30％。

"（B）此类项目的饲料谷物存储总量上限不得超过经农业部长确定的、饲料谷物销售年度预计国内消费和出口总额的 30％。

"（C）尽管存在（A）和（B），如果农业部长认定应提高上限水平来达成本条所设定的目标，则可以提高上限水平，但不得超过第（A）和（B）中规定的水平的 110％，"

（b）本条（a）（2）（B）经修订的规定适用于依据《1949 年农业法》第 110 条（《美国法典》第 7 篇 1445e）提供的贷款。此类贷款应在本法案实施之日后开展偿还。

第 1013 条　延展储备时间。

对《1980 年粮食安全小麦储备法》第 302 条（ⅰ）（《美国法典》第 7 篇 1736f‑1（ⅰ））进行修订，删除条款中两处出现的"1985 年"，并在以上两处插入"1990 年"。

第 1014 条　正常耕种土地。

对《1977 年粮食和农业法》第 1001 条（《美国法典》第 7 篇 1309）做出如下修订：

（1）删除出现的所有"1985 年"，并插入"1990 年"；

（2）在该条结尾处增加下列新的一款内容：

"（c）尽管存在其他的法律规定，当针对 1987 年至 1990 年小麦作物实施销售配额时，农业部长可以依据《1949 年农业法》（《美国法典》第 7 篇 1421 节及以下），将农作物产品贷款、收购和补贴资格作为条件，要求削减符合下列情况的土地的面积：即通常情况下用于种植农业部长指定的农作物的土地，并且为确保对所有生产者公平公正，此类土地进行过必要的调整。减少的土地数量为：

（1）农业部长认定农场正常情况下种植小麦的土地面积；减

（2）本法案第 107D 条（d）（3）（A）中针对农场制定的单个农场项目耕种面积。

第 1015 条　放牧和饲料干草特别项目。

（a）对《1949 年农业法》第 109 条（《美国法典》第 7 篇 1445d）进行修订，删除（a）中第一句中的"1985 年"，并插入"1990 年"。

第 1016 条　项目先期公告。

对《1949 年农业法》第 406 条（《美国法典》第 7 篇 1426）进行如下修订：

（1）在该条标题后面插入"（a）"；

（2）在该条结尾处插入以下一款新的内容：

"（b）（1）尽管本法案存在其他条款，农业部长可以允许 1987 年至 1990 年期间小麦、饲料谷物、陆地棉和大米作物生产者进行选择，决定是否参加本款所规定的商品价格补贴、农业生产调整或补贴项目。

"（2）对于美国任何郡级行政区域 1987 年至 1991 年期间的小麦、饲料谷物、陆地棉和大米作物，如果农业部长未在下列日期当天或者之前最终宣布小麦、饲料谷物、陆地棉或大米商品价格补贴生产调整和补贴项目：

"（A）农业部长认定的该农产品作物正常播种日期前 60 天；或者

"（B）（ⅰ）如果是小麦作物，则为宣布实施小麦项目的作物年份的前一个日历年的 6 月 1 日；

"（ⅱ）如果是饲料谷物，则为宣布实施饲料谷物项目的作物年份的前一个日历年的 9 月 1 日；

"（ⅲ）如果是陆地棉，则为宣布实施陆地棉项目的作物年份的前一个日历年的 11 月 1 日；

"（ⅳ）如果是大米，则为宣布实施大米项目的作物年份的前一个日历年的 1 月 31 日，

"则农业部长可以允许此类作物的生产者选择领取当前作物年度商品项目或（3）中所提供的价格补贴、款项或其他项目收益。

"（3）（A）（ⅰ）对于符合款条件进行选择的生产者，农业部长可允许此类生产者参与本项所说明的项目，或者经农业部长自行裁定，依据商品前茬作物项目的相关条款，参与当前作物年度的商品项目。

"（B）（ⅰ）除非（ⅱ）另有规定，否则当作物生产者行使本款所说明的选择权，并且全面遵守农产品前茬作物减种项目的条款和规定时，农业部长可向生产者：

"（Ⅰ）依据所规定的水平提供贷款和收购产品；

"（Ⅱ）按照前茬作物差额补贴水平提供差额补贴；以及

"（Ⅲ）提供当季作物贷款和收购水平与前茬作物贷款和收购水平之间的差额。

"上述中（ⅲ）批准的款项可以用现金或实物产品的方式进行支付。

"（ⅱ）对于 1991 年度的作物，如果生产者行使本条所说明的选择权，并且全面遵守 1990 年度作物减种项目的条款和规定，则农业部长可向生产者：

"（Ⅰ）提供贷款并且收购其农产品，且贷款和收购水平为在《1985 年粮食安全法》颁布之日后实施的法案针对 1991 年度作物设置的贷款和收购水平。如果在《1985 年粮食安全法》颁布之后实施的法案规定不得针对 1991 年农产品作物提供贷款和进行收购，则农业部长可向符合本款条件行使选择权的生产者提供贷款并且收购农产品，且贷款和收购水平与针对 1990 年作物制定的贷款和收购水平持平；或者如果继《1985 年粮食安全法》颁布之后未出台法案，来规定为 1991 年上述任何农产品的作物提供贷款并且进行收购，以及依据之前通过的法案向此类农产品生产者提供贷款并收购产品，则本条所有的规定不适用于 1991 年作物；

"（Ⅱ）提供差额补贴，差额补贴依据 1990 年作物农产品既定价格进行计算；和

"（Ⅲ）提供下列两个数值的差额：生产者依据（ⅰ）有资格获得的 1991 年作物贷款和收购水平，以及针对 1990 年作物产品制定的贷款和收购水平。

"上述中（ⅲ）批准的款项应以现金或农产品实物的方式进行支付。

"（C）如果生产者决定行使所本条所规定的选择权，则农业部长应确定生产者所在农场的作物种植面积基数和农场项目补贴作物产量是否分别与前一年的作物种植面积基数以及农场项目补贴作物产量相等。"

第 1017 条　农业部长裁定。

（a）对《1938 年农业调整法》第 385 条第一句（《美国法典》第 7 篇 1385）进行修订，在文中"陆地棉"之后插入"特长绒棉"。

（b）如果 1986 年至 1990 年期间的农作物加入依据《1949 年农业法》（《美国法典》第 7 篇 1421 及以下）设立的项目，则农业部长可以直接确定上述作物的贷款、补贴和收购率，无须遵循《美国法典》

第 5 篇 553 条中的规定，即在出台法案或者法令时发布通告并让公众参与立法。

第 1018 条 《1949 年农业法》条款适用范围。

仅适用于 1986 年至 1990 年期间的小麦、饲料谷物、陆地棉和大米作物，对《1949 年农业法》第 408 条（k）（《美国法典》第 7 篇 1428（k））进行如下修订：

"（k）（ⅰ）第 402、403、406、407 和 416 条提到的用语'补贴价格'、'补贴水平'和'价格补贴水平'应同样适用于本法案所提到的小麦、饲料谷物、陆地棉和大米的贷款和收购水平。

"（2）上述几条以及第 401 条（a）中提到的用语'价格补贴'、'价格补贴业务'和'价格补贴项目'同样适用于本法案所提到的小麦、饲料谷物、陆地棉和大米的贷款和收购水平。"

第 1019 条 正常供应。

尽管存在其他的法律条款，如果农业部长认定 1986 年至 1990 年期间销售年度小麦、玉米、陆地棉或大米的供应不可能过剩，并且没有必要设立项目来减少或控制作物种植面积，则应依据上述决定做出下列裁定，即该农产品总供应未超过正常供应水平，而农业部长在该销售年度中不得做出相反的裁定结果，即认定该产品总供应将超过正常供应水平。

第 1020 条 玉米销售年度。

对《1938 年农业调整法》第 301 条（b）（7）（《美国法典》第 7 篇 1301（b）（7））进行修订，删除文中"玉米，10 月 1 日至 9 月 30 日；"，并插入"玉米，9 月 1 日至 8 月 31 日；"。

第 1021 条 联邦农作物保险公司紧急拨款权力。

《联邦农作物保险法》第 516 条（c）（1）（《美国法典》第 7 篇 1516（c）（1））进行修订，删除最后一句。

第 1022 条 农作物保险研究。

（a）农业部长应就下列问题开展研究：

（1）并列比较小麦生产者冬季和春节的产量，以此确定依据《联邦农作物保险法》（《美国法典》第 7 篇 1501 及以下）为上述生产者提供的保险金数额；并且

（2）依法上述法案将冬季冷死小麦纳入作物保险赔偿范围的可行性和可取性。

（b）农业部长应在本法案施行后 180 天内，向众议院农业委员会，以及参议院农业、营养和林业委员会汇报依据（a）规定开展的研究结果，以及旨在纠正研究过程中发现的不公正问题的法案或法规修订建议。

第 1023 条 生产标准评估委员会国家农业成本。

（a）对《1981 年农业和粮食法》第 1006 条（c）（《美国法典》第 7 篇 4102（c））进行如下修订：

"（c）委员会成员任期可为一届或者数届。"

（b）对《1981 年农业和粮食法》第 1014 条（《美国法典》第 7 篇 4110）进行修订，删除"1985 年"，并插入"1990 年"。

第 1024 条 液态燃料。

对《1949 年农业法》第 423 条（a）（《美国法典》第 7 篇 1433b）进行修订，删除文中"商品信贷公司"一词后面所有的内容，并插入以下内容："公司可依据农业部长制定的条件和条款，免费或优惠提供累积的库存农产品，鼓励收购用于生产液态燃料和农产品副产品的农产品。农业部长在实施本条所

规定的项目时，应尽可能确保在使用上述商品过程中，能够推动商品的消费使用，并且同时避免影响农产品的正常销售。"

子篇 B　统一基数面积和项目作物产量规定

第 1031 条　确定小麦、饲料谷物、陆地棉和小麦项目制定的种植面积基数和项目产量的方式。

仅适用于 1986 年至 1990 年期间的作物，对《1949 年农业法》（《美国法典》第 7 篇 1421 及以下）进行修订，在第 4 篇后插入以下的新内容：

"第 5 篇　确定小麦、饲料谷物、陆地棉和小麦项目的种植面积基数和项目产量的方式

"第 501 条　本篇旨在设置一个高效、公平、灵活和稳定的机制，计算小麦、饲料谷物、陆地棉和小麦项目的农场和作物种植面积基数，以及项目产量。

"第 502 条　在本篇中：

"（1）用语'项目作物'指任何小麦、饲料谷物、陆地棉或者大米作物；以及

"（2）用语'郡级委员会'指依据《土壤保护和国内配额法》第 8 条（b）（《美国法典》第 16 篇 590h（b））为农场所在的郡级行政区设立的郡级委员会。

"第 503 条　（a）（1）除非（2）中另有规定，否则农业部长应针对 1986 年及之后的作物年度制定农场种植面积基数。

"（2）农业部长可以不针对 1986 年作物年度制定农场种植面积基数。

"（b）（1）郡级委员会应依据农业部长制定的法规，确定农场作物年度的种植面积基数。农场种植面积基数所包括的土地面积应等于农场各种作物种植土地面积基数相加后的总额。

"（2）在确定 1987 年和之后作物年度的农场种植面积基数时，除了农业作物种植面积基数之外，还应包括农场在 1986 年及之后作物年度的大豆平均种植面积基数，以及生产者在 1986 年及之后作物年度正常农业经营生产过程中保育土壤的平均面积数额。

"第 504 条　（a）（1）农业部长应确定每种项目作物的种植面积基数，其中包括依据双作农耕方式种植生产的项目作物。除非存在双作农耕，否则在任何作物年度，农场所有项目作物的种植面积基数总和不得超过农场该作物年度的农场种植面积基数。

"（2）用语'双作'指符合下列条件的农耕方式，即在确定农场作物种植面积基数的作物年度的之前 5 个作物年度中，至少有 3 个作物年度实施的农耕方式。

"（b）（1）（A）除非（B）中另有规定，否则农场 1986 年及之后作物年度的项目作物种植面积基数应等于之前 5 个作物年度种植收成或认定种植收成该项目作物的土地面积的平均数。

"（B）（ⅰ）对于陆地棉和大米，除非（ⅱ）中另有规定，否则如果未确定作物年度之前的 5 个作物年度的作物种植面积或者认定种植相关作物的面积，则该年度作物种植面积基数应等于之前 5 个作物年度种植产量或认定种植该作物的土地面积的平均数。

"（ⅱ）依据（1）（A）和（1）（B）（ⅰ）规定制定作物种植面积基数时，基数不得超过农场之前 2 个作物年度种植产量和认定种植作物土地面积的平均数。

"（2）认定种植项目作物的土地应包括：

"（A）农场任何减种土地、休耕土地和改种土地；

"（B）生产者因为干旱、洪灾或其他自然灾害，或者超出生产者控制范围的情况而无法种植项目作物的土地；

"（C）当在计划种植项目作物的土地上种植除大豆和特长绒棉以外的其他非项目作物时，允许种植

项目作物的土地面积和实际种植项目作物的土地面积之间的差额；以及

"（D）农业部长为了公平公正制定作物种植土地基数时认为有必要纳入其中的土地。

"（3）如果郡级委员会在认定 1986 年以及之后作物年度作物种植土地面积基数时，如果出现下列情况，可依据农业部长制定的规定，为此类作物创建种植历史记录：

"（A）无法获取此类作物之前 5 个作物年度的种植记录，或者此类种植记录不完备；或者

"（B）在之前 5 个作物年度中，至少有 1 个但不超过 4 个作物年度未在农场种植项目作物。

"（c）农业部长可进行调整，反映出轮作情况和有助于公平公正认定作物面积基数的其他必要因素。

"（d）如果郡级委员会依据农业部长出台的规定，认定因为发生自然灾害或其他超出生产者控制范围的类似情况，生产者无法在该郡农场种植项目作物（或者播种的作物在收成之前严重受损），则生产者可以在受灾土地上种植其他的作物，其中包括其他的项目作物。为了确定农场种植面积基数或者作物种植面积基数，应考虑农场依据本款规定种植包括其他项目作物在内的替代作物的土地面积，并将此类土地面积视为种植项目作物的土地进行考虑。

"第 505 条　（a）农业部长可上调农场任何作物年度的作物种植面积基数。除了（b）中所规定的情况之外，调整数额不得超过该农业任何作物年度农场土地面积基数的 10％。当上调一种作物种植土地面积基数时，应相应下调农场该作物年度一种或者多种其他的作物种植面积基数。

"（b）农业部长如果认定出现下列情况，可在全国范围内暂停（a）针对任何项目作物的种植面积基数实施的限定措施：

"（1）项目作物出现供不应求或者其他类似的紧急情况；或者

"（2）存在为了达成项目目标而需要暂停限制措施的市场因素。

"第 506 条　（a）农业部长应在每个作物年度为每个农场的所有项目作物制定农场项目补贴作物产量数额。

"（b）（1）除非（2）中另有规定，否则 1986 年和 1987 年作物年度的农场项目补贴作物产量应等于 1981 年至 1985 年（不包括产量最高和最低的年份）农场项目补贴作物产量的平均值。

"（2）如果在 1981 至 1985 作物年度期间，农场未种植生产农产品作物，或者未制定农场项目补贴作物产量数额，则应依据该地区类似农场在上述作物年度期间的平均农场项目补贴作物产量来确定该农场的产量。

"（3）如果农业部长认定有必要采取上述措施，则可以在下列因素的基础之上制定全国、州或郡项目补贴作物产量：

"（A）历史产量情况（农业部长进行调整，纠正期间影响产量情况的异常因素）；或者

"（B）如果无法获取历史产量数据，则农业部长可预计相关作物年度的实际产量。

"（4）在确定国家、州或郡项目补贴作物产量之后，农场项目补贴作物产量数额应向国家、州或郡项目补贴作物产量数额平衡靠拢。

"（c）（1）对于 1988 年和之后的作物年度，农业部长可以通过下列方式，确定该项目作物的农场项目补贴作物产量：（A）依据（b）中的规定确定农场项目补贴作物产量，或者（B）在减去农场之前 5 个作物年度中项目作物每亩平均产量最高和最低年份以及农场未种植此类作物的年份之后，计算剩下的作物年度平均每亩产量。在前一句中，在确定农场项目补贴作物产量时，应考虑 1983 年至 1986 年作物年度的农场项目补贴作物产量，以及 1987 年以及之后作物年度的每亩实际产量。

"（2）如果发生自然灾害或者其他超出生产者控制范围的类似情况，农场作物项目买成额不能准确反映农场的生产潜力，则郡级委员会可依据农业部长制定的规定，调整农场项目作物的项目产量。

"（d）如果无法获取（c）（1）所提到的农场项目作物在任何一个作物年度的每亩实际收成，则郡级委员会可依据该地区类似农场在该作物年度的项目作物实际收成，确定上述农场在该作物年度的项目作物收成。

"第 507 条　如果生产者希望确定农场某一作物年度的农场土地面积基数、作物种植面积基数或者

农场项目补贴作物产量，郡级委员会可以依据农业部长制定的规定，要求生产者提供农场之前 5 个作物年度每一年的的种植和生产历史记录。该规定仅适用于 1986 年和之后的作物年度。

"第 508 条　对于位于郡行政区域内的农场，如果无法通过其他方式确定农场土地面积基数、作物种植面积基数和农场项目补贴作物产量，则每个郡级委员会可依据农业部长制定的规定，确定农场土地面积基数、作物种植面积基数和农场项目补贴作物产量。郡级委员会应公平公正地确定此类基数和收成数额。如果农场生产者因为在高度易受侵蚀的土壤或改造湿地上种植作物，依据联邦法相关规定遭到处罚，则不得为上述农场制定上述基数和农场项目补贴作物产量。

"第 509 条　农业部长应制定行政上诉程序，为农场土地面积基数、作物面积基数和农场项目补贴作物产量认定结果提供行政复审的机会。"

子篇 C　蜂　　蜜

第 1041 条　蜂蜜价格补贴。

《1949 年农业法》第 201 条（b）（《美国法典》第 7 篇 1446）仅适用于 1986 年至 1990 年蜜源作物。该款经修订后内容如下所示：

"（b）（1）对于 1986 年至 1990 年期间的蜜源作物，应通过下列贷款、收购或其他方式补贴蜂蜜价格：

"（A）对于 1986 年蜜源作物，蜂蜜贷款和收购水平为每磅 64 美分。

"（B）对于 1987 年蜜源作物，蜂蜜贷款和收购水平为每磅 63 美分。

"（C）对于 1988 年、1989 年和 1990 年蜜源作物，蜂蜜贷款和收购水平应为前一个作物年度的贷款收购水平减少 5％后的结果，但是贷款和收购水平不得低于下列水平，即前 5 个作物年度减去平均价格最高和最低的年份之后，蜂蜜生产者收到的简单平均价格的 75％。

"（2）当生产者偿还依据本款获得的贷款时，农业部长可允许生产者低于下列水平进行还贷：

"（A）为此类作物制定的贷款水平；或者

"（B）农业部长认定将影响下列因素的水平：

"（ⅰ）使贷款没收数量减少到最小程度；

"（ⅱ）不会引起蜂蜜总库存过剩；

"（ⅲ）减少联邦政府储存蜂蜜的成本；和

"（ⅳ）维持蜂蜜在国内和出口市场的竞争力。

"（3）（A）如果农业部长认定有法人有意将掺假蜂蜜或进口蜂蜜作为抵押品，获取本款所说明的贷款，则该法人除了依法接受罚款或处罚之外，在农业部长下达裁定结果之后的 3 个作物年度内，丧失获得本款所规定的贷款、收购或款项的资格。

"（B）在（A）中，当出现下列情况时，蜂蜜应被视为掺假：

"（ⅰ）所有或部分蜜蜂被其他物质所代替；

"（ⅱ）蜂蜜中含有有毒或有害物质，从而导致蜂蜜产品有损健康；但是如果上述有毒或有害物质不是人为添加的，并且蜂蜜中此类物质的含量在通常情况下不会损害人类健康，则此类蜂蜜不应被视为掺假蜂蜜；或者

"（ⅲ）此类蜂蜜因为其他任何原因不可靠、不健康、不卫生或者不适合人类食用。"

第 XI 篇　贸　　易

子篇 A　《公法》480 和国际项目使用过剩商品

第 1101 条　第 Ⅱ 篇——资金水平。

自 1985 年 10 月 1 日生效，对《1954 年农产品贸易发展和援助法》第 204 条（《美国法典》第 7 篇

1724）做出如下修订：

（1）删除第一句中两处出现的"日历"，并取代插入"财政"；

（2）在第一句之后插入以下内容："总统如果认定有必要搁置前一句提及的限制措施，实施援助项目，满足紧急人道主义需求，则可以搁置上述限制措施。"

第 1102 条　第 Ⅱ 篇所规定的农产品分配最低数额

对《1954 年农产品贸易发展和援助法》第 201 条（b）（《美国法典》第 7 篇 1721（b））做出如下修订：

"（b）对于年度最后一天分别为 1987 年 9 月 30 日、1988 年 9 月 30 日、1989 年 9 月 30 日和 1990 年 9 月 30 日的财政年度，为上述各个财政年度分别分配的农产品最低数额应达到 1 900 000 万吨，其中不少于 1 425 000 万吨应通过非盈利自愿机构、合作社和世界粮食计划署进行分配，用于非紧急项目。不过如果总统有正当理由认定这一数量的农产品未能有效地用于达成本篇所设定的目标，并且向国会进行报告，则无须采取上述措施。"

第 1103 条　《公法》480 第 Ⅱ 篇——强化或加工粮食最低额和非盈利机构建议。

对《1954 年农产品贸易发展和援助法》第 201 条（《美国法典》第 7 篇 1721）进行修订，在结尾处增加下列一款新的内容：

"（c）（1）除非（2）中另有规定，否则总统依据本篇相关规定分配农产品时：

"（A）应考虑下列措施和因素：

"（ⅰ）发放包括加工牛奶、植物蛋白质产品、水果、坚果和蔬菜产品在内的加工和蛋白质强化农产品，为受益者提供营养援助，为美国提供福利；

"（ⅱ）有资格领取上述农产品的民众的营养需求；

"（ⅲ）供应此类农产品的成本效益，以此确定非紧急项目选用分配的农产品；和

"（ⅳ）本篇设定的目标；和

"（B）确保非紧急项目在每个财政年度依据（b）发放的农产品中至少有 75％是加工或强化产品，或者袋装产品。

"（2）在任何一个财政年度，如果总统认定依据（1）（b）中的数量发放强化或加工产品的方式无法满足本篇有关非紧急项目的规定，则总统可搁置（1）（B）中的要求，或者提供少于（1）（B）中规定数量的加工或强化产品。

第 1104 条　自愿机构粮食援助项目。

（a）对《1954 年农产品贸易发展和援助法》（《美国法典》第 7 篇 1721 及以下）第 Ⅱ 篇进行修订，在结尾增加以下内容的规定：

"第 207 条　（a）非盈利自愿机构依据本篇规定申请签署非紧急粮食援助协议时，应介绍说明预期如何使用本协议提供的农产品所产生的外汇收益。

"（b）此类协议应规定，每个财政年度用于本款的外汇收益总额不得少于下列数额，即非紧急项目依据本篇规定在该年度提供的农产品总值的 5％。"

（b）《1954 年农产品贸易发展和援助法》第 207 条（经（a）修订增加）应适用于 1985 年 12 月 31 日之后签订的协议。

第 1105 条　《公法》480 权限续展

对《1954 年农产品贸易发展和援助法》第 409 条（《美国法典》第 7 篇 1736c）进行如下修订：

（1）删除第一句中的"1985 年"，并插入"1990 年"；

（2）在第二句中：

（A）删除"一项修订案"，并插入"多项修正案"；

（B）在"《1981 年农业和粮食法》"之后插入"以及《1985 年粮食安全法》"。

第 1106 条　推动贸易。

国会认为，总统应与中华人民共和国携手合作，推动向中华人民共和国出口农产品。

第 1107 条　《公法》480 规定的农场对农场项目。

（a）尽管存在其他的法律规定，对于结束日期分别为 1986 年 9 月 30 日和 1987 年 9 月 30 日的财政年度中用于实施《1954 年农产品贸易发展和援助法》的资金，其中不少于 0.1% 的资金应用于实施该法案第 406 条（a）（1）和（2）的规定。用于实施第 406 条（a）（2）规定的资金数额不得超过本款第一句所说明的资金的 1/4，并且应当用于开展下列活动，即直接支持第 406 条（a）（1）所规定的农场对农场项目。此外，上述资金应和《1961 年外国援助法》第 296 至 300 条所说明的项目一同接受管理。

（b）国际发展局局长应在本法案实施之日起 120 天内，与农业部长一起向国会提供一份报告，说明国际发展局计划如何运用（a）中所提供的资金，实施《1954 年农产品贸易发展和援助法》第 406 条（a）（1）和（2）的规定。

第 1108 条　粮食促发展项目。

对《1954 年农产品贸易发展和援助法》第 302 条（c）（1）（C）（《美国法典》第 7 篇 1727a（c）（1）（C））进行修订，删除"15"，并插入"10"。

第 1109 条　国际项目中剩余商品的运用。

对《1949 年农业法》第 416 条（《美国法典》第 7 篇 1431）进行如下修订：

（1）删除（a）中最后两句文字；以及

（2）对（b）进行如下修订：

"（b）（1）农业部长遵循（10）的规定，可依据《1954 年农产品贸易发展和援助法》第 Ⅱ 篇和《1985 年粮食促发展法》，提供符合条件的商品，用于部长批准的发展中国家和友好国家援助项目，以及部长批准的其他用途。总统设立了一项机制，负责协调《1954 年农产品贸易发展和援助法》所规定的援助事宜。在依据本款规定提供农产品援助时，应通过上述机制，确保此类援助与美国的其他外国援助项目协调一致并且能够对其进行补充。

"（2）本款中的用语'符合条件的商品'指：

"（A）商品信贷公司通过农业部长认定达到（a）规定的标准的价格补贴办法，所收购的乳制品、谷物和油籽；以及

"（B）符合下列条件的其他可食用农产品：农业部长或商品信贷公司在正常业务过程中可以收购的、并且依据本款规定可以进行出售、但不包括收购用于本款规定用途的商品。

"（3）（A）依据本款规定出售的商品数量不得引发下列问题：（ⅰ）导致捐赠给国内食物供应项目或机构的商品数量减少；或者（ⅱ）导致农业部长无法履行依据本法案或其他法律所规定的实物支付项目合同。

"（B）（ⅰ）《1954 年农产品贸易发展和援助法》第 401 条（b）的规定适用于依据本款提供的商品。除非农业部长做出下列裁定，否则不得向任何国家出售任何农产品：

"（Ⅰ）接收国能够高效地使用此类农产品；

"（Ⅱ）出售农产品不会干扰美国的正常市场交易，或者扰乱国际农产品价格以及与发展中国家的

正常商业贸易。

"（ⅱ）旨在维护美国正常市场交易的规定不得用于阻止向符合下列情况的国家提供合格商品：

"（Ⅰ）未曾向美国购买商品的国家；或者

"（Ⅱ）没有足够资金通过商业渠道或优惠销售安排机制向美国购买商品的国家。

"（C）农业部长应采取合理的预防措施，确保：

"（ⅰ）在依据本款规定提供商品时，不会移置或干扰其他情况下可能开展的商品销售活动；

"（ⅱ）在依据（7）规定进行销售和实物交易时，不会不当干扰世界农产品价格或者与友好国家的正常商业贸易。

"（4）可依据本款的规定签订协议，在长期内分期供应符合条件的商品。

"（5）（A）《1954 年农产品贸易发展和援助法》第 203 条应适用于依据本款规定供应的商品。

"（B）如果农业部长认定实物支付方式不会干扰国内市场，经本款的授权，商品信贷公司可利用（2）（A）所说明的符合条件商品，来支付加工和国内手续费。

"（6）对于依据本款规定所供应的商品成本，以及《1954 年农产品贸易发展和援助法》第 203 条下产生的涉及上述商品的费用，应算入上述法案制定的援助水平当中，不得列为国际事务和金融费用。

"（7）在征得农业部长的批准之后，可出售或者实物交易本款所规定的符合条件的供应商品和相关制品，但此类销售或实物交易应符合下列条件：

"（A）销售和实物交易应为商品或产品捐赠活动的附带业务。

"（B）销售和实物交易旨在支付在进口国或商品中转国家分配、处理和加工捐赠商品或产品时所产生的费用，以及在进口国向贫困人群提供食物援助时开展的其他活动所产生的费用。

"（C）销售和实物交易的对象是提供给政府间机构或组织的商品和产品，不过在进行销售和实物交易过程中应遵循此类机构或组织的正常商品分配流程。

"（D）（ⅰ）出售提供给非盈利和自愿机构或者合作社用于食物援助的商品和产品，并且机构或合作社可依据合同规定，将商品和产品销售带来的外汇收益用于本小项（ⅱ）中所规定的用途。

"（ⅱ）对于依据本小项规定出售商品和产品所产生的外汇收益，非盈利和自愿机构，或者合作社应将此类收益用于开展活动，提高捐赠商品和产品的运输、分配和使用效率。开展的活动包括以工代赈项目以及合作社和农业项目。

"（ⅲ）除非（ⅴ）另有规定，否则各个财政年度为获取外汇收益，依据协议出售的商品和产品总额应达到一定数额；出售的商品和产品总价值不得少于该财政年度援助项目商品和产品总价值的 5％。本款的最低分配规定适用于提供给《1954 年农产品贸易发展和援助法》第Ⅱ篇规定的援助项目的商品和产品，但不适用于用于实施《1985 年食物促进法》的商品和产品。

"（ⅳ）对于依据本小项规定销售商品和产品所产生的外汇收益，除非出现下列情况，否则此类外汇收益只得用于收益来源国，且应在收到货币收益之日起一年内花费完毕：（Ⅰ）农业部长允许将此类收益用于其他国家，用于推动依据本小节规定开展的商品和产品运输活动；（ⅱ）农业部长为了达成（ⅰ）所设定的目标，允许此类收益的花费使用期限超过一年。

"（ⅴ）对于本小项（ⅲ）中规定的每年商品销售和收益使用最低额，该项规定不适用于下列情况，即对商品出售和收益使用没有充分需求，或者（3）中所规定的情况。

"（E）销售和实物交易旨在支付（5）（a）所产生的费用。

"对于本项所说明的商品销售和实物交易所产生的收益，不得用于支付运营和管理费用，除非（C）另有规定，或者收益用于支付当地合作社的劳务和行政支出。

"（8）（A）应在切实可行的最大范畴内，运用简易程序来实施本款的规定。

"（B）农业部长负责实施下列法规，即管理本款（7）所说明的商品销售和实物交易以及外汇收益使用活动的法规。上述规定提供合理的保障措施，防范在开展（7）所说明的活动时出现滥用的情况。

"（9）（A）在接收获准依据（7）规定进行销售或实物交易的商品和产品后，应向农业部长汇报提供下列信息，即依据（B）（ⅰ）至（ⅳ）的规定应纳入农业部长报告的信息。商品和产品接收者应依据农业部长制定的规定提交本小项所说明的报告。除了 1985 年财政年度之外，如果在其他财政年度领取了商品和产品，则应依据规定，在该年度 12 月 31 日之前提交至少一份报告。

"（B）农业部长应分别在 1987 年及之后的每个年度的 2 月 15 日之前，向国会汇报上一个财政年度有关（7）中所规定的商品销售和实物交易以及外汇收益使用情况。此类报告应包括下列信息：

"（ⅰ）用于销售和实物交易的商品数量；

"（ⅱ）财政年度内商品销售和实物交易产生的资金数额（包括换算为美元的外汇收益）以及服务价值；

"（ⅲ）上述资金和服务的使用方式；

"（ⅳ）依据（7）（D）所说明的协议，在财政年度内使用的外汇收益金额，以及上述金额在财政年度商品和产品总供应额中占有的比率；

"（ⅴ）农业部长对于当前财政年度和下一个财政年度中依据（7）（D）的规定使用的外汇收益金额的最佳估计值，以及上述预计金额在财政年度内预计提供的商品和产品总额中的比率；

"（ⅵ）销售、实物交易和外汇收益使用在促进商品和产品分配方面取得的效果；

"（ⅶ）此类销售、实物交易和外汇收益使用活动：

"（Ⅰ）移置或干扰美国农产品和相关制品商业销售活动的程度；

"（Ⅱ）影响美国普通市场的程度；

"（Ⅲ）扰乱世界农产品价格或者与友好国家贸易的程度；或者

"（Ⅳ）抑制商品接收国当地农产品生产和销售的程度；以及

"（ⅷ）农业部长有关改进（7）规定的销售、实物交易或外汇收益使用活动的建议。

"（10）（A）依据（3）制定的限制规定，农业部长在 1986 至 1990 年财政年度期间，应每年提供一定数额的符合条件的商品进行销售，且数量不得少于（B）中规定的最低数额。

"（B）在每个财政年度，依据本款规定销售的符合条件商品应达到下列最低数额：

"（ⅰ）商品信贷公司提供的 500 000 万吨未决定用途的库存谷物和油籽，或者商品信贷公司该财政年度内未决定用途的谷物和油籽库存量（由农业部长进行估算）的 10%（以上述两个数值中较小的为准）；以及

"（ⅱ）商品信贷公司未决定用途的乳制品库存量的 10%，但数量不得少于 150 000 万吨。

农业部长应在财政年度开始之前，估计商品信贷公司在年终时未决定用途商品的库存量。农业部长应在财政年度开始之前，在联邦公告中公布下列信息，即商品信贷公司依据本款规定在财政年度中提供用于销售的商品库存，以及此类商品的种类以及各种商品具体数量的分类细帐。

"（C）对于依据（B）（ⅰ）和（ⅱ）中规定供应的商品，其中不少于 75 000 万吨应用于实施《1985 年食物促进法》的相关规定。

"（D）（ⅰ）农业部长：

"（Ⅰ）如果认定财政年度对符合条件的商品没有足够需求，并向国会进行汇报，则可以放弃有关（A）和（B）中的财政年度最低数额要求，但是这一规定不适用于（C）中所规定的最低数额要求。

"（Ⅱ）可以依据《1985 年食物促进法》（f）（2）的规定，放弃实施（C）的最低数额规定；以及

"（Ⅲ）如果认定限制（3）所说明的商品的数量将影响商品供给，则可以放弃执行（A）、（B）和（C）针对每个财政年度制定的最低数量的规定。

"（ⅱ）在任何一个财政年度，如果商品信贷公司无法依据（B）规定提供最低数额的未决定用途商品，并且出现商品申请被拒绝的情况，则农业部长应在财政年度年末时向国会提供详细的书面报告，说明申请被拒绝的理由。

"（11）（A）农业部长可依据本款规定提供下列协议或者项目所涵盖的符合条件商品：（ⅰ）依据《1954 年农产品贸易发展和援助法》第Ⅰ篇或者其他法律签订的优惠销售协议；或者（ⅱ）依据《商品

信贷公司许可法》或其他法律实施的农产品出口补贴或促销项目。

"（B）如果接收国与美国签订协议，通过商业安排机制增购农产品，则农业部长可依据此类协议提供符合条件的商品。

"（C）在裁定任何财政年度是否达到本款（10）（A）的规定时，不得使用下列数据进行评判，即该年度依据本小项（A）和（B）规定提供的商品数量。

第 1110 条　食物促进步。

（a）可将本条称之为《1985 年粮食促进步法》。

（b）如果发展中国家承诺改变商品定价、销售、分配和私有部门参与模式，在农业经济引入或扩大自由企业因素，则总统有权与此类国家签订协议，依据本条（e）和（f）规定提供商品，高效地运用美国粮食资源来开展援助活动。依据此类协议，美国可以长年提供商品。

（c）本条中的用语"商品"指农产品和相关制品。

（d）总统在决定是否与相关国家签订协议时，应该考虑潜在的商品接收国是否致力于实施或正在实施相关政策，推动经济自由，实现国内自产自销粮食商品，并且开拓高效的国内市场来收购和销售此类商品。此类政策可规定：

（1）允许该国农民进入私人竞争市场出售产品；

（2）进行商品市场定价，激励农民正常地生产粮食，满足国内需求；

（3）依据市场情况决定外汇汇率；

（4）及时向农民提供生产物资（例如种子、化肥和杀虫剂）；

（5）运用符合本国农业发展水平的技术；以及

（6）建设必要的设施和分配系统，处理易腐产品。

（e）（1）商品信贷公司应向总统提供《1954 年农产品贸易发展和援助法》第 401 条规定可动用的商品，供总统落实本条有关提供商品的规定。

（2）尽管存在其他的法律规定，商品信贷公司可动用用于实施《1954 年农产品贸易发展和援助法》第 Ⅰ 篇规定的拨款，执行本条涉及本法案所提供的商品的规定。

（3）在依据《1954 年农产品贸易发展和援助法》规定向发展中国家提供商品时，商品信贷公司可资助商品销售和出口活动。发展中国家依据本条所规定的信贷条件购买上述商品时，应依据法案第 106 条规定的条件进行付款。

（4）对于依据《1954 年农产品贸易发展和援助法》提供、用于本条规定用途的商品，法案第 203 条的规定适用于依据本条规定转让给发展中国家的商品，而法案第 401 条（b）适用于依据本条规定提供给发展中国家的所有商品。

（f）（1）下列商品应以转让的形式提供给发展中国家，即依据《1949 年农业法》第 416 条（b）规定提供的、用于达成本条目标的商品。

（2）除非总统认定没有足够的合格接收者，否则依据《1949 年农业法》第 416 条（b）（10）（C）节的相关规定提供的、用于落实本条规定的商品数量不得少于 75 000 万吨。

（3）在实施《1949 年农业法》第 416 条（b）时，如果出现下列情况，商品信贷公司可购买商品用于本条所规定的用途：

（A）商品信贷公司未能库存此类商品；或者

（B）商品信贷公司商品库存不足以满足依据本条规定签订的合同所承诺的商品数量。

（4）除非拨款法案事先授权批准，否则商品信贷公司在实施本条涉及依据《1949 年农业法》第 416 条（b）提供的商品的规定时，使用的经费不得超过 30 000 000 美元（不包括商品成本）。

（5）对于依据《1949 年农业法》第 416 条（b）规定提供的、用于落实本条规定的商品，商品成本以及向其他国家提供商品时产生的费用应算入《1954 年农产品贸易发展和援助法》制定的援助水平中，不得列为国际事务和金融费用。

(g) 在 1986 年至 1990 年财政年度期间，每年依据本条规定提供的商品数量不得超过 500 000 万吨。

(h) 依据本条规定签订合同应规定不得将商品转销或转运至其他国家。

(i) 总统依据本条规定签订合同时，应采取合理的措施，防止出现本来应出售给其他国家的美国商品出现销售移置的情况。

(j) 当依据本条规定与其他国家签订合同时，总统应在合同签订的财政年度结束后 90 天内，向众议院和参议院农业、营养和林业委员会汇报此类合同的情况，以及上述国家在实施私营、自由企业农业政策推动农业长期发展方面取得的进展。

(k) 本条规定自 1985 年 10 月 1 日起开始生效，有效期至 1990 年 9 月 30 日。

第 1111 条　出售商品换取当地货币；推动私有企业发展。

(a) 对《1954 年农产品贸易发展和援助法》第 2 条第一句（《美国法典》第 7 篇 1691）进行修订，在"农业生产；"之后插入下列内容："使用本法案下积累的外汇，促进和鼓励发展中国家私有企业的发展；推动当地粮食生产，改善发展中国家的粮食安全状况；"。

(b) 国会认为应采取其他措施，运用美国农民生产的富余农产品，达成下列目标：

(1) 依据《1961 年外国援助法》第 201 条（《美国法典》第 22 篇 2151-1）制定的发展援助政策，缓解发展中国家民众面临的饥饿问题，并且推动此类国家实现长期的粮食安全和经济发展。

(2) 促进美国的农业贸易利益。

(c) 对《1954 年农产品贸易发展和援助法》第 101 条（《美国法典》第 7 篇 1701）进行如下修订：

"第 101 条　(a) 为了实施和达成本法案第 2 条所制定的政策和目标，总统获准与友好国家进行谈判，达成并履行合同，出售农产品：

"(1) 用于换取美元，并且提供信贷；

"(2) 如果无法换取美元，则换取外汇，提供信贷，并且可依据适用于销售协议的汇率将外汇兑换为美元；或者

"(3) 用于换取外汇。此类外汇可用于第 108 条所规定的用途，且可以兑换为美元。

"(b)(1) 除非(2)中另有规定，否则在 1986 年至 1990 年财政年度期间，依据本篇规定签订协议，销售商品换取外汇货币时，每年销售额不得低于本篇所规定的农产品销售总额的 10%。

"(2) 在任何一个财政年度，如果总统认定遵循(1)的规定将极大地影响本篇规定的商品供应水平，则可以降低(1)规定的最低销售额。

"(3) 如果发展中国家的私有部门无法有效地使用和吸收销售商品所换取的外汇，则可以无需与该国签订此类合同。

"(d) 依据本篇规定签订协议后，应遵循协议规定的下列条件和条款，出售商品换取外汇用于第 108 条规定的用途。"

(d) 对《1954 年农产品贸易发展和援助法》第 103 条（《美国法典》第 7 篇 1703）进行如下修订：

(1) 在(b)中的"第 104 条"后插入"，在第 108 条"；

(2) 删除(d)最后一句中的"依据信贷条款换取美元"；

(3) 在(m)中：

(A) 在"(m)"后插入"除非第 108 条另有规定，"；

(B) 删除分号，并在此处插入句号；以及

(C) 在(m)后增加下列内容："在实施本款规定时，总统应规定，通过商品销售协议获取的、用于第 108 条规定用途的外汇可在下列期间内兑换为美元，即最后一次交付商品日期 10 年之后算起的 20 年内。此类销售协议应制定货币兑换时间表，但无须规定具体的兑换汇率；"；

(4) 删除(n)中的"换取美元并提供信贷"以及"换取美元现金"；

（5）删除（o）中的"接受（Take）"，并插入"接受（take）"；

（6）删除（p）中的"确保可以进行兑换"，并插入"除非第 108 条另有规定，否则确保可以进行兑换"；以及

（7）删除（q）的"确保可以进行兑换"，并插入"除非第 108 条另有规定，否则确保可以进行兑换"。

（e）对《1954 年农产品贸易发展和援助法》第 105 条（《美国法典》第 7 篇 1705）第一句进行修订，删除文中的"第 104 条"，并插入"第 104 和 108 条"。

（f）对《1954 年农产品贸易发展和援助法案》第 106 条（a）（《美国法典》第 7 篇 1705（a））进行修订，在文中结尾处增加下列新的内容：

"（3）当依据本篇规定签订合同，销售商品换取外汇用于第 108 条所规定的用途时，应遵循协议所说明的条款支付相关款项。"

（g）对《1954 年农产品贸易发展和援助法》第 106 条（b）进行修订，在文中结尾处增加下列新的内容：

"（4）（A）尽管本款存在其他的规定，当依据本篇规定签订合同，以信贷方式销售商品来换取美元时，合同可规定，在接收国出售商品所产生的收益可用于美国和接收国政府共同商定的私人部门发展活动。

"（B）对于依据本项规定用于私人部门发展活动的收益，可存入共同规划管理的帐户。接受国可将此类收益借贷给在该国运作的一个或多个金融中介机构，由此类中介机构将收益借贷给该国的个人、私营和志愿组织、企业、合作社和其他实体。中介机构可向合作社，或者私营和志愿组织提供此类收益，用于支付组建金融中介机构的启动费用。此类收益不得用于推动生产符合下列情况的商品或者产品，即总统认定在世界市场中将与美国生产的类似商品或产品形成竞争关系的商品或产品。"

（h）对《1954 年农产品贸易发展和援助法》进行修订，在第 107 条（《美国法典》第 7 篇 1707）后插入下列新的内容：

"第 108 条　（a）（1）总统应推动和鼓励发展中国家发展私人企业和基础设施，并在此基础上扩大、推动和提升该国粮食和其他相关产品的生产以及服务供应。为此，总统可依据本篇规定的农产品销售协议，与在发展中国家运营或设在该国的金融中介机构签订合同，为它们提供符合下列情况的资金，即履行在《1985 年粮食安全法》实施之后、依据本篇规定签订的协议，在该国销售商品所积累的收益。通常情况下适用于拨款经费的采购或其他合同规定不适用于此类外汇资金。

"（2）在借贷本条所说明的外汇收益时，总统应采取必要的措施，确保在商品采购国充分地公布有关向金融中介机构提供此类外汇收益的信息。

"（b）为了达到获得本条所说明的外汇收益的条件，金融中介机构应与总统签订协议，同意以合理的利息，将此类外汇收益借贷给发展中国家的个人、合作社、企业或者其他实体，资助下列活动或设施：

"（1）在发展中国家有效开展的私人企业投资活动，其中包括针对下列项目开展的投资活动，即总统认定符合条件的合作社、非盈利志愿组织和其他实体所开展的项目；

"（2）协助拓展美国农产品和相关制品使用、销售、消费和市场的私营企业设施；或者

"（3）私营企业开展的旨在支持自助措施和项目的活动。

"（c）依据本条规定签订的协议应详细说明外汇收益使用和偿还条件和条款，其中包括下列条件和条款：

"（1）金融中介机构应在切实可行的最大范围内，优先为农业私营企业提供本条所说明的资金。

（2）（A）金融中介机构应根据汇率转换表以允许外币转换成美元的时间和方式来偿还本条所述贷款及待付利息；

"（B）金融中价机构可在协议规定的期限之前偿还贷款。

"（3）下列实体或企业方有资格从金融中介机构获取本条所说明的资金：

"（A）有资格签订销售协议的发展中国家或者其他国家的居民直接或间接所有的实体或企业，不过

49％以上的所有权归美国公民所有的实体或企业除外；和

"（B）不是由发展中国家政府或政府机构全面或部分拥有或控制的实体或企业。

"（4）（A）依据本条相关规定向金融中介机构提供贷款时，贷款利率应由总统和该机构共同决定。

"（B）如果合作社或者非盈利志愿机构充当金融中介机构的角色，则总统依据本条相关规定为此类金融中介机构提供贷款时，收取的贷款利率应低于向其他类型的中介机构收取的利率；或者总统可以补助的形式，将依据本法案第101条（a）（3）销售商品所换取的货币提供给此类机构，用于支付成立金融中介机构的启动费用。

"（5）依据本条相关规定提供的资金不得用于推动生产符合下列情况的商品或产品，即总统认定在世界市场内将与美国生产的类似商品或产品形成竞争关系。

"（6）在依据本条相关规定向发展中国家的金融中介机构提供贷款时，总统不得以贷款资格为条件，要求该国偿还贷款。

"（7）金融中介机构应采取必要的措施，在发展中国家公布有关贷款资金的信息。

"（d）（1）金融中介机构履行应依据本条相关规定签定的协议，偿还贷款。对于上述货币，应依据第105条的相关规定进行存款和报账。

"（2）经总统决定，金融中介机构偿还的货币应使用于下列用途：

"（A）资助私营企业与金融中介机构签订协议开展的其他高效投资活动；

"（B）用于开发新的美国农产品市场；

"（C）用于支付美国的承付款项（包括依据美国其他法律规定应承付的款项）；或者

"（D）兑换为美元。

"（3）《美国法典》第31篇第1306条的规定应适用于下列货币，即用于（2）（C）规定用途的货币。

"（e）（1）应定期审核依据本条和第106条（b）（4）规定签订的合同，认定协议的条件和条款是否得到履行。

"（2）在每个财政年度结束后180天内，总统应向众议院，以及参议院农业、营养和林业委员会和外交委员会汇报上一个财政年度依据本条和第106条（b）（4）相关规定开展的活动情况，其中包括下列评估意见，即依据本条和第106条（b）（4）相关规定开展的投资活动如何影响各个参与国农业私营企业的发展。

"（f）总统可提供农业技术援助，推进本条所设定的目标，其中包括资助市场发展活动。总统应在切实可行的最大范围内，将至少5％的符合下列情况的资金用于开展援助活动，即依据在《1985年粮食安全法》实施后、依据本篇规定签订的协议销售农产品换取用于本条规定用途的外汇。

"（g）在1986年至1990年期间的各个财政年度，应依据第106条（b）（4）和本条的相关规定，鼓励总统将外汇收益贷款给私营企业开展投资活动。贷款额为依据本篇相关规定开展的销售协议价值的25％，不过前提是私营企业应提出相应的贷款申请。

"（h）尽管存在其他的法律规定，本条的规定仍适用有效。

"（i）在本条和第106条（b）（4）中：

"（1）用语'发展中国家'指有资格依据本篇相关规定签订销售协议的国家；

"（2）用语'金融中介机构'指总统认定有能力依据本条相关规定提供发放贷款的银行、金融机构、合作社、非盈利志愿机构，或者其他组织或实体。"

第1112条 儿童免疫。

（a）对《1954年农产品贸易发展和援助法》进行如下修订：

（1）在第109条（11）（《美国法典》第7篇1709（11））结尾句号前插入"，包括儿童免疫"；

（2）删除第206条（《美国法典》第7篇1726）第一句中"（B）"前面的"或者"一词，并在结尾

的句号前面插入下列内容："，或者（C）健康项目或计划，包括儿童免疫"；以及

（3）在第 301 条（b）（《美国法典》第 7 篇 1727（b））第二句"卫生服务"一词后面插入下列内容："（包括儿童免疫）"。

（b）各个组织和机构依据《1954 年农产品贸易发展和援助法》开展援助，实施健康卫生项目时，应努力达成下列目标，即尽可能为更多的儿童提供免疫接种。各个组织和机构在开展儿童免疫接种工作时，应与开展类似工作的其他组织进行协调，并且与各国的免疫拓展项目规划保持一致。总统每年依据《1961 年外国援助法》第 634 条相关规定提交各项报告时，应在报告中纳入有关此类免疫接种活动的信息。此外，总统还应报告每年依据本条相关规定提供的免疫接种预计数量。

第 1113 条　负责农产品贸易和粮食援助事务的特别助理。

（a）总统应任命一名负责负责农产品贸易和粮食援助事务的总统特别助理（以下简称为"特别助理"）。

（b）特别助理应为总统行政办公室的人员。

（c）特别助理负责以下事务：

（1）协助总统并提供建议，推动巩固在美国和外国开展的粮食援助项目；

（2）听取涉及美国政府在各地开展的美国粮食援助和农产品出口项目的建议和投诉，并且及时做出回应，例如当上述项目出现不合理的拖延情况时，应加快推动实施此类项目；

（3）向总统提供建议，协调简化农业部和国际开发署实施粮食援助项目的方式，提高它们的整体效率；

（4）建议总统采取措施，开展粮食援助项目，拓展美国农产品和相关制品的消费和使用；

（5）就农产品贸易问题向总统提供建议；

（6）就食物促进步项目向总统提供建议，并且加快实施食物促进步项目；

（7）担任发展协调委员会和下属的粮食援助小组委员会的成员；

（8）就涉及粮食援助政策基本议题的指导原则向联邦政府的各个部门和机构提供建议，确保粮食援助项目协调一致，遵循相关法律和上述委员会的建议；以及

（9）每年向总统和国会提供一份报告直至 1990 年，报告内容包括：

（A）对全球粮食需求和生产情况的分析；

（B）确定至少 15 个符合下列情况的目标国家，即未来 5 至 10 年内将发展为成长型农产品消费市场的国家；以及

（C）一份详细的规划，介绍如何通过出口和粮食援助部门扩大对上述目标国家的农产品出口。

（d）特别助理还承担下列职责：

（1）从私营和政府渠道获取信息并征求建议，并向总统和国会提交一份规划，建议采取行动达成下列目标：

（A）推动美国农产品和相关制品的出口；以及

（B）拓展美国农产品和相关制品的出口市场。

（2）制定国家农业政策并向总统提供相关建议，推动促进美国农业的发展，维持并扩大农业作为美国经济重要组成部门的优势；以及

（3）（A）评估联邦政府开展的各种项目活动，确定此类影响着美国农业的项目和活动是否为农业的发展做出贡献；以及

（B）就上述项目和活动是否有效推动农业发展问题向总统和国会提供建议；

（d）对《美国法典》第 5 篇第 5312 条进行修订，在结尾处增加以下新的内容：

"负责农产品贸易和粮食援助事务的特别助理。"

子篇 B　维持和开发出口市场

第 1121 条　贸易政策声明。

（a）国会认定：

（1）由于外国的不公平竞争以及美元价值居高不下，美国农业出口的数额和价值近几年大幅下降；

（2）由于美国农业贸易政策缺乏统一连贯的目标，并且在制定贸易政策过程中缺乏指导和协调，上文提到的农业出口下降问题进一步恶化；

（3）农业利益在政府各个经济政策委员会中未能得到充分反映，而委员会制定的经济政策导致美元持续走强；

（4）美国将外交政策目标纳入贸易政策进程的方式损害了美国下列目标，即通过贸易实现经济利益最大化；以及

（5）而达成上述目标符合美国的利益。

（b）特此宣布美国农业贸易政策应达成下列目标：

（1）通过各种可能的方式，在全面确保产品质量和供应稳定的情况下，以具有竞争力的价格出口农产品和相关制品；

（2）支持自由贸易的原则，并且推动实现更为公平的农产品和相关制品贸易；

（3）全面合作，与外国开展谈判，讨论如何减少当前存在的贸易壁垒；

（4）采取各种可动用的措施，积极地反击外国存在的不公平贸易作法。可动用的措施包括出口补贴、出口奖励计划，以及在必要时限制美国进口外国农产品和相关制品，以此鼓励实现公平贸易；

（5）取消外交政策中存在的限制条件，通过农业贸易实现美国经济利益最大化；以及

（6）鉴于国家财政和货币政策可能推动美元维持强劲的势头，在制定上述政策过程中应加大考量美国农产品贸易利益的因素。

第 1122 条　贸易自由化。

（a）国会认定：

（1）自《关贸总协定》出台以来，全球实现贸易自由化，但当前农业保护主义盛行，与贸易自由化的趋势形成鲜明的对比；以及

（2）《关贸总协定》规定应明确承认以下事实，即国内各种补贴措施导致进口需求下降，并且提升了出口产品供应，从而间接地改变贸易模式，因此此类补贴措施具备保护贸易的效力。

（b）国会认为，总统应与《关贸总协定》的其他签约方进行谈判，修订《关贸总协定》的规定和准则，实现减少农产品出口补贴、关税以及非关税贸易壁垒的目标。

第 1123 条　农业贸易磋商。

（a）为了推动有序营销美国农产品，帮助美国农产品生产者提高收入，降低引发农产品价格战的可能性，降低启用出口补贴项目的需求，农业部长应与美国贸易代表合作，与其他主要农产品生产国的贸易代表进行协商，推动主要农业生产国尽早就农产品贸易问题启动开展磋商。

（b）国会认为，（a）中所规定的磋商活动应达成下列目标：

（1）加强涉及世界农业生产、需求和商品供应水平的信息交流；

（2）各国公平地分担责任，维持农产品储备，并且管理农产品供应；以及

（3）加强合作，限制出口补贴项目。

（c）在 1986 至 1990 年财政年度期间，农业部长应在每年的 7 月 1 日之前向国会汇报有关在启动开展磋商活动方面取得的进展，其中包括为达成（b）中设定的目标而签订的协议。

第 1124 条　有针对性的出口援助。

（a）在 1986 至 1990 年财政年度（结束日期为每年的 9 月 30 日）期间，在开展农业部长或商品信贷公司所负责的出口活动时，农业部长除了本法案授权用于出口活动的资金或商品之外，每年可以动用不少于 325 000 000 美元的资金或者相同价值的、商品信贷公司拥有的商品。

（b）（1）对于依据本条规定提供的资金或商品，农业部长只得用于反击或抵销外国补贴（（2）对补贴一词进行解释）、出口配额或其他不公平贸易作法对美国农产品和相关制品出口产生的不良影响。

（2）在（1）中，用语"补贴"包括出口补贴，出口退税，有着优惠条件的财政援助，针对营业亏损提供的财政援助，承担生产、加工或销售成本或费用，差别出口税或免税，国内消费配额，或者其他人为低价提供或保障原材料的方式。

（c）对于符合下列情况的农产品和相关制品，农业部长应优先提供本条所规定的出口援助：

（1）《1974 年贸易法》第 301 条（《美国法典》第 19 篇 2411）做出了有利判决的农产品和相关制品；或者

（2）农业部长认定符合下列情况的农产品和相关制品，即外国针对《1974 年贸易法》第 301 条（《美国法典》第 19 篇 2411）做出的有利判决开展报复行动，从而受到不利影响的农产品和相关制品。

第 1125 条　短期出口信贷。

（a）如果美国农产品及相关制品出口销售信贷期限延长至三年，在提供还贷担保时，商品信贷公司应考虑下列因素：

（1）可能购买美国出口农产品的国家的信贷需求；

（2）此类国家的信用度；以及

（3）商品信贷公司提供的担保能否提升美国出口农产品在世界市场的竞争地位。

（b）自终止日期为 1986 年 9 月 30 日的财政年度至终止日期为 1990 年 9 月 30 日的财政年度期间，商品信贷公司每年在实施出口信贷担保项目时，应提供不少于 5 000 000 美元的信贷担保，用于延长短期信贷，资助美国农产品和相关制品的出口销售。

（c）尽管存在其他的法律规定，当农业部长针对依据出口信贷担保项目（GSM－102）开展的信贷担保交易收取贷款发放费时，收取的金额不得超过交易中展期信贷金额的 1%。

第 1126 条　合作伙伴市场开发项目。

（a）国会认为，海外农业服务局应继续开展合作伙伴市场开发项目，在切实可行的最大范围内通过非盈利农产品贸易组织，为美国农产品发展新的市场，并且维持和拓展现有的市场。

（b）合作伙伴市场开发项目无须遵循管理和预算办公室颁布的第 A110 号公告中的相关规定。

（c）《1981 年农业和粮食法》第 1207 条（a）（5）（B）（《美国法典》第 7 篇 1736（a）（5）（B））进行如下修订：

"（B）资助附加值农产品和加工产品出口市场开发项目，且资助水平高于结束日期为 1985 年 9 月 30 日的财政年度的资助水平；和"。

第 1127 条　开发和拓展美国农产品市场。

（a）（1）尽管存在其他的法律规定，农业部长（下文中简称为"部长"）应制定实施一项计划，向美国出口商、消费者、加工商和国外采购商免费提供商品信贷公司收购的农产品和相关制品，鼓励开发、维持和拓展美国农产品和相关制品市场，其中包括在美国生产的附加值或高价值农产品。

（2）（A）本条中使用的用语"农产品"指美国农产品，包括但不限于：

（ⅰ）美国生产的小麦、饲料谷物、陆地棉、大米、大豆和乳制品；

（ⅱ）任何符合下列情况的其他农产品：在美国生产的、农业部长认定供过于求、且可以使用依据 1935 年 8 月 24 日通过的《农业调整法修正法》第 32 条相关规定提供的资金收购的农产品；

（ⅲ）（ⅰ）和（ⅱ）所说明的商品和产品在美国加工后生产出来的产品。

（B）当（A）（ⅱ）中说明的美国农产品仅用于本条所说明的项目时，不得动用依据 1935 年 8 月 24 日通过的《农业调整法修正法》第 32 条相关规定提供的资金进行购买。此外，除非美国消费者、出口商或收购商与农业部长达成共同协议，否则不得通过本条所说明的项目将上述商品和产品提供给消费者、出口商或收购商。

（3）在落实（1）中的相关规定时，农业部长可提供上述商品，提高美国商品的竞争力，并且在必要的范围内，提供此类商品和产品：

（A）用于反击或抵消下列不利影响：

（ⅰ）外国采取的、让该国农产品生产者、加工商或出口商直接或间接受益的补贴（即（4）中所定义的补贴）或其他不公平贸易作法对美国农产品和相关制品产生的不利影响；

（ⅱ）美国农产品价格补贴水平因为暂时高于海外竞争对手在出口市场提供的出口价格而产生的不利影响；或

（ⅲ）美元对其他主要货币汇率的波动所产生的不利影响。

（B）用于联合商品信贷公司开展的中间出口信贷项目：

（ⅰ）外销种禽畜（其中包括但不限于牛、猪、羊和家禽），其中包括从美国到其他国家指定入境站的运费；以及

（ⅱ）在进口国家建造设施，推动进口农产品装卸、销售、加工、存储和分销工作（可使用进口和销售美国农产品和相关制品所产生的当地货币收益，来支付设施建造的全部或部分费用）。

（4）在（3）（A）（ⅰ）中的用语"补贴"包括出口补贴、出口退税、优惠财政援助、针对营业亏损提供的财政援助，承担生产、加工或销售成本或费用，差别出口税或免税，国内消费配额，或者其他人为低价地提供或保障原材料的方式。

（b）在实施本条所规定的项目时，农业部长：

（1）当国内农产品和相关制品用户因为进口符合下列情况的制成品而处于竞争劣势时，即部分或全部采用本条规定用于出口的产品或制成品生产制造的产品，则应采取必要的行动，确保上述项目能够公平对待国内外的此类产品和相关制品收购商和使用者；

（2）在任何财政年度，计划向外国收购者提供农产品和相关制品时，应考虑允许所有有意向的外国收购者参与其中，特别是应优先考虑符合下列条件的外国收购者，即一直并将继续购买美国农产品和相关制品，并且每年购买的数量高于之前具有代表性时期的购买水平；

（3）应鼓励使用美国农产品和相关制品，并且防止上述农产品正常营销出现移置的情况；

（4）应采取合理的防范措施，防止依据本条规定援助出口的农产品或相关制品被转销或转运至其他国家，或者进口国未将此类产品用于本国国内消费；以及

（5）在实施本项目时，可向美国出口商、消费者、加工商或外国收购商提供其他种类的商品，而不是依据本条规定开展援助活动时所涉及的商品。

（c）（1）如果一个国家不具备获得商品信贷公司提供的出口信贷或者信贷担保的财政资格，则农业部长可在必要的范围内，向此类国家提供商品信贷公司收购的农产品和相关制品，减少此类国家收购美国农产品的成本，从而帮助这些国家达到上述财政资格。

（2）农业部长应每年评估调整依据（1）所提供给其他国家的农产品数量，鼓励这些国家扩大商业贸易，以此达到（1）所提到的资格。

（d）（1）在落实本条规定时，农业部长应向美国农产品和相关制品的商业出口商提供美元出口证书。

（2）农业部长在提供此类证书时，应制定相应的条件和条款。

（3）提供给出口商的证书数量由下列因素决定：

（A）出口商提交的竞标书；或者

（B）农业部长的声明。

（4）（A）出口商可将美元出口证书兑换成商品信贷公司拥有的商品。

（B）为了赎回此类证书，农业部长应规定兑换商品的价格，且价格应与商品收购价存在一定差额。

（5）此类证书：

（A）可在美国农产品商品进口商之间进行转让；并且

（B）应在发行之日起 6 个月内进行兑换。

（e）农业部长应通过商品信贷公司实施本条所规定的项目。

（f）商品信贷公司处置其商品时应遵守相关的价格限制规定，但此类规定不适用于依据本条规定提供的农产品。

（g）本条所规定的项目应该补充，而不是取代其他法律规定授予农业部长或者商品信贷公司的权限。

（h）本条所授予的权限应在 1990 年 9 月 30 日失效。

（i）在 1985 年 10 月 1 日至 1988 年 9 月 30 日期间，农业部长在实施本条规定时所动用的农产品和相关制品（由（a）所提及的产品和相关制品）价值不得低于 2 000 000 000 美元。农业部长应在切实可行的最大范围内确保每年动用的农产品数量相同。

第 1128 条　家禽肉、牛肉和猪肉以及肉类食品，公平待遇。

在 1986 至 1989 年期间，为了鼓励或推动在国外出口市场商业销售美国生产的农产品或相关制品，农业部长可开展各种项目，其中包括为购买者提供补贴或者奖励（现金、商品或者其他补贴）。此外，农业部长应将此类项目 15％的总经费投入用于鼓励推动家禽肉、牛肉和猪肉以及肉类食品出口外销项目的活动。

第 1129 条　农产品换取战略物资的易货贸易试点项目。

对《1949 年农业法》第 416 条进行修订，在结尾处增加下列内容：

"（d）（1）农业部长应制定实施试点项目，使用达到（a）所规定的标准的商品，换取符合下列情况的战略或者其他物资，即美国国内生产数量不足以满足自身需求以及法律所规定的国家储存或储备要求的物资。"

"（2）对于遵循（1）相关规定所设立的项目，应至少由两个国家达成协议来实施此类项目。"

"（3）在设立（2）所说明的试点项目时，农业部长应优先考虑：

"（A）换取收购变质损失风险和储存成本比农产品或相关制品低的物资；以及

"（B）粮食和外汇储备短缺的国家。

"（4）农业部长应在切实可行的范围内，通过私营商业渠道开展完成项目所涉及的商品换取物资活动。

"（5）商品信贷公司负责保管通过开展项目换取的物资，并且此类物资可有偿转让给美国其他负责储备此类物资或存在需求的部门或机构。如果换取的物资超过规定的储备要求，则商品信贷公司可进行出售，出售的数量由农业部长在考虑下列因素之后进行决定，即此类出售活动可能对该物资的商业市场产生的影响。

"（6）应在终止日期分别为 1986 年 9 月 30 日和 1987 年 9 月 30 日的财政年度实施农业部长设立的项目。农业部长在财政年度结束后 60 天内将国会提交报告，介绍项目运行情况。"

第 1130 条　农产品出口信贷改革基金。

对《1966 年粮食促进和平法》第 4 条（d）（6）（《美国法典》第 7 篇 1707a（d）（6））进行修订，

删除文中两处出现的"1985年",并插入"1990年"。

第1131条 中间出口信贷。

《1966年粮食促进和平法》第4条（b）（《美国法典》第7篇1707a（d））修订如下：

（1）在（1）结尾处增加下列一段新的内容："此外，商品信贷公司可担保偿还用于资助此类商品销售的贷款。"

（2）在（2）中：

（A）在"筹措资金"之后插入"并且不得对任何贷款进行担保，"；

（B）删除在（A）结尾处的"或者"一词；

（C）删除（B）结尾处的句号，并且在此处插入下列内容，即"；或者"；以及

（D）在结尾处插入下列一段新的内容：

"（C）否则推动美国农产品的出口。"；

（3）删除（7）；

（4）将（3）至（6）重新编号为（4）至（7）；

（5）在（2）之后插入下列一段新的内容：

"（3）当向下列国家的收购者出口销售本条所说明的农产品时，应在切实可行的最大范围内鼓励农业部长进行资助或担保：

"（A）之前依据《1954年农产品贸易发展和援助法》第Ⅰ篇（《美国法典》第7篇1701及以下）相关规定获得展期信贷的国家；

"（B）农业部长认定无法利用农业部长或者商品信贷公司提供的其他短期出口供项目的国家；以及

"（C）上述法案第103条（d）（《美国法典》第7篇1703（d））定义为友好国家的国家。"

（6）在（4）中（依据（4）规定重新编号之后的段落）：

（A）删除"资助"之后的"或者担保"；

（B）删除（C）结尾处的"以及"；

（C）删除（D）的"信贷"；

（D）删除（D）结尾处的句号，并且在此处插入分号；以及

（E）在结尾处增加下列一分段新的内容：

"（E）资助发展中国家进口农产品，满足它们对食物和纤维产品的需求；并且

"（F）推动农产品的出口销售。"

（7）在（5）中（依据（4）规定重新编号之后的段落）：

（A）在"资助"之后插入"或者担保"；

（B）删除"鼓励信贷竞争，或者"；

（8）在（6）（依据（4）规定重新编号之后的段落）中：

（A）在段落号之后插入"（A）"；

（B）将（A）和（B）分别重新编号为（ⅰ）和（ⅱ）；

（C）对（ⅰ）（重新编号之后）进行如下修订：

"（ⅰ）在还款时，应使用美元进行结算，并且支付一定利息，利率由农业部长决定。"以及

（D）在（ⅰ）结尾处增加下列一分段新的内容：

"（B）本款所说明的担保合同应包括商品信贷公司所决定的条件和条款。"

（9）在（7）（依据（4）规定重新编号后的段落）的"资助"之后插入"或者担保"；

（10）在（8）文中"资助"一词后插入"或者担保"；

（11）在（8）结尾处增加下列一段新的内容：

"（10）为了向本条所说明的出口销售提供担保，商品信贷公司可采取下列措施：

"（A）在终止日期为 1986 年 9 月 30 日至年终日期为 1988 年 9 月 30 日的财政年度内，每年可以提供不少于 500 000 000 美元的资金；

"（B）在终止日期为 1989 年 9 月 30 日至年终日期为 1990 年 9 月 30 日的财政年度内，每年可以提供不多于 1 000 000 000 美元的资金。"

第 1132 条　农业专员报告。

（a）农业部长应要求农业部相关官员和雇员（其中包括驻外的人员）每年准备提交涉及下列内容的详细报告：

（1）描述说明下列项目或贸易作法的性质和范围：

（A）涉及外国政府直接或间接支持农产品和相关制品的项目；以及

（B）其他可能阻碍美国农产品和相关制品进入外国的贸易作法。

（2）介绍美国农产品和相关制品出口至外国的机遇。

（b）农业部长应每年汇编报告所包含的信息，将汇编的信息提供给国会、农业政策咨询委员会，依据《1974 年贸易法》第 135 条（《美国法典》第 19 篇 2155）相关规定成立的农业技术咨询委员会，以及其他相关方。

（c）美国贸易代表应采取下列措施：

（1）评估依据（a）准备的报告以及其他可以获得的信息，识别确定出口补贴或者其他推动出口的作法（在《解释和适用〈关贸总协定〉Ⅵ、ⅩⅥ和ⅩⅩⅢ的协定规定》的适用范围内）；

（2）按照优先次序识别确定下列市场，即美国能够在此类市场中最有效地利用出口补贴并且在最大程度上抵销符合下列情况的外国出口补贴所带来的影响：

（A）损害美国出口；

（B）不符合《解释和适用〈关贸总协定〉第Ⅵ、ⅩⅥ和ⅩⅩⅢ的协定》的相关规定；

（C）导致美国依据国际协议所获得的利益丧失或减损；或

（D）严重侵害美国的利益；以及

（3）向国会和农业部长提交一份年度报告，报告涉及下列内容：

（A）是否存在为（1）所说明的调查对象提供出口补贴及其他推动出口的作法，以及相关情况，以及

（B）确定（2）所说明的市场的优先次序。

（D）农业部长和美国贸易代表应每年至少举行一次农业政策咨询委员会和农业技术咨询委员会会议，向联邦政府和私营企业制定具体的建议，建议其采取行动，达成下列目标：

（1）减少或消除依据（a）和（c）相关规定提交的年度报告中所指出的贸易壁垒或者贸易扭曲问题；以及

（2）拓展上述年度报告所确定的美国农业出口机遇。

第 1133 条　合同至上和生产者禁运保护。

（a）现特此声明，美国制定如下政策：

（1）促进鼓励出口农产品和相关制品；

（2）除非出现最迫不得已的情况，否则不会限定或限制农产品和相关制品的出口；

（3）除非总统宣布国家进入紧急状态，方可依据《出口管理法》禁止或限制出口农产品和相关制品，否则在其他时期内不得禁止或限制出口此类产品；以及

（4）不得废除在禁止或限制出口农产品和相关制品之前签订的上述产品和相关制品出口合同。

（b）《1981 年农业和粮食法》第 1204 条（《美国法典》第 7 篇 1736）修订如下：

（1）在（a）中，删除"进行参与"以及之后一直到句号的所有文字，并在此处插入"进行参与，

依据本条（b）的相关规定向此类生产者提供款项。"

（2）删除（b）的"（1）"；

（3）删除（d）；以及

（4）将（e）、（f）和（g）分别重新编号为（d）、（e）和（f）。

第 1134 条　旨在减少外汇风险的研究。

（a）由于收购者依据美国出口信贷推动项目购买美国出口农产品时，可能会导致外汇出现波动，为此美国应开展相关项目，减少此类外汇波动带来的风险。有鉴于此，农业部长应开展研究，确定此类项目的可行性、实用性和成本。此项研究旨在检验下列问题，即当美元对美元贸易指数升值时，购买者因此面临一定的外汇风险；如果美国承担上述外汇风险，能否推动 GSM-102 项目和所有其他涉及农产品出口的美国出口信贷项目。上文的"指数"是指商务部出版公布的"贸易加权指数"。该指数旨在衡量美元对美国的贸易伙伴国家货币的购买力。研究应考虑到项目的下列因素：

（1）在外国购买者为了购买美国农产品而接受 GSM-102 或其他信贷的当天，最高还贷汇率应与当天的美元贸易加权值挂钩。

（2）如果未来美元走强（贸易加权指数上升），购买者可以按照 GSM-102 信贷展期时所确定的较低价值继续还贷。

（3）如果美元在还贷期间贬值，外国购买者可以按照美元贬值之后的价值计算还贷款项。

（b）在颁布此法案 6 个月内，农业部长应向众议院农业委员会和参议院农业、营养和林业委员会汇报研究的结果。

子篇 C　农产品出口运输

第 1141 条　调查结果和声明。

（a）国会调查认定并宣布：

（1）对于我们国家经济福祉和安全目标而言，高效健康的农业和积极强劲的航运业至关重要；

（2）上述两个行业必须在国际市场进行竞争，但外国政府实施贸易壁垒和进行补贴，且国际市场日益被此类贸易作法所主宰；以及

（3）美国农产品出口不断增加，并且越来越多的美国商船投入使用，这积极地推动美国实现贸易平衡，为美国创造就业机会。

（b）国会特此宣布下列目标和政策：

（1）明确适用于出口项目的海洋运输规定，让农业部能够有效地规划出口项目；

（2）立即、主动采取措施，促进和提升美国商船货物运载能力；

（3）拓展美国农产品和相关制品的国际贸易，并且开发、维持和拓展美国农产品出口市场；

（4）高效管理农业部出口项目涉及农产品销售和海洋运输的工作；

（5）激励和促进美国农业和航运业的发展，鼓励上述行业开展合作，应对解决共同面临的问题；以及

（6）依据《1936 年海商法》合理地利用上述调查结果并达成设定目标。

第 1142 条　部分农产品出口无须遵守货运优先法律。

《1936 年海商法》（《美国法典》第 46 篇 1101 及以下）进行修订，在 901 后插入以下内容：

"第 901a 条

本法案第 901 条（b）（1）和《1934 年 3 月 26 日联合决议》（《美国法典》第 46 篇 1241-1 附录）

中的规定不适用于农业部长或商品信贷公司开展的符合下列情况的出口活动：

"（1）以世界市场现行价格向美国出口商、用户、加工者或者外国购买者提供商品信贷公司收购的农业产品和相关制品，以此达成目标，发展、维持或拓展美国农产品和相关制品出口市场；

"（2）为了达成（1）所说明的目的，向美国出口商、用户或者加工者提供款项，或者向外国购买者提供现金补助，除非第 901B 条另有规定；

"（3）获得商业信贷担保和商品信贷公司提供的直接信贷，以此降低美国农产品和相关制品出口销售的实际利率；

"（4）商品信贷公司对期限不超过 3 年的信贷或信贷担保进行展期，资助或担保美国农产品或相关制品的出口销售；或者

"（5）将商品信贷公司拥有、控制或者提供贷款的农产品或相关制品进行交换或易货贸易，换取材料、商品、设备或者服务，不过前提是此类材料、商品、设备或者服务的价值至少与交换或易货贸易的农产品或相关制品的价值相同（根据开展交换或易货贸易时的世界市场现行价格确定上述材料、商品、设备或服务的价值）；此外，不得将本款的内容做如下解释，即适用于本条提到的进口材料、商品、设备或者服务的任何规定不受第 901b 条所提及到的货运优先法律的约束。

"第 901b 条　适用于农业部支持的特定出口活动的货运规定。

"（a）（1）依据本法律第 901 条（b）（1）的相关规定，（b）所说明的农产品或相关制品航运总数量的 1％应由美国船只负责运送。除此之外，上述产品或制品航运总吨位的 25％应由美国商船进行运送。

"（2）为了能够有序高效地实施（1）的相关规定：

"（A）对于（1）提到的货物，在 1986 年日历年度，应补充规定 10％吨位数量的货物由悬挂美国船只负责运送；

"（B）在 1987 年日历年度，应额外增加 20％吨位数量的货物由上述船只负责运送；以及

"（C）在 1988 年以及之后的每个日历年度，应额外增加 25％吨位数量的货物由美国船只负责运送。

"（b）本条规定应适用于商品信贷公司或农业部长开展的下列所有出口活动：

"（1）依据《1954 年农产品贸易发展和援助法》（《美国法典》第 7 篇 1691 及以下）开展的出口活动；

"（2）依据《1949 年农业法》第 416 条（《美国法典》第 7 篇 1431）相关规定开展的出口活动；

"（3）依据《1980 年粮食安全小麦储备法》（《美国法典》第 7 篇 1736f-1）相关规定开展的出口活动；

"（4）出口活动涉及符合下列情况的农产品或相关制品：

"（A）通过外国政府、或者包括政府间组织在内的公共或私营机构捐赠的农产品或相关制品；或

"（B）提供超过 10 年期限的信贷、出售用于换取外汇或美元的农产品或相关制品；

"（5）以低于世界市场普通价格的水平提供用于紧急粮食援助的农产品或相关制品；

"（6）直接或通过中介机构向外国购买者提供现金补助、让购买者有能力按照船边交货价格购买的美国农产品或相关制品；其中现金补助金额应高于世界市场现行价格与美国市场价格的差额；或者

"（7）将商品信贷公司所有、控制或者提供贷款的、用于交换或易货贸易来换取外国生产提供的材料、商品、设备或者服务但不包括第 901a 条（5）所说明的出口活动的农产品或相关制品。

"（c）（1）（a）中有关美国船只运送货物的规定应遵循本法案第 901 条（b）中的相同条件和条款。

"（2）（A）为了有效公正地实施货运优先法，对于实施最低货运吨位百分比规定的日历年度，每个日历年度持续 12 个月，且从 1986 年 4 月 1 日开始算起。

"（B）此外，运输部长在实施本款和第 901 条（b）的相关规定时，应遵循上述相关规定，在不损害港口所在地的前提下，采取切实可行的必要措施，在 1986、1987、1988 和 1989 年日历年度期间将涉及下列货运的袋装、加工或强化商品维持在 1984 年日历年度的百分比或公吨数量水平（取其中较小的数值），即依据《1954 年农产品贸易发展和援助法》第 2 篇（《美国法典》第 7 篇 1721 及以下）相关规

定从五大湖港口出口的水运货物。

"（d）（b）中的用语'出口活动'不包括检验或过秤活动，其他卫生或安全措施，或者为商业交易提供的技术援助。

"（e）（1）对于第901a至901d条中的有关农产品或相关制品的世界市场现行价格，应按照农业部长规定的步骤进行确定。农业部长应依据《美国法典》第5篇第553条的相关规定制定上述步骤。农业部长出台相关措施时，应发布通告并且征求公众意见。

"（2）在开展其他种类材料、商品、设备或服务交换活动或易货贸易时，农业部长应与其他相关联邦机构的主管人进行协调，确定上述材料、商品、设备或服务的世界市场现行价格，从而裁定上述交易是否应遵循第（b）（6）或（b）（7）的相关规定。

"第901c条　最低吨位。

"（a）（1）在1986年及之后的财政年度期间，在实施第901b条所规定的项目时，每年出口的农产品最低数量应为（b）中所说明的基准期内（剔除数量最高和最低的年份）上述项目出口的农业产品吨位的平均值。

"（2）当农业部长认定并向国会汇报下列情况时，即在任何财政年度最低数量的农产品无法有效地用于达成此类项目设定的目标，或者经农业部长出具证明，由于资金无法到位等原因无法提供农产品，则农业部长可以放弃实施（1）中有关农产品最低数量的规定。

"（b）（a）中的用语'基准期'用于计算任何一个财政年度的最低吨位数量，它应包括5个财政年度，从该财政年度之前的第6个财政年度算起，直到之前的第二个财政年度。

"第901d条　美国船只农产品运费支付。

"（a）运输部长应支付在实施第901b条相关规定时产生的额外海运费用。

"（b）在依据第901b条（b）所规定的农业出口项目出口农产品或相关制品时，将产生一定的海运费用和海运费用差额，此类费用由农业部和商品信贷公司负责承付。在任何财政年度，如果海运费用和海运费用差额超过下列数额总和的20%时，即上述农产品或相关制品总价值加上上述海运费用和海运费用差额，则运输部长应向农业部长和商品信贷公司支付超出部分的费用。在本款中，应依据《1954年农产品贸易发展和援助法》第403条（b）（《美国法典》第7篇1733（b））的相关规定，确定从商品信贷公司库存中发货的商品的价值。

"（c）依据（a）和（b）的相关规定，运输部长应承担支付上述费用。为此，运输部长应向农业部长发放用于支付此类费用的债券；此类债券上标有面值和到期日，并且应遵循运输部长制定且财政部长批准同意的条件和条款。此类债券将产生一定的利息，利率由财政部长决定。财政部长在决定此类债券的利率时，应考虑符合下列情况的美国可转让未偿债券在交通部长发放上述债券前一个月的平均收益率，即剩余的到期时间与交通部长发放的债券平均到期时间相等。财政部长应购买运输部长依据本款规定发放的所有债券。财政部长可以利用出售符合下列情况的证券所获得的收益进行公债交易，即在实施《美国法典》第31篇第31章相关规定之后依据该法律发行的证券，且发行此类证券可用于购买运输部长依据本款规定发行的债券。当财政部长赎回和购买运输部长发放的债券时，应被视为美国公债交易活动。

"（d）运输部长依据本条规定发行债券时，将产生一定的成本，其中包括管理费、本金和利息等。对此，自起始日期为1986年10月1日的财政年度开始，每年向运输部长进行拨款，用于支付上述费用。在偿付上述任何费用时，应使用依据本条规定拨付的专款，不得通过撤销票据的方式完成。

"（e）尽管存在本条的相关规定，如果在落实（a）和（b）以及第901b条（a）的规定时导致海运费用增加，而运输部长无法获得必要的资金来支付上述费用，则运输部长应在发现资金存在不足后10个工作日内通知国会。

"第 901e 条　批准拨款。

现授权批准拨付必要数额的款项用于执行第 901a 至 901k 条的相关规定。

"第 901f 条　第 901A 至 901K 条规定的终止。

"在依据第 901d 条（e）相关规定发出通知 90 天之后，应终止实施第 901a 至 901k 条的规定，除非运输部长在上述 90 天期限内宣布能够提供经费支付因执行第 901b（a）、901d（a）和 901d（b）条规定而增加的海运费用。这一规定不适用于在上述 90 天期限内签订的合同所涉及的农产品和相关制品运输事宜。当出现本条所说明的终止实施相关规定的情况时，不得将第 901a 至 901d 条中的任何条文解释为出口活动无须遵守或应遵守货运优先法律，不过下列情况除外，即上述出口活动依据《公法》95－501 第 4 条（b）（《美国法典》第 7 篇 1707a（b））规定无须遵守货运优先法。当出现本条所说明的终止实施相关规定的情况时，《海商法》第 901 条（b）有关 50% 的规定应全面生效。

"第 901g 条　国家农业出口运输政策咨询委员会。

"（a）特此设立国家农业出口运输政策咨询委员会（本条后文直至第 901j 条简称为"委员会"）。

"（b）（1）委员会由 16 名成员组成。

"（2）总统任命委员会其中 8 名成员。

"（3）参议院农业、营养和林业委员会，参议院商业、科学和运输委员会海商小组委员会，众议院农业委员会以及众议院海商和渔业委员会的主席和少数党首席成员担任委员会成员。

"（4）（A）总统任命的 4 名成员应是农业生产者、合作社、商人和农产品加工者的代表。

"（B）总统任命的另外 4 名成员应为美国船只航运业代表，其中 2 名成员应为航运业劳工代表，另外 2 名应为管理部门代表。

"（C）（1）委员会应选举一名成员担任委员会主席一职。

"（2）当委员会出现成员空缺的情况时，委员会的权力不受影响，不过应按照上述的任命方式任命成员，填补空缺。

"第 901h 条　委员会职责。

"（a）委员会应履行下列职责，即全面研究评估依据第 901b 条提到的货物优先法律相关规定开展的农业出口海运活动；向总统和国会提交建议，介绍如何提高美国船只农业出口海运效率，减少美国此类海运成本。委员会在开展研究和评估工作时，应考虑外国采取任何不公平或歧视作法导致美国上述农产品运输成本上升的情况。

"（b）（1）委员会应在本子篇实施后一年内，向总统和国会提交一份临时报告，以及委员会认为合理的其他临时报告。

"（2）委员会应在本子篇实施后两年内，向总统和国会提交一份最终报告，报告内容包括调查结果和建议。报告应包括有关修改（1）中规定的建议；此类建议旨在确保农业部长和商品信贷公司在开展第 901b 条所说明的农业出口项目时产生的海运费和海运费差额不会因为下列原因超过历史水平，即因为第 901b 条的规定导致对美国船只的需求增加。

"（3）在提交最终报告 60 天后，应解散委员会。

"（c）对于应遵循第 901b 条所提到的货运优先法律的农产品运输事宜，委员会在依据（b）中相关规定提供报告时，应在报告中提出建议，说明达成涉及上述事宜的下列目标是否可行和可取：

"（1）在签订涉及商品出口的商品销售合同时，应选择最佳时机，并且采取适当的方式履行此类合同，确保将美国承担的成本减少到最低。

"（2）确保由最现代的最有效率的悬挂美国国旗的船只提供商品货运服务。

"（3）确保在最有利的条件下提供商品货运服务，其中包括：

"（A）整船租赁；

"（B）中期或长期租赁；

"（C）连续航次租船和包运租船合同；或

"（D）当运输农产品的船只返航时运载货物，则相应调整价格。

"（4）减少并消除包括港口延误在内的各种障碍，确保运输农产品的租用船只能够高效地装货和运作。

"（5）针对农产品航运开展公开竞标活动。

"第 901i 条　提供给委员会的信息和援助。

"（a）经委员会主席要求，美国政府各个部门、机构和单位，包括独立机构，应向委员会提供必要的数据、报告和其他信息，供委员会履行职责时使用。

"（b）农业部长和运输部长应向委员会提供合理必要的员工和行政服务，协助委员会履行职责。

"第 901j 条　委员会成员报酬以及差旅和生活费用。

"委员会成员除了领取作为美国政府雇员或国会成员所享有的报酬之外，在担任委员会成员期间不再领取其他报酬，不过可以报销在履行委员会职责时产生的差旅、生活和其他必要费用。

"第 901k 条　有关依据特定法律章节规定有资格运载货物的船只的定义。

"依据第 901b 至 901d 条相关规定有资格运载货物的美国船只是指《美国法典》第 1 篇 3 条所定义的、用于国家安全目的船只。对于船龄超过 25 年船只，如果船只经过重大改造，并且运输部长证明船只经改造后使用寿命至少达到 5 年，则船只改造的时间不得超过 5 年。"

第 1143 条　其他法律的效力。

本篇的规定不得被解释为以任何形式对《1966 年粮食促进和平法》第 4 条（b）（8）（《美国法典》第 7 篇 1707a（b）（8））或《美国法典》第 5 篇第 5 章的规定进行修订。

子篇 D　农业进口

第 1151 条　贸易磋商。

（a）农业部长在放宽或撤销涉及美国进口任何农产品或相关制品的限制措施时，应要求海外农业服务局局长和农业部其他相关机构和办公室的主管官员（包括动植物检验局局长）进行磋商。

（b）农业部长在放宽或撤销涉及美国进口任何农产品或相关制品的限制措施时，应与美国贸易代表进行磋商。

第 1152 条　杏类产品研究。

（a）在本法律实施之日起 120 天内，农业部长应与美国贸易代表合作，进行研究认定：

（1）美国进口的杏类产品对国内杏类产业的影响；以及

（2）进口杏类产品生产国家采取的补贴的范围和性质。

（b）农业部长一旦完成（a）中所规定的研究，应立即向众议院农业委员会和参议院农业、营养和林业委员会汇报研究报告结果。

第 1155 条　巴西乙醇进口产品研究。

农业部长应研究巴西乙醇进口产品对国内玉米和其他谷物价格以及国内乙醇提炼行业的影响。当巴西对其乙醇产品进行补助，从而干扰美国国内乙醇行业时，农业部长应与国际贸易委员会和美国贸易代表一起，裁定应出台何种救济措施。在法案实施后 60 天内，农业部长应向众议院农业委员会和筹款委员会，以及参议院农业、营养和林业委员会汇报上述研究的结果。

第 1156 条　燕麦进口研究。

（a）农业部长应研究美国扩大进口燕麦产品对国内农场项目产生的影响。

（b）在本法案实施之日起一年内，农业部长应向国会提交报告，汇报有关依据（a）开展的研究结果。

子篇 E　贸易实务

第 1161 条　烟草农药残留。

（a）《1983 年乳制品和烟草调整法》第 213 条（《美国法典》第 7 篇 511r）进行修订，在结尾处增加下列一款新的内容：

"（e）尽管存在其他的法律规定：

"（1）（A）进口商向美国进口烤烟或白肋烟时，应按照农业部长规定的格式，提供一份证书，证明进口的烟草不含有《联邦杀虫剂、杀菌剂和杀鼠剂法》（《美国法典》第 7 篇 135 及以下）所废除、暂停、撤销或禁止使用的农药残留。当未提供上述证书的烤烟或白肋烟进口至美国境内，应在入境站接受农业部长检查，确定进口的烟草是否达到相关的农药残留规定。本条（d）应适用于有关用于针对检查征收的费用问题。

"（B）如果农业部长经检查认定烟草未达到有关农药残留的标准，则此类烟草不能进口至美国。

"（C）经修订的《1930 年关税法》第 592 条（《美国法典》第 19 篇 1592）涉及海关诈骗的规定，以及《美国法典》第 18 篇第 1001 条有关刑事欺诈的规定应适用于（A）有关提供证书的规定。

"（2）对于《联邦杀虫剂、杀菌剂和杀鼠剂法》（《美国法典》第 7 篇 135 及以下）所废除、暂停、撤销或禁止使用的农药，农业部长应出台法规，制定农药残留标准。该标准适用于国产或进口的烤烟或白肋烟。

"（3）农业部长可在适当的时候，抽样检查进口至美国或在美国境内出售的烤烟或白肋烟，确定是否达到农药残留要求。农业部长可针对此类抽样检查收取一定的费用。

"（4）如果农业部长在开展（3）中所说明的抽样检查后，认定用于进口的烤烟或白肋烟产品未能达到本款所规定的农药残留要求，则此类烟草产品不得进入美国境内。

"（5）（A）依据（5）中的规定，如果农业部长认定国产的烤烟或白肋烟未能达到本条所规定的农药残留标准，则此类烟草产品不得流入州际贸易中，应由农业部长负责进行销毁。

"（B）本项规定仅适用于符合下列情况的烟草产品，即在实施本规定之日后生产的、且依据《1938 年农业调整法》（《美国法典》第 7 篇 1281 及以下）或者《1949 年农业法》（《美国法典》第 7 篇 1421 及以下）获得价格补贴的烟草产品。

（b）对该法案第 213 条（d）第二句进行修订，在"（a）（1）"后插入"和（e）"。

第 1162 条　出口移置评估。

（a）农业部长应评估部长本人或者农业部实施的、且符合下列情况的项目、工程或者活动：

（1）提供援助，推动、拓展或促进外国生产、销售或使用农产品；以及

（2）农业部长认定有可能对推动美国农产品出口的努力产生不利影响；

农业部长通过进行评估，确认此类项目、工程或者活动是否有可能产生不利影响。

（b）农业部长依据（a）中的规定开展评估后，应按照下列方式提交评估结果：

（1）对于现行项目、工程或者活动，在开始实施本条规定之日起一年内向国会提交一份相关报告；

以及

（2）对于自开始实施本规定之日起开展的项目、工程或活动，应定期提交评估结果。

第 1163 条　乳制品出口销售。

（a）在结束日期分别为 1986 年 9 月 30 日、1987 年 9 月 30 日及 1988 年 9 月 30 日的财政年度，农业部长应每年以适当的价格，销售出口不少于 150 000 万吨商品信贷公司所有的乳制品，其中包括不少于 100 000 万吨的黄油和不少于 20 000 万吨的奶酪，不过前提是此类商品销售不会干扰美国正常的市场销售，或者扰乱世界农产品价格或者正常商业贸易。

（b）商品信贷公司经农业部长或商品信贷公司批准许可后，方能销售上述产品。

（c）农业部长应每半年向众议院农业委员会和参议院农业、营养和林业委员会汇报依据本条规定销售乳制品的数量，直到 1988 年 9 月 30 日。

第 1164 条　不公平贸易行为。

国会认定：

（1）美国柑橘、小麦粉、禽肉食品、罐装水果和葡萄干生产者和加工者依据《1974 年贸易法》第 302 条规定提起申诉，指出欧共同体未能遵守《关贸总协定》的原则和条款，提供补贴并征收歧视性关税，从而导致美国出口商处于不利的竞争地位。

（2）在过去 10 年中，美国广泛开展努力，希望通过磋商和多边谈判，以及依据《关贸总协定》条款开展的磋商，解决上述问题。不过欧共体屡次回绝美国开展的努力。

（3）虽然经过多年的讨论但屡屡受挫，美国别无选择，只得启动《关贸总协定》的争端解决程序，这是向美国生产者和加工者提供救济的唯一可选择的办法。

（4）依据《关贸总协定》相关规定成立的调查委员会在评估美国提交的有关柑橘、罐装水果和葡萄干的申诉后，认定欧共体补贴和歧视性贸易导致美国出口商权利丧失或减损，违反了《关贸总协定》。委员会建议欧共体采取必要的措施，纠正上述问题；

（5）欧共体多次有效地阻止《关贸总协定》通过上述报告，最近一次是涉及有关长达 15 年的柑橘申诉的报告；

（6）1985 年 5 月 1 日，总统决定结束针对柑橘申诉开展的《关贸总协定》争端解决程序；依据《1974 年贸易法》第 301 条的相关规定，总统考虑随后采取行动，纠正欧共体不公平贸易作法对美国柑橘出口商构成的损害；

（7）鉴于欧共体不愿意执行《关贸总协定》小组一致调查结果，或者开展谈判达成一项双方均接受的方案来解决柑橘产品申诉问题，总统于 1985 年 6 月 20 日宣布将采取合理的行动进行回应，即减少等量的、从欧共体进口的特许意大利面食产品。对此，欧共体做出回应，通知美国称，欧共体将进行报复，提高对美国柠檬和核桃进口产品的关税；

（8）1985 年 7 月 19 日，美国和欧共体同意暂停提高关税直到 1985 年 10 月 31 日，为欧共体提供更多的时间来解决柑橘产品申诉问题；以及

（9）尽管双方暂停提高关税，但欧共体未能向美国提供一份令人满意的建议，来解决柑橘产品申诉问题。自 1985 年 11 月 1 日起，美国恢复提高对意大利面食产品的关税。欧共体做出回应，恢复提高对美国柠檬和核桃产品的关税。

（b）总统在其权限范围内，应采取所有必要、可行的行动（包括但不限于《1974 年贸易法》第 301 条（《美国法典》第 19 篇 2411）所说明的行动），达成下列目标：

（1）确保及时、令人满意地解决涉及欧共体补助和歧视性关税的下列所有申诉问题：

（A）美国柑橘、小麦粉、禽肉、罐装水果和葡萄干出口商依据《1974 年贸易法》第 302 条提交的申诉书中进行说明；以及

(B）在本法案实施之时正由《关税总协定》进行审理；

（2）平衡美国和欧共体贸易中的商品特许水平。

第 1165 条　泰国大米。

（a）国会认定：

（1）就产值而言，大米在国内主要大田作物中排名第九位；

（2）大米约占美国生产的主要大田作物总价值的 5％；

（3）每年国内大米产值超过 1 500 000 000 美元；

（4）自 1980 年以来大米期末库存量急剧增加；

（5）预期 1985 至 1986 年结转库存大米达到每年消费使用额的 60％；

（6）在 1980 至 1983 年期间，大米库存增加，价格下降，导致大米项目成本从不到美国大米产值的 10％上涨到超过 90％。

（7）在过去几年当中，美国大米出口在世界市场的份额从 25％下降到 1985 年的 18％；

（8）在过去几年当中，泰国成为世界上最大的大米出口商，占据世界市场 30％的份额；

（9）进口至美国的泰国大米干扰了美国大米的正常销售，增加政府成本；

（10）1983 年，美国从泰国进口 3 320 万磅大米，1984 年进口了 5 130 万磅大米（增加 53％），在 1985 年前六个月从泰国进口至美国的大米已达 5 830 万磅；以及

（11）商务部提交申诉，要求针对进口至美国的泰国大米征收反倾销税。

（b）基于上述调查结果，国会认为：

（1）国内大米行业至关重要，必须对其进行保护，免受外国不公平竞争；以及

（2）商务部长应立即考虑提交（a）（11）所提到的有关征收反倾销税的申诉。

第 1166 条　进口烟草终端用户。

对《1983 年乳制品和烟草调整法》第 213 条（《美国法典》第 7 篇 511r）进行修订，在依据本法案第 1161 条规定增加的内容后面增加下列新的内容：

"（f）（1）依据本条（e）（1）的规定，进口商应提供相关证书，该证书应包括进口商所了解的烟草产品终端用户的身份。只有提供相关终端用户的书面身份信息，烤烟或白肋烟可方被允许进口入境美国。如果进口商不了解终端用户的身份，则进口商应说明进口烟草预期购买者的身份。在烟草产品进口至美国之后，如果进口商了解到购买者或终端用户的身份，则进口商应向农业部提交一份修正声明。如果进口商未能确定所有终端用户的身份，农业部长应采取一切可能的措施，确定所有终端用户的身份，包括要求进口烟草购买者提供上述信息。当农业部依据本条相关规定提出要求时，国内收购者应向农业部提供所有的相关信息。

"（2）在 1986 年 4 月 1 日之前或当天，农业部长应向参议院农业、营养和林业委员会，以及众议院农业委员会提供一份报告，介绍其履行职权确定进口烟草终端用户和收购者身份的情况。此类报告应包括下列信息，即进口烟草终端用户和收购者的身份信息，终端用户和收购者购买烟草的数量（以磅为计量单位），以及农业部为了确定上述人员的身份而采取的措施。自 1986 年 11 月 15 日起，农业部长应每年额外提供一份报告，介绍其履行上述职权的情况。

"（3）在本款当中，用语"进口烟草终端用户"指：

"（A）国内香烟或其他烟草产品制造商；

"（B）为了进口而调配、调制，加工和更改，或者存储进口烟草产品的实体；

"（C）农业部长认定利用进口烟草生产烟草产品的任何其他个人。"

第 1167 条　农产品易货贸易换取战略性或重要物资。

（a）国会认定：

（1）商品信贷公司、联邦行政管理总署和农业部有权开展农产品易货贸易或交换活动，换取用于国防储备的战略性或重要物资；

（2）从 1950 到 1973 年，农业部非常成功地开展易货贸易项目，利用农产品换取战略性或重要物资；

（3）美国的私营商业公司与外国政府或外国私营方签订有效的易货贸易合同，开展商品和服务易货贸易或交换活动，对国际市场中的普通交易活动进行补充；

（4）作为一种辅助手段，易货贸易能够有效地减少供应过剩的农产品，并补充增加国防储备所需要的战略性和重要物资；

（5）美国可通过易货贸易活动，克服某些外汇和贸易平衡问题，并且开发新的美国农产品市场；

（6）易货贸易可用于推动美国外交利益；以及

（7）诸多国家可以加入协调一致、管理良好的政府易货贸易项目。

（b）《商品信贷公司特许法》第 4 条（h）（《美国法典》第 15 篇 714b（h））修订如下：

（1）在第 4 句中：

（A）删除"获准"，并插入"应在切实可行的最大范围内，与国务卿进行磋商，并且"；

（B）删除"以"；

（2）在第 5 句中，删除"应利用正常的商业贸易渠道，并且重视"，并在此处插入"部长应采取下列措施：（1）利用正常的商业贸易渠道；（2）采取行动避免美国农产品和相关制品正常销售出现移置的情况；（3）采取合理的预防措施，防止用于交换的农产品转售或转运至其他国家，或者进口国将此类农产品用于除国内消费之外的其他用途；以及（4）高度重视"；

（3）在第 5 句之后插入下列一段新的内容："商品信贷公司可以向私营贸易公司招标，并且利用此类公司开展本规定所提到的农产品交换活动。"

（4）在第 8 句中（由（3）修订后），删除"当"，并在此处插入"在同一财政年度，当此类物资"；以及

（5）在第 8 句（由（3）修订后）之后插入下列一句新的内容："如果战略石油储备的石油产品（包括原油）存量低于《能源政策和储备法》第 154 条（《美国法典》第 42 篇 6234）所规定的水平，商品信贷公司应在切实可行的最大范围内，经农业部长的批准，依据能源部长的申请，每年向能源部长提供市场时值至少为 300 000 000 美元的农产品。能源部长利用此类农产品换取国外生产的石油产品（包括原油）作为战略石油储备。能源部长和农业部长负责制定每次农产品交换的条件和条款，其中包括向商品信贷公司全额付款的规定。"

（c）对《1954 年农产品贸易发展和援助法》第 310 条（《美国法典》第 7 篇 1727g）进行修订，在第二句后插入下列一句新的内容："农业部长应在切实可行的最大范围内，向私营贸易公司招标，并通过此类公司安排或开展易货贸易或交换，换取（a）中所说明的战略性或其他物资。"

（d）（1）农业部长应鼓励农产品和相关制品的美国出口商进行易货贸易，利用此类产品和相关制品换取出口商所需要的外国产品。

（2）农业部长应向有需要的美国出口商提供农产品和相关制品易货贸易方面的技术建议和援助。

第ⅩⅡ篇　保　　护

子篇 A　定　　义

第 1201 条　定义。

（a）在子篇 A 至 E 中：

（1）用语"农产品"指：

（A）在一个州内，通过每年耕耘土地种植和生产出来的所有农产品，对土地的一次性耕种也包括

在内；或

（B）或在一个州内种植和生产出来的甘蔗。

（2）用语"保护区"指州或地方政府根据州或地方法律设立的区域或单元，目的是为了发展或开发土壤和水资源的保护项目。政府的此类地区或单元可作如下称谓："保护区"、"土壤保护区"、"土壤和水资源保护区"、"土地保护委员会"或类似名称。

（3）用语"成本分摊费用"指农业部长按本法案第 1234 条（b）有关规定向含有易受侵蚀耕地的农场或牧场所有者或经营者支付费用。

（4）（A）用语"转换后的湿地"指经过排水、清淤、填充、夷平或其他手段处理（包括所有可以减少水流的行为）过的湿地，转换的目的是为了可以在湿地上开展农产品的生产，但前提是：

（ⅰ）必须进行此类转换活动才能实现种植和生产；以及

（ⅱ）在进行此类活动前：

（Ⅰ）此类土地是湿地；且

（Ⅱ）此类土地既不是易受侵蚀土地也不是易受侵蚀耕地。

（B）不应被视为"转换后的湿地"的湿地包括：在一个作物年度，在此类土地上种植生产一种农产品：

（ⅰ）在某种自然条件下可以成功，例如干旱；以及

（ⅱ）不需要通过生产者破坏湿地自然特征来实现。

（5）用语"田地"指《联邦法规汇编》（至 1985 年 1 月 1 日止）第 7 篇第 718.2 条（b）（9）所作出的定义，但是本法案颁布之后用于种植农产品、且未豁免第 1212 条有关规定的易受侵蚀土地，应被视为田地，除非在执行子篇 A 到 E 的规定时，部长允许对田地的边界进行修正。

（6）用语"易受侵蚀的耕地"指由农业部长决定的、作为耕地使用的易受侵蚀的土地。

（7）（A）用语"易受侵蚀的土地"指：

（ⅰ）由土壤保护署根据土地生产能力分类系统分为第四、六、七或八级的土地。该系统自本法案颁布之日起生效；或

（ⅱ）用于，或如果用于，种植农产品将会在允许土壤流失量方面造成高于年均水平的流失。允许土壤流失量由农业部长通过提交上来的普遍土壤流失量、风蚀度等因素进行决定，还包括气候、土壤侵蚀度、田面坡度等因素。

（B）在本项中，土地生产能力等级或田地侵蚀率由农业部长根据其颁布的法规进行确定。

（8）用语"水田"指在未经排干的状态下，在一个生长季中有足够长的时间处于水饱和、水淹没或蓄水状态，可维持水生作物生长和再生长所需缺氧条件的土地。

（9）用语"水生作物"指生长在：

（A）水中的作物；或

（B）由于水量增大，至少在生长季保持暂时缺氧的状态中的作物。

（10）用语"实物商品"指作为按子篇 D 所缔结协议的主体的、由土地正常生产出来的商品。

（11）用语"租金"指农业部长按子篇 D 有关规定向包含易受侵蚀土地的农场或牧场所有者或经营者支付的费用，作为其将土地进行保育休耕的补偿。

（12）用语"部长"指农业部长。

（13）"防护林带"指由树木、灌木及其他多年生植物组成的带状形式的植物屏障。

（14）用语"州"指 50 个州中的任意一个州及哥伦比亚特区、波多黎各自由联邦、关岛、美属维京群岛、美属萨摩亚群岛、北马里亚纳自由联邦、太平洋群岛托管地。

（15）用语"植被"指：

（A）多年生草本植物、豆类植物、禾本牧草或预计生长期在 5 年以上的植物；或

（B）树木。

（16）用语"湿地"，不包括"转换后的湿地"，指大部分为水田，经常且长期被地表或地下水淹没，可以种植且在正常情况下确实可以大面积种植水生作物（尤其是生长周期全部需要在水饱和土壤中的作物）的土地。

（b）部长应当制定：

（1）用于定义水田及水生作物的准则；以及

（2）列出此类土壤及作物的名称。

子篇 B　易受侵蚀土地的保护

第 1211 条　无资格参与的项目。

除非第 1212 条另有规定，不管其他法律作何规定，从本法案颁布之日起，在所有作物年度期间，在易受侵蚀土地上种植农产品的人员都不具备参加以下计划的资格：

（1）有关此人在此作物年度种植的所有农产品：

（A）《1949 年农业法》（《美国法典》第 7 篇 1421 及以下）、《商品信用公司特许法》（《美国法典》第 15 篇 714 及以下）及其他法律规定的任何形式的价格支持或补偿；

（B）《商品信用公司特许法》第 4 条（h）（《美国法典》第 15 篇 714b（h））规定的农场储存设施贷款；

（C）《联邦农作物保险法》（《美国法典》第 7 篇 1501 及以下）规定的农作物保险；

（D）《1949 年农业法》（《美国法典》第 7 篇 1421 及以下）规定的灾害补偿；或

（E）《合并农场和农村发展法案》（《美国法典》第 7 篇 1921 及以下）或农民住宅管理局出台的任何法律规定所发放、投保或担保的贷款，前提是农业部长认为此类贷款所产生的收益可能被用于导致易受侵蚀土地被侵蚀程度扩大的目的；或

（2）按照《商品信用公司特许法》第 4 条或第 5 条（《美国法典》第 15 篇 714b 或 714c）的规定，在该作物年度期间对商品信用公司采购农业商品的储存所支付的补偿。

第 1212 条　免除。

（a）（1）自本法案颁布之日起至 1990 年 1 月 1 日或者自种植农产品作物的土地被土地保护署规划入地力评级系统两年之后，除（2）中有关规定外，在以下土地上种植农业商品作物的所有人员都具备获得第 1211 条所规定的计划贷款、补偿和救济金的资格：

（A）用于耕种 1981 年至 1985 年期间的农产品作物的土地；或

（B）因参加农业部长管理的、旨在减少农产品作物产量的计划而被休耕、挪用或未被耕种的土地。

（2）如果到 1990 年 1 月 1 日为止或土壤保护署对农场土壤的勘测完成两年以上，以较迟者为准，农场主根据当地土壤保护署技术指南主动申请保护方案并被批准为当地土壤保护区，通过与按《土壤保护和国内土地分配法》第 8 条（b）（《美国法典》第 16 篇 590h（b））规定和农业部长指令组建的当地委员会进行协商，此农场主应当在 1995 年 1 月 1 日之前执行方案的有关规定，而不必再受上述参加计划资格的相关规定的制约。

（b）根据第 1211 条有关规定，在以下条件下种植农业商品作物的人员应具备获得计划贷款、补偿和救济金的资格：

（1）在本法颁布之前种植相关农作物的人员；

（2）在起始日期早于本法颁布日期的作物年度种植相关农作物的人员；

（3）在位于以下地区的易受侵蚀土地上种植相关作物的人员：

（A）在受保护系统管理的保护区内，该保护系统是经保护区认定符合土壤保护署技术指南中的技术标准后，由保护区批准建立的；或

（B）不在保护区内，但是受保护系统管理，该系统由农业部长认定足以满足本篇所规定的易受侵蚀土地上农业商品作物的生产需要；或

（4）在未经土壤保护署认定的易受侵蚀土地上种植的人员，但本项内容不适用于那些经土壤保护署认定为易受侵蚀土地上种植的农业商品作物。

（c）第 1211 条有关规定不适用于第 1211 条中所描述的、但在本法案颁布之前所发放的贷款。

第 1213 条　土壤勘察。

在本法案颁布后，农业部长应当在具备执行条件时尽快对因未经勘察而无法进行地力评级的私有土地实施土壤勘察。在执行本条规定时，农业部长应尽可能将重点放在那些包含大量转化为农业商品作物种植土地的易受侵蚀土地的地区。

子篇 C　湿地保护

第 1221 条　无资格参与的项目。

除第 1222 条规定外，不管其他法律的作何规定，从本法案颁布之日起，在所有作物年度中，在转换后的湿地上种植农产品作物的人员都不具备参加以下计划的资格：

（1）有关此类人员在该作物年度种植的所有农产品作物：

（A）《1949 年农业法》（《美国法典》第 7 篇 1421 及以下）、《商品信用公司特许法案》（《美国法典》第 15 篇 714 及以下）及其他法律所规定的所有类型的价格支持或补偿；

（B）《商品信用公司特许法》第 4 条（h）（《美国法典》第 15 篇 714b（h））规定的农场储存设施贷款；

（C）《联邦农作物保险法》（《美国法典》第 7 篇 1501 及以下）规定的农作物保险；

（D）《1949 年农业法》（《美国法典》第 7 篇 1421 及以下）规定的灾害补偿；或

（E）《合并农场和农村发展法》（《美国法典》第 7 篇 1921 及以下）或农民住宅管理局出台的任何法律规定所发放、投保或担保的贷款，前提是农业部长认定此类贷款的收益将被用于将湿地（本子篇中规定的湿地除外）转换为种植农业商品作物的土地；或

（2）按照《商品信用公司特许法》第 4 条或第 5 条（《美国法典》第 15 篇 714b 或 714c）的规定，在该作物年度期间对商品信用公司采购农产品的储存所支付的补偿。

第 1222 条　免除。

（a）在以下土地上种植农产品作物的人员具有获得第 1221 条所规定的计划贷款、补偿金和救济金的资格：

（1）转换日期早于本法案颁布日期的转换后的湿地；

（2）通过挖掘或筑堤形成的人工湖、池塘或湿地，挖掘或筑堤的目的是收集和储存水分以便用于饲养家禽、鱼类、灌溉（包括地下灌溉）、修建沉淀池、冷却、种植水稻及防洪；

（3）由供水系统、灌溉、灌溉系统或用水灌溉过程中造成的湿润地区；或

（4）在某种自然条件下未经种植者改变自然湿地属性时，例如干旱，可以实现农作物种植的湿地。

（b）第 1221 条的内容不适用于第 1221 条中描述过的、但是在本法案颁布之前发放的贷款。

（c）对于在转换后的湿地上从事农产品作物生产及相关活动的人员，农业部长可以免除其受第 1221 条规定的约束，但前提是此类行为，无论是单独还是与其他经部长授权的类似行为一起，对湿地水文和生物环境所产生的影响已经控制到最小程度。

第 1223 条　与内政部长磋商。

农业部长在做出执行本子篇规定所必需的决定和行动时需要与内政部长进行磋商，内容包括：

（1）湿地的鉴定；

（2）根据第1222条规定所做出的免除决定；以及

（3）根据第1244条规定所颁布的执行本子篇内容的规定。

子篇 D 保育休耕

第1231条 保育休耕。

（a）在1986至1990作物年度期间，农业部长应当按照本子篇的有关规定制定并执行保育休耕计划，通过签订合约协助易受侵蚀耕地的所有者和经营者保护并改善其农场或牧场土壤和水资源的状况。

（b）农业部长应当与易受侵蚀耕地农场和牧场的所有者和经营者签订合约来执行保育休耕计划：

（1）在1986作物年度，不少于5万英亩，不多于4 500万英亩；

（2）在1986至1987作物年度期间，总数不少于15万英亩，不多于4 500万英亩；

（3）在1986至1988作物年度期间，总数不少于25万英亩，不多于4 500万英亩；

（4）在1986至1989作物年度期间，总数不少于35万英亩，不多于4 500万英亩；

（5）在1986至1990作物年度期间，总数不少于40万英亩，不多于4 500万英亩。

（c）（1）（A）尽管（b）有相关规定，但是在1986至1989财政年度期间，如果农业部长认为第1233条（b）所规定的土地租金在下一年度可能会减少的话，那么每个财政年度农业部长可以最多减少25％需要签约的易受侵蚀土地数量。

（B）（A）中的规定对（b）（5）的内容不具效力。

（2）农业部长可以根据本子篇规定将非易受侵蚀土地纳入此计划范围，前提是该土地对非农业环境构成威胁，或如果继续允许耕种该土地则会因土壤盐分原因导致生产能力的持续退化。

（d）在本子篇所设立的计划下，农业部长签约的耕地不应超过一个县耕地总量的25％，除非部长认为超出本子篇的限制数量不会对该县的当地经济造成负面影响。

（e）为执行本子篇规定，农业部长所签订的合约不得少于10年，不得多于15年。

第1232条 所有者和经营者的义务。

（a）在按本子篇缔结的合约期间，农场或牧场的所有者或经营者必须同意：

（1）执行当地保护区（如不在保护区内则执行农业部长所批准的方案）所批准的方案，减少使用（由农业部长规定）原本种植农作物的易受侵蚀耕地，可将相关耕地转换为种植以下植物：例如种植牧草、多年生草场、豆科植物、阔叶草、灌木和树木，同时要与方案中列出的时间表相符。

（2）按本子篇规定就易受侵蚀耕地签署保育休耕合约；

（3）不将此类土地用于农业目的，除非得到农业部长的许可；

（4）在此类土地上种植获批准的植被；

（5）在任何时候违反该合约的条款，此类土地的所有者或经营者：

（A）如果农业部长在参考土壤保护区和土壤保护署的建议后认定此类违约行为确实存在，并足以导致合约的终止，那么土地所有者和经营者丧失收取合约规定的租金和成本分摊补偿金的所有权利，并需将已收取的租金和成本分摊补偿金连同因之获得的收益一并返还农业部长；或者

（B）如果农业部长认定此种违约行为并不足以导致合约的终止，则所有者或经营者需要向农业部长返还租金和成本分摊补偿金，或按照农业部长认为适当的方式接受对租金和成本分摊补偿金的调整；

（6）如果缔约土地所有者和经营者的权益发生转移：

（A）则丧失合约所规定的有关租金和成本分摊补偿金的所有权利；以及

（B）则将已收取的租金和成本分摊补偿金返还美国政府，或接受对租金和补偿金的调整，或按照农业部长认为适当的、并与本子篇目的相一致的方式作出返还；

（7）不能对缔约土地上的草料开展任何收割或放牧行为，也不能将草料用于其他商业目的，也不能采取与合约规定相类似的、但会对合约目的造成损害的行为，除非农业部长出于应对干旱或其他类似紧急情况的考虑允许对缔约土地上的草料进行收割或放牧或将之用于其他商业目的；

（8）不得在缔约土地上种植任何树木，除非合约禁止此类树木的砍伐和商业使用，例如圣诞树，不得将缔约土地上的树木用于商业目的，除非合约特别指出允许此种行为，不得从事与合约规定相类似的、但会损害合约目的的行为，但是合约不应限制在转作林业用途的土地上开展的常规林业行为，例如修剪、疏林或林分改造等；

（9）不得开展合约规定的任何会损害本子篇目的的行为；以及

（10）需要遵守农业部长认为有必要的且被收录在合约内的补充条款的规定，以便执行本子篇规定或实施相关的管理方法。

（b）（a）（1）中提到的方案：

（1）应当阐明：

（A）所有者或经营者在合约期间将实施的保护措施和行为；以及

（B）如果存在的话，在合约期间允许在缔约土地上进行的用于商业目的的行为；以及

（2）可以对缔约土地上现有的基本耕地和分配用于耕种的土地实施永久性退耕进行规定。

（c）在 1986 至 1990 年期间的每个作物年度，在按本子篇规定进行保育休耕的土地上，在可行范围内，不少于 1/8 的土地面积应当用于种植树木。

第 1233 条 农业部长的义务。

在按第 1232 条规定与所有者和经营者缔结的合约中，农业部长相应地应当：

（1）分担开展合约规定的保护措施和行为所导致的成本费用，并将补偿费用用于农业部长认为适当并符合公众利益的目的；

（2）在合约期限内，支付一定数额的年度租金补偿：

（A）通常用于种植和生产农业商品作物的易受侵蚀耕地因减少使用而产生的损失；以及

（B）所有者或经营者同意将基本耕地或分配用于耕种的土地永久性退耕所造成的损失；以及

（3）向所有者和经营者提供保护土壤方面的技术支持以便其执行合约规定。

第 1234 条 支付资金。

（a）农业部长应当根据按本子篇规定缔结的合约所产生的义务支付以下资金：

（1）一旦义务产生，则需履行义务支付所有成本分担费用；以及

（2）履行义务支付所有年度租金：

（A）在每个日历年度 10 月 1 日之后，一旦可执行之时；或者

（B）由农业部长决定，在当年义务产生日之前的任何时间。

（b）在根据按本子篇缔结的合约向所有者和经营者支付成本分摊费用时，在执行合约规定的保护措施和行为所产生的费用中，50％应由农业部长支付，但农业部长需认定对这些保护措施和行为实施成本分担是适当的、且符合公众利益的。

（c）（1）有关将通常用于农业商品作物生产的易受侵蚀耕地进行休耕，在向其所有者和经营者支付年度租金时，农业部长在决定租金数额时还需考虑激励易受侵蚀耕地所有者和经营者参加本子篇计划所需的额外费用。

（2）根据按本子篇缔的结合约向所有者和经营者支付的租金数额应参考以下因素进行确定：

（A）所有者和经营者按照农业部长的规定就此类合约所提交的标价；或者

（B）农业部长认为适当的其他方式。

（3）在决定合约报价的可接受性时，农业部长应：

（A）考虑缔约土地的受侵蚀度及休耕土地的产量；

（B）在适当情况下，接受用于以下用途的合约报价：

（i）设立防护林带；或者

（ii）设立可有效减少沉积的永久性植物流边界、永久性草场、牧草、灌木和树木的过滤带；

（C）在美国各州和各地区建立不同标准来确定侵蚀能够得以缓解的程度；以及

（D）在接受所有者和经营者的报价时优先考虑受高度经济压力的人员，例如普遍的农业信贷紧缩或农作物生产成本和价格之间的不利关系。

（d）（1）除非本条另有规定，本子篇所规定的资金：

（A）应当按照合约阐明的时间以现金或同等金额的商品的形式进行支付；以及

（B）应在做出执行决定之前进行支付。

（2）如果以实物形式进行支付，则需由农产品信贷公司：

（A）通过向所有者或经营者交付有关商品的方式进行支付，交付地点应选在易受侵蚀耕地所在地的仓库或其他类似设施，或农业部长和所有者或经营者一致同意的其他地点；

（B）通过交付可转让的仓库收据进行支付；或者

（C）通过农业部长认为适当的其他方式支付，例如在商业市场出售商品，以确保所有者或经营者有效、快捷地获得对商品的所有权。

（3）如果农产品信贷公司用于支付的商品数量不足以对所有者或经营者进行全额支付，那么农业部长应当以现金作为替代进行全额或部分数额支付。

（e）如果根据依本子篇缔结的合约有权获得资金的所有者或经营者丧失资格无法获得此类资金，或其权利由其他实施或达到要求的人接替，那么农业部长应当根据其做出的有关规定，而不是其他法律的规定，以农业部长认为公正合理的方式来进行支付。

（f）（1）根据本子篇规定，在一个财政年度向一名所有者或经营者支付的租金，包括以实物商品形式支付的租金，不应超过 50 000 美元。

（2）（A）农业部长应当颁布规定：

（i）对本款中的用语"人员"进行定义；以及

（ii）如果农业部长认为有必要，可颁布相关规定，确保本款中的限制性要求能够得到公平、合理的实施。

（B）农业部长于 1970 年 12 月 18 日颁布的《1970 年农业法》第 101 条（《美国法典》第 7 篇 1307）可用于确定公司及其股东是否可以在本款中被视为单独的人。

（3）所有者和经营者收到的租金应当作为其根据本法案或《1949 年农业法》（《美国法典》第 7 篇 1421 及以下）有权获得的资金总额的补充，而不应影响其获得这些资金。

第 1235 条　合约。

（a）（1）在合约期第一年之前的三年中所有权发生改变的土地不得按本子篇规定缔结合约，除非：

（A）新的所有权是在前所有者死亡后通过遗嘱或继承所得；

（B）新的所有权是在 1985 年 1 月 1 日之前获得；或者

（C）农业部长认为有足够证据显示获得该土地不是为了参加本子篇规定的计划。

（2）（1）的规定不应：

（A）禁止按本子篇规定缔结的合约到期后由新所有者续约；或者

（B）要求以下人员拥有相关土地作为其有资格缔约的条件：

（i）经营缔约土地的时间早于合约缔结日期或自 1985 年 1 月 1 日起长达三年以上，以较迟者为准；以及

（ii）在合约期限内对该土地拥有控制权。

（b）如果在依本子篇规定缔结的合约期限内，缔约土地所有者或经营者出售或转移土地的所有权或占有权，那么该土地的新所有者或经营者可以：

（1）以同等条款或条件继承合约；

（2）按本子篇规定缔结新的合约；或者

（3）选择不参加本子篇所规定的计划。

（c）（1）农业部长应按照本子篇规定对所有者或经营者缔结的合约内容进行修改，如果：

（A）所有者或经营者同意做出此种修改；以及

（B）农业部长认为此种修改有利于：

（ⅰ）执行本子篇规定；

（ⅱ）对本子篇规定实施可行的管理；或者

（ⅲ）实现农业部长认为适当的、且与本子篇要求相一致的其他目的。

（2）如果农业部长认为适当，可以修改或免除按本子篇所缔结合约的条款或条件，以便允许全部或部分缔约土地可以在作物年度开展农业商品作物的生产。

（d）（1）农业部长可以终止按本子篇规定与所有者或经营者缔结的合约，如果：

（A）所有者或经营者同意终止；以及

（B）农业部长认为终止合约符合公众利益。

（2）在按照（1）规定终止所有依本子篇所缔结的保育休耕合约时，农业部长应当至少提前 90 天向众议院农业委员会和参议院农业、营养和林业委员会作出书面通知。

第 1236 条　基本农田的历史。

（a）按照作物生产调整计划需要对农场的土地总数、基本农田数量、配额及耕地分配数量作出削减时，农业部长应根据农场耕地总面积与本子篇所规定的保育休耕耕地面积之间的比率，在合约期限内做出有关决定。

（b）不管第 1211 条及 1221 条作何规定，农业部长可颁布适当法规保留本条所规定的进入休耕的基本耕地及历史上分配用于耕种的土地，以便参加有关联邦计划时可以参考上述资料，或在按照有关计划进行耕地分配，或执行其他限制性规定时可以参考上述资料，除非所有者或经营者同意按合约要求对基本耕地及历史分配土地进行永久性休耕。

子篇 E　管　　理

第 1241 条　商品信贷公司的使用。

（a）（1）在以 1986 年 9 月 30 日和 1987 年 9 月 30 日为截止日期的每个财政年度，农业部长应使用商品信贷公司的设施、服务和职权来执行子篇 D 的有关规定。

（2）在以 1988 年 9 月 30 日为截止日期的财政年度及之后的每个财政年度，农业部长应使用商品信贷公司的设施、服务及职权执行子篇 D 的有关规定，但是除非该公司收到有关拨款，否则农业部长不能将公司的资金用于执行本子篇的规定。

（b）子篇 A 至 E 的职权是农业部长和公司的附加职权，不能代替赋予他们的其他职权。

第 1242 条　其他机构的使用。

（a）在执行子篇 B、C、D 的有关规定时，农业部长应使用按照《土壤保护和国内分配法》第 8 条（b）（《美国法典》第 16 篇 590（b））规定所成立的地方、县及州委员会的服务。

（b）（1）在执行子篇 D 规定时，农业部长可以使用以下机构的服务：土壤保护署、林务局、鱼类和野生动物管理局、州林业机构、州渔业活动机构、赠地学院、根据《土壤保护和国内分配法》第 8 条

（b）（《美国法典》第 16 篇 590h）规定所设立的地方、县和州委员会及其他相关机构。

（2）在州、县一级执行子篇 D 规定时，农业部长应在可行范围内与鱼类和野生动物保护局、州林业机构、州渔业活动机构、赠地学院、土壤保护区及其他有关机构进行协商。

第 1243 条　管理。

（a）农业部长应颁布有关规定建立申诉程序，通过该程序，受子篇 A 到 E 任何决定负面影响的个人都可以申请对该决定进行复审。

（b）根据第 1211 或 1212 条有关规定，土地租用人或佃农不具备领取津贴的资格不应导致土地所有者丧失领取津贴的资格。

（c）在执行子篇 B 到 E 的规定时，农业部长应当制定足以保护土地租用人和佃农利益的规定，包括在公正平等的基础上对子篇 D 所设立计划的资金进行分配。

第 1244 条　规定。

在本法案颁布之后 180 天内，农业部长应颁布其认为执行子篇 A 到 E 内容所必需的规定，包括：
（1）对用语"人员"的定义；
（2）对有资格获得子篇 B 和 C 所规定的计划津贴的人员的界定，确保界定基础公开、合理；以及
（3）对土地所有者、土地租用人和佃农的利益进行保护。

第 1245 条　拨款的批准。

在执行子篇 A 到 E 的规定时可获批一定数额的拨款，这些拨款不受财政年度的限制。

子篇 F　其他保护条款

第 1251 条　对水资源的技术援助。

（a）无论其他法律作何规定，当财产所有者、州和当地政府机构及州际流域委员会提出以下要求时，农业部长可以制定相应计划向其提供技术协助：
（1）保护地下水的质量和数量，包括国家地下蓄水层的水资源；
（2）帮助财产所有者增强应对洪患的能力，因为洪患也可能对水资源产生影响；以及
（3）控制国家农用水资源的盐度。

（b）农业部长应在 1987 年 2 月 15 日之前向众议院农业委员会和参议院农业、营养和林业委员提交（a）批准的计划和技术援助评估报告。报告内容应包括有助于上述委员会了解如下情况的建议：该计划及技术援助是否应当展开；如何进一步改善该计划和援助；以及其他与计划及援助相关的信息，例如成本的信息及数据等。

第 1252 条　土壤和水资源的保护。

（a）《1977 年土壤和水资源保护法》第 5 条（d）（《美国法典》第 16 篇 2004（b））小节经修订如下：

"（d）农业部长应在 1979 年 12 月 31 日、1986 年 12 月 31 日、1995 年 12 月 31 日及 2005 年 12 月 31 日之前按照本条规定分别开展四次综合评估。农业部长可以在其认为合适的时候开展额外的临时评估。"

（b）该法案第 6 条（b）（《美国法典》第 16 篇 2205（b））修订如下：

"（b）初始计划的完成不应晚于 1979 年 12 月 31 日，计划的更新应当分别在 1987 年 12 月 1 日、1997 年 12 月 31 日和 2007 年 12 月 31 日之前完成。"

（c）该法案第 7 条（《美国法典》第 16 篇 2006）修订如下：

（1）删除（a）并插入如下新的内容：

"（a）（1）在国会于 1980、1987、1996 及 2006 年召开会议时，总统应当向众议院议长及参议院议长阐明按第 5 条规定开展的并于上一年年底之前完成的评估结果。

"（2）在 1980、1988、1998 和 2008 年国会召开会议时，总统应向众议院议长及参议院议长阐明按第 6 条开展的在上一年年底之前完成的初始计划及更新计划情况，并详细阐明美国农业部有关土壤和水资源保护活动的政策。"

（3）删除（b）；以及

（4）将（c）重新编号为（b）。

（d）对该法案第 10 条（《美国法典》第 16 篇 2009）进行修订删除"1985 年"，并插入"2008 年"。

第 1253 条　旱作农业。

《土壤保护和国内土地分配法案》（《美国法典》第 16 卷 590g（a））第 7 节（a）小节第一句做如下修订：

（1）删除（5）最后的"以及"；以及

（2）在句号前插入以下内容：

"，以及（7）通过旱作农业推广能源和水资源保护"。

第 1254 条　软木木材。

《1984 年农业计划调整法》第 608 条（《美国法典》第 7 篇 1981 注释）修订如下：

"第 608 条　软木木材。

"（a）（1）不管其他法律作何规定，按照《1984 年农业计划调整法》第 608 条（《美国法典》第 7 篇 1421 注释）所批准研究中提供的建议，农业部长（本条下文中以"部长"代替）可以实施一项计划，在该计划下可以按照《合并农场和农村发展法》（《美国法典》第 7 篇 1921 及以下）或该法的部分规定发放或投保减值贷款（由部长进行认定），该贷款可以通过使用种植于边际耕地（由部长进行认定）上的软木木材作物所产生的未来收益进行分期偿还，该边际耕地：

"（A）之前用于种植生产农业商品作物或牧草；以及

"（B）根据该法案规定用于保证贷款的发放或投保。

"（2）按本条规定发放的分期偿还贷款的待付利息可以转化为本金并对其征收利息。

"（3）全部或部分偿还此类分期偿还贷款可以推迟至软木木材作物产生收益之日或将还款期定为 45 年，以先出现的情况为准。

"（4）对此类分期偿还贷款的付还应当不晚于决定分期偿还之日后的 50 年。

"（b）此类分期偿还贷款的利率应由部长决定，但不应超过当前美国未偿清的、可销售债务的平均收益，且偿还期限也应与上述债务的平均偿还期限相同。此外贷款利率不得超过 1%，并需由部长确定并调整至小数点后三位。

"（c）为了需具备参加此类计划的资格：

"（1）此类分期偿还贷款的借贷方必须提供至少 50 英亩此类土地用于软木木料的种植生产；

"（2）此类土地（包括木料）没有任何其他留置权，以下留置权除外：

"（A）按照《合并农场和农村发展法》所发放贷款的留置权，此留置权的目的是为了确保此类分期偿还贷款能够如期获得偿还；或

"（B）在决定进行分期偿还时及之后按照本节规定所发放贷款的留置权；以及

"（3）以此类土地（包括木料）担保所获得的贷款总额不得超过每英亩 1 000 美元。

"（d）（1）为了协助此类借贷人将此类土地用于软木木料种植生产，部长可以向此类借贷人发放用于此种目的的贷款，贷款总数不得超过在参加此计划土地上种植树木的实际成本。

"（2）任何此类贷款的发放都应当以可种植树木的土地（包括木料）作为担保。

"（3）此类贷款的发放期限和条件可以与本条规定的分期偿还贷款的发放期限和条件相同。

"（e）部长应根据执行本条内容的需要颁布相关规定，包括对于以下期限和条件的规定：

"（1）根据本条规定发放贷款和分期偿还贷款；

"（2）根据本条规定签署担保契据和协议；以及

"（3）木材作物的管理和砍伐。

"（f）根据执行本条规定的需要可以批准一定数额的拨款。

"（g）此类计划所覆盖的土地面积不得超过 50 000 英亩。"

第 1255 条 《农田保护政策法》的修订。

（a）《农田保护政策法》第 1546 条（《美国法典》第 7 篇 4207）经修订后，删除"在本子篇颁布之后的一年内"，并插入"于 1987 年 1 月 1 日，以及在随后的每个日历年度之初"。

（b）该法案第 1548 条（《美国法典》第 7 篇 4209）经修订，删除"各州、当地政府部门，或"，并在句号前插入"假如，在执行本子篇第 1541 条要求及有关规定的联邦计划时，在一个地区遭到反对，那么受到影响的、拥有保护农田政策或计划的州的长官可以在当地的联邦地方法院进行起诉"。

第 XIII 篇 信 贷

第 1301 条 联合经营。

（a）《合并农场和农村发展法》第 302 条和 311 条（a）（《美国法典》第 7 篇 1922 和 1941（a）），分别作如下修订：

（1）删除在"公司"后出现的所有"及合伙"并在原处插入"，合伙，及联合经营"；

（2）删除在"公司"后出现的所有"，及合伙"并在原处插入"，合伙，及联合经营"；以及

（3）删除所有"成员、股东或伙伴，如果适用的话"并在原处插入"个体"。

（b）《合并农场和农村发展法》第 343 条（《美国法典》第 7 篇 1991）经修订如下：

（1）删除"（6）"之前的"以及"；以及

（2）在最后的句号前插入以下内容："，以及（7）用语'联合经营'指两个或两个以上的农民在均等或不均等地分担土地、劳动、设备、费用及收入的基础上一起开展联合农业经营"。

第 1302 条 地产和经营贷款的获取资格。

（a）《合并农场和农村发展法》（《美国法典》第 7 篇 1922）第 302 条经修订如下：

（1）在条标题之后插入"（a）"；以及

（2）在结尾处增加新款内容如下：

"（b）部长不能仅仅限制那些在《1985 年粮食安全法》颁布之日尚有贷款未还清的借贷人获得本子篇所发放贷款的资格，此类贷款的发放目的在第 303 条中有所规定"。

（b）该法案第 311 条（《美国法典》第 7 篇 1941）经修订后在结尾处增加新款内容如下：

"（c）部长不能仅仅限制那些在《1985 年粮食安全法》颁布之日尚有贷款未还清的借贷人获得本子篇所发放贷款的资格，此类贷款的发放目的在第 312 条中有所规定"。

第 1303 条 对家庭农场的限制。

《合并农场和农村发展法》第 302 条和第 311 条（《美国法典》第 7 篇 1922 和 1941）经修订分别在

第二句（3）的附加条款结尾处增加如下内容："或，在全部利息承担人有血亲或姻亲、且血亲或姻亲都是或将会是农场的经营者时，则此类利息承担人所承担的所有权利息不得高于家庭农场的利息，即便其利息总和要高于由部长规定的家庭农场利息"。

第 1304 条　水和废物处理设施。

（a）《合并农场和农村发展法》第 306 条（a）（《美国法典》第 7 篇 1926（a））修订如下：

（1）在（2）结尾处增加以下内容：

"部长应按照其颁布的规定为所有项目设定津贴等级，以便可以为人口较少、收入较低的社区提供等级较高的津贴。"以及

（2）在结尾处增加以下内容：

"（16）（A）部长可以向私有非营利性组织发放津贴，以便使其可以向本款（1）中描述的机构提供技术协助和培训，使其可以：

"（i）确定并评估解决以下问题的替代方案：农村地区水资源的获取、存储、处理、净化和分配以及农村地区废物的收集、处理和排放；

"（ii）向公共资金或私有资金申请财政援助用于本款（2）中所规定的目的；以及

"（iii）改善以下方面的现有做法：农村地区水资源的存储、处理、净化和分配以及农村地区废物的收集、处理和排放。

"（B）在选择符合（A）规定的津贴接受人时，部长应当优先向在提供技术援助和培训方面具有丰富经验的非营利性组织进行发放，以便服务于低收入且供水系统或废物处理设施不卫生的农村地区的有关机构可以获得这些非营利性组织所提供的技术援助和培训。

"（C）每财政年度《拨款法》所拨出的用于执行本款（2）规定的所有资金中，不少于 1% 且不多于 2% 的数额应当留作（A）中规定的津贴发放使用，除非在该财政年度中部长收到的有资格的非营利性组织所申请的资金总额少于该项资金数额的 1%。

"（17）如果水资源和废物处理设施项目不仅服务于一个单独的农村社区，部长在执行本款（2）及第 307 条（a）（3）（A）中有关规定时需要参照所有接受服务的单独农村社区的人口和收入的中间值。

"（18）本款（2）中规定的津贴可以用于支付其他联邦财政补贴项目所要求的偿还数额，数额可达规定该财政补贴项目法律所允许的上限。

（19）（A）在批准和管理按（1）规定向水和废物处理设施发放的贷款时，部长应当全面考虑贷款申请人或借贷人就此类设施技术规划和材料选择所提出的建议。

"（B）如果部长认为应当在水或废物处理设施中使用不同于申请人或借贷人建议的技术规划或材料，那么部长应当就其决定向申请人或借贷人做出全面的解释。"

（b）（1）农业部长应当：

（A）研究《合并农场和农村发展法》第 306 条（《美国法典》第 7 篇 1926）所规定贷款的可行性和成本效率，该贷款用于在农村单独地点而非中心地区或社区所在地建造水和废物处理设施；以及

（B）还应研究建造小型多用户饮水设施的可行性、将农村居民纳入公共水系统的成本费用、及改善小型公众饮水系统和建立农村饮水替代系统的成本费用。

（2）在本法案颁布后 120 日内，部长应当向众议院农业委员会和参议院农业、营养和林业委员会提交报告，汇报按（1）规定所开展研究的结果。

第 1304A 条　利率——水和废物处理设施及公众设施贷款。

《合并农场和农村发展法》第 307 条（a）（3）（A）（《美国法典》第 7 篇 1927（a）（3）（A））修订如下：

（1）删除"在那些地方接受此类设施服务的人员中，中等家庭收入低于管理和预算办公室所规定的

贫困线，如同《1964年经济机会法》第624条（《美国法典》第42篇2971d）所做出的调整"并在原处插入"在那些地方接受此类设施服务的人员中，中等家庭收入低于全国非都市地区中等家庭收入的80%或管理和预算办公室规定的贫困线，如同《社区服务固定拨款法》第673条（2）（《美国法典》第42篇9902（2））所做的修改"；以及

（2）在结尾句号前插入以下内容："及不符合获得年化利率为5%的贷款、但位于接受服务人员中中等家庭收入不超过全国非都市中等家庭收入地区的设施所获得的贷款利率不超过每年7%"。

第1305条　采矿权抵押。

《合并农场和农村发展法》第307条（《美国法典》第7篇1927）经修订在结尾处增加以下内容：

"（d）有关本款颁布后所发放的农场所有权贷款，除非明确规定贷款抵押中包括石油、天然气或其他矿产的估定价值，否则土地上的石油、天然气或其他矿产不应被视为贷款抵押的构成部分。本款的规定不应妨碍将其用作贷款的抵押，借贷人可以因开采或回收矿产对抵押地产表面造成伤害而收取报酬或其他赔偿。"

第1306条　有限资源借贷人的农场纪录保存培训。

《合并农场和农村发展法》（《美国法典》第7篇1942（a））第312条（a）第一句做如下修订：

（1）删除（10）最后的"以及"；以及

（2）在结尾句号前插入以下新条款："，以及（12）为接受第310D条所规定贷款的有限资源借贷人提供维护农场和牧场经营记录的培训"。

第1307条　无监督账户。

《合并农场和农村发展法》第312条（《美国法典》第7篇1942）经修订在结尾处增加以下内容：

"（e）无论本篇其他规定如何，部长应留存本子篇所发放贷款中不多于10%的数额或此类贷款中的5 000美元，以较少者为准，将资金存入无监督银行账户，以便用于借贷人所必需的家庭生活开支或用于与之前签订的经营农场和牧场计划不冲突的目的。在借贷人用尽上述保留金后，部长可与借贷人一起重新审核并调整农场计划，并考虑推迟还贷日期并发放追加贷款，使用收益支付农场、家庭及其他必要开支或用于还付其他贷款。"

第1308条　紧急贷款的获取资格。

（a）《合并农场和农村发展法》第321条（a）（《美国法典》第7篇1961（a））修订如下：

（1）在第一句（1）"美国"之后插入"及那些不大于家庭农场的所有者兼经营者（因执行子篇A规定所发放的贷款）或经营者（因执行子篇B规定所发放的贷款）"；

（2）在第一句（2）中，删除"主要收益由身为美国公民的成员、股东或伙伴所持有的农业合作社或私有国内公司或合伙企业，如果该合作社、公司或合伙企业主要从事耕种、放牧或水产养殖业"，并在原处插入以下内容"农业合作社、私有国内公司、合伙企业或联合经营企业（A）主要从事耕种、放牧或水产养殖业，以及（B）其主要收益由身为美国公民的个人所持有，且此类人员为不大于家庭农场的所有者兼经营者（因执行子篇A规定所发放的贷款）或经营者（因执行子篇B规定所发放的贷款）（或主要收益由拥有血亲或姻亲的个人所持有的此类合作社、公司、合伙企业或联合经营企业，参照农业部长所做规定，此类个人必须是不大于家庭农场的所有者或经营者，且此类个人中至少有一人为不大于家庭农场的经营者）"；以及

（3）在第一句后插入以下内容："除本款前述条件外，如果属于农业合作社、私有国内公司、合伙企业和联合经营企业，则前句中对家庭农场的要求应同样适用于所有符合以下条件的农场：实体拥有农场的所有权和经营权利益（因执行子篇A规定所发放的贷款）或拥有经营权利益（因执行子篇B规定

所发放的贷款)"。

（b）（1）《合并农场和农村发展法》第 321 条（b）（《美国法典》第 7 篇 1961（b））修订如下：

"（b）如果申请人可以根据《联邦农作物保险法》（《美国法典》第 7 篇 1501 及以下）获得对作物减产的保险赔偿金，则按照本子篇规定申请人应可获得申请金融援助的资格。"

（2）对于 1986 年以前因一年生作物种植和收割遭受损害而符合获得紧急贷款资格的人员，（1）修订后的有关规定对其不具约束力。

（3）该法案第 324 条（a）（《美国法典》第 7 篇 1964（a））修订如下：

"（a）按照本子篇规定，因每次灾害所发放或担保的贷款不能超过因灾害造成的实际损失数额或不能超过 500 000 美元，以数额较少者为准。"

（d）废除该法案第 330 条（《美国法典》第 7 篇 1971）。

第 1309 条　理赔。

《合并农场和农村发展法》第 331 条第二段（d）（《美国法典》第 7 篇 1981（d））修订如下：

"（d）理赔要求的折中、调整、减少或取消以及在农民住房管理局各计划下所签订的、或接受其管理的担保契据、租赁凭证、合约和协议条款的调整、修改、执行或免除应根据实际情况的需要按照本篇规定予以执行。部长可以在对理赔要求折中、调整、减少或取消时免除借贷人或由本子篇规定所产生的任何其他负债者的个人偿还义务，除非根据以下情况认为无法折中、调整、减少或取消有关的理赔要求：

"（1）并不比由相关县级委员会按照第 332 条规定所建议的条款更为有利；或者

"（2）理赔要求被提交至司法部长处，而未获得司法部长批准；"。

第 1310 条　石油和天然气使用费。

（a）《合并农场和农村发展法》子篇 D 经修订在第 331B 条后插入以下新内容：

"第 331C 条（a）部长应当允许按本篇所发放或担保贷款的借贷人在获得以下收益时对此类贷款进行先期支付：

"（1）出租用于担保此类贷款的地产上的石油、天然气或其他采矿权所获得的收益；或者

"（2）出售用于担保此类贷款的地产上的石油、天然气或其他采矿权所获得的收益，前提是石油、天然气或其他采矿权的价值并未被用于担保此类贷款。

"（b）在获得本子篇所规定贷款的借贷人中，那些于《1985 年粮食安全法》颁布之日尚未解决的清算止赎程序有关的人员不受（a）规定的限制。"

（b）《1978 年紧急农业信贷调整法》第 204 条（《美国法典》第 7 篇 1947）经修订在结尾处增加以下新内容：

"（e）（1）部长应当允许按本篇所发放或担保贷款的借贷人在获得以下收益时对此类贷款进行先期支付：

"（A）出租用于担保此类贷款的地产上的石油、天然气或其他采矿权所获得的收益；或者

"（B）出售用于担保此类贷款的地产上的石油、天然气或其他采矿权所获得的收益，前提是石油、天然气或其他采矿权的价值并未被用于担保此类贷款。

"（2）在获得本子篇所规定贷款的借贷人中，那些与《1985 年粮食安全法》颁布之日尚未解决的清算止赎程序有关的人员不受（1）规定的限制。"

第 1311 条　县委员会。

《合并农场和农村发展法》第 332 条（a）（《美国法典》第 7 篇 1982（a））修订如下：

"（a）在开展与本篇内容相关活动的所有县或地区，都应设立一个由三名成员组成的县委员会。其

中两名成员由主体收入为耕种收入、且为该县或该地区常住居民的农民根据其人数通过选举产生，一名成员需经农业部长任命且为该县或该地区常住居民，任期为三年。在按本款规定对县委员会成员进行首次选举时，一名成员的任期应为一年，另一名成员任期应为两年。此后当选的县委员会成员的任期应为三年。部长在选择任命县委员会成员时，应在最大可行范围内，确保委员会能够公正的代表该县或该地区的农民。部长可为每名县委员会成员指定一名候补人员。受任命的成员及候补成员均可被部长出于某种原因予以免职。部长应根据需要颁布选举和任命县委员会成员和候补成员的规定。"

第1312条 贷款和贷款担保的快速批准。

（a）《合并农场和农村发展法》子篇D经修订在第333条（《美国法典》第7篇1983）后插入以下新内容：

"第333A条（a）（1）部长在收到此类贷款或贷款担保的完备申请之后60日内应按照本篇规定对贷款或贷款担保的申请予以批准或否决，并将有关决定通知申请人。

"（2）如果本篇规定的贷款或贷款担保的申请不够完备，部长应当在收到此类申请之后20日内将申请不完备的原因告知申请人。

"（3）如果本篇规定的贷款或贷款担保的申请未获得部长批准，部长应在（1）要求出具的通知中阐明未能批准的原因。

"（b）（1）除（2）规定的情况外，如果本篇规定的贷款申请获得部长批准，部长应当在其批准该申请之后的15日内（或经申请人同意延长期限）向申请人提供贷款资金。

"（2）如果部长因用于此目的的资金不足而未能在15日内向申请人提供贷款资金，部长应当在用于此目的资金充足后（除非申请人同意延长期限否则决不能超过15天）立即向申请人提供贷款资金。

"（c）如果部长未批准本篇规定的贷款或贷款担保申请，但是由于农业部内部或美国法院的申诉，此决定随后被推翻或改变，申请又重新返回部长处等待进一步决定，那么部长应当就此申请采取行动并在申请返回至部长手中之后15日内将其采取的行动通知申请人。

"（d）在执行《联邦法规汇编》第7篇第1980部分第B分部附件A所确定的贷款计划时，农业部长需确保指定为出借方的信贷机构所提出的每项要求都已经过审核，并确保在收到信贷机构申请之后15日内作出答复。

"（e）（1）《1985年粮食安全法》颁布后，部长在其认为适当的时候需尽快采取措施从农业部向农民住房管理局提供足够的人员（包括人员延时补偿）和资源，以便农民住房管理局可以尽快处理农场主和牧场主所提交的贷款申请。

"（2）在执行（1）规定时，部长可以运用法律赋予部长的所有职权，包括：

"（A）根据第309条规定所设立的农业信贷保险基金；以及

"（B）与子篇C所设立的紧急贷款计划相关的雇用程序"。

（b）农业部长在本法案颁布后收到的经《合并农场和农村发展法》（《美国法典》第7篇1921及以下）确定的贷款或贷款担保申请受（a）修正内容的约束。

第1313条 申诉。

（a）《合并农场和农村发展法》子篇D经修订在第333A条后插入以下内容：

"第333B条（a）如果部长依本篇内容作出的决定所产生的不利影响直接或间接作用于本篇确定的贷款申请人和借贷人及贷款担保申请人或接受人（下文以"上诉人"代替），那么部长应当根据其颁布的与本条规定相一致的有关法规向上诉人提供有关此决定的书面通知，使其有机会参加关于此决定的非正式会晤及听证。

"（b）（1）在此类不利决定做出之后的10日内，部长应向上诉人提供有关此规定的书面通知、参加非正式会晤和听证的机会及对此决定提起申诉的机会（包括提出申诉的最后期限）。

"（2）按照上诉人的要求或出于解决分歧、减少正式申诉数量的目的，部长应当在正式提起申诉前与申诉人进行一次非正式会晤。

"（c）（1）上诉人应享有以下权利：

"（A）获得由部长保管的上诉人个人档案，包括可以在当地农民住房管理局核准和更新其档案；以及

"（B）在（A）提到的核准和更新档案期间及在非正式会晤和听证时，可由律师或非律师代理人代表其出席。

"（2）部长可向上诉人收取在按照（1）（A）新档案时所产生的合理费用。"

（b）（1）农业部长应就农民住房管理局农业贷款项目所使用的行政申诉开展研究。

（2）在开展此类研究时，部长应分析：

（A）贷款申请人和借贷人所提起的申诉数量和类型；

（B）根据申述，对最初管理行为要做出何种程度的调整；

（C）撤销、修改或维持管理行为的原因；

（D）贷款申请人或借贷人委托律师代理的申诉数量和处置情况；

（E）完成申诉处理工作的时长及延误的原因；

（F）在申诉程序中设置行政法法官的可行性；以及

（G）是否有意愿对《合并农场和农村发展法》第 332 条（《美国法典》第 7 篇 1982）设立的县委员会成员进行选举。

（c）在 1986 年 9 月 1 日前，农业部长应将本条所要求的研究结果报告呈交众议院农业委员会及参议院农业、营养和林业委员会。

第 1314 条　农田的处置和租借。

（a）《合并农场和农村发展法》第 335 条（《美国法典》第 7 篇 1985）修订如下：

（1）删除（b）中的"地产的"并在原处插入"除非在（e）中有所规定，地产的"；

（2）在（c）中：

（A）删除第一句中的"此"并在原处插入"除非在（e）中有所规定，此"；以及

（B）在结尾处增加以下新内容：

"不管前句规定如何，农业部长可以出于保护的目的向当地或州政府机构或私有非营利性组织赋予或出售地役权、限制权、发展权或与之相等的权利，此费用独立于美国政府所拥有的所有其他权利的潜在费用或金额"；以及

（3）在结尾处增加以下新内容：

"（e）（1）部长应在适当时候尽快按以下优先顺序出售或租借本篇管理的农田：

"（A）将此类农田出售给不大于家庭农场规模的农场经营者（到此类出售行为发生之前为止）。

"（B）将此类农田租借给不大于家庭农场规模的农场经营者（到此类租借行为发生之前为止）。

"（2）如果此类农田推向市场销售会对当地农田价格产生有害影响，那么部长就不应提议出售任何此类土地。

"（3）（A）部长应按（3）规定考虑向不大于家庭农场规模的农场经营者提供租借或购买受本篇管理的农田的权利。

"（B）部长应颁布可以在公正平等的基础上租借或购买此类土地的有关规定。

"（C）在租借此类土地时，部长应当对具有经济资源、农场经营技巧和经验的此类土地前所有者或经营者进行优先考虑，前提是部长认为上述条件足以确保农场可以成功经营。

"（D）在部长按本款规定考虑对地产进行租借或经营时，如果部长决定通过行政合约对此类地产进行管理，则可以发出合约竞标邀约，并优先考虑地产所在地那些拥有并经营合格小型企业、且以之为生

的人员。

"（4）（A）（i）部长可以通过分期付款销售或类似销售方式对受本篇规定的农田进行出售，部长可以根据需要制定法规保护联邦政府在此类土地上的投资利益。

"（ii）之后，部长可以出售所有因执行（i）规定而缔结的合约。

"（B）部长在向不大于家庭农场规模的农场经营者出售此类土地时，应根据耕种此类土地可预期的合理年度收入来进行定价。

"（C）如果有两个或两个以上不超过家庭农场规模的合格农场经营者有意向购买或先租借再购买此类土地，则相关县委员会应当根据部长的规定以多数票为基础选取经营者进行购买。

"（5）（A）如果部长认为本篇管理下的农田由于面积过大不适于出售给不超过家庭农场规模的农场经营者，那么部长可以对此类土地进行划分，将适当面积的土地出售给此类经营者。

"（B）部长应按照本款规定对此类细分的农田进行处置。

"（6）按照本款规定对此类农田进行处置时，部长应当：

"（A）在农田所在县至少一份广泛发行的报纸上公布此类农田的信息；并且

"（B）在农田所在县的农民住房管理局办公室的显著位置张贴有关此类农田信息的公告。

"（7）如果本篇管理下的农田属于易受侵蚀土地（参见《1985 年粮食安全法》第 1201 条规定），那么部长在出售或租借此类土地时应增加有关保护措施的条款。

"（8）无论其他法律规定如何，部长在执行本款规定时不得使此类地产的耕地分配、销售配额或基本耕地面积遭受中断、终止、减少或其他不利影响。"

（b）在本法颁布后 90 天内，农业部长应当将本条所修订的内容付诸实施。

第 1315 条　正常收入保险金的发放。

《合并农场和农村发展法》第 335 条（《美国法典》第 7 篇 1985）（由第 1314 条（3）修订）经进一步修订在结尾处增加以下新内容：

"（f）（1）本款所使用的用语'正常收入保险金'与《联邦法规汇编》（至 1985 年 1 月 1 日止）第 1962.17 条（b）中此类用语的意思相同。

"（2）在部长推动本篇确定的贷款加快发放之前，部长应当根据需要从正常收入保险金中发放此类贷款所需数额用于支付借贷人必要的家庭和农场经营费用。"

第 1316 条　贷款汇总表。

《合并农场和农村发展法》第 337 条（《美国法典》第 7 篇 1987）修订如下：

（1）在该条标号后插入"（a）"；并

（2）在结尾处增加以下新款：

"（b）（1）本款中的用语'总结期'指：

"（A）《1985 年粮食安全法》颁布之日起至该法案颁布后首个贷款汇总表发布之日止；或者

"（B）上个贷款汇总表发布之日起至当前贷款汇总表发布之日止。

"（2）在按本篇规定获得或投保（不是担保）的贷款借贷人的要求下，部长应当在依本篇发放的每笔贷款的总结期内向此类借贷人提供反映账户动态的贷款总结表，包括：

"（A）在总结期开始时每笔贷款到期本金中未偿还的数额；

"（B）向每笔此类贷款征收的利率；

"（C）在总结期内支出款项的数额及借贷人对每项此类贷款提出的申请，以及对每笔支付资金申请的依据所做出的解释；

"（D）在总结期结束时每笔此类贷款的到期本金和利息的数额；

"（E）在总结期结束时所有此类贷款未偿还的本金和利息的总额；

"（F）拖欠偿还此类贷款的行为；以及

"（H）借贷人用于获取更多有关此类贷款状况相关信息的程序。"

第 1317 条　贷款额度的批准。

（a）《合并农场和农村发展法》第 346 条（b）（《美国法典》第 7 篇 1994（b））修订如下：

"（b）（1）（A）在以 1986 年 9 月 30 日为截止日期至以 1988 年 9 月 30 日为截止日期之间的每个财政年度，可以按子篇 A 和 B 的规定对地产和经营贷款进行投保、出售并投保、或担保，第 309 条所设立的农业信贷保险基金的数额为 4 000 000 000 美元，其中不少于 520 000 000 美元需用于子篇 A 所规定的农场所有权贷款。

"（B）根据（C）的规定，此数额应做如下分配：

"（ⅰ）在以 1986 年 9 月 30 日为截止日期的财政年度：

"（Ⅰ）2 000 000 000 美元用于保险贷款，其中不少于 260 000 000 美元需用于农场所有权贷款；以及

"（Ⅱ）2 000 000 000 美元用于担保贷款，其中不少于 260 000 000 美元需用于担保农场所有权贷款。

"（ⅱ）以 1987 年 9 月 30 日为截止日期的财政年度：

"（Ⅰ）1 500 000 000 美元用于保险贷款，其中不少于 195 000 000 美元需用于农场所有权贷款；以及

"（Ⅱ）2 500 000 000 美元用于担保贷款，其中不少于 325 000 000 美元需用于担保农场所有权贷款。

"（ⅲ）在以 1988 年 9 月 30 日为截止日期的财政年度：

"（Ⅰ）1 000 000 000 美元用于保险贷款，其中不少于 130 000 000 美元需用于农场所有权贷款；以及

"（Ⅱ）3 000 000 000 美元用于担保贷款，其中不少于 390 000 000 美元需用于担保农场所有权贷款。

"（C）在（A）中所提到的每个财政年度，部长将担保贷款转换为保险贷款时，不得超过所批准数额的 25%。

"（D）（ⅰ）在 1986、1987 和 1988 每个财政年度，按照子篇 C 的规定从农业信贷保险基金中所发放、投保或担保的紧急贷款的数额如下：1986 财政年度为 1 300 000 000 美元，1987 财政年度为 700 000 000美元，1988 财政年度为 600 000 000 美元。

"（E）1986、1987 和 1988 每个财政年度从农村发展保险基金中授权投保、或出售并投保、或担保的贷款如下：

"（ⅰ）水和废物处理设施保险贷款为 340 000 000 美元。

"（ⅱ）工业发展贷款为 250 000 000 美元。

"（ⅲ）社区设施保险贷款为 115 000 000 美元。"

（b）该法案第 346 条（e）（1）修订如下：

（1）删除所有"20"并在原处插入"25"；以及

（2）删除"1984 财政年度"并在原处插入"每财政年度"；以及

（c）该法案第 346 条（由（b）修订）修订如下：

（1）删除（d）；以及

（2）将（e）重新编号为（d）。

第 1318 条　农场债务调整和休耕土地地役权的保护。

（a）《合并农场和农村发展法》（《美国法典》第 7 篇 1921 及以下）经修订在结尾处增加以下新

内容：

"第349条（a）在本条中：

"（1）用语'政府机构'指美国、州或州的地方政府部门的所有机构。

"（2）用语'易受侵蚀土地'及'湿地'的定义参照《1985年粮食安全法》第1201条的定义。

"（3）用语'野生生物'指《1981年雷斯修正案》第2条（a）（《美国法典》第16篇3371（a））所定义的鱼类和野生生物。

"（5）用语'再生目的'包括打猎。

"（b）根据（c）规定，出于保护、再生和野生生物相关的目的，部长可以获得并维持地产的地役权，期限不超过50年。

"（c）此类地产的地役权可以被取得或维持，前提是此类地产：

"（1）是湿地、高地或易受侵蚀土地；

"（2）经部长认定适合用于相关目的；

"（3）（A）（ⅰ）确保所有农民住房管理局相关法规所发放的、并由部长所管理的贷款的安全；以及

"（ⅱ）部长认为此类贷款的借贷人没有能力及时偿还贷款；或者

"（B）按照本篇规定由部长负责管理；以及

"（4）在《1985年粮食安全法》颁布前的三年中每年都种植中耕作物（湿地除外）。

"（d）此类地役权所规定的条款和条件应当：

"（1）阐明此类地产可能用于何种目的；

"（2）确定将对此类地产采取何种保护措施，以及再生活动和野生生物耗用的许可范围；以及

"（3）要求此类地产所有者允许部长及部长指定的其他人员和政府机构有权进入此类土地以便对地役权的遵守情况进行监督。

"（e）部长获得的所有此类地役权均需从借贷人处购买，购买方式为免除借贷人尚未偿还的、由部长按农民住房管理局法律所管理的资金总额中的相应部分，部长按照所有此类法律所管理的未偿还贷款资金总额的免除比率与此相同，前提是此类地役权限制的土地面积与担保此类贷款的土地总面积相同。无论在何种情况下，免除的金额都不应超过地役权所约束土地的价值。

"（f）如果部长选择使用本条规定所赋予的职权，那么部长应当与渔业和野生生物服务局的局长进行磋商，以便：

"（1）选择部长可按照本条规定获得地役权的地产；

"（2）制定此类地役权的条款和条件；以及

"（3）执行此类地役权。

"（g）部长及经部长指定的人员和政府机构可以按照本条的规定执行部长获取的地役权。

"（h）在解除《1985年粮食安全法》颁布之后所发放的贷款时，本条规定不具效力。"

（b）（1）《合并农场和农村发展法》第335条（c）（《美国法典》第7篇1985（c））最后一句经修订在结尾句号前插入"不包括按第349条规定所获取的地役权"。

（2）《1970年农业法》第1001条（《美国法典》第16篇1501）第二句修订如下：

（1）删除"永久的"；以及

（2）在"地役权"后插入"时限不超过50年"。

第1319条　农场贷款担保计划的管理。

《合并农场和农村发展法》（《美国法典》第7篇1921及以下）经修订，在第1318条所增加的内容之后增加以下内容：

"第350条　不管本篇其他规定如何，部长应确保按照本篇规定执行农场贷款担保计划时要考虑到

借贷人和借出人的需求，并要对清算程序完成之前违约贷款担保收益的预付条款和条件进行合理的规定。"

第 1320 条　利率削减计划。

仅在自本法案颁布之日起至 1988 年 9 月 39 日止这一时期内有效，《合并农场和农村发展法》（《美国法典》第 7 篇 1921 及以下）经修订在第 1319 条增加的条之后增加以下内容：

"第 351 条　（a）部长应按照本条规定设立并开展本篇所规定的贷款担保利率削减计划。

"（b）根据此类计划，部长应与合法组建的机构缔结合约并向其支付费用以便在在此类合约期限内削减此类机构所发放担保贷款的借贷人应支付的利率，前提是：

"（1）借贷人：

"（A）无法从其他地方获得利率和期限符合借贷人实际金融需求的足够贷款，原因是借贷人所居住的社区内或附近没有适当的私营公司或合作社能够提供具有类似利率和条件的贷款；

"（B）除此之外没有能力及时偿还此类贷款；以及

"（C）自合约签订之日开始后的 12 个月预计现金收入总额（包括所有农场和非农场收入）等于或超过借贷人在此期间的预计现金支出总额（包括所有农场和非农场支出）；以及

"（2）借出人要在此类合约中阐明在合约期间所削减的应付年利率的最小百分比。

"（c）借出人按（b）规定缔结削减贷款利率的合约后，作为回报，农业部长应向借出人支付与削减贷款应付年利率所产生的成本等额的资金，但所付资金不得超出削减利率所产生成本的 2%。

"（d）按本条规定缔结的削减担保贷款利率的合约期限不应超过此贷款未偿还的期限，或不应超过 3 年，以时间较短者为准。

"（e）（1）不管本篇其他规定如何，农业部长在执行本条规定时可使用按第 309 条规定所设立的农业信贷保险基金。

"（2）农业部长用于执行本条规定的资金总数不得超过 490 000 000 美元。"

第 1321 条　宅基地保护。

《合并农场和农村发展法》经修订，在第 1320 条增加的条之后增加以下内容：

"第 352 条　（a）在本条中：

"（1）用语'局长'指美国小企业管理局的局长。

"（2）用语'农场计划贷款'指局长按照《小企业法》（《美国法典》第 15 篇 631 及以下）相关规定所批准的贷款，用于实现《合并农场和农村发展法》（《美国法典》第 7 篇 1921 及以下）子篇 A 或 B 中赋予贷款的目的。

"（3）用语'宅基地产权'指在本款（2）中规定的借贷人所拥有和占用的主要居所及其邻产。

"（4）用语'部长'指农业部长。

"（b）（1）如果部长取消《合并农场和农村发展法》（《美国法典》第 7 篇 1921 及以下）所发放或投保贷款的赎回权，如果局长取消《小企业法》（《美国法典》第 15 卷 631 及以下）所批准农场计划贷款的赎回权，或借贷人借贷或投保贷款的机构宣布破产或自动清算以避免止赎或破产，那么部长或局长应按照借贷人的申请允许其保留对其主要居所及合理数额邻产的拥有和占用以便用于维持其必要的家庭生活。

"（2）宅基地产权的价值应当自借贷人申请保留拥有和占用宅基地产权之日起的 6 个月内通过独立估价进行确定。

"（3）根据本款规定对宅基地产权的占用期限不得超过 5 年，但按照（c）的规定，在任何情况下部长或局长对宅基地产权占用期限的批准都不得少于 3 年。

"（c）如需具备占据宅基地产权的资格，部长或局长批准或保证的贷款借贷人必须：

"（1）在本法案颁布之日起 3 年内申请占用宅基地产权；

"（2）已经用尽通过贷款延期或贷款调整所提供的所有其他补偿，包括第 331 条（d）所赋予的补偿；

"（3）在 1981 年 1 月 1 日至 1985 年 12 月 31 日之间的 5 年中至少两个日历年度（或等量的作物年度或财政年度），年度农场销售总额已经达到至少 40 000 美元；

"（4）在上述 5 年期中的至少两年中，已经收到占借贷人或其配偶年度总收入 60% 以上的农场运营费用；

"（5）在上述 5 年期内，已经占用宅基地产权并在毗邻地上或该借贷人所控制的其他土地上开展农场或牧场经营活动；

"（6）在占用宅基地产权期间，向部长或局长支付合理数额的租金，该租金数额与宅基地产权所在地相似住宅地产的租金基本相等，如果未能按期支付租金，则借贷人按本小节规定所拥有和占用宅基地产权的所有权利将被终止；

"（7）在占用宅基地产权期间，维持该地产的良好状态；以及

"（8）同意部长或局长所规定的其他条款和条件以便推进本款所规定的管理工作。

"（d）在（c）所规定的占用期结束时，部长或局长应当以适当的条款或条件（可包括分期支付本金）赋予借贷人优先重新购买宅基地产权的权利。

"（e）在重新购买协议达成时，部长或局长要求支付的本金总数不得超过（b）（2）所规定的宅基地产权的价值。"

第 1322 条　参加美国乡村电气化管理局所辖计划的农村公共设施贷款的延期

《1971 年农场信贷法》第 3.8 条（《美国法典》第 12 篇 2129）修订如下：

（1）在"所有协会"前插入"（1）"；以及

（2）在结尾处增加（2），内容如下：

"（2）不管本篇其他规定如何，收到乡村电气化管理局贷款、贷款承诺或贷款担保，或收到美国农村电话银行贷款或贷款担保，或乡村电气化管理局局长批准具有获得此类贷款、贷款承诺、贷款担保资格的合作社和其他实体，以及此类合作社或其他实体的附属公司，应当有资格获得用于开展合作经营的银行借款。"

第 1323 条　非赢利性国家农村发展和金融公司。

（a）（1）在以 1986 年 9 月 30 日为截止日期的财政年度，农业部长（本条下文以"部长"代替）应当为公共机构或私营组织提供给非盈利性国家农业发展和金融公司的贷款（包括保险公司等金融机构提供的贷款）进行担保，此类公司通过设立相似的全州农村发展和金融联营计划来为赢利性或非营利性地区商业公司提供贷款、担保或其他金融援助，以便改善农村地区（由部长确定）的商业和工业环境并提供更多就业机会。

（2）如需具备获得本款所规定贷款担保资格，该公司必须：

（A）向部长展示其管理全国性农村发展贷款计划的能力；

（B）愿意将其控制下的金融资源用于设立全州农村发展和金融联营计划；以及

（C）已经有公共机构和私营组织保证会为此类全州联营计划提供足够的资金支持。

（3）在全国农村发展和金融公司按本款规定接受贷款担保时，其接受的依据是已决定设立全州联营计划，同时州和私营组织愿意为该计划提供赞助或提供资金。

（4）不管其他法律规定如何，在以 1986 年 9 月 30 日为截止日期的财政年度，按照《巩固农场和农村发展法》第 310B 条（《美国法典》第 7 篇 1932）规定由农村发展保险基金提供给担保贷款的数额中，部长应当将其中的 20 000 000 美元用于本款所规定的全国农村发展和金融计划的担保贷款，且需要在支

出之前一直保持资金可用。

（b）（1）在以 1986 年 9 月 30 日为截止日期的财政年度，部长应将按（2）定所转移的资金提供给全国农村发展和金融公司，以便建立农村发展计划，并对按（a）规定向此类公司所发放的贷款担保提供金融和技术支持。

（2）按照《1981 年社区经济发展法》第 623 条和第 633 条的规定，经农村发展贷款基金批准的所有资金，包括保证金及自颁布之日起可用的资金，应当转移给部长，如果：

（A）所有保证金和自颁布之日起可用的资金都用于（1）所拨出的款项，且需要在支出之前一直保持资金可用；以及

（B）不管其他法律规定如何，在法案颁布之前提供给中介借贷人的所有贷款，自法案颁布之日起至贷款期限止期间应付的利率不得超过此类贷款发放之日所设定的利率。

第 1324 条　对农产品购买人的保护。

（a）国会发现：

（1）即使出现以下情况，某些州法律仍然允许担保贷款的借出人对农产品购买人具有抵押留置权：购买人不知道产品出售违反借出人抵押权益；购买人缺少发现该抵押权益存在的可行方法；购买人无法确保出售人将销售收益用于支付借出人；

（2）按照这些法律规定，农产品购买人需为农产品付出双倍费用，一次是在购买时支付，另一次是当出售人未能对借出人进行偿还时支付；

（3）使农产品购买人付出双倍费用是对农产品市场自由竞争的抑制；以及

（4）此类规定增加了州际农产品贸易的负担并对其造成阻碍。

（b）本条的目的是为了消除对州际农产品贸易所造成的此类负担和阻碍。

（c）在本条中：

（1）用语"正常商业过程中的购买人"指在正常商业过程中从从事农场经营并从事出售农产品商业行为的人手中购买农产品的人。

（2）用语"中央文件生成系统"指对美国农业部长面向全州发出的有效财政报告和通知进行文件生成的系统；如果该系统符合本条规定，则农业部长应当批准使用该系统；尤其是，通过使用该系统：

（A）由州务卿办公室生成此类有效财政报告或通知；

（B）州务卿对此类报告生成的日期和时间进行记录；

（C）州务卿将所有此类报告汇编成一份总表：

（ⅰ）根据农产品的情况进行汇编；

（ⅱ）在每种农产品下，以：

（Ⅰ）债务人名字的字母顺序进行汇编，如果债务人为个人，则按照姓氏的字母顺序进行汇编，如果债务人为从事商业活动的非个人，则以债务人名字中的首个词语的顺序进行汇编；以及

（Ⅱ）数字顺序进行汇编，如果债务人为个人，则以该债务人的社会保险号码顺序进行汇编，如果债务人为从事商业活动的非个人，则按照国内税收服务纳税人识别号码的顺序进行汇编；以及

（Ⅲ）县或教区的地理顺序汇编；以及

（Ⅳ）作物年度的顺序汇编；以及

（ⅲ）包含（4）（D）中提到的信息；

（D）州务卿持有一份所有农产品购买人、代理商和销售商的清单，该清单内容包括：

（ⅰ）所有购买人、代理商和销售商的姓名和地址；

（ⅱ）所有购买人、代理商和销售商在收到（E）中描述的清单时所感兴趣的商品；以及

（ⅲ）所有购买人、代理商和销售商都感兴趣的某种农产品名称；

（E）州务卿定期按规定向名单上的所有购买人、代理商和销售商分发一份（D）中所描述的书面表

格，该表格包括（C）所描述的总表中购买人、代理商和销售商登记表示感兴趣的农产品信息；

（F）州务卿要在 24 小时内向那些未按本条（2）（D）有关规定进行注册的人员提供关于有效财政报告的口头确认，随后可应要求提供书面确认，上述未注册人员需为从负债人、或此类报告所覆盖的卖方代理商或销售商处购得农产品的购买人。

（3）用语"代理商"指以抽取佣金的形式从事农产品销售业务或代表其他人出售农产品的人。

（4）用语"有效财政报告"指：

（A）该报告的原件或复印件；

（B）由担保权人与州务卿一起签署并归档的报告；

（C）由债务人签名的报告；

（D）包含以下内容的报告：

（ⅰ）担保权人的姓名和地址；

（ⅱ）担保权人的债务人的姓名和地址；

（ⅲ）债务人的社会保险号码，如果债务人是从事商业活动的非个人，则为该债务人的国内税收服务纳税人识别号码；

（ⅳ）对受负债人抵押权益约束的农产品的描述，包括此类农产品的数量；及对此类财产的合理描述，包括财产所在的县或教区；

（E）就材料变更所做的修订需在 3 个月内以书面形式完成，并需进行类似的签署和归档；

（F）从归档之日起有效期为 5 年，并可在初始的 5 年有限期到期前 6 个月内生成新报告或延长报告期限，从而将有效期再延长 5 年；

（G）或因报表有效期到期而失效，或因担保权人签署提交通知而失效，以先发生者为准；

（H）必须缴纳申请费，该费用由州务卿确定；以及

（I）本小项可能包含不致产生严重误解的微小错误，即便如此，也需完全遵守本小项中所作出的规定。

（5）用语"农产品"指从事农场经营的人所拥有的小麦、玉米、大豆及牛、猪、羊、马或禽类等在农场经营过程中所使用或生产出来的农作物和家畜，或此类作物或家畜的未加工状态（例如皮棉、羊毛、枫糖浆、牛奶和鸡蛋）。

（6）用语"知道"或"认识到"指实际得知。

（7）用语"抵押权益"指农产品用于担保支付或履行某项义务的那部分收益。

（8）用语"销售商"指不同于代理商的、代表从事农场经营活动的人进行农产品买卖洽谈业务的人。

（9）用语"州"指 50 个州中的任意一个州及哥伦比亚特区、波多黎各自由联邦、关岛、美属维京群岛、美属萨摩亚群岛、北马里亚纳自由联邦、太平洋群岛托管地。

（10）用语"人"指所有个人、合伙企业、公司、信托公司或其他商业实体。

（11）用语"州务卿"指州务卿或该州的指定人员。

（d）除非在（e）中有所规定，不管其他联邦、州或地方法律作何规定，正常商业过程中的购买人在从进行农场经营的卖方手中购买农产品时不应承担卖方所担负的抵押权益，即使该抵押权益已获保全且购买人也知道该抵押权益的存在。

（e）农产品购买人需要承担卖方所担负的抵押权益，前提是：

（1）（A）在出售农产品前的一年内，购买人收到担保权人或卖方有关为农产品设定担保权益的书面通知，该通知：

（ⅰ）是原件或原件的复印件；

（ⅱ）包含以下内容：

（Ⅰ）担保权人的姓名和地址；

（Ⅱ）担保权人债务人的姓名和地址；

（Ⅲ）债务人的社会保险号码，如果债务人是从事商业活动的非个人，则为改债务人的国内税收服务纳税人识别号码；

（Ⅳ）对受负债人抵押权益约束的农产品的描述，包括此类农产品的数量；及对此类财产的合理描述，包括财产所在的县或教区；以及

（ⅲ）就材料变更所做的修订必须在 3 个月内以书面形式完成，并进行类似的签署和传达；

（ⅳ）或因报表有效期到期而失效，或因担保权人签署传达有关报表失效的通知而失效，以先发生者为准；以及

（Ⅴ）由担保权人作为放弃或免除抵押权益的附加条件向购买人提出的所有支付义务；以及

（B）购买人未能履行支付义务，或者

（2）如果一个州所生产的某种农产品已经建立了中央文件生成系统：

（A）在购买农产品之前，购买人未能向该州州务卿进行登记；以及

（B）担保权人已经发出有效财政报告或通知，出售的农产品在该报告或通知的约束范围内；或者

（3）如果一个州的某种农产品已经建立了中央文件生成系统，购买人：

（A）收到该州州务卿的书面通知，该通知表明按照（c）（2）（E）或（c）（2）（F）的规定卖方和卖方出售的农产品都受到有效财政报告或通知的制约；以及

（B）没有获得担保权人在有效财政报告或通知中提出通过履行支付义务放弃或免除抵押权益；以及

（f）本条中提到的收据，其构成要素应视购买人所居住州的法律而定。

（g）（1）除非在（2）中有所规定，不管其他联邦、州或地方法律作何规定，在正常商业过程中代表其他人出售农产品的代理商和销售商不应承担卖方在该农产品收益上所担负的抵押权益，即使该抵押权益已获保全且代理商和销售商也知道该抵押权益的存在。

（2）代表其他人出售农产品的代理商和销售商在下列情况下应承担卖方在该农产品收益上所担负的抵押权益：

（A）在出售农产品前的一年内，代理商或销售商收到担保权人或卖方有关为农产品设定担保权益的书面通知，该通知：

（ⅰ）是原件或原件的复印件；

（ⅱ）包含以下内容：

（Ⅰ）担保权人的姓名和地址；

（Ⅱ）担保权人债务人的姓名和地址；

（Ⅲ）债务人的社会保险号码，如果债务人是从事商业活动的非个人，则为该债务人的国内税收服务纳税人识别号码；

（Ⅳ）对受负债人抵押权益约束的农产品的描述，包括此类农产品的数量、作物年度、所在县或教区，及对此类财产的合理描述；以及

（ⅲ）就材料变更所做的修订必须在 3 个月内以书面形式完成，并进行类似的签署和传达；

（ⅳ）或因报表有效期到期而失效，或因担保权人签署传达有关报表失效的通知而失效，以先发生者为准；以及

（Ⅴ）由担保权人作为放弃或免除抵押权益的附加条件向购买人提出的所有支付义务；以及

（B）代理商或销售商未能履行支付义务；

（C）如果一个州所生产的某种农产品已经建立了中央文件生成系统：

（ⅰ）在购买农产品之前，代理商或销售商未能向该州州务卿进行登记；并且

（ⅱ）担保权人已经发出有效财政报告或通知，出售的农产品在该报告或通知的约束范围内；或者

（D）如果一个州的某种农产品已经建立了中央文件生成系统，代理商或销售商：

（ⅰ）收到该州州务卿的书面通知，该通知表明按照（c）（2）（E）或（c）（2）（F）的规定卖方和卖方出售的农产品都受到有效财政报告或通知的制约；以及

（ⅱ）没有获得担保权人在有效财政报告或通知中提出通过履行某种支付义务放弃或免除抵押权益。

（3）本条中提到的收据，其构成要素应视购买人所居住州的法律而定。

（h）（1）担保协议规定从事农场经营的人就某种农产品提供抵押权益，该协议可以要求此人向担保权人提供购买人、代理商或销售商名单，从事农场经营的人可以将此类农产品售予名单上的购买人、代理商或销售商或通过其对农产品进行销售。

（2）如果担保协议包含（1）中所规定的内容，而从事农场经营的人将抵押农产品售予未在名单中的购买人、代理商或销售商，那么此人应当受（3）有关规定的约束，除非此人：

（A）在销售前 7 天内将购买人、代理商或销售商的身份以书面形式通知担保权人；或者

（B）在销售完成 10 天之内就销售收益向担保权人进行说明。

（3）违反（2）规定的人应被处以 5 000 美元或担保协议所约定的农产品价值或收益数额 15% 的罚款，以数额较大者为准。

（i）农业部长应在本法案颁布之后 90 天内作出规定，以便对各州执行和管理中央文件生成系统提供协助。

（j）本条的规定在本法案颁布之后 12 个月后生效。

第 1325 条　对协同财政报告的禁止。

关于在本法案颁布之日或之后对农业部下辖、农民住房管理局执行的所有计划贷款提出的申请，农业部长不应要求呈交协同财政报告，该协同财政报告的有关信息请参考农民住房管理局在 1983 年 11 月 8 日《联邦纪事》（《联邦纪事》第 48 篇 51312 - 51317）上所公布的内容。

第 1326 条　采取克制的管理措施。

（a）国会发现并宣布：

（1）自 20 世纪 30 年代大萧条时期开始，在高种植成本及低产品价格的联合作用下，农场收入降至最低水平，很多农业生产者在自身毫无过错的情况下遭受了严重的经济困难，在多数情况下生产者按时偿还贷款的能力受到了暂时但严重的削弱；以及

（2）银行审计人员在此类情况下对农业贷款进行不良分类的政策导致银行方面采取止赎及类似行为，因此土地价值和农业设施的价格都遭到削减，这对农民、银行业及整个美国农村地区都造成了毁灭性的影响。

（b）因此国会认为，由于近年来成本价格双重压力所产生的负面经济影响持续削弱借贷人定期偿还贷款的能力，联邦银行管理机构应当在审核过程中确保审核人员能够采取谨慎、克制的行为，不仅要考虑到当前金融压力下农业借贷人的资金流动状况，还要对其他因素进行考虑，例如贷款抵押物及最终的偿还能力。

第 1327 条　对农业信贷系统的研究。

（a）农业信贷管理局应当对用于如下目的基金的设立需求进行研究：

（1）确保农业信贷系统内机构所发放的贷款免受损失；或者

（2）其他可以达到以下效果的目的：

（A）协助稳定该系统的金融环境；以及

（B）对此类贷款借贷人投资到该系统内的资金提供保护。

（b）在根据（a）的规定开展研究时，农业信贷管理局应当：

（1）考虑使用《1971 年农业信贷法》第 4.1 条（《美国法典》第 12 篇 2152）所规定的周转资金为

（a）中提到的基金提供初始资金的可行性；以及

（2）预计未来可以向农业信贷系统内的机构所征收的金额，以便确保此类基金具有长期的流动资金。

（c）在本法案颁布后 180 天内，农业信贷管理局应按（a）的规定将研究结果提交至众议院农业委员会和参议院农业、营养和林业委员会。

第 1328 条　小农场主培训和技术援助计划的延续。

自本法案颁布之日起至 1988 年 9 月 30 日止，农业部长应维持农民住房管理局长办公室下辖小农场主培训和技术援助计划的全部现有水平。

第 1329 条　对农场和家庭计划的研究。

（a）农业部长应当对农场和家庭计划（农民住房管理局表格 431‐2）的适宜性展开研究，该计划与《巩固农场和农村发展法案》（《美国法典》第 7 篇 1921）所批准或担保的贷款有关。

（b）在开展该研究后，如果部长发现该计划并不适宜，则部长需要：

（1）评估其他用于此类贷款的农场计划形式；

（2）评估用于其他贷款的新农场计划形式的开发需求；以及

（3）指定应采取的改善或取代当前计划的步骤。

（c）本法案颁布之后 120 日内，部长应将（a）所规定的研究结果上报众议院农业委员会及参议院农业、营养和林业委员会。

第 XIV 篇　农业研究、推广和教学

子篇 A　总　　则

第 1401 条　短标题。

本篇可被称为《1985 年全国农业研究、推广和教学政策法修正案》"。

第 1402 条　调查结果。

《1977 年全国农业研究、推广和教学政策法》第 1402 条（《美国法典》第 7 篇 3101）修订如下：

（1）在（8）中：

（A）删除（N）最后的"以及"；

（B）在（O）最后插入"以及"；以及

（C）在结尾处增加以下新内容：

"（P）有关新型或改良的食品加工（例如食品辐照）和增值食品技术；"；

（2）在（10）中：

（A）删除"此研究"及接下来从冒号位置开始所有关于此问题的内容，直至下一小项前为止，并在原处插入以下内容："必须维持并经常调整有关研究、推广和教学计划，以便应对不断变化的挑战。必须重申并加强国家对合作研究、推广和教学计划的支持，以便应对以下领域内的主要需求和挑战："；

（B）将（B）、（C）、（D）、（E）、（F）和（G）重新编号为（C）、（D）、（F）、（G）、（H）和（I）；

（C）在（A）后插入以下新内容：

"（B）农业政策：技术、经济、社会学和环境等方面的发展对美国农业结构能够产生强劲而持续的影响。在全国和国际范围内，持续开展各学科之间的研究，分析与农业相关的新兴技术、经济变更、及社会和环境方面的最新发展情况，以便确定这些因素对农业结构及改善农业政策制定所能产生的影响。"

（D）在（D）后（由（B）重新编号后）插入以下新内容：

"（E）联邦政府生物技术责任的协调：生物技术指南和规定在联邦政府内部需保持一致，以便推动科学发展并保护公众利益。联邦各机构使用的生物技术风险评估程序需维持统一标准。"

（E）删除（F）（由（B）重新编号后）并在原处插入以下新内容：

"（F）自然资源：改善对土壤、水、森林和草原资源的管理对保持粮食、纤维和木材生产的资源基础至关重要。在土壤和水资源保护及森林和草原生产等实践领域开展扩大研究计划是开发更为经济、有效的管理系统所必须采取的措施。此类研究计划的主要目标是：

"（i）将水土保持技术与当前及以后的生产实践结合起来；

"（ii）发展更具成本效率和实用性的保护技术；

"（iii）在水资源紧张地区对水资源进行管理；

"（iv）保护美国的地表水和地下水资源；

"（v）建立多学科综合有机农场研究项目，包括对替代农耕系统进行研究，该研究可以通过帮助农场主选择最适合其个人情况的生产要素来确定耕种方案；

"（vi）开发更好的有害物管理系统；以及

"（vii）改善森林和牧区管理技术以便对多种资源进行更有效的保护并提高产品质量。"

（F）在（G）（由（B）重新编号后）中：

（i）删除"经济"前面的"以便于"；以及

（ii）删除"家庭农场"前面的"所有者经营的"；以及

（G）删除（i）（由（B）重新编号后）并在原处插入以下新内容：

"（I）国际粮食和农业。美国的农业生产已经证明其有能力为不断增长的世界人口提供充足的粮食供应。当今世界人们对于提高粮食质量的期望不断提升，但干旱、国内动乱、经济危机或其他问题都对当地粮食的生产和分配起到阻碍作用。在某些情况下，地方性问题使当地农民生产粮食的能力遭到削弱。还需要认识到的一点是，很多国家都具有先进、有效的农业研究计划，其研究结果值得美国关注并应用。国家间知识和信息的交流使各国均可受益。美国联邦政府、州合作机构、大学和学院需要共同致力于扩大国际粮食农业的研究、推广及教学计划。农业部及美国与国际农业研究中心、其他国家对等机构及大学的合作方需在全世界范围内致力于推动粮食和农业的发展。"

（3）删除（11）结尾处的句号并在原处插入"以及"；以及

（4）在结尾处增加以下新内容：

"（12）美国农业系统：

"（A）逐步依靠科技来维持并提高生产水平和管理资源基础、提供高品质产品和保护环境；以及

"（B）要求具有关于粮食和农业的专业科学知识，以便对该动态系统进行维护。"

第 1403 条　定义。

《1977 年全国农业研究、推广及教学政策法》第 1404 条（8）（《美国法典》第 7 篇 3103（8））修订如下：

（1）删除（H）结尾处的"以及"；

（2）在（I）结尾处插入"以及"；以及

（3）在结尾处插入以下新分段内容：

"（J）国际粮食和农业问题，如农业发展、机构发展、基因收集与保护、信息交流与存储及科学交流；"。

第 1404 条　农业部长的职责。

《1977 年全国农业研究、推广及教学政策法》第 1405 条（《美国法典》第 7 篇 3121）修订如下：

（1）删除（10）结尾处的"以及"；以及

（2）删除（11）并在原处插入如下新内容：

"（11）对各州、州合作机构、州推广服务机构、联合委员会、咨询委员会及其他机构进行协调，上述机构负责对有效将新技术，包括生物技术，向农村社区转让的状况进行评估，并制定相关发展计划，尤其要重点解决中小规模农场获取此类技术信息的特有问题；以及

"（12）推动农业对生物技术的应用并建立适当控制手段。"

第 1405 条　粮食和农业科学联合委员会。

《1977 年全国农业研究、推广及教学政策法》第 1407 条（a）（《美国法典》第 7 篇 3122（a））经修订删除"1985 年"并插入"1990 年"。

（b）该法案第 1407 条（b）经修订在最后一句前插入以下新内容："为确保有关粮食技术的观点得到委员会的重视，联合委员会的一名成员需由部长指定，人选范围为部长认为合适的、来自可信、合格粮食技术部门的著名技术人员。"

（c）该法案第 1407 条（d）（2）修订如下：

（1）删除（F）结尾的"以及"；

（2）删除（G）结尾的句号并在原处插入"以及"；以及

（3）在结尾处增加以下新内容：

"（H）与部长开展协作，就有效向农村社区转让新技术的现状展开评估并制定相关计划。"

第 1406 条　国家农业研究与推广用户咨询委员会。

（a）《1977 年全国农业研究、推广和教学政策法》第 1408 条（a）（《美国法典》第 7 篇 3123（a））经修订，删除"1985 年"并在原处插入"1990 年"。

（b）该法案第 1408 条（f）（2）（《美国法典》第 7 篇 3123（f）（2））修订如下：

（1）删除（E）结尾处的"以及"；

（2）删除（F）结尾的句号并在原处插入"以及"；以及

（3）在结尾处增加以下新内容：

"（G）与部长开展协作，就有效向农村社区转让新技术的现状展开评估并制定相关计划。"

第 1407 条　联邦与州之间的合作关系。

（a）《1977 年全国农业研究、推广和教学政策法》第 1409A 条（a）（《美国法典》第 7 篇 3124A（a））修订如下：

（1）删除（2）结尾的"以及"；

（2）删除（3）结尾的句号并在原处插入"以及"；以及

（3）在结尾处增加以下新内容：

"（4）《1961 年对外援助法》第 12 篇（《美国法典》第 22 篇 2220a 及以下）所规定的国际农业计划。"

（b）该法案第 1409A 条经修订在结尾处增加以下新内容：

"（d）（1）为促进开发农业替代政策的研究，部长需要：

"（A）指定至少一家州合作机构以便开展多学科研究；以及

"（B）定期汇报新兴技术、经济、社会及环境发展对农业结构所产生的影响。

"（2）对这一做法的支持包括向各类有关粮食生产、加工和分配系统的研究计划提供拨款，上述系统主要使中小型家庭农场受益，例如多样化农业计划、能源、水和土壤保护技术、直接和合作营销、生产和加工合作及农村社区资源管理。

"（e）为了更有效地解决以下方面存在的关键性需求：减少农业投入成本、改善农场和农村地区的

土壤、水和能源保护、运用可持续发展农业方法、及鼓励农村能源管理，农业部长需要指定至少一家州农业试验站和一家农业研究服务机构以便对上述问题开展综合全面的研究，这与正在进行的试点项目一起构成联邦与州合作开展的研究项目。"

第 1408 条　农业部长的汇报。

（a）《1977 年全国农业研究、推广和教学政策法》第 1410 条（《美国法典》第 7 篇 3125）修订如下：

（1）在（2）结尾插入"以及"；

（2）删除（3）结尾的"；以及"并在原处插入句号；以及

（3）删除（4）。

第 1409 条　竞争力拨款、特殊拨款及设施研究拨款。

（a）（1）1965 年 8 月 4 日批准的《推动农业部工作及其他目的法》第 2 条（b）（《美国法典》第 7 篇 450i（b））第三句修订如下：

（A）在（2）"（2）研究"之后插入"，重点是生物技术，"；

（B）删除（5）结尾的"以及"；

（C）删除（6）结尾的句号并在原处插入分号；以及

（D）在结尾增加以下新内容：

"（7）通过收集全国和国际信息以及转让相关技术来开展降低农业投入成本方面的研究，技术转让的范围包括可持续农业发展系统、土壤、能源和水的保护技术、农村和农场资源的管理及农产品加工和营销系统的多样化；以及

"（8）开发农作物的新型及替代性工业用途。"

（2）该法案第 2 条（b）经修订在第四句后插入以下新内容："需依（d）规定进行拨款的项目，或规划、维修、复原、购买或建造建筑物或设施的项目，不得依本款规定进行拨款。"

（3）于 1985 年 10 月 1 日生效的该法案第 2 条（b）经修订，删除最后一句并在原处插入以下新内容："在以 1986 年 9 月 30 日为截止日期到以 1990 年 9 月 30 日为截止日期的财政年度期间，每个财政年度可获批拨款 70 000 000 美元用于执行本款规定。每财政年度此类拨款数额的 4％由部长保留用于支付执行本款规定所产生的管理费用。"

（b）（1）该法案第 2 条（c）经修订在第一句后插入以下新内容：

"需依（d）规定进行拨款的项目，或规划、维修、复原、购买或建造建筑物或设施的项目，不得依本款规定进行拨款。"

（2）于 1985 年 10 月 1 日生效的该法案第 2 条（c）经修订，在结尾处增加以下新内容："每财政年度此类拨款数额的 4％由部长保留用于支付执行本款规定所产生的管理费用。"

（c）该法案第 2 条经修订在结尾处增加以下新内容：

"（i）《联邦咨询委员会法》（《美国法典》第 5 篇附录 2）及《1977 年粮食和农业法》（《美国法典》第 7 篇 2281 及以下）第 18 篇的有关规定对负责审核按本条规定所提交申请或建议的小组或委员会不具约束力。"

第 1410 条　对兽医学院的拨款。

《1977 年全国农业研究、推广和教学政策法》第 1415 条（c）（1）（《美国法典》第 7 篇 3151（c）（1））经修订，删除"4"并在原处插入"5"。

第 1411 条　研究设施。

（a）1963 年 7 月 22 日批准的《协助各州增加州农业试验站研究设施法》第 1 条（《美国法典》第 7

篇 390）修订如下：

（1）在"资金"后插入"在匹配资金基础上"；

（2）在"设施"后插入"及设备"；以及

（3）删除"一个符合要求的研究计划"并插入"农业研究和相关学术计划"。

（b）该法案第 2 条（《美国法典》第 7 篇 390a）修订如下：

（1）删除"将成为此类建筑的一部分"；以及

（2）在"的手段"前插入"匹配"。

（c）该法案第 3 条（《美国法典》第 7 篇 390b）修订如下：

"（1）用语'州'指 50 个州中的任意一个州及哥伦比亚特区、波多黎各自由联邦、关岛、美属维京群岛、美属萨摩亚群岛、北马里亚纳自由联邦、太平洋群岛托管地；"以及

（2）在（2）"开展农业"之后插入"，林业或兽医"。

（d）（1）于 1985 年 10 月 1 日生效的该法案第 4 条（a）（《美国法典》第 7 篇 390c（a））修订如下：

"（a）在以 1986 年 9 月 30 日为截止日期到 1990 年 9 月 30 日为截止日期的财政年度期间，每个财政年度向合格机构批准 20 000 000 美元拨款用于执行第 2 条的有关规定。"

（2）该法案第 4 条（b）修订如下：

"（b）获得拨款的项目成本中，超过部长确定的百分比的部分不得依第 2 条规定进行拨款。该项目的其余成本应由非联邦机构提供资金进行支付。"

（e）该法案第 5 条（《美国法典》第 7 篇 390d）第一句修订如下：

（1）删除"分配"；以及

（2）删除"将成为此类建筑物的一部分"。

（f）废除该法案第 6 条（《美国法典》第 7 篇 390e）。

（g）该法案第 7 条（《美国法典》第 7 篇 390f）修订如下：

（1）在"多种目的"之后插入"设备及"；以及

（2）在"研究"之后插入"及相关计划，包括林业和兽医"。

（h）废除该法案第 8 条（《美国法典》第 7 篇 390g）。

（i）（1）该法案第 9 条（a）（《美国法典》第 7 篇 390h（a））第一句修订如下：

（A）删除"批准接受"并插入"接受"；

（B）删除"第 4 条"并插入"第 2 条"；以及

（C）删除"第 4 条（b）"并插入"第 3 条（2）"。

（2）该法案第 9 条（b）（《美国法典》第 7 篇 390h（b））修订如下：

（A）删除"分配所接受的资金"并插入"根据该法案所接受的资金"；以及

（B）删除"分配或"。

（j）该法案第 10 条（3）（《美国法典》第 7 篇 390i）修订如下："（3）那些因未能按第 7 条（b）有关规定偿还资金而不准接受本法案所批准贷款的合格机构。"

（k）该法案第 7、9、10 和 11 条（《美国法典》第 7 篇 390f、390h、390i、390j）分别重新编号为第 6、7、8、9 条。

（1）该法案（《美国法典》第 7 篇 390 及以下）经修订在结尾处增加以下新内容：

"第 10 条本法案可被称为《研究机构法案》。"

第 1412 条　粮食和农业科学教育助学金和奖学金。

（a）《1977 年全国农业研究、推广和教学政策法》第 1417 条（a）（《美国法典》第 7 篇 3152（a））修订如下：

（1）删除（2）第二句中的"此类助学金可以在不考虑匹配资金的情况下发放，但是每个"并插入

"每个";以及

（2）删除（3）最后一句并插入以下新内容：

"每个接受拨款的机构都应该承诺将资金用于粮食和农业科学及相关的具体学科"。

（b）该法案第 1417 条（d）修订如下：

"（d）在以 1982 年 9 月 30 日为截止日期到以 1990 年 9 月 30 日为截止日期的财政年度期间，每个财政年度批准 50 000 000 美元用于执行本条的有关规定。"

（c）该法案第 1417 条经修订在结尾处增加以下新内容：

"（e）《联邦咨询委员会法》（《美国法典》第 5 篇附录 2）及《1977 年粮食和农业法》（《美国法典》第 7 篇 2281 及以下）第 18 篇的有关规定对负责审核按本条规定提交申请或建议的小组或委员会不具约束力。"

第 1413 条　粮食和人类营养研究及推广计划。

废除《1977 年全国农业研究、推广和教学政策法》第 1424 条和 1427 条（《美国法典》第 7 篇 3174 和 3177）。

第 1414 条　动物健康与疾病研究。

（a）《1977 年全国农业研究、推广和教学政策法》第 1432 条（a）（《美国法典》第 7 篇 3194（a））第一句经修订，删除"1985 年"并在原处插入"1990 年"。

（b）该法案第 1433 条（a）（《美国法典》第 7 篇 3195（a））第一句经修订删除"1985 年"并插入"1990 年"。

（c）该法案第 1434 条（a）（《美国法典》第 7 篇 3196（a））经修订删除"1985 年"并插入"1990 年"。

第 1415 条　1890 年赠地学院的推广。

《1977 年全国农业研究、推广和教学政策法》第 1444 条（a）（《美国法典》第 7 篇 3221（a））第三句修订如下：

（1）删除"，到以 1985 年为截止日期的财政年度"；以及

（2）在结尾句号前插入以下内容："，及涉及《1914 年 5 月 8 日法》（《美国法令全书》第 38 篇 372，第 79 章；《美国法典》第 7 篇 341 及以下）中所指明的赠地机构合作推广工作的有关法案"。

第 1416 条　用于升级 1890 赠地学院推广设施的拨款。

（a）国会决定协助有资格的机构接受《1890 年 8 月 30 日法》（《美国法令全书》第 26 篇 417，第 841 章；《美国法典》第 7 篇 321 及以下）所批准的资金，其中包括塔斯克基学院（本条下文以"有资格的机构"代替），用于购买和改善推广设施和设备，以便有资格的机构可以全面、平衡地参与符合各州民众需求的合作推广服务工作。

（b）在以 1986 年 9 月 30 日为截止日期到以 1990 年 9 月 30 日为截止日期的财政年度期间，每个财政年度批准 10 000 000 美元用于执行本条的有关规定，并在支出前保持此资金可用。

（c）按本条规定所获得拨款数额的 4% 应由农业部长保留作为管理拨款计划的支出费用。剩余资金应保证用于资助有资格的机构购买设备和土地，以及规划、建造、变更或装修建筑物，以便为相关州开展推广工作提供充足设施。

（d）按本条规定获批拨款的使用数额及使用条件应由农业部长根据执行本条规定的需要进行确定。

（e）按本条规定获批的联邦资金不得用于支付有资格机构的其他任何间接费用。

（f）农业部长可以根据执行本条规定的需要颁布相关规定。

第 1417 条　1890 年赠地学院的研究。

（a）《1977 年全国农业研究、推广和教学政策法》第 1445 条（a）（《美国法典》第 7 篇 3222（a））经修订在结尾处增加以下新内容：

"有关机构每财政年度按本条规定获批拨款中，可以留作下一财年使用的资金数额不得超过资金总额的 5％。"

（b）第 1445 条（g）（2）修订如下：

"（2）如果农业部长从有资格机构的拨款资金年度收支报表中发现，该机构尚未支付的资金超出按本条规定所拨出的上一年度款项的 5％，则超出 5％ 的那部分资金应从下一年度拨给该机构的资金中扣除。"

第 1418 条　国际农业研究及推广。

《1977 年全国农业研究、推广和教学政策法》第 1458 条（a）（《美国法典》第 7 篇 3291（a））修订如下：

（1）在（3）中删除"的培训"并插入"提供技术支持、培训和建议"；以及

（2）在（4）"国家"之后插入"通过在国际开发活动中具有专长的高素质科学家的开发"。

第 1419 条　国际贸易发展中心。

（a）于 1985 年 10 月 1 日生效的《1977 年全国农业研究、推广和教学政策法案》（《美国法典》第 7 篇 3101 及以下）经修订在第 1458 条后插入以下内容：

"第 1458A 条　给各州国际贸易发展中心的拨款。

"（a）部长应针对建立国际贸易发展中心或扩展现有国际贸易发展中心设立并开展向各州拨款的计划，以便提高美国农产品及相关产品的出口量。此类拨款应当按照联邦出资 50％ 及州出资 50％（包括各州从私有机构和当地政府机构获得的资金）的匹配计算公式来确定数额。

"（b）在按（a）规定进行拨款时，对于那些希望将赠地学院或大学（本法案第 1404 条（10）中所指明的）用作建立国际贸易发展中心地点的州，农业部长应当给予优先考虑，上述赠地学院或大学需：

"（1）开展农业计划；

"（2）已设有用于解决国际贸易问题的、由州和联邦机构联合开展的多学科国际贸易计划；以及

"（3）拥有先进有效的沟通体系，可用于召开国际会议或开展国际贸易谈判。

"（c）此类中心可以：

"（1）通过研究，建立永久数据中心解决潜在出口商所面临的问题，包括语言障碍、与外国政府代表的接触、商品和产品的运输、在外国的保险和融资、及国际市场数据的收集等；

"（2）用于组织美国农产品和相关产品的永久或临时展览，以便对外国贸易代表团进行启发和教学，同时州和地区机构也可以使用相关设施组织农产品展览、贸易研讨会和谈判；以及

"（3）在农业部长的许可下可以用于开展其他与农产品及相关产品出口有关的活动。

"（d）执行本条规定需获批一定数额的资金。"

（b）于 1985 年 10 月 1 日生效的《1977 年粮食和农业法》的目录经修订增加新条目：

在条目"第 1458 条　国际农业研究及推广。"之后插入"第 1458A 条　给国际贸易发展中心的拨款。"

第 1420 条　与爱尔兰的农业信息交流。

（a）农业部长应当与爱尔兰政府代表展开磋商，以便签署推动美国与爱尔兰之间发展计划的协议，

该协议将会：

（1）促进在以下方面开展更多交流：

（A）农业科学和教育信息、技术及数据；

（B）农业市场信息、技术及数据；以及

（C）农产品、学生、教师、农业综合企业（私有及合作组织）人员；以及

（2）促进合资企业、合作研究及美国与爱尔兰贸易的增长。

（b）农业部长应定期向众议院农业委员会主席及参议院农业、营养和林业委员会主席进行汇报，内容包括此类计划发展的进展情况、取得的成果及其他有关信息。

第 1421 条　研究。

废除《1977 年全国农业研究、推广和教学政策法》第 1459、1460、1461、1462 条（《美国法典》第 7 篇 3301、3302、3303、3304）。

第 1422 条　对某些农业研究计划拨款的批准。

（a）于 1985 年 10 月 1 日生效的《1977 年全国农业研究、推广和教学政策法》第 1463 条（a）（《美国法典》第 7 篇 3311（a））经修订，删除 "505 000 000 美元" 至 "接下来的财政年度" 之间的所有内容，并插入 "在以 1986 年 9 月 30 日为截止日期的财政年度为 600 000 000 美元，在以 1987 年 9 月 30 日为截止日期的财政年度为 610 000 000 美元，在以 1988 年 9 月 30 日为截止日期的财政年度为 620 000 000 美元，在以 1989 年 9 月 30 日为截止日期的财政年度为 630 000 000 美元，在以 1990 年 9 月 30 日为截止日期的财政年度为 640 000 000 美元。"

（b）于 1985 年 10 月 1 日生效的《1977 年全国农业研究、推广和教学政策法》第 1463 条（b）（《美国法典》第 7 篇 3311（b））经修订，删除 "120 000 000 美元" 至 "接下来的财政年度" 之间的所有内容，并在原处插入 "在以 1986 年 9 月 30 日为截止日期的财政年度为 270 000 000 美元，在以 1987 年 9 月 30 日为截止日期的财政年度为 280 000 000 美元，在以 1988 年 9 月 30 日为截止日期的财政年度为 290 000 000 美元，在以 1989 年 9 月 30 日为截止日期的财政年度为 300 000 000 美元，在以 1990 年 9 月 30 日为截止日期的财政年度为 310 000 000 美元。"

第 1423 条　对推广教育拨款的批准。

于 1985 年 10 月 1 日生效的《1977 年全国农业研究、推广和教学政策法》第 1464 条（《美国法典》第 7 篇 3312）经修订，删除 "260 000 000 美元" 至 "接下来的财政年度" 之间的所有内容，并插入 "在以 1986 年 9 月 30 日为截止日期的财政年度为 370 000 000 美元，在以 1987 年 9 月 30 日为截止日期的财政年度为 380 000 000 美元，在以 1988 年 9 月 30 日为截止日期的财政年度为 390 000 000 美元，在以 1989 年 9 月 30 日为截止日期的财政年度为 400 000 000 美元，在以 1990 年 9 月 30 日为截止日期的财政年度为 420 000 000 美元。"

第 1424 条　合约、拨款及合作协议。

《1977 年全国农业研究、推广和教学政策法》第 1472 条（《美国法典》第 7 篇 3318）修订如下：

（1）将（b）、（c）和（d）重新编号为（c）、（d）和（e）；以及

（2）在（a）之后插入以下新内容：

"（b）（1）不管《美国法典》第 31 篇第 63 章作何规定，农业部长应当与州合作机构、州农业部、大学、学院、其他研究或教育机构或组织、联邦或私有机构或组织、个人或其他各方缔结合作协议作为反映双方关系的法律文件，前提是部长认为：

"（A）此协议的目标可以使缔约双方在农业研究、推广和教学活动，包括统计汇报中，均可受益；

以及

"（B）缔约方均会为实现协议目标贡献资源。

"（2）不管其他法律作何规定，如果协议双方均认为协议目标将会推动出资机构所批准的计划有所进展，那么联邦机构可以通过农业部的相关机构向此类合作协议提供资金。"

第 1425 条　间接成本。

《1977 年全国农业研究、推广和教学政策法》第 1473 条（《美国法典》第 7 篇 3319）经修订，在结尾处增加以下新内容："限制此类资金用于补偿间接成本的规定对以下情况不适用：州合作结构开展的、由农业部长负责管理的国际农业计划的资金，或由联邦机构通过资金转让、预付或补偿向此类合作计划或项目提供的资金。部长应当将此类资金的支付数额限制在开展此类项目或协议所必需的数额之内。"

第 1426 条　成本补偿协议。

《1977 年全国农业研究、推广和教学政策法》经修订在第 1473 条（《美国法典》第 7 篇 3319）之后插入以下新的内容：

"第 1473 条　成本补偿协议。

"不管其他法律作何规定，农业部长应当与州合作机构签订成本补偿协议，但该协议对于为开展符合双方利益的农业研究、推广或教学活动而进行的商品或服务的竞争和购买，包括私人服务，不具有约束力。根据该协议补偿的成本应当包括协议双方一致赞同的、开展计划所产生的实际直接成本，及不超过直接成本数额 10％的、开展计划所产生的间接成本。"

第 1427 条　技术开发。

《1977 年全国农业研究、推广和教学政策法》（由第 1425 条修订）经修订在第 1473A 条之后插入以下新的内容：

"第 1473B 条　用于中小型农场经营的技术开发。

"国会认为，农业部长开展的与农业技术的开发、运用、转让或交付相关的农业研究、推广和教学活动，以及农业部长因此类活动所接受的最大限度的可用资金应当直接用于开发有利于中小型农场经营的技术。

"第 1473C 条　特殊技术开发研究计划。

"（a）不管《美国法典》第 31 篇第 63 章作何规定，部长可以与私营机构、组织或个人缔结合作协议来开发推动部长研究计划的新型农业技术，以便分担研究项目的成本，或可以在成本分担或成本补偿的基础上使用联邦设施或服务。

"（b）从以 1986 年 9 月 30 日为截止日期到以 1990 年 9 月 30 日为截止日期的每个财政年度，在给美国农业部农业研究所的年度拨款中用于执行本条规定的资金不得超过 3 000 000 美元。

"（c）（1）如需具备获得本条所规定资金的资格，收款人需提供数额与拨款数额 50％相等的非联邦资源匹配资金。

"（2）部长按本条规定所接受的资金应当在单独账户中保存，并在支出前保持资金可用。此类资金可用于支付相关研究项目的直接成本及偿还或预付提供给此类成本的先期拨款或资金。

"（3）部长按本条规定用于特定研究项目的可用资金数额或实物援助数额不得超过：

"（A）每财政年度 50 000 美元；或者

"（B）150 000 美元总额。"

第 1428 条　补充和替代作物。

《1977 年全国农业研究、推广和教学政策法》（《美国法典》第 7 篇 3101）（由第 1426 条修订）经修订在第 1473C 条后插入以下新内容：

"第 1473D 条　补充和替代作物。

"（a）不管其他法律作何规定，在 1986 年 10 月 1 日至 1990 年 9 月 30 日之间，部长应使用每财政年度按本篇规定向其拨出的款项建立并执行开发补充和替代作物的研究和试点计划。

"（b）开发补充和替代作物对那些生计受到消费需求减少或其他相关原因影响的农产品生产者来说至关重要。

"（c）（1）部长应当使用此类研究资金、特别拨款或竞争力拨款或其他形式的资金来推进实施本条所规定的全面综合性计划。

"（2）部长开发并执行的计划应包括：

"（A）对补充和替代作物的适应性进行研究；

"（B）在受消费需求减少不利影响的地区建立试验点，并在试验点使用并推广补充和替代作物栽培、耕种、收割及加工的方法；

"（C）将试验点的实用研究成果在可行条件下转至农场使用；

"（D）通过拨款、合作协议或其他方法在补充和替代作物试验点附近建立部长认为可促进试验计划取得成功的加工、存储和运输设施；以及

"（E）运用部长认为合适的其他资源或专业知识向该计划提供支持。

"（3）试验计划可包括，但不应局限于，协议、拨款及其他方式，如：

"（A）开展综合资源和基础设施评估；

"（B）开发并引进补充和替代创收作物；

"（C）开发并扩展此类作物的国内和出口市场；以及

"（D）为农场所有者和经营者、营销合作组织及其他有关各方提供技术支持。

"（d）部长应通过利用农业部农业研究所、有合作关系的州研究所、推广机构及赠地学院和大学的专业知识和资源来执行本节规定。"

第 1429 条　水产养殖业。

（a）《1977 年全国农业研究、推广和教学政策法》第 1475 条（《美国法典》第 7 篇 3322）修订如下：

（1）在（b）中第一句：

（A）删除（2）结尾处的"以及"；

（B）在（3）结尾分号之后插入"以及"；以及

（C）在（3）插入以下新内容：

"（4）非营利性私营研究机构；"

（2）在（b）最后一句"匹配拨款"之后插入"（实物拨款数额不应超过其数额的 50%）"；

（3）删除（d）第一句中的"州机构"及"大学"之后的所有内容，并在原处插入"（b）所规定的所有非联邦机构"；

（4）在（d）结尾处增加以下新内容："在可行范围内，按本款规定建立水产养殖业研究、发展和展示中心的地址应当选在当地，以便其能够成为美国不同地区水产养殖业的代表"；以及

（5）（e）第一句在"众议院农业委员会"之后插入"众议院商船与渔业委员会"；

（b）废除该法案（《美国法典》第 7 篇 3323）第 1476 条。

（c）该法案（《美国法典》第 7 篇 3324）第 1477 条修订如下：

"第 1477 条　拨款的批准。

"从本子篇颁布之日起至以 1990 年 9 月 30 日为截止日期的财政年度止，每财年应批准拨款 7 500 000 美元。"

第 1430 条　牧场研究。

（a）《1977 年全国农业研究、推广和教学政策法》第 1482 条（a）（《美国法典》第 7 篇 3335（a））经修订，删除"1985 年"并在原处插入"1990 年"。

（b）该法案第 1483 条（a）（《美国法典》第 7 篇 3336（a））经修订，删除"1985 年"及"之后财政年度"之后的所有内容，并在原处插入"1990 年"。

第 1431 条　联邦农业研究设施拨款的批准。

（a）在以 1988 年 9 月 30 日为截止日期到以 1990 年 9 月 30 日为截止日期的每个财政年度，可批准进行拨款，拨款数额可根据规划、建造、购买、变更或修缮建筑物和其他公共基础设施的需要而定，包括购买或取得土地使用权的成本或农业研究机构所使用的成本，但是：

（1）单个设施的规划成本不应超过 500 000 美元；以及

（2）单个设施的总成本不应超过 5 000 000 美元。

（b）在以 1986 年 9 月 30 日为截止日期到以 1990 年 9 月 30 日为截止日期的财政年度之间，每个财政年度结束之后的 60 天内，农业部长应向众议院农业委员会及参议院农业、营养和林业委员会提交有关下列内容的报告：

（1）农业委员会所拥有的或将使用的、以（a）所拨款项规划、建造、购买、修缮或改造的建筑物、实验室、研究设施及其他公共基础设施的所在地；以及

（2）有关此类建筑物、实验室、研究设施和公共基础设施：

（A）该财政年度所拨款项的数额；以及

（B）该财政年度此类项目所花费的资金数额。

第 1432 条　奶山羊研究。

于 1985 年 10 月 1 日生效的《1981 年全国农业研究、推广和教学政策法案修正》第 1432 条（b）（5）（《美国法典》第 7 篇 3222 注释）经修订，删除首次出现的"9 月"以及"1985 年"之后的所有内容，并插入"1986 年 9 月 30 日到 1990 年 9 月 30 日"。

第 1433 条　升级 1890 年赠地学院研究设施的拨款。

（a）《1981 年全国农业研究、推广和教学政策法案修正案》第 1433 条（a）（《美国法典》第 7 篇 3223（a））经修订在"设备"之后插入"，包括农业图书馆"。

（b）该法案第 1433 条（b）（《美国法典》第 7 篇 3223（b））修订如下：

（1）删除"1985 年"之后的"以及"；以及

（2）在"1986 年"之后插入"及 1987 年 9 月 30 日"。

第 1434 条　大豆研究咨询机构。

废除《1981 年全国农业研究、推广和教学政策法案修正案》第 1446 条（《美国法典》第 7 篇 2281）。

第 1435 条　《史密斯-利弗法》。

（a）《1914 年 5 月 8 日法》（《美国法令全书》第 38 篇第 79 章 372；《美国法典》第 7 篇 342）（本条下文以《史密斯-利弗法》代替）第 2 条修订如下：

（1）在"包括"之后插入"开发研究知识的实用方法"；以及

（2）在"实践示范"之后插入"现有或改良的实践或技术"。

（b）《史密斯-利弗法》第 3 条（《美国法典》第 7 篇 343）经修订在结尾处增加以下内容：

"（f）（1）农业部长可以通过联邦农业技术推广局开展教学、指导、示范及出版计划，并与私有非营利性和营利性组织和个人缔结合作协议，以便私营机构可按本款规定投入资金分摊此类计划的成本。

"（2）农业部长可以按本款规定接受私营机构的资金用于实现（1）所规定的目的，并可以提供不超过此类资金 50% 的资金作为匹配资金。"

（c）（1）农业部长应当开展研究，以便决定资金：

（A）是否适合在本法案颁布之后用于开展除《史密斯-利弗法》第 8 条（《美国法典》第 7 篇 347a）以外的该法案（《美国法典》第 7 篇 341 及以下）其他规定。

（B）在以 1985 年 9 月 30 日为截止日期的财政年度，超出拨给《史密斯-利弗法》（该法案第 8 条除外）总金额的部分是否可以在各州之间更为有效的进行分配。

（2）本法案颁布之后一年内，部长应当向众议院农业委员会和参议院农业、营养和林业委员会提交报告，对此类研究结果进行总结并就此类资金的分配提出建议。

第 1436 条　市场拓展研究。

（a）通过使用可用资金，农业部长应当增加并加紧开展农业部所负责的针对以下问题的研究计划：开发有关技术消除美国农产品在国内外市场拓展方面所面临的壁垒，包括开发满足植物检疫要求的相关程序、及改善易腐烂农产品的运输条件和处理方法。

（b）（1）农业部长应当就农林产品的新用途开展研究和发展计划。此类计划应包括，但不应局限于，工业、新型及增值产品的研究和开发。

（2）农业部长应在可行范围内以拨款、合作协议、合约及机构间协议等综合形式与学院和大学、私营业界及联邦和州机构合作开展本小节所批准的计划。

（3）（A）执行本款所批准计划时可按需获批一定数额的拨款。

（B）此外，部长应使用拨款或可用资金按照除（A）以外的法律规定实施此类计划。

（C）关于为此类计划提供的匹配资金，在以 1986 年 9 月 30 日为截止日期到以 1990 年 9 月 30 日为截止日期的财政年度期间，按本款规定可用于执行本计划的可用资金数额每财年不应超过 10 000 000 美元。

（4）（A）或（B）所批准的拨款可以在拨款账户之间转移以便用于执行本款所批准的计划。

（5）不管其他法律规定如何，联邦机构承担本款批准的每项研究发展项目的成本不得超过此项目成本总额的 50%。

第 1437 条　抗药性研究。

（a）农业部长应鼓励开展发现和管理抗药性的研究，并在本法案颁布之后一年内向总统和国会汇报此类研究的成果。

（b）研究应包括：

（1）对现有检查和确定昆虫及植物加害物目标群农药抗药性的方法进行审查，包括目标群的机理、遗传和生态动态；

（2）对现有监控当前及历史农药抗药性的方式进行审查；以及

（3）制定建立国家农药抗药性监控项目的战略，在联邦、州和地方机构及私营部门之间开展合作。

第 1438 条　教育扩展研究。

（a）授权农业部长和教育部长采取必要联合行动扩大中学农业教育研究的范围，目前此项目由农业部和教育部联合资助，并由国家科学院负责实施，还应就扩大对以下方面的教育采取必要联合行动：

（1）研究在中学农业教学计划中使用现代技术的可能性；以及

（2）国家科学院针对现代技术如何在中学农业教学计划中有效运用所提出的建议。

（b）因执行（a）规定扩大此类学习范围所造成的成本增加应由农业部长从农业部研究和教育拨款中支付，或由国家科学院从私营机构获得的用于扩大此类学习范围的资金中支付。

第 1439 条　关键性农业材料。

（a）《关键性农业材料法》第 5 条（b）（9）（《美国法典》第 7 篇 178c（b）（9））经修订在"目的"之后插入"，开展示范项目促进此类作物的发展或商品化（包括用于扩大此类作物国内外销售的项目）"。

（b）该法案第 5 条经修订在结尾处增加以下新内容：

"（d）不管其他法规如何，在开展（b）（9）所规定的示范项目时，部长应：

"（1）与相关人员或公共、私营机构或组织签订合约或合作协议，或向其提供拨款，以便执行、支持或促进此项目的开展；

"（2）使商品信贷公司能够按照（1）的规定以价格支持的方式购买农业商品或产品；或者

"（3）使用第 16 条（a）所批准的拨款或由相关人员或公共、私营机构或组织提供的资金开展此项目或偿还商品信贷公司为执行此项目所提供的农业商品或产品。"

第 1440 条　向资金困难农民及失地农民提供的特别拨款。

（a）《1972 年农村发展法》第 502 条（《美国法典》第 7 篇 2662）经修订在结尾处插入以下新内容：

"（f）向资金困难农民及失地农民提供的特别拨款。（1）（A）对于遭受农场和农村经济危机不利影响的农民及失地农民，农业部长应提供特别拨款支持为这些农民开发替代性收入的计划。

"（B）此类计划应包括为农民在以下方面提供教育和咨询服务：

"（ⅰ）对人类和非人类资源进行评估；

"（ⅱ）对替代性收入进行评估；

"（ⅲ）为相关州县和社区的农民确定可用资源和机会；

"（ⅳ）执行财政规划和管理战略；以及

"（ⅴ）为农民建立与可用资源和机会的联系，例如重返农业、新的商业机会、其他非农业工作、寻找工作机会及就业培训等。

"（C）部长还应向负责精神健康领域问题的官员提供支持，以便推动相关计划扩展至农村地区。

"（2）从《1985 年粮食安全法》颁布之日到其后三年的时间中，可按（1）规定进行拨款。"

（b）该法案第 503 条（c）（《美国法典》第 7 篇 2663（c））经修订在"第 502 条（e）"之后插入"及第 502 条（f）"。

第 1441 条　有关家庭农场的年度报告。

《1977 年粮食和农业法》第 102 条（b）（《美国法典》第 7 篇 2266（b））修订如下：

（1）将第一句和第二句重新编号为（1）和（2）；以及

（2）（2）修订如下：

"（2）农业部长在每份报告中应包含以下内容：

"（A）有关如何管理现有农业和农业相关计划、强化并提高美国家庭农场系统的信息；

"（B）对税收、信贷或其他当前联邦收入、消费及地产税法进行评估，对可能影响家庭农场和非家庭农场所有者和经营者结构、收益、及在国内外投资机会的此类法律修改意见进行评估；

"（C）鉴定并分析新型粮食和农业生产和加工技术的发展，尤其是在生物技术领域，并评估此类发展对以下领域所产生的潜在影响：

"（ⅰ）家庭农场系统的经济结构；

"（ⅱ）国产农产品和粮食在外国市场的竞争地位；以及

"（ⅲ）联邦农业计划目标的实现；

"（D）评估家庭农场的信贷需求和这些需求的实现程度，并分析家庭信贷形势对家庭农场系统经济结构的影响；

"（E）评估美国经济和贸易政策对家庭农场经营前景及财务运营情况所产生的影响；

"（F）评估联邦农业计划和政策对下列家庭农场和非家庭农场所产生的影响：

"（ⅰ）主要收入来自非农业资源；以及

"（ⅱ）主要收入来自农场经营；以及

"（G）其他农业部长认为适当或认为有助于国会保护、维持和加强美国家庭农场农业体系的信息。"

第 1442 条　目录的修订。

（a）《1977 年粮食和农业法》（《公法》95 - 113；《美国法令全书》第 91 篇 913）（由第 1413、1420、1425、1426、1427 及 1428 条（b）修订）修订如下：

（1）删除与第 1424、1427、1459、1460、1461、1462、1476 条相关的条目；

（2）在有关第 1473 条的条目后插入以下新条目：

"第 1473A 条　成本补偿协议。

"第 1473B 条　中小型农场经营技术开发。

"第 1473C 条　特别技术开发研究计划。

"第 1473D 条　补充和替代作物。"；以及

（3）删除有关第 1477 条的条目并在原处插入以下新条目：

"第 1477 条　拨款的批准。"

（b）《1981 年农业和粮食法》（《公法》97 - 98；《美国法令全书》第 95 篇 1213）（由第 1433 条所修订）经修订删除有关第 1446 条的条目。

子篇 B　人类营养研究

第 1451 条　调查结果。

国会认为：

（1）美国农业政策需重点考虑营养和健康问题；

（2）《1977 年全国农业研究、推广和教学政策法》第 1405 条（《美国法典》第 7 篇 3121）指定农业部为联邦政府负责人类营养研究（与疾病诊断和治疗相关的人类营养生物医学除外）的机构；

（3）该法案第 1423 条（《美国法典》第 7 篇 3173）要求农业部长将粮食和人类营养研究作为农业部的单独研究项目；

（4）农业部长应当建立营养学教育计划；以及

（5）营养研究一直是农业生产的重要因素。

第 1452 条　人类营养研究。

（a）在本法案颁布之后一年内，农业部长（在本子篇下文中以"部长"代替）应当向国会相关委员

会提交执行全国粮食和人类营养研究计划的综合方案，包括研究方向、教育活动和执行该计划所需资金水平等方面的建议。

（b）在按（a）规定提交计划之后的一年内及之后的每一年，部长应就其开展的人类营养研究活动定期向相关委员会提交年度报告。

第 1453 条　膳食评估及研究。

（a）农业部长及卫生与公众服务部部长应对有关以下方面的现有科学文献和科学研究进行联合评估：

（1）膳食单胆固醇和血胆固醇与人类健康和营养之间的关系；以及

（2）膳食钙及其在人类健康和营养中的重要性。

在按本条规定开展评估时，两位部长应当咨询联邦政府中与此类研究相关的机构。在评估完成后，两位部长应分别就开展进一步研究提出建议。

（b）本法案颁布之后一年内，农业部长和卫生与公众服务部长应当分别向众议院有关农业、能源和商业的委员会及参议院有关农业、营养和林业及劳工和人类资源的委员会提交报告，报告内容应包括按（a）规定所开展的评估结果，以及按该小节规定所提供的建议，包括研究的方案、可行性评估、预算及两位部长认为适当的时间表。

子篇 C　农业生产力研究

第 1461 条　定义。

在本子篇中：

（1）用语"推广"应与《1977 年农业研究、推广和教学政策法》第 1404 条（7）（《美国法典》第 7 篇 3103（7））所表示的意思相同。

（2）用语"部长"指农业部长。

（3）用语"州"指 50 个州中的任意一个州及哥伦比亚特区、波多黎各自由联邦、关岛、美属维京群岛、美属萨摩亚群岛、北马里亚纳自由联邦、太平洋群岛托管地。

（4）用语"州农业试验站"应与《1977 年农业研究、推广和教学政策法》第 1404 条（13）（《美国法典》第 7 篇 3101（13））中所表示的意思相同。

第 1462 条　调查结果。

国会认为：

（1）高产和有效的农业体系及合理的保护措施是确保美国农场和牧场的农业长期生存能力和赢利能力的关键因素；

（2）农业部长、州合作推广机构和州农业试验站所开展的农业研究和技术转让活动（包括推广机构、农业研究机构和州合作研究机构所开展的活动）：

（A）极大推动了农业创新；以及

（B）继续在提高农业生产力方面发挥作用；

（3）每年因风力和水力侵蚀不可避免会损失数百万吨表层土壤，这大大降低了农业生产力；

（4）很多农场主和牧场主在农业生产中都高度依赖机械和能源；

（5）向规划合理平衡的农业项目提供公共资金援助对提高农业生产效率、改善保护措施至关重要；以及

（6）需要扩大农业研究和推广项目为农场主和牧场主提供协助，以便其：

（A）提高农业生产力；以及

（B）开展土壤、水和能源保护行动。

第 1463 条　宗旨。

本子篇的宗旨是：

（1）推动并促进科学调查以便：

（A）提高农业生产力；

（B）维持土地的生产力；

（C）减少土壤受侵蚀程度，减少水和植物营养的流失；以及

（D）保护能源和自然资源；以及

（2）推动研究项目的开展，以便研究以下方面的农业生产系统：

（A）在可行范围内，位于具有多种土壤、气候和自然特征地区的农业生产系统；

（B）以前及以后都依赖以下农业生产措施进行管理的农业生产系统：

（ⅰ）购买农产品生产用具；以及

（ⅱ）各种保护措施；以及

（C）受（B）（ⅰ）及（B）（ⅱ）中所规定措施的变更的制约。

第 1464 条　信息研究。

（a）按第 1468 条规定，部长应当储存所有由部长参与或提供资金援助的、个人或政府机构所提供的研究、报告及材料，并将这些材料按主题进行分类以便用于实现本子篇的宗旨。

（b）在执行（a）规定时，部长应当：

（1）对可推进本子篇宗旨的现有信息和研究报告进行确认、评估和分类，包括与下列内容相关的信息和研究：豆类作物轮作、绿肥、畜肥和城市废物在农业生产中的使用、土壤酸度、使用石灰与营养流失的关系、间作、有机物对土壤生产力和侵蚀防治的影响、表层土流失对土壤生产的影响、及防治杂草、疾病和虫害的生物方法；

（2）确认此类报告中哪些内容能够提供有用信息，并将相关报告提供给农场主和牧场主；以及

（3）确认此类信息中存在的缺口并开展研究计划进行弥补。

第 1465 条　研究项目。

（a）按第 1468 条规定，农业部长应与联邦和州研究机构及农业生产者合作开展此类研究项目，以便获得数据、得出结论并示范技术推动本子篇宗旨的实现。

（b）在执行（a）规定时，部长应当在能广泛代表美国农业生产，包括小型农场的农业生产，的地区开展项目和研究。

（c）在执行（a）规定时，部长应当在单独田地上开展有关作物、土壤、生产方法及杂草、病虫害的相关研究项目。

（d）在按本条规定开展有关种植一系列作物的研究项目时，部长应当按照以下期限开展：

（1）至少为期 5 年；以及

（2）在可行范围内，12 至 15 年。

（e）（1）部长应与推广局、州合作推广机构协作采取必要措施确保农场主和牧场主了解按照本条规定所开展的项目。

（2）部长应当确保此类项目在特定时间能够接受公众的监督。

（f）（1）根据（2）规定，由于执行未经正常农业经营验证的硬性研究要求而导致农场经营者产生不当损失时，部长应对该经营者予以补偿。

（2）支付（1）规定的补偿资金时需要遵守项目启动前项目受让人与农场经营者所签订协议的条款。

第 1466 条　协作。

部长应当：

（1）建立包括以下机构代表的专家小组：农业研究机构、州合作研究机构、土壤保护署、推广局、州合作推广机构、州农业试验站及其他农业研究及技术转让方面的专家。

（2）在参考此专家小组的意见后，按本子篇规定设计研究项目。

第 1467 条　报告。

部长应当向众议院农业委员会和参议院农业、营养和林业委员会提交有关下列内容的报告：

（1）在本子篇生效之后 180 天内，对按第 1465 和 1466 条规定建立的研究项目进行报告；

（2）在本子篇生效之后 15 个月内，对按第 1464 条规定所执行项目的进展情况进行报告；以及

（3）在 1987 年 4 月 1 日及之后每年 4 月 1 日前，对本子篇规定的项目进展情况进行报告，内容包括：

（A）对项目收集的数据进行总结和分析；以及

（B）基于此类数据，提出关于新的基础性和实用性研究的建议。

第 1468 条　协议。

部长应通过与赠地学院或大学、其他大学、州农业试验站、非营利性组织或联邦或州政府机构签署协议来执行第 1464 和 1465 条规定，上述机构在农业研究和技术转让方面具有专业知识。

第 1469 条　数据传递。

部长应当：

（1）通过推广局和州合作推广机构得到：

（A）第 1464 条所规定的信息和研究报告；以及

（B）按第 1465 条规定所开展的研究项目信息和结果；以及

（2）采取必要措施确保公众能够得到此类资料。

第 1470 条　拨款的批准。

执行本子篇规定可获批一定数额的拨款，在支出前需保持资金可用。

第 1471 条　生效日期。

本子篇规定应于 1985 年 10 月 1 日开始生效。

第 XV 篇　食品券及相关条款

子篇 A　食品券条款

第 1501 条　公共社区精神健康中心。

（a）《1977 年食品券法》第 3 条（《美国法典》第 7 篇 2012）修订如下：

（1）在（7）中删除"该"至"除非"之间的所内容，并插入"，或按照《公共卫生服务法》第 19 篇第 B 部分（《美国法典》第 42 篇 300x 及以下）建立的公共社区精神健康中心"；以及

（2）在（i）最后一句"私有非营利性机构"之后插入"，或公共社区精神健康中心"。

（b）该法案第 10 条（《美国法典》第 7 卷 2019）经修订在"购买的，及"之后插入"公共社区精

神健康中心"。

第1502条　食品销售量的确定。

《1977年食品券法》第3条（k）（《美国法典》第7篇2012（k））经修订在（1）"食品销售量"之后插入以下内容："，通过实际调查、销售记录、购买记录或食品零售业存储的合理记录，"

第1503条　食品节约计划。

《1977年食品券法》第3条（o）（《美国法典》第7篇2012（o））经修订删除"54"并在原处插入"50"。

第1504条　对丧失能力者的定义。

《1977年食品券法》第3条（r）（《美国法典》第7篇2012（r））修订如下：

（1）在（2）结尾分号前插入以下内容："《社会保障法》第1616条（a）所规定的联邦或州管理的补充救济金，如果部长认为此类救济金符合《社会保障法案》第16篇所规定的丧失劳动能力或失明的标准，或《公法》93—66第212条（a）（《美国法典》第42篇1382注释）所描述的联邦或州管理的补充救济金"；

（2）在（3）结尾分号前插入以下内容："或因符合《社会保障法》第221条（i）（《美国法典》第42篇421（i））有关丧失能力者的标准，接受政府机构丧失能力退休救济金"；

（3）在（4）（A）后插入"或与服务无关的"；

（4）删除（5）结尾的"或"；

（5）删除（6）结尾的句号，并在原处插入"；或"；以及

（6）在结尾处增加以下内容：

"（7）是按《1974年铁路退休法》第2条（a）（1）（iv）或第2条（a）（1）（v）（《美国法典》第45篇231a（a）（1）（iv）或231a（a）（1）（v））规定接受养老金的个人，如果在1936年12月31日之后按《1974年铁路退休法》该个人作为雇员的工作在《社会保障法》所定义的"雇佣"范围内，及如果所申请的丧失能力救济金已经发放。"

第1505条　州和地区销售税。

（a）《1977年食品券法》第4条（a）（《美国法典》第7篇2013（a））经修订在第一句结尾句号前插入以下内容："，除非该州没有参加食品券计划，如果部长决定州或地区销售税需要由各州按照使用食品卷所售出的粮食情况进行征收"。

（b）（1）除非（2）有所规定，（a）所做出的修订的生效日期应为：本法案颁布之后州立法机构召开首次例会的那个日历年度期间开始的财政年度的第一天。

（2）如果一个州按部长的要求在未考虑本项有关规定而执行（1）规定时对州食品券计划产生了不利和有害影响，或没有为零售商执行（a）规定的销售税修改政策提供足够的时间，那么部长应当推迟该州正式执行（a）有关规定的日期，但是最终不得晚于1987年10月1日开始执行。

第1506条　食品券和商品分配计划的关系。

《1977年食品券法》第4条（b）（《美国法典》第7篇2013（b））修订如下：

（1）删除第一句；以及

（2）删除第二句中的"同样"。

第1507条　资格分类。

（a）（1）《1977年食品券法》第5条（a）（《美国法典》第7篇2014）经修订在第一句后插入以下

内容："除本法案第 6 条（b）、第 6 条（d）（2）、第 6 条（g）及第 3 条（i）第三句之外，不管本法案其他规定如何，从《1985 年粮食安全法》颁布之日起至 1989 年 9 月 30 日止，按照《社会保障法》第 4 篇规定接受救济金、按照第 16 篇接受保险收入补充救济金的家庭成员或按照第 1、10、14 或 16 篇接受补助的老年人、盲人或残疾人都应具有参加食品券计划的资格。"

（2）从本法案颁布之日起至 1989 年 9 月 30 日止，《1977 年食品券法》第 5 条（j）（《美国法典》第 7 篇 2014（j））不应实施。

（b）《1977 年食品券法》第 11 条（i）（《美国法典》第 7 篇 2020（i））经修订，在结尾处增加以下内容："不得仅仅因为家庭参加食品券计划的申请被否定，或按第 5 条（a）小节规定需终止该计划给予家庭救济金，就拒绝该家庭参加食品券计划的申请或停止救济金的发放，必须由州机构确定此家庭确实不具备参加食品券计划的资格。"

（c）在本法案颁布之后的两年内，农业部长应当：

（1）评估按本条（a）进行修订的《977 年食品券法》第 5 条（a）第二句的执行情况；以及

（2）向参议院农业、营养和林业委员会及众议院农业委员会汇报此评估的结果。

第 1508 条　第三方支付。

《1977 年食品券法》第 5 条（《美国法典》第 7 篇 2014）修订如下：

（1）在（d）（1）"家庭"之后插入"除（k）规定之外"；以及

（2）在结尾处增加以下新内容："（k）（1）在执行（d）（1）有关规定时，除（2）规定外，州或地方政府代表家庭向第三方提供援助时，如果该援助是作为以下款项的替代，则应考虑将援助资金直接支付给相关家庭：

"（A）州按照《社会保障法》第 4 篇第 A 部分（《美国法典》第 42 篇 601 及以下）有关规定向有受供养子女家庭提供援助时，需向家庭定期支付的用于生活开支的救济金；或者

"（B）按照以下规定向家庭支付的用于生活支出的救济金：

"（i）州或地区的一般援助计划；或者

"（ii）与一般援助计划相似的其他基本援助计划（需由部长认定）。

"（2）（1）的规定对以下援助项目不适用：

"（A）医疗援助；

"（B）儿童保育援助；

"（C）能源援助；

"（D）由州或地区住房机构提供的援助；或者

"（E）紧急和特别援助，不包括部长有特别规定的援助。"

第 1509 条　免税收入。

第 1508 条所修订的《1977 年食品券法》第 5 条（d）（《美国法典》第 7 篇 2014（d））修订如下：

（1）在（1）结尾逗号后插入"（k）的规定除外"；

（2）在（3）中：

（A）删除"更高等的教育"并插入"高等教育"；以及

（B）在结尾处增加"那些含有组织费和保险费的贷款"；

（3）在（5）附加条件中的"儿童保育支出"之后插入"不包括任何延迟偿还的非联邦教育贷款、补助金、奖学金、助学金、退伍军人津贴及用于生活支出的资金，不包括任何延迟偿还的联邦教育贷款、补助金、奖学金、助学金、退伍军人津贴及用于提供收入援助的资金，不包括用于学费和强制性学杂费的收入援助资金。"

（4）在（9）中逗号前插入"，但是本款规定所覆盖的其他家庭收入应当减去超出农场自营收入之

外的自营收入成本";

（5）在（10）中"食品券计划"之后插入"除非在（k）中另有规定"。

（b）第 1508 条所增加的该法案第 5 条（k）经修订在结尾处增加以下新内容：

"（3）出于执行（d）（1）的目的，延迟偿还的教育贷款、补助金、奖学金、助学金、退伍军人教育津贴及代表家庭向第三方提供的生活费用应当被视为直接支付给家庭的资金。"

（c）第 1508 条所修订的《1977 年食品券法》第 5 条（《美国法典》第 7 篇 2014）经修订在结尾处增加以下新内容：

"（1）不管《职业培训伙伴关系法》第 142 条（b）（《美国法典》第 29 篇 1552（b））作何规定，按照《职业培训伙伴关系法》第 204 条（5）有关规定参加在岗培训人员的收入应被视为符合食品券计划目的的收入，小于 19 岁的受供养子女除外。"

第 1510 条　儿童抚养费。

第 1508 条和第 1509 条所修订的《1977 年食品券法》第 5 条（《美国法典》第 7 篇 2014）：

（1）在（d）中：

（A）删除（11）结尾的"以及"；以及

（B）在结尾句号前插入以下内容："，及（13）根据州机构的选择，按照（m）的规定，《社会保障法案》第 402 条（a）（8）（A）（vi）（《美国法典》第 42 篇 602（a）（8）（A）（vi））所免除的儿童抚养费"；以及

（2）在结尾处增加以下新内容："（m）如果州机构按（d）（13）的规定出于食品券的目的免收税款，此类州机构应当按照农业部长的规定向联邦政府支付由于按该计划免除税款所导致的向家庭提供额外救济金的成本。"

第 1511 条　扣减收入。

《1977 年食品券法》第 5 条（e）（《美国法典》第 7 篇 2014（e））修订如下：

（1）删除第二句中的"自有住房因素"并插入"自有住房的成本、维护和修缮因素"；

（2）1986 年 5 月 1 日生效，删除第三句中的"18"并在原处插入"20"；

（3）1986 年 5 月 1 日生效，第四句修订如下：

（A）将（2）的附加条件修订如下："只要，此类住房支出的超额扣减数额在 48 个美国本土州及哥伦比亚特区每月不超过 147 美元，在阿拉斯加、夏威夷、关岛及美属维京群岛分别每月不超过 256 美元、210 美元、179 美元和 109 美元，1986 年 10 月 1 日进行调整并从之后的每年 10 月 1 日起，调整至最近的较低增加量以便在劳工统计局出版的《所有城市消费者消费价格指数》中反映出住房成本中居住（自有住房的成本、维修和修缮因素除外）、燃料及使用等因素的变化，此调整由劳工统计局与部长协商后在上一年 6 月 30 日之后的 12 个月内作出。"

（B）在（1）中，删除"与之相同的"及本款之后的所有上述字样，并在原处插入"每月 160 美元"；

（C）删除"，或（2）"并插入"及（2）"；以及

（D）删除"，或（3）"及之后到句号前的所有内容；以及

（4）在第七句后插入以下内容："如果州机构选择使用反映供暖和制冷成本的标准公共事业费津贴，那么该机构应当确保家庭可以按照《1981 年低收入家庭能源协助法》（《美国法典》第 42 篇 8621 及以下）或其他类似能源协助计划的规定收到有关补助资金，只要此类家庭仍然承担现金支付的供暖或制冷费用。州机构可以使用单独的标准公共事业费津贴为相关家庭支付此类费用，但是不能被要求采取这样的做法。不选择使用单独津贴而使用单个标准公共事业费津贴支付相关家庭所承担的供暖或制冷费用（本款第六句中所描述的家庭除外）的州机构不得被要求按照《1981 年低收入家庭能源协助法》的协助

规定减少此类津贴的数额。《1981 年低收入家庭能源协助法》为执行食品券目的所提供的援助应当在整个供暖或制冷季期间进行合理分配。州机构应允许有关家庭在援助发放期结束时且每 12 个月中至少有一次额外的机会根据其实际公共事业费成本在标准公共事业费津贴和收入扣减之间进行选择。"

第 1512 条　自营收益。

《1977 年食品券法》第 5 条（f）（1）（A）（《美国法典》第 7 篇 2014（f）（1）（A））经修订，在结尾处增加以下内容："不管前句作何规定，如果由于家庭营业收益出现明显增加或减少而导致平均数额不能准确反映家庭实际月收入情况，那么州机构应当按照预期收益计算自营收益。"

第 1513 条　预算回顾和月报告的简化。

（a）《1977 年食品券法》第 5 条（f）（2）（《美国法典》第 7 篇 2014（f）（2））修订如下：

（1）将（A）做如下修订：

"（A）以下家庭的收入：

"（ⅰ）移民农业工人家庭，以及

"（ⅱ）那些：

"（Ⅰ）没有收入的家庭，以及

"（Ⅱ）所有成年家庭成员均为老年人或残疾人的家庭，

"根据（1）（A）的规定，不应在回顾性基础上进行计算"；

（2）在（B）中：

（A）删除"（ⅰ）"；

（B）在首次出现的"根据"之后插入"的第一句"；以及

（C）删除"（ⅱ）"及"本法"之后的所有内容；以及

（3）删除（C）并在原处插入以下内容：

"（C）除非在（A）和（B）中有所规定，有收入的家庭、及家庭成员近期有工作历史的家庭，其家庭收入应当按（3）（B）的规定在回顾性基础上进行计算。"

（b）《1977 年食品券法》第 6 条（c）（1）（《美国法典》第 7 篇 2015（c）（1））修订如下：

（1）将第一句做如下修订："对于那些按本法案第 5 条（f）（2）（C）规定以回顾性基础来确定收入的家庭，州机构应当要求其按照部长所制定的标准定期提交有关其家庭状况的报告，但是在部长事先批准的情况下，州机构可以选择几类家庭（包括所有此类家庭）允许其以较长间隔提交报告，但前提是州机构需向部长证明，此类家庭每月提交报告可能导致本小节执行费用的不当增加。"以及

（2）在第二句后插入以下内容："州机构可以要求相关家庭，家庭收入按第 5 条（f）（2）（A）规定以回顾性基础进行计算的家庭除外，按本项前述部长规定的标准定期提交有关家庭收入情况的报告。"

第 1514 条　资金限制。

《1977 年食品券法》第 5 条（g）（《美国法典》第 7 篇 2014（g））修订如下：

（1）1986 年 5 月 1 日生效，删除第一句中的"1 500 美元，或，如果一个家庭包括两名以上家庭成员，其中一名已经达到或超过 60 岁，如果其资金超过 3 000 美元"并插入"2 000 美元，或，如果一个家庭包括一名已经达到或超过 60 岁的家庭成员，如果其资金超过 3 000 美元"；

（2）在第二句中：

（A）在"涉及注册车辆"之后插入"及无法获得的资金"；以及

（B）在"身体残疾的家庭成员"之后插入"及直接涉及到此类车辆的维护和使用的任何其他财产、地产或私人财产"；以及

（3）在结尾处增加以下内容："部长应当在财政资金中除去每名家庭成员墓地的价值。"

第 1515 条　自然灾害特别工作组。

《1977 年食品券法》（《美国法典》第 7 篇 2014（h）（2））修订如下：

"（2）部长应当：

"（A）设立食品券自然灾害特别工作组，以便协助州机构在灾害地区执行自然灾害计划和常规的食品券计划；以及

"（B）如果部长经过对形势的判断认为将工作组成员派往灾害地区具有成本效率，那么部长应当在灾害发生之后尽快将成员派往此类地区，以便向州和地方官员提供直接协助。"

第 1516 条　资格的剥夺。

《1977 年食品券法》第 6 条（《美国法典》第 7 篇 2015）修订如下：

（1）在（d）（1）第一句中：

（A）删除"一个家庭不应具有获得本法案援助的资格，如果其包括一名"并插入"（A）一个人不应具有参加食品券计划的资格，如果他是"；

（B）删除（i）第一句中的"18"并在原处插入"16"；

（C）删除"（iii）"之后到"天；或（iv）"之间的所有内容；以及

（D）在结尾句号前插入以下内容："；及（B）下列家庭不应具备参加食品券计划的资格（i）如果户主身体及精神健康，年龄在 16 岁到 60 岁之间，且此人拒绝按本句（A）中的规定行事或（ii）如果户主没有正当理由主动放弃工作，但在此类情况下，不合格期限应为 90 天"；

（2）在（d）（1）结尾增加以下内容："一旦违反本项规定的家庭成员遵守了本项的相关要求，那么因违反规定而剥夺其资格的制裁也随即解除。如果违反规定的家庭成员在被剥夺资格期间离开家庭，那么此类家庭不再承受因违反规定而受到的制裁，如果该家庭因此具有资格，则其可以继续参与食品券计划，但是如果此后上述人员再次成为户主，则应当剥夺家庭的资格以补齐被剥夺资格的惩罚时间"；

（3）在（d）（2）中：

（A）删除（D）结尾的"或"；

（B）在结尾句号前插入："；或（F）年龄在 16 岁到 18 岁之间的非户主或至少半数时间在上学或参加就业培训计划的人员"；以及

（4）在（e）（2）结尾插入以下内容："或者是没有经《职业培训伙伴关系法》计划指派到更高等级学习机构的个人，"；以及

（5）在（f）（2）中：

（A）删除（D）中的"第 203 条（a）（7）"及"（《美国法典》第 8 篇 1153（a）（7））"并分别插入"第 207 条和第 208 条"及"（《美国法典》第 8 篇 1157 和 1158）"；

（B）删除（D）中的"由于迫害"至"自然灾难"之间的所有内容；

（C）删除（F）中的"由于司法部长的裁决"至"政治意见"之间的所有内容。

第 1517 条　求职培训计划。

（a）《1977 年食品券法》第 6 条（d）（《美国法典》第 7 篇 2015（d））修订如下：

（1）（1）中（A）（ii）修订如下：

"（ii）未提供正当理由而拒绝参加（4）所规定的求职培训计划，包括没有遵守（4）相关要求以及州机构按（4）规定所制定的其他合理雇用要求，有上述行为者，被剥夺资格的时长为两个月"；以及

（2）在结尾增加以下内容：

"（4）（A）在 1987 年 4 月 1 日前，每个州机构都应执行一项求职培训计划，该计划由州机构负责设计并交由农业部长批准，用于协助参加食品券计划的家庭成员获得可以提高其获取常规工作的技能、

素养或经验。

"（B）在本法案中，'求职培训计划'指包含一个或多个以下因素的计划：

"（ⅰ）与《社会保障法》第 4 篇第 A 部分第 402 条（a）（35）（A）和（B）中条款和条件相同的求职计划，以下情况除外：按照（B）（ⅳ）的规定州机构没有义务每月向每名参与者支付超过 25 美元的费用，对于在计划申请时间内提出申请的人员，州机构应保留其选择使用本条款所规定雇用条件的权利。

"（ⅱ）求职培训计划包括州机构认为适当的、合理的求职培训和支持活动，内容包括工作技能评估、求职俱乐部、就业技巧培训、工作安置服务、或其他直接培训或支持活动，包括州机构决定用于增强计划参与人员求职能力和就业能力的教育计划。

"（ⅲ）工作福利计划的执行参照第 20 条的规定。

"（ⅳ）此类计划的目的是为了通过实际工作经验或培训或两者同时提高家庭成员的就业能力，并使受雇或受训于此类计划的个人能够迅速进入正常的公共或私营部门工作。按本条款规定所建立的雇用或培训经验计划应：

"（Ⅰ）将就业经验任务分配至服务于公众目的的领域，例如卫生领域、社会服务领域、环境保护领域、城乡发展和再发展领域、福利、文娱、公共设施、公共安全及日间护理等领域。

"（Ⅱ）在可行范围内，按照参加者最擅长的培训经验和技能为其安排合适的工作或培训经验任务；

"（Ⅲ）不得提供可能影响未参加就业培训经验计划的人员就业的工作；以及

"（Ⅳ）提供与工作场所的雇员相同的工作条件和福利、相同的工作内容和工作时间。

"（Ⅴ）部长批准的其他计划、项目和试验，例如旨在实现就业和培训计划的支持性工作计划。

"（C）州机构可以提出，参加就业和培训计划可以作为计划参与者所承担的其他就业相关条件的补充或替代。

"（D）（ⅰ）每个州机构均可按本条款规定免除某类家庭成员参加任何计划的条件，如果由于获得工作机会及成本效益等原因此类人员不可能满足该条件。在作此类决定时，州机构可以选定居住在该州特定地区的所有此类家庭成员。在获得部长批准后，每个州都可以对参加食品券计划的家庭成员予以 30 天或少于 30 天的条件免除。

"（ⅱ）对于不在（1）免除家庭范围内的单个家庭，各州机构也可免除对其成员参加此计划的要求，前提是此类人员由于以下原因无法参加该计划，例如缺少就业准备和就业能力、工作机会地点偏远及无法对儿童进行照顾等。

"（ⅲ）根据本小项豁免的家庭或个人应当定期就（ⅰ）和（ⅱ）中提到的因素接受评估，以便确定豁免是否继续有效。在对每项免除或再免除决定进行此类评估时，评估次数应等于或少于（ⅱ）所规定的情况。

"（E）各州机构应按本项规定在就业和培训计划下根据（D）的有关规定为未获免除的人员设定条件，包括参与计划的人员范围。此类条件可因参与者的情况不同而异。

"（F）（ⅰ）按本项规定所开展的就业和培训计划要求家庭成员的总工作时长，加上此类成员在参加第 20 条规定的其他计划时的工作时长，每月不得超过该家庭每月获拨款项数额除以《1938 年公平劳动标准法》规定的州最低工资或联邦最低时薪所得的小时数。

"（ⅱ）参加此计划单个家庭成员每月的工作总时长加上参加第 20 条规定的其他计划的工作时长及参加其他补偿性工作（以现金或实物的形式）的工作时长总共不得超过每月 120 个小时。

"（G）（ⅰ）州机构可按本项所规定的要素选取参加计划的个人。

"（ⅱ）州机构应在可行范围内允许不受（E）条件限制的个人、或已经、或即将符合此类条件的个人参加本项规定的任何计划。

"（H）对于参加本项所规定计划的人员，包括参加（G）所规定计划的人员，由于参加此项目而直接产生的合理且必要的交通费及其他实际支出，州机构应当进行补偿，但是州机构对每名参与者的此类补偿费用应限制在每月 25 美元以内。

"（i）部长应公布指导方针（i）使州机构能够在最大可行范围内策划并执行与本州内类似计划相一致的就业和培训计划，及（ii）在最大可行范围内，确保保留地的印第安人能够参加就业和培训计划。

"（J）（i）对于符合本条就业条件的人员及按（D）规定未获得免除的人员，部长应在每个财政年度为各州设定执行标准，需要明确指出州机构按本段规定批准参加计划的此类人员的最低百分比（在 1989 年 9 月 30 日前不超过 50%）。此标准无需在各州保持一致，可视各州情况而异。部长应对在各州设立执行标准的成本，及豁免人员参加本项规定计划的程度予以考虑。

"（ii）在确定州机构是否执行（i）中的标准时，部长应：

"（I）参考被选中参与本项所规定计划的人员的范围；

"（II）参考以下因素：未受资助工作岗位的人员安排、收入的增加、及参加食品券计划人数的减少；以及

"（III）考虑其他部长认为与就业和培训有关的因素。

"（iii）部长应根据参加人员的不同特点及，执行标准所应用的计划类型来调整按（1）规定所设立的执行标准。

"（iv）部长可将执行标准的设立推迟至全国开始执行本项规定之后的 18 个月，以便参考各州机构执行本项规定时的经验来设定执行标准。

"（K）（i）部长应确保州机构遵守本项及第 11 条（e）（22）的有关要求。

"（ii）如果部长认定州机构在没有正当理由的情况下未能履行有关要求，包括未能执行（J）所规定的标准，部长可按第 16 条（a）、（c）和（h）的规定不向此类州机构发放第 14 条所规定的管理和复审资金。

"（L）可使用负责开展《职业培训伙伴关系法》所规定计划的州公众就业办公室和有关机构来为参加本项所规定计划的家庭成员寻找就业和培训机会。

"（b）《1977 年食品券法》第 11 条（e）（《美国法典》第 7 篇 2020（e））修订如下：

（1）删除（20）结尾处的"以及"；

（2）删除（21）结尾的句号并在原处插入"；以及"；以及

（3）在结尾处增加以下内容：

"（22）州机构开展第 6 条（d）（4）所规定就业与培训计划的方案，包括此类计划的属性和范围、地理区域及此类计划覆盖的家庭，和家庭和个人豁免的依据，包括所有成本信息，及方案中反映出的就业和培训计划构成元素的选取依据等。

"（c）《1977 年食品券法》第 16 条（《美国法典》第 7 篇 2025）经修订在结尾处增加以下内容：

"（h）（1）每个财政年度部长应当将该财年的拨款按第 18 条（a）（1）的规定在各州机构之间进行分配，在以 1986 年 9 月 30 日为截止日期的财政年度，拨款数额为 40 000 000 美元，在以 1987 年 9 月 30 日为截止日期的财政年度，拨款数额为 50 000 000 美元，在以 1988 年 9 月 30 日为截止日期的财政年度，拨款数额为 60 000 000 美元，在以 1989 年 9 月 30 日和以 1990 年 9 月 30 日为截止日期的财政年度，每年拨款数额为 75 000 000 美元，以便在每个财政年度用于开展第 6 条（d）（4）所规定的就业和培训计划，但（3）所规定的情况除外。

"（2）如果在该财政年度开展此类计划时，州机构所承担的成本超过（1）所分配的数额，那么农业部长应当根据（3）所规定的数额上限向有关州机构支付 50% 的额外成本。

"（3）有关因执行第 6 条（d）（4）所规定的就业和培训计划而直接产生的交通成本和其他直接、合理且必要的开支，农业部长应当向州机构补偿此类开支总额的 50%，但此类开支总额不应超过每人每月 25 美元，且部长的补偿需出自（1）所规定的分配拨款。

"（4）按本款规定拨给州机构的款项只能用于执行第 6 条（d）（4）所规定的就业和培训计划，

不得用于执行本法案的任何其他规定。

"（5）（A）对于州机构按第 6 条（d）（4）规定所开展的就业和培训计划，部长应当对计划在以下方面产生的效果进行监督和评估：获得就业机会的家庭成员数量的增加以及因参加就业和培训计划而保住上述就业机会的此类家庭成员数量的增加。

"（B）部长应当在 1989 年 1 月 1 日前向众议院农业委员会和参议院农业、营养和林业委员会提交有关此类就业和培训计划执行效果的报告。"

（d）该法案第 20 条（b）（《美国法典》第 7 篇 2029（b））修订如下：

"（b）（1）有关本条所规定的工作福利的条件，应获得豁免的家庭成员包括：

"（A）因第 6 条（d）（2）中（B）、（C）、（E）、（F）有关规定而豁免第 6 条（d）（1）有关条件的家庭成员；

"（B）被执行机构选中，当前正在按照《社会保障法》第 4 篇（《美国法典》第 42 篇 601 及以下）规定主动、合格参加培训项目，且一周至少工作 20 小时的家庭成员；

"（C）精神或身体不健康的家庭成员；

"（D）年龄在 16 岁以下的家庭成员；

"（E）年龄达到或超过 60 岁的家庭成员；或者

"（F）在有儿童需要照顾的家庭中，儿童双亲中的一人受本条条件制约或参加全职工作，那么双亲中的另一人可豁免有关规定。

"（2）（A）按照（B）和（C）的规定，如果一个家庭因参加《社会保障法》第 409 条（《美国法典》第 42 篇 609）所设立的社区工作经验计划而免受本法有关工作条件的制约，那么此类家庭所有成员每月需要参加此类计划的最大小时数需等于以下两组数字相除所得的结果：

"（ⅰ）按该法案第 4 篇规定每月向此类家庭支付的援助金数额加上每月分配给此类家庭的食品券数额；除以

"（ⅱ）当月联邦或州最低工资中的较高者。

"（B）在任何情况下，都不得要求此类家庭成员每月参加此计划的时长超过 120 小时。

"（C）在按（A）（ⅰ）有关规定确定每月分配给家庭的食品券数额时，应遵守有关向成员多于该法第 4 篇所确定援助单位成员数量的家庭分配食品券的规定。

第 1518 条　食品券的交错发放。

《1977 年食品券法》第 7 条（《美国法典》第 7 篇 2016）经修订在结尾增加以下内容：

"（h）（1）在向有资格的家庭发放食品券时，州机构可以在每个月执行交错发放程序：只要，该程序能够确保在与其他发放程度交接的过渡时期内，所有家庭收到食品券的间隔都不会超过 40 天，可以通过州机构的常规发放或通过补充发放来确保这一结果。

"（2）对于在每月后 15 天期间申请参加食品券计划、且在那期间已经收到所发放食品券的那些具有资格的家庭，整月食品券的首次发放需要在参加计划后的第一个整月的第 8 天之前进行。

第 1519 条　食品券发放的其他方式。

《1977 年食品券法》第 7 条（g）（1）（《美国法典》第 7 篇 2016（g）（1））修订为删除（A）之前的"可以"并插入"应该"。

第 1520 条　申请程序的简化及救济金的标准化。

《1977 年食品券法》第 8 条（《美国法典》第 7 篇 2017）经修订在结尾处增加以下新内容：

"（e）（1）部长可以批准不超过 5 个全州项目（根据州提出的要求）和不超过 5 个联邦政治分支机构项目（根据州或政治分支机构提出的要求）来执行计划，在该计划中下列家庭可以视作符合第 5 条

（a）所规定的申请要求及第 5 条（d）到（g）所规定的对收入和资金的要求：

"（A）包括一名或一名以上接受以下援助的家庭成员：

"（i）按照《社会保障法》第 4 篇第 A 部分（《美国法典》第 42 篇 601 及以下）规定向有受供养子女的家庭提供的援助；

"（ii）按照该法案第 16 篇（《美国法典》第 42 篇 1381 及以下）规定所提供的补充保障性收入；或者

"（iii）按照该法案第 19 篇（《美国法典》第 42 篇 1396 及以下）规定所提供的医疗援助；以及

"（B）家庭收入不超过第 5 条（c）中规定的有资格申请的收入标准。

"（2）除非在（3）中有所规定，被选定执行本款所规定计划的州或政治分支机构应根据以下因素来确定（a）中所规定的向家庭分配的食品券数额：

"（A）（i）家庭的规模；以及

"（ii）（Ⅰ）按照《社会保障法》第 4 篇第 A 部分所批准的援助有受供养儿童家庭的州方案向相关家庭支付的救济金；或者

"（ii）申请该法案第 19 篇所规定的医疗援助的收入标准；或者

"（B）州或政治分支机构可选择参加（A）（ii）条所规定计划的家庭的规模。

"（3）部长可以调整本款所执行计划向家庭分配的食品券数额，以确保按照家庭规模向参加此类计划的家庭及接受给有受供养儿童家庭援助的家庭分配食品券的平均数额、补充保障性收入或医疗援助，不少于按照本法案分配的、但并非用于本款执行的食品券平均数额。

"（4）部长应评估按本款规定所运行的计划对接受家庭、管理成本及误差率方面产生的影响。

"（5）对此类计划管理成本的分担应按照第 16 条的规定执行。

"（6）在执行本条规定时，部长应当与卫生与公众事务部部长进行磋商，确保在可行范围内，当家庭参加此类计划时，申请程序、资格认证程序、及食品券救济金发放程序都得以简化，并与《社会保障法》（《美国法典》第 42 篇 601 及以下）中的申请程序、资格认证程序、及救济金发放程序相一致。

第 1521 条　对零售商所提交信息的公开。

《1977 年食品券法》第 9 条（c）（《美国法典》第 7 篇 2018（c））经修订在第二句结尾句号前插入以下内容："但是此类信息可以向负责执行《1966 年儿童营养法》第 17 条所批准的妇女、婴儿及儿童特别补充食品计划的州机构进行公开并供其使用，以便执行该法案的条款以及根据该法案所颁布的有关规定。"

第 1522 条　信用社。

《1977 年食品券法》第 10 条（《美国法典》第 7 篇 2019）修订如下：

（1）在第一次出现的"联邦储蓄和贷款保险公司"之后插入"，或《联邦信用社法》保证的、且会员包括食品零售商店或食品批发商行的"；以及

（2）在第二次出现的"联邦储蓄和贷款保险公司"之后插入"或《联邦信用社法》"。

第 1523 条　食品券兑现收费。

经第 1501 条和第 1522 条修订的《1977 年食品券法》第 10 条（《美国法典》第 7 篇 2019）在结尾增加以下内容："只要符合通过金融机构向联邦储备银行提交食品券的有关要求，但是与取消食品券相关的要求除外，则任何金融机构均不得在食品零售店向其兑换食品券时征收任何费用。"

（b）农业部长在与联邦储备委员会磋商后，应当颁布执行（a）所修订内容的规定。

第 1524 条　工作时间。

《1977 年食品券法》第 16 条（b）（1）（《美国法典》第 7 篇 2025（b）（1））经修订在"美国"之后

插入"，包括定期审查食品券办公室每天、每周或每月开放的时间，以便就业人员能够得到食品券计划的充足供应。"

第 1525 条　信息的证明。

《1977 年食品券法》第 11 条（e）（2）（《美国法典》第 7 篇 2020（e）（2））经进一步修订在结尾处增加以下内容："要求成年家庭成员在申请食品券时要写下书面保证，确保其申请表中信息的真实性。"

第 1526 条　欺骗行为的发现。

第 1517 条和 1525 条所修订的《1977 年食品券法》第 11 条（e）（《美国法典》第 7 篇 2020（e））经进一步修订，在结尾处增加以下新内容：

"（23）在一个有 5 000 个以上家庭参加食品券计划的项目区域内设立有关机构，以便发现食品券计划中出现的欺骗行为，包括对欺骗行为的调查及协助起诉；以及"

第 1527 条　核实。

《1977 年食品券法》第 11 条（e）（3）（《美国法典》第 7 篇 2020（e）（3））修订如下：

（1）删除"核实"之后的"仅"；

（2）在"法案）"之后插入"，家庭规模（在任何此类规模需遭质疑的情况下）"；以及

（3）删除"所有因素"及"由部长"之后的所有内容，并在原处插入"州机构认为必需的其他此类有关具备资格的因素"。

第 1528 条　有照片的身份证明。

《1977 年食品券法》第 11 条（e）（16）（《美国法典》第 7 篇 2020（e）（16））修订如下：

（1）删除"最后一句"并在原处插入"第四句"；

（2）在"完整"之后插入"及有成本效益的"；

（3）删除结尾处的分号并在原处插入句号；以及

（4）在结尾处增加以下内容："州机构可允许家庭成员通过提交有照片的身份证明来执行本项规定，以便其接受福利救济或公众援助计划所提供的援助。"

第 1529 条　无家可归人员的资格。

第 1525 条所修订的《1977 年食品券法》第 11 条（e）（2）（《美国法典》第 7 篇 2020（e）（2））修订如下：

（1）删除结尾的分号并在原处插入句号；以及

（2）在结尾增加以下内容："关于没有永久居所或没有固定通信地址的具有资格的家庭，州机构应当提出证明其身份及向其发放食品券的方法。在执行前句规定时，州机构应当采取必要措施确保参加食品券计划的人员具备相应资格。"

第 1530 条　食品和营养教育扩大计划。

《1977 年食品券法》第 11 条（f）（《美国法典》第 7 篇 2020（f））修订为在结尾增加以下内容："州机构应当鼓励食品券计划参与者参加按《1914 年 5 月 8 日法》第 3 条（d）（《美国法典》第 7 篇 343（d））所开展的食品和营养教育扩大计划，通常称为《史密斯－利弗法》，及其他按《1985 年粮食安全法》第 1584 条到第 1588 条所建立的计划。有关此教育计划人员方面的要求，州机构在可行范围内，应当允许在食品券办公室内安置该教育计划的有关人员和信息材料。"

第 1531 条　社会保障管理办公室的食品券计划信息和申请程序的简化。

第 1531 条所修订的《1977 年食品券法》第 11 条（i）（《美国法典》第 7 篇 2020（i））第一句（2）修订如下：

（1）在"成员是"之后插入"申请人或"；

（2）删除"准许"及"办公室"之间的所有内容，并在原处插入"通知领取食品券计划救济金并协助简化参加社会保障办公室此类计划的申请程序"。

（b）于 1986 年 10 月 1 日生效的《1977 年食品券法》第 11 条（j）（《美国法典》第 7 篇 2020（j））修订如下：

"（j）（1）应当由社会保障办公室通知申请或领取社会保障救济金的个人（按照由农业部长与卫生与公众事务部长联合颁布的规定）领取食品券计划救济金，并将有关简化申请参加该计划程序的信息告知上述个人。

"（2）农业部长及卫生与公众事务部长应当对在《1985 年粮食安全法》颁布之日生效的谅解备忘录进行修改，根据此备忘录社会保障办公室需按照本款及（i）款的规定以下列方式提供服务：

"（A）确保社会保障办公室能够及时将领取按本法案发放的社会保障救济金的相关信息通知救济金的申请人和领取人；

"（B）所有成员均申请或领取补充保障性收入的家庭在申请救助金时，确保将相关信息立即以有效、及时的方式交给州机构；以及

"（C）农业部长应当向卫生与公众事务部长支付提供此类服务的成本补偿。"

（c）在 1987 年 4 月 1 日之前，农业部长应当向众议院农业委员会及参议院农业、营养和林业委员会提交报告，阐明由卫生与公共事务部长因执行（a）和（b）所修订的《1977 年食品券法》第 11 条（i）和（j）有关规定所产生成本的特征和范围。

第 1532 条　食品零售商店和食品批发商行。

（a）《1977 年食品券法》第 12 条（《美国法典》第 7 篇 2021）经修订在结尾增加以下内容：

"（e）（1）如果按照（a）规定被剥夺资格的食品零售商店或食品批发商行被出售、或所有权以其他形式被转让给购买人或受让人，那么出售或以其他方式转让食品零售商店或食品批发商行所有权的人应当缴纳部长规定的民事罚款以便表示其被剥夺资格的周期尚未结束。如果该食品零售商店或食品批发商行被永久剥夺资格，那么所应缴纳的民事罚款应为剥夺 10 年资格所缴纳罚款的 2 倍，罚款数额由部长颁布的规定确定。不管本款所规定的民事罚款是否已经缴纳，（b）所剥夺资格的期限对出售或以其他方式转让食品零售商店或食品批发商行的人持续有效。

"（2）在根据第 14 条（a）最终确定按（1）所做出的民事罚款决定后，农业部长在任何时间都可以要求司法部长在美国的任意一所地方法院对作为罚款主体的人提起民事诉讼，只要此人在该地区被发现、或居住或从事募集罚款的商业活动，则该地区法院就有权对该诉讼进行审理和判决。在此类诉讼中，不应对罚款的合法性和数额进行重新认定。"

（b）《1977 年食品券法》第 9 条（b）（《美国法典》第 7 篇 2018（b））修订如下：

（1）在款标号后插入"（1）"；以及

（2）在结尾增加以下新段落内容：

"（2）（A）按第 12 条（a）规定被剥夺资格的食品零售商店或食品批发商行的购买人或受让人（有信誉的购买人或受让人除外），在部长收到该商店或商行所缴纳的全部罚款之前不能接受或兑换食品券。

"（B）由于此类商店或商行被出售或转让，不能要求购买人或受让人出具第 12 条（d）所规定的保证金。"

第 1533 条　食品券过度发放所产生的债务。

《1977 年食品券法》第 13 条（a）（《美国法典》第 7 篇 2022（a））修订如下：

（1）在款标号之后插入"（1）"；以及

（2）在结尾处增加以下新内容：

"（2）每名成年家庭成员应该对过度发放食品券所造成的债务承担连带责任。"

第 1534 条　对权利主张的收集。

《1977 年食品券法》第 13 条（b）（1）（B）（《美国法典》第 7 篇 2022（b）（1）（B））修订如下：

（1）删除"可以"并插入"应该"；以及

（2）在结尾句号前插入"，除非州机构证明此类方法不具成本效率且得到部长认可"。

第 1535 条　食品券与未就业救济金的交叉。

（a）《1977 年食品券法》第 13 条（《美国法典》第 7 篇 2022）经修订在结尾增加以下新内容：

"（c）（1）本款中使用的用语'未支付的过度发放'指根据（b）（1）所认定的过度发放的、且未按照（b）（1）有关规定获得支付的食品券数额。

"（2）州机构应根据《瓦格纳—佩斯尔法》第 3 条（b）（《美国法典》第 29 篇 49b（b））所提供的信息定期认定，接受州未就业补偿法（包括按照联邦未就业补偿法所签署协议中规定的应支付的数额）所发放补偿款的个人手中是否还有未支付的食品券。

"（3）州机构应对未支付的食品券进行支付：

"（A）通过：

"（ⅰ）按照（2）的规定与个人缔结协议，依照该协议规定，未就业补偿金中一定数额资金将被留存并可以向个人支付；以及

"（ⅱ）向负责执行未就业补偿法的州机构提供该协议的副本；或者

"（B）如果此协议不存在，则由有权限的法庭出具文书、法令、传票或其他类似传唤程序要求将未就业补偿金中的一部分进行留存。

（b）（1）第 1526 条所修订的《1977 年食品券法》第 11 条（e）（《美国法典》第 7 篇 2020（e））在结尾增加以下新内容：

"（24）各州可选择必要程序按照第 13 条（c）的要求从未就业补偿金中获得对未支付食品券的支付款。"

（2）《瓦格纳—佩斯尔法》第 3 条（b）（《美国法典》第 29 篇 49b（b））修订如下：

（A）删除第二次出现的"或"并插入一个逗号；以及

（B）在"该法案"之后插入以下内容："或者因执行《1977 年食品券法》（《美国法典》第 7 篇 2011 及以下）所规定的食品券计划而承担费用的州机构"。

（3）《社会保障法》第 303 条（d）（《美国法典》第 42 篇 503（d））修订如下：

（A）将（2）和（3）重新编号为（3）和（4）；以及

（B）在（1）之后插入以下新内容：

"（2）（A）在执行本项规定时，用语'未就业补偿金'指根据州法律可支付的所有未就业补偿金（包括按照联邦未就业补偿法所缔结合约中规定的可支付数额）。

"（B）因执行州法律而承担费用的州机构：

"（ⅰ）可要求未就业补偿金的新申领人说明其是否持有未支付的过度发放食品券（参照《1977 年食品券法》第 13 条（c）（1）的规定）；

"（ⅱ）可以通知应支付过度发放食品券的州食品券机构，如果申领人按照（ⅰ）规定说明其持

有未支付的过度发放食品券，则可认定此申领人具备领取未就业补偿金的资格；

"（ⅲ）可从未就业补偿金中扣除并留存以下数额资金用于向个人进行支付：

"（Ⅰ）个人向州机构说明的、根据本条款规定应扣除并留存的数额；

"（Ⅱ）根据按《1977 年食品券法》第 13 条（c）（3）（A）规定向州食品券机构所提交协议确定的数额；或者

"（Ⅲ）按照该法案第 13 条（c）（3）（B）的要求以另外方式从未就业补偿金中扣除并留存的数额；以及

"（ⅳ）应当将根据（ⅲ）规定所扣减并留存的数额支付给有关州食品券机构。

"（C）按照（B）（ⅲ）所扣减并留存的资金的处理方式应比照支付给个人的未就业补偿金和个人向州食品券机构支付的未支付食品券补偿金的处理方式进行。

"（D）持有未支付食品券债权的州食品券机构应当向因执行州未就业补偿法而承担费用的州机构提供资金，以补偿此类州监管机构因执行本段规定所产生的管理成本，按照本项规定此类州机构需向食品券机构偿还未支付的过度发放的食品券。"

（c）（1）《1977 年食品券法》第 16 条（a）（《美国法典》第 7 篇 2025（a））第一句附加条件经修订，删除"本法第 13 条（b）（1）"并插入"第 13 条（b）（1）和（c）"。

（2）该法案第 18 条（e）（《美国法典》第 7 篇 2027（e））第一句经修订，删除"本法案第 13 条（b）"并插入"第 13 条（b）和（c）"。

第 1536 条　行政和司法审查。

《1977 年食品券法》第 14 条（a）（《美国法典》第 7 篇 2023（a））最后一句修订如下：

（1）删除"一个申请"并在原处插入"通过申请"；以及

（2）删除"显示出无法弥补的损害"并在原处插入"法庭应考虑对申请人可能造成的有利影响和不可弥补的损害"。

第 1537 条　州机构的责任、质量控制和自动数据处理程序。

（a）从以 1985 年 10 月 1 日为起始日期的财政年度开始生效，在以后的每个财政年度均有效，《1977 年食品券法》第 16 条（d）（《美国法典》第 7 篇 2025）修订如下：

（1）在（2）（A）结尾句号前插入以下内容：

"由于州机构通过使用正确处理过的信息而获得的可支付金额，这些信息来自于联邦部门或机构自动信息交换系统"；以及

（2）在结尾增加以下内容：

"（6）为推动执行（2）和（3）的有关规定，所有州机构都应当尽快向农业部长呈交其每财政年度的工作数据，以便部长能够确定州机构该财年的支出错误率，并根据（2）和（3）规定确定州机构在该财政年度应承担的数额。每个财政年度部长都应当在上个财政年度结束之后的 9 个月内做出决定，并将其决定通知州机构。部长应当按（2）和（3）的规定，每个财政年度通过第 14 条所规定的正式或非正式上诉程序以及行政或司法审核程序向州机构提出主张，在下一财政年度结束之前收取州机构所欠款项。"

（b）《1977 年食品券法》第 11 条（《美国法典》第 7 篇 2020）经修订在结尾处增加以下新内容：

"（o）（1）在与部长设立的州机构咨询小组进行磋商后，并在该小组的协助下，不考虑《联邦咨询委员会法》的有关规定，部长应当开发食品券计划数据处理全面自动化和信息系统计算机化的模型方案。1986 年 10 月 1 日之前应将该方案在《联邦纪事》上予以公布并征询公众意见。部长在参考公众意见之后，应在 1987 年 2 月 1 日之前完成对该方案的开发。该方案应包括以下元素：输入程序、资格认定、救济金计算及审核程序、与联邦和州计划的协作、救济金的发放、调解程序、通知的生成程序和计

划的报告程序等。在开发该方案时，部长应当考虑将各州现有的数据自动处理和信息处理系统与上述系统保持一致。

"（2）在 1987 年 10 月 1 日前，各州机构应当开发并提交部长批准上述方案，使用自动数据处理和信息检索系统在各州对食品券计划进行管理。州方案的开发应参考（1）中提到的部长开发的模型方案，并为方案的各个完成时期设定时间表。如果州机构已有可用的数据自动处理和信息检索系统，那么在征得部长同意后，州方案反映出现有系统即可。

"（3）在 1988 年 4 月 1 日前，部长应当准备并向国会提交各州食品券计划数据处理自动化和信息系统电脑化项目的进展程度及有效性评估报告，其中包括各州按（2）规定所提交的州方案的内容。报告应分析各州为建立效果良好、且有成本效率的数据处理和信息系统而需采取的进一步措施。此后，部长应当定期对该报告内容进行更新。

"（4）如果部长发现此类系统的缺失所造成的问责与诚信问题将会严重影响食品券计划在各州的执行，那么根据部长按（3）规定所提交报告中的调查结果，部长可以要求州机构采取必要措施纠正在管理各州食品券计划过程中已发现的问题，除非此类纠正指令会使本已步入正轨的州计划发生偏离，并要求州机构采取具体步骤实现各州食品券计划管理过程中数据处理系统的自动化和信息系统的电脑化。

"（5）（A）按照（B）的要求，如果州机构按（2）规定向部长提交数据自动处理和信息查询系统方案时，此类州机构应当：

"（i）在 1988 年 10 月 1 日之前开始执行此方案；以及

"（ii）按照方案中制定的时间表行事。

"（B）部长可根据其发现的州机构按（A）有关规定执行此方案时所表现出的诚信，按（A）的规定提出其认为合适的截止时间。"

（c）《1977 年食品券法》第 11 条（g）（《美国法典》第 7 篇 2020（g））修订如下：

（1）在"按本条（d）的规定"之后插入"州机构按本条（o）（2）有关规定提交的有关数据自动化处理的方案"；以及

（2）删除"16（a）和 16（c）"并在原处插入"16（a）、16（c）和 16（g）"。

第 1538 条 质量控制、研究及罚款的延缓偿付期。

（a）（1）（A）农业部长（本条下文中均以"部长"代替）应开展质量控制系统的研究，针对目标是按照《1977 年食品券法》（《美国法典》第 7 篇 2011）所建立的食品券计划。

（B）该研究应当：

（i）分析如何控制此系统的运作才能以最好的方式获得信息，以便州机构改善管理质量；以及

（ii）在留存联邦资金用于州机构过度支付时，保存合理数据。

（2）（A）部长应当与国家科学院联系，并开展独立研究以便执行（1）中有关规定。

（B）在开展此类研究时，部长应当在研究开始及进行期间向国家科学院提供有关数据。

（3）本法案颁布之后 1 年内，部长及国家科学院应当将有关研究成果分别向国会进行汇报。

（b）（1）本法案颁布之后的 6 个月期间（本条下文中以"延缓偿付期"代替），按照《1977 年食品券法》第 16 条（《美国法典》第 7 篇 2025）有关规定，部长不应扣减应向州机构支付的资金。

（2）在延缓支付期内，部长和州机构应当继续：

（A）根据《1977 年食品券法》有关规定运转质量控制系统；以及

（B）根据该法案第 16 条计算错误率。

（c）（1）在本法案颁布之后的 18 个月内，部长应当公布有关以下方面的规定：

（A）在部长认为适当的范围内，参考按（a）开展的研究结果，对《1977 年食品券法》所使用的质量控制系统进行调整；以及

（B）参考按（a）开展的研究结果建立有关标准，在执行质量控制系统调整方案之前调整各季度的

扣减金额，以防质量控制体系调整生效后无法要求对上述季度的扣减金额进行调整。

（2）自本法案颁布之后两年起，部长应当：

（A）开始调整质量控制系统；以及

（B）从以下时间开始减少对州机构的支付：

（i）质量控制调整方案执行之后的各季度；以及

（ii）（1）（B）所规定的该系统执行之前的各季度。

第 1539 条　地理易错文件。

《1977 年食品券法》第 16 条（《美国法典》第 7 篇 2025）经修订在结尾处增加以下新内容：

"（i）（1）农业部可使用本条所规定的质量控制信息来确定哪些项目地区存在支付错误率（参照（d）（1）相关定义），支付错误率会削弱食品券计划的诚信度。

"（2）部长可要求州机构执行新的、或改进的程序来对（1）所指定地区的家庭进行验证，前提是部长认为此类程序有助于提高食品券计划的诚信度和成本效率。

"（3）在《1985 年粮食安全法》颁布之后的 12 个月内，以及之后的每 12 个月，部长应当向众议院农业委员会及参议院农业、营养和林业委员会提交报告，该报告需列出（1）指定的项目地区并对（2）规定要求执行的程序进行说明。

第 1540 条　试点项目。

（a）《1977 年食品券法》第 17 条（b）（1）（《美国法典》第 7 篇 2026（b）（1））经修订删除最后一次出现的"1985 年 12 月 31 日"，并在原处插入"1990 年 10 月 1 日"。

（b）废除《1977 年食品券法》第 17 条（d）。

（c）《1977 年食品券法》第 17 条（《美国法典》第 7 篇 2226）经修订，将（e）和（f）的标号改为（d）和（e）。

第 1541 条　最高授权；扣减救济金的权限。

《1977 年食品券法》第 18 条（《美国法典》第 7 篇 2027）修订如下：

（1）在（a）（1）第一句之后插入以下内容：

"执行本法案规定时，在以 1986 年 9 月 30 日为截止日期的财政年度，获批的拨款不得超过每财年 13 037 000 000 美元；在以 1987 年 9 月 30 日为截止日期的财政年度，不得超过每财政年度13 936 000 000 美元；在以 1988 年 9 月 30 日为截止日期的财政年度，不得超过每财政年度 14 741 000 000 美元；在以 1989 年 9 月 30 日为截止日期的财政年度，不得超过每财政年度 15 435 000 000 美元；在以 1990 年 9 月 30 日为截止日期的财政年度，不得超过每财政年度 15 970 000 000 美元"；以及

（2）删除（b）第二句中的"这里设定的限制"并在原处插入"（a）（1）所批准的适当数额"。

第 1542 条　资金的转账。

（a）《1977 年食品券法》第 18 条（《美国法典》第 7 篇 2027）经修订在结尾增加以下新内容：

"（f）用于执行本法案规定的拨款不得转账给农业部监察办公室和法律顾问办公室。"

（b）本条所修订的内容应于 1986 年 10 月 1 日生效。

第 1543 条　波多黎各地区拨款。

《1977 年食品券法》第 19 条（《美国法典》第 7 篇 2028）修订如下：

（1）删除（a）（1）（A）中的"每财政年度"，并在原处插入"在以 1986 年 9 月 30 日为截止日期的财政年度，在以 1987 年 9 月 30 日为截止日期的财政年度，每财政年度 852 750 000 美元，在以 1988

年 9 月 30 日为截止日期的财政年度，每财政年度 879 750 000 美元，在以 1989 年 9 月 30 日为截止日期的财政年度，每财政年度 908 250 000 美元，在以 1990 年 9 月 30 日为截止日期的财政年度，每财政年度 936 750 000 美元"；

（2）删除（a）（1）（A）中的"非现金"；以及

（3）删除（b）（1）（A）（j）中的"单一机构将"，并在原处插入"机构直接"。

子篇 B　商品分配条款

第 1561 条　第 32 条所规定商品的转让。

1985 年 8 月 24 日批准的《用于修订农业调整法案及其他目的的法》第 32 条（《美国法典》第 7 篇 612c）经修订在结尾处增加以下新内容："根据（2）第二句有关规定接受农业商品或产品的公共或私有非营利性组织可以将该商品或产品转让给其他公共或私有非营利性组织，后者同意在不产生成本和浪费的情况下将此类商品或产品作为营养援助品提供给低收入群体。"

第 1562 条　商品分配计划。

（a）《1973 年农业和消费者保护法》第 4 条（《美国法典》第 7 篇 612c）修订如下：

（1）删除（a）第一句中的"1982、1983、1984、和 1985"并在原处插入"1986、1987、1988、1989 和 1990"；以及

（2）删除（b）中的"年龄在 18 岁以下"并在原处插入"年龄在 18 岁及以下"。

（b）《1973 年农业和消费者保护法》第 5 条（a）（《美国法典》第 7 篇 612c 注释）修订如下：

（1）删除（1）中的"，执行期限不应超过两年的项目，以及"并在原处插入分号；

（2）删除（2）中"从 1982 年到 1985 年"，并在原处插入"从 1986 年到 1990 年"。

（c）《1973 年农业和消费者保护法》第 5 条（《美国法典》第 7 篇 612）经修订在结尾处增加以下新内容：

"（f）每个财政年度，部长都应批准有关在新地点开展该计划的申请，所选地点需位于该计划当前没有完全展开的地区，所需资金应出自该财政年度拨给此项目的拨款，但不能造成已开展计划地区的计划实际参加程度的降低（包括按（g）规定老年人的参加）。

"（g）如果负责执行商品补充粮食计划的地方机构认为，该机构获得的用于执行本条规定的资金数额超出了该计划向妇女、婴儿和儿童提供援助所需的资金数额，那么在得到部长批准后，可允许低收入老年人（由部长认定）参加此类计划。"

（d）不管其他法律规定如何，在按照《1973 年农业和消费者保护法》第 4 条规定执行商品补充粮食计划时，农业部长应自本法案颁布之日起允许州机构按照此计划向低收入老年人分配农业商品并持续以不低于现有数量的方式进行分配。

（e）（1）废除《1983 年临时紧急粮食援助法》（《美国法典》第 7 篇 612）。

（2）《1973 年农业和消费者保护法》第 5 条（a）（《美国法典》第 7 篇 612）（2）经修订删除"拨给州机构的商品数量"并在原处插入"以下数额的总和（A）拨给商品补充粮食计划的数额及（B）部长赠予州和地方机构的额外商品的价值数额，对此类商品的分配可免除费用或信用度"。

第 1563 条　紧急供给组织一定义。

《1983 年临时紧急粮食援助法》第 201A 条（《美国法典》第 7 篇 612c 注释）经修订在（1）结尾分号前插入以下内容："（包括慈善机构、粮食银行、反饥饿中心、赈济处及其他类似公共或私有非营利性合格接收机构的活动和项目）"

第 1564 条　临时紧急粮食援助计划。

《1983 年临时紧急粮食援助法》第 202 条（《美国法典》第 7 篇 612c 注释）经修订在结尾处增加以下新内容：

"（c）除（a）所描述的商品外，在执行本法案时，部长可使用 1935 年 8 月 24 日批准的《用于修订农业调整法及其他目的的法》（《美国法典》第 7 篇 612c）第 32 条第二句（2）中所批准的农业商品和产品。

"（d）本法案所批准提供的商品应包括，但不仅局限于，奶产品、小麦及其制品、大米、蜂蜜及玉米。

"（e）1986 年 4 月 1 日生效，部长应每半年向众议院农业委员会和参议院农业、营养和林业委员会提交报告，报告需阐明本法案批准用于分配的商品种类和数量。"

（b）《1983 年临时紧急粮食援助法》第 212 条修订如下：

"第 212 条　计划的终止。

"除第 207 条以外，本法案应在 1987 年 9 月 30 日终止执行。"

第 1565 条　废除有关粮食安全小麦储备的有关条款。

（a）《1983 年临时紧急粮食援助法》第 202 条（《美国法典》第 7 篇 612c 注释）修订如下：

（1）删除（a）的标号；以及

（2）删除（b）。

（b）《1983 年临时紧急粮食援助法》第 203A 条（《美国法典》第 7 篇 612c 注释）第二句经修订，删除"，但是粮食安全小麦储备中的小麦不可用于支付此类成本"。

第 1566 条　有关商品置换的报告。

《1983 年临时紧急粮食援助法》第 203C 条（a）（《美国法典》第 7 篇 612c 注释）经修订在结尾处增加以下内容："部长应每年向国会提交一份报告，阐明此类置换或替代是否发生以及在何范围内发生"。

第 1567 条　剩余商品向特殊营养计划的分配；加工协议。

（a）《1981 年农业和粮食法》（《美国法典》第 7 篇 1431e）经修订在结尾处增加以下新内容："本条批准的商品应当包括，但不仅局限于，奶产品、小麦及其制品、大米、蜂蜜和玉米。"

（b）《1981 年农业和粮食法》第 1114 条（a）（《美国法典》第 7 篇 1431e）修订如下：

（1）在"（a）"之后插入"（1）"；

（2）在结尾增加以下新内容：

"（2）（A）1987 年 6 月 30 日之后生效，由农业部长执行的营养计划无需费用或信用提供商品时，部长应通过与私营公司签订协议将商品加工成最终粮食产品发放给合格接收机构使用并鼓励对此类商品的消费。加工费用应由此类合格接收机构负责支付。

"（B）私营公司按（A）规定有资格继续与部长签订协议时，需每年按照有关协议与部长和相应州机构清算商品加工相关账户的所有账目。"

（c）废除《1983 年临时紧急粮食援助法》第 203 条（《美国法典》第 7 篇 612c 注释）。

第 1568 条　各州的合作。

（a）《1983 年临时紧急粮食援助法》第 203B 条（b）（《美国法典》第 7 篇 612c 注释）经修订在结

尾增加以下新内容："每个州机构都应鼓励此类商品在农村地区的分配"。

（b）《1983 年临时紧急粮食援助法》第 203B 条（《美国法典》第 7 篇 612c 注释）经修订在结尾增加以下内容：

"（d）按本篇规定接受商品的州机构可以：

"（1）与其他州的州机构签订合作协议联合向紧急供给组织提供此类商品，以便保证各州单一地理区域内粮食匮乏人员的需求；或者

"（2）根据此类协议将此类商品转让给紧急供给组织。"

第 1569 条　资金的批准及相关条款。

（a）《1983 年临时紧急粮食援助法》第 204 条（《美国法典》第 7 篇 612c）修订如下：

（1）将（c）重新编号为（d）；以及

（2）在（b）之后插入以下内容：

"（c）（1）在以 1986 年 9 月 30 日为截止日期到以 1987 年 9 月 30 日为截止日期的财政年度期间，每个财政年度部长需批准向各州拨款 50 000 000 美元用于各州和地区支付紧急供给组织按本卷规定分配商品所产生的成本。每个财政年度根据本段规定所拨出的款项应当预先在各州中进行分配，分配给各州的资金比例应与按本卷规定每财年分配给各州的商品比例相一致。如有州机构未能使用完所有向其分配的资金，则部长应当将未使用完的剩余资金在其他各州之间再次进行分配。

"（2）每个财政年度各州获分配的（1）所拨款项中，应保持至少 20% 的款项可用于支付或预付紧急供给组织向粮食匮乏人员分配商品时所产生的直接费用，但仅限于此类组织出于此类目的所产生的实际费用。本项中用语'直接费用'包括紧急供给组织在收到商品后因运输、存储、搬运及分配所产生的成本；由于资格的认定、核实及证明文件的出据所产生的成本；因公布分配时间和地点所产生的成本；因开展本篇规定的参加此项目所必需的记录保留、审计及其他管理程序所产生的成本。如果州使用州有关资金支付紧急供给组织的直接费用，那么这些费用应当计入本项规定的州需向紧急供给组织提供的直接费用的金额中。

"（3）按本款规定每个财政年度获拨资金的州，应当定期就此类资金的使用情况向部长提交财政报告。除紧急供给组织用于分配商品的直接费用外，州或紧急供给组织不应将此类资金用于其他用途。

"（4）（A）除（B）中有关规定外，1987 年 1 月 1 日生效，为获得接受本款所规定贷款的资格，州应当从非联邦资源中提供现金或实物（根据部长批准的程序对所提供的实物进行确认），其数额等于以下两组数额的差价：

"（ⅰ）接收到的资金数额；以及

"（ⅱ）分配给各州之后又由各州为执行本篇规定而对以下方面进行支付的数额：

"（Ⅰ）支付给紧急供给组织；或者

"（Ⅱ）支付该组织的直接费用。

"（B）（ⅰ）除（ⅱ）规定外，（A）的有关规定应于 1987 年 1 月 1 日开始在各州执行。

"（ⅱ）如果州立法机构没有在 1987 年 1 月 1 日之前召开例会，那么（1）的有关规定应当于 1987 年 10 月 1 日在该州执行。

"（C）按本条规定分配给各州的资金，可以按照各州的要求，根据预计需要的数额，在各州达到（A）规定的匹配条件之前进行分配。部长应当定期对所需数额的预期值和实际值进行调节，并在各州间针对资金不足和资金剩余的情况进行调整。

"（5）各州不可对提供给紧急供给组织的商品收取费用，也不得将本法案规定的匹配条件的成本转加给此类组织。"

第 1570 条　再批准。

《1983 年临时紧急粮食援助法》第 210 条（《美国法典》第 7 篇 612c 注释）修订如下：

（1）在（c）中：

（A）删除"以 1984 年 9 月 30 日为截止日期的财政年度"并在原处插入"自 1983 年 10 月 1 日至 1987 年 9 月 30 日期间"；

（B）删除"在以 1985 年 9 月 30 日为截止日期的财政年度起始日之前"并在原处插入"尽早但不得晚于以 1987 年 9 月 30 日为截止日期的财政年度的起始日"；以及

（C）删除"第二个 12 个月"并在原处插入"该财政年度"；以及

（2）在结尾处插入以下内容：

"（d）部长按本条规定所颁布的法规条款中需包括，为该计划中为商品损失（在没有证据证明存在过失或欺诈的情况下）所承担的责任及为此类损失支付资金的条件所设定的标准。此类条款应考虑到紧急供给组织的特殊需求和情况"。

第 1571 条　报告。

在 1987 年 4 月 1 日之前，农业部长应向国会汇报按《1983 年临时紧急粮食援助法》所开展计划的有关情况。报告应包含以下信息：

（1）该计划所分配商品的数量和类型；

（2）该计划下，接受用于分配商品的州和地区机构的类型；

（3）该计划所服务的人群及其特点；

（4）联邦、州和地区在开展该计划过程中分配商品时所产生的成本（包括运输、储存、冷藏、搬运、分发及管理等成本）；以及

（5）联邦机构根据该计划向州和地区机构提供的资金数额。

子篇 C　营养及杂项规定

第 1581 条　学校午餐试点项目。

（a）本条中用语"具有资格的学区"指自本法案颁布之日起，参加 1980 年 12 月 15 日批准的《为以 1981 年 9 月 30 日为截止日期的财政年度农业、农村发展及相关机构计划拨款的法》第 3 篇标题"儿童营养计划"下的最后一个附加条件中所规定的试点项目的学区。

（b）在以 1987 年 6 月 30 日为截止日期的学年生效，部长应准许具有资格的学区以现金或商品信用证的援助形式，而非以商品的形式，在该学区开展学校午餐计划。

（c）如果按（a）规定具有资格的学区被选中以现金或商品信用证的形式接受援助，部长应以商品的形式向该学区提供奖励商品，数量与向参加学校午餐计划的其他学区提供的奖励商品相同。

第 1582 条　田地拾遗。

（a）国会发现：

（1）粮食银行、赈济处、及其他紧急粮食供应者在帮助粮食匮乏人员寻求粮食援助时不应使美国政府产生成本；

（2）拾遗是由粮食生产者和非盈利性组织建立合作关系，由粮食生产者允许此类组织成员收集未采收的谷物、蔬菜和水果，并将上述物品提供给有关计划，向食品匮乏人员进行分发；

（3）支持向贫困人员提供食物的拾遗活动是犹太基督教的传统，这种传统做法在《利未记》中有所阐述："在收割田地庄稼时，不要收割到田地的边缘，也不要将遗留的作物全部收集走。不要再次巡视你的葡萄园或者将掉落在地上的葡萄捡走。将他们留给穷人和外乡人。"

（4）美国审计总署 1977 年的一份分析报告提出，据估计，在 1974 年的收获季，有价值 5 000 000 000 美元、60 000 000 吨的谷物、蔬菜和水果都没有被收走；

（5）这些被浪费的谷物、蔬菜和水果可以供数百万美国人饮食之用；

（6）很多州和地方政府都制定了"乐善好施者"法律来规定粮食捐赠人的责任并对粮食捐赠提供鼓励措施；以及

（7）全国多个民间、宗教、慈善及其他非营利性组织都开始开展拾遗计划，将上述被浪费的食物收集起来并提供给美国的食物匮乏人员。

（b）国会认为：

（1）允许对其土地进行拾遗的粮食生产者，以及开展拾遗计划并将相关食物作为援助提供给食物匮乏人员的民间、宗教、慈善及其他非营利性组织是值得赞扬的；以及

（2）州和地方政府应当鼓励颁布税收等激励性政策，鼓励允许在其土地上拾遗的粮食生产者、捐赠粮食的运货商，或减免运输拾遗粮食的费用。

第 1583 条　规定的公布。

在 1987 年 4 月 1 日之前，部长应当公布有关执行本篇所修订内容的规定。

第 1584 条　营养教育调查结果。

国会发现有资格参加《1977 年食品券法》相关计划的家庭成员及其他低收入人员，包括农村地区的居民，更应当参加营养和消费者教育，以便他们有效运用手中的食品预算，包括获得的食品援助，来选择和准备能够满足营养需求、并提高饮食质量的食物。

第 1585 条　目的。

第 1584 到 1588 条所规定计划的目的在于将有效的食物、营养和消费者教育服务在可行范围内扩大至更多的低收入人群，包括那些参加或有资格参加《1977 年食品券法》相关计划的人员，以便帮助他们：

（1）提高管理食物预算（包括食品券及其他食品援助）的能力；

（2）使他们增加购买满足营养需要和身体健康的食物；以及

（3）改善他们在食物准备、存储、安全、保存和卫生方面的措施。

第 1586 条　计划。

美国的合作推广机构应当使用按本分篇所拨资金扩大开展针对低收入人群的粮食、营养和消费者教育计划，以便实现第 1585 条所设定的目的。在开展该计划时，合作推广机构可以通过其开展的粮食、营养和消费者教育计划及其他类似活动与其他公共或私有非营利性组织进行协作。在开展该计划时，应鼓励合作推广机构采取以下措施以便履行该计划所赋予的职责：

（1）尽可能向更多的低收入群体提供有效的粮食、营养和消费者教育服务；

（2）采取教育方法，包括创新措施来实现第 1585 条所设定的目标；以及

（3）在可行范围内，按照食品援助计划向低收入群体提供救济金以便对此计划所开展的活动进行协调。

第 1587 条　管理。

（a）第 1586 条所规定的计划应当由农业部长通过推广机构来进行管理，并需与食品和营养局及人类营养信息局进行磋商。部长应确保由推广局来协调按本分篇规定开展的活动及农业部其他机构所正在开展的粮食、营养和消费者教育活动。

（b）农业部长应在 1989 年 4 月 1 日之前向众议院农业委员会和参议院农业、营养和林业委员会汇报对第 1586 节所规定计划的效果评估结果。

第 1588 条 拨款的批准。

（a）为执行第 1584 到 1588 条有关规定，在以 1986 年 9 月 30 日为截止日期的财政年度可拨款 5 000 000 美元；在以 1987 年 9 月 30 日为截止日期的财政年度可拨款 6 000 000 美元；在以 1988 年 9 月 30 日为截止日期到以 1990 年 9 月 30 日为截止日期的财政年度之间，每财年可拨款 8 000 000 美元。

（b）每个财政年度按本条规定所拨出的任何款项均需按照《1977 年全国农业研究、推广和教学政策法》第 1425 条（c）（2）（A）和（B）的有关规定来进行分配。

（c）任何用于执行第 1584 到 1588 条规定的拨款均需用于补充农业部获得的用于农业部及美国合作推广机构执行低收入家庭食物、营养和消费者教育活动的费用。

第 1589 条 营养监测。

农业部长应采取下列措施：

（1）在推动农业部继续调查个人食物摄入情况，在全国范围开展食物消费调查时，应在调查中提供一份能够反映低收入人群情况的代表性样本，并且在切实可行的最大范围内收集有关低收入人群食物购买和其他家庭支出情况的信息；

（2）在切实可行的情况下，继续维护运行农业部建立的营养数据库；以及

（3）鼓励公共和私营实体开展研究，提供有效的标准、方法和技术，准确评估个人营养和饮食情况。

第 XVI 篇 市场营销

子篇 A 1985 年牛肉推销和研究法案

第 1601 条 《牛肉研究和信息法》修正案。

（a）本条可被称之为《1985 年牛肉推销和研究法》。

（b）《牛肉研究和信息法》第 2 至 20 条（《美国法典》第 7 篇 2901 至 2918）修订如下：

"**第 2 条 国会调查结果和政策声明。**

"（a）国会认定：

"（1）牛肉和牛肉制品是一种基本食物，是人类饮食结构中的重要组成部分；

"（2）牛肉和牛肉制品生产活动在美国经济中发挥着重要的作用，数千家牛肉生产商从事牛肉和牛肉制品生产活动，无数加工实体从事牛肉和牛肉制品加工活动，而美国和外国牛肉和牛肉制品消费者人数达到数百万；

"（3）为了保障美国民众能够摄取足够的营养，应及时提供并高效营销牛肉和牛肉制品；

"（4）应维持并拓展现有的牛肉和牛肉制品市场，这对于牛肉生产商、参与牛肉产品销售、使用和生产的法人，以及国家整体经济而言都是至关重要的；

"（5）目前成立诸多州级和国家组织。此类组织开展牛肉推销、研究和消费者教育项目，此类项目的价值对于牛肉和牛肉制品推销和消费活动而言是不可估量的；以及

"（6）牛肉和牛肉制品通过州际和对外贸易渠道流通。当牛肉和牛肉制品未通过上述贸易渠道流通，将直接影响州际牛肉和牛肉制品贸易，或者加重其负担。

"（b）国会特此宣布下列政策，即国会行使授予其的权力，授权制定有序的程序，（通过对美国出售的肉牛，以及进口至美国的活牛、牛肉、牛肉制品收取费用，）资助和实施一个协调统一的推销和研究项目，巩固牛肉行业的地位，并且维持和拓展国内外牛肉和牛肉制品的市场和消费。

"**第 3 条　定义。**

在本法案当中，

"（1）用语'牛肉'指牛身上的肉；

"（2）用语'牛肉制品'指完全或部分利用牛肉制作的可食用产品，但不包括牛奶和牛奶制品；

"（3）用语'董事会'指依据第 5 条（1）相关规定成立的牛场主牛肉推销和研究董事会；

"（4）用语'牛'指不考虑年龄大小的家养牛类动物。

"（5）用语'委员会'指依据第 5 条（4）相关规定成立的'牛肉推销运作委员会'；

"（6）用语'消费者信息'指帮助消费者和其他人在购买、准备和使用牛肉和牛肉制品时进行评估和做出决定的营养数据和其他信息；

"（7）用语'部门'指农业部；

"（8）用语'进口商'指从美国以外的地区进口活牛、牛肉或牛肉制品的任何法人；

"（9）用语'行业信息'指帮助开发新市场、制定销售战略、提高效率的信息和项目，以及提升养牛行业形象的活动；

"（10）用语'命令'指依据第 4 条颁布的牛肉推销和研究命令；

"（11）用语'法人'指任何个人、群体、合伙企业、企业、协会、合作社，或者任何其他实体；

"（12）用语'生产者'指任何拥有或者购买活牛的法人，但如果法人从出售活牛或牛肉中获得的收益源自于销售佣金、手续费或者其他服务费用时，则不得被视为生产者；

"（13）用语'推销'指为了提升牛肉和牛肉制品形象和吸引力而开展的任何活动，其中包括付费广告。此类活动目标非常明确，就是提升牛肉和牛肉制品的市场竞争地位，并且刺激其销路；

"（14）用语'合格州牛肉理事会'指各州法律批准成立或者在各州境内组建运行的牛肉推销实体。此类理事会被董事会承认为所在州的牛肉推销实体，获得自愿捐款，开展推销、研究和消费者信息项目；

"（15）用语'研究'指检测市场开发和推销活动效率的研究，涉及牛肉和牛肉制品营养价值的研究，以及其他相关食物科学研究，和新产品开发；

"（16）用语'部长'指农业部长；

"（17）用语'州'指美国的五十个州；以及

"（18）用语'美国'指各个州和哥伦比亚特区。

"**第 4 条　命令颁布。**

"（a）自本条规定生效之日起，到收到有关颁布牛肉推销和研究命令的建议后第 30 天为止，农业部长应在此期间公布拟议的命令，发布通知，就该拟议的命令征求公众意见。下列组织或个人可以提交上述建议，即满足第 6 条认证规定的任何组织，或者包括农业部长在内的任何相关法人。

"（b）在依据（a）中规定发布通知和征求公众意见之后，农业部长应颁布牛肉推销和研究命令。该命令应在拟议命令公布后 120 天内正式生效。

"**第 5 条　命令中的规定条款。**

"依据第 4 条（b）颁布的命令应包含下列条件和条款：

"（1）命令应规定成立牛场主牛肉推销和研究董事会。董事会成员应为农业部长从下列人选中挑选任命的活牛生产者和进口商，即（A）依据第 6 条进行认证、符合条件的州组织提交的提名人选（如果该州没有符合条件的州组织，则农业部长可规定该州以其他方式提交提名人选）；（B）进口商依据农业部长认定合适的程序提交的候选人。在选举董事会活牛生产者成员的地区代表时，应将每个州视为一个地区单位。当一个州的活牛数量超过 50 万头时，应至少可以向委员会派选一名代表。如果一个州牛只数量少于 50 万头时，则应尽可能切实可行地与牛只数量少于 50 万头的其他州搭配组成一个本法案所规定的地区连续单位。一个地区单位在理事会的代表人数可多于一人。地区单位的活牛数量每多出一百万头，可以有权在理事会多派选一名代表。理事会可建议修订理事会涉及地区代表和活牛数量比例的规定。农业部长在收到此类建议后，可修订有关理事会代表席位数量的规定。对于理事会中的进口商代表人数，农业部长应按照一定比例进行决定，即将进口牛肉和牛肉制品数量转换为等量的活牛，然后按照上述比例规定决定出口商代表人数。

"（2）此命令应明确理事会的权力和职责。董事会在年度会议上行使履行上述权力和职责。所规定的权力包括：

"（A）依据命令的条件和条款执行命令；

"（B）制定规定和规则，实施命令中的条件和条款；

"（C）选举理事会成员担任委员会成员；

"（D）批准或否决委员会提交的预算；

"（E）听取、调查并向农业部长汇报有关违反命令的申诉；以及

"（F）建议农业部长修订命令。

"此外，该命令还应裁定在何种情况下应举行理事会特别会议。

"（3）命令应规定，理事会成员任期为三年，且任何成员任期不得连续超过两届，下列情况除外，即最初任命且任期按照比例分别为一年、两年或三年的成员；董事会成员没有任何报酬，不过可以报销在履行董事会成员职责时产生的合理费用。

"（4）（A）命令应规定董事会选举十名成员担任牛肉推销运作委员会成员。牛肉推销运作委员会由二十名成员组成，其中包括十名董事会成员和十名由联合会选举出生产者。该联合会成员包括合格的州牛肉理事会的成员。此外，农业部长应证明，联合会选举的十名生产者为担任州牛肉理事会董事的生产者。农业部长还应证明，上述董事经过联合会正式选举当选为委员会代表。

"（B）委员会应制定推销和宣传、研究、消费者信息和行业信息计划或项目。董事会通过收取费用来支付上述计划或项目的花销。在制定上述计划或项目时，委员会应采取下列措施：

"（ⅰ）在切实可行的范围内，考虑特定牛肉、牛肉制品和小牛肉之间的相似之处和差异；以及

"（ⅱ）鉴于牛肉行业各个细分领域均赢得消费者认同，应依据本法案规定确保各个细分领域受到公平公正的待遇。

"（C）委员会应负责制定财政年度费用和支出预算，包括可能用于支付宣传和推销、研究、消费者信息和行业信息项目的费用。在制定预算后，委员会应提交给董事会进行审批。董事会应决定是否批准或否决此类预算。如果董事会批准通过预算，应将预算提交农业部长进行审批。

"（D）在任何财政年度，董事会在收取费用和聘请行政人员时产生的费用总额不得超过董事会在该财政年度预计收取的费用总额的 5%。董事会将尽可能地利用现有组织的资源、工作人员和设施。

"（5）命令应规定委员会成员任期为一年，且任何成员任期不得连续超过六届。委员会成员没有报酬，不过可以报销在履行委员会成员职责时产生的合理费用。委员会可以利用董事会和行业组织的资源、人员和设施。行业组织的雇员为委员会工作时没有报酬，不过可以使用董事会收取的费用报销在开展工作时产生的费用。

"（6）命令应规定，为了确保协调并有效使用资金，委员会应与国家非盈利行业管理组织（其中包括（4）中提及的联合会）就执行开展本法案所批准的活动事宜，签订合同或协议，开展推销、研究、消费者信息和行业信息的项目。任何此类合同或协议应规定：

"（A）签订此类合同或协议的法人应制定计划或项目，并提交给委员会。法人还应制定计划或项目的预算，说明计划或项目预计产生的费用；

"（B）一经农业部长批准，该计划或项目开始生效；以及

"（C）签订此类合同或协议的法人应准确记录所有的交易，对资金收支进行报账，定期向委员会提

交有关活动情况的报告，并且提交农业部长、董事会和委员会可能要求的报告。

"（7）命令应规定董事会和委员会采取下列措施：

"（A）保存账簿和记录，在农业部长要求时供其进行检查和审计；

"（B）定期向农业部长准备提交所要求的报告；以及

"（C）对所有资金收支进行报账。

"（8）（A）命令应规定，所有人向生产者购买活牛支付费用时，应依据命令所规定的方式收取一定的费用，并将费用汇款给董事会。董事会应通过合格州牛肉理事会收取此类费用。

"（B）如果不存在相应的合格州牛肉理事会来依据（1）中的规定收取费用，则董事会应负责收取此类费用。

"（C）命令还应规定活牛、牛肉或牛肉制品进口商应依据命令所规定的方式，向董事会支付一定的费用。该费用用于支付（4）中所规定的计划和项目的费用，支付实施本命令所产生的费用，其中包括依据本法案颁布此命令后农业部长产生的管理费用；以及用于建立一定合理的储备金。对于命令所规定的费用稽征率，应按照每头牛征收 1 美元的方式进行征收；如果是进口的牛肉和牛肉制品，则将其换算成等量的活牛后征收费用。如果生产者证明自己参加了合格州牛肉理事会的项目，并且按照每头活牛或者等量的牛肉和牛肉制品向项目缴纳多达 50 美分的费用时，则该生产者可以获得信贷。每个州只得存在一个合格州牛肉理事会。任何个人出售自己养殖的活牛或者生产的牛肉时，应依据本命令规定的方式，通过汇款的方式向董事会支付费用。

"（9）命令应规定，董事会经农业部长批准，可将待支付的款项以及通过征收费用获取的资金进行投资，不过只得用于购买美国或美国机构发行的债券，主要是任何州或州政府分支机构发行的债券；或者存入美联储会员银行有息帐户或者购买此类银行的有息存款单；或者购买美国完全确保本金和利息安全的债券。

"（10）命令还应禁止下列行为，即利用董事会依据本命令收取的资金影响政府行动或者政策，不过针对本命令提出修订建议的行为除外。

"（11）命令应规定所有人在向生产者、直接向消费者出售自家养殖生产的牛肉的法人，和活牛、牛肉和牛肉制品进口商支付费用时，应遵循命令，保存账簿和记录供检查，并且依据命令所规定的方式提交规定内容的报告。此类信息应提供给农业部长，方便部长执行或实施本法案、命令或者依据本法案颁布的任何法规。此外，农业部长应批准使用下列信息，即依据除本法案或依据本法案颁布的法规之外的法案或法律收集的，涉及向生产者支付费用的人员的信息。

"农业部的官员和雇员应对上述获取的信息保密。农业部官员和雇员只能在下列诉讼或行政听证会中公布农业部长认定为相关的信息，即经农业部长要求而发起的诉讼或举行的行政听证会，或者牵扯农业部长或任何美国政府官员，并且涉及本命令的诉讼或行政听证会。本项的内容不得被视为禁止下列措施：

"（A）依据受命令所约束的法人提交的报告或者从法人处搜集的数据，编写发布概述，不过前提是此类概述不会透露信息提供者的身份；或者

"（B）在农业部长的指示下，公布违反本命令的人员姓名，以及具体违反本命令哪项条款。

"将本命令所批准获取的信息提供美国任何机构或官员时，只得用于达成下列目的，即实施本命令或为了而实施本命令而开展调查或执法行动。任何人违反本项的相关规定，将被处以不超过 1 000 美元的罚款，或者不超过一年的监禁，或者上述两者处罚相结合。如果董事会或农业部官员或雇员违反上述规定，将被撤销职务。

"（12）本命令所规定的条件和条款应与本法案的规定保持一致，并且确保本命令的规定得以执行。

"**第 6 条　组织提名资格认证。**

"（a）农业部长应认证任何州立组织有否有资格代表生产者，参与第 5 条（a）所说明的提名活动。

当农业部长裁定州立组织达到（b）中所规定的资格标准时，应对该组织进行认证。此外，农业部长对州立组织资格的裁定结果应为终局性。

"（b）州活牛协会或州立多种经营农场组织达到下列所有资格标准时，则可以依据（a）中的规定进行认证：

"（1）协会或组织的付费会员主要是由养牛主组成，或者能够代表所在州的绝大多数养牛主。

"（2）协会或组织代表所在州相当数量的养牛主，且这些养牛主拥有相当数量的牛只。

"（3）协会或组织一直稳定不变。

"（4）协会或组织的主要目标或主旨是促进养牛主的经济利益。

"（c）在认证州活牛协会或州立多种经营农场组织时，应依据协会或组织提供的事实报告开展认证工作。

"（d）如果一个州（或者第5条（a）中提到的地区单位）有超过一家州立组织获得认证，则此类组织可召开会议，决定该州（或者地区单位）涉及第5条（1）所说明的提名问题。

"第7条 公投规定。

"（a）为了确定是否应继续执行最初发布的命令，农业部长应在命令发布后22个月之内（或者董事会所建议的更早的日期），在下列人员当中开展公投活动，即农业部长所认定具有代表性的时期内从事养牛或进口活动的人员。如果农业部长裁定，大部分在具有代表性的时期内从事养牛活动的生产者投票支持，则应继续执行本命令。如果参与公投的大部分人员反对继续执行命令，则农业部长应在裁定大部分投票者反对继续执行命令后6个月内，终止征收本命令所规定的费用，并且尽快有条不紊地终止本命令。

"（b）在初始公投结束之后，如果由10%或以上的养牛主组成的代表团体提出申请，农业部长可再次举行公投，以此裁定养牛主是否支持终止或暂停执行命令。如果农业部长裁定，大部分在具有代表性的时期内从事养牛活动的生产者在公投中投票支持终止或暂停执行命令，则农业部长应在下达裁定后6个月内终止或暂停征收本命令所规定的费用，并且尽快有条不紊地终止或暂停执行本命令。

"（c）董事会应利用所征收的费用报销农业部开展公投活动所产生的费用，但其中不包括政府雇员的工资。依据本条规定开展的公投应在部长规定的日期举行。生产者应证明他们在具有代表性的时期从事养牛活动，并且在公投当天应被允许参与公投进行投票。每次公投活动应在郡推广办公室举行。此外，当生产者提出申请，可以通过邮寄选票的方式进行缺席投票。

"第8条 退款。

"（a）在依据公投结果批准继续执行命令之前的一段时期内，董事会应依据（f）的规定，采取下列措施：

"（1）建立托管帐户，用于退还收取的费用；

"（2）依据（a）中的规定将资金存入此类帐户当中；以及

"（3）依据本条的相关规定将收取的费用退还给各人。

"（b）董事会应依据（f）中的相关规定，将依据第7条相关规定在（a）中所提到的时期内征收的部分费用，存入托管帐户当中。存入的金额为下列两个数额的乘积结果：

"（1）依据第7条规定在上述所说明的时期内征收的费用总金额；乘以

"（2）取下列两个数值中较大的一个：

"（A）董事会所决定的、由州立牛肉推销、研究和消费者信息项目（此类项目由生产者缴纳的费用进行资助）退还给生产者的费用平均率；或者

"（B）15%。

"（c）尽管本子篇存在其他的规定，依据（d）、（e）和（f）中的规定，任何符合下列情况的个人有

权要求董事会一次性退还其在（a）所说明的时期内缴纳的所有费用：

"（1）负责支付上述费用；以及

"（2）不支持依据本法案所设立的项目。

"（d）在提出上述要求时，应在董事会规定的时期内，依据规定提交申请表格。

"（e）生产者、法人或进口商向董事会提交令人满意的证据证明他们符合下列条件时，则董事会应进行退款：

"（1）缴纳了要求退还的款项；以及

"（2）没有向其他生产者、法人或者进口商收取此类费用。

"（f）（1）如果依据（a）规定建立的托管帐户中的资金不足以满足所有符合条件人员的退款要求，与此同时依据第 10 条（a）开展的公投结果同意继续执行命令，则董事会应采取下列措施：

"（A）继续从依据第 5 条收取的费用中，提取（b）中所规定数额的资金，将其存入上述托管帐户中，直到委员会有能力履行（B）的规定；以及

"（B）向所有符合条件的人员全额退还所要求的金额。

"（2）如果依据（a）中规定建立的托管帐户中的资金不足以支付所有符合条件人员的退款要求，而依据第 10 条（a）开展的公投结果不再继续执行命令，则董事会应按比例向所有符合条件人员进行退款。

"第 9 条　执法。

"（a）如果农业部长认为，为了落实执行本法案或命令，应采取一定措施，则农业部长在举行记录在案的行政听证会后，可以采取下列措施：

"（1）颁布命令，制止或阻止法人违反命令；

"（2）向违反此类命令的行为处以不高于 5 000 美元的民事罚款。

"（b）美国地区法院被授予管辖权，执行依据本法案制定或颁布的命令或法规，或者制止或阻止法人违反命令。

"（c）对于依据本条相关规定提起的民事诉讼，应交由司法部长妥善进行处理。

"第 10 条　调查；传讯、宣誓作证的权力；法院援助。

"农业部长可在必要时开展调查，确保能够有效地实施本法案，或者裁定受本法案所约束的法人是否已经开展或将开展以下活动，即构成或将构成违反本法案、命令，或者任何依据本法案颁布的规定或法规的活动。在开展此类调查时，农业部长可进行宣誓作证，传讯证人，强制要求证人作证，进行取证，要求证人提供任何与调查相关的记录。农业部长可在美国境内任何地方要求证人作证或提供记录。如果任何法人抗命不从或者拒绝接受传讯，农业部长可向下列地区的法院寻求帮助，要求该法人出席作证或者提供相关记录，即法院管辖权涵盖正在开展的调查或诉讼，或者上述法人所居住或营业的地区。法院可下令要求此类法人向农业部长提交涉及调查事宜的记录或者进行相关的作证。如果有法人未能遵守法院命令，法院可以藐视法庭罪对此进行惩罚。此类案件的诉讼程序应在上述法人所居住或可以找到该法人的司法管辖区展开。

"第 11 条　行政规定。

"（a）本法案中任何规定不得被解释为取代或代替其他符合下列情况的项目，即依据美国或各州法律组建运行的牛肉推销项目。

"（b）本法案中适用于命令的规定应同样适用于命令的修正案。

"第 12 条　授权拨款。

"现授权批准拨出必要数额的款项用于实施本法案。此类拨款不得用于支付董事会或委员会在执行

依据本法案第 4 条（b）规定颁布的命令时产生的费用。"

（c）本条进行的修订内容应于 1986 年 1 月 1 日开始生效。

子篇 B　猪肉推销、研究和消费者信息

第 1611 条　短标题。

本子篇可被称之为《1985 年猪肉推销、研究和消费者信息法》。

第 1612 条　调查结果和目标声明。

（a）国会认定：

（1）猪肉和猪肉制品是基本食物，是人类饮食结构中的重要和健康的组成部分；

（2）鉴于下列原因，猪肉和猪肉制品的生产在美国经济中发挥着重要的作用：

（A）包括诸多中小型生产商在内的数千家生产商生产猪肉和猪肉制品；以及

（B）美国每天猪肉和猪肉制品消费者人数达到数百万；

（3）为了保障美国民众能够摄取足够的营养，应及时提供并高效营销猪肉和猪肉制品；

（4）应维持并拓展现有的猪肉和猪肉制品市场，并且开发新的市场，这是因为猪肉和猪肉对于猪肉生产商、参与猪肉产品销售、使用和生产的人员，以及国家整体经济而言至关重要；

（5）猪肉和猪肉制品通过州际贸易和对外贸易进行流通；

（6）当猪肉和猪肉制品未通过上述贸易渠道进行流通，将直接影响州际猪肉和猪肉制品贸易，或者加重其负担；以及

（7）近年来，越来越多低价的进口猪肉通过正常贸易渠道进入美国市场，并取代了国产的猪肉和猪肉制品。

（b）（1）本子篇旨在授权制定有序的程序，通过征收费用来资助和实施一个高效协调的推销、研究和消费者信息项目，从而达成下列目标：

（A）巩固猪肉行业的市场地位；以及

（B）维持、开发并拓展国内外猪肉和猪肉制品的市场。

（2）联邦政府不承担执行程序和开展项目所产生的费用。

（3）本子篇的规定不得被解释为：

（A）允许或要求针对猪肉或猪肉制品制定质量标准；

（B）规定控制猪肉或猪肉制品的生产；或者

（C）限制个体养猪户生产猪肉和猪肉制品。

第 1613 条　定义。

在本子篇当中：

（1）用语"董事会"指依据第 1619 条规定成立的国家猪肉董事会。

（2）用语"消费者信息"指旨在增加民众对猪肉或猪肉制品营养价值的了解，包括猪肉或猪肉制品在平衡、健康的饮食当中发挥的作用。

（3）用语"代表机构"指依据第 1617 条相关规定成立的国家猪肉生产内代表机构。

（4）用语"进口"指进入美国关境内，或者从仓库收回供美国关境内的消费。

（5）用语"进口商"指将猪类动物、猪肉和猪肉制品进口至美国境内的法人。

（6）用语"命令"指依据第 1614 条颁布的猪肉和猪肉制品推销、研究和消费者信息命令。

（7）用语"法人"指个人、群体、合伙企业、企业、协会、合作社，或者任何其他实体。

（8）用语"猪类动物"指饲养用于下列用途的猪：

（A）饲养成架子猪；

（B）饲养成种猪；或者

（C）用于屠宰。

（9）用语"猪肉"指猪类动物的肉。

（10）用语"猪肉制品"指部分或全部利用猪肉制作或加工的产品。

（11）用语"养猪者"指在美国饲养用于销售目的的猪类动物的法人。

（12）用语"推销"指为了在公众中树立猪类动物、猪肉和猪肉制品良好形象而开展的任何活动，其中包括付费广告。此类活动旨在提升猪类动物、猪肉和猪肉制品的竞争地位，并且刺激其销路。

（13）用语"研究"指：

（A）旨在促进、拓展或提升猪类动物、猪肉或猪肉制品形象、吸引力、营养价值、使用、市场销路、生产或质量的研究；或者

（B）向法人公布此类研究成果。

（14）用语"部长"指农业部长。

（15）用语"州"指美国 50 个州。

（16）用语"州协会"指：

（A）一个州内的符合下列条件的猪肉生产者协会：

（ⅰ）依据所在州的法律组建运行；以及

（ⅱ）所在州行政长官承认能够代表该州猪肉生产者；或者

（B）如果此类组织在本子篇规定生效之日并未存在，则为符合下列条件的组织，即代表不超过 50 位猪肉生产者的组织，且上述生产者每年的猪类动物销售总量（以磅为计量单位进行计算）不少于该州总量的 10%。

（17）用语"营销"指进行买卖，销售或者处置猪类动物、猪肉或猪肉制品。

第 1614 条　猪肉和猪肉制品命令。

（a）为了落实本子篇的规定，部长应依据本子篇的相关规定，针对适用于符合下列情况的法人颁布命令，并且定期对此类命令进行修订：

（1）在美国境内进行猪类动物、猪肉和猪肉制品生产和销售活动；以及

（2）向美国进口猪类动物、猪肉或猪肉制品。

（b）部长可颁布必要的法规来落实本子篇的规定。

第 1615 条　通告和听证会。

自本子篇规定生效之日起，到部长收到任何受到本子篇规定影响的法人提交的初始命令的建议后 30 天，部长在上述时期内应采取下列措施：

（1）发布此类拟议的命令；以及

（2）就此类拟议命令发布通告，并且征求公众意见。

第 1616 条　裁定和颁布命令。

（a）部长如果认定颁布命令以及命令中的条款有助于落实本子篇的规定，则在依据第 1615 条规定发布通告并征求公众意见之后，应颁布命令。

（b）每次生效运行的命令数量不能超过一项。

（c）命令在发布之后 90 天内开始生效。

（d）命令应包括第 1617 至 1620 条所规定的条件和条款。此外，除非第 1621 条进行规定，否则命令中不得包含其他条件和条款。

第 1617 条 国家猪肉生产者代表机构。

（a）本命令应规定部长在本命令生效后 60 天内，成立国家猪肉生产者代表机构。

（b）（1）代表机构由下列人员组成：

（A）农业部长依据（2）中的规定，从按照下列方式提交的提名者中任命的生产者：

（i）对于首次成立的代表机构，每个州依据第 1618 条指定提名的人员。

（ii）对于之后的代表机构，则每个州协会依据符合下列条件的程序进行提名然后提交人选名单：

（Ⅰ）部长所批准的；

（Ⅱ）提前一个月在一家报纸或者所在州的报纸，以及猪肉生产和农业贸易出版物上刊登进行公告。

（Ⅲ）允许依据第 1620 条规定缴纳费用并且没有依据第 1624 条规定要求退款的所有生产者全面公平地参与提名程序。

或者依据第 1618 条规定选择提名人选。

（iii）如果一个州的州协会没有提交提名人选名单，或者该州没有州协会，则该州应依据部长规定的方式提交提名人选名单；以及

（B）部长依据（3）中相关规定任命的进口商。

（2）每个州应至少有两名人选被任命为代表机构成员。其他的成员名额应按照下列方式进行分配：

（A）成员分配份额将下列方式分配给每个州：

（i）在 1986 年日历年度，每个州每销售农场市值为 400 000 美元的猪类动物将获得一个份额（部长依据该年度前三年的平均农场市值确定 1986 年的市值），并且计算该年度的市值应取近似值至整数 400 000 美元；以及

（ii）在之后的每个日历年度里，各个州第 1620 条（a）（1）所说明的法人每缴纳 1 000 美元的费用（减去第 1624 条所说明的退款），将获得一个份额，并且计算费用时应取近似值至整数 1 000 美元。

（B）如果在一个日历年度，一个州的份额数量为下列情况：

（i）少于 301 个份额时，则该州应获得两名生产者成员的名额；

（ii）多于 300 个份额，但少于 601 个份额，则该州应获得三名生产者成员的名额；

（iii）多于 600 个份额，但少于 1 000 个份额，则该州应获得四名生产者成员的名额；以及

（iv）超过 1 000 个份额，则该州应获得四个生产者成员的名额；此外，对于超出 1 000 个份额，则每 300 个份额将获得一个额外的成员名额。

（3）应依据下列方式确定代表机构进口商成员名额：

（A）应依据下列方式向进口商分配份额：

（i）在 1986 年日历年度，每销售市值为 575 000 美元的猪类动物、猪肉或猪肉制品将获得一个份额（农业部长依据前三年的上述进口商品的平均值决定该年度的市值），且计算市值取近似值至整数 575 000 美元。

（ii）在之后的每个日历年度里，每缴纳 1 000 美元的费用（减去第 1624 条所说明的退款），将获得一个份额，并且计算费用取近似值至整数 1 000 美元。

（B）代表机构进口商成员数量应等于下列数额相加的结果：

（i）开始的 1 000 个份额将获得三个名额；和

（ii）对于超出部分，每 300 个份额将增加一名成员名额。在计算超出的份额时取近似值至整数 300。

（c）（1）生产者成员出席参加代表机构的投票活动时，能够投出的票数等于下列两个数字相除的结果：

（A）成员所在州的份额总数；除以

（B）该州生产者成员的数量。

（2）出口商成员出席参加代表机构的投票活动时，能够投出的票数等于下列两个数字相除的结果：

（A）分配给进口商的份额总数；除以

（B）进口商成员数量。

（3）当与会代表机构成员有权投出的票数（应算入选票的分数值）达过多数时，则成员人数构成法定人数。

（4）如果出席会议的成员数量达到法定人数，且投票数量（应算入选票的分数值）超过多数，则可以要求代表机构就动议或选举问题进行投票。

（d）代表机构成员任期为一年，不过如果该成员任期结束后，尚未依据（b）（1）规定任命成员的继任者，则在此期间该成员将继续任职。

（e）（1）在首次年度会议上，代表机构应进行投票选举一位主席。获得多数票的人选将当选主席。

（2）在之后的每个年度会议上，董事会主席将担任代表机构主席一职。

（f）代表机构成员任职期间没有报酬，不过董事会可利用依据第 1620 条相关规定收取的费用来报销成员履行职责时产生的交通费用。

（g）（1）代表机构应依据下列方式提名选举董事会成员：

（A）采取下列提名方式：

（ⅰ）在第一年选举董事会成员时，提名人数不少于 23 人；以及

（ⅱ）之后董事会每个空缺职位将提名不少于 $1\frac{1}{2}$ 个成员（取近似值）；

（B）将人选名单提交给部长。

（2）代表机构每年将举行会议提名董事会成员人选。

（3）代表机构与会人数超过多数时，可投票提名董事会成员人选。

（h）代表机构应负责履行下列职责：

（1）就下列问题提供建议，即初始命令所规定的费用征收比例，以及依据第 1620 条（5）相关规定提高费用征收的比例；以及

（2）确定每个州协会依据第 1620 条（c）（1）的规定从所在该州征收的费用中获取的金额比例。

第 1618 条　选择代表机构成员。

（a）（1）在本命令生效后 30 天内，部长应呼吁各州提名代表机构生产者成员的候选人。

（2）每个州协会可提名居住在该州的生产者为候选人。

（3）（A）如果一个州 100 名生产者或者该州 5％的猪肉生产者（取两者中数值较小的一个）联署提交书面呈请书，则居住在该州的其他生产者亦可被提名为候选人。农业部长应制定并公布涉及提交呈请书的时机和地点的规定。

（b）（1）在收到依据（a）所规定的提名候选人名单后，并且不晚于本命令生效后 45 天，部长应呼吁每个州选举首届代表机构生产者成员。

（2）只有是居住在一个州的生产者方有资格参加该州举行的选举活动。

（3）（A）部长通过下列方式发布选举公告：

（ⅰ）提前一周，在报纸或所在州报纸，或者猪肉生产和农业贸易出版物上进行刊登；以及

（ⅱ）部长认定为合理的其他方式。

（B）公告将说明投票时间和地点，以及部长认为必要的其他信息。

（4）每个州依据第 1617 条（b）（2）（B）规定的人数提名代表机构生产成员。

（5）各个州获得票数最高的生产者将获得提名，成为该州在代表机构的成员的候选人。

（c）（1）除非（3）中另有规定，否则在首届代表机构生产者成员选举完毕之后，董事会应在部长的帮助下，依据（a）（3）和（b）的相关规定，负责之后所有的代表机构生产者成员提名和选举事务。

（2）董事会应负责确定何时举行（1）中所说明的选举。

（3）法人必须符合下列条件，方有资格参加所在州的选举活动：

（A）是居住在该州的生产者；

（B）缴纳了第 1620 条所规定的所有应付费用；以及

（C）未依据第 1624 条规定要求退还缴纳的费用。

（d）（1）在代表机构任何一名生产者成员任期结束之前，董事会应任命成立一个提名委员会。该委员会成员为居住在该生产者成员所代表的州的生产者。

（2）上述委员会将提名所在州的生产者为候选人，参加选举，竞选空缺出的成员职位。

（3）居住在该州的其他生产者可依据（a）（3）的规定获得提名，竞选空缺出的成员职位。

第 1619 条　国家猪肉董事会。

（a）（1）命令应规定部长成立任命由 15 人组成的国家猪肉董事会。

（2）董事会由生产者代表和进口商代表组成，其中生产者代表人数应至少能够代表 12 个州，而进口商代表由部长从依据第 1617 条（g）相关规定提交的候选人名单挑选任命。

（3）董事会成员任期为 3 年，且不能超过连续两个 3 年的任期，但下列情况除外，即在第一次任命董事会成员时，尽可能将成员任期错开，且将成员等量分为三种类别，任期分为 1 年、2 年和 3 年；此外，董事会成员任期结束后，如果尚未依据（b）（1）规定任命成员的继任者，则在此期间该成员将继续任职。

（4）董事会将投票选举董事长。得票超过多数的人选将当选董事长。

（5）（A）当出席董事会会议的会员人数超过多数时，则视为达到法定人数。

（B）当出席会议的会员人数达到法定人数，而赞成票达到多数时，则可以通过动议或者决定举行选举。

（6）董事会成员任期期间没有任何报酬，不过董事会可通过依据第 1620 条相关规定征收的费用，报销会员履行职责时产生的费用。

（b）（1）董事会应履行下列职责：

（A）在董事会或其他法人的倡议下，制定有关推销、研究和消费者信息计划和项目的建议；

（B）提交上述计划和项目供部长审阅批准；

（C）依据本命令和本篇的相关规定实施本命令；

（D）制定必要的规定来实施命令；

（E）听取、调查并向部长汇报涉及揭发违反命令行为的投诉；

（F）建议部长对此类命令进行修订；以及

（G）雇佣职员并且处理日常事务。

（2）董事会应编制预算并提交供部长审阅批准。预算内容包括董事会每个财政年度在实施命令时预期产生的费用和支出，其中包括下列预期成本：

（A）董事会直接开展，或者通过协议或合同开展的推销、研究或消费者信息计划或项目；以及

（B）州协会负责的、且依据第 1620 条（c）（1）相关规定获得资助的预算、计划或项目。

（3）（1）或（2）中提到的计划、项目或预算获得部长批准后方可生效。

（4）（A）董事会经部长批准，可与法人就下列事宜签订合同或协议：

（ⅰ）开展命令所批准的活动；以及

（ⅱ）利用依据命令征收的费用支付开展上述活动所产生的费用。

（B）此类合同或协议应规定：

（ⅰ）签约方应起草制定计划或项目以及预算并提交给董事会。预算内容包括此类计划或项目预计产生的成本。

（ⅱ）此类计划或项目经部长批准后开始生效；以及

（ⅲ）签约方应履行下列职责：

（Ⅰ）准确记录其所有相关的交易事项；

（Ⅱ）定期向董事会汇报下列情况：

（aa）签约方开展的相关活动；以及

（bb）此类合同资金收支情况；以及

（Ⅲ）提交部长或董事会可能要求的其他此类报告。

第 1620 条　费用征收。

（a）（1）命令应规定，在命令依据第 1616 条（c）规定生效后 30 天内，相关的法人应依据命令所规定缴纳费用。在董事会成立之时，托管的费用应交由董事会管理。除非（3）另有规定，否则下列法人应按照下列方式缴纳费用：

（A）生产者应为每头符合下列情况的猪类动物缴纳费用：即第 1613 条（8）（A）或（C）所说明，在美国境内养殖的，且用于出售或屠宰出售的猪类动物；

（B）生产者应为每头符合下列情况的猪类动物缴纳费用，即第 1613 条（8）（B）所说明的、进行出售的猪类动物；以及

（C）进口商应为进口至美国境内的猪类动物、猪肉或猪肉制品缴纳费用。

（2）当董事会依据第 1619 条规定获得任命时，上述征收的费用应汇寄给董事会。不过在此之前，此类费用应汇寄给部长，而部长在收到费用后应依据（c）中的规定分配此类费用。不过在董事会依据第 1619 条规定获得任命之前，部长将保留下列法人汇寄给董事会的费用：

（A）对于（1）（A）所说明的情况，为该小项所说明的猪类动物的购买者；

（B）对于（1）（B）所说明的情况，为该小项所说明的猪类动物的生产者；以及

（C）对于（1）（C）所说明的情况，为该小项所说明的进口商。

（3）如果法人能够向董事会证明，其他法人之前依据（1）中的规定缴纳了涉及猪类动物（第 1613 条（8）（A）、（B）和（C）所说明的种类）、猪肉或猪肉制品的费用，则该法人无须再为此类猪类动物、猪肉或猪肉制品缴纳费用。

（b）（1）除非（2）中另有规定，否则初始命令所规定的费用稽征率应等于下列两个数值中较小的一个：

（A）猪类动物、猪肉或猪肉制品市值的 0.25%；或者

（B）部长依据代表机构的建议制定的数值。

（2）除非（3）中另有规定，否则当代表机构进行建议时，可增加稽征率，但每年增加的比率不得超过 0.1%。

（3）除非出现下列情况，否则费用稽征率不得超过猪类动物、猪肉或猪肉制品市值的 0.50%：

（A）在依据第 1622 条（a）规定进行首次公投后，代表机构建议将稽征率提高到 0.50% 以上；以及

（B）依据第 1622 条（b）规定的公投批准提高稽征率。

（4）（A）在对进口至美国境内的猪肉或猪肉制品征收费用时，应将猪肉或猪肉制品换算成等值的活猪（应为生产猪肉或猪肉制品时所采用活猪各类），再依据活猪费用稽征率征收费用。

（B）部长如果认定对某种进口猪肉或猪肉制品征收费用的作法不是切实可行，则可以放弃对其进行征收费用。

（c）董事会应依据下列方式分配和使用依据本条规定征收的费用：

（1）（A）每个州协会获得的资金等于产品额乘以：

（ⅰ）（a）（1）（A）和（B）中所说明的法人为该州生产的猪类动物缴纳的费用总额减去上述法人依据第 1624 条相关规定获得的该州退款份额（具体金额依据（4）进行确定）；乘以

（ⅱ）由代表机构规定的、适用于此类州协会的百分比，不过在任何情况下该数字不得低于16.5％，或者

（B）对于在1984年7月1日至1985年6月30日期间开展猪肉推销项目的州协会，如果提供的资金金额高于（A）中规定的数额，则应按照下列方式计算该协会获得的资金数额，即假设应依据当时生效的稽征率针对出产于1984年7月1日至1985年6月30日猪类动物征收费用（按规定应对此类动物征收费用，但在本法案通过后每年无须就其进行退款），并且所在州应依据当时生效的退款率向（2）（A）中所说明的理事会，以及其他参与猪肉推销、研究和消费者信息活动的国家实体退还款项；在上述假定的情况下依据该州1984年7月1日至1985年6月30日期间存在的猪肉推销项目所征收的费用数额。

（C）州协会应将此类资金及通过投资此类资金所获得的收益用于下列用途：

（ⅰ）资助推销、研究和消费者信息计划和项目；以及

（ⅱ）支付与上述计划和项目相关的行政费用。

（2）（A）国家猪肉生产者理事会是一家在爱荷华州组建的非盈利社团，属于《1954年国内税收法典》第501条（c）（3）所说明的类型的社团。该理事会获得的经费在下列不同时期分别为：

（ⅰ）自依据（a）（1）规定征收费用第一天起，直到依据第1619条规定任命董事会的第二个月的一天为止，在此期间获得经费为美国境内内征收的费用总额的37.5％。

（ⅱ）自此之后直到依据1622条规定举行公投期间，获得经费为征收的费用总额的35％，

（ⅲ）在公投结束后12个月内，获得经费为征收费用总额的25％，以及

（ⅳ）之后不再提供经费，除非理事会依据第1619或1620条规定获得董事会提供的资金，每次提供经费数额应依据（ⅰ）、（ⅱ）和（ⅲ）的规定进行确定，且不得高于理事会依据（4）规定所获得退款份额。

（B）理事会应将此类经费及通过投资此类经费所获得的收益用于下列用途：

（ⅰ）资助推销、研究和消费者信息计划和项目，以及

（ⅱ）支付与上述计划和项目相关的行政费用。

（3）（A）在依据（1）和（2）规定分配经费后，剩余的经费应交由董事会管理。

（B）董事会应将此类经费及通过投资此类资金所获得的收益用于下列用途：

（ⅰ）依据本子篇的相关规定资助推销、研究和消费者信息计划和项目；

（ⅱ）支付部长所批准的，涉及董事会行政、维护和运转事务的费用；

（ⅲ）用于建立合理的资金储备，以便未来征收的费用遭到削减时能够继续有效开展推销、研究和消费者信息项目；以及

（ⅳ）支付部长执行本篇规定时产生的行政费用，其中包括依据本篇规定开展公投时产生的任何费用。

（4）（A）每个州所获得的退款份额应等于下列计算公式得出的乘积结果，即该州生产者收到的退款总额乘以（1）（A）（ⅱ）中规定的、适用于该州的百分比。

（B）国家猪肉生产者理事会获得退款份额应按照下列计算公式进行计算：（分配理事会的费用百分比）×（（所有生产者收到的退款总额）－（所有州依据第（A）段规定获得的退款总额）＋进口商收到的退款总额）。

（d）在利用依据本子篇征收的费用开展推销活动时，不得出现下列行为：

（1）就猪肉或猪肉制品发表虚假或误导性的声明；或者

（2）针对竞争产品发表虚假或误导性的声明。

（e）本条批准征收的费用不得用于影响《1954年国内税收法典》第4911条（d）和（e）（2）所规定的立法活动。

（f）董事会应采取下列措施：

（1）保存账簿和记录，定期准备并向部长提交报告，说明交付与董事会或州协会管理的资金的收支情况；以及

（2）在每个财政年度年末向部长提交一份完整的审计报告。

（g）董事会经部长同意，可以将通过征收费用所获取的资金，以及计划或项目待付款项进行投资，不过只得用于下列投资渠道：

（1）购买美国、州或州政府分支机构发行的债券；

（2）存入美联储会员银行有息帐户或者购买此类银行的有息存款单；或者

（3）购买美国完全确保本金和利息的债券。

第 1621 条　非约束性条款。

（a）如果理事会提出建议，并且获得部长的批准，则命令可包含下列一项或多项条款：

（1）所有出口商，以及向生产者购买猪类动物用于商业用途的法人应采取下列措施：

（A）保存和提供命令所规定要求的账簿和记录供检查；以及

（B）在命令规定的时间内，依据规定的方式提交报告，并且报告必须包括命令所规定的内容，其中包括所在州针对购买的猪类动物提供的产地证明文件，或者进口猪类产品、猪肉或猪肉制品原产地证明文件。

（2）符合下列情况的条件和条款：

（A）伴随本子篇所规定的条款产生的、但又与此类条款相矛盾的附带条件和条款；以及

（B）用于落实命令其他条款的必要条件和条款。

（b）（1）为了落实、实施和执行本子篇或命令的规定，应向部长和董事会提供（a）（1）所提到的相应的必要信息。

（2）（A）除非（B）和（C）中另有规定，否则农业部或董事会官员或雇员应对依据（a）（1）获得的信息保密。

（B）此类信息只能在下列情况下方可公开：

（ⅰ）在符合下列情况的诉讼或行政听证会中，法官或官员下令要求提供或获取此类信息：

（Ⅰ）在农业部长要求或指示下，发起或举行的诉讼或行政听证会；或者

（Ⅱ）诉讼或行政听证会牵扯农业部长或任何美国政府官员；以及

（ⅱ）部长认定此类信息与诉讼或听证会相关。

（C）本条的内容不得被视为禁止下列措施：

（ⅰ）依据受命令所约束的法人提交的报告或者从法人处搜集的数据，编写发布概述，不过前提是此类概述不会透露信息提供者的身份；或者

（ⅱ）在农业部长的指示下，公布违反命令的法人姓名，以及具体违反命令哪项条款。

（c）任何法人故意违反（a）（1）或（b）的相关规定，一旦被定罪，将接受下列形式的惩罚：

（1）被处以不超过 1 000 美元的罚款，或者不超过一年的监禁，或者上述两者处罚相结合；以及

（2）如果董事会或农业部官员或雇员违反上述规定，将被撤销职务。

第 1622 条　公投。

（a）在命令颁布至少 24 个月之后，到命令颁布 30 个月之前，为了确定是否应在上述所说明的期间内继续执行命令，部长应在下列法人中间开展公投活动，即在部长认定具有代表性的时期内从事猪肉生产或进口活动的生产者或进口商。

（b）（1）如果部长裁定，参加公投的多数生产者和进口商投票进行支持，则应继续执行此类命令。

（2）如果参加公投的多数生产者和进口商不支持继续执行命令，则部长应采取下列措施：

（A）在终止执行命令之日起 6 个月内终止征收命令所规定的费用；以及

（B）尽快有条不紊地终止执行命令。

（c）对于部长依据本条或者第 1623 条规定开展公投而产生的费用，应利用董事会征收的费用进行报销。

（d）公投应遵循命令所规定的方式展开。

（e）为了修订初始命令，应依据本条相关规定举行公投活动。

第 1623 条　暂停和终止执行命令。

（a）如果部长在依据第 1622 条（a）规定举行初步公投后，裁定命令或命令中的某项条款妨碍或未落实本子篇所说明的政策，则部长应终止或者暂停实施此类命令或条款。

（b）（1）（A）除非（2）中另有规定，否则在依据第 1622 条（a）规定举行初始公投之后，如果至少有 15％的生产者和进口商提出申请，部长应再次举行公投，以此裁定生产者和进口商是否支持终止或暂停执行命令。

（B）部长依据下列不同的情况视情采取措施：

（ⅰ）如果部长裁定多数参加公投的生产者和进口商投票支持终止或暂停执行命令，则应在裁定后 6 个月内终止或暂停征收命令所规定的费用；并且

（ⅱ）尽快有条不紊地终止执行本命令。

（2）（1）中条款不得规定部长在两年的时间内开展超过一次的公投活动，但这不适用于依据第 1622 条规定开展的公投活动。

（c）在本子篇的规定范畴内，不得将有关终止或暂停执行命令或命令条款的规定视为一项命令。

第 1624 条　退款。

（a）尽管本篇存在其他的规定，当依据第 1622 条（a）所规定的公投的结果批准继续执行命令之前，任何符合下列条件的法人有权要求董事会退还依据第 1620 条规定所缴纳的费用：

（1）负责缴纳此类费用；以及

（2）不支持本子篇所规定的项目。

（b）法人在提出退款要求时，应依据规定提交申请表格，期限为董事会规定且获得部长批准的时间内，但不得晚于缴纳费用当月结束后 30 天。

（c）生产者、法人或进口商向董事会提交令人满意的证据证明他们符合下列条件时，则董事会应在收到退款申请后 30 天内进行退款：

（1）缴纳了要求退还的款项；以及

（2）没有向其他生产者、法人或者进口收取此类费用。

第 1625 条　陈情书和复审。

（a）（1）受命令所约束的法人可向部长提交涉及下列内容的陈情书：

（A）指出此类命令、命令中的某项条款或者此类命令所规定的义务不符合法律规定；并且

（B）要求修订此类命令或者免受此类命令的约束。

（2）当法人提交陈情书时，应依据部长所颁布的规定，就此举行听证会。

（3）在听证会结束后，部长应裁定是否同意或驳回陈情书。

（b）（1）如果法人在收到裁定通知后 20 天内就裁定结果进行申诉，则法人居住或者营业的所在地区的美国地区法院将有权复审裁定结果。

（2）当需要向部长送达相关的诉讼文件时，可以向部长递交一份陈情书的复印件。

（3）如果法院裁定部长的裁定结果不合法，则法院应将诉讼发回给部长进行重审，并做出如下指示：

（A）做出法院认定为合法的裁决；或者

（B）依据法律规定进一步开展诉讼。

第 1626 条 执法。

（a）（1）美国地区法院应具有专门的管辖权，执行依据本子篇颁布的命令、规章或制度，或者制止或阻止法人违反此类命令、规章或制度。

（2）对于依据本款相关规定提起的民事诉讼，应交由司法部长妥善进行处理；不过在下列情况下，部长无须将违法行为交由司法部长处理，即部长认为只需向违反命令或规章制度的法人进行书面通知或警告，或者依据（b）提起行政诉讼，就足以执行落实本子篇的规定。

（b）（1）（A）如果法人故意违反部长依据本子篇规定颁布的命令、规章或制度，部长将按照下列方式对其进行罚款：

（i）每次违反命令或规章制度，部长将处以不超过 1 000 美元的民事罚款；以及

（ii）如果故意不交纳、收取或汇寄命令所规定的费用，将额外进行罚款，金额等于上述费用的数额。

（B）每次违反命令或规章制度将被视为一次违法行为。

（C）部长可颁布命令要求法人停止和终止违反命令或规章制度，以此补充或取代上述民事诉讼。

（D）除非部长已通知法人，并且为其提供机会就其违法行为举行记录在案的听证会，否则不得对其进行罚款或者下达终止令。

（E）部长依据本项规定颁布的命令为终局和决定性，除非法人在收到通知后 30 天内，针对上述命令向相应的美国上诉法院进行上诉。

（2）（A）当部长依据（1）中的规定针对法人下达命令时，法人可通过下列方式，请求其居住或营业所在的巡回区的上诉法院，或者美国哥伦比亚特区巡回区上诉法院重审上述命令：

（i）在部长下达命令后 30 天内向上诉法院提交上诉通知书；以及

（ii）同时通过挂号信向部长寄送一件上诉通知书的复印件。

（B）部长应及时向相关上诉法院提交一份经过认证的诉状复印件，证明当事人被裁定违反命令或规章制度。

（C）只有存在实质性证据不支持部长的裁定时，方可撤销这一裁定。

（3）（A）当部长依据（1）中的规定下达依法有效的终止命令，并且提供举行听证会的机会，如果法人仍不遵守命令，则部长应针对法人的每次违法行为处以不超过 500 美元的罚款。

（B）法人未能遵守终止令期间的每一天被视为违法一次。

（4）（A）当部长依据本款规定对法人依法进行民事罚款时，如果法人未能交纳罚款，则部长应将此事宜将由司法部长处理，通过美国相应的地区法院征收罚款。

（B）在开展此类诉讼时，不得复审部长下达的民事罚款命令是否依法有效或者妥当。

（c）（a）和（b）所说明的救济措施应当进行补充，而不是排除其他可能提供的救济措施。

第 1627 条 调查。

（a）部长可开展必要的调查，确保：

（1）本子篇的规定得到有效的实施；或者

（2）裁定受本法案所制约的法人是否已经开展或将开展以下活动，即构成或将构成违反本法案、命令，或者任何依据本法案颁布的规定或法规的活动。

（b）（1）在开展此类调查时，农业部长可进行宣誓作证，传讯证人，强制要求证人作证，进行取证，要求提供任何与调查相关的记录。

（2）农业部长可在美国境内任何地方要求证人作证或提供记录。

（c）（1）如果任何法人抗命不从或者拒绝接受传讯，农业部长可向下列法院寻求帮助，要求该法人出席作证或者提供相关记录：法院管辖权涵盖正在开展的调查或诉讼，或者上述法人所居住或营业的地区。

（2）法院可下令要求相关法人向农业部长提交涉及调查事宜的记录或者进行相关的作证。

（3）如果该法人未能遵守法院命令，法院可以藐视法庭罪对此进行惩罚。

（4）此类案件的诉讼程序应在上述法人所居住或可以找到该法人的司法管辖区展开。

第 1628 条　优先权。

（a）本子篇旨在管理下列事务：

（1）涉及猪肉和猪肉制品的推销和消费者教育活动；以及

（2）向猪肉生产者收取费用用于资助上述活动。

（b）如果涉及此类活动的法规旨在对本子篇进行补充，或者与本子篇存在差异，则不得由各州负责制定实施。此类法规不包括涉及公共卫生事务的法规或规定，或者涉及各个州或者地区资助上述活动的规定。

（c）本条的规定适用于下列时期，即自开始收取第 1620 条所规定的费用之日起，到依据第 1622 条（a）（3）或第 1622 条（b）（1）（B）相关规定停止收取费用之日为止。

第 1629 条　行政规定。

本子篇的条款如果适用于命令，则同样适用于命令的修正案。

第 1630 条　授权拨款。

（a）现授权批准拨款必要数额的款项，供部长用于实施本子篇。此类拨款由董事会依据第 1620 条（c）（3）（B）（iv）规定进行报销。

（b）拨款用于实施本子篇的款项不得用于支付董事会执行命令时产生的费用或支出。

第 1631 条　生效日期。

本子篇于 1986 年 1 月 1 日开始生效。

子篇 C　《西瓜研究和推销法》

第 1641 条　短标题。

本子篇可称之为《西瓜研究和推销法》。

第 1642 条　调查结果和政策声明。

（a）国会认为：

（1）美国人均西瓜消费量近几年稳步下降；

（2）西瓜是美国诸多农民的重要经济作物，并且对消费者而言，它是一种实惠、味美和健康的食物；

（3）1981 年美国西瓜总产量将近 2 607 600 000 磅，总产值达到 158 923 000 美元；

（4）西瓜通过州际贸易渠道进行流通。当西瓜未通过上述贸易渠道流通，将直接影响州际贸易；

（5）应维持并拓展现有市场，开发新的西瓜市场，并且推动西瓜的消费，这对于西瓜种植户、参与西瓜产品销售、使用和生产活动的法人，以及国家整体经济而言至关重要；以及

（6）应设立并执行必要的、协调一致的研究、开发、宣传和推销项目，维持并拓展现有的市场，开

发新的西瓜市场，并且推动西瓜的消费。

（b）国会因此宣布下列政策，即国会行使授予其的权力，授权制定有序的程序，制定、（通过对美国出产、用于商业用途的西瓜收取费用）资助和实施一个高效、连续和协调统一的研究、开发、宣传和推销项目，巩固西瓜的市场竞争地位，建立、维持并拓展美国产西瓜的国内外市场。本子篇旨在授权制定此类程序，以及制定、资助和实施此类项目。本子篇中的任何规定不得被解释为制定质量标准，或者规定控制产量，或者限制个体种植户种植西瓜。

第 1643 条　定义。

在本子篇中，

（1）用语"部长"指农业部长；

（2）用语"法人"指任何个人、群体、合伙企业、企业、协会、合作社，或者任何其他实体；

（3）用语"西瓜"指美国本土 48 个州的生产者种植生产的各种西瓜。

（4）用语"经销商"指依据本子篇相关规定颁布的计划或法规所说明的方式，开展西瓜经销活动的任何法人（不包括负责运输其他法人拥有的西瓜的公共或合同承运人）；

（5）用语"生产者"指参与西瓜种植活动并种植面积达到或超过 5 英亩的任何法人；

（6）用语"推销"指董事会为了在公众中树立宣传西瓜产品良好形象而开展的所有活动，其中包括但不限于付费广告。此类活动旨在巩固西瓜产品在市场中的竞争地位，并且刺激西瓜的销路；以及

（7）用语"董事会"指第 1644 条所规定的国家西瓜推销董事会。

第 1644 条　颁布计划。

为了贯彻执行本子篇的限定政策，部长应依据本子篇的规定，颁布并定期修订（适用于西瓜生产商和经销商的）命令，授权依据本子篇规定对西瓜征收费用，以及利用征收的资金支付依据本子篇开展的西瓜研究、开发、宣传和推销活动的费用。在本子篇中，部长依据本子篇相关规定颁布的命令简称之为"计划"。此类计划应适用于在美国本土 48 个州生产的西瓜。

第 1645 条　通知与听证会。

（a）当西瓜生产者和经销商向部长提交充分的证据，或者部长有理由相信应出台一项计划贯彻执行本子篇中的既定政策，则部长应就拟议的计划及时发布通知，并提供举行听证会的机会。西瓜生产者或经销商，或者包括部长在内的其他任何相关法人可申请要求举行听证会，不过提出申请的同时应提交一份拟议的计划。

（b）部长依据本条（a）中相关规定发布公告并举行听证会之后，如果依据听证会提供的证据裁定并在计划中指出，出台的计划和计划中的条款有助于贯彻执行本子篇的既定政策，则部长应颁布该计划。

第 1646 条　法规。

部长可颁布必要的法规，执行本子篇中的规定，并且行使本子篇授予部长的权力。

第 1647 条　计划中的规定条款。

（a）依据本子篇颁布的计划应包括本条中所说明的条款和规定。

（b）计划应规定要求部长成立国家西瓜推销董事会，并规定董事会的权力和职责，其中包括下列权力：

（1）依据计划的条款和条件实施计划；

（2）制定法规，落实计划的各项条款；

（3）听取、调查并向部长汇报针对违反计划行为的投诉；以及

（4）就计划修订事宜向部长提出建议。

（c）计划应规定，董事会由生产者和经销商代表以及一名公众代表组成。部长从依据本款规定提交的候选人名单中挑选任命该名公众代表。生产者和经销商应提名同等人数的生产者代表和经销商代表；公众代表则应由董事会生产者和经销商代表提名。在提名代表时，应遵循部长所规定的方式。如果生产者和经销商未能挑选董事会成员候选人，则部长可以依据计划规定的代表人数比例任命董事会成员。如果董事会未能提名公众代表，则部长可以挑选任命该名公众代表。

（d）计划应规定，所有董事会成员任职期间没有任何报酬，不过可以报销履行董事会成员职责时产生的合理费用。

（e）计划应规定，董事会应编制预算并提交供部长审阅批准。预算内容包括董事会每个财政年度在实施计划时预期产生的费用和支出，其中包括研究、开发、宣传和推销活动可能产生的费用。

（f）计划应规定，部长依据董事会针对费用稽征率提出的合理建议，确定董事会征收费用数额，用于支付（e）和第 1648 条（f）所规定的预算下产生的成本。

（g）本计划应规定：

（1）董事会征收的费用应用于支付西瓜研究、开发、宣传或推销活动，以及农业部长所批准的董事会行政、维护和运行费用，其中包括农业部依据本子篇规定开展的公投或行政活动所产生的费用；

（2）依据本分卷开展的宣传或推销项目不得提及私人品牌，或者就西瓜或西瓜制品进行虚假或无根据的宣传，或者就竞争产品的属性或消费发布无根据的声明；

（3）董事会征收的费用不得用于影响政府政策或行动，不过（b）（4）和（f）规定的情况除外；以及

（4）应针对生产者生产的西瓜和经销商经销的西瓜收取费用。在对生产和经销商征收费用时，单位稽征率是相同的。如果法人同时生产和经销西瓜，则应同时缴纳上述两份费用。

（h）计划应规定，尽管本篇存在其他的规定，任何西瓜生产者或经销商虽然缴纳了上述费用，但不支持本子篇所规定的研究、开发、宣传和推销项目，则有权要求董事会退还缴纳的费用。法人在提出退款要求时，应依据规定提交申请表格，期限应为董事会规定且获得部长批准的时间内（不得少于 90 天）。生产者或经销商依据相关法规，向董事会提交令人满意的证据证明缴纳了要求退还的款项时，则董事会应在收到退款申请后 60 天内进行退款。

（i）计划应规定，董事会应依据（e）、（f）和（g）的相关规定，制定任何研究、开发、宣传或推销项目或计划，并提交供部长审批。此类项目或计划应得到部长的批准方能生效。

（j）计划应授予董事会权力，在征得部长同意的情况下，能够签订合同或者协议，制定和实施研究、开发、宣传或推销项目或计划，并且利用依据本子篇相关规定征收的费用支付此类项目或计划产生的费用。

（k）计划应规定，董事会应履行下列职责：（1）保存账簿和记录；（2）定期准备并向部长提交报告，说明交付与董事会或州协会管理的资金的收支情况；以及（3）在每个财政年度年末向部长提交一份完整的审计报告。

第 1648 条　非约束性条款。

（a）依据本子篇规定颁布的计划可包括本条所说明的一项或多项条款或规定，但不得包含其他的条款或规定，除非第 1647 条另有规定。

（b）计划可规定，非食用西瓜无须受计划的规定所约束。此外，计划可规定董事会有权制定令人满意的防护措施，防止上述豁免条款被不正当使用。

（c）计划可规定，鉴于各个产区采用不同的营销手段和方式，应依据具体情况安排各个产区经销商缴纳和申报第 1647 和 1649 条所规定的费用的时间。

（d）计划可规定设立、公布、实施和管理涉及西瓜宣传和其他推销活动的项目或计划，以及提供用于上项活动的必要费用。任何此类项目或计划应着眼于扩大民众对西瓜的需求；在开展推销活动时应遵循第 1647 条（g）的相关规定。

（e）计划可规定要求启动和开展研究和开发项目，并且研究，鼓励、拓展或推动西瓜营销和消费活动。此外，计划还可规定要求为此类项目和研究提供必要的经费。

（f）计划可授权利用依据本子篇规定征收的费用建立资金储备，以便未来西瓜产量和征收费用收入减少时，能够继续高效、协调一致地开展研究、开发、宣传和推销项目，不过储备资金总额不得超过两年的预算总额。

（g）计划可规定，经部长同意，依据本篇规定征收的费用可用于开发和拓展西瓜在海外市场销路。

（h）本计划可包含下列条件和条款，即伴随本子篇所规定的条款产生的、但又与此类条款的相矛盾、并且用于落实计划其他条款的必要条件和条款。

第 1649 条　费用征收程序。

（a）依据第 1647 条（f）的规定，每位经销商应缴纳计划所规定的费用。经销商应负责向董事会缴纳此类费用。经销商应向生产者收取针对西瓜征收的费用，或者从向生产者支付的款项中扣除此类费用。经销商应遵循董事会的指示，将生产者缴纳的费用汇寄给董事会。经销商在经销西瓜时，应保存涉及每位西瓜生产者相关情况的记录。此类记录应说明经销商在计划实施期间经销的西瓜总量，免征费用的西瓜的经销总量，以及董事会可能规定要求的其他信息。为了方便征收和缴纳费用，董事会可将经销商分为不同类别，以此承认各个州或地区采取不同的营销作法或程序。经销商和生产者缴纳的费用数额相同。针对同一西瓜产品，只能对生产者或经销商征收一次费用。

（b）经销商依据（a）相关规定缴纳费用时，应保存并提供计划所规定的账簿和记录供部长检查，并且在计划所规定的时间，依据规定的方式提交包含计划规定内容的报告，确保董事会和部长能够获取相关或必要的信息或数据，来实施、管理或执行本子篇的相关规定或者依据本子篇规定颁布的任何计划或规定。

（c）农业部或董事会官员或雇员应对依据（a）相关规定获取的信息进行保密。官员或雇员只能在下列诉讼或行政听证会上公布部长认定为相关的信息：（ⅰ）在部长要求或指示下，发起或举行的诉讼或行政听证会；（ⅱ）诉讼或行政听证会牵扯农业部长或任何一位美国政府官员，并且涉及到计划，而待公布的信息是专门为此计划提供或搜集的。本款的内容不得被视为禁止下列措施：

（1）在受计划约束的经销商提交的报告的基础上，编写发布概述，不过前提是此类概述不会透露信息提供者的身份；或者

（2）当任何法人违反计划时，在农业部长的指示下，公布其姓名以及具体违反计划哪项条款。任何上述官员或雇员故意违反本款的相关规定，将被处以不超过 1 000 美元的罚款，或者不超过一年的监禁，或者上述两种处罚相结合，并且将被撤销职务。

第 1650 条　陈情书和复审。

（a）受计划约束的任何法人可向部长提交陈情书，指出此类计划、计划中的任何条款或者此类计划所规定的义务不符合法律规定，并且要求修订此类计划或者免受此类计划的约束。当法人提交陈情书时，应依据部长所颁布的规定，为其提供机会，就此问题举行听证会。在听证会结束后，部长应就陈情书做出裁定。如果裁定结果符合法律规定，则应为终局性。

（b）如果法人在部长下达裁定后 20 天内，就裁定结果进行申诉，则该法人居住或者主要营业所在地区的美国地区法院将有权复审裁定结果。当需要向部长送达相关的诉讼文件时，可以向部长递交一份陈情书复印件。如果法院裁定部长的裁定结果不合法，则法院应将诉讼发回给部长进行重审，并指示部长（1）做出法院认定为合法的裁决，或者（2）依据法律规定，进一步开展诉讼。当依据（a）提起的

诉讼出现未决的情况，不得因此阻碍或拖延美国政府或部长依据第 1851 条（a）的规定获得救济。

第 1651 条　执法。

（a）美国数家地区法院有权专门执行依据本子篇颁布的任何计划或规定，或者制止或阻止任何法人违反此类计划或规定。对于依据本款相关规定提起的民事诉讼，应交由司法部长妥善进行处理；不过在下列情况下，本子篇的规定不得被解释为要求部长将违法行为交由司法部长处理，即部长认为只需依据（b）向违法的法人提起行政诉讼，或者进行书面通知或警告，就足以执行落实本子篇的规定。

（b）（1）任何法人如果故意违反部长依据本子篇规定颁布的计划或规定中的条款，或者未能或故意不交纳、收取或汇寄命令所规定的费用，则该法人每次违反计划或规定时，部长将对其处以不少于 500 美元，但不超过 5 000 美元的民事罚款。每次违反计划或规定的行为应被视为一次独立的违法行为。部长可颁布命令，要求上述法人停止和终止违反上述计划或规定，以此对上述民事诉讼进行补充或取代。除非部长已通知上述法人，并且为其提供机会就其违法行为举行记录在案的听证会，否则不得对其进行罚款或者下达终止令。部长下达的罚款命令或终止令应为终局和决定性，除非上述法人针对部长下达的命令向相应的美国上诉法院进行上诉。

（2）当法人被认定违反计划或规定，而部长依据（1）的规定针对法人下达罚款命令或终止令时，法人可在部长下达命令后 30 天内向上诉法院提交上诉通知书，并且同时通过挂号信向部长寄送一份上诉通知书的复印件，请求其居住或营业所在的巡回区的上诉法院，或者美国哥伦比亚特区巡回区上诉法院重审上述命令。部长应及时向相关上诉法院提交一份经过认证的诉状复印件，证明法人被裁定违反计划或规定。当存在实质性证据不支持部长的裁定时，方可撤销这一裁定。

（3）当部长下达的终止令为终局性且不可上诉，或者相关的上诉法院做出支持部长的裁定时，如果有法人未能遵守终止令，则部长在依据（1）和（2）所说明的程序举行听证会并且进行司法重审之后，应对法人进行民事罚款，每次违法行为将处以不高于 500 美元的罚款。法人未能遵守终止令期间的每一天被视为违法一次。

（4）当部长下达的罚款命令为终局性且不可上诉，或者相关的上诉法院做出支持部长的裁定，如果法人未能交纳罚款，则部长应将此事宜将由司法部长处理，通过美国相应的地区法院征收罚款。在开展此类诉讼时，不得复审部长下达的民事罚款命令是否依法有效或者适当。

第 1652 条　调查和传讯权。

（a）部长可开展必要的调查，有效地实履行本子篇所规定的职责，或者裁定经销商或者任何其他法人是否已经开展或将开展以下行为，即构成或将构成违反本子篇或者任何依据本子篇颁布的计划或规定条款的行为。在开展此类调查时，农业部长可开展宣誓作证工作，传讯证人，强制要求证人作证，进行取证，要求提供任何与调查相关的账目、文件和文档。部长可在美国境内任何地方要求证人作证或提供记录。如果任何法人抗命不从或者拒绝接受传讯，部长可向下列法院寻求帮助，要求该法人出席作证或者提供相关账目、文件和文档：法院管辖权涵盖正在开展的调查或诉讼，或者上述法人所居住或营业的地区的法院。法院可下令要求相关法人出庭，向部长提交涉及调查事宜的记录或者作证。如果法人未能遵守法院命令，法院可以藐视法庭罪对此进行惩罚。此类案件的诉讼程序应在上述法人所居住或可以找到该法人的司法管辖区展开。依据本款的规定举行听证会时，应将地点选择在经销商或其他法人居住或者主要营业所在的司法地区。

（b）当部长提出要求或发出传票，或者针对违反本子篇或依据本子篇颁布的计划或法规的行为开展刑事或其他类型的案件或诉讼时，任何法人不得以提供的书面或者其他形式的证词或证据可能自证其罪，或者导致本人被罚款或财产被没收为理由，拒绝出庭作证，或者提供账目、文件或文档。如果法人在援引不被强迫自证其罪的特权后，被强制作证或者提供书面或者其他形式的证据，则不得依据法人提供的交易、事项或者事宜信息，对其进行起诉或处罚，或者没收其财产。不过法人在作证时作伪证，将面临起诉和处罚。

第 1653 条　公投规定。

部长将在符合下列情况的生产者和经销商中间开展公投，确定经销商或生产者是否同意或赞同颁布计划：即第 1643 条（5）和第 1648 条（b）所约束的、在部长认定在具有代表性的时期内从事西瓜种植或经销活动的生产者和经销商。公投活动应在郡推广办公室举行。依据本子篇规定颁布的计划不得生效，除非部长裁定参加公投的生产者和经销商有不少于 2/3 的人员同意或赞同该计划，或者多数的生产者和多数的经销商投票赞同或同意该计划，并且此类生产者和经销商在具有代表性的时期内生产和经销的西瓜不少于参加公投的所有生产者和经销商在此期间种植和经销的西瓜总量的 2/3。应对符合下列情况的选票和其他信息或报告进行保密，不得向外公开：透露或可能透露任何生产者或经销商投票情况，或者其种植或经销西瓜的数量。当农业部长官员或雇员违反本规定，将依据本子篇第 1649 条（c）的相关规定对其进行处罚。

第 1654 条　暂停和终止执行计划。

（a）当部长裁定计划或计划中的任何条款妨碍或无助于落实本子篇中的既定政策，则部长应终止或者暂停实施计划或相关条款。

（b）如果董事会或者 10％或以上具有资格投票的西瓜生产者和经销商提出申请，部长可在任何时候举行公投，以此裁定生产者和经销商是否支持终止或暂停执行计划。当部长裁定参与公投的多数人支持终止或暂停执行计划，且投赞同票的人员种植和经销的西瓜超过参加公投的所有生产者和经销商生产和经销的西瓜总量的一半，则部长应在销售年度年底终止或暂停执行计划。此类公投活动应在郡推广办公室举行。

第 1655 条　修正案程序。

本子篇中适用于计划的规定同样适用于计划的修订案。

第 1656 条　条款独立性原则。

如果本子篇的任何规定或该规定对某人或某情形的适用被认定无效，本子篇其他规定及此类规定对其他人或其他情形的适用不得因此受影响。

第 1657 条　授权拨款。

现授权批准拨款必要数额的款项，用于实施本子篇的规定，不过此类拨款不得用于支付董事会在实施本子篇授权颁布的计划的任何规定时产生的费用或支出。

子篇 D　销售命令

第 1661 条　针对违反命令的行为的最高处罚。

（a）依据《1937 年农产品销售协议法》的相关规定，《农业调整法》进行了重新修订。《农业调整法》第 8c 条（14）（《美国法典》第 7 篇 608c（14））现进行修订，删除"500 美元"，并在此处插入"5 000 美元"。

（b）（a）进行的修订不得适用于《农业调整法》第 8c 条（14）所说明的、在本法案生效实施之前发生的违法行为。

第 1662 条　限制有关终止销售命令的权限。

（a）依据《1937 年农产品销售协议法》的相关规定，《农业调整法案》进行了重新修订。《农业调整法案》第 8c 条（16）（《美国法典》第 7 篇 608c（16））修订如下：

（1）在（A）中：

（A）删除"部长"，并插入"（i）除非（ii）中做出其他规定，否则部长"；

（B）在结尾处增加下列的内容：

"（ii）对于依据本条相关规定针对未设立联邦价格补贴项目的商品颁布的命令，部长不得进行终止，除非部长在终止命令时至少提前 60 天，就拟议的终止命令事宜通知参议院农业、营养和林业委员会和众议院农业部长，并说明终止命令的理由。"

（2）在（c）中，删除"终止"，并在此处插入"除非本款就终止依据本条规定颁布的命令事宜另有规定，否则应终止"。

（b）在下列情况下，农业部长不得终止任何依据《农业调整法案》第 8c 条（16）（《美国法典》第 7 篇 608c（16））相关规定颁布的命令：即此类终止命令的规定在 1986 年 1 月 16 日之前生效。

第 1663 条　信息保密规定。

依据《1937 年农产品销售协议法》的相关规定，《农业调整法》进行了重新修订。《农业调整法》第 8d 条（2）（《美国法典》第 7 篇 608d（2））修订如下：

（1）在第一句"依据本条规定"后面插入以下内容：""以及下列用于销售命令项目的信息，即被分类为商业秘密和商业或金融信息，且依据《美国法典》第 5 篇第 552 条相关规定，无须遵循该篇第 552 条（b）（4）的规定进行披露，"；

（2）在第一句后面插入下列内容："尽管存在前一段的规定，对于涉及牛奶销售协议或者适用于牛奶产品的命令的信息，如果征得信息所涉及的牛奶经销商的同意，可公布此类信息。部长在依法公布有关参与此类销售协议或命令的生产者姓名和住址的信息时，应提前 10 个立法日向参议院农业、营养和林业委员会和众议院农业委员会进行通报，并且在通报进行应包括一份声明，说明部长决定公布上述姓名和地址的理由。"

第 1671 条　谷物标准。

《美国谷物标准法》第 4 条（《美国法典》第 7 篇 76）进行修订，在最后增加下列内容：

"（c）如果任何国家的政府要求将湿度作为评定谷物正式等级的一项标准，则在评定出口至该国家的谷物正式等级时，应纳入此项标准。"

第 1672 条　新的谷物分类标准。

（a）农业部长应指示联邦谷物检查服务局和农业研究局合作，制定新的谷物分类标准。在制定标准时，除了谷物肉眼可观测、明显的特征以外，还应考虑其他特征。

（b）部长应每半年向众议院农业委员会和参议院农业、营养和林业委员会汇报依据（a）合作开展的工作的情况，即如何更准确地对当前消费的小麦和其他谷物进行分类。部长第一次进行汇报的时间应不迟于 1985 年 12 月 31 日。

第 1673 条　谷物标准研究。

（a）（1）技术评估办公室应就美国谷物出口质量标准和谷物装卸作法进行研究。

（2）技术评估办公室在开展此类研究时应：

（A）与农业部长进行协商；以及

（B）遵循《1972 年技术评估法》第 3 条（d）（《美国法典》第 2 篇 472（d））的相关规定。

（b）在开展此类研究时，技术评估办公室应：

（1）评估美国由于谷物质量标准和装卸作法而非价格问题，在国际谷物市场面临的竞争问题；

（2）确定美国谷物质量标准和装卸作法在多大程度上导致美国谷物出口近期的下滑；以及

（3）针对下列问题进行比较分析：

（A）美国和主要谷物出口竞争对手的谷物质量标准和作法；

（B）美国和主要谷物出口竞争对手的谷物装卸技术；

（4）评估当美国出口谷物谷仓应遵循下列规定时，美国出口谷物销路、谷物出口成本和农民收入将受到何种影响：

（A）对于从谷物中清除出的任何成份的杂物或外来物（包括但不限于灰尘或各种颗粒），如果任何一种谷物有可能从美国出口，则不得上述杂物或外来物混入此类有可能出口的谷物当中；

（B）如果在任何可能出口的谷物中掺入任何成份的异物或外来物，将导致谷物的等级或质量下降，或者导致谷物容易腐烂，则不得在此类谷物中掺入异物或外来物；以及

（C）如果两种谷物的湿度差额超过 1%，则不得将这两种谷物混合在一起。

（5）评估当前采用的谷物分类法，采用新技术对谷物进行正确分类的可行性，以及新种子品种对谷物出口和消费的影响。

（c）技术评估办公室应不晚于 1986 年 12 月 1 日，向众议院农业委员会和参议院农业、营养和林业委员会提交一份报告，内容包括依据本条规定开展的研究结果，以及就如何提高改善美国谷物出口质量标准和装卸作法提出的建议和意见。

第 17 篇　相关和杂项事宜

子篇 A　加工、检查和标签

第 1701 条　家禽检查。

（a）《禽肉产品》第 17 条（《美国法典》第 21 篇 466）进行修订，在最后增加下列新的内容：

"（d）（1）尽管存在其他的法律条款，所有进口至美国的食用家禽、禽肉部位或禽肉制品应：

"（A）应遵循和美国国内生产的产品相同的检查、质量和品种鉴定以及兽药残留标准；以及

"（B）在与美国加工类似产品相同的设施和环境中进行加工。

"（2）任何进口禽肉商品如未能达到上述标准，则不得进口至美国境内。

"（3）部长应通过下列方式实施本小节的规定：

"（A）就品种鉴定和兽药残留问题进行随机检查；以及

"（B）依据部长同意的方式，在出口国屠宰家禽时随机抽样家禽内脏和脂肪，检查其中的兽药残留量。"

（b）本条修订的规定在本法案实施 6 个月后开始生效。

第 1702 条　进口肉类和肉食制品检查和其他标准。

（a）《联邦肉类检查法》第 20 条（f）（《美国法典》第 21 篇 620（f））进行修订，删除最后一句话，并在此处插入下列内容："其他所有国家向美国出口肉类商品时，应获得部长发放的证书，证明该国开展了项目，采用可靠的分析手段，确保遵守美国针对此类肉类商品制定的残留物标准。未能获得上述证书的国家不得向美国出口肉类商品。部长应定期复审此类证书，如果裁定一个国家未能开展项目，采用可靠的分析手段来确保遵守美国针对肉类商品制定的残留物标准，则部长可撤销该国的证书。部长在审核其他国家依据本款规定提交的证书申请，以及重审此类证书时，应对个人公司进行检查，确保该国的检查项目达到美国的检查标准。"

（b）《联邦肉类检查法》第 20 条（《美国法典》第 21 篇 620）进行修订，在结尾后增加下列的内容：

"（g）对于注射或服用了美国禁用的兽药或抗生素的牛、绵羊、生猪、山羊、马、骡和其他马科动物，部长可以制定涉及上述动物被允许进口至美国用于屠宰和食用的相关条款和条件。任何法人不得违反部长依据本款规定颁布的命令，将牛、绵羊、生猪、山羊、马、骡和其他马科动物带入美国境内。"

第 1703 条　检查和汇报进口农产品标签和卫生标准。

（a）（1）美国总审计长应就下列问题开展研究，即卫生和公共服务部以及农业部针对进口食品和农业商品制定的现行产品纯度和检查要求和规定。在开展研究时，总审计长应评估联邦法规和检查程序是否能有效地检测到经过加工或未加工的食品或农产品中存在的禁用化学残留物或异物。

（2）研究还应评估现行联邦法规和检查程序能否有效地检测出进口活体动物存在的国内禁用药物和残留物。

（3）研究还应就下列事项的可行性提出建议，即农业部长认定有资格出口肉类和肉类制品至美国的加工工厂提交涉及产品纯度和检查程序的质量控制报告。

（4）研究应就下列问题提出建议，即卫生和公共服务部以及农业部是否充分发挥作用，针对进口农产品和食品问题制定并实施食品卫生规定，以及化学物和化学物残留标准。

（b）研究还应研究下列规定的可行性，即要求所有进口肉类和肉类食物制品、农产品和农产品制品贴上标签，注明上述产品和制品的出生国。研究应评估下列规定的可行性，即当餐厅提供依据《联邦肉类检查法》第 7 条（c）（1）或（2）（《美国法典》第 21 篇 607（c））规定应贴有标记或标签的肉类或肉类食品制品时，拥有或运营餐厅的法人应通过下列方式，告知在餐厅购买食品的个人下列信息，即餐厅提供的肉类或肉类食品制品可能是进口商品：

（1）展示说明餐厅提供进口肉类食品的标识；或者

（2）在菜单中提供第 7 条（c）（1）所说明的信息。

（c）部长在本法案施行后一年内，应向众议院农业部长和参议院农业、营养和林业委员会提交报告，说明依据（a）中规定开展的研究成果。

第 1704 条　马铃薯产品检查。

农业部长应随机抽检通过进口港进入美国东北部地区的马铃薯产品。农业部长应向参议院农业、营养和林业委员会以及众议院农业委员会汇报抽检结果。

子篇 B　农业稳定和保护委员会

第 1711 条　地方委员会。

（a）《土壤保护和国内分配法》第 8 条（b）（《美国法典》第 16 篇 590h（b））第五项进行如下修订：

（1）删除第三句，并插入以下内容：

"每个郡应分成三个地方行政区，但下列两种情况除外，即（1）当郡农民人数不足 135 人时，则依据下文规定选举的郡委员会可将该郡的地方行政区数量减至一个；（2）部长如果认定一个地区农民人数太少，无法为地区委员会选举提供足够的人选，则可将一个以上的郡或不同郡的不同地区纳入一个地方行政区。"

（2）删除第四句中的"每年"（在本条进行修订之前该词存在）；

（3）在第四句后面插入（本条修订之前的原文）下列新的内容："地方委员会的成员任期为三年。每个委员会每年举行一次会议，并且部长将为成员出席会议提供报酬，报酬水平不得低于 1985 年 12 月 31 日制定的水平。此外，在郡委员会的指示下，经州委员会的同意，地方委员会可在必要时无偿就落实本节规定事宜举行会议。当地委员会的各项会议应分别安排在不同日期举行。"以及

（4）在第八句（在本条进行修订之前存在的原文）的最后插入下列新的内容："每个郡的地方委员会应履行下列职责：（A）当所在郡地方委员会的数量超过两个时，担任郡委员会的咨询顾问；（B）定期与郡委员会和州委员会会晤，了解农场项目问题；（C）与所在地区的生产者就涉及农场项目的问题进行沟通；（D）向郡委员会、州委员会和其他相关方汇报所在地区的农民就更改或改进农场项目提出的建议；以及（E）履行法律规定或部长可能规定要求的其他职能。当涉及农业项目的现行联邦法律以及上述法律的实施发生变化时，部长应确保及时地向可能因此受到影响的农民所在地区的地方委员会进行通报。"

（b）（1）本条进行的修订自 1986 年 1 月 1 日起开始生效，不过（a）中（2）和（3）修订的内容不适用于地方委员会 1986 年 1 月 1 日之前当选的成员的任期。

（2）当一个郡的地方行政区数量依据《土壤保护和国内分配法》第 8 条（b）（依据（a）（1）规定进行修订）的相关规定发生变化，该郡的地方行政区和地方委员会数量将随之增加。此时，该郡地方委员会 1986 年 1 月 1 日之前当选的成员应继续担任所居住行政区的地方委员会成员一职，完成剩余的任期。

第 1712 条 郡委员会。

《土壤保护和国内分配法》第 8 条（b）（《美国法典》第 16 篇 590h（b））第五项第一句话进行如下修订：

（1）在"阿拉斯加"之后插入"除非法律就其他项目和职能问题做出其他规定，"；

（2）在该段结尾处插入一个分号，以及"并且部长可以通过此类委员会的服务，来落实农业部的其他项目和职能"。

第 1713 条 工资和差旅费。

（a）《1938 年农业调整法》第 388 条（b）（《美国法典》第 7 篇 1388（b））进行如下修订：

（1）在款标题后插入"（1）"；

（2）在本条最后插入下列新的内容：

"（2）（A）部长应为此类郡委员会的成员发放工资（工资水平不得低于 1985 年 12 月 31 日施行的工资水平），作为委员会成员开展合作，落实相关法案规定的报酬。

"（B）自《1985 年食物安全法》实施之日，部长应酌情提高委员会成员履行职责所获得的报酬水平。

"（b）上述法案第 388 条进行修订，在结尾后增加下列新的内容：

"（c）（1）部长应向地方、郡和州委员会提供资金，用于支付开展合作实施此本法案相关规定所产生的差旅费用（其中包括作为当地或郡委员会成员，来往于住处和农业稳定和保护服务局当地办公室之间时产生的路费）。

"（2）在向联邦政府临时雇用人员支付费用和津贴时，应遵循《美国法典》第 5 篇第 5703 条的相关规定。

（c）本条进行修订的规定于 1986 年 1 月 1 日开始生效。

子篇 C 1985 年国家农业政策委员会法

第 1721 条 短标题。

本子篇可被称之为《1985 年国家农业政策委员会法》。

第 1722 条 定义 。

在本条中：

（1）用语"委员会"指依据第 1723 条规定成立的国家农业政策委员会；

（2）用语"州长"指一个州的最高行政长官；

（3）用语"州"包括 50 个州、哥伦比亚特区、波多黎各自由联邦、关岛、维尔京群岛、美属萨摩亚，或者太平洋岛屿托管领域。

第 1723 条　成立委员会。

（a）现成立国家农业政策委员会，针对下列问题开展研究：

（A）涉及美国农业政策、项目和作法制定和管理工作的架构、程序和方法；

（B）美国农村地区状况，以及联邦、州和地方政府如何依据农村地区实际情况提供公共服务。

（b）除了（c）中所规定的成员之外，委员会应包括 15 名由总统依据下列方式任命的成员：

（1）总统要求各个州州长提名能够代表农业政策直接影响的个人和行业的成员候选人，其中包括：

（A）美国主要农产品或农产品制品生产者；

（B）美国农产品或农产品制品加工者或精炼者；

（C）美国农产品或农产品制品出口商、运输商或托运商；

（D）向美国农民提供农业设备或材料的供应商；

（E）农业融资商或信贷商；以及

（F）美国农产品或农产品制品消费者。

（2）州长向总统提交委员会成员候选人名单，名单人数不得少于 2 人，亦不得超过 4 人。

（3）（A）除非（B）和（C）另有规定，否则总统应在切行可行的范围内，从各个州依据（2）中的规定提交的总数不少于 60 名的委员会成员候选人当中，挑选任命 15 名成员。

（B）总统在任命委员会成员时，应遵循下列规定：

（ⅰ）一个州被任命为委员会成员的人数不得超过一个；

（ⅱ）同一党派被任命为委员会成员的人数不得超过七个。

（C）如果总统认定各个州依据（2）提名的人选并不能广泛地代表（1）所说明的个人和行业，则总统可另行任命其他能够代表上述个人和行业的人选为委员会成员，不过人数不得超过 3 名。

（c）（1）众议院农业委员会和参议院农业、营养和林业委员会的主席和少数党首席成员应：

（A）担任委员会的当然成员；

（B）和委员会依据（b）中规定任命的成员一样拥有相同的投票权。

（2）主席和少数党首席成员可指定各自委员会的其他成员代替他们担任国家农业政策委员会成员。

（d）当委员会职位出现空缺时，应依据初始任命的规定挑选成员。

（e）委员会应从依据（b）规定任命的成员中选举一名主席。

（f）当主席或委员会多数成员提出倡议时，委员会应举行会议。

第 1724 条　开展研究。

委员会应就下列问题开展研究：

（1）涉及美国农业政策、项目和作法制定和管理工作的架构、程序和方法，其中包括：

（A）旨在改善农民收入的现有农业项目的效率；

（B）如何改善此类项目，维持家庭农场农业生产体系；

（C）农业政策立法和实施变化对农民规划和长期收益的影响；

（D）现有农业政策制定管理体系和架构对农民的影响；

（E）国家和国际经济发展趋势对美国农业生产的影响；

（F）如何调整美国农业政策、项目和作法，以应对不断变化的经济形势；

（G）农业政策制定架构与农业政策和作法的长期稳定性之间可能存在的冲突和共存的地方；

（H）人口结构变化趋势以及对农业和农业政策连贯性的影响；以及

（I）州和地方政府在未来农业政策中发挥的作用；以及

（2）美国农村地区的状况，以及联邦、州和地方政府如何依据农业地区实际情况提供公共服务，其中包括：

（A）反映农业经济下滑的状况，其中包括经济和人口结构趋势，农村和农业收入和债务，其他相关的社会和经济指标；

（B）农村地区当地政府的发展趋势和财政状况；

（C）农村地区公共服务供应的趋势和模式；

（D）政府解除交通、电信和银行管制后对农村经济和公共服务供应所产生的影响；以及

（E）联邦、州和地方政府资助、提供和规范美国农村地区公共服务的趋势和模式。

第 1725 条　报告。

在本法案实施后 12 个月内，以及之后每隔 12 个月，委员会应向总统和国会提交一份年度报告。报告内容包括涉及第 1724 条所说明的事务的调查结果和建议。除非国会相关委员会的主席明确提出要求，否则委员会不得就国会正在审议的法案发表意见。

第 1726 条　管理工作。

（a）行政机构、总审计局、国际贸易委员会和国会预算办公室主管官员在法律允许的范围内，应为委员会履行其职责和职能提供必要的信息。

（b）（1）除非（2）中另有规定，否则委员会成员任职期间没有额外的报酬。

（2）依据《美国法典》第 5 篇第 5701 至 5707 条有关暂时在美国政府工作的人员报酬的规定，当美国普通公民担任委员会成员时，可以报销差旅费用，其中包括作为生活费的每日津贴。

（c）为了履行委员会职责和职能，委员会主席可依据可动用的委员会拨款实际情况，无须考虑《美国法典》第 5 篇有关竞争性服务职位任命的条款或者该篇第 53 章第 Ⅲ 节有关分级和普通等级工资标准的条款，任命一名主任，雇用必要数量的工作人员，并且规定他们的报酬水平。

（d）（1）经委员会要求，农业部长应为委员会提供必要的人员和保障服务，协助委员会履行其职责和职能。

（2）经委员会要求，其他行政机构和总审计局主管官员可向委员会提供他们或委员会主席认为必要的人员和保障服务，协助委员会履行其职责和职能。

（3）当行政机构或总审计局依据本条规定提供人员和保障服务时，委员会无须支付或报销费用。

（e）（1）依据《联邦顾问委员会法》第 12 条的相关规定，农业部长应保存涉及下列内容的记录：

（A）委员会所支配的资金的使用情况；以及

（B）委员会活动的性质和范围。

（2）美国总审计长进行审计和检查时，应可查阅上述记录。

（f）委员会无须遵守《联邦顾问委员会法》第 7 条（d）、第 10 条（e）、第 10 条（f）和第 14 条，以及《美国法典》第 5 篇第 4301 至 4308 条的相关规定。

第 1727 条　授权拨款。

（a）现授权拨款必要数额的资金用于实施本子篇的规定。

（b）应在切实可行的最大范围内，利用农业部长可动用的、用于支付顾问委员会花销的资金，来落实本子篇的规定。

第 1728 条　委员会终止存在。

本子篇和委员会应在本法案实施 5 周年时终止存在。

子篇 D　1985 年国家水产养殖改进法

第 1731 条　短标题。

本子篇可被称之为《1985 年国家水产养殖改进法》。

第 1732 条　调查结果、目标和政策。

《1980 年国家水产养殖法》第 2 条（《美国法典》第 16 篇 2801）修订如下：

（1）（a）（3）修订如下：

（A）删除"10％"，并插入"13％"；

（B）删除"3％"，并插入"6％"；

（2）修订（a）（7），在"经济、"前面插入"科学、"，并且在"管理信息"后面插入"缺乏政府支持性政策，"；

（3）对（b）修订如下：

（A）删除（2）最后的"以及"，

（B）将（3）重新编号为（4）；

（C）在（2）后面插入下列新的内容：

"（3）指定农业部长为协调小组常任主席，并且在农业部设立国家水产养殖信息中心，从而确立农业部作为负责协调和传播国家水产养殖信息的牵头联邦机构；以及"；以及

（4）修订（c），在第一句的"潜在的"后面插入"减少美国在水产品方面的贸易赤字，"。

第 1733 条　定义。

《1980 年国家水产法》第 3 条（《美国法典》第 16 篇 2802）修订如下：

（1）将（8）重新编号为（9）；

（2）在（7）后插入下面新的内容：

"（8）用语'部长'指农业部长。"

第 1734 条　国家水产养殖发展计划。

《1980 年国家水产法》第 4 条（《美国法典》第 16 篇 2803）修订如下：

（1）（a）修订如下：

（A）删除（2）出现的所有"部长们"，并插入"部长"；

（B）修订（2）的第一句话，在"应磋商"前面插入"商务部长和内政部长，"；

（C）删除（3）。

（2）（b）修订如下：

（A）在（1）中的"决定"之后插入"要"一词；

（B）删除（6）中的"部长们认为"，并插入"部长认为"；

（C）删除（6）后面的"部长们"，并插入"部长"。

（3）（c）修订如下：

（A）删除（1）中的"部长们认为"，并插入"部长裁定"；

（B）删除（2）（A）最后的"以及"；

（C）删除（2）（B）最后的句号，并插入"；以及"；

（D）在（2）（B）后面插入下列新的内容：

"（C）部长们的合作。"

第 1735 条　部长职能和权力。

《1980 年国家水产法》第 5 条（《美国法典》第 16 篇 2804）修订如下：

（1）（c）修订后内容如下所示：

"（c）信息服务。（1）除了履行本法案所规定的法定职能以外：

"（A）部长们应负责收集分析涉及水产业的科技、法律和经济信息，其中包括水产面积、水资源利用、养殖、营销、养殖技术和其他相关事宜；

"（B）部长应履行下列职能：

"（ⅰ）在农业部成立国家水产信息中心，收集依据本法案（A）和其他条款规定生成的信息，并且应要求为公众提供信息，

"（ⅱ）安排与其他国家开展水产信息交流，并且保障翻译服务，以及

"（ⅲ）研究美国水产业参与涉及农业部门援助的联邦项目的情况，并在 1986 年 12 月 31 日之前向国会汇报此类研究的调查结果；

"（C）商务部长应展开研究，并在 1987 年 12 月 31 日之前向国会汇报研究结果，裁定商业水产公司水产品的竞争是否给捕捞渔业带来不利影响，在研究报告中按照水产品品种和地区评估捕捞渔业受到的不利影响，并且建议采取何种措施减少此类不利影响；以及

"（D）内政部长与商务部长进行协商，开展研究，并于 1987 年 12 月 31 日之前向国会汇报研究情况，研究美国水域由于水产养殖活动而输入的外来物种，以及此类外来物种可能带来的益处和影响。

"（2）依据（1）（A）相关规定提交给部长们的养殖信息应为保密信息，只有在法院下达命令时方可公布。部长们应对此类信息进行保密。部长可以以综合或摘要的形式发布或公开上述信息，不得直接或间接披露任何涉及提交信息人员的身份、交易或者商业秘密。

（2）（d）修订如下：

（A）删除其中出现的所有"部长们"，并插入"部长"；

（B）在第一句的"团体"后面插入"并且与商务部长及内政部长进行协商，"；

（C）对第二句话进行如下修订：

（ⅰ）删除"上述所有"，并插入"此类"；

（ⅱ）删除"依据第 4 条（d）"；

（D）删除第二句话中的"认为（deem）"，并在此处插入"认为（deems）"；以及

（E）删除最后一句话，并在此处插入"应不晚于 1988 年 2 月 1 日向国会提交本款所规定的报告。"

第 1736 条　国家水产业活动协调工作。

《1980 年国家水产法》第 6 条（《美国法典》第 16 篇 2805）修订如下：

（1）（a）进行修订，在（1）的"农业"后面插入"，应担任协调小组常任主席"。

（2）废除（c）。

（3）（d）、（e）和（f）分别重新编号为（c）、（d）和（e）。

（4）依据（3）中规定重新编号为（e）的内容进行修订，删除第二句中的"第（d）款"，并在此处插入"第（c）款"。

第 1737 条　授权拨款。

《1980 年国家水产法》第 10 条（《美国法典》第 16 篇 2809）进行修订，删除（1）、（2）和（3）中出现的"1985 年"，并代替插入"1985 年，并且分别为 1986、1987 和 1988 年财政年度提供 1 000 000 美元"。

子篇 E　期货交易特别研究和试点项目

第 1741 条　调查结果和政策声明。

（a）国会认为，有必要调查和发展由农业部实施的价格补贴替代项目；农业生产者和其他人员不是足够了解向私营部门提供的价格稳定措施的性质和范围；为了准确评估联邦预算对参与此类私营部门规避风险服务的生产者的影响，需要掌握更多的信息。

（b）现宣布下列内容为美国的政策，即农业部应开展经济研究，掌握更多信息，了解生产者如何利用农产品期货市场和期权市场营销所生产的农产品；确定生产者广泛利用上述期货和期权市场将如何影响农产品价格，并且确定将传统联邦价格补贴项目与私营部门风险规避服务相结合的可行性。

第 1742 条　农业部开展的研究工作。

农业部长应利用美国各个部门提供的服务（其中包括但不限于美国农业部和商品期货交易委员会），开展研究，确定如何利用生产者开展农产品交易活动的农产品期货市场和农产品期权市场，为生产者提供稳定的价格，并保护其收入；生产者如果参与其中，能够合理地预期获得何种程度的稳定价格和收入保护；以及与农产品既定价格补贴项目的成本相比，联邦预算对生产者参与产生何种程度的影响。部长应在 1988 年 12 月 31 日或之前向参议院农业、营养和林业委员会以及众议院农业委员会汇报此类研究的结果。

第 1743 条　试点项目。

部长依据本子篇第 1742 条的规定开展研究的同时，还应针对至少 40 个符合下列条件的郡的小麦、饲料谷物、大豆和棉花作物开展试点项目，即积极生产上述在商品期货市场和商品期权市场进行交易的主要农产品，并且此类农产品达到合理的数量。部长应与期货及期权行业，以及商品期货交易委员会主席进行合作，为各个郡被挑选参与试点项目的生产者提供一个广泛的教育项目。该项目应规定，部长确定合理数量的生产者参与此类项目；一旦入选参与该项目，生产者可遵循部长制定的试点项目规定，进入期货或期权市场，参与涉及指定农产品的交易活动，出售自产的农产品，保护农产品收益并推动实现收益最大化。部长应依据该项目的条款，利用商品信贷公司提供的资金，确保生产者依据部长规定的方式，将农产品投入项目后所获得的净收益不少于所在郡农产品所获得的价格补贴贷款水平。在制定试点项目时，部长应挑选成立一个由生产者、加工者、出口商以及期货和期权交易商成立的顾问小组。

子篇 F　动物福利

第 1751 条　调查结果。

在本子篇中，国会认定：

（1）某些利用动物的研究和教育活动有助于推动人类进一步了解如何治疗折磨人类和动物的疾病和伤病；

（2）人类正在并将继续研发不利用动物的试验方法。与用于特定用途的传统动物实验相比，上述方法更为迅捷、成本更低并且试验结果更为准确；在研发不利用动物的试验方法方面，前景非常广阔；

（3）应采取措施，废除或在最大程度上减少不必要的重复性动物实验，这有助于有效利用联邦经费；以及

（4）应采取措施，回应民众对实验动物护理和治疗问题的关切之情，这非常重要，能够确保研究得以继续开展。

第 1752 条 标准和认证过程。

（a）《动物福利法》第 13 条（《美国法典》第 7 篇 2143）修订如下：

（1）将（b）到（d）分别重新编号为（f）至（h）；

（2）删除（a）的前两句话，并在此处插入下列一句新的内容："（1）部长应颁布涉及交易商、研究机构和展览商人道地买卖、照顾、治疗和运输动物的标准。

"（2）（1）中所说明的标准应包括涉及下列问题的最低要求：

"（A）当部长认定应采取人道方式买卖、照顾或护理动物时，涉及动物买卖、居住状况、饲养、供水、卫生、通风、免受极端气候和温度、充分的医疗照顾以及物种分隔等问题最低要求。

"（B）陪训兽医依据部长颁布的一般标准所决定的、涉及狗训练的最低要求；以及有助于灵长类动物心理健康的自然环境的最低要求。

"（3）除了（2）中所说明的规定之外，（1）所说明的标准还应包括下列涉及动物研究机构的规定：

"（1）在动物实验过程中，应制定动物照顾、治疗和技术标准，确保在最大程度上减少动物的痛苦，这其中包括合理使用麻醉药、止痛剂、镇静性药物或者安乐死，为动物提供充分的医疗照顾；

"（B）主要研究者考虑采用其他方式，取代可能对实验动物造成痛苦或不适的步骤；

"（C）对于任何可能对动物造成痛苦的实验：

"（ⅰ）在计划实验步骤时应咨询兽医的意见；

"（ⅱ）应规定使用镇静剂、止痛剂和麻醉用药；

"（ⅲ）实验室工作人员应依据既定的兽医医学和护理程序，对实验动物提供术前和术后护理；

"（ⅳ）反对在不使用麻醉药的情况下对残疾动物进行实验；以及

"（ⅴ）在进行动物实验时，只有出于科学研究目的时，方可视情不使用镇静剂、止痛剂、麻醉用药或不实施安乐死；

"（D）任何动物经历的大型手术实验次数不得超过一次，不过下列情况除外：

"（ⅰ）出于科学研究需要；或者

"（ⅱ）部长认定的其他特别情况；以及

"（E）只有科学研究方案明确做出说明时，方可破例，无须遵守上述标准。不过应依据（7）中的规定详细说明并解释此类例外情况，并将报告提交给实验动物委员会。"

（b）本法案第 13 条（a）修订如下：

（1）第 3 和 4 句话合并单独成一段，并重新编号为（4）；

（2）第 5 句话单独成一段，并重新编号为（5）；

（3）删除最后一句话，并在此处插入下列内容：

"（6）（A）对于本法案的任何规定：

"（ⅰ）除非本款（7）中另有规定，否则不得被解释为授权部长颁布法则、规定或命令，规范研究机构在开展实际研究或实验时所确定的设计、纲要或指导方针；

"（ⅱ）除非本款（3）（A）和（c）（ⅱ）至（ⅴ）以及（7）中另有规定，否则不得被解释为授权部长颁布法则、规定或者命令，规范研究机构决定如何具体实施实际研究或实验；以及

"（ⅲ）不得授权部长在检查期间，中断正在实施的研究或实验。

"（B）任何法规、规定、命令或者本法案中的任何条款不得被解释为要求研究机构在接受检查时，向公众或实验动物委员会公布受法律保护或保密的商业秘密或者商业或财务信息。

"（7）（A）部长应做出如下规定，即所有研究机构在接受检查时应证明，并且至少每年应汇报一次下列情况，即研究机构遵守本法案的条款，并且在开展实际研究和实验时遵循涉及动物护照、治疗和使用的专业合格标准。

"（B）在遵循（A）的规定时，研究机构应采取下列措施：

"（ⅰ）提供有关可能造成动物产生痛苦或不适的实验步骤的信息，并且保证主要研究者已经考虑过其他选择方案；

"（ⅱ）做出保证，让部长相信研究机构能够遵守本节所规定的标准；以及

"（ⅲ）当出现违背依据本条颁布的标准的情况时，做出解释。

"（8）（1）不得禁止任何州（或者州政治分区）颁布其他标准用于补充部长依据（1）颁布的标准。"

（c）本法案第 13 条进行修订，在（a）后面插入下列新的内容：

"（b）（1）部长应规定，每个研究机构应至少成立一个委员会。委员会由研究机构的首席执行官任命，并且至少由 3 名成员组成。委员会成员应具备足够的能力，评估实验研究期间动物护理、治疗和实验情况，并且表达社会对研究机构实验动物福利的关切之情。对于委员会的成员：

"（A）至少有一名成员应为兽医学医生；

"（B）至少有一名成员：

"（ⅰ）除了担任委员会成员一职之外，不隶属于研究机构；

"（ⅱ）不得是研究机构隶属人员的直系亲属；以及

"（ⅲ）表达民众对合理照顾和治疗实验动物的关注之情；以及

"（C）如果委员会成员超过 3 人时，委员会成员中不得有超过 3 人来自于该机构的同一行政单位。

"（2）委员会采取正式行动时应征得法定人数的成员的同意，其中包括（3）中开展的检查工作。

"（3）委员会应至少每半年检查一次研究机构的所有动物研究区域和动物设施，并且在检查过程中应评估下列问题：

"（A）对动物造成痛苦的实验；以及

"（B）动物的状况，

从而确保研究机构遵守本法案的规定，在最大程度上减少动物的痛苦和不适。如果研究机构研究的动物生活在自然环境，且研究区域禁止随意进出，则部长可以不要求检查此类研究区域。

"（4）（A）委员会在检查研究机构之后，应提交一份检查认证报告。此类报告应达到下列要求：

"（ⅰ）参与检查的大部分委员会成员进行签字；

"（ⅱ）汇报研究机构违反部长所颁布的标准或者所要求的保证的情况，其中包括动物护照或治疗不到位的情况，研究实验违反最初获准的实验计划并且影响动物福利的情况；此外报告还应包括委员会就上述问题通知研究机构的情况，以及研究机构收到通知后做出的整改情况；

"（ⅲ）委员会少数派成员所持的不同观点；以及

"（ⅳ）与委员会活动相关联的其他任何信息。

"（B）研究机构应保存归档此类报告至少 3 年的时间，以备动植物检疫局和其他联邦基金资助机构进行检查。

"（C）委员会发现研究机构存在不足或者违反本法案条款的问题时，应告知研究机构其所存在的问题，让机构有机会进行整改，纠正存在的不足或违规问题。如果委员会进行通知并且让研究机构进行整改后，仍然存在不足或违规的问题，则委员会应以书面的形式向动植物检疫局汇报存在的不足或违规问题。

"（5）在农业部检查员进行检查时，应将上述检查结果提供给检查员查阅。农业部检查员应将委员会的检查记录（其中包括非纠正的不足或违规问题）转交给动植物检疫局和其他相关的联邦资金资助机构。

"（c）对于联邦研究机构，应成立联邦委员会。此类委员会的组成结构和职责应依据（b）中的规定进行设定，不过联邦委员会应向开展研究的联邦机构汇报存在的不足或违规问题，而不是向动植物检疫局汇报。开展研究的联邦机构主管官员应负责：

"（1）研究机构开展的整改行动；

"（2）批准无需遵守检查规定的例外情况；

"（d）每个研究机构应依据部长出台的规定，为科学家、动物实验师以及参与机构动物护理和治疗事务的其他人员提供培训。此类培训应包括涉及下列问题的指导意见：

"（1）采取人道的方式饲养动物和开展动物实验；

"（2）采取一定的研究或实验方式，在最大程度上减少或废除利用动物的作法，或者减少动物的痛苦或不适；

"（3）利用国家农业图书馆依据（e）中规定提供的信息服务；以及

"（4）采取一定措施，确保动物护理和治疗方面存在的不足得到汇报。

"（e）部长应在国家农业图书馆设立信息服务部门。此部门与国家医学图书馆合作，提供下列信息：

"（1）与雇员培训相关的信息；

"（2）能够防止研究机构重复进行动物实验的信息；以及

"（3）涉及动物实验改进措施的信息，其中包括下列措施：

"（A）减少或替代利用动物开展实验的措施；以及

"（B）在最大程度上减少动物的痛苦和不适，例如麻醉或止痛法。

"（f）如果资助研究项目的联邦机构认定，尽管部长或联邦机构通知研究机构进行整改，但是该研究机构的特定项目在动物护理、治疗和实验方面仍未能遵循本法案颁布的标准，则联邦机构应暂停或撤销联邦政府对此类项目的支持。当联邦机构暂停或撤销对研究机构的支持后，该研究机构有权依据《美国法典》第 5 篇第 701 至 706 条的规定进行上诉。"

第 1753 条　检查。

《动物福利法》第 16 条（a）（《美国法典》第 7 篇 2146（a））进行修订，在第一句之后插入下列的内容："部长每年至少检查一次各个研究机构；如果研究机构存在不足或违背依据本法案颁布的标准的情况，则部长应在必要时进行后续检查，直到研究机构纠正存在的不足或违规问题。"

第 1754 条　对泄露商业机密行为的惩罚规定。

《动物福利法》（《美国法典》第 7 篇 2131 至 2156）进行修订，在法案结尾处增加下列新的内容：

"第 27 条　（a）实验动物委员会不得公布研究机构的机密信息，否则属于违法行为。不得公布的信息包括研究机构下列相关的信息：

"（1）商业机密、工作流程、运作、工作作风或者设备；或者

"（2）身份、机密数据、任何收入、盈利、损失或支出数量或来源。

"（b）委员会任何成员不得开展下列违法行为：

"（1）为个人牟利而利用或者企图利用；或者

"（2）向任何其他法人透露

任何依据（a）中规定应受到保护的保密信息。

"（c）委员会成员违反（a）或（b）的规定时，将受到下列处罚：

"（1）撤销委员会成员职位；并且

"（2）（A）处以不超过 1 000 美元的罚款和不超过 1 年的监禁；或者

"（B）如果存在故意违反上述规定的情况，则处以不超过 10 000 美元的罚款和不超过 3 年的监禁。

"（d）包括研究机构在内的任何法人如果因为违反本条规定的行为导致其业务或财产受损，可通过法律诉讼挽回所有的直接和间接损失，以及包括律师费用在内的诉讼费用。

"（e）本条的规定不得被解释为可影响法人因为违反本条规定而出现业务或财产受损时所享有的权利。（d）不得被解释为限制行使违反（a）和（b）时所产生或相关的任何权利。"

第 1755 条　加大对违反本法案法的行为的处罚力度。

（a）《动物福利法》第 19 条（b）（《美国法典》第 7 篇 2149（b））修订如下：

（1）在第一句中，删除"对每次违法行为处以 1 000 美元的罚款"，并插入"对每次违法行为处以 2 500 美元的罚款"；

（2）在第六句中，删除"对每次犯罪行为处以 500 美元的罚款"，并插入"对每次犯罪行为处以 1 500 美元的罚款"。

（b）本（d）进行修订，删除"1 000 美元"，并插入"2 500 美元"。

第 1756 条　定义。

（a）《动物福利法》第 2 条（《美国法典》第 7 篇 2132）修订如下：

（1）删除（i）分号后面的"以及"；

（2）删除（j）最后的句号，并在此处插入一个分号；

（3）在（j）后面增加下列新的内容：

"（k）用语'联邦机构'指《美国法典》第 5 篇第 105 条所定义的行政机构；当涉及任何研究机构时，'联邦机构'指研究机构因为开展动物研究、实验或试验而从其获得联邦资助的机构；

"（l）用语'开展动物研究、实验或试验而获得联邦资助'指为此类研究活动提供联邦资金的机制（包括拨款、奖励、贷款、合同或合作协议）。

"（m）用语'法定人数'指委员会的多数成员；

"（n）用语'委员会'指依据第 13 条（b）规定成立的实验动物委员会；以及

"（o）用语'联邦研究机构'指美国开展活体动物研究或实验的所有部门、机构或单位。"

（b）在本法案中，用语"动物"应与《动物福利法》第 2 条（g）（《美国法典》第 7 篇 2132（g））中的定义相同。

第 1757 条　与卫生和公共服务部长进行协商。

《动物福利法》第 15 条（a）（《美国法典》第 7 篇 2145（a））进行修订，在第一句话后面增加下列的内容："部长在颁布法令之前，应与卫生和公共服务部长进行协商。"

第 1758 条　技术修正。

《动物福利法》第 14 条（《美国法典》第 7 篇 2144）进行修订，将每处出现的"第 13 条"均修订为"第 13 条（a）、（f）（g）和（h）"。

第 1759 条　生效日期。

本子篇自本法案颁布实施一年之后开始生效。

子篇 G　杂　　项

第 1761 条　商品信贷公司储存保管合同。

《商品信贷公司特许法》第 4 条（h）（《美国法典》第 15 篇 714b（h））进行修订，在第二项限制性条款结尾的冒号后面插入下列内容："进一步规定，商品信贷公司就租用储存设施签订合同时，合同应至少作出如下规定：（1）租期超过一年期的年租金率应低于租期为一年期的年租金率；（2）当商品信贷公司不再租用存储设施，并且有其他法人付款租用上述设施时，商品信贷公司没有义务再支付租金；（3）如果商品信贷公司认定不再需要存储设施中的预留空间，则公司在剩余的合同期内无须再承担义务，不过在为公司节约大笔经费的同时，应让存储设施所有人有足够的时间将上述空间租赁给其他法人；"。

第 1762 条　农业天气与气候信息。

（a）国会认定：

（1）在肆虐的气候面前，农业和造林业不堪一击，不过准确及时的天气信息能够防止农业和造林业受损；

（2）为了减轻农业和造林业因气候变化遭受的损失，应维持现行的天气和气候分析和信息发布系统，并且联邦、州和私营部门应开展努力改善上述系统，这非常重要；

（3）国家海洋和大气局和农业部应联合规划，维持联邦层面的农业和造林业气象服务；并且

（4）用户群、天气与气候信息提供者，以及联邦和州政府等应开展努力，推动农业和造林业使用天气与气候信息。

（b）国会因此宣布下列政策，即联邦政府应积极参与，提供农业和造林业天气与气候信息；天气与气候信息用户群和提供者应开展努力，推动使用上述信息，这符合公众利益。

第 1763 条　应急饲养项目。

（a）《1977 年粮食和农业法》第 1105 条（b）（2）（《美国法典》第 7 篇 2267（b））进行修订，删除"此类法人的牲畜提供饲料"，并插入"提供有足够营养价值，并且适合此类法人各种品种的牲畜的饲料"。

（b）《1949 年农业法》第 407 条（《美国法典》第 7 篇 1427）进行修订，在第五句话后面插入下列新的内容："尽管本条之前的条款规定了商品信贷公司在紧急情况下为特定地区的特定法人提供牲畜饲料的权限范畴，但是商品信贷公司可采取下列措施：（1）当某些地区因为遭遇本条第四句所说明的灾难，而无法提供正常情况下能够生产供应的饲料谷物时，可向此类地区的上述法人提供饲料；（2）可通过此类地区的饲料经销商向上述法人提供此类饲料；（3）在供应此类饲料时，饲料的价格应低于本条第四句所规定的价格；（4）承担依据本条规定向此类法人供应上述饲料所产生的费用，包括运输和装卸费用。"。

第 1764 条　管制药物生产控制。

（a）在本条当中：

（1）用语"管制药物"与《管制药物法》第 102 条（6）（《美国法典》第 21 篇 801（6））所定义的"管制药物"含义相同。

（2）用语"部长"指农业部长。

（3）用语"州"指 50 个州、哥伦比亚特区、波多黎各自由联邦、关岛、维尔京群岛、美属萨摩亚，北马里亚纳群岛自由联邦，或者太平洋岛屿托管领域。

（b）尽管存在其他的法律规定，在本法案颁布实施之后，任何法人如果因为在任何作物年度栽种、培养、种植、生产、收割或储存管制药物而被定罪，则不具备下列资格：

（1）在上述作物年度以及之后的四个作物年度内生产任何农产品：

（A）获得《1949 年农业法》（《美国法典》第 7 篇 1421 及以下）、《商品信贷公司特许法》（《美国法典》第 15 篇 714 及以下）或其他任何法案所提供的任何价格补贴或款项；

（B）获得依据《商品信贷公司特许法》第 4 条（h）（《美国法典》第 15 篇 714b（h））提供的农场存储设施贷款；

（C）获得《联邦农作物保险法》（《美国法典》第 7 篇 1501 及以下）所规定的农作物保险；

（D）获得《1949 年农业法》（《美国法典》第 7 篇 1421 及以下）所规定的赈灾款项；或者

（E）获得依据《农场和农村共同发展法》（《美国法典》第 7 篇 1921 及以下）或者农民管理局实施的其他法律规定所提供、投保或担保的贷款；或者

（2）依据《商品信贷公司特许法》第4或5条（《美国法典》第15篇714b或714c）为存储符合下列情况的农产品所提供的款项：

（A）上述法人在上述作物年度或者之后的任何四个作物年度所生产的；以及

（B）由商品信贷公司收购。

（c）部长应在本法案颁布实施后180天内，颁布必要的法规，来实施本条的规定。此类法规应涉及下列内容：

（1）对用语"法人"进行解释；

（2）认定哪些法人不具备资格获得本节所规定的项目补贴；以及

（3）保护承租人和收益分成佃农的利益。

第 1765 条 农业机器无铅燃料研究。

（a）（1）环保局局长和农业部长应联合开展行动，研究下列汽油发动机使用含有铅添加剂的燃料以及其他润滑添加剂的情况：

（A）用于农业机械；以及

（B）设计用于点燃含有上述添加剂的燃料。

（2）研究应分析上述发动机使用其他燃料而可能出现的机械问题（包括但不限于气门沉陷问题）。

（b）（1）为了开展本条所规定的研究工作，环保局局长和农业部长有权签订必要的协议并且做出其他安排，获取必要的技术信息。

（2）农业部长在依据本条规定开展研究时，应确定研究涵盖何种类型的农业机器。上述类型应在美国农场使用的农业机器中具有代表性。

（3）在研究过程中开展的发动机测试工作应切实反映实际的农业状况，这其中包括发动机每分钟转数和有负载荷。

（c）在不晚于1987年1月1日之前：

（1）环保局局长和农业部长应公布依据本条规定开展的研究结果；以及

（2）环保局局长应在联邦公报中刊登有关公布上述研究的通知以及研究结果摘要。

（d）（1）在发布通知并提供举行听证会的机会之后，但不得晚于研究结果公布后6个月，环保局长应采取下列措施：

（A）调查农场农用汽油是否有必要添加铅添加剂，并就此提供建议，其中包括裁定是否有必要修订有关限制农场农用汽油铅含量的法案；以及

（B）向总统和国会提交包括下列内容的报告：

（ⅰ）上述研究结果；

（ⅱ）在举行公众听证会期间收到的意见摘要（包括部长的意见）；以及

（ⅲ）环保局局长依据（1）做出的调查结果和建议。

（2）报告应呈交给下列单位：

（A）众议院能源和商业委员会；

（B）参议院环境和公共事务委员会；

（C）众议院农业委员会；以及

（D）参议院农业、营养和林业委员会。

（e）（1）在1986年1月1日至1987年12月31日期间，环保局局长应监测美国出售的含铅汽油的实际铅含量。

（2）环保局局长应确定1986年1月1日至1987年12月31日期间每三个月上述汽油的平均铅含量。

（3）如果在上述三个月期间，实际铅含量低于每加仑0.2克铅，则环保局局长应采取下列措施：

（A）向国会进行汇报；以及

（B）在联邦公报中刊登有关上述情况的通知。

（f）对于环保局局长依据《清洁空气法》第 211 条（《美国法典》第 42 篇 7545）颁布的有关控制或禁止在汽油中添加铅添加剂的法规，此类法规在 1988 年 1 月 1 日之前，不得针对铅含量为每加仑 0.1 克的汽油设置平均含铅量的规定。

（g）现授权拨款 1 000 000 美元，用于实施本条的规定。此类拨款没有财政年度的限制。

第 1767 条　马铃薯咨询委员会。

国会认为：

（1）农业部长应听取专门设立的马铃薯咨询委员会提供的建议；

（2）咨询委员会应切实可行地关注解决行业问题，其中包括产品贸易、质量检测和杀虫剂使用等问题；

（3）咨询委员会应定期举行会谈；并且

（4）咨询委员会应向参议院农业、营养和林业委员会主席、众议院农业委员会主席和公众汇报其开展的行动和提出的建议。

第 1768 条　病毒、血清、毒素和类似产品。

（a）在 1913 年 3 月 4 日通过的《农业部结束日期为 1914 年 6 月 13 日的财政年度拨款法》中，标题为"畜产局"的条款的第八项第一句（《美国法典》第 21 篇 154）进行修订，删除"从一个州、领地或者哥伦比亚特区至其他任何州、领地或者哥伦比亚特区"，并插入"在美利坚合众国、哥伦比亚特区、美国任何领土或者美国管辖的任何地方"。

（b）上述项（《美国法典》第 21 篇 154）第四句进行修订，在第一次出现的"动物"一词后面插入"或者实施本项的规定"。

（c）上述项进行修订，在第四句后插入"为了应对紧急情况、有限的市场或者当地情况，或者其他特殊情况（包括依据州营项目专门生产供州内使用的产品），部长可利用快速程序，针对上述情况发放特别许可证，从而确保产品纯度、安全性以及合理预期的功效。部长应依法规定，法人、公司或企业在制作下列病毒、血清、毒素或类似产品时，无须遵循涉及暂时未吊销和未收回许可证的产品制作规定：

"（1）专门用于上述法人、公司或企业的动物的产品；

"（2）上述法人、公司或企业经州政府许可开展专业兽医业务过程中，专门用于处于兽医师－客户－患者关系中的动物的产品；或者

"（3）依据部长认定达到下列标准的项目、经所在州许可后仅在该州销售的产品；

"（A）所在州能够批准生产病毒、血清、毒素和类似产品，并且为生产上述产品的公司发放许可证；

"（B）所在州在发放许可证之前评估上述产品的纯度、安全性、效力和功效；

"（C）所在州可评估产品检测结果，确保产品投入市场之前达到适用的产品纯度、安全性和功效标准；

"（D）所在州能够有效地处理违反管理病毒、血清、毒素和类似产品的州法律的行为；以及

"（E）所在州遵循本段有关禁止制作、出售、易货交易、交换或运输无用、污染、危险或有害的病毒、血清、毒素或类似产品的规定，行使（A）至（D）所提及的权力。"

（d）上述项（《美国法典》第 21 篇 157）第七句进行修订，删除"依据本法案获得许可的"。

（e）上述项进行修订，在第八句（《美国法典》第 21 篇 158）后插入下列一句新的内容："《联邦肉类产品检查法》第 402、403 和 404 条（《美国法典》第 21 篇 672、673 和 674）程序（分别涉及扣押、没收和定罪以及禁令）应适用于针对下列情况实施本项的规定，即违反本项或依据本项颁布的法规，制

作、出售、易货交易、交换或运输的产品。本法案第 405 条的规定（包括处罚措施）（《美国法典》第 21 篇 675）应适用于依据本项规定履行正式职责的问题。国会认定：（1）本项所管制的产品和活动流通于州际或对外贸易中，或者严重影响上述贸易或者贸易自由流通；（2）应依据本项的规定管制此类产品和活动，减少或消除上述贸易面临的负担，从而有效地管理此类贸易。"

（f）（1）除非（2）中另有规定，本条经过修订的规定自本法案颁布实施之日起生效。

（2）（A）依据（B）至（D）的规定，如果法人、公司或企业在本法案颁布实施之前的 12 个月内制作、出售、易货交易、交换或运输病毒、血清、毒素或类似产品，并且此类产品仅用于州内贸易或出口，则在上述法案实施之后，此类产品不得因为未获得许可或者不是由许可企业生产，而被视为违反下列规定，即在 1913 年 3 月 4 日通过的《农业部结束日期为 1914 年 6 月 13 日的财政年度拨款法》中，标题为"畜产局"的条的第八项中的规定。上述规定有效期至本法案实施之后第 49 个月的第一天。

（B）如果在个案中，法人、公司或者企业有正当理由，或者竭尽全力、尽职地遵守第八段的相关规定，则农业部长可允许（A）所授予的豁免期再延展 12 个月。

（C）除非部长认定生产上述产品的法人、公司或企业有正当理由，允许其有更多时间申请（A）所授予的豁免权，否则法人、公司或企业必须在本法案实施后的第 13 个月的第一天之前，依据部长所规定的形式和方式，申请获得（A）中所授予的豁免权。

（D）当部长在本法案实施后的第 49 个月的第一天之前，或者部长所授予的豁免延展期结束之前向上述法人、公司或企业发放许可证时，（A）授予此类产品的豁免权失效。

第 1768 条 《联邦杀虫剂、杀菌剂和杀鼠剂法》拨款授权。

《联邦杀虫剂、杀菌剂和杀鼠剂法》第 31 条（《美国法典》第 7 篇 136y）修订如下：

"第 31 条 授权拨款。

"现拨款 68 604 200 美元用于在下列期间内实施本法案，即开始日期为 1985 年 10 月 1 日，结束日期为 1986 年 9 月 30 日的期间。上述拨款中不超过 11 993 100 美元必须用于本法案所规定的研究工作。"

第 1769 条 用户使用报告、出版物和软件的费用。

《1981 年农业和粮食法案》第 1121 条（《美国法典》第 7 篇 2242a）修订如下：

"第 1121 条 用户的报告、出版物和软件使用费。

"（a）农业部长可采取下列措施：

"（1）根据申请提供农业部在开展工作或实施项目时准备的各种形式的软件项目、宣传手册、报告或其他出版物，其中包括电子出版物；以及

"（2）合理地收取一定费用。

"（b）收取费用时应遵循《美国法典》第 31 篇第 9701 条的相关规定。

"（c）对于本条中用于支付提供的服务或劳动，或者软件项目、宣传手册、报告或其他出版物的费用：

"（1）应用于直接支付上述劳动、服务、软件项目、宣传手册、报告或出版物的费用；以及

"（2）可记入拨款或产生上述费用的经费当中。"

第 1770 条 信息保密。

（a）对于依据（b）提及的法律规定提供的信息，农业部长，农业部及其机构的任何其他官员或雇员，或者其他法人：

（1）只得将此类信息用于下列用途，不得用于其他用途，即用于制作或汇报综合数据，并且确保信

息提供者的身份无法被识别，或者与此类信息预期用途没有关系；或者

（2）除非此类信息加工转化为数据或综合形式，确保信息提供者的身份无法被识别，否则不得向公众公布此类信息。

（b）（1）在实施（d）所提到的法律条款时，除农业部长之外，联邦政府的任何部门、机构、官员或者雇员不得要求法人提供提交给农业部的数据信息。

（2）此类信息：

（A）不得被强制性披露，其中包括在诉讼程序当中；以及

（B）未经上述法人的同意，不得作为证据进行使用，或者用于诉讼、案件或者其他司法或行政诉讼。

（c）任何法人违反（a）规定，出版、促成出版或者公开发布依据（d）中所提及的法律规定收集的信息，应对其处以不超过 10 000 美元的罚款或者不超过 1 年的监禁，或者以上两种处罚。

（d）在本条中，本款所提及的法律条款指：

（1）1927 年 3 月 3 日批准通过的《有关授权农业部长搜集并出版棉花产品等级和纤维长度数据的法》（《美国法典》第 7 篇 471）（通常称之为《棉花数据和评估法》）的第一条；

（2）1929 年 1 月 14 日批准通过的《有关农业部搜集并出版烟草数据的法》（《美国法典》第 7 篇 501）的第一条；

（3）1936 年 6 月 24 日批准通过的《有关农业部搜集并出版花生产品数据的法》（《美国法典》第 7 篇 951）的第一条；

（4）《1946 年农产品销售法》第 203 条（g）（《美国法典》第 7 篇 1622（g））；

（5）《联邦修正法律》第 526 条（a）（《美国法典》第 7 篇 2204（a））；

（6）1935 年 8 月 15 日通过的《松脂和松节油数据出版法》（《美国法典》第 7 篇 2248）；

（7）《美国法典》第 13 篇第 42 条；

（8）1903 年 2 月 14 日通过的《有关成立商务和劳工部的法》第 4 条（《美国法典》第 15 篇 1516）；或者

（9）1976 年 6 月 16 日通过的《有关向西班牙血统或后裔的美国人公布经济和社会数据的联合决议》第 2 条（《美国法典》第 15 篇 1516a）。

第 1771 条　向乔治亚州欧文郡转让土地。

农业部长奉命获准执行并向乔治亚州欧文郡教育委员会及其继承人和受让人交付下列产权转让契约，即向乔治亚州欧文郡教育委员会转让美利坚合众国对位于乔治亚州欧文郡一片土地的所有权利、所有权和权益。上述转让土地总面积为 0.303 英亩，连同欧文郡第三土地分区第 39 号地段的改良土地。具体情况请参阅日期为 1946 年 7 月 13 日的、有关美利坚合众国向欧文郡教育委员会转让上述土地的契约书。该契约书记录于乔治亚州欧文郡法院书记办公室土地记录第 20 册契约汇编的第 117 页。

第 1772 条　国家树种实验室。

尽管存在其他的法律规定，针对农业部林业局国家树种实验室提供的树种检验服务所收取的费用，应留存用于偿付下列拨款，即用于支付实验室提供树种检验服务时产生的费用的拨款。

第 1773 条　控制联邦土地中的蚱蜢和摩门蟋蟀数量。

（a）农业部长应开展项目，控制所有联邦土地中的蚱蜢和摩门蟋蟀数量。

（b）（1）依据（2）中的规定，农业部长应使用或转让用于下列用途的经费，即预防、抑制和控制联邦政府管辖土地实际或可能爆发的蚱蜢和摩门蟋蟀虫灾。此外，内政部长应依据要求，从非年份拨款中拨出资金，转让给农业部长用于上述用途。

（2）（A）农业部长应将拨款资金用于支付内政部长所管辖的联邦土地出现的债务。

（B）对于依据本项规定进行转让的资金，农业部长应尽早要求内政部长进行转让。

（C）在依据本条规定转让资金后，应尽早申请追加或定期拨款对转让资金进行补充。

（c）（1）除非（2）中另有规定，否则内政部长可将拨给内政部的资金转让给农业部长，用于预防、抑制和控制内政部长管辖土地实际或可能爆发的蚱蜢和摩门蟋蟀虫灾。

（2）除非动植物检疫局的紧急蚱蜢虫灾专项应急经费已耗尽，否则不得依据本法案授予的权力提供经费。

（3）当联邦、州或私营土地遭受蚱蜢或摩门蟋蟀虫灾时，除非农业部长裁定，推迟治理虫害有助于优化虫害防治工作，并且不会对受灾土地相邻土地的所有者造成更大的经济损失，否则经受灾地区管理机构或农业部要求，农业部长应立即治理上述遭受虫灾的土地。

（e）农业部长应采取下列措施：

（1）利用拨款给农业部长的资金，或者内政部长转让给农业部长的拨款资金，全额支付治理控制联邦土地蚱蜢或摩门蟋蟀虫灾时产生的费用；

（2）利用拨款给农业部长的资金，支付下列费用：

（A）控制州土地虫灾费用数额的 50%；以及

（B）控制私人牧场虫灾费用数额的 33.3%；以及

（3）联合联邦、州和私人开展的其他蚱蜢或摩门蟋蟀虫灾预防、控制和抑制工作，参与虫灾预防、控制和抑制项目。

（f）农业部长应利用拨款给农业部长的资金，或者内政部长转让给农业部长的拨款资金，为人员培训项目提供足够的经费，确保培训人员能够高效地达成本节所设定的目标。

第 1778 条　战略乙醇储备研究。

（a）农业部长应研究涉及下列问题的成本效益、经济效益和可行性，即成立、维持和运用一个与现有的战略石油储备相关的战略乙醇储备。

（b）农业部长应在本条实施后一年内完成上述研究工作。研究工作涉及下列内容：

（1）如果运用战略乙醇储备，而不是战略石油储备，这将对美国经济、农场经济、就业、政府商品项目和贸易赤字带来何种损益；

（2）如果储备乙醇，而不是储备商品信贷公司持有的、用于生产乙醇的谷物，这将节省多少费用。

（c）如果研究显示，与战略石油储备相比，战略乙醇储备更划算、有益于美国经济，并且可行，则农业部长可建立、维持和运用战略乙醇储备。

第 18 篇　总生效日期

第 1801 条　生效日期。

除非本法案另有规定，否则本法案和相关的修正案自本法案颁布实施之日起生效。

批准通过日期：1985 年 12 月 23 日

1976 年农民至消费者直营法

《公法》94-463

第 94 届国会

法　案

本法案旨在鼓励由农民至消费者的农产品直营模式。

本法案由美国参议院与美国众议院于国会期间颁布。

本法案在引用时可称作《1976 年农民至消费者直营法》。

宗　旨

第 2 条　本法案旨在通过适当手段，以经济可行为基础，推动农产品由农民至消费者直营模式的发展与普及。为实现这一目标，农业部长（以下称"部长"）应发起并负责协调一项旨在促进农民至消费者直营模式的项目，实现农民与消费者之间的互惠互利。

定　义

第 3 条　在本法案中，"农民至消费者直营模式"系指：在任何为便于农民向个人消费者或代表消费者的机构直接销售（由待售农产品的生产个体或直接代表农民的农民组织进行销售）自己的农产品、而专为农民建造或预留的集市中（包括但不限于路边摊位，城市市场，及用于上门售卖农产品的车辆）开展的农产品销售活动。一方面，这种模式可降低消费者购买的食品成本、提升食品品质；另一方面，可为农民带来更高的财务收益。

调　查

第 4 条　部长应通过美国农业部经济研究局，或任何一个或多个部长认为合适的部门，为各州提供一项针对现有农民对消费者直营方式的连续性调查。初步调查应自本法案生效日起一年内完成，内容应涵盖：此类营销方式现有的种类的数量、采用每种此类营销方式所成交的业务量及每种此类方式对农民所获经济收益、食品质量和消费者成本的影响，包括在加强小农户经济活力方面的影响。

州内直营援助服务

第 5 条　（a）为促进农民建立消费者直营模式，使之运行，部长应规定，为落实本条款拨付的资金，应由各州农业部和美国农业部推广局将相应资金用于开展或促进相关活动，倡导、鼓励、发展或协调各州内（间）农民对消费者直营方式的活动。

该专项资金的划拨应依据某州与其他州相比在农民至消费者直营模式方面的可行性水平。

在州内划拨给该州农业部门或推广服务局的资金金额应取决于该州所需组织的此类活动类型，两家机构中何者能最好地开展此类活动，还是由两家机构共同开展。此类相关活动包括但不限于如下领域：

（1）支持召开相关会议，在农民至消费者直营模式的建立与运行方面促进包括农民生产者、消费者及其他有关个人或团体之间的信息共享；

（2）针对州内开展直营模式的各种方法编写法律法规；制定促进直营模式所需立法的相关草案；为直营模式的附加设施确定可行地点；针对直营模式的建立与运行准备并宣传相关实用信息；

（3）为与建立农民至消费者直营模式利益相关的个人或团体提供技术支持。

（b）在实施本条款的过程中，部长应考虑到可能对农民至消费者直营模式的建立与运行产生影响的消费者的喜好及需求。

年 度 报 告

第6条 部长应定期审查依据本法案所实施的各项活动；并自本法案生效日起一年内向美国众议院农业委员会和美国参议院农林委员会报告法案的成效。此后每年均须提供此类报告。部长应在该报告中概述各州依据本法案所开展的调查结果，并简述各州推广服务局与州农业部门在前一年为发展农民至消费者直营模式组织的相关活动及工作成绩。

授 权 拨 款

第7条 （a）为实施第4条与第6条中的规定，特授权拨发其所需款项。

（b）为实施第5条中的规定，特授权于1977年9月30日和1978年9月30日结束的两个财年每年拨款1 500 000美元。

干草应急计划

第8条 根据《1974年灾难救助法》第305条，在为美国任意地区遭遇紧急事故或重大灾难的农牧民落实干草应急计划时，总统应指示部长支付80％的运输成本（每吨不超过50美元），由供给干草充足的地区向受灾农牧民所在地区运输干草。本条款有效期截止于1977年10月1日，生效期应为1976年10月1日，或本法案实施之日，以两者较晚日期为准。于1976年10月8日批准。

立法程序记录：

众议院报告：第94-612号（农业委员会）与第94-1516号（议员会议委员会）。

参议院报告：第94-1022号（农业与林业委员会）。

议会记录：

第121卷（1975）：于11月4日经众议院审议后通过。

第122卷（1976）：于7月30日经参议院审议后通过，内容有修正。

参议院于9月15日同意会议报告；

9月23日，众议院取消或通过了参议院的部分修正内容；取消或通过了其他部分条款的修正内容；

参议院于9月27日通过众议院的修正内容。

1976 年农民至消费者直营法

《公法》92－419

第 92 届国会，H. R. 12931

1972 年 8 月 30 日

本　法　案

旨在改善美国农村地区的经济与生存状况。

由美利坚合众国国会参议院和众议院颁布，本法案引用时称为"1972 年农村发展法"

第 I 篇　　《1961 年巩固农场主住宅管理法》的修改

第 101 条　短标题。《1961 年巩固农场主住宅管理法》第 301 条（a）修订如下：
"（a）本篇引用时称为《巩固农场及农村发展法》。

第 102 条　农村企业贷款。《1961 年巩固农场主住宅管理法》第 304 条修订如下：

（1）在第一句前插入"（a）"，删除第一句中的"（a）"及"（b）"；以及

（2）在该条结尾处新增内容如下：

"（b）亦可依据本子篇向农村地区的居民提供或投保贷款，而无须符合第 302 条（2）以及（3）的要求，以便此类居民在农村地区收购或设立小型企业，以维持基本收入。

第 103 条　评估。修改《1961 年巩固农场主住宅管理法》第 305 条，删除第一句以及第二句中的"一般"，并删除最后一句。

第 104 条　基本农村社区设施。《1961 年巩固农场主住宅管理法》第 306 条（a）（1）修订如下：（1）在"非盈利性公司"之后添加"在联邦以及州居留地上的印第安部落及联邦承认的其他印第安部落群体"；以及（2）删除"及娱乐开发"，替换为"娱乐开发，以及社区基础设施（包括必要的相关设施）"。

第 105 条　供水及废物处理系统补助。修改《1961 年巩固农场主住宅管理法》第 306 条（a）（2），删除"100 000 000 美元"，替换为"300 000 000 美元"。

第 106 条　规划要求。《1961 巩固农场主住宅管理法》第 306 条（a）（3）第一句修订如下："不得依据本款（2）就项目提供补助，但部长认为该项目符合以下情况的除外：（i）该项目服务农村地区，并且在该地区实施该项目的情况下，该地区的人口不会减少至项目设计人口数量之下；（ii）一旦设计与施工，将在可行的范围内充分服务该地区的当前人口，并满足该地区合理的、可预见的增长需求；以及（iii）该项目对社区有序发展是必要的、符合农村地区社区供水、废物处理或其他全面发展计划，且不与农村社区所在地主管当局批准的任何州、跨辖区、县或市发展规划相冲突。部长应要求当事人在不超出三十日的指定期间内，根据本条规定向以下部门提出全部财政扶持申请，由以下部门就该项目对其区域目标及规划产生的影响进行审查与评议：（i）跨辖区的次级州统一规划与发展机构，该机构已被官方依据管理与预算办公室第 A—95 号公告指定为结算机构；以及（ii）对拟实施项目所在地区享有

管辖权的县或市政府部门。在本条中所提供的贷款不得与该机构跨辖区的规划及开发计划冲突。对于实施规定审查所产生的费用，部长有权要求向该部门或政府报销。"

第107条　推广。删除《1961年巩固农场主住宅管理法》第306条（A）（3）第二句中的"1971"，替换为"1973"。

第108条　供水以及废物规划补助。《1961年巩固农场主住宅管理法》第306条（a）（6）修订如下：

（1）删除"15 000 000美元"，并插入"30 000 000美元"。

（2）删除"官方"；以及

（3）删除"污水管道"，并插入"废物处理"。

第109条　定义。《1961年巩固农场主住宅管理法》第306条（a）（7）修订如下：

"（7）在本篇中，术语'农村'或'农村地区'应不包括城市或城镇中定居人口超过一万的地区，基于304（b）、310B，以及312（b）、（c），及（d）向私有企业提供贷款之目的除外。术语'农村'或'农村地区'可包括州、波多黎各自治邦以及美属维尔京群岛中人口达到或超过五万的任何城市及毗邻的人口密度超过每平方英里一百人的城市化地区及正在城市化的地区边界以外的所有地区，具体由农业部长根据美国最近十年人口普查数据决定。但对于城市以外人口超过两万五千人的地区的贷款及补贴，部长应予特别考虑。

第110条　最高额贷款的废止。修改《1961年巩固农场主住宅管理法》第306条（a），删除（5）。

第111条　农村地区发展规划补助。修改《1961年巩固农场主住宅管理法》第306条（a），在结尾处新增以下内容：

"（11）部长有权每年向公共部门或其选择的其他机构提供不超过10 000 000美元的补助，用于编制农村全面发展计划或部长指定的其他农业发展计划。"

第112条　特定供水设施以及废物处理贷款及补助的优先权。修改《1961年巩固农场主住宅管理法》第306条（a），在结尾处增加以下内容：

"（12）若部长认为农村社区用水供应骤然减少或水质骤然恶化，需要立即采取措施的，或就废物处理而言，在该农村社区配有社区污水处理系统的情况下，如部长认定因发生意外，该系统不足以满足社区需要的，则在提供（1）及（2）中的社区废物处理及供水设施贷款与补助时，部长应优先考虑人口不足五千五百的农村社区的任何市或其他公共部门（包括在联邦或州居留地上的印第安部落或联邦承认的其他印第安部落群体）的申请。但是对于供水设施贷款，该农村社区还应满足配有社区供水系统这一条件。部长应通过水土保持局在其认为合适的范围内，向本款中的申请人提供技术支持。"

第113条　农村发展贷款的利率。修改《1961年巩固农场主住宅管理法》第307条（a），在该节第二句句号前添加以下内容："；但是根据第304条（b）、第306条（a）（1）或第310B条提供或担保的贷款（不包括向公共部门或非营利性团体（在联邦及州居留地上的印第安部落及联邦承认的其他印第安部落群体除外）提供的社区设施贷款；以及《1972年农村发展法》修改前第306条（a）（1）授权类型的贷款）：

（1）除了担保贷款外，否则该贷款的利率应以农业部长规定的利率为准，但不得低于财政部长确定的利率水平。在确定该利率水平时，财政部长应考虑美国市场上未偿还债务的当前平均市场收益（须与该类贷款的平均贷款期限具有可比性）。财政部长可自行对该利率进行调整，以规定一个与私有市场类似贷款的主导利率具有可比性的利率水平，同时考虑农业部长对贷款的担保，外加部长规定的、用于偿付部长的损失及实施费用。该费用应存入农村发展保险基金之中。但是，按以上要求调整的比例应最大程度上接近1%的1/8，以及

（2）对于担保贷款而言，应以贷款人与借款人之间约定的贷款利率为准"。

第114条　托管款项。修改《1961年巩固农场主住宅管理法》第307条（a），在句尾的句号前添加以下内容："，及在本篇项下的借款人应按部长规定的条款与条件向部长预付（作为托管人）规定的

税费及保险。"

第 115 条 农业信贷保险基金变动。《1961 年巩固农场主住宅管理法》第 309 条（f）修订如下：

（1）在（1）中将"100 000 000 美元"修改为"500 000 000 美元"；

（2）（2）修订如下：

（A）删除"利息"，并插入"款项"；

（B）将三处"预付款"修改为"款项"；以及

（C）在"到期前"后添加以下内容："或在约定的下一年度或半年度汇款日"。

（3）删除（5）中的"第 335 条（a）与投保贷款相关。"替换为"与保险贷款相关的，包括借款人应付利息与已投保的贷款人或投保人依照与部长的约定在保险合同中所享受的利息之间的差额。"

（4）在"付款"后插入以下内容："合同服务。"

（b）修改该法第 309 条，在该节结尾新增以下内容：

"（g）（1）依据第 338 条（c）开立的农场主家庭管理直接贷款账户的资产和负债，适用于此类账户的授权，以及第 326 条涉及的应急信贷循环资金应转入商品信贷基金之中，以上账户及循坏资金由此应予废止。此类资产及其收益，包括在本条中从该基金中提供的贷款应以本条、第 308 条、第 306 条（a）（1）节最后一句以及第 307 条最后一句的规定为准。

"（2）部长在经美国总审计长批准后，根据本款第一句规定，转入商品信贷基金中的政府权益所产生的利息，部长应当不时且至少在每一财政年度结束时，将其作为杂项收入存入财政部。同时，将在本条款颁布后累计提供的拨款额作为计划（由保险基金资助）的实施资金存入财政部，但要扣除在该年度尚未拨付的平均现金余额。该利率水平应当由财政部长在考虑到美国市场上剩余期限未偿还债务的当前平均市场收益（须与该类贷款的平均贷款期限具有可比性）之后确定。但对利率的调整比例应最大程度上接近 1% 的 1/8。经财政部长批准可推迟偿还利息。但推迟偿还的利息额本身也会产生利息。倘若部长在任何时间认定基金中的款项超出当前及合理的未来资金要求，则超出的金额应当统一转入财政部的一般基金中。

"（h）部长有权为本篇规定之目的，通过对联邦或州渣打银行、存款及贷款协会、贷款合作机构或其他依法组建的贷款机构的贷款，以担保形式向借款人提供财政扶持。

第 116 条 农村发展保险基金。修改《1961 年巩固农场主住宅管理法》，在第 309 条后新增以下内容：

"第 309A 条 （a）特此设立农业发展保险基金（以下简称为'保险基金'），由部长用于资金循环，以履行部长在农村发展贷款担保或保险合同项下的义务。基于本条之目的，'农村发展贷款'应为第 304 条（b）、306 条（a）（1），310B 条以及第 312 条（b）规定的贷款，《1972 年农村发展法》修改前第 306 条（a）（1）节授权类型的贷款除外，不包括供水系统以及废物处理设施贷款。

"（b）在第 309 条（a）中适用于第 306 条（a）（1）项下供水系统及废物处理设施的农业信贷保险基金的资产与负债，应转移到保险基金之中。此类资产（包括收益）及负债，以及按本篇规定担保或投保的农业发展贷款，应以本条及第 308 条的规定为准。

"（c）在保险基金中，当前业务不需要的款项应当存入财政部，计入保险基金的贷方，或者投资于美国的直接国债或担保国债中。为增加保险基金数额，部长可动用保险基金中的款项购买财政部发行的任何票据。

"（d）部长有权向财政部长提供和发行票据，以获取履行本条项下义务所必需的资金、贷款、预付款及授权保险资金的开支。相关票据的形式、面额及期限，应以部长规定（须经财政部长批准）的条款及条件为准。票据的利息应由财政部长确定。但应考虑到与本篇项下所提供或担保农业发展贷款平均期限类似的未偿还债务额的平均市场收益。财政部长有权且应按指示购买部长在本篇项下发行的任何票据。为此，财政部长须将根据《第二自由债券法修正案》发行的证券销售收入用于政府债券交易。根据修改后法案，此类证券的发行目的应予扩大，涵盖购买由部长发行的票据。财政部长对此类票据的所有赎回、购买及出售活动，应视为政府债券交易。

"（e）部长取得的与根据本篇所提供、担保或投保农业发展贷款相关的、或与根据本条（b）转入的农业发展贷款相关的票据及证券，应当构成保险基金的一部分。在保险基金中的票据应按各自的条款获取收益，或经部长同意或未经部长同意的情况下，按届期余额出售；或按部长适时确定的方式出售。所有获取的净收益，包括票据或财产的销售收益，应存入保险基金之中，并成为保险基金的组成部分。

"（f）部长应当将部长提供贷款服务所征收的所有费用，及在本篇项下提供、担保或投保农业发展贷款相关的损失及实施费用，存入保险基金中。

"（g）部长有权将保险基金用于以下目的："

"（l）当部长有合理的理由相信贷款的出售不会无故迟延，且相信可将贷款出售及投保时，则提供在本篇中已投保的农业发展贷款。

"（2）向投保票据的持有人支付该持有人对在此前后投保的贷款而有权获得的款项，该款项应是从借款人还款日到款项转移日此段期间产生的款项。除最终还款外，其他款项无须在到期前或约定的下一年度或半年度汇款日前支付给持有人，具体由部长酌定。

"（3）向已投保票据的持有人支付逾期未付的分期额，或在按部长要求将票据转让给部长后，向投保票据的持有人全额偿还到期的贷款余额；

"（4）根据部长在此前后签订的保险合同购买债券；

"（5）履行部长在其签订的担保合同项下的付款义务；

"（6）支付税费、保险费、优先留置权费用、与托收申请及转账相关的财政调整所产生的必要费用、取得申请人或借款人信用报告时产生的必要费用、必要的服务费用（包括施工验收、商业评估、贷款服务、企业咨询顾问或其他商业技术服务及其他项目服务费用）及本篇第 335 条（a）中准许的与担保贷款相关的其他费用及预付款。此类与担保贷款相关的付费项目，应由部长在发生违约后，获得此类贷款或担保时予以支付。只要部长认定系与保护政府利益所必需即可；或只要部长认定其系与本章授权的补贴及任何其他活动相关即可；

"（7）借款人应付利息与已投保的票据持有人，因部长在此前后签订的保险合同而享有的利息之间的差额，应予以支付；以及

"（8）向部长支付实施农业发展贷款计划所产生的费用，包括部长依据本篇规定为农业发展贷款提供担保所产生的附带费用。

"（h）在保险基金中的担保贷款售出的情况下，基于《1954 年国内税收法典》第 1 章之目的，向投保人支付的贷款利息或其他收益应当包含在总收入中。

第 117 条　投保的流域及自然保护发展贷款。修改《1961 年巩固农场主住宅管理法》子篇 A，在结尾处新增内容如下：

"第 310A 条　符合《流域保护及洪灾预防法》或《班克黑德—琼斯佃农法》第 Ⅲ 篇要求的贷款，须根据本篇第 308 条、第 309 条、第 306 条（a）（1）最后一句以及第 307 条最后一句的规定进行投保或出售。"

第 118 条　农村工业化扶持。（a）修改《1961 年巩固农场主管理法》子篇 A，在该子篇末尾的第 310A 条后新增加一条，内容如下：

"第 310B 条　（a）为促进、支持企业、行业发展，改善就业状况，以及改善农村社区的经济及环境状况（包括污染减排与控制），部长亦可向公共、私人或以营利或非营利性合作组织、在联邦及州居留地上的印第安部落、联邦承认的其他印第安部落群体或个人提供保险贷款。此类贷款，在由其他贷款人发起、持有或服务的情况下，必须由部长按本条规定提供担保，而无须符合第 333 条（a）及（c）规定。

"（b）部长有权就农村地区污染减排及控制项目，每年向本篇项下的合格申请人提供不超过 50 000 000 美元的补助。但是，该补助不得超出该项目开发费用的 50%。

"（c）同时，部长有权每年向公共部门提供最高额为 50 000 000 美元的补助，以支持就以下方面促进私有企业发展的措施：土地、建筑、厂房、设备、出入街道、停车区域、公用设施推广、必要供水及废物处理设施的开发、承包或收购，再融资、服务及费用。

"（d）为促进、支持企业、行业发展，改善就业状况，以及改善农村社区的经济及环境状况，部长须与经济发展局、中小企业管理局、住房与城市发展局、其他联邦及州政府部门以及私有及准公共性的金融机构合作。通过向（a）中的合格申请人提供联合贷款，参与联合贷款及计划，促进农村地区私营企业的发展。或者基于以上目的，包括土地、建筑、厂房、设备、出入街道、停车区域、公用设施推广、必要供水及废物处理设施、提炼设施的开发、建设或收购、服务及费用，通过向（c）的合格申请人提供联合贷款的方式，参与提供贷款促进农村地区私营企业的发展。

"（1）根据第 304 条（b）、第 310B 条，以及第 312 条（b）的规定所提供的财政或其他扶持，不会造成或可能导致就业人数或申请人业务活动从一地区转移到另一地区的情况。但是，这一限制条件不得解释为禁止扶持通过新设分公司、关联公司或子公司对当前商业实体进行扩张的行为，前提是该商业实体设立分公司、关联公司或子公司的行为，不会导致该实体原住所地或业务经营地区失业率上升，除非其有理由相信设立该等分公司、关联公司或子公司的目的在于关闭原住所地或关闭其他业务经营地区的当前商业实体。

"（2）如货物、原材料、商品、服务或设施无充分市场需求，因此无法高效利用当前具备竞争力的商贸或工业企业的生产能力，则不得根据第 304 条（b）、第 310B 条及第 312 条（b）的规定提供导致或可能导致该地区货物、原材料及商品生产增加，或可用服务或设施增加的任何财政或其他扶持。但是该财政或其他扶持不对该地区当前具备竞争力的企业带来负面影响的除外。

"（3）倘若劳动部长能在农业部长提交事项后的 60 日之内证明后者已违反本款（1）及（2）的规定，则不得根据第 304 条（b）、第 310B 条以及第 312 条（b）的规定提供任何财政或其他扶持。劳动部长应与农业部长合作开发认证系统，以保证快速处理本节项下的扶持申请。"

（b）修改《1961 年巩固农场主住宅管理法》第 333 条，在（b）中"306,"之后添加"310B,"。

第 119 条　担保性农村住房贷款。修改《1961 年巩固农场主住宅管理法》子篇 A，在该子篇的结尾处新增一条，内容如下：

"第 310C 条　（a）农村住房贷款：（1）由部长根据《1949 年住房法》第 517 条（a）（2）节规定提供担保；（2）由部长批准由其他贷款人提供，为农村地区的申请人提供自住用住房；以及（3）农村住房贷款的利率以及其他收费的标准最高不得超过住房与城市开发部部长针对私人贷款机构规定的、由住房与城市开发部部长根据《国家住房法》或替代立法所担保的用于类似目的的贷款的最高利率水平。该农村住房贷款不受《1949 年住房法》第 501 条（c）以及第 502 条（b）（3）的限制。"

"（b）根据《1949 年住房法》第 V 篇之目的，夏威夷国土部（或接管其职能的部门）依法提供贷款的担保，应由部长负责裁定，以确保所担保债务的偿还。"

第 120 条　青年农场主贷款。（a）修改《1961 年巩固农场主住宅管理法》第 311 条：

（1）在首单词前插入"（a）"；以及

（2）在本条结尾处增加以下内容：

"（b）（1）在无须符合（a）（2）及（3）条件的情况下，可向农村青年居民提供本条规定的贷款，促使青年农场主参与 4—H 俱乐部、未来农场主组织及相似组织，用于第 312 条指定的目的。

"（2）根据本款收到贷款的人同时也是负责签署本票的人，应根据本票条款（少数民族任何残疾人员不适用）承担偿还本票债务的个人责任。

"（3）就本款下的贷款而言，除借款人的个人责任之外，部长亦可接受本票担保人的个人责任。

（b）修改《1961 年巩固农场主住宅管理法》第 312 条，在"311"后添加"（a）"。

第 121 条　农村企业经营贷款。正如本篇所做修改，《1961 年巩固农场主住宅管理法》第 312 条修订如下：

（1）在首字母前添加"（a）"；以及

（2）进一步修改（a）（经（1）修订后），删除"以及（9）贷款交割费用"，并插入："（9）贷款交割费用，以及（10）若部长认为不按本款向农场或牧场提供扶持，农场或牧场很可能会因标准合规遭受重大经济损失的情况下，部长须协助农场主或牧场主增置或改进设备、设施或农牧场的管理方法，以使农场或牧场符合根据《1970 年职业安全及健康法》第 6 条制定的标准，或州根据《1970 年职业安全及健康法》第 18 条批准的计划而采用的标准。"

（3）在该条结尾处新增加一款，内容如下：

"（b）根据本子篇的规定，须同时向农村地区居民提供贷款，而无须考虑第 311 条（a）（2）及（3）的规定，将贷款用于维持农村地区经营小型企业基本收入。

"（c）也可根据本子篇规定向农村地区污染减排及控制项目的合格申请人提供贷款。

"（d）部长有权根据本子篇规定向农村地区污染减排及控制项目的合格申请人提供每年最高 25 000 000 美元的贷款。"

第 122 条　最高额贷款。修改《1961 年巩固农场主住宅管理法》第 313 条，将"35 000 美元"修改为"50 000 美元"。

第 123 条　投保经营贷款。修改《1961 年巩固农场主住宅管理法》子篇 B，在该子篇结尾处新增一条，内容如下：

"第 317 条　符合本子篇（第 312 条（b）除外）规定且可根据本篇第 308 条，309 条及第 307 条最后一句规定进行投保及出售的贷款。"

第 124 条　对第 331 条的修改。修改《1961 年巩固农场主住宅管理法》第 331 条：

（1）在（a）的分号前添加以下内容："在 1975 年 1 月 1 日前，签订有关贷款、财产的提供、投保、收款及服务合同，具体由部长确定，只要按本篇贷款的规定执行即可：（及部长应在 1974 年 6 月 30 日前通过总统向国会提交关于利用此类合同的经验且其认为合适的立法建议）"；以及

（2）将标有字母的段落结尾处的句号更改为分号，在该条结尾处增加如下段落：

"（g）取得忠诚保证保险，使政府规避农场主住宅管理局高管及雇员的欺诈与不诚实行为，以此本着良好意愿履行《美国法典》第 6 篇第 14 条项下的保险责任，并根据《美国法典》发布的规定项下的保险责任：

"（h）对于农场主住房管理局保留或投保贷款逾期不超过 90 日的利息，借款人不必偿还在 1972 年 12 月　日之后在此基础上产生的利息：

"（1）对贷款担保财产的转让，或者对部长在本篇或农场主住宅管理局实施的任何其他法律规定中所资助财产的转让，须按部长认为必要的条款征得相关人员同意，因为这是实现贷款或补助的目的或保护政府的财政利益所必要的。"

第 125 条　其他渠道信贷测定。修改第 333 条（a），在"书面"后增加以下内容："以及部长应当认定，"。

第 126 条　协会及地区贷款县委员已批准要求的废止。修改《1961 年巩固农场主住宅管理法》第 333 条（b），删除"该条"，插入"第 321 条（b）（2）"。

第 127 条　不动产的处理。修改《1961 年巩固农场主住宅管理法》第 335 条（c）：

（1）删除第一句中的"子篇 A"，并插入为"农场主家庭管理局实施的任何法律规定"；

（2）删除第二句中的"子篇 A 的规定"，并插入为"该等规定"；

（3）删除第四句中的"至少 20％"以及"每年不超过 5…"；以及

（4）在第四句结尾处的句号前插入以下内容："，但是在任何情况下该利率及条款不得比针对合格借款人的法定利率及条款更为优惠"。

第 128 条　（a）贷款的担保。修改《1961 年巩固农场主住宅管理法》第 343 条，在该条结尾处的句号前添加以下内容："，以及（4）在本篇中所采用的单词'保险'应包括担保，系为私有金融机构的

开发、持有以及服务相关贷款提供的担保，以及（5）术语'保险合同'应包括担保合同"。

（b）修改《1961 年巩固农场主住宅管理法》第 307 条（b），第二句将"应"修改为"可"。

第 129 条 优先顺序，担保物的范围。修改《1961 年巩固农场主住宅管理法》，在结尾处新增以下内容：

"第 344 条 部长不得提供任何贷款（但不包括向公共部门或非营利性的团体、在联邦及州居留地上的印第安部落或联邦承认的其他印第安部落群体）提供的社区设施贷款，亦不包括在《1972 年农村发展法》颁布前第 306 条（a）（1）授权类型的贷款，无论是以保险贷款销售，还是第 304 条（b）、306 条（a）（1）、310B 条、312 条（b），或第 312 条（c）中提到的其他贷款，除非部长已做如下决定：无其他贷款人愿意提供该类型的贷款且不愿意承担 10％的损失。任何该类型的贷款担保合同不得要求部长承担 90％以上的损失。

第 II 篇 对《流域保护及防洪法》（修改后）的修改

第 201 条 对《公法》83‐566 的修改。对《流域保护及防洪法》（修改后）（《美国法令全书》第 68 篇 666）修订如下：

（a）修改第 1 条。删除"为防止出现此类损失，加强对水源的保护、开发、利用及处理，保留、保护国土资源与水资源"的内容，并插入"为防止出现此类损失，加强对水源的保护、开发、利用及处理并加强对国土资源的保护、利用，进而保留、保护并改善国土资源与水资源状况，提高环境质量。"

（b）修改第 2 条，在（1）后以"或"替换逗号，在短语"（2）水资源的保护、开发、利用及处理"后增加逗号及以下内容："或

（3）土地的保护及恰当利用"。

（c）修改第 3 条，在（5）中结尾处将句号修改为逗号，并增加以下内容：

"（6）在土地产权人、经营人及占有人保护计划的基础上，以单个或集体形式与土地产权人、经营人及占有人签订协议。该保护计划系经与协议所述土地所在地的水土保护地区合作制定，并经协议所述土地所在地的水土保护地区批准在该土地上实施计划，实施期限不超过 10 年。该协议规定了种植制度及土地利用方式的转变，采取改造施工计划涵盖地区内水土、林地、野生生物与土地旅游资源的开发所需要的水土保持措施，包括与《1944 年 12 月 22 日法》（《美国法令全书》第 58 篇 887）第 13 条及其修改与负责授权的 11 个流域整治计划相关流域、子流域施工方案。申请此类保护计划开发扶持的，应以书面形式向相关水土保护区提出申请；拟签协议应由该区负责核查。作为产权人、经营人及占有人签订协议的对价，部长在认为进行费用共担系合适且符合公众利益的情况下，应同意与上述人员共同分担落实协议规定的措施产生的费用。拟分担的费用（包括劳务支出）比例应当为部长认为适于实施协议规定的措施且符合公众利益的比例。但是，联邦扶持的费用分摊比例，不得超过对当前计划中采取类似操作与措施所提供扶持的费用分摊比例。部长在认为解除该协议符合公众利益的情况下，在经协商后有权与产权人、经营人或占有人解除该协议；同时有权修改该协议及按本篇规定此前签订的协议，只要其认为该修改系落实本款宗旨所必须，或该修改能够按本款规定的促进落实该协议。尽管有其他法律规定，部长在其认为实现本款目的的必要范围内有权在本款中的任何协议中约定以下内容：（1）在不超过协议规定的期限内及其以后的同等期限进行耕地保护、种植面积保留以及协议所覆盖土地的分配历史（针对采用土地分配历史作为当前土地分配依据的任何联邦计划）或约定其他有关作物生产的限制条件；（2）放弃对以上历史及分配的限制。"

（d）修改第 4 条（1），在"联邦政府不承担任何费用"之后添加"专门按本法拨付的资金"的内容。

（e）修改第 4 条（2）A，删除"鱼类与野生生物"之后的所有内容，并插入"开发、旅游开发、地下水补给、水质管理或土地的保护与合理利用"；但是，供水质量管理的改造工程应主要包括蓄水池

蓄水能力的改善，以便对流量进行控制。但是，该蓄水及排水措施不是针对用于源头废水充分处理或其他控制方式的除外，该蓄排水应符合水资源理事会关于联邦水质管理费用分摊标准及规定，以及"。

（f）修改第4条（2）（B）中首次出现的"但是，"以后的所有内容："但是，除部长在第8条中提供贷款或预付款的授权外（不限于该授权），对于根据本法规定修建的蓄水结构，部长有权对该蓄水结构的当前或未来的市政或工业用水需求储备提供补贴；但是，基于满足未来需求的蓄水费用不得超出该蓄水结构预估总费用的30％，当地组织应给予合理保证，提供证据证明可在一定期限内利用该蓄水。这样可允许当事人在蓄水结构的生命周期内偿还蓄水支出；但是，部长应当在蓄水结构（供应性蓄水）施工或改建之前做出决定，即有权作出保证的当地组织或州政府部门作出充分保证，对于部长应对未来预计的供水需求而产生的储水费用，应向部长报销。对于为应对当前用水需求而产生的蓄水费用，当地组织应承担不低于占蓄水费用50％的费用；但是，应由当地组织针对未来供水需求承担的费用可在蓄水结构生命周期内偿清。是在任何情况下，不得超过该蓄水结构首次投入使用后50年，以下情况除外：（1）在首次供水前，无须对供水蓄水费用作出报销的；以及（2）在首次供水前，为应对未来预计的供水需求而产生的供水费用并不收取利息。在任何情况下，无息期不得超过10年。根据第8条确定计算未偿还部分贷款采用的利率。"

（g）第5条（4）修改如下："（4）倘若改造工程计划涉及联邦应承担的施工费用超过250 000美元，或计划中的任何蓄水结构总蓄水能力超过2 500立方英尺，且具有以下情形：（a）改造工程计划包括农垦或灌溉方面的施工改造或会对内政部部长辖区范围的公共、其他土地或野生生物造成影响；（b）包含保水结构有关的联邦扶持；（c）含有影响公众健康的特点；或（d）含有水污染控制或污水减排方面的措施，则改造计划应在通过总统转交国会审议前至少提前30日提交内政部部长、陆军部部长、卫生、教育及福利部部长或环境保护局局长，向他们征求意见及建议。如部长在以上30日期间届满前收到来自内政部部长、陆军部部长、卫生、教育及福利部部长以及环境保护局局长的意见及建议，部长应当通过总统将该计划与建议一并提交国会审议。"

第Ⅲ篇　对《班克黑德—琼斯佃农法》（修改后）所作的修改

第301条　《班克黑德—琼斯佃农法》修改。对《班克黑德—琼斯佃农法》（修改后）第Ⅲ篇第32条（e）作出修改，在结尾处增加以下内容：

"部长有权提供扶持，以实施根据本篇制定的计划：

"（1）对于根据本法规定修建的蓄水结构，部长有权对该蓄水结构的当前或未来的市政或工业用水需求储备提供补贴；但是，为满足未来需求而产生的蓄水费用不得超出该蓄水结构预估总费用的30％。公共部门或当地非营利性组织应给予合理保证，且提供证据证明可在一定期限内利用该蓄水，允许当事人在蓄水结构的生命周期内偿还蓄水费用；但是，在蓄水结构（包括供水蓄水）施工或改建前，对于为应对当前用水需求而产生的蓄水费用，公共部门或当地非营利性组织应承担不低于蓄水费用50％的费用；公共部门或当地非营利性组织针对未来供水需求承担的费用可在蓄水结构生命周期内偿清，但是，在任何情况下不得在该蓄水结构首次投入使用供应未来预计的供水需求后的50年后偿还，下列情况除外：（1）在首次供水前，无须对供水蓄水费用作出报销的；（2）在首次供水前，为满足未来需求而产生的供水费用不收取利息的。但是，在任何情况下，无息期不超过10年。计算未偿还部分贷款采用的利率必须是财政部长确定的平均利率。由财政部长在供水首期款支付所在的财政年度，在未偿还政府债券的基础上支付。自债券发行之日起的15年内该未偿还政府债券既非到期偿还债券也是非可赎回债券；

"（2）基于农村社区福祉，提供技术及其他扶持，并按适当比例分摊针对以下事项所采取措施产生的费用：水质管理、农业相关污染控制及减排、土壤废弃物处理、水库、池塘或其他蓄水区蓄水（及相关的取水支架）及农村消防。具体由部长在考虑到国民需求及其他联邦计划中就类似目标授权的扶持因素后合理确定。"

第 302 条 水土及相关资源数据。随着对水土及相关资源数据需求的增加，为促进土地保护、利用及开发，指导社会发展，平衡城乡发展，明确应予保护的基本农业产区、保护环境质量。农业部长应按指示实施土地存货及监控计划，对以下事项开展调查、研究，包括但不限于：土壤侵蚀和沉积损失、漫滩鉴定与利用、土地用途调整及趋势、因水土及相关资源不当利用而造成的环境恶化。部长应至少每五年一次出具土地存货报告，反映水土及相关资源的状况。

第Ⅳ篇　农村社区消防

第 401 条 自然火灾预防方面的扶持。为防止采取消防措施不到位或不完善农村地区的人类、自然资源、财政投资及环境遭受因自然火灾带来的损失，联邦、州及当地政府应针对在美国农村社区及地区遭受自然火灾威胁的人员及财产采取措施，以充分提高自然火灾的防护能力。国会在此认为，火灾防护不充分及因此造成的重大人身财产损失对为盘活美国农村地区而进行的必要劳动力及现金投资而言是一个严重威胁。国会同时认识到，在许多农村地区需要组织严密、设备完善及训练有素的消防部队，以鼓励在自然火灾损失有效防控缺乏或不足的农村地区进行公共及私人投资，并提供保障。为此，农业部长有权向各州的州林业官员或其他相关官员提供财政、技术及其他扶持措施，支持当地消防力量的筹建、培训及设备配备，包括在联邦及州居留地上的印第安部落或联邦承认的其他印第安部落群体，对威胁人类生命、牲畜、野生生物、农作物、牧场、果园、放牧地、林地、农场或其他改建建筑物及《巩固农场及农村发展法》第 506 条（a）（7）定义的农村地区的财产。

第 402 条 匹配。部长应根据部长与有关的州官员合作制定的合作协议来实施本篇内容。该合作协议应包括部长认为实现本篇目的必须执行的条款及条件。该协议不得约定部长根据本篇规定在任何财政年度向任何州提供超过本协议保证的总预算或决算额 50%（以较低者为准）的财政扶持。该费用支出包括当地公共及私有非营利性组织（包括参与协议所覆盖活动的印第安部落群体）。部长须按照有关州官员提供的、关于该协议规定支出情况的证明提供贷款。

第 403 条 报告。农业部长应在本篇颁布后的两年内向总统提交一份书面报告，详细说明为实现本篇宗旨而承担的农村地区消防计划费用部分。同时，部长有权在认为合适的情况下，在该报告中添加农村地区消防计划有关的建议。总统应将报告转交国会审查并采取相应措施。

第 404 条 拨款。授权部长在分别于 1973 年 6 月 30 日，1974 年 6 月 30 日及 1975 年 6 月 30 日截止的每一财政年度内拨款 7 000 000 美元用于实施本篇规定。

第Ⅴ篇　农村发展及小型农场研究及教育

第 501 条 宗旨。本篇宗旨在于通过提供成功实施农村发展计划所需要的基本知识鼓励、促进全国平衡发展，为美国国民提供更多的工作岗位及使全国各地享受高品质生活：

（a）向跨州地区性机构、州、县、市、跨县性的规划及发展组织、企业、行业、组织、在联邦及州居留地上的印第安部落或联邦承认的其他印第安部落群体，以及其他涉及农村地区公共服务及投资的组织提供可资利用的最佳科技、技术、经济、组织、环保、实用的管理信息及知识，支持并鼓励以上组织对信息解释、应用及农村需求问题进行解读；

（b）在所有领域开展调查研究，就其宗旨而言，开发实用信息及知识协助对设施、服务、公司或其他有助于农村发展的企业、公共或私人公司进行规划、实施、管理或投资；

（c）提高院校、大学在履行科研、知识转让及实际应用这一重要公共服务职能方面的能力；

（d）加强小型农场创新管理方式与技术的研究，加大对小型农场的培训及技术扶持力度，充分利用可资利用的与小型农场稳健经营方式有关的最佳知识。

第 502 条 授权计划。农业部长（以下简称"部长"）有权按指示加强与院校及大学的合作与协调，开展以下计划以实现本章宗旨。

（a）农村发展推广计划。农村发展推广计划应包括对科研得出的或通过其他渠道获得的实用信息及知识进行搜集、解释，并在跨州的地区机构单元、政府的州、县、市及其他部门广泛传播。跨县性的规划集中发展区域，有助于农村发展的市民组织，企业，在联邦或州居留地上的印第安部落、联邦承认的其他印第安部落群体或在农村地区雇用人员或可能雇用人员的部落。此类计划同时包括技术服务及教育活动，包括对未被院校或大学录用的人员提供授课，促进及鼓励对此信息的利用与实际应用。此类计划还可包括在可行性研究报告及规划方面的扶持。

（b）农村发展研究。农村发展研究包括任何领域或学科的研究、调查及基本的可行性研究此类研究、调查和可行性研究有助于在该学科或领域开发原理、事实、科技及技术知识、新技术、对以下机构有用的其他信息或者实现农村发展目标所需要的其他实用及有用信息：联邦、州以及当地政府部门，农村地区的工业界，在联邦及州居留地上的印第安部落、联邦承认的印第安部落群体及其他涉及农业发展计划的组织，从事此类计划策划及实施活动的其他组织。

（c）小型农场推广、研究及发展计划。小型农场推广、研究及开发计划包括对在小型农场型管理、农业保护技术、农场机械技术方面的新型方式，最新产品、合作性农业营销及符合家庭农场经营经济发展情况的经销方式进行的推广及研究计划。

第503条　拨款及资金分配。（a）为实施本篇，授权部长在截至1974年6月30日的财政年度提供最高为10 000 000美元的拨款，在截至1975年6月30日的财政年度提供最高为15 000 000美元的拨款，在截至1976年6月30日的财政年度提供最高为20 000 000美元的拨款。

（b）国会为实现本篇宗旨根据（a）中规定提供的拨款数额应由部长作如下分配：

（1）4％由部长用于联邦执行、全国协调以及向州提供计划扶持；

（2）10％由部长分配给各州，资助两个或多个州之间的多所大学合作开展的且同时服务于两个或多个州的项目，或用于资助一所大学实施的、同时服务于两个或多个州的项目；

（3）20％在各州之间平均分配；

（4）剩余66％的数额应分配给各个州，具体如下：按分配州的农村人口占所有州的总农村人口数（截至其他款项首次拨付之时，根据在最近一次每十年人口普查结果确定）的比例分配占拟分配总额50％的金额；按分配州的农业人口占所有州的总农业人口数（截至其他款项首次拨付之时在最近一次每十年人口普查的基础上确定）的比例分配占拟分配总额50％的金额。

（c）在本篇中拨付的资金可用于支付雇用的履行本篇授权职责的人员的工资及其他费用，或用于支付雇佣的获取必需品、设备及服务的费用或支付其他需要设备的租金、维修及维护费用，但不得用于物业购置或建设。

（d）针对第502条（a），（b）以及（c）中授权的计划向任何州提供拨款必须以部长对年度计划及预算的批准为条件，而且必须遵守部长在本篇中公布的规定。各州可在批准的财政年度内及拨款所在年度以后的下一个财政年度内使用该资金。该资金应按照部长规定的格式并且在部长规定的时间进行预决算。

（e）在本篇中向各州提供的拨款可用于支持通过私立、公立大学开展或在私立、公立大学开展的计划，且该公立与私立大学应是除负责实施本篇授权计划以外的大学。

第504条　合作院校及大学。（a）本篇授权的每一计划应是由每一州的一所或多所院校或大学组织和开展，以便在每一州协调多所院校实施此类计划。

（b）为确保《1914年史密斯—利弗法》及《哈奇法》（1955年8月修改）中的计划在全国范围内的协调实施，在每一州负责实施该计划的机构应为接受《莫里尔法》（《美国法令全书》第12篇503）受益的机构或大学。该实施应与《史密斯—利弗法》及《哈奇法》项下实施的项目相关联。部长应从每一州可用资金中向该机构或大学提供扶持资金。

（c）所有的私立及公立院校及大学，包括1890年由政府赠予土地的增地大学（《美国法令全书》第

26 篇 417）符合实施或参与实施本篇授权计划的条件。希望参与该等计划的大学或院校（专门负责实施本章授权计划院校或大学除外）官员应向大学负责实施此类计划的官员提交项目方案，负责实施辞了计划的官员应负责审批该申请方案。

（d）在每一州负责实施本篇授权计划的大学应分别指定一名官员负责第 502 条每一部分授权计划，同时指定一名官员负责以上计划的协调工作。

（e）在每一州负责实施本篇授权计划的大学行政主管应设立州农村地区发展顾问委员会。最多由 15 名成员组成，由该大学农业部门的行政主管担任委员会主席。该州的主要工程院校行政总监担任委员会成员。其他至少十位成员应包括农场主、企业、工会、银行、当地政府、跨县性的规划及发展区域、公立及私立院校以及涉及农村发展计划相关的联邦及州政府机构。

委员会的职责是审批在本篇项下实施的年度计划方案，就授权计划相关事宜向大学行政总监提出建议。

第 505 条　协议及计划。（a）在本篇下授权的计划应按照部长与负责实施以上计划的大学在谅解备忘录中的约定加以实施。该谅解备忘录应对本篇授权计划的协调问题、此类计划与联邦、州以及当地政府的其他农村发展计划的协调问题，以及部长确定的其他事宜加以规定。

（b）以上大学应当每年向部长提交本篇项下所授权计划的年度计划方案，该方案应包括每一所合作及参与大学或院校的计划实施方案及部长规定的其他信息。每一州的计划应当包括最终计划验证所需要的研究及推广活动，因为该研究及推广活动，无论从长期还是短期来看，很可能会对农村发展项目的实现产生最大影响，同时也会对将该等研究应用于支持本篇项下的州综合计划产生最大影响。

第 506 条　扣除资金。倘若部长认为，某一州因不符合本篇指定的条件，或因未遵守部长在本篇中发布的规定及因其他事实、原因导致该州不具备享受全部或部分资金扶持的资格，那么部长应立即向总统报告，并在扣除资金的该州议会会议后的下一届国会届满前，将涉及的金额单独保存在财政部。如该州同意，可针对部长作出的决定向国会提出申诉。如下届国会未指示支付该款项的，那么应将该款项保存在财政部。如由指定官员接收的、用于本篇授权计划的任何部分款项，因任何行为或意外事故减少、丢失或利用不当的，应由该州负责补偿。

第 507 条　定义。针对本篇之宗旨：

（a）"农业发展"系指为将农村地区建设成为令人满意的居住场所及个人及企业投资场所而对农村地区的设施及服务进行规划、资助及开发的行为；农村发展是旨在增加就业机会及收入从而对农村地区的企业及产业所实施的规划、发展及扩展的行为；为维持及改善农村地区居民及企业的环境质量从而对农村地区土地及其自然资源实施的规划、开发、保护及利用等的行为；将以上目标作为主要宗旨而实施的程序及流程。

（b）"州"系指诸州以及波多黎各自治邦。

第 508 条　授权部长发布其认为实施本篇规定所必需的规定。

第 VI 篇　杂项条款

第 601 条　农村地区的住所地或办公地。《1970 年 11 月 30 日法》第 901 条（b）修订如下：

"（b）国会特此指令政府所有行政部门及各机构主管各自设立、维持部门政策及程序，优先考虑修改后的《1961 年巩固农场主住宅管理法》（《美国法典》第 7 篇 1926）第 306 条（a）（7）私有企业例外部分定义的农村地区新办公地址及其他设施。总统应当在每一财政年度的 9 月 1 日前向国会提交一份报告，详细说明所有执行部门及各机构主管在实施本条条款及引用所有新的设施地址方面所做的努力。该报告应还应说明选择新办公地的基本理由。"

第 602 条　荒漠化土地开发人员。（a）该法第一句"本法促进农业部长向宅基占有人提供财政扶持，及基于其他目的向宅基占有人提供扶持"，于 1949 年 10 月 19 日批准（《美国法令全书》第 63 篇

883；《美国法典》第 7 篇 1006a）做出修改，删除"宅地登记"，并插入"宅基或荒漠化土地"。

（b）修改该法第 1 条第一句，删除"开垦项目"，并插入"开垦项目或向荒漠化法律项下的占有人"。

第 603 条　农村发展活动协调。（a）修改《法规校订》第 520 条（《美国法令全书》第 7 篇 2201）：

（1）在"农业"之后添加"以及农村发展"，并且

（2）删除"该词语"，并插入"该等条款"。

（b）修改《法规校订》第 526 条（《美国法典》第 7 篇 2204）：

（1）在首句前插入"（a）"；

（2）在"农业有关"后添加"及农业发展"；

（3）删除该节结尾处的句号，并插入："；以及其应就旨在提高国家农村及非城市地区居民生活质量的政策与计划向总统及其他内阁成员及国会提出建议。"；并且

（4）在该条的结尾处新增加一款，内容如下：

"（b）农业部长有权并且应当按指示在执行机构中提供指导与协调，负责农村发展计划在全国范围内的协调，执行分支部门及机构、机构、局、办公室及农业部的服务协调各州及当地政府部门的经济发展计划。在履行职责时，农业部应当解决就业、收入、人口及住房问题，提高社区服务的质量，促进农村发展目标的实现。在 9 月 1 日前，定期向国会报告目标的落实情况。部长有权发起或开展旨在解决农村供水、污水以及固体废弃物管理、农村住房及农村产业化问题相关的研究与开发活动。"

（c）（1）农业部长应当在实际允许的最大范围内，通过州、地区、区、县、当地或农业部其他办公室促进农村地区发展；应当在实际允许的最大范围内直接规定、或倘若实施机构是农业部之外的机构时，农业部长应当与相应机构主管人员协商安排规定：

（A）下辖地理区域与农业部办公室基本类似的、联邦政府中与农村发展相关的所有外地单位的地址，并且

（B）此类办公机构人员与设施的必要的或有益的更迭方式，以最有成效的方式发挥相关人员的职能与设施的功用，从而根据州农村地区发展计划为农村地区发展提供最有效的援助。

（2）部长应当在本条规定的报告中，添加关于本款（1）实施情况的报告及有关合适的建议。

第 604 条　农业部其他部长助理。（a）除法律当前规定的农业部部长助理外，另有一名农业部部长助理，应由部长任命，并征求参议院意见且征得同意。

（b）修改《美国法典》第 5 篇第 5315 条（11）如下：

"（11）农业部部长助理"

第 605 条　长期农业环境保护合同。进一步修改《水土保持和国内分配法》（修改后）（《美国法令全书》第 49 篇 163；《美国法典》第 16 篇 590a），在结尾处新增一款，内容如下：

"在实现第 7 条（a）宗旨的过程中，部长有权按其期望的条款及条件与农业生产者签订不超过十年的协议，在拨款前所设立的债务额不超过年度拨款法制定的金额。该协议（i）应当建立在水土保护区及协议所述土地所在地区批准的保护计划的基础上；（ii）只要部长认为这样做符合公众利益，可由双方一直约定进行修改或解除。部长亦有权解除本协议，前提是该解除符合国民利益。部长须发布公告，给予生产者充足的时间、合理的机会对土地利用方式的进行相应调整，及时做出安排。"

第 606 条　农业相关污染防治及减排措施。进一步修改《水土保持和国内分配法》（修改后）（《美国法令全书》第 49 篇 163；《美国法典》第 16 篇 590a）：

（1）删除第 7 条（a）中（5）前的单词"以及"，在（5）结尾处将分号替换为句号，增加以下内容："以及（6）农业相关污染的防治及减排。"

（2）将第 8 条（b）首句修改为以下内容："部长有权通过向生产者（包括占用人及小佃农）提供拨款或补助的方式实现第 7 条（a）（1），（2），（3），（4），（5）以及（6）指定的目的。具体拨款或补助金额系由部长在拨款或补助年度参照以下因素权衡确定，具体金额数目须公平合理，有助于实现相应目

的：（1）基于土壤修复、土壤保护、土壤侵蚀防治或农业相关污染减排为目的的生产者土地或部分地块的处理或利用；（2）生产者土地用途的变更；（3）部长确定的国内消费需求的任何商品全国普通产量的合理份额；（4）部长确定的国内消费及出口（须进行调整以反映对农场上耕地的利用程度符合部长确定的、能够最大程度上实现第 7 条（a）指定的目标的种植操作规范）需求的任何商品全国普通产量的合理份额；或（5）以上各项的任何综合因素。"

（3）在第 8 条（b）中的两处"土壤建筑服务"后插入"或污染防治或回收措施"，在"土壤保护措施"后添加"或污染防治或减排措施"。

（4）删除第 8 条（d）首句的"或（5）"，并插入"（5），或（6）"。

（5）在第 8 条（e）附文中"土壤建筑或土壤保护措施"之后添加"农业相关污染防治或减排措施"的内容。

（6）删除第 15 条倒数第二句中的"土壤建筑措施以及水土保持措施"，并插入"土壤建筑措施，水土保持措施以及农业相关污染防治及减排措施"。

1972 年 8 月 30 日批准。[①]

---

① 立法进程：

众议院报告：No. 92. 635（农业委员会）以及 No. 92—1129（协商委员会）。

参议院报告：No. 92 - 734 以及 S. 3462（农业及林业委员会）

美国国会记录第 118 卷（1972 年）

2 月 23 日，众议院审议通过。

4 月 19 日、20 日，参议院审议通过并修改，取代第 S. 3462

4 月 27 日，众议院同意国会报告。

4 月 17 日，参议院通过国会报告。

《总统文件每周汇编》第 8 卷，第 36 号；

8 月 30 日，总统宣布。

欢迎登录：中国农业出版社网站
www.ccap.com.cn

Valushka

封面设计：田　雨
版式设计：张　宇

ISBN 978-7-109-19403-8

9 787109 194038 >

定价：980.00元（上、下册）